CW00322078

HARRAP'S

MINI

Spanish

DICTIONARY

VOX COMPACTO
BIBLOGRAF

HARRAP'S

MINI

Spanish

DICTIONARY

HARRAP

London

First published in Great Britain 1985
by HARRAP BOOKS Ltd.
19–23 Ludgate Hill, London EC4M 7PD

ISBN 0-245-54586-7

Reprinted 1987, 1989

Made and printed in Great Britain by
Richard Clay Ltd., Bungay, Suffolk

PROLOGO

Harrap's Pocket English – Spanish / Spanish – English Dictionary es un diccionario bilingüe compacto, pero a su vez de una amplitud tal como para satisfacer las necesidades de los estudiantes asi como las del público en general. Su tamaño permite un fácil manejo haciéndolo especialmente útil para los turistas. El diccionario ha sido publicado por Biblograf S.A. de Barcelona, que ya ha presentado muchos diccionarios bilingües y monolingües, entre estos la importante obra de consulta **Vox Diccionario General Ilustrado de la Lengua Española.**

La organización de cada artículo ha sido dispuesta cuidadosamente de acuerdo a diferencias en acepciones. Ha sido necesario, en algunos casos, agrupar los ejemplos y las frases compuestas de modo que concuerden con sus acepciones correspondientes.

Se ha dado especial importancia a los verbos irregulares. En la parte Inglés-Español estos llevan el enunciado al final del artículo. En la parte Español-Inglés, el lector encontrará o bien la conjugación completa del verbo irregular o será remitido al modelo del verbo.

El asterisco antepuesto a una palabra española indica que se trata de un americanismo; el mismo, antepuesto a una palabra inglesa, significa que ésta se usa solamente en Norteamérica.

Hay una clave de la pronunciación en ambos idiomas y además, cada palabra en inglés va acompañada de una transcripción fonética completa que utiliza los símbolos del Alfabeto Fonético Internacional.

En las secciones *Remarks* y *Observaciones* el lector encontrará indicaciones adicionales que facilitarán el uso del diccionario.

PREFACE

Harrap's Pocket English–Spanish / Spanish–English Dictionary is a compact, yet comprehensive bilingual dictionary which caters for the needs of students and the general public alike. Its handy size makes it especially useful for tourists. The dictionary has been produced by Biblograf S.A. of Barcelona, publishers of many bilingual and monolingual dictionaries including the authoritative **Vox Diccionario General Ilustrado de la Lengua Española.**

The layout of each entry has been carefully organised according to differences in meaning. Where necessary, examples and compound expressions have been grouped together to fit in with their respective meanings.

Special importance has been given to irregular verbs. On the English-Spanish side these are given at the end of the entry. On the Spanish-English side the reader will find either the full conjugation of an irregular verb or a cross-reference to a model verb.

An asterisk in front of a Spanish word indicates Latin-American usage; before an English word this indicates that its use is confined to the USA.

There is a key to the pronunciation of both languages and, additionally, the reader will find after each English headword a complete phonetic transcription using the symbols of the International Phonetic Alphabet.

For any further guidance on the use of the dictionary the reader is referred to the sections *Remarks* and *Observaciones*.

ÍNDICE

INGLÉS-ESPAÑOL

OBSERVACIONES

Al consultar este Diccionario, el lector ha de tener en cuenta que:

a) Dentro de cada articulo, la palabra o el grupo de palabras correspondiente a cada una de las acepciones del vocablo inglés constituyen una entidad separada y numerada.

b) Los ejemplos, frases y modos no se dan, como es corriente en esta clase de diccionarios, al final del artículo, sino que van agregados a la acepción a que corresponden, con lo cual ilustran mejor el sentido de ésta.

c) En general, los ejemplos, frases y modos, se dan, dentro de cada acepción, en el siguiente orden: grupos de nombre y adjetivo o compuestos formados por palabras separadas; oraciones con verbo expreso, y modos adverbiales, conjuntivos, etc.

d) Las frases y modos no atribuibles a ninguna acepción determinada tienen lugar independiente y numerado dentro del artículo.

e) Los compuestos formados por palabras separadas se encuentran en el artículo correspondiente a su primer elemento. Los compuestos cuyos elementos van unidos por un guión o formando una sola palabra se hallarán como artículos independientes.

f) Los sinonimos y aclaraciones encerradas entre corchetes sirven para determinar el sentido en que han de tomarse las palabras que se dan como traducción.

g) A este fin se usa también una serie de abreviaturas, cuya interpretación se da en la lista correspondiente.

h) Inmediatamente después de cada entrada se da la transcripción fonética correspondiente.

i) Un asterisco en el cuerpo de un articulo indica que la palabra española que precede sólo tiene uso en América.

ABREVIATURAS USADAS EN ESTE DICCIONARIO

adj., adj.	adjetivo.
adv., adv.	adverbio.
AGR.	agricultura.
ÁLG.	álgebra.
ANAT.	anatomía.
ant.	antiguamente; anticuado.
ARIT.	aritmética.
ARQ.	arquitectura.
ARQUEOL.	arqueología.
art.	artículo.
ARTILL.	artillería.
ASTR.	astronomía; astrología.
AUTO.	automóvil; automovilismo.
aux.	verbo auxiliar.
AVIA.	aviación.
B. ART.	bellas artes.
BIB.	Biblia.
BIOL.	biología.
BOT.	botánica.
CARN.	carnicería.
CARP.	carpintería.
CERÁM.	cerámica.
CINEM.	cinematografía.
CIR.	cirugía.
COC.	cocina.
COM.	comercio.
compar.	comparativo.
Cond.	Condicional.
conj.	conjunción.
CONJUG.	Conjugación.
contr.	contracción.
CRISTAL.	cristalografía.
def.	definido, defectivo.
DEP.	deportes.
DER.	derecho; forense.
desus.	desusado.
DIB.	dibujo.
dim.	diminutivo.
ECLES.	eclesiástico; iglesia.
EON.	economía.
E. U.	Estados Unidos.
ELECT.	electricidad.
ENT.	entomología.
EQUIT.	equitación.
ESC.	escultura.
ESGR.	esgrima.
esp.	especialmente.
f.	femenino; nombre femenino.
fam.	familiar.
FERROC.	ferrocarriles.
fig.	figurado.
FIL.	filosofía.
FÍS.	física.
FISIOL.	fisiología.
FORT.	fortificación.
FOT.	fotografía.
GEOGR.	geografía.
GEOL.	geología
GEOM.	geometría.
ger., GER.	gerundio.
gralte.	generalmente.
GRAM.	gramática.
HIST.	historia.
ICT.	ictiología.
impers.	verbo impersonal.
IMPR.	imprenta.
IND.	industria.
indef.	indefinido.
INDIC., indic.	indicativo.
inf.	infinitivo.
ING.	ingeniería.
Ingl.	Inglaterra.
interj.	interjección.
i., i.	verbo intransitivo.
irreg.	irregular.
JOY.	joyería.
LIT.	literatura.
LITURG.	liturgia.
LÓG.	lógica.
m.	masculino; nombre masculino.
MAR.	marina; marítimo.
MAT.	matemáticas.
may.	mayúscula.
MEC.	mecánica.
MED.	medicina.
METAL.	metalurgia.
METEOR.	meteorología.
MÉTR.	métrica.
MIL.	militar; milicia.
MIN.	minería.
min.	minúscula.
MINER.	mineralogía.
MIT.	mitología.
MÚS.	música.
n. pr.	nombre propio.
ORN.	ornitología.
PART. pas.	Participio pasivo.
pers.	persona(s; personal.

pl.	plural.
poét.	poético.
POL.	política.
pop.	popular.
pos.	posesivo.
p. p., p. p.	participio pasivo.
pref.	prefijo.
prep.	preposición.
Pres., *pres.*	presente.
Pret., *pret.*	pretérito.
pron.	pronombre.
QUÍM.	química.
RADIO.	radiotelefonia, radiotelegrafía.
ref..	verbo reflexivo.
REL.	religión.
S	sur.
s.	nombre substantivo.
SUBJ.	Subjuntivo.
superl.	superlativo.
TEAT.	teatro.
TELEF.	telefonía.
TELEGR.	telegrafía.
TELEV.	televisión
TEOL.	teología.
TOP.	topografía.
t., t.	verbo transitivo.
TRIG.	trigonometría.
us.	usado.
V.	Véase.
Vulg.	vulgarismo.
VET.	veterinaria.
ZOOL.	zoología.

SIGNOS DE LA A.F.I. EMPLEADOS EN LA TRANSCRIPCIÓN FONÉTICA DE LAS PALABRAS INGLESAS.

VOCALES

[i] como en español en *vida, tigre.*

[e] como en español en *guerra, dejar*, pero aún más abierta.

[æ] sin equivalencia en español. Sonido intermedio entre la *a* en *caso* y la *e* en *perro.*

[ɑ] como en español en *laurel, ahora*, pero enfatizada y alargada.

[ɔ] como en español en *roca, manojo*, pero aún más abierta.

[u] como en español en *uno*, pero con el sonido más prolongado.

[ʌ] sin equivalencia en español. Sonido intermedio entre la *o* y la *e.*

[ə] sin equivalencia en español. Parecida a la [ə] francesa en *venir, petit.*

SEMICONSONANTES

[j] como en español en *labio, radio.*

[w] como en español en *luego, huevo.*

CONSONANTES

[p] como en español en *puerta, capa*, pero aspirada.

[t] como en español en *todo, tienda*, pero aspirada.

[k] como en español en *copa, queso*, pero aspirada.

[b] como en español en *barco, vela*, pero aspirada.

[d] como en español en *conde, candado*, pero aspirada.

[ð] como en español en *adivinar, adorar.*

[g] como en español en *guerra, gato*, pero aspirada.

[f] como en español en *fuerza, fuego.*

[θ] como en español en *hacer, ácido.*

[s] como en español en *saber, silencio.*

[ʃ] sin equivalencia en español. Fricativa palato-alveolar sorda. Parecida a la pronunciación de *chico* si se alarga la consonante y se redondean los labios.

[v] sin equivalencia en español. Fricativa labiodental. Al pronunciarla los incisivos superiores tocan el labio inferior y hay vibración de las cuerdas vocales. Es la pronunciación del francés en *avec.*

[z] como en español en *mismo, asno.*

[ʒ] sin equivalencia en español. Fricativa palato-alveolar sonora. Parecida a la pronunciación argentina de la *ll* pero con proyección de los labios.

[tʃ]	como en español en ***chico, chocolate.***
[dʒ]	sin equivalencia exacta en español. Africada palato-alveolar sonora. Sonido semejante al de la *y* española en *con**y**uge, **y**ugo.*
[l]	como en español en ***l**abio, co**l**a.*
[m]	como en español en ***m**adre, li**m**a.*
[n]	como en español en ***n**ota, **n**otable.*
[ŋ]	como en español en *cue**n**ca, á**n**gulo.*
[r]	sonido fricativo parecido al de la *r* española en *pe**r**o.*
[h]	sonido parecido al de la *j* española en ***j**erga*, pero mucho más suave.

OTROS SIGNOS

[ˈ]	indica el acento tónico primario.
[ˌ]	indica el acento tónico secundario.
[ː]	indica un alargamiento de la vocal.

RESUMEN DE GRAMÁTICA INGLESA

ARTICULO

El inglés tiene dos clases de artículo: el *definido* y el *indefinido*.

Artículo definido: **the.** Es invariable y corresponde a *el, la, los, las* y (en ciertos casos) *lo*.

Artículo indefinido: **a** o **an.** Se usa para el singular en todos los géneros.

La forma **a** se usa: *a*) delante de consonante (incluyendo entre ellas la **h** aspirada, la **w** y la **y**); *b*) delante de **u, eu** y **ew,** cuando suenan como en *use, European* y *ewe*, y delante de **o**, cuando suena como en *one*.

El plural español *unos* y *unas* se traduce al inglés por el adjetivo **some**: *he had* **some** *papers in his hand,* tenía unos papeles en la mano.

> NOTA: El uso que hace el español del artículo determinado en expresiones como: me lavo *las* manos, ponte *el* sombrero, él se ha roto *el* brazo, no existe en inglés. Estas expresiones se traducen por: *I wash* **my** *hands; put on* **your** *hat; he has broken* **his** *arm.*

GÉNERO

I Por regla general, en inglés son:

a) **del género masculino.** Los nombres que significan varón o animal macho: *man* (hombre); *knight* (caballero); *bull* (toro).

b) **del género femenino.** Los que significan mujer o animal hembra: *woman* (mujer); *spinster* (solterona); *cow* (vaca).

c) **del género común.** Como en español, los de persona de una sola terminación para los dos géneros: *friend* (amigo, -ga); *neighbour* (vecino, -na); *companion* (compañero, -ra).

d) **del género neutro.** Los nombres de cosa concretos o abstractos; los de animales cuando no se especifica su sexo; los que significan niño [niño o niña indiferentemente] o niño de pecho, como *child* o *baby*.

EEXCEPCIÓN:

Los nombres de países, barcos y máquinas son generalmente del género femenino: *Poland has lost her independence.* Polonia ha perdido su independencia; *she was a fine ship,* era un hermoso barco.

II INDICACIÓN DEL GÉNERO:

Hay cierto número de nombres que tienen palabras distintas para cada género: *man* (hombre), *woman* (mujer); *father* (padre), *mother* (madre); *widow* (viuda), *widower* (viudo); *bull* (toro), *cow* (vaca); *cock* (gallo), *hen* (gallina), etc.

En los demás casos, el género se infiere del contexto *(she is an orphan,* ella es huérfana), o se distingue:

a) Por medio de las terminaciones femeninas: **ess, -ix** o **-ine**: *actor, actress* (actor, actriz); *duke, duchess* (duque, duquesa); *testator, testatrix* (testador, testadora); *hero, heroine* (héroe, heroína).

b) Por medio de **male, female, woman,** etc., en función de adjetivo o de los pronombres **he-, she-** como prefijos: *female fish* (pez hembra); *woman lawyer* (abogada, licenciada); *he-goat* (macho-cabrío); *she-ass* (asna, jumenta).

c) Por medio de palabras compuestas en que uno de los elementos expresa el género: *manservant* (criado), *maidservant* (criada), *bull-elephant* (elefante), *doe-hare* (liebre hembra), *cock-sparrow* (gorrión).

PLURAL (substantivos)

Regla general

En inglés, la desinencia del plural es una **s** que se añade a la forma propia del singular: *bale*, **bales**; *chair*, **chairs**.

Observ.: Los nombres terminados en **-se, -ce, -ge** y **-ze** ganan una sílaba en el plural al tomar la **s**, ya que la **e** muda se pronuncia como [i]: *fence* [fens] **valla,** pl. *fences* ['fensiz] **vallas**.

Excepciones y casos particulares

I Toman **es** en el plural:

a) Los nombres terminados en **o** precedida de consonante: *negro*, **negroes**; *potato*, **potatoes.**

Sin embargo, los nombres de formación moderna o de origen extranjero hacen el plural en **s**: *auto*, **autos;** *contralto*, **contraltos;** *dynamo*, **dynamos**; *memento*, **mementos;** *piano*, **pianos**.

b) Los nombres terminados en **s, sh, ch** (con sonido de *ch*) **x** y **z**: *brass*, **brasses;** *bush*, **bushes**; *wrench*, **wrenches**; *box*, **boxes;** *chintz*, **chintzes**.

Observ.: Los terminados en **ex** hacen el plural en **exes** o **ices;** los terminados en **ix** lo hacen en **ixes** o **ices**: *vortex*, **vortexes** o **vortices**; *appendix*, **appendixes** o **appendices**.

II Los nombres terminados en **f** o **fe** hacen el plural en **ves**: *half*, **halves;** *knife*, **knives,** *wolf*, **wolves**.

Se exceptúan: **dwarf, gulf, safe, still-life, strife** y los terminados en **ff, ief** y **oof,** que hacen el plural en **s**: *dwarf*, **dwarfs;** *cliff*, **cliffs**; *belief*, **beliefs**; *roof*, **roofs**.

Sin embargo, *thief* hace **thieves**.

Algunos tienen plural doble en **fs** y en **ves**, como: *beef*, **beefs** y **beeves**; *hoof*, **hoofs** y **hooves**; *scarf*, **scarfs** y **scarves**; *wharf*, wharfs y **wharves**.

III Los nombres terminados en **quy** o en **y** precedida de consonante hacen el plural cambiando la **y** en **ies**: *colloquy*, **colloquies**; *cry*, **cries**; *oddity*, **oddities**.

Sin embargo, los nombres propios en **y**, con muy raras excepciones, hacen el plural en **s**: *Henry*, **Henrys**.

IV Algunos nombres son invariables: **sheep** (carnero, carneros). Otros tienen formas propias para el singular y para el plural: *child*, **children**; *die*, **dice**; *foot*, **feet**; *man*, **men**; *woman*, **women**; *mouse*, **mice**; *tooth*, **teeth**.

GENITIVO

En ciertos casos, el inglés expresa el genitivo añadiendo una **s** apostrofada **('s)** al nombre del poseedor y poniendo sin artículo el nombre de lo poseído: **John's** *father*, el padre de Juan; a **horse's** *tail*, una cola de caballo; *a* **head's** *lenght*, el largo de una cabeza. Es lo que se llama *caso genitivo* o *genitivo sajón*.

I Se omite la s (nunca el apóstrofe):

a) Después de un nombre en plural terminado en **s**: *the* **birds'** *nests*, los nidos de los pájaros.

b) Después de un nombre en singular cuya última sílaba empiece con **s: Mose's** *law*, la ley de Moisés.

c) Después de un nombre propio latino, griego o extranjero terminado en **s, es** o **x: Cassius'** *dagger*, el puñal de Casio; **Achilles'** *heel*, el talón de Aquiles.

Nótese, sin embargo: **Venus's** *beauty*, la hermosura de Venus.

d) Después de un nombre terminado en **s** o **ce,** cuando va seguido de **sake**: *for* **goodness'** *sake!*, ¡por Dios!; *for* **conscience'** *sake*, por conciencia.

II CASOS ESPECIALES:

a) Puede usarse con elipsis del nombre de la cosa poseída cuando éste significa *iglesia, hospital, casa tienda*: **St. Paul's,** la catedral de San Pablo; *at* **my aunt's**, en casa de mi tía; *I am going to there* **grocer's,** voy a la tienda de comestibles. También se usa con elipsis en casos como: *this car is my* **father's,** este coche es de mi padre; *Is thif your hat? —No, it is* **Mr. Brown's,** ¿este sombrero es el suyo? —No, es el del señor Brown.

b) Si hay más de dos nombres propios de poseedor el signo del genitivo se pone detrás del último: **Mary** *and* **Robert's** *brother*, el hermano de María y Roberto.

ADJETIVO

El adjetivo inglés es invariable. Una misma forma sirve para todos los géneros en singular y en plural: *an* **old** *man*, un hombre **viejo**; *an* **old** *house*, una casa **vieja**; *these trees are* **old**, estos árboles son **viejos**.

I **Lugar del adjetivo.**

Por regla general, el adjetivo (cuando no tiene función de predicado) precede al sustantivo que califica o determina: *a* **clever** *man*, un hombre inteligente.

El adjetivo va pospuesto:

a) Cuando lleva un complemento: *a man* **worthy** *of esteem*, un hombre digno de aprecio.

b) Cuando completa el sentido del verbo: *they found the argument* **absurd**, hallaron absurdo el argumento.

c) Cuando equivale a una oración subordinada: *the garden* **proper** *is not very large*, el jardín propiamente dicho no es muy grande.

d) Cuando significa *de alto, de edad*, etc.: *a boy ten years* **old,** un niño de diez años [de edad].

e) Cuando califica un pronombre terminado en **-thing** o **-body**: *there is nothing* **strange** *about that*, eso no tiene nada de extraño.

f) En algunas denominaciones de cargo, empleo, etc., y en ciertas expresiones procedentes del francés: *minister* **resident**, ministro residente; *court* **martial**, consejo de guerra.

g) Los adjetivos **worth, ill, left** (que queda), **missing** y los compuestos con el prefijo **a-** suelen usarse sólo como predicados. Si alguno de ellos se aplica directamente al sustantivo, debe ir detrás de éste: *a life* **worth** *preserving*, una vida que merece ser conservada; *the proudest man* **alive**, el más orgulloso de los hombres.

h) **alone** va siempre detrás del nombre o el pronombre.

II **El sustantivo usado como adjetivo**

En inglés puede usarse un sustantivo para calificar a otro sustantivo. En este caso el primero va inmediatamente antes del segundo: **coal** *ship*, barco carbonero; **front** *seat*, asiento delantero; **sea** *mile*, milla marina.

III **El comparativo y el superlativo.**

Al comparativo español **tan... como,** corresponde el inglés **as... as** para la afirmación, y **so... as** para la negación: *my house is as beautiful* **as** *yours*, mi casa es tan hermosa como la de usted; *my house is not* **so** beautiful **as** *yours*, mi casa no es tan hermosa como la de usted.

Al comparativo **más** (o **menos**)... **que**, corresponde el inglés **more** (o **less**)... **than:** *my house is* **more** (o **less**) *beautiful* **than** *yours*, mi casa es más (o menos) herrmosa que la de usted.

El inglés no tiene desinencia propia para el superlativo absoluto. Este superlativo se forma anteponiendo al adjetivo los adverbios **very, most,** etc.: **very** *high*, altísimo; **most** *excellent*, excelentísimo.

Al superlativo relativo **el más** (o **el menos**)... **de,** corresponde el inglés **the most** (o **the least**)... **in** [delante de un nombre de lugar] u **of** [delante de los demás nombres]: *the* *most populous quarter* **in** *the town*, el barrio más populoso de la ciudad; *the least brave man* **of** *the regiment*, el hombre menos valiente del regimiento.

Sin embargo, el comparativo correspondiente a **más**... y el superlativo correspondiente **a el más**... suelen formarse cuando se trata de adjetivos monosílabos y de algunos bisílabos, añadiendo **-er** y **-est** respectivamente a la forma del positivo. Así, de **short** (corto) se hace **shorter** (más corto) y **the shortest** (el más corto).

Al agregar **-er** y **-est** a la forma del positivo, la terminación de éste queda modificada en los casos siguientes:

a) Adjetivos terminados en **-e**. Pierden la **-e**: *nice*, **nicer, nicest**; *large*, **larger, largest**.

b) Adjetivos terminados en **-y** precedida de consonante. Cambian la **-y** en **-i**: *burly*, **burlier, burliest**.

c) Adjetivos monosílabos terminados en consonante precedida de vocal breve. Doblan la consonante: *big*, **bigger, biggest**; *fat*, **fatter, fattest**.

Observaciones: No se pueden emplear las formas en **-er** y **-est** con los adjetivos compuestos con el prefijo **a-**, ni con los terminados en **-al, -ed, -ful, -ic, -ile, -ive, -ose** y **-ous**, como *alive, mortal, aged, awful, rustic, fragile, massive, verbose, famous*.

Tampoco se pueden emplear con los monosílabos **drunk, glad, scarce, sparse, real** y **fond**.

NUMERALES

Algunas particularidades

Cardinales

I Los números compuestos de decenas y unidades (a partir de *veinte*) se expresan poniendo las unidades a continuación de las decenas, separadas por un guión: **twenty-one** (21); **forty-six** (46).

II Los números de cien, ciento, mil, un millón, etc., se expresan así: **a** o **one hundred, a** o **one thousand, a** o **one million**. Generalmente se usa **a** para los números redondos y **one** con los demás; **a** *hundred men*, cien hombres; **one** *hundred and sixty dollars*, ciento sesenta dólares.
A doscientos, trescientos, dos mil, tres mil, etc., corresponden **two hundred, three hundred, two thousand, three thousand,** etc.

III En los números compuestos se pone **and** entre las centenas y las decenas o entre las centenas y las unidades, si no hay decenas: *five hundred* **and** *thirty-six* (536); *five hundred* **and** *six* (506).
Después de **thousand** sólo se pone **and** cuando le siguen un número inferior a cien; hree thousand **and** *fifty-two* (3.052).

Ordinales

IV Los ordinales (excepto los tres primeros: **first, second, third**) se forman añadiendo **th** a la forma del cardinal: *four* (cuatro), **fourth** (cuarto); *seven* (siete), **seventh** (séptimo).
Al recibir la desinencia del ordinal, el cardinal queda modificado en los casos siguientes:

a) **five** y **twelve** cambian la **v** en **f**: *fifth, twelfth*.

b) **eight** pierde la **t**: *eighth*.

c) ***nine*** *pierde la* ***e****: ninth.*

d) **twenty, thirty,** etc., cambian la **y** en **ie**: *twentieth, thirtieth,* etc.

En los números compuestos, sólo toma la forma de ordinal el último elemento: **thirty-first, twenty-second, forty-third, fifty-eighth.**

V Cuando el ordinal se aplica al nombre de un soberano se escribe con mayúscula y se le antepone el artículo: *Henry* **the Fourth,** Enrique cuarto: *Pius* **the Twelfth,** Pío doce.

I Formas del pronombre personal

Personas	*Oficio*	*Singular*		*Plural*	
1.ª	sujeto	I	masc. y fem.	we	masc. y fem.
	complemento	me		us	
	reflexivo	myself		ourselves	
2.ª	sujeto	thou*, you	masc. y fem.	ye*, you	masc. y fem.
	complemento	thee*, you		you	
	reflexivo	thyself* yourself		yourselves	
3.ª	sujeto	the	(masc.)	they	todos los géneros
		she	(fem.)		
		it	(neut.)		
	complemento	him	(masc.)	them	
		her	(fem.)		
		it	(neut.)		
	reflexivo	himself	(masc.)	themselves	
		herself	(fem.)		
		itself	(neut.)		

II Observaciones

a) El pronombre complemento indirecto lleva la preposición **to**: *she promised it* **to me**, ella me lo prometió.

Sin embargo, con ciertos verbos, se puede omitir el **to** a condición de poner el complemento indirecto delante del directo: *my father gave* **me** *this book*, mi padre me dio este libro.

Con **to tell** y **to answer**, se usa siempre esta última forma: *he told* **me** *what had happened*, me contó lo que había ocurrido.

b) Después de los verbos seguidos de una partícula, el pronombre personal complemento directo se coloca entre el verbo y la partícula. Así, a *he took off* **his coat** (se quitó el abrigo), corresponde: *he took* **it** *off*, se lo quitó.

c) **all**, con un pronombre personal, se coloca después de éste; **all of**, delante: *they* **all**, **all of** *them*, todos, todos ellos o ellas.

d) Después de las preposiciones **abut, around, behind, with** y de las que indican movimiento, el inglés emplea el pronombre personal no reflexivo en vez del reflexivo: *she brought her workbasket* **with her**, ella trajo consigo su neceser de costura; *he looked* **behind him**, miró detrás de sí.

e) El pronombre personal usado como antecedente de un relativo forma las expresiones **he who** o **that, she who** o **that**, etc., equivalentes a las españolas *el que, aquel que, la que*, etc.

Sin embargo, en el lenguaje moderno no se dice **they who** o **that**, sino *those* **who** o **that**, *los que*, aquellos que.

f) **they** puede ser sujeto de una oración impersonal, como: **they** *say that*, dicen que, se dice que.

g) Las formas reflexivas del pronombre personal se usan también para reforzar el pronombre sujeto: *I saw* **it myself**, yo mismo lo vi.

(*) Esta forma sólo se usa en poesía, en la Biblia y en las oraciones.

POSESIVO (adjetivo y pronombre)

Los adjetivos y pronombres posesivos ingleses son variables por lo que se refiere a la cosa poseída. Sólo concuerdan con el nombre del posesor.

singular

1.ª pers.:	**my**	mi, mis
2.ª pers.:	**your (*)**	**tu, tus**
3.ª pers.:	**his**	su, sus [de él]
	her	su, sus [de ella]
	its	su, sus [de ello; de un animal o cosa en género neutro]

plural

1.ª pers.:	**our**	nuestro, nuestra, nuestros, nuestras
2.ª pers.:	**your**	vuestro, vuestra, vuestros, vuestras; su, sus [de usted o ustedes]
3.ª pers.:	**their**	su, sus [de ellos, de ellas, tanto para el masc. y el fem. como para el neutro]

OBSERVACIONES:

a) Cuando el adjetivo posesivo se refiere a dos o más nombres de género diferente se pone en masculino: *all the pupils*, **boys** *and* **girls,** *were there, each carrying* **his** *little present*, todos los alumnos, niños y niñas, estaban allí llevando cada uno su pequeño regalo.

b) Cuando no hay idea de posesión, suele substituirse el adjetivo posesivo por el genitivo con **of**: *the remembrance* **of** *it*, su recuerdo; *the directions for the use* **of** *them*, las instrucciones para su uso.

Pronombres

singular

1.ª pers.:	**mine**	el mío, la mía, los míos, las mías
2.ª pers.:	**yours(**)**	el tuyo, la tuya, los tuyos, las tuyas.
3.ª pers.:	**his**	el suyo, la suya, los suyos, las suyas [de él]
	hers	el suyo, la suya, los suyos, las suyas [de ella]
	its own	el suyo, la suya, los suyos, las suyas [de un animal o cosa en género neutro]

plural

1.ª pers.:	**ours**	el nuestro, la nuestra, los nuestros, las nuestras
2.ª pers.:	**yours**	el tuyo, la tuya, los tuyos, las tuyas, el vuestro, la vuestra, los vuestros, las vuestras; el suyo, la suya, los suyos, las suyas [de usted o de ustedes]
3.ª pers.:	**theirs**	el suyo, la suya, los suyos, las suyas [de ellos, de ellas, tanto para el masc. y el fem. como para el neutro].

OBSERVACIONES:

a) Cuando el pronombre posesivo va después del verbo **to be** puede traducirse también por el posesivo español sin artículo: *this hat is* **mine,** este sombrero es mío (o es el mío).

b) El pronombre posesivo precedido de **of** equivale al adjetivo español *mío, tuyo*, etc., o a *uno de mis, de tus*, etc.: *a friend* **of mine,** un amigo mío, uno de mis amigos.

(*) En poesía, en la Biblia y en las oraciones se usa **thy** en lugar de **your**.

(**) En poesía, en la Biblia y en las oraciones se usa **thine** en lugar de **yours**.

CONJUGACIÓN

La conjugación regular de un verbo inglés comprende un número de formas muy reducido. En todos los tiempos personales se usa la misma forma para todas las personas del singular y del plural, con excepción de la tercera persona del singular del presente de indicativo y de la segunda del singular del presente y el pretérito de indicativo.

OBSERVACIÓN: La segunda persona del singular (que se forma añadiendo **st** a la forma propia del tiempo) sólo se emplea en poesía, en la oración y en la Biblia. En el lenguaje corriente se emplea la forma del plural, lo mismo para éste que para el singular. Así, **you dance** equivale, según los casos, a *tú bailas, usted baila, vosotros bailáis* o *ustedes bailan.*

PRESENTE DE INDICATIVO

Tiene la forma del infinitivo sin **to** para la primera persona del singular y todas las del plural: **I, we, you, they** *dance.*

La tercera persona del singular

Se forma añadiendo **es** o **s** a la forma del infinitivo.

Toma **es**:

a) En los verbos cuyo infinitivo termina en **ch, sh, ss, x** o **z**: *reaches, brushes, passes, boxes, buzzes.*

b) En los verbos **to do** y **to go**: *does, goes.*

Toma **s**:

a) En los verbos cuyo infinitivo termina en una **e** muda, una vocal o un diptongo: *dances, lives, baas, sees, draws, knows.*

b) En aquellos cuyo infinitivo termina en una consonante que no es **ch, sh, ss, x** o **z**: *sobs, packs, rings, kills, hears, bleats.*

OBSERVACIONES:

a) Los verbos terminados en **y** precedida de consonante cambian la **y** en **ie**: *cry, cr***ie***s; fly, fl***ie***s. Los terminados en* **y** *precedida de vocal no cambian la* **y**: *bu***y***, bu***y***s; pla***y***, pla***y***s.*

b) Los verbos terminados en **ce, se** o **ge** y los terminados en **ch, sh, ss, x** o **z,** ganan fonéticamente una sílaba al tomar la desinencia de la tercera persona del singular: *dance* [dɑ:ns] *dances* ['dɑ:nsiz]: *buz* [bʌz], *buzzes* ['bʌziz].

PRETÉRITO DE INDICATIVO

La forma del pretérito de indicativo distingue, una de otra, dos clases de verbos:

Verbos débiles

Forman el pretérito y el participio pasivo añadiendo **ed, d** o **t** a la forma del infinitivo: *walk, walk***ed**; *live, liv***ed**. Algunos acortan (no cambian) la vocal de la raíz y añaden **t**: *keep, ke***p***t swe***e***p, swe***p***t.*

OBSERVACIONES:

a) Los verbos débiles terminados en **y** precedida de consonante cambian la **y** en **ie** al tomar la desinencia del pretérito y del participio pasivo: *cry, cr***ied**. Los terminados en **y** precedida de vocal no cambia la **y**: *cloy, clo***y***ed; play, pla***y***ed.* Por excepción, *to lay* y *to pay* hacen el pretérito y el participio pasivo en **aid**: *l***aid** y *p***aid**.

b) Los verbos que terminan en una consonante dental gana fonéticamente una sílaba al tomar la desinencia del pretérito y el participio pasivo: *blind* [blaind], *blinded* ['blaindid]; *wait* [weit], *waited* ['weitid].

c) Los verbos monosílabos y los polisílabos acentuados en la útima sílaba, cuando terminan en una vocal breve seguida de una sola consonante, doblan ésta en el pretérito, el participio pasivo y el gerundio: *fit, fi***tt***ed, fi***tt***ing; bar, ba***rr***ed, ba***rr***ing; compel, compe***ll***ed, compe***ll***ing.*

Cuando la consonante final es **l** precedida de una sola vocal, pueden doblar la **l** aunque no estén acentuados en la última sílaba: *travel, trave***l***ed* o *trave***ll***ed.*

Verbos fuertes

Forman el pretérito y el participio pasivo cambiando la vocal de la raíz y añadiendo o no **e,**

en, n o **ne.** Generalmente tienen el pretérito diferente del participio pasivo: *break* (romper), **broke, broken**; *bear* (llevar), **bore, born(e).**

ADVERTENCIA: Los pretéritos, participios pasivos y gerundios de los verbos fuertes, así como los de otros que ofrezcan particularidades de forma u ortografía, se encontrarán en el cuerpo de este Diccionario al final del artículo correspondiente a cada verbo.

FUTURO E INDICATIVO

Se forma anteponiendo **shall** o **will** al infinitivo sin **to** (véase lo referente al uso de **shall** y **will** en los respectivos artículos de este Diccionario): *I shall come,* yo vendré; *you will come,* tú vendrás, usted vendrá, vosotros vendréis, ustedes vendrán; *he will come,* él vendrá; *they will come,* ellos vendrán.

POTENCIAL

Se forma anteponiendo **should** y **would** al infinitivo sin **to** (véase lo referente al uso de **should** y **would** en los respectivos artículos de este Diccionario): *I should come,* yo vendría; *you would come,* tú vendrías, usted vendría, vosotros vendríais, ustedes vendrían; *he would come,* él vendría; *they would come,* ellos vendrían.

IMPERATIVO

El imperativo inglés sólo tiene una forma propia que es la del infinitivo sin **to** y sólo se usa para las segundas personas: *come,* ven, venga usted, venid, vengan ustedes.

Para las personas 1.ª y 3.ª hay que recurrir a una oración formada con el verbo **to let**: *let us see,* veamos.

TIEMPOS COMPUESTOS

Se forman, como en español, con el verbo auxiliar **to have** (haber) y el participio pasivo.

EJEMPLOS:

I have played, yo he jugado; *he has played,* él ha jugado (pretérito perfecto).
I had played, yo había jugado o *hube jugado* (pretérito pluscuamperfecto o pretérito anterior).
I shall have played, yo habré jugado: *he will have played,* él habrá jugado (futuro perfecto).
I should have played, yo habría jugado: *he would have played,* él habría jugado (potencial compuesto o perfecto).

CONJUGACIÓN CONTINUA

Además de esta forma de conjugación, el inglés tiene otra llamada **continua** que se forma con el auxiliar **to be** y el **gerundio** del verbo: *I am coming, I was coming.* Esta forma se usa para indicar una acción en curso de realización: o sea no terminada.

En el presente, corresponde a un presente español del verbo, en cuestión de una oración del verbo estar: **I am writing** *a letter,* escribo una carta o estoy escribiendo una carta.

En el pretérito simple corresponde a un imperfecto español: *he* **was writing** *a letter,* él escribía una carta o estaba escribiendo una carta.

OBSERVACIÓN: La forma continua no puede usarse para expresar una acción instantánea o definitiva, como tampoco una acción habitual o permanente. Así no se dirá: **I am forgiving** *him, the sun* **is setting** *every day, he* **is being** *her father,* sino: *I* **forgive** *him, the sun* **sets** *every day, he* **is** *her father.*

INFINITIVO

Por regla general, el infinitivo va precedido de la partícula **to,** que en muchos casos equivale a las preposiciones **a** o **para**.

I **Infinitivo sin** TO

El infinitivo se usa sin **to**:

a) Después de los auxiliares defectivos **shall, will, can, may** y **must**: *I* **shall write** *to him,* le escribiré; *you* **cannot speak** *French,* usted no sabe hablar francés; *we* **must be** *silent,* hemos de callar.
Nótese que después de **ought** se usa el infinitivo con **to**: *you* **ought to know** *it,* usted debería saberlo.

b) Después de **to dare** y **to need** usados como auxiliares: *he* **dared not speak** *to him,* él no se atrevió **a** hablarle; *they* **need not fear,** no tienen por qué temer.

c) Después de los verbos que expresan sensación o percepción, como **to hear, to see, to feel, to behold, to observe, to watch,** etc.: *I* **hear** *him* **speak** *in the hall,* le oigo hablar en el vestíbulo; *I* **felt** *the child* **tremble** *in my arms,* sentí al niño temblar en mis brazos.

d) Después de los verbos **to let** (dejar, permitir), **to bid** (ordenar, mandar) y **to make** (hacer que se ejecute una acción): **let** *me* **read** *this letter,* déjame leer esta carta; *he* **bade her open** *the door,* le mandó abrir la puerta.
Sin embargo, en la voz pasiva, estos verbos van seguidos del infinitivo con **to:** *I* was let *to* **read** *the letter,* se me dejó leer la carta.

e) Después de **and, or, than** y **but** en oraciones como: *they decided to stop there* **and wait** *for him,* decidieron detenerse allí y esperarle: *he was told to be silent* **or go,** se le dijo que se callara o que se fuera; *she did nothing else* **than laugh,** ella no hizo más que reír; *they cannot* **but hear** *it,* no pueden dejar de oírlo.

f) En ciertas oraciones interrogativas o exclamativas: *wherefore* **weep**?, ¿por qué llorar?

g) Después de las locuciones **had better, had rather, would rather,** etc.: *you* **had better wait,** vale más que espere.

II **Infinitivo traducido por el subjuntivo o el indicativo**

El infinitivo inglés se traduce algunas veces por un subjuntivo y, aun, por un indicativo español.

EJEM.: *He asked me* **to pay** *the bill,* me pidió **que pagase** la cuenta; *the captain ordered the soldiers* **to bring** *the prisoner,* el capitán ordenó a los soldados **que trajesen** al prisionero; *I want him* **to do** *this,* quiero que él **haga** esto; *they expect him* **to go** *soon,* esperan que **se irá** pronto.

GERUNDIO

El gerundio inglés, o sea la forma verbal terminada en **-ing,** puede hacer varios oficios y generalmente se traduce, según los casos:

I **Como gerundio**

Por el gerundio español: *he was* **waiting** for me, él me estaba esperando.

II **Como participio - adjetivo**

a) Por un participio activo: **cutting** *tool,* instrumento cortante; *in* a **surprising** *manner,* de un modo sorprendente.

b) Por un participio pasivo: *an* **amusing** *book,* un libro entretenido; **lying** *on an sofa,* echado en un sofá.

c) Por un adjetivo o por una expresión equivalente a éste; *a* **calculating** *person,* una persona calculadora, interesada; **hunting** *season,* temporada de caza; **sewing-***machine,* máquina de coser.

OBSERVACIÓN: Por su naturaleza verbal puede tener un complemento directo. En este caso se traduce por **que** y un **verbo** en forma personal: *a package* **containing** *six pairs of gloves,* un paquete que contiene seis pares de guantes.

III **Como infinitivo o nombre verbal**

a) Por un infinitivo nominal: *before* **speaking,** antes de hablar; *an organization for* **helping** *the poor,* una organización para socorrer a los pobres.

b) Por **que** y un verbo en forma personal (generalmente en subjuntivo): *this door needs* **painting,** esta puerta necesita que la pinten.

c) Por un substantivo: *he was engaged in the* **reading** *of that book,* estaba ocupado en la lectura de aquel libro.

OBSERVACIONES:

a) **on,** delante de la forma verbal en **-ing,** se traduce generalmente por **al** seguido de un infinitivo: **on** *arriving,* al llegar.

b) Si el gerundio va precedido por un adjetivo posesivo, éste se traducirá por el pronombre personal correspondiente y el gerundio se traducirá por un tiempo de subjuntivo: *would you mind* **my opening** *the window*?, ¿le molestaría que yo abriese la ventana?

NEGACIÓN

Construcción de la oración negativa

I Cuando el verbo es **to be,** o **to have; to dare** o **to need** (como auxiliares), o alguno de los defectivos **shall, will, can, may, must** o **ought,** la negación se expresa poniendo **not** inmediatamente después del verbo: *they are* **not** *here,* no están aquí; *the box had* **not** *a lid,* la caja no tenía tapa; *he dared* **not** *come,* no se atrevía a venir; *John will* **not** *win the price,* Juan no ganará el premio; *if I may* **not** *go,* si no puedo ir.
EXC. Cuando el verbo es **to have** y tiene los sentidos de tener [hijos]; comer, beber, fumar; tomar [la comida, vacaciones, etc.], la oración se construye como en II.

OBSERV.: El presente *can not* se escribe en una sola palabra: **cannot**.

II Cuando el verbo es otro cualquiera en tiempo simple, la negación se expresa por medio del auxiliar **to do** seguido de **not**; el verbo toma la forma invariable del infinitivo sin **to:** *he* **does not** *play,* él no juega; *her father* **did not** *come,* su padre no vino.
En los tiempos compuestos no se usa **do, does, did** y se pone **not** inmediatamente después del auxiliar: *he has* **not** *seen it,* él no lo ha visto.

OBSERV.: Con **dare,** la negación puede expresarse también como se indica en II, pero el verbo regido lleva **to**: *they* **did not** *dare* **to** *come,* no se atrevieron a venir.

III En las oraciones interrogativas, **not** se pone después del sujeto: *do you* **not** *see it?,* ¿no lo ve usted?

IV En el **infinitivo** y en el **gerundio** se antepone **not** al verbo: **not** *to understand,* no entender; **not** *understanding,* no entendiendo.

V En el **imperativo** se antepone **do not** al verbo: **do not** *laugh,* no rías (ría usted, rían ustedes, riáis); **do not** *let them come,* que no vengan.

OBSERV: En algunos casos, se emplean todavía las antiguas formas con **not** después del verbo: *fear* **not**, no temas (tema usted, teman ustedes, temáis).

VI En el lenguaje corriente **not** se contrae frecuentemente con **do** o con otros verbos: **don't** (do not); **didn't** (did not); **aren't** (are not); **can't** (cannot); **isn't** (is not), etc.

VII Cuando el carácter negativo de la oración está determinado por palabras como **never, no, nobody, nothing, nowhere, by no means,** no se usa **not** ni el auxiliar **to do**: *it is* **never** *too late,* nunca es tarde; *I have* **no** *time,* no tengo tiempo.

INTERROGACION

Construcción de la oración interrogativa

I Cuando el verbo es **to be** o **to have; to dare** o **to need** (como auxiliares), o algún defectivo como **shall, will, can, may, must** o **ought**, el sujeto va inmediatamente después del verbo: *are* **they** *here*?, ¿están aquí?; *have* **you** *any money?*, ¿tiene usted dinero?; *dare* **you** *go there?*, ¿se atreve usted a ir allí?; *need* **he** *do it*?, ¿necesita hacerlo?; *can* **this boy** *write*?, ¿sabe escribir este niño?

Exc. Cuando el verbo es **to have** y tiene los sentidos de tener [hijos]; comer, beber, fumar; tomar [la comida, vacaciones, etc.], la oración se construye como en II.

II Cuando el verbo es otro cualquiera en tiempo simple, la oración se construye con el auxiliar **to do**, que va delante del sujeto; el verbo toma la forma invariable del infinitivo sin *to*: **do** *you see this tree*?, ¿ve usted este árbol?
En los tiempos compuestos no se usa **do, does, did** y el sujeto va inmediatamente después del auxiliar: *have* **you seen the house**?, ¿ha visto usted la casa?

III Cuando la oración empieza con un pronombre interrogativo sujeto del verbo o con un adjetivo interrogativo que acompaña al sujeto, no se usa **do, did** y no hay inversión del sujeto: **who** *wins the price?*, ¿quién gana el premio?; **which** *pilars carry the arch?*, ¿qué pilares sostienen el arco?

IV Después de un adverbio interrogativo la oración se construye como en I y II.

CONJUGACIÓN DE **TO HAVE** (TENER), **HAD** (TENÍA TUVE), **HAD** (TENIDO)

INDICATIVO

	Afirmación	**Negación**	**Interrogación (Negación)**
Presente	*yo tengo* I have he has we, you, they have	*yo no tengo* I have not he has not we, you, they have not	*¿(no) tengo yo?* have I (not)? has he (not)? have we, you, they (not)?
Pretérito (Past.)	*yo tenía, tuve* I had you had, etc.	*yo no tenía, tuve* I had not you had not, etc.	*¿(no) tenía, tuve yo?* had I (not)? had you (not)?, etc.
Futuro simple	*yo tendré* I, we shall have you, he, they will have	*yo no tendré* I, we shall not have you, he, they will not have	*¿(no) tendré yo?* shall I, we (not) have? will you, he, they (not) have?
Condicional simple	*yo tendría* I, we should have you, he they would have	*yo no tendría* I, we should not have you, he, they would not have	*¿(no) tendría yo?* should I, we (not) have? would you, he, they (not) have?
Pretérito perfecto	*yo he tenido* I, we, you, they have had he has had	*yo no he tenido* I, we, you, they have not had he has not had	*¿(no) he tenido yo?* have I, we, you, they (not) had? has he (not) had?

	Afirmación	Negación	Interrogación (Negación)
Pretérito plusc.	*yo había tenido* I, you... had had	*yo no había tenido* I, you... had not had	*¿(no) había tenido yo?* had I, you... (not) had?
Futuro perfecto	*yo habré tenido* I, we shall have had you, he, they will have had	*yo no habré tenido* I, we shall not have had you, he, they will not have had	*¿(no) habré yo tenido?* shall I, we (not) have had? will he, you, they (not) have had?
Condicional compuesto	*yo habría tenido* I, we should have had you, he, they would have had	*yo no habría tenido* I, we should not have had you, he, they would not have had	*¿(no) habría yo tenido?* should I, we (not) have had? whould you, he, they (not) have had?

IMPERATIVO

Afirmación	Negación
tenga yo let me have have let him (her, it) have let us have have let them have	*no tenga yo* don't let me have don't have, etc.

PARTICIPIO PRES. / GERUNDIO — having / *teniendo*

PARTICIPIO PAS. — had / *tenido*

INFINITIVO SIMPLE — (not) to have / *(no) tener*

INFINITIVO COMP. — to have had / *haber tenido*

CONJUGACIÓN DE **TO BE** (SER, ESTAR), **WAS** (ERA, FUI), **BEEN** (SIDO)

INDICATIVO

	Afirmación	Negación	Interrogación (Negación)
Presente	*yo soy* I am he is we, you, they are	*yo no soy* I am not he is not we, you, they are not	*¿(no) soy yo?* am I (not)? is he (not)? are we, you, they (not)?

	Afirmación	Negación	Interrogación (Negación)
Pretérito (Past.)	*yo era, fui* I, he was we, you, they were	*yo no era, fui* I, he was not we, you, they were not	*¿(no) era, fui yo?* was I, he (not)? were we, you, they (not)?
Futuro simple	*yo seré* I, we shall be he, you, they will be	*yo no seré* I, we shall not be he, you, they will not be	*¿(no) seré yo?* shall I, we (not) be? will you, he, they (not) be?
Condicional simple	*yo sería* I, we should be he, you, they would be	*yo no sería* I, we should not be he, you, they would not be	*¿(no) seria yo?* should I, we (not) be? would you, he, they (not) be?
Pretérito perfecto	*yo he sido* I, we, you, they have been he has been	*yo no he sido* I, we, you, they have not been he has not been	*(¿no) he sido yo?* *have I, we, you, they (not) been?* *has he (not) been?*
Pretérito plusc.	*yo había sido* I, you... had been	*yo no había sido* I, you... had not been	*¿(no) había sido yo?* had I, you... (not) been?
Futuro perfecto	*yo habré sido* I, we shall have been you, he, they will have been	*yo no habré sido* I, we shall not have been you, he, they will not have been	*¿(no) habré yo sido?* shall I, we (not) have been? will you, he, they (not) have been?
Condicional compuesto	*yo habría sido* I, we should have been you, he, they would have been	*yo no habría sido* I, we should not have been you, he, they would not have been	*¿(no) habría yo sido?* should I, we (not) have been? would, you, he they (not) have been?

IMPERATIVO

Afirmación	Negación
sea yo let me be be let him (her, it) be let us be be let them be	*no sea yo* don't let me be don't be, etc.

PARTICIPIO PRES. / GERUNDIO. — being / *siendo*

PARTICIPIO PAS. — been / *sido*

INFINITIVO SIMPLE	(not) to be *(no) ser*
INFINITIVO COMP.	to have been *haber sido*

CONJUGACIÓN DE UN VERBO REGULAR

to look (mirar), **locked** (miraba, miré), **looked** (mirado)

INDICATIVO

	Afirmación	Negación	Interrogación (Negación)
Presente	*yo miro* I look you look he looks we, you, they look	*yo no miro* I do not look you do not look he does not look we, you, they do not look	*¿(no) miro yo?* do I (not) look? do you (not) look? does he (not) look? do we, you, they (not) look?
Pretérito (Past.)	*yo miré, miraba* I looked you looked he looked, etc.	*yo no miré, miraba* I did not look you did not look he did not look, etc.	*¿(no) miré, miraba yo?* did I (not) look? did you (not) look? did he (not) look?, etc.
Futuro simple	*yo miraré* I, we shall look you, he, they will look	*yo no miraré* I, we shall not look you, he, they will not look	*¿(no) miraré yo?* shall I, we (not) look? will you, he, they (not) look?
Condicional simple	*yo miraría* I, we should look you, he, they would look	*yo no miraría* I, we should not look you, he, they, would not look	*¿(no) miraría yo?* should I, we (not) look? would you, he, they (not) look?
Pretérito perfecto	*yo he mirado* I, we, you, they have looked he has looked	*yo no he mirado* I, we, you, they have not looked he has not looked	*¿(no) he mirado yo?* have I, we, you, they (not) looked? has he (not) looked?
Pretérito plusc.	*yo había mirado* I, you... had looked	*yo no había mirado* I, you... had not looked	*¿(no) había mirado yo?* had I, you... (not) looked?
Futuro Perfecto	*yo habré mirado* I, we shall have looked you, he, they will have looked	*yo no habré mirado* I, we shall not have looked you, he, they will not have looked	*¿(no) habré yo mirado?* shall I, we (not) have looked? will you, he, they (not) have looked?
Condicional compuesto	*yo habría mirado* I, we should have looked you, he, they would have looked	*yo no habría mirado* I, we should not have looked you, he, they would not have looked	*¿(no) habría yo mirado?* should I, we (not) have looked? would you, he, they (not) have looked?

IMPERATIVO

Afirmación	Negación
mire yo let me look look let him (her, it), look let us look look let them look	*no mire yo* don't let me look don't look, etc.

PARTICIPIO PRES. GERUNDIO	looking *mirando*
PARTICIPIO PAS.	looked *mirado*
INFINITIVO SIMPLE	(not) to look *(no) mirar*
INFINITIVO COMP.	to have looked *haber mirado*

CONJUGACIÓN DE UN VERBO IRREGULAR

to go (ir), **went** (iba, fui), **gone** (ido)

INDICATIVO

	Afirmación	Negación	Interrogación (Negación)
Presente	*yo voy* I go you go he goes we, you, they go	*yo no voy* I do not go you do not go he does not go we, you, they do not go	*¿(no) voy yo?* do I (not) go? do you (not) go? does he (not) go? do we, you, they (not) go?
Pretérito (Past.)	*yo iba, fui* I went you went he went, etc.	*yo no iba, fui* I, did not go you did not go he did not go, etc.	*¿(no) fui, iba yo?* did I (not) go? did you (not) go? did he (not) go?, etc.
Futuro simple	*yo iré* I, we shall go you, he, they will go	*yo no iré* I, we shall not go you, he, they will not go	*¿(no) iré yo?* shall I, we (not) go? will you, he, they (not) go?
Condicional simple	*yo iría* I, we should go you, he, they would go	*yo no iría* I, we should not go you, he, they would not go	*¿(no) iría yo?* should I, we (not) go? would you, he, they (not) go?

	Afirmación	Negación	Interrogación (Negación)
Pretérito perfecto	*yo he ido* I, we, you, they have gone he has gone	*yo no he ido* I, we, you, they have not gone he has not gone	*¿(no) he ido yo?* have I, we, you, they (not) gone? has he (not) gone?
Pretérito plusc.	*yo había ido* I, you... had gone	*yo no había ido* I, you... had not gone	*¿(no) había ido yo?* had I, you... (not) gone?
Futuro perfecto	*yo habré ido* I, we shall have gone you, he, they will have gone	*yo no habré ido* I, we shall not have gone you, he, they will not have gone	*¿(no) habré yo ido?* shall I, we (not) have gone? will you, he, they (not) have gone?
Condicional compuesto	*yo habría ido* I, we should have gone you, he, they would have gone	*yo no habría ido* I, we should not have gone you, he, they would not have gone	*¿(no) habría yo ido?* should I, we (not) have gone? would you, he, they (not) have gone?

IMPERATIVO

Afirmación	Negación
vaya yo let me go go let him (her, it) go let us go go let them go	*no vaya yo* don't let me go don't go, etc.

PARTICIPIO PRES. / GERUNDIO	going *yendo*
PARTICIPIO PAS.	gone *ido*
INFINITIVO SIMPLE	(not) to go *(no) ir*
INFINITIVO COMP.	to have gone *haber ido*

SUBJUNTIVO

El inglés no tiene formas propias para el subjuntivo, excepto el verbo **to be,** cuyo presente de subjuntivo es **be** y cuyo pretérito de subjuntivo es **were** para todas las personas del singular y del plural: *whoever he* **be,** quienquiera que sea: *if* **I were** *in his place,* si yo estuviese en su lugar.

En todo otro caso, el inglés expresa el subjuntivo mediante: *a*) el infinitivo; *b*) una forma de indicativo; *c*) una forma compuesta con los auxiliares **may** o **might** y **should**.

Por regla general:

I Cuando la acción expresada por el subjuntivo es pensada como cierta, se usa el infinitivo o el indicativo: *tell him* **to go away,** dígale que se vaya; *as you* **please,** como usted quiera o guste; *wait till he* **comes,** aguarde hasta que él venga.

II Cuando la acción es pensada como incierta, dudosa o simplemente deseada, se usa una forma compuesta con **may, might** o **should**.

A) **may, might** se usan:

a) Para expresar la idea del verbo «poder»: *however strong he* **migth be,** por fuerte que fuese (que pudiese ser).

b) Para expresar un deseo, una orden: **may** *he live long,* que viva muchos años.

c) En oraciones finales después de **that, in order that, so that** (para que, a fin de que): *he went away* **that** *they* **might** *not* **find** *him in the house,* se fue para que no le encontrasen en la casa.

B) Se usa **should**:

a) Después de **that** (conjunción *que*): *he seemed to expect* **that** *I* **should assent** *to this,* parecía esperar que yo asintiese a esto; **that** *I* **should be** *so unfortunate!,* ¡que sea yo tan desgraciado!

b) Después de conjunciones condicionales o concesivas, como **if, though, even though,** etc.: **if** *he* **should come,** si él viniese; **though** *he* **should come**, aunque él viniese.

c) Después de **lest:** *I shall keep your book* **lest** *you* **should lose** *it,* guardaré tu libro para que no lo pierdas.

Observaciones:

a) **if** puede omitirse en ciertos casos a condición de poner el sujeto detrás de **should, had** o **were**: *should* **he** *know it,* si él lo supiese; *had* **I** *known it,* si yo lo hubiese sabido; *were* **I** *in his place,* si yo estuviese en su lugar.

b) Después de **for fear that** se usa **should** en el presente y **should** o **might** en pretérito: *he is running away* **for fear that** *his father* **should punish** *him,* huye por miedo de que su padre le castigue; *he ran away* **for feat that** *his father* **should** (o **might**) **punish** *him,* huyó por miedo de que su padre lo castigase.

ADVERBIO

El inglés tiene muchos adverbios derivados de adjetivo, análogos a los españoles terminados en *-mente*. Se forman añadiendo **-ly** al adjetivo. Así, de *bad*, se forma **badly**; de *bright*, **brightly,** etc.

Esta forma de derivación tiene las siguientes alteraciones:

a) Los adjetivos terminados en **-le** pierden la **e**: *possible,* **possibly;** *tolerable,* **tolerably**.

b) Los terminados en **-ue** pierden la **e**: *due,* **duly;** *true,* **truly.**

c) **Los terminados en -ll** sólo añaden la **y**: *dull,* **dully**; *full,* **fully.**

d) Los terminados en **-y** cambian esta letra en I: *guilty,* **guiltily**; *showy,* **showily**.

Lugar del adverbio

I Cuando modifica una palabra que no es el verbo:

Por regla general, va delante de la palabra que modifica: **seriously** *ill,* gravemente enfermo; **very** *well,* muy bien; **long** *before,* mucho antes.

Se exceptúan **enough**, que siempre va detrás de la palabra que modifica (pero puede preceder o seguir al sustantivo), y **ago**, que siempre va detrás de las palabras que expresan el período de tiempo.

II CUANDO MODIFICA AL VERBO:

a) Si el verbo es TRANSITIVO, el adverbio no puede separar el verbo del complemento directo: va delante del verbo o después del complemento. En los tiempos compuestos, puede ir también después del verbo auxiliar.
Sin embargo, cuando el complemento directo consta de muchas palabras o está complementado por una oración, el adverbio puede ir entre el verbo y el complemento directo: *he rewarded* **liberally** *all those who had served his father,* recompensó liberalmente a todos los que habían servido a su padre.

b) Si el verbo es INTRANSITIVO, el adverbio va después del verbo, tanto en los tiempos simples como en los compuestos.
Sin embargo, algunos adverbios, como **suddenly, promptly,** etc., pueden ir después del auxiliar de los tiempos compuestos: *the wind has* **suddenly** *risen,* el viento ha soplado de pronto.

c) Si el verbo es **to be,** el adverbio suele ir después del verbo o después del auxiliar de los tiempos compuestos.

d) Como en español, el adverbio va al principio de la oración cuando modifica la oración entera o cuando se quiere dar mayor fuerza a la expresión.

Casos particulares.

No yendo con el *to be,* los adverbios, **also, even, first, once** y **quite,** los de tiempo indefinido y los seminegativos como **almost, nearly, hardly, only** y **scarcely,** van siempre entre el sujeto y el verbo o después del auxiliar de los tiempos compuestos: *he* **never** *spoke about it,* él nunca ha hablado de ello: *I have* **quite** *understood you,* le he entendido a usted muy bien.

En cambio, los adverbios de tiempo **early, late, today, tonight** y los polisílabos como **yesterday, presently,** etc.; los de lugar; los de cantidad y los de modo **very well, badly** y **worse,** van al final de la oración: *they arrived* **late**, ellos llegaron tarde.

EL COMPARATIVO Y EL SUPERLATIVO

El comparativo y el superlativo de los adverbios se forman como los del adjetivo (V. ADJETIVO). Algunos tienen formas propias que se encontrarán en los artículos correspondientes de este Diccionario.

PREPOSICIÓN

Traslado de la preposición

La preposición mediante la cual el verbo rige a un complemento se puede trasladar al final de la oración:

a) En las oraciones interrogativas: *whom are you speaking* **to**? (o sea: **to** *whom are you speaking*?), ¿a quién habla usted?

b) En las subordinadas que empiezan por un pronombre relativo: *I did not know the man whom I was speaking* **with,** yo no conocía al hombre con quien estaba hablando.

Esta construcción es obligatoria cuando el pronombre relativo es **that**, ya sea expreso o elíptico: *he has the book* **(that)** *you are looking* **for**, él tiene el libro que usted busca.

Omisión de la preposición

En algunas frases adverbiales o prepositivas y en ciertas expresiones se omiten las preposiciones:

at: (at) *every moment,* en todo momento: (at) *full speed,* a toda velocidad; (at) *that hour,* entonces; (at) *the next moment,* un momento después; *he looked* (at) *me in the face,* me miró a la cara.

of: *on board* (of) *the ship,* a bordo del buque; (of) *what use is this to me?,* ¿de qué me sirve esto?

with: (with) *tooth and nail,* con dientes y uñas, encarnizadamente, desesperadamente.

PRINCIPALES SUFIJOS DE LA LENGUA INGLESA

-able, -ible corresponden a los sufijos españoles **-able, -ible**.

-dom denota dignidad, cargo, dominio, jurisdicción, conjunto, condición, estado: *earldom*, condado; *kingdom*, reino; *Christendom*, cristiandad; *martyrdom*, martirio; *freedom*, libertad.

-ed, -d es la terminación del pretérito y del participio pasivo de los verbos regulares.

-ed significa también «que tiene» «de»: *bearded*, barbado; *three-cornered*, de tres picos.

-ee indica la persona que es objeto de la acción: COM. *drawee*, librado, girado; *employee*, empleado.

-eer indica ocupación u oficio: *carabiner*, carabinero [soldado]; *engineer*, ingeniero; maquinista.

-er I indica: *a*) el o lo que hace, ejecuta, causa, etc., y suele corresponder a los españoles **-dor, -ra** (en sustantivos); *buyer*, comprador, ra; *condenser*, condensador;
b) el residente o natural de: *Londoner*, londinense; *islander*, isleño.
c) ocupación u oficio: *baker*, panadero; *drummer*, tambor [músico].

II es la terminación del comparativo de ciertos adjetivos o adverbios: *smaller*, más pequeño; *faster*, más de prisa.

-ess forma el femenino de ciertos sustantivos: *poetess*, poetisa.

-est es la terminación de ciertos superlativos: *shortest*, el más corto.

-fold significa «veces»; *tenfold*, décuplo; diez veces.

-ful I significa «lleno», «que tiene» y a menudo corresponde a **-oso** y a **-ado, -ada**: *brimful*, lleno hasta el borde; *careful*, cuidadoso; *glassful*, vaso o copa [contenido]; *handful*, puñado; *spoonful*, cucharada.

II Indica actitud, condición, estado, hábito: *heedful*, que hace caso; *needful*, necesitado, necesario; *forgetful*, olvidadizo.

-hood Indica condición, carácter, estado, grupo, y en muchos casos corresponde a **-dad, -ía, -ez:** *brotherhood*, hermandad, cofradía; alsehood, falsedad; *widowhood*, viudez.

-ie, -let son terminaciones de diminutivo.

-ing es la terminación del gerundio, del participio activo y del nombre verbal inglés. Corresponde a **-ando, ante, -iente** y a **-dor, -ra** (en adjetivos) del español.

-ish *a*) forma adjetivos que indican nacionalidad: *Spanish*, español; *English*, inglés.

b) forma adjetivos con el sentido de «de», «que parece de», «algo», «que tira»: *brutish,* abrutado; *childish,* infantil, aniñado; *reddish,* rojizo.

-less indica falta o ausencia de: *beardless,* sin barba, imberbe; *endless,* sin fin, inacabable.

-like significa «de», «propio de», «que parece de», «como», «a manera de»: *deathlike,* mortal, cadavérico; *gentlemanlike,* de caballero o que lo parece; *lionlike,* leonino, como un león.

-ly I es el sufijo adverbial que corresponde al español **-mente:** *divinely,* divinamente; *swiftly,* rápidamente.
II forma adjetivos como: *brotherly,* fraternal; *friendly,* amigable, amistoso; *daily,* diario; *yearly,* anual.

-ment, -tion corresponden gralte. a los sufijos españoles **-miento** y **-ción**.

-ness forma un número considerable de sustantivos abstractos derivados de adjetivos: *blackness,* negrura, oscuridad; *doggedness,* terquedad, obstinación. En algunos casos el adjetivo en **-ness** corresponde al artículo español **lo** seguido de un adjetivo: *the profoundness of his thought,* lo profundo de su pensamiento.

-ship I forma substantivos abstractos, a menudo con la equivalencia de **-dad, -tad, -ción, -esco,** etc.: *friendship,* amistad; *relationship,* relación, parentesco.
II indica: *a*) arte, habilidad: *penmanship,* escritura, caligrafía, arte del escritor.
b) título, cargo, oficio, ocupación, estado; su duración: *lordship,* señoría: *professorship,* profesorado, cátedra; *apprenticeship,* aprendizaje.

-some indica «que produce o causa», «dado a»: *wearisome,* cansado, fatigoso, aburrido; *quarrelsome,* pendenciero.

-ty forma sustantivos abstractos, a veces en correspondencia con el sufijo **-dad** español: *beauty,* belleza, beldad; *receptivity,* receptividad.

-ward, -wards significan hacia.

-ways, -wise significan manera, dirección, posición: *lengthways,* a lo largo, lontigudinalmente; *clockwise,* como las aguas del reloj; *fanwise,* en abanico.

-y I es un sufijo diminutivo.
II *a*) corresponde a las terminaciones españolas **-ía, -ia:** *memory,* memoria; *geology,* geología.
b) significa «abundante en», «lleno de», «que tiene», «que parece», «que tira a», etc., y a menudo corresponde a **-udo, -oso, -ado** del español: *hairy,* peludo, cabelludo; *mossy,* musgoso; *rosy,* rosado.

A

a (ei, ə) *art. indef.* un, una.
Aachen (ɑ:kən) n. pr. GEOGR. Aquisgrán.
aback (ə'bæk) *adv.* hacia atrás. *2 to take ~*, sorprender.
abaft (ə'ba:ft) *adv.* MAR. a popa.
abandon (to) (ə'bændən) *t.* abandonar. *2 ref.* abandonarse.
abandonment (ə'bændənmənt) *s.* abandono. *2* desenfreno.
abase (to) (ə'beis) *t.* humillar, rebajar, envilecer.
abasement (ə'beismənt) *s.* humillación. *2* envilecimiento.
abash (to) (ə'bæʃ) *t.* avergonzar, confundir, desconcertar.
abashment (ə'bæʃmənt) *s.* vergüenza, confusión.
abate (to) (ə'beit) *t.* rebajar, reducir, disminuir. *2 i.* menguar, amainar, ceder.
abatement (ə'beitmənt) *s.* disminución. *2* rebaja.
abattoir ('æbətwɑ:ʳ) *s.* matadero.
abbey ('æbi) *s.* abadía.
abbot ('æbət) *m.* abad.
abbreviate (to) (ə'bri:vieit) *t.* abreviar. *2* compendiar.
abbreviation (ə'bri:vi'eiʃən) *s.* abreviación. *2* abreviatura.
abdicate (to) ('æbdikeit) *i.* abdicar.
abdicación (ˌæbdi'keiʃən) *s.* abdicación.
abdomen ('æbdəmen) *s.* abdomen.
abdominal (æb'dɔminl) *a.* abdominal.
abduct (to) (æb'dʌkt) *t.* raptar.
abduction (æb'dʌkʃən) *s.* rapto.
abed (ə'bed) *adv.* en cama, acostado.
aberration (ˌæbə'reiʃən) *s.* aberración. *2* locura parcial.
abet (to) (ə'bet) *t.* alentar, ayudar, consentir.
abetter, abettor (ə'betəʳ) *s.* fautor, cómplice.
abeyance (in) (ə'beiəns) en espera, en suspenso; vacante.
abhor (to) (əb'hɔ:ʳ) *t.* aborrecer, detestar.
abhorrence (əb'hɔrəns) *s.* aborrecimiento, odio.
abhorrent (əb'hɔrənt) *a.* detestable, odioso. *2* opuesto.
abide (to) (ə'baid) *i.* morar, habitar. *2* quedar, permanecer. *3* ***to ~ by***, atenerse a. *4 t.* esperar, aguardar. *5* sufrir, tolerar. ¶ Pret. y p. p.: ***abode*** (ə'boud) o *abided* (ə'baidid).
abiding (ə'baidiŋ) *a.* permanente: estable.
ability (ə'biliti) *s.* habilidad, aptitud. *2* talento.
abject ('æbdʒekt) *a.* abyecto.
abjection (æb'dʒekʃən) *s.* abyección.
abjure (to) (əb'dʒuəʳ) *t.* abjurar.
ablaze (ə'bleiz) *adv.-a.* ardiendo, en llamas. *2 a.* resplandeciente.
able ('eibəl) *a.* que puede: *to be ~ to*, poder. *2* hábil, capaz.
abloom (ə'blu:m) *a.-adv.* florido, en flor.
ably ('eibli) *a.* hábilmente.
abnegation (ˌæbni'geiʃən) *s.* renuncia, abnegación.
abnormal (æb'nɔ:məl) *a.* anormal. *2* inusitado.
abnormity (æb'nɔ:miti) *s.* anomalía; monstruosidad.
aboard (ə'bɔ:d) *adv.* a bordo.
abode (ə'boud) V. TO ABIDE. *2 s.* morada, domicilio.
abolish (to) (ə'bɔliʃ) *t.* abolir, suprimir.
abolition (ˌæbə'liʃən) *s.* abolición, supresión.
A-bomb ('eibɔm) *s.* bomba atómica.
abominate (to) (ə'bɔmineit) *t.* abominar.
abomination (əˌbɔmi'neiʃən) *s.* abominación.
aboriginal (ˌæbə'ridʒənəl) *a.-s.* aborigen.
aborigines (ˌæbə'ridʒini:z) *s. pl.* aborígenes.
abort (to) (ə'bɔ:t) *i.* abortar.
abortion (ə'bɔ:ʃən) *s.* aborto.
abound (to) (ə'baund) i. abundar.

about (ə'baut) *prep.* cerca de, junto a, alrededor de. *2* por, en: ***to play ~ the garden,*** jugar en [por] el jardín. *3* sobre, acerca de: ***to speak ~,*** hablar de: ***what is all ~?,*** ¿de qué se trata? *4* hacia, a eso de: ***~ three o'clock,*** a eso de las tres. *5* ***to be ~ to,*** estar a punto de, ir a. *6 adv.* alrededor, en torno. *7* casi, aproximadamente.

above (ə'bʌv) *prep.* sobre, por encima de. *2* más de o que. *3* ***~ all,*** sobre todo. *4 adv.* arriba, en lo alto. *5 a.* arriba expresado.

abrade (to) (ə'breid) *t.* desgastar.

abrasión (ə'breiʒən) *s.* abrasión.

abreast (ə'brest) *adv.* de frente: ***four ~,*** a cuatro de frente.

abridge (to) (ə'bridʒ) *t.* abreviar; resumir. *2* privar, despojar.

abridg(e)ment (ə'bridʒmənt) *s.* abreviación. *2* privación.

abroad (ə'brɔ:d) *adv.* afuera, en el extranjero: ***to go ~,*** ir al extranjero. *2* ampliamente.

abrogate (to) ('æbrougeit) *t.* abrogar.

abrupt (ə'brʌpt) *a.* abrupto. *2* brusco. *3* inconexo [estilo]. *4* **-ly** *adv.* bruscamente, etc.

abruptness (ə'brʌptnis) *s.* escabrosidad [de un terreno]. *2* brusquedad.

abscess ('æbsis) *s.* MED. absceso.

abscond (to) (əb'skɔnd) *i.* esconderse. *2* huir de la justicia.

abscence ('æbsəns) *s.* ausencia. *2* falta [de asistencia]. *3* ***~ of mind,*** distracción.

absent ('æbsənt) *a.* ausente. *2* ***~ minded,*** distraído.

absent (to) (æb'sent) *ref.* ***to ~ oneself,*** ausentarse.

absentee (ˌæbsən'ti:) *s.* ausente. *2* ausentista.

absinth(e ('æbsinθ) *s.* ajenjo.

absolute ('æbsəlu:t) *s.* absoluto. *2* categórico. *3 s.* lo absoluto. *4* **-ly** *adv.* absolutamente, etc.

absolution (ˌæbsə'lu:ʃən) *s.* absolución.

absolutism ('æbsə'lu:tizəm) *s.* absolutismo.

absolve (to) (əb'zɔlv) *t.* absolver.

absorb (to) (əb'sɔ:b) *t.* absorber. *2 ref.* abstraerse, enfrascarse.

absorbent (əb'sɔ:bənt) *a.-s.* absorbente.

absorber (əb'sɔ:bə^r) *s.* absorbente. *2* MEC. amortiguador.

absorbing (əb'sɔ:biŋ) *a.* absorbente [que interesa o preocupa].

absorption (əb'sɔ:pʃən) *s.* absorción. *2* ensimismamiento.

abstain (to) (əb'stein) *i.* abstenerse.

abstemious (æb'sti:mjəs) *a.* abstemio. *2* templado, sobrio.

abstention (æb'stenʃən) *s.* abstención.

abstergent (əb'stə:dʒənt) *a.-s.* abstergente.

abstinence ('æbstinəns) s. abstinencia.

abstinent ('æbstinənt) *a.* abstinente.

abstract ('æbstrækt) *a.* abstracto. *2 s.* extracto, resumen.

abstract (to) (æb'strækt) *t.* abstraer. *2* hurtar, sustraer. *3* distraer. *4 i.* hacer abstracción [de]. *5 t.* resumir, compendiar.

abstraction (æb'strækʃən) *s.* abstracción. *2* distracción, ensimismamiento. *3* hurto.

abstruse (æb'stru:s) *a.* abstruso.

absurd (əb'sə:d) *a.* absurdo.

absurdity (əb'sə:diti) *s.* absurdo.

abundance (ə'bʌndəns) *s.* abundancia.

abundant (ə'bʌndənt) *a.* abundante.

abuse (ə'bju:s) *s.* abuso. *2* maltrato, insultos, denuestos.

abuse (to) (ə'bju:z) *t.* abusar de. *2* maltratar, denigrar, hablar mal de.

abusive (ə'bju:siv) *a.* abusivo. *2* injurioso, insultante. *3* **-ly** *adv.* injuriosamente, etc.

abut (to) (ə'bʌt) *i.* lindar con.

abutment (ə'bʌtmənt) *s.* estribo, refuerzo. *2* contigüidad, linde.

abyss (ə'bis) *s.* abismo.

acacia (ə'keiʃə) *s.* BOT. acacia.

academic (ˌækə'demik) *a.-s.* académico. *2 s.* universitario.

academy (ə'kædəmi) *s.* academia.

accede (to) (æk'si:d) *i.* acceder. *2* ascender, subir [al trono, etc.].

accelerate (to) (æk'seləreit) *t.* acelerar. *2 i.* acelerarse.

acceleration (ækˌselə'reiʃən) *s.* aceleración.

accelerator (ək'seləreitə^r) *s.* acelerador.

accent ('æksənt) *s.* acento.

accent (to) (æk'sent) *t.* acentuar.

accentuate (to) (æk'sentjueit) *t.* acentuar. *2* intensificar.

accentuation (ækˌsentju'eiʃən) *s.* acentuación.

accept (to) (ək'sept) *t.* aceptar. *2* admitir, creer. *3* entender.

acceptable (ək'septəbl) *a.* aceptable. *2* acepto, grato.

acceptance (ək'septəns) *s.* aceptación, acogida.

acceptation (ˌæksep'teiʃən) *s.* acepción.

access ('ækses) *s.* acceso. *2* aumento, añadidura.

accesible (æk'sesibl) *a.* accesible. *2* asequible.

accession (æk'seʃən) *s.* asentimiento. *2* advenimiento [al trono, etc.]. *3* adquisición.
accessory (æk'sesəri) *a.* accesorio. *2 s.* accesorio. *3* cómplice.
accident ('æksidənt) *s.* accidente. *2* casualidad. *3* percance.
accidental (ˌæksi'dentl) *a.* accidental, casual. *2* **-ly** *adv.* accidentalmente, casualmente.
acclaim (to) (ə'kleim) *t.-i.* aclamar.
acclamation (ˌæklə'meiʃən) *s.* aclamación.
acclimatize (to) (ə'klaimətaiz) *t.* aclimatar. *2 i.* aclimatarse.
acclivity (ə'kliviti) *s.* cuesta, pendiente.
accolade ('ækəleid) *s.* espaldarazo. MÚS. corchete.
accomodate (to) (ə'kɔmədeit) *f.* acomodar, alojar. *2 i.* acomodarse.
accommodating (ə'kɔmədeitiŋ) *a.* servicial, complaciente.
accommodation (əˌkɔmə'deiʃən) *s.* acomodación. *2* servicio, favor. *3* alojamiento. *4 pl.* facilidades, comodidades.
accompaniment (ə'kʌmpənimənt) *s.* acompañamiento.
accompany (to) (ə'kʌmpəni) *t.* acompañar.
accomplice (ə'kɔmplis) *s.* cómplice.
accomplish (to) (ə'kɔmpliʃ) *t.* efectuar, llevar a cabo.
accomplished (ə'kɔmpliʃt) *a.* cumplido, consumado. *2* culto, instruido; distinguido.
accomplishment (ə'kɔmpliʃmənt) *s.* realización. *2* logro. *3 pl.* talentos, dotes, habilidades.
accord (ə'kɔ:d) *s.* acuerdo, concierto, armonía: ***with one ~***, unánimemente. *2* acuerdo, convenio. *3* ***of one's own ~***, espontáneamente.
accord (to) (ə'kɔ:d) *t.* conceder, otorgar. *2 i.* concordar.
accordance (ə'kɔ:dəns) *s.* acuerdo, conformidad.
according (ə'kɔ:diŋ) *a.* acorde, conforme. *2* ***~ to***, según, conforme a.
accordingly (ə'kɔ:diŋli) *adv.* de conformidad [con]. *2* por consiguiente.
accordion (ə'kɔ:djən) *s.* acordeón.
accost (to) (ə'kɔst) *t.* abordar, dirigirse a [uno].
account (ə'kaunt) *s.* cuenta: ***current ~***, cuenta corriente; ***to call to ~***, pedir cuentas; ***to take into ~***, tener en cuenta; ***to turn into ~***, sacar provecho de; ***for ~ of***, por cuenta de; ***on ~***, a cuenta. *2* causa, motivo; ***on ~ of***, por, a causa de; ***on no ~***, de ningún modo. *3* explicación. *4* relación, informe. *5* importancia: ***of no ~***, sin importancia.
account (to) (ə'kaunt) *t.* tener por, estimar, juzgar. *2 i.* ***to ~ for***, responder de; explicar.
accountable (ə'kauntəbl) *a.* responsable. *2* explicable.
accountant (ə'kauntənt) *s.* contador, tenedor de libros.
accounting (ə'kauntiŋ) *s.* contabilidad. *2* explicación.
accouter, accoutre (to) (ə'ku:tə[r]) *t.* vestir, equipar.
accredit (to) (ə'kredit) *t.* acreditar. *2* creer. *3* atribuir.
accretion (æ'kri:ʃən) *s.* acrecentamiento. *2* acreción.
accrual (ə'kru:əl) *s.* incremento.
accrue (to) (ə'kru:) *i.* crecer. *2* provenir, resultar.
accumulate (to) (ə'kju:mjuleit) *t.* acumular. *2 i.* acumularse.
accumulation (əˌkju:mju'leiʃən) *s.* acumulación.
accumulator (ə'kju:mjuleitə[r]) *s.* acumulador.
accuracy ('ækjurəsi) *s.* exactitud.
accurate ('ækjurit) *a.* exacto, correcto. *2* preciso. *3* esmerado.
accursed (ə'kə:sid) *a.* maldito.
accusation (ˌækju:'zeiʃən) *s.* acusación: ***to bring an ~***, presentar una denuncia.
accusative (ə'kju:zətiv) *a.-s.* GRAM. acusativo.
accuse (to) (ə'kju:z) *t.* acusar.
accused (ə'kju:zd) *s.* acusado.
accuser (ə'kju:zə[r]) *s.* acusador.
accustom (to) (ə'kʌstəm) *t.* acostumbrar.
accustomed (ə'kʌstəmd) *a.* acostumbrado.
ace (eis) *s.* as. *2* ***within an ~ of***, a dos dedos de.
acerb (ə'sə:b) *a.* acerbo.
acerbate (to) ('æsə:ˌbeit) *t.* agriar. *2* exasperar.
ache (eik) *s.* dolor; achaque.
ache (to) (eik) *i.* doler.
achieve (to) (ə'tʃi:v) *t.* realizar. *2* conseguir. *3 i.* triunfar.
achievement (ə'tʃi:vmənt) *s.* logro. *2* hazaña, proeza.
aching ('eikiŋ) *a* dolorido. *2 s.* dolor.
acid ('æsid) *a.-s.* ácido.
acidity (ə'siditi), **acidness** ('æsidnis) *s.* acidez. *2* acritud.
acknowledge (to) (ək'nɔlidʒ) *t.* reconocer. *2* agradecer. *3* ***to ~ receipt***, acusar recibo.

acknowledgment (ək'nɔlidʒmənt) *s.* reconocimiento, confesión. *2* gratitud. *3* acuse de recibo.
acme ('ækmi) *s.* pináculo, apogeo, colmo. *2* MED. acmé.
acolyte ('ækəlait) *s.* acólito.
acorn ('eikɔ:n) *s.* bellota.
acoustic (ə'ku:stik) *a.* acústico.
acoustics (ə'ku:stiks) *s.* acústica.
acquaint (to) (ə'kweint) *t.* enterar, informar, hacer saber: ***to be acquainted with***, conocer, tener trato con.
acquaintance (ə'kweintəns) *s.* conocimiento. *2* trato, relación. *3* conocido [pers.].
acquiesce (to) (ˌækwi'es) *i.* asentir, consentir, conformarse.
acquiescence (ˌækwi'esəns) *s.* aquiescencia, conformidad.
acquire (to) (ə'kwaiə^r) *t.* adquirir. *2* contraer [hábitos, etc.].
acquirement (ə'kwaiəmənt) *s.* adquisición. *2 pl.* conocimientos.
acquisition (ˌækwi'ziʃən) *s.* adquisición.
acquisitive (ə'kwizitiv) *a.* adquisitivo. *2* codicioso, ahorrativo.
acquit (to) (ə'kwit) *t.* absolver, declarar inocente: ***to ~ oneself***, salir bien.
acquittal (ə'kwitl) *s.* DER. absolución. *2* descargo; desempeño, cumplimiento.
acquittance (ə'kwitəns) *s.* descargo [de deuda]. *2* quitanza.
acre ('eikə^r) *s.* acre [40.47 a.].
acrid ('ækrid) *a.* acre.
acridity (æ'kriditi) *s.* acritud.
acrimonious (ˌækri'mounjəs) *a.* acre. *2* áspero, mordaz.
acrimoniousness (ˌækri'mounjəsnis), **acrimony** ('ækriməni) *s.* acritud. *2* aspereza, mordacidad.
acrobat ('ækrəbæt) *s.* acróbata.
acrobatics (ˌækrə'bætiks) *s.* acrobacia.
across (ə'krɔs) *prep.* a través de; al otro lado de: ***to come ~***, encontrarse con. *2 adv.* de través; de una parte a otra.
acrostic (ə'krɔstik) *a.-s.* acróstico.
act (ækt) *s.* acto, hecho, acción: ***~ of God***, fuerza mayor; ***in the (very) act***, in fraganti. *2* TEAT. acto. *3* DER. ley.
act (to) (ækt) *i.* obrar, actuar, conducirse. *2 t.* interpretar [un papel].
acting ('æktiŋ) *a.* interino, suplente. *2 s.* TEAT. representación.
action ('ækʃən) *s.* acción. *2* mecanismo [de un piano, etc.].
activate (to) ('æktiveit) *t.* QUIM. BIOL. activar.
active ('æktiv) *a.* activo. *2* vivo, ligero. *3* vigoroso. *4* en actividad. *5* **-ly** *adv.* activamente.
activity (æk'tiviti) *s.* actividad.
actor ('æktə^r) *s.* actor.
actress ('æktris) *s.* actriz.
actual ('æktjuəl) *a.* real, efectivo, de hecho. *2* actual.
actuality ('æktju'æliti) *s.* realidad.
actually ('æktjuəli) *adv.* realmente, efectivamente, de hecho.
actuary ('æktjuəri) *s.* escribano. *2* actuario de seguros.
actuate (to) ('æktjueit) *t.* actuar, mover, impulsar.
acuity (ə'kju:iti) *s.* agudeza.
acumen (ə'kju:men) *s.* perspicacia.
acute (ə'kju:t) *a.* agudo.
acuteness (ə'kju:tnis) *s.* agudeza; sutileza; perspicacia.
adage ('ædidʒ) *s.* adagio, refrán.
Adam ('ædəm) *n. pr.* Adán: *Adam's apple*, nuez [de la garganta].
adamant ('ædəmənt) *a.* inexorable.
adapt (to) (ə'dæpt) *t.-ref.* adaptar(se).
adaptable (ə'dæptəbl) *a.* adaptable. *2* aplicable.
adaptation (ˌædæp'teiʃən) *s.* adaptación.
add (to) (æd) *t.* añadir, agregar. *2 t.-i.* sumar: ***to ~ up***, sumar; ***to ~ to***, aumentar.
adder ('ædə^r) *s.* ZOOL. víbora.
addict ('ædikt) *s. pers.* aficionada al uso de [drogas].
addict (to) (ə'dikt) *t.-ref.* aficionar, habituar.
addicted (ə'diktid) *a.* aficionado.
addiction (ə'dikʃən) *s.* afición.
addition (ə'diʃən) *s.* adición, añadidura: ***in ~ to***, además de. *2* ARIT. adición, suma.
addle ('ædl) *a.* huero, podrido.
addle (to) ('ædl) *t.* pudrirse. *2* confundir.
address (ə'dres) *s.* discurso, alocución. *2* ***form of ~***, tratamiento. *3* dirección, señas.
address (to) (ə'dres) *t.* hablar, dirigirse a. *2* enviar [cartas].
addressee (ˌædre'si:) *s.* destinatario.
adduce (to) (ə'dju:st) *t.* aducir.
adept ('ædept) *a.-s.* experto, perito.
adequate ('ædikwit) *a.* adecuado, suficiente. *2* **-ly** *adv.* adecuadamente.
adhere (to) (əd'hiə^r) *i.* adherir, adherirse. *2* tener apego.
adherence (ad'hiərəns) *s.* adhesión, apego.
adherent (əd'hiərənt) *a.* adherente. *2 s.* adherido, partidario.
adhesion (əd'hi:ʒən) *s.* adherencia. *2* adhesión.
adhesive (əd'hi:siv) *a.* adhesivo.
adieu (ə'dju): *interj.* ¡adiós! *2 s.* adiós, despedida.
adipose ('ædipous) *a.* adiposo.

adjacent (ə'dʒeisənt) *a.* adyacente, contiguo.
adjective ('ædʒiktiv) *a.-s.* adjetivo.
adjoin (to) (ə'dʒɔin) *t.* unir. *2 i.* lindar, estar contiguo.
adjoining (ə'dʒɔiniŋ) *a.* contiguo, inmediato.
adjourn (to) (ə'dʒə:n) *t.* aplazar, suspender. *2 i.* levantar la sesión. *3* trasladarse.
adjournment (ə'dʒə:nmənt) *s.* aplazamiento, suspensión.
adjudge (to) (e'dʒʌdʒ) *t.* adjudicar. *2* juzgar [un asunto]. *3 i.* fallar, dictar sentencia.
adjudgement (ə'dʒʌdʒmənt) *s.* adjudicación. *2* decisión, fallo.
adjunct ('ædʒʌŋkt) *a.* adjunto, cosa accesoria. *2 s.* adjunto.
adjure (to) (ə'dʒuəʳ) *t.* implorar.
adjust (to) (ə'dʒʌst) *t.* ajustar, arreglar, acomodar, adaptar.
adjustment (ə'dʒʌstmənt) *s.* ajuste, arreglo.
adjutant ('ædʒutənt) *s.* ayudante.
administer (to) (əd'ministəʳ) *t.-i.* administrar. *2 t.* dar, propinar.
administration (əd,minis'treiʃən) *s.* administración, gobierno.
administrator (əd'ministreitəʳ) *s.* administrador; gobernante.
admirable ('ædmərəbl) *a.* admirable.
admiral ('ædmərəl) *s.* almirante.
admiralty ('ædmərəlti) *s.* almirantazgo. *2* ministerio de marina.
admiration (,ædmi'reiʃən) *s.* admiración.
admire (to) (əd'maiəʳ) *t.* admirar. *2 i.* admirarse.
admirer (əd'maiərəʳ) *s.* admirador.
admission (əd'miʃən) *s.* admisión, entrada, acceso.
admit (to) (əd'mit) *t.* admitir, dar entrada a. *2* reconocer.
admittance (əd'mitəns) *s.* admisión, entrada.
admittedly (əd'mitidli) *adv.* sin duda.
admix (to) (əd'miks) *t.* mezclar.
admonish (to) (əd'mɔniʃ) *t.* advertir, amonestar.
admonition (,ædmə'niʃən) *s.* advertencia, admonición.
ado (ə'du:) *s.* ruido, alboroto, ajetreo; trabajo, dificultad.
adolescence (,ædou'lesəns) *s.* adolescencia.
adolescent (,ædou'lesənt) *a.-s.* adolescente.
adopt (ə'dɔpt) *t.* adoptar.
adoption (ə'dɔpʃən) *s.* adopción.
adoptive (ə'dɔptiv) *a.* adoptivo.
adorable (ə'dɔ:rəbl) *a.* adorable.
adoration (,ædɔ:'reiʃən) *s.* adoración. *2* culto, veneración.
adore (to) (ə'dɔ:ʳ) *t.* adorar.
adorn (to) (ə'dɔ:n) *t.* adornar.
adornment (ə'dɔ:nmənt) *s.* adorno, ornamento.
adrift (ə'drift) *adv.-a.* a la deriva. *2* fig. sin rumbo.
adroit (ə'drɔit) *a.* diestro, hábil. *2* **-ly** *adv.* diestramente, etc.
adulation (,ædju'leiʃən) *s.* adulación.
adult ('ædʌlt) *a.-s.* adulto.
adulterate (ə'dʌltəreit) *a.* adúltero, falso.
adulterate (to) (ə'dʌltəreit) *t.* adulterar, sofisticar.
adulteration (ə'dʌltəreiʃən) *s.* adulteración.
adulterer (ə'dʌltərəʳ) *s.* adúltero.
adultery (ə'dʌltəri) *s.* adulterio.
adumbrate (to) ('ædʌmbreit) *t.* bosquejar. *2* indicar.
advance (əd'vɑ:ns) *s.* avance. *2* COM. anticipo, paga adelantada.
advance (to) (əd'vɑ:ns) *t.* adelantar, avanzar. *2* ascender [a uno]. *3* mejorar, fomentar. *4* adelantar, anticipar [dinero]. *5 i.* adelantarse.
advanced (əd'vɑ:nst) *a.* avanzado.
advancement (əd'vɑ:nsmənt) *s.* adelantamiento. *2* progreso. *3* promoción.
advantage (əd'vɑ:ntidʒ) *s.* ventaja; provecho: ***to take ~ of,*** aprovecharse de.
advantage (to) (əd'vɑ:ntidʒ) *t.* adelantar, promover, favorecer.
advantageous (,ædvən'teidʒəs) *a.* ventajoso, provechoso. *2* **-ly** *adv.* ventajosamente, etc.
advent ('ædvənt) *s.* advenimiento. *2* adviento.
adventitious (,ædven'tiʃəs) *a.* adventicio, accidental.
adventure (əd'ventʃəʳ) *s.* aventura. *2* especulación comercial.
adventure (to) (əd'ventʃəʳ) *t.* aventurar. *2 ref.* arriesgarse.
adventurer (əd'ventʃərəʳ) s. aventurero.
adventuress (əd'ventʃəris) *s.* aventurera.
adventurous (əd'ventʃərəs) *a.* aventurero. *2* arriesgado.
adverb ('ædvə:b) *s.* adverbio.
adversary ('ædvəsəri) *s.* adversario.
adverse ('ædvə:s) *a.* adverso.
adversity (əd'və:siti) *s.* adversidad, infortunio.
advert (to) (əd'və:t) *i.* referirse.
advertise o **-tize (to)** ('ædvətaiz) *t.* avisar, informar. *2 t.-i.* COM. anunciar.
advertisement (əd'və:tismənt) *s.* aviso. *2* COM. anuncio.

advertiser o **-tizer** (ˈædvətaizəʳ) *s.* anunciante.
advertising (ˈædvətaiziŋ) *s.* publicidad, propaganda.
advice (ədˈvais) *s.* consejo. *2* aviso.
advisable (ədˈvaizəbl) *a.* aconsejable, prudente.
advise (to) (ədˈvaiz) *t.* aconsejar. *2* avisar. *3 i.* aconsejarse.
adviser (ədˈvaizəʳ) *s.* consejero.
advocate (ˈædvəkit) *s.* abogado.
advocate (to) (ˈædvəkeit) *t.* abogar por; defender, propugnar.
aerial (ˈɛəriəl) *a.* aéreo; atmosférico. *2 s.* RADIO. antena.
aerodrome (ˈɛərədroum) *s.* aeródromo.
aerodynamics (ˈɛəroudaiˈnæmiks) *s.* aerodinámica.
aeronautics (ˈɛərəˈnɔ:tiks) *s.* aeronáutica.
aeroplane (ˈɛərəplein) *s.* aeroplano.
æsthetic (i:sˈθetik) *a.* estético.
æsthetics (i:sˈθetiks) *s.* estética.
aether (ˈi:θəʳ) *s.* éter.
afar (əˈfɑ:ʳ) *adv.* lejos, a lo lejos.
affability (ˌæfəˈbiliti) *s.* afabilidad.
affable (ˈæfəbl) *a.* afable.
affair (əˈfɛəʳ) *s.* asunto, negocio: ***business affairs,*** negocios; ***love affairs,*** amores.
affect (to) (əˈfekt) *t.* afectar, conmover, impresionar.
affectation (ˌæfekˈteiʃən) *s.* afectación.
affected (əˈfektid) *a.* afectado. *2* **-ly** *adv.* afectadamente.
affecting (əˈfektiŋ) *a.* conmovedor, patético. *2* concerniente a.
affection (əˈfekʃən) *s.* afecto, cariño. *2* inclinación.
affectionate (əˈfekʃənit) *a.* afectuoso, cariñoso, tierno. *2* **-ly** *adv.* afectuosamente, etc.
affidavit (ˌæfiˈdeivit) *s.* declaración jurada; afidávit.
affiliate (əˈfiliəit) *a.-s.* afiliado.
affiliate (to) (əˈfilieit) *t.* afiliar.
affiliation (əˌfiliˈeiʃən) *s.* afiliación. *2* prohijamiento.
affinity (əˈfiniti) *s.* afinidad.
affirm (to) (əˈfə:m) *t.* afirmar.
affirmation (ˌæfə:ˈmeiʃən) *s.* afirmación, aserción.
affix (ˈæfiks) *s.* añadidura. *2* afijo.
affix (to) (əˈfiks) *t.* pegar, añadir. *2* poner [una firma, etc.].
afflict (to) (əˈflikt) *t.* afligir.
affliction (əˈflikʃən) *s.* aflicción. *2* desgracia. *3* achaque, mal.
affluence (ˈæfluəns) *s.* afluencia. *2* abundancia. *3* riqueza.
affluent (ˈæfluənt) *a.* abundante. *2* opulento. *3 s.* GEOGR. afluente.
afford (to) (əˈfɔ:d) *t.* producir, dar, proporcionar, ofrecer. *2* poder, tener medios o recursos para; permitirse [un gasto, etc.]. | Gralte. con ***can*** o ***may***.
afforestation (æˌfɔrisˈteiʃən) *s.* repoblación forestal.
affray (əˈfrei) *s.* riña, pendencia.
affront (əˈfrʌnt) *s.* afrenta, insulto, desaire.
affront (to) (əˈfrʌnt) *t.* afrentar. *2* afrontar, arrostrar.
afield (əˈfi:ld) *adv.* lejos.
aflame (əˈfleim) *a.-adv.* en llamas; inflamado.
afloat (əˈflout) *a.-adv.* a flote.
afoot (əˈfut) *adv.* a pie.
aforesaid (əˈfɔ:sed) *a.* mencionado, antedicho.
afraid (əˈfreid) *a.* temeroso: ***to be ~,*** tener miedo.
afresh (əˈfreʃ) *adv.* de nuevo.
aft (ɑ:ft) *adv.* MAR. a popa.
after (ˈɑ:ftəʳ) *prep.* después de, detrás de. *2* según. *3* adv. después, luego. *4 a.* siguiente. *5 conj.* después que.
after-dinner (-ˈdinəʳ) *a.* de sobremesa.
after-hours (-ˈauəz) *s. pl.* horas extraordinarias.
aftermost (-ˈmoust) *a.* posterior, último.
afternoon (ˈɑ:təˈnu:n) *s.* tarde.
aftertaste (-ˈteist) *s.* resabio, dejo, gustillo.
afterwards (ˈɑ:ftəwedz) *adv.* después, luego.
again (əˈgən, əˈgein) *prep.* de nuevo, otra vez, aún: ***~ and ~,*** repetidamente; ***as much ~,*** otro tanto más; ***now and ~,*** de vez en cuando.
against (əˈgənst) *prep.* contra: ***~ time,*** contra el reloj. *2* enfrente de. *3* al lado de.
agate (ˈgægət) *s.* MINER. ágata.
age (eidʒ) *s.* edad: ***of ~,*** mayor de edad. *2* vejez, senectud. *3* siglo, centuria.
age (to) (eidʒ) *i.-t.* envejecer.
aged (ˈeidʒid) *a.* viejo, anciano. *2* (eidʒd)de [tantos años de] edad: ***a by ~ ten,*** un muchacho de diez años.
agency (ˈeidʒənsi) *s.* acción. *2* mediación. *3* COM. agencia.
agenda (əˈdʒendə) *s.* agenda. *2* orden del día.
agent (ˈeidʒənt) *a.-s.* agente.
agglomerate (əˈglɔmərit) *a.-s.* aglomerado.
agglomerate (to) (əˈglɔmareit) *t.* aglomerar. *2 i.* aglomerarse.

agglutinate (to) (ə'glu:tıneit) *t.* aglutinar.
aggrandize (to) (ə'grændaiz) *t.* agrandar. *2* engrandecer, elevar.
aggravate (to) ('ægrəveit) *t.* agravar. *2* irritar, exasperar.
aggravation (,ægrə'veiʃən) *s.* agravamiento. *2* exasperación.
aggregate ('ægrigit) *a.* conjunto, total. *2 s.* agregado, conjunto.
aggregate (to) ('ægrigeit) *t.* agregar, juntar. *2* sumar.
aggression (ə'greʃən) *s.* agresión.
aggressive (ə'gresiv) *a.* agresivo.
aggressor (ə'gresə^r) *s.* agresor.
aggrieve (to) (ə'gri:v) *t.* afligir, apenar. *2* vejar, oprimir.
aghast (ə'gɑ:st) *a.* espantado.
agile ('ædʒail) *a.* ágil, vivo.
agility (ə'dʒiliti) *s.* agilidad.
agitate (to) ('ædʒiteit) *t.* agitar. *2* conmover. *3* debatir, discutir.
agitation ('ædʒi'teiʃən) *s.* agitación. *2* discusión.
agitator ('ædʒiteitə^r) *s.* agitador.
aglow (ə'glou) *a.-adv.* encendido.
ago (ə'gou) *adv.* atrás, hace, ha: ***two years*** ~, hace dos años.
agog (ə'gɔg) *a.* anhelante, excitado, curioso.
agonize (to) ('ægənaiz) *i.* agonizar, sufrir angustiosamente.
agony ('ægəni) *s.* agonía. *2* angustia, aflicción extrema.
agrarian (ə'grɛəriən) *a.-s.* agrario.
agree (to) (ə'gri:) *i.* asentir, consentir. *2* concordar, cuadrar. *3* ponerse de acuerdo. *4* venir bien, sentar bien. *5* GRAM. concordar.
agreeable (ə'griəbl) *a.* agradable. *2* conforme. *3* fam. dispuesto.
agreement (ə'gri:mənt) *s.* acuerdo, convenio, pacto. *2* armonía, unión. *3* concordancia.
agricultural (,ægri'kʌltʃurəl) *a.* agrícola.
agriculture ('ægrikʌltʃə^r) *s.* agricultura.
agriculturist (,ægri'kʌltʃərist) *s.* agricultor.
aground (ə'graund) *adv.* MAR. encallado, varado: ***to run*** ~, encallar, varar.
ague ('eigju:) *s.* fiebre intermitente. *2* escalofrío.
ahead (ə'hed) *adv.* delante, al frente, a la cabeza.
aid (eid) *t.* ayuda, auxilio, socorro.
aid (to) (eid) *t.* ayudar, auxiliar, socorrer.
ail (to) (eil) *t.* afligir, aquejar. *2 i.* sufrir, estar indispuesto.
ailing ('eiliŋ) *a.* enfermo, achacoso.
ailment ('eilmənt) *s.* dolencia, padecimiento, achaque.
aim (eim) *s.* puntería. *2* blanco [al que se tira]: ***to miss one's*** ~, errar el tiro. *3* designio.
aim (to) (eim) *t.* apuntar. 2 asestar. *3* aspirar a.
ain't (eint) contr. vulg. de ***am not, is not, are not*** y ***has not.***
air (ɛə^r) *s.* aire. *2* céfiro, aura. *3* ambiente. *4* aire, semblante, continente, aspecto. *5* afectación, tono: ***to put on airs,*** darse tono. *6* MÚS. aire, tonada. *7 a.* de aire, neumático, aéreo: ~ ***force,*** fuerzas aéreas; ~ ***gun,*** escopeta de viento; ~ ***hostess,*** AVIA. azafata; ~ ***mail,*** correo aéreo; ~ ***raid,*** ataque aéreo.
air (to) (ɛə^r) *t.* airear, orear. *2* ventilar. *3* exhibir. *4* divulgar.
air-conditioned ('ɛəkən,diʃənd) *a.* con aire acondicionado.
aircraft ('ɛəkra:ft) *s.* avión: ~ ***carrier,*** portaaviones.
airdrome ('ɛədroum) *s.* aeródromo.
airing ('ɛəriŋ) *s.* paseo [para tomar el aire]. *2* oreo.
air-lift ('ɛəlift) *s.* puente aéreo.
airline ('ɛəlain) *s.* línea aérea.
airman ('ɛəmæn) *s.* aviador.
airplane ('ɛə-plein) *s.* aeroplano.
air-port ('ɛə-pɔ:t) *s.* aeropuerto.
airship ('ɛə-ʃip) *s.* aeronave.
airstrip ('ɛə-strip) *s.* AVIA. pista.
airtight ('ɛə-tait) *a.* hermético.
airway ('ɛəwei) *s.* línea aérea, vía aérea.
airy ('ɛəri) *a.* oreado. *2* etéreo, vaporoso. *3* ligero, vivo, gracioso. *4* vano, superficial.
aisle (ail) *s.* pasillo [en un teatro, etc.] *2* ARQ. nave lateral.
ajar (ə'dʒɑ:) *a.* entreabierto.
akimbo (ə'kimbou) *a.* en jarras.
akin (ə'kin) *a.* pariente. *2* semejante.
alabaster ('ələbɑ:stə^r) *s.* alabastro.
alacrity (ə'lækriti) *s.* presteza.
alarm (ə'lɑ:m) *s.* alarma. *2* rebato. *3* ~ ***-clock,*** despertador.
alarm (to) (ə'lɑ:m) *t.* alarmar. *2* alertar.
alarming (ə'lɑ:miŋ) *a.* alarmante.
alarm-clock (ə'lɑ:mklɔk) *s.* despertador.
alas (ə'lɑ:s) *interj.* ¡ay!, ¡guay!
albeit (ɔ:l'bi:it) *conj.* aunque.
albino (æl'bi:nou) *s.* albino.
album ('ælbəm) *s.* álbum.
albumen ('ælbjumin) *s.* albumen. *2* albúmina.
alchemist ('ælkimist) *s.* alquimista.
alchemy ('ælkimi) *s.* alquimia.
alcohol ('ælkəhɔl) *s.* QUÍM. alcohol.
alcoholic (,ælkə'hɔlik) *a.* alcohólico.

alcove ('ælkouv) *s.* alcoba.
alderman ('ɔ:ldəmən) *s.* concejal, regidor.
ale (eil) *s.* cerveza inglesa muy fuerte.
alert (ə'lə:t) *a.* vigilante. *2* vivo, listo. *3* MIL. alarma: ***on the ~***, alerta, sobre aviso.
alertness (ə'lə:tnis) *s.* vigilancia. *2* viveza, presteza.
alga ('ælgə), *pl.* **algae** ('ældʒi:) *s.* alga.
algebra ('ældʒibrə) *s.* álgebra.
alias ('eliæs) *adv.-s.* alias.
alibi ('ælibai) *s.* coartada.
alien ('eiljən) *a.* ajeno, extraño. *2 a.-s.* extranjero.
alienate (to) ('eiljəneit) *t.* alienar, enajenar.
alienation (ˌeiljə'neiʃən) *s.* alienación, enajenación.
alight (ə'lait) *a.-adv.* encendido, iluminado; ardiendo.
alight (to) (ə'lait) *i.* bajar, apearse. *2* caer, posarse.
align (to) (ə'lain) *t.-i.* alinear(se.
alike (ə'laik) *a.* igual, semejante. *2 adv.* igualmente.
alimentary (ˌæli'mentəri) *a.* alimenticio. *2* ***~ canal,*** tubo digestivo.
alive (ə'laiv) *a.* vivo, viviente. *2* vivo, activo. *3* ***~ with,*** lleno de.
alkaloid ('ælkəlɔid) *s.* alcaloide.
all (ɔ:l) *a.* todo, -da; todos, -das. *2 pron.* todo, totalidad: ***after ~***, después de todo; ***at ~***, absolutamente, del todo; ***not at ~***, de ningún modo; no hay de qué; ***for ~ I know,*** que yo sepa, quizás; ***for ~ that,*** con todo. *3* todos, todo el mundo. *4 adv.* completamente, muy: ***~ but,*** casi, por poco; ***~ of a sudden,*** de pronto, de repente; ***~ right,*** bien; bueno, competente, satisfactorio; ***~ right!*** ¡está bien!, ¡conformes!; ***~ round,*** por todas partes; ***~ the better,*** tanto mejor; ***~ the same,*** igualmente, a pesar de todo.
allay (to) (ə'lei) *t.* aliviar, mitigar. *2* aquietar, apaciguar.
allegation (ˌælə'geiʃən) *s.* alegación. *2* DER. alegato.
allege (to) (ə'ledʒ) *t.* alegar, afirmar.
allegiance (ə'li:dʒəns) *s.* obediencia, fidelidad [a un soberano].
allegorize (to) ('æligəraiz) *t.-i.* alegorizar.
allegory ('æligəri) *s.* alegoría.
allergy ('ælədʒi) *s.* alergia.
alleviate (to) (ə'li:vieit) *t.* aliviar, mitigar.
alley ('æli) *s.* calleja, callejón.
alliance (ə'laiəns) *s.* alianza.
allied (ə'laid) *a.* aliado. *2* afín.
alligator ('æligeitəʳ) *s.* ZOOL. caimán. *2* BOT. ***~ pear,*** aguacate.
allocate (to) ('æləkeit) *t.* señalar, asignar. *2* colocar, situar.
allocation (ˌælə'keiʃən) *s.* asignación, distribución.
allocution (ˌælou'kju:ʃən) *s.* alocución.
allot (to) (ə'lɔt) *t.* repartir.
allotment (ə'lɔtmənt) *s.* reparto.
allow (to) (ə'lau) *t.* conceder, dar, asignar. *2* permitir. *3* conceder, reconocer [como cierto]. *4* COM. descontar. *5 i.* ***to ~ for,*** tener en cuenta.
allowance (ə'lauəns) *s.* concesión, asignación. *2* permiso. *3* pensión, subsidio. *4* ración. *5* COM. descuento.
alloy ('ælɔi) *s.* aleación.
alloy (to) (ə'lɔi) *t.* ligar, alear.
allude (to) (ə'l(j)u:d) *i.* aludir.
allure (to) (ə'ljuəʳ) *t.* atraer, tentar, seducir.
allurement (əlju:əmənt) *s.* tentación, seducción. *2* atractivo.
alluring (ə'ljuəriŋ) *a.* seductor.
allusion (ə'lu:ʒən) *s.* alusión.
alluvial (ə'lu:viəl) *a.* aluvial.
alluvion (ə'lu:viən) *s.* aluvión.
ally ('ælai) *s.* aliado.
ally (to) (ə'lai) *t.-i.* aliar(se.
almanac ('ɔ:lmənæk) *s.* almanaque.
almighty (ɔ:l'maiti) *a.* omnipotente, todopoderoso.
almond ('ɑ:mənd) *s.* almendra: ***~ tree,*** almendro.
almost ('ɔ:lmoust) *adv.* casi.
alms (ɑ:mz) *s.* limonas, caridad.
alms-house ('ɑ:mzhaus) *s.* hospicio, casa de caridad.
aloft (ə'lɔft) *adv.* arriba, en alto.
alone (ə'loun) *a.* solo. *2* solitario. *3* único. *4 adv.* sólo, solamente.
along (ə'lɔŋ) *prep.* a lo largo de. *2 adv.* a lo largo. *3* ***come ~***, ven, venid, vamos; ***~ with,*** junto con. *4* ***all ~***, todo el tiempo.
aloof (ə'lu:f) *adv.* aparte. *2 a.* apartado, reservado.
aloud (ə'laud) *adv.* en voz alta.
alphabet ('ælfəbit) *s.* alfabeto.
alpine ('ælpain) *a.* alpino.
already (ɔ:l'redi) *adv.* ya.
also ('ɔ:lsou) *adv.* también.
altar ('ɔ:ltəʳ) *s.* altar: ***altar-piece,*** retablo.
alter (to) ('ɔ:ltəʳ) *t.-i.* alterar(se, modificar(se.
alteration (ˌɔ:ltə'reiʃən) *s.* alteración, modification.
altercation ('ɔ:ltə:'keiʃən) *s.* altercado, disputa.

alternate (ɔ:l'tə:nit) *a.* alternativo, alterno. *2 s.* suplente.
alternate (to) ('ɔ:ltə:neit) *t.-i.* alternar(se.
alternating ('ɔ:ltə:neitiŋ) *a.* ELECT. alterna [corriente].
alternative (ɔ:l'tə:nətiv) *a.* alternativo. *2* GRAM. disyuntivo. *3 s.* alternativa [opción]. *4* **-ly** *adv.* alternativamente.
although (ɔ:l'ðou) *conj.* aunque.
altitude ('æltitju:d) *s.* altitud, altura, elevación.
altogether (ˌɔ:ltə'geðə[r]) *adv.* enteramente, del todo. *2* en conjunto.
altruism ('æltruizəm) *s.* altruismo.
aluminium (ˌælju'miniəm) *s.* QUÍM. aluminio.
always ('ɔ:lwəz, -iz, -eiz) *adv.* siempre.
amalgam (ə'mælgəm) *s.* amalgama.
amalgamate (to) (ə'mælgəmeit) *t.* amalgamar. *2* fusionar.
amass (to) (ə'mæs) *t.* acumular.
amateur ('æmətə[r], -tjuə[r]) *a.-s.* aficionado.
amatory ('æmətəri) *a.* amatorio.
amaze (to) (ə'meiz) *t.* asombrar, pasmar.
amazement (ə'meizmənt) *s.* asombro, pasmo.
amazing (ə'meiziŋ) *a.* asombroso, pasmoso.
Amazon ('æməzən) *s.* MIT. Amazona. *2 n. pr.* Amazonas [río].
ambassador (æm'bæsədə[r]) *s.* embajador.
amber ('æmbə[r]) *s.* ámbar.
ambient ('æmbiənt) *a.* ambiente.
ambiguity (ˌæmbi'gju(:)iti) *s.* ambigüedad.
ambiguous (æm'bigjuəs) *a.* ambiguo. *2* **-ly** *adv.* ambiguamente.
ambit ('æmbit) *s.* ámbito.
ambition (æm'biʃən) *s.* ambición.
ambitious (æ'biʃəs) *a.* ambicioso.
amble (to) ('æmbl) *i.* amblar.
ambulance ('æmbjuləns) *s.* ambulancia [hospital; vehículo].
ambulatory ('æmbjulətəri) *a.* ambulatorio. *2 s.* ARQ. galería.
ambuscade (ˌæmbəs'keid), **ambush** ('æmbuʃ)*s.* emboscada, acecho.
ambush (to) ('æmbuʃ) *t.* emboscar. *2* poner una emboscada a. *3 i.* estar emboscado, al acecho.
ameliorate (to) (ə'mi:ljəreit) *t.* mejorar. *2 i.* mejorar(se.
amelioration (əˌmi:ljə'reiʃən) *s.* mejora, mejoramiento.
amenable (ə'mi:nəbl) *a.* responsable. *2* dócil.
amend (to) (ə'mend) *t.* enmendar, corregir, mejorar. *2 i.* enmendarse. *3* restablecerse.
amendment (ə'mendmənt) *s.* enmienda. *2* remedio, mejora.
amends (ə'mendz) *s.* satisfacción, reparación, compensación: ***to make ~ for,*** dar satisfacción por, reparar, resarcir.
amenity (ə'mi:niti) *s.* amenidad. *2* afabilidad.
American (ə'merikən) *a.-s.* americano. *2* norteamericano.
amiable ('eimiəbl) *a.* amable.
amicable ('æmikəbl) *a.* amistoso.
amid (ə'mid), **amidst** (-st) *prep.* en medio de, entre.
amiss (ə'mis) *adv.-a.* mal; impropio: ***to take ~,*** llevar a mal.
ammoniac (ə'mouniæk) *s.* amoníaco [goma].
ammunition (ˌæmju'niʃən) *s.* MIL. munición, municiones.
amnesty ('æmnesti) *s.* amnistía.
among (st) (ə'mʌŋ,-st) *prep.* entre, en medio de.
amoral (æ'mɔrel) *a.* amoral.
amorous ('æmərəs) *a.* amoroso.
amorphous (ə'mɔ:fəs) *a.* amorfo, informe.
amortize (to) (ə'mɔ:taiz) *t.* amortizar.
amount (ə'maunt) *s.* cantidad, suma. *2* importe.
amount (to) (ə'maunt) *i.* ***to ~ to,*** ascender a; equivaler a.
ampere ('æmpɛə[r]) *s.* amperio.
amphibious (æm'fibiəs) *a.* anfibio.
amphitheater, -tre ('æmfiˌθiətə[r]) *s.* anfiteatro.
ample (æmpl) *a.* amplio. *2* extenso, capaz, holgado.
amplification (æmplifi'keiʃən) *s.* amplificación. *2* ampliación.
amplifier ('æmplifaiə[r]) *s.* amplificador.
amplify (to) ('æmplifai) *t.* ampliar, amplificar.
amplitude ('æmplitju:d) *s.* amplitud.
amputate (to) ('æmpjuteit) *t.* amputar.
amputation (ˌæmpju'teiʃən) *s.* amputación.
amulet ('æmjulit) *s.* amuleto.
amuse (to) (ə'mju:z) *t.-ref.* entretener(se, divertir(se.
amusement (ə'mju:zmənt) *s.* entretenimiento, pasatiempo.
amusing (ə'mju:ziŋ) *a.* entretenido, divertido, gracioso.
an (ən, æn) *art. indef.* un, una.
anachronism (ə'nækrənizəm) *s.* anacronismo.
anaemic (ə'ni:mik) *a.* anémico.
anagram ('ænəgræm) *s.* anagrama.
analogous (ə'næləgəs) *a.* análogo.

analogy (ə'nælədʒi) *s.* analogía, correlación, correspondencia.
analyse, -ze (to) ('ænəlaiz) *t.* analizar.
analysis (ə'nælisis) *s.* análisis.
anarchic(al (æ'nɑ:kik, -əl) *a.* anárquico.
anarchist ('ænəkist) *s.* anarquista.
anarchy ('ænəki) *s.* anarquía.
anatomy (ə'nætəmi) *s.* anatomía.
ancestor ('ænsistə^r) *s.* progenitor, antepasado.
ancestral (æn'sestrəl) *a.* ancestral, hereditario; solariego.
ancestry ('ænsistri) *s.* linaje, prosapia, abolengo.
anchor ('æŋkə^r) *s.* ancla, áncora.
anchor (to) ('æŋkə^r) *t.* sujetar con el ancla. *2 i.* anclar.
anchorage ('æŋkəridʒ) *s.* anclaje. *2* ancladero.
anchoret ('æŋkəret), **anchorite** ('æŋkərait) *s.* anacoreta.
anchovy ('æntʃəvi) *s.* ICT. anchoa, boquerón.
ancient ('einʃənt) *a.* antiguo. *2* anciano. *3 pl.* los antiguos.
and (ænd, ənd) *conjug.* y, e.
anecdote ('ænikdout) *s.* anécdota.
anemone (ə'neməni) *s.* BOT. anemone, anemona.
anew (ə'nju:) *adv.* nuevamente, de nuevo, otra vez.
angel ('eindʒəl) *s.* ángel.
angelic (æn'dʒelik) *a.* angélico.
anger ('æŋgə^r) *s.* cólera, ira.
anger (to) ('æŋgə^r) *t.* encolerizar, enfurecer, enojar.
angle ('æŋgl) *s.* ángulo.
angle (to) ('æŋgl) *t.-i.* pescar con caña.
angler ('æŋglə^r) *s.* pescador de caña. *2* pejesapo.
angling ('æŋgliŋ) *s.* pesca con caña.
Anglo-Saxon ('æŋglou'sæksən) *a.-s.* anglosajón.
angry ('æŋgri) *a.* colérico, airado, enojado.
anguish ('æŋgwiʃ) *s.* angustia, congoja, ansia, aflicción.
angular ('æŋgjulə^r) *a.* angular.
animadversión (,ænimæd'və:ʃən) *s.* crítica, censura, reproche.
animal ('æniməl) *a.-s.* animal.
animate ('ænimit) *a.* animado.
animate (to) ('ænimeit) *t.* animar.
animated ('ænimeitid) *a.* animado: *~ cartoon,* dibujo animado.
animation ('æni'meiʃən) *s.* animación; vida, movimiento.
animosity (,æni'mɔsiti) *s.* animosidad.
anisette (,æni'zet) *s.* anís.
ankle ('æŋkl) *s.* tobillo.
annals ('ænəlz) *s. pl.* anales.
annex ('ænəks) *s.* anexo.
annex (to) (ə'neks) *t.* añadir.
annexation ('ænek'seiʃən) *s.* anexión.
annihilate (to) (ə'naiəleit) *t.* aniquilar.
annihilation (ə'naiə'leiʃən) *s.* aniquilación, aniquilamiento.
anniversary (,æni'və:səri) *s.* aniversario.
annotate (to) ('ænouteit) *t.* anotar, apostillar.
annotation (,ænou'teiʃən) *s.* anotación.
announce (to) (ə'nauns) *t.* anunciar, hacer saber, declarar.
announcement (ə'naunsmənt) *s.* anuncio, aviso, declaración.
announcer (ə'naunsə^r) *s.* anunciador. *2* locutor [de radio].
annoy (to) ((ə'nɔi) *t.* molestar.
annoyance (ə'nɔiəns) *s.* molestia.
annoying (ə'nɔiiŋ) *a.* molesto
annual ('æŋjuəl) *a.* anual.
annuity (ə'nju:iti) *s.* anualidad, pensión; renta vitalicia.
annul (to) (ə'nʌl) *t.* anular.
annular ('ænjulə^r) *a.* anular.
annulment (ə'nʌlmənt) *s.* anulación.
anoint (to) (ə'nɔint) *t.* untar. *2* ungir, consagrar.
anomalous (ə'nɔmələs) *a.* anómalo.
anomaly (ə'nɔməli) *s.* anomalía.
anon (ə'nɔn) *adv.* luego.
anonym ('ænənim) *s.* anónimo.
anonymous (ə'nɔniməs) *a.* anónimo.
another (ə'nʌðə^r) *a.-pron.* otro.
answer ('ɑ:nsə^r) *s.* respuesta, contestación. *2* solución.
answer (to) ('ɑnsə^r) *t.-i.* responder, contestar: ***to ~ back,*** replicar; ***to ~ for,*** responder por o de.
answerable ('ɑ:nsərəbl) *a.* responsable.
ant (ænt) *s.* ENT. hormiga: *~ **-hill,*** hormiguero.
antagonism (æn'tægənizəm) *s.* antagonismo.
antagonist (æn'tægənist) *s.* antagonista, adversario.
antagonize (to) (æn'tægənaiz) *t.* oponerse a, contrarrestar.
antarctic (ænt'ɑ:ktik) *a.* antártico.
antecedent (,ænti'si:dənt) *a.-s.* antecedente.
antechamber ('ænti,tʃeimbə^r) *s.* antecámara, antesala.
antelope ('æntiloup) *s.* antílope.
antenna (æn'tenə), *pl.* **-næ (-ni:)** *s.* ZOOL., RADIO antena.
anterior (æn'tiəriə^r) *a.* anterior.
ante-room ('æntirum) *s.* antesala.

anthem ('ænθəm) *s.* antífona.
anthology (æn'θɔlədʒi) *s.* antología.
Anthony ('æntəni) *n. pr.* Antonio.
anthracite ('ænθrəsait) *s.* antracita.
anthrax ('ænθræks) *s.* ántrax.
anthropology ('ænθrə'pɔlədʒi) *s.* antropología.
anti-aircraft ('ænti'εəkrɑ:ft) *a.* antiaéreo.
antibiotic ('æntibai'ɔtik) *a.-s.* antibiótico.
antic ('æntik) *a.* grotesco. *2 s.* payaso. *3 pl.* bufonadas.
anticipate (to) (æn'tisipeit) *t.* anticipar [una acción]. *2* anticiparse a. *3* prevenir; prever. *4* prometerse [un placer, etc.]; gozar de antemano.
anticipation (æn,tisi'peiʃən) *s.* anticipación. *2* intuición de lo que va a suceder. *3* esperanza.
anticyclone ('ænti'saikloun) *s.* anticiclón.
antidote ('æntidout) *s.* antídoto.
Antilles (æn'tili:z) *n. pr.* GEOGR. Antillas.
antinomy ('æntinəmi) *s.* antinomia.
antipathy (æn'tipəθi) *s.* antipatía, aversión.
antipodes (æn'tipədi:z) *s. pl.* GEOGR. antípodas.
antiquarian (,ænti'kwεəriən) *a.-s.* anticuario.
antiquary ('æntikweri) *s.* anticuario.
antiquated ('æntikweitid) *a.* anticuado.
antique (æn'ti:k) *a.* antiguo. *2 s.* antigüedad, antigualla.
antiquity (æn'tikwiti) *s.* antigüedad. *2* vejez. *3 pl.* antigüedades.
antiseptic (,ænti'septik) *a.-s.* antiséptico.
antithesis (æn'tiθisis) *s.* antítesis.
antler ('æntlə[r]) *s.* asta, cuerna.
anus ('einəs) *s.* ANAT. ano.
anvil ('ænvil) *s.* yunque.
anxiety (æŋ'zaiəti) *s.* ansiedad, inquietud. *2* ansia, afán.
anxious (æŋkʃəs) *a.* ansioso, inquieto. *2* ansioso. *3* angustioso.
any ('eni) *a.-adv.-pron.* cualquier, todo, todos los, algún, alguno; [en frases negativas] ningún, ninguno: ~ ***place,*** cualquier lugar; ***at ~ cost,*** a toda costa; ***at ~ rate,*** de todos modos; sea como sea. *2* A veces no se traduce: ~ ***more,*** más, más tiempo: ***have you ~ money?*** ¿tiene usted dinero?
anybody ('eni,bɔdi) *pron.* alguien, alguno; [en frases negativas] ninguno, nadie. *2* cualquiera.
anyhow ('enihau) *adv.* de cualquier modo. *2* en todo caso.
anyone ('eniwʌn) *pron.* ANYBODY.
anything ('eniθiŋ) *pron.* algo, alguna cosa, cualquier cosa, todo cuanto; [con negación] nada.
anyway ('eniwei) *adv.* de todos modos, con todo. *2* de cualquier modo.
anywhere ('eniwεə[r]) *adv.* doquiera; adondequiera.
aorta (ei'ɔ:tə) *s.* ANAT. aorta.
apart (ə'pɑ:t) *adv.* aparte; a un lado. *2* separadamente. *3* en piezas: ***to take ~,*** desarmar, desmontar.
apartment (ə'pɑ:tmənt) *s.* aposento. *2* piso, apartamento.
apathetic (,æpə'θetik) *a.* apático.
apathy ('æpəθi) *s.* apatía.
ape (eip) *s.* mono, mico, simio.
ape (to) (eip) *t.* imitar, remedar.
aperitive (ə'peritiv) *s.* aperitivo.
aperture ('æpətjuə[r]) *s.* obertura.
apery ('eipəri) *s.* remedo.
apex ('eipeks) *s.* ápice, cúspide.
aphorism ('æfərizəm) *s.* aforismo.
apiary ('eipjəri) *s.* colmenar.
apiece (ə'pi:s) *adv.* por persona.
apogee ('æpoudʒi:) *s.* apogeo.
apologetic(al (ə,pɔlə'dʒetik, -əl) *a.* apologético. *2* de excusa.
apologist (ə,pɔlədʒist) *s.* apologista.
apologize (to) (ə'pɔlədʒaiz) *i.* excusarse, disculparse.
apology (ə'pɔlədʒi) *s.* apología. *2* excusa, disculpa.
apoplexy ('æpəpleksi) *s.* apoplejía.
apostate (ə'pɔstit) *s.* apóstata.
apostatize (to) (ə'pɔstətaiz) *i.* apostatar.
apostle (ə'pɔsl) *s.* apóstol.
apostleship (ə'pɔslʃip), **apostolate** (ə'pɔstəlit) *s.* apostolado.
apostolic ('æpəs'tɔlik) *a.* apostólico.
apostrophe (ə'pɔstrəfi) *s.* apóstrofe.
apostrophize (ə'pɔstrətɑiz) *t.* apostrofar.
apotheosis (ə'pɔθi'ousis) *s.* apoteosis.
appal(l (to) (ə'pɔ:l) *t.* espantar, aterrar. *2* desanimar.
appaling (ə'pɔliŋ) *a.* espantoso.
apparatus (,æpə'reitəs) *s.* aparato, dispositivo.
apparel (ə'pærəl) *s.* vestido.
apparel (to) (ə'pærəl) *t.* vestir.
apparent (ə'pærənt) *a.* evidente. *2* aparente. *3* **-ly** *adv.* evidentemente.
apparition (,æpə'riʃən) *s.* aparición.
appeal (ə'pi:l) *s.* apelación. *2* llamamiento; súplica. *3* atractivo.
appeal (to) (ə'pi:l) *i.* apelar. *2* suplicar. *3* atraer.
appealing (ə'pi:liŋ) *a.* suplicante. *2* atrayente.
appear (to) (ə'piə[r]) *i.* aparecer. *2* parecer. *3* comparecer.
appearance (ə'piərəns) *s.* aparición. *2* DER. comparecencia. *3* apariencia. *4* aspecto.

appease (to) (ə'pi:z) *t.* aplacar, calmar. *2* apaciguar.
appellation (ˌæpe'leiʃən) *s.* denominación, nombre, título.
appellative ('əpelətiv) *a.-s.* GRAM. apelativo, común [nombre].
append (to) (ə'pend) *t.* atar, colgar, añadir.
appendage (ə'pendidʒ) *s.* dependencia, accesorio, aditamento.
appendicitis (əˌpendi'saitis) *s.* MED. apendicitis.
appendix (ə'pendiks) *s.* apéndice.
appertain (to) (ˌæpə'tein) *i.* pertenecer. *2* ser relativo [a].
appetite ('æpitait) *s.* apetito.
appetizer ('æpitaizə[r]) *s.* aperitivo.
appetizing ('æpitaiziŋ) *a.* apetitoso.
applaud (to) (ə'plɔ:d) *t.-i.* aplaudir. *2 t.* alabar.
applause (ə'plɔ:z) *s.* aplauso.
apple ('æpl) *s.* BOT. manzana, poma: ~ ***-tree,*** manzano. *2* ~ ***of the eye,*** pupila, niña del ojo; ***apple-pie order,*** orden perfecto.
appliance (ə'plaiəns) *s.* instrumento, utensilio, aparato.
applicable ('æplikəbl) *a.* aplicable.
applicant ('æplikənt) *s.* solicitante. *2* pretendiente, aspirante.
application (ˌæpli'keiʃən) *s.* aplicación. *2* petición, solicitud.
apply (to) (ə'plai) *t.* aplicar. *2 i.* aplicarse. *3* ***to*** ~ ***for,*** pedir, solicitar; ***to*** ~ ***to,*** dirigirse a.
appoint (to) (ə'pɔint) *t.* fijar, señalar. *2* nombrar.
appointment (ə'pɔintmənt) *s.* asignación. *2* cita, hora dada. *3* nombramiento. *4* empleo, puesto. *5 pl.* equipo, mobiliario.
apportion (to) (ə'pɔ:ʃən) *t.* prorratear, distribuir.
apposite ('æpəsit) *a.* apropiado.
apposition (ˌæpə'ziʃən) *s.* aposición. *2* adición, yuxtaposición.
appraisal (ə'preizəl) *s.* apreciación, estimación, tasación.
appraise (to) (ə'preiz) *t.* apreciar, estimar, valorar.
appreciable (ə'pri:ʃəbl) *a.* apreciable, sensible, perceptible.
appreciate (to) (ə'pri:ʃieit) *t.* apreciar, estimar, valuar. *2* agradecer. *3 i.* aumentar de valor.
appreciation (əˌpri:ʃi'eiʃən) *s.* apreciación, aprecio.
apprehend (to) (ˌæpri'hend) *t.* aprehender, prender. *2* comprender, percibir. *3* temer, recelar.
apprehension (ˌæpri'henʃən) *s.* aprehensión, captura. *2* comprensión. *3* temor, recelo.
apprehensive (ˌæpri'hensiv) *a.* aprehensivo. *2* inteligente, perspicaz. *3* temeroso, receloso [de].
apprentice (ə'prentis) *s.* aprendiz.
apprenticeship (ə'prentiʃip) *s.* aprendizaje.
apprise (to) (ə'praiz) *t.* informar.
approach (ə'proutʃ) *s.* aproximación, acercamiento. *2* entrada, acceso. *3* punto de vista.
approach (to) (ə'proutʃ) *i.* acercarse, aproximarse. *2 t.* acercar, aproximar. *3* acercarse a.
approaching (ə'proutʃiŋ) *a.* próximo, cercano.
approbation (ˌæprə'beiʃən) *s.* aprobación.
appropriate (ə'proupriit) *a.* apropiado. *2* propio, peculiar.
appropriate (to) (ə'prouprieit) *t.* destinar [a un uso]; asignar [una cantidad]. *2* apropiarse.
appropriation (əˌproupri'eiʃən) *s.* apropiación. *2* crédito.
approval (ə'pru:vəl) *s.* aprobación. *2* COM. ***on*** ~, a prueba.
approve (to) (ə'pru:v) *t.* aprobar, sancionar; confirmar, ratificar. *2 i.* ***to*** ~ ***of,*** aprobar.
approximate (ə'prɔksimeit) *a.* próximo, cercano. *2* aproximado. *3* **-ly** *adv.* aproximadamente.
approximate (to) (ə'prɔksimeit) *t.* aproximar. *2 i.* aproximarse.
approximation (əˌprɔksi'meiʃən) *s.* aproximación.
appurtenance (ə'pə:tinəns) *s.* dependencia, accesorio.
apricot ('eiprikɔt) *s.* BOT. albaricoque: ~ ***tree,*** albaricoquero.
April ('eipril) *s.* abril.
apron ('eiprən) *s.* delantal.
apropos ('æprəpou) *a.* oportuno. *2 adv.* a propósito.
apse (æps) *s.* ARQ. ábside.
apt (æpt) *a.* apto. *2* listo. *3* adecuado. *4* propenso.
aptitude ('æptitju:d), **aptness** ('æptnis) *s.* aptitud. *2* propensión, disposición, facilidad.
aquarium (ə'kwɛəriəm) *s.* acuario.
aquatic(al (ə'kwætik,-əl) *a.* acuático.
aqueduct ('ækwidʌkt) *s.* acueducto.
Arab ('ærəb) *a.-s.* árabe.
arable ('ærəbl) *a.* labrantío.
arbiter ('ɑ:bitə[r]) *s.* árbitro.

arbitrary ('ɑ:bitrəri) *a.* arbitrario. *2* despótico. *3* **-ly** *adv.* arbitrariamente.
arbitrate (to) ('ɑ:bitreit) *t.-i.* arbitrar, juzgar, decidir.
arbitration (ˌɑ:bi'treiʃən) *s.* arbitraje, arbitramento.
arbor ('ɑ:bəʳ) *s.* árbol, eje.
arbour ('ɑ:bəʳ) *s.* glorieta.
arc (ɑ:k) *s.* arco.
arcade (ɑ:'keid) *s.* ARQ. arcada. *2* galería con arcadas.
arch (ɑ:tʃ) *s.* ARQ. arco; bóveda. *2 a.* travieso, socarrón.
arch (to) (ɑ:tʃ) *t.* arquear, enarcar. *2* abovedar. *3 i.* arquearse. *4* formar bóveda.
archæology (ˌɑ:ki'ɔlədʒi) *s.* arqueología.
archaic (ɑ:'keiik) *a.* arcaico.
archaism ('ɑ:keiizəm) *s.* arcaísmo.
archbishop ('ɑ:tʃ'biʃəp) *s.* arzobispo.
archduke ('ɑ:tʃ'dju:k) *s.* archiduque.
archer ('ɑ:tʃəʳ) *s.* arquero.
archery ('ɑ:tʃəri) *s.* tropa de arqueros. *2* tiro de arco.
archetype ('ɑ:kitaip) *s.* arquetipo.
archipiélago (ˌɑ:ki'peligou) *s.* archipiélago.
architect ('ɑ:kitekt) *s.* arquitecto.
architecture ('ɑ:kitekʃəʳ) *s.* arquitectura.
archives ('ɑ:kaivz) *s. pl.* archivo.
archivist ('ɑ:kivist) *s.* archivero.
archness ('ɑ:tʃnis) *s.* astucia.
archway ('ɑ:tʃwei) *s.* pórtico; pasaje abovedado.
arctic ('ɑ:ktik) *a.-s.* ártico.
ardent ('ɑ:dənt) *a.* ardiente; apasionado; fervoroso.
ardo(u)r ('ɑ:dəʳ) *s.* ardor. *2* celo, entusiasmo, ardimento.
arduous ('ɑ:djuəs) *a.* arduo, difícil. *2* riguroso.
are (ɑ:ʳ, ɑʳ, əʳ) *2.ª pers. sing.* y *pl.; 1.ª y 3.ª pers. pl. del pres. indic.* de TO BE.
are (ɑ:ʳ) *s.* área [medida].
area ('ɛəriə) *s.* área [superficie, espacio]; ámbito.
arena (ə'ri:nə) *s.* arena, ruedo.
argue (to) ('ɑ:gju:) *i.* argüir, argumentar. *2 t.-i.* discutir. *3 t.* argüir [probar, indicar].
arguer ('ɑ:gjuəʳ) *s.* arguyente. *2* discutidor.
argument ('ɑ:gjumənt) *s.* argumento. *2* discusión, disputa.
argumentation (ˌɑ:gjumen'teiʃən) *s.* argumentación. *2* discusión.
arid ('ærid) *a.* árido.
aridity (æ'riditi) *s.* aridez.
arise (to) (ə'raiz) *i.* subir, elevarse. *2* levantarse. *3* surgir. *4* suscitarse. *5* originarse. ¶ Pret.: ***arose*** (ə'rouz); p. p.: ***arisen*** (ə'rizn).
aristocracy (ˌæris'tɔkrəsi) *s.* aristocracia.
aristocrat ('əristəkræt) *s.* aristócrata.
aristocratic(al (ˌæristə'krætik, -əl) *a.* aristocrático.
arithmetic (ə'riθmətik) *s.* aritmética.
ark (ɑ:k) *s.* arca [caja]: ~ ***of the covenant,*** Arca de la Alianza. *2* arca [de Noé].
arm (ɑ:m) *s.* brazo: ~ ***band,*** brazal; ~ ***of sea,*** brazo de mar; ~ ***in*** ~, cogidos del brazo. *2* rama [de árbol]. *3* arma: ***to arms!,*** ¡a las armas!
arm (to) (ɑ:m) *t.-i.* armar(se.
armament ('ɑ:məmənt) *s.* armamento.
arm-chair ('ɑ:m'tʃɛəʳ) *s.* sillón.
armful ('ɑ:mful) *s.* brazado.
armistice ('ɑ:mistis) *s.* armisticio.
armless ('ɑ:mlis) *a.* inerme. *2* manco.
armlet ('ɑ:mlit) *s.* brazal.
armorial (ɑ:'mɔ:riəl) *a.* heráldico. *2 s.* libro de heráldica.
armour ('ɑ:məʳ) *s.* armadura. *2* blindaje.
armourer ('ɑ:mərəʳ) *s.* armero.
armoury ('ɑ:məri) *s.* armería.
armpit ('ɑ:mpit) *s.* sobaco, axila.
army ('ɑ:mi) *s.* ejército: ~ ***corps,*** cuerpo de ejército.
Arnold ('ɑ:nəld) *n. pr.* Arnaldo.
aroma (ə'roumə) *s.* aroma.
aromatics (ˌærou'mætiks) *s. pl.* aromas, especias.
around (ə'raund) *adv.* alrededor. *2* por todas partes. *3 prep.* alrededor de. *4* ~ ***the corner,*** a la vuelta de la esquina.
arouse (to) (ə'rauz) *t.* despertar.
arraign (to) (ə'rein) *t.* acusar. *2* DER. procesar.
arrange (to) (ə'reindʒ) *t.* arreglar. *2* concertar. *3* acordar.
arrangement (ə'reindʒmənt) *s.* arreglo. *2* concierto. *3* acuerdo.
arrant ('ærənt) *a.* acabado, consumado, de siete suelas.
array (ə'rei) *s.* orden, formación. *2* pompa. *3* atavío, gala.
array (to) (ə'rei) *t.* formar [las tropas]. *2* adornar, ataviar.
arrears (ə'riəz) *s. pl.* atrasos.
arrest (ə'rest) *s.* arresto, detención, prisión. *2* paro.
arrest (to) (ə'rest) *t.* arrestar, detener, prender. *2* parar, detener.
arrival (ə'raivəl) *s.* llegada.
arrive (to) (ə'raiv) *i.* llegar.
arrogance, -cy ('ærəgəns, -i) *s.* arrogancia, soberbia, altanería.
arrogant ('ærəgənt) *a.* arrogante.
arrogate (to) ('ærougeit) *t.* arrogarse.

arrow ('ærou) *s.* flecha, saeta.
arsenal ('ɑ:sənl) *s.* arsenal.
arsenic ('ɑ:sənik) *s.* arsénico.
arson ('ɑ:sn) *s.* incendio provocado.
art (ɑ:t) *s.* arte: ***arts and crafts,*** artes y oficios.
artery ('ɑ:teri) *s.* ANAT. arteria.
artesian (ɑ:'ti:zjən) *a.* artesiano.
artful ('ɑ:tful) *s.* artero, ladino, astuto. *2* diestro, ingenioso.
Arthur ('ɑ:θə^{r}) *n. pr.* Arturo.
artichoke ('ɑ:titʃouk) *s.* alcachofa.
article ('ɑ:tikl) *s.* artículo. *2* objeto. *3* ***leading*** **~,** artículo de fondo. *4 pl.* contrato.
articulate (ɑ:'tikjulit) *a.* articulado. *2* claro, distinto.
articulate (to) (ɑ:'tikjuleit) *t.* articular. *2 i.* articularse.
articulation (ɑ:ˌtikju'leiʃən) *s.* articulación.
artifice ('ɑ:tifis) *s.* artificio.
artificer ('ɑ:tifisə^{r}) *s.* artífice. *2* inventor, autor.
artificial (ˌɑ:ti'fiʃəl) *a.* artificial. *2* afectado, fingido.
artillery (ɑ:'tiləri) *s.* artillería.
artilleryman (ɑ:'tilərimən) *s.* artillero.
artisan (ˌɑ:ti'zæn) *s.* artesano.
artist ('ɑ:tist) *s.* artista.
artistic ('ɑ:'tistik) *a.* artístico.
artless ('ɑ:tlis) *a.* natural, sencillo, ingenuo.
as (æz, əz) *adv.* como. *2* (en comparativos)~ ***big*** **~,** tan grande como. *3* **~ *far*** **~,** hasta [donde]: **~ *for,*** **~ *to,*** en cuanto a: **~ *if,*** como si; **~ *much*** **~,** tanto como; **~ *regards,*** en cuanto a; **~ *well*** **~,** así como; **~ *yet,*** hasta ahora. *4 conj.* mientras, cuando. *5* ya que. *6* a pesar de. *7 pron.* que: ***the same*** **~,** lo mismo que.
ascend (to) (ə'send) *i.* ascender, subir. *2 t.* subir [una cuesta].
ascendancy, -dency (ə'sendənsi) *s.* ascendiente, influencia.
ascendant, -dent (ə'sendənt) *a.* ascendente. *2* predominante. *3 s.* antepasado. *4* poder, auge.
ascension (ə'senʃən) *s.* ascensión.
ascent (ə'sent) *s.* subida.
ascertain (to) (ˌæsə'tein) *t.* averiguar, hallar, cerciorarse de.
ascetic (ə'setik) *a.* ascético. *2 s.* asceta.
ascribe (to) (əs'kraib) *t.* atribuir.
ascription (əs'kripʃən) *s.* atribución, imputación.
ash (æʃ) *s.* ceniza: **~ *tray,*** cenicero; ***Ash Wednesday,*** miércoles de ceniza. *2* BOT. fresno.
ashamed (ə'ʃeimd) *a.* avergonzado: ***to be*** **~,** avergonzarse, tener vergüenza.
ashen ('æʃən) *a.* ceniciento.
ashore (ə'ʃɔ:, ə'ʃɔə) *adv.* en tierra, a tierra: ***to go*** **~,** desembarcar; ***to run*** **~,** encallar.
aside (ə'said) *adv.* al lado, a un lado, aparte. *2 s.* TEAT. aparte.
ask (to) (ɑ:sk) *t.* preguntar. *2* pedir, solicitar, rogar que. *3* requerir, exigir. *4* invitar, convidar. *5* i. ***to*** **~ *after, for*** o ***about,*** preguntar por. *6* ***to*** **~ *for,*** pedir [una cosa].
askance (əs'kæns), **askant** (-'kænt) *adv.* de soslayo.
askew (əs'kju:) *adv.* al sesgo. *2 a.* sesgado, oblicuo.
aslant (ə'sla:nt) *adv.* oblicuamente. *2 a.* inclinado.
asleep (ə'sli:p) *a.-adv.* dormido: ***to fall*** **~,** dormirse.
asp (æsp) *s.* áspid. *2* BOT. tiemblo.
asparagus (æs'pærəgəs) *s.* BOT. espárrago.
aspect ('æspekt) *s.* aspecto.
asperity (æs'periti) *s.* aspereza.
asperse (to) (əs'pə:s) *t.* difamar, calumniar. *2* asperjar.
aspersion (əs'pə:ʃən) *s.* aspersión. *2* difamación, calumnia.
asphalt ('æsfælt) *s.* asfalto.
asphyxia (æs'fiksiə) *s.* asfixia.
asphyxiate (to) (æs'fiksieit) *t.* asfixiar.
aspirant (əs'paiərənt) *s.* aspirante, pretendiente.
aspirate (to) ('æspəreit) *t.* aspirar.
aspiration (ˌæspə'reiʃən) *s.* aspiración. *2* anhelo.
aspire (to) (əs'paiə^{r}) *i.* aspirar a. | Gralte. con ***to*** o ***after.***
aspirin ('æspirin) *s.* aspirina.
ass (æs, ɑ:s) *s.* burro, asno.
assail (to) (ə'seil) *t.* asaltar.
assailant (ə'seilənt) *a.-s.* atacante, agresor. *2* atracador.
assassin (ə'sæsin) *s.* asesino.
assassinate (to) (ə'sæsineit) *t.* asesinar.
assassination (əˌsæsi'neiʃən) *s.* asesinato.
assault (ə'sɔ:lt) *s.* asalto.
assault (to) (ə'sɔ:lt) *t.* asaltar.
assay (ə'sei) *s.* ensayo.
assay (to) (ə'sei) *t.* ensayar, aquilatar, probar.
assemblage (ə'semblidʒ) *s.* reunión. *2* MEC. montaje.
assemble (to) (ə'sembl) *t.* congregar, reunir, agrupar. *2* MEC. montar. *3 i.* reunirse.
assembly (ə'sembli) *s.* asamblea, junta. *2* reunión, fiesta. *3* concurrencia. *4* MEC. montaje. *5* MEC. grupo, unidad.

assent (ə'sent) *s.* asentimiento.
assent (to) (ə'sent) *i.* asentir.
assert (to) (ə'sə:t) *t.* aseverar, afirmar. *2* mantener, defender. *3* ***to ~ oneself,*** hacer valer sus derechos.
assertion (ə'sə:ʃən) *s.* aserción, aserto. *2* reivindicación.
assess (to) (ə'ses) *t.* tasar, valorar.
assessment (ə'sesmənt) *s.* amillaramiento. *2* tasación.
assessor (ə'sesəʳ) *s.* der. asesor.
asset ('æset) *s.* COM. partida del activo. *2* recurso, medios. *3 pl.* COM. activo.
asseverate (to) (ə'sevəreit) *t.* aseverar.
assiduity (ˌæsi'dju:iti) *s.* asiduidad.
assiduous (ə'sidjuəs) *a.* asiduo.
assign (to) (ə'sain) *t.* asignar. *2* atribuir. *3* ceder, transferir.
assignment (ə'sainmənt) *s.* asignación. *2* DER. cesión.
assimilate (to) (ə'simileit) *t.-i.* asimilar(se.
assimilation (əˌsimi'leiʃən) *s.* asimilación.
assist (to) (ə'sist) *t.* socorrer. *2 i.* asistir. estar presente.
assistance (ə'sistəns) *s.* asistencia, ayuda, socorro. *2* asistencia [presencia]. *3* concurrencia.
assistant (ə'sistənt) *s.* ayudante, auxiliar. *2* dependiente.
assize (ə'saiz) *s.* tasa, tipo. *2 pl.* sesiones de un tribunal.
associate (ə'souʃiit) *a.* asociado; adjunto. *2 s.* asociado, socio.
associate (to) (ə'souʃieit) *t.-i.* asociar(se, juntar(se.
association (əˌsousi'eiʃən) *s.* asociación.
assonance ('æsənəns) *s.* asonancia.
assort (to) (ə'sɔ:t) *t.* clasificar, agrupar con. *2* surtir. *3 i.* cuadrar, convenir. *4* juntarse.
assortment (ə'sɔ:tmənt) *s.* clasificación. *2* surtido, variedad.
assuage (to) (ə'sweidʒ) *t.* suavizar, mitigar, aliviar.
assume (to) (ə'sju:m) *t.* asumir. *2* atribuirse. *3* tomar [una actitud, etc.] *4* suponer.
assuming (ə'sju:miŋ) *a.* presuntuoso.
assumption (ə'sʌmpʃən) *s.* postulado. *2* suposición. *3* (con may.) Asunción.
assurance (ə'ʃuərəns) *s.* seguridad, certeza. *2* confianza, resolución. *3* COM. seguro.
assure (to) (ə'ʃuəʳ) *t.* asegurar.
asterisk ('æstərisk) *s.* asterisco.
astern (əs'tə:n) *adv.* a popa.
asthma ('æsmə) *s.* asma.
astonish (to) (əs'tɔniʃ) *t.* asombrar, pasmar, sorprender.
astonishing (əs'tɔniʃiŋ) *a.* asombroso, pasmoso.
astonishment (əs'tɔniʃmənt) *s.* asombro.
astound (to) (əs'taund) *t.* pasmar, sorprender.
astray (ə'strei) *adv.-a.* extraviado: ***to go ~,*** descarriarse.
astride (ə'straid) *adv.* a horcajadas.
astringent (əs'trindʒənt) *a.* astringente.
astrologer (əs'trɔlədʒəʳ) *s.* astrólogo.
astrology (əs'trɔlədʒi) *s.* astrología.
astronaut ('æstrənɔ:t) *s.* astronauta.
astronautics (ˌæstrə'nɔ:tiks) *s.* astronáutica.
astronomer (əs'trɔnəməʳ) *s.* astrónomo.
astronomy (əs'trɔnəmi) *s.* astronomía.
astute (əs'tju:t) *a.* astuto, sagaz.
astuteness (əs'tju:tnis) *s.* astucia.
asunder (ə'sʌndəʳ) *adv.* separado. *2* en dos, en pedazos.
asylum (ə'sailəm) *s.* asilo, refugio. *2* sagrado. *3* manicomio.
at (æt, ət) *prep.* en, a, de, con, cerca de, delante de.
ate (et) *pret.* de TO EAT.
atheism ('eiθiizəm) *s.* ateísmo.
atheist ('eiθiist) *s.* ateo.
Athens ('æθinz) *n. pr.* Atenas.
athlete ('æθli:t) *s.* atleta.
athletic (æθ'letik) *a.* atlético.
athletics (æθ'letiks) *s.* atletismo.
athwart (ə'θwɔ:t) *adv.-prep.* a través; atravesado a. *2* contra.
Atlantic (ət'læntik) *a.* atlántico. *2 n. pr.* GEOGR. Atlántico.
atlas ('ætləs) *s.* atlas. *2* atlante.
atmosphere ('ætməsfiəʳ) *s.* atmósfera; ambiente.
atoll ('ætɔl) *s.* atolón.
atom ('ætəm) *s.* átomo.
atone (to) (ə'toun) *i.-t.* expiar.
atonement (ə'tounmənt) *s.* reparación, compensación, expiación.
atrocious (ə'trouʃəs) *a.* atroz.
atrocity (ə'trɔsiti) *s.* atrocidad.
atrophy ('ætrəfi) *s.* atrofia.
attach (to) (ə'tætʃ) *t.* atar, ligar, unir, sujetar; agregar. *2* granjearse el afecto de. *3* dar, atribuir [importancia, etc.]. *4* DER. embargar. *5 i.* ser inherente. *6 ref.* unirse, adherirse. *7* cobrar afecto.
attachment (ə'tætʃmənt) *s.* enlace, unión. *2* apego, adhesión. *3* aditamento. *4* DER. embargo.
attack (ə'tæk) *s.* ataque.
attack (to) (ə'tæk) *t.* atacar.
attain (to) (ə'tein) *t.* lograr, obtener. *2 t.-i.* alcanzar, llegar.

attainment (ə'teinment) *s.* logro, adquisición. *2 pl.* conocimientos.
attempt (ə'tempt) *s.* intento, prueba, tentativa. *2* atentado.
attempt (to) (ə'tempt) *t.* intentar, procurar. *2* atentar contra.
attend (to) (ə'tend) *t.* atender a, cuidar de. *2* asistir [a un enfermo]. *3* acompañar. *4* servir, escoltar. *5* asistir, concurrir. *6* aguardar. *7* i. ***to ~ to,*** escuchar; ocuparse de.
attendance (ə'tendəns) *s.* asistencia, servicio, cuidado. *2* asistencia, presencia. *3* concurrencia, auditorio. *4* séquito.
attendant (ə'tendənt) *s.* servidor. *2* asistente, concurrente.
attention (ə'tenʃən) *s.* atención. *2* MIL. ***to stand to ~,*** cuadrarse. *3 pl.* atenciones, obsequios.
attentive (ə'tentiv) *a.* atento. *2* cuidadoso.
attenuate (ə'tenjuit) *a.* atenuado. *2* delgado.
attenuate (to) (ə'tenjueit) *t.* atenuar, disminuir.
attest (to) (ə'test) *t.-i.* atestar, testificar, atestiguar, certificar.
attic ('ætik) *s.* ático, buhardilla.
attire (ə'taiəʳ) *s.* traje, vestidura.
attire (to) (ə'taiəʳ) *t.* vestir, ataviar. *2* engalanar.
attitude ('ætitju:d) *s.* actitud.
attorney (ə'tə:ni) *s.* apoderado. *2* procurador, abogado. *3* ***~ general,*** fiscal.
attract (to) (ə'trækt) *t.* atraer. *2* llamar [la atención].
attraction (ə'trækʃən) *s.* atracción. *2* atractivo.
attractive (ə'træktiv) *a.* atractivo. *2* agradable, simpático.
attribute ('ætribju:t) *s.* atributo.
attribute (to) (ə'tribju:t) *t.* atribuir.
attribution (ˌætri'bju:ʃən) *s.* atribución.
attrition (ə'triʃən) *s.* atrición. *2* roce, fricción, desgaste.
attune (to) (ə'tju:n) *t.* armonizar, acordar. *2* MÚS. afinar.
auburn ('ɔ:bən) *a.* castaño.
auction ('ɔ:kʃən) *s.* subasta.
audacious (ɔ:'deiʃəs) *a.* audaz.
audacity (ɔ:'dæsiti) *s.* audacia.
audible ('ɔ:dibl) *a.* audible.
audience ('ɔ:djəns) *s.* auditorio, público. *2* audiencia [entrevista].
audit ('ɔ:dit) *s.* intervención.
audit (to) ('ɔ:dit) *s.* intervenir.
audition (ɔ:'diʃən) *s.* audición.
auditor ('ɔ:ditəʳ) *s.* interventor.
auditorium (ˌɔ:di'tɔ:riəm) *s.* sala de conferencias o conciertos.
auger ('ɔ:gəʳ) *s.* barrena.
aught (ɔ:t) *pron.* algo.
augment (to) (ɔ:g'ment) *t.-i.* aumentar(se.
augmentation (ˌɔ:gmen'teiʃən) *s.* aumento.
augur ('ɔ:gəʳ) *s.* agorero, adivino.
augur (to) ('ɔ:gəʳ) *t.-i.* presagiar.
augury ('ɔ:gjuri) *s.* augurio.
August ('ɔ:gəst) *s.* agosto.
august (ɔ:'gʌst) *a.* augusto.
aunt (ɑ:nt) *s.* tía.
aura (ɔ:rə) *s.* aura. *2* atmósfera.
aureola (ɔ:'riələ), **aureole** ('ɔ:rioul) *s.* aureola.
auricular (ɔ:'rikjuləʳ) *a.* auricular.
aurora (ɔ:'rɔ:rə) *s.* aurora.
auscultate (to) ('ɔ:skəlteit) *t.* MED. auscultar.
auspice ('ɔ:spis) *s.* auspicio.
auspicious (ɔ:s'piʃəs) *a.* propicio.
austere (ɔs'tiəʳ) *a.* austero.
austerity (ɔs'teriti) *s.* austeridad.
Austin ('ɔstin) *n. pr.* Agustín.
austral ('ɔ:strəl) *a.* austral.
Australia (ɔs'treiliə) *n. pr.* GEOGR. Australia.
Austrian ('ɔstriən) *a.-s.* austríaco.
authentic(al (ɔ:'θentik, -əl) *a.* auténtico. *2* fiel, fidedigno.
authenticity (ˌɔ:θen'tisiti) *s.* autenticidad.
author ('ɔ:θəʳ) *s.* autor, escritor.
authoritative (ɔ:'θɔritətiv) *a.* autorizado. *2* autoritario.
authority (ɔ:'θɔriti) *s.* autoridad: ***on good ~,*** de buena tinta. *2 pl.* autoridades.
authorize (to) ('ɔ:θəraiz) *t.* autorizar. *2* justificar.
autobiography (ˌɔ:toubai'ɔgrəfi) *s.* autobiografía.
autocracy (ɔ:'tɔkrəsi) *s.* autocracia.
autocrat ('ɔ:təkræt) *s.* autócrata.
autograph ('ɔ:təgrɑ:f) *a.-s.* autógrafo.
automatic (ˌɔtə'mætik) *a.* automático.
automaton (ɔ:'tɔmətən) *s.* autómata.
automobile ('ɔ:təməbi:l) *s.* automóvil.
autonomy (ɔ:'tɔnəmi) *s.* autonomía.
autopsy ('ɔ:təpsi) *s.* autopsia.
autumn ('ɔ:təm) *s.* otoño.
autumnal (ɔ:'tʌmnəl) *a.* otoñal.
auxiliary (ɔ:g'ziljəri) *a.* auxiliar.
avail (ə'veil) *s.* provecho.
avail (to) (ə'veil) *i.* servir, ser útil. *2 t.* aprovechar, servir [a uno]. *3* ref. ***to ~ oneself of,*** aprovecharse de, valerse de.
available (ə'veiləbl) *a.* disponible. *2* obtenible. *3* [ticket] válido.
avalanche ('ævəlɑ:nʃ) *s.* alud.
avarice ('ævəris) *s.* avaricia.
avaricious (ˌævə'riʃəs) *a.* avaro.

avenge (to) (ə'vendʒ) *t.* vengar.
avenger (ə'vendʒə[r]) *s.* vengador.
avenue ('ævənju:) *s.* avenida, paseo, alameda.
aver (to) (ə'və:[r]) *t.* afirmar, asegurar, declarar.
average ('ævəridʒ) *s.* promedio, término medio: ***on an ~***, por término medio. *2* lo corriente. *3 a.* ordinario, corriente.
average (to) ('ævəridʒ) *i.* hacer un promedio de. *2 t.* determinar el promedio de.
averse (ə'və:s) *a.* contrario, opuesto.
aversion (ə'və:ʃən) *s.* aversión. *2* repugnancia.
avert (to) (ə'və:t) *t.* apartar.
aviary ('eivjəri) *s.* pajarera.
aviation (ˌeivi'eiʃən) *s.* aviación.
aviator ('eivieitə[r]) *s.* aviador.
avid ('ævid) *a.* ávido.
avidity (ə'viditi) *s.* avidez.
avocation (ˌævou'keiʃən) *s.* afición, pasatiempo. *2* ocupación.
avoid (to) (ə'vɔid) *t.* evitar, eludir. *2* anular.
avoidance (ə'vɔidəns) *s.* evitación. *2* DER. anulación.
avouch (to) (ə'vautʃ) *t.* afirmar; decir. *2* probar, garantizar.
avow (to) (ə'vau) *t.* confesar, reconocer.
avowal (ə'vauəl) *s.* confesión, reconocimiento.
await (to) (ə'weit) *t.-i.* aguardar, esperar.
awake (ə'weik) *a.* despierto.
awake (to) (ə'weik) *t.* despertar. *2 i.* despertarse. ¶ Pret.: ***awoke*** (ə'wouk); p. p.: ***awaked*** (ə'weikt) o ***awoke.***
awaken (to) (ə'weikən) *t.-i.* TO AWAKE.
awakened (ə'weikənd) *p. p.* de TO AWAKE.
award (ə'wɔ:d)*s.* sentencia. *2* adjudicación. *3* premio.
award (to) (ə'wɔ:d) *t.* DER. adjudicar. *2* dar, conceder.
aware (ə'wɛə[r]) *a.* sabedor, enterado: ***to be ~ of,*** saber, darse cuenta de.
away (ə'wei) *adv.* lejos, fuera, alejándose: ***to be ~,*** estar fuera, ausente; ***to go ~,*** irse, ausentarse. *2* Indica libertad o continuidad en la acción: ***they fired ~,*** fueron disparando. *3 interj.* ¡fuera de ahí!
awe (ɔ:) *s.* temor. *2* asombro.
awe (to) (ɔ:) *t.* atemorizar, sobrecoger.
awful ('ɔ:ful) *a.* atroz, horrible. *2* tremendo, espantoso. *3* fam. enorme; muy feo.
awfully ('ɔ:fuli) *adv.* terriblemente. *2* enormemente.
awhile (ə'wail) *adv.* un rato.
awkward ('ɔ:kwəd) *a.* torpe, desmañado, desgarbado. *2* embarazoso, delicado.
awl (ɔ:l) *s.* lezna, punzón.
awn (ɔ:n) *s.* BOT. arista, raspa.
awning ('ɔ:niŋ) *s.* toldo, tendal.
awoke (ə'wouk) V. TO AWAKE.
awry (ə'rai) *adv.* de través. *2* mal. *3 a.* torcido, ladeado.
ax, axe (æks) *s.* hacha, destral.
axiom ('æksiəm) *s.* axioma.
axiomatic (ˌæksiə'mætik) *a.* axiomático.
axis ('æksis) *s.* eje. *2* ANAT. axis.
axle ('æksl) *s.* eje [de rueda]; árbol [de máquina].
aye (ei) *adv.* siempre.
azure ('æʒə[r]) *a.-s.* azul celeste. *2 s.* azur.

B

baa (to) (bɑ:) *i.* balar.
babble ('bæbl) *s.* charla. *2* balbuceo. *3* murmullo [del agua].
babble (to) ('bæbl) *i.* charlar. *2* balbucear. *3* murmurar [el agua].
babbler ('bæbləʳ) *s.* charlatán.
babel ('beibəl) *s.* babel, confusión, algarabía.
baboon (bə'bu:n) *s.* mandril.
baby ('beibi) *s.* criatura, bebé, nene, niño. *2* benjamín.
bachelor ('bætʃələʳ) *s.* soltero, -ra, célibe. *2* bachiller, licenciado.
bacillus (bə'siləs) *s.* bacilo.
back (bæk) *s.* espalda: ***to turn one's ~ on,*** volver la espalda a: ***on one's ~,*** a cuestas; de espaldas, boca arriba. *2* espinazo. *3* lomo [de animal, libro, etc.] *4* espaldar, dorso, envés, revés. *5* trasera, fondo, parte de atrás. *6* respaldo [de silla, etc.] *7* FUTB. defensa. *8* TEAT. foro. *9 a.-adv.* posterior, dorsal, trasero; atrasado; atrás, hacia atrás; de vuelta, de regreso; en pago; ***~ door,*** puerta excusada; ***~ shop,*** trastienda; ***to come ~,*** volver, regresar; ***to give ~,*** devolver.
back (to) (bæk) *t.* apoyar, sostener. *2* apostar por. *3* hacer retroceder. *4* respaldar [un escrito]. *5* montar [un caballo]. *6* MAR. ***to ~ water,*** ciar. *7 i.* recular, retroceder. *8* ***to ~ out,*** volverse atrás.
backbite (to) ('bækbait) *i.-t.* difamar. ¶ Pret.: ***backbit;*** p. p.: ***backbit*** o ***-bitten*** ('bækbit, -n).
backbone ('bækboun) *s.* espinazo. *2* fig. firmeza, nervio.
backer ('bækəʳ) *s.* partidario. *2* apostador.
background ('bækgraund) *s.* fondo, último término.
backing ('bækiŋ) *s.* apoyo, sostén. *2* garantía. *3* forro [de detrás].
backside ('bæk'said) *s.* espalda, parte de atrás. *2* trasero.
backslide (to) ('bæk'slaid) *i.* deslizarse hacia atrás. *2* recaer.
backward ('bækwəd) *a.* retrógrado. *2* atrasado; lento, tardo. *3* tardío.
backward(s ('bækwədz) *adv.* hacia atrás. *2* al revés.
backwater ('bæk,wɔ:təʳ) *s.* remanso.
bacon ('beikən) *s.* tocino.
bacterium (bæk'tiəriəm), *pl.* **bacteria** (-riə) *s.* bacteria.
bad (bæd) *a.* malo, mal: ***~ form,*** mala educación. *2* enfermo. *3* podrido [huevo]. *4* falsa [moneda]. *5 adv.* mal: ***~ looking,*** feo, de mal aspecto. *6 s.* mal, lo malo: ***from ~ to worse,*** de mal en peor. *7* **-ly** *adv.* mal.
bade (beid) V. TO BID.
badge (bædʒ) *s.* insignia, distintivo. *2* divisa, símbolo.
badger ('bædʒəʳ) *s.* ZOOL. tejón.
badger (to) ('bædʒəʳ) *t.* molestar.
badness (bædnis) *s.* maldad.
baffle (to) ('bæfl) *t.* confundir, desconcertar. *2* burlar, frustrar.
bag (bæg) *s.* saco, bolsa. *2* maleta. *3* zurrón.
bag (to) (bæg) *t.* embolsar, ensacar. *2* cazar, pescar.
baggage ('bægidʒ) *s.* equipaje [de viaje]. *2* MIL. bagage.
bagpipe ('bægpaip) *s.* MÚS. gaita.
bail (beil) *s.* DER. fianza. *2* DER. fiador. *3* aro, cerco.
bail (to) (beil) *t.* dar fianza por [uno]. *2* achicar [sacar agua].
bailiff ('beilif) *s.* alguacil, corchete.
bait (beit) *s.* cebo, carnada.
bait (to) (beit) *t.* cebar [poner cebo]. *2* atormentar, acosar.
baize (beiz) *s.* bayeta.
bake (to) (beik) *t.* cocer, asar al horno. *2 i.* cocerse.
baker ('beikəʳ) *s.* panadero.
bakery ('beikəri) *s.* panadería.

balance ('bæləns) *s.* balanza. *2* contrapeso. *3* equilibrio. *4* COM. saldo.
balance (to) ('bæləns) *t.* pesar, comparar. *2* equilibrar. *3* contrapesar. *4* COM. saldar. *5 i.* equilibrarse, balancear(se.
balcony ('bælkəni) *s.* balcón. *2* TEAT. galería, anfiteatro.
bald (bɔ:ld) *a.* calvo. *2* desnudo, pelado. *3* escueto.
baldness ('bɔ:ldnis) *s.* calvicie. *2* desnudez [falta de pelo, etc.].
bale (beil) *s.* bala, fardo.
bale (to) (beil) *t.* embalar.
baleful ('beilful) *a.* pernicioso.
balk (bɔ:k) *s.* viga. *2* obstáculo, contratiempo.
balk (to) (bɔ:k) *t.* evitar. *2* burlar, frustrar. *3* malograr, perder. *4 i.* plantarse, resistirse.
ball (bɔ:l) *s.* bola, globo, esfera. *2* pelota. *3* bala [redonda]. *4* baile [fiesta].
ballad ('bæləd) *s.* balada. *2* canción, copla.
ballast ('bæləst) *s.* lastre.
ballast (to) ('bæləst) *t.* lastrar.
ballet ('bælei) *s.* ballet.
balloon (bə'lu:n) *s.* globo.
ballot ('bælət) *s.* balota; papeleta de voto. *2* votación, sufragio.
ballot (to) ('bælət) *i.-t.* votar.
balm (bɑ:m), **balsam** ('bɔ:lsəm) *s.* bálsamo.
balmy ('bɑ:mi), **balsamic** (bɔ:l'sæmik) *a.* balsámico, suave.
baluster ('bæləstə^r^) *s.* balaustre.
balustrade (,bæləs'treid) *s.* balaustrada, barandilla.
bamboo (bæm'bu:) *s.* BOT. bambú.
ban (bæn) *s.* proscripción.
ban (to) (bæn) *t.* proscribir.
banal (bə'nɑ:l) *s.* trivial.
banana (bə'nɑ:nə) *s.* plátano.
band (bænd) *s.* faja, tira. *2* MÚS. banda: ~ ***stand,*** quiosco de música. *3* pandilla.
band (to) (bænd) *t.* atar, fajar, vendar. *2* acuadrillar. *3 i.* ***to ~ together,*** acuadrillarse.
bandage ('bændidʒ) *s.* venda, vendaje.
bandit ('bændit) *s.* bandido, bandolero.
bandoleer (,bændə'liə^r^) *s.* bandolera.
bandy (to) ('bændi) *t.* cambiar [golpes, etc.]. *2 i.* discutir.
bandy-legged ('bændilegd) *a.* estevado.
bane (bein) *s.* muerte, ruina.
baneful ('beinful) *a.* letal, funesto, pernicioso, venenoso.
bang (bæŋ) *s.* golpe, porrazo [que resuena], portazo, detonación.
bang (to) (bæŋ) *t.* golpear [con ruido]: ***to ~ the door,*** dar un portazo. *2* aporrear, maltratar.
bangle ('bæŋgl) *s.* ajorca; brazalete.
banish (to) ('bæniʃ) *t.* desterrar.
banishment ('bæniʃmənt) *s.* destierro, proscripción.
banister ('bænistə^r^) *s.* balaustre. *2 pl.* balaustrada, barandilla.
banjo ('bændʒou) *s.* banjo.
bank (bæŋk) *s.* ribazo, talud. *2* margen, orilla. *3* banco [de arena]. *4* COM. banco: ~ ***-note,*** billete de banco; ~ ***holiday,*** día de fiesta. *5* banca [en el juego].
bank (to) (bæŋk) *t.* amontonar. *2* represar. *3* depositar en un banco. *4 i.* ***to ~ on,*** contar con.
banker ('bæŋkə^r^) *s.* banquero.
banking ('bæŋkin) *s.* banca.
bankrupt ('bæŋkrəpt) *a.* quebrado: ***to go ~,*** quebrar.
bankruptcy ('bæŋkrəptsi) *s.* quiebra, bancarrota.
banner ('bænə^r^) *s.* bandera.
banns (bænz) *s.* amonestaciones.
banquet ('bæŋkwit) *s.* banquete.
banter ('bæntə^r^) *s.* burla, chanza, vaya.
banter (to) ('bæntə^r^) *t.* burlarse de. *2 i.* chancearse.
baptism ('bæptizəm) *s.* bautismo.
baptismal (bæp'tizməl) *a.* bautismal.
baptize (to) (bæp'taiz) *t.* bautizar.
bar (bɑ:^r^) *s.* barra. *2* tranca [de puerta]. *3* obstáculo. *4* reja [de ventana]. *5* DER. cuerpo de abogados. *6* bar; mostrador de bar. *7* raya, faja.
bar (to) (bɑ:^r^) *t.* atrancar [una puerta]. *2* listar, rayar. *3* obstruir; obstar, impedir, prohibir.
barb (bɑ:b) *s.* púa, lengüeta.
barbarian (bɑ:'bɛəriən) *a.-s.* bárbaro.
barbarism ('bɑ:bərizəm) *s.* barbarismo. *2* barbarie.
barbarity (bɑ:'bæriti) *s.* barbaridad.
barbarous ('bɑ:bərəs) *a.* bárbaro.
barbecue ('bɑ:bikju:) *s.* barbacoa.
barbed (bɑ:bd) *a.* armado con púas: ~ ***wire,*** espino artificial.
barber ('bɑ:bə^r^) *s.* barbero: ***barber's shop,*** barbería.
bard (bɑ:d) *s.* bardo. *2* barda.
bare (bɛə^r^) *a.* desnudo; descubierto. *2* pelado; liso, sencillo. *3* raído. *4* mero, puro, solo.
bare (to) (bɛə^r^) *t.* desnudar, despojar, descubrir.
barefaced ('bɛəfeist) *a.* descarado.
barefoot(ed ('bɛəfut, 'bɛə'futid) *a.* des-

bareheaded ('bɛə'hedid) *a.* descubierto, destocado.
barely ('bɛəli) *adv.* apenas.
bareness ('bɛənis) *s.* desnudez. *2* miseria, escasez.
bargain ('bɑ:gin) *s.* trato: ***into the ~,*** de más, por añadidura. *2* ganga, buen negocio: ~ ***sale,*** COM. saldo, liquidación.
bargain (to) ('bɑ:gin) *i.* regatear.
barge (bɑ:dʒ) *s.* barcaza.
bark (bɑ:k) *s.* corteza [de árbol]. *2* ladrido. *3* barca.
bark (to) (bɑ:k) *t.* descortezar. *2* rozar, desollar. *3 i.* ladrar.
barley ('bɑ:li) *s.* BOT. cebada.
barm (bɑ:m) *s.* levadura.
barmaid ('bɑ:meid) *s.* moza de taberna.
barman ('bɑ:mən) *s.* mozo de taberna, barman.
barmy ('bɑ:mi) *a.* espumoso. *2* fig. chiflado.
barn (bɑ:n) *s.* granero, pajar.
barnacle ('bɑ:nəkl) *s.* percebe.
barn-yard ('bɑa:n-'jɑ:d) *s.* patio [de granja].
barometer (bə'rɔmitə[r]) *s.* barómetro.
baron ('bærən) *s.* barón.
baronet ('bærənit) *s.* baronet.
baroque (bə'rouk) *a.* barroco.
barracks ('bærəks) *s. pl.* cuartel.
barrage ('bærɑ:ʒ) *s.* barrera.
barrel ('bærəl) *s.* barril, tonel. *2* cañón [de un arma]. *3* MEC. cilindro, tambor. *4* MÚS. ~ ***organ,*** organillo.
barrel (to) ('bærəl) *t.* embarrilar, entonelar.
barren ('bærən) *a.* estéril, infecundo. *2* árido. *3 s.* yermo.
barricade (ˌbæri'keid) *s.* barricada.
barricade (to) (ˌbæri'keid) *t.* fortificar con barricadas.
barrier ('bæriə[r]) *s.* barrera.
barring ('bɑ:riŋ) *prep.* excepto.
barrister ('bæristə[r]) *s.* abogado.
barrow ('bærou) *s.* carrito de mano, carretilla.
barter ('bɑ:tə[r]) *s.* trueque, cambio, cambalache.
barter (to) ('bɑ:tə[r]) *t.-i.* trocar, cambiar: ~ ***away,*** malbaratar.
basalt ('bæsɔ:lt) *s.* basalto.
base (beis) *a.* bajo, ruin, vil. *2 s.* base. *3* basa.
base (to) (beis) *t.* basar, fundar. *2 i.* basarse.
baseball ('beisbɔ:l) *s.* béisbol.
baseless ('beislis) *a.* infundado.
basement ('beismənt) *s.* sótano.
bashful ('bæʃful) *a.* vergonzoso, tímido, modesto.
bashfulness ('bæʃfulnis) *s.* vergüenza, timidez.
basic ('beisik) *a.* básico.
basilisk ('bæzilisk) *s.* basilisco.
basin ('beisn) *s.* jofaina, palangana. 2 GEOGR. cuenca. *3* dársena.
basis ('beisis) *s.* base, fundamento.
bask (to) (bɑ:sk) *i.* calentarse.
basket ('bɑ:skit) *s.* cesto, canasta.
basket-ball ('bɑ:skitbɔ:l) *s.* baloncesto.
Basque (bæsk) *a.-s.* vasco. *2 s.* vascuence.
bas-relief ('bæsriˌli:f) *s.* bajo relieve.
bass (bæs) *s.* ICT. róbalo, lobina.
bass (beis) *a.-s.* MÚS. bajo.
bassoon (bə'su:n) *s.* MÚS. fagot.
bastard ('bæstəd) *a.-s.* bastardo.
baste (to) (beist) *t.* hilvanar. *2* azotar. *3* COC. lardear.
bastion ('bæstiən) *s.* baluarte.
bat (bæt) *s.* ZOOL. murciélago. *2* DEP. palo, bote.
bat (to) (bæt) *t.* golpear.
batch (bætʃ) *s.* hornada.
bate (to) (beit) *t.* disminuir.
bath (bɑ:θ) *s.* baño. *2* bañera. *3 pl.* baños (balneario).
bathe (to) (beið) *t.-i.* bañar(se.
bather ('beiðə[r]) *s.* bañista.
bathing ('beiðiŋ) *s.* baño: ~ ***suit,*** bañador.
bathrobe ('bɑ:θroub) *s.* albornoz; bata.
bath-room ('bɑ:θrum) *s.* cuarto de baño.
bath-tub ('bɑ:θtʌb) *s.* bañera.
baton ('bætən) *s.* bastón [de mando]. *2* MÚS. batuta.
batsman ('bætsmən) *s.* jugador de cricquet.
battalion (bə'tæljən) *s.* batallón.
batten ('bætn) *s.* listón, tabla.
batten (to) ('bætn) *i.* engordar.
batter ('bætə[r]) *s.* COC. batido.
batter (to) ('bætə[r]) *t.* batir [golpear; cañonear]. *2* demoler.
battery ('bætəri) *s.* batería. *2* pila eléctrica.
battle ('bætl) *s.* batalla, combate.
battle (to) ('bætl) *i.* combatir.
battlefield ('bætlfi:ld) *s.* campo de batalla.
battlement ('bætlmənt) *s.* muralla almenada.
battleship ('bætlʃip) *s.* acorazado.
bauble ('bɔ:bl) *s.* chuchería.
bawd (bɔ:d) *s.* alcahuete, -ta.
bawdy ('bɔ:di) *a.* obsceno, verde.
bawl (to) (bɔ:l) *i.-t.* gritar, vociferar; berrear.
bay (bei) a.-s. bayo [caballo]. *2 s.* bahía, ensenada. *3* ARQ. intercolumnio, vano. *4* ojo [de puente]. *5* ~ ***window,*** mira-

dor. *6* ladrido. *7* laurel. *8* ***at*** ~, acorralado.

bay (to) (bei) *i.* ladrar.

bayonet ('beiənit) *s.* bayoneta.

baza(a)r (bə'zɑ:[r]) *s.* bazar. *2* feria o tómbola benéfica.

bazooka (bə'zu:kə) *s.* bazuca.

be (to) (bi:) *i.* ser; estar. *2* hallarse. *3* existir. *4* tener: ***he is ten,*** tiene diez años. *5 impers.* haber [precedido de ***there***]: ***there is something,*** hay algo. *6* hacer: ***it's cold,*** hace frío. *7 aux.* Forma la pasiva: ***he is loved,*** es amado; la conjug. progresiva: ***he is coming,*** va a venir; la conjug. de obligación: ***I'm to go out,*** he de salir. ¶ CONJUG: INDIC. Pres.: ***I am*** (æm, əm, m), ***you are*** (ɑ:[r], ɑ[r], ə[r])[*art*], ***he is*** (iz, z, s), ***we are,*** etc. | Pret.: ***I, he was*** (wɔz, wəz), ***you, we, they were*** (wə:[r], wə[r]). ‖ SUBJ. PRES.: ***be.*** | ***Pret.: were.*** ‖ PART. PAS.: ***been*** (bi:n, bin). ‖ GER.: ***being*** ('bi:iŋ).

beach (bi:tʃ) *s.* playa, orilla.

beach (to) (bi:tʃ) *i.-t.* varar.

beacon ('bi:kən) *s.* almenara. *2* faro, farola.

bead (bi:d) *s.* cuenta [de rosario; abalorio]. *2* perla, gota. *3 pl.* rosario.

beadle ('bi:dl) *s.* alguacil, macero. *2* bedel.

beak (bi:k) *s.* pico [de ave, etc.].

beam (bi:m) *s.* viga, madero. *2* astil [de balanza]. *3* rayo [de luz, calor, etc.].

beam (to) *(bi:m) t.* emitir [luz, etc.]. *2 i.* brillar.

beaming ('bi:miŋ) *a.* brillante.

bean (bi:n) *s.* haba: ***French*** ~, judía. *2* grano [de café, etc.].

bear (bɛə[r]) *s.* ZOOL. oso, osa. *2* fig. bajista [en Bolsa].

bear (to) (bɛə[r]) *t.* llevar, cargar. *2* soportar, aguantar. *3* producir [frutos, etc.]. *4* dar a luz: ***he was born in London,*** nació en Londres. *5* ***to*** ~ ***in mind,*** tener presente; ***to*** ~ ***oneself,*** portarse. *6 i.* resistir, ser paciente. *7* ***to*** ~ ***on*** o ***upon,*** referirse a; ***to*** ~ ***up,*** mantenerse firme. ¶ Pret.: ***bore*** (bɔ:[r]); p. p.: ***borne*** o ***born*** (bɔ:n).

beard (biəd) *s.* barba. *2* BOT. arista.

beard (to) (biəd) *t.* desafiar.

bearded ('biədid) *a.* barbudo.

beardless ('biədlis) *a.* imberbe.

bearer ('bɛərə[r]) *s.* portador. *2* soporte. *3* árbol fructífero.

bearing ('bɛəriŋ) *s.* porte, conducción. *2* producción. *3* MEC. cojinete. *4* MAR. orientación: ***to lose one's bearings,*** desorientarse. *5* relación.

beast (bi:st) *s.* bestia, animal.

beastly (bi:stli) *a.* bestial.

beat (bi:t) *s.* golpe; latido. *2* toque [en el tambor]. *3* tictac. *4* ronda, recorrido.

beat (to) (bi:t) *t.* pegar; golpear. 2 tocar [el tambor]. *3* batir [metales; huevos]. *4* vencer, derrotar. *5* ganar, aventajar. *6* ***to*** ~ ***time,*** llevar el compás. *7* ***to*** ~ ***a retreat,*** emprender la retirada. *8 i.* batir, golpear [en]; llamar [a la puerta]. *9* latir, palpitar. *10* ***to*** ~ ***about the bush,*** fig. andar con rodeos. ¶ Pret.: ***beat*** (bi:t); p. p.: ***beaten*** (bi:tn).

beatify (to) (bi(:)'ætifai) *t.* beatificar.

beating ('bi:tiŋ) *s.* paliza. *2* golpeo. *3* latido, pulsación.

beatitude (bi(:)'ætitju:d) *s.* beatitud.

beau (bou), *pl.* **beaux** (-z) *s.* elegante. *2* galán, cortejo.

beautiful ('bju:tiful) *a.* hermoso, bello. *2* lindo, precioso.

beautify (to) ('bju:tifai) *t.-i.* hermosear(se, embellecer(se.

beauty ('bju:ti) *s.* belleza, hermosura: ~ ***spot,*** lunar postizo.

beaver ('bi:və[r]) *s.* castor.

becalm (to) (bi'kɑ:m) *t.* calmar.

became (bi'keim) V. TO BECOME.

because (bi'kɔz) *conj.* porque. *2* ~ ***of,*** a causa de.

beckon (to) ('bekən) *t.* llamar por señas. *2 i.* hacer señas.

become (to) (bi'kʌm) *t.* convenir, sentar, caer o ir bien. *2 i.* volverse, hacerse, convertirse en; ponerse: ***to*** ~ ***angry,*** enojarse. *3* ***what has become of Peter?,*** ¿qué ha sido de Pedro? ¶ Pret.: ***became*** (bi'keim); p. p.: ***become*** (bi'kʌm).

becoming (bi'kʌmiŋ) *a.* que sienta bien. *2* conveniente, propio.

bed (bed) *s.* cama, lecho: ***to go to*** ~, acostarse. *2* GEOGR. lecho, cauce. *3* base, cimiento. *4* estrato, yacimiento. *5* JARD. macizo, cuadro.

bed (to) (bed) *t.-i.* acostar(se.

bedaub (to) (bi'dɔ:b) *t.* embadurnar.

bedbug ('bedbʌg) *s.* ENT. chinche.

bedding ('bediŋ) *s.* colchones y ropa de cama. *2* cama [para el ganado].

bedeck (to) (bi'dek) *t.* adornar.

bedew (to) (bi'dju:) *t.* rociar.

bedlam ('bedləm) *s.* manicomio.

bedrid(den ('bed,rid -n) *a.* postrado en cama.

bedroom ('bedrum) *s.* dormitorio.

bedside ('bedsaid) *s.* ~ ***table,*** mesa de noche.

bedspring ('bedspriŋ) *s.* colchón de muelles.

bedstead ('bedsted) *s.* armadura de la cama.
bee (bi:) *s.* abeja: ***to have a ~ in one's bonnet,*** estar chiflado.
beech (bi:tʃ) *s.* BOT. haya.
beechnut ('bi:tʃnʌt) *s.* hayuco.
beef (bi:f) *s.* carne de vaca.
beefeater ('bi:fˌi:təʳ) *s.* alabardero.
beefsteak ('bi:f'steik) *s.* bisté.
beehive ('bi:haiv) *s.* colmena.
bee-line ('bi:lain) *s.* línea recta.
been (bi:n, bin) V. TO BE.
beer (biəʳ) *s.* cerveza.
beerhouse ('biəhaus) *s.* cervecería.
beet (bi:t) *s.* remolacha.
beetle ('bi:tl) *s.* ENT. escarabajo.
beetle-browed ('bi:tilbraud) *a.* cejudo. *2* ceñudo.
beetroot ('bi:tru:t) *s.* remolacha.
befall (to) (bi'fɔ:l) *i.-t.* ocurrir, acontecer.
befit (to) *(bi'*fit) *i.* convenir.
befitting (bi'fitiŋ) *a.* conveniente.
before (bi'fɔ:ʳ, -fɔəʳ) *adv.* antes. *2* delante. *3 prep.* antes de o que. *4* delante de.
beforehand (bi'fɔ:hænd) *adv.* de antemano, con antelación.
befriend (to) (bi'frend) *t.* favorecer, proteger.
beg (to) (beg) *t.* pedir, solicitar; rogar. *2 i.* mendigar.
began (bi'gæn) V. TO BEGIN.
beget (to) (bi'get) *t.* engendrar, originar. ¶ Pret.: ***begot*** (bi'gɔt); p. p.: ***-gotten*** (-'gɔtn)o ***-got.***
beggar ('begəʳ) *s.* mendigo, -ga.
beggar (to) ('begəʳ) *t.* empobrecer, arruinar. *2* agotar, apurar.
beggarly ('begəli) *a.* pobre, miserable; mezquino.
begin (to) (bi'gin) *t.-i.* empezar, comenzar, principiar. ¶ Pret.: ***began*** (bi'gæn); p. p.: ***begun*** (bi'gʌn); ger.: ***beginning.***
beginner (bi'ginəʳ) *s.* principiante.
beginning (bi'giniŋ) *s.* principio.
begone (bi'gɔn) *interj.* ¡fuera!
begot (bi'gɔt), **begotten** (bi'gɔtn) V. TO BEGET.
begrime (to) (bi'graim) *t.* ensuciar.
beguile (to) (bi'gail) *t.* engañar, seducir: ***to ~ of,*** estafar. *2* pasar [el tiempo].
begun (bi'gʌn) V. TO BEGIN.
behalf (bi'hɑ:f) *s.* cuenta, interés; ***on ~ of,*** en nombre de.
behave (to) (bi'heiv) *i.-ref.* obrar, proceder, portarse bien.
behavio(u)r (bi'heivjəʳ) *s.* conducta, comportamiento.
behead (to) (bi'hed) *t.* decapitar.
beheading (bi'hediŋ) *s.* decapitación.
beheld (bi'held) V. TO BEHOLD.
behind (bi'haind) *adv.* detrás. *2 prep.* detrás de; después de: ***~ time,*** tarde, con retraso. *3 s.* trasero.
behindhand (bi'haind-hænd) *adv.* con retraso. *2 a.* atrasado.
behold (to) (bi'hould) *t.* ver, contemplar, observar. ¶ Pret. y p. p.: ***beheld*** (bi'held).
beho(o)ve (to) (bi'houv) *i.* tocar, atañer, incumbir.
being ('bi:iŋ) *ger.* de TO BE. *2 s.* ser, existencia. *3* persona. ***4 for the time ~,*** por ahora.
belabour (to) (bi'leibəʳ) *t.* pegar, apalear, maltratar.
belated (bi'leitid) *a.* tardío.
belch (beltʃ) *s.* eructo.
belch (to) (beltʃ) *i.* eructar. *2 t.* vomitar [llamas].
beleaguer (to) (bi'li:gəʳ) *t.* sitiar, cercar.
belfry ('belfri) *s.* campanario.
Belgian ('beldʒən) *s.-s.* belga.
Belgium ('beldʒəm) *n. pr.* GEOGR. Bélgica.
belie (to) (bi'lai) *t.* desmentir.
belief (bi'li:f) *s.* creencia. *2* opinión. *3* fe, confianza.
believable (bi'li:vəbl) *a.* creíble.
believe (to) (bi'li:v) *t.-i.* creer. *2* pensar, opinar.
believer (bi'li:vəʳ) *s.* creyente.
belittle (to) (bi'litl) *t.* menospreciar.
bell (bel) *s.* campana; campanilla; timbre: ***~ boy,*** botones. *2* cencerro, esquila, cascabel. *3* tañido de campana, campanada.
belle (bel) *s.* beldad.
bellicose ('belikous) *a.* belicoso.
bellied ('belid) *a.* panzudo.
belligerent (bi'lidʒərənt) *a.-s.* beligerante.
bellow ('belou) *s.* bramido, mugido, rugido.
bellow (to) ('belou) *i.* bramar, mugir, rugir.
bellows ('belouz) *s.* fuelle.
belly ('beli) *s.* vientre, panza.
belly (to) ('beli) *t.* combar, abultar. *2 i.* pandear.
belong (to) (bi'lɔŋ) *i.* pertenecer. *2* ser habitante de.
belongings (bi'lɔŋiŋz) *s. pl.* bienes.
beloved (bi'lʌvd) *a.* querido, amado, dilecto. *2 s.* persona amada.
below (bi'lou) *adv.* abajo, debajo. *2 prep.* bajo, debajo de; por debajo de: ***~ zero,*** bajo cero.

belt (belt) *s.* cinturón, faja. *2* zona. *3* MEC. correa de transmisión.
bemoan (to) (bi'moun) *t.* llorar, lamentar.
bench (bentʃ) *s.* banco. *2* tribunal.
bend (bend) *s.* inclinación. *2* curvatura, curva, recodo.
bend (to) (bend) *t.* encorvar, doblar, torcer. *2* inclinar. *3* encaminar: ***to ~ one's efforts,*** dirigir sus esfuerzos. *4 i.* encorvarse, doblegarse. *5* inclinarse. *6* aplicarse. ¶ Pret. y p. p.: ***bent*** (bent).
bending ('bendiŋ) *s.* recodo.
beneath (bi'ni:θ) *adv.* abajo, debajo. *2 prep.* bajo, debajo de.
benediction (ˌbeni'dikʃən) *s.* bendición.
benefaction (ˌbeni'fækʃən) *s.* beneficio, merced, gracia.
benefactor ('benifæktəʳ) *s.* bienhechor. *2* donador.
benefice ('benifis) *s.* beneficio.
beneficence (bi'nefisəns) *s.* beneficencia, bondad, caridad.
beneficent (bi'nefisənt) *a.* benéfico.
beneficial (ˌbeni'fiʃəl) *a.* beneficioso, provechoso.
beneficiary (ˌbeni'fiʃəri) *s.* beneficiado. *2* beneficiario.
benefit ('benifit) *s.* beneficio, favor. *2* beneficio, bien, utilidad.
benefit (to) ('benifit) *t.* beneficiar. *2 i.* beneficiarse.
benevolence (bi'nevələns) *s.* benevolencia, caridad.
benevolent (bi'nevələnt) *a.* benévolo, caritativo.
benighted (bi'naitid) *a.* sorprendendido por la noche. *2* ignorante.
benign (bi'nain) *a.* benigno.
benignant (bi'nignənt) *a.* benigno, bondadoso. *2* favorable.
benignity (bi'nigniti) *s.* benignidad. *2* favor, merced.
bent (bent) *pret.* y *p. p.* de TO BEND. *2 a.* torcido, doblado. *3* ***~ on,*** empeñado en. *4 s.* curvatura. *5* inclinación, tendencia.
benumb (to) (bi'nʌm) *t.* entumecer, aterir. *2* entorpecer.
benzine ('benzi:n) *s.* bencina.
bequeath (to) (bi'kwi:ð) *t.* legar, dejar.
bequest (bi'kwest) *s.* legado.
bereave (to) (bi'ri:v) *t.* privar, desposeer de. ¶ Pret. y p. p.: ***bereaved*** (bi'ri:vd) o ***bereft*** (bi'reft).
bereavement (bi'ri:vmənt) *s.* privación, despojo. *2* duelo.
bereft (bi'reft) V. TO BEREAVE.
beret ('berei) *s.* boina.
berry ('beri) *s.* baya; grano.
berth (bə:θ) *s.* MAR. amarradero. *2* camarote, litera.
berth (to) (bə:θ) *s.* MAR. amarrar. *2 i.* fondear.
beseech (to) (bi'si:tʃ) *t.* implorar; suplicar. ¶ Pret. y p. p.: ***besought*** (bi'sɔ:t) o ***beseeched*** (bi'si:tʃt).
beset (to) (bi'set) *t.* asediar, acosar. *2* cercar, rodear. ¶ Pret. y p. p.: ***beset;*** ger.: ***besetting.***
beside (bi'said) *adv.* cerca, al lado. *2 prep.* al lado de, cerca de. *3* ***~ oneself,*** fuera de sí. *4* ***~ the point,*** que no viene al caso.
besides (bi'saidz) *adv.* además, por otra parte. *2 prep.* además de. *3* excepto.
besiege (to) (bi'si:dʒ) *t.* sitiar. *2* asediar, acosar.
besmear (to) (bi'smiəʳ) *t.* ensuciar, untar.
besought (bi'sɔ:t) V. TO BESEECH.
bespatter (to) (bi'spætəʳ) *t.* salpicar, manchar.
bespeak (to) (bi'spi:k) *t.* apalabrar, encargar.
best (best) *a. superl.* de GOOD; mejor, óptimo, superior: ***~ man,*** padrino de boda; ***~ seller,*** libro de mayor venta. *2* ***the ~ part of,*** la mayor parte de. *3 adv. superl.* de WELL: mejor; mucho; más. *4 s.* lo mejor, lo más: ***to do one's ~,*** esmerarse; ***to make the ~ of,*** sacar el mejor partido de; ***at ~, at the ~,*** en el mejor de los casos.
bestial ('bestjəl) *a.* bestial.
bestir (to) (bi'stə:ʳ) *ref.* ***to ~ oneself,*** menearse, afanarse.
bestow (to) (bi'stou) *t.* otorgar, conferir. *2* emplear, dedicar.
bestowal (bi'stouəl) *s.* concesión, dádiva, don.
bestride (to) (bi'straid) *t.* montar [a horcajadas]. ¶ Pret.: ***bestrode*** (bi'stroud); p. p.: ***bestridden*** (bi'stridn).
bet (bet) *s.* apuesta.
bet (to) (bet) *t.-i.* apostar.
betake (to) (bi'teik) *ref.* recurrir, acudir. *2* ir, trasladarse.
bethink (to) (bi'θiŋk) *t.-ref.* pensar, considerar.
betide (to) (bi'taid) *t.-i.* ocurrir, suceder. *2 t.* presagiar, indicar.
betimes (bi'taimz) *adv.* a tiempo. *2* pronto, temprano.
betoken (to) (bi'toukən) *t.* presagiar. *2* indicar, denotar.
betray (to) (bi'trei) *t.* traicionar. *2* revelar, descubrir.
betrayal (bi'treiəl) *s.* traición.

betroth (to) (bi'trouð) *t.-i.* desposar, prometer.
betrothal (bi'trouðel) *s.* desposorio; esponsales.
betrothed (bi'trouðd) *a.-s.* prometido, novio futuro.
better ('betəʳ) *a.-adv.* mejor; ~ ***half,*** cara mitad; ~ ***off,*** más acomodado. *2 s.* lo mejor; ***so much the*** ~, tanto mejor. *3 pl.* superiores.
better (to) ('betəʳ) *t.* mejorar. *2 i.* mejorarse.
betterment ('betəmənt) *s.* mejora, adelanto.
betting ('betiŋ) *s.* apuesta.
bettor (betəʳ) *s.* apostante.
between (bi'twi:n) *adv.* en medio. *2 prep.* entre [dos].
bevel ('bevəl) *s.* bisel, chaflán.
bevel (to) ('bevəl) *t.* biselar.
beverage ('bevəridʒ) *s.* bebida.
bewail (to) (bi'weil) *t.* llorar, lamentar. *2 i.* lamentarse, plañir.
beware (to) (bi'wɛəʳ) *i.* guardarse de, precaverse.
bewilder (to) (bi'wildəʳ) *t.* desconcertar, aturdir, confundir.
bewilderment (bi'wildəmənt) *s.* desconcierto, aturdimiento.
bewitch (to) (bi'witʃ) *t.* embrujar, hechizar, encantar.
bewitchment (bi'witʃmənt) *s.* hechizo. *2* encanto, fascinación.
beyond (bi'jɔnd) *adv.* más allá, más lejos. *3 prep.* más allá de. *3 s.* la otra vida.
bias ('baiəs) *s.* sesgo, oblicuidad. *2* parcialidad, prejuicio.
bias (to) ('baiəs) *t.* predisponer.
bib (bib) *s.* babero.
Bible ('baibl) *s.* Biblia.
biblical ('biblikəl) *a.* bíblico.
bibliography (ˌbibli'ɔgrəfi) *s.* bibliografía.
biceps ('baisəps) *a.-s.* bíceps.
bicker (to) ('bikəʳ) *i.* disputar, altercar.
bicycle ('baisikl) *s.* bicicleta.
bid (bid) *s.* licitación, puja.
bid (to) (bid) *t.* decir: ***to ~ good bye,*** decir adiós. *2* ofrecer [un precio], pujar. *3* ordenar, mandar. *4* invitar. ¶ Pret.: ***bade*** (beid); p. p.: ***bidden*** ('bidn).
bidden ('bidn) V. TO BID.
bidding ('bidiŋ) *s.* licitación, postura. *2* mandato; invitación.
bide (to) (baid) *t.-i.* ABIDE: ***to ~ one's time,*** esperar la ocasión.
biennial (bai'eniəl) *a.* bienal.
bier (biəʳ) *s.* andas, féretro.
big (big) *a.* grande, importante. *2* corpulento, voluminoso.
bigamy ('bigəmi) *s.* bigamia.
bight (bait) *s.* ensenada, cala.
bigot ('bigət) *s.* fanático.
bigotry ('bigetri) *s.* fanatismo, intolerancia.
bigwig ('bigwig) *s. fam.* personaje.
bile (bail) *s.* bilis. *2* cólera.
bilge (bildʒ) *s.* MAR. sentina.
bilingual (bai'liŋgwəl) *a.* bilingüe.
Bill(y (bil, -i) *dim.* de WILLIAM.
bill (bil) *s.* pico [de ave]. *2* pica, alabarda. *3* cuenta, nota, factura, lista: ~ ***of fare,*** minuta, lista de platos; ~ ***of lading,*** conocimiento de embarque. *4* letra, pagaré: ~ ***of exchange,*** letra de cambio. *5* patente, certificado. *6* cartel, programa [de teatro], prospecto. *7* proyecto de ley; ley.
bill (to) (bil) *t.* cargar en cuenta. *2* anunciar por carteles.
billet ('bilit) *s.* billete, esquela. *2* MIL. boleta. *3* MIL. alojamiento. *4* trozo de leña.
billet (to) ('bilit) *t.* MIL. alojar.
billiards ('biljədz) *s.* billar.
billion ('biljən) *s.* (Ingl.) billón. *2* (E.U.) mil millones.
billow ('bilou) *s.* oleada. *2* ola.
billow (to) ('bilou) *i.* ondular.
billowy ('biloui) *a.* ondeante.
billy-goat ('biligout) *s.* cabrón.
bin (bin) *s.* caja, arca, arcón, depósito, recipiente.
bind (baind) *s.* lazo, ligadura.
bind (to) (baind) *t.* ligar, atar, unir. *2* vendar. *3* ribetear. *4* encuadernar. *5* obligar, compeler. ¶ Pret. y p. p.: ***bound*** (baund).
binder ('baindəʳ) *s.* encuadernador.
binding ('baindiŋ) *s.* atadura. *2* COST. ribete. *3* encuadernación. *4 a.* obligatorio.
bindweed ('baindwi:d) *s.* BOT. enredadera; correhuela.
binnacle ('binəkl) *s.* bitácora.
binocular (bi'nɔkjuləʳ) *a.* binocular. *2 s. pl.* ÓPT. gemelos.
biography (bai'ɔgrəfi) *s.* biografía.
biology (bai'ɔlədʒi) *s.* biología.
biped ('baiped) *a.-s.* bípedo.
birch (bə:tʃ) *s.* [vara de] abedul.
birch (to) (bə:tʃ) *t.* azotar.
bird (bə:d) *s.* ave, pájaro: ~ ***of prey,*** ave de rapiña; ~***'s eye view,*** vista de pájaro.
bird-lime ('bə:dlaim) *s.* liga.
birth (bə:θ) *s.* nacimiento. *2* cuna, origen. *3* linaje, alcurnia.
birthday ('bə:θdei) *s.* cumpleaños.
birthmark ('bə:θmɑ:k) *s.* lunar.

birthplace ('bə:θpleis) *s.* lugar de nacimiento; pueblo natal.
biscuit ('biskit) *s.* galleta, bizcocho. *2* CERÁM. bizcocho.
bisect (to) (bai'sekt) *t.* bisecar.
bishop ('biʃəp) *s.* ECLES. obispo. *2* AJED. alfil.
bishopric ('biʃəp-rik) *s.* obispado.
bison ('baisn) *s.* ZOOL. bisonte.
bit (bit) *s.* trozo, pedacito, un poco: ~ ***by*** ~, poco a poco. *2* bocado [de comida]. *3* bocado [del freno]. *4* broca, taladro.
bit (bit) *pret.* de TO BITE.
bitch (bitʃ) *s.* ZOOL. perra.
bite (bait) *s.* mordedura. *2* mordisco. *3* bocado, tentempié. *4* picadura [de insecto, etc.].
bite (to) (bait) *t.-i.* morder. *2* picar [un insecto, un manjar, etc.]. ¶ Pret.: ***bit*** (bit); p. p.: ***bit*** o ***bitten*** ('bitn).
biting ('baitiŋ) *a.* mordaz; picante.
bitten ('bitn) V. TO BITE.
bitter ('bitə[r]) *a.* amargo. *2* áspero, agrio, duro, cruel, intenso. *3* mordaz. *4* encarnizado.
bitterness ('bitənis) *s.* amargura. *2* acritud. *3* crueldad. *4* rencor.
bitter-sweet ('bitə-swi:t) *a.* agridulce. *2 s.* BOT. dulcamara.
bitumen ('bitjumin) *s.* betún.
bivouac ('bivuæk) *s.* vivaque.
bizarre (bi'zɑ:[r]) *a.* raro, original.
blab (to) (blæb) *t.* revelar, divulgar. *2 i.* chismear.
black (blæk) *a.* negro: ~ ***art,*** nigromancia; ~ ***beetle,*** cucaracha; ~ ***market,*** estraperlo; ***Black Sea,*** Mar Negro; ~ ***sheep,*** fig. garbanzo negro. *2* moreno, atezado. *3* puro [café]. *4* hosco, ceñudo, amenazador. *5 s.* negro. *6* moreno, mulato. *7* luto.
black (to) (blæk) *t.* ennegrecer. *2 i.* ennegrecerse.
black-and-blue (ˌblæk-ən-'blu:) *a.* amoratado.
blackberry ('blækbəri) *s.* BOT. zarza. *2* zarzamora.
blackbird ('blækbə:d) *s.* ORN. mirlo.
blackboard ('blækbɔ:d) *s.* pizarra.
blacken (to) ('blækən) *t.* teñir de negro; embetunar. *2 t.-i.* ennegrecer(se, oscurecer(se.
blackguard ('blægɑ:d) *s.* pillo.
blackhead ('blækˌhed) *s.* espinilla, comedón.
blackish ('blækiʃ) *a.* negruzco.
blackmail ('blækmeil) *s.* chantaje.
blackmail (to) ('blækmeil) *t.* hacer un chantaje a.
blackness ('blæknis) *s.* negrura, oscuridad.
black-out ('blækaut) *s.* apagón.
blacksmith ('blæksmiθ) *s.* herrero.
bladder ('blædə[r]) *s.* vejiga.
blade (bleid) *s.* hoja, cuchilla [de arma, etc.]. *2* pala [de remo, etc.]. *3* hoja [de hierba].
blade-bone ('bleidboun) *s.* omóplato, paletilla.
blame (bleim) *s.* censura, culpa.
blame (to) (bleim) *t.* censurar.
blanch (to) (blɑ:ntʃ) *t.* blanquear. *2 i.* palidecer.
bland (blænd) *a.* blando, suave.
blandish (to) ('blændiʃ) *t.* halagar, lisonjear, engatusar.
blandishment ('blændiʃmənt) *s.* halago, zalamería.
blank (blæŋk) *a.* en blanco: ~ ***check,*** cheque en blanco. *2* vacío; sin interés. *3* desconcertado, confuso. *4* blanco [verso]. *5 s.* blanco, espacio, laguna. *6* diana [de un blanco].
blanket ('blæŋkit) *s.* manta.
blare (blɛə[r]) *s.* trompeteo.
blare (to) (blɛə[r]) *i.* sonar [como la trompeta]. *2 t.* gritar.
blaspheme (to) (blæs'fi:m) *i.-t.* blasfemar.
blasphemous ('blæsfiməs) *a.* blasfemo.
blasphemy ('blæsfimi) *s.* blasfemia.
blast (blɑ:st) *s.* ráfaga [de viento]. *2* soplo [de un fuelle]; chorro [de aire, vapor, etc.]. *3* sonido [de trompeta, bocina, etc.]. *4* explosión, voladura. *5* ~ ***furnace,*** alto horno.
blast (to) (blɑ:st) *t.* agostar, marchitar. *2* maldecir.
blatant ('bleitənt) *a.* vocinglero. *2* vulgar, llamativo.
blaze (bleiz) *s.* llama. *2* hoguera. *3* brillo: ***in a*** ~, en llamas.
blaze (to) (bleiz) *i.* arder, llamear. *2* brillar, resplandecer. *3 t.* encender, inflamar.
blazer ('bleizə[r]) *s.* chaqueta de deporte.
blazon ('bleizn) *s.* blasón.
blazon (to) ('bleizn) *t.* BLAS. blasonar. *2* proclamar.
bleach (to) (bli:tʃ) *t.* blanquear [tejidos]; descolorar.
bleak (bli:k) *a.* desierto, frío, triste: ~ ***place,*** páramo.
blear (to) (bliə[r]) *t.* empañar. *2* nublar [la vista]. *3* ofuscar.
bleat (bli:t) *s.* balido.
bleat (to) (bli:t) *i.* balar.
bled (bled) V. TO BLEED.

bleed (to) (bli:d) *t.-i.* sangrar. *2* chupar, desangrar. ¶ Pret. y p. p.: ***bled*** (bled).
blemish ('blemiʃ) *s.* tacha, defecto. *2* mancha, borrón.
blemish (to) ('blemiʃ) *t.* manchar, afear, empañar.
blend (blend) *s.* mezcla, combinación.
blend (to) (blend) *t.-i.* mezclar(se, combinar(se. *2 t.* matizar, armonizar. ¶ Pret. y p. p.: ***blended*** ('blendid) o ***blent*** (blent).
bless (to) (bles) *t.* bendecir.
blessed ('blesid) *a.* bendito, santo. *2* Santísimo.
blessing ('blesiŋ) *s.* bendición. *2* don, gracia. *3* culto, adoración.
blew (blu:) V. TO BLOW.
blight (blait) *s.* añublo, tizón, pulgón.
blight (to) (blait) *t.* marchitar.
blind (blaind) *a.* ciego. *2* oscuro, tenebroso. *3* ~ ***alley,*** callejón sin salida. *4 s.* pantalla, mampara, persiana. *5* engaño, disfraz, pretexto. *6* **-ly** *adv.* ciegamente, a ciegas.
blind (to) (blaind) *t.* cegar. *2* deslumbrar, ofuscar.
blindfold ('blaindfould) *a.* vendado [de ojos].
blindfold (to) ('blaindfould) *t.* vendar los ojos. *2* ofuscar.
blindness ('blaindnis) *s.* ceguera.
blink (bliŋk) *s.* pestañeo, guiño. *2* destello, reflejo.
blink (to) (bliŋk) *i.* parpadear, pestañear. *2* oscilar.
blinker ('bliŋkəʳ) *s.* anteojeras.
bliss (blis) *s.* bienaventuranza.
blissful ('blisful) *a.* bienaventurado, dichoso.
blister ('blistəʳ) *s.* vejiga, ampolla. *2* vejigatorio.
blister (to) ('blistəʳ) *t.-i.* ampollar(se.
blithe (blaið), **blithesome** (-səm) *a.* alegre, gozoso, jovial.
blizzard ('blizəd) *s.* ventisca, tempestad.
bloat (to) (blout) *t.-i.* hinchar(se.
block (blɔk) *s.* bloque. *2* trozo grande. *3* fig. zoquete [pers.]. *4* tajo [de madera]. *5* motón, polea. *6* horma [de sombrero]. *7* manzana, *cuadra [de casas]. *8* COM. lote. *9* bloc [de papel]. *10* obstáculo.
block (to) (blɔk) *t.* obstruir, bloquear, atascar. *2* ALBAÑ. tapiar.
blockade (blɔ'keid) *s.* MIL. bloqueo, asedio. *2* obstrucción.
blockade (to) (blɔ'keid) *s.* MIL. bloquear.
blockhead ('blɔkhed) *s.* tonto.
blond(e (blɔnd) *a.-s.* rubio.
blood (blʌd) *s.* sangre: ~ ***pressure,*** presión arterial; ***in cold*** ~, a sangre fría. *2* alcurnia.
bloodcurdling ('blʌdˌkə:dliŋ) *a.* horripilante.
bloodhound ('blʌdhaund) *s.* perro sabueso.
bloodless ('blʌdlis) *a.* pálido, exangüe. *2* incruento.
bloodshed ('blʌdʃəd) *s.* matanza.
bloodthirsty ('blʌdˌθə:sti) *a.* sanguinario.
bloody ('blʌdi) *a.* sangriento.
bloom (blu:m) *s.* flor. *2* floración. *3* frescor, lozanía. *4* perfección.
bloom (to) (blu:m) *i.* florecer.
blossom ('blɔsəm) *s.* flor.
blossom (to) ('blɔsəm) *i.* florecer.
blot (blɔt) *s.* borrón, mancha.
blot (to) (blɔt) *t.* emborronar, manchar. *2* mancillar, empañar. *3* secar [lo escrito]. *4* ***to*** ~ ***out,*** tachar, borrar.
blotch (blɔtʃ) *s.* mancha, borrón. *2* pústula.
blotch to (blɔtʃ) *t.* emborronar.
blotter ('blɔtəʳ) *s.* papel secante.
blotting-paper ('blɔtiŋˌpeipəʳ) *s.* papel secante.
blouse (blauz) *s.* blusa.
blow (blou) *s.* golpe, porrazo. *2* desgracia. *3* soplo [de aire].
blow (to) (blou) *t.* soplar. *2* tocar [la trompeta, etc.]. *3* divulgar. *4* impeler, abrir, etc. [una cosa el aire]. *5* hinchar. *6* fatigar. *7* ***to*** ~ ***one's nose,*** sonarse las narices. *8* ***to*** ~ ***out,*** apagar; ELECT. fundir; ***to*** ~ ***one's brains out,*** levantarse la tapa de los sesos. *9 impers.* hacer viento. *10 i.* soplar. *11* sonar [la trompeta, etc.]. *12* hincharse. ¶ Pret.: ***blew*** (blu:); p. p.: ***blown*** (bloun).
blowfly ('blouflai) *s.* moscarda.
blown (bloun) *p. p.* de TO BLOW.
blow-out ('blou'aut) *s.* reventón.
blowpipe ('bloupaip) *s.* soplete. *2* cerbatana.
blubber (to) ('blʌbəʳ) *i.* llorar.
bludgeon ('blʌdʒən) *s.* porra.
blue (blu:) *a.* azul. *2* cárdeno, amoratado. *3* triste. *4 s.* azul [color]. *5* ***the*** ~, el cielo, el mar. *6 pl.* ***the blues,*** tristeza, melancolía. 7 MÚS. blues.
bluestocking ('blu:ˌstɔkiŋ) *s.* literata; marisabidilla.
bluff (blʌf) *a.* escarpado. *2* rudo, francote. *3 s.* escarpa, risco. *4* farol, envite falso.
bluff (to) (blʌf) *i.* hacer un farol; fanfarronear.
bluish ('blu(:)iʃ) *a.* azulado.

blunder ('blʌndəʳ) *s.* disparate, yerro, plancha.
blunder (to) ('blʌndəʳ) *i.* equivocarse, hacer disparates.
blunderbuss ('blʌdəbʌs) *s.* trabuco.
blunt (blʌnt) *a.* embotado. *2* obtuso. *3* franco, brusco. *4* **-ly** *adv.* claramente, bruscamente.
blunt (to) (blʌnt) *t.-i.* embotar(se.
blur (bləʳ) *s.* borrón.
blur (to) (blə:ʳ) *t.* manchar, empañar. *2 t.-i.* oscurecer(se, poner(se borroso.
blurt (to) (blə:t) *t.* decir, soltar bruscamente.
blush (blʌʃ) *s.* rubor, sonrojo.
blush (to) (blʌʃ) *i.* ruborizarse, sonrojarse. *2* enrojecerse.
bluster (to) ('blʌstəʳ) *i.* enfurecerse. *2* fanfarronear.
blusterer ('blʌstərəʳ) *s.* fanfarrón, valentón.
boa (bouə) *s.* boa.
boar (bɔ:ʳ) *s.* verraco. *2* ***wild* ~,** jabalí.
board (bɔ:d) *s.* tabla, tablero [de madera]. *2* tablilla [de anuncios]. *3* ELECT. cuadro. *4* mesa puesta, comida, pensión. *5* junta, consejo. *6* cartón. *7* MAR. bordo. *8* MAR. borda. *9* TEAT. escenario, tablas.
board (to) (bɔ:d) *t.* entarimar, enmaderar. *2* tomar o poner a pupilaje. *3* abordar. *4* subir a un buque, a un tren.
boarder ('bɔ:dəʳ) *s.* huésped.
boarding ('bɔ:diŋ) *s.* tablazón. *2* MAR. abordaje. *3* pensión: ~ ***house,*** casa de huéspedes.
boast (boust) *s.* jactancia.
boast (to) (boust) *i.* jactarse. *2* ostentar.
boaster ('boustəʳ) *s.* fanfarrón.
boastful ('boustful) *a.* jactancioso.
boat (bout) *s.* bote, barca, lancha; barco, buque, nave.
boating ('boutiŋ) *s.* paseo en bote.
boatman ('boutmən) *s.* barquero.
boatswain ('bousn) *s.* MAR. contramaestre.
bob (bɔb) *s.* lenteja [de péndulo]. *2* pelo cortado a lo chico. *3* saludo, reverencia. *4* fam. chelín.
bob (to) (bɔb) *t.-i.* menear(se.
bobbin ('bɔbin) *s.* carrete, bobina.
bobtail ('bɔbtəil) *s.* rabo mocho.
bode (to) (boud) *t.-i.* anunciar, presagiar. *2* pronosticar, prever.
bodice ('bɔdis) *s.* corpiño.
bodily ('bɔdili) *a.* corporal. *2 adv.* en persona. *3* en peso.
body ('bɔdi) *s.* cuerpo. *2* persona, individuo. *3* caja [de coche]. *4* entidad [oficial]; sociedad.
bodyguard ('bɔdigɑ:d) *s.* guardia personal.
bog (bɔg) *s.* pantano, cenagal.
bogey ('bougi) *s.* duende, coco.
boggy ('bɔgi) *a.* pantanoso.
boil (bɔil) *s.* ebullición. *2* divieso.
boil (to) (bɔil) *i.* hervir. *2 t.* cocer.
boiler ('bɔiləʳ) *s.* olla, caldero.
boiling ('bɔiliŋ) *s.* hervor, ebullición. *2 a.* hirviente.
boisterous ('bɔistərəs) *a.* estrepitoso, ruidoso, bullicioso.
bold (bould) *a.* intrépido, valiente. *2* atrevido. *3* descarado.
boldness ('bouldnis) *s.* intrepidez. *2* audacia. *3* descaro.
bolster ('boulstəʳ) *s.* cabezal, travesaño [de cama]. *2* cojín.
bolster (to) ('boulstəʳ) *t.* apoyar. *2* apuntalar.
bolt (boult) *s.* saeta, virote. *2* rayo, centella. *3* salto; fuga. *4* perno, clavija. *5* cerrojo, pestillo. *6* ~ ***upright,*** tieso.
bolt (to) (boult) *t.* echar el cerrojo a. *2* engullir. *3 i.* salir, entrar, etc., de repente; huir.
bomb (bɔm) *s.* bomba: ~***-proof,*** a prueba de bomba.
bomb (to) (bɔm) *t.-i.* bombardear.
bombard (to) (bɔm'bɑ:d) *t.* bombardear.
bombardier (ˌbɔmbə'diəʳ) *s.* bombardero.
bombardment (bɔm'bɑ:dmənt) *s.* bombardeo.
bombast ('bɔmbæst) *s.* ampulosidad.
bombastic (bɔm'bæstik) *a.* ampuloso, campanudo.
bomber ('bɔməʳ) *s.* bombardero [avión].
bombing ('bɔmiŋ) *s.* bombardeo [aéreo].
bombshell ('bɔm-ʃel) *s.* bomba, granada.
bond (bɔnd) *s.* atadura. *2* lazo, vínculo. *3* trabazón. *4* pacto, compromiso. *5* fiador [pers.]. *6* COM. bono, obligación. *7 pl.* cadenas, cautiverio.
bondage ('bɔndidʒ) *s.* esclavitud, servidumbre.
bone (boun) *s.* hueso. *2* cuesco [de fruta]. *3* espina [de pescado].
bone (to) (boun) *t.* deshuesar.
bonfire ('bɔnˌfaiəʳ) *s.* fogata.
bonnet ('bɔnit) *s.* gorro; gorra. *2* AUTO. capó.
bonny ('bɔni) *a.* hermoso, lindo.
bonus ('bounəs) *s.* prima, gratificación.
bony ('bouni) *a.* huesudo.
booby ('bu:bi) *s.* bobo, tonto.
book (buk) *s.* libro. *2* cuaderno, libreta. *3* libreto.
book (to) (buk) *t.* anotar, inscribir. *2* reservar [localidades, etc.].

bookbinding ('buk,baindiŋ) *s.* encuadernación.
bookcase ('bukkeis) *s.* armario o estante para libros, librería.
booking-office ('bukiŋ,ɔfis) *s.* despacho de pasajes o localidades.
book-keeper ('buk,ki:pəʳ) *s.* tenedor de libros.
book-keeping ('buk,ki:piŋ) *s.* teneduría de libros.
booklet ('buklit) *s.* folleto.
bookseller ('buk,seləʳ) *s.* librero.
bookshop ('bukʃɔp), **bookstore** (-stɔ:ʳ) *s.* librería [tienda].
book-stall ('bukstɔ:l) *s.* puesto de libros.
bookworm ('bukwə:m) *s.* polilla. *2* fig. ratón de biblioteca.
boom (bu:m) *s.* estampido, retumbo. *2* fig. auge repentino. *3* MAR. botalón, botavara.
boom (to) (bu:m) *i.* retumbar. *2* prosperar. *3* popularizarse.
boon (bu:n) *s.* don, dádiva; merced. *2 a.* alegre, jovial.
boor (buəʳ) *s.* patán. *2* grosero.
boorish ('buəriʃ) *a.* rústico, zafio.
boot (bu:t) *s.* bota. *2 adv.* ***to*** ~, además, por añadidura.
bootblack ('bu:tblæk) *m.* limpiabotas.
booth (bu:ð) *s.* casilla, quiosco.
booty ('bu:ti) *s.* botín, presa.
border ('bɔ:dəʳ) *s.* borde, orilla, margen. *2* frontera. *3* ribete.
border (to) ('bɔ:dəʳ) *t.* orlar. *2* orillar, ribetear. *3 i.* ***to*** ~ ***on*** o ***upon,*** lindar con.
bore (bɔ:ʳ) V. TO BEAR.
bore (bɔ:ʳ) *s.* taladro, barreno [agujero]. *2* alma [de un cañón]. *3* lata, fastidio. *4* latoso, pelmazo.
bore (to) (bɔ:ʳ) *t.* horadar, taladrar. *2* abrir [un agujero, etc.]. *3* aburrir, dar la lata a.
boredom ('bɔ:dəm) *s.* fastidio, aburrimiento.
born, borne (bɔ:n) V. TO BEAR.
borough ('bʌrə) *s.* villa; burgo.
borrow (to) ('bɔrou) *t.* tomar o pedir prestado.
borrower ('bɔrouəʳ) *s.* prestatario.
bosom ('buzəm) *s.* pecho, seno, corazón. *2* COST. pechera. *3* ~ ***friend,*** amigo íntimo.
boss (bɔs) *s.* protuberancia, giba. *2* fam. amo, patrón, jefe.
boss (to) (bɔ) *t.-i.* mandar.
bossy ('bɔsi) *a.* mandón.
botanist ('bɔtənist) *s.* botánico.
botany ('bɔtəni) *s.* botánica.
botch (bɔtʃ) *s.* mal remiendo.
botch (to) (bɔtʃ) *t.* remendar chapuceramente.
both (bouθ) *a.-pron.* ambos, entrambos, los dos. *2* conj. ~ ... ***and,*** tanto ~ como. *3 adv.* a la vez.
bother ('bɔðəʳ) *s.* preocupación. *2* fastidio, molestia.
bother (to) ('bɔðəʳ) *t.-i.* preocupar(se, molestar(se.
bothersome ('bɔðəsəm) *a.* molesto, fastidioso.
bottle ('bɔtl) *s.* botella, frasco.
bottle (to) ('bɔtl) *t.* embotellar.
bottleneck ('bɔtlnek) *s.* gollete [de botella]. *2* fig. cuello de botella [en un camino].
bottom ('bɔtəm) *s.* fondo: ***at*** ~, en el fondo. *2* base, fundamento. *3* pie [parte inferior]. *4* asiento [de silla]. *5* casco [de nave]. *6* fam. trasero. *7* hondonada. *8 a.* fundamental. *9* del fondo, más bajo.
bottom (to) ('bɔtəm) *t.* poner asiento a. *2 t.-i.* basar(se.
bottomless ('bɔtəmlis) *a.* sin fondo, insondable.
boudoir ('bu:dwɑ:ʳ) *s.* gabinete.
bough (bau) *s.* rama [de árbol].
bought (bɔ:t) V. TO BUY.
boulder ('bouldəʳ) *s.* canto rodado.
boulevard ('bu:l(ə)vɑ:ʳ) *s.* bulevar.
bounce (bauns) *s.* salto, bote. *2* fanfarronada.
bounce (to) (bauns) *t.* hacer botar. *2 i.* lanzarse, saltar. *3* botar, rebotar. *4* fanfarronear.
bound (baund) V. TO BIND. *2 a.* obligado. *3* encuadernado. *4* destinado a. *5* ~ ***for,*** con rumbo a; ***to be*** ~ ***to,*** estar obligado a; ser necesario. *6 s.* límite, confín. *7* salto, brinco.
bound (to) (baund) *t.* limitar. *2 i.* lindar. *3* saltar, brincar.
boundary ('baundəri) *s.* límite, confín, frontera.
boundless ('baundlis) *a.* ilimitado, infinito.
bounteous ('bauntiəs), **bountiful** ('bauntiful) *a.* dadivoso, generoso. *2* amplio, abundante.
bounty ('baunti) *s.* liberalidad, generosidad. *2* subvención.
bouquet ('bukei) *s.* ramillete. *2* aroma [del vino].
bourgeois ('buəʒwɑ:) *a.-s.* burgués.
bout (baut) *s.* vez, turno. *2* ataque. *3* encuentro.
bow (bau) *s.* inclinación, reverencia, saludo. *2* MAR. proa.

bow (bou) *s.* arco [arma, violín]. *2* curva. *3* lazo, lazada.
bow (to) (bau) *i.* inclinarse, saludar. *2* doblarse; ceder. *3 t.* doblar, inclinar, agobiar.
bow (to) (bou) *t.-i.* arquear(se.
bowel ('bauəl) *s.* intestino. *2 pl.* intestinos, entrañas.
bower ('bauə^r) *s.* glorieta.
bowl (boul) *s.* cuenco, escudilla, bol; copa. *2* taza [de fuente]. *3* cazoleta [de pipa]. *4* bola, bocha. *5 pl.* juego de bochas.
bowl (to) (boul) *t.* hacer rodar. *2 i.* jugar a bochas o a los bolos.
bowler ('boulə^r) *s.* sombrero hongo.
bowling ('bouliŋ) *s.* bolera.
bowman ('boumən) *s.* arquero.
bow window ('bou'windou) *s.* ARQ. mirador de planta curva.
box (bɔks) *s.* caja, arca, baúl. *2* MEC. cubo, cárter. *4* apartado [de correos]. *5* casilla, garita. *6* TEAT. palco. *7* bofetón, puñetazo. *8* BOT. boj. *9* TEAT. ~ ***office,*** taquilla.
box (to) (bɔks) *t.* encajonar. *2* abofetear. *3 i.* boxear.
boxer ('bɔksə^r) *s.* boxeador.
boxing ('bɔksiŋ) *s.* boxeo.
boxwood ('bɔkswud) *s.* boj.
boy (bɔi) *s.* chico, muchacho; ~ ***scout,*** explorador.
boycott ('bɔikət) *s.* boicot.
boycott (to) ('bɔikət) *t.* boicotear.
boyhood ('bɔihud) *s.* muchachez.
boyish ('bɔiiʃ) *a.* de muchacho.
brace (breis) *s.* abrazadera, grapa. *2* riostra, tirante. *3* berbiquí. *4* MAR. braza. *5* par [dos]. *6* IMPR. corchete. *7 pl.* tirantes [del pantalón].
brace (to) (breis) *t.* atar, asegurar. *2* vigorizar. *3* dar ánimo. *4 i.* ***to ~ up,*** cobrar ánimo.
bracelet ('breislit) *s.* brazalete.
bracing ('breisiŋ) *s.* fortificante.
bracken ('brækən) *s.* helecho.
bracket ('brækit) *s.* ménsula, repisa. *2* anaquel, rinconera. *3* IMPR. corchete; paréntesis.
brackish ('brækiʃ) *a.* salobre.
brag (bræg) *s.* jactancia.
brag (to) (bræg) *i.* jactarse.
braggart ('brægət) *a.-s.* jactancioso, baladrón.
braid (breid) *s.* trenza. *2* galón.
braid (to) (breid) *t.* trenzar. *2* galonear, guarnecer.
brain (brein) *s.* ANAT. cerebro, seso. *2 pl.* inteligencia.
brainless ('breinlis) *a.* tonto, mentecato.
brain-sick ('brein-sik) *a.* loco.
brake (breik) *s.* freno [de vehículo, etc.]. *2* helecho. *3* matorral.
brake (to) (breik) *t.* frenar.
bramble ('bræmbl) *s.* zarza.
bran (bræn) *s.* salvado.
branch (brɑ:ntʃ) *s.* rama; ramo; ramal. *2* COM. sucursal. *3* brazo [de río].
branch (to) (brɑ:ntʃ) *i.* echar ramas. *2* bifurcarse.
brand (brænd) *s.* tizón, tea. *2* hierro [para marcar]. *3* marca de fábrica.
brand (to) (brænd) *t.* marcar [con hierro]. *2* estigmatizar.
brandish (to) ('brændiʃ) *t.* blandir.
brand-new ('brænd'nju:) *a.* nuevecito, flamante.
brandy ('brændi) *s.* coñac.
brass (brɑ:s) *s.* latón, metal: ~ ***band,*** charanga. *2* descaro.
brassière ('bræsiεə^r) *s.* sostén.
brat (bræt) *s.* mocoso.
bravado (brə'vɑ:dou) *s.* bravata.
brave (breiv) *a.* bravo, valiente.
brave (to) (breiv) *t.* desafiar.
bravery ('breivəri) *s.* bravura.
bravo ('brɑ:'vou) *interj.* ¡bravo!
brawl (brɔ:l) *s.* reyerta, riña.
brawl (to) (brɔ:l) *i.* alborotar.
brawn (brɔ:n) *s.* músculo.
brawny ('brɔ:ni) *a.* musculoso.
bray (brei) *s.* rebuzno.
bray (to) (brei) *i.* rebuznar.
braze (to) (breiz) *t.* soldar con latón. *2* broncear.
brazen ('breizn) *a.* de latón. *2* bronceado. *3* desvergonzado.
brazier ('breizjə^r) *s.* latonero. *2* brasero [para calentarse].
breach (bri:tʃ) *s.* brecha, abertura. *2* fractura. *3* hernia. *4* ruptura, desavenencia. *5* infracción.
breach (to) (bri:tʃ) *t.* hacer brecha en.
bread (bred) *s.* pan.
breadth (bredθ) *s.* anchura.
break (breik) *s.* break [coche]. *2* rotura, ruptura, rompimiento. *3* comienzo: ~ ***of the day,*** amanecer. *4* interrupción, pausa. *5* fuga, evasión. *6* ELECT. corte [en un circuito].
break (to) (breik) *t.* romper, quebrar. *2* amortiguar. *3* interrumpir. *4* hacer fracasar. *5* dominar; domar. *6* arruinar. *7* comunicar, divulgar; dar [una noticia]. *8* ***to ~ down,*** demoler. *9* ***to ~ ground,*** comenzar una empresa. *10* ***to ~ the record,*** batir la marca. *11* ***to ~ up,*** desmenuzar, romper; disolver [una reunión].

12 i. romperse, partirse. *13* debilitarse; quebrantarse [la salud]. *14* prorrumpir. *15* irrumpir. *16* disolverse, disiparse. *17* romper [con uno]. *18* fallar; estropearse. *19* aparecer, salir, nacer, botar; apuntar [el alba]. *20* divulgarse. *21* ***to ~ away,*** soltarse; escapar. *22* ***to ~ down,*** parar por avería; irse abajo, abatirse. *23* ***to ~ out,*** estallar, desatarse. ¶ Pret.: ***broke*** (brouk); p. p.: ***broken*** ('broukən).

breakage ('breikidʒ) *s.* rotura.

break-down ('breikdaun) *s.* derrumbamiento. *2* fracaso. *3* avería. *4* MED. colapso; agotamiento.

breaker ('breikəʳ) *s.* cachón, ola que rompe.

breakfast ('brekfəst) *s.* desayuno.

breakfast (to) ('brekfəst) *i.* desayunarse, almorzar.

breakneck ('breiknek) *a.* peligroso.

break-up ('breik'up) *s.* disolución, disgregación. *2* dispersión.

breakwater ('breikˌwɔ:təʳ) *s.* rompeolas.

breast (brest) *s.* pecho, seno. *2* mama, teta; tetilla. *3* pecho [de animal]; pechuga [de ave]. *4* pechera.

breastbone ('brestboun) *s.* ANAT. esternón. *2* ORN. quilla.

breastwork ('brestwə:k) *s.* FORT. parapeto.

breath (breθ) *s.* aliento, respiración: ***out of ~,*** sin aliento. *2* soplo.

breathe (to) (bri:ð) *i.* respirar. *2* exhalar. *3* soplar.

breathing ('bri:ðiŋ) *s.* respiración. *2* hálito. *3* momento.

breathless ('breθlis) *a.* muerto. *2* jadeante.

bred (bred) V. TO BREED.

breech (bri:tʃ) *s.* trasero, posaderas. *2* recámara, culata.

breeches ('briʃiz) *s. pl.* pantalones.

breed (bri:d) *s.* casta, raza.

breed (to) (bri:d) *t.* engendrar. *2* criar [animales]; dar, producir. *3* criar, educar. *4 i.* criarse. *5* producirse. ¶ Pret. y p. p.: ***bred*** (bred).

breeding ('bri:diŋ) *s.* cría, producción. *2* crianza, educación.

breeze (bri:z) *s.* brisa, airecillo.

brethren ('breðrin) *s. pl.* hermanos, cofrades.

breviary ('bri:vjəri) *s.* breviario.

brevity ('breviti) *s.* brevedad.

brew (bru:) *s.* infusión [bebida].

brew (to) (bru:) *t.* hacer [cerveza]. *2* preparar [el té, un ponche, etc.]. *3* urdir, tramar.

brewery ('bruəri) *s.* cervecería.

bribe (braib) *s.* soborno.

bribe (to) (braib) *t.* sobornar.

bribery ('braibəri) *s.* soborno.

brick (brik) *s.* ladrillo. *2* fig. persona excelente.

brick (to) (brik) *t.* enladrillar.

bricklayer ('brikˌleiəʳ) *s.* albañil.

bridal ('braidl) *a.* nupcial. *2 s.* boda.

bride (braid) *s.* novia, desposada.

bridegroom ('braidgrum) *s.* novio, desposado.

bridge (bridʒ) *s.* puente. *2* caballete [de la nariz]. *3* bridge [juego].

bridge (to) (bridʒ) *t.* pontear. *2* salvar, cubrir [un espacio].

bridle ('braidl) *s.* EQUIT. brida. *2* freno, sujeción.

bridle (to) ('braidl) *t.* embridar. *2* refrenar. *3 i.* engallarse.

brief (bri:f) *a.* breve, conciso. *2* fugaz. *3 s.* resumen. *4* DER. informe, escrito.

brier ('braiəʳ) *s.* zarza; brezo.

brig (brig) *s.* MAR. bergantín.

brigade (bri'geid) *s.* brigada.

brigand ('brigənd) *s.* bandido.

brigantine ('brigəntain) *s.* bergantín, goleta.

bright (brait) *a.* brillante. *2* luminoso. *3* límpido. *4* vivo [color]. *5* claro, ilustre. *6* inteligente. *7* vivo, animado. *8* **-ly** *adv.* brillantemente, etc.

brighten (to) ('braitn) *t.* abrillantar. *2 t.-i.* avivar(se, alegrar(se, animar(se.

brightness ('braitnis) *s.* brillo. *2* claridad, luz. *3* alegría, viveza. *4* agudeza de ingenio.

brilliance, -cy ('briljəns, -i) *s.* brillantez, resplandor.

brilliant ('briljənt) *a.* brillante. *2 s.* brillante [piedra].

brim (brim) *s.* borde [de un vaso, etc.]. *2* ala [de sombrero].

brim (to) (brim) *t.* llenar hasta el borde. *2 i.* rebosar.

brimful ('brim'ful) *a.* lleno hasta el borde.

brimstone ('brimstən) *s.* azufre.

brindled ('brindld) *a.* [animal] rayado.

brine (brain) *s.* salmuera.

bring (to) (briŋ) *t.* traer, llevar. *2* acarrear, causar. *3* inducir [persuadir]. *4* aportar, aducir. *5* poner [en un estado, condición, etc.] *6* ***to ~ about,*** efectuar, realizar; ocasionar; ***to ~ back,*** devolver. *7* ***to ~ down,*** bajar, derribar; abatir, humillar. *8* ***to ~ forth,*** dar [fruto]: dar a luz; poner de manifiesto. *9* ***to ~ in,*** entrar, introducir; presentar [un proyecto, etc.], dar un fallo. *11* ***to ~ out,*** sacar; publicar; presentar. *12* ***to ~ round,*** ganar, persuadir; devolver la salud. *13* ***to ~ up,*** hacer volver en sí. *14* ***to ~ up,*** subir;

criar, educar; traer, presentar; parar, detener. ¶ Pret. y p. p.: ***brought*** (brɔ:t).

bringing-up ('briŋiŋʌp) *s.* crianza, educación [de un niño].

brink (briŋk) *s.* borde, orilla, extremidad: ***on the ~ of,*** al borde, a punto de.

brisk (brisk) *a.* vivo, activo, animado. *2* ágil, ligero.

briskness ('brisknis) *s.* viveza, actividad.

bristle ('brisl) *s.* cerda, porcipelo.

bristle (to) ('brisl) *t.-i.* erizar(se.

Britain (Great) ('britn) *n. pr.* GEOGR. Gran Bretaña.

British ('britiʃ) *a.* británico, inglés. *2 s.* britano, inglés.

brittle ('britl) *a.* quebradizo, friable. *2* s. vidrioso, irritable.

broach (broutʃ) *s.* espetón. *2* punzón. *3* broche, prendedor.

broach (to) (broutʃ) *t.* espetar, ensartar. *2* abrir [un tonel, etc.]. *3* introducir [un tema].

broad (brɔ:d) *a.* ancho. *2* amplio, extenso, lato. *3* comprensivo, general. *4* claro, obvio. *5* vulgar, grosero. *6* ***in ~ day,*** en pleno día.

broadcast ('brɔ:dkɑ:st) *s.* emisión de radio.

broadcast (to) ('brɔ:dkɑ:st) *t.* esparcir, difundir. *2* radiar, emitir por radio.

broadcasting ('brɔ:dkɑ:stiŋ) *s.* radiodifusión: ~ ***station,*** emisora de radio.

broaden (to) ('brɔ:dn) *t.-i.* ensanchar(se.

broad-minded ('brɔ:d'maindid) *a.* liberal, tolerante.

broadside ('brɔ:dsaid) *s.* MAR. costado, andana. *2* MAR. andanada.

broadways ('brɔ:dweiz), **broadwise** (-waiz) *adv.* a lo ancho.

brocade (brə'keid) *s.* brocado.

broccoli ('brɔkəli) *s.* BOT. bróculi.

brochure ('brouʃjuəʳ) *s.* folleto.

broil (brɔil) *s.* asado a la parrilla. *2* riña, tumulto.

broil (to) (brɔil) *t.* asar a la parrilla. *2* *t.-i.* asar(se, achicharrar(se.

broiling ('brɔiliŋ) *a.* sofocante.

broken ('broukən) V. TO BREAK. *2 a.* roto, cascado. *3* roturado. *4* quebrantado. *5* quebrada [línea]. *6* accidentado [suelo]. *7* interrumpido. *8* chapurreado. *9* arruinado.

broker ('broukəʳ) *s.* COM. corredor, agente. *2* bolsista.

bronchitis (brɔŋ'kaitis) *s.* bronquitis.

bronze (brɔnz) *s.* bronce.

bronze (to) (brɔnz) *t.-i.* broncear(se.

brooch (broutʃ) *s.* broche.

brood (bru:d) *s.* cría, pollada, nidada. *2* progenie. *3* casta.

brood (to) (bru:d) *t.* empollar, incubar. *2* *i.* meditar, cavilar.

broody ('bru:di) *a.* clueco.

brook (bruk) *s.* arroyo, riachuelo.

brook (to) (bruk) *t.* sufrir, aguantar, tolerar.

broom (bru(:)m) *s.* escoba.

broth (brɔθ) *s.* coc. caldo.

brothel ('brɔθl) *s.* burdel.

brother ('brʌðəʳ) *s.* hermano.

brotherhood ('brʌðəhud) *s.* hermandad. *2* cofradía.

brother-in-law ('brʌðərinlɔ:) *s.* cuñado, hermano político.

brotherly ('brʌdəli) *a.* fraternal.

brought (brɔ:t) V. TO BRING.

brow (brau) *s.* ANAT. ceja. *2* frente, entrecejo. *3* cresta, cumbre.

browbeat (to) ('braubi:t) *t.* intimidar con amenazas.

brown (braun) *a.* pardo, moreno, castaño: ~ ***paper,*** papel de estraza.

brown (to) (braun) *t.* tostar.

browse (to) (brauz) *t.* rozar, ramonear; pacer.

bruise (bru:z) *s.* magulladura, cardenal, contusión.

bruise (to) (bru:z) *t.* magullar. *2* machucar, abollar. *3* majar.

brunette (bru:'net) *a.-s.* morena.

brunt (brʌnt) *s.* choque, embate.

brush (brʌʃ) *s.* cepillo. *2* brocha, pincel. *3* matorral, maleza.

brush (to) (brʌʃ) *t.* cepillar: ***to ~ up,*** repasar, refrescar.

brushwood ('brʌʃwud) *s.* matorral.

brusque (brusk) *a.* brusco, rudo.

Brussels (brʌslz) *n. pr.* GEOGR. Bruselas. *2* ~ ***sprouts,*** coles de Bruselas.

brutal ('bru:tl) *a.* brutal.

brutality (bru:'tæliti) *s.* brutalidad, crueldad.

brute (bru:t) *s.* bruto, bestia. *2 a.* brutal, bruto.

brutish ('bru:tiʃ) *a.* abrutado, brutal. *2* estúpido. *3* sensual.

bubble ('bʌbl) *s.* burbuja.

bubble (to) ('bʌbl) *i.* burbujear, borbollar, hervir.

buccaneer (ˌbʌkə'niəʳ) *s.* bucanero, corsario.

buck (bʌk) *s.* gamo. *2* macho. *3* petimetre.

bucket ('bʌkit) *s.* cubo, balde.

buckle ('bʌkl) *s.* hebilla.

buckle (to) ('bʌkl) *t.* abrochar, enhebillar. *2* i. ***to ~ for,*** prepararse para.

buckskin ('bʌkskin) *s.* ante.

bucolic (bju(:)'kɔlik) *a.* bucólico.
bud (bʌd) *s.* yema, capullo: ***in the ~***, fig. en su principio.
bud (to) (bʌd) *i.* brotar, abotonar, pimpollecer.
budding ('bʌdiŋ) *a.* en capullo.
budge (to) (bʌdʒ) *t.-i.* mover(se.
budget ('bʌdʒit) *s.* presupuesto.
budget (to) ('bʌdʒit) *t.-i.* presuponer, presupuestar.
buff (bʌf) *a.* de ante. *2 s.* ante.
buffalo ('bʌfəlou) *s.* búfalo.
buffer ('bʌfəʳ) *s.* FERROC. tope.
buffet ('bʌfit) *s.* bofetada, puñada. *2* ('bufei) aparador [mueble]. *3* bar [de estación].
buffet (to) ('bʌfit) *t.* abofetear, pegar. *2 i.* luchar [con].
buffoon (bʌ'fu:n) *s.* bufón.
buffoonery (bʌ'fu:nəri) *s.* bufonada.
bug (bʌg) *s.* insecto; chinche.
bugaboo ('bʌgəbu:), **bugbear** ('bʌgbɛəʳ) *s.* coco, espantajo.
bugle ('bju:gl) *s.* clarín, corneta.
build (bild) *s.* estructura. *2* forma, figura, talle.
build (to) (bild) *t.* construir, edificar. *2* fundar, cimentar. ¶ Pret. y p. p.: ***built*** (bilt).
builder ('bildəʳ) *s.* constructor. *2* maestro de obras.
building ('bildiŋ) *s.* construcción, edificación. *2* edificio, casa.
built (bilt) V. TO BUILD.
bulb (bʌlb) *s.* BOT., ZOOL. bulbo. *2* ELECT. bombilla.
bulge (to) (bʌldʒ) *i.* hacer bulto; pandearse; sobresalir.
bulgy ('bʌldʒi) *a.* prominente.
bulk (bʌlk) *s.* bulto, volumen, tamaño. *2* mole. *3* la mayor parte. *4* COM. ***in ~***, a granel.
bulk (to) (bʌlk) *i.* abultar. *2* tener importancia.
bulky ('bʌlki) *a.* voluminoso.
bull (bul) *s.* ZOOL. toro: ***~ ring***, plaza de toros. *2* bula [pontificia]. *3* COM. alcista.
bulldog ('buldɔg) *s.* perro dogo.
bulldozer ('bul,douzəʳ) *s.* excavadora, buldozer.
bullet ('bulit) *s.* bala: ***~ -proof***, a prueba de bala.
bulletin ('bulitin) *s.* boletín: ***news ~***, boletín de noticias.
bullfight ('bulfait) *s.* corrida de toros.
bullfighter ('bulfaitəʳ) *s.* torero.
bullfighting ('bulfaitiŋ) *s.* tauromaquia, toreo, toros.
bullion ('buljən) *s.* oro o plata en barras. *2* COM. metálico.
bullock ('bulək) *s.* buey.
bull's eye ('bulzai) *s.* ARQ., MAR. ojo de buey. *2* diana [de un blanco].
bully ('buli) *s.* matón, valentón.
bully (to) ('buli) *t.* intimidar con amenazas; maltratar.
bulwark ('bulwək) *s.* baluarte. *2* rompeolas. *3* MAR. amurada.
bumble-bee ('bʌmbl,bi:) *s.* ENT. abejarrón, abejorro.
bumb (bʌmp) *s.* choque, porrazo, batacazo. *2* chichón.
bump (to) (bʌmp) *t.-i.* golpear; chocar [con], dar [contra].
bumper ('bʌmpəʳ) *s.* parachoques. *2* FERROC. tope. *3* copa llena.
bumpkin (bʌmpkin) *s.* patán.
bumptious ('bʌmpʃəs) *a.* presuntuoso.
bun (bʌn) *s.* bollo [panecillo]. *2* moño, castaña.
bunch (bʌntʃ) *s.* manojo, ristra. *2* racimo. *3* grupo, hato.
bunch (to) (bʌntʃ) *t.-i.* juntar(se, arracimar(se.
bundle ('bʌndl) *s.* atado, manojo, haz. *2* bulto, paquete.
bundle (to) ('bʌndl) *t.* liar, atar.
bungalow ('bʌngəlou) *s.* casita.
bungle ('bʌŋgl) *s.* chapucería.
bungle (to) ('bʌngl) *t.* estropear.
bungler ('bʌŋgləʳ) *s.* chapucero.
bunion ('bʌnjən) *s.* juanete [del pie].
bunker ('bʌŋkəʳ) *s.* carbonera.
bunny ('bʌni) *s.* fam. conejito.
bunting ('bʌntiŋ) *s.* lanilla. *2* banderas, gallardetes.
buoy (bɔi) *s.* boya, baliza.
buoy (to) (bɔi) *t.* mantener a flote. *2* sostener, animar.
buoyancy ('bɔiənsi) *s.* flotabilidad. *2* alegría, animación.
buoyant ('bɔiənt) *a.* que flota. *2* elástico, alegre, animado.
burden ('bə:dn) *s.* carga, peso; gravamen. *2* POET. estribillo. *3* tema, idea principal. *4* tonelaje.
burden (to) ('bə:dn) *t.* cargar, agobiar.
burdensome ('bə:dnsəm) *a.* gravoso, pesado, molesto.
bureau ('bjuərou) *s.* escritorio [mesa]. *2* oficina.
bureaucracy (bjuə'rɔkrəsi) *s.* burocracia.
burglar ('bə:gləʳ) *s.* ladrón.
burglary ('bə:gləri) *s.* robo.
burial ('beriəl) *s.* entierro, sepelio.
burin ('bjuərin) *s.* buril, cincel.
burlap ('bə:læp) *s.* harpillera.
burlesque (bə:'lesk) *a.* burlesco.

burly ('bə:li) *a.* corpulento.
burn (bə:n) *s.* quemadura.
burn (to) (bə:n) *t.* quemar, abrasar. *2 i.* arder, quemarse, abrasarse. ¶ Pret. y p. p.: ***burned*** (bə:nd) o ***burnt*** (bə:nt).
burner ('bə:nəʳ) *s.* mechero.
burning ('bə:niŋ) *a.* ardiente, encendido, candente. *2 s.* quema; incendio; ardor. *3* escozor.
burnish ('bə:niʃ) *s.* bruñido.
burnish (to) ('bə:niʃ) *t.* bruñir.
burnous(e (be:'nu:s) *s.* albornoz.
burnt (bə:nt) V. TO BURN.
burrow ('bʌrou) *s.* madriguera. *2* galería, excavación.
burrow (to) ('bʌrou) *t.-i.* minar [como los conejos].
burst (bə:st) *s.* explosión, estallido, reventón.
burst (to) (bə:st) *i.* reventar, estallar, hacer explosión; romperse. *2* prorrumpir. *3* rebosar. *4 t.* reventar, hacer estallar. ¶ Pret. y p. p.: ***burst.***
bury (to) ('beri) *t.* enterrar.
bus (bʌs) *s.* autobús.
bush (buʃ) *s.* arbusto: ***to beat about the ~,*** andar con rodeos.
bushel ('buʃl) *s.* medida para áridos [36'34 litros].
bushy ('buʃi) *a.* matoso. *2* espeso, peludo.
busily ('bizili) *adv.* diligentemente; activamente.
business ('biznis) *s.* oficio, ocupación, trabajo, asunto: ***to mean ~,*** hablar u obrar en serio. *2* negocio, comercio, tráfico. *3* negocio, empresa, casa, establecimiento.
bust (bʌst) *s.* busto.
bustle ('bʌsl) *s.* movimiento, agitación. *2* diligencia oficiosa.
bustle (to) ('bʌsl) *t.-i.* bullir, menearse, no parar.
busy ('bizi) *a.* ocupado, atareado. *2* activo, diligente.
busy (to) ('bizi) *t.-ref.* ocupar(se, atarear(se.
busybody ('bizi,bɔdi) *s.* entremetido, fisgón.
but (bʌt, bət) *conj.* mas, pero; sino; sin que, que no; [con ***cannot, could not*** + inf.] no puedo [evitar] menos de, sino. *2 adv.* sólo. *3 prep., conj.* excepto, salvo; menos; ***~ for, ~ that,*** si no fuera por; sin; ***~ then,*** por otro lado; ***not ~ that [what],*** aunque. *4 pron. rel.* que [quien] no; ***no one ~ knows that,*** no hay quien no sepa que.
butane ('bju:tein) *s.* butano.
butcher ('butʃəʳ) *s.* carnicero. *2* hombre sanguinario.
butcher (to) ('butʃəʳ) *t.* matar, sacrificar [reses]. *2* fig. matar, asesinar.
butchery ('butʃəri) *s.* matanza, carnicería.
butler ('bʌtləʳ) *s.* mayordomo.
butt (bʌt) *s.* cabo grueso; culata, mocho, mango. *2* colilla [de cigarro]. *3* pipa, tonel. *4* blanco [de tiro]. *5* topetada. *6* límite, término.
butt (to) (bʌt) *t.-i.* topetar, acornear; topar. *2 t.* apoyar [en]. *3 i.* ***to ~ in,*** entrometerse.
butter ('bʌtəʳ) *s.* mantequilla.
butter (to) ('bʌtəʳ) *t.* untar con mantequilla.
butterfly ('bʌtəflai) *s.* ENT. mariposa.
buttery ('bʌtəri) *s.* despensa. *2 a.* mantecoso.
buttock ('bʌtək) *s.* nalga. *2 pl.* trasero, posaderas.
button ('bʌtn) *s.* botón. *2 pl.* botones [criadito].
button (to) ('bʌtn) *t.-i.* abrochar(se.
buttonhole ('bʌtnhoul) *s.* ojal.
buttress ('bʌtris) *s.* ARQ. contrafuerte. *2* apoyo, sostén.
buxom ('bʌksəm) *a.* rollizo.
buy (to) (bai) *t.-i.* comprar: ***to ~ up,*** acaparar. ¶ Pret. y p. p.: ***bought*** (bɔ:t).
buyer ('bai-əʳ) *s.* comprador.
buzz (bʌz) *s.* zumbido, susurro.
buzz (to) (bʌz) *i.* zumbar, susurrar.
by (bai) *prep.* junto a, cerca de, al lado de, cabe. *2* a, con, de, en, por, etc.: ***~ day,*** de día; ***~ far,*** con mucho; ***~ oneself,*** solo, sin ayuda. *3* ***~ the way,*** de paso, a propósito. *4 a.* lateral, apartado, secundario. *5 adv.* cerca, al lado, por el lado. *6* aparte.
bygone ('baigɔn) *a.* pasado.
by-law ('bailɔ:) *s.* reglamento, estatutos.
bypass ('baipɑ:s) *s.* MEC y ELECT. derivación.
bypath ('bai-pa:θ) *s.* vereda.
by-product ('bai,prɔdəkt) *s.* subproducto, derivado.
bystander ('bai,stændəʳ) *s.* espectador, circunstante.
bystreet ('bai-stri:t) *s.* callejuela.
byword ('baiwə:d) *s.* objeto de burla. *2* apodo. *3* dicho, refrán.

C

cab (kæb) *s.* cabriolé. *2* coche de punto; taxi. *3* cabina de maquinista o conductor.
cabal (kə'bæl) *s.* cábala.
cabaret ('kæbərei) *s.* cabaré(t.
cabbage ('kæbidʒ) *s.* col. berza..
cabin ('kæbin) *s.* cabaña, choza. *2* MAR. camarote: ~ ***boy,*** grumete. *3* cabina.
cabinet ('kæbinit) *s.* gabinete; escritorio. *2* vitrina.
cabinetmaker ('kæbinit-ˌmeikəʳ) *s.* cable. *2* ~ ***railway,*** ferrocarril funicular.
cable ('keibl) *s.* cable. *2* ~ ***railway,*** ferrocarril funicular.
cable (to) ('keibl) *t.* cablegrafiar.
cablegram ('keiblgræm) *s.* cablegrama.
cabman ('kæbmən) *s.* cochero de punto; taxista.
caboose (kə'bu:s) *s.* cocina.
cackle ('kækl) *s.* cacareo.
cackle (to) ('kækl) *i.* cacarear.
cactus ('kæktəs) *s.* cacto.
cad (kæd) *s.* canalla, malcriado.
cadaveric (kə'dævərik), **cadaverous** (-vərəs) *a.* cadavérico.
caddy ('di) *s.* cajita para el té.
cadence ('keidəns) *s.* cadencia.
cadet (kə'det) *s.* hijo menor. *2* cadete.
café ('kæfei) *s.* café [local].
cafeteria (ˌkæfi'tiəriə) *s.* restaurante o café de autoservicio.
cage (keidʒ) *s.* jaula.
cage (to) (keidʒ) *t.* enjaular.
cajole (to) (kə'dʒoul) *t.* engatusar, lisonjear.
cajolery (kə'dʒouləri) *s.* lisonja.
cake (keik) *s.* galleta, torta, pastel, bollo. *2* pastilla, pan [de jabón, cera, etc.].
calabash ('kæləbæʃ) *s.* calabaza.
calamitous (kə'læmitəs) *a.* calamitoso.
calamity (kə'læmiti) *s.* calamidad.
calcareous (kæl'kɛəriəs) *a.* calcáreo.
calcium ('kælsiəm) *s.* calcio.
calculate (to) ('kælkjuleit) *t.* calcular. *2 i.* hacer cálculos: ***calculating machine,*** máquina calculadora.
calculus ('kælkjuləs) *s.* cálculo.
caldron ('kɔ:ldrən) *s.* caldera.
calendar ('kælində') *s.* calendario, almanaque.
calf (kɑ:f) *pl.* **calves** (kɑ:vz) *s.* ZOOL. ternero, -ra. *2* pantorrilla.
calibrate (to) ('kælibreit) *t.* calibrar, graduar.
calibre ('kælibəʳ) *s.* calibre.
calico ('kælikou) *s.* calicó.
caliph ('kælif) *s.* califa.
call (kɔ:l) *s.* grito, llamada, llamamiento. *2* toque de señal. *3* reclamo [de caza]. *4* demanda, exigencia. *5* obligación, derecho, motivo. *6* visita corta.
call (to) (kɔ:l) *t.* llamar. *2* convocar, citar. *3* invocar. *4* nombrar, apellidar. *5* considerar. *6* pregonar. *7* ***to ~ again,*** volver a llamar; ***to ~ at,*** detenerse en; ***to ~ attention to,*** llamar la atención sobre; ***to ~ back,*** hacer volver; anular; ***to ~ down,*** hacer bajar; censurar; regañar; ***to ~ for,*** ir a buscar; exigir, pedir; ***to ~ forth,*** ser la causa de; hacer salir; poner de manifiesto o en acción; ***to ~ in,*** pedir que se devuelva; hacer venir; retirar; ***to ~ in question,*** poner en duda; ***to ~ names,*** insultar; ***to ~ off,*** suspender; cancelar; ***to ~ on,*** visitar; exhortar; ***to ~ to account,*** llamar a cuentas; ***to ~ to mind,*** recordar; ***to ~ together,*** reunir; ***to ~ to witness,*** tomar por testigo; ***to ~ the roll,*** pasar lista; ***to ~ up,*** llamar por teléfono; llamar a filas; hacer surgir, evocar; poner a debate; ***to ~ upon,*** exhortar; ***to be called upon to,*** tener la obligación de. *8 i.* gritar. *9* hacer una visita a. *10* [de un barco] hacer escala; [del tren] parar.
caller ('kɔləʳ) *s.* visita, visitante.
calling ('kɔliŋ) *s.* profesión, oficio. *2* vocación, llamamiento..
callosity (kæ'lɔsiti) *s.* callosidad.

callous ('kæləs) *a.* calloso. *2* fig. duro, insensible.
callousness ('kæləsnis) *s.* CALLOSITY. *2* dureza, insensibilidad.
callow ('kælou) *a.* implume. *2* inexperto.
calm (kɑ:m) *s.* calma, sosiego. *2* serenidad. *3 a.* sosegado, tranquilo.
calm (to) (kɑ:m) *t.* calmar, sosegar. *2 i. to ~ down,* calmarse.
calmness ('kɑ:mnis) *s.* tranquilidad. *2* serenidad.
calorie ('kæləri) *s.* caloría.
calumniate (to) (kə'lʌmnieit) *t.* calumniar.
calumny ('kæləmni) *s.* calumnia.
Calvary ('kælvəri) *n. pr.* Calvario.
calyx ('keiliks) *s.* BOT. cáliz.
came (keim) V. TO COME.
camel ('kæməl) *s.* camello.
camellia (kə'mi:liə) *s.* camelia.
cameo ('kæmiou) *s.* camafeo.
camera ('kæmərə) *s.* ANAT., FÍS. cámara. *2* máquina fotográfica.
cameraman ('kæmərəmæn) *s.* CINEM. operador.
camomile ('kæməmail) *s.* BOT. camomila, manzanilla.
camouflage ('kæmuflɑ:ʒ) *s.* camuflaje.
camouflage (to) (kæmuflɑ:ʒ) *t.* camuflar.
camp (kæmp) *s.* campamento: *~ **bed,*** lecho de campaña; *~ **chair,*** silla de tijera.
camp (to) (kæmp) *t.-i.* acampar.
campaign (kæm'pein) *s.* campaña.
campaigner (kæm'peinəʳ) *s.* veterano. *2* propagandista.
camphor ('kæmfəʳ) *s.* alcanfor.
camping ('kæmpiŋ) *s.* campamento.
can (kæn) *s.* jarro [de metal], bote, lata: *~ **opener,*** abrelatas.
can (kæn, kən) *aux.* poder o saber [hacer una cosa]. ¶ Pret. y cond.: ***could*** (kud, kəd).
can (to) (kæn) *t.* enlatar, conservar en lata.
Canadian (kə'neidjən) *a.-s.* canadiense.
canal (kə'næl) *s.* canal, acequia.
canalize (to) ('kænəlaiz) *t.* canalizar.
canary (kə'nəri) *s.* ORN. canario.
Canary Islands (kə'nɛəri 'ailəndz) *n. pr.* GEOGR. Islas Canarias.
cancel (to) ('kænsəl) *t.* cancelar. *2* anular. *3* tachar, borrar.
cancer ('kænsəʳ) *s.* MED. cáncer.
cancerous ('kænsərəs) *a.* canceroso.
candelabrum (ˌkændi'lɑ:brəm) *s.* candelabro.
candid ('kændid) *a.* franco, sincero. *2* imparcial. *3* ingenuo.
candidate ('kændidit) *s.* candidato. *2* aspirante. *3* graduando.
candied ('kændid) *a.* garapiñado.
candle ('kændl) *s.* vela, bujía; candela. *2* FÍS. *~ **power,*** bujía.
candlestick ('kændlstik) *s.* candelero; palmatoria.
cando(u)r ('kændəʳ) *s.* sinceridad, franqueza. *2* candor.
candy (kændi) *s.* confite, caramelo.
candy (to) (kændi) *t.* garapiñar.
cane (kein) *s.* BOT. caña; caña de azúcar. *2* bastón.
canine ('keinain) *a.-s.* canino.
canister ('kænistəʳ) *s.* bote, lata. [para té, tabaco, etc.].
canker ('kæŋkəʳ) *s.* úlcera maligna. *2* fig. cáncer.
canker (to) ('kæŋkəʳ) *t.* gangrenar, cancerar. *2 i.* cancerarse.
cannery ('kænəri) *s.* fábrica de conservas.
cannibal ('kænibəl) *a.-s.* caníbal.
cannon ('kænən) *s.* cañón: *~ **shot,*** cañonazo. *2* BILL. carambola.
cannonade (ˌkænə'neid) *s.* cañoneo.
cannot ('kænɔt) forma compuesta de ***can*** y ***not.***
canny (kæni) *a.* sagaz, prudente.
canoe (kə'nu:) *s.* canoa; piragua.
canon ('kænən) *s.* canónigo. *2* canon. *3 a. ~ **law,*** derecho canónico.
canonical (kə'nɔnikəl) *a.* canónico.
canonize (to) ('kænənaiz) *t.* canonizar.
canopy ('kænəpi) *s.* dosel.
can't (kɑ:nt, kænt) contr. de ***can*** y ***not.***
cant (kænt) *s.* jerga, jerizonga. *2* hipocresía. *3* inclinación, ladeo.
cant (to) (kænt) *t.* inclinar, ladear, volcar.
cantankerous (kən'tæŋkərəs) *a.* intratable, quisquilloso.
canteen (kæn'ti:n) *s.* cantimplora [frasco]. *2* cantina, taberna.
canter ('kæntəʳ) *s.* medio galope.
canter (to) ('kæntəʳ) *i.* ir a medio galope.
canticle ('kæntikl) *s.* cántico.
cantonment (kən'tu:nmənt) *s.* acantonamiento.
canvas ('kænvəs) *s.* lona. *2* cañamazo. *3* PINT. lienzo.
canvass (to) ('kænvəs) *t.-i.* ir en busca de votos, pedidos, etc. *2 t.* examinar, discutir.
canyon ('kænjən) *s.* hondonada.
caoutchouc ('kautʃuk) *s.* caucho.
cap (kæp) *s.* gorro, gorra; cofia, bonete, capelo. *2* cima, cumbre.

cap (to) (kæp) *t.* cubrir [la cabeza]. *2* coronar, acabar.
capability (ˌkeipəˈbiliti) *s.* capacidad, aptitud.
capable (ˈkeipəbl) *a.* capaz, apto.
capacious (kəˈpeiʃəs) *a.* capaz, espacioso.
capacity (kəˈpæsiti) *s.* capacidad. *2* calidad. *3* condición.
caparison (kəˈpærisn) *s.* caparazón, gualdrapa.
cape (keip) *s.* GEOGR. cabo. *2* capa corta, esclavina.
caper (ˈkeipəʳ) *s.* cabriola; travesura. *2* BOT. alcaparra.
caper (to) (ˈkeipəʳ) *i.* cabriolar.
capital (ˈkæpitl) *a.* capital. *2* primordial. *3* excelente. *4 a.-s.* mayúscula. *5 s.* COM. capital. *6* capital [población]. *7* ARQ. capitel.
capitalism (ˈkæpitəlizəm) *s.* capitalismo.
capitalist (ˈkæpitəlist) *a.-s.* capitalista.
capitulate (to) (kəˈpitjuleit) *i.* capitular..
capitulation (kəˌpitjuˈleiʃən) *s.* capitulación.
caprice (keˈpri:s) *s.* capricho.
capricious (keˈpriʃəs) *a.* caprichoso, antojadizo.
capriole (ˈkæprioul) *s.* cabriola.
capsize (to) (kæpˈsaiz) *t.-i.* zozobrar; volcar.
capstan (kæpstən) *s.* cabrestante.
capsule (ˈkæpsju:l) *s.* cápsula.
captain (ˈkæptin) *s.* capitán.
captious (ˈkæpʃəs) *a.* capcioso. *2* reparón, quisquilloso.
captivate (to) (ˈkæptiveit) *t.* cautivar, captar.
captivating (ˈkæptiveitiŋ) *a.* cautivador, encantador, seductor.
captive (ˈkæptiv) *a.-s.* cautivo.
captivity (kæpˈtiviti) *s.* cautividad, cautiverio.
capture (ˈkæptʃəʳ) *1.* captura. *2* apresamiento. *3* presa, botín.
capture (to) (ˈkæptʃəʳ) *t.* capturar, prender. *2* apresar.
Capuchin (ˈkæpjuʃin) *s.* capuchino.
car (kɑ:ʳ) *s.* carro. *2* coche, automóvil. *3* tranvía. *4* FERROC. (E. U.) vagón.
carabineer (ˌkærəbiˈniəʳ) *s.* carabinero [soldado].
caramel (ˈkærəmel) *s.* caramelo.
carapace (ˈkærəpeis) *s.* ZOOL. carapacho, caparazón.
carat (ˈkærət) *s.* quilate.
caravan (ˌkærəˈvæn) *s.* caravana. *2* carruaje de gitanos.
caraway (ˌkærəwei) *s.* BOT. alcaravea.
carbide (ˈkɑ:baid) *s.* carburo.
carbine (ˈkɑ:bain) *s.* carabina.
carbon (ˈkɑ:bən) *s.* QUÍM. carbono. *2* ELECT., FOT. carbón.
carbonate (ˈkɑ:bənit) *s.* carbonato.
carbonic (kɑ:bənit) *a.* carbónico.
carbonize (to) (ˈkɑ:bənaiz) *t.* carbonizar.
carbuncle (ˈkɑ:bʌŋkl) *s.* carbunclo. *2* MED. carbunco.
carburet(t)or (ˈkɑ:bjurətəʳ) *s.* carburador.
carcase, carcass (ˈkɑ:kəs) *s.* res muerta. *2* carroña. *3* armazón.
card (kɑ:d) *s.* carta, naipe. *2* tarjeta, cédula, ficha. *3* carda.
card (to) ((kɑ:d) *t.* cardar.
cardboard (ˈkɑ:dbɔ:d) *s.* cartón.
cardigan (ˈkɑ:digən) *s.* chaqueta de punto.
cardinal (ˈkɑ:dinl) *a.* cardinal. *2* cardenalicio. *3 s.* cardenal.
care (kɛəʳ) *s.* preocupación, inquietud. *2* cuidado, solicitud: ***take ~!***, ¡cuidado! *3* cargo, custodia.
care (to) (kɛəʳ) *i.* preocuparse: cuidar [de]; hacer caso; importarle a uno; apreciar, querer: ***I don't ~***, me tiene sin cuidado.
careen (to) (kəˈrin) *t.* MAR. carenar.
career (kəˈriəʳ) *s.* carrera.
career (to) (keˈriəʳ) *i.* galopar.
careful (ˈkɛəful) *a.* cuidadoso. *2* solícito. *3* esmerado. *4* cauteloso.
carefulness (ˈkɛəfulnis) *s.* cuidado, diligencia. *2* esmero.
careless (ˈkɛəlis) *a.* descuido, negligente.
carelessness (ˈkɛəlisnis) *s.* descuidado, negligencia, incuria.
caress (kəˈres) *s.* caricia, halago.
caress (to) (kəˈres) *f.* acariciar.
caretaker (ˈkɛəˌteikəʳ) *s.* conserje; portero.
cargo (ˈkɑ:gou) *s.* MAR. carga, cargamento.
caricature (ˌkærikəˈtjuəʳ) *s.* caricatura.
caricature (to) (ˌkærikəˈtjuəʳ) *t.* caricaturizar, ridiculizar.
caricaturist (ˌkærikəˈtjuərist) *s.* caricaturista.
carman (ˈkɑ:mən) *s.* carretero.
Carmelite (ˈkɑ:milait) *a.-s.* carmelita.
carmine (ˈkɑ:main) *s.* carmín.
carnage (ˈkɑ:nidʒ) *s.* carnicería, matanza.
carnal (ˈkɑ:nl) *a.* carnal.
carnation (kɑ:ˈneiʃən) *a.-s.* encarnado. *2 s.* clavel.
carnival (ˈkɑ:nivəl) *s.* carnaval.
carnivorous (kɑ:ˈnivərəs) *a.* carnívoro.
carob (ˈkærəb) *s.* BOT. algarrobo.

carol ('kærəl) *s.* canto alegre, villancico.
carousal (kə'rauzəl) *s.* orgía, juerga.
carouse (to) (kə'rauz) *i.* hacer una juerga, emborracharse.
carp (kɑ:p) *s.* ICT. carpa.
carp (to) (kɑ:p) *i.* criticar.
carpenter ('kɑ:pintə[r]) *s.* carpintero.
carpentry ('kɑ:pintri) *s.* carpintería.
carpet ('kɑ:pit) *s.* alfombra.
carpet (to) ('kɑ:pit) *t.* alfombrar.
carriage ('kæridʒ) *s.* carruaje, coche. *2* FERROC. (Ing.) vagón, coche. *3* ARTILL. cureña. *4* MEC. carro. *5* transporte, acarreo. *6* aire, porte [de una pers.].
carrier ('kæriə[r]) *s.* portador. *2* porteador, transportista. *3* portaviones. *4* ~ ***pigeon,*** paloma mensajera.
carrion ('kæriən) *s.* carroña.
carrot ('kærət) *s.* zanahoria.
carry (to) ('kæri) *t.* llevar; traer, conducir, transportar; acarrear. *2* ***to ~ away,*** llevarse; arrebatar: ***to ~ forward,*** sumar y seguir; ***to ~ off,*** llevarse, ganar; lograr; ***to ~ on,*** continuar, seguir; ***to ~ out,*** llevar a cabo, ejecutar; ***to ~ the day,*** seguir adelante; ***to ~ through,*** completar; ***to ~ weight,*** pesar. *3 i,* alcanzar [la voz, etc.].
cart (kɑ:t) *s.* carro, carreta. *2* carro de mano. *3* ***~-load,*** carretada.
cart (to) (kɑ:t) *t.* carretear, acarrear.
cartage ('kɑ:tidʒ) *s.* carretaje.
carter ('kɑ:tə[r]) *s.* carretero.
cartilage ('kɑ:tilidʒ) *s.* cartílago.
cartilaginous (ˌkɑ:ti'lædʒinəs) *a.* cartilaginoso.
cartoon (kɑ:'tu:n) *s.* caricatura. *2* película de dibujos animados.
cartridge ('kɑ:tridʒ) *s.* cartucho: ***~-belt,*** canana; ***~-box,*** cartuchera.
cartwright ('kɑ:t-rait) *s.* carretero [que hace carros].
carve (to) (kɑ:v) *t.* tallar, esculpir, cincelar, grabar. *2* cortar, trinchar [carne].
carver ('kɑ:və[r]) *s.* tallista, escultor. *2* trinchante [pers.]. *3* cuchillo de trinchar.
carving ('kɑ:viŋ) *s.* entalladura, talla, escultura. *2* ***~-knife,*** trinchante.
cascade (kæs'keid) *s.* cascada.
case (keis) *s.* caso: **in any ~,** en todo caso; ***in ~,*** en caso que. *2* DER. pleito, causa. *3* caja, estuche, funda, maleta; carpeta.
case (to) (keis) *t.* embalar, encajonar, enfundar.
casement ('keismənt) *s.* ventana de bisagras [hoja].
cash (kæʃ) *s.* efectivo, dinero contante: ***~ register,*** caja registradora; ***~ down,*** a toca teja; ***~ on delivery,*** contra reembolso. *2* COM. caja. *3 a.* al contado.
cash (to) (kæʃ) *t.* cobrar, pagar, hacer efectivo [un cheque, etc.].
cashier (kə'ʃiə[r]) *s.* cajero.
cashier (to) (kə'ʃiə[r]) *t.* destituir. *2* MIL. degradar.
cashmere (kæʃ'miə) *s.* cachemir.
casing ('keisiŋ) *s.* cubierta, forro.
cask (kɑ:sk) *s.* tonel, barril.
casket ('kɑ:skit) *s.* arqueta.
cassock ('kæsək) *s.* sotana.
cast (kɑ:st) *s.* tiro, lanzamiento. *2* fundición, vaciado; pieza fundida. *3* molde, mascarilla. *4* disposición, tendencia. *5* matiz, tono. *6* defecto [en un ojo]. *7* TEAT. reparto; actores. *8 a.* ***~ iron,*** hierro colado. *9* V. TO CAST.
cast (to) (kɑ:st) *t.* echar, tirar, arrojar. *2* verter, derramar. *3* despedir, desechar. *4* proyectar [sombra]. *5* formar, arreglar. *6* fundir, moldear. *7* hacer [cuentas]. *8* TEAT. repartir [los papeles]. *9* dar [un voto]. *10* ***to ~ away,*** desechar; desperdiciar. *11* ***to ~ tots,*** echar suertes. *12 i.* ***to ~ about for,*** discurrir, buscar. ¶ Pret. y p. p.: ***cast.***
castanets (ˌkæstə'nets) *s. pl.* castañuelas.
castaway ('kɑ:stəwei) *a.-s.* náufrago.. *2* fig. réprobo.
caste (kɑ:st) *s.* casta, clase.
castellated ('kæsteleitid) *a.* almenado.
castigate (to) ('kæstigeit) *t.* castigar; corregir.
casting ('kɑ:stiŋ) *s.* lanzamiento. *2* [pieza de] fundición. *3* THEAT. reparto de papeles. *4* ***casting-vote,*** voto decisivo.
castle ('kɑ:sl) *s.* castillo. *2* AJED. torre.
castoroil ('kɑ:stər'ɔil) *s.* aceite de ricino.
castrate (to) (kæs'treit) *t.* castrar, capar.
casual ('kæʒjuəl) *a.* casual. *2* distraído, superficial. *3* hecho o dicho como al descuido.
casually ('kæʒjuəli) *adv.* casualmente. *2* como al descuido.
casualness ('kæʒjuəlnis) *s.* casualidad. *2* inadvertencia.
casualty ('kæʒjuəlty) *s.* accidente, desgracia. *2* MIL. baja. *3* víctima [de un accidente].
cat (kæt) *s.* ZOOT. gato, gata.
cataclysm ('kætəklizəm) *s.* cataclismo.
catacomb ('kætəkoum) *s.* catacumba.
catafalque ('kætəfælk) *s.* catafalco.
catalogue ('kætəlɔg) *s.* catálogo.
catalogue (to) ('kætəlɔg) *t.* catalogar.
catapult ('kætəpʌlt) *s.* catapulta. *2* tirador [juguete].
cataract ('kætərækt) *s.* catarata.

catarrh (kə'tɑ:ʳ) *s.* catarro.
catastrophe (kə'tæstrəfi) *s.* catástrofe. *2* GEOL. cataclismo.
catcall ('katkɔ:l) *s.* silbido, silba, abucheo.
catch (kætʃ) *s.* cogedura. *2* pesca, redada. *3* engaño, trampa. *4* cerradero, pestillo: ~ ***bolt,*** picaporte.
catch (to) (kætʃ) *t.* coger, agarrar, retener, sujetar. *2* coger, pillar [una enfermedad]. *3* coger, sorprender. *4* ***to ~ one's breath,*** contener el aliento. *5 i.* enredarse, engancharse. *6* ser contagioso. *7* ***to ~ at,*** tratar de coger. ¶ Pret. y p. p.: ***caught*** (kɔ:t).
catching ('kætʃiŋ) *a.* contagioso, pegadizo. *2* atractivo.
catchword ('kætʃwə:d) *s.* lema, eslogan. *2* TEAT. pie.
catchy ('kætʃi) *a.* pegadizo [melodía]. *2* insidioso. *3* variable.
catechism ('kætikizəm) *s.* catecismo.
categoric (al (ˌkæti'gɔrik, -əl) *a.* categórico.
category ('kætigəri) *s.* categoría.
cater (to) ('kəitəʳ) *i.* abastecer.
caterer ('keitərəʳ) *s.* abastecedor.
caterpillar ('kætəpiləʳ) *s.* oruga.
caterwaul (to) ('kætəwɔ:l) *i.* maullar.
catgut ('kætgʌt) *s.* cuerda.
cathedral (kə'θi:drəl) *s.* catedral. *2 a.* catedralicio.
catholic ('kæθəlik) *a.-s.* católico..
catholicism (kə'θɔlisizəm) *s.* catolicismo.
catkin ('kætkin) *s.* BOT. amento.
cattle ('kætl) *s.* ganado: ~***-raiser,*** ganadero; ~***-raising,*** ganadería.
caucus ('kɔ:kəs) *s.* junta electoral.
caught (kɔ:t) V. TO CATCH.
cauldron (kɔ:drən) *s.* CALDRON.
cauliflower ('kɔliflauəʳ) *s.* BOT. coliflor.
caulk (to) (kɔ:k) *t.* calafatear.
causal ('kɔ:zəl) *a.* causal.
cause (kɔ:z) *s.* causa; razón, motivo. *2* DER. pleito.
cause (to) (kɔ:z) *t.* causar. *2* hacer [con inf.]; hacer que, inducir a, impeler a.
causeless ('kɔ:zlis) *a.* inmotivado, infundado.
causeway ('kɔ:zwei) *s.* paso firme que cruza un pantano, etc.; calzada, arrecife.
caustic ('kɔ:stik) *a.-s.* cáustico.
cauterize (to) ('kɔ:təraiz) *t.* cauterizar.
cautery ('kɔ:təri) *s.* cauterio.
caution ('kɔ:ʃən) *s.* cautela, precaución. *2* aviso, advertencia.
caution (to) ('kɔ:ʃən) *t.* cautelar, advertir avisar; amonestar.
cautious ('kɔ:ʃəs) *a.* cauto, prudente. *2* **-ly** *adv.* cautamente.
cautiousness ('kɔ:ʃəsnis) *s.* cautela, precaución, prudencia.
cavalcade (ˌkævəl'keid) *s.* cabalgata.
cavalier (ˌkævə'liəʳ) *s.* jinete, caballero. *2 a.* alegre. *3* grosero.
cavalry ('kævəlri) *s.* caballería.
cave (keiv) *s.* cueva, caverna.
cave (to) (keiv) *i.* ***to ~ in,*** hundirse [el suelo, etc].
cavern ('kævən) *s.* caverna.
caviar ('kæviɑ:ʳ) *s.* caviar.
cavil ('kævil) *s.* quisquilla, objeción frívola, sutileza.
cavil (to) ('kævil) *i.* buscar quisquillas; poner reparos nimios.
cavity ('kæviti) *s.* cavidad.
caw (kɔ:) *s.* graznido.
caw (to) (kɔ:) *i.* graznar.
cease (to) ((si:s) *i.-t.* cesar, dejar de.
ceaseless ('si:slis) *a.* incesante, continuo.
cedar ('si:dəʳ) *s.* BOT. cedro.
cede (to) (si:d) *t.* ceder.
ceiling ('si:liŋ) *s.* techo.
celebrate (to) ('selibreit) *t.-i.* celebrar.
celebrated ('selibreitid) *a.* célebre.
celebration (ˌseli'breiʃən) *s.* celebración. *2* fiesta.
celebrity (si'lebriti) *s.* celebridad.
celerity (si'leriti) *s.* celeridad.
celery ('seləri) *s.* BOT. apio.
celestial (si'lestjəl) *a.* celestial, celeste, célico.
celibacy ('selibəsi) *s.* celibato.
cell (sel) *s.* celda. *2* célula.
cellar ('seləʳ) *s.* sótano, cueva. *2* bodega.
cello ('tʃelou) *s.* violoncelo.
Celt (kelt) *s.* celta.
Celtic ('keltik) *a.* céltico. *2 s.* celta.
cement (si'ment) *s.* cemento.
cement (to) (si'ment) *t.* unir con cemento. *2 t.-i.* afianzar(se.
cemetery ('semitri) *s.* cementerio.
cenotaph ('senətɑ:f) *s.* cenotafio.
censor ('sensəʳ) *s.* (censor.
censor (to) ('sensəʳ) *t.* censurar.
censorious (sen'sɔ:riəs) *a.* censurador, severo, rígido.
censorship ('sensəʃip) *s.* censura [oficio].
censure ('senʃəʳ) *s.* censura, crítica, reprobación.
censure (to) ('senʃəʳ) *t.* censurar, criticar, reprobar.
census ('sensəs) *s.* censo, padrón.
cent (sent) *s.* centavo [moneda]. *2* ciento: ***per ~,*** por ciento.
centenarian (ˌsenti'nɛəriən) *s.* centenario [pers.].

centenary (sen'ti:nəri) **centennial** (-'teniəl) *a.-s.* centenario.
centigrade ('sentigreid) *a.* centígrado.
centipede ('sentipi:d) *s.* ciempiés.
central ('sentrəl) *a.* central: ~ ***heating***, calefacción central.
centralization (,sentrəlai'zeiʃən) *s.* centralización.
centralize (to) ('sentrəlaiz) *t.* centralizar.
centre ('sentəʳ) *s.* centro.
centre (to) ('sentəʳ) *t.* centrar. *2* concentrar [en].
century ('sentʃəri) *s.* siglo.
ceramic (si'ræmik) *a.* cerámico.
ceramics (si'ræmiks) *s.* cerámica.
cereal ('siəriəl) *a.-s.* cereal.
cerebral ('seribrəl) *a.* cerebral..
ceremonial (,seri'mounjəl) *a.-s.* ceremonial.
ceremonious (,seri'mounjəs) *a.* ceremonioso. *2* ceremonial.
ceremony ('seriməni) *s.* ceremonia. *2* cumplido, formalidad.
certain ('sə:tn,-tin) *a.* cierto, seguro. *2* fijo, determinado.
certainly ('sə:tnli) *adv.* ciertamente, seguramente, sin falta.
certainty ('sə:tnti) *s.* certeza, certidumbre.
certificate (sə'tifikit) *s.* certificado, partida.
certificate (to) (sə'tifikeit) *t.* certificar; afirmar.
certify (to) ('sə:tifai) *t.* certificar, afirmar, asegurar.
cessation (se'siʃən) *s.* cesación.
cession ('seʃən) *s.* cesión.
cesspool ('sespu:l) *s.* cloaca.
cetacean (si'teiʃjən) *a.-s.* cetáceo.
chafe (to) (tʃeif) *t.* frotar. *2 t.-i.* rozar(se, escoriar(se. *3* irritar(se.
chaffinch (tʃæ:fintʃ) *s.* pinzón.
chagrin ('ʃægrin) *s.* mortificación, desazón, disgusto.
chagrin (to) ('ʃægrin) *t.* mortificar, disgustar.
chain (tʃein) *s.* cadena. *2 pl.* cadenas, esclavitud.
chain (to) (tʃein) *t.* encadenar.
chair (tʃɛəʳ) *s.* silla, sillón, sitial. *2* cátedra; presidencia: ***to take the*** ~, presidir.
chairman ('tʃɛəmən) *s.* presidente [de una reunión].
chalice ('tʃælis) *s.* cáliz.
chalk (tʃɔ:k) *s.* creta; marga. *2* tiza, yeso.
chalk (to) (tʃɔ:k) *t.* enyesar, margar. *2* dibujar con tiza.
challenge ('tʃælindʒ) *s.* reto, desafío. *2* MIL. quién vive.
challenge (to) ('tʃælindʒ) *t.* retar, desafiar. *2* recusar. *3* MIL. dar el quién vive.
challenger ('tʃælindʒəʳ) *s.* retador; aspirante a un título.
chamber ('tʃeimbəʳ) *s.* cámara, aposento. *2* cámara [de comercio, etc.]. *3* ~***-maid***, camarera: ~***-pot***, orinal.
chamberlain ('tʃeimbəlin) *s.* chambelán, camarlengo.
chameleon (kə'mi:ljən) *s.* camaleón.
chamfer ('tʃæmfəʳ) *s.* bisel.
chamfer (to) ('tʃæmfəʳ) *t.* biselar.
chamois ('ʃæmwɑ:) *s.* ZOOL. gamuza. *2* gamuza, ante [piel].
champ (to) (tʃæmp) *t.* mascar: ***to ~ at the bit***, impacientarse.
champagne (ʃæmp'pein) *s.* champaña.
champaign ('tʃæmpein) *s.* campiña.
champion ('tʃæmpjən) *s.* campeón, paladín. *2* DEP. campeón.
champion (to) ('tʃæmpjən) *t.* defender, abogar por.
championship ('tʃæmpjənʃip) *s.* campeonato.
chance (tʃɑ:ns) *s.* ventura, suerte; azar, casualidad: ***by*** ~, por casualidad, por ventura. *2* oportunidad, coyuntura. *3* probabilidad. *4 a.* casual, fortuito.
chance (to) (tʃɑ:ns) *i.* acaecer, suceder, encontrarse con.
chancel ('tʃɑ:nsəl) *s.* presbiterio.
chancellery ('tʃɑ:nsələri) *s.* cancillería.
chancellor ('tʃɑ:nsələʳ) *s.* canciller. *2* ***Chancellor of the Exchequer***, (Ingl.) Ministro de Hacienda.
chandelier (,ʃændi'liəʳ) *s.* lámpara, araña.
change (tʃeindʒ) *s.* cambio, alteración, mudanza, mutación. *2* cambio, trueque, substitución. *3* muda [de ropa]. *4* cambio [de un billete]; vuelta [de un pago]. *5* suelto, moneda suelta. *6* novedad, variedad.
change (to) (tʃeindʒ) *t.* cambiar, alterar, variar, mudar, convertir, trocar. *2* cambiar de, mudar de: ***to ~ colour***, demudarse. *3* mudar las ropas de. *4 i.* cambiar, variar.
changeable ('tʃeindʒəbl) *a.* cambiable. *2* mudable, variable.
changeful ('tʃeindʒful) *a.* cambiante. *2* mudable, inconstante.
changeless ('tʃeindʒlis) *a.* inmutable, constante.
channel ('tʃænl) *s.* canal, zanja, acequia: ***English Channel***, Canal de la Mancha.

channel (to) ('tʃænl) *t.* acanalar, estriar. *2* encauzar.
chant (tʃɑ:nt) *s.* canto.
chant (to) ('tʃɑ:nt) *t.* cantar.
chaos ('keiɔs) *s.* caos.
chaotic (kei'ɔtik) *a.* caótico.
chap (tʃæp) *s. fam.* muchacho, sujeto. *2* grieta.
chap (to) (tʃæp) *t.-i.* resquebrajar(se.
chapel ('tʃæpəl) *s.* capilla.
chaperon ('ʃæpəroun) *s.* caperuza. *2* acompañante, carabina.
chap-fallen ('tʃæp,fɔ:lən) *a.* alicaído, cariacontecido.
chaplain ('tʃæplin) *s.* capellán.
chapter ('tʃæptə^r) *s.* capítulo [de un libro]. *2* ECLES. cabildo.
char (to) (tʃɑ:^r) *t.* carbonizar; socarrar. *2 i.* trabajar a jornal.
character ('kæriktə^r) *s.* carácter [en todos sus sentidos]. *2* calidad, condición. *3* fama, reputación. *4* referencias, certificado de conducta. *5* HIST., LIT. personaje. *6* TEAT. papel. *7* sujeto, tipo.
characteristic (,kæriktə'ristik) *s.* característica. *2 a.* característico.
characterize (to) ('kæriktəraiz) *t.* caracterizar. *2* describir.
charade (ʃə'rɑ:d) *s.* charada.
charcoal ('tʃɑ:koul) *s.* carbón de leña. *2* DIB. carboncillo.
charge (tʃɑ:dʒ) *s.* carga [de un arma, etc.]. *2* cargo, obligación, custodia, cuidado; cometido: ***to be in ~,*** estar al mando, al cuidado. *3* orden, encargo. *4* carga, gravamen. *5* precio, costa, gastos. *6* cargo, acusación. *7* MIL. carga, ataque.
charge (to) (tʃɑ:dʒ) *t.* cargar [un arma, etc.]. *2* confiar, encargar. *3* mandar, exhortar. *4* cargar, gravar. *5* pedir [un precio]. *6* COM. adeudar, cargar. *7* ***to ~ with,*** acusar, tachar de. *8 t.-i.* atacar.
charger ('tʃɑ:dʒə^r) *s.* corcel.
chariot ('tʃæriət) *s.* carro [de guerra].
charitable ('tʃæritəbl) *a.* caritativo.
charity ('tʃæriti) *s.* caridad.
charlatan ('ʃɑ:lətən) *s.* charlatán, curandero.
charm (tʃɑ:m) *s.* encanto, embeleso, hechizo. *2* amuleto.
charm (to) (tʃɑ:m) *t.* encantar, hechizar. *2* embelesar, cautivar.
charming ('tʃɑ:miŋ) *s.* encantador, hechicero, embelesador.
chart (tʃɑ:t) *s.* carta de marear. *2* mapa, plano.
chart (to) (tʃɑ:t) *t.* trazar [un mapa, etc.].
charter ('tʃɑ:tə^r) *t.* fuero, privilegio. *2* escritura.
charter (to) ('tʃɑ:tə^r) *t.* fletar. *2* alquilar.
charwoman ('tʃɑ:,wumən) *s.* asistenta.
chary ('tʃɛəri) *a.* cuidadoso [de]. *2* receloso [de]. *3* parco.
chase (tʃeis) *s.* caza, persecución.
chase (to) (tʃeis) *t.* dar caza a, seguir. *2* cincelar.
chasm ('kæzəm) *s.* abismo.
chasis ('ʃæsi) *s.* chasis.
chaste (tʃeist) *a.* casto. *2* puro.
chasten (to) ('tʃeisn) *t.* castigar.
chastise (to) (tʃæs'taiz) *t.* castigar, corregir.
chastisement ('tʃæstizmənt) *s.* castigo, corrección.
chastity ('tʃæstiti) *s.* castidad.
chasuble ('tʃæzjubl) *s.* casulla.
chat (tʃæt) *s.* charla, plática.
chat (to) (tʃæt) *i.* charlar.
chattels ('tʃætlz) *s.* enseres, bienes muebles.
chatter ('tʃætə^r) *s.* charla, parloteo. *2* castañeo [de dientes].
chatter (to) ('tʃætə^r) *i.* charlar. *2* castañetear [los dientes].
chatterbox ('tʃætəbɔks) *s.* parlanchín.
chatty ('tʃæti) *a.* hablador.
cheap (tʃi:p) *a.-adv.* barato. *2 a.* ordinario, despreciable.
cheapen (to) ('tʃi:pən) *t.* abaratar. *2* despreciar.
cheapness ('tʃi:pnis) *s.* baratura. *2* vulgaridad.
cheat (tʃi:t) *s.* timo, estafa, trampa. *2* timador, estafador.
cheat (to) (tʃi:t) *t.* engañar, timar. *2 i.* hacer trampas.
cheater ('tʃi:tə^r) *s.* timador, estafador, tramposo.
cheating ('tʃi:tiŋ) *s.* engaño.
check (tʃek) *s.* restricción, represión, obstáculo. *2* contratiempo. *3* comprobación, repaso. *4* COM. cheque, talón. *5* cuadro; dibujo a cuadros. *6* AJED. jaque.
check (to) (tʃək) *t.* detener, refrenar, reprimir. *2* comprobar, verificar, repasar. *3* marcar [con señal]. *4* dar jaque.
checkbook ('tʃekbuk) *s.* talonario de cheques.
checker ('tʃekə^r) *s.* tejido a cuadros. *2 pl.* juego de damas.
checker (to) ('tʃekə^r) *t.* cuadricular. *2* variar.
checkmate ('tʃek'meit) *s.* mate.
checkmate (to) ('tʃek'meit) *t.* AJED. dar mate.

checkup ('tʃekʌp) *s.* MED. reconocimiento general.
cheek (tʃi:k) *s.* mejilla; carrillo. *2* fig. descaro.
cheek-bone ('tʃi:kboun) *s.* pómulo.
cheeky ('tʃi:ki) *s.* descarado.
cheep (tʃi:p) *s.* pío [de ave].
cheep (to) (ti:p) *i.* piar.
cheer (tʃiəʳ) *s.* alegría, ánimo. *2* viandas, comida. *3* viva, vítor.
cheer (to) (tʃiəʳ) *t.-i.* alegrar(se, animar(se: ~ ***up!***, ¡ánimo! *2 t.* vitorear; aplaudir.
cheerful ('tʃiəful) *a.* alegre, animado, jovial.
cheerless ('tʃiəlis) *a.* triste.
cheese (tʃi:z) *s.* queso.
chemical ('kemikəl) *a.* químico. *2 s.* producto químico.
chemist ('kemist) *s.* químico. *2* farmacéutico: ~***'s shop,*** farmacia.
chemistry ('kemistri) *s.* química.
cheque (tʃek) *s.* COM. cheque: ~***-book,*** talonario de cheques.
chequer *s.*, **chequer (to)** Véase CHECKER, CHECKER (TO).
cherish (to) ('tʃeriʃ) *t.* acariciar. *2* apreciar. *3* abrigar.
cherry ('tʃeri) *s.* BOT. cereza: ~***-tree,*** cerezo.
cherub ('tʃerəb) *s.* querubín.
chess (tʃes) *s.* ajedrez: ~***-man,*** pieza; ~***-board,*** tablero.
chest (tʃest) *s.* cofre, arca: ~ ***of drawers*** cómoda. *2* pecho.
chestnut ('tʃesnʌt) *s.* BOT. castaña: ~***-tree,*** castaño. *2 a.* [color] castaño.
chew (to) (tʃu:) *t.* mascar, masticar. *2 t.-i.* rumiar, meditar.
chewing-gum ('tʃu:iŋgʌm) *s.* goma de mascar..
chicanery (ʃi'keinəri) *s.* triquiñuela, enredo.
chick (tʃik), **chicken** ('tʃikin) *s.* pollo, polluelo. *2* ***chicken-hearted,*** tímido, cobarde.
chicken-pox ('tʃikinpɔks) *s.* viruelas locas.
chick-pea ('tʃikpi:) *s.* s. garbanzo.
chicory ('tʃikəri) *s.* achicoria.
chid (tʃid) *pret.* de TO CHIDE.
chidden ('tʃidn) V. TO CHIDE.
chide (to) ('tʃaid) *t.* regañar. ¶ Pret.: ***chid*** (tʃid) o ***chided*** ('ʃaidid); p. p.: ***chidden*** ('tʃidn).
chief (tʃi:f) *a.* principal. *2 s.* jefe, cabeza, caudillo.
chiefly ('tʃi:fli) *adv.* principalmente, mayormente, sobre todo.
chieftain ('tʃi:ftən) *s.* capitán.
chiffon ('iʃifɔn) *s.* gasa [tela].
chilblain ('tʃilblein) *s.* sabañón.
child (tʃaild), *pl.* **children** ('tʃildrən) *s.* niño, niña criatura. *2* hijo, hija.
childbirth ('tʃaildbə:θ) *s.* parto.
childhood ('tʃaildhud) *s.* infancia, niñez.
childish ('tʃaildiʃ) *a.* pueril.
children ('tʃildrən) V. CHILD.
Chilean ('tʃiliən) *a.-s.* Chileno.
chill (tʃil) *s.* frío [sensación]. *2* escalofrío. *3* frialdad. *4* resfriado. *5 a.* frío, desapacible.
chill (to) (tʃil) *t.* enfriar, helar. *2* desalentar.
chilly ('tʃili) *a.* que siente frío. *2* friolento. *3* frío, glacial.
chime (ʃaim) *s.* juego de campanas. *2* campaneo. *3* armonía.
chime (to) (tʃaim) *t.* tocar, tañer [campanas]. *2 i.* sonar [las campanas]. *3* armonizar.
chimney ('tʃimni) *s.* chimenea: ~***-top,*** chimenea; ~***-sweep,*** deshollinador.
chimpanzee (ˌtʃimpən'zi:) *s.* chimpancé.
chin (tʃin) *s.* barbilla, mentón.
china ('tʃainə) *s.* loza, porcelana.
chinaware ('tʃainəwɛəʳ) *s.* loza, porcelana.
Chinese ('tʃai'ni:z) *a.-s.* chino.
chink (tʃiŋk) *s.* grieta; rendija. *2* tintineo.
chink (to) (tʃiŋk) *t.* agrietar, hender. *2 i.-t.* tintinear.
chip (tʃip) *s.* astilla, pedacito. *2* desportilladura. *3* ficha. *4 pl.* patatas fritas.
chip (to) (tʃip) *t.-i.* resquebrajarse, astillar(se.
chiropodist (ki'rɔpədist) *s.* pedicuro.
chirp (tʃə:p) *s.* chirrido, gorjeo.
chirp (to) (tʃə:p) *i.* chirriar, piar, gorjear.
chisel ('tʃizl) *s.* cincel. *2* formón.
chisel (to) ('tʃizl) *t.* cincelar. *2* escoplear.
chit (tʃit) *s.* desp. chiquillo, chiquilla. *2* vale, nota.
chit-chat ('tʃittʃæt) *s.* charla.
chivalrous ('ʃivəlrəs) *a.* caballeresco. *2* caballeroso.
chivalry ('ʃivəlri) *s.* caballería [institución]. *2* caballerosidad.
chlorine ('klɔ:ri:n) *s.* QUÍM. cloro.
chloroform ('klɔrəfɔ:m) *s.* cloroformo.
chock (tʃɔk) *s.* calzo, cuña.
chock-full ('tʃɔk'ful) *a.* atestado.
chocolate ('tʃɔkəlit) *s.* chocolate.
choice (tʃɔis) *s.* selección, preferencia. *2* opción, alternativa. *3* cosa escogida. *4* lo más escogido. *5 a.* escogido, selecto.
choir ('kwaiəʳ) *s.* coro.

choke (to) (tʃouk) *t.-i.* ahogar(se, sofocar(se. *2 t.* ***to ~ up,*** obstruir.
cholera ('kɔlərə) *s.* MED. cólera.
choleric ('kɔləric) *s.* colérico.
choose (to) (tʃu:z) *t.* escoger, elegir. ¶ Pret.: ***chose*** (tʃouz); p. p.: ***chosen*** ('tʃouzn).
chop (tʃɔp) *s.* corte. *2* chuleta.
chop (to) (tʃɔp) *t.* cortar, tajar; picar [carne, etc.]: ***to ~ off,*** cortar [separar].
choppy ('tʃɔpi) *a.* picado [mar].
choral ('kɔ:rəl) *a.-s.* MÚS. coral.
chord (kɔ:d) *s.* MÚS., GEOM. cuerda. *2* MÚS. acorde.
chore (tʃɔ:ʳ) *s.* (E.U.) quehacer, faena.
chorus ('kɔ:rəs) *a.-s.* MÚS., TEAT. coro. *2* estribillo: ~ ***girl,*** corista.
chose (tʃouz) V. TO CHOOSE.
chosen ('tʃouzn) V. TO CHOOSE.
Christ (kraist) *n. pr.* Cristo.
christen (to) ('krisn) *t.* bautizar.
Christendom ('krisndəm) *s.* cristiandad.
christening ('krisniŋ) *s.* bautizo.
Christian ('kristjən) *a.-s.* cristiano: ~ ***name,*** nombre de pila.
christianize ('kristjənaiz) *t.* cristianizar.
Christmas ('krisməs) *s.* Navidad: ~ ***carol,*** villancico; ~ ***Eve,*** nochebuena.
chronic ('krɔnik) *a.* crónico.
chronicle ('krɔnikl) *s.* crónica.
chronicle (to) ('krɔnikl) *t.* narrar, historiar.
chronicler ('krɔnikləʳ) *s.* cronista.
chronology (krə'nɔledʒi) *s.* cronología.
chrysalis ('krisəlis) *s.* crisálida.
chubby ('tʃʌbi) *a.* regordete.
chuck (tʃʌk) *s.* mamola. *2* echada. *3* MEC. mandril.
chuck (to) (tʃʌk) *t.* dar un golpecito [debajo de la barba]. *2* echar, tirar, arrojar.
chum (tʃʌm) *s.* fam. camarada.
chump (tʃʌmp) *s.* tarugo.
church (tʃə:tʃ) *s.* iglesia.
churchman ('tʃə:tʃmən) *s.* eclesiástico, clérigo.
churchyard ('tʃə:tʃ'jɑ:d) *s.* cementerio.
churl (tʃə:l) *s.* patán.
churlish ('tʃə:liʃ) *a.* rudo.
churn (tʃə:n) *s.* mantequera.
churn (to) (tʃə:n) *t.* batir, mazar. *2* agitar, revolver.
cicada (si'kɑ:də) *s.* ENT. cigarra.
cicatrice ('sikətris) *s.* cicatriz.
cicatrize (to) ('sikətraiz) *t.-ref.* cicatrizar(se.
cider ('saidəʳ) *s.* sidra.
cigar (si'ga:ʳ) *s.* cigarro puro, tabaco: ~***-case,*** cigarrera.
cigarette (,sigə'ret) *s.* cigarrillo, pitillo: ~***-case,*** pitillera; ~***-holder,*** boquilla.
cinder ('sindəʳ) *s.* brasa; carbonilla. *2 pl.* cenizas, pavesas.
cinema ('sinimə) *s.* cine.
cinnamon ('sinəmən) *s.* canela.
cipher ('saifəʳ) *s.* cero. *2* cifra.
cipher (to) ('saifəʳ) *t.* cifrar. *2* expresar con cifras, calcular.
circle ('sə:kl) *s.* círculo. *2* TEAT. galería.
circle (to) ('sə:kl) *s.* circuir, rodear. *2 i.* girar; dar vueltas.
circuit ('sə:kit) *s.* circuito. *2* ámbito, radio. *3* rodeo, vuelta.
circuitous (sə'kju:təs) *a.* tortuoso, indirecto.
circular ('sə:kjuləʳ) *a.-s.* circular.
circulate (to) ('sə:kjuleit) *t.* poner en circulación; propalar.
circulation (,sə:kju'leiʃən) *s.* circulación. *2* tirada [de un periódico].
circumcision (,sə:kəm'siʒən) *s.* circuncisión.
circumference (sə'kʌmfərəns) *s.* circunferencia.
circumflex ('sə:kəmfleks) *a.* circunflejo.
circumlocution (,sə:kəmlə'kju:ʃən) *s.* circunloquio.
circumscribe (to) ('sə:kəmskraib) *t.* circunscribir.
circumspect ('sə:kəmspekt) *a.* circunspecto, prudente.
circumstance ('sə:kəmstəns) *s.* circunstancia. *2* detalle, pormenor. *3 pl.* posición económica.
circumstantial (,sə:kəm'stænʃəl) *a.* circunstancial. *2* DER ~ ***evidence,*** prueba indiciaria.
circumvent (to) (,sə:kəm'vent) *t.* engañar. *2* rodear.
circus ('sə:kəs) *s.* circo. *2* circo ecuestre. *3* plaza redonda.
cistern ('sistən) *s.* cisterna.
citadel ('sitədl) *s.* ciudadela.
citation (sai'teiʃən) *s.* citación.
cite (to) (sait) *t.* citar, llamar.
citizen ('sitizn) *s.* ciudadano, vecino.
citizenship ('sitiznʃip) *s.* ciudadanía.
citron ('sitrən) *s.* cidra.
citrus fruits ('sitrəs 'fru:ts) *s. pl.* agrios.
city ('siti) *s.* ciudad. *2* ***the City,*** barrio de Londres.
civet ('sivit) *s.* civeto, algalia.
civic ('sivik) *a.* cívico.
civil ('siv(i)l) *a.* civil: ~ ***servant,*** funcionario público. *2* cortés.
civilian (si'viljən) *s.* paisano [no militar]. *2 a.* de paisano.
civility (si'viliti) *s.* cortesía.

civilization (ˌsivilaiˈzeiʃən) *s.* civilización.
civilize (to) (ˈsivilaiz) *t.* civilizar.
clad (klæd) V. TO CLOTHE. *2 a.* vestido.
claim (kleim) *s.* demanda, reclamación. *2* derecho, título, pretensión. *3* MIN. pertenencia.
claim (to) (kleim) *t.* reclamar, exigir. *2* reivindicar. *3* afirmar.
claimant (ˈkleimənt) *s.* reclamante, demandante. *2* pretendiente.
clairvoyance (klɛəˈvɔiəns) *s.* clarividencia.
clairvoyant (klɛəˈvɔiənt) *a.* clarividente.
clamber (to) (ˈklæmbəʳ) *i.* trepar.
clammy (ˈklæmi) *a.* viscoso, pegajoso.
clamorous (ˈklæmərəs) *a.* clamoroso, ruidoso.
clamo(u)r (ˈklæməʳ) *s.* clamor, griterío, estruendo.
clamo(u)r (ˈklæməʳ) *i.-t.* clamar, gritar.
clamp (klæmp) *s.* tornillo de sujeción, abrazadera.
clamp (to) (klæmp) *t.* sujetar.
clandestine (klænˈdestin) *a.* clandestino.
clang (to) (klæŋ), **clank (to)** (klæŋk) *i.* resonar. *2 t.* hacer sonar.
clap (klæp) *s.* ruido o golpe seco: trueno. *2* aplauso.
clap (to) (klæp) *t.* batir, golpear, aplaudir.
clapper (ˈklæpəʳ) *s.* badajo. *2* matraca.
clapping (ˈklæpiŋ) *s.* aplauso, palmoteo.
claptrap (ˈklæptræp) *s.* discurso populachero.
claret (ˈklærət) *s.* clarete.
clarify (to) (ˈklærifai) *t.-i.* clarificar(se, aclarar(se.
clarinet (ˌklæriˈnet) *s.* clarinete.
clarion (ˈklæriən) *s.* clarín.
clash (klæʃ) *s.* estruendo. *2* choque. *3* oposición, conflicto.
clash (to) (klæʃ) *i.* sonar [al chocar]. *2* chocar. *3* oponerse; discordar.
clasp (klɑ:sp) *s.* broche, cierre, manecilla. *2* abrazo.
clasp (to) (klɑ:sp) *t.* abrochar, cerrar, sujetar [con broche, etc.]. *2* asir. *3* abrazar.
class (klɑ:s) *s.* clase [grupo, categoría, etc.]. *2* clase [en la enseñanza]. *3* fam. distinción.
class (to) (klɑ:s) *t.* clasificar.
classic (ˈklæsik) *a.-s.* clásico.
classical (ˈklæsikəl) *a.* clásico.
classification (ˌklæsifiˈkeiʃən) *s.* clasificación.
classify (to) (ˈklæsifai) *t.* clasificar.
class-mate (ˈklɑ:smeit) *s.* condiscípulo.
classroom (ˈklɑ:srum) *s.* aula.
clatter (ˈklætəʳ) *s.* martilleo, golpeteo, trápala. *2* alboroto.
clatter (to) (ˈklætəʳ) *i.* hacer un ruido repetido, resonar.
clause (klɔ:z) *s.* cláusula. *2* artículo.
clavicle (ˈklævikl) *s.* clavícula.
claw (klɔ:) *s.* garra. *2* garfio.
claw (to) (klɔ:) *t.-i.* arañar, rasgar, desgarrar. *2 t.* agarrar.
clay (klei) *s.* arcilla, barro.
clean (kli:n) *a.* limpio. *2* bien formado.
clean (to) (kli:n) *t.* limpiar. *2* asear. *3* mondar. *4* purificar.
cleaner (ˈkli:nəʳ) *s.* limpiador. *2* detergente. *3* quitamanchas.
cleanliness (ˈklenlinis) *s.* limpieza, aseo.
cleanly (ˈklenli) *a.* limpio, aseado. *2* (ˈkli:nli) *adv.* limpiamente.
cleanse (to) (klenz) *t.* limpiar, lavar. *2* purificar, depurar.
clear (kliəʳ) *a. claro. 2* limpio, puro. *2* desembarazado. *4* ***to keep ~ off,*** no acercarse a. *5 s.* claro, espacio. *6 adv.* claramente, etc..
clear (to) (kliəʳ) *t.* aclarar, disipar. *2* limpiar; librar [de estorbos, etc.]. *3* levantar [la mesa]. *4* liquidar [cuentas]. *5* absolver. *6* saltar por encima. *7* despachar [un barco]. *8 t.-i.* ***~ away,*** quitar; disiparse. *9 i.* ***~ up, despejarse, aclarar. 10 ~ off, out,*** largarse.
clearance (ˈkliərəns) *s.* despejo. *2* espacio libre. *3* despacho [de un barco]. *4* ***~ sale,*** liquidación de existencias.
clear-cut (ˈkiləˈkʌt) *a.* bien perfilado, bien definido.
clear-headed (ˈkliəˈhedid) *a.* inteligente.
clearing (ˈkliəriŋ) *s.* aclaramiento. *2* claro [en un bosque]. *3* COM. liquidación, compensación: ***~ house,*** cámara de compensación.
clearness (ˈkliənis) *s.* claridad.
clear-sighted (ˈkliəˈsaitid) *a.* clarividente, perspicaz.
1) **cleave (to)** (kli:v) *t.-i.* pegarse, adherirse. ¶ Pret. y p. p.: ***cleaved*** (kli:vd).
2) **cleave (to)** (kli:v) *t.-i.* hender(se, rajar(se, partir(se. ¶ Pret.: ***cleft*** (kleft), ***cleaved*** (kli:vd) o ***clove*** (klouv); p. p.: ***cleft, cleaved*** o ***cloven*** (klouvn).
clef (klef) *s.* MÚS. clave, llave.
cleft (kleft) *a.* hendido. *2 s.* hendidura, raja. *2 pret.* y *p. p.* de TO CLEAVE(2).
clemency (ˈklemənsi) *s.* clemencia.
clement (ˈklemənt) *a.* clemente. *2* suave [tiempo].
clench (to) (klentʃ) *t.* apretar [los puños, etc.]. *2* agarrar.
clergy (ˈkle:dʒi) *s.* clero.

clergyman ('klə:dʒimən) *s.* clérigo, eclesiástico, sacerdote.
cleric ('klerik) *s.* clérigo.
clerical ('klerikəl) *a.* clerical. *2* de oficinista.
clerk (klɑ:k) *s.* empleado, dependiente, pasante, escribiente.
clever ('klevəʳ) *a.* diestro, hábil. *2* listo, avisado, inteligente.
cleverness ('klevənis) *s.* destreza, habilidad. *2* talento.
click (klik) *s.* golpecito seco.
click (to) (klik) *i.* sonar; hacer tictac.
client ('klaiənt) *s.* cliente.
cliff (klif) *s.* risco, acantilado.
climate ('klaimit) *s.* clima.
climb (klaim) *s.* subida, ascenso.
climb (to) (klaim) *t.* trepar, subir, escalar. *2 i.* subir, encaramarse: ***to ~ down***, bajar.
clinch (klintʃ) *s.* remache. *2* argumento irrebatible. *3* agarro.
clinch (to) (klintʃ) *t.* TO CLENCH. *2 i.* agarrarse.
cling (to) (kliŋ) *i.* asirse, aferrarse. *2* persistir. ¶ Pret. y p. p.: ***clung*** (klʌŋ).
clinic ('klinik) *s.* clínica.
clink (to) (kliŋk) *t.* hacer tintinear. *2 i.* tintinear.
clip (klip) *s.* grapa, sujetapapeles. *2* tijeretazo, corte.
clip (to) (klip) *t.* abrazar, sujetar. *2* cortar, recortar.
clipper ('klipəʳ) *s.* clíper. *2* máquina de cortar el pelo.
clipping ('klipiŋ) *s.* recorte, retal.
clique (kli:k) *s.* pandilla, camarilla.
cloak (klouk) *s.* capa; pretexto.
cloak (to) (klouk) *t.* encapar, cubrir. *2* encubrir, disimular.
cloak-room ('klouk-rum) *s.* guardarropa [en un teatro].
clock (klɔk) reloj [de pared].
clockwork ('klɔkwə:k) *s.* mecanismo de relojería.
clod (klɔd) *s.* terrón, gleba.
clog (klɔg) *s.* zueco. *2* obstáculo.
clog (to) (klɔg) *t.-i.* obstruir(se.
cloister ('klɔistəʳ) *s.* claustro.
1) **close** (klouz) *s.* fin, conclusión. *2* (klous) cierre, clausura.
2) **close** (klous) *a.* cerrado. *2* cercado, acotado. *3* apretado, ajustado. *4* secreto. *5* mal ventilado. *6* pesado, sofocante [tiempo]. *7* tacaño. *8* espeso, tupido. *9* próximo. *10* exacto, fiel. *11* estrecho, riguroso. *12* ***~ season***, veda; ***~ friend***, amigo íntimo. *13 adv.* de cerca. *14* a raíz. *15* ***~ by***, muy cerca.
close (to) (klouz) *t.* cerrar. *2* tapar, obstruir. *3* apretar, tupir. *4* cercar, rodear. *5* concluir, ultimar. *6* clausurar. *7 i.* cerrarse. *8* acercarse. *9* luchar, agarrarse. *10* terminarse.
closeness ('klousnis) *s.* encierro, estrechez. *2* densidad, apretamiento. *3* tacañería. *4* proximidad. *5* intimidad.
closet (klɔzit) *s.* gabinete, camarín. *2* retrete.
closure ('klouʒəʳ) *s.* cierre. *2* fin.
clot (klɔt) *s.* grumo, coágulo.
clot (to) (klɔt) *i.* coagularse.
cloth (klɔθ) *s.* paño, tela. *2* trapo. *3* mantel.
clothe (to) (klouð) *t.* vestir. *2* investir [de autoridad, etc.]. ¶ Pret. y p. p.: ***clothed*** (klouðd) o ***clad*** (klæd).
clothes (klouðz) *s. pl.* vestido, ropa: ***~ hanger***, colgador.
clothing ('klouðiŋ) *s.* ropa, vestidos.
cloud (klaud) *s.* nube; nublado.
cloud (to) (klaud) *t.-i.* nublar(se.
cloud-burst ('klaudbə:st) *s.* aguacero.
cloudy ('klaudi) *a.* nuboso, nublado. *2* turbio. *3* FOT. velado.
clove (klouv) *s.* clavo [especia]. *2* diente [de ajo]. *3 pret.* de TO CLEAVE (2).
cloven ('klouvn) *a.* hendido. *2 p. p.* de TO CLEAVE (2).
clover ('klouvəʳ) *s.* trébol.
clown (klaun) *s.* payaso. *2* rústico, patán.
clownish ('klauniʃ) *a.* de payaso. *2* rústico, grosero.
cloy (to) (klɔi) *t.* hastiar, empalagar.
club (klʌb) *s.* clava, porra. *2* DEP. bate; palo [de golf]. *3* trébol o bastos [de la baraja]. *4* club, círculo, sociedad.
club (to) (klʌb) *t.* apalear. *2 i.* unirse, escotar [para un fin].
cluck (klʌk) *s.* cloqueo.
cluck (to) (klʌk) *i.* cloquear.
clue (klu:) *s.* indicio, pista.
clump (klʌmp) *s.* grupo [de árboles]. *2* masa, terrón..
clump (to) (klʌmp) *t.-i.* agrupar(se. *2 i.* andar pesadamente.
clumsiness ('klʌmzinis) *s.* torpeza. *2* tosquedad.
clumsy ('klʌmzi) *a.* torpe, desmañado. *2* tosco.
clung (klʌŋ) V. TO CLING.
cluster ('klʌstəʳ) *s.* racimo, ramo. *2* grupo, hato. *3* enjambre.
cluster (to) ('klʌstəʳ) *i.* arracimarse, agruparse. *2 t.* apiñar.
clutch (klʌtʃ) *s.* garra. *2* agarro, presa. *3* MEC. embrague.
clutch (to) (klʌtʃ) *t.-i.* ***to ~***, o ***to ~ at***, asir agarrar.

coach (koutʃ) *s.* coche, carroza, diligencia; autocar. *2* FERROC. coche. *3* profesor particular. *4* DEP. entrenador.
coach (to) (koutʃ) *t.-i.* adiestrar, preparar, dar lecciones.
coachman ('koutʃmən) *s.* cochero.
coadjutor (kou'ædʒutəʳ) *s.* coadjutor.
coagulate (to) (kou'ægjuleit) *t.-i.* coagular(se, cuajar(se.
coal (koul) *s.* carbón, hulla: ~ ***tar,*** alquitrán.
coal (to) (koul) *t.-i.* proveer de carbón, carbonear.
coalesce (to) (ˌkouə'les) *i.* unirse, fundirse.
coalition (ˌkouə'liʃən) *s.* unión, fusión. *2* coalición.
coarse (kɔ:s) *a.* tosco, grosero. *2* vulgar, soez. *3* áspero, grueso.
coast (koust) *s.* costa; litoral. *2* (E. U.) pendiente.
coast (to) (koust) *i.* navegar cerca de la costa. *2* (E. U.) deslizarse cuesta abajo.
coastal ('koustl) *a.* costanero.
coaster ('koustəʳ) *s.* buque de cabotaje.
coast-line ('koust-lain) *s.* litoral.
coat (kout) *s.* chaqueta; abrigo. *2* capa, mano [de pintura, etc.]. *3* cubierta, revestimiento. *4* ZOOL. pelaje; plumaje. *5* cota [de malla]. *6* escudo [de armas].
coat (to) (kout) *t.* cubrir.
coating ('koutiŋ) *s.* capa, mano.
coax (to) (kouks) *t.* engatusar.
cob (kɔb) *s.* zuro [de maíz]. *2* jaca. *3* pedazo redondo. *4* cisne. *5* araña.
cobalt (kə'bɔ:lt) *s.* cobalto.
cobble ('kɔbl) *s.* guijarro.
cobble (to) ('kɔbl) *t.* enguijarrar. *2 t.-i.* componer [zapatos].
cobbler ('kɔbləʳ) *s.* zapatero remendón; chapucero.
cobweb ('kɔbweb) *s.* telaraña.
cocaine (ke'kein) *s.* cocaína.
cock (kɔk) *s.* gallo. *2* macho de un ave. *3* llave, espita, grifo. *4* can [de escopeta].
cock (to) (kɔk) *i.* gallear. *2 t.* amartillar [un arma]. *3* levantar, inclinar.
cockade (kɔ'keid) *s.* escarapela.
cockatoo (ˌkɔkə'tu:) *s.* cacatúa.
cockchafer ('kɔkˌtʃeifəʳ) *s.* abejorro.
cockerel ('kɔkərəl) *s.* gallito.
cock-fighting ('kɔkfaitiŋ) *s.* riña de gallos.
cockle ('kɔkl) *s.* berberecho. *2* barquichuelo. *3* BOT. cizaña.
cockney ('kɔkni) *s.* londinense de la clase popular.
cockpit ('kɔkpit) *s.* gallera. *2* TEAT. cazuela. *3* AVIA. cabina del piloto.
cockroach ('kɔkroutʃ) *s.* cucaracha.
cocktail ('kɔkteil) *s.* cóctel.
cocky ('kɔki) *a.* presumido.
coco ('koukou) *s.* cocotero.
cocoa ('koukou) *s.* cacao.
coconut ('koukənʌt) *s.* coco.
cocoon (kə'ku:n) *s.* capullo.
cod (kɔd) *s.* bacalao.
coddle (to) ('kɔdl) *t.* mimar.
code (koud) *s.* código. *2* cifra.
codify (to) ('kɔdifai) *t.* codificar.
coerce (to) (kou'ə:s) *t.* forzar.
coercion (kou'ə:ʃən) *s.* coerción.
coffee ('kɔfi) *s.* café; ~ ***tree,*** cafeto; ***coffee-pot,*** cafetera.
coffer ('kɔfəʳ) *s.* cofre, arca.
coffin ('kɔfin) *s.* ataúd, féretro.
cog (kɔg) *s.* diente [de engranaje].
cogency ('koudʒənsi) *s.* fuerza [lógica o moral].
cogent ('koudʒənt) *a.* convincente.
cogitate (to) ('kɔdʒiteit) *i.* meditar, reflexionar.
cognate ('kɔgneit) *a.* análogo.
cognizance ('kɔgnizəns) *s.* conocimiento, noticia.
cohabit (to) (kou'hæbit) *i.* cohabitar.
cohere (to) (kou'hiəʳ) *i.* adherirse, pegarse.
coherence, -cy (kou'hiərəns, -i) *s.* coherencia.
coherent (kou'hiərənt) *a.* coherente.
cohesion (kou'hi:ʒən) *s.* cohesión.
coil (kɔil) *s.* rollo [de cuerda, etc.]; rosca. *2* rizo [de cabello].
coil (to) (kɔil) *t.* arrollar, enrollar. *2 i.* enroscarse.
coin (kɔin) *s.* moneda, dinero.
coin (to) (kɔin) *t.* acuñar; amonedar. *2* forjar, inventar.
coinage ('kɔinidʒ) *s.* acuñación.
coincide (to) (ˌkouin'said) *i.* coincidir.
coincidence (kou'insidəns) *s.* coincidencia.
coke (kouk) *s.* cock, coque.
colander ('kʌləndəʳ) *s.* colador.
cold (kould) *a.* frío: ~ ***cream,*** colcrén; ~ ***meat,*** fiambre; ***it is*** ~, hace frío. *2* débil, perdido [pista). *3 s.* frío. *4* resfriado: ***to catch*** ~, resfriarse.
cold-blooded ('kould'blʌdid) *a.* de sangre fría. *2* cruel.
coldness ('kouldnis) *s.* frialdad.
collaborate (to) (kə'læbəreit) *i.* colaborar.
collaboration (kəˌlæbə'reiʃən) *s.* colaboración.
collapse (kə'læps) *s.* derrumbamiento, desplome. *2* fracaso, ruina. *3* MED. colapso.
collapse (to) (kə'læps) *i.* derrumbarse, desplomarse. *2* fracasar. *3* sufrir colapso. *4* plegarse.
collapsible (kə'læpsibl) *a.* plegable, desmontable.

collar ('kɔləʳ) *s.* cuello [de una prenda]. *2* collar.
collar (to) ('kɔləʳ) *t.* coger por el cuello de la chaqueta.
collar-bone ('kɔləboun) *s.* clavícula.
collate (kɔ'leit) *t.* cotejar.
collateral (kɔ'lætərəl) *a.* colateral.
collation (kɔ'leiʃən) *s.* cotejo. *2* colación.
colleague ('kɔli:g) *s.* colega.
collect (to) (kə'lekt) *t.* congregar. *2* juntar, recoger, coleccionar. *3* colegir, inferir. *4* recaudar, cobrar. *5 to ~oneself,* serenarse, reponerse. *6 i.* congregarse, acumularse.
collected (kə'lektid) *a.* reunido, juntado. *2* dueño de sí mismo.
collection (kə'lekʃən) *s.* reunión. *2* recogida. *3* cobro, recaudación. *4* colecta, cuestación. *5* colección. *6* recopilación.
collective (kə'lektiv) *a.* colectivo.
collectivize (to) (kə'lektivaiz) *t.* colectivizar.
collector (kə'lektəʳ) *s.* coleccionista. *2* compilador. *3* recaudador.
college ('kɔlidʒ) *s.* colegio.
collide (to) (kə'laid) *i.* chocar.
collie ('kɔli) *s.* perro de pastor.
collier ('kɔliəʳ) *s.* minero [de carbón]. *2* barco carbonero.
colliery ('kɔljəri) *s.* mina de carbón.
collision (kə'liʒən) *s.* colisión, choque. *2* oposición.
colloquial (kə'loukwiəl) *a.* familiar [lenguaje].
colloquialism (kə'loukwiəlizəm) *s.* estilo, frase familiar.
colloquy ('kɔləkwi) *s.* coloquio.
collusion (kə'lu:ʒən) *s.* confabulación.
colonel ('kə:nl) *s.* MIL. coronel.
colonist ('kɔlənist) *s.* colono.
colonize (to) ('kɔlənaiz) *t.* colonizar, poblar.
colony ('kɔləni) *s.* colonia.
colossal (kə'lɔsl) *a.* colosal.
colour ('kʌləʳ) *s.* color: *to lose ~,* palidecer; *under ~ of,* so color de, bajo pretexto de. *2 pl.* bandera, pabellón.
colour (to) ('kʌləʳ) *t.* colorar, pintar, iluminar. *2* colorear, paliar. *3 i.* colorearse. *4* enrojecer.
colouring ('kʌləriŋ) *s.* colorido.
colourless ('kʌləlis) *a.* descolorido.
colt (koult) *s.* ZOOL. potro.
column ('kɔləm) *s.* columna.
columnist ('kɔləmnist) *s.* periodista.
comb (koum) *s.* peine. *2* peineta. *3* almohaza. *4* cresta [de ave]. *5* panal.
comb (to) (koum) *t.* peinar. *2* cardar, rastrillar.
combat ('kɔmbət) *s.* combate.
combat (to) ('kɔmbət) *t.-i.* combatir.
combatant ('kɔmbətənt) *a.-s.* combatiente.
combative ('kɔmbətiv) *a.* belicoso.
combativeness ('kɔmbətivnis) *s.* belicosidad.
combination (ˌkɔmbi'neiʃən) *s.* combinación.
combine ('kɔmbain) *s.* monipodio; monopolio. *2* AGR. cosechadora.
combine (to) (kəm'bain) *t.-i.* combinar(se. *2 i.* confabularse.
combustible (kəm'bʌstibl) *a.-s.* combustible.
combustion (kəm'bʌstʃən) *s.* combustión. *2* agitación.
come (to) (kʌm) *i.* venir, llegar, acercarse. *2* venir, provenir. *3* aparecer, salir. *4* pasar, suceder. *5* entrar [en acción, en contacto, etc.]. *6* importar, montar a, ser lo mismo [que]. *7* ***to ~ about,*** ocurrir, suceder. *8* ***to ~ across,*** topar o dar con. *9* ***to ~ apart*** o ***asunder,*** dividirse, desunirse. *10* ***to ~ back,*** volver, retroceder. *11* ***to ~ by,*** pasar [por el lado de]; obtener. *12* ***to ~ down,*** bajar; caer. *13* ***to ~ forth,*** salir, aparecer. *14* ***to ~ forward,*** avanzar, presentarse. *15* ***to ~ in,*** entrar. *16* ***to ~ of age,*** llegar a la mayoría de edad. *17* ***to ~ off,*** efectuarse; salir [bien, mal, etc.]; salir, despegarse. *18* ***to ~ on,*** avanzar; proseguir; entrar. *19* ***to ~ out,*** salir; ponerse de largo. *20* ***to ~ round,*** volver; reponerse; ceder, asentir. *21* ***to ~ to,*** volver en sí; consentir, ceder. *22* ***to ~ together,*** juntarse. *23* ***to ~true,*** realizarse. *24* ***to ~ up,*** subir; aparecer; acercarse [a]; estar a la altura [de]. *25* ***to ~ upon,*** caer sobre; dar con. ¶ Pret.: ***came*** (keim); p. p.: ***come*** (kʌm).
comedian (kə'mi:djən) *s.* cómico.
comedy ('kɔmidi) *s.* comedia.
comeliness ('kʌmlinis) *s.* gentileza, gracia. *2* hermosura.
comely ('kʌmli) *a.* gentil, apuesto, bien parecido. *2* decente.
comet ('kɔmit) *s.* ASTR. cometa.
comfort ('kʌmfət) *s.* consuelo. *2* comodidad, bienestar.
comfort (to) ('kʌmfət) *t.* confortar. *2* aliviar, consolar.
comfortable ('kʌmfətəbl) *a.* confortable, cómodo. *2* acomodado.
comforter ('kʌmfətəʳ) *s.* consolador. *2* bufanda.

comfortless ('kʌmfətlis) *a.* triste, desolado. *2* incómodo.
comic ('kɔmik) *a.* cómico, burlesco; gracioso. *2 s.* historieta cómica ilustrada. *3* cómico.
coming ('kʌmiŋ) *a.* próximo, venidero. *2 s.* venida, llegada.
command (kə'mɑ:nd) *s.* orden, mandato. *2* mando; dominio. *3* MIL. comandancia.
command (to) (kə'mɑ:nd) *t.-i.* mandar, comandar, imperar. *2* dominar. *3 t.* mandar, ordenar. *4* merecer [respeto, etc].
commandant (ˌkɔmən'dænt) *s.* comandante [el que manda].
commander (kə'mɑ:ndəʳ) *s.* comandante, jefe. *2* comendador.
commandment (kə'mɑ:ndmənt) *s.* mando. *2* mandato, orden: ***the Ten Commandments,*** los mandamientos de la ley de Dios.
commando (kə'mɑ:ndou) *s.* MIL. comando.
commemorate (to) (kə'meməreit) *t.* conmemorar.
commemoration (kəˌmemə'reiʃən) *s.* conmemoración.
commence (to) kə'mens) *t.-i.* comenzar, empezar.
commencement (kə'mensmənt) *s.* comienzo.
commend (to) (kə'mend) *t.* encomendar. *2* recomendar.
commensurate (kə'menʃərit) *a.* proporcionado, correspondiente.
comment ('kɔmən) *s.* comentario.
comment (to) ('kɔment) *i.* comentar.
commentary ('kɔmentəri) *s.* comentario, glosa.
commentator (kɔmenteitəʳ) *s.* comentador.
commerce ('kɔmə:s) *s.* comercio.
commercial (kə'mə:ʃəl) *a.* comercial: ~ ***traveller,*** viajante.
commiserate (to) (kə'mizəreit) *t.-i.* compadecer(se.
commiseration (kəˌmizə'reiʃən) *s.* conmiseración.
commissariat (ˌkɔmi'sɛəriət) *s.* intendencia militar.
commissary ('kɔmisəri) *s.* intendente militar. *2* comisario.
commission (kə'miʃən) *s.* comisión: ~ ***merchant,*** COM. comisionista. *2* MIL. despacho, nombramiento.
commission (to) (kə'miʃən) *t.* comisionar, encargar, delegar.
commissioner (kə'miʃənəʳ) *s.* comisionado. *2* comisario.
commit (to) (kə'mit) *t.* cometer, perpetrar. *2* encargar, confiar. *3* comprometer: ***to ~ oneself,*** comprometerse. *4* encarcelar.
commitment (kə'mitmənt) *s.* compromiso. *2* promesa.
committee (kə'miti) *s.* comisión, comité.
commodious (kə'moudjəs) *a.* cómodo. *2* espacioso.
commodity (kə'mɔditi) *s.* artículo [de consumo], producto.
common ('kɔmən) *a.* común: ~ ***sense,*** sentido común. *2* vulgar, corriente. *3* regular, usual. *4* raso [soldado]. *5 s. pl.* pueblo, estado llano. *6* tierras comunales. *7 The Commons,* la Cámara de los Comunes.
commoner ('kɔmənəʳ) *s.* plebeyo.
commonwealth ('kɔmənwelθ) *s.* nación, república. *2* comunidad de naciones.
commotion (kə'mouʃən) *s.* conmoción, agitación.
communicate (to) (kə'mju:nikeit) *t.* comunicar, participar. *2* comunicar, transmitir. *3 t. i.* comulgar. *4 i.* comunicarse. *5* conferenciar.
communication (kəˌmju:ni'keiʃən) *s.* comunicación.
communion (kə'mju:njən) *s.* comunión.
communism ('kɔmjunizəm) *s.* comunismo.
communist ('kɔmjunist) *a.-s.* comunista.
community (kə'mju:niti) *s.* comunidad. *2* vecindario.
commutation (ˌkɔmju:'teiʃən) *s.* conmutación. *2* FERROC. (E. U.) ~ ***ticket,*** abono.
commute (to) (kə'mju:t) *t.* conmutar.
compact ('kɔmpækt) *s.* pacto, convenio. *2* polvera de bolsillo.
compact (kəm'pækt) *a.* compacto, denso. *2* breve, conciso.
compact (to) (kəm'pækt) *t.* apretar, comprimir, condensar.
companion (kəm'pænjən) *s.* compañero; camarada.
companionship (kəm'pænjənʃip) *s.* compañerismo.
company ('kʌmpəni) *s.* compañía.
comparable ('kɔmpərəbl) *a.* comparable.
comparative (kəm'pærətiv) *a.* comparativo. *2* comparado.
compare (kəm'pɛəʳ) *s.* ***beyond ~,*** sin comparación.
compare (to) (kəm'pɛəʳ) *t.* comparar. *2* cotejar, confrontar. *3 i.* poderse comparar.
comparison (kəm'pærisn) *s.* comparación.

compartment (kəm'pɑ:tmənt) *s.* compartimiento, departamento.
compass ('kʌmpəs) *s.* área, ámbito. *2* alcance, esfera [de acción, etc.]. *3* brújula. *4* MÚS. extensión. *5* (a veces en *pl.*) compás [instrumento].
compass (to) ('kʌmpəs) *t.* idear, planear. *2* conseguir. *3* comprender. *4* circuir, rodear.
compassion (kəm'pæʃən) *s.* compasión.
compassionate (kəm'pæʃənit) *a.* compasivo.
compatibility (kəm'pætə'biliti) *s.* compatibilidad.
compatible (kəm'pætəbl) *a.* compatible.
compatriot (kəm'pætriət) *s.* compatriota.
compel (to) (kəm'pel) *t.* obligar, forzar. *2* imponer.
compendium (kəm'pendiəm) *s.* compendio, resumen.
compensate (to) ('kɔmpenseit) *t.* compensar. *2* indemnizar.
compensation (ˌkɔmpen'seiʃən) *s.* compensación.
compete (to) (kəm'pi:t) *i.* competir, rivalizar.
competence, -cy ('kɔmpitəns, -i) *s.* competencia, aptitud. *2* medios de vida, buen pasar.
competent ('kɔmpitənt) *a.* competente, capaz. *2* adecuado, idóneo.
competition (ˌkɔmpi'tiʃən) *s.* competición, competencia, rivalidad. *2* certamen, concurso.
competitive (kəm'petitiv) *a.* de concurso.
compilation (ˌkɔmpi'leiʃən) *s.* compilación, recopilación.
compile (to) (kəm'pail) *t.* compilar, recopilar.
complacence, -cy (kəm'pleisns, -si) *s.* complacencia. *2* presunción.
complacent (kəm'pleisnt) *a.* complaciente. *2* presuntuoso.
complain (to) (kəm'plein) *s.* quejarse. *2* DER. querellarse.
complaint (kəm'pleint) *s.* queja, lamento. *2* DER. demanda. *3* mal, enfermedad.
complaisance (kəm'pleizəns) *s.* condescendencia, amabilidad.
complaisant (kəm'pleizənt) *a.* complaciente, amable, atento.
complement ('kɔmplimənt) *s.* complemento. *2* MAR. dotación.
complete (kəm'pli:t) *a.* completo. *2* concluido. *3* consumado.
complete (to) (kəm'pi:t) *t.* completar. *2* llenar. *3* efectuar.
completion (kəm'pli:ʃən) *s.* perfección. *2* realización.
complex ('kɔmpleks) *a.* complejo. *2* complicado. *3 s.* complejo.
complexion (kəm'plekʃən) *s.* cutis, tez, color. *2* carácter.
complexity (kəm'pleksiti) *s.* complejidad.
compliance (kəm'plaiəns) *s.* condescendencia, sumisión.
compliant (kəm'plaiənt) *a.* complaciente. *2* dócil, sumiso.
complicate (to) ('kɔmplikeit) *t.* complicar, enredar, embrollar.
complicated ('kɔmplikeitid) *a.* complicado, intrincado.
complication (ˌkɔmpli'keiʃən) *s.* complicación.
complicity (kəm'plisiti) *s.* complicidad. *2* complejidad.
compliment ('kɔmplimənt) *s.* cumplido, requiebro. *2* atención, regalo. *3 pl.* saludos.
compliment (to) ('kɔmpliment) *t.* cumplimentar, felicitar. *2* lisonjear, requebrar.
complimentary ('kɔmpli'mentəri) *a.* lisonjero, de alabanza. *2* de regalo, gratuito.
comply (to) (kəm'plai) *i.* (con ***with***) condescender, acceder. *2* satisfacer, cumplir, conformarse.
compose (to) (kəm'pouz) *t.* componer. *2* concertar, arreglar. *3* calmar, serenar.
composed (kəm'pouzd) *a.* compuesto [de]. *2* sosegado.
composer (kəm'pouzəʳ) *s.* autor, escritor. *2* compositor.
composite ('kɔmpəzit) *a.-s.* compuesto.
composition (ˌkɔmpə'ziʃən) *s.* composición. *2* arreglo, ajuste.
compositor (kəm'pɔzitəʳ) *s.* cajista.
compost ('kɔmpɔst) *s.* abono.
composure (kəm'pouʒəʳ) *s.* calma, serenidad, presencia de ánimo.
compound ('kɔmpaund) *a.-s.* compuesto. *2 s.* mezcla.
compound (to) (kəm'paund) *t.* componer, mezclar. *2* transigir. *3 i.* pactar, avenirse.
comprehend (to) (ˌkɔmpri'hend) *t.* comprender. *2* contener.
comprehensible (ˌkɔmpri'hensəbl) *a.* comprensible.
comprehension (ˌkɔmpri'henʃən) *s.* comprensión.
comprehensive (ˌkɔmpri'hensiv) *a.* comprensivo. *2* amplio, extenso.
comprehensiveness (kɔmpri'hensivnis) *s.* alcance. *2* cabida.
compress ('kɔmpres) *s.* compresa.
compress (to) (kəm'pres) *t.* comprimir. *2* apretar, condensar.

compression (kəm'preʃən) *s.* compresión; condensación.
compressor (kəm'prəsəʳ) *s.* compresor.
comprise (to) (kəm'praiz) *t.* comprender, incluir.
compromise ('kɔmprəmaiz) *s.* arreglo, transacción. *2* término medio. *3* DER. compromiso.
compromise (to) ('kɔmprəmaiz) *t.* componer, arreglar [por vía de transacción]. *2* comprometer [la reputación]. *3 i.* transigir.
compulsion (kəm'pʌlʃən) *s.* compulsión, coacción.
compulsory (kəm'pʌlsəri) *a.* obligatorio.
compunction (kəm'pʌŋkʃən) *s.* compunción, remordimiento.
compute (to) (kəm'pju:t) *t.* computar, calcular.
computer (kəm'pju:təʳ) *s.* máquina de calcular, computadora.
comrade ('kɔmrid) *s.* compañero, camarada.
comradeship ('kɔmridʃip) *s.* camaradería.
con (kɔn) *adv.-s.* contra.
con (to) (kɔn) *t.* estudiar.
concave ('kɔn'keiv) *a.* cóncavo. *2 s.* concavidad.
conceal (to) (kən'si:l) *t.* ocultar, esconder, tapar, encubrir.
concealment (kn'si:lment) *s.* ocultación. *2* escondite.
concede (to) (kən'si:d) *t.* conceder [reconocer; otorgar].
conceit (kən'si:t) *s.* vanidad, presunción, engreimiento. *2* concepto, conceptismo.
conceited (kən'si:tid) *a.* vano, engreído, presuntuoso.
conceivable (kən'si:vəbl) *a.* concebible.
conceive (to) (kən'si:v) *t.-i.* concebir. *2 t.* comprender.
concentrate (to) ('kɔnsentreit) *t.-i.* concentrar(se.
concentration (ˌkɔnsen'treʃən) *s.* concentración. *2* reconcentración.
concept ('kɔnsept) *s.* concepto.
conception (kən'sepʃən) *s.* concepción. *2* concepto, idea.
concern (kən'sə:n) *s.* interés, afecto. *2* preocupación, inquietud. *3* interés, parte. *4* importancia. *5* asunto. *6* negocio.
concern (to) (kən'sə:n) *t.* concernir, atañer. *2* importar. *3* preocupar. *4 ref.* interesarse.
concerning (kən'sə:niŋ) *prep.* tocante a, acerca de.
concert ('kɔnsə(:)t) *s.* acuerdo. *2* ('kɔnsət)MÚS. concierto.
concert (to) (kən'sə:t) *t.* concertar, planear. *2 i.* concertarse.
concession (kən'seʃən) *s.* concesión.
conch (kɔŋk) *s.* caracola.
conciliate (to. (kən'silieit) *t.* conciliar, propiciar.
conciliation (kənˌsili'eiʃən) *s.* conciliación.
conciliatory (kən'siliətəri) *a.* conciliatorio.
concise (kən'sais) *a.* conciso.
conciseness (kən'saisnis), **concision** (kɔn'sizən) *s.* concisión.
conclave ('kɔkleiv) *s.* cónclave.
conclude (to) (kən'klu:d) *t.* concluir, dar fin a. *2* concluir [un tratado, etc.]. *3* concluir, inferir. *4* decidir, determinar. *5 i.* concluir, finalizar.
conclusion (kən'klu:ʒən) *s.* conclusión. *2* decisión final.
conclusive (kən'klu:siv) *a.* conclusivo. *2* concluyente.
concoct (to) (kən'kɔkt) *t.* mezclar. *2* urdir, tramar.
concoction (kən'kɔkʃən) *s.* mezcla, preparado. *2* drama.
concomitant (kən'kɔmitənt) *a.-s.* concomitante.
concord ('kɔnkɔ:d) *s.* concordia. *2* acuerdo.
concordance (kən'kɔ:dəns) *s.* concordancia, armonía.
concordant (kən'kɔ:dənt) *a.* concordante, conforme.
concourse ('kɔŋkɔ:s) *s.* concurso, concurrencia. *2* gentío.
concrete ('kɔnkri:t) *a.* concreto. *2 s.* hormigón.
concrete (to) ('kɔnkri:t) *t.-i.* solidificar(se.
concur (to) (kən'kə:ʳ) *i.* concurrir, coincidir. *2* cooperar.
concurrence, -cy (kən'kʌrəns- i) *s.* concurrencia. *2* acuerdo.
concussion (kən'kʌʃən) *s.* concusión, sacudida.
condemn (to) (kən'dem) *t.* condenar.
condemnation (ˌkɔndem'neiʃən) *s.* condenación.
condensation (ˌkɔnden'seiʃən) *s.* condensación.
condense (to) (kən'dens) *t.-i.* conden sar(se. *2 t.* abreviar.
condescend (to) (ˌkɔndi'send) *i.* dignarse; condescender.
condescension (ˌkɔndi'senʃən) *s.* condescendencia.
condiment ('kɔndimənt) *s.* condimento.
condition (kən'diʃən) *s.* condición.

condition (to) (kən'diʃən) *t.* condicionar. *2* estipular, convenir.
conditional (kən'diʃənl) *a.* condicional. *2* *a.-s.* GRAM. potencial.
condole (to) (kən'doul) *i.* condolerse, dar el pésame.
condolence (kən'douləns) *s.* condolencia pésame.
condone (to) (kən'doun) *t.* perdonar.
conduce (to) (kən'dju:s) *t.* conducir, tender, contribuir.
conducive (kən'dju:siv) *a.* conducente.
conduct ('kɔndəkt) *s.* conducta.
conduct (to) (kən'dʌkt) *t.* conducir. *2* dirigir, mandar.
conductor (kən'dʌktəʳ) *s.* conductor. *2* MÚS. director. *3* cobrador [de tranvía]; (E. U.) revisor [de tren].
cone (koun) *s.* GEOM., BOT. cono.
confection (kən'fekʃən) *s.* confección. *2* confitura, dulce.
confection (to) (kən'fekʃən) *t.* preparar, confitar.
confectioner (kən'fekʃənəʳ) *s.* confitero, repostero.
confectionery (kən'fekʃənri) *s.* dulces, confites. *2* dulcería, confitería.
confederacy (kən'fedərəsi) *s.* confederación, coalición.
confer (to) (ken'fə:ʳ) *t.* conferir. *2 i.* conferenciar.
conference ('kɔnfərəns) *s.* conferencia, junta, entrevista.
confess (to) (kən'fes) *t.* confesar. *2* reconocer. *3 i.* confesarse.
confessed (kən'fest) *a.* confesado, declarado, reconocido.
confession (kən'feʃən) *s.* confesión. *2* religión, credo.
confessional (kən'feʃənl) *a.* confesional. *2 s.* confesonario.
confidant *m.*, **confidante** *f.* (ˌkɔnfi'dænt) confidente.
confide (to) (kən'faid) *t.-i.* confiar.
confidence ('kɔnfidəns) *s.* confianza,fe. *2* confidencia.
confident ('kɔnfidənt) *a.* seguro.
confidential (ˌkɔnfi'denʃəl) *a.* confidencial. *2* de confianza.
confine ('kɔnfain) *s.* límite.
confine (to) (kənˌfain) *i.* confinar. *2 t.* limitar, restringir.
confinement (kən'fainmənt) *s.* encierro, reclusión. *2* alumbramiento. *3* limitación.
confirm (to) (kən'fə:m) *t.* confirmar, corroborar.
confirmation (ˌkɔnfə'meiʃən) *s.* confirmación.
confirmed (kən'fə:md) *a.* confirmado. *2* inveterado.
confiscate (to) ('kɔnfiskeit) *t.* confiscar.
confiscation (ˌkɔnfis'keiʃən) *s.* confiscación.
conflagration (ˌkɔnflə'greiʃən) *s.* conflagración, incendio.
conflict ('kɔnflikt) *s.* conflicto.
conflict (to) (kən'flict) *i.* chocar, estar en conflicto.
confluence ('kɔnfluəns) *s.* confluencia.
conform (to) (kən'fɔ:m) *t.-i.* conformar(se.
conformist (kən'fɔ:mist) *s.* conformista.
conformity (kən'fɔ:miti) *s.* conformidad, concordancia, consonancia. *2* obediencia.
confound (to) (kən'faund) *t.* confundir. *2* desbaratar, frustrar. *3* interj. ~ *it!* ¡maldito sea!
confounded (kən'faundid) *a.* confuso. *2* fam. maldito.
confraternity (ˌkɔnfrə'tə:niti) *s.* confraternidad. *2* cofradía.
confront (to) (kən'frʌnt) *t.* confrontar. *2* cotejar. *3* arrostrar.
confuse (to) (kən'fju:z) *t.* confundir.
confusion (kən'fju:ʒən) *s.* confusión.
congeal (to) (kən'dʒi:l) *t.-i.* congelar(se. *2* cuajar(se.
congealment (kən'dʒi:lmənt) *s.* congelación.
congenial (kən'dʒi:njəl) *a.* simpático, agradable.
congenital (kən'dʒenitl) *a.* congénito.
conger ('kɔŋgəʳ) *s.* ICT. congrio.
congest (to) (kən'dʒest) *t.-i.* congestionar(se. *2* aglomerar(se.
congestion (kən'dʒestʃən) *s.* congestión. *2* aglomeración.
conglomerate (kən'glɔmərit) *a.-s.* conglomerado.
conglomerate (to) (kən'glɔməreit) *t.-i.* conglomerar(se.
congratulate (to) (kən'grætjuleit) *t.* congratular, felicitar.
congratulation (kənˌgrætju'leiʃən) *s.* congratulación, felicitación.
congregate (to) ('kɔngrigeit) *t.-i.* congregar(se, juntar(se.
congregation (ˌkɔŋgri'geiʃən) *s.* congregación. *2* reunión.
congress ('kɔŋgres) *s.* congreso.
congruent ('kɔŋgruənt), **congruous** (-gruəs) *a.* congruente.
conic(al ('kɔnik(əl)) *a.* cónico.
conifer ('kounifəʳ) *s.* conífera.
conjecture (kən'dʒektʃəʳ) *s.* conjetura, presunción.

conjecture (to) (kən'dʒekʃəʳ) *t.* conjeturar, presumir.
conjoin (to) (kən'dʒɔin) *t.-i.* unir(se, juntar(se.
conjoint ('kɔndʒɔint) *a.* unido. *2* aunado. *3 s.* asociado.
conjugal ('kɔndʒugəl) *a.* conyugal.
conjugate (to) ('kɔndʒugeit) *t.* conjugar.
conjugation (ˌkɔndʒu'geiʃən) *s.* conjugación.
conjunction (kən'dʒʌŋkʃən) *s.* GRAM. conjunción. *2* unión.
conjuration (ˌkɔndʒuə'reiʃən) *s.* súplica. *2* conjuro.
conjuncture (kən'dʒʌŋktʃəʳ) *s.* coyuntura, circunstancias.
conjure (to) (kən'dʒuəʳ) *t.* implorar. *2* ('kʌndʒəʳ) evocar [a un espíritu, etc.]. *3* hacer algo como por arte mágica. *4 to ~ up*, evocar. *5 i.* hacer juegos de manos.
conjurer, conjuror ('kʌndʒərəʳ) *s.* hechicero. *2* prestidigitador.
connect (to) (kə'nekt) *t.* unir, enlazar. *2* conectar. *3* relacionar, asociar. *4* poner en comunicación. *5 i.* unirse, enlazarse. *6* FERROC. enlazar, empalmar.
connection, connexion (kə'nekʃən) *s.* conexión, enlace. *2* relación, respecto. *3* relación [de amistad, comercial, etc.], parentesco. *4* pariente, deudo. *5* FERROC. empalme.
connivance (kə'naivəns) *s.* connivencia, consentimiento.
connive (to) (kə'naiv) *i.* disimular o tolerar culpablemente.
conquer (to) ('kɔŋkəʳ) *t.* conquistar. *2* vencer, dominar.
conqueror ('kɔŋkərəʳ) *s.* conquistador. *2* vencedor.
conquest ('kɔŋkwest) *s.* conquista.
consanguinity (ˌkɔnsæŋ'gwiniti) *s.* consanguinidad.
conscience ('kɔnʃəns) *s.* conciencia.
conscientious (ˌkɔnʃi'enʃəs) *a.* concienzudo. *2* de conciencia.
conscientiousness (ˌkɔnʃi'enʃəsnis) *s.* conciencia, rectitud, escrupulosidad.
conscious ('kɔnʃəs) *a.* consciente.
consciousness (ˌkɔnʃəsnis) *s.* FIL., PSIC. conciencia. *2* sentido.
conscript ('kɔnskript) *a.* reclutado. *2 s.* recluta.
conscript (to) (kən'skript) *t.* alistar.
conscription (kən'skripʃən) *s.* reclutamiento [forzoso].
consecrate (to) ('kɔnsikreit) *t.* consagrar.
consecration (ˌkɔnsi'kreiʃən) *s.* consagración. *2* dedicación.
consecutive (kən'sekjutiv) *a.* consecutivo. *2* sucesivo.
consensus (kən'sensəs) *s.* consenso.
consent (kən'sent) *s.* consentimiento, asentimiento: ***all with one ~***, unánimemente.
consent (to) (kən'sent) *i.* consentir, acceder.
consequence ('kɔnsikwəns) *s.* consecuencia, resultado. *2* consecuencia, deducción. *3* importancia, entidad.
consequent ('kɔnsikwənt) *s.* consiguiente; lógico. *2 s.* consecuencia. *3* LÓG. consecuente.
consequential (ˌkɔnsi'kwenʃəl) *a.* consiguiente. *2* importante [personal]. *3* engreído.
consequently ('kɔnsikwəntli) *adv.* por consiguiente.
conservation (ˌkɔnsə:veiʃən) *s.* conservación.
conservative (kən'sə:vətiv) *a.* conservativo. *2 a.-s.* POL. conservador.
conservatory (kən'sə:vətri) *a.-s.* conservatorio. *2 s.* invernadero.
conserve (kən'sə:v) *s.* conserva, confitura.
conserve (to) (kən'sə:v) *t.* conservar, mantener. *2* confitar.
consider (to) (kən'sidəʳ) *t.* considerar, pensar.
considerable (kən'sidərəbl) *a.* considerable.
considerate (kən'sidərit) *a.* considerado. [para con los demás].
consideration (kənˌsidə'reiʃən) *s.* consideración. *2* examen, estudio. *3* retribución, precio.
considering (kən'sidəriŋ) *prep.* considerando [que].
consign (to) (kən'sain) *t.* consignar, confiar, depositar.
consignment (kən'saimənt) *s.* consignación; remesa, envío.
consist (to) (kən'sist) *i.* consistir. *2* constar [de].
consistence, -cy (kən'sistəns, -si) *s.* consistencia. *2* consecuencia.
consistent (kən'sistənt) *a.* consistente, sólido. *2* compatible. *3* consecuente.
consolation (ˌkɔnsə'leiʃən) *s.* consolación, consuelo, alivio.
console ('kɔnsoul) *s.* ***~-table***, consola.
console (to) (kən'soul) *t.* consolar.
consolidate (to) (kən'sɔlideit) *t.-i.* consolidar(se.
consonance- cy ('kɔnsənəns, -i) *s.* consonancia, conformidad.
consonant ('kɔnsənənt) *a.-s.* consonante.
consort ('kɔnsɔ:t) *s.* consorte.
consort (to) (kən'sɔ:t) *i.* juntarse, acompañarse.

conspicuous (kəns'pikjuəs) *a.* conspicuo, eminente. *2* visible.
conspiracy (kən'spirəsi) *s.* conspiración.
conspirator (kən'spirətəʳ) *s.* conspirador.
conspire (to) (kəns'paiəʳ) *i.* conspirar, conjurarse. *2 t.* tramar.
constable ('kʌnstəbl) *s.* condestable. *2* policía [uniformado].
constancy ('kɔnstənsi) *s.* constancia [firmeza, perseverancia].
constant ('kɔnstənt) *a.* constante. *2* leal. *3* continuo.
constellation (ˌkɔnstə'leiʃən) *s.* constelación.
consternation (ˌkɔnstə(:)'neiʃən) *s.* consternación; terror.
constipate (to) ('kɔnstipeit) *t.* estreñir.
constipation (ˌkɔnsti'peiʃən) *s.* extreñimiento.
constituency (kən'stitjuənsi) *s.* distrito electoral. *2* electores.
constituent (kəns'titjuənt) *a.* constitutivo. *2* POL. constituyente. *3 s.* componente. *4* elector [de un diputado].
constitute (to) ('kɔnstitju:t) *t.-i.* constituir(se.
constitution (ˌkɔnsti'tju:ʃən) *s.* constitución.
constrain (to) (kəns'trein) *t.* constreñir, obligar.
constraint (kən'streint) *s.* coacción. *2* represión.
constrict (to) (kən'strikt) *t.* constreñir, apretar. *2* atar.
construct (to) (kəns'trʌkt) *t.* construir, fabricar, hacer.
construction (kən'strʌkʃən) *s.* construcción.
construe (to) (kən'stru:) *t.* GRAM. construir. *2* traducir. *3* explicar.
consul ('kɔnsəl) *s.* cónsul.
consular ('kɔnsjuləʳ) *a.* consular.
consulate ('kɔnsjulit) *s.* consulado.
consult (to) (kən'sʌlt) *t.-i.* consultar. *2 i.* deliberar.
consultation (ˌkɔnsəl'teiʃən) *s.* consulta. *2* junta.
consultative (kən'sʌltətiv) *a.* consultivo.
consume (to) (kən'sju:m) *t.-i.* consumir(se.
consummate (kən'sʌmit) *a.* consumado. *2* perfecto.
consummate (to) ('kɔnsʌmeit) *t.* consumar.
consummation (ˌkɔnsʌ'meiʃən) *s.* consumación. *2* perfección.
consumption (kən'sʌmpʃən) *s.* consumo. *2* MED. tisis.
contact ('kɔntækt) *s.* contacto.
contact (to) ('kɔntækt) *t.* ponerse o estar en contacto con.
contagion (kən'teidʒən) *s.* contagio.
contagious (kən'teidʒəs) *a.* contagioso, pegadizo.
contagiousness (kən'teidʒəsnis) *s.* contagiosidad.
contain (to) (kən'tein) *t.* contener; tener cabida para. *2* reprimir.
container (kən'teinəʳ) *s.* continente, recipiente, envase.
contaminate (to) (kən'tæmineit) *t.* contaminar. *2* impurificar.
contamination (kənˌtæmi'neiʃən) *s.* contaminación.
contemn (to) (kən'tem) *t.* despreciar.
contemplate (to) ('kɔntempleit) *t.* contemplar. *2* proponerse. *3 i.* meditar.
contemplation (ˌkɔntem'pleiʃən) *s.* contemplación. *2* meditación. *3* proyecto.
contemplative ('kɔntempleitiv) *a.* contemplativo.
contemporaneous (kənˌtempə'reinjəs) *a.*
contemporary (kən'tempərəri) *a.-s.* contemporáneo.
contempt (kən'tempt) *s.* desprecio, menosprecio, desdén.
contemptible (kən'temptəbl) *a.* despreciable. *2* desdeñoso.
contend (to) (kən'tend) *i.* contender. *2* competir, oponerse. *3* luchar, esforzarse. *4 t.* sostener, afirmar.
content ('kɔntent) *s.* contenido.
content (kən'tent) *a.* contento. *2 s.* contento, satisfacción.
content (to) (kən'tent) *t.* contentar, satisfacer.
contented (kən'tentid) *a.* contento, satisfecho, tranquilo.
contention (kən'tenʃən) *s.* contienda, disputa. *2* afirmación.
contentious (kən'tenʃəs) *a.* contencioso, disputador. *2* litigioso.
contentment (kən'tentmənt) *s.* satisfacción, contento.
contest ('kɔntest) *s.* contienda, lucha, lid. *2* disputa, litigio. *3* torneo, concurso, certamen.
contest (to (kən'test) *t.* disputar, luchar por. *2* impugnar. *3 i.* contender, competir.
contestant (kən'testənt) *s.* contendiente. *2* oponente.
context ('kɔntekst) *s.* contexto.
contiguous (kən'tigjuəs) *a.* contiguo, inmediato, próximo.
continence ('kɔntinəns) *s.* continencia.
continent ('kɔntinənt) *a.* continente. *2 s.* GEOGR. continente.

contingency (kən'tindʒənsi) *s.* contingencia. *2* eventualidad.
contingent (kən'tindʒent) *a.-s.* contingente.
continual (kən'tinjuəl) *a.* continuo, incesante.
continuance (kən'tinjuəns) *s.* duración. *2* permanencia.
continuation (kən,tinjuəeiʃən) *s.* continuación.
continue (to) (kən'tinju(:) *t.* continuar. *2 i.* seguir, durar.
continuity (,kənti'nju:ti) *s.* continuidad.
continuous (kən'tinjuəs) *a.* continuo. *2* **-ly** *adv.* continuamente.
contort (to) (kən'tɔ:t) *t.* retorcer.
contortion (kən'tɔ:ʃən) *s.* contorsión.
contour ('kɔntuəʳ) *s.* contorno.
contraband ('kɔntrəbænd) *s.* contrabando.
contrabass ('kɔntrə'beis) *s.* MÚS. contrabajo.
contract ('kɔntrækt) *s.* contrato.
contract (to) (kən'trækt) *t.-i.* contraer(se, encoger(se. *2 t.* contratar, pactar. *3* contraer [matrimonio, etc.]. *4 i.* comprometerse por contrato.
contraction (kən'trækʃən) *s.* contracción.
contractor (kən'træktəʳ) *s.* contratante. *2* contratista.
contradict (to) (,kɔntrə'dikt) *t.* contradecir. *2* desmentir, negar.
contradiction (,kɔntrə'dikʃən) *s.* contradicción.
contradictory (,kɔntrə'diktəri) *a.* contradictorio.
contraption (kən'træpʃən) *s.* artefacto.
contrariety (,kɔntrə'raiəti) *s.* contrariedad.
contrarily (kən'trɛərili) *adv.* tercamente.
contrariness ('kɔntrərinis) *s.* oposición. *2* terquedad.
contrary ('kɔntrəri) *a.* contrario. *2* adverso. *3* díscolo, terco. *4 s.* lo contrario. 5 adv. ~ ***to,*** contrariamente a; ***on the*** ~, al contrario; ***to the*** ~, en contra.
contrast ('kɔntrast) *s.* contraste; contraposición.
contrast (to) (kən'trast) *t.* hacer contrastar. *2 i.* contrastar.
contravene (to) (,kɔntrə'vi:n) *t.* contravenir. *2* contradecir.
contravention (,kɔntrə'venʃən) *s.* contravención, infracción.
contribute (to) (kən'tribjut) *t.* contribuir con, aportar. *2 i.* contribuir a.
contribution (,kɔntri'bju:ʃən) *s.* contribución. *2* colaboración.
contributor (kən'tribu:təʳ) *s.* contribuidor. *2* colaborador.
contrite ('kɔntrait) *a.* contrito.
contrition (kən'triʃən) *s.* contrición.
contrivance (kən'traivəns) *s.* inventiva. *2* traza, invención. *3* utensilio, aparato. *4* plan, idea.
contrive (to) (kən'traiv) *t.* idear, inventar. *2* tramar. *3* procurar, lograr. *4 i.* ingeniarse.
control (kən'troul) *s.* mando, autoridad. *2* gobierno, dirección. *3* sujeción, freno. *4* inspección. *5* comprobación. *6* MEC. mando, control, regulación.
control (to) (kən'troul) *t.* sujetar, reprimir. *2* gobernar, dirigir. *3* controlar.
controversial (,kɔntrə'və:ʃəl) *a.* de controversia, discutible.
controversy ('kɔntrə'vəsi, kən'trɔvəsi) *s.* controversia.
controvert (to) ('kɔntrəvə:t) ~ ***t.-i.*** controvertir. *2 t.* negar.
contumacious (,kɔntju(:)'meiʃəs) *a.* contumaz.
contumacy ('kɔntjuməsi) *s.* contumacia, rebeldía; desacato.
contumelious (,kɔntju(:)'mi:ljəs) *a.* injurioso.
contumely ('kɔntju(:)mli) *s.* injuria.
contusion (kən'tju:ʒən) *s.* contusión.
conundrum (kə'nʌndrəm) *s.* acertijo.
convalescence (,kɔnvə'lesns) *s.* convalecencia.
convalescent (,kɔnvə'lesnt) *a.* convaleciente.
convene (to) (kən'vi:n) *t.* convocar. *2* citar. *3 i.* reunirse.
convenience (kən'vinjəns) *s.* conveniencia comodidad.
convenient (kən'vi:njənt) *a.* conveniente, oportuno. *2* cómodo.
convent ('kɔnvənt) *s.* convento.
convention (kən'venʃən) *s.* convocación. *2* asamblea, convención. *3* convento.
conventional (kən'venʃənəl) *a.* convencional.
converge (to) (kən'və:dʒ) *i.* converger. *2 t.* hacer, converger.
convergence, -cy (kən'və:dʒəns, -i) *s.* convergencia.
convergent (kən'və:dʒənt) *a.* convergente.
conversant (kən'və:sənt) *a.* ~ ***with,*** versado en.
conversation (,kɔnvə'seiʃən) *s.* conversación.
converse ('kɔnvə:s) *a.* opuesto.
converse (to) (kən'və:s) *i.* conversar.
conversion (kən'və:ʃən) *s.* conversión.
convert ('kɔnvə:t) *s.* converso.

convert (to) (kən'və:t) *t.* convertir. *2 i.* convertirse.
convex ('kɔn'veks) *a.* convexo.
convexity (kɔn'veksiti) *s.* convexidad.
convey (to) (kən'vei) *t.* llevar, transportar. *2* transmitir.
conveyance (kən'veiəns) *s.* transporte. *2* transmisión. *3* DER. cesión, traspaso.
convict ('kɔnvikt) *s.* presidiario.
convict (to) (kən'vikt) *t.* DER. declarar culpable. *2* condenar.
conviction (kən'vikʃən) *s.* DER. declaración de culpabilidad. *2* convicción, convencimiento.
convince (to) (kən'vins) *t.* convencer.
convivial (kən'viviəl) *a.* convival. *2* sociable, jovial.
convocation (ˌkɔnvə'keiʃən) *s.* convocación. *2* asamblea.
convoke (to) (kən'vouk) *t.* convocar, reunir.
convoy ('kɔnvɔi) *s.* convoy.
convoy (to) ('kɔnvɔi) *t.* convoyar, escoltar.
convulse (to) (kən'vʌls) *t.* convulsionar, crispar: ***to be convulsed with laughter,*** desternillarse de risa.
convulsion (kən'vʌlʃən) *s.* convulsión.
convulsive (kən'vʌlsiv) *a.* convulsivo.
coo (ku:) *s.* arrullo.
coo (to) (ku:) *i.* arrullar(se.
cook (kuk)) *s.* cocinero, -ra.
cook (to) (kuk) *t.-i.* cocer, guisar, cocinar.
cooker ('kukəʳ) *s.* cocina [económica].
cookery ('kukəri) *s.* cocina [arte].
cooking ('kukiŋ) *s.* cocina: ***to do the ~,*** cocinar.
cool (ku:l) *a.* fresco. *2* frío, tibio. *3* sereno, osado. *4 s.* fresco, frescor.
cool (to) (ku:l) *t.-i.* refrescar(se, enfriar(se: ***to ~ down,*** calmarse.
coolness ('ku:lnis) *s.* fresco, frescor. *2* frialdad. *3* serenidad.
coop (ku:p) *s.* gallinero.
cooper ('ku:pəʳ) *s.* tonelero.
co-operate (to) (kou'ɔpəreit) *i.* cooperar.
co-operation (kouˌɔpə'reiʃən) *s.* cooperación.
co-operative (kou'ɔpərətiv) *a.* cooperativo.
cope (koup) *s.* capa pluvial.
cope (to) (koup) *t.* cubrir. *2* i. ***to ~ with,*** contender, rivalizar con; habérselas o poder con.
copious ('koupjəs) *a.* copioso.
copper ('kɔpəʳ) *s.* QUÍM. cobre. *2* penique; calderilla. *3* caldera.
coppice ('kɔpis), **coppice woods** *s.* bosquecillo, soto. *2* matorral.
copulate (to) ('kɔpjuleit) *t.-i.* unir(se.
copulation (ˌkɔpju'leiʃən) *s.* cópula.
copulative ('kɔpjulətiv) *a.* copulativo.
copy ('kɔpi) *s.* copia, reproducción, imitación. *2* ejemplar [de un libro); número [de un periódico]. *3* IMPR. original. *4* ***rough ~,*** borrador.
copy (to) ('kɔpi) *t.* copiar. *2* imitar, remedar.
copyright ('kɔpirait) *s.* [derechos de] propiedad literaria.
coquet (to) (kɔ'ket) *i.* coquetear.
coquetry ('kɔkitri) *s.* coquetería.
coquette (kɔ'ket) *s.* coqueta.
coquettish ('kɔ'ketiʃ) *a.* coqueta.
coral ('kɔrəl) *s.* coral.
corbel ('kɔ:bəl) *s.* ARQ. ménsula, repisa, modillón; voladizo.
cord (kɔ:d) *s.* cordel; cuerda.
cordage ('kɔ:diʒ) *s.* cordaje.
cordial ('kɔdjəl) *a.-s.* cordial.
cordiality (ˌkɔ:di'æliti) *s.* cordialidad.
cordon ('kɔ:dn) *s.* cordón.
corduroy ('kɔ:dərɔi) *s.* pana.
core (kɔ:ʳ) *s.* corazón, centro, alma. *2* corazón [de una fruta].
core (to) (kɔ:) *t.* despepitar.
cork (kɔ:k) *s.* corcho. *2* tapón de corcho. *3* ***~-oak,*** alcornoque.
cork (to) (kɔ:k) *t.* tapar [con corcho], encorchar.
cork-screw ('kɔ:k-skru:) *s.* sacacorchos: ***~ curl,*** tirabuzón.
cormorant ('kɔ:mərənt) *s.* cuervo marino.
corn (kɔ:n) *s.* grano, trigo. *2* (E. U.) maíz. *3* mies. *4* callo: ***corned beef,*** cecina.
corn (to) (kɔ:n) *t.* salar, curar.
corner ('kɔ:nəʳ) *s.* ángulo, esquina, recodo. *2* pico [del sombrero, etc.]. *3* rabillo [del ojo]. *4* cantonera. *5* rincón: ***~ shelf,*** rinconera. *6* COM. acaparamiento. *7* FÚTBOL saque de esquina.
corner (to) (kɔ:nəʳ) *t.* arrinconar, poner en un aprieto. *2* COM. acaparar.
corner-stone ('kɔ:nə-stoun) *s.* piedra angular.
cornet ('kɔ:nit) *s.* corneta de llaves, cornetín. *2* cucurucho.
cornice ('kɔ:nis) *s.* ARQ. cornisa.
coronation (ˌkɛrə'neiʃən) *s.* coronación.
coronet ('kɔrənit) *s.* corona [de noble]. *2* diadema.
corporal ('kɔ:pərəl) *a.* corporal. *2 s.* MIL. cabo.
corporation (ˌkɔ:pə'reiʃən) *s.* corporación, gremio. *2* COM. compañía. *3* ayuntamiento.
corporeal (kɔ:'pɔ:riəl) *a.* corpóreo. *2* tangible.

corps (kɔːʳ, *pl.* kɔːz) *s.* cuerpo de ejército.
corpse (kɔːps) *s.* cadáver.
corpulence, -cy ('kɔːpjuləns, -i) *s.* corpulencia.
corpulent ('kɔːpjulənt) *a.* corpulento.
corpuscle ('kɔːpʌsl) *s.* corpúsculo.
correct (kə'rekt) *a.* correcto. *2* exacto, justo.
correct (to) (kə'rekt) *t.* corregir.
correction (kə'rekʃən) *s.* corrección, enmienda. *2* castigo.
correctness (kə'rektnis) *s.* corrección. *2* exactitud.
correpond (to) (ˌkɔris'pɔnd) *i.* corresponder, corresponderse [en analogía]. *2* escribirse.
correspondence (ˌkɔris'pɔndəns) *s.* correspondencia.
correspondent (ˌkɔris'pɔndənt) *a.* correspondiente. *2 s.* corresponsal.
corresponding (ˌkɔris'pɔndiŋ) *a.* correspondiente.
corridor ('kɔridɔːʳ) *s.* corredor, pasillo.
corroborate (to) (kə'rɔbəreit) *t.* corroborar, confirmar.
corroboration (kəˌrɔbə'reiʃən) *s.* corroboración.
corrode (to) (kə'roud) *t.* corroer.
corrosion (kə'rouʒən) *s.* corrosión.
corrosive (kə'rousiv) *a.-s.* corrosivo.
corrugate (to) ('kɔrugeit) *t.* arrugar. *2* plegar, ondular.
corrupt (ke'rʌpt) *a.* corrompido.
corrupt (to) (kə'rʌpt) *t.-i.* corromper(se. *2 t.* adulterar, falsear.
corruptible (kə'rʌptəbl) *a.* corruptible.
corruption (kə'rʌpʃən) *s.* corrupción.
corsair ('kɔːsɛəʳ) *s.* corsario.
corset ('kɔːsit) *s.* corsé.
cortege (kɔː'teiʒ) *s.* cortejo.
coruscate (to) ('kɔrəskeit) *i.* coruscar.
corvette (kɔː'vet) *s.* MAR. corbeta.
cosily ('kouzili) *adv.* cómodamente.
cosmetic (kɔz'metik) *a.-s.* cosmético.
cosmic(al ('kɔzmik(əl) *a.* cósmico.
cosmonaut ('kɔzmə'nɔːt) *s.* cosmonauta.
cosmopolitan (ˌkɔmə'pɔlitən) *a.* cosmopolita.
cost (kɔst) *s.* coste, precio, expensas. *2 pl.* costas.
cost (to) (kɔst) *i.* costar, valer. ¶ Pret. y p. p.: ***cost*** (kɔst).
costive ('kɔstiv) *a.* estreñido.
costiveness ('kɔstivnis) *s.* estreñimiento.
costliness ('kɔstlinis) *s.* suntuosidad.
costly ('kɔstli) *a.* costoso, caro. *2* suntuoso.
costume ('kɔstjuːm) *s.* traje, vestido. *2 pl.* TEAT. vestuario.
cosy ('kouzi) *a.* cómodo.
cot (kɔt) *s.* choza. *2* camita.
coterie ('koutəri) *s.* tertulia.
cottage ('kɔtidʒ) *s.* casita de campo.
cotton ('kɔtn) *s.* algodón: ~ ***wool,*** algodón en rama; ~***-plant,*** algodonero.
couch (kautʃ) *s.* cama, lecho. *2* canapé, meridiana.
couch (to) (kautʃ) *t.* acostar, tender. *2* bajar, agachar. *3* enristrar [una pica, etc.]. *4* expresar. *5 i.* acostarse, tenderse. *6* agacharse. *7* estar al acecho.
cough (kɔːf) *s.* tos.
cough (to) (kɔːf) *i.* toser.
could (cuk, kəd) V. CAN.
council ('kaunsil) *s.* concilio. *2* consejo, junta. *3* ayuntamiento.
council(l)or ('kaunsiləʳ) *s.* concejal.
counsel ('kaunsəl) *s.* consejo, parecer; deliberación, consulta. *2* asesor: abogado.
counsel (to) ('kaunsəl) *t.* aconsejar, asesorar.
counsel(l)or ('kaunsələʳ) *s.* consejero. *2* abogado.
count (kaunt) *s.* cuenta, cálculo, cómputo. *2* conde.
count (to) (kaunt) *t.* contar, computar. *2* considerar, tener por. *3* ***to ~ on,*** contar con.
countenance ('kauntinəns) *s.* rostro, semblante: ***to change ~,*** demudarse: ***to put out of ~,*** desconcertar. *2* favor, aprobación.
countenance (to) ('kauntinəns) *t.* favorecer, apoyar, aprobar.
counter ('kauntəʳ) *s.* ficha, tanto. *2* computador. *3* mostrador [mesa]. *4 adv.* contra.
counter (to) ('kauntəʳ) *t.* oponerse a. *2 i.* devolver un golpe.
counteract (to) (ˌkauntə'rækt) *t.* contrarrestar.
counter-attack ('kauntərəˌtæk) *s.* contraataque.
counterbalance ('kauntəˌbæləns) *s.* contrapeso.
counterfeit ('kauntəfit) *a.* falso. *2* fingido. *3 s.* falsificación.
counterfeit (to) ('kauntəfit) *t.* falsificar, contrahacer. *2* fingir.
counterfoil ('kauntəfɔil) *s.* matriz [de un cheque].
counterpane (k'auntəpein) *s.* colcha, cobertor.
counterpart ('kauntəpaːt) *s.* duplicado, trasunto. *2* parte que corresponde a otra.
counterpoint ('kauntəpɔint) *s.* contrapunto.

counterpoise ('kauntəpɔiz) *s.* contrapeso. *2* equilibrio.
counterpoise (to) ('kauntəpɔiz) *t.* contrapesar.
countersign ('kauntəsain) *s.* contraseña.
countersign (to) ('kauntəsain) *t.* refrendar, visar.
countess ('kauntis) *s.* condesa.
countless ('kauntlis) *a.* incontable, innumerable.
country ('kʌntri) *s.* país, nación, región. *2* tierra, patria. *3* campo, campiña. *4 ~ dance*, baile popular; *~-house*, casa de campo; *~ life*, vida del campo; *~man*, campesino; compatriota; *~side*, campiña; *~woman*, campesina; compatriota.
county ('kaunti) *s.* condado. *2* distrito.
couple ('kʌpl) *s.* par, pareja.
couple (to) ('kʌpl) *t.* aparear, emparejar. *2* acoplar, conectar. *3 i.* aparearse.
courage ('kʌridʒ) *s.* valor.
courageous (kə'reidʒəs) *a.* valeroso, valiente.
courier ('kuriə^r) *s.* correo, mensajero.
course (kɔ:s) *s.* curso, marcha. *2* camino, trayecto, recorrido. *3* rumbo, derrotero. *4* transcurso [del tiempo]. *5* línea [de conducta]. *6* carrera [en la vida]. *7* curso [de estudios], asignatura. *8* plato, servicio [de una comida]. *9* ALBAÑ. hilada. *10* adv. *of ~*, naturalmente, desde luego, por supuesto.
course (to) (kɔ:s) *t.* correr por. *2* perseguir. *3 i.* correr.
court (kɔ:t) *s.* patio; atrio; plazuela, cerrada. *2* pista [de tenis]. *3* corte [de un soberano; la que se hace a una pers.]. *4* tribunal. *5* consejo superior.
court (to) (kɔ:t) *t.* cortejar. *2* galantear. *3* solicitar, buscar.
courteous ('kə:tjəs) *a.* cortés.
courtesan (ˌkɔ:ti'zæn) *s.* cortesana.
courtesy ('kə:tisi) *s.* cortesía.
courtier ('kɔ:tjə^r) *s.* cortesano, palaciego.
courtly ('kɔ:tli) *a.* cortesano. *2* elegante, refinado.
court-martial ('kɔ:t'mɑ:ʃəl) *s.* consejo de guerra.
courtship ('kɔ:t-ʃip) *s.* cortejo, galanteo. *2* noviazgo.
courtyard ('kɔ:t'jɑ:d) *s.* patio.
cousin ('kʌzn) *s.* primo, -ma.
cove (kouv) *s.* cala, ensenada.
covenant ('kʌvinənt) *s.* convenio, pacto.
covenant (to) ('kʌvinənt) *t.-i.* pactar. *2 i.* convenir(se.
cover ('kʌvə^r) *s.* tapa, tapadera. *2* cubierta, envoltura, funda, forro. *3* ENCUAD. tapa, cubierta. *4* portada [de revista]. *5* tapete, cobertor. *6* abrigo, cubierto, techado. *7 under ~ of*, so capa de.
cover (to) ('kʌv^r) *t.* cubrir. *2* proteger. *3* encubrir. *4* abarcar. *5 i.* cubrirse.
covering ('kʌvəriŋ) *s.* cubierta, techado. *2* envoltura, ropa.
coverlet ('kʌvəlit) *s.* colcha.
covert ('kʌvət) *a.* encubierto, disimulado. *2 s.* ('kʌvə^r) refugio.
covet (to) ('kʌvit) *t.* codiciar.
covetous ('kʌvitəs) *a.* codicioso.
covetousness ('kʌvitəsnis) *s.* codicia.
covey ('kʌvi) *s.* bandada.
cow (kau) *s.* ZOOLS. vaca.
cow (to) (kau) *t.* acobardar.
coward ('kauəd) *a.-s.* cobarde.
cowardise ('kauədis) *s.* cobardía.
cowardly ('kauədli) *a.* cobarde. *2 adv.* cobardemente.
cowboy ('kaubɔi) *s.* vaquero.
cower (to) ('kauə^r) *i.* agacharse.
cowl (kaul) *s.* cogulla. *2* capucha. *3* sombrerete [de chimenea].
cowslip ('kauslip) *s.* BOT. primavera.
coxcomb ('kɔkskoum) *s.* petimetre, presumido.
coxswain ('kɔkswein, 'kɔksn) *s.* patrón [de bote de regatas].
coy (kɔi) *a.* recatado, tímido.
coyness ('kɔinis) *s.* modestia, timidez.
cozen (to) ('kʌzn) *t.* engañar.
crab (kræb) *s.* cámbaro, cangrejo de mar. *2* cascarrabias. *3 ~ apple*, manzana silvestre.
crabbed ('kræbid) *a.* gruñón, avinagrado. *2* garrapatoso.
crack (kræk) *s.* crujido, estampido. *2* hendidura, raja. *3* chifladura. *4 a.* fam. de primera.
crack (to) (kræk) *i.* crujir, restallar. *3* reventar, rajarse, agrietarse. *3* enloquecer. *4 t.* romper, rajar. *5* hacer restallar.
cracker ('krækə^r) *s.* petardo. *2* galleta. *3 pl.* cascanueces.
crackle ('krækl) *s.* crujido, chasquido, crepitación.
crackle (to) ('krækl) *i.* crujir, chasquear, crepitar.
cradle ('kreidl) *s.* cuna. *2* TELÉF. horquilla. *3* andamio colgante.
cradle (to) ('kreidl) *t.* acunar, mecer. *2 i.* estar en la cuna.
craft (krɑ:ft) *s.* arte, destreza. *2* oficio; gremio. *3* artificio, astucia. *4* embarcación.
craftiness ('krɑ:ftinis) *s.* astucia, arteria.
craftsman ('krɑ:ftsmən) *s.* artesano.

craftsmanship ('krɑftsmənʃip) *s.* arte, habilidad.
crafty ('krɑ:fti) *a.* astuto, artero.
crag (kræg) *s.* risco, despeñadero.
cragged ('krægid), **craggy** ('krægi) *a.* escarpado, riscoso, áspero.
cram (to) (kræm) *t.* henchir, atestar. *2* fam. preparar [para exámenes]. *3 i.* atracarse.
cramp (kræmp) *s.* calambre, rampa. *2* grapa, abrazadera.
cramp (to) (kræmp) *t.* dar calambres. *2* sujetar. *3* restringir.
crane (krein) *s.* ORN. grulla. *2* MEC. grúa.
crane (to) (krein) *t.* levantar con grúa. *2* estirar [el cuello].
cranium ('kreinjəm) *s.* cráneo.
crank (kræŋk) *s.* MEC. manubrio, manivela; cigüeñal. *2 a.* CRANKY.
cranky ('kræŋki) *a.* chiflado. *2* caprichoso. *3* torcido, sinuoso.
cranny ('kræni) *s.* grieta, resquicio.
crape (kreip) *s.* crespón.
crash (kræʃ) *s.* estallido, estrépito. *2* caída, choque. *3* COM. quiebra.
crash (to) (kræʃ) *t.-i.* romper(se, estallar; caer(se. *2* aterrizar violentamente. *3* quebrar.
crass (kræs) *a.* craso, estúpido.
crater ('kreitə^r) *s.* cráter.
cravat (krə'væt) *s.* corbata.
crave (to) (kreiv) *t.-i.* pedir, implorar. *2* anhelar.
craven ('kreivən) *a.-s.* cobarde.
craving ('kreiviŋ) *s.* deseo, anhelo, ansia.
crawfish ('krɔ:-fiʃ). *s.* cangrejo.
crawl *s.* reptación, arrastramiento. *2* NAT. crol.
crawl (to) ('krɔ:l) *i.* reptar, arrastrarse; gatear. *2* sentir hormigueo. *3* ***to ~ with***, estar apestado de.
crayfish ('krei-fiʃ) *s.* CRAWFISH.
crayón ('kreiən) *s.* lápiz, tiza. *2* dibujo al lápiz o a la tiza.
craze (kreiz) *s.* manía, chifladura, moda. *2* locura.
crazy ('kreizi) *a.* loco, insensato. *2* extravagante. *3* ruinoso.
creak (to) (kri:k) *i.* crujir, rechinar, chirriar.
creaking ('kri:kiŋ) *s.* crujido.
cream (kri:m) *s.* crema, nata. *2* flor, flor y nata. *3* crema [cosmético; sopa].
crease (kri:s) *s.* pliegue, doblez, arruga. *2* raya del pantalón.
crease (to) (kri:s) *t.* plegar, doblar, arrugar. *2 i.* arrugarse.
create (to) (kri(:)'eit) *t.* crear. *2* producir, causar.
creation (kri(:)'eiʃən) *s.* creación.
creative (kri(:)'eitiv) *a.* creador.
creator (kri(:)'eitə^r) *s.* creador.
creature ('kri:tʃə^r) *s.* criatura.
credence ('kri:dəns) *s.* creencia.
credentials (kri'denʃelz) *s. pl.* credenciales.
credible ('kredəbl) *a.* creíble.
credit ('kredit) *s.* crédito [asenso, fe; buena reputación]. *2* valimiento. *3* honor, honra: ***that does you ~***, esto le honra. *4* COM. crédito: ***on ~***, a crédito, al fiado. *5* COM. haber.
credit (to) ('kredit) *t.* dar crédito a. *2* COM. acreditar, abonar.
creditable ('kreditəbl) *a.* honroso.
creditor ('kreditə^r) *s.* acreedor.
credulity (kri'dju:liti) *s.* credulidad.
credulous ('kredjuləs) *a.* crédulo.
creed (kri:d) *s.* credo; creencia.
creek (kri:k) *s.* abra, cala.
creeps (kri:ps) *s. pl.* hormigueo, horror.
creep (to) (kri:p) *i.* arrastrarse, gatear. *2* correr [los insectos]; trepar [las plantas]. *3* insinuarse. *4* sentir hormigueo, escalofrío. ¶ Pret. y p. p.: ***crept*** (krept).
creeper ('kri:pə^r) *s.* insecto, reptil; planta rastrera, enredadera.
cremate (to) (kri'meit) *t.* incinerar.
cremation (kri'meiʃən) *s.* incineración.
crematorium (ˌkremə'tɔ:riəm), **crematory** ('kremətəri) *s.* horno crematorio.
creole ('kri:oul) *a.-s.* criollo.
crept (krept) V. TO CREEP.
crescent ('kresnt) *a.* creciente. *2 s.* media luna.
crest (krest) *s.* cresta. *2* penacho. *3* cimera. *4* cima, cumbre.
crestfallen ('krestˌfɔ:lən) *a.* cabizbajo, abatido, alicaído.
crevice ('krevis) *s.* raja, hendedura.
crew (kru:) *s.* MAR., AVIA. tripulación, equipaje. *2* equipo, cuadrilla. *3 pret.* de TO CROW.
crib (krib) *s.* pesebre. *2* cama infantil. *3* plagio.
crib (to) (krib) *t.* encerrar. *2* plagiar.
crick (krik) *s.* tortícolis.
cricket ('krikit) *s.* ENT. grillo. *2* DEP. criquet.
crier ('kraiə^r) *s.* pregonero.
crime (kraim) *s.* delito. *2* crimen.
criminal ('kriminl) *a.-s.* criminal.
crimp (to) (krimp) *t.* rizar; arrugar.
crimson ('krimzn) *a.-s.* carmesí.
cringe (krindʒ) *s.* adulación servil.
cringe (to) (krindʒ) *i.* encogerse [ante un peligro, etc.]. *2* arrastrarse [servilmente].

crinkle ('kriŋkl) *s.* arruga; rizo.
crinkle (to) ('kriŋkl) *t.-i.* arrugar(se, rizarse.
crinoline ('krinəli:n) *s.* miriñaque.
cripple ('kripl) *s.* cojo, lisiado.
cripple (to) ('kripl) *t.* encojar, lisiar. *2 i.* lisiarse. *3* cojear.
crippled ('kripld) *a.* lisiado.
crisis ('kraisis) *s.* crisis.
crisp (krisp) *a.* crespo, rizado. *2* crujiente. *3* seco, bien tostado. *4* gráfico, expresivo. *5* decidido. *6* vigorizante [aire, frío].
crisp (to) (krisp) *t.* encrespar, rizar. *2* tostar bien. *3* hacer crujir. *4 i.* encresparse, rizarse.
cris-cross ('kriskrɔs) *a.* entrecruzado. *2 adv.* en cruz.
criterion (krai'tiəriən) *s.* criterio.
critic ('kritik) *s.* crítico.
critical ('kritikəl) *a.* crítico.
criticism ('kritisizəm) *s.* crítica [juicio]. *2* crítica, censura.
criticize (to) ('kritisaiz) *t.-i.* criticar.
croak (krouk) *s.* graznido [de cuervo]. *2* croar [de rana]
croak (to) *i.* (krouk) graznar. *2* croar. *3* gruñir.
crochet ('krouʃei) *s.* ganchillo [labor].
crockery ('krɔkəri) *s.* loza.
crocodile ('krɔkədail) *s.* cocodrilo.
crocus ('kroukəs) *s.* azafrán.
crone (kroun) *s.* vieja, bruja.
crony ('krouni) *s.* camarada.
crook (kruk) *s.* curva, curvatura. *2* gancho, garfio. *3* cayado. *4* trampa. *5 fam.* estafador.
crook (to) (kruk) *t.-i.* torcer(se, encorvar(se.
crooked ('krukid) *a.* torcido.
crookedness ('krukidnis) *s.* torcedura; curvatura. *2* maldad.
crop (krɔp) *s.* cosecha. *2* cabello corto. *3* buche [de ave]. *4 pl.* campos, mieses.
crop (to) (krɔp) *t.* cosechar, recolectar. *2* desmochar; trasquilar. *3 i.* pacer.
croquet ('kroukei) *s.* DEP. croquet.
crosier ('krouʒəʳ) *s.* báculo pastoral.
cross (krɔs) *s.* cruz. *2* signo de la cruz. *3* cruce [de caminos, etc.]. *4* cruzamiento, mezcla. *5 a.* en cruz, transversal. *6* contrario, adverso. *7* enojado, malhumorado.
cross (to) (krɛs) *t.* atravesar [la calle]. *2* cruzar [cheque; razas]. *3* contrariar. *4* ***to ~ off*** o ***out***, borrar, tachar. *5* ***it crossed my mind***, se me ocurrió. *6 i.* [de pers., cartas] cruzarse. *7* ***to ~ oneself***, santiguarse. *8* ***to ~ over***, pasar al otro lado.
cross-bar ('krɔsbɑ:ʳ) *s.* travesaño.
cross-bones ('krɔsbounz) *s.* canillas cruzadas.
cross-bow ('krɔsbou) *s.* ballesta.
crossbred ('krɔsbred) *a.-s.* cruzado, híbrido.
cross-country ('krɔs'kʌntri) *a.* que se hace a campo traviesa.
cross-examine (to) ('krɔsig'zæmin) *t.* interrogar minuciosamente.
cross-eyed (krɔsaid) *a.* bizco.
cross-grained ('krɔs-greind) *a.* terco, irritable.
crossing ('krɔsiŋ) *s.* cruce, cruzamiento. *2* encrucijada: ***level ~***, paso a nivel. *3* paso, vado. *4* MAR. travesía.
crossnes ('krɔnis) *s.* mal humor.
crosspiece ('krɔspi:s) *s.* travesaño.
crossroads ('krɔsroudz) *s.* encrucijada.
crosswise ('krɔswaiz) *adv.* de través. *2* en cruz. *3* al revés.
cross-word -(puzzle) ('krɔswə:d'pʌz) *s.* crucigrama.
crotch (krɔtʃ) *s.* horquilla, horca. *2* bifurcación.
crotchet ('krɔtʃit) *s.* MÚS. negra. *2* capricho.
crotchety ('krɔtʃiti) *a.* caprichoso.
crouch (to) (krautʃ) *i.* agacharse, agazaparse. *2* arrastrarse [servilmente].
crow (krou) *s.* ORN. cuervo: ***cock's ~***, canto del gallo; ***~'s foot***, pata de gallo.
crow (to) (krou) *i.* cantar [el gallo]. *2* jactarse, bravear.
crowbar ('kroubɑ:ʳ) *s.* palanca.
crowd (kraud) *s.* multitud, gentío.
crowd (to) (kraud) *t-.i.* agolpar(se, apiñar(se, amontonar(se.
crown (kraun) *s.* corona. *2* ANAT. coronilla. *3* cima, cumbre. *4* copa [de árbol, de sombrero].
crown (to) (kraun) *t.* coronar.
crucial ('kru:ʃjəl) *a.* crucial.
crucifix ('kru:sifiks) *s.* crucifijo.
crucifixion (,kru:si'fikʃən) *s.* crucifixión.
crucify (to) ('kru:sifai) *t.* crucificar. *2* atormentar.
crude (kru:d) *s.* crudo. *2* tosco, basto, rudo.
crudity ('kru:diti) *s.* crudeza. *2* tosquedad, grosería.
cruel (kruəl) *a.* cruel.
cruelty ('kruəlti) *s.* crueldad.
cruet ('kru(:)it) *s.* vinagrera: ***~-stand***, vinagreras.
cruise (kru:z) *s.* crucero, viaje.

cruise (to) (kru:z) *t.* MAR., AVIA. cruzar, navegar.
cruiser ('kru:zəʳ) *s.* crucero.
crumb (krʌm) *s.* miga. *2* mendrugo, migaja.
crumb (to) (krʌm) *t.* migar.
crumble (to) ('krʌmbl) *t.* desmenuzar, deshacer. *2 i.* deshacerse, desmoronarse, derrumbarse.
crumple (to) ('krʌmpl) *t.* arrugar, ajar. *2 i.* arrugarse.
crunch (to) (krʌntʃ) *t.* mascar. *2* hacer crujir. *3 i.* crujir.
crusade (kru:'seid) *s.* cruzada.
crusader (kru:'seideʳ) *s.* cruzado.
crush (krʌʃ) *s.* aplastamiento, machacamiento. *2* apretura, aglomeración.
crush (to) (krʌʃ) *t.* aplastar, machacar. *2* estrujar. *3* oprimir. *4* aniquilar.
crust (krʌst) *s.* corteza, [de pan, etc.]. *2* mendrugo. *3* costra.
crustacean (krʌs'teiʃjən) *a.-s.* ZOOL. crustáceo.
crustiness ('krʌstinis) *s.* mal genio.
crusty ('krʌsti) *a.* costroso. *2* rudo, áspero, brusco.
crutch (krʌʃ) *s.* muleta [de cojo]. *2* horquilla, puntal.
cry (krai) *s.* grito. *2* lamento, lloro, llanto. *3* pregón.
cry (to) (krai) *i.-t.* gritar. *2 i.* aullar. *3* llorar, lamentarse. *4 t.* exclamar. *5* pregonar. *6* pedir. *7 **to ~ down,*** rebajar, desacreditar. *8 **to ~ out,*** gritar.
crying ('kraiiŋ) *a.* enorme, atroz. *2 s.* llanto.
crypt (kript) *s.* cripta.
cryptic(al ('kriptik, -əl) *a.* secreto, oculto.
crystal ('kristl) *s.* cristal. *2 a.* de cristal, cristalino.
crystalline ('kristəlain) *a.* cristalino.
crystallize (to) (kristəlaiz) *t.-i.* cristalizar(se.
cub (kʌb) *s.* cachorro.
cube (kju:b) *s.* GEOM. MAT. cubo. *2 a.* ~ ***root,*** raíz cúbica.
cube (to) (kju:b) *t.* cubicar.
cubic(al ('kju:bik(əl) *a.* cúbico.
cubicle ('kju:bikl) *s.* cubículo.
cubism ('kju:bizəm) *s.* cubismo.
cubist ('kju:bist) *a.-s.* cubista.
cuckoo ('kuku:) *s.* ORN. cuclillo.
cucumber ('kju:kəmbə') *s.* BOT. cohombro; pepino.
cuddle (to) ('kʌdl) *t.* abrazar, acariciar. *2 i.* estar abrazado.
cudgel ('kʌdʒəl) *s.* garrote, porra.
cudgel (to) ('kʌdʒəl) *t.* apalear, aporrear: ***to ~ one's brains,*** devanarse los sesos.
cue (kju:) *s.* señal, indicación. *2* TEAT. pie. *3* BILL. taco.
cuff (kʌf) *s.* puño [de camisa o vestido]: ~ ***links,*** gemelos.
cuff (to) (kʌf) *t.* abofetear.
cuirass (kwi'ræs) *s.* coraza.
cull (to) (kʌl) *t.* escoger, elegir. *2* coger [frutos, flores, etc.].
culminate (to) ('kʌlmineit) *t.* culminar.
culpability (ˌkʌlpə'biliti) *s.* culpabilidad.
culpable ('kʌpəbl) *a.* culpable.
culprit ('kʌlprit) *s.* culpable, reo.
cult (kʌlt) *s.* culto.
cultivate (to) ('kʌltiveit) *t.* cultivar. *2* civilizar.
cultivation (ˌkʌltiəveiʃən) *s.* cultivo. *2* cultura.
cultivator ('kʌltiveitəʳ) *s.* cultivador. *2* agricultor.
culture ('kʌltʃəʳ) *s.* cultura.
cultured ('kʌltʃəd) *a.* culto.
cumbersome ('kʌmbəsəm), **cumbrous** ('kʌmbrəs) *a.* embarazoso, engorroso, pesado.
cumulate (to) ('kju:mjuleit) *t.-i.* acumular(se.
cunning (kʌniŋ) *a.* hábil, ingenioso. *2* sagaz, astuto. *3 s.* habilidad, ingenio. *4* astucia, maña.
cup (kʌp) *s.* taza, copa. *2* trago. *3* copa [trofeo].
cupboard ('kʌbəd) *s.* aparador, armario; alacena.
cupidity (kju(:)'piditi) *s.* codicia.
cupola ('kju:pələ) *s.* cúpula.
cur (kə:ʳ) *s.* desp. perro. *2* canalla.
curable ('kjuərəbl) *a.* curable.
curate ('kjuərit) *s.* coadjutor, teniente cura.
curator ('kjuə'reitəʳ) *s.* conservador, administrador.
curb (kə:b) *s.* barbada [del treno]. *2* sujeción, freno. *3* bordillo. *4* brocal [de pozo].
curb (to) (kə:b) *t.* refrenar, contener, reprimir.
curd (kə:d) *s.* cuajada.
curdle (to) ('kə:dl) *t.-i.* cuajar(se; coagular(se; helar(se.
cure (kjuəʳ) *s.* cura, curación. *2* cura [de almas].
cure (to) (kjuəʳ) *t.-i.* curar(se. *2 t.* curar [pescado, etc.].
curfew ('kə:fju:) *s.* toque de queda.
curing ('kjuəriŋ) *s.* curación.
curio ('kjuəriou) *s.* curiosidad, antigüedad [objeto].
curiosity (ˌkjuəri'ɔsiti) *s.* curiosidad [de saber; objeto raro].

curious ('kjuəriəs) *a.* curioso.

curl (kə:l) *s.* rizo, bucle, tirabuzón. *2* espiral [de humo].

curl (to) (kə:l) *t.-i.* rizar(se, ensortijar(se. *2* encorvar(se; enroscar(se. *3* fruncir [los labios].

curlew ('kə:lju:) *s.* chorlito.

curling (kə:liŋ) *a.* de rizar: ~ ***tongs,*** rizador, tenacillas.

curmudgeon (kə:'mʌdʒən) *s.* tacaño.

currant ('kʌrənt) *s.* pasa de Corinto. *2* grosella.

currency ('kʌrənsi) *s.* curso, circulación. *2* moneda corriente, dinero. *3* dinero en circulación.

current ('kʌrənt) *a.* corriente. *2 s.* corriente [de agua, aire, etc.]: ***alternating*** ~, corriente alterna; ***direct*** ~, corriente continua. *3* curso, marcha.

curry ('kʌri) *s.* condimento de origen indio.

curry (to) ('kʌri) *t.* zurrar, adobar [pieles]. *2* almohazar. *3* fig. ***to ~ favour,*** adular.

curse (kə:s) *s.* maldición. *2* blasfemia, terno. *3* calamidad.

curse (to) (kə:s) *t.* maldecir. *2* afligir. *3 i.* jurar, renegar.

cursed ('kə:sid) *a.* maldito.

cursory ('kə:səri) *a.* superficial, sumario, hecho por encima.

curt (kə:t) *a.* breve, conciso. *2* seco, brusco.

curtail (to) (kə:'teil) *t.* acortar, cercenar. *2* abreviar, restringir.

curtain ('kə:tn) *s.* cortina: ***to draw the ~,*** correr la cortina; ***to drop [raise] the ~,*** bajar [alzar] el telón.

curtness ('kə:tnis) *s.* brusquedad, rudeza. *2* concisión.

curtsy ('kə:tsi) *s.* reverencia.

curtsy (to) ('kə:tsi) *i.* hacer una reverencia.

curvature ('kə:vətʃə[r]) *s.* curvatura.

curve (kə:v) *s.* curva.

curve (to) (kə:v) *t.-i.* encorvar(se, torcer(se.

cushion ('kuʃən) *s.* cojín, almohadilla.

custard ('kʌstəd) *s.* natillas.

custodian (kʌs'toudjən) *s.* guardián.

custody ('kʌstədi) *s.* custodia, guarda. *2* prisión, detención: ***to take into ~,*** detener.

custom ('kʌstəm) *s.* costumbre. *2* parroquia, clientela. *3 pl.* aduana; derechos de aduana: ***customs officer,*** vista de aduana; ***custom-house,*** aduana.

customary ('kʌstəməri) *a.* acostumbrado, habitual, usual.

customer ('kʌstəmə[r]) *s.* parroquiano, cliente.

cut (kʌt) *s.* corte, incisión. *2* tajo, cuchillada. *3* grabado [esp. en madera]. *4* labra, tallado. *5* corte, reducción. *6* corte [en los naipes]. *7* trozo [de carne], tajada. *8* hechura, corte [de un vestido]. *9* desaire. *10* ***short ~,*** atajo. *11 p. p.* de TO CUT.

cut (to) (kʌt) *t.* cortar, partir, separar. *2* cortar [un vestido; la retirada; los naipes; el gas, el agua, etc.]. *3* segar. *4* abrir, excavar. *5* recortar. *6* trinchar. *7* labrar, tallar. *8* herir. *9* dejar de tratarse con, negar el saludo a. *11* diluir. *12* ***to ~ a caper,*** hacer una cabriola. *13* ***to ~ a figure,*** hacer papel. *14* ***to ~ down,*** cortar, rebajar, reducir. *15* ***to ~out,*** cortar, quitar; desconectar. *16* ***to ~ short,*** interrumpir. *17 i.* cortar. *18 salir [los dientes]. 19* pasar, atajar. *20* ***to ~ in,*** meter baza. ¶ Pret. y p. p.: ***cut*** (kʌt); ger.: ***cutting.***

cute (kju:t) *a.* listo, astuto; mono.

cuticle ('kju:tikl) *s.* cutícula.

cutlas ('kʌtləs) *s.* machete; sable corto.

cutlery ('kʌtləri) *s.* cuchillería.

cutlet ('kʌtlit) *s.* chuleta.

cut-throat ('kʌtθrout) *s.* asesino.

cutting ('kʌtiŋ) *a.* cortante. *2* hiriente, incisivo. *3 s.* corte, incisión. *4* recorte, retazo. *5* AGR. esqueje, estaca.

cuttle-fish ('kʌtlfiʃ) *s.* jibia.

cutwater ('kʌt,wɔ:tə[r]) *s.* tajamar.

cycle (to) ('saikl) *i.* ir en bicicleta.

cycling ('saikliŋ) *s.* ciclismo.

cyclist ('saiklist) *s.* ciclista.

cyclone ('saikloun) *s.* METEOR. ciclón.

cylinder ('silində[r]) *s.* GEOM., MEC. cilindro.

cymbal ('simbəl) *s.* MÚS. címbalo.

cynic ('sinik) *s.* cínico.

cynical ('sinikəl) *a.* cínico.

cynicism ('sinisizəm) *s.* cinismo.

cynosure ('sinəzjuə[r]) *s.* blanco de las miradas.

cypress ('saipris) *s.* BOT. ciprés.

czar (zɑ:[r]) *s.* zar.

D

dad (dæb) *s.* golpecito, toque ligero. *2* ICT. platija. *3* experto.
dad (to) (dæb) *t.* dar golpecitos a. *2* dar pinceladas a.
dabble (to) ('dæbl) *t.* rociar, salpicar; ***to ~ in***, meterse en.
dad (dæd), **daddie, daddy** ('dædi) *s.* fam. papá, papaíto.
dado ('deidou) *s.* ARQ. dado, neto. *2* friso, alizar.
daffodil ('dæfədil) *s.* narciso.
daft (dɑ:ft) *a.* tonto, bobo.
dagger ('dægə^r) *s.* daga, puñal.
dahlia ('deiljə) *s.* BOT.dalia.
daily ('deili) *a.* diario, cotidiano. *2 s.* periódico diario. *3 adv.* diariamente.
dainty ('deinti) *a.* delicado, exquisito. *2* elegante, refinado. *3 s.* bocado exquisito, golosina.
dairy ('dɛəri) *s.* lechería. *2* quesería. *3* vaquería.
dairymaid ('dɛərimeid) *s.* lechera [pers.].
dairyman ('dɛərimən) *s.* lechero.
dais ('deiis) *s.* tarima, estrado.
daisy ('deizi) *s.* BOT. margarita.
dale (deil) *s.* cañada,vallecito.
dalliance ('dæliəns) *s.* jugueteo, devaneo. *2* tardanza.
dally (to) ('dæli) *i.* jugar, juguetear. *2* perder el tiempo.
dam (dæm) *s.* dique, presa. *2* madre [en ganadería].
dam (to) (dæm) *t.* represar, embalsar. *2* cerrar, obstruir.
damage ('dæmidʒ) *s.* daño, perjuicio. *2* COM. avería, siniestro. *3 pl.* indemnización.
damage (to) ('dæmidʒ) *t.* dañar, perjudicar, deteriorar. *2 i.* averiarse.
damaging ('dæmidʒiŋ) *a.* perjudicial, nocivo.
damask ('dæməsk) *a.* adamascado. *2 s.* damasco.
dame (deim) *s.* dama, señora.
damn (dæm) *s.* maldición. *2* fig. pito, bledo.
damn (to) (dæm) *t.* TEOL. condenar. *2* maldecir. *3 i.* echar ternos.
damnable ('dæmnəbl) *a.* condenable, detestable.
damnation (dæm'neiʃən) *s.* condenación, perdición.
damned (dæmd) *a.* maldito.
damp (dæmp) *a.* húmedo, mojado. *2 s.* humedad.
damp (to) (dæmp) *t.* humedecer, mojar. *2* apagar, amortiguar. *3* desalentar.
dampen (to) ('dæmpən) *t.* TO DAMP.
dampness ('dæmpnis) *s.* humedad.
dance (dɑ:ns) *s.* danza, baile.
dance (to) (dɑ:ns) *i.-t.* danzar, bailar: ***to ~ attendance on***, servir obsequiosamente a.
dancer ('dɑ:nsə^r) *s.* bailador, -ra. *2* bailarín, danzarín, -na.
dancing ('dɑ:nsiŋ) *s.* danza, baile. *2 a.* de baile, que baila.
dandelion ('dændilaiən) *s.* BOT. diente de león.
dandle (to) ('dændl) *t.* hacer saltar [a un niño] sobre las rodillas. *2* mimar, acariciar.
dandruff ('dændrəf) *s.* caspa.
dandy ('dændy) *a.-s.* dandi.
Dane (dein) *s.* danés.
danger ('deindʒə^r) *s.* peligro, riesgo. *2* trance.
dangerous ('deindʒərəs) *a.* peligroso. *2* de cuidado, grave.
dangle (to) ('dæŋgl) *t.* hacer bailar [en el aire]. *2 i.* colgar.
Danish ('deiniʃ) *a.* danés.
dank (dæŋk) *a.* liento, húmedo.
dapper ('dæpə^r) *s.* vivaracho. *2* elegante, pulcro.
dapple(d ('dæpld) *a.* manchado, moteado. *2* rodado [caballo].
dare (dɛə^r) *s.* reto, desafío.
dare (to) *t.* atreverse a, osar. *2* arros-

trar, desafiar. *3* desafiar, retar. ¶ Pret.: ***dared*** (dɛəd) o ***durst*** (də:st); p. p.: ***dared.***
daring ('dɛəriŋ) *a.* osado; emprendedor. *2 s.* atrevimiento.
dark (dɑ:k) *a.* oscuro; moreno [pers.]. *2* sombrío, triste. *3* secreto. *4* ~ ***ages,*** época de ignorancia; ~ ***lantern,*** linterna sorda; ~***room,*** cuarto oscuro [FOT.]; ***it's getting*** ~, va oscureciendo. *5 s.* oscuridad, tinieblas: ***in the*** ~, a oscuras.
darken (to) ('dɑ:kən) *t.-i.* oscurecer(se; nublar(se. *2 t.* denigrar.
darkness ('dɑ:knis) *s.* obscuridad. *2* tinieblas. *3* ignorancia.
darling ('dɑ:liŋ) *a.* amado, querido. *2 s.* ser querido.
darn (dɑ:n) *s.* zurcido.
darn (to) (dɑ:n) *t.* zurcir.
darnel ('dɑ:nl) *s.* BOT. cizaña.
dart (dɑ:t) *s.* dardo, flecha. *2* movimiento rápido.
dart (to) (dɑ:t) *t.* lanzar, arrojar. *2 i.* lanzarse, precipitarse.
dash (dæʃ) *s.* arremetida. *2* golpe, choque, embate. *3* IMPR. guión largo, raya. *4* rasgo [de pluma]. *5* un poco de. *6* ~***-board,*** salpicadero; ***at one*** ~, de un golpe; ***to cut a*** ~, hacer gran papel.
dash (to) (dæʃ) *t.* lanzar, arrojar. *2* romper, estrellar. *3* rociar, salpicar. *4* frustrar, destruir. *5* desanimar. *6* ***to*** ~ ***off,*** escribir de prisa. *7 i.* chocar, estrellarse. *8* lanzarse.
dashing ('dæʃiŋ) *a.* enérgico, brioso. *2* ostentoso, vistoso.
dastard ('dæstəd) *a.-s.*, **dastardly** (~ li) *a.* cobarde, vil.
data ('deitə) *s. pl.* datos.
date (deit) *s.* fecha, data: ***out of*** ~, anticuado; ***up to*** ~, hasta la fecha; al día. *2* cita [para verse]. *3* BOT. dátil: ~***-palm,*** datilera.
date (to) (deit) *t.* fechar, datar. *2 i.* anticuarse. *3* ***to*** ~ ***from*** or ***back to,*** datar de.
dative ('deitiv) *a.-s.* dativo.
daub (dɔ:b) *s.* embadurnadura. *2* pintarrajo.
daub (to) (dɔ:b) *t.* embadurnar. *2* pintarrajear.
daughter ('dɔ:təʳ) *s.* hija.
daughter-in-law ('dɔ:tərinlɔ:) *s.* nuera, hija política.
daunt (to) (dɔ:nt) *t.* intimidar, acobardar, desanimar.
dauntless ('dɔ:ntlis) *a.* impávido.
dauphin ('dɔ:fin) *s.* delfín.
daw (dɔ:) *s.* ORN. corneja.
dawdle (to) ('dɔ:dl) *i.* haronear. *2 t.* perder [el tiempo].
dawn (dɔ:n) *s.* alba, aurora, amanecer. *2* albor, comienzo.
dawn (to) (dɔ:n) *i.* amanecer, alborear.
dawing ('dɔ:niŋ) *s.* amanecer.
day (dei) *s.* día: ~***-dream,*** ilusión; ~***-labourer,*** jornalero; ~***-scholar,*** alumno externo; ~ ***off,*** día libre, de asueto; ***by*** ~, *de día;* ***the*** ~ ***after tomorrow,*** pasado mañana; ***the*** ~ ***before yesterday,*** anteayer. *2* jornada, jornal. *3* luz del día.
day-book ('deibuk) *s.* COM. libro diario.
day-break ('dei-breik) *s.* amanecer.
daylight ('deilait) *s.* luz del día.
daze (deiz) *s.* deslumbramiento, aturdimiento.
daze (to) (deiz) *t.* deslumbrar, aturdir.
dazzle ('dæzl) *s.* deslumbramiento.
dazzle (to) ('dæzl) *t.* deslumbrar.
dazzling ('dæzliŋ) *a.* deslumbrante.
deacon ('di:kən) *s.* diácono.
dead (ded) *a.* muerto. *2* difunto. *3* apagado. *4* sordo [sonido]. *5* completo, absoluto. *6* cierto, certero. *7* ~ ***calm,*** calma chicha. *8* ~ ***end,*** callejón sin salida; punto muerto. *9* ~ ***stop,*** parada en seco. *10 adv.* completamente; directamente. *11 s.* ***the dead,*** los muertos.
deaden (to) ('dedn) *t.* amortiguar, apagar.
deadly ('dedli) *a.* mortal. *2 adv.* mortalmente; sumamente.
deaf (def) *a.* sordo: ~ ***and dumb,*** sordomudo; ***to turn a*** ~ ***ear to,*** hacerse el sordo.
deafen (to) ('defn) *t.* ensordecer.
deafness ('defnis) *s.* sordera.
deal (di:l) *s.* porción, cantidad: ***a great*** ~[***of***], mucho. *2* trato, negociación. *3* reparto, distribución. *4* mano [de naipes].
deal (to) (di:l) *t.* dar, distribuir, dispensar. *2* arrear [un golpe, etc.]. *3 i.* ***to*** ~ ***in, with, at,*** comerciar; ***to*** ~ ***with,*** tratar con: portarse con. ¶ Pret. y p. p.: ***dealt*** (delt).
dealer ('di:ləʳ) *s.* comerciante, tratante. *2* el que da los naipes.
dealing ('di:liŋ) *s.* proceder, comportamiento. *2 pl.* trato, relaciones. *3* tratos, negocios.
dealt (delt) V. TO DEAL.
dean (di:n) *s.* deán. *2* decano.
dear (diəʳ) *a.* caro, querido. *2* caro, costoso. *3* ***Dear Sir,*** muy señor mío. *4* ~ ***me!,*** ¡Dios mío! *5 adv.* caro.
dearly ('dieəli) *adv.* amorosamente, tiernamente. *2* costosamente.

dearth (dɔ:θ) *s.* carestía, hambre. *2* falta, escasez.
death (deθ) *s.* muerte: ***on pain of ~,*** bajo pena de muerte; ***to put to ~,*** ejecutar.
death-bed ('deθbed) *s.* lecho de muerte.
deathless ('deθlis) *a.* inmortal.
deathly ('deθli) *a.* mortal, letárgico, cadavérico.
death-trap ('deθtræp) *s.* trampa.
debar (to) (di'bɑ:ʳ) *t.* excluir [de]. *2* prohibir.
debase (to) (di'beis) *t.* rebajar, degradar, envilecer.
debasement (di'beismənt) *s.* envilecimiento; degradación.
debatable (di'beitəbl) *a.* discutible.
debate (di'beit) *s.* debate, discusión.
debate (to) (di'beit) *t.-i.* debatir, discutir. *2* reflexionar.
debauch (di'bɔ:tʃ) *s.* exceso, orgía, libertinaje.
debauch (to) (di'bɔ:tʃ) *t.* seducir, corromper.
debauchee (ˌdebɔ:'tʃi:) *s.* libertino.
debauchery (di'bɔ:tʃəri) *s.* libertinaje, intemperancia.
debenture (di'bentʃəʳ) *s.* obligación: *~* ***bonds,*** obligaciones.
debilitate (to) (di'biliteit) *t.* debilitar, enervar.
debility (di'biliti) *s.* debilidad.
debit ('debit) *s.* COM. debe. *2* COM. débito, adeudo, cargo.
debit (to) ('debit) *t.* COM. adeudar, cargar.
debouch (to) (di'bautʃ) *i.* desembocar.
debris ('debri:) *s.* ruinas, escombros; deshecho.
debt (det) *s.* deuda, débito.
debtor ('detəʳ) *s.* deudor.
début ('deibu:) *s.* TEAT. estreno, debut. *2* entrada [de una joven] en sociedad.
débutante (ˌdeibu'tɑ:nt) *s.* debutante.
decade ('dekeid) *s.* década.
decadence ('dekədəns) *s.* decadencia, ocaso.
decadent ('dekədənt) *a.* decadente.
decalogue ('dekəlɔg) *s.* decálogo.
decamp (to) (di'kæmp) *i.* decampar. *2* largarse, huir.
decant (to) (di'kænt) *t.* decantar, trasegar.
decanter (di'kæntəʳ) *s.* ampolla, garrafa.
decapitate (to) (di'kæpiteit) *t.* decapitar.
decay (di'kei) *i.* decaimiento, decadencia, ruina. *2* podredumbre. *3* MED. caries.
decay (to) (di'kei) *i.* decaer, declinar. *2* arruinarse. *3* pudrirse. *4* marchitarse. *5* MED. cariarse.
decease (di'si:s) *s.* defunción.
decease (to) (di'si:s) *i.* morir.
deceased (di'si:st) *a.-s.* difunto.
deceit (di'sit) *s.* engaño, dolo. *2* artificio, superchería.
deceitful (di'si:tful) *s.* engañoso. *2* falso, engañador.
deceive (to) (di'si:v) *t.* engañar. *2* defraudar, burlar.
deceiver (di'si:vəʳ) *s.* impostor.
December (di'sembəʳ) *s.* diciembre.
decency ('di:snsi) *s.* decencia. *2* decoro.
decent ('di:snt) *a.* decente. *2* razonable, regular.
decentralize (di:'sentrəlaiz) *t.* descentralizar.
deception (di'sepʃən) *s.* engaño, decepción.
deceptive (di'septiv) *a.* engañoso, falaz.
decide (to) (di'said) *t.-i.* decidir. *2* ***to ~ to,*** decidirse a.
decided (di'saidid) *a.* decidido. *2* definido, indudable. *3* **-ly** *adv.* decididamente; indudablemente.
deciduous (di'sidjuəs) *a.* [hoja] caduca.
decimal ('desiməl) *a.* decimal.
decimate (to) ('desimeit) *t.* diezmar.
decimeter, -tre ('desiˌmi:təʳ) *s.* decímetro.
decipher (to) (di'saifəʳ) *t.* descifrar.
decision (di'siʒən) *s.* decisión.
decisive (di'saisiv) *a.* decisivo. *2* decidido, firme.
deck (dek) *s.* MAR. cubierta, puente. *2* piso [de un autobús, etc.]. *3* baraja.
deck (to) (dek) *t.* adornar.
declaim (to) (di'kleim) *i.-t.* declamar.
declamation (ˌdeklə'meiʃən) *s.* declamación. *2* perorata.
declaration (ˌdeklə'reiʃən) *s.* declaración. *2* manifiesto.
declare (to) (di'klɛəʳ) *t.-i.* declarar. *2 t.* manifestar. *3 i.* ***to ~ for,*** o ***against,*** declararse partidario o enemigo de.
declension (di'klenʃən) *s.* GRAM. declinación.
decline (di'klain) *s.* declinación, decadencia, ocaso. *2* decaimiento, consunción. *3* mengua, baja.
decline (to) (di'klain) *t.-i.* inclinar(se, bajar. *2 t.* rehusar, negarse a. *3* GRAM. declinar. *4 i.* declinar, decaer.
declivity (di'kliviti) *s.* declive.
decoction (di'kɔkʃən) *s.* decocción, cocimiento.
décolleté (dei'kɔltei) *a.* escotado.
decompose (to) (ˌdi:-kəm'pouz) *t.-i.* descomponer(se.
decomposition (ˌdi:-kɔmpə'ziʃən) *s.* descomposición.
decorate (to) ('dekəreit) *t.* decorar, adornar. *2* condecorar.

decoration (ˌdekəˈreiʃən) *s.* decoración, ornamentación; ornamento. *2* condecoración.
decorative (ˈdekərətiv) *a.* decorativo.
decorous (ˈdəkərəs) *a.* decoroso, correcto. *2* **-ly** *adv.* decorosamente, correctamente.
decorum (diˈkɔ:rəm) *s.* decoro.
decoy (diˈkɔi) *s.* señuelo, reclamo, cimbel. *2* añagaza. *3* gancho [pers.].
decoy (to) (diˈkɔi) *t.* atraer con señuelo. *2* seducir.
decrase (ˈdi:kri:s) *s.* decrecimiento, disminución.
decrease (to) (di:ˈkri:s) *i.* decrecer. *2 t.-i.* menguar, disminuir(se.
decree (diˈkri:) *s.* decreto, orden.
decree (to) (diˈkri:) *t.* decretar.
decrepit (diˈkrepit) *a.* decrépito.
decrepitude (diˈkrepitju:d) *s.* decrepitud.
decry (to) (diˈkrai) *t.* desacreditar, rebajar, censurar.
dedicate (to) (ˈdedikeit) *t.* dedicar. *2* consagrar.
dedication (ˈdediˈkeiʃən) *s.* dedicación. *2* consagración.
deduce (to) (diˈdju:s) *t.* deducir, inferir. *2* hacer derivar.
deduct (to) (diˈdʌkt) *t.* deducir, rebajar, descontar.
deduction (diˈdʌkʃən) *s.* deducción, descuento. *2* inferencia.
deed (di:d) *s.* hecho; acción: ***in*** ~, de hecho, en verdad. *2* hazaña, proeza. *3* DER. escritura.
deem (to) (di:m) *t.-i.* juzgar, creer, estimar.
deep (di:p) *a.* hondo, profundo. *2* sagaz, astuto. *3* absorto, enfrascado. *4* agudo, intenso. *5* grave [sonido]. *6 adv.* hondamente, profundamente. *7 s.* profundidad. *8* piélago, abismo, sima.
deepen (to) (ˈdi:pən) *t.-i.* ahondar(se, intensificar(se. *2* hacer(se más grave [un sonido].
deepness (ˈdi:pnis) *s.* profundidad, intensidad. *2* astucia.
deer (diəʳ) *s.* ciervo, venado.
deface (to) (diˈfeis) *t.* borrar, desfigurar, mutilar, afear.
defacement (diˈfeismənt) *s.* desfiguración.
defamation (ˌdefəˈmeiʃən) *s.* difamación, infamación.
defamatory (diˈfæmətəri) *a.* calumnioso.
defame (to) (diˈfeim) *t.* difamar, infamar, calumniar.
default (diˈfɔ:lt) *s.* falta, carencia. *2* negligencia; incumplimiento; falta de pago. *3* no comparecencia; DER. rebeldía.
default (to) (diˈfɔ:lt) *t.-i.* faltar [a un deber, etc.]. *2 i.* DER. no comparecer.
defeat (diˈfi:t) *s.* derrota, vencimiento. *2* frustración.
defeat (to) (diˈfi:t) *t.* derrotar, vencer. *2* frustrar.
defeatist (diˈfi:tist) *s.* derrotista.
defect (diˈfekt) *s.* defecto.
defection (diˈfekʃən) *s.* defección.
defective (diˈfektiv) *a.* defectivo, defectuoso. *2* corto, deficiente. *3 s.* PSIC. deficiente.
defence (diˈfens) *s.* defensa.
defenceless (diˈfenslis) *a.* indefenso, inerme.
defend (to) (diˈfand) *t.* defender.
defendant (diˈfendənt) *s.* DER. demandado; acusado.
defender (diˈfendəʳ) *s.* defensor. *2* campeón, abogado.
defensible (diˈfensəbl) *a.* defendible.
defensive (diˈfensiv) *a.* defensivo. *2 s.* defensiva.
defer (to) (diˈfə:ʳ) *t.* diferir, aplazar, retardar. *2* remitir [al juicio, etc., de]. *3 i.* ceder a.
deference (ˈdefərəns) *s.* deferencia; consideración.
deferent (ˈdefərənt) *a.* deferente, respetuoso. *2* FISIOL. deferente.
deferential (ˌdefəˈrenʃəl) *a.* DEFERENT 1.
defiance (diˈfaiəns) *s.* desafío, reto, provocación: ***to set at*** ~, desafiar; in ~ ***of***, a despecho de.
defiant (diˈfaiənt) *a.* desafiador, provocativo.
deficiency (diˈfiʃənsi) *s.* deficiencia. *2* falta, insuficiencia.
deficient (diˈfiʃənt) *a.* deficiente. *2* falto, insuficiente.
deficit (ˈdefisit) *s.* déficit.
defile (ˈdi:fail) *s.* desfiladero.
defile (to) (diˈfail) *t.* ensuciar. *2* manchar, mancillar, profanar. *3 i.* MIL. desfilar.
defilement (diˈfailmənt) *s.* ensuciamiento. *2* profanación.
definable (diˈfainəbl) *a.* definible.
define (to) (diˈfain) *t.* definir. *2* delimitar. *3* caracterizar.
definite (ˈdefinit) *a.* definido. *2* claro, terminante. *3* **-ly** *adv.* definitivamente; ciertamente.
definiteness (ˈdefinitnis) *s.* exactitud, precisión.
definition (ˌdefiˈniʃən) *s.* definición. *2* precisión, claridad.
definitive (diˈfinitiv) *a.* definitivo.
deflate (to) (diˈfleit) *t.-i.* desinflar(se, deshinchar(se.
deflation (diˈfleiʃən) *s.* desinflamiento. *2* ECON. deflación.

deflect (to) (di'flekt) *t.-i.* desviar(se, apartar(se.
deflection (di'flekʃən) *s.* desvío.
deflower (to) (di:'flauəʳ) *t.* desflorar [ajar, deslustrar; violar].
deform (to) (di'fɔ:m) *t.* deformar. *2* degradar, envilecer.
deformation (ˌdifɔ:'meiʃən) *s.* deformación.
deformed (di'fɔ:md) *a.* deformado. *2* deforme.
deformity (di'fɔ:miti) *s.* deformidad, fealdad.
defraud (to) (di'frɔ:d) *t.* defraudar, estafar.
defrauder (di'frɔ:dəʳ) *s.* defraudador.
defrauding (di'frɔ:diŋ) *s.* defraudación.
defray (to) (di'frei) *t.* costear, sufragar, pagar.
deft (deft) *s.* ágil, diestro, hábil.
defunct (di'fʌŋkt) *a.-s.* difunto.
defy (to) (di'fai) *t.* desafiar. *2* retar, provocar.
degeneracy (di'dʒenərəsi) *s.* degeneración.
degenerate (di'dʒenərit) *a.-s.* degenerado.
degenerate (to) (di'dʒenəreit) *i.* degenerar.
degeneration (diˌdʒenə'reiʃən) *s.* degeneración.
degradation (ˌdegrə'deiʃən) *s.* degradación. *2* degeneración.
degrade (to) (di'greid) *t.-i.* degradar(se. *2* *t.* minorar, rebajar.
degrading (di'greidiŋ) *a.* degradante.
degree (di'gri:) *s.* grado: ***by degrees***, gradualmente: ***to take a*** ~, graduarse. *2* rango, categoría.
dehydrate (to) (di:'haidreit) *t.* deshidratar.
deification (ˌdi:ifi'keiʃən) *s.* deificación.
deify (to) ('di:ifai) *t.* deificar, divinizar.
deign (to) (dein) *i.* dignarse.
deism ('di:izəm) *s.* deísmo.
deist ('di:ist) *s.* deísta.
deity ('di:iti) *s.* deidad.
deject (to) (di'dʒekt) *t.* abatir, desanimar.
dejected (di'dʒektid) *a.* abatido, desanimado.
dejection (di'dʒekʃən) *s.* abatimiento. *2* FISIOL. deyección.
delay (di'lei) *s.* dilación, retraso.
delay (to) (di'lei) *t.* diferir, aplazar, retrasar. *2* *i.* tardar.
delegate ('deligit) *a.-s.* delegado.
delegate (to) ('deligeit) *t.* delegar, comisionar.
delegation (ˌdeli'geiʃən) *s.* delegación.
delete (to) (di'li:t) *t.* borrar.
deliberate (di'libərit) *a.* deliberado, premeditado. *2* cauto.
deliberate (to) (di'libəreit) *t.* reflexionar, considerar. *2* *i.* deliberar, consultar.
deliberation (diˌlibə'reiʃən) *s.* deliberación. *2* reflexión.
delicacy ('delikəsi) *s.* delicadeza. *2* finura, sensibilidad. *3* miramiento. *4* refinamiento, primor. *5* cosa delicada, golosina.
delicate ('delikit) *a.* delicado. *2* mirado, considerado. *3* exquisito, primoroso. *4* exigente.
delicatessen (ˌdelikə'tesn) *s. pl.* fiambres, queso, conservas, etc.; tienda en que se venden.
delicious (di'liʃəs) *a.* delicioso. *2* sabroso.
delight (di'lait) *s.* deleite, delicia, placer, gozo, encanto.
delight (to) (di'lait) *t.* deleitar, encantar, recrear. *2* *i.* deleitarse, gozarse, complacerse.
delightful (di'laitful) *a.* deleitable, delicioso, ameno, exquisito.
delimit(ate (to) (di:'limit(eit) *t.* delimitar.
delimitation (diˌlimi'teiʃən) *s.* delimitación.
delineate (to) (di'linieit) *t.* delinear, trazar, bosquejar.
delineation (diˌlini'eiʃən) *s.* delineación, traza, bosquejo.
delinquency (di'liŋkwənsi) *s.* delincuencia. *2* culpa, falta.
delinquent (di'liŋkwənt) *a.-s.* delincuente, culpable.
delirious (di'liriəs) *a.* delirante.
delirium (di'liriəm) *s.* delirio, desvarío.
deliver (to) (di'livəʳ) *t.* libertar. *2* librar, salvar. *3* entregar, dar; rendir, resignar. Gralte. con ***over*** o ***up***. *4* repartir [géneros, correspondencia]. *5* pronunciar [un discurso]. *6* descargar [un golpe]; lanzar, tirar. *7* ***to be delivered of a child***, dar a luz un hijo.
deliverance (di'livərəns) *s.* liberación, rescate.
deliverer (di'livərəʳ) *s.* libertador, salvador.
delivery (di'livəri) *s.* liberación, rescate. *2* entrega. *3* pronunciación [de un discurso], elocuencia, dicción. *4* remesa, reparto. *5* parto, alumbramiento.
dell (del) *s.* vallecito, cañada.
delta ('deltə) *s.* delta.
delude (to) (di'lu:d) *t.* engañar.
deluge ('delju:dʒ) *s.* diluvio. *2* inundación.
deluge (to) ('delju:dʒ) *t.* inundar.
delusion (di'lu:ʒən) *s.* engaño.

delusive (di'lu:siv), **delusory** (di'lu:səri) *a.* engañoso; ilusorio.
delve (to) (delv) *t.-i.* cavar.
demagogic (ˌdemə'gɔgik) *a.* demagógico.
demagogue ('deməgɔg) *s.* demagogo.
demagogy ('deməgɔgi) *s.* demagogia.
demand (di'mɑ:nd) *s.* demanda, petición: ***law of supply and ~***, ley de la oferta y demanda.
demand (to) (di'mɑ:nd) *t.* demandar, pedir, exigir, reclamar.
demarcate (to) ('di:mɑ:keit) *t.* demarcar.
demarcation (ˌdi:mɑ:'keiʃən) *s.* demarcación.
demean (to) (di'mi:n) *ref.* portarse, conducirse. *2* rebajarse.
demeano(u)r (di'mi:nəʳ) *s.* comportamiento; aire, porte.
demented (di'mentid) *a.* demente.
demerit (di:'merit) *s.* demérito.
demesne (di'mein) *s.* heredad.
demigod ('demigɔd) *s.* semidiós.
demilitarize (to) ('di:'militəraiz) *t.* desmilitarizar.
demise (di'maiz) *s.* fallecimiento.
demise (to) (di'maiz) *t.* DER. transmitir, transferir.
demobilize (to) (di:'moubilaiz) *t.* MIL. desmovilizar.
democracy (di'mɔkrəsi) *s.* democracia.
democrat ('deməkræt) *s.* demócrata.
democratic(al (ˌdemə'krætik(əl) *a.* democrático.
demolish (to) (di'mɔliʃ) *t.* demoler. *2* arrasar, derruir, destruir.
demon ('di:mən) *s.* demonio.
demonstrate (to) ('demənstreit) *t.* demostrar. *2 i.* manifestarse.
demonstration (ˌdemənsˈtreiʃən) *s.* demostración. *2* manifestación pública.
demonstrative (di'mɔnstrətiv) *a.* demostrativo.
demonstrator ('demənstreitəʳ) *s.* demostrador. *2* expositor. *3* manifestante.
demoralization (diˌmɔrəlai'zeiʃən) *s.* desmoralización.
demoralize (to) (di'mɔrəlaiz) *t.* desmoralizar.
demoralizing (di'mɔrəlaiziŋ) *a.* desmoralizador.
demur (di'mə:ʳ) *s.* irresolución, vacilación. *2* objeción, reparo.
demur (to) (di'mə:ʳ) *i.* objetar, poner dificultades. *2* vacilar.
demure (di'mjuəʳ) *a.* serio, formal. *2* recatado. *3* gazmoño.
den (den) *s.* caverna. *2* guarida.
denial (di'naiəl) *s.* negación. *2* denegación, negativa
denigrate (to) ('denigreit) *t.* denigrar.
denizen ('denizn) *s.* habitante.
denominate (to) (di'nɔmineit) *t.* denominar, llamar.
denomination (diˌnɔmi'neiʃən) *s.* denominación. *2* secta.
denominator (di'nɔmineitəʳ) *s.* MAT. denominador.
denote (to) (di'nout) *t.* denotar. *2* indicar, señalar.
denouement (dei'nu:mɑ:ŋ) *s.* desenlace.
denounce (to) (di'nauns) *t.* denunciar. *2* anunciar, presagiar.
dense (dens) *a.* denso, espeso.
density ('densiti) *s.* densidad.
dent (dent) *s.* mella, abolladura.
dent (to) (dent) *t.* mellar, abollar.
dental ('dentl) *a.* dental.
dentifrice ('dentifris) *a.-s.* dentífrico.
dentist ('dentist) *s.* dentista.
dentition (den'tiʃən) *s.* dentición.
denture ('dentʃəʳ) *s.* dentadura [esp. la postiza].
denude (to) (di'nju:d) *t.* denudar, desnudar, despojar.
denunciation (diˌnʌnsi'eiʃən) *s.* denuncia [de un tratado].
deny (to) (di'nai) *t.* negar.
deodorizer (di:'oudəraizəʳ) *s.* desodorante.
depart (to) (di'pɑ:t) *i.* partir, salir, irse. *2* morir: ***the departed***, los difuntos.
department (di'pɑ:tmənt) *s.* departamento. *2* distrito. *3* ***a ~ store***, almacén grande.
departure (di'pɑ:tʃəʳ) *s.* partida, marcha, salida. *2* desviación.
depend (to) (di'pend) *i.* depender. *2* ***to ~ on***, o ***upon***, depender de, estribar en; confiar en, estar seguro de.
dependable (di'pendəbl) *a.* formal, digno de confianza.
dependence (di'pəndəns) *s.* dependencia. *2* confianza.
dependency (di'pendənsi) *s.* posesión, protectorado [territorio].
dependent (di'pendənt) *a.-s.* dependiente: ***to be ~ on***, depender de.
depict (to) (di'pikt) *t.* pintar, representar, retratar, describir.
deplete (to) (di'pli:t) *t.* agotar.
depletion (di'plit:ʃən) *s.* agotamiento.
deplorable (di'plɔ:rəbl) *a.* deplorable, lamentable.
deplore (to) (di'plɔ:ʳ) *t.* deplorar, lamentar.
deploy (to) (di'plɔi) *t.* desplegar.
deployment (di'plɔimənt) *s.* despliegue.
depopulate (to) (di:'pɔpjuleit) *t.-i.* despoblar(se [un país].

deport (to) (di'pɔ:t) *t.* deportar, desterrar. *2 to ~ oneself*, portarse, conducirse.

deportation (ˌdi:pɔ:'teiʃən) *s.* deportación.

deportment (di'pɔ:tmənt) *s.* conducta, proceder, maneras.

depose (to) (di'pouz) *t.* deponer, destituir. *2 t.-i.* declarar.

deposit (di'pɔzit) *s.* depósito, sedimento. *2* COM. depósito.

deposit (to) (di'pɔzit) *t.-i.* depositar(se, sedimentar(se.

deposition (ˌdepə'ziʃən) *s.* deposición, destitución. *2* DER. deposición, testimonio.

depository (di'pɔzitəri) *s.* almacén; guardamuebles.

depot ('depou) *s.* depósito, almacén.

deprave (to) (di'preiv) *t.* depravar. *2* corromper, viciar.

depravity (di'præviti) *s.* depravación. *2* acción depravada.

deprecate (to) ('deprikeit) *t.* desaprobar.

deprecation (ˌdepri'keiʃən) *s.* desaprobación.

depreciate (to) (di'pri:ʃieit) *t.* depreciar. *2* despreciar, desestimar. *3 i.* depreciarse.

depreciation (diˌpri:ʃi'eiʃən) *s.* depreciación. *2* desestimación.

depredation (ˌdepri'deiʃən) *s.* depredación. *2 pl.* estragos.

depress (to) (di'pres) *t.* deprimir. *2* abatir, desanimar.

depressing (di'presiŋ) *a.* deprimente.

depression (di'preʃən) *s.* depresión. *2* abatimiento, desánimo. *3* COM. crisis.

depressive (di'presiv) *a.* depresivo. *2* deprimente.

deprivation (ˌdepri'veiʃən) *s.* privación. *2* pérdida.

deprive (to) (di'praiv) *t.* privar, despojar, desposeer. *2* destituir.

depth (depθ) *s.* profundidad, hondura. *2* grueso, espesor. *3* fondo. *4* abismo. *5* gravedad [del sonido], intensidad [del color]. *6* sagacidad.

deputation (ˌdepju(:)'teiʃən) *s.* diputación, delegación.

depute (to) (di'pju:t) *t.* delegar.

deputy (di'pjuti) *s.* diputado. *2* delegado, agente, comisario.

derail (to) (di'reil) *t.* hacer descarrilar. *2 i.* descarrilar.

derailment (di'reilmənt) *s.* descarrilamiento.

derange (to) (di'reindʒ) *t.* desarreglar, trastornar. *2* interrumpir, estorbar.

derangement (di'reindʒmənt) *s.* desarreglo, desconcierto. *2* perturbación mental.

derelict ('derilikt) *a.* abandonado. *2* MAR. derrelicto.

dereliction (ˌderi'likʃən) *s.* abandono; negligencia.

deride (to) (di'raid) *t.* burlarse, mofarse de, ridiculizar.

derision (di'riʒən) *s.* mofa, escarnio, irrisión.

derisive (di'raisiv) *a.* de burla, de mofa.

derisory (di'raisəri) *a.* irrisorio.

derivation (ˌderi'veiʃən) *s.* derivación. *2* origen, procedencia.

derive (to) (di'raiv) *t.* derivar, sacar, deducir. *2 i.* derivar, derivarse, provenir.

derogate (to) ('derəgeit) *i. to ~ from*, detractar, detraer.

derrick ('derik) *s.* grúa, cabria. *2* torre de perforación.

dervish ('də:viʃ) *s.* derviche.

descend (to) (di'send) *i.-t.* descender, bajar: *to ~ from*, derivarse de; *to ~ to*, rebajarse a.

descendant (di'sendənt) *a.-s.* descendiente.

descent (di'sent) *s.* descenso, bajada. *2* linaje, descendencia. *3* pendiente.

describe (to) (dis'kraib) *t.* describir.

description (dis'kripʃən) *s.* descripción.

descriptive (dis'kriptiv) *a.* descriptivo.

descry (to) (dis'krai) *t.* descubrir, divisar, columbrar.

desecrate (to) ('desikreit) *t.* profanar.

1) **desert** (di'zə:t) *s.* mérito, valía. *2 pl.* merecimiento, merecido.

2) **desert** ('dezət) *a.* desierto. *2 s.* desierto, yermo.

desert (to) (di'zə:t) *t.* abandonar, dejar. *2 t.-i.* desertar.

deserter (di'zə:tə') *s.* desertor.

desertion (di'zə:ʃən) *s.* abandono, desamparo. *2* deserción.

deserve (to) (di'zə:v) *t.-i.* merecer.

deserving (di'zə:viŋ) *a.* merecedor. *2* meritorio.

desiccate (to) ('desikeit) *t.-i.* desecar(se.

design (di'zain) *s.* plan, proyecto. *2* intención, mira, designio. *3* dibujo, diseño, plano.

design (to) (di'zain) *t.* destinar. *2* idear, proyectar, tramar. *3* proponerse. *4* trazar, diseñar. *5 i.* hacer diseños, planes.

designate (to) ('dezigneit) *t.* indicar, señalar. *2* designar.

designation (ˌdezig'neiʃən) *s.* designación.

designedly (di'zainidli) *adv.* adrede, de intento.

designer (di'zainəʳ) *s.* dibujante. *2* inventor.
designing (di'zainiŋ) *a.* artero, insidioso, intrigante.
desirable (di'zaiərəbl) *a.* deseable, apetecible.
desire (di'zaiəʳ) *s.* deseo. *2* anhelo, ansia.
desire (to) (di'zaiəʳ) *t.* desear, anhelar, ansiar. *2* rogar.
desirous (di'zaiərəs) *a.* deseoso, ansioso, ganoso.
desist (to) (di'zist) *i.* desistir.
desk (desk) *s.* pupitre, escritorio, bufete. *2* (E. U.) púlpito.
desolate ('desəlit) *a.* desolado, desierto, solitario; triste, solo.
desolate (to) ('desəleit) *t.* desolar, devastar. *2* afligir.
desolation (ˌdesə'leiʃən) *s.* desolación. *2* soledad.
despair (dis'pɛəʳ) *s.* desesperación; desesperanza.
despair (to) (dis'pɛəʳ) *i.* desesperar; desesperanzarse.
despairingly (dis'pɛəriŋli) *adv.* desesperadamente.
despatch = DISPATCH.
desperado (ˌdespə'rɑ:dou) *s.* malechor peligroso, criminal.
desperate ('despərit) *a.* desesperado. *2* arriesgado, temerario. *3* **-ly** *adv.* desesperadamente.
desperation (despə'reiʃən) *s.* desesperación; furor.
despicable ('despikəbl) *a.* despreciable, bajo, ruin.
despise (to) (dis'paiz) *t.* despreciar, menospreciar.
despite (dis'pait) prep. ~ ***of***, ***in*** ~ ***of***, a pesar de.
despoil (to) (dis'pɔil) *t.* despojar, privar [de].
despond (to) (dis'pɔnd) *i.* abatirse, desalentarse.
despondence, -cy (dis'pɔndəns, -i) *s.* desaliento, desánimo.
despondent (dis'pɔndənt) *a.* desalentado, desanimado.
despot ('despɔt) *s.* déspota.
despotic (de'spɔtik) *a.* despótico.
despotism ('despətizəm) *s.* despotismo.
dessert (di'zə:t) *s.* postres.
destination (ˌdesti'neiʃən) *s.* destinación destino.
destine (to) ('destin) *t.* destinar.
destiny ('destini) *s.* destino, sino.
destitute ('destitju:t) *a.* destituido, desprovisto. *2* desvalido.
destitution (ˌdesti'tju:ʃən) *s.* destitución, privación. *2* miseria.
destroy (to) (dis'trɔi) *t.* destruir. *2* demoler. *3* romper, destrozar. *4* aniquilar.
destroyer (dis'trɔiəʳ) *s.* destructor, devastador. *2* MAR. destructor.
destruction (dis'trʌkʃən) *s.* destrucción. *2* ruina, perdición.
destructive (dis'trʌktiv) *a.* destructivo.
desultory ('desəltəri) *a.* intermitente, discontinuo, inconexo.
desuetude (di'sjuitjud) *s.* desuso.
detach (to) (di'tætʃ) *t.* separar, desprender. *2* MIL. destacar.
detachable (di'tætʃəbl) *a.* separable.
detached (di'tætʃt) *a.* separado. *2* imparcial.
detachment (di'tætʃmənt) *s.* separación, desprendimiento. *2* despego; desapasionamiento. *3* MIL. destacamento.
detail ('di:teil) *s.* detalle, pormenor. *2* MIL. destacamento.
detail (to) ('di:teil) *t.* detallar, especificar. *2* MIL. destacar.
detain (to) (di'tein) *t.* retener, detener. *2* arrestar.
detect (to) (di'tekt) *t.* descubrir, averiguar. *2* RADIO. detectar.
detection (di'tekʃən) *s.* descubrimiento, averiguación.
detective (di'tektiv) *a.* que descubre. *2* policíaco. *3 s.* detective.
detector (di'tektəʳ) *s.* detector.
detention (di'tenʃən) *s.* detención, arresto.
deter (to) (di'tə:ʳ) *t.* detener, disuadir, impedir.
detergent (di'tə:dʒənt) *a.-s.* detergente.
deteriorate (to) (di'tiəriəreit) *t.-i.* deteriorar(se. *2* empeorar(se.
deterioration (diˌtiərə'rei'ʃən) *s.* deterioro.
determinate (di'təminit) *a.* determinado. *2* definitivo.
determination (diˌtə:mi'neiʃən) *s.* determinación. *2* decisión.
determine (to) (di'tə:min) *t.* determinar. *2 i.* determinarse, decidirse. Gralte. con ***on***.
deterrent (di'terənt) *a.* disuasivo. *2 s.* freno, impedimento.
detest (to) (di'test) *t.* detestar, aborrecer.
detestable (di'testəbl) *a.* detestable.
detestation (ˌdi:tes'teiʃən) *s.* detestación, aborrecimiento.
dethrone (to) (di'θroun) *t.* destronar.
dethronement (di'θrounmənt) *s.* destronamiento.

detonate (to) ('detouneit) *i.* estallar. *2 t.* hacer estallar.
detonation (,detou'neiʃən) *s.* detonación.
detonator ('detouneitəʳ) *s.* detonador.
detour ('deituəʳ) *s.* desvío; rodeo.
detract (to) (di'trækt) *t.* quitar, restar. *2* detraer, detractar. *3 i.* ***to ~ from***, menoscabar, rebajar.
detraction (di'trækʃən) *s.* detracción, calumnia.
detriment ('detrimənt) *s.* detrimento, perjuicio.
detrimental (,detri'mentl) *a.* perjudicial, nocivo.
deuce (dju:s) *s.* dos [en naipes o dados]. *2 fam.* ¡demonio!
devaluation (,di:vælju'eiʃən) *s.* desvalorización.
devalue (to) (di:vælju:) *t.* desvalorizar.
devastate (to) ('devəsteit) *t.* devastar, asolar.
devastation (,devəs'teiʃən) *s.* devastación, asolamiento.
develop (to) (di'veləp) *t.* desenvolver, desarrollar. *2* fomentar, mejorar. *3* explotar [una mina, etc.]. *4* FOT. revelar. *5 i.* desarrollarse, evolucionar.
development (di'veləpmənt) *s.* desarrollo. *2* fomento, explotación, urbanización. *3* FOT. revelado.
deviate (to) ('di:vieit) *i.* desviarse, apartarse.
deviation (,di:vi'eiʃən) *s.* desviación. *2* extravío, error.
device (di'vais) *s.* artificio, invención. *2* aparato, dispositivo. *3* ardid, recurso. *4* divisa, lema.
devil ('devl) *s.* demonio, diablo.
devilish ('devliʃ) *a.* diabólico. *2* endiablado.
devilment ('devimənt), **devilry** ('devlri) *s.* diablura. *2* perversidad.
devious ('di:vjəs) *a.* desviado, apartado. *2* tortuoso. *3* errante.
devise (to) (di'vaiz) *t.* inventar, discurrir. *2 i.* formar planes.
devoid (di'vɔid) *a.* falto, exento.
devolution (,di:və'lu:ʃən) *s.* entrega, traspaso [del poder, etc.].
devolve (to) (di'vɔlv) *t.* transmitir, traspasar. *2 i.* recaer.
devote (to) (di'vout) *t.* consagrar, dedicar. *2* destinar.
devoted (di'voutid) *a.* consagrado, dedicado. *2* destinado. *3* devoto, ferviente, leal.
devotee (,devou'ti:) *s.* devoto, beato. *2* fanático.
devotion (di'vouʃən) *s.* devoción. *2* afecto, lealtad.
devour (to) (di'vauəʳ) *t.* devorar.
devout (di'vaut) *a.* devoto, piadoso. *2* fervoroso, sincero.
dew (dju:) *s.* rocío; relente.
dew (to) (dju:) *t.-i.* rociar, refrescar.
dewlap ('dju:læp) *s.* papada.
dewy ('dju:i) *a.* húmedo de rocío.
dexterity (deks'teriti) *s.* destreza, habilidad, maña.
dexterous ('dekstərəs) *a.* diestro, hábil, mañoso.
diabolic(al (,daiə'bɔlik(əl) *a.* diabólico.
diadem ('daiədəm) *s.* diadema.
diæresis (dai'iərisis) *s.* diéresis.
diagnose (to) ('daiəgnouz) *t.* diagnosticar.
diagnosis (,daiəg'nousis) *s.* diagnosis.
diagnostic (,daiəg'nɔstik) *a.-s.* diagnóstico.
diagonal (dai'ægənl) *a.-s.* diagonal.
diagram ('daiəgræm) *s.* diagrama, esquema.
dial ('daiəl) *s.* reloj de sol, cuadrante. *2* esfera [de reloj]. *3* disco [de teléfono, etc.].
dial (to) ('daiəl) *t.* TELEF. marcar.
dialect ('daiəlekt) *s.* dialecto.
dialectics (,daiə'lektiks) *s.* dialéctica.
dialogue ('daiəlɔg) *s.* diálogo.
diameter (dai'æmitəʳ) *s.* diámetro.
diamond ('daiəmənd) *s.* diamante. *2* GEOM. rombo.
diaper ('daiəpəʳ) *s.* lienzo adamascado. *2* pañal, braga.
diaphanous (dai'æfənəs) *a.* diáfano.
diaphragm ('daiəfræm) *s.* diafragma.
diarrhoea (,daiə'riə) *s.* diarrea.
diary ('daiəri) *s.* diario, dietario.
diatribe ('daiətraib) *s.* diatriba.
dice (dais) *s.* dados: ~ ***-box***, cubilete. *2* cubitos.
Dick (dik) *n. pr.* Ricardito.
dickens ('dikinz) *s. fam.* demonio, diantre.
dictaphone ('diktəfoun) *s.* dictáfono.
dictate ('dikteit) *s.* mandato.
dictate (to) (dik'teit) *t.* dictar. *2 i.* mandar.
dictation (dik'eiʃən) *s.* dictado.
dictator (dik'teitəʳ) *s.* dictador.
dictatorial (,diktə'tɔ:riəl) *a.* dictatorial.
dictatorship (dik'teitəʃip) *s.* dictadura.
diction ('dikʃən) *s.* dicción, estilo, lenguaje.
dictionary ('dikʃənri) *s.* diccionario, léxico.
dictum ('diktəm) *s.* dicho, aforismo.
did (did) *pret.* de ***to do.***
didactic(al (di'dæktik(əl) *a.* didáctico.
didn't (didnt) *contr.* de DID y NOT.
1) **die** (dai) *pl.* **dice** (~ **s**) *s.* dado [para jugar]. *2* cubito.
2) **die** (dai) *pl.* **dies** (~ **z**) *s.* ARQ. dado, neto *2* MEC. cuño, troquel.

die (to) (dai) *i.* morir, fallecer: ***to be dying to*** o ***for***, morirse por. ¶ Pret. y p. p.: ***died*** (daid); ger.: ***dying*** ('daiiŋ).
diet ('daiət) *s.* dieta [régimen]. *2* dieta [asamblea].
differ (to) ('difəʳ) *i.* diferir, diferenciarse; discrepar, disentir.
difference ('difrəns) *s.* diferencia. *2* desigualdad.
different ('difrənt) *a.* diferente. *2* **-ly** *adv.* diferentemente.
differentiate (to) (ˌdifə'renʃieit) *t.-ref.* diferenciar.
difficult ('difikəlt) *a.* difícil. *2* **-ly** *adv.* difícilmente.
difficulty ('difikəlti) *s.* dificultad. *2* obstáculo, objeción. *3* apuro, aprieto.
diffidence ('difidəns) *s.* cortedad, timidez, apocamiento.
diffident ('difidənt) *a.* tímido, apocado.
diffuse (di'fju:s) *a.* difuso.
diffuse (to) (di'fju:z) *t.-i.* difundir(se.
diffusion (di'fju:ʒən) *s.* difusión.
dig (dig) *s.* metido, codazo.
dig (to) (dig) *t.* cavar, ahondar. *2* escarbar: ***to ~ out, to ~ up***, desenterrar. *3 t.-i.* clavar(se, hundir(se. ¶ Pret. y p. p.: ***dug*** (dʌg).
digest ('daidʒest) *s.* compendio, recopilación.
digest (to) (di'dʒest) *t.-i.* digerir(se. *2 t.* resumir, recopilar.
digestible (di'dʒestəbl) *a.* digerible.
digestion (di'dʒestʃəŋ) *s.* digestión.
digestive (di'dʒestiv) *a.* digestivo.
digger (digəʳ) *s.* cavador. *2* azada; máquina cavadora.
digging ('digiŋ) *s.* excavación.
dignified ('dignifaid) *a.* dignificado. *2* digno, serio, grave.
dignify (to) ('dignifai) *t.* dignificar, enaltecer.
dignitary ('dignitəri) *s.* dignatario, dignidad.
dignity ('digniti) *s.* dignidad. *2* honor. *3* rango, elevación.
digress (to) (dai'gres) *i.* divagar.
digression (dai'greʃən) *s.* digresión.
dike (daik) *s.* dique, malecón. *2* zanja.
dilapidate (to) (di'læpideit) *t.* arruinar, estropear. *2* dilapidar.
dilapidated (di'læpideitid) *a.* ruinoso, estropeado, viejo, en mal estado.
dilapidation (diˌlæpi'deiʃən) *s.* ruina, desmoronamiento.
dila(ta)tion (ˌdailei'teiʃən, dai'leiʃən) *s.* dilatación.
dilate (to) (dai'leit) *t.-i.* dilatar(se, hinchar(se.
dilatory ('dilətəri) *a.* dilatorio. *2* tardo, lento, moroso.
dilemma (di'lemə) *s.* dilema. *2* disyuntiva.
dilettante (ˌdili'tænti) *s.* aficionado.
diligence ('dilidʒəns) *s.* diligencia, aplicación, asiduidad. *2* ('diliʒɑ:ns) diligencia [coche].
diligent ('dilidʒənt) *a.* diligente.
dilly-dally (to) ('diliˌdæli) *i.* perder el tiempo, entretenerse.
dilute (to) (dai'lju:t) *t.-i.* diluir(se. *2 t.* aguar.
dilution (dai'lu:ʃən) *s.* dilución.
dim (dim) *a.* obscuro, opaco. *2* anublado. *3* empañado, deslustrado. *4* vago, confuso, débil.
dim (to) (dim) *t.* obscurecer. *2* empañar. *3* amortiguar.
dime (daim) *s.* diezmo. *2* (E. U.) diez centavos.
dimension (di'menʃən) *s.* dimensión.
diminish (to) (di'miniʃ) *t.* disminuir. *2* abatir, humillar. *3 i.* disminuir, menguar.
diminution (ˌdimi'nju:ʃən) *s.* disminución.
diminutive (di'minjutiv) *a.-s.* diminutivo.
dimity ('dimiti) *s.* fustán.
dimness ('dimnis) *s.* semiobscuridad, penumbra. *2* obscuridad.
dimple ('dimpl) *s.* hoyuelo.
din (din) *s.* fragor, estrépito.
din (to) (din) *t.* golpear con ruido. *2 i.* hacer resonar.
dine (to) (dain) *i.* comer, cenar.
diner ('dainəʳ) *s.* comensal. *2* vagón restaurante.
dinghy, dingey ('diŋgi) *s.* botecito; lancha.
dinginess ('dindʒinis) *s.* suciedad, empañamiento.
dingy ('dindʒi) *a.* obscuro, negruzco, sucio; sórdido.
dining-car ('dainiŋ-kɑ:ʳ) *s.* FERROC. vagón restaurante.
dining-room ('dainiŋrum) *s.* comedor [pieza].
dinner ('dinəʳ) *s.* comida, cena: ***~ -jacket***, smoking; ***~ -service, ~ -set***, vajilla; ***~ -time***, hora de comer.
dint (dint) *s.* golpe, abolladura. *2 adv.* ***by ~ of***, a fuerza de.
diocese ('daiəsis) *s.* diócesis.
dip (dip) *s.* zambullida, baño corto. *2* declive, depresión.
dip (to) (dip) *t.* sumergir, bañar, mojar. *2* achicar. *3* saludar con [la bandera]. *4 i.* zambullirse: ***to ~ into***, hojear. *5* bajar, inclinarse.
diphthong ('difθɔŋ) *s.* diptongo.
diploma (di'ploumə) *s.* diploma.
diplomacy (di'plouməsi) *s.* diplomacia.

diplomat ('dipləmæt), **diplomatist** (di'ploumətist) *s.* diplomático.
diplomatic (ˌdiplə'mætik) *a.* diplomático.
dipper ('dipəʳ) *s.* cazo, cucharón.
dire ('daiəʳ) *a.* horrendo, terrible. *2* extremo, sumo.
direct (di-, dai'rekt) *a.* directo, derecho: ~ ***object***, complemento directo. *2* recto.
direct (to) (di-, dai'rekt) *t.* dirigir. *2* encaminar, encauzar. *3* encargar; dar instrucciones a.
direction (dai-, di'rekʃən) *s.* dirección. *2* junta directiva. *3 pl.* encargo; instrucciones.
directly (dai-, di'rektli) *adv.* directamente. *2* en seguida. *3 conj.* en cuanto, tan pronto como.
directness (dai-, di'rektnis) *s.* derechura. *2* franqueza, rectitud.
director (dai-, di'rektəʳ) *s.* director. *2* caudillo, guía. *3* gerente.
directorate (dai-, di'rektərit) *s.* dirección [cargo]. *2* junta directiva.
directory (di'rektəri) *s.* directorio. *2* guía [telefónica, etc.].
direful ('daiəful) *a.* horrendo, terrible, espantoso.
dirge (də:dʒ) *s.* canto fúnebre.
dirt (də:t) *s.* barro, lodo. *2* suciedad, basura. *3* bajeza, vileza.
dirty ('də:ti) *a.* manchado, sucio. *2* cochino, indecente. *3* bajo, vil. *4* ~ ***trick***, cochinada.
dirty (to) ('də:ti) *t.-i.* ensuciar(se.
disability (ˌdisə'biliti) *s.* impotencia, incapacidad; impedimento.
disable (to) (dis'eibl) *t.* inutilizar, imposibilitar. *2* lisiar.
disabled (dis'eibld) *a.* mutilado.
disablement (dis'eiblmənt) *s.* incapacidad. *2* mutilación. *3* impedimento.
disabuse (to) (ˌdisə'bju:z) *t.* desengañar, sacar del error.
disadvantage (ˌdisəd'vɑ:ntidʒ) *s.* desventaja. *2* inconveniente.
disadvantageous (ˌdisædvɑ:n'teidʒəs) *a.* desventajoso.
disaffected (ˌdisə'fektid) *a.* desafecto.
disaffection (ˌdisə'fekʃən) *s.* deslealtad.
disagree (to) (ˌdisə'gri:) *i.* discordar, discrepar. *2* discutir. *3* no probar, sentar mal.
disagreeable (ˌdisə'griəbl) *a.* desagradable, ingrato. *2* descortés.
disagreement (ˌdisə'gri:mənt) *s.* discordancia, discrepancia, desacuerdo. *2* disensión.
disallow (to) (ˌdisə'lau) *t.* rechazar, denegar.
disappear (to) (ˌdisə'piəʳ) *i.* desaparecer.
disappearance (ˌdisə'piərəns) *s.* desaparición.
disappoint (to) (ˌdisə'pɔint) *t.* defraudar, frustar; decepcionar.
disappointment (ˌdisə'pɔintmənt) *s.* desilusión, desengaño. *2* frustración, chasco.
disapproval (ˌdisə'pru:vəl) *s.* desaprobación, censura.
disapprove (to) ('disə'pru:v) *t.* desaprobar.
disarm (to) (dis'ɑ:m) *t.-i.* desarmar(se. *2* calmar.
disarmament (disˌɑ:məmənt) *s.* desarme.
disarrange (to) ('disə'reindʒ) *t.* desarreglar, desordenar.
disarray ('disə'rei) *s.* desorden, confusión. *2* desaliño.
disarray (to) ('disə'rei) *t.* desordenar.
disaster (di'zɑ:stəʳ) *s.* desastre.
disastrous ('disɑ:strəs) *a.* desastroso.
disavow (to) ('disə'vau) *t.* repudiar, desconocer. *2* desaprobar.
disavowal (ˌdisə'vauəl) *s.* repudiación, denegación.
disband (to) (dis'bænd) *i.* dispersarse, desbandarse.
disbelief ('disbi'li:f) *s.* incredulidad.
disbelieve (to) ('disbi'li:v) *t.-i.* descreer; no creer.
disburse (to) (dis'bə:s) *t.* desembolsar, pagar.
disbursement (dis'bə:smənt) *s.* desembolso, pago.
disc (disk) *s.* DISK.
discard (to) (di'kɑ:d) *t.-i.* descartarse [de]. *2 t.* descartar.
discern (to) (di'sə:n) *t.* discernir, distinguir. *2* percibir.
discerning (di'sə:niŋ) *a.* inteligente, sagaz, perspicaz.
discernment (di'sə:nmənt) *s.* discernimiento. *2* buen criterio.
discharge (dis'tʃɑ:dʒ) *s.* descarga. *2* tiro, disparo. *3* salida [de un líquido]. *4* supuración. *5* descargo. *6* absolución. *7* cumplimiento, desempeño. *8* recibo, quitanza. *9* liberación [de un preso]. *10* destitución. *11* MIL., licencia.
discharge (to) (dis'tʃɑ:dʒ): *t.* descargar. *2* disparar [un arma]. *3* verter [sus aguas]. *4* supurar. *5* exonerar, absolver. *6* poner en libertad. *7* saldar, pagar. *8* relevar [de servicio], destituir. *9* MIL. licenciar.
disciple (di'saipl) *s.* discípulo.
discipline ('disiplin) *s.* disciplina. *2* castigo.

discipline (to) ('disiplin) *t.* disciplinar. *2* castigar, corregir.
disclaim (to) (dis'kleim) *t.* negar, desconocer, repudiar.
disclose (to) (dis'klouz) *t.* descubrir, destapar. *2* revelar.
disclosure (dis'klouʒəʳ) *s.* descubrimiento, revelación.
discolo(u)r (to) (dis'kʌləʳ) *t.* descolorir, desteñir.
discomfit (to) (dis'kʌmfit) *t.* derrotar. *2* frustrar, desconcertar.
discomfiture (dis'kʌmfitʃəʳ) *s.* derrota. *2* desconcierto.
discomfort (dis'kʌmfət) *s.* incomodidad, molestia. *2* malestar.
discompose (to) (ˌdiskəm'pouz) *t.* turbar, desconcertar.
discomposure (ˌdiskəm'pouʒəʳ) *s.* turbación. *2* desorden.
disconcert (to) (ˌdiskən'sə:t) *t.* desconcertar, confundir, turbar.
disconnect (to) ('diskə'nekt) *t.* separar: desconectar.
disconnected ('diskə'nektid) *a.* desconectado. *2* incoherente.
disconsolate (dis'kɔnsəlit) *a.* desconsolado.
discontent ('diskən'tent) *s.* descontento, disgusto. *2 a.* descontento.
discontent (to) ('diskən'tent) *t.* descontentar, disgustar.
discontinuance (ˌdiskən'tinjuəns) *s.* interrupción, cesación.
discontinue (to) ('diskən'tinju:) *t.* interrumpir, hacer cesar.
discontinnous ('diskən'tinjues) *a.* discontinuo.
discord ('diskɔ:d) *s.* discordia.
discord (to) (dis'kɔ:d) *i.* desconvenir, discordar.
discordance (dis'kɔ:dəns) *s.* discordancia. *2* disensión.
discordant (dis'kɔ:dənt) *a.* discordante, discorde.
discount ('diskaunt) *s.* descuento; rebaja; rebaja, bonificación.
discount (to) ('diskaunt) *t.* descontar, rebajar. *2* desestimar.
discountenance (to) (dis'kauntinəns) *t.* turbar. *2* desaprobar.
discourage (to) (dis'kʌridʒ) *t.* desalentar. *2* disuadir.
discouragement (dis'kʌridʒmənt) *s.* desaliento, desánimo.
discourse (dis'kɔ:s) *s.* discurso. *2* plática, conversación.
discourse (to) (dis'kɔ:s) *i.* discurrir, discer tar, razonar.
discourteous (dis'kə:tjəs) *a.* descortés.
discourtesy (dis'kə:tisi) *s.* descortesía.
discover (to) (dis'kʌvəʳ) *t.* descubrir, hallar. *2* revelar.
discoverable (dis'ʌvərəbl) *a.* averiguable.
discoverer (dis'kʌvərəʳ) *s.* descubridor.
discovery (dis'kʌvəri) *s.* descubrimiento, hallazgo.
discredit (dis'kredit) *s.* descrédito; deshonra, desprestigio.
discredit (to) (dis'kredit) *t.* desacreditar, desprestigiar.
discreet (dis'kri:t) *a.* discreto; juicioso, cuerdo, prudente.
discrepance, -cy (dis'krepəns, -i) *s.* discrepancia.
discretion (dis'kreʃən) *s.* discreción [sensatez, reserva].
discreminate (to) (dis'krimineit) *t.* distinguir, diferenciar; discriminar *2* hacer diferencias.
discriminating (dis'krimineitiŋ) *a.* agudo, perspicaz. *2* que hace diferencias, parcial.
discrimination (disˌkrimi'neiʃən) *s.* discernimiento. *2* discriminación.
discursive (dis'kə:siv) *a.* digresivo, extenso, lato. *2* razonado.
discus ('diskəs) *s.* DEP. disco.
discuss (to) (dis'kʌs) *t.-i.* discutir. *2* ventilar, hablar de.
discussion (dis'kʌʃən) *s.* discusión, debate.
disdain (dis'dein) *s.* desdén, menosprecio.
disdain (to) (dis'dein) *t.* desdeñar, menospreciar.
disdainful (dis'deinful) *a.* desdeñoso. *2* altanero.
disease (di'zi:z) *s.* enfermedad, dolencia.
diseased (di'zi:zd) *a.* enfermo; morboso.
disembark (to) ('disim'bɑ:k) *t.-i.* desembarcar.
disembarkation (ˌdisemba:'keiʃən) *s.* desembarco.
disembodied ('disim'bɔdid) *a.* incorpóreo, inmaterial.
disembowel (to) (ˌdisim'bauəl) *t.* desentrañar, destripar.
disenchant (to) ('disin'tʃɑ:nt) *t.* desencantar.
disenchantment (ˌdisin'tʃɑ:ntmənt) *s.* desengaño; desilusión.
disencumber (to) ('disin'kʌmbəʳ) *t.* desembarazar.
disengage (to) ('disin'geidʒ) *t.* desenredar, desembarazar, librar. *2 i.* desasirse.
disengaged (ˌdisin'geidʒd) *a.* libre; desocupado.

disentangle (to) ('disin'tæŋgl) *t.* desenredar. *2* zafar.
disentanglement (ˌdisin'tæŋglmənt) *s.* desenredo.
disestablishment (ˌdisis'tæbliʃmənt) *s.* separación de la Iglesia y del Estado.
disfavour ('dis'feivəʳ) *s.* disfavor, desaprobación, desagrado.
disfigure (to) (dis'figəʳ) *t.* desfigurar, afear.
disfranchise (to) ('dis'fræntʃaiz) *t.* privar de los derechos civiles.
disgorge (to) (dis'gɔ:dʒ) *t.* vomitar, desembuchar. *2* devolver.
disgrace (dis'greis) *s.* desgracia, disfavor. *2* deshonra, vergüenza.
disgrace (to) (dis'greis) *t.* deshonrar.
disgraceful (dis'greisful) *a.* deshonroso, vergozoso.
disgruntled (dis'grʌntld) *a.* descontento, malhumorado.
disguise (dis'gaiz) *s.* disfraz.
disguise (to) (dis'gaiz) *t.* disfrazar. *2* ocultar, disimular.
disgust (dis'gʌst) *s.* aversión, hastío, repugnancia.
disgust (to) (dis'gʌst) *t.* hastiar, repugnar, asquear.
disgusting (dis'gʌstiŋ) *a.* repugnante, asqueroso.
dish (diʃ) *s.* plato, fuente.
dish (to) (diʃ) *t.* servir. *2* burlar, frustar.
dish-cloth ('diʃklɔθ) *s.* paño de cocina.
dishearten (to) (dis'hɑ:tn) *t.* descorazonar, desanimar.
dishevel (to) (di'ʃevəl) *t.* desgreñar, despeinar, desarreglar.
dishevelled (di'ʃevəld) *a.* desgreñado.
dishonest (dis'ɔnist) *a.* ímprobo, falso. *2* poco honrado. *3* **-ly** *adv.* de mala fe.
dishonesty (dis'ɔnisti) *s.* improbidad, falta de honradez.
dishono(u)r (dis'ɔnəʳ) *s.* deshonor, deshonra. *2* afrenta.
dishono(u)r (to) (dis'ɔnəʳ) *t.* deshonrar. *2* COM. no aceptar. *3* afrentar.
dishono(u)rable (dis'ɔnərəbl) *a.* deshonroso. *2* poco honrado.
disillusion (ˌdisi'lu:ʒən) *s.* desilusión, desengaño.
disillusion (to) (ˌdisi'lu:ʒən) *t.* desilusionar.
disinclination (ˌdisinkli'neiʃən) *s.* aversión, desafecto.
disincline (to) ('disin'klain) *t.* desinclinar, indisponer.
disinfect (to) (ˌdisin'fekt) *t.* desinfectar.
disinfectant (ˌdisin'fektənt) *a.-s.* desinfectante.
disinfection (ˌdisin'fekʃən) *s.* desinfección.
disingenuous (ˌdisin'dʒenjuəs) *a.* falso, disimulado.
disinherit (to) (ˌdisin'herit) *t.* desheredar.
disintegrate (to) (dis'intigreit) *t.-i.* desintegrar(se, disgregar(se.
disinter (to) ('disin'tə:ʳ) *t.* desenterrar, exhumar.
disinterested (dis'intristid) *a.* desinteresado. *2* imparcial.
disinterestedness (dis'intristidnis) *s.* desinterés. *2* imparcialidad.
disinterment (ˌdisin'tə:mənt) *s.* exhumación.
disjoin (to) (dis'dʒɔin) *t.-i.* desjuntar(se, desunir(se.
disjoint (to) (dis'dʒɔint) *t.* desarticular, descoyuntar, dislocar.
disk (disk) *s.* disco.
dislike (dis'laik) *s.* aversión, antipatía.
dislike (to) (dis'laik) *t.* tener antipatía a, detestar.
dislocate (to) ('disləkeit) *t.* dislocar, descoyuntar.
dislodge (to) (dis'lɔdʒ) *t.* desalojar, echar fuera.
disloyal ('dis'lɔiəl) *a.* desleal.
disloyalty ('dis'lɔiəlti) *s.* deslealtad.
dismal ('dizməl) *a.* triste, sombrío.
dismantle (to) (dis'mæntl) *t.* desmantelar. *2* desguarnecer.
dismay (dis'mei) *s.* desmayo, desaliento. *2* consternación.
dismay (to) (dis'mei) *t.* desanimar, espantar, acongojar.
dismember (to) (dis'membəʳ) *t.* desmembrar.
dismiss (to) (dis'mis) *t.* despedir [a uno]. *2* disolver [una junta, etc.]. *3* destituir, licenciar. *4* desechar.
dismissal (dis'misəl) *s.* despido. *2* destitución. *3* disolución.
dismount (to) ('dis'maunt) *t.* desmontar. *2* *i.* bajar, apearse.
disobedience (ˌdisə'bi:djəns) *s.* desobediencia.
disobedient (ˌdisə'bi:djənt) *a.* desobediente, insumiso, rebelde.
disobey (to) ('disə'bei) *t.-i.* desobedecer.
disorder (dis'ɔ:dəʳ) *s.* trastorno, desarreglo: enfermedad. *2* enajenación mental.
disorder (to) (dis'ɔ:dəʳ) *t.* desordenar, desarreglar. *2* perturbar, trastornar.
disorderly (dis'ɔ:dəli) *a.* desordenado. *2* confuso. *3* alborotado.
disorganization (disˌɔ:gənai'zei:ʃən) *s.* desorganización.

disorganize (to) (dis'ɔ:gənaiz) *t.* desorganizar.
disown (to) (dis'oun) *t.* repudiar; desconocer, negar; renegar de.
disparage (to) (dis'pæridʒ) *t.* desacreditar, despreciar, rebajar.
disparagement (dis'pæridʒmənt) *s.* detracción, menosprecio.
disparagingly (dis'pæridʒiŋli) *adv.* con desdén.
disparity (dis'pæriti) *s.* disparidad.
dispassionate (dis'pæʃənit) *a.* desapasionado, frío, imparcial.
dispatch (dis'pætʃ) *s.* despacho [acción]. *2* expedición, prontitud. *3* parte, mensaje.
dispatch (to) (dis'pætʃ) *t.* despachar, enviar, expedir. *2* apresurar. *3* concluir.
dispel (to) (dis'pel) *t.-i.* dispersar(se, disipar(se.
dispensary (dis'pensəri) *s.* dispensario farmacéutico.
dispensation (ˌdispen'seiʃən) *s.* dispensa, exención. *2* providencia divina. *3* ley, religión.
dispense (to) (dis'pens) *t.* dispensar, distribuir, conceder. *2* dispensar, eximir. *3* administrar [justicia]. *4 i.* ***to ~ with***, prescindir de, pasar sin.
dispersal (dis'pə:səl), **dispersion** (dis'pə:ʃən) *s.* dispersión.
disperse (to) (dis'pə:s) *t.-i.* dispersar(se.
dispirit (to) (di'spirit) *t.* desalentar, desanimar.
displace (to) (dis'pleis) *t.* cambiar de sitio, remover, desalojar, quitar el sitio a. *2* MAR. desplazar.
displacement (dis'pleismənt) *s.* desalojamiento. *2* desplazamiento. *3* GEOL. falla, quiebra.
display (dis'plei) *s.* despliegue, exhibición, manifestación. *2* ostentación, alarde. *3* pompa.
display (to) (dis'plei) *t.* desplegar, abrir, extender. *2* exponer. *3* exhibir, lucir, ostentar.
displease (to) (dis'pli:z) *t.* desagradar, disgustar, ofender.
displeasure (dis'pleʒə^r) *s.* desagrado descontento. *2* disgusto.
disport (to) (dis'pɔ:t) *i.-ref.* divertirse, recrearse.
disposable (dis'pozəbl) *a.* disponible.
disposal (dis'pouzəl) *s.* disposición, arreglo, colocación [acción]. *2* venta.
dispose (to) (dis'pouz) *t.* disponer [arreglar, ordenar; establecer; disponer el ánimo de]. *2* ***to ~ of***, disponer de; deshacerse de, consumir, vender.
disposition (ˌdispə'ziʃən) *s.* disposición, arreglo. *2* genio, humor. *3* tendencia, inclinación.
dispossess (to) ('dispə'zes) *t.* desposeer. *2* DER. desahuciar.
disproportion (ˌdisprə'pɔ:ʃən) *s.* desproporción.
disproportionate (ˌdisprə'pɔ:ʃənit) *a.* desproporcionado.
disprove (to) ('dis'pru:v) *t.* refutar, confutar.
disputable (dis'pju:təbl) *a.* disputable, discutible.
dispute (dis'pju:t) *s.* disputa, discusión. *2* litigio, pleito.
dispute (to) (dis'pju:t) *t.-i.* disputar, discutir. *2* controvertir.
disqualification (disˌkwɔlifi'keiʃən) *s.* inhabilation.
disqualify (to) (dis'kwɔlifai) *t.* inhabilitar. *2* DEP. descalificar.
disquiet (dis'kwaiət) *s.* inquietud, desasosiego.
disquiet (to) (dis'kwaiət) *t.* inquietar, desasosegar.
disquisition (ˌdiskwi'zi ʃən) *s.* disquisición, discurso.
disregard ('disri'ga:d) *s.* desatención, descuido, desprecio.
disregard (to) ('disri'gɑ:d) *t.* desatender, descuidar, despreciar, no hacer caso de.
disrepair ('disri'pɛə^r) *s.* mal estado.
disreputable (dis'repjutəbl) *a.* desacreditado. *2* deshonroso.
disrepute ('disri'pju:t) *s.* descrédito, mala fama, deshonra.
disrespect ('disris'pekt) *s.* falta de respeto, desacato.
disrespectful (ˌdisris'pekful) *a.* irrespetuoso.
disrobe (to) ('dis'roub) *t.-i.* desnudar(se.
disrupt (to) (dis'rʌpt) *t.* romper, dividir; desgajar.
disruption (dis'rʌpʃən) *s.* ruptura.
disruptive (dis'rʌptiv) *a.* disolvente.
dissatisfaction ('disˌsætis'fækʃən) *s.* descontento.
dissatisfy (to) ('dis'sætisfai) *t.* descontentar, no satisfacer.
dissect (to) (di'sekt) *t.* disecar, anatomizar.
dissection (di'sekʃən) *s.* disección.
dissemble (to) (di'sembl) *t.* disimular, disfrazar.
dissembler (di'semblə^r) *s.* fingidor, hipócrita.
disseminate (to) (di'semineit) *t.* diseminar. *2* divulgar.

dissension (di'senʃən) *s.* disensión, discordia.
dissent (di'sent) *s.* disentimiento.
dissent (to) (di'sent) *i.* disentir, diferir. *2* disidir.
dissertation (ˌdisə(:)'teiʃən) *s.* disertación.
disservice (dis'sə:vis) *s.* perjuicio.
dissever (to) (dis'sevəʳ) *t.* partir, dividir.
dissidence ('disidəns) *s.* disidencia.
dissimilar ('di'similaʳ) *a.* diferente.
dissimilarity (ˌdisimi'læriti) *s.* diferencia.
dissimulate (to) (di'simjuleit) *t.-i.* disimular, fingir.
dissimulation (diˌsimju'leifən) *s.* disimulo, hipocresía.
dissipate (to) ('disipeit) *t.* dispersar. *2* disipar. *3 i.* disiparse, desvanecerse.
dissipation (ˌdisi'peiʃən) *s.* disipación. *2* diversión, devaneo.
dissociate (to) (di'souʃieit) *t.-i.* disociar(se.
dissociation (diˌsousi'eiʃən) *s.* disociación.
dissoluble (di'səljubl) *a.* disoluble.
dissolute ('disəlu:t) *a.* disoluto, relajado.
disoluteness (disəlu:tnis) *s.* disolución, relajamiento.
dissolution (ˌdisə'lu:ʃən) *s.* disolución [acción de disolver(se]. *2* muerte.
dissolve (to) (di'zɔlv) *t.-i.* disolver(se. *2 i.* deshacerse. *3* desaparecer, morir.
dissonance, -cy ('disənəns, -i) *s.* disonancia.
dissuade (to) (di'sweid) *t.* disuadir.
dissuasion (di'sweiʒən) *s.* disuasión.
distaff ('distɑ:f) *s.* rueca.
distance ('distəns) *s.* distancia. *2* alejamiento; lejos, lejanía; ***in the*** ~, a lo lejos.
distance (to) ('distəns) *t.* distanciar. *2* dejar atrás.
distant ('distənt) *a.* distante, lejano. *2* esquivo, frío.
distaste ('dis'teist) *s.* hastío, aversión, repugnancia.
distasteful (dis'teistful) *a.* desagradable, repugnante.
distemper (dis'tempəʳ) *s.* mal humor. *2* enfermedad. *3* pintura al temple.
distemper (to) (dis'tempəʳ) *t.* perturbar, enfermar. *2* incomodar, irritar. *3* pintar al temple.
distend (to) (dis'tend) *t.* estirar, dilatar, hinchar.
distil(l (to) (dis'til) *t.* destilar.
distillation (ˌdisti'leiʃən) *s.* destilación. *2* extracto, esencia.
distillery (dis'tiləri) *s.* destilería.
distinct (dis'tiŋkt) *a.* distinto, claro. *2* diferente.
distinction (dis'tiŋkʃən) *s.* distinción. *2* diferencia.
distinctive (dis'tiŋktiv) *a.-s.* distintivo.
distinguish (to) (dis'tiŋgwiʃ) *t.* distinguir. *2* discernir. *3 i.* distinguirse.
distinguished (dis'tiŋgwiʃt) *a.* distinguido. *2* marcado.
distort (to) (dis'tɔ:t) *t.* torcer, deformar. *2* tergiversar.
distorsion (dis'tɔ:ʃən) *s.* distorsión. *2* falseamiento, tergiversación.
distract (to) (dis'trækt) *t.* distraer, apartar. *2* perturbar, agitar, enloquecer.
distracted (dis'træktid) *a.* distraído. *2* trastornado, enloquecido; loco, frenético.
distraction (dis'trækʃən) *s.* distracción. *2* perturbación, confusión. *3* locura. *4* pasatiempo.
distraught (dis'trɔ:t) *a.* DISTRACTED.
distress (dis'tres) *s.* pena, aflicción. *2* ahogo, cansancio. *3* miseria, escasez. *4* apuro.
distress (to) (dis'tres) *t.* afligir, angustiar. *2* poner en aprieto.
distressing (dis'tresiŋ) *a.* penoso.
distribute (to) (dis'tribju(:)t) *t.* distribuir.
distribution (ˌdistri'bju:ʃən) *s.* distribución, reparto.
distributive (dis'tribjutiv) *a.* distributivo.
district ('distrikt) *s.* distrito. *2* partido, comarca, región.
distrust (dis'trʌst) *s.* desconfianza, recelo.
distrust (to) (dis'trʌst) *t.* desconfiar, recelar, sospechar de.
disturb (to) (dis'tə:b) *t.* turbar, agitar, perturbar, desordenar. *2* distraer, estorbar. *3* molestar.
disturbance (dis'tə:bəns) *s.* perturbación, alteración. *2* disturbio, alboroto. *3* malestar.
disunion ('dis'ju:njən) *s.* desunión, discordia.
disunite (to) ('disju:'nait) *t.-i.* desunir(se.
disuse ('dis'ju:s) *s.* desuso.
disuse (to) ('dis'ju:z) *t.* desusar. *2* dejar de usar.
ditch (ditʃ) *s.* zanja, foso, cuneta. *2* BOT. ~ ***reed***, carrizo.
dither ('diðəʳ) *s.* temblor, agitación.
dither (to) ('diðəʳ) *i.* temblar.
ditto ('ditou) *s.* ídem, lo dicho.
ditty ('diti) *s.* canción, copla.
diurnal (dai'ə:nl) *a.* diurno; diario.
divagate (to) ('daivəgeit) *i.* divagar.
divagation (ˌdaivə'geiʃən) *s.* divagación.
divan (di'væn) *s.* diván.

dive (daiv) *s.* zambullida, inmersión. *2* buceo. *3* NAT. salto. *4* AVIA. picado.
dive (to) (daiv) *i.* zambullirse, sumergirse. *2* arrojarse de cabeza. *3* AVIA. picar. *4* bucear. *5 t.* zambullir, sumergir.
diver ('daivəʳ) *s.* buzo.
diverge (to) (dai'və:dʒ) *i.* divergir, apartarse. *2* discrepar.
divergence (dai'və:dʒəns) *s.* divergencia.
divergent (dai'və:dʒənt) *a.* divergente.
divers (d'aivəz) *a.* diversos, varios.
diverse (dai'və:s) *a.* diverso, diferente.
diversify (to) (dai'və:sifai) *t.* diversificar, variar.
diversion (dai'və:ʃən) *s.* diversión, pasatiempo. *2* desviación.
diversity (dai'və:siti) *s.* diversidad.
divert (to) (dai'və:t) *t.* desviar, apartar. *2* divertir, recrear.
diverting (dai'v:tiŋ) *a.*entretenido.
divest (to) (dai'vest) *t.* desnudar. *2* despojar, desposeer.
divide (to) (di'vaid) *t.-i.* dividir(se; separar(se. *2 i.* bifurcarse. *3* compatir.
dividend ('dividend) *s.* dividendo.
divider (di'vaidəʳ) *s.* partidor. *2* MAT. divisor. *3 pl.* compás de división.
divination (,divi'neiʃən) *s.* adivinación.
divine (di'vain) *a.* divino; sublime. *2 s.* sacerdote; teólogo.
divine (to) (di'vain) *t.-i.* adivinar. *2* conjeturar.
diviner (di'vainəʳ) *s.* adivino.
diving ('daiviŋ) *s.* buceo: ~*-suit*, escafandra. *2* zambullida. *3* AVIA. picado.
divinity (di'viniti) *s.* divinidad. *2* teología.
divisibility (di,vizi'biliti) *s.* divisibilidad.
divisible (di'vizəbl) *a.* divisible.
division (di'viʒən) *s.* división. *2* tabique. *3* desunión.
divisor (di'vaizəʳ) *s.* MAT. divisor.
divorce (di'vɔ:s) *s.* divorcio.
divorce (to) (di'vɔ:s) *t.-i.* divorciar(se. *2* divorciarse de.
divorcée (di'vɔ:sei) *s.* persona divorciada.
divulge (to) (dai'vʌldʒ) *t.* divulgar; publicar.
dizziness ('dizinis) *s.* vértigo, mareo, vahído.
dizzy ('dizi) *a.* vertiginoso. *2* mareado, aturdido.
do (to) (du:) *t.* [en sentido general] hacer [justicia; un favor, etc.]. *2* concluir, despachar. *3* cumplir con [un deber, etc.]. *4* producir, preparar, arreglar: ***to ~ one's hair***, peinarse. *5* cocer, guisar. *6 i.* obrar, portarse; estar: ***how ~ you ~?***, ¿cómo está usted? *7* servir, bastar: ***that will ~***, esto basta. *8* ***to ~ away with***, abolir; ***to ~ by***, tratar; ***to ~ for***, trabajar por; arreglárselas para; destruir; ***to ~ one's best***, esmerarse; ***to ~ out***, limpiar; ***to ~ up***, liar; restaurar; arreglar; abrochar; ***to ~ with***, hacer con; vivir con; estar satisfecho con; ***to ~ without***, pasarse sin; ***well to ~***, rico. *9* ***do*** se usa también: a) como auxiliar en frases negativas [***he did not go***, no fue] e interrog. [***does he go?***, ¿va él?]; b) para dar énfasis: ***I do like it***, de verdad que me gusta; c) para substituir un verbo que no se quiere repetir: ***she plays the piano better now than she did last year***, ella toca el piano mejor ahora que [lo tocaba] el año pasado. ¶ INDIC. Pres., 3.ª pers.: ***does*** (dʌ, dəz). | Pret.: ***did*** (did). | Part. p.: ***done*** (dʌn).
docile ('dousail) *s.* dócil.
docility (dou'siliti) *s.* docilidad.
dock (dɔk) *s.* dique; dársena. *2* desembarcadero; muelle. *3* banquillo [de los acusados].
dock (to) (dɔk) *t.* cortar, cercenar. *2* MAR. hacer entrar en el dique.
docker ('dɔkəʳ) *s.* estibador.
dockyard ('dɔkjɑ:d) *s.* astillero.
doctor ('dɔktəʳ) *m.* doctor. *2* médico, facultativo.
doctor (to) ('dɔktəʳ) *t.* doctorar. *2* medicinar. *3* reparar, componer. *4* adulterar, amañar.
doctorate ('dɔktərit) *s.* doctorado.
doctrine ('dɔktrin) *s.* doctrina.
document ('dɔkjumənt) *s.* documento.
document (to) ('dɔkjumənt) *t.* documentar.
dodder (to) ('dɔdəʳ) *i.* temblar.
dodge (dɔdʒ) *s.* regate. *2* argucia, artificio.
dodge (to) (dɔdʒ) *i.* hurtar el cuerpo, regatear; evitar, burlar.
dodger ('dɔdʒəʳ) *s.* tramposo.
doe (dou) *s.* ZOOL. gama; coneja; liebre o antílope hembra.
doer ('du(:)əʳ) *s.* autor, agente.
does (dʌz, dəz) V. TO DO.
doff (to) (dɔf) *t.* quitarse.
dog (dɔg) *s.* perro, perra, can: ~ ***days***, canícula; ~ ***in the manger***, perro del hortelano; ***hot*** ~, salchicha caliente.
dog (to) (dɔg) *t.* perseguir, seguir, espiar.
dogged ('dɔgid) *a.* terco, obstinado. *2* **-ly** *adv.* tercamente.
doggedness ('dɔgidnis) *s.* terquedad, tenacidad.
doggerel ('dɔgərəl) *s.* coplas de ciego, versos malos.
dogma ('dɔgmə) *s.* dogma.
dogmatic(al (dɔg'mætik(əl) *a.* dogmático.

doing ('du(:)iŋ) *ger.* de TO DO. *2 s. pl.* hechos, acciones.
doldrums ('dɔldrəmz) *s. pl.* calmas ecuatoriales: ***in the ~***, abatido.
doleful ('doulful)a *a.* doloroso, lastimero, lúgubre.
doll (dɔl) *s.* muñeca, muñeco.
dollar ('dɔlə^r) *s.* dólar. *2* peso [moneda].
dolly ('dɔli) *s.* muñequita.
dolphin ('dɔlfin) *s.* ZOOL. delfín.
dolt (doult) *s.* tonto, zote.
domain (də'mein) *s.* heredad, finca. *2* dominio, campo, esfera.
dome (doum) *s.* ARQ. cúpula.
domestic (də'mestik) *a.* doméstico. *2* casero. *3 s.* criado.
domesticate (to) (də'mestikeit) *t.* domesticar. *2* civilizar.
domicile ('dɔmisail) *s.* domicilio.
dominant ('dɔminənt) *a.* dominante.
dominate (to) ('dɔmineit) *t.-i.* dominar. *2 i.* predominar.
domination (ˌdɔmi'neiʃən) *s.* dominación.
domineer (to) (ˌdɔmi'niə^r) *i.-t.* dominar, tiranizar.
domineering (ˌdɔmi'niəriŋ) *a.* dominante, autoritario.
dominion (də'minjən) *s.* dominación, señorío, gobierno.
domino ('dɔminou) *s.* dominó [traje; pieza del juego]. *2 pl.* dominó [juego].
don (dɔn) *s.* don [tratamiento español]. *2* profesor de Oxford o Cambridge.
don (to) (dɔn) *t.* vestirse.
donate (to) (dou'neit) *t.* donar.
donation (dou'neiʃən) *s.* donación. *2* donativo; dádiva, don.
done (dʌn) *p. p.* de TO DO..
donkey ('dɔŋki) *s.* asno, burro.
donor ('dounə^r) *s.* donante.
doodle (to) ('du:dl) *t.-i.* garrapatear.
doom (du:m) *s.* sentencia, condena. *2* destino, suerte. *3* ruina, perdición. *4* juicio final.
doom (to) (du:m) *t.* condenar.
doomsday ('du:mzdei) *s.* día del juicio final.
door (dɔ:^r, dɔə^r) *s.* puerta: ***out of doors***, al aire libre. *2* portal.
door-bell (dɔ:bel) *s.* timbre.
door-case ('dɔ:keis) *s.* marco de la puerta.
door-keeper ('dɔ:ˌki:pə^r) *s.* portero.
door-knocker ('dɔ:ˌnɔkə^r) *s.* aldaba.
door-plate (d'dɔ:pleit) *s.* placa.
doorway ('dɔ:wei) *s.* puerta, entrada, portal.
dope (doup) *s.* droga, narcótico. *2* información.
dope (to) (doup) *t.* drogar, narcotizar.
dormant ('dɔ:mənt) *a.* durmiente. *2* inactivo, latente, secreto.
dormitory ('dɔ:mitri) *s.* dormitorio [de colegio, etc.].
dormouse ('dɔ:maus) *pl.* **dormice** ('dɔ:mais) *s.* ZOOL. lirón.
dorsal ('dɔ:səl) *a.* dorsal.
dose (dous) *s.* dosis, toma.
dose (to) (dous) *t.* medicinar, dar una toma a. *2* dosificar.
dot (dɔt) *s.* punto, señal: ***on the ~***, en punto [hora].
dot (to) (dɔt) *t.* poner punto a [la i]. *2* puntear, salpicar.
dotage ('doutidʒ) *s.* chochera.
dotard ('doutəd) *s.* viejo chocho.
dote (to) (dout) *i.* chochear.
double ('dʌbl) *a.* doble, duplo. *2* doble [de dos partes; insincero, ambiguo]: ***~ dealing***, doblez, falsía; ***~ entry***, COM. partida doble. *3 s.* doble. *4* duplicado. *5* doblez, pliegue. *6 adv.* doblemente.
double (to) ('dʌbl) *t.* doblar, duplicar. *2* redoblar, repetir. *3* doblar, plegar. *4* MAR. doblar [un cabo]. *5* CINEM. doblar.
doublet ('dʌblit) *s.* jubón. *2* par, pareja.
doubloon (dʌb'lu:n) *s.* doblón.
doubt (daut) *s.* duda. *2* incertidumbre. *3* objeción, reparo.
doubt (to) (daut) *t.-i.* dudar, dudar de. *2 t.* temer, sospechar.
doubtful ('dautful) *a.* dudoso. *2* indeciso. *3* incierto.
doubtless ('dautlis) *a.* indudable.
dough (dou) *s.* masa [del pan]. *2 fam.* pasta [dinero].
doughnut ('dounʌt) *s.* buñuelo.
doughty ('dauti) *a.* valiente.
doughy ('doui) *a.* pastoso, blando, crudo.
dour (duə^r) *a.* adusto. *2* terco.
douse (to) (daus) *t.* rociar, remojar. *2 t.-i.* zambullir(se.
dove (dʌv) *s.* palomo, paloma.
dove-cot ('dʌvkɔt) *s.* palomar.
dowager ('dauədʒə^r) *s.* viuda rica.
dowdy ('daudi) *a.* desaliñado.
dower ('dauə^r) *s.* dote; dotación.
down (daun) *s.* plumón. *2* bozo, vello. *3* pelusa. *4* duna. *5* loma. *6* ***ups and downs***, altibajos. *7 adv.-prep.* abajo, hacia abajo, por: ***~ the street***, calle abajo. *8* en sujeción. *9* completamente. *10 a.* pendiente, descendente. *11* decaído, enfermo: ***~ in the mouth***, cariacontecido. *12 a.-adv.* al contado. *13 interj.* ¡abajo!
down (to) (daun) *t.* derribar. *2* derrotar. *3* tragar. *4* bajar.
downcast ('daunkɑ:st) *a.* bajo [ojos, mirada]. *2* abatido.

downfall ('daunfɔ:l) *s.* caída [de agua o nieve]. *2 fig.* ruina.
down-hearted ('daun'hɑ:tid) *a.* abatido, desanimado.
downhill ('daun'hil) *s.* declive, bajada. *2 adv.* cuesta abajo.
downright ('daunrait) *a.* claro, categórico. *2* franco. *3* absoluto. *4 adv.* claramente.
downstairs ('daun'stɛəz) *adv.* abajo [en el piso inferior].
downward ('daunwəd) *a.* descendente. *2 adv.* DOWNWARDS.
downwards ('daunwədz) *adv.* hacia abajo: ***face*** ~, de bruces.
downy ('dauni) *a.* velloso.
dowry ('dauəri) *s.* dote.
doze (douz) *s.* sueño ligero.
doze (to) (douz) *i.* dormitar.
dozen ('dʌzn) *s.* docena.
dozy ('douzi) *a.* soñoliento.
drab (dræb) *s.* pardusco. *2* soso, monótono. *3* pazpuerca.
drabble (to) ('dræbl) *t.* enlodar.
draft, draught (drɑ:ft) *s.* acción de sacar. *2* corriente [de aire]. *3* tiro [de chimenea]. *4* inhalación, trago; bebida. *5* atracción, tracción, tiro. *6* redada. *7* trazado; boceto, dibujo; plano; borrador. *8* MIL. reclutamiento. *9* COM. giro, letra de cambio. *10* MAR. calado. *11 pl.* (Ingl.) ***draughts***, juego de damas. ¶ En las acepciones. *4* y *6* úsase de preferencia ***draught***.
draft, draught (to) (drɑ:ft) *t.* hacer el borrador de, redactar. *2* dibujar, bosquejar. *3* MIL. reclutar; destacar.
draftsman (drɑ:ftsmən) *s.* dibujante, delineante; redactor.
drag (dræg) *s.* rastra, grada. *2* narria. *3* traba, rémora. *4* ~ ***boat***, draga.
drag (to) (dræg) *t.* arrastrar. *2* rastrear, dragar. *3 i.* arrastrar. *4* arrastrarse, avanzar lentamente. *5* rezagarse.
draggled ('drægld) *a.* enlodado.
dragon ('drægən) *s.* dragón.
dragon-fly ('drægənflai) *s.* ENT. libélula.
dragoon (drə'gu:n) *s.* MIL. dragón.
dragoon (to) (drə'gu:n) *t.* intimidar, perseguir.
drain (drein) *s.* drenaje. *2* desagüe. *3* alcantarilla; zanja.
drain (to) (drein) *t.* sacar, apurar, escurrir. *2* vaciar, empobrecer, sangrar. *3* enjugar. *4* desecar, avenar. *5 i.* vaciarse.
drainage ('dreinidʒ) *s.* desagüe. *2* avenamiento. *3* drenaje.
drake (dreik) *s.* pato [macho].
drama ('drɑ:mə) *s.* drama.
dramatic (drə'mætik) *a.* dramático.
dramatist ('dræmətist) *s.* dramaturgo.
dramatize (to) ('dræmətaiz) *t.* dramatizar.
drank (dræŋk) V. TO DRINK.
drape (to) (dreip) *t.* cubrir con ropajes. *2* entapizar, adornar.
draper ('dreipə[r]) *s.* pañero.
drapery ('dreipəri) *s.* pañería. *2* ropaje, tapicería.
drastic ('dræstik) *a.* drástico. *2* enérgico, riguroso.
draught (drɑ:ft) *s.* DRAFT.
draught (to) (drɑ:ft) *t.* TO DRAFT.
draughtsman ('drɑ:ftsmæn) *s.* ficha [del juego de damas]. *2* DRAFTSMAN.
draw (drɔ:) *s.* arrastre, tracción, tiro. *2* atracción. *3* NAIPES robo. *4* empate. *5* sorteo; premio [en la lotería].
draw (to) (drɔ:) *t.* arrastrar, tirar de. *2* atraer. *3* persuadir, inducir. *4* hacer hablar, sonsacar. *5* sacar, retirar, obtener. *6* desenvainar [la espada]. *7* correr, descorrer [cortinas, etc.]. *8* chupar. *9* respirar, inhalar. *10* cobrar [un sueldo]. *11* COM. librar, girar. *12* echar [suertes]; sortear. *13* estirar. *14* dibujar, bosquejar. *15* redactar, extender. *16 i.* tirar [arrastrando]. *17* tirar [una chimenea, etc.]. *18* encogerse, contraerse. *19* estirarse, alargarse. *20* empatar. ¶ Pret.: ***drew*** (dru:); *p. p.*: ***drawn*** (drɔ:n).
drawback ('drɔ:bæk) *s.* inconveniente, desventaja.
drawbridge ('drɔ:bridʒ). *s.* puente levadizo.
drawee (drɔ'i:) *s.* COM. librado, girado.
drawer (drɔ:[r], drɔə[r]) *s.* cajón. *2* COM. librador. *3* dibujante. *4 pl.* calzoncillos; pantalones [de mujer].
drawing ('drɔ:iŋ) *s.* dibujo. *2* tracción, arrastre. *3* sorteo. *4* ~ ***room***, salón. *5* ~***-pin***, chincheta.
drawl (drɔ:l) *s.* enunciación lenta.
drawl (to) (drɔ:l) *t.-i.* arrastrar las palabras.
drawn (drɔ:n) *p. p.* de TO DRAW. *2 a.* de aspecto fatigado.
dread (dred) *s.* miedo, temor. *2 a.* temible, terrible.
dread (to) (dred) *t.-i.* temer [a], tener miedo [de].
dreadful ('dredful) *a.* terrible, espantoso. *2* horrible, repugnante. *3* **-ly** *adv.* terriblemente.
dream (dri:m) *s.* sueño, ensueño. *2* visión, quimera.

dream (to) (dri:m) *t.-i.* soñar ¶ Pret. y *p. p.*: ***dreamed*** o ***dreamt*** (dremt).
dreamer ('dri:məʳ) *s.* soñador.
dreamt (dremt) V. TO DREAM.
dreariness ('driərinis) *s.* tristeza, melancolía. *2* pesadez.
dreary ('driəri) *a.* triste, sombrío. *2* monótono, aburrido.
dredge (dredʒ) *s.* draga, rastra.
dredge (to) (dredʒ) *t.* dragar, rastrear. *2* espolvorear.
dredging ('dredʒiŋ) *s.* dragado.
dregs (dregz) *s. pl.* heces, sedimento. *2* madre [del vino].
drench (to) (drentʃ) *t.* mojar, calar, empapar.
dress (dres) *s.* vestido, indumentaria. *2* traje; hábito; vestido de mujer. *3* atavío, compostura.
dress (to) (dres) *t.* vestir, ataviar, adornar. *2* peinar, arreglar [el cabello]. *3* almohazar. *4* curar [las heridas]. *5* poner [la mesa]. *6* preparar, aderezar, guisar, almidonar; labrar [la piedra]. *7 i.* vestirse, ataviarse. *8* MIL. alinearse.
dresser ('dresəʳ) *s.* cómoda con espejo. *2* aparador de cocina.
dressing ('dresiŋ) *s.* acción de vestir(se. *2* arreglo, aderezo, adorno. *3* CIR. cura, vendaje. *4* ***dressing*** o ~ ***down***, rapapolvo, castigo. *5* ~ ***gown***, bata. *6* ~***-table***, tocador.
dressmaker ('dres,meikəʳ) *s.* modista, costurera.
drew (dru:) V. TO DRAW.
dribble ('dribl) *s.* gota. *2* baba. *3* regate.
dribble (to) ('dribl) *i.* gotear. *2* babear. *3 t.* FÚTBOL driblar, regatear.
dried (draid) V. TO DRY.
drier ('draiəʳ) *s.* secador.
drift (drift) *s.* lo arrastrado por el mar, el viento, etc. *2* corriente [de agua, de aire]. *3* MAR., AVIA. deriva. *4* rumbo, dirección, giro. *5* impulso. *6* intención, sentido. *7* ARQ. empuje.
drift (to) (drift) *t.* impeler, llevar, amontonar. *2 i.* flotar, ir a la deriva; dejarse arrastrar; amontonarse. *3* MAR., AVIA. derivar.
drill (dril) *s.* taladro. *2* ZOOL. mandril. *3* dril [tela]. *4* MIL. instrucción. *5* ejercicio.
drill (to) (dril) *t.* taladrar, perforar. *2* ejercitar. *3 i.* MIL. hacer la instrucción. *4* ejercitarse.
drink (driŋk) *s.* bebida. *2* trago: ***to take a*** ~, echar un trago.
drink (to) (driŋk) *t.* beber; beberse: ***to*** ~ ***someone's health***, brindar por uno. *2 i.* emborracharse.
drinkable ('driŋkəbl) *a.* potable.
drinking ('driŋkiŋ) *s.* bebida: ~***-bout***, borrachera: ~***-trough***, abrevadero: ~***-water***, agua potable.
drip (drip) *s.* goteo. *2* gotera.
drip (to) *i.* gotear, chorrear.
drive (draiv) *s.* paseo en coche. *2* calzada particular para coches. *3* energía, esfuerzo. *4* MEC. mando, transmisión.
drive (to) (draiv) *t.* impeler, impulsar, mover, llevar. *2* guiar, conducir. *3* ***to*** ~ ***away***, ahuyentar; disipar. *4* ***to*** ~ ***mad***, volver loco. *5 i.* conducir [un vehículo]. *6* ir en coche. ¶ Pret.: ***drove*** (drouv): *p. p.*: ***driven*** ('drivn).
drivel (to) ('drivl) *i.* babear. *2* decir tonterías.
driven ('drivn) *V.* TO DRIVE.
driver ('draivəʳ) *s.* conductor, carretero; chófer; maquinista.
driving ('draiviŋ) *s.* conducción. *2* impulso. *3 a.* motriz. *4* de conducción: ~ ***school***, escuela de chóferes; ~ ***mirror***, espejo retrovisor. *5* violento.
drizzle ('drizl) *s.* llovizna.
drizzle (to) ('drizl) *i.* lloviznar.
droll (droul) *a.* raro, cómico, chusco. *2 s.* bufón, chusco.
dromedary ('drʌmədəri) *s.* ZOOL. dromedario.
drone (droun) *s.* ENT. y *fig.* zángano. *2* zumbido.
drone (to) (droum) *t.* zumbar.
droop (dru:p) *s.* inclinación, caída.
droop (to) (dru:p) *t.-i.* inclinar(se, bajar(se. *2 i.* marchitarse.
drop (drɔp) *s.* gota [de líquido]. *2* JOY. pendiente. *3* confite. *4* caída. *5* declive.
drop (to) (drop) *t.* dejar caer, soltar, echar, verter: ***to*** ~ ***a hint***, soltar una indirecta. *2* abandonar, desistir de. *3* omitir. *4* tumbar, derribar. *5* ***to*** ~ ***a line***, poner unas líneas. *6 i.* gotear, chorrear. *7* caer, descender. *8* acabarse, cesar. *9* ***to*** ~ ***off***, decaer; quedar dormido; morir.
dropper ('drɔpəʳ) *s.* cuentagotas.
dropsy ('drɔpsi) *s.* hidropesía.
dross (drɔs) *s.* escoria.
drought (draut) *s.* sequía.
drove (drouv) V. TO DRIVE. *2 s.* manada, rebaño. *3* multitud, gentío.
drover ('drouvəʳ) *s.* ganadero.
drown (to) (draun) *t.-i* ahogar(se, anegar(se. *2 t.* inundar.
drowse (to) (drauz) *i.* dormitar.
drowsiness ('drauzinis) *s.* somnolencia, sopor, modorra.

drowsy ('drauzi) *a.* soñoliento.
drub (to) (drʌb) *t.* apalear.
drubbing ('drʌbiŋ) *s.* paliza.
drudge (drʌdʒ) *s.* persona abrumada de trabajo, esclavo.
drudge (to) (drʌdʒ) *i.* afanarse.
drudgery ('drʌdʒəri) *s.* reventadero, trabajo penoso.
drug (drʌg) *s.* droga; medicamento.
drug (to) (drʌg) *t.* narcotizar; medicinar. *2* tomar drogas.
druggist ('drʌgist) *s.* (Ingl.) droguero, farmacéutico; (E. U.) dueño de un DRUG-STORE.
drug-store ('drʌgstɔːʳ) *s.* (E. U.) tienda a la vez farmacia, perfumería, colmado, comedor, etc.
drum (drʌm) *s.* tambor: *~-major*, tambor mayor. *2* MEC. cilindro. *3* COM. bidón.
drum (to) (drʌm) *i.* tocar el tambor. *2* tabalear, tamborilear.
drumhead ('drʌmhed) *s.* parche [del tambor].
drumstick ('drʌm-stik) *s.* baqueta [de tambor].
drunk (drʌŋk) *p. p.* de TO DRINK. *2 a.* borracho, embriagado: *to get ~*, emborracharse.
drunkard ('drʌŋkəd) *s.* borrachín.
drunken ('drʌŋkən) *a.* borracho, embriagado.
drunkenness ('drʌnkənnis) *s.* embriaguez.
dry (drai) *a.* seco; árido: *dry-cleaning*, lavado a seco; *~ nurse*, niñera. *2* aburrido.
dry (to) (drai) *t.-i.* secar(se, enjugar(se.
dryness ('drainis) *s.* sequedad. *2* aridez.
dubious ('djuːbjəs) *a.* dudoso. *2* ambiguo, equívoco; sospechoso. *3* **-ly** *adv.* dudosamente.
dubiousness ('djuːbjəsnis) *s.* duda, incertidumbre.
ducal ('djuːkəl) *a.* ducal.
ducat ('dʌkət) *s.* ducado [moneda].
duchess ('dʌtʃis) *s.* duquesa.
duchy ('dʌtʃi) *s.* ducado [territorio].
duck (dʌk) *s.* ORN. ánade, pato. *2* ORN. pata. *3* agachada rápida, zambullida. *4* TEJ. dril.
duk (to) (dʌk) *t.-i.* zambullir(se. *2* agachar(se rápidamente.
duct (dʌkt) *s.* conducto, tubo.
ductile ('dʌktail) *a.* dúctil.
dudgeon ('dʌdʒən) *s.* resentimiento, enojo.
due (djuː) *a.* debido: *~ to*, debido a; *in ~ time*, a su debido tiempo. *2* COM. vencido, pagadero. *3* propio, conveniente. *4* [tren] que ha de llegar. *5 s.* deuda; merecido. *6 pl.* derechos [a pagar]. *7 adv.* exactamente; directamente.
duel ('dju(ː)əl) *s.* duelo, desafío.
duenna (dju(ː)'enə) *s.* dueña, señora de compañía.
duet (dju(ː)'et) *s.* dúo.
duffer ('dʌfəʳ) *s.* imbécil.
dug (dʌg) V. TO DIG. teta, ubre.
dug-out ('dʌgaut) *s.* piragua. *2* refugio subterráneo.
duke (djuːk) *s.* duque.
dukedom ('djuːkdəm) *s.* ducado.
dull (dʌl) *a.* embotado, obtuso, romo. *2* torpe, lerdo. *3* triste, sombrío. *4* aburrido, insulso. *5* apagado, mate, sordo. *6* nublado [tiempo]. *7* empañado, deslustrado.
dull (to) (dʌl) *t.* embotar. *2* hacer pesado. *3* apagar, amortiguar. *4* mitigar. *5* empañar. *6* ofuscar, ensombrecer.
dullness ('dʌlnis) *s.* embotamiento. *2* torpeza, estupidez. *3* pesadez. *4* desanimación.
duly (('djuːli) *adv.* debidamente. *2* puntualmente, a su tiempo.
dumb (dʌm) *a.* mudo, callado, sin habla. *2 ~ show*, pantomima.
dumbbell ('dʌmbel) *s.* pesa de gimnasia.
dumbfound (to) (dʌm'faund) *t.* confundir, dejar atónito.
dumbness ('dʌmnis) *s.* mudez, mutismo; silencio.
dummy ('dʌmi) *a.* falso, simulado. *2 s.* objeto simulado; maniquí; maqueta [de libro]. *3* BRIDGE muerto. *4* chupete.
dump (dʌmp) *s.* vertedero; depósito. *2 pl.* murria, melancolía.
dump (to) (dʌmp) *t.* vaciar de golpe, descargar, verter.
dumpy ('dʌmpi) *a.* bajo y gordo.
dun (dʌn) *a.* pardo. *2 s.* acreedor importuno.
dun (to) (dʌn) *t.* apremiar, perseguir.
dunce (dʌns) *s.* zote, ignorante.
dune (djuːn) *s.* duna.
dung (dʌŋ) *s.* estiércol: *~ hill*, estercolero.
dung (to) (dʌŋ) *t.* estercolar.
dungarees (ˌdʌngə'riːz) *s.* mono [prenda].
dungeon ('dʌndʒən) *s.* calabozo, mazmorra.
duo ('dju(ː)ou) *s.* MÚS. dúo.
dupe (djuːp) *s.* engañado. *2* incauto, primo.
dupe (to) (djuːp) *t.* engañar, embaucar.
duplicate ('djuːplikit) *a.-s.* duplicado.
duplicate (to) ('djuːplikeit) *t.* duplicar.
duplicity (dju(ː)'pliciti) *s.* duplicidad.

durability (ˌdjuərəˈbiliti) *s.* duración.
durable (ˈdjuərəbl) *a.* durable, duradero.
duration (djuəˈreiʃən) *s.* duración, permanencia.
duress (djuəˈres) *s.* coacción. *2* prisión, encierro.
during (ˈdjuəriŋ) *prep.* durante.
durst (dəːst) V. TO DARE.
dusk (dʌsk) *s.* crepúsculo, anochecida. *2* sombra, obscuridad.
dusky (ˈdʌski) *a.* obscuro, moreno, negruzco. *2* sombrío.
dust (dʌst) *s.* polvo: ~ ***coat***, guardapolvo [prenda]. *2* restos mortales. *3* polvareda. *4* trapatiesta, alboroto. *5* basura, barreduras: ~ ***bin***, cubo de la basura.
dust (to) (dʌst) *t.* desempolvar, quitar el polvo a. *2* espolvorear.
duster (ˈdʌstəʳ) *s.* paño, plumero, etc., para quitar el polvo.
dustman (ˈdʌstmən) *s.* basurero.
dusty (ˈdʌsti) *a.* polvoriento.
Dutch (dʌtʃ) *a.-s.* holandés.
dutiful (ˈdjuːtiful) *a.* obediente, respetuoso, solícito.
duty (ˈdjuːti) *s.* deber, obligación. *2* obediencia, respeto. *3* quehaceres; funciones [de un cargo]. *4* servicio, guardia: ***on*** ~, de servicio; ***to be off*** ~, estar libre de servicio; ***to do one's*** ~, cumplir con su deber. *5 pl.* derechos [de aduanas, etc.].
dwarf (dwɔːf) *a.-s.* enano, -na.
dwarf (to) (dwɔːf) *t.* impedir el crecimiento de. *2* empequeñecer, achicar.
dwarfish (ˈdwɔːfiʃ) *a.* enano, diminuto.
dwell (to) (dweel) *i.* habitar, morar, residir, vivir. *2* permanecer. *3* ***to*** ~ ***on*** o ***upon***, detenerse, hacer hincapié en. ¶ Pret., y *p. p.*: ***dwelt*** (dwelt).
dweller (ˈdweləʳ) *s.* habitante.
dwelling (ˈdweliŋ) *s.* morada, vivienda, casa, domicilio.
dwindle (to) (ˈdwindl) *i.* menguar, disminuirse; consumirse.
dye (dai) *s.* tintura, tinte, color.
dye (to) (dai) *t.-i.* teñir(se. *2 i.* teñirse.
dyer (ˈdaiəʳ) *s.* tintorero.
dying (ˈdaiiŋ) *ger.* de TO DIE. *2 a.* moribundo, agonizante. *3* mortal, perecedero.
dynamic (daiˈʒnæmik) *a.* dinámico.
dynamics (daiˈnæmiks) *s.* dinámica.
dynamite (ˈdainəmait) *s.* dinamita.
dynamo (ˈdainəmou) *s.* ELECT. dinamo.
dynastic (diˈnæstik) *a.* dinástico.
dynasty (ˈdinəsti) *s.* dinastía.
dysentery (ˈdisntri) *s.* disentería.
dyspepsia (disˈpepsiə) *s.* dispepsia.
dyspeptic (disˈpeptik) *a.* dispéptico.

E

each (i:tʃ) *a.-pr.* cada, todo: cada uno: *~ other*, uno a otro, los unos a los otros. *2 adv.* cada uno, por cabeza.
eager ('i:gəʳ) *a.* ávido, ansioso, anheloso. *2* ardiente, vehemente. *3* **-ly** *adv.* con afán.
eagerness ('i:gənis) *s.* avidez, ansia, afán, ardor, vehemencia.
eagle ('i:gl) *s.* águila.
ear (iəʳ) *s.* oreja: *up to the ears*, *fig.* hasta los ojos. *2* oído, oídos: *to give ~ to*, prestar oído a: *to play by ~*, tocar de oído. *3* BOT. espiga, mazorca [de cereal].
ear-ache ('iəreik) *s.* dolor de oídos.
ear-drum ('iədrʌm) *s.* ANAT. tímpano [del oído].
earl (ə:l) *s.* conde [título].
earldom (ə:ldəm) *s.* condado.
early ('ə:li) *a.* primitivo, antiguo, remoto. *2* próximo [en el futuro]. *3* precoz, temprano. *4 to be ~*, llegar temprano. *5 adv.* temprano, pronto.
earn (to) (e:n) *t.* ganar, merecer, lograr. *2* devengar.
earnest ('ə:nist) *a.* serio, formal. *2* sincero, ardiente. *3* celoso, diligente. *4 s.* seriedad: *in ~*, en serio. *5* señal, prenda. *6* **-ly** *adv.* seriamente, de veras.
earnestness ('ə:nistnis) *s.* seriedad, buena fe. *2* ahínco, ardor.
earnings ('ə:niŋz) *s. pl.* ganancias: sueldo, salario.
earpiece ('iəpi:s) *s.* auricular.
ear-ring ('iəriŋ) *s.* pendiente, arete.
earshot ('iə-ʃɔt) *s.* alcance del oído.
earth (ə:θ) *s.* tierra, barro. *2* tierra [mundo; país; suelo]. *3* madriguera. *4* ELECT. tierra.
earthen ('ə:θen) *a.* de barro.
earthenware ('ə:θən-wɛəʳ) *s.* ollería, vasijas de barro.
earthly ('ə:θli) *a.* terrestre. *2* terrenal. *3* mundano, carnal.
earthquake ('ə:θweik) *s.* terremoto.
earthwork ('ə:θ-wə:k) *s.* terraplén.
earthworm ('ə:θ-wə:m) *s.* lombriz de tierra.
earthy ('ə:θi) *a.* terroso, térreo.
earwig ('iəwig) *s.* ENT. tijereta.
ease (i:z) *s.* alivio, descanso. *2* tranquilidad. *3* comodidad, holgura, desahogo: *at ~*, a gusto. *4* facilidad, soltura.
ease (to) (i:z) *t.* aliviar, moderar. *2* descargar, desembarazar. *3* tranquilizar. *4* aflojar. *5 i. to ~ off* o *up*, moderarse.
easel ('i:zl) *s.* caballete [de pintor].
easiness ('i:zinis) *s.* comodidad, holgura. *2* facilidad. *3* soltura, desembarazo. *4* tranquilidad.
easily ('i:zili) *adv.* fácilmente.
east (i:st) *s.* este, oriente, levante. *2 a.* oriental, del este.
Easter ('i:stəʳ) *s.* Pascua de Resurrección.
easterly ('i:stəli) *a.* oriental. *2 adv.* al este, hacia el este.
eastern ('i:stən) *a.* oriental.
easy ('i:zi) *a.* fácil. *2* sencillo, natural. *3* cómodo, holgado: *~ chair*, sillón. *4* desembarazado, desenvuelto. *5 adv.* con calma.
easy-going ('i:zi,gouiŋ) *a.* comodón. *2* condescendiente.
eat (to) (i:t) *t.-i.* comer. *2* consumir, gastar. *3 to ~ away* o *into*, corroer; gastar: *to ~ up*, consumir, devorar, destruir. ¶ Pret.: *ate* (et, eit); *p. p.*: *eaten* (i:tn).
estable ('i:təbl) *a.* comestible. *2 s. pl.* comestibles.
eaten ('i:tn) *p. p.* de TO EAT.
eating-house ('i:tiŋhaus) *s.* bodegón, hostería..
eau-de-Cologne ('oudəkə'loun) *s.* agua de Colonia.
eaves (i:vz) *s. pl.* alero, socarrén.
eavesdrop (to) ('i:vzdrəp) *i.* escuchar detrás de las puertas.
ebb (eb) *s.* MAR. menguante, reflujo: *~-tide*, marea menguante.

ebb (to) (eb) *i.* menguar [la marea]. *2* decaer.
ebony ('ebəni) *s.* BOT. ébano.
ebullience (i'bʌl'jəns) *s.* ebullición, hervor, entusiasmo.
ebullient (i'bʌljənt) *a.* exuberante.
eccentric (ik'sentrik) *a.-s.* excéntrico. *2 s.* MEC. excéntrica.
eccentricity (,eksen'trisiti) *s.* excentricidad.
ecclesiastic (i,kli:ziæstik) *a.-s.* eclesiástico.
echo ('ekou) *s.* eco.
echo (to) ('ekou) *t.* hacer eco a. *2 i.* repercutir, resonar.
eclectic (ek'lektik) *a.* ecléctico.
eclipse (i'klips) *s.* eclipse.
eclipse (to) (i'klips) *t.* eclipsar.
eclogue ('eklɔg) *s.* égloga.
economic(al (,i:kə'nɔmik, -əl) *a.* económico.
economics (,i:kə'nɔmiks) *s.* economía [ciencia].
economist (i'kɔnəmist) *s.* economista.
economize (to) (i:'kɔnəmaiz) *t.-i.* economizar, ahorrar.
economy (i'kɔnəmi) *s.* economía.
ecstasy ('ekstəsi) *s.* éxtasis.
ecumenic(al (i:kju:'menik, -əl) *a.* ecuménico.
eddy ('edi) *s.* remolino.
eddy (to) ('edi) *i.* arremolinarse.
edge (edʒ) *s.* filo, corte. *2* canto, borde, esquina. *3* margen, orilla. *4* ribete, pestaña. *5* DEP. ventaja. *6* ***to set the teeth on*** ~, dar dentera. *7* ***on*** ~, de canto: *fig.* impaciente.
edge (to) (edʒ) *t.* afilar, aguzar. *2* ribetear; orlar, rodear. *3 t.-i.* moverse poco a poco.
edgeways ('edʒweiz), **edgewise** (waiz)*adv.* de filo, de lado.
edging ('edʒiŋ) *s.* ribete, guarnición.
edible ('edibl) *a.-s.* comestible.
edict ('i:dikt) *s.* edicto, decreto.
edification (,edifi'keiʃən) *s.* edificación [moral].
edifice ('edifis) *s.* edificio.
edify (to) ('edifai) *t.* edificar moralmente.
edit (to) ('edit) *t.* revisar, preparar para la publicación. *2* redactar, dirigir [un periódico].
edition (i'diʃən) *s.* edición.
editor ('editəʳ) *s.* director, redactor [de una publicación].
editorial (,edi'tɔ:riəl) *a.* de dirección o redacción: ~ ***staff***, redacción [de un periódico]. *2 s.* editorial, artículo de fondo.
educate (to) (e'djukeit) *t.* educar. *2* enseñar, instruir.
educated ('edjukeitid) *a.* educado, instruido, culto.
education (,edju:'keiʃən) *s.* educación. No tiene el sentido de urbanidad. *2* enseñanza.
educational (,edju(:)keiʃənl) *a.* educativo. *2* docente. *3* cultural.
educator ('edju:keitəʳ) *s.* educador, pedagogo.
eel (i:l) *s.* ICT. anguila.
eerie, eery ('iəri) *a.* terrible, misterioso, fantástico.
efface (to) (i'feis) *t.* borrar.
effect (i'fekt) *s.* efecto. No tiene el sentido de efecto mercantil ni del que se da a una pelota. *2* ***to take*** ~, producir su efecto; entrar en vigor. *3* ***in*** ~, de hecho. *4* ***to the*** ~ ***that***, en el sentido de que. *5 pl.* efectos, bienes.
effect (to) (i'fekt) *t.* efectuar, realizar.
effective (i'fektiv) *a.* efectivo. .
effectual (i'fektjuəl) *a.* eficaz.
effectuate (to) (i'fektjueit) *t.* efectuar, realizar.
effeminacy (i'ffeminəsi) *s.* afeminación.
effeminate (i'feminit) *a.* afeminado.
effervesce (to) (,efə'ves) *i.* hervir.
effervescence (,efə'vesns) *s.* efervescencia.
effervescent (,efə'vesənt) *a.* efervescente. *2* decadente.
effete (e'fi:t) *a.* gastado, agotado.
efficacious (,efi'keiʃəs) *a.* eficaz.
efficacy ('efikəsi) *s.* eficacia.
efficient (i'fiʃənt) *a.* eficiente. *2* capaz, competente.
effigy ('efidʒi) *s.* efigie, imagen.
effort ('efət) *s.* esfuerzo. *2* obra, trabajo.
effrontery (e'frʌntəri) *s.* descaro, desfachatez.
effulgence ('efʌldʒəns) *s.* fulgor, resplandor.
effulgent (ə'fʌldʒənt) *a.* resplandeciente.
effusion (i'fju:ʒən) *s.* efusión.
effusive (i'fju:siv) *a.* efusivo.
egg (eg) *s.* huevo: ***boiled*** ~, huevo pasado por agua: ***fried*** ~, huevo frito: ***hard-boiled*** ~, huevo duro; ***new-laid*** ~, huevo fresco.
egg (to) (eg) *t.* cubrir con huevo. *2* ***to*** ~ ***on***, incitar, instigar.
egg-cup ('egkʌp) *s.* huevera.
egg-plant ('egplɑ:nt) *s.* berenjena.
eggshell ('egʃəl) *s.* cáscara de huevo, cascarón.
egoist ('əgouist) *s.* egoísta.
egotism ('egoutizəm) *s.* egotismo.

egregious ((i'gri:dʒəs) *a.* insigne.
egress ('i:gres) *s.* salida.
Egyptian (i'dʒipʃən) *a.-s.* egipcio.
eiderdown ('aidədaun) *s.* edredón.
eight (eit) *a.-s.* ocho.
eighteen ('ei'ti:n) *a.-s.* dieciocho.
eighteenth ('ei'ti:nθ) *a.* decimoctavo.
eighth (eitθ) *a.-s.* octavo.
eightieth ('eitiiθ) *a.-s.* octogésimo.
eighty ('eiti) *a.-s.* ochenta.
either ('aiðə', 'i:ðə') *a.-pr.* [el] uno o [el] otro; [el] uno y [el] otro. *2 adv.* también; [con negación] tampoco. *3 conj.* ~ ... *or*, o ... *o*.
ejaculate (to) (i'dʒækjuleit) *t.* eyacular. *2* exclamar, proferir.
eject (to) (i:'dʒekt) *t.* arrojar, expeler. *2* echar fuera, expulsar.
eke out (to) (i:k aut) *t.* añadir, aumentar [con dificultad].
elaborate (i'læbərit) *a.* trabajado, detallado. *2* complicado, recargado. *3* suntuoso.
elaborate (to) (i'læbəreit) *t.* elaborar. *2 i.* extenderse, detallar.
elapse (to) (i'læps) *i.* pasar, transcurrir [un tiempo].
elastic (i'læstik) *a.-s.* elástico.
elate(d (i'leit(id) *a.* triunfante, gozoso. *2* engreído.
elation (i'leiʃən) *s.* elación. *2* júbilo, alborozo.
elbow ('elbou) *s.* codo: ***at one's*** ~, al lado. *2* recodo. *3* tubo acodado. *4* brazo [de sillón].
elbow (to) ('elbov) *t.* empujar con el codo. *2* ***to*** ~ ***one's way***, abrirse paso a codazos.
elder ('eldə') *a.* mayor [en edad]. *2 s.* persona mayor. *3* saúco.
elderly ('eldəli) *a.* mayor, anciano.
eldest ('eldist) *a. superl.* mayor [en edad]. *2* primogénito.
elect (i'lekt) *a.* elegido, escogido. *2* electo. *3 s.* TEOL. elegido.
elect (to) (i'lekt) *t.* elegir.
election (i'lekʃən) *s.* elección.
elective (i'lektiv) *a.* electivo.
elector (i'lektə') *s.* elector.
electric(al (i'lektrik(əl) *a.* eléctrico. *2 fig.* electrizante.
electrician (ilek'triʃən) *s.* electricista.
electricity (ilek'trisiti) *s.* electricidad.
electrify (to) (i'lektrifai) *t.* electrizar. *2* electrificar.
electrocute (to) (i'lektrəkju:t) *t.* electrocutar.
electrode (i'lektroud) *s.* electrodo.
electron (i'lektrən) *s.* electrón.
electronic (ilek'trənik) *a.* electrónico.
electroplate (to) (i'lektroupleit) *t.* galvanizar.
elegance ('eligəns) *s.* elegancia.
elegant ('eligənt) *a.* elegante.
elegy ('elidʒi) *s.* elegía.
element ('elimənt) *s.* elemento. *2 pl.* elementos [rudimentos; fuerzas naturales].
elementary (,eli'mentəri) *a.* elemental: ~ ***education***, enseñanza primaria.
elephant ('elifənt) *s.* ZOOL. elefante.
elevate (to) ('eliveit) *t.* elevar, levantar, alzar. *2* engrandecer.
elevation (,eli'veiʃən) *s.* elevación. *2* exaltación. *3* altura. *4* GEOGR. altitud. *5* ARQ., DIB. alzado.
elevator ('eliveitə') *s.* elevador. *2* montacargas. *3* (E. U.) ascensor. *4* (Ingl.) escalera mecánica. *5* almacén de granos.
eleven (i'levn) *a.-s.* once.
eleventh (i'levnθ) *a.* undécimo.
elf (elf) *s.* duende. *2* diablillo.
elicit (to) (i'lisit) *t.* sacar, arrancar, sonsacar.
elide (to) (i'laid) *t.* elidir.
eligible ('elidʒəbl) *a.* elegible.
eliminate (to) (i'limineit) *t.* eliminar.
elimination (i,limi'neiʃən) *s.* eliminación.
elision (i'liʒən) *s.* elisión.
elite (ei'li:t) *s.* flor y nata, lo mejor.
elixir (i'liksə') *s.* elixir.
elk (elk) *s.* ZOOL. ante, alce.
ellipse (i'lips) *s.* GEOM. elipse.
ellipsis (i'lipsis) *s.* GRAM. elipsis.
elliptic(al (i'liptik,-əl) *a.* elíptico.
elm (elm) *s.* BOT. olmo.
elocution (,elə'kju:ʃən) *s.* elocución, declamación.
elongate (to) ('i:ləŋgeit) *t.-i.* alargar(se, extender(se.
elongation (,i:ləŋ'geiʃən) *s.* alargamiento; extensión.
elope (to) (i'loup) *i.* fugarse [con un amante].
elopement (i'loupmənt) *s.* fuga, rapto.
eloquence ('eləkwəns) *s.* elocuencia.
eloquent ('eləkwənt) *a.* elocuente.
else (els) *a.* más, otro: ***nobody*** ~, nadie más. *2 adv.* de otro modo. *3 conj.* si no.
elsewhere ('els'wεə') *adv.* en [cualquier] otra parte.
elucidate (to) (i'lu:sideit) *t.* elucidar, dilucidar.
elude (to) (i'lu:d) *t.* eludir, huir, evitar.
elusive (i'lu:siv) *a.* huidizo, esquivo. *2* vago, impalpable.
emaciate (to) (i'meiʃieit) *t.-i.* enflaquecer(se, adelgazar(se.
emaciation (i,meisi'eiʃən) *s.* demacración.

emanate (to) ('emәneit) *i.* emanar, proceder.
emanation (ˌemә'neiʃәn) *s.* emanación.
emancipate (to) (i'mænsipeit) *t.* emancipar. *2* libertar.
emancipation (iˌmænsi'peiʃәn) *s.* emancipación.
emasculate (i'mæskjulit) *a.* castrado; afeminado.
emasculate (to) (i'mæskjuleit) *t.* castrar.
embalm (to) (im'bɑ:m) *t.* embalsamar.
embankment (im'bæŋkmәnt) *s.* terraplén, dique, presa.
embargo (em'bɑ:gou) *s.* embargo [de buques o mercancías].
embark (to) (im'bɑ:k) *t.-i.* embarcar(se.
embarkation (ˌembɑ:'keiʃәn) *s.* embarco, embarque.
embarrass (to) (im'bærәs) *t.* turbar, desconcertar. *2* embarazar, estorbar. *3* poner en apuros.
embarrassment (im'bærәsmәnt) *s.* turbación, copromiso. *2* embarazo, estorbo. *3* apuros, dificultades.
embassy ('embәsi) *s.* embajada.
embattle (to) (im'bætl) *t.* formar en batalla. *2* almenar.
embed (to) (im'bed) *t.* encajar, empotrar, incrustar.
embellish (to) (im'beliʃ) *t.* embellecer, hermosear, adornar.
embellishment (im'beliʃmәnt) *s.* embellecimiento. *2* adorno.
ember ('embәʳ) *s.* ascua, pavesa.
embezzle (to) (im'bezl) *t.* desfalcar [apropiarse].
embezzlement (im'bezlmәnt) *s.* desfalco, peculado.
embitter (to) (im'bitәʳ) *t.* amargar. *2* enconar.
emblem ('emblәm) *s.* emblema. *2* símbolo, signo.
embodiment (im'bɔdimәnt) *s.* encarnación. *2* incorporación.
embody (to) (im'bɔdi) *t.* encarnar, personificar. *2* incorporar, incluir, englobar.
embolden (to) (im'bouldәn) *t.* animar, envalentonar.
embolism ('embәlizәm) *s.* MED. embolia.
emboss (to) (im'bɔs) *t.* repujar, estampar en relieve.
embrace (im'breis) *s.* abrazo.
embrace (to) (im'breis) *t.-i.* abrazar(se. *2* *t.* abarcar. *3* adoptar.
embrasure (im'breiʒәʳ) *s.* cañonera, tronera. *2* alféizar.
embrocation (ˌembrou'keiʃәn) *s.* embrocación.
embroider (to) (im'brɔidәʳ) *t.* bordar, recamar. *2* adornar.
embroidery (im'brɔidәri) *s.* bordado, bordadura, recamado.
embroil (to) (im'brɔil) *t.* embrollar, enredar.
embryo ('embriou) *s.* embrión.
emend (to) (i:'mend) *t.* enmendar, corregir.
emendation (ˌi:men'deiʃәn) *s.* enmienda.
emerald ('emәrәld) *s.* esmeralda.
emerge (to) (i'mә:dʒ) *i.* emerger. *2* salir, aparecer, surgir.
emergence (i'mә:dʒәns) *s.* emergencia; salida, aparición.
emergency (i'mә:dʒәnsi) *s.* emergencia, apuro, caso de necesidad; urgencia.
emery ('emәri) *s.* esmeril.
emigrant ('emigrәnt) *s.* emigrante, emigrado.
emigrate (to) ('emigreit) *i.* emigrar.
emigration (ˌemi'greiʃәn) *s.* emigración.
eminence ('eminәns) *s.* eminencia, altura. *2* distinción. *3* eminencia [título].
eminent ('eminәnt) *a.* eminente. *2* relevante; manifiesto.
emir (e'miәʳ) *s.* emir.
emissary ('emisәri) *s.* emisario, agente secreto, espía.
emission (i'miʃәn) *s.* emisión. No en emisión de radio.
emit (to) (i'mit) *t.* emitir.
emolument (i'mɔljumәnt) *s.* emolumento.
emotion (i'mouʃәn) *s.* emoción.
emotional (i'mouʃәnl) *a.* emotivo.
emperor ('empәrәʳ) *s.* emperador.
emphasis ('emfәsis) *s.* énfasis. *2* insistencia, intensidad.
emphasize (to) ('emfәsaiz) *t.* dar énfasis a. *2* recalcar, acentuar, insistir en, poner de relieve.
emphatic(al (im'fætik, -әl) *a.* enfático. *2* enérgico, fuerte.
empire ('empaiәʳ) *s.* imperio.
empiric (emp'pirik) *a.-s.* empírico.
empiricism (em'pirisizәm) *s.* empirismo.
emplacement (im'pleismәnt) *s.* emplazamiento, situación.
employ (im'plɔi) *s.* empleo, servicio, ocupación.
employ (to) (im'plɔi) *t.* emplear. *2* colocar, ocupar.
employee (ˌemplɔi'i:) *s.* empleado, dependiente.
employer (im'plɔiәʳ) *s.* patrón, amo, jefe.
employment (im'plɔimәnt) *s.* empleo. *2* trabajo, colocación.
emporium (em'pɔ:riәm) *s.* emporio.
empower (to) (im'pauәʳ) *t.* autorizar, facultar, dar poder.

empress ('empris) *s.* emperatriz.
emptiness ('emptinis) *s.* vacío, vacuidad. *2* futilidad, vanidad.
empty ('empti) *a.* vacío. *2* vacante. *3* vacuo, vano. *4* frívolo.
empty (to) ('empti) *t.* vaciar, evacuar. *2* descargar, verter. *3 i.* vaciarse. *4* desaguar.
empty-headed ('empti'hedid) *a.* tonto.
emulate (to) ('emjuleit) *t.* emular. *2* rivalizar con.
emulation (,emju'leiʃən) *s.* emulación, rivalidad.
emulsion (i'mʌlʃən) *s.* emulsión.
enable (to) (i'neibl) *t.* habilitar, facultar. *2* facilitar.
enact (to) (i'nækt) *t.* aprobar y sancionar [una ley]. *2* TEAT. representar [una escena]; desempeñar [un papel].
enactment (i'næktmənt) *s.* ley, estatuto. *2* ejecución.
enamel (i'næməl) *s.* esmalte.
enamel (to) (i'næməl) *t.* esmaltar. *2* charolar.
enamo(u)r (to) (i'næməʳ) *t.* enamorar.
encage (to) (in'keidʒ) *t.* enjaular.
encamp (to) (in'kæmp) *t.-i.* acampar.
encampment (in'kæmpmənt) *s.* campamento.
encase (to) (in'keis) *t.* encajonar.
enchain (to) (in'tʃein) *t.* encadenar.
enchant (to) (in'tʃɑ:nt) *t.* encantar, hechizar. *2* deleitar.
enchanter (in'tʃɑ:ntəʳ) *s.* encantador, hechicero.
enchanting (in'tʃɑ:ntiŋ) *a.* encantador, embelesador.
enchantment (in'tʃɑ:ntmənt) *s.* encantamiento, hechicería. *2* encanto, hechizo, embeleso.
enchantress (in'tʃɑ:ntris) *s.* encantadora, hechicera.
encircle (to) (in'sə:kl) *t.* abrazar, ceñir. *2* rodear, cercar.
enclose (to) (in'klouz) *t.* cercar, rodear. *2* adjuntar, incluir.
enclosure (in'klouʒəʳ) *s.* cercamiento. *2* cerca, vallado, reja. *3* cercado, coto. *4* documento que acompaña a una carta.
encomium (en'koumiəm) *s.* encomio.
encompass (to) (in'kʌmpəs) *t.* cercar, circundar. *2* abarcar.
encore (ɔŋ'kɔ:) *interj.* ¡que se repita! *2 s.* TEAT. repetición.
encounter (in'kauntəʳ) *s.* encuentro. *2* choque, combate.
encounter (to) (in'kauntəʳ) *t.* encontrar, tropezar con. *2* combatir, luchar con. *3 i.* encontrarse, entrevistarse. *4* luchar.
encourage (to) (in'kʌridʒ) *t.* alentar, animar. *2* incitar. *3* estimular, fomentar.
encouragement (in'kʌridʒmənt) *s.* aliento, ánimo. *2* estímulo.
encroach (to) (in'kroutʃ) *i.* pasar los límites de, invadir, abusar. | Gralte. con ***on*** o ***upon***.
encroachment (in'kroutʃmənt) *s.* usurpación, abuso, intromisión.
encumber (to) (in'.βgʌmbəʳ) *t.* embarazar, estorbar. *2* cargar.
encumbrance (in'kʌmbrəns) *s.* embarazo, estorbo. *2* carga.
encyclop(a)edia (en,saiklou'pi:djə) *s.* enciclopedia.
end (end) *s.* fin, cabo, extremo: ***on ~***, derecho; de punta, erizado; seguido, consecutivo. *2* cabo, colilla. *3* conclusión, muerte: ***to come to an ~***, acabarse; ***to make an ~ of***, acabar con; ***at the ~ of***, a fines de; ***in the ~***, al fin. *4* fin, objeto: ***to the ~ that***, a fin de que. *5* resultado: ***to no ~***, en vano. *6* FÚTBOL extremo.
end (to) (end) *t.* acabar, terminar. *2 i.* acabar, finalizar: ***to ~ in***, acabar en. *3* morir. *4* ***to ~ by***, acabar por.
endanger (to) (in'deindʒeʳ) *t.* poner en peligro, comprometer.
endear (to) (in'diəʳ) *t.* hacer amar, hacer querido o amado.
endearing (in'diəriŋ) *a.* cariñoso.
endearment (in'diəmənt) *s.* expresión cariñosa, terneza.
endeavo(u)r (in'devəʳ) *s.* esfuerzo, empeño, tentativa.
endeavo(u)r (to) (in'devəʳ) *i.* esforzarse, empeñarse, procurar.
ending ('endiŋ) *s.* fin, final, conclusión. *2* GRAM. terminación.
endive ('endiv) *s.* BOT. escarola.
endless ('endlis) *a.* inacabable, interminable. *2* continuo.
endorse (to) (in'dɔ:s) *t.* endosar. *2* confirmar. *3* autorizar.
endorsee (,endɔ:'si:) *s.* endosado, endosatario.
endorsement (in'dɔ:smənt) *s.* endoso.
endorser (in'dɔ:səʳ) *s.* endosador.
endow (to) (in'dau) *t.* dotar [una fundación; de cualidades].
endowment (in'daumənt) *s.* dotación, fundación. *2* dotes.
endurance (in'djuərəns) *s.* sufrimiento. *2* resistencia, aguante.
endure (to) (in'djuəʳ) *t.* soportar, sufrir, resistir. *2 i.* durar.
enduring (in'djuəriŋ) *a.* paciente, sufrido, resistente. *2* durable.

endways ('endweiz), **endwise** (-waiz) *adv.* de punta, de pie, derecho. *2* longitudinalmente.

enemy ('enimi) *s.* enemigo.

energetic(al (ˌenəˈdʒetik, -əl) *a.* enérgico, vigoroso.

energy ('enədʒi) *s.* energía.

enervate (to) ('enə:veit) *t.* enervar, debilitar.

enervating ('enə:veitiŋ) *a.* enervante, enervador.

enfeeble (to) (in'fi:bl) *t.* debilitar, enervar.

enfold (to) (in'fould) *t.* envolver. *2* abrazar.

enforce (to) (in'fɔ:s) *t.* hacer cumplir [una ley, etc.]. *2* imponer [obediencia, etc.].

enfranchise (to) (in'fræntʃaiz) *t.* manumitir. *2* conceder privilegios o derechos políticos.

engage (to) (in'geidʒ) *t.* comprometer, empeñar. *2* tomar, contratar. *3* ocupar, absorber. *4* trabar [batalla, conversación]. *5 i.* comprometerse, obligarse: ***engaged couple***, novios. *6* ocuparse. *7* MEC. engranar, encajar.

engagement (in'geidʒmənt) *s.* compromiso, cita. *2* palabra de casamiento; noviazgo. *3* ajuste, contrato. *4* MIL. encuentro, combate. *5* MEC. engranaje.

engaging (in'geidʒiŋ) *a.* atractivo, simpático.

engender (to) (in'dʒendəʳ) *t.* engendrar.

engine ('endʒin) *s.* máquina, motor; locomotora: ~ ***driver***, FERROC. maquinista; ***steam-***~, máquina de vapor.

engineer (ˌendʒi'niəʳ) *t.* ingeniero. *2* (E. U.) maquinista.

engineer (to) (ˌendʒiniəʳ) *t.* proyectar. *2* arreglar.

engineering ('endʒi'niəriŋ) *s.* ingeniería. *2* dirección, manejo.

English ('iŋgliʃ) *a.* y *s.* inglés: ~ ***Channel***. GEOGR. Canal de la Mancha; ~***man***, inglés [hombre]; ~***woman***, inglesa.

engrave (to) (in'greiv) *t.* grabar, cincelar.

engraver (in'greivəʳ) *s.* grabador.

engraving (in'greiviŋ) *s.* grabado. *2* lámina, estampa.

engross (to) (in'grous) *t.* absorber. *2* poner en limpio.

engulf (to) (in'gʌlf) *t.* engolfar, sumergir, sumir.

enhance (to) (in'hɑ:ns) *t.* acrecentar, realzar. *2* encarecer.

enigma (i'nigmə) *s.* enigma.

enigmatic (ˌenig'mætik) *a.* enigmático.

enjoin (to) (in'dʒɔin) *t.* mandar, ordenar, prescribir, encargar.

enjoy (to) (in'dʒɔi) *t.* gozar o disfrutar de: ***to ~ oneself***, divertirse, deleitarse.

enjoyable (in'dʒɔiəbl) *a.* agradable, deleitable.

enjoyment (in'dʒɔimənt) *s.* goce, disfrute; uso, usufructo. *2* fruición. *3* gusto, placer, solaz.

enlarge (to) (in'lɑ:dʒ) *t.-i.* agrandar(se; aumentar. *2* ampliar(se. *3* ***to ~ upon***, extenderse [sobre un tema].

enlargement (in'lɑ:dʒmənt) *s.* agrandamiento, ensanchamiento, extensión. *2* FOT. ampliación.

enlighten (to) (in'laitn) *t.* iluminar, alumbrar. *2* ilustrar.

enlightened (in'laitənd) *a.* ilustrado, culto.

enlightenment (in'laitnmənt) *s.* ilustración, cultura.

enlist (to) (in'list) *t.* alistar. *2 i.* alistarse, sentar plaza.

enliven (to) (in'laivn) *t.* avivar, animar, alegrar.

enmesh (to) (in'meʃ) *t.* coger en la red.

enmity ('enmiti) *s.* enemistad.

ennoble (to) (i'noubl) *t.* ennoblecer.

enormity (i'nɔ:miti) *s.* enormidad.

enormous (i'nɔ:məs) *a.* enorme. *2* **-ly** adv. enormemente

enough (i'nʌf) *a.* bastante, suficiente. *2 adv.* bastante.

enquire (to) = TO INQUIRE

enrage (to) (in'reidʒ) *t.* enfurecer, encolerizar, exasperar.

enrapture (to) (in'ræptʃəʳ) *t.* arrebatar, entusiasmar, extasiar.

enrich (to) (in'ritʃ) *t.* enriquecer. *2* AGR. fertilizar.

enrol(l (to) (in'roul) *t.* alistar, matricular. *2 i.* alistarse.

enrol(l) ment (in'roulmənt) *s.* alistamiento, empadronamiento.

enshrine (to) (in'ʃrain) *t.* guardar como reliquia.

enshroud (to) (in'ʃraud) *t.* amortajar. *2* envolver, ocultar.

ensing ('ensain: in the navy, ensn) *s.* bandera, pabellón, enseña. *2* insignia. *3* (E. U.) alférez [de marina]. *4* ***ensign-bearer***, abanderado.

enslave (to) (in'sleiv) *t.* esclavizar.

enslavement (in'sleivmənt) *s.* avasallamiento. *2* esclavitud.

ensnare (to) (in'snɛəʳ) *t.* entrampar; tender un lazo a.

ensue (to) (in'sju:) *i.* seguir, suceder. *2* seguirse, resultar.

ensure (to) (in'ʃuəʳ) *t.* asegurar.
entail (in'teil) *s.* vinculación.
entail (to) (in'teil) *t.* vincular [bienes]. *2* ocasionar.
entangle (to) (in'tæŋgl) *t.* enredar, enmarañar.
enter (to) ('entəʳ) *t.* entrar en o por. *2* inscribirse para. *3* meter. *4* anotar. *5 i.* entrar. *6* ingresar.
enterprise ('entəpraiz) *s.* empresa. *2* energía, resolución.
enterprising ('entəpraiziŋ) *a.* emprendedor.
entertain (to) (ˌentə'tein) *t.* entretener, divertir. *2* hospedar, agasajar. *3* tomar en consideración. *4* tener, abrigar [ideas, sentimientos]. *5 i.* recibir huéspedes, dar comidas o fiestas.
entertainer (ˌentə'teinəʳ) *s.* anfitrión. *2* actor, músico.
entertainig (ˌentə'teiniŋ) *a.* divertido.
entertainment (ˌentə'teinmənt) *s.* acogida, hospitalidad; fiesta. *2* entretenimiento, diversión; función, espectáculo.
enthral(l (to) (in'θrɔ:l) *t.* hechizar, cautivar.
enthrone (to) (in'θroun) *t.* entronizar.
enthuse (to) (in'θju:z) *i. fam. **to ~ over**,* entusiasmarse por.
enthusiasm (in'θju:ziæezəm) *s.* entusiasmo.
enthusiast (in'θju:ziæst) *s.* entusiasta.
enthusiastic(al (in'θju:zi'æstik-əl) *a.* entusiástico.
entice (to) (in'tais) *t.* atraer, tentar, incitar.
enticement (in'taismənt) *s.* tentación. *2* atractivo. *3* seducción.
enticer (in'taisəʳ) *s.* tentador, seductor.
entire (in'taiəʳ) *a.* entero, completo, íntegro. *2* **-ly** *adv.* enteramente.
entirety (in'taiəti) *s.* totalidad.
entitle (to) (in'taitl) *t.* titular. *2* dar derecho a, autorizar.
entity ('entiti) *s.* entidad, ser.
entomology ('entə'mɔlədʒi) *s.* entomología.
entourage (ˌɔntu'rɑ:ʒ) *s.* medio ambiente. *2* séquito, cortejo.
entrails ('entreilz) *s. pl.* entrañas, vísceras.
entrance ('entrəns) *s.* entrada, acceso, ingreso: ***no ~***, se prohíbe la entrada. *2* puerta, zaguán. *3* boca, embocadura.
entrance (to) (in'trɑ:ns) *t.* extasiar, hechizar.
entrap (to) (in'træp) *t.* entrampar, atrapar, engañar.
entreat (to) (in'tri:t) *t.-i.* suplicar, rogar, implorar.
entreaty (in'tri:ti) *s.* súplica, ruego, instancia.
entrench (to) (in'trentʃ) *t.* atrincherar.
entrenchment (in'trentʃmənt) *s.* trinchera.
entrust (to) (in'trʌst) *t.* confiar, dejar al cuidado de.
entry ('entri) *s.* entrada, ingreso. *2* puerta, vestíbulo, zaguán. *3* asiento, anotación. *4* artículo [de diccionario].
entwine (to) (in'twain) *t.* entrelazar. *2* enroscar. *3* abrazar.
ennumerate (to) (i'nju:məreit) *t.* enumerar. *2* contar, numerar.
enumeration (iˌnju:mə'reiʃən) *s.* enumeración.
enunciate (to) ('nʌnsieit) *t.* enunciar. *2* pronunciar.
enunciation (iˌnʌnsi'eiʃən) *s.* enunciación.
envelop (to) (in'veləp) *t.* envolver, cubrir, forrar.
envelope ('enviloup) *s.* sobre [de carta]. *2* envoltura, cubierta.
envelopment (in'veləpmənt) *s.* envolvimiento. *2* envoltura.
envenom (to) (in'venəm) *t.* envenenar.
enviable ('enviəbl) *a.* envidiable.
envious ('enviəs) *a.* envidioso.
environment (in'vaiərənmənt) *s.* ambiente, medio ambiente. *2* alrededores.
environs ('envirənz) *s. pl.* contornos, alrededores, cercanías.
envisage (to) (in'vizidʒ) *t.* mirar cara a cara. *2* enfocar.
envoy ('envɔi) *s.* mensajero.
envy ('envi) *s.* envidia.
envy (to) ('envi) *t.* envidiar.
epaulet ('epoulet) *s.* charretera.
ephemeral (i'femərəl) *a.* efímero.
epic ('epik) *a.* épico. *2 s.* epopeya; poema épico.
epicure ('epikjuəʳ) *s.* epicúreo.
epidemic (ˌepi'demik) *a.* epidémico. *2 s.* epidemia.
epigram ('epigræm) *s.* epigrama.
epigrammatic (ˌepigrə'mætik) *a.* epigramático.
epilepsy ('epilepsi) *s.* MED. epilepsia.
epileptic (ˌepi'leptik) *a.-s.* epiléptico.
epilogue ('epilɔg) *s.* epílogo.
episcopal (i'piskəpəl) *a.* episcopal.
episode ('episoud) *s.* episodio.
episodic(al (ˌepi'sɔdik, -əl) *a.* episódico. *2* esporádico; ocasional.
epistle (i'pisl) *s.* epístola.
epitaph ('epitɑ:f) *s.* epitafio.
epithet ('epiθet) *s.* epíteto.
epitome (i'pitəmi) *s.* epítome.

epitomize (to) (i'pitəmaiz) *t.* epitomar, compendiar.
epoch ('i:pɔk) *s.* época, edad.
equable ('ekwebl) *a.* igual, uniforme. *2* tranquilo, ecuánime.
equal ('i:kwəl) *a.* igual. *2* justo, imparcial. *3 to do be ~ to*, estar a la altura de. *4 s.* igual. *5* **-ly** *adv.* igualmente, por igual.
equal (to) ('i:kwəl) *t.* igualar.
equality (i:'kwɔliti) *s.* igualdad.
equalize (to) ('i:kwəlaiz) *t.* igualar.
equanimity (,i:kwə'nimiti) *s.* ecuanimidad.
equation (i'kweiʃən) *s.* ecuación.
equator (i'kweitə^r) *s.* ecuador.
equatorial (,ekwə'tɔ:rial) *a.-s.* ecuatorial.
equerry (i'kweri) *s.* caballerizo.
equestrian (i'kwestriən) *a.* ecuestre. *2 s.* jinete.
equidistant ('i:kwi'distənt) *a.* equidistante.
equilateral ('i:kwi'lætərəl) *a.-s.* GEOM. equilátero.
equilibrate (to) (,i:kwi'laibreit) *t.* equilibrar.
equilibrium (,i:kwi'libriəm) *s.* equilibrio.
equine ('i:kwain) *a.* equino.
equinoctial (,i:kwi'nɔkʃəl) *a.* equinoccial.
equinox ('i:kwinɔks) *s.* ASTR. equinoccio.
equip (to) (i'kwip) *t.* equipar, pertrechar, aparejar.
equipage ('ekwipidʒ) *s.* equipo, avíos. *2* tren, séquito, carruaje.
equipment (i'kwipmənt) *s.* equipo, equipaje. *2* pertrechos.
equipoise ('ekwipɔiz) *s.* equilibrio.
equitable ('ekwitəbl) *a.* justo, equitativo, imparcial.
equity ('ekwiti) *s.* equidad.
equivalence (i'kwivələns) *s.* equivalencia.
equivalent (i'kwivələnt) *a.* equivalente.
equivocal (i'kwivəkəl) *a.* equívoco.
equivocate (to) (i'kwivəkeit) *t.* hacer equívoco. *2 i.* usar equívocos, mentir.
equivocation (i,kwivə'keiʃən) *s.* equívoco.
era ('iərə) *s.* era [de tiempo].
eradicate (to) ('irædikeit) *t.* desarraigar, extirpar.
eradication (i,rædi'keiʃən) *s.* desarraigo, extirpación.
erase (to) (i'reiz) *t.* borrar. *2* tachar, rayar, raspar.
eraser (i'reizə^r) *s.* borrador.
erasure (i'reiʒə^r) *s.* borradura.
erect (i'rekt) *a.* derecho, levantado, erguido, enhiesto.
erect (to) (i'rekt) *t.* erigir. *2* levantar. *3* construir.
erection (i'rekʃən) *s.* erección. *2* estructura. *3* MEC. montaje.
ermine ('ə:min) *s.* armiño.
erode (to) (i'roud) *t.* corroer.
erosion (i'rouʒən) *s.* erosión.
erotic(al (i'rɔtik, -əl) *a.* erótico.
err (to) (ə:^r) *i.* errar, equivocarse, pecar. *2* vagar.
errand ('erənd) *s.* encargo, recado, mandado.
errant ('erənt) *a.* errante: ***knight-errant***, caballero andante.
erratic (i'rætik) *a.* errático. *2* variable, inconstante.
erratum (e'reitəm, e'rɑ:təm) *pl.* **-ta** (-tə)*s.* errata.
erroneous (i'rounjəs) *a.* erróneo, falso. *2* **-ly** *adv.* erróneamente.
error ('erə^r) *s.* error. *2* yerro, equivocación.
eructate (to) (i'rʌkteit) *i.* eructar.
eructation (,i:rʌk'teiʃən) *s.* eructo.
erudite ('eru(:)dait) *a.* erudito.
erudition (,eru(:)'diʃən) *s.* erudición, conocimientos.
erup (to) (i'rʌpt) *i.* hacer erupción.
eruption (i'rʌpʃən) *s.* erupción. *2* ataque: estallido.
escalade (,eskə'leid) *s.* MIL. escalada.
escalade (to) (,eskə'leid) *t.* escalar [una pared, etc.].
escalator ('eskəleitə^r) *s.* escalera mecánica.
escapade (,eskə'peid) *s.* evasión, fuga. *2* travesura, aventura.
escape (is'kep) *s.* escape, fuga. *2* escape [de gas, etc.].
escape (to) (is'keip) *i.* escapar(se; huir. *2 t.* evitar, rehuir.
escarpment (is'kɑ:pmənt) *s.* escarpa, acantilado.
eschew (to) (is'tʃu:) *t.* evitar.
escort (is'kɔ:t) *s.* escolta, convoy; acompañante.
escort (to) (iskɔ:t) *t.* escoltar, convoyar, acompañar.
escutcheon (is'kʌtʃən) *s.* escudo de armas.
Eskimo ('eskimou) *a.-s.* esquimal.
especial (is'peʃəl) *a.* especial, peculiar, particular.
especially (is'peʃəli) *adv.* especialmente [sobre todo].
espionage (,espiə'nɑ:ʒ) *s.* espionaje.
esplanade (,esplə'neid) *s.* explanada.
espousal (is'pauzəl) *s.* desposorio: esponsales. *2* adhesión.
espouse (to) (is'pauz) *t.* desposarse, casarse con.
espy (to) (is'pai) *t.* divisar, columbrar.

esquire (is'kwaiəʳ) *s.* título pospuesto al apellido en cartas [Esq.]. Equivale a Señor Don. *2* ant. escudero.
essay ('esei) *s.* tentativa, esfuerzo. *2* ensayo [literario].
essay (to) (e'sei) *t.* ensayar, examinar. *2* intentar.
essence ('esns) *s.* esencia.
essential (i'senʃəl) *a.* esencial. *2* capital, vital, indispensable. *3* **-ly** *adv.* esencialmente.
establish (to) (is'tæbliʃ) *t.* establecer. *2* probar, demostrar.
establishment (is'tæbliʃmənt) *s.* establecimiento. *2* fundación. *3* ***church*** ~, iglesia establecida por el estado.
estate (is'teit) *s.* estado [orden, clase, de pers.]. *2* bienes: ***personal*** ~, bienes, muebles; ***real*** ~, bienes raíces. *3* heredad, finca. *4* herencia [bienes].
esteem (to) (is'ti:m) *t.* estimar, apreciar. *2* juzgar, considerar.
estimate ('estimit) *s.* estimación, cálculo. *2* presupuesto [de una obra].
estimate (to) ('estimeit) *t.* estimar, evaluar, juzgar.
estimation (ˌesti'meiʃən) *s.* estima, aprecio. *2* evaluación.
estrange (to) (is'treindʒ) *t.* extrañar, alejar, enajenar, hacer perder la amistad.
estrangement (is'treidʒmənt) *s.* extrañamiento, desvío.
estuary ('estjuəri) *s.* estuario, ría.
etch (to) (etʃ) *t.* grabar al agua fuerte.
etching ('etʃʌŋ) *s.* grabado al agua fuerte.
eternal (i'tə:nl) *a.* eterno, sempiterno; perpetuo.
eternity (i'tə:niti) *s.* eternidad.
ether ('i:θəʳ) *s.* éter.
ethereal (i'θiəriəl) *a.* etéreo. *2* aéreo, vaporoso, sutil.
ehtic(al ('eθik, -əl) *a.* ético.
ethics ('eθiks) *s.* ética.
ethnic(al ('eθnik, -əl) *a.* étnico.
etiquette (ˌeti'ket) *s.* etiqueta.
etymology (ˌeti'mɔledʒi) *s.* etimología.
eucalyptus (ˌju:kə'liptəs) *s.* BOT. eucalipto.
Eucharist ('ju:kərist) *s.* Eucaristía.
eucharistic (ˌju:kə'ristik) *a.* eucarístico.
eugenics (ju:'dʒeniks) *s.* eugenesia.
eulogize (to) ('ju:lədʒaiz) *t.* elogiar, loar, alabar.
eulogy ('ju:lədʒi) *s.* elogio.
euphemism ('ju:fimizəm) *s.* eufemismo.
Europe ('juərəp) *n. pr.* GEOGR. Europa.
European (ˌjuərə'pi(:)ən) *a.-s.* europeo.
evacuate (to) (i'vækjueit) *t.* evacuar. *2* desocupar, vaciar.
evacuation (iˌvækju'eiʃən) *s.* evacuación.
evade (to) (i'veid) *t.* evadir, eludir, evitar, escapar a.
evaluate (to) (i'væljueit) *t.* evaluar, valuar, tasar.
evaluation (iˌvælju'eiʃən) *s.* evaluación.
evanescent (ˌi:və'nesnt) *a.* evanescente; fugaz.
evangelize (to) (i'vændʒilaiz) *t.* evangelizar.
evaporate (to) (i'væpəreit) *t.-i.* evaporar(se.
evasión (i'veiʒən) *s.* evasión.
evasive (i'veisiv) *a.* evasivo.
eve (i:v) *s.* víspera, vigilia.
even ('i:vən) *a.* llano, liso. *2* uniforme, regular. *3* ecuánime. *4* igualado, equilibrado. *5* igual. *6* par [número]. *7* en paz, desquitado. *8* *adv.* aun, hasta, también, incluso: ~ ***if***, aunque, aun cuando; ~ ***so***, aun así. *9* siquiera: ***not*** ~, ni siquiera. *10* **-ly** *adv.* llanamente, con suavidad.
even (to) ('i:vən) *t.* igualar, allanar, nivelar. *2* COM. liquidar.
evening ('i:vniŋ) *s.* tarde, anochecer.
event (i'vent) *s.* caso, hecho, suceso, acontecimiento: ***at all events***, en todo caso.
eventful (i'ventful) *a.* lleno de acontecimientos, memorable.
eventual (i'ventjuəl) *a.* eventual, contingente. *2* final, consiguiente. *3* **-ly** *adv.* eventualmente; finalmente.
ever ('evəʳ) *adv.* siempre: ***for*** ~, para siempre. *2* alguna vez. *3* [después de negativa] nunca: ***hardly*** ~, casi nunca. *4* ~ ***since***, desde entonces; desde que. *5* ~ ***so***, ~ ***so much***, muy, mucho. *6* ~ ***so little***, muy poco.
evergreen ('evəgri:n) *a.* siempre verde: ~ ***oak***, encina. *2* *s.* siempreviva.
everlasting (ˌevə'lɑ:stiŋ) *a.* eterno, sempiterno, perpetuo.
evermore ('evə'mɔ:ʳ) *adv.* eternamente, siempre.
every ('evri) *a.* cada, todo, todos: ~ ***day***, cada día, todos los días; ~ ***other day***, días alternos; ***his*** ~ ***word***, cada palabra suya; ~ ***now and then***, de vez en cuando.
everybody ('evribɔdi) *pron.* todos, todo el mundo; cada uno.
everyday ('evridei) *a.* diario, cotidiano, ordinario.
everyone ('evriwʌn) *pron.* EVERYBODY.
everything ('evriθiŋ) *pron.* todo, cada cosa.
everywhere ('evriwɛəʳ) *adv.* por todas partes; a todas partes.

evidence ('evidəns) *s.* evidencia. *2* prueba, demostración. *3* DER. testimonio; deposición.
evident ('evidənt) *a.* evidente, claro. *2* **-ly** *adv.* evidentemente.
evil ('i:vil) *a.* malo. *2* maligno; ~ ***eye***, mal de ojo. *3 s.* mal; desastre. *4 adv.* mal, malignamente.
evil-doer ('i:vl'du(:)əʳ) *s.* malhechor.
evil-minded ('i:vl'maindid) *a.* mal intencionado. *2* malicioso.
evince (to) (i'vins) *t.* mostrar, revelar, indicar.
evocation (ˌevou'keiʃən) *s.* evocación.
evoke (to) (i'vouk) *t.* evocar.
evolution (ˌi:və'lu:ʃən) *s.* evolución.
evolve (to) (i'vɔlv) *t.* desenvolver, desarrollar. *2 i.* evolucionar, desarrollarse.
ewe (ju:) *s.* oveja.
ewer ('ju(:)əʳ) *s.* jarro.
exacerbate (to) (eks'æsə:beit) *t.* exacerbar. *2* irritar.
exact (ig'zækt) *a.* exacto. *2* preciso, riguroso. *3* **-ly** *adv.* exactamente.
exact (to) (ig'zækt) *t.* exigir, imponer.
exaction (ig'zækʃən) *s.* exacción.
exactitude (igʒæktitju:d), **exactness** (ig'zæknis) *s.* exactitud.
exacting (ig'zæktiŋ) *a.* exigente.
exaggerate (to) (ig'zædʒəreit) *t.* exagerar. *2* abultar, ponderar.
exaggeration (igˌzædʒə'reiʃən) *s.* exageración.
exalt (to) (ig'zɔ:lt) *t.* exaltar, ensalzar; elevar, engrandecer.
exaltation (ˌegzɔ:l'teiʃən) *s.* exaltación; regocijo.
examination (igˌzæmi'neiʃən) *s.* examen. *2* DER. interrogatorio.
examine (to) (ig'zæmin) *t.* examinar. *2* DER. interrogar.
examinee (igˌzæmi'ni:) *s.* examinando.
examiner (ig'zæminəʳ) *s.* examinador.
example (ig'zɑ:mpl) *s.* ejemplo: ***for*** ~, por ejemplo. *2* modelo, dechado. *3* muestra, ejemplar.
exasperate (to) (ig'zɑ:spəreit) *t.* exasperar, irritar. *2* agravar.
exasperation (igˌzɑ:spə'reiʃən) *s.* exasperación.
excavate (to) ('ekskəveit) *t.* excavar. *2* extraer cavando.
excavation (ˌekskə'veiʃən) *s.* excavación.
exceed (to) (ik'si:d) *t.* exceder, sobrepujar, aventajar.
exceeding (ik'si:diŋ) *a.* grande, extremo. *2* **-ly** *adv.* sumamente.
excel (to) (ik'sel) *t.* aventajar, sobrepujar, superar. *2 i.* distinguirse, sobresalir.
excellence ('eksələns) *s.* excelencia.
excellent ('eksələnt) *a.* excelente.
except (ik'sept) *prep.* excepto, salvo, a excepción de. *2 conj.* a menos que.
except (to) (ik'sept) *t.* exceptuar.
exception (ik'sepʃən) *s.* excepción. *2* salvedad: ***to take*** ~, objetar; ofenderse.
exceptionable (ik'sepʃənəbl) *a.* recusable. *2* reprochable, tachable.
exceptional (ik'sepʃənl) *a.* excepcional, poco común.
excerpt ('eksə:pt) *s.* cita, pasaje, fragmento.
excess (ik'ses) *s.* exceso, demasía, sobra. *2* exceso, abuso, desmán.
excessive (ik'sesiv) *a.* excesivo.
exchange (iks'tʃeindʒ) *s.* cambio, trueque; ***in ~ for***, a cambio de. *2* COM. bolsa, lonja. *3* central [de teléfonos]. *4* ***bill of*** ~, letra de cambio.
exchange (to) (iks'tʃeindʒ) *t.* cambiar, canjear, trocar, permutar, conmutar.
exchequer (iks'tʃekəʳ) *s.* (Ingl.) hacienda pública: ***Chancellor of the*** ~, Ministro de Hacienda. *2* bolsa, fondos.
excise (ek'saiz) *s.* impuesto indirecto.
excise (to) (ek'saiz) *t.* gravar con impuesto indirecto.
excision (ek'siʒən) *s.* excisión.
excitability (ikˌsaitə'biliti) *s.* excitabilidad.
excitable (ik'saitəbl) *a.* excitable.
excite (to) (ik'sait) *t.* excitar. *2* acalorar, animar.
excitement (ik'saitmənt) *s.* excitación, agitación, emoción.
exciting (ik'saitiŋ) *a.* excitante. *2* emocionante.
exclaim (to) (iks'kleim) *t.-i.* exclamar.
exclamation (ˌekslə'meiʃən) *s.* exclamación. *2* GRAM. ~ ***mark***, punto de admiración.
exclude (to) (iks'klu:d) *t.* excluir.
exclusion (iks'klu:ʒən) *s.* exclusión.
exclusive (iks'klu:siv) *a.* exclusivo. *2* privativo. *3* selecto. *4* **-ly** *adv.* exclusivamente.
excommunicate (to) (ˌekskə'mju:nikeit) *t.* excomulgar.
excruciating (iks'kru:ʃieitiŋ) *a.* torturador. *2* atroz [dolor].
exculpate (to) ('ekskʌlpeit) *t.* disculpar.
exculpation (ˌekskʌl'peiʃən) *s.* disculpa.
excursion (iks'kə:ʃən) *s.* excursión.
excursionist (iks'kə:ʃənist) *s.* excursionista.
excusable (iks'kju:zəbl) *a.* disculpable.
excuse (iks'kju:s) *s.* excusa.
excuse (to) (iks'kju:z) *t.* excusar. *2* perdonar, dispensar: ***excuse me!***, ¡dispense usted!

excecrable ('eksikrəbl) *a.* execrable, abominable.
execrate (to) ('eksikreit) *t.* execrar, abominar.
execration (ˌeksi'kreiʃən) *s.* execración, abominación.
execute (to) ('eksikju:t) *t.* ejecutar, cumplir, llevar a cabo. *2* TEAT. desempeñar. *3* ejecutar, ajusticiar. *4* otorgar [un documento].
execution (ˌeksi'kju:ʃən) *s.* ejecución. *2* DER. embargo.
executioner (ˌeksi'kju:ʃənəʳ) *s.* verdugo.
executive (ig'zekjutiv) *a.* ejecutivo. *2 s.* poder ejecutivo. *3* director, gerente.
executor (ig'zekjutəʳ) *s.* ejecutor. *2* albacea.
exemplary (ig'zempləri) *a.* ejemplar. *2* ilustrativo.
exemplify (to) (ig'zemplifai) *t.* ejemplificar; demostrar.
exempt (ig'zempt) *a.* exento, libre, franco.
exempt (to) (ig'zempt) *t.* eximir, exceptuar, dispensar.
exemption (ig'zempʃən) *s.* exención.
exercise ('eksəsaiz) *s.* ejercicio. *2* práctica.
exercise (to) ('eksəsaiz) *t.* ejercer, practicar. *2* emplear. *3* preocupar, inquietar. *4 t.-i.-ref.* ejercitar(se.
exert (to) (ig'zə:t) *t.* ejercer, poner en acción. *2 t.-pr.* esforzar(se.
exertion (ig'ze:ʃən) *s.* esfuerzo.
exhalation (ˌekshə'leiʃən) *s.* exhalación, vaho, tufo.
exhale (to) (eks'heil) *t.-i.* exhalar(se.
exhaust (ig'zɔ:st) *s.* MEC. escape, descarga [de gases, vapor, etc.]. *2* tubo de escape.
exhaust (to) (ig'zɔ:st) *t.* agotar. *2* MEC. dar salida o escape a.
exhausted (ig'zɔ:stid) *a.* agotado; rendido.
exhaustion (ig'zɔ:stʃən) *s.* agotamiento. *2* MEC. vaciamiento.
exhaustive (ig'zɔ:stiv) *a.* exhaustivo.
exhibit (ig'zibit) *s.* objeto expuesto. *2* DER. documento fehaciente.
exhibit (to) (ig'zibit) *t.* exhibir. *2* exponer [a la vista]. *3* mostrar, dar muestras de. *4* lucir, ostentar.
exhibition (ˌeksi'biʃən) *s.* exhibición. *2* exposición [de productos, cuadros, etc.].
exhilarate (to) (ig'ziləreit) *t.* alegrar, animar.
exhilaration (igˌzilə'reiʃən) *s.* alegría, regocijo, animación.
exhort (to) (ig'zɔ:t) *t.* exhortar.
exhortation (ˌegzɔ:'teiʃən) *s.* exhortación.
exhume (to) (eks'hju:m) *t.* exhumar, desenterrar.
exigence, -cy ('edsidʒens, -i) *s.* exigencia, necesidad, urgencia.
exile ('eksail) *s.* destierro, exilio. *2* desterrado, exilado.
exile (to) ('eksail) *t.* desterrar.
exist (to) (ig'zist) *i.* existir. *2* vivir. *3* subsistir.
existence (ig'zistəns) *s.* existencia.
exit ('eksit) *s.* salida [acción, sitio]. *2* TEAT. mutis.
exodus ('eksədəs) *s.* éxodo.
exonerate (to) (ig'zɔnəreit) *t.* exonerar, descargar. *2* exculpar.
exoneration (igˌzɔnə'reiʃən) *s.* exoneración, descargo.
exorbitant (ig'zɔ:bitənt) *a.* exorbitante.
exorcism ('eksɔ:sizəm) *s.* exorcismo.
exorcise (to) ('eksɔ:saiz) *t.* exorcisar.
exordium (ek'sɔ:djəm) *s.* exordio.
exotic(al (eg'zɔtik, -əl) *a.* exótico.
expand (to) (iks'pænd) *t.-i.* extender(se; dilatar(se. *2* abrir(se; desplegar(se. *3* desarrollar(se. *4 i.* expansionarse.
expanse (iks'pæns) *s.* extensión.
expansion (iks'pænʃən) *s.* expansión. *2* dilatación. *3* extensión, ensanchamiento. *4* desarrollo.
expansive (iks'pænsiv) *a.* expansivo. *2* extenso.
expatiate (to) (eks'peiʃieit) *i.* espaciarse, extenderse.
expatriate (to) (eks'pætrieit) *t.-ref.* expatriar(se.
expect (to) (iks'pekt) *t.* esperar [contar con]. *2* suponer.
expectant (iks'pektənt) *a.* encinta.
expectation (ˌekspek'teiʃən) *s.* espera, expectación. *2* perspectiva, esperanza, probabilidad.
expedient (iks'pi:djənt) *a.* conveniente. *2 s.* expediente, recurso.
expedite (to) ('ekspidait) *t.* apresurar; facilitar. *2* despachar.
expedition (ˌekspi'diʃən) *s.* expedición [militar, científica].
expeditious (ˌekspi'diʃəs) *a.* expeditivo, pronto.
expel (to) (iks'pel) *t.* expeler. *2* echar, expulsar.
expend (to) (iks'pend) *t.* gastar, expender.
expenditure (iks'penditʃəʳ) *s.* gasto, desembolso.
expense (iks'pens) *s.* gasto, desembolso. *2* expensas, costa.
expensive (iks'pensiv) *a.* costoso.
experience (iks'piəriəns) *s.* experiencia. *2* experimento. *3* aventura, lo que sucede a uno.

experience (to) (iks'piəriəns) *t.* experimentar. *2* probar, sentir.
experiment (iks'perimənt) *s.* experimento, prueba, tentativa.
experiment (to) (iks'periment) *t.-i.* experimentar [ensayar, probar].
expert ('ekspə:t) *a.* experto, diestro. *2 s.* experto, perito.
expertness ('ekspə:tnis) *s.* pericia.
expiate (to) ('ekspieit) *t.* expiar.
expiation (ˌekspi'eiʃən) *s.* expiación.
expiration (ˌekspaiə'reiʃən) *s.* muerte. *2* término, vencimiento. *3* FISIOL. expiración.
expire (to) (iks'paiə[r]) *i.* expirar, morir. *2* expirar [un plazo]. *3 t.-i.* FISIOL. espirar.
expiry (iks'paiəri) *s.* expiración, vencimiento.
explain (to) (iks'plein) *t.* explicar, exponer, aclarar.
explanation (ˌeksplə'neiʃən) *s.* explicación.
explanatory (iks'plænətəri) *a.* explicativo.
expletive (eks'pli:tiv) *s.* interjección. *2* juramento; palabrota.
explicit (iks'plisit) *a.* explícito.
explode (to) (iks'ploud) *t.* volar, hacer estallar. *2* refutar. *3 i.* estallar, hacer explosión.
exploit ('eksplɔit) *s.* hazaña.
exploit (to) (iks'plɔit) *t.* explotar.
exploitation (ˌeksploi'teiʃən) *s.* explotación.
exploration (ˌeksplɔ:'reiʃən) *s.* exploración.
explore (to) (iks'plɔ:[r]) *t.* explorar. *2* examinar, sondear.
explosion (iks'plouʒən) *s.* explosión, estallido.
explosive (iks'plousiv) *a.-s.* explosivo.
export ('ekspɔ:t) *s.* exportación.
export (to) (eks'pɔ:t) *t.* exportar.
exportation (ˌekspɔ:'teiʃən) *s.* exportación.
exporter (eks'pɔ:tə[r]) *s.* exportador.
expose (to) (iks'pouz) *t.* exponer a la vista, a un riesgo]; poner en peligro, comprometer. *2* FOT. exponer. *3* desenmascarar.
exposition (ˌekspə'ziʃən) *s.* exposición. *2* explicación.
expostulate (to) (iks'pɔstjuleit) *i.* hacer reconvenciones, discutir; tratar de disuadir.
expostulation (iksˌpɔstju'leiʃən) *s.* reconvención.
exposure (iks'pouʒə[r]) *s.* exposición [a la intemperie, al peligro, etc.]; falta de protección. *2* FOT. exposición. *3* orientación. *4* desenmascaramiento.
expound (to) (iks'paund) *t.* exponer, explicar, comentar.
express (iks'pres) *a.* expreso, claro, explícito. *2* expreso, especial. *3* expreso [tren, mensajero]. *4 s.* expreso.
express (to) (iks'pres) *t.* expresar(se. *2* prensar.
expressive (iks'presiv) *a.* expresivo.
expropriate (to) (eks'prouprieit) *t.* desposeer, expropiar.
expulsion (iks'pʌlʃən) *s.* expulsión.
expunge (to) (eks'pʌndʒ) *t.* borrar, tachar.
expurgate (to) ('ekspə:geit) *t.* expurgar.
exquisite ('ekskwizit) *a.* exquisito. *2* primoroso. *3* delicado, refinado. *4* intenso, vivo, agudo. *5 s.* petimetre.
extant (eks'tænt) *a.* existente, en existencia.
extempore (eks'tempəri) *a.* improvisado.
extemporize (to) (iks'tempəraiz) *t.-i.* improvisar.
extend (to) (iks'tend) *t.-i.* extender(se, prolongar(se, alargar(se. *2 t.* dar, ofrecer.
extension (iks'tenʃən) *s.* extensión. *2* prolongación. *3* adición, anexo. *4* COM. prórroga.
extensive (iks'tensiv) *a.* extensivo. *2* extenso, ancho, vasto.
extent (iks'tent) *s.* extensión; amplitud, magnitud: ***to a certain*** ~, hasta cierto punto.
extenuate (to) (eks'tenjueit) *t.* minorar, atenuar, paliar.
extenuation (eksˌtenju'eiʃən) *s.* atenuación; mitigación.
exterior (eks'tiəriə[r]) *a.* exterior, externo. *2 s.* exterior.
exterminate (to) (eks'tə:mineit) *t.* exterminar, extirpar.
external (eks'tə:nl) *a.* externo, exterior.
extinct (iks'tiŋkt) *a.* extinto, extinguido. *2* apagado [fuego, etc.].
extinction (iks'tiŋkʃən) *s.* extinción.
extinguish (to) (iks'tiŋgwiʃ) *t.* extinguir. *2* apagar.
extirpate (to) ('ekstə:peit) *t.* extirpar. *2* desarraigar.
extirpation (ˌekstə:'peiʃən) *s.* extirpación: exterminio.
extol (to) (iks'tɔl) *t.* exaltar, ensalzar, alabar.
extort (to) (iks'tɔ:t) *t.* arrancar, obtener [algo] por la fuerza, etc.
extortion (iks'tɔ:ʃən) *s.* extorsión. *2* exacción.

extortionate (iks'tɔ:ʃənit) *a.* opresivo, injusto.
extra ('ekstrə) *a.* extra. *2* extraordinario, adicional. *3* de repuesto. *4 s.* extra.
extract ('ekstrækt) *s.* QUÍM., FARM. extracto. *2* extracto, cita.
extract (to) (iks'trækt) *t.* extraer. *2* seleccionar, citar.
extradition (ˌekstrə'diʃən) *s.* extradición.
extraneous (eks'treinjəs) *a.* extraño, ajeno [a una cosa].
extraordinary (iks'trɔ:dnri, -dinəri) *a.* extraordinario.
extravagance (iks'trævigəns) *s.* prodigalidad, derroche. *2* extravagancia.
extravagant (iks'trævigənt) *a.* pródigo, derrochador. *2* excesivo. *3 a.-s.* extravagante.
extreme (iks'tri:m) *a.* extremo. *2* extremado, riguroso. *3 s.* extremo, extremidad. *4* **-ly** *adv.* sumamente.
extremity (iks'tremiti) *s.* extremidad. *2* extremo, exceso. *3 pl.* medidas extremas; extremidades.
extricate (to) ('ekstrikeit) *t.* desembarazar, desenredar, librar.
extrication (ˌekstri'keiʃən) *s.* desembarazo, desenredo.
extrinsic (eks'trisik) *a.* extrínseco.
exuberance (ig'zju:bərəns) *s.* exuberancia.
exuberant (ig'zju:bərənt) *a.* exuberante.
exude (to) (ig'zju:d) *t.-i.* exudar, rezumar.
exult (to) (ig'zʌlt) *i.* exultar, alegrarse; triunfar.
exultant (ig'zʌltənt) *a.* triunfante.
exultation (ˌegzʌl'teiʃən) *s.* alborozo, alegría.
eye (ai) *s.* ojo [órgano de la visión; atención, vigilancia], vista, mirada: ***to catch the ~ of***, llamar la atención; ***to keep an ~ on***, vigilar; ***to make eyes at***, poner los ojos tiernos a; ***to see ~ to ~***, estar completamente de acuerdo. *2* ojo [de una aguja, del pan, del queso]. *3* COST. corcheta, presilla.
eye (to) (ai) *t.* mirar, clavar la mirada en.
eyeball ('aibɔ:l) *s.* globo del ojo.
eye-brow ('aibrau) *s.* ANAT. ceja.
eye-glass ('aiglɑ:s) *s.* anteojo. *2 pl.* gafas.
eyelash ('ailæʃ) *s.* ANAT. pestaña.
eyelet ('ailit) *s.* COST. ojete.
eyelid ('ailid) *s.* ANAT. párpado.
eyesight ('ai-sait) *s.* vista [sentido].
eye-tooth ('ai-tu:θ) *s.* colmillo.
eye-witness ('ai'witnis) *s.* testigo presencial.

F

fable ('feibl) *s.* fábula; ficción.
fabric ('fæbrik) *s.* tejido, tela. *2* textura. *3* fábrica, edificio.
fabricate (to) ('fæbrikeit) *t.* fabricar. *2* inventar.
fabrication (ˌfæbri'keiʃən) *t.* fabricación, construcción. *2* invención, mentira.
fabulous ('fæbjuləs) *a.* fabuloso.
façade (fə'sɑ:d) *s.* ARQ. fachada.
face (feis) *s.* cara, rostro, semblante; ***in the ~ of,*** ante, en presencia de. *2* osadía, descaro. *3* mueca, gesto: ***to make faces,*** hacer muecas. *4* aspecto, apariencia: ***on the ~ of it,*** según las apariencias. *5* superficie; frente, fachada. *6* esfera [de reloj]. *7* COM. ***~ value,*** valor nominal.
face (to) (feis) *t.* volverse o mirar hacia. *2* hacer cara a, enfrentarse con; afrontar. *3* dar a, estar encarado a. *4* cubrir, revestir.
facet ('fæsit) *s.* faceta.
facetious (fə'si:ʃəs) *a.* humorístico. *2* bromista, chancero.
facile ('fæsail, 'fæsil) *a.* fácil.
facilitate (to) (fə'siliteit) *t.* facilitar, posibilitar.
facility (fə'siliti) *s.* facilidad. *2* destreza.
facing ('feisiŋ) *s.* paramento, revestimento. *2* COST. vuelta, vistas. *3* encaramiento. *4 prep.-adv.* en frente [de].
facsimile (fæk'simili) *s.* facsímil(e.
fact (fækt) *s.* hecho; verdad, realidad: ***in ~,*** de hecho, en realidad; ***as a matter of ~*** en realidad; ***matter of ~,*** hecho positivo. *2* dato.
faction ('fækʃən) *s.* facción, bando, parcialidad.
factious ('fækʃəs) *a.* faccioso.
factitous ('fæk'tiʃəs) *a.* artificial.
factor ('fæktəʳ) *s.* factor.
factory ('fæktəri) *s.* fábrica, manufactura.
faculty ('fækəlti) *s.* facultad.
fad (fæd) *s.* capricho; manía.
fade (to) (feid) *t.-i.* marchitar(se, debilitar(se, desteñir(se: ***to ~ away,*** desvanecerse.
fag (fæg) *s.* fatiga, pena. *2* cigarrillo; ***~ end,*** desperdicios; colilla.
fag (to) (fæg) *t.* fatigar, cansar. *2 i.* penar.
fail (feil) *s.* ***without ~,*** sin falta.
fail (to) (feil) *i.* faltar. *2* decaer, acabarse. *3* fallar, inutilizarse. *4* fracasar. *5* fallar, frustrarse. *6* errar, equivocarse. *7* COM. quebrar. *8* salir mal [en un examen]. *9* ***to ~ to,*** dejar de. *10 t.* abandonar [a uno]. *11* errar. *12* suspender [en un examen].
failing ('feiliŋ) *s.* falta, defecto. *2 prep.* faltando, a falta de.
failure ('feiljəʳ) *s.* fracaso, fiasco, malogro. *2* paro [de un motor, etc.]. *3* COM. quiebra.
faint (feint) *a.* débil. *2* desfallecido. *3* tenue, leve, imperceptible. *4 s.* desmayo.
faint (to) (feint) *i.* desmayarse. *2* desfallecer.
faint-hearted ('feint'hɑ:tid) *a.* tímido, cobarde.
fair (fɛəʳ) *a.* hermoso, bello. *2* bueno [regular; favorable; bonancible]. *3* sereno [cielo]. *4* limpio, sin defecto: ***~ copy,*** copia en limpio. *5* justo, honrado: ***~ play,*** juego limpio. *6* razonable. *7* blanca [tez]; rubio [cabello]. *8 adv.* favorablemente. *9* lealmente, imparcialmente. *10 s.* feria, mercado. *11* **-ly** *adv.* completamente, bastante.
fairness ('fɛənis) *s.* limpieza, pureza. *2* imparcialidad, justicia. *3* hermosura. *4* blancura [de la tez]. *5* color rubio.
fairv ('fɛəri) *s.* hada, duende: ***~ tale,*** cuento de hadas.
faith (feiθ) *s.* fe: ***in good ~,*** de buena fe; ***to keep ~,*** cumplir la palabra dada.
faithful ('feiθful) *a.* fiel. *2* leal.
faithfulness ('feiθfulnis) *s.* fidelidad, lealtad.

faithless ('feiθlis) *a.* infiel. *2* desleal, pérfido.

fake (feik) *s.* imitación, falsificación. *2* impostor, farsante. *3 a.* falso, falsificado, fingido.

fake (to) (feik) *t.* falsificar, imitar, fingir.

fakir ('fɑ:kiəʳ) *s.* faquir.

falcon ('fɔ:lkən) *s.* ORN. halcón.

fall (fɔ:l) *s.* caída. *2* decadencia, ruina. *3* baja, bajada, descenso. *4* declive, pendiente. *5* cascada, catarata. *6* (E. U.) otoño.

fall (to) (fɔ:l) *i.* caer. *2* caerse. *3* venirse abajo. *4* bajar, descender. *5* disminuir. *6* decaer. *7* ponerse: ***to ~ to work***, ponerse a trabajar. *8* tocar, corresponder [a uno una cosa]. *9* ***to ~ across***, topar con. *10* ***to ~ asleep***, dormirse. *11* ***to ~ away***, enflaquecer; desvanecerse; rebelarse; apostatar. *12* ***to ~ back***, retroceder. *13* ***to ~ back on***, recurrir a. *14* ***to ~ down***, caer, caerse; hundirse, fracasar. *15* ***to ~ flat***, caer tendido; no tener éxito. *16* ***to ~ foul of***, reñir con; MAR. abordar; enredarse con. *17* ***to ~ in love***, enamora'‚e. *18* ***to ~ in with***, estar de acuerdo con; coincidir; armonizar con. *19* ***to ~ out***, reñir, desavenirse; acontecer. *20* ***to ~ short***, faltar, escasear; quedar corto. *21* ***to ~ through***, fracasar. *22* ***to ~ upon***, atacar, embestir. ¶ Pret.: ***fell*** (fel); p. p.: ***fallen*** ('fɔlən).

fallacious (fə'leiʃəs) *a.* falaz, engañoso.

fallen ('fɔ:lən) *p. p.* de TO FALL.

fallibility (ˌfæli'biliti) *s.* falibilidad.

fallible ('fæləbl) *a.* falible.

fallow ('fælou) *a.* en barbecho. *2 s.* barbecho. *3 a.-s.* flavo [color]. *4* ZOOL. ***~ -deer***, gamo.

false (fɔ:ls) *a.* falso. *2* simulado, postizo. *3* **-ly** *adv.* falsamente.

falsehood ('fɔ:lshud) *s.* falsedad.

falsify (to) ('fɔ:lsifai) *t.* falsear, falsificar. *2* desmentir.

falter (to) ('fɔ:ltəʳ) *i.* vacilar, titubear. *2* tambalearse, temblar. *3 i.-t.* balbucir.

fame (feim) *s.* fama, reputación.

familiar (fə'miljəʳ) *a.* familiar. *2* íntimo [amigo]. *3* ***~ with***, versado en.

familiarity (fəˌmili'æriti) *s.* familiaridad. *2* intimidad. *3* ***~ with***, conocimiento de.

familiarize (to) (fə'miljəraiz) *t.* familiarizar. *2* acostumbrar.

family ('fæmili) *s.* familia. *2* sangre, linaje. *3 a.* familiar, de familia: ***~ name***, apellido.

famine ('fæmin) *s.* hambre, carestía.

famished ('fæmiʃt) *a.* hambriento, famélico.

famous ('feiməs) *a.* famoso, afamado, célebre.

fan (fæn) *s.* abanico. *2* ventilador. *3* hincha, aficionado.

fan (to) (fæn) *t.* abanicar. *2* aventar. *3* ventilar.

fanatic(al (fə'nætik, -əl) *a.* fanático.

fanciful ('fænsiful) *a.* antojadizo. *2* caprichoso, fantástico.

fancy ('fænsi) *s.* fantasía, imaginación. *2* capricho, antojo. *3* afición. *4 a.* caprichoso, de fantasía: ***~ dess***, disfraz. *5* de gusto, elegante.

fancy (to) ('fænsi) *t.* imaginar, figurarse. *2* encapricharse por.

fanfare ('fænfɛəʳ) *s.* son de trompetas.

fang (fæŋ) *s.* colmillo [de animal]. *2* diente [de serpiente].

fantastic(al (fæn'tæstik, -əl) *a.* fantástico, grotesco. *2* extravagante, caprichoso. *3* imaginario.

fantasy ('fæntəsi) *s.* fantasía. *2* ensueño. *3* humor, capricho.

far (fɑ:ʳ) *adv.* lejos, a lo lejos: ***~ and wide***, por todas partes; ***as ~ as***, tan lejos como; hasta; en cuanto; ***as ~ as I know***, que yo sepa; ***in so ~ as***, en cuanto, en lo que; ***so ~***, hasta ahora; ***~-away***, lejano, alejado; ***~-fetched***, rebuscado. *2* muy, mucho: ***~ away***, muy lejos; ***~ better***, mucho mejor; ***~ off***, lejano; a lo lejos. *3 a.* lejano, distante: ***Far East***, Extremo Oriente.

farce (fɑ:s) *s.* farsa.

farcical ('fɑ:sikəl): *a.* burlesco.

fare (fɛəʳ) *s.* pasajero, pasaje; precio del billete. *2* comida, mesa: ***bill of ~***, lista de platos, menú.

fare (to) (fɛəʳ) *i.* pasarlo [bien o mal]. *2* pasar, ocurrir.

farewell ('fɛə'wel) *interj.* ¡adiós! *2 s.* despedida, adiós: ***to bid ~ to***, despedir a, despedirse de.

farm (fɑ:m) *s.* granja, cortijo, hacienda: ***~ hand***, mozo de labranza.

farm (to) (fɑ:m) *t.* cultivar, labrar, explotar [la tierra].

farmer ('fɑ:məʳ) *s.* granjero, labrador, hacendado.

farmhouse (fɑ:mhaus) *s.* granja, alquería, casa de labor.

farming ('fɑ:miŋ) *s.* cultivo, labranza, agricultura.

farmyard ('fɑ:m-jɑ:d) *s.* corral.

farrier ('færiəʳ) *s.* herrador.

far-sighted ('fɑ:'saitid) *a.* perspicaz. *2* sagaz.

farther ('fɑ:ðəʳ) *adv.* más lejos, más allá. *2* además. *3 a.* más distante.

farthest ('fɑ:ðist) *a. superl.* [el más lejano]. *2 adv.* más lejos.
farthing ('fɑ:ðiŋ) *s.* cuarto de penique.
fascinate (to) ('fæsineit) *t.* fascinar, encantar.
fascination (ˌfæsi'neiʃən) *s.* fascinación, encanto.
fascism ('fæʃizəm) *s.* fascismo.
fascist ('fæʃist) *a.-s.* fascista.
fashion ('fæʃən) *s.* forma. *2* modo, manera. *3* moda, costumbre, uso: ***in ~***, de moda; ***out of ~***, pasado de moda. *4* elegancia, buen tono.
fashion (to) ('fæʃən) *t.* formar, hacer, labrar. *2* amoldar.
fashionable ('fæʃnəbl) *a.* a la moda. *2* elegante.
fast (fɑ:st) *a.* firme, seguro; fiel; sólido, duradero. *2* atado, fijo; íntimo: ***to make ~***, fijar, amarrar, asegurar, cerrar. *3* rápido, veloz. *4* adelantado [reloj]. *5* profundo [sueño]. *6 adv.* firmemente. *7* estrechamente. *8* aprisa. *9* profundamente [dormido]. *10 s.* ayuno, abstinencia. *11* amarra, cable.
fasten (to) ('fɑ:sn) *t.* fijar, atar, sujetar. *2* unir, pegar. *3* cerrar [con cerrojo, etc.]. *4* abrochar. *5 i.* fijarse, pegarse. *6* cerrarse, abrocharse.
fastener ('fɑ:snəʳ) *s.* cerrojo, fiador, pasador, broche.
fastidious (fæs'tidiəs) *a.* descontentadizo, delicado, exigente. *2* desdeñoso.
fastness ('fɑ:stnis) *s.* firmeza, fijeza, solidez. *2* rapidez. *3* fortaleza, plaza fuerte. *4* libertinaje. *5 pl.* fragosidades.
fat (fæt) *a.* gordo, obeso; grueso. *2* graso, pingüe. *3* fértil. *4* rico, opulento. *5 s.* gordura; grasa; manteca; sebo.
fatal ('feitl) *a.* fatal. *2* funesto.
fatalism ('feitəlizəm) *s.* fatalismo.
fatalist ('feitəlist) *s.* fatalista.
fatality (fə'tæliti) *s.* fatalidad. *2* desgracia, desastre; muerte.
fate (feit) *s.* hado, destino. *2* sino, suerte.
fated ('feitid) *a.* destinado.
fateful ('feitful) *a.* fatal, funesto. *2* fatídico. *3* crítico.
father ('fɑ:ðəʳ) *s.* padre. *2* Dios Padre.
father (to) ('fɑ:ðəʳ) *t.* engendrar. *2* adoptar; reconocer como suyo.
fatherhood ('fa:ðəhud) *s.* paternidad.
father-in-law ('fɑ:ðərinlɔ:) *s.* padre político, suegro.
fatherland ('fɑ:ðəlænd) *s.* patria.
fatherly ('fɑ:ðəli) *a.* paternal.
fathom ('fæðəm) *s.* braza [medida].
fathom (to) ('fæðəm) *t.* MAR. sondar. *2* penetrar, comprender.
fatigue (fə'ti:g) *s.* fatiga, cansancio. *2* MIL. ***~ duty***, mecánica.
fatigue (to) (fə'ti:g) *t.* fatigar, cansar.
fatness ('fætnis) *s.* gordura, obesidad. *2* fertilidad [del suelo].
fatten (to) ('fætn) *t.* engordar, cebar. *2* fertilizar.
fatty ('fæti) *a.* graso; gordo.
fatuous ('fætjuəs) *a.* fatuo, necio.
fault (fɔ:lt) *s.* falta, defecto, tacha; error, equivocación; culpa, desliz: ***it is my ~***, yo tengo la culpa. *2* GEOL., MIN. falla.
fault-finding ('fɔ:ltˌfaindiŋ) *a.* reparón, criticón. *2 s.* crítica.
faultless ('fɔ:ltlis) *a.* impecable, perfecto, irreprochable.
faulty ('fɔ:lti) *a.* defectuoso.
fauna ('fɔ:nə) *s.* fauna.
favo(u)r ('feivəʳ) *s.* favor: ***do me the ~ of***, hágame el favor de; ***to be in ~ with***, gozar del favor de; ***to be in ~ of***, estar por, ser partidario de.
favo(u)r (to) ('feivəʳ) *t.* favorecer. *2* apoyar.
favo(u)rable ('feivərəbl) *a.* favorable, propicio.
favo(u)red ('feivəd) *a.* favorecido, dotado. *2* parecido [bien o mal].
favo(u)rite ('feivərit) *a.* favorito, preferido, predilecto. *2 s.* favorito, valido.
fawn (fɔ:n) *s.* ZOOL. cervato.
fawn (to) (fɔ:n) *i.* ***to ~ on*** o ***upon***, adular, halagar.
fealty ('fi:əlti) *s.* homenaje; lealtad.
fear (fiəʳ) *s.* miedo, temor.
fear (to) (fiəʳ) *t.-i.* temer, tener miedo [a].
fearful ('fiəful) *a.* espantoso, pavoroso. *2* terrible, tremendo. *3* temeroso, medroso. *4* de miedo.
fearless ('fiəlis) *a.* intrépido, bravo, osado; que no teme.
fearlessness ('fiəlisnis) *s.* intrepidez, valor.
fearsome ('fiəsəm) *a.* temible, espantoso.
feasibility (ˌfi:zə'biliti) *s.* posibilidad.
feasible ('fi:zəbl) *a.* factible, hacedero, posible, viable.
feast (fi:st) *s.* fiesta. *2* festejo. *3* festín, banquete.
feast (to) (fi:st) *t.* festejar. *2* agasajar. *3 t.-i.* banquetear(se. *4* regalar(se; deleitar(se.
feat (fi:t) *s.* proeza, hazaña.
feather ('feðəʳ) *s.* pluma [de ave]: ***~ bed***, colchón de plumas; ***~ duster***, plumero. *2* penacho, vanidad. *3* clase, calaña.
feather (to) (feðəʳ) *t.* emplumar. *2* cubrir con plumas. *3 i.* emplumecer.

feature ('fi:tʃəʳ) *s.* rasgo, facción [del rostro]. *2* forma, figura. *3* rasgo distintivo.
febrile ('fi:brail) *a.* febril.
February ('februəri) *s.* febrero.
fecund ('fi:kənd) *a.* fecundo.
fecundate (to) ('fi:kəndeit) *t.* fecundar, fertilizar.
fecundity (fi'kʌnditi) *s.* fecundidad. *2* fertilidad.
fed (fed) *pret.* y p. p. de TO FEED.
federal ('fedərəl) *a.* federal.
federate (to) ('fedəreit) *t.-i.* confederar(se.
federation (ˌfedə'reiʃən) *s.* federación, liga.
fee (fi;) *s.* honorarios, derechos; cuota. *2* propina, gratificación.
fee (to) (fi:) *t.* retribuir, pagar.
feeble ('fi:bl) *a.* débil. *2* flaco.
feeble-minded ('fi:bl'maindid) *a.* imbécil. *2* irresoluto, vacilante.
feed (fi:d) *s.* alimento, comida [esp. de los animales]; pienso.
feed (to) (fi:d) *t.-i.* alimentar(se, nutrir(se. *2 i.* pacer, pastar. *3* ***to ~ on*** or ***upon,*** alimentarse de; ***to be fed up [with],*** estar harto de. ¶ Pret. y p. p.: ***fed*** (fed).
feel (fi:l) *s.* tacto. *2* sensación.
feel (to) (fi:l) *t.* tocar, tentar, palpar. *2* tomar [el pulso]. *3* examinar, sondear. *4* sentir, experimentar. *5* creer, pensar. *6* ***to ~ one's way,*** ir a tientas, proceder con tiento. *7 i.* sentirse, estar, tener: ***to ~ bad,*** sentirse mal; ***to ~ cold,*** tener frío; ***to ~ hot,*** tener calor. *8* ser sensible, sentir. *9* ***it feels cold,*** lo encuentro frío. *10* ***to ~ for,*** buscar a tientas; condolerse de. *11* ***to ~ like,*** tener ganas de. ¶ Pret. y p. p.: ***felt*** (felt).
feeling ('fi:liŋ) *s.* tacto [sentido]. *2* sensación, percepción. *3* sentimiento. *4* calor, pasión, ternura, compasión. *5* presentimiento. *6 a.* sensible, tierno. *7* **-ly** *adv.* con emoción.
feet (fi:t) *s. pl.* de FOOT, pies.
feign (to) (fein) *t.* fingir, aparentar, simular. *2 i.* fingir.
feint (feint) *s.* ficción, treta. *2* ESGR. finta.
felicitate (to) (fi'lisiteit) *t.* felicitar.
felicitación (fiˌlisi'teiʃən) *s.* felicitación, enhorabuena.
felicitous (fi'lisitəs) *a.* feliz [idea, expresión].
felicity (fi'lisiti) *s.* felicidad.
feline ('fi:lain) *a.-s.* felino.
fell (fel) *pret.* de TO FALL. *2 a.* cruel. *3 s.* tala [de árboles]. *4* cuero. *5* montaña; páramo.
fell (to) (fel) *t.* derribar, tumbar. *2* cortar [árboles].
fellow ('felou) *s.* compañero. *2* individuo, muchacho: ***good ~,*** buen muchacho. *3* igual, pareja. *4* socio, miembro [de una academia, etc.]. *5 a.* indica igualdad o asociación: ***~ being, ~ creature,*** prójimo, semejante; ***~ citizen,*** conciudadano; ***~ student,*** condiscípulo; ***~ traveller,*** compañero de viaje.
fellowship ('felouʃip) *s.* compañerismo. *2* compañía, asociación. *3* cuerpo, sociedad.
felon ('felən) *s.* criminal.
felonious (fi'lounjəs) *a.* criminal.
felony ('feləni) *s.* crimen, delito.
felt (felt) V. TO FEEL. *2 s.* fieltro.
female ('fi:meil) *s.* hembra. *2* mujer. *3 a.* femenino, hembra.
feminine ('feminin) *a.* femenino.
fen (fen) *s.* pantano, marjal.
fence (fens) *s.* empalizada, valla, cerca, cercado. *2* esgrima.
fence (to) (fens) *t.* cercar, vallar. *2* proteger. *3 i.* esgrimir.
fencing ('fensiŋ) *s.* esgrima. *2* material para cercas.
fend (to) (fend) *t.* ***to ~ off,*** resguardar(se de; parar [un golpe]. *2 i.* ***to ~ for oneself,*** ir tirando, defenderse.
fender ('fendəʳ) *s.* guardafuegos. *2* guardabarro.
fennel ('fenl) *s.* BOT. hinojo.
ferment ('fə:mənt) *s.* fermento. *2* fermentación, agitación.
ferment (to) (fə(:)'ment) *i.-t.* fermentar. *2 i.* bullir, agitarse.
fern (fə:n) *s.* BOT. helecho.
ferocious (fə'rouʃəs) *a.* fiero, feroz, terrible.
ferocity (fə'rɔsiti) *s.* fiereza, ferocidad.
ferret ('ferit) *s.* ZOOL. hurón.
ferret (to) ('ferit) *i.-t.* huronear: ***to ~ out,*** buscar, averiguar.
ferro-concrete ('ferou'kɔŋkri:t) *s.* hormigón armado.
ferrous ('ferəs) *a.* ferroso.
ferrule ('feru:l) *s.* regatón, contera.
ferry ('feri) *s.* balsadero. *2* barca, balsa, transbordador [para cruzar un río, etc.]. *3* ***~-boat,*** barca de pasaje.
ferry (to) ('feri) *t.-i.* cruzar [un río] en barca.
fertile ('fə:tail) *a.* fértil. *2* fecundo.
fertilize (to) ('fə:tilaiz) *t.* fertilizar. *2* fecundar. *3* abonar.
fertilizer ('fə:tilaizəʳ) *s.* fertilizante, abono.
ferule ('feru:l) *s.* férula, palmeta.
fervency ('fə:vənsi) *s.* fervor, celo; ardor.

fervent ('fə:vənt) *a.* ferviente, fervoroso, vehemente.
fervour ('fə:vəʳ) *s.* fervor, ardor.
festal ('festl) *a.* festivo, alegre.
fester (to) ('festəʳ) *t.-i.* enconar(se, ulcerar(se. *2* pudrir(se.
festival ('festəvəl) *s.* fiesta, festividad. *2* festival.
festivity (fes'tiviti) *s.* alborozo, animación. *2* fiesta, festividad.
festoon (fes'tu:n) *s.* festón [guirnalda].
fetch (to) (fetʃ) *t.* ir por, ir a buscar. *2* venderse a o por. *3* exhalar [un suspiro]. *4* arrear [un golpe].
fête (feit) *s.* fiesta, celebración.
fetid ('fetid) *a.* fétido, hediondo.
fetish ('fi:tiʃ) *s.* fetiche.
fetter ('fetəʳ) *s.* grillete, prisión.
fetter (to) ('fetəʳ) *t.* encadenar.
fettle ('fetl) *s.* estado, condición.
feud (fju:d) *s.* rencilla, enemistad. *2* feudo.
feudal ('fju:dl) *a.* feudal.
feudalism ('fju:dəlizəm) *s.* feudalismo.
fever ('fi:vəʳ) *s.* MED. fiebre, calentura. *2* fiebre, agitación.
feverish ('fi:vəriʃ) *a.* febril.
few (fju:) *a.-pron.* pocos: ***a ~***, unos cuantos, algunos.
fewer ('fju:əʳ) *a.-pron. comp. de* FEW; menos: ***the ~ the better,*** cuantos menos, mejor.
fiancé (fi'ɑ:nsei) *s.* novia, prometida.
fib (fib) *s.* bola, mentirilla.
fiasco (fi'æskou) *s.* fiasco, fracaso.
fiber, fibre ('faibəʳ) *s.* fibra.
fibrous ('faibrəs) *a.* fibroso.
fickle ('fikl) *a.* mudable, inconstante, voluble, veleidoso.
fickleness ('fiklnis) *s.* inconstancia.
fiction ('fikʃən) *s.* ficción. *2* novela, fábula. *3* mentira.
fiddle ('fidl) *s.* MÚS. fam. violín.
fidling ('fidliŋ) *a.* fútil, trivial.
fidelity (fi'deliti) *s.* fidelidad.
fidget (to) ('fidʒit) *i.* estar inquieto, agitarse. *2* ***to ~ with,*** jugar con, manosear.
fidgety ('fidʒiti) *a.* inquieto, nervioso, impaciente.
field (fi:ld) *s.* campo [tierra laborable; campiña]. *2* DEP. ELECT., FÍS. campo. *3* campo [de batalla; de una ciencia, actividad, etc.]. *4 a.* ***~ artillery,*** artillería de campaña; ***~ glass,*** gemelos de campaña.
fiend (fi:nd) *s.* demonio, diablo.
fiendish ('fi:ndiʃ) *a.* diabólico.
fierce (fiəs) *a.* fiero, feroz. *2* furioso. *3* intenso.
fierceness ('fiəsnis) *s.* ferocidad.
fieriness ('faiərinis) *s.* ardor, calor. *2* fogosidad.
fiery ('faiəri) *a.* ígneo. *2* ardiente, encendido. *3* vehemente, fogoso. *4* irascible, soberbio.
fife (faif) *s.* pífano.
fifteen ('fif'ti:n) *a.-s.* quince.
fifteenth ('fif'ti:nθ) *a.-s.* decimoquinto.
fifth (fifθ) *a.-s.* quinto.
fiftieth ('fiftiiθ) *a.-s.* quincuagésimo.
fifty ('fifti) *a.-s.* cincuenta.
fig (fig) *s.* BOT. higo; ***~-tree,*** higuera; ***~-leaf,*** fig. hoja de higuera; ***I don't care a ~,*** no me importa nada.
fight (fait) *s.* lucha, combate.
fight (to) (fait) *i.* luchar, pelear, contender. *2 t.* luchar con o contra. *3* lidiar [un toro]. *4* librar [una batalla]. ¶ Pret. y p. p.: ***fought*** (fɔ:t).
fighter ('faitəʳ) *s.* luchador. *2* combatiente. *3* avión de caza.
fighting ('faitiŋ) *a.* luchador, combativo; [toro] de lidia.
figment ('figmənt) *s.* ficción, invención.
figurative ('figjurətiv) *a.* figurativo. *2* figurado.
figure ('figəʳ) *s.* figura. *2* tipo, cuerpo, talle. *3* ARIT. cifra, número. *4* precio, valor. *5* dibujo; estatua. *6* ***~ head,*** mascarón de proa.
figure (to) ('figəʳ) *t.* adornar con [dibujos, etc.]. *2* figurarse, imaginar. *3* calcular. *4* ***to ~ out,*** resolver; descifrar, entender. *5* hacer viso.
filament ('filəmənt) *s.* filamento.
filbert ('filbət) *s.* avellana: ***~-tree,*** avellano.
filch (to) (filtʃ) *t.* hurtar, ratear.
file (fail) *s.* lima, escofina. *2* carpeta, archivador. *3* legajo, expediente. *4* fila, hilera.
file (to) (fail) *t.* limar. *2* archivar, registrar. *3 i.* desfilar.
filing ('failiŋ) *s.* limadura [acción]. *2* acción de archivar: ***~ card,*** ficha [de fichero]. *3 pl.* limaduras.
filigree ('filigri:) *s.* filigrana.
fill (fil) *s.* hartazgo. *2* colmo.
fill (to) (fil) *t.-i.* llenar(se. *2 t.* henchir, completar. *3* ocupar [un puesto]. *4* empastar [una muela]. *5* llevar a cabo. *6* ***to ~ in,*** rellenar [un impreso]; ***to ~ out,*** ensanchar(se; ***to ~ up,*** llenar, tapar.
fillet ('filit) *s.* filete; solomillo. *2* venda; lonja.
fillet (to) ('filit) *t.* cortar en lonjas.
filing ('filiŋ) *s.* relleno; llenado: ***~ sta-***

tion, estación de servicio. *2* envase. *3* empastadura.

fillip ('filip) *s.* capirotazo. *2* estímulo.

filly ('fili) *s.* potranca.

film (film) *s.* película, filme; ~ ***star***, estrella de cine. *2* membrana, telilla.

film (to) (film) *t.* filmar.

filter ('filtəʳ) *s.* filtro.

filter (to) ('filtəʳ) *t.-i.* filtrar(se.

filth (filθ) *s.* suciedad, porquería. *2* corrupción, obscenidad.

filthiness ('filθinis) *s.* suciedad. *2* obscenidad.

filthy ('filθi) *a.* sucio, mugriento. *2* corrompido, impuro.

fin (fin) *s.* aleta [de pez].

final ('fainl) *a.* final. *2* conclusivo. *3* definitivo, decisivo; terminante. *4* s. DEP. final. *5* **-ly** *adv.* finalmente.

finance (fai'næns, fi-) *s.* ciencia financiera. *2 pl.* hacienda, fondos.

finance (to) (fai'næns, -fi) *t.* financiar.

financial (fai'nænʃəl, -fi) *a.* financiero, rentístico, bancario.

financier (fai'nænsiəʳ, fi-) *s.* financiero.

finch (fintʃ) *s.* ORN. pinzón.

find (faind) *s.* hallazgo, descubrimiento.

find (to) (faind) *t.* encontrar, hallar; descubrir; adivinar: ***to*** ~ ***fault with***, hallar defectos, censurar; ***to*** ~ ***out***, averiguar. *2* proveer de. *3* DER. ***to*** ~ ***guilty***, declarar culpable. ¶ Pret. y p. p.: ***found*** (faund).

finding ('faindiŋ) *s.* hallazgo, descubrimiento. *2* DER. fallo.

fine (fain) *s.* multa. *2 a.* fino. *3* de ley. *4* hermoso, bello. *5* bueno, excelente. *6* primoroso. *7* guapo, elegante. *8* ~ ***arts***, bellas artes.

fine (to) (fain) *t.* multar.

fineness '('fainnis) *s.* fineza, finura. *2* primor, excelencia.

finery ('fainəri) *s.* galas, adornos, atavíos.

finesse (fi'nes) *s.* astucia. *2* tacto, diplomacia.

finger ('fiŋgəʳ) *s.* dedo: ***index*** ~, dedo índice; ***middle*** ~, dedo del corazón; ***ring*** ~, dedo anular; ***little*** ~, dedo meñique; ~ ***board***, MÚS. teclado; ~ ***tip***, punta, yema del dedo.

finger (to) ('fiŋgəʳ) *t.* tocar, manosear. *2* hurtar. *3* teclear.

finger-nail ('fiŋgəneil) *s.* uña [del dedo].

finger-print ('fiŋgə-print) *s.* impresión digital.

finical ('finikl), **finicking** ('finikiŋ) *s.* melindroso, remilgado.

finish ('finiʃ) *s.* fin, final, término, remate. *2* última mano, acabado, perfección.

finish (to) ('finiʃ) *t.* acabar, terminar, concluir. *2* dar la última mano a. *3* vencer, matar, aniquilar. *4 i.* acabar, terminar.

finishing ('finiʃiŋ) *s.* acabamiento. *2* perfeccionamiento. *3* acabado. *4 a.* que acaba: ~ ***blow***, golpe de gracia.

finite ('fanait) *a.* finito, limitado.

Finland ('finlənd) *n. pr.* GEOGR. Finlandia.

Finn (fin) *s.* finés. *2* finlandés.

Finnish ('finiʃ) *a.-s.* finlandés.

fir (fəːʳ) *s.* BOT. abeto.

fire ('faiəʳ) *s.* fuego, lumbre: ***to be on*** ~, estar ardiendo; ***to catch*** ~, encenderse; ***to set on*** o ***to*** ~, pegar fuego a. *2* fuego, incendio: ~***-alarm***, avisador de fuegos; ~***-arm***, arma de fuego; ~***-brigade***, los bomberos; ~***-engine***, bomba de incendios; ~***-escape***, escalera de incendios. *3* fuego [disparos]: ***to miss*** ~, fallar el tiro. *4* ardor, pasión; inspiración.

fire (to) ('faiəʳ) *t.* encender. *2* disparar [un arma de fuego]. *3* inflamar, enardecer. *4* despedir [a un empleado]. *5 i.* encenderse. *6* enardecerse.

fireman ('faiəmən) *s.* bombero. *2* fogonero.

fire-place ('faiə-pleis) *s.* hogar, chimenea.

fire-proof ('faiə-pruːf) *a.* incombustible; refractario.

fireside ('faiə-said) *s.* sitio junto a la lumbre.

firewood ('faiəwud) *s.* leña.

fireworks ('faiəwəːks) *s. pl.* fuegos artificiales.

firing ('faiəriŋ) *s.* encendimiento. *2* fuego, disparo.

firm (fəːm) *a.* firme. *2* duro, consistente. *3* fiel, leal. *4 s.* firma, casa, razón social.

firmness ('fəːmnis) *s.* firmeza. *2* dureza, consistencia. *3* fidelidad, lealtad.

first (fəːst) *a.* primero: ~ ***aid***, primeros auxilios; ~ ***hand***, de primera mano; ~ ***name***, nombre de pila; ~ ***night***, TEAT. noche de estreno. *2* prístino, primitivo. *3* anterior, original. *4* temprano. *5 adv.* primero. *6* antes, al principio. *7* por primera vez. *8 s.* primero. *9* principio: ***at*** ~, al principio; ***from the*** ~, desde el principio. *10* **-ly** *adv.* primero, primeramente.

first-rate ('fəːst'reit) *a.* excelente, de primera.

firth (fəːθ) *s.* ría estuario.

fiscal ('fiskəl) *a.* fiscal.

fish (fiʃ) *s.* ICT. pez: ***a queer*** ~, fig. un tipo raro. *2* pescado: ~ ***market***, pescadería.

fish (to) (fiʃ) *t.-i.* pescar.

fisherman ('fiʃəmən) *s.* pescador.

fishing ('fiʃiŋ) *s.* pesca [acción]: *~-rod*, caña de pescar; *~-tackle*, avíos de pescar. *2* pesquería.
fish-hook ('fiʃhuk) *s.* anzuelo.
fishmonger ('fiʃˌmʌŋgəʳ) *s.* pescadero.
fishpond ('fiʃpɔnd) *s.* estanque, vivero.
fission ('fiʃən) *s.* fisión.
fissure ('fiʃəʳ) *s.* hendidura, grieta.
fist (fist) *s.* puño.
fisticuffs ('fistikʌfs) *s. pl.* puñetazos.
fit (fit) *s.* ataque, acceso, paroxismo. *2* arranque, arrebato. *3* capricho, antojo. *4* ajuste, encaje. *5* corte, talle [de un traje]. *6 by fits and starts*, a empujones. *7 a.* apto, capaz, apropiado, conveniente. *8* bien de salud. *9* listo, preparado.
fit (to) (fit) *t.-i.* adaptarse, ajustarse [a]; encajar [en]; convenir [con]; corresponder [a]; ser propio o adecuado [de o para]. *2* caer, venir [bien o mal]. *3 t.* ajustar, encajar. *4* entallar [un vestido]. *5* proveer, equipar. *6* disponer, preparar.
fitful ('fitful) *a.* variable. *2* caprichoso. *3* espasmódico.
fitness ('fitnis) *s.* aptitud, conveniencia. *2* salud.
fitting ('fitiŋ) *a.* propio, adecuado, conveniente. *2 s.* ajuste, encaje. *3* MEC. montaje. *4* SASTR. prueba, entalladura. *5 pl.* accesorios, guarniciones; muebles.
five (faiv) *a.-s.* cinco.
fiver ('faivəʳ) s. fam. billete de banco de cinco libras.
fix (fiks) *s.* apuro, aprieto.
fix (to) (fiks) *t.* fijar. *2* señalar; poner, establecer. *3* grabar [en la mente]. *4* atraer [la atención]. *5* arreglar, reparar. *6* fam. amañar. *7* convencer. *8* arreglar las cuentas [a uno]. *9 i.* fijarse, solidificarse. *10 to ~ on*, decidirse por, escoger.
fixture ('fikstʃəʳ) *s.* cosa, mueble, etc., fijos en un lugar. *2* persona establecida en un lugar. *3 pl.* instalación [de gas, etc.].
fizzle (to) ('fizl) *i.* sisear. *2 to ~ out*, chisporrotear al apagarse.
flabbergast (to) ('flæbəgɑ:st) *t.* confundir.
flabbiness ('flæbinis) *s.* flaccidez. *2* flojedad.
flabby ('flæbi) *a.* fláccido, flojo.
flaccid ('flæksid) *a.* fláccido, flojo.
flaccidity (flæk'siditi) *s.* flaccidez.
flag (flæg) *s.* bandera, estandarte, banderola. *2* losa, lancha.
flag (to) (flæg) *i.* desanimarse. *2* aflojar, flaquear, decaer.
flagellate (to) ('flædʒəleit) *t.* azotar.
flagging ('flægiŋ) *a.* lánguido.
flagitious (flə'dʒiʃəs) *a.* malvado.
flagon ('flægən) *s.* frasco.
flagrance, -cy ('fleigrəns, -i) *s.* flagrancia; escándalo.
flagrant ('fleigrənt) *a.* notorio, escandaloso.
flagship ('flægʃip) *s.* buque insignia.
flair (flɛəʳ) *s.* instinto, disposición natural.
flake (fleik) *s.* copo [de nieve]. *2* escama, pedacito, hojuela.
flamboyant (flæm'bɔiənt) *a.* flamígero. *2* vistoso, resplandeciente.
flame (fleim) *s.* llama; fuego. *2* pasión.
flame (to) (fleim) *i.* llamear, flamear, encenderse, inflamarse.
flamingo (flə'miŋgou) *s.* ORN. flamenco.
flange (flændʒ) *s.* MEC. brida, pestaña, reborde.
flank (flæŋk) *s.* ijada. *2* costado, lado. *3* MIL. flanco.
flank (to) (flæŋk) *t.* flanquear.
flannel ('flænl) *s.* TEJ. franela.
flap (flæp) *s.* SAST. cartera, pata; haldeta. *2* hoja plegadiza [de mesa]. *3* golpe, aletazo.
flap (to) (flæp) *t.* batir, agitar [las alas]. *2 i.* batir, aletear.
flare (flɛəʳ) *s.* llamarada, destello. *2* abocinamiento. *3* vuelo [de falda]. *4* arrebato [de cólera].
flare (to) (flɛəʳ) *t.* acampanar. *2 i.* llamear, fulgurar: *to ~ up*, encolerizarse.
flash (flæʃ) *s.* llamarada, destello; ráfaga de luz; fogonazo: *~ of lightning*, relámpago. *2* ostentación, relumbrón.
flash (to) (flæʃ) *t.* encender. *2* despedir [luz, destellos]; telegrafiar, radiar. *3 i.* relampaguear, centellear, brillar.
flashlight ('flæʃlait) *s.* linterna eléctrica. *2* FOT. luz de magnesio.
flashy ('flæʃi) *a.* llamativo, chillón.
flask (flɑ:sk) *s.* frasco, redoma.
flat (flæt) *a.* plano, llano, liso, raso. *2* chato, aplastado. *3* positivo, categórico. *4* insulso, soso. *5* monótono. *6* MÚS. desentonado. *7* MÚS. bemol. *8 s.* llanura, planicie, plano. *9* palma [de la mano]. *10* piso, apartamento. *11* **-ly** *adv.* llanamente, etc.
flatness ('flætnis) *s.* llanura. *2* lisura. *3* insipidez.
flatten (to) ('flætn) *t.* allanar, aplanar, aplastar. *2* postrar, abatir. *3 i.* aplanarse. *4* perder el sabor.
flatter (to) ('flætəʳ) *t.* adular, lisonjear. *2* halagar.
flattering ('flætəriŋ) *a.* lisonjero; halagüeño.
flattery ('flætəri) *s.* adulación, lisonja. *2* halago.

flatulent ('flætjulent) *s.* flatulento.
flaunt (flɔ:nt) *s.* ostentación.
flaunt (to) (flɔ:nt) *t.* hacer ondear. *2* lucir, ostentar. *3 i.* pavonearse.
flautist ('flɔ:tist) *s.* flautista.
flavo(u)r ('fleivəʳ) *s.* Sabor, gusto. *2* Aroma. *3* coc. Sazón.
flavo(u)r (to) ('fleivəʳ) *t.* sazonar, condimentar.
flaw (flɔ:) *s.* grieta, raja. *2* falta, defecto, imperfección.
flawless ('flɔ:lis) *a.* sin tacha.
flax (flæks) *s.* lino.
flaxen ('flæksən) *a.* de lino.
flay (to) (flei) *t.* desollar, despellejar. *2* fig. reprender.
flea (fli:) *s.* pulga.
fleck (flek) *s.* mancha; mota.
fled (fled) V. TO FLEE.
fledged ('fledʒd) *a.* plumado.
flee (to) (fli:) *i.* huir. *2 t.* huir de, evitar. ¶ Pret. y p. p.: ***fled*** (fled).
fleece (fli:s) *s.* vellón, lana.
fleece (to) (fli:s) *t.* esquilar. *2* robar.
fleecy ('fli:si) *a.* lanoso, lanudo.
fleet (fli:t) *s.* armada. *2* flota, escuadra. *3 a.* veloz, ligero.
fleeting ('fli:tiŋ) *a.* fugaz, pasajero, efímero.
Flemish ('flemiʃ) *a.-s.* flamenco [de Flandes].
flesh (fleʃ) *s.* carne: ***to put on*** ~, engordar; ***to lose*** ~, adelgazar.
fleshy ('fleʃi) *a.* carnoso, pulposo. *2* gordo, corpulento.
flew (flu:) *Pret.* de TO FLY.
flexibility (ˌfleksi'bility) *s.* flexibilidad.
flexible ('fleksəbl) *a.* flexible.
flexion ('flekʃən) *s.* flexión.
flick (flik) *s.* golpecito.
flicker ('flikəʳ) *s.* luz trémula.
flicker (to) ('flikəʳ) *i.* vacilar, temblar. *2* aletear.
flight (flait) *s.* vuelo. *2* trayectoria [de un proyectil]. *3* bandada [de pájaros]; escuadrilla [de aviones]. *4* fuga, huida. *5* tramo [de escalera].
flighty ('flaiti) *a.* vacilante.
flimsiness ('flimzinis) *s.* endeblez. *2* fragilidad.
flimsy ('flimzi) *a.* débil, endeble. *2* fútil, trivial, baladí.
flinch (to) (flintʃ) *i.* vacilar, retroceder, arredrarse.
fling (fliŋ) *s.* tiro, echada. *2* prueba, tentativa. *3* brinco. *4* pulla. *5* baile escocés.
fling (to) (fliŋ) *t.* echar, arrojar, tirar, lanzar: ***to*** ~ ***open***, abrir de golpe. *2 i.* arrojarse, lanzarse. ¶ Pret. y p. p.: ***flung*** (flʌŋ).
flint (flint) *s.* pedernal. *2* piedra de encendedor.
flip (to) (flip) *t.* arrojar, lanzar [con el pulgar y otro dedo].
flippancy ('flipənsi) *s.* frivolidad. *2* ligereza.
flippant ('flipənt) *a.* ligero, impertinente, petulante.
flirt (flə:t) *s.* galanteador. *2* coqueta.
flirt (to) (flə:t) *i.* flirtear, coquetear. *2* juguetear.
flirtation (flə:'teiʃən) **flirting** ('flə:tiŋ) *s.* flirteo, coqueteo, galanteo.
flit (to) (flit) *i.* volar, revolotear.
flitch (flitʃ) *s.* lonja de tocino.
flitting ('flitiŋ) *a.* fugaz.
float (flout) *s.* corcho, flotador. *2* boya. *3* balsa. *4* carroza.
float (to) (flout) *i.* flotar. *2 t.* hacer flotar. *3* COM. emitir.
flock (flɔk) *s.* rebaño; manada; bandada [de aves]. *2* grey. *3* muchedumbre. *4* hatajo.
flock (to) (flɔk) *i.* reunirse, congregarse, juntarse.
floe (flou) *s.* témpano de hielo.
flog (to) (flɔg) *t.* azotar.
flogging ('flɔgiŋ) *s.* paliza.
flood (flʌd) *s.* riada, crecida. *2* inundación. *3* torrente. *4* abundancia. *5* ~***-tide***, pleamar.
flood (to) (flʌd) *t.* inundar. *2* diluviar. *3 i.* desbordarse.
flood-light ('flʌdlait) *s.* reflector.
floor (flɔ:ʳ, flɔəʳ) *s.* suelo, piso, pavimento. *2* fondo [del mar, etc.]. *3* piso [de una casa].
floor (to) (flɔ:ʳ) *t.* solar. *2* tumbar. *3* vencer, derrotar.
flooring ('flɔ:riŋ) *s.* piso, suelo. *2* embaldosado, entarimado.
flora ('flɔ:rə) *s.* BOT. flora.
florid ('flɔrid) *a.* florido [estilo]. *2* colorado [rostro].
florin ('flɔrin) *s.* florín.
florist ('flɔrist) *s.* florista.
flotsam ('flɔtsəm) *s.* pecio(s.
flounce (flauns) *s.* volante, faralá. *2* sacudida.
flounce (to) (flauns) *i.* moverse con furia. *2* guarnecer con volantes.
flounder ('flaundəʳ) *s.* ICT. platija. *2* esfuerzo tope.
flounder (to) (flaundəʳ) *i.* esforzarse torpemente. *2* vacilar; equivocarse.
flour ('flauəʳ) *s.* harina.
flourish ('flʌriʃ) *s.* molinete ostentoso con

el sable, etc. *2* rasgo caprichoso. *3* toque de trompetas. *4* prosperidad.

flourish (to) ('flʌriʃ) *i.* prosperar. *2* rasguear [con la pluma; la guitarra]. *3 t.* adornar. *4* blandir [la espada, etc.].

flourishing ('flʌriʃiŋ) *a.* próspero, floreciente.

floury ('flauəri) *a.* harinoso.

flout (to) (flaut) *t.* mofarse de, escarnecer, insultar.

flow (flou) *s.* flujo, corriente. *2* torrente, chorro.

flow (to) (flou) *i.* fluir, manar, correr. *2* dimanar, proceder. *3* ***to ~ away,*** deslizarse; ***to ~ into,*** desembocar en.

flower ('flauəʳ) *s.* BOT. flor: ***~-pot,*** maceta; ***~ vase,*** jarrón, florero. *2* flor y nata.

flower (to) ('flauəʳ) *i.* florecer.

flowering ('flauəriŋ) *a.* florido.

flowery ('flauəri) *a.* florido.

flowing ('flouiŋ) *a.* fluido, fluente. *2* fluido, fácil [estilo].

flown (floun) *p. p. de* TO FLY.

flu (flu:) *s.* MED. fam. gripe.

fluctuate (to) ('flʌktjueit) *i.* fluctuar.

fluctuation (ˌflʌktju'eiʃən) *s.* fluctuación.

flue (flu:) *s.* chimenea, humero.

fluency ('fluənsi) *s.* fluidez.

fluent (fluənt) *a.* fluido. *2* fácil, corriente. *2* **-ly** *adv.* fácilmente.

fluff (flʌf) *s.* pelusa, lanilla.

fluffy ('flʌfi) *a.* mullido.

fluid ('flu(:)id) *a.-s.* fluido.

fluidity (flu(:)'iditi) *s.* fluidez.

fluke (flu:k) *s.* chiripa.

flung (flʌŋ) V. TO FLING.

fluorescent (fluə'resnt) *a.* fluorescente.

flurry ('flʌri) *s.* agitación, excitación. *2* barullo. *3* ráfaga.

flurry (to) ('flʌri) *t.* agitar.

flush (flʌʃ) *a.* lleno, rico, abundante. *2* rojo, encendido. *3* parejo, raso, nivelado. *4 s.* flujo rápido. *5* rubor, sonrojo.

flush (to) (flʌʃ) *i.* afluir [la sangre]. *2* encenderse; ruborizarse. *3* salir, brotar. *4 t.* encender, ruborizar. *5* animar; engreír. *6* inundar. *7* igualar.

fluster ('flʌstəʳ) *s.* confusión.

fluster (to) ('flʌstəʳ) *t.* confundir, aturdir.

flute (flu:t) *s.* MÚS. flauta. *2* ARQ. estría. *3* pliegue.

flutter ('flʌtəʳ) *s.* vibración, aleteo, palpitación. *2* agitación.

flutter (to) ('flʌtəʳ) *i.* temblar, aletear, palpitar. *2* flamear, ondear. *3* agitarse. *4 t.* agitar.

fluvial ('flu:vjəl) *a.* fluvial.

flux (flʌks) *s.* flujo. *2* fusión.

fly (flai) *s.* ENT. mosca. *2* bragueta. *3 pl.* TEAT. bambalinas. *4* ***~-leaf,*** guarda [de libro]; ***~-wheel,*** MEC. volante.

fly (to) (flai) *i.* volar. *2* huir, escaparse. *3* lanzarse, precipitarse. *4* saltar, estallar. *5* ***to ~ into a passion,*** montar en cólera. *6 t.* dirigir [un avión]. *7* enarbolar [banderas]. *8* evitar, huir de. ¶ Pret.: ***flew*** (flu:); p. p.: ***flown*** (floun).

flying ('flaiiŋ) *a.* volador, volante, para volar; rápido, veloz: ***~ buttress,*** arbotante; ***~ saucer,*** platillo volante. *2* fugitivo. *3* desplegado [bandera, etc.].

foal (foul) *s.* potro, potra.

foam (foum) *s.* espuma.

foam (to) (foum) *i.* echar espuma.

focus ('foukəs) *s.* foco; enfoque.

focus (to) ('foukəs) *t.* enfocar.

fodder ('fɔdəʳ) *s.* forraje, pienso.

foe (fou) *s.* enemigo.

fog (fɔg) *s.* niebla, bruma.

foggy ('fɔgi) *a.* neblinoso, brumoso. *2* FOT. velado.

foible ('fɔibl) *s.* punto flaco, debilidad.

foil (fɔil) *s.* ESGR. florete. *2* hojuela [de metal].

foil (to) (fɔil) *t.* frustrar.

foist (to) (fɔist) *t.* endosar [una mercancía, etc.] con engaño.

fold (fould) *s.* pliegue, doblez. *2* redil, aprisco. *3* grey.

fold (to) (fould) *t.-i.* doblar(se, plegarse. *2 t.* cruzar [los brazos].

folding ('fouldiŋ) *a.* plegable: ***~ chair,*** silla de tijera.

foliage ('fouliidʒ) *s.* follaje.

folk (fouk) *s.* gente, pueblo, raza: ***~ song,*** canción popular.

folk-lore ('fouk-lɔ:ʳ) *s.* folklore.

follow (to) ('fɔlou) *t.* seguir. *2* perseguir. *3* ***as follows,*** como sigue; ***to ~ on,*** o ***up,*** proseguir; ***to ~ out,*** llevar a cabo.

follower ('fɔlouəʳ) *s.* seguidor. *2* imitador, discípulo. *3* partidario.

following ('fɔlouiŋ) *a.* siguiente.

folly ('fɔli) *s.* tontería. *2* locura.

foment (to) fou'mənt) *t.* fomentar.

fond (fɔnd) *a.* cariñoso. *2* ***to be ~ of,*** ser amigo de; querer; ser aficionado a. *3* **-ly** *adv.* cariñosamente.

fondle (to) ('fɔndl) *t.* tratar con amor; mimar, acariciar.

fondness ('fɔndnis) *s.* afición. *2* cariño, ternura.

font (fɔnt) *s.* pila bautismal.

food (fu:d) *s.* alimento, comida. *2* ***~-stuffs,*** comestibles.

fool (fu:l) *s.* tonto, bobo. *2* loco. *3* bufón.

4 to make a ~ of, poner en ridículo; *to play the ~,* hacer el tonto.
fool (to) (fu:l) *t.* engañar. *2* embromar. *3 i.* bromear.
fool-hardy ('fu:lˌhɑ:di) *a.* temerario.
foolish ('fu:liʃ) *a.* tonto, necio. *2* absurdo, ridículo.
foolishness ('fu:liʃnis) *s.* tontería, simpleza, necedad.
foot (fut), *pl.* **feet** (fi:t) *s.* pie [de pers.]: *on ~,* a pie. *2* pata, pie [de animal, mueble, objeto]. *3* pie, base. *4* pie [medida].
football ('futbɔ:l) *s.* DEP. fútbol.
footfall ('futfɔ:l) *s.* pisada.
footing ('futiŋ) *s.* pie, base, fundamento.
footlights ('futlaits) *s.* candilejas.
footman ('futmən) *s.* lacayo.
foot-path ('futpɑ:θ) *s.* sendero.
footprint ('futprint) *s.* huella, pisada.
footsore ('futsɔ:ʳ) *a.* despeado.
footstep ('futstep) *s.* paso, pisada.
footwear ('futwεəʳ) *s.* calzado; medias, calcetines.
fop (fɔp) *s.* petimetre.
for (fɔ:ʳ, fəʳ) *prep.* para; por; a causa de. *2* durante. *3 as ~ me,* por mi parte; *but ~,* a no ser por, sin; *~ all,* no obstante, a pesar de; *~ good,* para siempre; *what ~?,* ¿para qué?. *4 conj.* (fɔ:ʳ) ya que, pues.
forage ('fɔridʒ) *s.* forraje.
forage (to) ('fɔridʒ) *t.* forrajear. *2* saquear, pillar.
forasmuch as (fərəz'mʌtʃæz) *conj.* ya que, puesto que.
foray ('fɔrei) *s.* correría, incursión irrupción.
forbade (fə'beid) V. TO FORBID.
forbear (to) ('fɔ:bεəʳ) *t.* dejar de, abstener de. *2* sufrir con paciencia. ¶ Pret.: *forbore* (fɔ:'bɔ:ʳ); p. p.: *forborne* (fɔ:'bɔ:n).
forbearance (fɔ:'bεərəns) *s.* abstención, contención. *2* paciencia, indulgencia.
forbid (to) (fə'bid) *t.* prohibir, vedar, negar: *God ~!,* ¡no quiera Dios! ¶ Pret.: *forbade* (fə'beid) *o forbad* (fə'bæd); p. p.: *forbidden* (fə'bidn).
forbidding (fə'bidiŋ) *a.* prohibitivo. *2* repulsivo. *3* formidable.
forbore (fɔ:'bɔ:ʳ) V. TO FORBEAR.
forborne (fɔ:'bɔ:n) V. TO FORBEAR.
force (fɔ:s) *s.* fuerza: *by ~,* a la fuerza, por fuerza. *2* brío, fuego. *3* virtud, eficacia. *4 in ~,* en vigor, en vigencia.
force (to) (fɔ:s) *t.* forzar. *2* obligar. *3* imponer. *4* obtener, sacar, meter, etc. [por fuerza]: *to ~ one's way,* abrirse paso.
forceful ('fɔ:sful) *a.* poderoso, eficaz; violento.
force-meat ('fɔ:s-mi:t) relleno.
forceps ('fɔ:səps) *s.* fórceps.
forcible ('fɔ:səbl) *a.* fuerte, potente, eficaz, violento.
ford (fɔ:d) *s.* vado.
ford (to) (fɔ:d) *t.* vadear.
fore (fɔ:, fɔəʳ) *a.* delantero. *2 s.* parte delantera; proa. *3 adv.* a proa.
forearm (fɔ:r'ɑ:m) *s.* antebrazo.
forebode (to) (fɔ:'boud) *t.-i.* presagiar. *2 t.* presentir.
foreboding (fɔ:'boudiŋ) *s.* presagio, augurio. *2* presentimiento.
forecast ('fɔkɑ:st) *s.* pronóstico, previsión.
forecast (to) ('fɔ:kɑ:st) *t.* pronosticar, predecir. ¶ Pret. y p. p.: *forecast* o *-ted* (-tid).
foredoom (to) (fɔ:'du:m) *t.* destinar o condenar de antemano.
forefather ('fɔ:ˌfɑ:ðəʳ) *s.* antepasado.
forefinger ('fɔ:ˌfiŋgəʳ) *s.* dedo índice.
forefoot ('fɔ:-fut) *s.* pata delantera.
forefront ('fɔ:frʌnt) *s.* vanguardia.
foregoing (fɔ:'gouiŋ) *s.* anterior, precedente.
foreground ('fɔ:graund) *s.* PERSP. primer término o plano.
forehead ('fɔrid) *s.* ANAT. frente.
foreign ('fɔrin) *a.* extranjero, exterior: ***Foreign Office*** (Ingl.), ministerio de asuntos exteriores. *2* forastero, extraño. *3* ajeno.
foreigner ('fɔrinəʳ) *s.* extranjero [pers.].
foreknowledge ('fɔ:'nɔlidʒ) *s.* presciencia.
foreland ('fɔ:lənd) *s.* cabo, promontorio.
foreleg ('fɔ:leg) *s.* pata delantera.
forelock ('fɔ:lɔk) *s.* mechón que cae sobre la frente.
foreman ('fɔ:mən) *s.* capataz.
foremost ('fɔ:moust) *a.* delantero. *2* primero, principal.
forenoon ('fɔ:nu:n) *s.* [la] mañana.
forensic (fə'rensik) *a.* forense.
forerunner ('fɔ:ˌrʌnəʳ) *s.* precursor. *2* anuncio, presagio.
foresee (to) (fɔ:'si:) *t.* prever. ¶ Pret.: *foresaw* (fɔ:'sɔ:); p. p.: *foreseen* (fɔ:'si:n).
foreshadow (to) (fɔ:'ʃædou) *t.* prefigurar, simbolizar.
foreshortening (fɔ:'ʃɔ:tniŋ) *s.* escorzo.
foresight ('fɔ:sait) *s.* previsión, perspicacia. *2* prudencia.
forest ('fɔrist) *s.* bosque, selva.
forestall (to) (fɔ:'stɔ:l) *t.* anticiparse a; prevenir, impedir.
forestry ('fɔristri) *s.* silvicultura.

foretell (to) (fɔ:'tel) *t.* predecir. ¶ Pret. y p. p.: ***foretold*** (fɔ:'tould).

forethought ('fɔ:θɔ:t) *s.* previsión. *2* premeditación.

forever (fə'revəʳ) *adv.* siempre, para siempre, por siempre.

forewarn (to) (fɔ:'wɔ:n) *t.* prevenir, advertir, avisar.

foreword ('fɔ:wə:d) *s.* prefacio.

forfeit ('fɔ:fit) *s.* pena, multa. *2* prenda [en los juegos].

forfeit (to) ('fɔ:fit) *t.* perder [algo] como pena o castigo.

forge (fɔ:dʒ) *s.* fragua; herrería.

forge (to) (fɔ:dʒ) *t.* forjar, fraguar [metal]. *2* forjar [mentiras]. *3* falsificar [documentos].

forgery ('fɔ:dʒəri) *s.* falsificación.

forget (to) (fə'get) *t.-i.* olvidar, olvidarse de, descuidar: ~ ***it,*** no se preocupe. ¶ Pret.: ***forgot*** (fə'gɔt); p. p.: ***forgotten*** (fə'gɔtn).

forgetful (fə'getful) *a.* olvidadizo.

forgive (to) fə'giv) *t.* perdonar, dispensar. ¶ Pret.: ***forgave*** (fə'geiv); p. p.: ***forgiven*** (fə'givn).

forgiveness (fə'givnis) *s.* perdón, remisión. *2* misericordia.

forgo (to) (fɔ:'gou) *t.* renunciar a, privarse de. ¶ Pret.: ***forwent*** (fɔ:'went); p. p.: ***forgone*** (fɔ:'gɔn).

forgot (fə'gɔt), **forgotten** (fə'gɔtn) V. TO FORGET.

fork (fɔ:k) *s.* tenedor. *2* horca, horquilla. *3* bifurcación.

fork (to) (fɔ:k) *i.* bifurcarse.

forlorn (fə'lɔ:n) *a.* abandonado. *2* triste. *3* desesperado.

form (fɔ:m) *s.* forma. *2* formalidad, etiqueta. *3* impreso [para llenar]. *4* banco [asiento]. *5* grado o curso en escuela primaria.

form (to) (fɔ:m) *t.-i.* formar(se.

formal ('fɔ:məl) *a.* formal [rel. a la forma]. *2* solemne; de cumplido, de etiqueta. *2* ceremonioso.

formality (fɔ:'mæliti) *s.* formalidad, requisito. *2* ceremonia, etiqueta.

formation (fɔ:'meiʃən) *s.* formación. *2* disposición, estructura.

former ('fɔ:məʳ) *a.* anterior, precedente; antiguo. *2 pron.* el primero [de dos]; ***the*** ~ ..., ***the latter...,*** éste ..., aquél...

formerly ('fɔ:məli) *adv.* antes. *2* antiguamente.

formidable ('fɔ:midəbl) *a.* formidable, temible.

formula ('fɔ:mjulə) *s.* fórmula.

formulate (to) ('fɔ:mjuleit) *t.* formular.

fornicate (to) ('fɔ:nikeit) *i.* fornicar.

fornication ('fɔ:ni'keiʃən) *s.* fornicación.

forsake (to) (fə'seik) *t.* abandonar, desamparar. *2* renegar de. ¶ Pret.: *forsook* (fə'suk); p. p.: *forsaken* (fə'seikən).

forswear (to) (fɔ:'swɛəʳ) *t.* abjurar, renunciar. ¶ Pret.: ***forswore*** ('fɔ:'swɔ:ʳ); p. p.: ***forsworn*** (fɔ:'swɔ:n).

fort (fɔ:t) *s.* fuerte, fortaleza.

forth (fɔ:θt) *adv.* delante, adelante. *2* en adelante. *3* ***and so*** ~, y así sucesivamente.

forthcoming (fɔ:θ'kʌmiŋ) *a.* venidero, próximo. *2* disponible.

forthwith ('fɔ:θ'wiθ) *adv.* inmediatamente.

fortieth ('fɔ:tiiθ) *a.-s.* cuadragésimo.

fortification (ˌfɔ:tifi'keiʃən) *s.* fortificación.

fortify (to) ('fɔ:tifai) *t.* fortificar. *2* fortalecer. *3* corroborar.

fortitude ('fɔ:titju:d) *s.* fortaleza [de ánimo], valor.

fortnight ('fɔ:tnait) *s.* quincena.

fortnightly ('fɔ:tˌnəitli) *a.* quincenal. *2 adv.* cada quince días.

fortress ('fɔ:tris) *s.* fortaleza.

fortuitous (fɔ:'tju(:)itəs) *a.* fortuito, casual.

fortunate ('fɔ:tʃənit) *a.* afortunado, feliz.

fortune ('fɔ:tʃən) *s.* fortuna, suerte: ~***-teller,*** adivino. *2* fortuna, caudal.

forty ('fɔ:ti) *a.-s.* cuarenta.

forward ('fɔ:wəd) *a.* delantero. *2* precoz, adelantado. *3* atrevido, descarado. *4 s.* DEP. delantero.

forward (to) ('fɔ:wəd) *t.* enviar, remitir, expedir; reexpedir. *2* promover, favorecer, adelantar.

forwardness ('fɔ:wədnis) *s.* progreso. *2* prontitud. *3* precocidad. *4* audacia. *5* descaro.

forward(s ('fɔ:wəd(z) *adv.* [hacia] adelante; más allá.

fossil ('fɔsil) *a.-s.* fósil.

fossilize (to) ('fɔsilaiz) *t.-i.* fosilizar(se.

foster ('fɔstəʳ) *a.* de leche; adoptivo: ~***-brother,*** hermano de leche; ~***-mother,*** madre adoptiva.

foster (to) ('fɔstəʳ) *t.* criar, nutrir. *2* alentar, fomentar.

fought (fɔ:t) V. TO FIGHT.

foul (faul) *a.* sucio, asqueroso. *2* fétido. *3* viciado [aire]. *4* malo [tiempo]. *5* obsceno. *6* DEP. sucio.

foul (to) (faul) *t.-i.* ensuciar(se. *2* enredar(se. *3* DEP. jugar sucio. *4* chocar.

found (faund) TO FIND.

found (to) (faund) *t.* fundar. *2* METAL. fundir.

foundation (faun'deiʃən) *s.* fundación [acción, institución]. *2* fundamento, base.
founder ('faunðəʳ) *s.* fundador. *2* fundidor.
founder (to) ('faundəʳ) *t.* MAR. hundir, echar a pique. *2 i.* MAR. irse a pique. *3* tropezar, despearse [el caballo].
foundling ('faundliŋ) *s.* expósito; inclusero.
foundry ('faundri) *s.* fundición.
fount (faunt) *s.* manantial.
fountain ('fauntin) *s.* fuente; surtidor. *2* *~-pen,* pluma estilográfica.
four (fɔ:ʳ, fɔəʳ) *a.-s.* cuarto: ***on all fours,*** a gatas.
fourfold ('fɔ:-fould) *a.* cuádruplo.
fourteen ('fɔ:'ti:n) *a.-s.* catorce.
fourteenth ('fɔ:'ti:nθ) *a.* decimocuarto.
fourth (fɔ:θ) *a.-s.* cuarto.
fowl (faul) *s.* ave de corral.
fox (fɔks) *s.* zorro, raposa.
foxy ('fɔksi) *a.* taimado, astuto.
fraction ('frækʃən) *s.* fragmento, porción. *2* MAT. fracción.
fractious ('frækʃəs) *a.* quisquilloso, enojadizo. *2* rebelón.
fracture ('fræktʃəʳ) *s.* fractura.
fracture (to) ('fræktʃəʳ) *t.-i.* fracturar(se, romper(se.
fragile ('frædʒail) *a.* frágil. *2* quebradizo; delicado.
fragment ('frægmənt) *s.* fragmento, trozo.
fragmentary ('frægməntəri) *a.* fragmentario.
fragrance ('freigrəns) *s.* fragancia.
fragrant ('freigrənt) *a.* fragante, oloroso.
frail (freil) *a.* frágil. *2* débil.
frame (freim) *s.* armazón, armadura, esqueleto. *2* cuerpo [del hombre, etc.]. *3* bastidor, marco. *4* *~* ***of mind,*** estado de ánimo.
frame (to) (frem) *t.* formar, construir. *2* encuadrar, enmarcar. *3* idear. *4* expresar.
framework ('freimwə:k) *s.* armazón, esqueleto.
franc (fræŋk) *s.* franco [moneda].
franchise ('fræntʃaiz) *s.* privilegio. *2* derecho político.
frank (fræŋk) *a.* franco [sincero, claro]. *2* *s.* franquicia postal.
frankfurter ('fræŋkˌfɔ:təʳ) *s.* salchicha de Francfort.
frankincense ('fræŋkinˌsens) *s.* incienso.
frankness ('fræŋknis) *s.* franqueza, sinceridad.
frantic ('fræntik) *a.* frenético, furioso, desesperado.
fraternal (frə'tə:nl) *a.* fraternal.
fraternity (frə'tə:niti) *s.* hermandad.
fraternize (to) ('frætənaiz) *i.* fraternizar.
fratricide ('freitrisaid) *s.* fratricidio. *2* fratricida.
fraud (frɔ:d) *s.* fraude, dolo, engaño. *2* farsante, impostor.
fraudulent ('frɔ:djulənt) *a.* engañoso.
fraught (frɔ:t) *a.* lleno, cargado, preñado.
fray (frei) *s.* riña, pelea.
fray (to) (frei) *t.* rozar, raer, desgastar. *2 i.* deshilacharse.
freak (fri:k) *s.* capricho, antojo, rareza. *2* monstruosidad.
freakish ('fri:kiʃ) *a.* monstruoso. *2* raro. *3* caprichoso.
freckle ('frekl) *s.* peca.
free (fri:) *a.* libre: *~* ***and easy,*** campechano, despreocupado; *~* ***trade,*** librecambio; *~* ***will,*** libre albedrío. *2* franco, exento. *3* gratuito, de balde. *4* espontáneo, voluntario. *5* liberal, generoso. *6* suelto, fácil; atrevido, desenvuelto. *7* desocupado, vacante. *8 adv.* libremente. *10* **-ly** *adv.* libremente, etc.
free (to) (fri:) *t.* librar, libertar. *2* eximir. *3* desembarazar; soltar.
freebooter ('fri:ˌbu:təʳ) *s.* filibustero.
freedom ('fri:dəm) *s.* libertad. *2* facilidad, soltura.
free-hand ('fri:hænd) *a.* hecho a pulso [dibujo].
freehold ('fri:hould) *s.* dominio absoluto.
freemason ('fri:ˌmeisn) *s.* francmasón.
freemasonry ('fri:ˌmeisnri) *s.* francmasonería.
freer (friəʳ) *s.* libertador.
freeze (fri:z) *s.* helada.
freeze (to) (fri:z) *t.-i.* helar(se, congelar(se. ¶ Pret.: ***froze*** (frouz); p. p.: ***frozen*** (frouzn).
freezing ('fri:ziŋ) *a.* glacial. *2* frigorífico. *3* *~* ***point,*** punto de congelación.
freight (freit) *s.* carga, flete.
French (frentʃ) *a.-s.* francés: ***the French,*** los franceses; *~* ***bean,*** judía; *~* ***leave,*** despedida a la francesa; *~* ***window,*** puerta, ventana.
Frenchman ('frentʃmən) *s.* francés [hombre].
Frenchwoman ('frentʃˌwumən) *s.* francesa [mujer].
frenzied ('frenzid) *a.* frenético.
frenzy ('frenzi) *s.* frenesí, locura, desvarío.
frequency ('fri:kwənsi) *s.* frecuencia.
frequent ('fri:kwənt) *a.* frecuente. *2* habitual, regular.
frequent (to) (fri'kwent) *t.* frecuentar.
fresco ('freskou) *s.* PINT. fresco.
fresh (freʃ) *a.* fresco, nuevo, reciente. *2* tierno [pan]. *3* puro [aire]. *4* descan-

sado [tropa]. *5* descarado, fresco. *6* ~ ***water,*** agua dulce. *7* **-ly** *adv.* frescamente, etc.
freshen (to) ('freʃn) *t.-i.* refrescar(se.
freshman ('freʃmən) *s.* estudiante de primer año en universidad.
freshness ('freʃnis) *s.* frescor. *2* verdor. *3* novedad. *4* descaro.
fret (fret) *s.* roce. *2* raedura. *3* irritación.
fret (to) (fret) *t.-i.* rozar(se, raer(se, desgastar(se. *2* impacientar(se, irritar(se, apurar(se.
fretful ('fretful) *a.* irritable, enojadizo; nervioso, impaciente.
friar ('fraiə[r]) *s.* fraile, monje.
friction ('frikʃən) *s.* fricción, rozamiento, roce, frote.
Friday ('fraidi) *s.* viernes: ***Good*** ~, viernes santo.
fried (fraid) *p. p.* de TO FRY. *2* frito.
friend (frend) *s.* amigo, amiga: ***to make friends with,*** trabar amistad con; ***bosom*** ~, amigo íntimo; ***boy*** ~, novio; ***girl*** ~, novia.
friendless ('frendlis) *a.* sin amigos.
friendly ('frendli) *a.* amistoso, amigable. *2* benévolo, favorable.
friendship ('frendʃip) *s.* amistad.
frieze (fri:z) *s.* ARQ. friso.
frigate ('frigit) *s.* fragata.
fright (frait) *s.* miedo, terror; susto, espanto. *2* espantajo.
frighten (to) ('fraitn) *t.* asustar, espantar: ***to*** ~ ***away,*** ahuyentar.
frightful ('fraitful) *a.* espantoso, terrible. *2* horroroso, feísimo. *3* **-ly** adv. terriblemente.
frightfulness ('fraitfulnis) *s.* horror, espanto.
frigid ('fridʒit) *a.* frígido, frío.
frigidity (fri'dʒiditi) *s.* frigidez, frialdad, indiferencia.
frill (fril) *s.* COST. adorno alechugado; chorrera, faralá.
fringe (frindʒ) *s.* franja, fleco, orla. *2* flequillo. *3* borde.
fringe (to) (frindʒ) *t.* orlar, adornar con flecos o franjas.
frippery ('fripəri) *s.* perifollos. *2 a.* frívolo.
frisk (to) *i.* retozar, triscar.
frisky ('friski) *a.* juguetón, alegre, vivaracho.
fritter ('fritə[r]) *s.* frisuelo, buñuelo. *2* fragmento.
fritter (to) ('fritə[r]) *t.* desmenuzar: ***to*** ~ ***away,*** desperdiciar.
frivolity (fri'vɔliti) *a.* frivolidad.
frivolous ('frivələs) *a.* frívolo.
frizzle (to) ('frizl) *t.* rizar, encrespar, frisar.
fro (frou) *adv.* ***to and*** ~, de un lado a otro.
frock (frɔk) *s.* hábito [monacal]. *2* vestido [de mujer]. *3* ~ ***coat,*** levita.
frog (frɔg) *s.* rana. *2 t.* alamar.
frolic ('frɔlik) *s.* juego, retozo. *2* holgorio, diversión.
frolic (to) ('frɔlik) *i.* juguetear, retozar, divertirse.
frolicsome ('frɔliksəm) *a.* juguetón, travieso, retozón.
from (frɔm, frəm) *prep.* de, desde. *2* a partir de. *3* de parte de. *4* según. *5* por, a causa de.
front (frʌnt) *s.* frente, fachada. *2* MIL. frente. *3* delantera. *4* pechera [de camisa]. *5* ***in*** ~ ***of,*** delante de, frente a. *6 a.* delantero; frontero; frontal.
front (to) (frʌnt) *t.* hacer frente a. *2* mirar a, dar a.
frontier ('frʌntjə[r]) *s.* frontera. *2 a.* fronterizo.
frontispiece ('frʌntispi:s) *s.* frontispicio. *2* portada [de libro].
frost (frɔst) *s.* escarcha, helada.
frost-bitten ('frɔst,bitn) *a.* helado; quemado [por la helada].
frosty ('frɔsti) *a.* helado, glacial.
froth (frɔθ) *s.* espuma.
froth (to) (frɔθ) *t.* espumar.
frothy ('frɔθi) *a.* espumoso. *2* frívolo.
frown (fraun) *s.* ceño, entrecejo.
frown (to) (fraun) *i.* fruncir el entrecejo.
frowning ('frauniŋ) *a.* ceñudo.
froze (frouz) V. TO FREEZE.
frozen ('frouzn) TO FREEZE
frugal ('fru:gəl) *a.* frugal.
frugality (fru'gæliti) *s.* frugalidad.
fruit (fru:t) *s.* fruto. *2* fruta, frutas; ~ ***tree,*** árbol frutal.
fruit (to) (fru:t) *i.* fructificar.
fruiterer ('fru:tərə[r]) *s.* frutero: ~***'s shop,*** frutería.
fruitful ('fru:tful) *a.* fructífero, fructuoso. *2* fértil, abundante.
fruition (fru(:)'iʃən) *s.* fruición.
fruitless ('fru:tlis) *a.* infructuoso, estéril, vano.
frump (frʌmp) *s.* vieja anticuada.
frustrate (to) (frʌs'treit) *t.* frustrar. *2* burlar, hacer fracasar.
frustration (frʌs'treiʃən) *s.* frustración.
fry (frai) *s.* freza, morralla: ***small*** ~, gente menuda.
fry (to) (frai) *t.-i.* freír(se.
frying ('fraiiŋ) *s.* freidura: ~***-pan,*** sartén.
fuel (fjuəl) *s.* combustible. *2* pábulo.

fugitive ('fju:dʒitiv) *a.* fugitivo. *2* fugaz, pasajero. *3 s.* fugitivo.
fulfil(l (to) (ful'fil) *t.* cumplir, realizar, verificar, efectuar.
fulfilment (ful'filmənt) *s.* ejecución, realización. *2* colmo.
full (ful) *a.* lleno, colmado, repleto, atestado: ~ ***house,*** lleno [en un espectáculo]; ~ ***moon,*** luna llena. *2* pleno, entero, completo, todo; ***at*** ~ ***speed,*** a toda velocidad. *3* plenario. *4* copioso, abundante. *5* extenso, detallado: ***in*** ~, detalladamente, sin abreviar. *6* ~ ***age,*** mayoría de edad. *7* ~ ***dress,*** traje de etiqueta; uniforme de gala. *8* ~ ***stop,*** punto [final]. *9 adv.* enteramente, del todo.
full-grown ('ful'groun) *a.* crecido.
full-length ('ful'leŋθ) *a.* de cuerpo entero.
fullness ('fulnis) *s.* llenura, plenitud, colmo. *2* abundancia. *3* hartura.
fully ('fuli) *adv.* plenamente. *2* de lleno. *3* ampliamente.
fulminate (to) ('fʌlmineit) *t.* fulminar. *2 i.* ***to*** ~ ***against,*** tronar contra.
fulsome ('fulsəm) *a.* servil, bajo.
fumble (to) ('fʌmbl) *i.* buscar a tientas, revolver [buscando].
fumbler ('fʌmbləʳ) *s.* chapucero.
fume (fju:m) *s.* humo. *2* vaho, gas, vapor. *3* cólera.
fume (to) (fju:m) *t.* ahumar. *2* rabiar, echar pestes.
fumigate (to) ('fju:migeit) *t.* fumigar. *2* sahumar.
fuming ('fju:miŋ) *a.* enojado, furioso.
fumigation (ˌfju:mi'geiʃən) *s.* fumigación.
fun (fʌn) *s.* broma, diversión: ***in [for]*** ~, de broma: ***to be*** ~, ser divertido. *2* chanza, burla: ***to make*** ~ ***of,*** burlarse de; ***to have some*** ~, divertirse.
function ('fʌŋkʃən) *s.* función. *2* fiesta, reunión, acto.
function (to) ('fʌŋkʃən) *i.* funcionar.
functional ('fʌŋkʃənl) *a.* funcional.
fund (fʌnd) *s.* fondo, capital. *2* acopio, reserva. *3 pl.* fondos.
fundamental (ˌfʌndə'mentl) *a.* fundamental. *2 s. pl.* fundamento, principio, parte esencial. *3* **-ly** *adv.* fundamentalmente.
funeral ('fju:nərəl) *s.* entierro. *2* exequias. *3 a.* fúnebre.
fungus ('fʌŋgəs) *s.* BOT. hongo.
funk (fʌŋ) *s.* cobardía, miedo.
funnel ('fʌnl) *s.* embudo. *2* chimenea [de vapor].
funny ('fʌni) *a.* cómico, gracioso, divertido. *2* raro, curioso.
fur (fə:ʳ) *s.* piel: ~ ***coat,*** abrigo de pieles. *2* sarro.
furbelow ('fə:bilou) *s.* faralá, volante.
furbish (to) ('fə:biʃ) *t.* bruñir, acicalar, limpiar.
furious ('fjuəriəs) *a.* furioso, furibundo, airado.
furl (to) (fə:l) *t.* plegar [banderas]. *2* MAR. aferrar [velas].
furlong ('fə:lɔŋ) *s.* estadio [medida].
furlough ('fə:lou) *s.* MIL. licencia.
furnace ('fə:nis) *s.* horno, hornillo: ***blast*** ~, alto horno.
furnish (to) ('fə:niʃ) *t.* surtir, proveer. *2* equipar, amueblar. *3* suministrar, proporcionar.
furnishing ('fə:niʃiŋ) *s. pl.* útiles, avíos, mobiliario.
furniture ('fə:nitʃəʳ) *s.* mobiliario, muebles: ***piece of*** ~, mueble.
furrier ('fʌriəʳ) *s.* peletero.
furrow ('fʌrou) *s.* surco. *2* arruga.
furrow (to) ('fʌrou) *t.* surcar.
further ('fə:ðəʳ) *a.* adicional, ulterior, nuevo, otro. *2* más lejano. *3 adv.* más allá. *4* además, aún.
further (to) ('fə:ðəʳ) *t.* adelantar, fomentar, apoyar, servir.
furthermore ('fə:ðə'mɔ:ʳ) *adv.* además.
furthest ('fə:ðist) *a.-adv.* FARTHEST.
furtive ('fə:tiv) *a.* furtivo.
fury ('fjuəri) *s.* furia. *2* entusiasmo, frenesí.
furze (fə:z) *s.* BOT. aulaga; hiniesta.
fuse (fju:z) *s.* espoleta, cebo, mecha. *2* ELECT. fusible.
fuse (to) (fju:z) *t.-i.* fundir(se, derretir(se. *2* fusionar(se.
fuselage ('fju:zilɑ:ʒ) *s.* fuselaje.
fusilier (ˌfju:zi'liəʳ) *s.* fusilero.
fusillade (ˌfju:zi'leid) *s.* descarga cerrada, tiroteo.
fusion ('fju:ʒən) *s.* fusión.
fuss (fʌs) *s.* alboroto, alharaca; ajetreo o inquietud innecesarios.
fuss (to) (fʌs) *i.* bullir, ajetrearse, alborotarse.
fussy ('fʌsi) *a.* bullidor, inquieto. *2* minucioso, exigente.
fustian ('fʌstiən) *s.* fustán; pana. *2 a.* [estilo] altisonante.
fusty ('fʌsti) *a.* mohoso, rancio. *2* que huele a cerrado.
futile ('fju:tail) *a.* fútil. *2* frívolo. *3* vano, inútil.
future ('fu:tʃəʳ) *a.* futuro, venidero. *2 s.* futuro, porvenir.
fuzz (fʌz) *s.* vello, pelusa.
fuzzi ('fʌzi) *a.* velloso. *2* rizado, crespo. *3* borroso.

G

gab (gæb) *s.* locuacidad.
gabardine ('gæbədi:n) *s.* gabardina [tela].
gabble ('gæbl) *s.* charla.
gabble (to) ('gæbl) *t.* charlar, parlotear.
gable ('geibl) *s.* ARQ. aguilón. *2* gablete, frontón.
gad (to) (gæd) *i.* callejear.
gad-about ('gædəbaut) *a.-s.* callejero.
gad-fly ('gædflai) *s.* ENT. tábano.
gadget ('gædʒit) *s.* chisme, mecanismo.
gaff (gæf) *s.* garfio. *2* MAR. cangrejo: ~ ***sail***, cangreja.
gag (gæg) *s.* mordaza. *2* TEAT. morcilla.
gag (to) (gæg) *t.* amordazar. *2* TEAT. meter morcilla.
gage (geidʒ) *s.* prenda, garantía. *2* GAUGE.
gage (to) (geidʒ) *t.* empeñar. *2* TO GAUGE.
gaiety ('geiəti) *s.* alegría, diversión. *2* fausto, pompa.
gain (gein) *s.* ganancia. *2* ventaja.
gain (to) (gein) *t.* ganar. *2 i.* ganar, progresar. *3* ***to ~ on***, acercarse a; ganar ventaja a.
gainful ('geinful) *a.* provechoso.
gainings ('geiniŋz) *s. pl.* ganancias.
gainsay (to) (gein'sei) *t.* contradecir, negar.
gait (geit) *s.* paso, marcha. *2* orteontinente.
gaiter ('geitə[r]) *s.* polaina.
gala ('gɑ:lə) *s.* gala, fiesta.
galaxy ('gæləksi) *s.* galaxia.
gale (geil) *s.* vendaval.
gall (gɔ:l) *s.* bilis, hiel. *2* amargura. *3* VET. matadura. *4* descaro.
gall (to) (gɔ:l) *t.* rozar. *2* irritar. *3* hostigar.
gallant ('gælənt) *a.* galano. *2* gallardo, valiente. *3* galante. *4 s.* galán.
gallantry ('gæləntri) *s.* valentía. *2* galantería.
galleon ('gæliən) *s.* MAR. galeón.
gallery ('gæləri) *s.* galería. *2* pasadizo. *3* tribuna [en una iglesia]. *4* TEAT. paraíso.
galley ('gæli) *s.* MAR. galera: ~ ***slave***, galeote. *2* MAR. cocina.
galicism ('gælisizəm) *s.* galicismo.
gallivant (to) (ˌgæli'vænt) *i.* callejear.
gallon ('gælən) *s.* galón [medida].
galloon (gə'lu:n) *s.* galón, trencilla.
gallop ('gæləp) *s.* galope.
gallop (to) ('gæləp) *i.* galopar.
gallows ('gælouz) *s.* horca, patíbulo: ~***-bird***, reo de muerte.
galore (gə'lɔ:[r]) *adv.* en abundancia.
galosh (gə'lɔʃ) *s.* chanclo [de goma].
galvanize (to) ('gælvənaiz) *t.* galvanizar.
gamble ('gæmbl) *s.* juego [por dinero].
gamble (to) ('gæmbl) *i.* jugar [dinero].
gambling ('gæmbliŋ) *s.* juego: ~***-house***, ~***-den***, casa de juego.
gambol ('gæmbəl) *s.* brinco, cabriola, retozo.
gambol (to) ('gæmbəl) *i.* brincar, retozar.
game (geim) *s.* juego, diversión. *2* partida [de juego]. *3* DEP. partido. *4* caza [animales]: ***big*** ~, caza mayor. *5* burla, broma. *6 a.* valiente, dispuesto.
game (to) (geim) *t.-i.* TO GAMBLE.
game-cock ('geimkɔk) *s.* gallo de pelea.
game-keeper ('geimˌki:pə[r]) *s.* guardabosque.
gamester ('geimstə[r]) *s.* jugador, tahur.
gammon ('gæmən) *s.* jamón. *2* trola.
gamut ('gæmət) *s.* escala, gama.
gander ('gændə[r]) *s.* ZOOL. ganso.
gang (gæŋ) *s.* cuadrilla, brigada; banda.
gang-plank ('gæŋplæŋk) *s.* plancha, pasarela.
gangrene ('gæŋgri:n) *s.* gangrena.
gangrene (to) ('gæŋgri:n) *t.-i.* gangrenar(se.
gangster ('gæŋstə[r]) *s.* gangster.
gangway ('gæŋwei) *s.* pasillo. *2* pasarela. *3* MAR. portalón.
gaol (dʒeil) *s.* cárcel.

gap (gæp) *s.* boquete, brecha. *2* hueco, claro, vacío. *3* quebrada, barranca.
gape (geip) *s.* bostezo.
gape (to) (geip) *i.* bostezar. *2* estar boquiabierto.
garage ('gærɑ:ʒ, -ridʒ) *s.* garaje.
garb (gɑ:b) *s.* vestido, traje.
garbage ('gɑ:bidʒ) *s.* basura.
garble (to) ('gɑ:bl) *t.* falsificar.
garden ('gɑ:dn) *s.* jardín: ~ ***party***, fiesta en un jardín; ***kitchen*** ~, huerto; ~ ***stuff***, hortalizas.
gardener ('gɑ:dnəʳ) *s.* jardinero.
gardenia (gɑ:'di:njə) *s.* BOT. gardenia.
gardening ('gɑ:dniŋ) *s.* jardinería, horticultura.
gargle (to) ('gɑ:gl) *t.-i.* gargarizar.
gargoyle ('gɑ:gɔil) *s.* gárgola.
garish ('gɛəriʃ) *a.* deslumbrante, chillón, llamativo.
garland ('gɑ:lənd) *s.* guirnalda.
garlic ('gɑ:lik) *s.* BOT. ajo.
garment ('gɑ:mənt) *s.* vestido, prenda.
garner ('gɑ:nəʳ) *s.* granero, hórreo.
garnet ('gɑ:nit) *s.* granate.
garnish ('gɑ:niʃ) *s.* adorno, guarnición. *2* COC. aderezo.
garnish (to) ('gɑ:niʃ) *t.* adornar. *2* COC. aderezar.
garret ('gærət) *s.* desván, buhardilla.
garrison ('gærisn) *s.* guarnición.
garrison (to) ('gærisn) *t.* MIL. guarnecer.
gar(r)otte (gə'rɔt) *s.* garrote.
gar(r)otte (to) (gə'rɔt) *t.* dar garrote.
garrulity (gæ'ru:liti) *s.* garrulidad, locuacidad.
garrulous ('gæruləs) *a.* locuaz.
garter ('gɑ:təʳ) *s.* liga: ***the Garter***, la Orden de la Jarretera.
gas (gæs) *s.* gas: ~ ***range***, cocina de gas; ~ ***works***, fábrica de gas. *2* (E. U.) gasolina.
gaseous ('gæzjəs) *a.* gaseoso.
gash (gæʃ) *s.* cuchillada, herida.
gash (to) (gæʃ) *t.* acuchillar, herir, cortar.
gaslight ('gæslait) *s.* luz de gas.
gasolene ('gæsəli:n) *s.* (E. U.) gasolina.
gasp (gɑ:sp) *s.* boqueada; respiración entrecortada.
gasp (to) (gɑ:sp) *i.* boquear. *2 t.* decir de manera entrecortada.
gastric ('gæstrik) *a.* gástrico.
gastritis (gæs'traitis) *s.* gastritis.
gastronomy (gæs'trɔnəmi) *s.* gastronomía.
gate (geit) *s.* puerta [de ciudad, muro, etc.]; verja; barrera. *2* compuerta [de esclusa, etc.].
gate-keeper ('geit,ki:pəʳ) *s.* portero.
gateway ('geit-wei) *s.* puerta.
gather (to) ('gæðəʳ) *t.* recoger, juntar. *2* cosechar. *3* recaudar. *4* COST. fruncir. *5* deducir, inferir. *6* tomar [aliento, color]; cobrar [fuerzas, etc.]. *7 i.* reunirse. *8* amontonarse.
gathering ('gæðəriŋ) *s.* recolección. *2* acumulación. *3* reunión [de gente]. *4* recaudación. *5* COST. fruncido. *6* MED. absceso.
gaudily ('gɔ:dili) *adv.* ostentosamente.
gaudiness ('gɔ:dinis) *s.* ostentación.
gaudy ('gɔ:di) *a.* chillón, llamativo, ostentoso.
gauge (geidʒ) *s.* medida, calibre. *2* regla de medir, calibrador, manómetro, etc. *3* FERROC. ancho de vía. *4* MAR. calado.
gauge (to) (geidʒ) *t.* medir. *2* MAR. arquear. *3* juzgar.
gaunt (gɔ:nt) *a.* flaco, desvaído.
gauntlet ('gɔ:ntlit) *s.* guantelete, manopla. *2* ***to run the*** ~, pasar por las baquetas.
gauze (gɔ:z) *s.* gasa, cendal; ***wire-***~, tela metálica.
gauzy ('gɔ:zi) *a.* vaporoso.
gave (geiv) *pret.* de TO GIVE.
gawky ('gɔ:ki) *a.-s.* torpe.
gay (gei) *a.* alegre. *2* vistoso.
gaze (geiz) *s.* mirada fija.
gaze (to) (geiz) *i.* mirar fijamente. *2* contemplar.
gazelle (gə'zel) *s.* gacela.
gazette (gə'zet) *s.* gaceta [periódico].
gazetteer (,gæzi'tiəʳ) *s.* diccionario geográfico.
gear (giəʳ) *s.* vestidos, atavíos. *2* guarniciones [del caballo]. *3* herramientas. *4* MAR. aparejo. *5* MEC. engranaje, mecanismo [de transmisión, etc.]: ***to throw into*** ~, embragar.
gear (to) (giəʳ) *t.* ataviar. *2* enjaezar. *3* pertrechar. *4* engranar.
geese (gi:s) *s. pl.* de GOOSE.
gelatine (,dʒelə'ti:n) *s.* gelatina.
gelatinous (dʒi'lætinəs) *a.* gelatinoso.
geld (to) (geld) *t.* castrar, capar.
gelding ('geldiŋ) *s.* caballo castrado.
gem (dʒem) *s.* gema, piedra preciosa.
gender ('dʒendəʳ) *s.* género.
general ('dʒenərəl) *a.* general: ~ ***delivery***, lista de correos. *2 m.* MIL., ECLES. general. *3* ***in*** ~, en general. *4* el público. *5* **-ly** *adv.* generalmente.
generality (,dʒenə'ræliti) *s.* generalidad.
generalization (,dʒenərəlai'zeiʃən) *s.* generalización.
generalize (to) ('dʒenərəlaiz) *t.-i.* generalizar.
generate (to) ('dʒenəreit) *t.* producir.
generation (,dʒenə'reiʃən) *s.* generación.

generator ('dʒenəreitəʳ) *s.* generador; dínamo.
generic (dʒi'nerik) *a.* genérico.
generosity (ˌdʒenə'rɔsiti) *s.* generosidad.
generous ('dʒenərəs) *a.* generoso. *2* noble. *3* amplio.
genial ('dʒi:njəl) *a.* genial. *2* afable. *3* alegre. *4* agradable.
geniality (ˌdʒi:ni'æliti) *s.* cordialidad. *2* jovialidad.
genius ('dʒi:njəs) *pl.* **geniuses** ('dʒi:niəsiz) genio [fuerza creadora]. *2* carácter particular [de una nación, época, etc.]. *3 pl.* ***genii*** ('dʒi:niai) genio [deidad]; demonio.
genteel (dʒen'ti:l) *a.* [hoy, irónico] cursi; [antes] cortés, bien criado.
gentile ('dʒentail) *a.-s.* gentil [pagano; no judío].
gentle ('dʒentl) *a.* de buena posición social. *2* dócil. *3* afable, benigno. *4* suave, moderado.
gentleman ('dʒentlmən) *s.* caballero, señor; hombre correcto.
gentlemanliness ('dʒentlmənlinis) *s.* caballerosidad.
gentlemanly ('dʒentlmənli) *a.* caballeroso, correcto.
gentleness (dʒentlnis) *s.* mansedumbre. *2* afabilidad. *3* dulzura, suavidad. *4* distinción.
gentlewoman ('dʒentlˌwumən) *f.* señora. *2* dama de honor.
gently ('dʒentli) *adv.* suavemente. *2* despacio, quedito.
gentry ('dʒentri) *s.* señorío [no noble]. *2* irón. gente.
genuflexión (ˌdʒenju'flekʃən) *s.* genuflexión.
genuine ('dʒenjuin) *a.* genuino. auténtico, legítimo. *2* sincero. *3* **-ly** *adv.* verdaderamente; sinceramente.
genuineness ('dʒenjuinnis) *s.* autenticidad. *2* sinceridad.
geographer (dʒi'ɔgrəfəʳ) *s.* geógrafo.
geography (dʒi'ɔgrəfi) *s.* geografía.
geology (dʒi'ɔlədʒi) *s.* geología.
geometry (dʒi'ɔmitri) *s.* geometría.
George (dʒɔ:dʒ) *n. pr.* Jorge.
geranium (dʒi'reinjəm) *s.* BOT. geranio.
germ (dʒə:m) *s.* germen. *2* BOT. yema. *3* microbio.
German ('dʒə:mən) *a.-s.* alemán.
germane (dʒe:'mein) *a.* afín. *2* adecuado, propio.
Germany ('dʒə:məni) *n. pr.* Alemania.
germicide ('dʒə:misaid) *s.* germicida.
germinate (to) ('dʒə:mineit) *i.* germinar. *2 t.* hacer germinar.
germination (ˌdʒe:mi'neiʃən) *s.* germinación.
gerund ('dʒerənd) *s.* gerundio.
gesticulate (to) (dʒes'tikjuleit) *i.* accionar, hacer ademanes.
gesticulation (dʒesˌtikju'leiʃən) *s.* gesticulación.
gesture ('dʒestʃəʳ) *s.* ademán.
get (to) (get) *t.* obtener, conseguir. *2* hallar. *3* coger, atrapar. *4* vencer. *5* mandar; hacer que. *6* poner [en un estado, etc.]: ***to ~ ready,*** preparar(se. *7* procurar, proporcionar. *8* comprender. *9* ***to ~ air, wind,*** divulgarse; enterarse de. *10* ***to ~ back,*** recobrar. *11* ***to ~ down,*** descolgar; tragar. *12* ***to ~ hold of,*** asir. *13* ***to ~ into,*** meterse en. *14* ***to ~ over,*** hacer pasos por encima; ganar [a una causa]; acabar. *15* ***to ~ the better of,*** llevar ventaja a. *16 i.* ganar dinero. *17* estar, hallarse. *18* ir, llegar, meterse, introducirse, pasar. *19* hacerse, volverse, ponerse; ***to ~ better,*** mejorar; ***to ~ old,*** hacerse viejo. *20* ***to ~ about, abroad,*** divulgarse. *21* ***to ~ along with,*** avenirse con. *22* ***to ~ away,*** irse, escapar. *23* ***to ~ back,*** volver. *24* ***to ~ down,*** bajar, descender; ***to ~ near,*** acercarse. *25* ***to ~ on,*** montar; armonizar; adelantar, medrar. *26* ***to ~ on one's nerves,*** irritarse. *27* ***to ~ over,*** reponerse, superar [un obstáculo]; pasar al otro lado. *28* ***to ~ rid of,*** deshacerse de. *29* ***to ~ up,*** levantarse. *30* ***~ out!,*** ¡largo de aquí! ‖ Pret. y p. p.: ***got*** (gɔt).
get up ('getʌp) *s.* atavío.
gewgaw ('gju:gɔ:) *s.* chuchería.
geyser ('gaizəʳ) *s.* géiser. *2* ('gi:zəʳ) calentador de agua.
ghastliness ('gɑ:stlinis) *s.* palidez. *2* horror.
ghastly ('gɑ:stil) *a.* horrible. *2* fantasmal. *3* lívido, cadavérico. *4 adv.* horriblemente.
gherkin ('gə:kin) *s.* pepinillo.
ghetto ('getou) *s.* barrio judío.
ghost (goust) *s.* espíritu, alma; ***the Holy ~,*** el Espíritu Santo. *2* espectro, fantasma.
ghoul (gu:l) *s.* vampiro.
giant ('dʒaiənt) *a.-s.* gigante.
gibber (to) ('dʒibəʳ) *i.* farfullar, charlar.
gibberish ('gibəriʃ) *s.* charla incoherente. *2* jerga.
gibbet ('dʒibit) *s.* horca, patíbulo.
gibe (dʒaib) *s.* mofa, escarnio.
gibe (to) (dʒaib) *t.-i.* mofarse.
giblets ('dʒiblits) *s. pl.* COC. menudillos.
giddiness ('gidinis) *s.* vértigo. *2* atolondramiento.

giddy ('gidi) *a.* vertiginoso. *2* mareado, que sufre vértigo. *3* atolondrado, veleidoso. *4* **-ly** *adv.* vertiginosamente.
gift (gift) *s.* donación. *2* donativo, regalo. *3* dote, prenda.
gifted (giftid) *a.* dotado.
gig (gig) *s.* carruaje ligero. *2* bote, lancha. *3* fisga, arpón.
gigantic (dʒai'gæntik) *a.* gigantesco.
giggle ('gigl) *s.* risita nerviosa.
giggle (to) ('gigl) *i.* reír nerviosa y tontamente.
gild (to) (gild) *t.* dorar.
gill (gil) *s.* agalla [de pez]. *2* (dʒil) medida de licores.
gilt (gilt) *a.-s.* dorado.
gin (dʒin) *s.* ginebra [licor]. *2* armadijo, trampa. *3* cabria.
ginger ('dʒindʒəʳ) *s.* BOT. jengibre. *2* color rubio rojizo.
gingerly ('dʒindʒəli) *adv.* cautelosamente, con precaución.
gipsy ('dʒipsi) *s.* GYPSY.
giraffe (dʒi'rɑ:f) *s.* jirafa.
gird (to) (gə:d) *t.* ceñir, cercar. ‖ Pret. y p. p.: ***girded*** (gə:did) o ***girt*** (gə:t).
girdle ('gə:dl) *s.* cinto, faja.
girdle (to) ('gə:dl) *t.* ceñir.
girl (gə:l) *f.* niña, muchacha, joven. *2* doncella, criada.
girlhood ('gə:lhud) *s.* niñez, juventud [en la mujer].
girlish ('gə:liʃ) *a.* juvenil, de niña.
girt (gə:t) V. TO GIRD.
girth (gə:θ) *s.* cincha. *2* cincho, faja. *3* periferia, contorno.
gist (dʒist) *s.* quid, punto esencial.
give (to) (giv) *t.* dar; donar; regalar; entregar. *2* empeñar [one's word]. *3* ofrecer, presentar. *4* ***to ~ away,*** regalar; repartir; revelar [un secreto]; ***to ~ back,*** devolver; ***to ~ birth to,*** dar a luz; ***to ~ off,*** despedir [humo, etc.]; ***to ~ oneself up,*** rendirse; ***to ~ out,*** repartir; publicar; emitir; ***to ~ over,*** entregar; desistir de; ***to ~ over,*** entregar; desistir de; ***to ~ up,*** renunciar a; entregar. *5 i.* dar de sí, ceder. *6* [ventana] dar a. *7* ***to ~ out,*** agotarse, ceder. ‖ Pret.: ***gave*** (geiv); p. p.: ***given*** ('givn).
gizzard ('gizəd) *s.* molleja.
glacial ('gleisjəl) *a.* glacial.
glacier ('glæsjəʳ) *s.* glaciar, ventisquero.
glad (glæd) *a.* alegre, contento: ***to be ~ of,*** alegrarse de. *2* **-ly** *adv.* de buena gana.
gladden (to) ('glædn) *t.* alegrar. *2* animar.
glade (gleid) *s.* claro [en un bosque].
gladness ('glædnis) *s.* alegría, contento.
gladsome ('glædsəm) *a.* alegre, placentero.
glamorous ('glæmərəs) *a.* fascinador.
glamo(u)r ('glæməʳ) *s.* encanto, hechizo.
glance (glɑ:ns) *s.* mirada, vistazo. *2* vislumbre. *3* destello.
glance (to) (glɑ:ns) *i.-t.* dar una mirada; echar una ojeada, un vistazo; mirar de soslayo. *2 i.* destellar. *3* ***to ~ off,*** desviarse.
gland (glænd) *s.* glándula.
glare (glɛəʳ) *s.* fulgor, resplandor. *2* mirada feroz.
glare (to) (glɛəʳ) *i.* brillar, deslumbrar. *2* mirar con fiereza.
glaring ('glɛəriŋ) *a.* brillante, deslumbrador. *2* chillón. *3* evidente. *4* **-ly** *adv.* evidentemente.
glass (glɑ:s) *s.* vidrio, cristal: ***~ case,*** escaparate, vitrina. *2* vaso, copa. *3* cristalería [de mesa]. *4* espejo. *5* ÓPT. lente; anteojo. *6 pl.* lentes, gafas; gemelos.
glass-house ('glɑ:shaus) *s.* fábrica de vidrio. *2* invernáculo.
glassware ('gla:s-wɛəʳ) *s.* vajilla de cristal.
glassy ('glɑ:si) *a.* cristalino.
glaze (gleiz) *s.* vidriado.
glaze (to) (gleiz) *t.* vidriar, barnizar. *2* velar [los ojos]. *3* poner cristales a.
gleam (gli:m) *s.* destello. *2* brillo tenue o pasajero. *3* rayo [de luz, esperanza].
gleam (to) (gli:m) *i.* destellar, brillar, centellear.
glean (to) (gli:n) *t.* espigar. *2* rebuscar, recoger.
glee (gli:) *s.* alegría, gozo.
gleeful ('gli:ful) *a.* alegre, gozoso.
glen (glen) *s.* cañada; hondonada, valle.
glib (glib) *a.* locuaz.
glide (glaid) *s.* deslizamiento. *2* planeo.
glide (to) (glaid) *i.* deslizarse, resbalar. *2* AVIA. planear.
glider ('glaidəʳ) *s.* planeador.
glimmer ('gliməʳ) *s.* vislumbre, resplandor, luz débil.
glimmer (to) ('gliməʳ) *i.* brillar; rielar; vislumbrarse.
glimpse (glimps) *s.* resplandor, fugaz; visión rápida; vislumbre.
glimpse (to) (glimps) *i.* echar una ojeada. *2* brillar con luz trémula. *3 t.* vislumbrar.
glint (glint) *s.* brillo, destello.
glint (to) (glint) *i.* brillar. *2 t.* reflejar (la luz).
glisten (to) ('glisn) *i.* brillar, centellear, rielar.
glitter ('glitəʳ) *s.* resplandor. *2* brillo, lustre.

glitter (to) ('glitəʳ) *i.* brillar, relucir, chispear.
gloaming ('gloumiŋ) *s.* anochecer.
gloat (to) (glout) *i.* gozarse en.
globe (gloub) *s.* globo, bola. *2* esfera [terrestre]: ~ ***trotter,*** trotamundos.
globular ('glɔbjuləʳ) *a.* globular.
globule ('glɔbju:l) *s.* glóbulo.
gloom (glu:m) *s.* oscuridad. *2* tristeza.
gloomy ('glu:mi) *a.* oscuro, lóbrego. *2* sombrío, triste. *3* hosco.
glorification ('glɔrifi'keiʃən) *s.* glorificación, apoteosis.
glorify (to) ('glɔ:rifai) *t.* glorificar. *2* ensalzar.
glorious ('blɔ:riəs) *a.* glorioso. *2* espléndido, magnífico.
glory ('glɔ:ri) *s.* gloria. *2* grandeza. *3* aureola, halo.
glory (to) ('glɔ:ri) *i.* gloriarse.
gloss (glɔs) *s.* lustre, brillo. *2* oropel. *3* glosa, comentario.
gloss (to) (glɔs) *t.* lustrar, pulir. *2* paliar. *3* *t.-i.* glosar.
glossary ('glɔsəri) *s.* glosario.
glossy ('glɔsi) *a.* brillante, satinado. *2* especioso.
glove (glʌv) *s.* guante: ***to be hand in*** ~, ser uña y carne.
glow (glou) *s.* luz, resplandor. *2* viveza de color. *3* ardor, calor: ~ ***worm,*** luciérnaga.
glow (to) (glou) *i.* dar luz o calor vivos; arder; brillar, resplandecer. *2* tener colores vivos.
glower (to) ('glauəʳ) *i.* mirar con ceño.
glowing ('glouiŋ) *a.* resplandeciente. *2* ardiente, encendido. *3* brillante. *4* entusiasta.
glucose ('glu:kous) *s.* glucosa.
glue (glu:) *s.* cola [para pegar]. *2* visco.
glue (to) (glu:) *t.* encolar, pegar.
gluey ('glu:i) *a.* pegajoso.
glum (glʌm) *a.* malhumorado.
glut (glʌt) *s.* hartura; exceso.
glut (to) (glʌt) *t.-i.* hartarse. *2* t. COM. inundar. *3* colmar. *4 i.* hartarse.
glutinous ('glu:tinəs) *a.* pegajoso.
glutton ('glʌtn) *a.-s.* glotón.
gluttony ('glʌtəni) *s.* glotonería.
glycerine (,glisə'ri:n) *s.* glicerina.
gnarl (nɑ:l) *s.* nudo [en madera].
gnarled (nɑ:ld) *a.* nudoso.
gnash (to) (næʃ) *i.* hacer rechinar los dientes.
gnat (næt) *s.* ENT. mosquito.
gnaw (to) (nɔ:) *t.* roer. *2* morder, mordiscar.
go (gou) *s.* ida. *2* marcha, curso. *3* empuje. *4* tentativa. *5* moda: ***it is all the*** ~, hace furor.
go (to) (gou) *i.* ir. *2* irse, marchar, partir. *3* andar, funcionar. *4* [el traje] caer bien. *5* morir; decaer. *6* tener éxito. *7* resultar. *8* ***to*** ~ ***about,*** ir de un lado a otro; ***to*** ~ ***abroad,*** ir al extranjero; ***to*** ~ ***after,*** seguir; ***to*** ~ ***ahead,*** avanzar; ***to*** ~ ***along,*** continuar; ***to*** ~ ***along with,*** acompañar; ***to*** ~ ***astray,*** extraviarse; ***to*** ~ ***at,*** atacar; ***to*** ~ ***away,*** irse; ***to*** ~ ***back,*** volver; ***to*** ~ ***bad,*** echarse a perder; ***to*** ~ ***between,*** mediar, terciar; ***to*** ~ ***by,*** pasar [de largo]; ***to*** ~ ***down,*** bajar; irse a pique; ***to*** ~ ***for,*** ir a buscar; acometer; ***to*** ~ ***in,*** o ***into,*** entrar; ***to*** ~ ***mad,*** volverse loco; ***to*** ~ ***off,*** irse; dispararse; echarse a perder; ***to*** ~ ***on,*** continuar; ***to*** ~ ***out,*** salir; divulgarse; apagarse [la luz]; ***to*** ~ ***over,*** repasar; pasar [por encima; al otro lado]; ***to*** ~ ***through,*** atravesar; sufrir; ***to*** ~ ***to sleep,*** dormirse; ***to*** ~ ***up,*** subir; ***to*** ~ ***without,*** pasarse sin; ***to*** ~ ***wrong,*** salir mal; ***to let*** ~, dejar ir; soltar. *9 t.* seguir: ***to*** ~ ***one's way,*** seguir su camino. *10* soportar. *11* ***to*** ~ ***halves,*** ir a medias. ¶ Pres. 3.ª pers.: ***goes*** (gouz); pret.: ***went*** (went); p. p.: ***gone*** (gɔn).
goad (goud) *s.* pincho, aguijón.
goad (to) (goud) *t.* aguijar, aguijonear, picar.
goal (goul) *s.* DEP. meta, portería; gol: ***to score a*** ~, marcar un tanto. *2* fin, objeto.
goal-keeper ('goul,ki:pəʳ) *s.* DEP. portero, guardameta.
goat (gout) *s.* cabra; cabrón.
goatee (gou'ti:) *s.* perilla.
goat-herd ('gouthə:d) *s.* cabrero.
gobble (to) ('gɔbl) *t.* engullir. *2 i.* gluglutear.
go-between ('gou-bi,twi:n) *s.* mediador. *2* alcahueta.
goblet ('gɔblit) *s.* copa.
goblin ('gɔblin) *s.* duende, trasgo.
God (gɔd) *n. pr.* Dios. *2 m.* dios.
godchild ('gɔdtʃaild) *s.* ahijado, ahijada.
goddess ('gɔdis) *s.* diosa, diva.
godfather ('gɔd,fɑ:ðəʳ) *s.* padrino [de bautismo].
godforsaken ('gɔdfə,seikn) *a.* abandonado. *2* triste, desierto, desolado.
godless ('gɔdlis) *a.* impío.
godlessness ('gɔdlinis) *s.* impiedad.
godliness ('gɔdlinis) *s.* piedad.
godly ('gɔdli) *a.* piadoso, devoto.
godmother ('gɔd,mʌðəʳ) *f.* madrina [de bautismo].

goggle ('gɔgl) *a.* saltón [ojo]. *2 s. pl.* gafas ahumadas.
goggle (to) ('gɔgl) *i.* hacer rodar los ojos o abrirlos desmesuradamente.
gold (gould) *s.* oro [metal, riqueza]: ~ ***leaf,*** pan de oro; ~ ***standard,*** patrón oro.
golden ('gouldən) *a.* de oro, áureo, dorado.
goldfinch ('gouldfintʃ) *s.* jilguero.
goldsmith ('gouldsmiθ) *s.* orfebre.
golf (gɔlf) *s.* DEP. golf.
gone (gɔn) *p. p.* de TO GO.
gong (gɔŋ) *s.* gong, batintin.
good (gud) *a.* bueno: ~ ***cheer,*** alegría; ~ ***day,*** buenos días; ~***-for-nothing,*** inútil; ***Good Friday,*** Viernes Santo; ~***-looking,*** guapo; ~ ***looks,*** buen aspecto; ~***-natured,*** afable; ~ ***night,*** buenas noches; ~ ***time,*** buen rato; diversión; ~ ***turn,*** favor; ***a*** ~ ***deal,*** mucho; ***a*** ~ ***while,*** un buen rato; ***in*** ~ ***earnest,*** en serio. *2* valiente. *3* solvente. *4 interj.* ¡bien! *5 s.* bien; provecho: ***what is the*** ~ ***of it?,*** ¿para qué sirve?, ***for*** ~, para siempre.
good-by, good-bye ('gud'bai) *s.* adiós; ***to say*** ~ ***to,*** despedirse de. *2 interj.* ¡adiós!
goodish ('gudiʃ) *a.* bastante bueno o grande.
goodly ('gudli) *a.* agradable. *2* guapo. *3* considerable.
goodness ('gudnis) *s.* bondad. *2* virtud. *3* interj. ~ ***gracious!,*** ¡Santo Dios!; ***for*** ~ ***sake!,*** ¡por Dios!
goods (gudz) *s. pl.* géneros, mercancías.
goody ('gudi) *a.-s.* bonachón.
goose (gu:s), *pl.* **geese** (gi:s) *s.* ORN. ganso, oca. *2* ~ ***flesh,*** carne de gallina.
gooseberry ('guzbəri) *s.* BOT. grosellero silvestre.
gore (gɔ:ʳ) *s.* sangre. *2* sangre cuajada. *3* COST. cuchillo, nesga.
gore (to) (gɔ:ʳ) *t.* poner cuchillo o nesga a. *2* acornear. *3* herir con los colmillos.
gorge (gɔ:dʒ) *s.* garganta, gaznate. *2* garganta, desfiladero.
gorge (to) (gɔ:dʒ) *t.* engullir. *2* obstruir. *3 t.-i.* hartar(se.
gorgeous ('gɔ:dʒəs) *a.* brillante, suntuoso.
gorilla (gə'rilə) *s.* ZOOL. gorila.
gory ('gɔ:ri) *a.* ensangrentado, sangriento.
gospel ('gɔspəl) *s.* evangelio.
gossamer ('gɔsəməʳ) *s.* telaraña. *2* gasa, cendal. *3 a.* delgado.
gossip ('gɔsip) *s.* chismografía, comadreo. *2* habladuría. *3* chismoso. *4* compadre, comadre.
gossip (to) ('gɔsip) *i.* chismear, murmurar, charlar.
got (gɔt) V. TO GET.
Gothic ('gɔθik) *a.* gótico.
gouge (gaudʒ) *s.* gubia.
gouge (to) (gaudʒ) *t.* esclopear.
gourd (guəd) *s.* BOT. calabaza.
gourmet ('guəmei) *s.* gastrónomo.
gout (gaut) *s.* MED. gota.
gouty ('gauti) *a.* gotoso.
govern (to) ('gʌvən) *t.* governar, regir. *2* GRAM. regir.
governance ('gʌvənəns) *s.* gobierno, gobernación.
governess ('gʌvənis) *s.* aya; institutriz.
government ('gʌvnmənt, -'gʌvə-) *s.* gobierno, dirección; mando, autoridad. *2* gobierno [ministerio]. *3* GRAM. régimen.
governor ('gʌvənəʳ) *s.* gobernador. *2* director. *3* preceptor.
gown (gaun) *s.* vestido de mujer. *2* bata; túnica; toga.
grab (to) (græb) *t.* agarrar, asir.
grace (greis) *s.* gracia [física; espiritual]. *2* amabilidad. *3* garbo. *4* disposición, talante: ***with a bad*** ~, de mala gana. *5 pl.* ***good graces,*** valimiento. *6* MIT. ***the Graces,*** las Gracias.
grace (to) (greis) *t.* adornar. *2* agraciar. *3* honrar.
graceful ('greisful) *a.* gracioso, airoso, agraciado, elegante. *2* fácil, natural.
gracefulness ('greisfulnis) *s.* gracia, donaire, gentileza.
gracious ('geiʃəs) *a.* gracioso, atractivo. *2* afable, cortés. *3* bondadoso. *4 interj.* ***gracious!,*** ¡válgame Dios! *5* **-ly** *adv.* graciosamente, agradablemente.
graciousness ('greiʃəsnis) *s.* afabilidad, bondad; amabilidad.
gradation (grə'deiʃən) *s.* gradación. *2* grado; rango.
grade (greid) *s.* grado. *2* clase, calidad. *3* ING. pendiente, desnivel.
grade (to) (greid) *t.* graduar. *2* matizar [un color, etc.]. *3* ING. nivelar, explanar.
gradient ('greidjənt) *s.* ING. pendiente, desnivel.
gradual ('grædjuəl) *a.* gradual. *2* **-ly** *adv.* gradualmente.
graduate ('grædjuit) *a.* graduado [en universidad].
graduate (to) ('grædjueit) *t.-i.* graduar(se.

graft (grɑ:ft) *s.* AGR.. injerto. *2* (E. U.) ganancia ilícita.
graft (to) (grɑ:ft) *t.* injertar. *2* (E. U.) adquirir ilícitamente.
grain (grein) *s.* grano [de trigo, uva, etc.]. *2* cereales. *3* átomo, pizca. *4* fibra, veta: ***against the ~***, a contrapelo.
grammar ('græməʳ) *s.* gramática: ***~-school***, instituto de segunda enseñanza; (E. U.) escuela primaria.
gramme (græm) *s.* gramo.
granary ('grænəri) *s.* granero.
grand (grænd) *a.* grande, gran. *2* grandioso, espléndido.
grandchild ('græn-tfaild) *s.* nieto, nieta.
grandaughter ('græn'dɔ:təʳ) *s.* nieta.
grandeur ('grændʒəʳ) *s.* grandeza, magnificencia.
grandfather ('grænd'fɑ:ðəʳ) *s.* abuelo.
grandiloquent (græn'diləkwənt) *a.* grandilocuente.
grandiose ('grændious) *a.* grandioso. *2* pomposo, hinchado.
grandmother ('græn'mʌðəʳ) *s.* abuela.
grandness ('grændnis) *s.* grandeza.
grandparent ('græn,pɛərənt) *s.* abuelo, abuela. *2 pl.* abuelos.
grandson ('grænsʌn) *s.* nieto.
grandstand ('grændstænd) *s.* gradería cubierta, tribuna.
grange (greindʒ) *s.* granja, hacienda, cortijo.
granite ('grænit) *s.* granito.
granny, -nie ('græni) *s.* abuela.
grant (grɑ:nt) *s.* concesión, donación. *2* don, merced, subvención.
grant (to) (grɑ:nt) *t.* conceder, otorgar, dar. *2* ***to take for granted,*** dar por supuesto.
granulated ('grænjuleitid) *a.* granulado.
grape (greip) *s.* BOT. uva. *2* vid, parra.
grapefruit ('greip-fru:t) *s.* BOT. toronja, pomelo.
grape-vine ('greip-vain) *s.* vid, parra.
graph (græ:f) *s.* gráfica.
graphic(al ('græfik(əl) *a.* gráfico.
graphite ('græfait) *s.* MINER. grafito.
grapple (to) (græpl) *t.-i.* asir(se, agarrar(se.
grasp (grɑ:sp) *s.* asimiento. *2* apretón de manos. *3* dominio, poder. *4* comprensión.
grasp (to) (grɑ:sp) *t.* asir, empuñar. *2* abrazar, abarcar. *3* comprender, entender.
grasping ('grɑ:spiŋ) *a.* avaro.
grass (grɑ:s) *s.* hierba, césped, pasto.
grasshopper ('grɑ:s,hɔpəʳ) *s.* ENT. langosta, saltamontes.
grassland ('grɑ:s-lænd) *s.* prado, tierra de pasto.
grassy ('grɑ:si) *a.* herboso.
grate (greit) *s.* reja, verja. *2* rejilla [de hogar].
grate (to) (greit) *t.* rallar. *2* raspar. *3* molestar. *4 i.* rachinar.
grateful ('greitful) *a.* agradecido. *2* grato, agradable.
gratification (,grætifi'keiʃən) *s.* satisfacción. *2* gratificación.
gratify (to) ('grætifai) *t.* satisfacer, contentar. *2* gratificar.
grating ('greitiŋ) *a.* raspante. *2* chirriante. *3* irritante. *4 s.* verja, enrejado. *5* reja, rejilla. *6 pl.* ralladuras.
gratis ('greitis) *adv.* gratis, de balde.
gratitude ('grætitju:d) *s.* gratitud.
gratuitous (grə'tju:itəs) *a.* gratuito. *2* injustificado.
gratuity (grə'tjuiti) *s.* gratificación, propina.
grave (greiv) *a.* grave [importante; serio, digno]. *2* GRAM. (grɑ:v) grave. *3 s.* ('greiv) tumba, sepulcro.
gravel ('grævəl) *s.* arena gruesa, guijo. *2* MED. cálculos.
graveness (greivnis) *s.* gravedad, seriedad.
gravestone (greivstoun) *s.* lápida sepulcral.
graveyard ('greiv-jɑ:d) *s.* cementerio.
gravitate (to) ('græviteit) *i.* gravitar.
gravitation (,grævi'teiʃən) *s.* gravitación.
gravity ('græviti) *s.* gravedad.
gravy ('greivi) *s.* COC. salsa, jugo.
gray (grei) *a.* gris, pardo.
graze (greiz) *s.* roce. *2* pasto.
graze (to) (greiz) *t.* rozar; arañar; raspar. *2 i.* pacer, pastar.
grazing ('greiziŋ) *s.* pastoreo. *2* pasto: ***~-land,*** dehesa.
grease (gri:s) *s.* grasa. *2* sebo.
grease (to) (gri:z) *t.* engrasar.
greasy ('gri:zi, -si) *a.* grasiento.
great (greit) *a.* grande, gran, magno, mayor: ~ ***age,*** edad avanzada. *2* crecido. *3* magnífico, estupendo. *4* **-ly** *adv.* muy, mucho, grandemente.
greatness ('greitnis) *s.* grandeza. *2* amplitud. *3* esplendor.
Grecian ('gri:ʃən) *a.* griego.
greed, greediness (gri:d, -inis) *s.* ansia, codicia. *2* voracidad.
greedy ('gri:di) *a.* ansioso, codicioso. *2* avaro. *3* voraz, glotón.
Greek (gri:k) *a.-s.* griego.
green (gri:n) *a.* verde. *2* lozano. *3* bisoño, inexperto. *4 s.* verde. *5* verdor, ver-

dura. *6* prado. *7 pl.* verduras, hortalizas.
greengrocer ('gri:n,grousə^r) *s.* verdulero.
greenhouse ('gri:nhaus) *s.* invernáculo.
Greenland ('gri:nlənd) *n. pr.* GEOGR. Groenlandia.
greet (to) (gri:t) *t.* saludar.
greeting ('gri:tiŋ) *s.* saludo. *2 pl.* saludos, recados.
gregarious (gre'gɛəriəs) *a.* gregario.
grenade (gri'neid) *s.* granada [bomba].
grew (gru:) *pret.* de TO GROW.
grey (grei) *a.* GRAY.
greyhound ('greihaund) *s.* galgo.
grid (grid) *s.* reja, parrilla. *2* RADIO. rejilla. *3* ELECT. red.
grief (gri:f) *s.* dolor, pena, pesar, aflicción. *2* daño: ***to come to ~***, sufrir algún daño.
grievance (gri:vəns) *s.* agravio, ofensa, queja.
grieve (to) (gri:v) *t.* afligir, apenar. *2* lamentar. *3 i.* afligirse, dolerse.
grievous ('gri:vəs) *a.* doloroso, penoso. *2* fiero, atroz.
grill (gril) *s.* COC. parrillas.
grill (to) (gril) *t.* asar a la parrilla.
grille (gril) *s.* verja, reja.
grim (grim) *a.* torvo, ceñudo. *2* feo. *3* horrible, siniestro.
grimace (gri'meis) *s.* mueca, visaje, mohín.
grimace (to) (gri'meis) *i.* hacer muecas o visajes.
grime (graim) *s.* tizne, mugre.
grime (to) (graim) *t.* ensuciar.
grimy ('graimi) *a.* sucio.
grin (grin) *s.* mueca de dolor o cólera. *2* sonrisa.
grin (to) (grin) *i.* hacer muecas. *2* sonreírse.
grind (to) (graind) *t.* moler, triturar. *2* afilar, esmerilar. *3* hacer rechinar [los dientes]. *4* molestar, oprimir. *5 i.* pulirse. ¶ Pret. y p. p.: ***ground*** (graund).
grindstone ('grainstoun) *s.* muela, piedra de afilar.
grip (grip) *s.* agarro, presa. *2* poder. *3* puño, mango. *4* maletín. *5* ***to come to grips***, luchar a brazo partido.
grip (to) (grip) *t.* agarrar, apretar, empuñar. *2 i.* agarrarse.
gripes (graips) *s. pl.* retortijones.
grisly ('grizli) *a.* espantoso, terrible.
gristle ('grisl) *s.* cartílago.
grit (grit) *s.* arena. *2* firmeza.
grizzle (to) ('grizl) *t.* gimotear.
groan (groun) *s.* gemido, quejido.
groan (to) (groun) *t.* gemir.
groats (grouts) *s.* sémola.
grocer ('grousə^r) *s.* tendero [de comestibles], abacero.
grocery ('grousəri) *s.* tienda de comestibles. *2 pl.* comestibles.
groggy ('grɔgi) *a.* achispado. *2* vacilante, atontado.
groin (grɔin) *s.* ANAT. ingle. *2* ARQ. arista de encuentro.
groom (grum) *s.* mozo de cuadra. *2* lacayo. *3* novio.
groom (to) (grum) *t.* cuidar [caballos]. *2* fig. componer, asear.
groove (gru:v) *s.* ranura, surco.
groove (to) (gru:v) *t.* acanalar.
grope (to) (group) *t.-i.* tentar; andar a tientas.
gross (grous) *a.* grueso. *2* denso. *3* grosero, tosco, obsceno. *4* craso [error, etc.]. *5* COM. total; bruto. *6 s.* gruesa. **-ly** *adv.* en bruto, toscamente.
grossness ('grousnis) *s.* grosería. *2* grosor.
grotesque (grou'tesk) *a.* grotesco.
grotto ('grɔtou) *s.* gruta, cueva.
ground (graund) *s.* tierra, suelo, piso. *2* terreno. *3* B. ART. campo; fondo. *4* PERSP. término. *5* campo [de batalla]. *6* ELECT. tierra. *7* materia, fundamento: pie, razón, motivo. *8 pl.* terrenos. *9* heces, sedimento. *10 a.* ***~ floor***, bajos, piso bajo. *11 pret.* y *p. p.* de TO GRIND.
ground (to) (graund) *t.* fundamentar, apoyar. *2 i.* basarse. *3* MAR. encallar.
groundless ('graundlis) *a.* infundado, gratuito.
group (gru:p) *s.* grupo, conjunto.
group (to) (gru:p) *t.-i.* agrupar(se.
grouse (graus) *s.* ORN. ortega. *2* queja.
grove (grouv) *s.* bosquecillo.
grovel (to) ('grɔvl) *i.* arrastre. *2* envilecerse.
grow (to) (grou) *i.* crecer, desarrollarse. *2* nacer, salir [el pelo, etc.]. *3* ponerse, volverse: ***to ~ old***, envejecer; ***to ~ to***, llegar a [amar, etc.]. *4* cultivar, criar. ¶ Pret.: ***grew*** (gru:); p. p.: ***grown*** (groun).
grower ('grouə^r) *s.* cultivador.
growl (graul) *s.* gruñido.
growl (to) (graul) *i.* gruñir.
grown (groun) *p. p.* de TO GROW.
grown-up ('grounʌp) *a.-s.* adulto.
growth (grouθ) *s.* crecimiento, desarrollo, aumento. *2* cultivo. *3* vegetación. *4* tumor.
grub (grʌb) *s.* larva, gusano, coco. *2* fam. comida.

grudge (grʌdʒ) *s.* resentimiento, rencor, inquina.

grudge (to) (grʌdʒ) *t.* regatear, escatimar. *2* envidiar.

grudgingly ('grʌdʒiŋli) *adv.* de mala gana.

gruel (gruəl) *s.* gachas.

gruesome ('gru:səm) *a.* horrible, horripilante. *2* repugnante.

gruff (grʌf) *a.* rudo, brusco, malhumorado.

gruffness ('grʌfnis) *s.* aspereza, ceño, malhumor.

grumble ('grʌmbl) *s.* refunfuño, queja. *2* ruido sordo.

grumble (to) ('grʌmbl) *i.* refunfuñar. *2* producir ruido sordo.

grunt (grʌnt) *s.* gruñido.

grunt (to) (grʌnt) *i.* gruñir.

guarantee (,gærən'ti:) *s.* garantía, fianza. *2* fiador.

guarantee (to) (,gærən'ti:) *t.* garantizar, salir fiador.

guarantor (,gærən'tɔ:ʳ) *s.* garante, fiador.

guaranty ('gærənti) *s.* garantía.

guard (gɑ:d) *s.* guardia. *2* vigilancia, protección. *3* guardián, vigilante. *4* guarnición [de la espada]. *5* jefe de tren.

guard (to) (gɑ:d) *t.* guardar, proteger. *2 i.* guardarse.

guarded (gɑ:did) *a.* cauteloso. *2* **-ly** *adv.* cautamente.

guardian ('gɑ:djən) *s.* guardián, custodio. *2* DER. tutor. *3 a.* ~ *angel,* ángel de la guarda.

guardianship ('gɑ:djənʃip) *s.* protección. *2* DER. tutela.

gudgeon ('gʌdʒən) *s.* ICT. gobio. *2* MEC. gorrón, muñón.

guer(r)illa (gə'rilə) *s.* guerrillero. *2* guerrilla.

guess (ges) *s.* conjetura.

guess (to) (ges) *t.* conjeturar, suponer, creer; adivinar.

guest (gest) *s.* huésped, invitado. *2* pensionista, inquilino.

guffaw (gʌ'fɔ:) *s.* risotada, carcajada.

guffaw (to) (gʌ'fɔ:) *i.* reír a carcajadas.

guidance ('gaidəns) *s.* guía, gobierno, dirección.

guide (gaid) *s.* guía [perrsona, libro]. *2* MEC. MIL., guía.

guide (to) (gaid) *t.* guiar. *2* dirigir, gobernar.

guild (gild) *s.* gremio, cofradía.

guile (gail) *s.* astucia, dolo.

guileful ('gailful) *a.* astuto.

guileless ('gailliss) *a.* sencillo, cándido, sincero.

guilt (gilt) *s.* culpa, delito. *2* culpabilidad.

guiltless ('giltlis) *a.* inocente, libre de culpa.

guilty ('gilti) *a.* culpable, reo.

guinea ('gini) *s.* guinea (moneda). *2* **~-*fowl*,** gallina de Guinea; **~-*pig*,** conejillo de Indias.

guise (gaiz) *s.* guisa, modo: ***under the ~ of***, so capa de.

guitar (gi'tɑ:ʳ) *s.* MÚS. guitarra.

guitarist (gi'tɑ:rist) *s.* guitarrista.

gulch (gʌlʃ) *s.* (E. U.) barranca.

gulf (gʌlf) *s.* GEOGR. golfo: ***Gulf Stream***, Corriente del Golfo. *2* sima, abismo.

gull (gʌl) *s.* ORN. gaviota.

gull (to) (gʌl) *t.* estafar, engañar.

gullet ('gʌlit) *s.* gaznate.

gullibility (,gʌli'biliti) *s.* credulidad.

gullible ('gʌlibl) *a.* incauto, bobo.

gully ('gʌli) *s.* hondonada.

gulp (gʌlp) *s.* trago, engullida.

gulp (to) (gʌlp) *t.* tragar, engullir.

gum (gʌm) *s.* encía. *2* goma: ***chewing ~***, chiclé; ~ ***boots***, botas de goma.

gum (to) (gʌm) *t.* engomar.

gumption ('gʌmpʃən) *s.* sentido común e iniciativa.

gun (gʌn) *s.* ARTILL. cañón, fusil, escopeta. *3* (E. U.) pistola revólver.

gunner ('gʌnəʳ) *s.* artillero.

gunnery ('gʌnəri) *s.* artillería.

gunboat ('gʌn-bout) *s.* cañonero [buque].

gunman ('gʌnmən) *s.* pistolero.

gunpowder ('gʌn,paudəʳ) *s.* pólvora.

gunshot ('gʌn-ʃɔt) *s.* tiro [de fusil, etc.].

gunwale ('gʌnl) *s.* MAR. borda.

gurgle ('gə:gl) *s.* gorgoteo, gorjeo [del niño].

gurgle (to) ('gə:gl) *i.* gorgotear. *2* gorjear [el niño].

gush (gʌʃ) *s.* chorro, borbotón. *2* efusión, extremo.

gush (to) (gʌʃ) *i.* brotar, manar a borbotones. *2* ser efusivo.

gushing ('gʌʃiŋ) *a.* efusivo.

gust (gʌst) *s.* ráfaga, racha. *2* explosión, arrebato.

gusto ('gʌstou) *s.* gusto, afición.

gusty ('gʌsti) *a.* borrascoso.

gut (gʌt) *s.* intestino. *2* desfiladero. *3 pl.* pop. agallas.

gut (to) (gʌt) *t.* destripar.

gutter ('gʌtəʳ) *s.* arroyo [de la calle]. *2* canal, canalón. *3* badén. *4* zanja, surco.

gutter (to) ('gʌtəʳ) *i.* correrse [una vela].

guttersnipe ('gʌtə-snaip) *s.* pilluelo.
guttural ('gʌtərel) *a.* gutural.
guy (gai) *s.* tirante, viento. *2* tipo, individuo; mamarracho.
guy (to) (gai) *t.* ridiculizar.
guzzle (to) ('gʌzl) *t.-i.* tragar.
gymnasium (dʒim'neizjəm) *s.* gimnasio.
gymnast ('dʒimnæst) *s.* gimnasta.
gymnastic (dʒim'næstik) *a.* gimnástico.
gymnastics (dʒim'næstiks) *s.* gimnasia.
gypsum ('dʒipsəm) *s.* yeso.
gypsy ('dʒipsi) *a.,-s.* gitano.
gyrate (to) (ˌdʒaiə'reit) *i.* girar [dar vueltas].
gyration (ˌdʒaiə'reiʃən) *s.* giro, vuelta.

H

haberdasher ('hæbədæʃəʳ) *s.* camisero, mercero.
haberdashery ('hæbədæʃəri) *s.* camisería, mercería.
habit ('hæbit) *s.* hábito [costumbre; vestido]. *2 riding* ~, traje de amazona; *to be in the* ~ *of*, tener costumbre de.
habitable ('gæbitəbl) *a.* habitable.
habitation (ˌhæbi'teiʃən) *s.* habitación, morada.
habitual (hə'bitjuəl) *a.* habitual; acostumbrado.
habituate (to) (hə'bitjueit) *t.* habituar.
habitué (hə'bitjuei) *s.* concurrente habitual.
hack (hæk) *s.* caballo de alquiler; rocín. *2* azacán. *3* corte, tajo. *4* tos seca.
hack (to) (hæk) *t.* tajar, cortar.
hackney ('hækni) *s.* jaca: ~ ***carriage***, coche de alquiler; ***hackneyed***, gastado, trillado.
had (hæd, həd) V. TO HAVE.
haddock ('hædək) *s.* ICT. róbalo.
haft (hɑ:ft) *s.* mango, puño.
hag (hæg) *s.* bruja, vieja.
haggard ('hægəd) *a.* macilento, ojeroso; fatigado, angustiado.
haggle ('hægl) *s.* discusión, regateo.
haggle (to) ('hægl) *t.* discutir, regatear.
hail (heil) *s.* granizo, pedrisco. *2* saludo, llamada. *3 interj.* ¡ave!, ¡salud!
hail (to) (heil) *i.-t.* granizar, pedriscar. *2* saludar, llamar.
hair (hɛəʳ) *s.* cabello, pelo, vello; cabellera: ***against the*** ~, a contrapelo.
hairbrush ('hɛə-brʌʃ) *s.* cepillo para el pelo.
haircut ('hɛə-kʌt) *s.* corte de pelo.
hair-do ('hɛədu:) *s.* peinado, tocado.
hairdresser ('hɛəˌdresəʳ) *s.* peluquero, -ra. *2* peluquería.
hairless ('hɛəlis) *a.* calvo; pelado.
hairpin ('hɛəpin) *s.* horquilla.
hair-raising ('hɛəˌreiziŋ) *a.* espeluznante.
hairy ('hɛəri) *a.* peludo, velloso.
hake (heik) *s.* ICT. merluza.
halberd ('hælbə(:)d) *s.* alabarda.
halberdier (ˌhælbə'diəʳ) *s.* alabardero.
halcyon ('hælsiən) *a.* tranquilo, apacible.
hale (heil) *a.* sano, robusto.
half (hɑ:f), *pl.* **halves** (hɑ:vs) *s.* mitad: ***better*** ~, consorte; ***to go halves***, ir a medias. *2 a.-adv.* medio; semi, casi: ~ ***back***, medio [fútbol]; ~***-blood***, medio hermano, -na; ~***-breed***, ~***-caste***, mestizo; ~***-length***, [retrato] de medio cuerpo; ~***-time*** media jornada; ~***-way***, equidistante; ~***-wited***, imbécil.
halfpenny ('heipni) *s.* medio penique.
hall (hɔ:l) *s.* vestíbulo. *2* salón. *3* paraninfo [de universidad]. *4* edificio público.
hallo, halloa (hə'lou) *interj.* ¡hola!; ¡diga! [teléf.].
halloo (hə'lu:) *interj.* ¡busca! [a los perros]. *2 s.* grito [de llamada].
halloo (to) (hə'lu:) *t.* gritar. *2* azuzar [a los perros].
hallow (to) ('hælou) *t.* santificar; reverenciar.
hallucination (həˌlu:si'neiʃən) *s.* alucinación.
halo ('heilou) *s.* nimbo, halo.
halt (hɔ:lt) *s.* alto, parada. *2* cojera. *3* vacilación. *4 a.* cojo.
halt (to) (hɔ:lt) *i.* detenerse, hacer alto. *2* cojear. *3* vacilar; tartamudear. *4 t.* parar.
halter ('hɔ:ltəʳ) *s.* cabestro. *2* dogal.
halting ('hɔ:ltiŋ) *a.* cojo. *2* defectuoso. *3* vacilante.
halve (to) (hɑ:v) *t.* partir en dos. *2* ser la mitad de.
halves (hɑ:vz) *s. pl.* de HALF.
ham (hæm) *s.* pernil, jamón.
hamlet ('hæmlit) *s.* aldea.
hammer ('hæmə) *s.* martillo. *2* gatillo, pecutor.

hammer (to) ('hæməʳ) *t.* martillar, golpear.
hammock ('hæmək) *s.* hamaca.
hamper ('hæmpəʳ) *s.* cesta, canasta. *2* traba, estorbo.
hamper (to) ('hæmpəʳ) *t.* estorbar, embarazar.
hand (hænd) *s.* mano; palmo. *2* operario; mano de obra; tripulante. *3* manecilla [del reloj]. *4* letra. *5* mano [en las cartas]. *6* **~-bag,** bolso; maletín; **~-ball,** balonmano; **~-barrow,** angarillas, carro de mano; **~-bill,** prospecto; **~book,** manual, guía; **~cart,** carretón; **~cuff,** manillas; **~full,** puñado; **~-made,** hecho a mano; **~-maid,** doncella, criada; **~-organ,** organillo; **~rail,** pasamano; **~-shake,** apretón de manos; **~-work,** obra de mano; **~-writing,** letra. *7* ***at first* ~,** de primera mano; ***at* ~,** a mano, cerca; ***by* ~,** a mano; ***to be* ~ *in glove*,** ser uña y carne; ***to get the upper* ~,** llevar ventaja; ***to hold hands*,** estar cogidos de las manos; ***to lend a* ~,** echar una mano; ***hands off!*,** ¡fuera las manos!; ***hands up!*,** ¡manos arriba!; ***on* ~,** disponible; ***in the one* ~ ... *in the other* ~,** por una parte ... por otra; ***second-*~,** de segunda mano.
hand (to) (hænd) *t.* dar; entregar, pasar. *2* conducir, guiar. *2* ***to* ~ *down*,** transmitir. *4* ***to* ~ *out*,** dar, distribuir. *5* ***to* ~ *over*,** entregar, resignar.
handicap ('hændikæp) *s.* obstáculo, desventaja, inferioridad.
handicap (to) ('hændikæp) *t.* DEP. poner obstáculos, poner trabas.
handicraft ('hændikrɑ:ft) *s.* oficio mecánico. *2* ocupación o habilidad manual.
handkerchief ('hæŋkətʃif) *s.* pañuelo.
handle ('hændl) *s.* asa, asidero; astil, mango; puño; tirador; manubrio; **~-bar,** manillar.
handle (to) ('hændl) *t.* tocar, manosear. *2* manejar, tratar. *3* dirigir. *4* poner mango a.
handling ('hændliŋ) *s.* manipulación, trato. *2* dirección.
handsome ('hænsəm) *a.* hermoso. *2* guapo. *3* liberal, generoso.
handy ('hændi) *a.* hábil, diestro. *2* a la mano, próximo. *3* cómodo. *4* **~ *man*,** mozo.
hang (hæŋ) *s.* caída [de un vestido, etc.]. *2* sentido, intención. *3* manera, tranquilo. *4* fig. un bledo.
hang (to) (hæŋ) *t.* colgar, suspender. *2* ahorcar. *3* adornar con colgaduras, etc. *4* tender [la ropa]. *5* bajar [la cabeza]. *6* *i.* colgar, pender. *7* ser ahorcado. *8* depender, descansar. *9* asirse [a], colgarse [de]. *10* ***to* ~ *up*,** TELÉF. colgar. ¶ Pret. y p. p.: ***hung*** (hʌŋ).
hangar ('hæŋəʳ) *s.* hangar.
hanger ('hæŋəʳ) *s.* colgadero, percha.
hanging ('hæŋiŋ) *a.* pendiente. *2 s.* ejecución en la horca. *3 pl.* colgaduras.
hangman ('hæŋmən) *s.* verdugo.
hank (hæŋk) *s.* madeja.
hanker (to) ('hæŋkəʳ) *i.* ***to* ~ *after*,** ansiar, anhelar.
hankering ('hæŋkəriŋ) *s.* ansia, deseo.
haphazard ('hæp'hæzəd) *a.* casual, hecho al azar. *2 s.* casualidad, azar. *3 adv.* al azar.
happen (to) ('hæpən) *i.* acontecer, ocurrir. *2* acertar a [ser, estar, etc.]. *3* ***to* ~ *on*,** encontrar, dar con.
happening ('hæpəniŋ) *s.* acontecimiento, suceso.
happily ('hæpili) *adv.* felizmente, afortunadamente.
happiness ('hæpinis) *s.* felicidad.
happy ('hæpi) *a.* feliz. *2* contento, alegre: ***to be* ~ *to*,** alegrarse de, tener gusto en.
harangue (hə'ræŋ) *s.* arenga.
harangue (to) (hə'ræŋ) *t.* arengar. *2 i.* discursear.
harass (to) ('hærəs) *t.* atormentar. *2* acosar, hostigar.
harbinger ('hɑ:bindʒə) *s.* heraldo, nuncio.
harbo(u)r ('hɑ:bə) *s.* MAR. puerto. *2* asilo, refugio, abrigo.
harbour (to) ('hɑ:bəʳ) *t.* resguardar, amparar. *2* acoger, albergar. *3* abrigar [sentimientos, etc.]. *4 i.* refugiarse.
hard (hɑ:d) *a.* duro [en todas sus acepciones]: **~ *of hearing*,** duro de oído. *2* difícil. *3* agrio [vino, etc.]. *4* COM. sostenido [precio]. *5* **~ *cash*,** dinero efectivo; metálico. *6* **~ *facts*,** hechos indiscutibles. *7* **~*labo(u)r*,** trabajos forzados. *8 adv.* duramente, recio, de firme. *9* difícilmente.10 **~ *by*,** al lado, muy cerca. *11* **~ *up*,** apurado [de dinero]. *12 s.* suelo o piso duro.
harden (to) ('hɑ:dn) *t.-i.* endurecer(se. *2* curtir(se.
hard-headed ('hɑ:d'hedid) *a.* testarudo. *2* astuto.
hard-hearted ('hɑ:d'hɑ:tid) *a.* duro de corazón.
hardiness ('hɑ:dinis) *s.* vigor, robustez. *2* valor.
hardly ('hɑ:dli) *adv.* difícilmente. *2* apenas. *3* duramente.
hardness (hɑ:dnis) *s.* dureza. *2* solidez. *3* penalidad, trabajo.

hardship ('hɑ:dʃip) *s.* penalidad, privación. *2* injusticia.
hardware ('hɑ:d-wɛəʳ) *s.* quincalla, ferretería.
hardy ('hɑ:di) *a.* fuerte, robusto, resistente. *2* valiente. *3* audaz.
hare (hɛəʳ) *s.* liebre.
hare-brained ('hɛəbreind) *a.* aturdido; casquivano.
harehound ('hɛə'haund) *s.* lebrel.
haricot ('hærikou) *s.* judía, habichuela.
hark (to) (hɑ:k) *t.-i.* escuchar, oír. *2 interj.* ¡oye!, ¡oiga!
harlot ('hɑ:lət) *s.* ramera.
harm (hɑ:m) *s.* mal, daño, perjuicio.
harm (to) (hɑ:m) *t.* dañar, perjudicar.
harmful ('hɑ:mful) *a.* dañoso, nocivo, perjudicial.
harmless ('hɑ:mlis) *a.* inofensivo.
harmonic (hɑ:'mɔnik) *a.-s.* MÚS. harmónico.
harmonious (hɑ:'mounjəs) *a.* armonioso.
harmonize (to) ('hɑ:mənaiz) *t.-i.* armonizar. *2 i.* armonizarse, concordar; congeniar.
harmony ('hɑ:məni) *s.* armonía.
harness ('hɑ:nis) *s.* arneses, arreos, guarniciones.
harness (to) ('hɑ:nis) *t.* enjaezar.
harp (hɑ:p) *s.* MÚS. arpa.
harp (to) (hɑ:p) *i.* tocar el arpa. *2* ***to ~ on,*** repetir, machacar.
harpoon (hɑ:'pu:n) *s.* arpón.
harpoon (to) (hɑ:'pu:n) *t.* arponear.
harpsichord ('hɑ:pskɔ:d) *s.* MÚS. clavicordio.
harpy ('hɑ:pi) *s.* arpía.
harrow ('hærou) *s.* AGR. grada. *2* instrumento de tortura.
harrow (to) ('hærou) *t.* AGR. gradar. *2* desgarrar, atormentar.
harrowing ('hærouiŋ) *a.* agudo, desgarrador. *2* conmovedor.
harry (to) ('hæri) *t.* saquear, asolar. *2* molestar, acosar.
harsh (hɑ:ʃ) *a.* áspero. *2* discordante. *3* duro, cruel. *4* **-ly** *adv.* ásperamente, duramente.
hart (hɑ:t) *s.* ciervo, venado.
harum-scarum ('hɛərəm'skɛərəm) *a.-s.* atolondrado, tarambana.
harvest ('hɑ:vist) *s.* cosecha; siega.
harvest (to) ('hɑ:vist) *t.-i.* cosechar; segar.
harvester ('hɑ:vistəʳ) *s.* segador. *2* ***combine-~,*** cosechadora.
has (hæz, həz) *3.ª pers. pres. ind.* de TO HAVE.
hash (hæʃ) *s.* picadillo, jigote.
hash (to) (hæʃ) *t.* picar, desmenuzar.
hassock ('hæsək) *s.* cojín.
haste (heist) *s.* prisa; presteza; precipitación; ***to be in ~,*** tener prisa; ***to make ~,*** darse prisa.
haste (to) (heist) *i.* TO HASTEN.
hasten (to) (heisn) *t.* apresurar, acelerar, avivar. *2* dar prisa. *3 i.* darse prisa.
hat (hæt) *s.* sombrero.
hatch (hætʃ) *s.* compuerta. *2* escotilla. *3* pollada, nidada.
hatch (to) (hætʃ) *t.* empollar, incubar. *2* idear, tramar. *3 i.* encolar. *4* salir del cascarón.
hatchet ('hætʃit) *s.* hacha, destral.
hatchway ('hætʃwei) *s.* escotilla.
hate (heit) *s.* odio, aversión.
hate (to) (heit) *t.* odiar, aborrecer, detestar.
hateful ('heitful) *a.* odioso.
hatred ('heitrid) *s.* odio, aborrecimiento, aversión.
hatter ('hætə) *s.* sombrerero.
haughtily ('hɔ:tili) *adv.* altivamente.
haughtiness ('hɔ:tinis) *s.* orgullo, altanería.
haughty ('hɔ:ti) *a.* altivo, orgulloso.
haul (hɔ:l) *s.* tirón. *2* arrastre. *3* redada.
haul (to) (hɔ:l) *t.-i.* tirar de, arrastrar. *2* acarrear, transportar. *3* ***to ~ down,*** arriar.
haulage ('hɔ:lidʒ) *s.* transporte.
haunch (hɔ:ntʃ) *s.* anca, grupa. *2* pierna [de venado].
haunt (hɔ:nt) *s.* lugar que se frecuenta; guarida. *2* morada.
haunt (to) (hɔ:nt) *t.* rondar, frecuentar. *2* obsesionar [una idea].
have (to) (hæv o həv) *aux.* haber. *2* ***I had rather,*** más quisiera; ***we had rather,*** vale más que. *3 t.* haber, tener, poseer. *4* tener [cuidado, dolor, un niño, etc.]. *5* saber: ***he has no latin,*** no sabe latín. *6* tomar, comer, beber. *7* permitir, consentir. *8* mandar hacer; hacer que. *9* ***to ~ a mind to,*** estar tentado de. *10* ***to ~ to,*** tener que, haber de. *11* ***to ~ to do with,*** tener que ver con. ¶ 3.ª pers. pres ind.: ***has*** (hæz, həz); pret. y p. p.: ***had*** (hæd, həd).
haven ('heivn) *s.* puerto, abra. *2* asilo, abrigo.
haversack ('hævəsæk) *s.* mochila.
havoc ('hævək) *s.* estrago, destrucción.
hawk (hɔ:k) *s.* halcón, azor.
hawk (to) (hɔ:k) *t.* cazar con halcón. *2* pregonar [mercancías, etc.]. *3 i.* carraspear.
hawker ('hɔ:kəʳ) *s.* halconero. *2* vendedor ambulante, buhonero.

hay (hei) *s.* heno, forraje.
hay-fork ('hei:fɔ:k) *s.* AGR. horca, horcón.
hay-loft ('hei-lɔft) *s.* henil.
hayrick ('heirik), **haystack** (-stæk) *s.* almiar, montón de heno.
hazard ('hæzəd) *s.* azar, acaso. *2* albur, riesgo.
hazard (to) ('hæzəd) *t.* arriesgar. *2 i.* arriesgarse.
hazardous ('hæzədəs) *a.* arriesgado, peligroso.
haze (heiz) *s.* niebla, calina.
hazel ('heizl) *s.* avellano: *~-nut*, avellana. *2 a.* de color de avellana.
hazy ('heizi) *a.* brumoso.
he (hi:, hi) *pron. pers.* él. *2 pron. indef.* el, aquel: *~ who*, el o aquel que, quien. *3 a.* macho, varán: *~-bear*, oso [macho].
head (hed) *s.* cabeza: *~ of hair*, cabellera; *~ or tails*, cara o cruz; *from ~ to foot*, de pies a cabeza; *over ~ and ears*, hasta los ojos. *2* cabecera. *3* cima, cumbre; copa [de árbol]. *4* puño [de bastón]. *5* título, encabezamiento. *6* promontorio. *7* repollo [de col, etc.]. *8* espuma [de un líquido]. *9* MAR. proa. *10* crisis, punto decisivo. *22 on this ~*, sobre este punto, por este concepto. *12* jefe, principal.
head (to) (hed) *t.* encabezar. *2* acaudillar. *3* adelantar [a uno] *4* descabezar, desmochar. *5 i.* ir, dirigirse.
headache ('hedeik) *s.* dolor de cabeza.
heading ('hediŋ) *s.* título, encabezamiento; membrete.
headland ('hedlənd) *s.* GEOGR. cabo.
headlight ('hedlait) *s.* faro [de vehículo].
headline ('hedlain) *s.* titulares [de periódico]. *2* título.
headlong ('hedlɔŋ) *a.* impetuoso, temerario. *2* de cabeza [caída].
headmaster ('hed'ma:ster), **headmistress** (-'mistris) *s.* director, -ra [de un colegio].
headquarters ('hed'kwɔ:təz) *s.* MIL. cuartel general. *2* jefatura de policía. *3* sede [de una entidad]. *4* dirección.
headstrong ('hedstrɔŋ) *a.* obstinado, testarudo.
heal (to) (hi:l) *t.-i.* curar(se, sanar(se. *2 t.* remediar.
health (helθ) *s.* salud, sanidad.
healthful ('helθful) *a.* sano, saludable.
healthy ('helθi) *a.* sano. *2* vigoroso.
heap (hi:p) *s.* montón, pila.
heap (to) (hi:p) *t.* amontonar, apilar. *2* cargar, colmar.
hear (to) (hiə[r]) *t.-i.* oír. *2* escuchar: *~ of*, oír hablar de. ¶ Pret. y p. p.: *heard* (hə:d).
heard (hə:d) V. TO HEAR.
hearer ('hiərə[r]) *s.* oyente.
hearing ('hiəriŋ) *s.* oído [sentido]: *within ~*, al alcance del oído. *2* audición; audiencia.
hearken (to) ('ha:kən) *i.* escuchar.
hearsay ('hiəsei) *s.* rumor, voz común.
hearse (hə:s) *s.* coche o carroza fúnebre.
heart (ha:t) *s.* corazón: *~ failure*, colapso cardíaco; *to take to ~*, tomar en serio, a pecho; *at ~*, en el fondo; *by ~*, de memoria; *to one's ~'s content*, a placer, sin restricción. *2* cogollo [de lechuga, etc.]. *3* copas [de la baraja].
heartache ('ha:t-eik) *s.* aflicción.
heartbeat ('ha:tbi:t) *s.* latido [del corazón].
heartbreak ('ha:tbreik) *s.* angustia.
hearten (to) ('ha:tn) *t.* animar, alentar.
heartfelt ('ha:tfelt) *a.* cordial, sincero; sentido.
hearth (ha:θ) *s.* hogar; chimenea.
heartles ('ha:tlis) *a.* sin corazón, cruel.
heart-rending ('ha:t,rendiŋ) *a.* agudo, desgarrador.
hearty ('ha:ti) *a.* cordial, sincero. *2* vigoroso. *3* robusto, sano. *4* nutritivo, abundante.
heat (hi:t) *s.* calor. *2* acaloramiento. *3* ardor, fogosidad.
heat (to) (hi:t) *t.* calentar. *2* acalorar, excitar. *3 i.* calentarse. *4* acalorarse.
heater ('hi:tə[r]) *s.* calentador.
heathen ('hi:ðən) *a.-s.* pagano.
heating ('hi:tiŋ) *s.* calefacción.
heave (hi:v) *s.* esfuerzo para levantar o levantarse. *2* movimiento de lo que se levanta. *3* jadeo.
heave (to) (hi:v) *t.* levantar, solevar; mover con esfuerzo. *2* exhalar [un suspiro, etc.]. *3* hinchar [el pecho]. *4 i.* levantarse y bajar alternativamente; jadear. ¶ Pret. y p. p.: *heaved* (hi:vd) o *hove* (houv).
heaven ('hevn) *s.* cielo, gloria. *2* cielo, firmamento.
heavenly ('hevnli) *a.* celestial, divino. *3* celeste.
heavily ('hevili) *adv.* pesadamente. *2* fuertemente, duramente.
heaviness ('hevinis) *s.* pesadez. *2* letargo. *3* abatimiento.
heavy ('hevi) *a.* pesado. *2* opresivo, severo. *3* fuerte, recio, violento. *4* profundo, intenso. *5* amodorrado, soñoliento. *6* agobiado, oprimido. *7*

denso, tupido. *8* encapotado, sombrío. *9 adv.* pesadamente.
Hebrew ('hi:bru:) *a.-s.* hebreo.
hecatomb ('hekətoum) *s.* hecatombe.
heckle (to) ('hekl) *t.* hostigar [con preguntas].
hectare ('hektɑ:) *s.* hectárea.
hectic ('hektik) *a.-s.* hético, tísico. *2 a.* febril, agitado.
hedge (hedʒ) *s.* seto vivo; cerca, vallado.
hedge (to) (hedʒ) *t.* cercar, vallar; rodear. *2 i.* abrigarse, escudarse.
hedgehog ('hedʒhɔg) *s.* erizo.
heed (hi:d) *s.* atención; caso.
heed (to) (hi:d) *t.* prestar atención a, hacer caso de. *2* notar.
heedful ('hi:dful) *a.* atento, cuidadoso, cauto.
heedless ('hi:dlis) *a.* desatento; distraído, atolondrado.
heel (hi:l) *s.* talón; tacón.
hefty ('hefti) *s.* fornido, recio.
hegemony (hi(:)'geməni) *s.* hegemonía.
heifer ('hefə[r]) *s.* novilla, vaquilla.
height (hait) *s.* altura, altitud. *2* estatura, alzada. *3* cerro, cumbre. *4* extremo, colmo.
heighten (to) ('haitn) *t.* levantar. *2* realzar, avivar. *3 i.* elevarse.
heinous ('heinəs) *a.* odioso, atroz.
heir (ɛə[r]) *s.* heredero.
heiress ('ɛəris) *s.* heredera.
held (held) V. TO HOLD.
helicopter ('helikɔptə[r]) *s.* helicóptero.
helix ('hi:liks) *s.* hélice.
he'll (hi:l) contract. de HE SHALL y de HE WILL.
hell (hel) *s.* infierno.
hello ('he'lou) *interj.* ¡hola! *2* ¡diga! [en el teléfono].
helm (helm) *s.* timón.
helmet ('helmit) *s.* yelmo, casco.
helmsman ('helmzmən) *s.* timonero, timonel.
help (help) *s.* ayuda, auxilio; ***help!***, ¡socorro! *2* remedio, recurso: ***there is no ~ for it***, no tiene remedio. *3* sirviente.
help (to) (help) *t.* ayudar, contribuir a. *2* remediar, evitar: ***he cannot ~ but***, no puede menos de. *3* servir [comida, etc.].
helpful ('helpful) *a.* que ayuda, útil. *2* saludable.
helping ('helpiŋ) *a.* ración [de comida].
helpless ('helplis) *a.* desvalido. *2* impotente. *3* irremediable.
helter-skelter ('heltə'skeltə[r]) *adv.* atropelladamente, sin orden.
helve (helv) *s.* mango [del hacha].
hem (hem) *s.* COST. dobladillo, bastilla. *2* borde, orla.
hem (to) (hem) *t.* COST. dobladillar. *2* cercar, rodear.
hemp (hemp) *s.* cáñamo.
hen (hen) *f.* ORN. gallina. *2* hembra de ave.
hence (hens) *adv.* desde aquí o ahora. *2* de aquí a, dentro de. *3* por tanto, luego.
henceforth ('hens'fɔ:θ) *adv.* de aquí en adelante.
henchman ('hentʃmən) *s.* secuaz, servidor.
hen-coop ('henku:p), **hen-house** (-haus) *s.* gallinero.
her (hə:[r], ə:[r], hə[r], ə[r]) *pron. f.* (ac. o dat.)la, le. *2* [con prep.] ella. *3 a. pos. f.* su, sus [de ella].
herald ('herəld) *s.* heraldo.
herald (to) ('herəld) *t.* anunciar.
heraldry ('herəldri) *s.* heráldica.
herb (hə:b) *s.* (hierba.
herbalist ('hə:bəlist) *s.* herbolario.
herbivorous ('hə:bivərəs) *s.* hervívoro.
herd (hə:d) *s.* rebaño, manada.
herd (to) (hə:d) *t.-i.* juntar o juntarse en rebaño o manada.
here (hiə[r]) *adv.* aquí, ahí, acá: ***~ it is***, helo aquí.
hereabouts ('hiərə,bauts) *adv.* por aquí cerca.
hereafter (hiər'ɑ:ftə[r]) *adv.* en lo futuro.
hereby ('hiə'bai) *adv.* por este medio, por este acto.
hereritary (hi'rəditəri) *a.* hereditario.
heredity (hi'rediti) *s.* herencia.
hereof (hiər'ɔv) *adv.* de esto, acerca de esto; de aquí.
heresy ('herəsi) *s.* herejía.
heretic ('herətik) *s.* hereje.
heritage ('heritidʒ) *s.* herencia.
hermetic(al (hə:'metik, -əl) *a.* hermético.
hermit ('hə:mit) *s.* ermitaño.
hermitage ('hə:mitidʒ) *s.* ermita.
hero ('hiərou) *s.* héroe.
heroic(al (hi'rouik, -əl) *a.* heroico.
heroine ('herouin) *f.* heroína.
heroism ('herouizəm) *s.* heroísmo.
heron ('herə) *s.* garza.
herring ('heriŋ) *s.* ICT. arenque.
hers (hə:z) *s. pron. f.* [el] suyo, [la]suya; [los] suyos, [las] suyas [de ella].
herself (hə:'self) *pron. pers. f.* ella misma, se, sí misma.
he's (hi:z) contrac. de HE IS y de HE HAS.
hesitate (to) ('heziteit) *i.* vacilar, dudar. *2* tartamudear.
hesitation (,hezi'teʃən) *s.* vacilación, duda. *2* tartamudeo.
heterodox ('hetərədɔks) *a.-s.* heterodoxo.

heterogeneous ('hetərou'dʒi:njəs) *a.* heterogéneo.
hew (to) (hju:) *t.* cortar, picar; labrar. ¶ Pret.: ***hewed*** (hju:d); p. p.: ***hewn*** hju:n).
hexagon ('heksəgən) *s.* hexágono.
hexagonal (hek'sægənl) *a.* hexagonal.
hiccough, hiccup ('hikʌp) *s.* hipo.
hiccough, hiccup (to) ('hikʌp) *i.* tener hipo.
hid (hid) *pret.* de TO HIDE.
hidden ('hidn) *a.* escondido. *2* oculto, secreto, latente. *3 p. p.* de TO HIDE. *4* **-ly** *adv.* escondidamente, secretamente.
hide (haid) *s.* piel, cuero.
hide (to) (haid)) *t.* esconder, ocultar, tapar. *2 i.* esconderse, ocultarse. ¶ Pret.: ***hid*** (hid); p. p.: ***hidden*** ('hidn) o ***hid.***
hide-and-seek ('haid-ənd-'si:k) *s.* escondite [juego].
hideous ('hidiəs) *a.* horrible. *2* odioso.
hiding ('haidiŋ) *s.* paliza. *2 a.* ~ ***place,*** escondite.
hierarchy ('haiərɑ:ki) *s.* jerarquía.
hieroglyph ('haiərəglif) *s.* jeroglífico.
high (hai) *a.* alto. | Hablando de una pers. se dice ***tall.*** *2* elevado. *3* de alto. *4* ilustre, noble. *5* altivo, altanero. *6* subido, caro [precio].7 mayor [calle, altar, misa]. *8* gruesa [mar]. *9 manida [carne]. 10* coc. fuerte, picante. *11* AUTO. ***~gear,*** directa. *12* ~ ***spirits,*** buen humor, animación. *13* ***the Most High,*** el Altísimo. *14 adv.* caro. *15* ~ ***and low,*** por todas partes. *16 s.* lo alto. *17* **-ly** *adv.* altamente, en sumo grado.
high-born ('haibɔ:n) *a.* noble, linajudo.
highbrow ('hai-brau) *a.-s.* intelectual.
highland ('hailənd) *s.* montaña, región montañosa.
high-minded ('hai'maindid) *a.* magnánimo; altivo.
highness ('hai-nis) *s.* altura. *2* alteza.
highway ('haiwei) *s.* carretera.
highwayman ('haiweimən) *s.* salteador, forajido.
hiker ('aikə^r) *s.* excursionista.
hilarious (hi'lɛəriəs) *a.* alegre.
hill (hill) *s.* colina, collado, cerro; montaña. *2* cuesta.
hillock ('hilək) *s.* montículo, altillo.
hillside ('hil'said) *s.* ladera.
hilly ('hili) *a.* montañoso.
hilt (hilt) *s.* puño, empuñadura.
him (him, im) *pron. m.* [ac. o dat.] lo, le. *2* [con prep.] él: ***to*** ~, a él.
himself (him'self) *pron, pers. m.* él, él mismo, se, sí, sí mismo.
hind (haind) *a.* trasero, posterior. *2 s.* cierva.
hinder (to) ('haində^r) *t.-i.* impedir, estorbar.
hindrance ('hindrəns) *s.* estorbo, obstáculo, impedimento.
hinge (hindʒ) *s.* gozne, bisagra.
hinge (to) (hindʒ) *t.* engoznar. *2 i.* ***to ~ on,*** depender de.
hint (hint) *s.* indicación, insinuación, indirecta, alusión.
hint (to) (hint) *t.-i.* indicar, insinuar, sugerir, aludir.
hinterland ('hintəlænd) *s.* interior [del país].
hip (hip) *s.* cadera.
hire ('haiə^r) *s.* alquiler.
hire (to) ('haiə^r) *t.* alquilar, arrendar. *2 i.* alquilarse.
his (hiz, iz) *a.-pron. m.* [el] suyo, [la] suya; [los] suyos, [las] suyas [de él].
hiss (hiz) *s.* siseo. *2* silbido.
hies (to) (hiz) *i.-t.* silbar, sisear.
historian (his'tɔ:riən) *s.* historiador.
historic(al (his'tɔrik, -əl) *a.* histórico.
history ('histəri) *s.* historia.
hit (hit) *s.* golpe, choque. *2* acierto, éxito.
hit (to) (hit) *t.* pegar, golpear, herir, dar con: ***to ~ the mark,*** dar en el blanco: ***to ~ the nail on the head,*** dar en el clavo. ¶ Pret. y p. p.: ***hit*** (hit).
hitch (hitʃ) *s.* tropiezo, dificultad; sacudida.
hitch (to) (hitʃ) *t.* mover [a tirones]. *2* enganchar, atar.
hitch-hiking ('hitʃhaikiŋ) *s.* auto-stop.
hither ('hiðə^r) *adv.* acá, hacia acá: ~ ***and thither,*** acá y acullá. *2 a.* de este lado.
hitherto ('hiðə'tu:) *adv.* hasta aquí, hasta ahora.
hive (haiv) *s.* colmena.
hoard (hɔ:d) *s.* depósito, repuesto, tesoro.
hoard (to) (hɔ:d) *t.* acumular, guardar, atesorar.
hoarding ('hɔ:diŋ) *s.* atesoramiento. *2* cerca de construcción. *3* cartelera.
hoarfrost ('hɔ:'fɔst) *s.* escarcha.
hoarse (hɔs) *a.* ronco, áspero.
hoary ('hɔ:ri) *a.* cano, canoso.
hoax (houks) *s.* broma, engaño.
hoax (to) (houks) *t.* engañar.
hobble ('hɔbl) *s.* cojera. *2* manea, traba.
hobble (to) ('hɔbl) *i.* cojear. *2 t.* poner trabas, trabar.
hobby ('hɔbl) *s.* afición; pasatiempo.
hobgoblin ('ɔb‚gɔlin) *s.* duende, trasgo.
hockey ('həki) *s.* hockey.
hoe (hou) *s.* azada, azadón.
hoe (to) (hou) *t.* cavar.
hog (hɔg) *s.* cerdo, cochino.
hogshead ('hɔgzhed) *s.* pipa, bocoy.

hoist (hɔist) *s.* grúa, montacargas. *2* empujón hacia arriba.
hoist (to) (hɔist) *t.* izar, subir, elevar; enarbolar.
hold (hould) *s.* presa, agarro. *2* asidero, sostén. *3* fortaleza, refugio. *4* receptáculo. *5* MAR. bodega. *6* AVIA. cabina de carga. *7* dominio, poder. *8* ***to take*** o ***lay ~of***, agarrar, apoderarse de.
hold (to) (hould) *t.* tener, poseer. *2* sujetar, tener asido. *3* aguantar, sostener. *5* sostener, defender. *6* detener. *7* ocupar, absorber. *8* tener cabida para. *9* celebrar [una reunión]; sostener [una conversación]. *10* hacer [compañía]. *11* considerar, tener por. *12* ***to ~ back***, contener, refrenar. *13* ***to ~ down***, tener sujeto, oprimir. *14* ***to ~ forth***, presentar; expresar. *15* ***to ~ one's tongue***, callar. *16* ***to ~over***, aplazar, diferir; ***to ~ up***, levantar; sostener; mostrar; refrenar; atracar, robar. *17 i.* agarrarse, asirse. *18* mantenerse, sostenerse. *19* valer, estar o seguir en vigor. *20* durar, continuar. *21* ***to ~ back***, contenerse; abstenerse. *22* ***to ~ forth***, predicar, perorar. *23* ***to ~ good***, subsistir. *24* ***to ~ out***, mantenerse firme. ¶ Pret. y p. p.: ***held*** held).
holder ('houldəʳ) *s.* tenedor, poseedor. *2* mango, agarrador, boquilla. *3* FOT. chasis. *4* titular.
holding ('houldiŋ) *s.* posesión.
hold-up ('houldʌp) *s.* atraco.
hole (houl) *s.* agujero, boquete. *2* hoyo, hueco. *3* bache. *4* cueva, madriguera. *5* defecto.
hole (to) (houl) *t.* agujerear, horadar.
holiday ('hɔlədi, -lid-, -dei) *s.* fiesta, festividad. *2* vacación, asueto. *3 pl.* vacaciones. *4 a.* festivo.
holiness ('houlinis) *s.* santidad.
hollow ('hɔlou) *a.* hueco. *2* hundido [ojos, mejillas]. *3* falso, insincero. *4 s.* hueco. *5* depresión, hondonada, valle.
holly ('hɔli) *s.* BOT. acebo.
holm-oak ('houm'ouk) *s.* encina.
holocaust ('hɔləkɔ:st) *s.* holocausto.
holster ('houlstəʳ) *s.* pistolera.
holy ('houli) *a.* santo; sagrado.
homage ('hɔmidʒ) *s.* homenaje: ***to pay ~***, rendir homenaje.
home (houm) *s.* hogar, casa, morada. *2* asilo, hospicio. *3* patria, país natal. *4* ***at ~***, en casa; ***make yourself at ~***, póngase cómodo. *5 a.* doméstico, hogareño. *6* nacional, del país: ***Home Office***, ministerio de gobernación; ***~ rule***, autonomía. *7 adv.* en o a casa. *8* ***to strike ~***, dar en el blanco; herir en lo vivo.
homeland ('houmlænd) *s.* patria, tierra natal.
homeless ('houmlis) *a.* sin casa.
homely ('houmli) *a.* llano, sencillo, casero. *2* feo, vulgar. *3* rústico, inculto.
homespun ('houm-spʌn) *a.* hilado o hecho en casa. *2* basto.
homesick ('houm-sik) *a.* nostálgico.
homesickness ('houm-siknis) *s.* nostalgia, añoranza.
homicidal (ˌhɔmi'saidl) *a.* homicida.
homicide ('hɔmisaid) *s.* homicidio. *2* homicida.
homily ('hɔmili) *s.* homilía.
homonym ('hɔmənim) *s.* homónimo.
homosexual ('houmou'seksjuəl) *a.-s.* homosexual.
hone (to) (houn) *t.* afilar, vaciar.
honest ('ɔnist) *a.* honrado, probo. *2* justo, recto. *3* sincero. *4* honesto. *5* **-ly** *adv.* con franqueza.
honesty ('ɔnisti) *s.* honradez, rectitud. *2* sinceridad.
honey ('hʌni) *s.* miel. *2* dulzura. *3* ¡vida mía! *4* ***~-bee***, abeja obrera; ***~ comb***, panal; ***~ moon***, luna de miel; ***~-mouthed***, adulador; ***~-suckle***, madreselva.
honeyed ('hʌnid) *a.* meloso, melifluo, almibarado.
hono(u)r ('ɔnəʳ) *s.* honor, honra: ***~ bright***, fam. de veras. *2* honradez. *3* prez. *4* lauro. *5* ***Your Honour***, Usía, Su Señoría. *6 pl.* honores. *7* honras.
hono(u)r ('ɔnəʳ) *t.* honrar. *2* laurear, condecorar. *3* COM. hacer honor [a su firma]; aceptar, pagar.
honourable ('ɔnərəbl) *a.* honorable. *2* honrado. *3* honroso.
hood (hud) *s.* capucha, caperuza, capirote. *2* capota [de coche]; capó [de auto], etc.
hoodwink (to) ('hudwiŋk) *t.* vendar los ojos a. *2* engañar.
hoof (hu:f) *s.* casco, pezuña.
hook (huk) *s.* gancho, garfio: ***by ~ or by croock*** a tuertas o a derechas. *2* escarpia. *3* anzuelo. *4* ***~ and eye***, corchete [macho y hembra].
hook (to) (huk) *t.* encorvar. *2* enganchar. *3* pescar, atrapar.
hoop (hu:p) *s.* aro, cerco, fleje. *2* anillo, anilla.
hoot (hu:t) *s.* grito; grita. *2* silbo [del mochuelo]. *3* pitido [de locomotora]; bocinazo.
hoot (to) (hu:t) *i.-t.* gritar, dar gritos. *2 i.* silbar [el mochuelo]. *3* dar pitidos o bocinazos.
hooter ('hu:təʳ) *s.* sirena; bocina.

hop (hɔp) *s.* salto, brinco. *2* BOT. lúpulo.
hop (to) (hɔp) *i.* brincar, saltar.
hope (houp) *s.* esperanza, confianza.
hope (to) (houp) *t.-i.* esperar [tener esperanza], confiar.
hopeful ('houpful) *a.* esperanzado. *2* risueño, prometedor.
hopeless ('houplis) *a.* desesperado, irremediable.
horde (hɔ:d) *s.* horda.
horizon (hə'raizn) *s.* horizonte.
horizontal (ˌhɔri'zɔntl) *a.* horizontal.
horn (hɔ:n) *s.* asta, cuerno: ~ ***of plenty,*** cuerpo de la abundancia. *3* callosidad. *4* bocina. *5* MÚS. cuerno, trompa.
hornet ('hɔ:nit) *s.* ENT. avispón.
hornpipe ('hɔ:npaip) *s.* baile inglés.
horny ('hɔ:ni) *a.* córneo. *2* calloso.
horrible 'hɔribl) *a.* horrible.
horrid ('hɔrid) *a.* horroroso.
horrify (to) ('hɔrifai) *t.* horrorizar.
horror ('hɔrəʳ) *s.* horror.
horse (hɔ:s) *s.* ZOOL. caballo: ~ ***race,*** carrera de caballos; ~ ***sense,*** sentido práctico. *2* MIL. caballería, caballos. *3* asnilla, borriquete. *4* potro [de gimnasia].
horseback ('hɔ:sbæk) *s.* lomo de caballo: ***on*** ~, a caballo.
horsefly ('hɔ:sflai) *s.* ENT. tábano.
horsehair ('hɔ:shɛəʳ) *s.* crin.
horseman ('hɔ:smən) *s.* jinete.
horsemanship ('hɔ:mənʃip) *s.* equitación.
hersepower ('hɔ:sˌpauəʳ) *s.* caballo de fuerza o de vapor.
horseshoe ('hɔ:ʃʃu:) *s.* herradura.
horsewoman ('hɔ:sˌwumən) *s.* amazona.
horticulture ('hɔ:tikʌltʃəʳ) *s.* horticultura.
hose (houz) *s.* calza(s, media(s. *2* manga, manguera.
hosier ('houʒəʳ) *s.* calcetero.
hosiery ('houʒəri) *s.* calcetería, géneros de punto.
hospice ('hɔspis) *s.* hospicio; hospedería.
hospitable ('hɔspitəbl) *a.* hospitalario, acogedor.
hospital ('hɔspitl) *s.* hospital. *2* clínica.
hospitality (ˌhɔspi'tæliti) *s.* hospitalidad.
host (houst) *s.* hospedero, mesonero. *2* huésped, anfitrión. *3* hueste. *4* multitud. *5* hostia.
hostage ('hɔstidʒ) *s.* rehén.
hostel ('hɔstəl) *s.* residencia de estudiantes.
hostelry ('hɔstəlri) *s.* hostería.
hostess ('houstis) *s.* mesonera. *2* anfitriona. *3* AVIA. azafata.
hostile ('hɔstail) *a.* hostil.
hostility (hɔs'tiliti) *s.* hostilidad.
hot (hɔt) *a.* caliente; ~ ***dog,*** salchicha caliente; ***to be*** ~, tener calor; ***it is*** ~, hace calor. *2* cálido, caluroso. *3* acalorado, ardoroso. *4* picante, ardiente. *5* fogoso, vehemente. *6* enérgico. *7* vivo [genio]. *8* reciente [noticia, etc.]. *9* **-ly** *adv.* calurosamente.
hotbed ('hɔtbed) *s.* plantel.
hotel (hou'tel, ou-) *s.* hotel.
hothead ('hɔthed) *s.* exaltado.
hothouse ('hɔthaus) *s.* invernáculo, estufa.
hound (haund) *s.* perro de caza.
hour ('auəʳ) *s.* hora: ~***-hand,*** horario [saetilla].
hour-glass (aue-glɑ:s) *s.* reloj de arena.
hourly ('auəli) *a.* de cada hora, continuo. *2 adv.* a cada hora.
house (haus, *pl.* 'hauziz) *s.* casa [habitación, hogar; edificio; familia, linaje]. *2* MEC. alojamiento. *3* cámara [legislativa]: ***House of Commons,*** Cámara de los Comunes. *4* TEAT. sala, público.
household ('haushould) *s.* casa, familia [los que viven juntos]. *2 a.* doméstico; casero.
householder ('haushouldəʳ) *s.* amo de la casa.
housekeeper ('hausˌki:pəʳ) *s.* ama de llaves o de gobierno.
housemaid ('haus-meid) *s.* criada.
housewife ('haus-waif) *s.* ama de casa.
housework ('hauz-wə:k) *s.* quehaceres domésticos.
housing ('hauziŋ) *s.* alojamiento, vivienda. *2* MEC. caja, cárter.
hove (houv) V. TO HEAVE.
hovel ('hɔvl) *s.* casucha.
how (hau) adv. cómo, de qué manera; por qué: ~ ***do you do?,*** ¿cómo está usted? *2* qué, cuán [admirativos]. *3* ~ ***much,*** cuánto; ~ ***many,*** cuántos; ~ ***long,*** cuanto tiempo.
however (hau'evəʳ) *adv.* como quiera que, por muy ... que, por mucho que. *2 conj.* sin embargo, no obstante.
howitzer ('hauitsəʳ) *s.* obús.
howl (haul) *s.* aullido. *2* grito.
howl (to) (haul) *i.* aullar; gritar.
howsoever (ˌhausou'evəʳ) *adv.* como quiera que, por muy ... que.
hoyden ('hɔidn) *s.* muchacha traviesa.
hub (hʌb) *s.* cubo [de rueda]. *2* fig. centro, eje; centro de actividad.
hubbub ('hʌbʌb) *s.* griterío, algazara, tumulto.
huckster ('hʌkstəʳ) *s.* buhonero.
huddle ('hʌdl) *s.* montón, tropel, confusión.

huddle (to) ('hʌdl) *t.-i.* amontonar(se; apiñar(se. *2 t.* empujar. *3 i.* acurrucarse.
hue (hju:) *s.* color, matiz, tinte. *2 ~ and cry,* alarma.
huff (hʌf) *s.* enfado, enojo.
huffy ('hʌfi) *a.* enojado.
hug (hʌg) *s.* abrazo estrecho.
hug (to) (hʌg) *t.* abrazar.
huge (hju:dʒ) *a.* grande, enorme, vasto, inmenso.
hulk (hʌlk) *s.* buque viejo.
hull (hʌl) *s.* cáscara, corteza [de fruta]; vaina [de legumbre]. *2* casco [de buque].
hull (to) (hʌl) *t.* mondar, desvainar.
hum (hʌm) *s.* zumbido; ronroneo; rumor.
hom (to) (hʌm) *i.* zumbar; rumorear. *2 t.-i.* canturrear.
human ('hju:mən) *a.* humano.
humane (hju(:)'mein) *a.* humano, humanitario, compasivo.
humanism ('hju:mənizm) *s.* humanismo.
humanity (hju(:)əmæniti) *s.* humanidad. *2 pl.* humanidades.
humanize (to) ('hju:mənaiz) *t.* humanizar.
humble ('hʌmbl) *a.* humilde. *2* modesto, sencillo.
humble (to) ('hʌmbl) *t.-ref.* humillar(se.
humbleness ('hʌmblnis) *s.* humildad.
humbug ('hʌmbʌg) *s.* engaño. *2* charlatanería. *3* farsante.
humbug (to) ('hʌmbʌg) *t.* engañar.
humdrum ('hʌmdrʌm) *s.* monótono, aburrido.
humerus ('hju:mərəs) *s.* húmero.
humid ('hju:mid) *a.* húmedo.
humidity (hju(:)'miditi) *s.* humedad.
humiliate (to) (hju(:)'milieit) *t.* humillar.
humiliation (hju(:)ˌmili'eiʃən) *s.* humillación.
humility (hju(:)'militi) *s.* humildad, sumisión.
humming ('hʌmiŋ) *a.* zumbador. *2* muy activo, intenso.
humming-bird ('hʌmiŋbə:d) *s.* colibrí, pájaro mosca.
hummock ('hʌmək) *s.* montecillo.
humorist ('hju:mərist) *s.* humorista. *2* chistoso [pers].
humour ('hju:məʳ) *s.* humorismo. *2* humor, genio.
humour (to) (h'hju:məʳ) *t.* complacer, mimar. *2* adaptarse.
humo(u)rous ('hju:mərəs) *a.* humorístico, gracioso.
hump (hʌmp) *s.* jiba, joroba.
humpbacked ('hʌmpbækt), **humped** (hʌmpt), **humpy** ('hʌmpi) *a.* jorobado, jiboso.
hunch (hʌntʃ) *s.* joroba, jiba.
hunch (to) (hʌntʃ) *t.-i.* encorvar [la espalda].
hundred ('hʌndrəd) *a.* cien, ciento. *2 s.* ciento, centena.
hundredweight ('hʌndrədweit) *s.* quintal: (Ingl.) 58.8 kg.; (E. U.) 45.36 kg.
hung (hʌŋ) V. TO HANG.
hunger ('hʌŋgəʳ) *s.* hambre.
hunger (to) ('hʌŋgəʳ) *i.* tener hambre: *to ~ for,* ansiar.
hungry ('hʌngri) *a.* hambriento: *to be ~,* tener hambre.
hunk (hʌŋk) *s.* fam. trozo, pedazo, grande.
hunt (hʌnt) *s.* caza [acción]; montería. *2* cacería.
hunt (to) (hʌnt) *t.-i.* cazar; perseguir: *to go hunting,* ir de caza.
hunter ('hʌntəʳ) *s.* cazador.
hunting ('hʌntiŋ) *s.* caza, montería: *~ party,* cacería.
hurdle ('hə:dl) *s.* zarzo, cañizo. *2* valla, obstáculo.
hurdy-gurdy ('hə:diˌgə:di) *s.* organillo.
hurl (hə:l) *s.* tiro, lanzamiento.
hurl (to) (hə:l) *t.* lanzar, tirar, arrojar: *to ~ oneself,* lanzarse.
hurrah! (hu'rɑ:) *interj.* ¡hurra!.
hurricane ('hʌrikən) *s.* huracán.
hurried ('hʌrid) *a.* precipitado, apresurado, hecho de prisa.
hurry ('hʌri) *s.* prisa, premura, precipitación: *to be in a ~,* tener prisa.
hurry (to) ('hʌri) *t.* dar prisa, apresurar. *2* acelerar, avivar. *3* atropellar, precipitar. *4 i.* apresurarse, darse prisa.
hurt (hə:t) *s.* herida, lesión. *2* daño, dolor. *3 a.* herido, lastimado. *4* ofendido. *5* perjudicado.
hurt (to) (hə:t) *t.* herir, lastimar. *2* apenar, afligir. *3 i.* doler. ¶ Pret. y p. p.: ***hurt*** (hə:t).
hurtful (hə:tful) *a.* perjudicial.
hurtle (to) ('hə:tl) *t.* TO HURL. *2 i.* volar, caer, chocar, moverse con estruendo.
husband ('hʌzbənd) *s.* marido, esposo.
husband (to) (hʌzbənd) *t.* administrar, economizar.
husbandman ('hʌzbəndmən) *s.* agricultor.
husbandry ('hʌzbənri) *s.* (agricultura, labranza. *2* economía.
hush (hʌʃ) *s.* quietud, silencio.
hush (to) (hʌʃ) *t.-i.* callar. *2 t.* hacer callar, acallar.
husk (hʌsk) *s.* cáscara, vaina [de fruto].
huskiness ('hʌskinis) *s.* ronquera.
husky ('hʌski) *a.* ronco.
hussy ('hʌsi) *s.* pícara, buena pieza. *2* mujer perdida.

hustle ('hʌsl) *s.* actividad.
hustle (to) ('hʌsl) *t.* apresurar. *2 i.* apresurarse, bullir.
hut (hʌt) *s.* choza, cabaña.
hutch (hʌtʃ) *s.* arca, cofre. *2* conejera.
hyacinth ('haiəsinθ) *s.* BOT., MIN. jacinto.
hybrid ('haibrid) *a.* híbrido.
hydrangea (hai'dreindʒe) *s.* BOT. hortensia.
hydrant ('haidrənt) *s.* boca de riego.
hydraulic (hai'drɔ:lik) *a.* hidráulico.
hydraulics (hai'drɔ:liks) *s.* hidráulica.
hydrogen ('haidridʒən) *s.* QUÍM. hidrógeno.
hydroplane ('haidrouplein) *s.* hidroavión.
hyena (hai'i:nə) *s.* ZOOL. hiena.
hygiene ('haidʒi:n) *s.* higiene.
hygienic (hai'dʒi:nik) *a.* higiénico.
hymn (him) *s.* himno.
hyperbole (hai'pə:bəli) *s.* hipérbole.
hyphen ('haifən) *s.* ORTOG. quión.
hypnotism ('hipnətizəm) *s.* hipnotismo.
hynotize (to) ('hipnətaiz) *t.* hipnotizar.
hypocrisy (hi'pəkrəsi) *s.* hipocresía.
hypocrite ('hipəkrit) *s.* hipócrita.
hypocritical (ˌhipə'kritikəl) *a.* hipócrita.
hypotenuse (hai'pɔtinju:z) *s.* GEOM. hipotenusa.
hypothesis (hai'pɔθisis) *s.* hipótesis.
hypothetic(al (ˌhaipou'θetik, -əl) *a.* hipotético.
hysteria (his'tiəriə) *s.* histeria.
hysterical (his'terikəl) *a.* histérico.
hysterics (his'teriks) *s.* ataque de nervios.

I

I (ai) *pron. pers.* yo.
ice (ais) *s.* hielo: ~ ***cream,*** helado de crema.
ice (to) (ais) *t.* helar, congelar.
iceberg ('aisbə:g) *s.* iceberg.
icebox ('aisbɔks) *s.* nevera.
icebreaker ('aisbreikə[r]) *s.* buque rompehielos.
Iceland ('aislənd) *n. pr.* Islandia.
icicle ('aisikl) *s.* carámbano.
icy ('aisi) *a.* helado, frío.
idea (ai'diə) *s.* idea.
ideal (al'diəl) *a.-s.* ideal.
idealism (ai'diəlizəm) *s.* idealismo.
idealist (ai'diəlist) *s.* idealista.
idealize (to) (ai'diəlaiz) *t.* idealizar.
identical (ai'dəntikəl) *a.* idéntico.
identification (ai͵dentifi'keiʃən) *s.* identificación.
identify (to) (ai'dentifai) *t.* identificar.
identity (ai'dentiti) *s.* identidad: ~ ***card,*** tarjeta de identidad.
idiocy ('idiəsi) *s.* idiotez.
idiom ('idiəm) *s.* idioma, lengua. *2* locución, idiotismo.
idiot ('idiət) *s.* idiota.
idiotic(al (͵di'tik, -əl) *a.* idiota.
idle ('aidl) *a.* ocioso; inactivo. *2* perezoso. *3* de ocio. *4* inútil.
idle (to) ('aidl) *i.* estar ocioso.
idleness ('aidlnis) *s.* inactividad. *2* futilidad. *3* holgazanería.
idol ('aidl) *s.* ídolo.
idolatry (ai'dɔlətri) *s.* idolatría.
idolize (to) ('aidəlaiz) *t.-i.* idolatrar.
idyll ('idil) *s.* idilio.
idyllic (ai'dilk) *a.* idílico.
il (if) *s.* conj. si: ***as*** ~, como si; ~ ***only,*** si al menos; ~ ***so,*** si es así. *2* aunque, aun cuando.
ignite (to) (ig'nait) *t.* encender. *2 i.* encenderse, inflamarse.
ignition (ig'niʃən) *s.* ignición. *2* encendido [de un motor].
ignoble (ig'noubl) *a.* innoble.
ignominious (͵ignə'miniəs) *s.* ignorante, pedante.
ignorance ('ignərəns) *s.* ignorancia.
ignorant ('ignərənt) *a.* ignorante.
ignore (to) (ig'nɔ:[r]) *t.* desconocer, hacer caso omiso.
iguana (i'gwɑ:nə) *s.* iguana.
I'll (ali) *contr.* de I SHALL y I WILL.
ill (il) *a.* enfermo: ***to fall*** ~, caer enfermo. *2* mareado. *3* malo, mal: ***~-breeding,*** mala crianza; ~ ***health,*** mala salud. *4 s.* mal, desgracia. *5 adv.* mal.
ill-bred ('il'bred) *a.* malcriado.
illegal (i'li:gəl) *a.* ilegal.
illegality (͵li(:)'gæliti) *s.* ilegalidad.
illegible (i'ledʒidl) *a.* ilegible.
illegimate (͵ili'dʒitimit) *a.* ilegítimo.
illicit (i'lisit) *a.* ilícito.
illiteracy (i'litərəsi) *s.* ignorancia. *2* analfabetismo.
illiterate (i'litərit) *a.* iletrado, analfabeto.
ill-mannered ('il'mænəd) *a.* mal educado.
illness ('ilnis) *s.* enfermedad.
illogical ('ilɔdʒikəl) *a.* ilógico.
ill-starred ('il'stɑ:d) *a.* desdichado.
ill-timed ('il'taimd) *a.* intempestivo, inoportuno.
ill-treat (to) ('il'tri:t) *t.* maltratar.
illuminate (to) (i'lju:mineit) *t.* iluminar.
illumination (i͵lju:mi'neiʃən) *s.* iluminación. *2 pl.* luminarias.
illusion (i'lu:ʒən) *s.* ilusión; espejismo, engaño. *2* aparición.
illusory (i'lu:səri) *a.* ilusorio, engañoso.
illustrate (to) ('iləstreit) *t.* ilustrar [con dibujos, etc.].
illustration (͵iləs'treiʃən) *s.* ilustración. | No tiene sentido de cultura, luces.
illustrious (i'lʌstriəs) *a.* ilustre.
I'm (aim) *contr.* de I AM.

image ('imidʒ) *s.* imagen. *2* representación. *3* efigie. *4* parecido.
imaginable (i'mædʒinəbl) *a.* imaginable.
imaginary (i'mædʒinəri) *a.* imaginario.
imagination (i,mædʒi'neiʃən) *s.* imaginación.
imagine (to) (i'mædʒin) *t.* imaginar.
imbecile ('imbisi:l) *a.-s.* imbécil.
imbecility (,imbi'siliti) *s.* imbecilidad.
imbibe (to) (im'baid) *t.* absorber. *2* empaparse de.
imbroglio (im'brouliou) *s.* enredo, embrollo.
imbue (to) (im'bju:) *t.* saturar, impregnar. *2* imbuir, infundir.
imitate (to) ('imiteit) *t.* imitar.
imitation (,imi'teiʃən) *s.* imitación.
immaculate (i'mækjulit) *a.* inmaculado.
immaterial (,imə'tiəriəl) *a.* inmaterial. *2* indiferente, que no importa: ***it is*** ~, no importa.
immature (,imə'tjuəʳ) *a.* inconmensurable.
immediate (i'mi:djət) *a.* inmediato.
immediately (i'mi:djətli) *adv.* inmediatamente.
immense (i'mens) *a.* inmenso.
immensity (i'mensiti) *s.* inmensidad.
immerse (to) (i'mə:s) *t.* sumergir. *2* absorber.
immersion (i'mə:ʃən) *s.* inmersión.
immigrant ('imigrənt) *a.-s.* inmigrante.
immigration (,imi'greiʃən) *s.* inmigración.
imminent ('iminənt) *a.* inminente.
immobile (i'moubail) *a.* inmóvil.
immobilize (to) (i'moubilaiz) *t.* inmovilizar.
immoderate (i'mɔdərit) *a.* inmoderado, desmedido.
immoderation ('i,mɔdə'reiʃən) *s.* inmoderación.
immodest (i'mɔdist) *a.* inmodesto. *2* indecente.
immodesty (i'mɔdisti) *s.* inmodestia. *2* indecoro, indecencia.
immolate (to) ('imouleit) *t.* inmolar.
immoral (i'mɔrəl) *a.* inmoral.
immorality (,imə'ræliti) *s.* inmoralidad.
immortal (i'mɔ:tl) *a.-s.* inmortal.
immortality (,imɔ:'tæliti) *s.* inmortalidad.
immortalize (to) (,imɔ:təlaiz) *t.* inmortalizar.
immovable (i'mu:vəbl) *a.* inamovible, inmóvil, fijo. *2* inalterable, inflexible.
immune (i'mju:n) *a.-s.* inmune.
immunity (i'mju:niti) *s.* inmunidad. *2* privilegio, exención.
immunize (to) ('imju(:)naiz) *t.* inmunizar.
immure (to) (i'mjuəʳ) *t.* emparedar.
immutable (i'mju:təbl) *a.* inmutable.
imp (imp) *s.* diablillo, duende.
impact ('impækt) *s.* golpe, choque, impacto.
impair (to) (im'pεəʳ) *t.* dañar, deteriorar, disminuir, debilitar.
impale (to) (im'peil) *t.* empalar.
impalpable (im'pælpəbl) *a.* impalpable.
impart (to) (im'pɑ:t) *t.* impartir, dar, comunicar. *2* hacer saber.
impartial (im'pɑ:ʃəl) *a.* imparcial.
impartiality ('im,pɑ:ʃi'æliti) *s.* imparcialidad.
impassable (im'pɑ:səbl) *a.* impracticable, intransitable.
impase (æm'pa:s) *s.* callejón sin salida.
impassible (im'pæsibl) *a.* impasible.
impassioned (im'pæʃənd) *a.* apasionado.
impassive (im'pæsiv) *a.* impasible. *2* insensible.
impatience (im'peiʃəns) *s.* impaciencia. *2* ansia.
impatient (im'peiʃənt) *a.* impaciente.
impeach (to) (im'pi:tʃ) *t.* poner en tela de juicio. *2* acusar.
impeccable (im'pəkəbl) *a.* impecable.
impede (to) (im'pi:d) *t.* impedir, estorbar.
impediment (im'pedimənt) *s.* impedimento, estorbo.
impel (to) (im'pel) *t.* impeler, impulsar. *2* mover, obligar.
impending (im'pendiŋ) *a.* inminente, amenazador.
impenetrable (im'penitrəbl) *a.* impenetrable.
impenitent (im'penitənt) *a.* impenitente.
imperative (im'perativ) *a.* imperativo. *2* *a.-s.* GRAM. imperativo.
imperfect (im'pə:fikt) *a.* imperfecto. *2 s.* GRAM. imperfecto.
imperfection (,imp'fekʃən) *s.* imperfección.
imperial (im'piəriəl) *a.* imperial.
imperialism (im'piəriəlizəm) *s.* imperialismo.
imperialist (im'piəriəlist) *s.* imperialista.
imperialistic (im,piəriə'listik) *a.* imperialista.
imperil (to) (im'peril) *t.* poner en peligro.
imperious (im'piəries) *a.* imperioso. *2* **-ly** adv. imperiosamente.
imperishable (im'periʃəbl) *a.* imperecedero.
impersonal (im'pə:sənl) *a.* impersonal.
impersonate (to) (im'pə:səneit) *t.* personificar. *2* TEAT. representar. *3* hacerse pasar por.

impertinence (im'pə:tinəns) *s.* impertinencia.
impertinent (im'pə:tinənt) *a.* impertinente.
impervious (im'pə:vjəs) *a.* impenetrable. *2* que no atiende a [razones, etc.].
impetuosity (im,petju'ɔsiti) *s.* impetuosidad.
impetuous (im'petjuəs) *a.* impetuoso. *2* **-ly** *adv.* impetuosamente.
impetus ('impitəs) *s.* ímpetu, impulso.
impinge (to) (im'pindʒ) *t.* ~ ***[up]on,*** chocar con, rozar con.
impious ('impiəs) *a.* impío.
impish ('impiʃ) *a.* travieso, endiablado.
implacable (im'pækəbl) *a.* implacable.
implant (to) ('implɑ:nt) *t.* implantar.
implement ('implimənt) *s.* instrumento. *2 pl.* enseres.
implicate (to) ('implikeit) *t.* implicar. *2* entrelazar. *3* complicar, comprometer.
implication (,impli'keiʃən) *s.* implicación. *2* deducción.
implicit (im'plisit) *a.* implícito.
implore (to) (im'plɔ:ʳ) *t.* implorar.
imply (im'plai) *t.* implicar, entrañar. *2* significar, denotar.
impolite (,impə'lait) *a.* descortés.
imponderable (im'pɔndərəbl) *a.-s.* imponderable.
import ('impɔ:t) *s.* importancia. *2* significado. *3* importación. *4 pl.* géneros importados.
import (to) (im'pɔ:t) *t.-i.* importar. *2 t.* significar.
importance (im'pɔ:təns) *s.* importancia. *2* cuantía.
important (im'pɔ:tənt) *a.* importante. *2* presuntuoso.
importation (,impɔ:'teiʃən) *s.* importación.
importer (im'pɔ:təʳ) *s.* importador.
importunate (im'pɔ:tjunit) *a.* importuno, pesado, insistente.
importune (to) (im'pɔ:tju:n) *t.-i.* importunar.
importunity (,impɔ'tju:niti) *s.* importunidad.
impose (to) (im'pouz) *t.* imponer. *2 i.* ***to ~ on*** o ***upon,*** engañar.
imposing (im'pouziŋ) *a.* imponente, impresionante.
imposition (,impə'ziʃən) *s.* imposición. *2* tributo. *3* engaño.
impossibility (im,pɔsə'biliti) *s.* imposibilidad.
impossible (im'pɔsibl) *a.* imposible.
impostor (im'pɔstəʳ) *s.* impostor.
imposture (im'pɔstʃəʳ) *s.* impostura.
impotence ('impətəns) *s.* impotencia.
impotent ('impətənt) *a.* impotente.
impound (to) (im'paund) *t.* confiscar. *2* encerrar.
impoverish (to) (im'pɔvəriʃ) *t.* empobrecer.
impracticable (im'præktikəbl) *a.* impracticable. *2* intransitable.
impregnable (im'pregnəbl) *a.* inexpugnable.
impregnate (to) ('impregneit) *t.* impregnar. *2* empapar.
impresario (,imprə'sɑ:riou) *s.* TEAT. empresario.
impress ('impres) *s.* impresión, huella.
impress (to) (im'pres) *t.* imprimir, grabar. *2* inculcar. *3* impresionar.
impression (im'preʃən) *s.* impresión. *2* señal, huella. *3* edición [ejemplares].
impressive (im'presiv) *a.* impresionante, emocionante, grandioso, solemne.
imprint ('imprint) *s.* impresión, huella. *2* pie de imprenta.
imprint (to) (im'print) *t.* imprimir, estampar. *2* grabar.
imprison (to) (im'prizn) *t.* encarcelar.
imprisonment (im'priznmənt) *s.* encarcelamiento. *2* prisión.
improbability (im,prɔbə'bility) *s.* improbabilidad.
improbable (im'prɔbəbl) *s.* improbable. *2* inverosímil.
impromptu (im'prɔmptju:) *a.* improvisado. *2 adv.* de repente *3. s.* improvisación.
improper (im'prɔpəʳ) *a.* impropio. *2* indecoroso.
impropriety (,im-prə'praiəti) *s.* impropiedad. *2* indecencia.
improve (to) (im'pru:v) *t.* mejorar, desarrollar. *2* aprovechar. *3* beneficiar, explotar, urbanizar. *4 i.* progresar.
improvement (im'pru:vmənt) *s.* perfeccionamiento. *2* progreso. MED. mejoría. *4* aprovechamiento. *5* explotación, urbanización.
improvidence (im'prɔvidəns) *s.* imprevisión.
improvident (im'prɔvidənt) *a.* impróvido, imprevisor.
improvisation (,imprəvai'zeiʃən) *s.* improvisación.
improvise (to) ('imprəvaiz) *t.-i.* improvisar.
imprudence (im'pru:dəns) *s.* imprudencia.
imprudent (im'pru:dənt) *a.* imprudente.
impudence ('mpjudəns) *s.* imprudencia, desvergüenza, descaro.

impudent ('impjudənt) *a.* impudente, descarado, atrevido.
impugn (to) (im'pju:n) *t.* impugnar.
impulse ('impʌls) *s.* impulso. *2* impulsión; ímpetu.
impulsion (im'pʌlʃən) *s.* impulsión, ímpetu.
impulsive (im'pʌlsiv) *a.-s.* impulsivo.
impunity (im'pju:niti) *s.* impunidad.
impure (im'pjuəʳ) *a.* impuro.
impurity (im'pjuəriti) *s.* impureza; deshonestidad.
imputation (ˌimpju(:)'teiʃən) *s.* imputación.
impute (to) (im'pju:t) *t.* imputar, atribuir, achocar.
in (in) *prep.* en, con, de, dentro de, durante, entre, por: ***dressed ~ black,*** vestido de negro; ***~ the morning,*** por la mañana. *2* ***~ so far as,*** en lo que, hasta donde. *3 adj.* interior, de dentro. *4 adv.* dentro, adentro; en casa; en el poder: ***~ here,*** aquí dentro. *5* rincón, recoveco: ***ins and outs,*** recovecos, interioridades, pormenores.
inability (ˌinə'biliti) *s.* incapacidad, impotencia. *2* inhabilidad.
inaccessible (ˌinæk'sesəbl) *a.* inaccesible.
inaccuracy (in'ækjurəsi) *s.* inexactitud, incorrección.
inaccurate (in'ækjurit) *a.* inexacto.
inaction (in'ækʃən) *s.* inacción.
inactive (in'æktiv) *a.* inactivo. *2* ocioso.
inactivity (ˌinæk'tivity) *s.* inactividad.
inadequacy (in'ædikwəsi) *s.* falta de adecuación. *2* desproporción. *3* insuficiencia.
inadequate (in'ædikwit) *a.* inadecuado. *2* insuficiente.
inadmissible (ˌinəd'misəbl) *a.* inadmisible.
inadvertence (ˌinəd'və:təns) *s.* inadvertencia.
inadvertent (ˌinəd'və:tənt) *a.* inadvertido, distraído. *2* **-ly** *adv.* inadvertidamente.
inalienable (in'eiljənəbl) *a.* inajenable.
inane (i'nein) *a.* inane. *2* vano.
inanimate (in'ænimit) *a.* inanimado. *2* exánime.
inanition (ˌinə'niʃən) *a.* inanición.
inanity (i'næniti) *s.* necedad, fatuidad.
inapplicable (in'æplikəbl) *a.* inaplicable.
inapposite (in'æpəzit) *a.* inadecuado, poco apropiado.
inappreciable (ˌinə'pri:ʃəbl) *a.* inapreciable.
inappropriate (ˌinə'proupriit) *a.* impropio.
inappropriateness (ˌinə'proupriitnis) *s.* impropiedad.
inapt (in'æpt) *a.* inepto.
inaptitude (in'æptitju:d) *a.* ineptitud.
inarticulate (ˌinɑ:'tikjulit) *a.* inarticulado.
inasmuch as (inez'mʌtʃ æz) *conj.* considerando que, visto que, puesto que.
inattention (ˌinə'tenʃən) *s.* distracción, inadvertencia.
inattentive (ˌinɔ'tentiv) *a.* desatento. *2* distraído.
inaudible (in'ɔdibl) *a.* inaudible.
inaugurate (to) (i'nɔ:gjureit) *t.* inaugurar.
inauguration (iˌnɔ:gju'reiʃən) *s.* inauguración.
inauspicious (ˌnɔ:s'piʃəs) *a.* poco propicio, desfavorable.
inborn ('in'bɔ:n), **inbred** ('in'bred) *a.* innato, ingénito.
incalculable (in'kælkjuləbl) *a.* incalculable. *2* imprevisible.
incandescent (ˌinkæn'desnt) *a.* incandescente.
incantation (ˌinkæn'teiʃən) *s.* encantamiento, sortilegio.
incapability (inˌkepəbiliti) *s.* incapacidad.
incapable (in'keipəbl) *a.* incapaz.
incapacitate (to) (ˌinkə'pæsiteit) *t.* incapacitar, inhabilitar.
incapacity (ˌnkə'pæsiti) *s.* incapacidad.
incarcerate (to) (in'kɑ:səreit) *t.* encarcelar.
incarnate (in'kɑ:nit) *a.* encarnado.
incarnation (ˌinkɑ:'neiʃən) *s.* encarnación, personificación.
incautious (in'kɔ:ʃəs) *a.* incauto, imprudente.
incendiary (in'sendjəri) *a.* incendiario; inflamatorio.
incense ('insens) *s.* incienso.
incense (to) ('insens) *t.* incensar. *2* (in'sens)irritar, encolerizar.
incentive (in'sentiv) *s.* incentivo.
inception (in'sepʃən) *s.* principio, comienzo.
incertitude (in'sə:titju:d) *s.* incertidumbre.
incessant (in'sesnt) *a.* incesante. *2* **-ly** *adv.* sin cesar.
incest ('insest) *s.* incesto.
incestuous (in'sestjuəs) *a.* incestuoso.
inch (intʃ) *s.* pulgada [2,54 cm].
incidence ('insidəns) *s.* incidencia.
incident ('insidənt) *a.-s.* incidente.
incidental (ˌinsi'dentl) *a.* incidental. *2* **-ly** *adv.* incidentalmente.
incinerate (in'sinəreit) *t.* incinerar.
incinerator (in'sinəreitəʳ) *s.* incinerador.

incipient (in'sipiənt) *a.* incipiente.
incision (in'siʒən) *s.* incisión.
incise (to) (in'saiz) *t.* cortar.
incisive (in'saisiv) *a.* incisivo.
incisor (in'saizəʳ) *s.* diente incisivo.
incite (to) (in'sait) *t.* incitar.
incitement (in'saitmənt) *s.* incitación. *2* incentivo.
incivility (ˌinsi'viliti) *s.* incivilidad, descortesía.
inclemency (in'klemənsi) *s.* inclemencia. *2* intemperie.
inclination ('inkli'neiʃən) *s.* inclinación. *2* declive.
incline (in'klain) *s.* pendiente, declive, cuesta.
incline (to) (in'klain) *t.* inclinar. *2* doblar [la cabeza]. *3 i.* inclinarse. *4* propender, tender.
include (to) (in'klu:d) *t.* incluir.
inclusion (in'klu:ʒən) *s.* inclusión.
inclusive (in'klu:siv) *a.* inclusivo. *2 adv.* inclusive.
incoherence (ˌinkou'hiərəns) *s.* incoherencia.
incoherent (ˌinkou'hiərənt) *a.* incoherente.
incombustible (ˌinkəm'bʌstəbl) *a.* incombustible.
income ('inkəm) *s.* ingresos, renta: ~ ***tax***, impuesto sobre la renta.
incommensurate (ˌinkə'menʃərit) *a.* desproporcionado.
incomparable (in'kɔmpərəbl) *a.* incomparable.
incompatible (ˌinkəm'pætəbl) *a.* incompatible.
incompetent (in'kɔmpitənt) *a.* incompetente.
incomplete (ˌinkəm'pli:t) *a.* incompleto.
incomprehensible (inˌkɔmpri'hensəbl) *a.* incomprensible.
inconceivable (ˌinkən'si:vəbl) *a.* inconcebible. *2* increíble.
incongruous (in'kɔŋgruəs) *a.* incongruente. *2* inadecuado.
inconsequent (in'kɔnsikwənt) *a.* inconsecuente, ilógico.
inconsiderate (ˌinkən'sidərit) *a.* inconsiderado, irreflexivo. *2* desconsiderado.
inconsistency (ˌinkən'sistənsi) *s.* inconsecuencia.
inconsistent (ˌinkən'sistənt) *a.* incompatible, contradictorio. *2* inconsecuente. *3* inconsistente.
inconstancy (in'kɔnstənsi) *s.* inconstancia.
inconstant (in'kɔnstənt) *a.* inconstante.
incontestable (ˌinkən'testəbl) *a.* indiscutible.
incontinence (in'kɔntinəns) *s.* incontinencia.
inconvenience (ˌinkən'vi:njəns) *t.* inconveniencia, inoportunidad. *2* molestia, engorro.
inconvenience (to) (ˌinkən'vi:njəns) *t.* incomodar, molestar.
inconvenient (ˌinkən'vi:njənt) *a.* inconveniente, impropio, inoportuno. *2* incómodo, molesto.
incorporate (to) (in'kɔ:pəreit) *t.-i.* incorporar(se, unir(se. *2* constituir(se en sociedad. *3 t.* comprender; incluir.
incorrect (ˌinkə'rekt) *a.* incorrecto. *2* inexacto.
incorrectness (ˌinkə'rektnis) *s.* incorrección. *2* inexactitud.
incorruptible (ˌinkə'rʌptəbl) *a.* incorruptible; íntegro, probo.
increase ('inkri:s) *s.* aumento, incremento. *2* ganancia.
increase (to) (in'kri:s) *t.* aumentar, acrecentar. *2* agrandar. *3 i.* aumentarse, crecer.
incredible (in'kredəbl) *a.* increíble.
incredulous (in'kredjuləs) *a.* incrédulo.
incriminate (to) (in'krimineit) *t.* incriminar.
incubate (to) ('inkjubeit) *t.* incubar. *2 i.* estar en incubación.
inculcate (to) ('inkʌlkeit) *t.* inculcar.
incumbent (to) ('inkʌmbənt) *a.* obligatorio: ***to be ~ on.*** incumbir. *s.* beneficiado.
incur (to) (in'kə:ʳ) *t.* incurrir en, atraerse. *2* contraer [una deuda].
incurable (in'kjuərəbl) *a.* incurable.
incursión (in'kə:ʃən) *s.* incursión, correría..
indebted (in'detid) *a.* endeudado. *2* obligado, reconocido.
indecency (in'di:snsi) *s.* indecencia. *2* indecoro.
indecent (in'di:snt) *a.* indecente. *2* indecoroso. *3* **-ly** *adv.* indecentemente.
indecision (ˌindi'siʒən) *s.* indecisión, irresolución.
indecisive (ˌindi'saisiv) *a.* indeciso, irresoluto.
indecorous (in'dekərəs) *a.* indecoroso. *2* ~**ly** *adv.* indecorosamente.
indeed ((in'di:d) *adv.* realmente, de veras.
indefatigable (ˌindi'fætigəbl) *a.* infatigable.
indefensible (ˌindi'fætigəbl) *a.* indefendible.
indefinite (in'definit) *a.* indefinido. *2* indeterminado.
indelible (in'delibl) *a.* indeleble.
indelicacy (in'delikəsi) *s.* grosería: torpeza.

indelicate (in'delikit) *a.* indelicado. *2* indecoroso. *3* grosero.
indemnification (in,demnifi'keiʃən) *s.* indemnización.
indemnify (to) (in'demnifai) *t.* indemnizar.
indemnity (in'demniti) *s.* indemnidad. *2* indemnización.
indent (to) (in'dent) *t.* mellar, dentar. *2* hacer un contrario: ***to ~ for,*** pedir. *3* pedir. *3* IMPR. sangrar.
indenture (in'dentfə[r]) *s.* contrato; escritura.
independence (,indi'pendəns) *s.* independencia.
independent (,indi'pendənt) *a.* independiente.
indescribable (,indis'kraibəbl) *a.* indescriptible.
indestructible (,indis'trʌktəbl) *a.* indestructible.
indeterminate (,indi'tə:minit) *a.* indeterminado.
indetermination ('indi,tə:mi'neiʃən) *s.* indeterminación.
index ('indeks) *s.* índice. *2* IMPR. manecilla.
Indian ('indjən) *a.-s.* indio: ***~ file,*** fila india.
india-rubber ('indjə'rʌbə[r]) *s.* caucho.
indicate (to) ('indikeit) *t.* indicar.
indication (,indi'keiʃən) *s.* indicación; señal.
indict (to) (in'dait) *t.* acusar. *2* procesar.
indictment (in'daitmənt) *s.* acusación, procesamiento.
Indies ('indiz) *s. pl.* GEOGR. Indias: ***west ~,*** Antillas.
indifference (in'difrəns) *s.* indiferencia.
indifferent (in'difrəns) *s.* indiferencia.
indigence ('indidʒəns) *s.* pobreza.
indigenous (in'didʒinəs) *a.* indígena.
indigestible (,indi'dʒestəbl) *a.* indigesto.
indigestion (,indi'dʒestʃən) *s.* indigestión.
indignant (in'dignənt) *a.* indignado.
indignation (,indig'neiʃən) *s.* indignación.
indignity (in'digniti) *s.* indignidad. *2* ultraje, afrenta.
indigo ('indigo) *s.* añil, indigo.
indirect (,indi'rekt) *a.* indirecto. *2* tortuoso, engañoso.
indiscipline (in'disiplin) *s.* indisciplina.
indiscret (,indis'kri:t) *a.* indiscreto. *2* imprudente, impolítico, poco hábil.
indiscretion (,indis'kreʃən) *s.* indiscreción. *2* imprudencia, torpeza.
indiscriminate (,indis'kriminit) *a.* que no hace distinción.
indispensable (,indis'pensəbl) *a.* indispensable.
indispose (to) (,indis'pouz) *t.* indisponer.
indisposed (,indis'pouzd) *a.* indispuesto.
indisposition (,indispə'ziʃən) *s.* indisposición; malestar.
indisputable (,indis'pju:təbl) *a.* incontestable.
indissoluble (,indi'sɔljubl) *a.* indisoluble.
indistinct (,indis'tiŋkt) *a.* indistinto. *2* confuso.
indistinguishable (,indis'tiŋgwiʃəbl) *a.* indistinguible.
indite (to) (in'dait) *t.* redactar.
individual (,indi'vidjuəl) *a.* individual. *2 s.* individuo.
indivisible (,indi'vizəbl) *a.* indivisible.
indoctrinate (to) (in'dɔktrineit) *t.* adoctrinar.
indolence ('indələns) *s.* indolencia.
indolent ('indələnt) *a.* indolente.
indomitable (in'dɔmitəbl) *a.* indomable.
indoor ('indɔ:[r]) *a.* interior, de puertas adentro.
indoors ('indɔ:z) *adv.* dentro de casa en local cerrado.
indorse (to), indorsee, etc., ENDORSE (TO), ENDORSEE, etc.
induce (to) (in'dju:s) *t.* inducir, instigar. *2* causar, producir.
inducement (in'dju:smənt) *s.* móvil, incentivo, aliciente.
induct (to) (in'dʌkt) *t.* instalar [en un cargo].
induction (in'dʌkʃən) *n.* inducción; ingreso.
indulge (to) (in'dʌldʒ) *t.* satisfacer [pasiones, etc.]. *2* complacer; consentir. 3 i. ***to ~ in,*** entregarse a, permitir.
indulgence (in'dʌlʒəns) *s.* satisfacción; intemperancia. *2* indulgencia, lenidad, mimo.
indulgent (in'dʌldʒənt) *a.* indulgente.
industrial (in'dʌstriəl) *a.* industrial.
industrious (in'dʌstriəs) *a.* industrioso, laborioso, aplicado.
industry ('indəstri) *s.* industria. 2 diligencia, laboriosidad.
inebriate (i'ni:briit) *a.* ebrio.
inedible (in'edibl) *a.* incomible..
ineffable (in'efəbl) *a.* inefable.
ineffaceable (,ini'feisəbl) *a.* imborrable.
ineffectual (,ini'fektjuəl) *a.* ineficaz. *2* inútil, vano.
inefficacy (in'efikəsi) *s.* ineficacia.
inefficient (,ini'fiʃənt) *a.* ineficaz.
inept (i'nept) *a.* inepto.
inequality (,ini(:)'kɔliti) *s.* desigualdad. *2* desproporción.

inert (i'nə:t) *a.* inerte.
inertia (i'nə:ʃjə) *s.* inercia.
inescapable (ˌinis'keipəbl) *a.* ineludible.
inevitable (in'evitəbl) *a.* inevitable.
inexact (ˌinig'zækt) *a.* inexacto.
inexhaustible (ˌinig'zɔ:stəbl) *a.* inagotable.
inexorable (in'eksərəbl) *a.* inexorable; inflexible.
inexpedient (ˌiniks'pi:djənt) *a.* inoportuno, improcedente.
inexpensive (ˌiniks'pensiv) *a.* barato, poco costoso.
inexperience (ˌiniks'piəriəns) *s.* inexperiencia, impericia.
inexperienced (ˌiniks'piəriənst) *a.* inexperto, novel.
inexpressive (ˌiniks'presiv) *a.* inexpresivo.
inextricable (in'ekstrikəbl) *a.* intrincado.
infallibility (inˌfælə'biliti) *s.* infatibilidad.
infallible (in'fæləbl) *a.* infalible.
infamous ('infəməs) *a.* infame.
infamy ('infəmi) *s.* infamia.
infancy ('infənsi) *s.* infancia.
infant ('nfənt) *s.* infante, criatura, niño. *2 a.* infantil.
infantile ('infəntail) *a.* infantil.
infantry ('infəntri) *s.* MIL. infantería.
infatuate (to) (in'fætjueit) *t.* entontecer. *2* enamorar o apasionar locamente.
infatuate(d (in'fætjueit, -id) *a.* bobo. *2* locamente enamorado.
infatuation (in'fætju'eiʃən) *s.* simpleza. *2* enamoramiento.
infect (to) (in'fekt) *t.* infectar.
infection (in'fekʃən) *s.* infección.
infectious (in'fekʃəs) *a.* infeccioso. *2* contagioso, pegadizo.
infer (to) (in'fə:ʳ) *t.* inferir.
inference ('infərəns) *s.* inferencia, deducción, conclusión.
inferior (in'fiəriəʳ) *a.-s.* inferior.
inferiority (inˌfiəri'ɔriti) *s.* inferioridad.
infernal (in'fə:nl) *a.* infernal.
infest (to) (in'fest) *t.* infestar.
infidel ('infidəl) *a.-s.* infiel.
infiltrate (to) ('infiltreit) *t.-i.* infiltrar(se.
infinite ('infinit) *a.-s.* infinito.
infinitive (in'finitiv) *a.-s.* GRAM. infinitivo.
infirm (in'fə:m) *a.* débil. *2* inseguro, inestable *3* enfermizo.
infirmary (in'fə:məri) *s.* enfermería. *2* asilo, hospicio.
infirmity (in'fə:miti) *s.* enfermedad. *2* flaqueza. *3* defecto.
inflame (to) (in'fleim) *t.-i.* inflamar(se. *2* encolerizar(se.
inflammable (in'flæməbl) *a.* inflamable. *2* irascible.
inflammation (ˌinflə'meiʃən) *s.* inflamación.
inflate (to) (in'fleit) *t.* inflar.
inflation (in'fleiʃən) *s.* hinchazón. *2* inflación.
inflect (to) (in'flekt) *t.* torcer. *2* GRAM.declinar.
inflection (in'fleʃən) *s.* inflexión.
inflexibility (inˌfleksə'biliti) *s.* inflexibilidad.
inflexible (in'fleksəbl) *a.* inflexible.
inflict (to) (in'flikt) *t.* infligir.
infliction (in'flikʃən) *s.* inflexión.
inflow ('inflou) *s.* afluencia.
influence ('influəns) *s.* influencia,influjo.
influence (to) ('influəns) *t.* influir en o sobre.
influential (ˌinflu'enʃəl) *a.* influyente.
influenza (ˌinflu'enzə) *s.* MED. influenza, gripe.
influx ('inflʌks) *s.* afluencia.
inform (to) (in'fɔ:m) *t.* informar. *2* comunicar. *3* ~ ***to against,*** delatar, denunciar.
informar (in'fɔ:ml) *a.* sin ceremonia. *2* desenvuelto. *3* oficioso.
informality (ˌinfɔ:'mæliti) *s.* ausencia de formalidades o ceremonias, sencillez.
informant (in'fɔ:mənt) *s.* informador.
information (ˌinfə'meiʃən) *s.* información. *2* informes, noticias. *3* DER. delación.
informer (in'fɔ:məʳ) *s.* informador. *2* DER. delator.
infraction (in'frækʃen) *s.* infracción.
infringe (to) (in'fridʒ) *t.* infringir. *2* ***to ~ on*** o ***upon,*** usurpar, invadir [derechos, etc.].
infringement (in'frindʒmənt) *s.* infracción.
infuriale (to) (in'fjuərieit) *t.* enfurecer.
infuse (to) (in'fju:z) *t.* infundir.
ingathering ('inˌgæðəriŋ) *s.* cosecha.
ingenious (in'dʒi:njəs) *a.* ingenioso, hábil, sutil.
ingenuity (ˌindʒi'nju(:)iti) *s.* ingenio, inventiva. *2* ingeniosidad, artificio.
ingenuous (in'dʒenjuəs) *a.* ingenuo, sincero, franco.
ingenousness (in'dʒenjuəsnis) *s.* ingenuidad, sinceridad.
inglorious (in'glɔ:riəs) *a.* ignominioso.
ingot ('ingət) *s.* lingote.
ingrain (to) ('in'grein) *t.* teñir con grana. *2* fijar, inculcar.
ingratiate (to) (in'griʃieit) *t.* congraciar: ***to ~ oneself with,*** congraciarse con.
ingratitude (in'grætitju:d) *s.* ingratitud.
ingredient (in'gri:djənt) *s.* ingrediente.

inhabit (to) (in'hæbit) *t.* habitar, morar en.
inhabitant (in'hæbitant) *s.* habitante.
inhale (to) (in'heil) *t.* inhalar.
inherent (in'hiərənt) *a.* inherente. *2* innato.
inherit (to) (in'herit) *t.* heredar.
inheritance (in'heritəns) *s.* herencia.
inheritor (in'heritə[r]) *s.* heredero.
inhibit (to) (in'hibit) *t.* prohibir. *2* inhibir.
inhibition (ˌin(h)i'biʃən) *s.* prohibición. *2* inhibición.
inhospitable (in'hɔspitəbl) *a.* inhospitalario.
inhuman (in'hju:mən) *a.* inhumano.
inimical (i'nimikəl) *a.* hostil.
iniquitous (i'nikwitəs) *a.* inicuo.
iniquity (i'nikwiti) *s.* iniquidad.
initial (i'niʃəl) *a.-s.* inicial.
initiate (to) ('iniʃieit) *s.* iniciar.
initiative (i'niʃiətiv) *s.* iniciativa.
inject (to) (in'dʒekt) *t.* inyectar.
injection (in'dʒekʃən) *s.* inyección. *2* lavativa.
injudicious (ˌindʒzu(:):ədiʃəs) *a.* imprudente.
injunction (in'dʒʌŋkʃən) *s.* orden, mandato.
injure (to) ('indʒə:[r]) *t.* dañar, perjudicar. *2* herir, lastimar.
injurious (in'dʒuəries) *a.* dañoso. *2* lesivo. *3* injurioso, ofensivo.
injury ('indʒəri) *s.* daño, perjuicio, deterioro. *2* herida; lesión. *3* injuria, ofensa.
injustice (in'dʒʌstis) *s.* injusticia.
ink (iŋk) *s.* tinta.
inkling ('iŋkliŋ) *s.* insinuación. *2* atisbo, vislumbre, sospecha.
inkstand ('iŋkstænd) *s.* tintero.
inland (in'lənd) *a.* de tierra adentro. *2* *adv.* (in'lænd) tierra adentro.
inlay (to) ('in'lei) *t.* incrustar, embutir. *2* taracear. ¶ Pret. y p. p.: ***inlaid*** (in'leid).
inlet ('inlet) *s.* abra, caleta; ría. *2* acceso, entrada.
inmate ('inmeit) *s.* habitante de, o recluido en, una casa, asilo, cárcel, etc.; asilado, preso.
inmost ('inmoust) *a.* más interior, íntimo, recóndito.
inn (in) *s.* posada, fonda, mesón.
innate ('i'neit) *a.* innato.
inner ('inə[r]) *a.* interior, íntimo: ~ ***tube***, cámara [de neumático].
innkeeper ('inˌki:pə[r]) *s.* posadero, fondista.
innocence ('nəsns) *s.* inocencia.
innocent ('inəsnt) *a.-s.* inocente.
innocuous (i'nɔkjuəs) *a.* inocuo.
innovation (ˌinou'veiʃən) *s.* innovación, novedad.
innuendo (ˌinju(:)'endou) *s.* indirecta, insinuación.
inoculate (to) (i'nɔkjuleit) *t.* inocular.
inoffensive (ˌinə'fensiv) *a.* inofensivo.
inoperative (in'ɔpərətiv) *a.* inoperante.
inopportune (in'ɔp tju:n) *s.* inoportuno.
inordinate (i'nɔ:dinit) *a.* inmoderado, excesivo.
inorganic (ˌinɔ:'gænik) *a.* inorgánico.
inquest ('inkwest) *s.* información judicial.
inquire (to) (in'kwaiə[r]) *t.* averiguar, investigar, preguntar.
inquiry (in'kwaiəri) *s.* indagación, investigación, pregunta.
inquisition (ˌinkwi'ziʃən) *s.* inquisición, pesquisa.
inquisitive (in'kwizitiv) *a.* curioso, preguntón.
inroad ('inroud) *s.* incursión, invasión.
inrush ('inrʌʃ) *s.* empuje; invasión.
insalubrious (ˌinsə'lu:briəs) *a.* insalubre.
insane (in'sein) *a.* loco, demente: ~ ***asylum***, manicomio.
insanity (in'sæniti) *s.* locura, demencia.
insatiable (in'seiʃjəbl) *a.* insaciable.
inscribe (to) (in'skraib) *t.* inscribir.
inscription (in'skripʃən) *s.* inscripción. *2* título, rótulo. *3* dedicatoria.
inscrutable (in'skru:təbl) *a.* inescrutable.
insect ('insekt) *s.* ZOOL. insecto.
insecure (ˌinsi'kjuə[r]) *a.* inseguro.
insecurity (ˌin-si'kjuəriti) *s.* inseguridad. *2.* peligro, riesgo.
insensible (in'sensibl) *a.* insensible. *2* inanimado.
insensitive (in'sensitiv) *a.* insensible.
insert (to) (in'sə:t) *t.* insertar, introducir.
insertion (in'sə:ʃən) *s.* inserción, metimiento.
inside ('in'said) *s.* interior [de una cosa]. *2* *pl.* entrañas, interioridades. *3* *a.* interior, interno; íntimo. *4* *adv.* dentro; adentro: ~ ***out***, de dentro afuera, al revés. *5* *prep.* dentro de.
insidious (in'sidiəs) *a.* insidioso.
insight ('insait) *s.* perspicacia, penetración.
insignificance (ˌinsig'nifikəns) *s.* insignificancia.
insincere (ˌinsin'siə[r]) *a.* insincero, hipócrita.
insinuate (to) (in'sinjueit) *t.* insinuar. *2* *ref.* insinuarse.
insinuation (inˌsinju'eiʃən) *s.* insinuación.
insipid (in'sipid) *a.* insípido, soso.
insipidity (ˌinsi'piditi) *s.* insipidez.

insist (to) (in'sist) *i.* insistir, persistir en; porfiar.
insistence (in'sistəns) *s.* insistencia, persistencia.
insistent (in'sistənt) *a.* pertinaz: ***to be ~***, empeñarse en.
insolence ('insələns) *s.* insolencia. *2* altanería.
insolent ('insələnt) *a.* insolente. *2* altanero.
insoluble (in'sɔljubl) *a.* insoluble.
insolvency (in'sɔlvənsi) *s.* insolvencia.
insolvent (in'sɔlvənt) *s.* insolvente.
insomnia (in'sɔmniə) *s.* insomnio.
insomuch (ˌinsou'mʌtʃ) *conj.* ~ **that,** de manera que. *2* ~ ***as,*** ya que, puesto que.
inspect (to) (ins'pekt) *t.* inspeccionar, examinar, registrar.
inspection (ins'pekʃən) *s.* inspección, examen, registro.
inspector (ins'pektəʳ) *s.* inspector, interventor, revisor.
inspiration (ˌinspi'reiʃən) *s.* inspiración.
inspire (to) (ins'paiəʳ) *t.* inspirar. *2* infundir. *3* sugerir.
inspirit (to) (ins'pirit) *t.* animar, alentar.
install (to) (ins'tɔ:l) *t.* instalar.
installment, instalment (in'stɔ:lmənt)-*s.* instalación [acción]. *2* plazo [de pago]. *3* entrega, fascículo.
instance ('instəns) *s.* ejemplo, caso: ***for ~***, por ejemplo. *2* vez, ocasión. *3* instancia.
instant ('instənt) *s.* instante, momento. *2 a.* instante,insistente. *3* apremiante, urgente. *4* corriente, actual: ***the 10th ~***, el diez del corriente.
instantaneous (ˌinstən'teinjəs) *a.* instantáneo.
instantly ('instəntli) *adv.* al instante, inmediatamente.
instead (ins'ted) *adv.* en cambio, en lugar. *2* ~ ***of,*** en lugar de, en vez de.
instep ('instep) *s.* empeine [del pie, del zapato].
instigate (to) ('instigeit) *t.* instigar. *2* fomentar.
instil, instill (to) (ins'til) *t.* instilar.
instinct ('instiŋkt) *s.* instinto.
institute ('institju:t) *s.* instituto, institución. *2* regla, precepto.
institute (to) ('institju:t) *t.* instituir.
institution (ˌinsti'tju:ʃən) *s.* institución. *2* costumbre establecida.
instruct (to) (in'strʌkt) *t.* instruir. *2* ordenar, mandar.
instruction (in'strʌkʃən) *s.* instrucción, enseñanza. *2* saber. *3 pl.* instrucciones, indicaciones.
instrument ('instrumənt) *s.* instrumento.
insubordination ('insəˌbɔ:di'neiʃən) *s.* insubordinación.
insubstantial (ˌinsəbs'tænʃəl) *a.* insubstancial, ligero, frágil.
insufferable (in'sʌfərəbl) *a.* insufrible.
insufficient (ˌinsə'fiʃənt) *a.* insuficiente. *2* incompetente.
insular ('insjuləʳ) *a.* insular.
insulate (to) ('insjuleit) *t.* aislar.
insult ('insʌlt) *s.* insulto.
insult (to) (in'sʌlt) *t.* insultar.
insurance (in'ʃuərəns) *s.* COM. seguro: ***life ~***, seguro de vida. *2* garantía, seguridad.
insure (to) (in'ʃuəʳ) *t.* COM. asegurar. *2* garantizar.
insurgent (in'sə:dʒənt) *a.-s.* insurgente, insurrecto.
insurmountable (ˌinsə(:)'mauntəbl) *a.* insuperable.
insurrection (ˌinsə'rekʃən) *s.* insurrección.
intact (in'tækt) *a.* intacto, íntegro.
intangible (in'tæn(d)ʒibl) *a.* intangible; impalpable.
integer ('intidʒəʳ) *s.* entero, número entero.
integral ('intigrəl) *a.* integrante; esencial. *2* íntegro, completo. *a.-s.* MAT. integral.
integrate (to) ('intigreit) *t.* integrar.
integrity (in'tegriti) *s.* integridad.
intellect ('intilekt) *s.* intelecto, inteligencia.
intellectual (ˌinti'lektjuəl) *s.* intelectual.
intelligence (in'telidʒəns) *s.* inteligencia, talento. *2* noticia. *3* información secreta.
intelligent (in'teliʒənt) *a.* inteligente.
intemperance (in'tempərəns) *s.* intemperancia.
intemperate (in'tempərit) *a.* excesivo, extremado. *2* intemperante. *3* bebedor.
intend (to) (in'tend) *t.* tener intención de, proponerse. *2* destinar. *3* querer decir.
intended (in'tendid) *a.* propuesto, deseado; hecho [para]; destinado [a]. *2 a.-s.* fam. prometido, futuro.
intense (in'tens) *a.* intenso. *2* ardiente, fogoso, vehemente.
intensify (to) (in'tensifai) *f.* intensificar. *2* FOT. reforzar.
intensive (in'tensiv) *a.* intensivo. *2* intenso.
intent (in'tent) *a.* fijo [pensamiento, mirada]. *2* ~ ***on,*** atento a, dedicado a;

absorto en; empeñado en. *3 s.* intento, designio, intención.
intention (in'tenʃən) *s.* intención.
intentional (in'tenʃənl) *a.* intencional.
inter (to) (in'tə:ʳ) *t.* enterrar, sepultar.
intercalate (to) (in'tə:kəleit) *t.* intercalar.
intercede (to) (ˌintə'si:d) *t.* interceder.
intercessor (ˌintə'sesəʳ) *s.* intercesor.
interchange ('intə'tʃeindʒ) *s.* intercambio. *2* comercio.
interchange (to) (ˌintə'tʃeindʒ) *t.* cambiar, trocar. *2 t.-i.* alternar(se.
intercourse ('intəkɔ:s) *s.* trato, comunicación. *2* comercio.
interdict (to) (ˌintə'dikt) *t.* prohibir, vedar.
interest ('intrist) *s.* interés. *2* participación [en un negocio]. *3* creces: ***with ~***, con creces.
interest (to) ('intrist, 'intərest) *t.* interesar.
interesting ('intristiŋ) *a.* interesante.
interfere (to) (ˌintə'fiəʳ) *t.* FÍS. interferir. *2* interponerse, entrometerse.
interference (ˌintə'fiərəns) *s.* FÍS., RADIO interferencia. *2* intervención, intromisión. *3* obstáculo.
interim ('intərim) *a.* interino. *2 s.* entretanto, interin: ***in the ~***, en el interín.
interior (in'tiəriəʳ) *a.* interior, interno. *2 s.* interior.
interjection (ˌintə'dʒekʃən) *s.* interjección.
interlace (to) (ˌintə(:)'leis) *t.* entrelazar.
interlock (to) (ˌintə(:)'lɔk) *t.* trabar o entrelazar fuertemente, enclavijar.
interloper ('intə(:)loupəʳ) *a.* entrometido, intruso.
interlude ('intə(:)lu:d) *s.* TEAT. intermedio.2 MÚS. interludio. *3* intervalo.
interment (in'tə:mənt) *s.* entierro.
intermission (ˌintə'miʃən) *s.* intermisión, interrupción. *2* TEAT. intermedio, entreacto.
intermittent (ˌintə(:)'mitənt) *a.* intermitente.
intern (in'te:n) *s.* interno [de un hospital].
internal (in'tə:nl) *a.* interno.
international (ˌinte'næʃənl) *a.* internacional.
interpose (to) (ˌntə(:)pouz) *t.-i.* interponer(se.
interpret (to) (ˌntə:prit) *t.* interpretar.
interpretation (inˌtə:pri'teiʃən) *s.* interpretación.
interpreter (in'tə:pritəʳ) *s.* intérprete.
interrogate (to) (in'terəgeit) *t.* interrogar. *2 i.* hacer preguntas.
interrupt (to) (ˌintə'rʌpt) *t.* interrumpir.
interruption (ˌintə'rʌpʃən) *s.* interrupción. *2* obstáculo.
intersect (to) (ˌintə(:)'sekt) *t.* Cortar [una línea, etc., a otra]. *2 i.* intersecarse.
intersperse (ˌintə(:)'spə:s) *t.* entremezclar, sembrar.
interstice (in'tə:stis) *s.* intersticio. *2* resquicio.
interval ('intəvəl) *s.* intervalo. *2* TEAT. descanso.
intervene (to) (ˌintə'vi:n) *i.* intervenir. *2* interponerse. *3* sobrevenir, ocurrir.
intervening (ˌintə'vi:niŋ) *a.* que interviene. *2* intermedio.
interview ('intəvju:) *s.* entrevista. *2* interviu (periodística).
interview (to) ('intəvju:) *t.* entrevistarse con. *2* intervievar.
interweave (to) (ˌintə'wi:v) *t.* entretejer.
intestine (in'testin) *a.* intestino, interno. *2 s.* ANAT. intestino.
intimate ('intimit) *a.* íntimo. *2* de confianza. *3 s.* amigo íntimo. *4* **-ly** *adv.* íntimamente.
intimate (to) ('intimeit) *t.* notificar, intimar. *2* insinuar.
intimation (ˌinti'meiʃən) *s.* notificación, intimación. *2* insinuación, indicación.
intimidate (to) (in'timideit) *t.* intimidar.
into ('intu) *prep.* en, dentro [indicando movimiento, transformación, penetración, inclusión].
intolerable (in'tɔlərəbl) *a.* intolerable, insufrible, insoportable.
intonation (ˌintou'neiʃən) *s.* entonación.
intoxicate (to) (in'tɔksikeit) *t.* embriagar. *2* MED. intoxicar.
intoxication (inˌtɔksi'keiʃən) *s.* embriaguez. *2* MED intoxicación.
intractable (in'træktəbl) *a.* indócil, rebelde, obstinado.
intransigent (in'trænsidʒent) *a.-s.* intransigente.
intrepid (in'trepid) *a.* intrépido.
intricacy ('intrikəsi) *s.* enredo, complicación.
intricate ('intrikit) *a.* intrincado, complicado, confuso.
intrigue (in'tri:g) *s.* intriga, conspiración. *2* enredo amoroso. *3* LIT. enredo.
intrigue (to) (in'tri:g) *t.-i.* intrigar.
introduce (to) (ˌintrə'dju:s) *t.* introducir. *2* presentar [una persona; un proyecto de ley].
introduction (ˌintrə'kʌkʃən) *s.* introducción. *2* presentación.
introductory (ˌintrə'dʌktəri) *a.* preliminar.
intrude (to) (in'tru:d) *t.* imponer [uno su presencia, sus opiniones]. *2 i.* estorbar.

intruder (in'tru:dəʳ) *s.* intruso. *2* entremetido.
intuition (ˌintju(:)'ʃən) *s.* intuición.
intuitive (in'tju:itiv) *a.* intuitivo.
inundate (to) ('inʌndeit) *t.* inundar, anegar.
inundation (ˌinʌndeiʃən) *s.* inundación.
inure (to) (i'njuəʳ) *t.* acostumbrar, habituar, avezar.
inured (i'njued) *a.* avezado, hecho a.
invade (to) (in'veid) *t.* invadir. *2* usurpar, violar [derechos, etc.].
invader (in'veidəʳ) *s.* invasor.
invalid (in'vælid) *a.* inválido, nulo. *2* ('invəli:d) inválido, enfermo, achacoso. *3 s.* inválido. *4* persona achacosa.
invalidate (to) (in'vælideit) *t.* invalidar, anular.
invaluable (in'væljuəbl) *a.* inestimable, precioso. *2* sin valor.
invariable (in'vɛəriəbl) *a.* invariable.
invasion (in'veiʒən) *s.* invasión. *2* usurpación, violación.
invective (in'vektiv) *s.* invectiva.
inveigle (to) (in'vi:gi) *t.* engañar, seducir.
invent (to) (in'vent) *t.* inventar.
invention (in'venʃən) *s.* invención. *2* invento. *3* inventiva.
inventor (in'ventəʳ) *s.* inventor.
inventory ('inventri) *s.* inventario.
invert (to) (in'və:t) *t.* invertir [alterar el orden].
inverted (in'və:tid) *a.* invertido: ~ ***commas,*** comillas. *2* **-ly** adv. invertidamente.
invest (to) (in'vest) *t.* invertir [dinero]. *2* MIL. sitiar, cercar. *3* ***to ~ with,*** revestir de.
investigate (to) (in'vestigeit) *t.* investigar. *2* indagar.
investigation (inˌvesti'geiʃən) *s.* investigación. *2* indagación.
investment (in'vestmənt) *s.* investidura. *2* inversión [de dinero]. 3 MIL. cerco, sitio.
inveterate (in'vetərit) *a.* inveterado. *2* empedernido, pertinaz.
invidious (in'vidiəs) *a.* irritante, odioso. *2* **-ly** *adv.* odiosamente.
invigorate 9to) (in'vigəreit) *t.* vigorizar, fortalecer.
invincible (in'vinsibl) *a.* invencible.
inviolable (in'vaiələbl) *a.* inviolable; sagrado.
invisible (in'vizəbl) *a.* invisible: ~ ***ink,*** tinta simpática.
invitation (ˌinvi'teiʃən) *s.* invitación. *2* llamada, atractivo.
invite (to) (in'vait) *t.* invitar, convidar. *2* inducir, tentar.
inviting (in'vaitiŋ) *a.* que invita. *2* atractivo, seductor. *3* **-ly** *adv.* atractivamente, tentadoramente.
invoice ('invɔis) *s.* COM. factura.
invoice (to) ('invɔis) *t.* COM. facturar.
invoke (to) (in'vouk) *t.* invocar. *2* evocar [los espíritus].
involve (to) (in'vɔlv) *t.* envolver, enrollar. *2* envolver, complicar, comprometer. *3* enredar.
involved (in'vɔld) *a.* envuelto, enredado; complicado, comprometido. *2* intrincado. *3* absorto.
inward ('inwəd) *a.* interior, íntimo.
inwards ('inwədz) *adv.* hacia dentro.
irate (ai'reit) *a.* encolerizado, airado.
ire ('aiəʳ) *s.* ira, cólera.
Ireland ('aiələnd) *n. pr.* GEOGR. Irlanda.
Irish ('aiərʃ) *a.* irlandés.
irksome ('ə:ksəm) *a.* fastidioso, tedioso, pesado.
iron ('aiən) *s.* hierro. *2 pl.* cadenas. *3 a.* de hierro, férreo: ***Iron Age,*** Edad de Hierro.
iron (to) ('aiən) *t.* planchar [la ropa]: ***to ~ out a difficulty,*** allanar una dificultad.
ironic(al (ai'rɔnik, -əl) *a.* irónico. *2* **-ly** *adv.* irónicamente.
irony ('aiərəni) *s.* ironía.
irradiate (to) (i'reidieit) *t.* irradiar. *2* iluminar. *3 i.* brillar.
irrational (i'ræʃənəl) *a.* irracional. *2* absurdo, ilógico.
irreconcilable (i'rekənsailəbl) *a.* irreconciliable. *2* inconciliable.
irrecoverable (ˌiri'kʌvərəbl) *a.* irreparable. *2* irrecuperable. *3* incobrable.
irregular (i'regjuləʳ) *a.* irregular. *2* **-ly** *adv.* irregularmente.
irrelevant (i'relivənt) *a.* fuera de propósito, que no viene al caso; ajeno [a la cuestión].
irreligious (ˌiri'lidʒəs) *a.* irreligioso.
irrepressible (ˌiri'presəbl) *a.* irreprimible.
irresistible (ˌiri'zistəbl) *a.* irresistible.
irresolute (i'rezəlu:t) *a.* irresoluto, indeciso.
irrespective (ˌiris'pektiv) *a.-adv.* ~ ***of,*** que no tiene en cuenta; prescindiendo de, independientemente de.
irresponsible (ˌiris'pɔnsəbl) *a.* irresponsable.
irreverent (i'revərənt) *a.* irreverente.
irrigate (to) ('irigeit) *t.* regar.
irrigation (ˌiri'geiʃən) *s.* riego. *2* irrigación.
irritable ('iritəbl) *a.* irritable.

irritate (to) ('iriteit) *t.* irritar.
irritation (ˌiri'teiʃən) *s.* irritación.
island ('ailənd) *s.* isla, ínsula.
islander ('ailəndəʳ) *s.* isleño.
isle (ail) *s.* isla. *2* isleta.
isolate (to) ('aisəleit) *t.* aislar. *2* separar, incomunicar.
isolation (ˌalsə'leiʃən) *s.* aislamiento.
issue ('isju:, 'iʃju:) *s.* salida, regreso. *2* fuente, principio. *3* solución, decisión; resultado. *4* beneficios, rentas. *5* prole, hijos. *6* emisión [de valores]; expedición [de una orden] *7* punto [que se debate]: ***at ~***, en disputa. *8* edición, tirada.
issue (to) ('isju:, 'iʃu:) *t.* arrojar, verter. *2* dar, expedir [una orden, etc.]. *3* emitir, poner en circulación. *4* publicar. *5 i.* salir, nacer, manar. *6* descender de. *7* acabar, resolverse. *8* salir, ser publicado.
it (it) *pr. neutro* él, ella, ello, eso, lo, la, le.
italic (i'tælik) *a.* itálico. *2 s. pl.* IMPR. bastardilla, cursiva.
Italy ('itəli) *n. pr.* GEOGR. Italia.
itch (itʃ) *s.* MED. sarna. *2* picazón, comezón, prurito.
itch (to) (itʃ) *i.* sentir picazón, prurito. *2* tener comezón o deseo [de].
item ('aitəm) *adv.* item. *2 s. partida [de una cuenta]*. *3* punto, detalle. *4* noticia.
iterate (to) ('itəreit) *t.* repetir, reiterar.
itinerant (i'tinərənt) *a.* que viaja, ambulante. *2 s.* viandante.
itinerary (ai'tinərəri) *a.-s.* itinerario. *2 s.* guía [de viajeros].
its (its) *a.-pron, neutro* su, sus, suyo, suyos [de él, ella, etc.].
itself (it'self) *pron, neutro* él mismo, ella misma, ello mismo, sí, sí mismo.
ivory ('aivəri) *s.* marfil.
ivy ('aivi) *s.* BOT. hiedra, yedra.

J

jab (dʒæb) *s.* pinchazo, hurgonazo, codazo.
jab (to) (dʒæb) *t.* pinchar, hurgonear; dar un codazo.
jabber ('dʒæbəʳ) *s.* charla, farfulla, chapurreo.
jabber (to) ('dʒæbəʳ) *i.-t.* charlar, farfullar; chapurrear.
jack (dʒæk) *s.* hombre, mozo; marinero. *2* sota [de naipes]. *3* asno. *4* MEC. gato, cric. *5* boliche [bola pequeña]. *6* ELECT. clavija de conexión.
jackal ('dʒækɔ:l) *s.* ZOOL. chacal.
jackass ('dʒækæs) *s.* asno, burro.
jackdaw ('dʒækdɔ:) *s.* chova.
jacket ('dʒækit) *s.* chaqueta, americana; cazadora. *2* sobrecubierta [de libro].
jade (dʒeid) *s.* MINER. jade. *2* rocín, jamelgo. *3* mala pécora.
jagged ('dʒægid) *a.* dentado, mellado, de borde irregular.
jaguar ('dʒægjuəʳ) *s.* jaguar.
jail (dʒeil) *s.* cárcel, prisión.
jail (to) (dʒeil) *t.* encarcelar.
jailer ('dʒeiləʳ) *s.* carcelero.
jam (dʒæm) *s.* confitura, mermelada. *2* atasco; embotellamiento [del tráfico]. *3* aprieto, lío.
jam (to) (dʒæm) *t.* apretar, apiñar. *2* estrujar. *3* obstruir.
jamboree (ˌdʒæmbə'ri:) *s.* holgorio, fiesta. *2* reunión de muchachos exploradores.
jangle (to) ('dʒæŋgl) *i.* parlotear. *2* disputar. *3* sonar de un modo discordante, cencerrear.
janitor ('dʒænitəʳ) *s.* portero.
January (d'ʒænjuəri) *s.* enero.
Japanese (ˌdʒæpə'ni:z) *a.-s.* japonés.
jar (dʒɑ:ʳ) *s.* jarra, tarro. *2* sonido áspero, chirrido. *3* choque, sacudida. *4* efecto desagradable. *5* desavenencia.
jar (to) (dʒɑ:ʳ) *t.-i.* [hacer] sonar, vibrar con sonido áspero. *2 i.* producir un efecto desagradable. *3* discordar, chocar. *4* disputar.
jarring ('dʒɑ:riŋ) *a.* discordante, estridente.
jargon ('dʒɑ:gən) *s.* jerga, jerigonza.
jasmin ('dʒæsmin) *s.* jazmín.
jasper ('dʒæspəʳ) *s.* jaspe.
jaundice ('dʒɔ:ndis) *s.* MED. ictericia. *2* mal humor, envidia, celos.
jaunt (dʒɔ:nt) *s.* paseo, excursión.
jaunt (to) (dʒɔ:nt) *i.* pasear, hacer una excursión.
jaunty ('dʒɔ:nti) *a.* vivo, garboso, airoso.
jaw (dʒɔ:) *s.* ZOOL. mandíbula, quijada. *2* MEC. mordaza. *3* palabrería. *4 pl.* boca, entrada.
jazz (dʒæz) *s.* jazz.
jealous ('dʒeləs) *a.* celoso; envidioso. *2* receloso. *3* **-ly** *adv.* celosamente.
jealousy ('dʒeləsi) *s.* celos. *2* envidia. *3* recelo.
jean (dʒein) *s.* TEJ. dril. *2 pl.* (dʒi:nz) pantalones tejanos.
jeep (dʒi:p) *s.* AUTO. jip.
jeer (dʒiəʳ) *s.* burla, mofa, befa.
jeer (to) (dʒiəʳ) *t.-i.* burlarse, mofarse [de].
jelly ('dʒeli) *s.* jalea. *2* gelatina.
jeopardize (to) ('dʒepədaiz) *t.* arriesgar, exponer, poner en peligro.
jeopardy ('dʒepədi) *s.* riesgo, peligro, exposición.
jerk (dʒə:k) *s.* tirón, sacudida. *2* salto, repullo, respingo.
jerk (to) (dʒə:k) *t.* sacudir, traquetear, dar tirones o sacudidas a. *2* atasajar [la carne].
jest (dʒest) *s.* broma, burla, chanza. *2* cosa de risa.
jest (to) (dʒest) *i.* bromear, chancearse.
Jesuit ('dʒezjuit) *s.* jesuita.
jet (dʒet) *s.* MINER. azabache. *2* surtidor, charro: ~ ***plane***, avión de reacción. *3* boquilla, mechero.

jet (to) (dʒet) *i.* salir, brotar o manar en chorro.
jetty ('dʒeti) *s.* malecón, rompeolas. *2* muelle, desembarcadero.
Jew (dʒu:) *a.-s.* judío, israelita.
jewel ('dʒu:əl) *s.* joya, alhaja. *2* piedra preciosa.
jewel(l)er ('dʒu:ələʳ) *s.* joyero, platero: *~'s shop,* joyería, platería.
jewellery, jewelry ('dʒu:əlri) *s.* joyas, pedrería.
Jewess ('dzu(:)is) *s.* judía, israelita.
jib (dʒib) *s.* MAR. foque.
jig (dʒig) *s.* jiga [danza].
jilt (dʒilt) *s.* coqueta [mujer].
jilt (to) (dʒilt) *i.* despedir o dejar plantado [a un novio].
jingle ('dʒiŋgl) *s.* tintineo, cascabeleo. *2* sonaja, cascabel.
jingle (to) ('dʒiŋgl) *i.* tintinear. *2* rimar. *3* hacer sonar.
jingoism ('dʒiŋgouizəm) *s.* jingoísmo, patriotería.
job (dʒɔb) *s.* obra, trabajo, tarea, quehacer. *2* empleo, ocupación. *3* asunto, negocio.
jockey ('dʒɔki) *s.* DEP. jockey.
jocose (dʒə'kous) *a.* jocoso. *2* bromista.
jocular ('dʒɔkjuləʳ) *a.* jocoso. *2* chancero. *3* alegre, jovial.
jocund ('dʒɔkənd) *a.* jocundo.
jog (dʒɔg) *s.* empujoncito. *2* estímulo. *3* trote o paso corto.
joint (to) (dʒɔin) *t.* unir, juntar, acoplar. *2* unirse, incorporarse a; ingresar en. *3* trabar [batalla]. *4* desaguar en. *5* lindar con. *6 i.* unirse, juntarse. *7* ***to ~ in,*** tomar parte en.
joiner ('dʒɔinʳ) *s.* ebanista, carpintero.
joinery ('dʒɔinəri) *s.* ebanistería, carpintería.
joining ('dʒɔiniŋ) *s.* unión, juntura.
joint (dʒɔint) *s.* ANAT. coyuntura, articulación. *2* junta, unión, empalme. *3* BOT. nudo; entrenudo. *4* trozo de carne. *5 a.* unido, mixto, común: *~* ***stock,*** capital social. *6.* ***~-stock company,*** compañía anónima. *7* **-ly** *adv.* juntamente, etc.
jointed ('dʒɔintid) *a.* articulado [con articulaciones]. *2* nudoso.
joke (dʒouk) *s.* chiste; chanza, broma: ***to play a ~ on,*** gastar una broma a; ***in ~,*** de broma.
joke (to) (dʒouk) *i.* bromear. *2* gastar bromas: ***no joking,*** bromas aparte.
joker ('dʒoukəʳ) *s.* bromista. *2* comodín [naipe].
jolly ('dʒɔli) *a.* alegre, divertido. *2* estupendo. *3 adv.* muy.
jolt (dʒoult) *s.* traqueteo, sacudida.
jolt (to) (dʒoult) *i.* dar tumbos. *2 t.* traquetear, sacudir.
jostle (to) ('dʒɔsl) *t.* empujar. *2 i.* empujarse. *3* avanzar a codazos. *4* chocar.
jot (to) (dʒɔt) *t.* escribir de prisa. *2* ***to ~ down,*** apuntar, anotar.
journal ('dʒə:nl) *s.* diario, periódico. *2* diario [que lleva uno]. *3* COM. diario.
journey ('dʒə:ni) *s.* viaje; camino, jornada.
journey (to) ('dʒə:ni) *i.* viajar. *2 t.* viajar por.
journeyman ('dʒə:nimən) *s.* jornalero. *2* oficial [de un oficio].
joust (dʒaust) *s.* justa. *2 pl.* torneo.
joust (to) (dʒaust) *i.* justar.
jovial ('dʒouvjəl) *a.* jovial, alegre, festivo.
jowl (dʒaul) *s.* carrillo. *3* quijada. *3* papada.
joy (dʒɔi) *s.* gozo, júbilo, regocijo, alegría.
joyful ('dʒɔiful) *a.* jubiloso, alegre, gozoso. *2* **-ly** *adv.* gozosamente, alegremente.
jubilant ('dʒu:bilənt) *a.* jubiloso, alborozado.
jubilation (ˌdʒu:bi'leiʃən) *s.* júbilo, exultación.
judge (dʒʌdʒ) *s.* juez, magistrado. *2* juez, perito, conocedor.
judge (to) (dʒʌdʒ) *t.-i.* juzgar. *2* creer, suponer.
judg(e)ment ('dʒʌdʒment) *s.* decisión, fallo. *2* juicio, dictamen. *3* criterio.
judicious (dʒu(:)'diʃəs) *a.* juicioso, discreto, de buen sentido. *2* **-ly** *adv.* juiciosamente.
jug (dʒʌg) *s.* jarro, cántaro.
juggle ('dʒʌgl) *s.* juego de manos, escamoteo; trampa.
juggle (to) ('dʒʌgl) *i.* hacer juegos de manos. *2* engañar, estafar, escamotear.
juice (dʒu:s) *s.* zumo, jugo.
juicy ('dʒu:si) *a.* jugoso. *2* picante, divertido.
July (dʒu(:)'lai) *s.* julio [mes].
jumble ('dʒʌmbl) *s.* mezcla, revoltijo, confusión.
jumble (to) ('dʒʌmbl) *t.* emburujar, mezclar confusamente.
jump (dʒʌmp) *s.* salto, brinco. *2* lanzamiento [en paracaídas].
jump (to) (dʒʌmp) *i.* saltar, brincar. *2* lanzarse [en paracaídas]. *3* concordar, coincidir. *4 t.* saltar, salvar. *5* ***to ~ the track,*** descarrilar.
jumpy ('dʒʌmpi) *a.* saltón. *2* nervioso, excitable.

junction ('dʒʌŋkʃən) *s.* unión; confluencia. *2* FERROC. empalme.

juncture ('dʒʌŋktʃə^r) *s.* juntura. *2* articulación, conexión. *3* coyuntura, momento crítico.

June (dʒu:n) *s.* junio [mes].

jungle ('dʒʌŋgl) *s.* selva virgen, manigua. *2* matorral, espesura.

junior ('dʒu:njə^r) *a.* menor, más joven, hijo: ***X. X.*** **~,** X. X. hijo. *2 s.* joven.

junk (dʒʌnk) *s.* junco [embarcación]. *2* chatarra, desperdicios.

jurisdiction (ˌdʒuəris'dikʃən) *s.* jurisdicción.

jury ('dʒuəri) *s.* DER. jurado.

just (dʒʌst) *a.* justo, recto. *2* merecido. *3* fiel, exacto. *4* verdadero, bien fundado. *5 adv.* justamente, precisamente: **~ *so,*** eso mismo. *6* hace poco: **~ *now,*** ahora mismo; ***he has ~ arrived,*** acaba de llegar. *7* **~ *as,*** al tiempo que, cuando; lo mismo que; semejante a. *8* **-ly** *adv.* justamente, rectamente, exactamente.

justice ('dʒʌstis) *s.* justicia. *2* verdad, exactitud. *3* DER. juez, magistrado: **~ *of the peace,*** juez de paz.

justification (ˌdʒʌstifi'keiʃən) *s.* justificación.

justify (to) ('dʒʌstifai) *t.-i.* justificar(se. *2* defender, sincerar.

justness ('dʒʌstnis) *s.* justicia, equidad. *2* exactitud, precisión.

jut (dʒʌt) *s.* salidizo, proyección.

jut (to) (dʒʌt) *i.* [a veces con ***out***] salir, sobresalir.

jute (dʒu:t) *s.* yute.

juvenile ('dʒu:vinail) *a.* juvenil, joven. *2* **~ *Court,*** tribunal de menores. *3 s.* joven.

juxtapose (to) ('dʒʌkstəpouz) *t.* yuxtaponer.

K

kaleidoscope (kə'laidəskoup) *s.* calidoscopio.
keel (ki:l) *s.* quilla.
keen (ki:n) *a.* agudo, afilado. *2* agudo, intenso, vivo. *3* sutil, perspicaz. *4* mordaz, incisivo. *5* vehemente. *6* ansioso. *7* muy interesado [por]. *8* **-ly** *adv.* agudamente, etc.
keenness ('ki:nnis) *s.* agudeza, viveza. *2* sutileza, perspicacia. *3* aspereza. *4* ansia, vehemencia, entusiasmo.
keep (ki:p) *s.* mantenimiento, subsistencia. *2* fortaleza, torreón.
keep (to) (ki:p) *t.* guardar, tener guardado. *2* tener, mantener. *3* cuidar, custodiar, guardar. *4* dirigir, tener [un establecimiento]. *5* llevar [los libros, etc.]. *6* mantener, sustentar, conservar, defender. *7* detener, impedir. *8* retener, quedarse con. *9* callar, ocultar. *10* guardar [silencio]. *11* observar, cumplir, guardar [silencio]. *12* atenerse a, seguir. *13* celebrar, tener [reunión, sesión, etc.]. *14* ***to ~ away,*** tener alejado. *15* ***to ~ back,*** tener a raya; reprimir; retener, reservar. *16* ***to ~ on,*** conservar puesta [una prenda]. *17* ***to ~ out,*** no dejar entrar. *18* ***to ~ time,*** llevar el compás. *19* ***to ~ up,*** sostener. *20 i.* mantenerse, conservarse. *21* seguir, continuar, permanecer, quedarse. *22* ***to ~ from,*** abstenerse de. *23* ***to ~ off,*** no acercarse; no tocar, no pisar. *24* ***to ~ on,*** proseguir. ¶ Pret. y p. p.: ***kept*** (kept).
keeper ('ki:pə[r]) *s.* guardián. *2* custodio, velador, defensor. *3* alcaide. *4* tenedor [per.]. *5* propietario, director [de ciertos establecimientos].
keeping ('ki:piŋ) *s.* guardia custodia. *2* mantenimiento. *3* posesión. *4* observancia. *5* acción de llevar [los libros, etc.]. *6* concordancia, armonía.
keepsake ('ki:pseik) *s.* recuerdo, regalo.
keg (keg) *s.* cuñete, barril.
Kelt (kelt) *s.* celta.
kennel ('kenl) *s.* perrera. *2* jauría.
kept (kept) V. TO KEEP.
kerb (kə:b) *s.* encintado [de la acera].
kerchief ('kə:tʃif) *s.* pañuelo, pañolón.
kermes ('kə:miz) *s.* (E. U.) feria, tómbola.
kernel ('kə:nl) *s.* grano [de trigo, etc.]. *2* almendra, núcleo [del fruto].
kettle ('ketl) *s.* caldero, olla. *2* tetera.
kettledrum ('ketldrʌm) *s.* MÚS. timbal, atabal.
key (ki:) *s.* llave. *2* clave. *3* MEC. chaveta, clavija. *4* tecla [de piano, etc.]. *5* templador, afinador [instrumento]. *6* MÚS. tono. *7* GEOGR. cayo, isleta.
keyhole ('ki:houl) s. ojo de la cerradura.
keystone ('ki:-stoun) *s.* ARQ. clave. *2* fig. piedra angular.
kick (kik) *s.* puntapié, patada: ***free ~,*** golpe franco. *2* coz [de un animal].
kick (to) (kik) *t.* dar puntapiés a, acocear. *2 i.* patear, dar puntapiés, coces: ***to ~ against the pricks,*** dar coces contra el aguijón. *3* dar coz [un arma].
kid (kid) *s.* cabrito. *2* fam. niño, -ña; chico, -ca. *3* cabritilla [piel].
kidnap (to) ('kidnæp) *t.* secuestrar, raptar.
kidney ('kidni) *s.* ANAT. riñón. *2* índole. *3* ***~ bean,*** alubia, judía.
kill (to) (kil) *t.* matar: ***to ~ two birds with one stone,*** matar dos pájaros de un tiro.
killer ('kilə[r]) *s.* matador.
kill-joy ('kildʒɔi) *s.* aguafiestas.
kiln (kiln) *s.* horno [para secar, calcinar, etc.].
kilogram, -gramme ('kiləgræm) *s.* kilogramo.
kilometre, -meter ('kiləˌmi:tə[r]) *s.* kilómetro.
kilowatt ('kiləwɔt) *s.* ELECT. kilovatio.
kilt (kilt) *s.* enagüillas [del traje escocés].
kin (kin) *s.* parientes, parentela, familia:

next of ~, próximo pariente. *2 a.* pariente.
kind (kaind) *a.* bueno, bondadoso, benévolo. *2* amable. *3* cariñoso. *4* manso, dócil. *5 s.* género, especie, clase: ***a ~ of***, una especie de.
kind-hearted ('kaind'hɑ:tid) *a.* bondadoso, de buen corazón.
kindle (to) ('kindl) *t.-i.* encender(se. *2* inflamar(se.
kindliness ('kaindlinis) *s.* bondad, benevolencia. *2* favor, amabilidad.
kindling ('kindliŋ) *s.* ignición. *2* leña menuda.
kindly ('kaindli) *a.* bondadoso, amable. *2* benigno. *3 adv.* bondadosamente.
kindness ('kaindnis) *s.* bondad, benevolencia, amabilidad. *2* favor, fineza.
kindred ('kindrid) *a.* pariente. *2* parecido, afín. *3 s.* parentesco.
kinetics (kai'netiks) *s.* cinética.
king (kiŋ) *s.* rey, monarca. *2* rey [en el ajedrez]; dama [en el juego de damas].
kingdom ('kiŋdəm) *s.* reino.
kingly ('kiŋli) *a.* real, regio. *2 adv.* regiamente.
kink (kiŋk) *s.* anillo, rizo, coca [que se forma en un hilo, etc., cuando se encarruja].
kink (to) (kiŋk) *t.-i.* ensortijar(se, encarrujar(se.
kinship ('kinʃip) *s.* parentesco.
kiss (kis) *s.* beso.
kiss (to) (kis) *t.-i.* besar(se.
kit (kit) *s.* equipo, avíos; juego o caja de herramientas. *2* gatito, -ta.
kitchen ('kitʃin) *s.* cocina: ~ ***garden***, huerto; ~ ***range***, cocina económica; ~ ***sink***, fregadero.
kite (kait) *s.* cometa [juguete]. *2* ORN. milano.
kitty (kiti) *s.* gatito, minino.
knack (næk) *s.* maña, arte, tranquilo. *2* hábito.
knapsack ('næpsæk) *s.* mochila, morral.
knave (neiv) *s.* bribón, pícaro.
knavish ('neiviʃ) *a.* bribón, bellaco. *2* bribonesco. *3* travieso. *4* **-ly** *adv.* bellacamente.
knead (to) (ni:d) *t.* amasar, heñir, sobar.
knee (ni:) *s.* ANAT. rodilla, hinojo: ~ ***breeches***, calzón corto; ***on one's knees***, de rodillas. *2* MEC. codo, codillo.
kneel (to) (ni:l) *i.* arrodillarse. *2* estar de rodillas. ¶ Pret. y p. p.: ***knelt*** (nelt) o ***kneeled*** ('ni:ld).
knell (nel) *s.* doble, toque de difuntos.
knelt (nelt) V. TO KNEEL.
knew (nju:) ***pret.*** de TO KNOW.
knickerbockers ('nikəbɔkəz), **knickers** ('nikəz) *s.* calzón ancho, bragas.
knick-knack ('niknæk) *s.* chuchería, bujería.
knife, *pl.* **knives** (naif, naivz) *s.* cuchillo; cuchilla; navaja.
knight (nait) *s.* caballero [de una orden]; ~ ***Templar***, templario. *2* caballo [de ajedrez].
knight (to) (nait) *t.* armar caballero.
knight-errant ('nait-'erənt) *s.* caballero andante.
knit (to) (nit) *t.* tejer [a punto de aguja o malla]. *2* ***to ~ one's brow***, fruncir las cejas. *3* hacer calceta o tejido de punto. ¶ Pret. y p. p.: ***knit*** (nit) o ***knited*** ('nitid).
knob (nɔb) *s.* bulto, protuberancia. *2* botón, tirador [de puerta, etc.]. *3* terrón, trozo.
knock (nɔk) *s.* golpe, porrazo. *2* aldabonazo.
knock (to) (nɔk) *t.-i.* golpear. *2* hacer chocar. *3* llamar [a golpes]. *4* ***to ~ down***, derribar; atropellar [con un coche]. *5* ***to ~ out***, poner fuera de combate.
knocker ('nɔkə[r]) *s.* golpeador. *2* llamador, aldaba.
knock-out ('nɔkaut) *s.* BOX. fuera de combate.
knoll (noul) *s.* loma, otero.
knot (nɔt) *s.* nudo, lazo. *2* nudo [de montañas; de la madera, de una cuestión, etc.].
knot (to) (nɔt) *t.* anudar, hacer nudo en. *2* atar. *3* fruncir [las cejas]. *4 i.* anudarse, enredarse.
knotty ('nɔti) *a.* nudoso. *2* difícil, espinoso. *3* áspero, rugoso.
know (to) (nou) *t.* conocer: ***to ~ by sight***, conocer de vista. *2* saber; ***to ~ how to, to ~ to***, saber [hacer]; ***for all I ~***, que yo sepa; a mi juicio. *3* ver, comprender. *4* distinguir, discernir. *5 i.* saber: ***to ~ best***, saber mejor lo que conviene. ¶ Pret.: ***knew*** (nju:); p. p.: ***known*** (noun).
knowing ('nouiŋ) *a.* inteligente; astuto; entendido; enterado. *2* de inteligencia. *3* **-ly** *adv.* a sabiendas; hábilmente.
knowledge ('nɔlidʒ) *s.* conocimiento: ***to the best of my ~***, según mi leal saber y entender. *2* saber, conocimientos.
known (noun) *p. p.* de TO KNOW: ***to make ~***, hacer saber.
knuckle ('nʌkl) *s.* ANAT. nudillo.
knuckle (to) ('nʌkl) *t.* golpear o apretar con los nudillos. *2 i.* ***to ~ down*** o ***under***, someterse, ceder.
knuckle-bone ('nʌklboun) *s.* taba [hueso].
knurl (nə:l) *s.* protuberancia. *2* botón, asidero. *3* moleteado [de una pieza metálica].

L

label ('leibl) *s.* rótulo, etiqueta.
label (to) ('leibl) *t.* rotular, poner etiqueta a.
laboratory (lə'bɔrətəri) *s.* laboratorio.
laborious (le'bɔ:riəs) *s.* trabajador, laborioso. *2* laborioso, trabajoso, ímprobo.
labo(u)r ('leibəʳ) *s.* trabajo, labor; pena, fatiga. *2* tarea, faena, obra. *3* mano de obra. *4* ***Labour Party,*** partido laborista.
labo(u)r (to) ('leibəʳ) *i.* trabajar, esforzarse, forcejear. *2* ***to ~ under,*** estar padeciendo [una enfermedad, un error, etc.]. *3 t.* trabajar; arar, cultivar. *4* pulir, perfilar.
labo(u)rer ('leibərəʳ) *s.* trabajador, obrero, jornalero, bracero.
labyrinth ('læbərinθ) *s.* laberinto, dédalo.
lace (leis) *s.* cordón, cinta. *2* galón [de oro o plata]. *3* encaje, blonda.
lace (to) (leis) *t.* atar [los zapatos, el corsé, etc.]. *2* guarnecer con encajes.
lacerate (to) ('læsəreit) *t.* lacerar. *2* rasgar, desgarrar.
lachrymose ('lækrimous) *a.* lacrimoso.
lack (læk) *s.* falta, carencia. *2* privación, necesidad.
lack (to) (læk) *s.* faltar [no existir]. *2 i.-t.* carecer de, faltarle, necesitar.
lackey ('læki) *s.* lacayo.
lacking ('lækiŋ) *a.* carente, falto de.
laconic (lə'kɔnik) *a.* lacónico.
lacquer ('lækəʳ) *s.* laca, barniz.
lacquer (to) ('lækəʳ) *t.* barnizar.
lad (læd) *s.* muchacho, mozo.
ladder ('lædəʳ) *s.* escalera [de dos banzos y escalones]; escalera de mano, escala. *2* carrera [en las medias].
lade (to) (leid) *t.* cargar [con peso]. *2* cargar [mercancías]. *3* sacar o servir con cucharón. ¶ P. p.: ***laded*** ('leidid) o ***laden*** ('leidn).
lading ('leidiŋ) *s.* carga, embarque [de mercancías].
laden ('leidn) *p. p.* de TO LADE. *2 a.* cargado.
ladle ('leidl) *s.* cucharón, cazo.
lady ('leidi) *s.* señora, dama: ~ ***in waiting,*** camarera [de una reina o princesa]. *2* novia, dulcinea. *3* (con may.) Señora [la Virgen]. *4* (Ingl.) título de las señoras de la nobleza.
ladylike ('leidilaik) *a.* delicado, elegante. *2* afeminado.
lag (læg) *s.* retardo, retraso.
lag (to) (læg) *i.* moverse lentamente, rezagarse, quedarse atrás.
laggard ('lægəd) *a.-s.* rezagado; perezoso, holgazán.
lagoon (lə'gu:n) *s.* albufera; laguna.
laid (leid) V. TO LAY.
lain (lein) *p. p.* de TO LIE 2.
lair (lɛəʳ) *s.* yacija. *2* cubil [de fieras].
lake (leik) *s.* lago, laguna, estanque. *2* laca, carmín [color].
lamb (læm) *s.* cordero.
lame (leim) *a.* cojo, lisiado.
lame (to) (leim) *t.* encojar, lisiar.
lameness ('leimnis) *s.* cojera. *2* imperfección.
lament (lə'ment) *s.* lamento.
lament (to) (lə'ment) *i.* lamentarse. *2 t.* lamentar, deplorar.
lamentable ('læməntəbl) *a.* lamentable, deplorable. *2* lastimero, dolorido.
laminate (to) ('læmineit) *t.* laminar.
lamp (læmp) *s.* lámpara, candil, farol. *2* ***street ~,*** farol; ~ ***shade,*** pantalla.
lamp-post ('læmpoust) *s.* poste, o pie de farol [de calle].
lance (lɑ:ns) *s.* lanza [arma]. *2* lanceta.
lance (to) (lɑ:ns) *t.* alancear.
land (lænd) *s.* tierra [superficie del globo]; tierra firme. *2* terreno, suelo. *3* tierra [cultivada], finca rústica. *4* tierra, país, nación, región.
land (to) (lænd) *t.* desembarcar. *2* arrear [un golpe]. *3* coger, sacar [un pez]; con-

seguir, obtener. *4 i.* desembarcar. *5* apearse. *6* tomar tierra. *7* aterrizar. *8* ir a parar, caer.
landing ('lændiŋ) *s.* desembarco. *2* aterrizaje. *3* desembarcadero. *4* rellano [de escalera].
landlady ('læn,leidi) *s.* propietaria; casera. *2* patrona, posadera, mesonera.
landlord ('lænlɔ:d) *s.* propietario [de tierras]; casero. *2* patrón, posadero, mesonero.
landmark ('lænmɑ:k) *s.* hito, mojón.
landowner ('lænd,ounəʳ) *s.* hacendado, terrateniente.
landscape ('lænskeip) *s.* paisaje, vista. *2* paisaje.
landslide (l'ænslaid) *s.* deslizamiento de tierras.
lane (lein) *s.* senda, vereda. *2* callejón. *3* MAR., AVIA. ruta.
language (læŋgwidʒ) *s.* lenguaje. *2* lengua, idioma.
languid ('læŋgwid) *a.* lánguido. *2* mustio, lacio, flojo.
languish (to) ('læŋgwiʃ) *i.* languidecer. *2* consumirse.
lank (læŋk) *a.* alto y flaco, enjuto, seco. *2* lacio. *3* **-ly** *adv.* flacamente, laciamente.
lantern ('læntən) *s.* linterna, farol, fanal.
lap (læp) *s.* falda, regazo: ~ ***dog,*** perro faldero. *2* traslapo, solapo. *3* lamedura. *4* chapaleteo [del agua].
lap (to) (læp) *t.* sobreponer, encaballar. *2* traslapar, solapar. *3* envolver, rodear. *4* lamer. *5* chapalear [el agua].
lapel (lə'pel, læ'pel) *s.* solapa [de vestido].
lapse (læps) *s.* lapso, error, caída. *4* lapso, transcurso.
lapse (to) (læps) *i.* pasar, transcurrir. *2* decaer, pasar. *3* caer, recaer en [un estado, error, etc.]. *4* DER. caducar.
larceny ('lɑ:sni) *s.* robo, hurto.
larch (lɑ:tʃ) *s.* BOT. alegre.
lard (lɑ:d) *s.* tocino gordo. *2* manteca de cerdo.
larder ('lɑ:dəʳ) *s.* despensa.
large (lɑ:dʒ) *a.* grande, grueso, cuantioso, copioso; ***on a ~ scale,*** en gran escala. *2* amplio. *3* extenso, lato. *4* ***at ~,*** extensamente; en general; suelto, en libertad. *5* **-ly** *adv.* grandemente; en gran parte.
lark (lɑ:k) *s.* ORN. alondra. *2* diversión, holgorio.
lark (to) (lɑ:k) *i.* bromear, divertirse.
larynx ('læriŋks) *s.* laringe.
lascivious (lə'siviəs) *a.* lascivo.
lash (læʃ) *s.* pestaña [del ojo]. *2* latigazo. *3* tralla, látigo.
lash (to) (læʃ) *t.* azotar, fustigar. *2* atar, trincar. *3 i.* chasquear [el látigo].
lass (læs) *f.* chica, moza.
lassitude ('læsitju:d) *s.* lasitud, flojedad.
lasso ('læsou) *s.* lazo, mangana.
last (lɑ:st) *a.* último, final: ~ ***but one,*** penúltimo. *2* pasado; ~ ***night,*** anoche. *3 s.* fin, final, término; lo último: ***at ~,*** al fin, por fin; ***to the ~,*** hasta el fin. *4* horma [del zapato]. *5 adv.* finalmente.
last (to) (lɑ:st) *i.* durar, permanecer.
lasting ('lɑ:stiŋ) *a.* duradero, perdurable. *2* sólido, permanente. *3* **-ly** *adv.* duraderamente.
latch (lætʃ) *s.* picaporte, pestillo de golpe.
late (leit) *a.* que llega, ocurre, o se hace tarde; retrasado, tardío; de fines de; ***to be ~,*** llegar tarde. *2* anterior, último. *3* difunto. *4* reciente. *5 adv.* tarde. *6* recientemente. *7* ***of ~,*** últimamente. *8* ***~ in,*** a fines de.
lateen (lə'ti:n) *a.* MAR. latina [vela].
lately ('leitli) *adv.* últimamente, recientemente.
latent ('leitənt) *a.* latente. *2* oculto, disimulado.
later ('leitəʳ) *a.-adv. comp.* de LATE: ***~ on,*** más adelante.
lateral ('lætərəl) *a.* lateral.
latest ('leitist) *superl.* de LATE.
lathe (leið) *s.* MEC. torno [de tornear, etc.].
lather ('lɑ:ðəʳ) *s.* espuma [de jabón; de sudor].
lather (to) ('lɑ:ðəʳ) *t.* enjabonar. *2 i.* hacer espuma.
Latin ('lætin) *a.* latino. *2 s.* latín [lengua]; latino [pers.].
latitude ('lætitju:d) *s.* latitud.
latter ('lætəʳ) *a.* más reciente, moderno. *2* último. *3* ***the ~,*** éste, este último.
lattice ('lætis) *s.* celosía, enrejado.
laudable ('lɔ:dəbl) *a.* laudable.
laugh (lɑ:f) *s.* risa.
laugh (to) (lɑ:f) *i.* reír, reírse; ***to ~ at,*** reírse de.
laughing ('lɑ:fiŋ) *a.* risueño, reidor. *2* ***~ matter,*** cosa de risa. *3* ***~ gas,*** gas hilarante. *4* **-ly** *adv.* con risa; con burla.
laughing-stock ('lɑ:fiŋstɔk) *s.* hazmerreír.
laughter ('lɑftəʳ) *s.* risa, hilaridad.
launch (lɔ:ntʃ) *s.* MAR. lanzamiento, botadura. *2* MAR. lancha, chalupa.
launch (to) (lɔ:ntʃ) *t.* lanzar. *2* MAR. botar. *3 i.* arrojarse.
laundress ('lɔ:ndris) *s.* lavandera.

laundry ('lɔ:ndri) *s.* lavadero [cuarto]. *2* lavandería. *3* ropa lavada.

laurel ('lɔrəl) *s.* BOT. laurel.

lavatory ('lævətəri) *s.* lavabo; retrete. *2* LITURG. lavatorio.

lavender ('lævində^r) *s.* espliego.

lavish ('læviʃ) *a.* pródigo, dadivoso. *2* abundante, copioso.

lavish (to) ('læviʃ) *t.* prodigar, despilfarrar.

law (lɔ:) *s.* ley, regla, precepto. *2* derecho, jurisprudencia. *3* derecho, código, legislación: ***comercial*** ~, derecho mercantil. *4* foro, abogacía. *5* justicia: ***to take the ~ into one's own hands,*** tomarse la justicia por su mano.

law-abiding ('lɔ:əˌbaidiŋ) *a.* observante de la ley.

lawful ('lɔ:ful) *a.* legal, legítimo; lícito. *2* ~ ***age,*** mayoría de edad. *3* **-ly** *adv.* legalmente.

lawless ('lɔ:lis) *a.* sin ley. *2* ilegal, ilícito. *3* revoltoso, licencioso. *4* **-ly** *adv.* ilegalmente.

lawn (lɔ:n) *s.* césped, prado.

lawsuit ('lɔ:sju:t) *s.* acción, pleito.

lawyer ('lɔ:jə^r) *s.* letrado, abogado.

lax (læks) *a.* laxo. *2* impreciso.

laxity ('læksiti) *s.* laxitud. *2* negligencia. *3* imprecisión.

1) **lay** (lei) *pret.* de TO LIE 2).

2) **lay** (lei) *a.* laico, seglar. *2* lego, no profesional. *3 s.* situación. *4* LIT. lay, balada.

lay (to) (lei) *t.* tumbar, acostar, tender. *2* poner, dejar; colocar. *3* enterrar. *4* tender [un cable, etc.]. *5* extender, aplicar [sobre]; cubrir, tapizar. *6* disponer, preparar, urdir. *7* imponer [cargas]. *8* poner [huevos; la mesa]. *9* calmar, sosegar. *10* echar [la culpa]. *11* presentar, exponer. *12* apostar [dinero]. *13* ***to ~ aside,*** poner a un lado; desechar; guardar. *14* ***to ~ at one's door,*** echar la culpa a. *15* ***to ~ bare,*** desnudar; descubrir. *16* ***to ~ by,*** ahorrar. *17* ***to ~ down,*** acostar, derribar; rendir, deponer, abandonar, apostar [dinero]; tramar, proyectar; dictar [la ley]. *18* ***to ~ hold of,*** asir, apoderarse de. *19* ***to ~ in,*** hacer provisión de. *20* ***to ~ on,*** atacar. *21* ***to ~ out,*** desplegar; disponer, proyectar; amortajar; invertir [dinero]. *22 i.* poner [las gallinas]. ¶ Pret. y p. p.: ***laid*** (leid).

layer ('leiə^r) *s.* capa, estrato. *2* ALBAÑ. hilada.

layman ('leimən) *s.* lego, laico.

laziness ('leizinis) *s.* pereza, holgazanería.

lazy ('leizi) *a.* perezoso, holgazán. *2* lento, pesado.

1) **lead** (led) *s.* plomo. *2* MAR. plomada.

2) **lead** (li:d) *s.* primacía, primer lugar. *2* dirección, mando, guía. *3* salida [en el juego]. *4* MEC., ELECT., avance. *5* correa [de perro]. *6* TEAT. primer papel.

1) **lead (to)** (led) *t.* emplomar.

2) **lead (to)** (li:d) *t.* conducir, guiar; dirigir; impulsar, inducir. *2* hacer pasar [un hilo, etc.]. *3* conducir [agua, etc.]. *4* llevar [un género de vida]. *5* ser el primero. *6* ***to ~ astray,*** descarriar. *7 i.* guiar, dirigir. *8* ser mano [en el juego]. *9* conducir [ser camino de]. ¶ Pret. y p. p.: ***led*** (led).

leaden ('ledn) *a.* de plomo. *2* plomizo.

leader (li:də^r) *s.* conductor, guía. *2* jefe, caudillo. *3* director [de orquesta]; primer violín. *4* editorial, artículo de fondo.

leadership ('li:dəʃip) *s.* dirección, jefatura. *2* dotes de mando.

leading ('li:diŋ) *a.* principal, capital, primero: ~ ***man,*** primer actor.

leaf (li:f) *pl.* **leaves** (li:vz) BOT. hoja; pétalo. *2* hoja [de libro, puerta, etc.]. *3* ala [de mesa]. *4* hoja [lámina].

leafy ('li:fi) *a.* frondoso. *2* hojoso.

league (li:g) *s.* liga, unión. *2* legua. *3* DEP. liga.

league (to) (li:g) *t.* ligar, confederar. *2 i.* unirse, aliarse.

leak (li:k) *s.* escape [de un fluido]. *2 fig.* filtración [de dinero, etc.]. *3* grieta, gotera.

leak (to) (li:k) *i.* tener escapes o pérdidas [un recipiente]. *2* filtrarse, escaparse [un fluido; dinero, noticias]. *3* gotear [un techo].

leaky ('li:ki) *a.* que tiene escapes, que hace agua.

lean (li:n) *a.* delgado, flaco. *2* magro. *3 s.* carne magra.

lean (to) (li:n) *t.-i.* apoyar(se; reclinar(se; recostar(se. *2 i.* inclinarse, ladearse. *3* inclinarse [en opinión, deseo, etc.]. ¶ Pret. y p. p.: ***leant*** (lent) o ***leaned*** (li:nd).

leaning (li:niŋ) *s.* inclinación. *2* propensión, tendencia.

leant (lent) V. TO LEAN.

lean-to ('li:n'tu:) *s.* alpende, cobertizo.

leap (li:p) *s.* salto, brinco. *2 a.* ~ ***year,*** año bisiesto.

leap (to) (li:p) *i.* soltar, brincar. *2* latir fuertemente. *3 t.* saltar; hacer saltar. ¶ Pret. y p. p.: ***leapt*** o ***leaped*** (lept).

learn (to) (lə:n) *t.-i.* aprender. *2 t.* enterarse de. ¶ Pret. y p. p.: ***learned*** (lə:nd) o ***learnt*** (lə:nt).

learned ('lə:nid) *a.* ilustrado, docto, sabio; versado [en]. *2* culto [estilo].
learning ('lə:niŋ) *s.* instrucción, ilustración, saber.
learnt (lə:nt) V. TO LEARN.
lease (to) (li:s) *t.* arrendar, dar o tomar en arriendo.
leash (li:ʃ) *s.* traílla, correa.
least (li:st) *a. superl.* de LITTLE. *2* mínimo, menor. *3 s.* ***the ~,*** lo menos; ***at ~, at the ~,*** por lo menos; ***not in the ~,*** de ningún modo. *4 adv.* ***when you ~ expect it,*** cuando menos se espera.
leather ('leðəʳ) *s.* cuero.
leave (li:v) *s.* permiso, licencia: ***by your ~,*** con su permiso. *2* despedida: ***to take ~,*** despedirse.
leave (to) (li:v) *t.* dejar [en varios sentidos]: ***to ~ behind,*** dejar atrás; dejarse olvidado; ***to ~ off,*** dejar de [hacer una cosa]; dejar [el trabajo, un hábito, un vestido]. *4 i.* partir, salir, irse. ¶ Pret. y p. p.: ***left*** (left).
leaven ('levn) *s.* levadura, fermento.
leaves (li:vz) *s. pl.* de LEAF.
leavings ('li:viŋz) *s. pl.* sobras, desperdicios.
lecherous ('letʃərəs) *a.* lujurioso, lascivo.
lectern ('lektə(:)n) *s.* facistol.
lecture ('lektʃəʳ) *s.* conferencia, disertación. *2* reprensión, sermón.
lecture (to) ('lektʃəʳ) *i.* dar una conferencia. *2* sermonear, reprender.
lecturer ('lektʃərəʳ) *s.* conferenciante. *2* lector, catedrático.
led (led) V. TO LEAD.
ledge (ledʒ) *s.* repisa. *2* saliente o rellano estrecho.
ledger ('ledʒəʳ) *s.* COM. mayor [libro].
leer (liəʳ) *s.* mirada de soslayo.
lees (li:z) *s. pl.* heces, poso.
leeward ('li:wəd) *s.* sotavento. *2 adv.* a sotavento.
left (left) *pret. y p. p.* de TO LEAVE: ***to be ~ over,*** quedar, sobrar. *2 a.* izquierdo. *3 s.* izquierda: ***on the ~,*** a la izquierda.
left-handed ('left'hændid) *a.* zurdo.
leg (leg) *s.* pierna [de persona, de media, de compás]. *2* pata [de animal, de mueble]. *3* COC. pierna [de cordero, etc.]. *4* apoyo. *5* pernera.
legacy ('legəsi) *s.* legado, herencia.
legal ('li:gəl) *s.* legal. *2* legítimo, lícito. *3* jurídico. *4* **-ily** *adv.* legalmente.
legate ('legit) *s.* legado [pers.].
legation (li'geiʃən) *s.* legación. *2* embajada.
legend ('ledʒənd) *s.* leyenda. *2* legenda.
legión ('li:dʒən) *s.* legión.
legionary ('li:dʒənəri) *a.-s.* legionario.
legislate (to) ('ledʒisleit) *i.* legislar.
legislation (,ledʒis'leiʃən) *s.* legislación.
legislature ('ledʒisleitʃəʳ) *s.* cuerpo de legisladores. *2* función legislativa: ***term of ~,*** legislatura.
legitimacy (li'dʒitiməsi) *s.* legitimidad.
legitimate (li'dʒitimit) *a.* legítimo.
legitimate (to) (li'dʒitimeit) *t.* legitimar.
leisure ('leʒəʳ) *s.* ocio, desocupación, tiempo libre: ~ ***hours,*** ratos perdidos; ***at one's ~*** cuando uno pueda.
lemon ('lemən) *s.* BOT. limón: ~ ***tree,*** limonero.
lemonade (,lemə'neid) *s.* limonada.
lend (to) (lend) *t.* prestar: ***to ~ a hand,*** echar una mano; ***to ~ oneself*** o ***itself,*** prestarse. ¶ Pret. y p. p.: ***lent*** (lent).
lender ('lendəʳ) *s.* prestador.
length (leŋθ) *s.* longitud; extensión; duración: ***at full ~,*** por extenso; ***to go any ~,*** hacer uno todo lo posible. *2* espacio, trecho.
lengthen (to) ('leŋθən) *t.-i.* alargar(se; prolongar(se.
lengthy ('leŋθi) *a.* largo; difuso.
leniency ('li:njənsi) *s.* lenidad, indulgencia; suavidad.
lenient ('li:njənt) *a.* indulgente; suave.
lens (lenz) *s.* OPT. lente. *2* ANAT. cristalino.
Lent (lent) *s.* cuaresma.
lent (lent) V. TO LEND.
lentil ('lentil) *s.* BOT. lenteja.
leper ('lepəʳ) *s.* leproso.
leprosy ('leprəsi) *s.* MED. lepra.
less (les) *a.-adv.-prep.* menos. *2* menor; ***to grow ~,*** decrecer.
lessen (to) ('lesn) *t.* disminuir, achicar, reducir. *2 i.* disminuirse, menguar, decrecer.
lesser ('lesəʳ) *a. comp.* de LITTLE. menor.
lesson ('lesn) *s.* lección. *2* enseñanza, ejemplo.
lest (lest) *conj.* para que no, por miedo de que, no sea que.
let (let) *s.* estorbo, obstáculo.
let (to) (let) *t.* arrendar, alquilar. *2* dejar, permitir. *3* dejar o hacer entrar, salir, etc. *4* MED. sacar [sangre]. *5* ***to ~ alone,*** dejar en paz, no tocar; ~ ***alone*** [adv.], por no hablar de, y mucho menos. *6* ***to ~ know,*** hacer saber. *7* ***to ~ loose,*** soltar desatar; aflojar. *8* ***to ~ off,*** disparar; dejar salir. *9* ***to ~ out,*** dejar salir o escapar; soltar, aflojar; ensanchar [un vestido]; arrendar, alquilar. *10 i.* alquilarse. *11* ***to ~ up,*** cesar; moderarse. *12* AUX. ~ ***us run,***

corramos; ~ ***him come,*** que venga. ¶ Pret. y p. p.: ***let*** (let).

lethal ('li:θəl) *a.* letal.

lethargy ('leθədʒi) *s.* letargo.

letter ('letəʳ) *s.* letra [del alfabeto; signo]. *2* letra [sentido literal]. *3* carta; documento: ~ ***of credit,*** carta de crédito; ~ ***box,*** buzón. *4 pl.* letras, literatura.

lettering ('letəriŋ) *s.* inscripción, letrero.

lettuce ('letis) *s.* BOT. lechuga.

level ('levl) *a.* liso, llano, horizontal; ~ ***crossing,*** FERROC. paso a nivel. *2* igual. *3* equilibrado; imparcial. *4* juicioso. *5 s.* nivel. *6* llano, llanura.

level (to) ('levl) *t.* nivelar. *2* allanar. *3* apuntar [un arma].

lever ('li:vəʳ) *s.* palanca.

levity ('leviti) *s.* levedad. *2* frivolidad. *3* veleidad.

levy ('levi) *s.* leva, recluta. *2* recaudación [de tributos].

levy (to) ('levi) *t.* reclutar. *2* recaudar [tributos].

lewd (lu:d) *a.* lujurioso, lascivo.

liability (ˌlaiə'biliti) *s.* riesgo, tendencia. *2* responsabilidad [pecuniaria]. *3 pl.* COM. obligaciones.

liable ('laiəbl) *a.* expuesto, sujeto, propenso. *2* responsable [pecuniariamente].

liar ('laiəʳ) *s.* embustero, mentiroso.

libel ('laibəl) *s.* libelo; calumnia, difamación.

liberal ('libərəl) *a.* liberal. *2* abundante. *3 s.* POL. liberal.

liberality (ˌlibə'ræliti) *s.* liberalidad. *2* don, dádiva.

liberate (to) ('libəreit) *t.* libertar, liberar.

libertine ('libə(:)tain) *a.-s.* libertino.

liberty ('libəti) *s.* libertad; ***at*** ~, en libertad, libre. *2* exención, franquicia.

librarian (lai'brɛəriən) *s.* bibliotecario.

library ('laibrəri) *s.* biblioteca.

license, licence ('laisəns) *s.* licencia, libertinaje. *2* licencia [poética]. *3* licencia, permiso. *4* autorización, matrícula, patente, concesión.

license, licence (to) ('laisəns) *t.* autorizar, dar permiso.

licentious (lai'senʃəs) *a.* licencioso.

lick (lik) *s.* lamedura.

lick (to) (lik) *t.* lamer. *2* fam. pegar, apalizar.

licorice ('likəris) *s.* BOT. regaliz.

lid (lid) *s.* tapa, tapadera. *2* párpado.

lie (lai) *s.* mentira, embuste. *2* disposición, situación.

1) **lie (to)** (lai) *i.* mentir. ¶ Pret. y p. p.: ***lied*** (laid); ger.: ***lying*** ('laiiŋ).

2) **lie (to)** (lai) *i.* tenderse, acostarse, recostarse, apoyarse. *2* estar tendido o acostado, yacer. *3* estar, permanecer. *4* consistir. *5* hallarse, extenderse. *6* ***to*** ~ ***about,*** estar esparcido. *7* ***to*** ~ ***down,*** echarse, acostarse. *8* ***to*** ~ ***low,*** agazaparse; estar quieto, escondido. *9* ***to*** ~ ***on,*** depender de; pesar sobre. *10* ***to*** ~ ***up,*** irse a la cama. ¶ Pret.: ***lay*** (lei); p. p.: ***lain*** (lein); ger.: ***lying*** ('laiiŋ).

lieutenant (lef'tenənt) *s.* lugarteniente. *2* MIL. teniente: ~ ***colonel,*** teniente coronel.

life (laif), *pl.* **lives** (laivz) *s.* vida: ~ ***belt,*** cinturón salvavidas; ~ ***sentence,*** cadena perpetua; ***for*** ~, para toda la vida; ***to the*** ~, al vivo. *2* animación. *3* B. ART. ***from*** ~, del natural.

life-boat ('laifbout) *s.* bote salvavidas.

lifeless ('laiflis) *a.* sin vida, inanimado, inerte.

lifelong (laif-lɔŋ) *a.* de toda la vida.

lifelike ('laif-laik) *a.* que parece vivo, natural.

lifetime ('laiftaim) *s.* curso de la vida. *2* eternidad. *3 a.* perpetuo, vitalicio.

lift (lift) *s.* elevación, alzamiento. *2* alza, aumento. *3* (Ingl.) ascensor. *4* ***to give someone a*** ~, llevar uno en su coche a otro; ayudar a uno.

lift (to) (lift) *t.* alzar, levantar. *2* quitar [un peso de encima]. *3* fam. hurtar. *4 i.* levantarse.

light (lait) *s.* luz. *2* fuego, cerilla [para encender]. *3* lumbrera [pers.]. *4* aspecto, punto de vista. *5 pl.* luces [alumbrado; ilustración; entendimiento]. *6 a.* de luz. *7* blondo, rubio; blanca [tez]. *8* claro [color]. *9* ligero. *10* leve. *11 adv.* ligeramente; fácilmente.

light (to) (lait) *t.-i.* encender(se. *2* iluminar(se. *3 i.* posarse, descender. *4* topar [con]. ‖ Pret. y p. p.: ***lighted*** ('laitid) o ***lit*** (lit).

lighten (to) ('laitn) *t.-i.* iluminar(se. *2* aclarar(se, avivar(se [un color]. *3* alegrar(se. *4* aligerar(se. *5 t.* alumbrar. *6 i.* relampaguear.

lighter ('laitəʳ) *s.* encendedor [pers.; mechero]. *2* MAR. gabarra.

light-headed ('lait'hedid) *a.* ligero de cascos. *2* aturdido, mareado.

lighthouse ('laithaus) *s.* MAR. faro, farola.

lighting ('laitiŋ) *s.* iluminación. *2* alumbrado. *3* encendido.

lightning ('laitniŋ) *s.* relámpago; rayo: ~ ***rod,*** pararrayos.

like (laik) *a.* igual, semejante, parecido, tal, como: ~ ***father,*** ~ ***son,*** de tal palo, tal astilla. *2* probable. *3 adv.* como: ~ ***this***, así. *4* ~ ***enough, very*** ~, probablemente. *5 s.* igual [pers. o cosa]. *6 pl.* gustos, simpatías.

like (to) (laik) *t.* querer, tener simpatía a; gustar de, gustarle a uno; querer, desear.

likelihood ('laiklihud) *s.* probabilidad; verosimilitud.

likely ('laikli) *a.* probable. *2* verosímil, creíble. *3* apropiado. *4* prometedor. *5 adv.* probablemente.

liken (to) ('laikən) *t.* asemejar, comparar.

likeness ('laiknis) *s.* semejanza, parecido, aire. *2* apariencia, forma. *3* retrato.

likewise ('laik-waiz) *adv.* igualmente. *2* asimismo, además.

liking ('laikiŋ) *s.* inclinación, afición, simpatía. *2* agrado, gusto, preferencia.

lilac ('lailək) *s.* BOT. lilac, lila.

lily ('lili) *s.* BOT. lirio; azucena, lis. *2* ***water*** ~, nenúfar.

limb (limb) *s.* miembro [del hombre o del animal]. *2* rama [de árbol].

limber ('limbəʳ) *a.* flexible, ágil.

lime (laim) *s.* cal: ~ ***pit***, calera. *2* caliza.

limestone ('laimstoun) *s.* piedra caliza.

limit ('limit) *s.* límite. *2* fam. colmo: ***to be the*** ~, ser el colmo.

limit (to) ('limit) *t.* limitar.

limitation (ˌlimi'teiʃən) *s.* limitación. *2* restricción.

limp (limp) *s.* cojera. *2 a.* flojo, flexible. *3* débil.

limp (to) (limp) *i.* cojear.

limpid ('limpid) *a.* límpido claro, transparente.

linden ('lindən) *s.* BOT. tilo.

line (lain) *s.* cuerda, cabo, cordel, sedal. *2* línea [raya, trazo; renglón; fila, hilera, etc.]. *3* conducción, tubería. *4* verso [línea]. *5* arruga [en la cara]. *6* ramo de negocios, especialidad. *7 pl.* líneas, contornos, rasgos. *8* TEAT. papel.

line (to) (lain) *t.* linear, rayar. *2* arrugar [el rostro]. *3* alinearse a lo largo de. *4* forrar, revestir. *5 i.* ***to*** ~ ***up***, ponerse en fila.

lineage ('liniidʒ) *s.* linaje, abolengo.

lineaments ('liniəmənt) *s. pl.* facciones, fisonomía.

linen ('linin) *s.* lienzo, lino [tela]. *2* ropa blanca.

liner ('lainəʳ) *s.* vapor o avión de línea.

linger (to) ('liŋgəʳ) *i.* demorar, ir despacio, quedarse, entretenerse. *2* ir durando.

lingering ('liŋgəriŋ) *a.* lento, prolongado. *2* tardo, moroso.

linguistics (liŋ'gwistiks) *s.* lingüística.

lining (lainiŋ) *s.* forro. *2* AUTO. guarnición de freno.

link (liŋk) *s.* eslabón. *2* vínculo, enlace. *3* gemelo [de puño]. *4 pl.* campo de golf.

link (to) (liŋk) *t.-i.* eslabonar(se, enlazar(se.

linnet ('linit) *s.* ORN. pardillo. *2* ORN. jilguero.

linoléum (li'nouljəm) *s.* linóleo.

lion ('laiən) *s.* león. *2* ENT. ~ ***ant***, hormiga león.

lioness ('laiənis) *s.* leona.

lip (lip) *s.* labio. *2* pico.

lip-stick ('lip-stik) *s.* lápiz para labios.

liquefy (to) ('likwifai) *t.-i.* licuar(se.

liqueur (li'kjuəʳ) *s.* licor.

liquid ('likwid) *a.-s.* líquido. *2 a.* claro, cristalino. *3* COM. realizable.

liquor ('likəʳ) *s.* licor.

lisp (to) (lisp) *i.* cecear.

lissom(e ('lisəm) *a.* flexible. *2* ágil.

list (list) *s.* lista, catálogo, rol, matrícula. *2* orillo. *3* MAR. inclinación, escora.

list (to) (list) *t.* poner en lista; registrar. *2* alisar. *3* COM. cotizar, facturar. *4* listar, orillar. *5 i.* alistarse. *6* MAR. escorar.

listen (to) ('lisn) *i.* escuchar, oír, atender. | Gralte. con *to*.

listener ('lisnəʳ) *s.* oyente, radioyente.

listless ('listlis) *a.* distraído, indiferente, apático, abatido. *2* **-ly** *adv.* distraídamente.

lit (lit) *pret.* y *p. p.* de TO LIGHT.

literal ('litərəl) *a.* literal. *2* **-ly** *adv.* literalmente.

literate ('litərit) *a.* instruido.

literature ('lit(ə)ritʃəʳ) *s.* literatura.

lithe (laið), **lithesome** (-səm) *a.* flexible, cimbreño, ágil.

lithography (li'θɔgrəfi) *s.* litografía.

litigate (to) ('litigeit) *t.-i.* litigar.

litre, liter ('li:təʳ) *s.* litro.

litter ('litəʳ) *s.* litera [vehículo]. *2* camilla, parihuelas. *3* camada, lechigada. *4* cama [de paja para las caballerías]. *5* tendalera; desorden; basura.

litter (to) ('litəʳ) *t.* esparcir cosas por; poner o dejar en desorden.

little ('litl) *a.* pequeño, chico, menudo. *2 adv.-s.* poco; un poco de; algo.

littleness ('litlnis) *s.* pequeñez; poquedad; mezquindad.

live (laiv) *a.* vivo [que vive; enérgico, activo]. *2* ardiente, encendido: ~ ***coal***, ascuas, brasas. *3* palpitante, de actualidad.

live (to) (liv) *i.-t.* vivir: ***to*** ~ ***by one's wits***, vivir de la trampa; ***to*** ~ ***in***, vivir, habitar, morar en; ***to ~ on*** o ***upon***, vivir de o a costa de. *2 t.* llevar, pasar [tal o cual vida].

livelihood ('laivlihud) *s.* vida, medios de vida.

liveliness ('laivlinis) *s.* vida, vivacidad, animación.

lively (laivli) *a.* vivo, vivaz, vivaracho. *2* animado. *3* vivo [brioso, airoso, rápido; alegre, brillante; intenso: pronto]. *4* animador. *5* gráfica [descripción, etc.]. *6 adv.* vivamente.

liver ('livəʳ) *s.* hígado.

livery ('livəri) *s.* librea. *2* fig. plumaje, ropaje. *3* pupilaje o alquiler de caballos.

livestock ('laivstɔk) *s.* ganado, animales que se crían.

livid ('livid) *a.* lívido. *2* pálido.

living ('liviŋ) *a.* vivo, viviente; que vive. *2* viva [agua, roca, etc.]. *3* vital [salario]. *4* ***~ room***, cuarto de estar. *5 s.* vida [modo de vivir; medios de vida].

lizard ('lizəd) *s.* ZOOL. lagarto.

llama ('lɑ:mə) *s.* ZOOL. llama.

load (loud) *s.* carga. *2* peso.

load (to) (loud) *t.* cargar [un buque, un arma, etc.]. *2* oprimir. *3* cubrir. *4 i.* cargar, tomar carga.

loaf (louf) *s.* pan, hogaza. *2* pilón [de azúcar].

loaf (to) (louf) *i.* holgazanear.

loafer ('loufəʳ) *s.* holgazán, vago.

loan (loun) *s.* préstamo. *2* empréstito.

loan (to) (loun) *t.-i.* prestar [dinero].

loath (louθ) *a.* renuente, poco dispuesto.

loathe (to) (louð) *t.* aborrecer, detestar, sentir repugnancia.

loathing ('louðiŋ) *s.* aversión, asco, repugnancia.

loathsome ('louðsəm) *a.* aborrecible, odioso, repugnante.

lobby ('lɔbi) *s.* pasillo [de Cámara legislativa]; galería, vestíbulo. *2* (E. U.) camarilla política.

lobe (loub) *s.* lóbulo.

lobster ('lɔbstəʳ) *s.* ZOOL. langosta; bogavante: ***spiny ~***, langosta.

local ('loukəl) *a.* local. *2* municipal, regional. *3 s.* persona de una localidad. *4* sección local.

localize (to) ('loukəlaiz) *t.* localizar, limitar. *2* dar carácter local.

locate (to) (lou'keit) *t.* localizar [descubrir la situación de]. *2* situar, poner, colocar.

location (lou'keiʃən) *s.* localización. *2* situación, ubicación.

lock (lɔk) *s.* rizo, bucle, trenza. *2* mechón, vedija. *3* cerradura. *4* llave [de arma de fuego]. *5* presa, llave [en la lucha]. *6* esclusa. *7 pl.* cabellos.

lock (to) (lɔk) *t.* cerrar [con llave]; encerrar. *2* apretar, abrazar. *3* sujetar, trabar, enclavijar.

locker (l'kəʳ) *s.* cofre, armario.

locket ('lɔkit) *s.* guardapelo, medallón.

lockout ('lɔkaut) *s.* lockout [cierre de fábrica por los patronos].

locksmith ('lɔk-smiθ) *s.* cerrajero.

locomotive ('loukəˌmoutiv) *a.* locomotora, -triz. *2 s.* locomotora.

locust ('loukəst) *s.* ENT. langosta. *2* ENT. (E. U.) cigarra. *3* BOT. ***locust*** o ***~-tree***, algarrobo.

locution (lou'kju:ʃən) *s.* locución.

lode (loud) *s.* MIN. veta, filón.

lodge (lɔdʒ) *s.* casita, pabellón. *2* casa del guarda. *3* logia [masónica].

lodge (to) (lɔdʒ) *t.* alojar, hospedar. *2* introducir, colocar. *3* depositar. *4* presentar [una denuncia, etc.]. *5 i.* alojarse.

lodging ('lɔdʒiŋ) *s.* alojamiento, posada. *2* morada. *3* ***to take lodgings in***, hospedarse en.

loft (lɔft) *s.* desván. *2* (E. U.) piso alto de un almacén, etc.

log (lɔg) *s.* leño, tronco. *2* MAR. cuaderno de bitácora. *3* AVIA. diario de vuelo.

logarithm ('lɔgəriθəm) *s.* logaritmo.

loggerheads ('lɔgəhədd) *s. pl.* ***to be at ~***, estar en desacuerdo.

loggia ('lɔdʒə, -dʒjə) *s.* ARQ. pórtico, galería abierta.

logic ('lɔdʒik) *s.* lógica.

logical ('lɔdʒikəl) *a.* lógico. *2* **-ly** *adv.* lógicamente.

loin (lɔin) *s.* ijada, íjar. *2* CARN. lomo, solomillo. *3 pl.* lomos, riñones.

loiter (to) ('lɔitəʳ) *i.* rezagarse; pasear, holgazanear.

loll (to) (lɔl) *i.* recostarse indolentemente; repantigarse. *2 t.* sacar [la lengua] el animal cansado.

Londoner ('lʌndənəʳ) *s.* londinense.

lone (loun) *a.* solo [sin compañía; único]. *2* solitario.

loneliness ('lounlinis) *s.* soledad. *2* tristeza del que está solo.

lonely ('lounli) *a.* solo, solitario. *2* que siente la soledad.

long (lɔŋ) *a.* largo: ***in the ~ run***, a la larga. *2* extenso, prolongado. *3* que tarda: ***to be ~ in coming***, tardar en venir. *4 adv.* durante [un tiempo]; mucho tiempo: ***as ~ as***, mientras, con tal que; ***~ ago***, hace mucho tiempo; ***so ~***, hasta la vista. *5 s.* longitud, largo.

long (to) (lɔŋ) *i.* [con *for, after* o *to]* ansiar, anhelar; añorar.
longhand ('lɔŋhænd) *s.* escritura corriente [no taquigráfica].
longing ('lɔŋiŋ) *s.* ansia, anhelo. *2* nostalgia. *3 a.* ansioso.
longitude ('lɔndʒitju:d) *s.* GEOGR., ASTR. longitud.
long-sighted ('lɔŋ'saitid) *a.* présbita. *2* perspicaz, sagaz. *3* previsor.
long-suffering ('lɔŋ'sʌfəriŋ) *a.* sufrido, paciente.
longways, -wise ('lɔŋweiz, -waiz) *adv.* a lo largo, longitudinalmente.
look (luk) *s.* mirada, ojeada. *2* semblante, cara. *3* aspecto, apariencia, cariz. *4 pl. **good looks,*** buen parecer.
look (to) (luk) *i.* mirar; considerar. | Gralte. con ***at.*** *2* mirar, dar a, caer; estar situado. *3* parecer: ***he looked tired,*** parecía cansado. *4* aparecer, manifestarse. *5* sentar, caer [bien o mal]. *6* ***to ~ about,*** mirar alrededor. *7* ***to ~ after,*** cuidar de. *8* ***to ~ alike,*** parecerse. *9* ***to ~ alive,*** darse prisa. *10* ***to ~ down on,*** despreciar. *11* ***to ~ for,*** buscar. *12* ***to ~ forward to,*** esperar con placer. *13* ***to ~ into,*** investigar. *14* ***to ~ like,*** parecer. *15* ***to ~ out,*** asomarse; tener cuidado: ***~ out!,*** ¡cuidado! *16* ***to ~ to,*** velar por. *17 t.* mirar. *18* ***to ~ daggers*** [at], mirar airadamente. *19* ***to ~ over,*** repasar; hojear [un libro]. *20* ***to ~ up,*** buscar [en un diccionario, etc.].
looker-on ('lukər'ɔn) *s.* mirón, espectador.
looking-glass ('lukiŋglɑ:s) *s.* espejo.
lookout ('luk'aut) *s.* vigía, atalaya. *2* atalaya, miradero. *3* vigilancia, espera: ***to be on the ~ for,*** estar a la mira de. *4 pl.* perspectivas.
loom (lu:m) *s.* TEJ. telar.
loom (to) (lu:m) *t.-i.* aparecer, asomar [de una manera confusa o impresionante]. *2* vislumbrarse, amenazar.
loop (lu:p) *s.* curva, vuelta muy pronunciada. *2* lazo; presilla; asa. *3* AVIA. rizo.
loop (to) (lu:p) *t.* doblar en forma de gaza. *2* asegurar con presilla. *3* AVIA. ***to ~ the loop,*** rizar el rizo.
loophole ('lu:phoul) *s.* aspillera, tronera. *2* fig. salida, escapatoria.
loose (lu:s) *a.* suelto, flojo, desatado, desenredado, desprendido. *2* flojo [tornillo, diente]. *3* suelto, disgregado. *4* desgarbado. *5* holgado, ancho [vestido]. *6* suelto, en libertad, no sujeto: ***to break ~,*** escaparse; desatarse. *7* vago, indeterminado; libre [traducción]. *8* relajado, disoluto. *9 s.* libertad, soltura. *10* **-ly** *adv.* flojamente; vagamente, etc.
loose (to) (lu:s) *t.* soltar, desatar, aflojar. *2* dejar en libertad. *3* lanzar [flechas, etc.].
loosen (to) ('lu:sn) *t.* soltar, desatar. *2* aflojar, desceñir. *3* ahuecar, mullir. *4* relajar. *5 i.* aflojarse, desatarse.
loot (lu:t) *s.* botín, presa.
loot (lu:t) *t.-i.* saquear, pillar.
lop (to) (lɔp) *t.* podar, desmochar.
loquacious (lou'kweiʃəs) *a.* locuaz.
lord (lɔ:d) *s.* señor, dueño, amo. *2* lord [título]: ***Lord Mayor,*** alcalde de Londres. *3* ***the Lord,*** el Señor; ***the Lord's Prayer,*** el padrenuestro.
lordship ('lɔ:dʃip) *s.* señoría, dominio. *2* ***your ~,*** su señoría.
lorry ('lɔri) *s.* camión.
lose (to) (lu:z) *t.* perder: ***to ~ one's temper,*** perder la calma; ***to ~ one's way,*** perderse, extraviarse. *2 i.* perder, tener una pérdida. *3 i.* perderse; extraviarse; engolfarse, ensimismarse. ¶ Pret. y p. p.: ***lost*** (lɔst).
loss (lɔs, lɔ:s) *s.* pérdida: ***to be at a ~,*** estar perplejo, indeciso. *2* perdición. *3* COM. daño, quebranto, siniestro.
lost (lɔst) V. TO LOSE. *2 a.* perdido. *3* arruinado. *4* olvidado. *5* desorientado, perplejo. *6* ***~ in thought,*** abstraído, pensativo. *7* ***~ to,*** insensible a.
lot (lɔt) *s.* lote, parte. *2* solar. *3* suerte [para decidir]: ***to cast lots,*** echar suertes. *4* suerte, sino. *5* hato, colección. *6* sujeto, persona. *7* ***a ~ of, lots of,*** la mar de. *3 adv.* ***a ~,*** mucho.
lottery ('lɔtəri) *s.* lotería, rifa.
loud (laud) *a.* fuerte [sonido]. *2* alta [voz]. *3* recio, ruidoso. *4* chillón, llamativo. *5* vulgar, ordinario. *6* **-ly** *adv.* en voz alta. *7* ruidosamente.
loud-speaker ('laud'spi:kə^r) *s.* RADIO altavoz.
lounge (laundʒ) *s.* salón de descanso o tertulia.
lounge (to) (laundʒ) *i.* pasear, pasar el rato. *2* estar sentado o reclinado indolentemente.
louse (laus), *pl.* **lice** (lais) *s.* ENT. piojo.
lousy ('lauzi) *a.* piojoso. *2* astroso, asqueroso.
lout (laut) *s.* patán, rústico.
lovable ('lʌvəbl) *a.* amable [digno de ser amado].
love (lʌv) *s.* amor, cariño, afecto, afición: ***~ affair,*** amorío; ***~ at first sight,*** flechazo; ***~ feast,*** ágape; ***to be in ~ with,*** estar enamorado de; ***for ~,*** sin interés;

de balde; ***not for ~ nor money***, por nada del mundo. *2* amor [persona amada]. *3* fam. preciosidad.

love (to) (lʌv) *t.* amar, querer. *2* gustar de, tener afición a.

lovely ('lʌvli) *a.* amable, adorable, encantador, hermoso, exquisito. *2* deleitoso, ameno.

lover ('lʌvəʳ) *s.* enamorado. *2* amante, galán. *3* amigo [de], aficionado [a].

lovesick ('lʌvsik) *a.* enamorado.

loving ('lʌviŋ) *a.* amante. *2* afectuoso, cariñoso. *3* bondadoso. *4* **-ly** *adv.* amorosamente, etc.

low (lou) *a.* bajo: ***~ relief***, bajo relieve; ***~ trick***, cochinada; ***~ water***, bajamar, estiaje. *2* ***~ necked***, escotado [vestido]. *3* pobre. *4* escaso, insuficiente. *5* débil, enfermo; abatido: ***~ spirits***, abatimiento, desánimo. *6* postrado, muerto. *7* humilde, sumiso. *8* AUTO. ***~ gear***, primera. *9 adv.* bajo. *10* bajamente. *11* sumisamente. *12* barato. *13 s.* mugido, berrido. *14* **-ly** *a.* humilde, modesto. *15 adv.* humildemente, modestamente.

1) **lower (to)** ('louəʳ) *t.* bajar. *2* arriar. *3* agachar. *4* rebajar, reducir. *5* abatir, humillar. *6 i.* bajar, reducirse, disminuir.

2) **lower (to)** ('laueʳ) *i.* mirar ceñudo. *2* encapotarse [el cielo].

lowering ('lauəriŋ) *s.* ceñudo, amenazador. *2* encapotado [cielo].

loyal (lɔiəl) *a.* leal, fiel.

loyalty ('lɔiəlti) *s.* lealtad, fidelidad.

lozenge ('lɔzindʒ) *s.* GEOM. rombo. *2* BLAS. losange. *3* pastilla [de menta].

lucid ('lu:sid) *a.* lúcido. *2* luciente.

lucidity (lu:'siditi) *s.* lucidez.

luck (lʌk) *s.* suerte, fortuna [buena o mala]; buena suerte.

luckily ('lʌkili) *adv.* afortunadamente.

luckless ('lʌklis) *a.* desafortunado. *2* desdichado.

lucky ('lʌki) *a.* afortunado. *2* feliz, dichoso.

lucrative ('lu:krətiv) *a.* lucrativo.

ludicrous ('lu:dikrəs) *a.* cómico, ridículo.

luggage ('lʌgidʒ) *s.* equipaje [de viajero].

lugubrious (lu:'gju:briəs) *a.* fúnebre, lúgubre.

lukewarm ('lu:k-wɔ:m) *a.* tibio, templado.

lull (lʌl) *s.* momento de calma o silencio.

lull (to) (lʌl) *t.* adormecer, arrullar. *2* calmar. *3 i.* amainar, calmarse.

lumber ('lʌmbəʳ) *s.* madera [aserrada], madera de construcción. *2* trastos viejos: ***~ room***, trastera.

luminous ('lu:minəs) *a.* luminoso.

lump (lʌmp) *s.* pedazo, terrón, pella, burujo. *2* bulto, chichón. *3* nudo [en la garganta]. *4* TEJ. mota. *5* sujeto torpe. *6* ***in the ~***, en junto, por junto; ***~ sum***, suma global.

lunacy ('lu:nəsi) *s.* locura, demencia.

lunar ('lu:nəʳ) *a.* lunar.

lunatic ('lu:nətik) *a.-s.* loco, demente: ***~ asylum***, manicomio.

lunch (lʌntʃ), **luncheon** (-ən) *s.* almuerzo, comida del mediodía.

lunch (to) (lʌntʃ) *i.* almorzar, tomar la comida del medio día.

lung (lʌŋ) *s.* pulmón.

lunge (lʌndʒ) *s.* estocada. *2* arremetida.

lurch (lə:tʃ) *s.* sacudida, tumbo. *2* bandazo. *3* ***to leave in the ~***, dejar en la estacada.

lure (ljuəʳ) *s.* señuelo, reclamo. *2* cebo, tentación.

lure (to) (ljuəʳ) *t.* atraer [con señuelo]; seducir, tentar.

lurid ('ljuərid) *a.* lívido, cárdeno, rojo, fantasmal, pavoroso.

lurk (to) (lə:k) *i.* acechar, estar escondido. *2* moverse furtivamente.

luscious ('lʌʃəs) *a.* delicioso, exquisito. *2* dulce, sabroso. *3* meloso, empalagoso. *4* **-ly** *adv.* sabrosamente, exquisitamente.

lush (lʌʃ) *a.* lujuriante, fresco, lozano.

lust (lʌst) *s.* avidez. *2* lujuria.

lust (to) (lʌst) *i.* codiciar. *2* desear [con lujuria].

lustful ('lʌstful) *a.* sensual, carnal.

lustre ('lʌstəʳ) *s.* lustre, brillo. *2* reflejo. *3* esplendor. *4* araña [lámpara].

lustrous ('lʌstrəs) *a.* lustroso, brillante.

lusty ('lʌsti) *a.* lozano, fuerte, robusto. *2* vigoroso, enérgico.

lute (lu:t) *s.* MÚS. laúd. *2* luten.

luxuriant (lʌg'zjuəriənt) *a.* lujuriante, exuberante, frondoso.

luxurious (lʌg'zjuəriəs) *a.* lujoso. *2* dado al lujo. *3* sibarítico.

luxury ('lʌkʃəri) *s.* lujo, fausto. *2* regalo, molicie. *3* placer.

lyceum (lai'siəm) *s.* liceo, ateneo.

lye (lai) *s.* lejía.

lying ('laiiŋ) *ger.* de TO LIE. *2 a.* mentiroso. *3* tendido, echado. *4* situado. *5* **-ly** *adv.* falsamente.

lynch (to) (lintʃ) *t.* linchar.

lynx (liŋks) *s.* ZOOL. lince.

lyre ('laiəʳ) *s.* MÚS. lira.

lyric ('lirik) *a.* lírico. *2 s.* poema lírico.

M

macaroni (ˌmækəˈrouni) *s.* macarrones.
macaroon (ˌmækəˈru:n) *s.* mostachón.
mace (meis) *s.* maza [arma; insignia]: ~ ***bearer,*** macero.
machination (ˌmækiˈneiʃən) *s.* maquinación.
machine (məˈʃi:n) *s.* máquina. *2* bicicleta, automóvil, etc. *3 a.* ~ ***gun,*** ametralladora.
machinery (məˈʃi:nəri) *s.* maquinaria.
mackerel (ˈmækrəl) *s.* ICT. caballa. *2* ~ ***sky,*** cielo aborregado.
mackintosh (ˈmækintɔʃ) *s.* impermeable.
mad (mæd) *a.* loco: ***to be ~ about,*** tener una locura por. *2* insensato, disparatado. *3* furioso. *4* rabioso [animal]. *5* **-ly** *adv.* locamente, furiosamente, etc.
madam (ˈmædəm, mæˈdɑ:m) *s.* señora [tratamiento de respeto].
madden (to) (ˈmædn) *t.* enloquecer. *2 i.* enloquecer, volverse loco.
maddening (ˈmædniŋ) *a.* exasperante.
made (meid) *pret.* y *p. p.* de TO MAKE. *2 a.* hecho, compuesto, confeccionado, fabricado.
made-up (ˈmeidʌp) *a.* hecho [vestido, ropa]. *2* maquillado, pintado [rostro]. *3* artificial, ficticio, inventado.
madhouse (ˈmædhaus) *s.* manicomio.
madman (ˈmædmən) *s.* loco, orate.
madness (ˈmædnis) *s.* locura. *2* furia, frenesí.
Madrid (məˈdrid) *n. pr.* GEOGR. Madrid.
Madrilenian (ˌmædriˈli:niən) *a.-s.* madrileño.
magazine (ˌmægəˈzi:n) *s.* almacén, depósito. *2* polvorín. *3* revista [periódico].
magic (ˈmædʒik) *s.* magia: ***as if by ~,*** como por ensalmo. *2 a.* mágico: ~ ***lantern,*** linterna mágica.
magical (ˈmædʒikəl) *a.* mágico; encantado.
magician (məˈdʒiʃən) *s.* mágico, mago.
magistrate (ˈmædʒistrit) *s.* magistrado. *2* juez de paz.
magnanimous (mægˈnænimәs) *a.* magnánimo. *2* **~-ly** *adv.* magnánimamente.
magnet (ˈmægnit) *s.* ELECT. imán.
magnetic (mægˈnetik) *a.* magnético: ~ ***needle,*** brújula. *2* atrayente, cautivador.
magnificence (mægˈnifisns) *s.* magnificencia.
magnificent (mægˈnifisnt) *a.* magnífico, espléndido. *2* **~-ly** *adv.* magníficamente.
magnify (to) (ˈmægnifai) *t.* agrandar, aumentar, amplificar. *2* exagerar.
magnifying glass (ˈmægnifaiiŋˈglɑ:s) *s.* lente de aumento, lupa.
magpie (ˈmægpai) *s.* ORN. urraca. *2* fig. charlatán, cotorra.
mahogany (məˈhɔgəni) *s.* BOT. caoba.
maid (meid) *s.* doncella, soltera, [virgen]: ~ ***of honour,*** dama de honor. *2* doncella, criada: ~ ***of all work,*** criada para todo.
maiden (ˈmeidn) *s.* doncella, joven soltera. *2 a.* de soltera: ~ ***name,*** nombre de soltera. *3* virginal. *4* primero, inicial.
maid-servant (ˈmeidˈsə:vənt) *s.* criada, doméstica.
mail (meil) *s.* malla, cota de malla. *2* correo, correspondencia: ~ ***boat,*** buque correo; ***air ~,*** correo aéreo.
mail (to) (meil) *t.* echar al correo, enviar por correo.
mailbox (ˈmeilbɔks) *s.* buzón; apartado.
maim (to) (meim) *t.* mutilar, estropear, lisiar.
main (mein) *a.* primero; principal, mayor, maestro: ~ ***body,*** grueso [del ejército]. *2 s.* lo principal, lo esencial: ***in the ~,*** en su mayor parte, principalmente. *3* tubería, conducto principal [de gas, agua, etc.].

mainland ('meinlənd) *s.* continente, tierra firme.
maintain (to) (me(i)n'tein) *t.* mantener.
maintenance ('meintinəns) *s.* mantenimiento. *2* apoyo, sostén. *3* manutención.
maize (meiz) *s.* BOT. maíz.
majestic (mə'dʒestik) *a.* majestuoso.
majesty ('mædʒisti) *s.* majestad; majestuosidad.
major ('meidʒəʳ) *a.* mayor, principal. *2 s.* DER. mayor de edad. *3* MIL. comandante.
Majorca (mə'dʒɔ:kə) *n. pr.* GEOGR. Mallorca.
majority (mə'dʒɔriti) *s.* mayoría. *2* mayor de edad. *3* MIL. comandancia [empleo].
make (meik) *s.* hechura, forma; constitución. *2* hechura, obra, fabricación. *3* marca, modelo.
make (to) (meik) *t.* hacer [crear, elaborar, fabricar; formar; causar, producir, preparar; efectuar, etc.]: ***to make fun,*** burlarse; ***to ~ a mistake,*** equivocarse; ***to ~ a noise,*** hacer ruido. *2* hacer [que uno haga una cosa]. *3* poner en cierto estado, dar una cualidad: ***to ~ angry,*** enfadar; ***to ~ clear,*** aclarar; ***to ~ good,*** cumplir, llevar a cabo; mantener; justificar [con el resultado]. *7* ***to ~ haste,*** apresurarse. *8* ***to ~ known,*** hacer saber. *9* ***to ~ much of,*** dar mucha importancia a; apreciar. *10* ***to ~ out,*** hacer, escribir; comprender, descifrar; probar, justificar. *11* ***to ~ over,*** rehacer; ceder, entregar. *12* ***to ~ the most of,*** sacar el mejor partido de. *13* ***to ~ up one's mind,*** decidirse. *14 i.* dirigirse, encaminarse a. *15* contribuir a. *16* ***to ~ away,*** largarse. *17* ***to ~ away with,*** llevarse; destruir. *18* ***to ~ merry,*** divertirse. *19* ***to ~ off,*** largarse. *20* ***to ~ up,*** hacer las paces; pintarse, maquillarse. *21* ***to ~ up for,*** suplir, compensar. ¶ Pret. y p. p.: ***made*** (meid).
maker ('meikəʳ) *s.* hacedor, autor, artífice.
makeshift ('meikʃift) *a.* provisional. *2 s.* recurso, substitutivo.
make-up ('meikʌp) *s.* composición, modo de ser. *2* afeite [del rostro]. *3* TEAT. caracterización, maquillaje.
making ('meikiŋ) *s.* hechura, confección, fabricación: ***in the ~,*** haciéndose; sin terminar.
maladroit ('mælə'drɔit) *a.* torpe; falto de tacto.
malady ('mælədi) *s.* mal, enfermedad.
malapropos ('mæl'æprəpou) *a.* impropio, inoportuno.
malcontent ('mælkɔn'tent) *a.-s.* malcontento.
male (meil) *a.* macho. *2* masculino. *3 s.* varón; animal macho: ***~ child,*** hijo varón.
malefactor ('mæli'fæktəʳ) *s.* malhechor.
maleficent (mə'lefisnt) *a.* maléfico.
malevolence (mə'levələns) *s.* malevolencia, malquerencia.
malice ('mælis) *s.* mala voluntad. *2* malicia, malignidad.
malicious (mə'liʃəs) *a.* malévolo, rencoroso. *2* travieso, pícaro. *3* **-ly** *adv.* malévolamente, malignamente.
malign (mə'lain) *a.* maligno. *2* dañino. *3* **-ly** *adv.* malévolamente, malignamente.
malign (to) (mə'lain) *t.* detraer, difamar, calumniar.
malignant (mə'lignənt) *a.* maligno. *2* maléfico. *3* malévolo.
mallard ('mæləd) *s.* ORN. pato salvaje.
malleable ('mæliəbl) *a.* maleable.
mallet ('mælit) *s.* mazo, mallete.
mallow ('mælou) *s.* BOT. malva.
malt (mɔ:lt) *s.* malta.
maltreat (to) (mæl'tri:t) *t.* maltratar.
mammal ('mæməl) *s.* ZOOL. mamífero.
mammoth ('mæməθ) *s.* mamut.
man (mæn) *pl.* **men** (men) hombre: ***the ~ in the street,*** el hombre corriente; ***to a man,*** todos sin excepción. *2* [sin artículo] el género humano. *3* [en composición] buque, navío: ***merchantman,*** buque mercante.
man (to) (mæn) *t.* MAR. tripular, dotar.
manacles ('mænəklz) *s. pl.* manillas, esposas.
manacle (to) ('mænəkl) *t.* esposar.
manage (to) ('mænidʒ) *t.* manejar. *2* dirigir, regir, administrar. *3* tratar con cuidado. *4 t.-i.* ingeniarse, componérselas; lograr.
manageable ('mænidʒəbl) *a.* manejable, dócil.
management ('mænidʒmənt) *s.* manejo, gobierno, administración; cuidado. *2* gerencia. *3* habilidad, trastienda.
manager ('mænidʒəʳ) *s.* director, administrador.
mandate ('mændeit) *s.* mandato, orden.
mane (mein) *s.* crin [de caballo]; melena [de león, de pers.].
manful ('mænful) *a.* viril, varonil. *2* bravo, esforzado.
mange (meindʒ) *s.* roña, sarna.
manger ('meindʒəʳ) *s.* pesebre, comedero.

mangle (to) ('mæŋgl) *t.* planchar con máquina. *2* magullar, destrozar, mutilar.
mangy ('meindʒi) *a.* sarnoso.
manhood ('mænhud) *s.* virilidad, valor. *2* los hombres.
mania ('meinjə) *s.* manía [afición, locura].
maniac ('meiniæk) *a.-s.* maníaco.
manicure ('mænikjuəʳ) *s.* manicura [cuidado de las manos].
manifest ('mænifest) *a.* manifiesto, patente.
manifest (to) ('mænifest) *t.* manifestar; demostrar. *2 i.* manifestarse.
manifestation (ˌmænifes'teiʃən) *s.* manifestación; demostración.
manifold ('mænifould) *a.* múltiple, vario, numeroso.
manipulate (to) (mə'nipjuleit) *t.* manipular, manejar.
mankind (mæn'kaind) *s.* género humano. *2* los hombres.
manlike ('mænlaik) *a.* varonil. *2* hombruno.
manliness ('mænlinis) *s.* virilidad, hombradía, valor.
manly ('mænli) *a.* varonil, viril, valeroso, noble.
manner ('mænəʳ) *s.* manera, modo: ***by no ~ of means,*** de ningún modo: ***in a ~,*** en cierto modo, hasta cierto punto. *2* hábito, costumbre. *3* aire, porte. *4 pl.* maneras, modales.
mannerly ('mænəli) *a.* cortés, urbano, atento. *2 adv.* urbanamente.
manoeuvre (mə'nu:vəʳ) *s.* MIL., MAR. maniobra. *2* maniobra, manejo.
manoeuvre (to) (mə'nu:vəʳ) *t.* hacer maniobrar. *2* inducir, obligar con maniobras o manejos.
manor ('mænəʳ) *s.* casa señorial en el campo, casa solariega.
manservant ('mænˌsə:vənt) *s.* criado.
mansion ('mænʃən) *s.* palacio, casa grande.
manslaughter ('mænˌslɔ:təʳ) *s.* homicidio.
mantle ('mæntl) *s.* manto. *2* fig. manto, capa.
mantle (to) ('mæntl) *t.* cubrir, tapar, envolver.
mantelpiece ('mæntlpi:s) *s.* repisa de chimenea.
manufacture (ˌmænju'fæktʃəʳ) *s.* manufactura [fabricación; producto fabricado].
manufacture (to) (ˌmænju'fæktʃəʳ) *t.* manufacturar, fabricar.
manufacturer (ˌmænju'fæktʃərəʳ) *s.* fabricante.
manure (mə'njuəʳ) *s.* AGR. abono, estiércol.
manure (to) (mə'njuəʳ) *t.* abonar, estercolar.
manuscript ('mænjuskript) *a.-s.* manuscrito.
many ('meni) *a.* muchos, -chas. *2* [en composición] multipoli-, de muchos: ***many-coloured,*** multicolor, policromo. *3 pron.* muchos. *4* ***a great ~,*** un gran número.
map (mæp) *s.* mapa, carta.
maple ('meipl) *s.* BOT. arce, *meple.
mar (to) (mɑ:ʳ) *t.* estropear, echar a perder, frustrar.
marabou ('mærəbu:) *s.* ORN. marabú.
maraud (to) (mə'rɔ:d) *i.* merodear. *2 t.* saquear, merodear en.
marble ('mɑ:bl) *s.* mármol. *2* canica [bolita]. *3 a.* jaspeado.
March (mɑ:tʃ) *s.* marzo [mes].
march (mɑ:tʃ) *s.* marcha [acción de caminar; curso, progreso]. *2* MÚS. MIL. marcha.
march (to) (mɑ:tʃ) *i.* marchar, andar. *2* marchar, progresar. *3 t.* hacer ir [a un sitio].
mare (mɛəʳ) *s.* yegua.
margin ('mɑ:dʒin) *s.* margen, borde, orilla. *2* COM., ECON. margen.
marginal ('mɑ:dʒinəl) *a.* marginal.
marguerite (ˌmɑ:gə'ri:t) *s.* BOT. margarita.
marine (mə'ri:n) *s.* marino. *2 s.* marina. *3* soldado de marina.
mariner ('mærinəʳ) *s.* marinero, marino.
marionette (ˌmæriə'net) *s.* marioneta, títere.
marjoram ('mɑ:dʒərəm) *s.* BOT. mejorana; orégano.
mark (mɑ:k) *s.* marca, señal. *2* mancha. *3* huella. *4* signo, indicio. *5* rótulo. *6* importancia, distinción: ***of mark,*** de nota [pers.]. *7* punto, nota, calificación. *8* blanco, hito, fin, propósito: ***to miss the ~,*** errar el tiro: ***beside the ~,*** errado; que no viene al caso. *9* marco [moneda].
mark (to) (mɑ:k) *t.* marcar, señalar. *2* indicar. *3* delimitar. *4* notar, observar, advertir: ***~ my words,*** ¡advierte lo que te digo! *5* puntuar, calificar. *6* ***to ~ down,*** poner por escrito. *7* ***to ~ cut,*** indicar; designar. *8* ***to ~ time,*** MIL. marcar el paso.
market ('mɑ:kit) *s.* mercado; bolsa: ***~ price,*** precio corriente; ***~ town,*** población con mercado.
marketing ('mɑ:kitiŋ) *s.* compra o venta en el mercado.

marksman ('mɑ:ksmən) *s.* [buen] tirador.
marmalade ('mɑ:məleid) *s.* mermelada.
marmot ('mɑ:mət) *s.* ZOOL. marmota.
marquet(e)ry ('mɑ:kitri) *s.* marquetería, taracea.
marquis, -quess ('mɑ:kwis) *s.* marqués.
marriage ('mæridʒ) *s.* matrimonio: ***by marriage,*** político [pariente]. *2* casamiento, boda.
marriageable ('mæridʒəbl) *a.* casadero, núbil.
married ('mærid) *a.* casado: ~ ***couple,*** matrimonio; ***to get*** ~, casarse.
marrow ('mærou) *s.* meollo, tuétano, medula.
marry (to) ('mæri) *t.* casar, desposar. *2* casarse con. *3* unir, juntar. *4 i.* casarse.
marsh (mɑ:ʃ) *s.* marjal, paúl, pantano.
marshal ('m`:ʃəl) *s.* MIL. mariscal. *2* maestro de ceremonias.
marshy ('mɑ:ʃi) *a.* pantanoso. *2* palustre.
mart (mɑ:t) *s.* emporio, centro comercial.
marten ('mɑ:tin) *s.* ZOOL. marta.
martial ('mɑ:ʃəl) *a.* marcial, militar: ~ ***law,*** ley marcial.
martin ('mɑ:tin) *s.* vencejo.
martyr ('mɑ:tə[r]) *s.* mártir.
martyr (to) ('mɑ:tə[r]) *t.* martirizar.
martyrdom ('mɑ:tədəm) *s.* martirio.
marvel ('mɑ:vəl) *s.* maravilla, prodigio.
marvel (to) ('mɑ:vəl) *i.* maravillarse, admirarse.
marvellous ('mɑ:viləs) *a.* maravilloso, prodigioso. *2* asombroso.
marzipan (ˌmɑ:zi'pæn) *s.* mazapán.
mascot ('mæskət) *s.* mascota.
masculine ('mɑ:skjulin) *a.* masculino, varonil. *2* hombruno.
mask (to) (mɑ:sk) *t.* enmascarar. *2 i.* ponerse careta. *3* disfrazarse. *4* ***masked ball,*** baile de máscaras.
mason ('meisn) *s.* albañil. *2* masón.
masonry ('meisnri) *s.* albañilería. *2* (con may.) masonería.
masquerade (ˌmæskə'reid) *s.* mascarada: ~ ***ball,*** baile de máscaras. *2* máscara [disfraz].
masquerade (to) (ˌmæskə'reid) *i.* disfrazarse.
mass (mæs) *s.* masa, bulto, mole. *2* montón, gran cantidad: ~ ***production,*** fabricación en serie.
Mass o **mass** (mæs, mɑ:s) *s.* LITURG. misa.
mass (to) (mæs) *t.* amasar, juntar. *2 i.* juntarse, reunirse.
massacre ('mæsəkə[r]) *s.* carnicería, matanza.
massacre (to) ('mæsəkə[r]) *t.* hacer una matanza de. *2* asesinar.
massage ('mæsɑ:ʒ) *s.* amasamiento, masaje.
massive ('mæsiv) *a.* macizo. *2* voluminoso. *3* pesadas [facciones].
mast (mɑ:st) *s.* MAR. mástil, palo. *2* asta: ***at half*** ~, a media asta.
master ('mɑ:stə[r]) *s.* amo, patrón, dueño. *2* señor, señorito [dicho por un criado]. *3* MAR. patrón, capitán. *4* maestro: ***school*** ~, maestro; profesor [de instituto]. *5* jefe, director. *6 a.* maestro, magistral: ~ ***builder,*** maestro de obras; ~ ***key,*** llave maestra.
master (to) ('mɑ:stə[r]) *t.* dominar, vencer, subyugar. *2* dominar [un idioma, ciencia, arte, etc.].
masterful ('mɑ:stəful) *a.* dominante, autoritario. *2* hábil, diestro; de maestro.
masterly ('mɑ:stəli) *a.* magistral, hábil. *2 adv.* magistralmente.
masterpiece ('mɑ:təpi:s) *s.* obra maestra.
mastery ('mɑ:stəri) *s.* dominio [poder; conocimiento]. *2* maestría.
masticate (to) ('mæstikeit) *t.* masticar.
mastication (ˌmæsti'keiʃən) *s.* masticación.
mastiff ('mæstif) *s.* mastín.
mat (mæt) *s.* estera. *2* esterilla, ruedo, felpudo. *3* tapetito. *4* enredijo, greña. *5 a.* mate, sin lustre.
mat (to) (mæt) *t.* hacer mate. *2* esterar. *3 t.-i.* enmarañar(se, apelmazar(se.
match (mætʃ) *s.* fósforo, cerilla. *2* pareja, igual. *3* contrincante temible: ***to meet one's*** ~, hallar la horma de su zapato. *4* juego [de dos cosas]. *5* DEP. lucha, partida, partido. *6* casamiento, partido: ***good*** ~, buen partido.
match (to) (mætʃ) *t.* casar, hermanar, aparear. *2* oponer, equiparar. *3* igualar a. 4 proporcionar, adaptar. *5 i.-t.* hacer juego [con]. *6 i.* casarse.
matchless ('mætʃlis) *a.* sin igual, incomparable.
mate (meit) *s.* compañero, -ra. *2* consorte, cónyuge. *3* MAR. segundo de a bordo, piloto. *4* ayudante. *5* AJED. mate.
mate (to) (meit) *t.* casar, desposar. *2* aparear, hermanar. *3* AJED. dar mate a. *4 i.* aparearse.
material (mə'tiəriəl) *a.* material. *2* físico, corpóreo. *3* importante, esencial. *4 s.* material, materia. *5* tela, género. *6 pl.* materiales, avíos. *7* **-ly** *adv.* materialmente, etc.
materialize (to) (mə'tiəriəlaiz) *t.* materializar. *2* hacer perceptible. *3 i.* materializarse.
maternity (mə'tə:niti) *s.* maternidad.

mathematics (ˌmæθiˈmætiks) *s.* matemáticas.

matriculate (to) (məˈtrikjuleit) matricularse [esp. en una universidad].

matrimony (ˈmætriməni) *s.* matrimonio [casamiento, sacramento; estado].

matrix (ˈmeitriks) *s.* matriz.

matron (ˈmeitrən) *s.* matrona.

matter (ˈmætəʳ) *s.* materia: ~ ***of course,*** cosa lógica, natural, de cajón; ***as a ~ of fact,*** de hecho, en realidad. *2* motivo, ocasión. *3* cosa: ***a ~ of ten years,*** cosa de diez años. *4* importancia: ***no ~,*** no importa. *5* ***what is the ~?,*** ¿qué ocurre?; ***what is the ~ with you?,*** ¿qué le pasa a usted?

matter (to) (ˈmætəʳ) *i.* importar: ***it does not ~,*** no importa.

matting (ˈmætiŋ) *s.* estera; esterado.

mattock (ˈmætək) *s.* zapapico.

mattress (ˈmætris) *s.* colchón.

mature (məˈtjuəʳ) *a.* maduro. *2* adulto; juicioso. *3* COM. vencido, pagadero.

mature (to) (məˈtjuəʳ) *t.-i.* madurar. *2 i.* vencer [una deuda, etc.].

maturity (məˈtjuəriti) *s.* madurez. *2* vencimiento [de una deuda, plazo, etc.].

maul (mɔ:l) *s.* mazo, machota.

maul (to) (mɔ:l) *t.* aporrear, magullar.

mawkish (ˈmɔ:kiʃ) *a.* sensiblero, empalagoso. *2* nauseoso.

maxim (ˈmæksim) *s.* máxima, sentencia.

May (mei) *s.* mayo [mes]. *2* (con min.) BOT. espino albar.

may (mei) *v. aux.* poder [tener facultad, libertad, oportunidad o permiso; ser posible o contingente]: ~ ***I go?,*** ¿puedo irme?, ***come what ~,*** venga lo que viniere; ***she ~ be late,*** puede (ser) que ella llegue tarde. *2* a veces expresa deseo: ~ ***it be so,*** ojalá sea así. ¶ Pret.: ***might*** (mait). Sólo tiene pres. y pret.

maybe (ˈmeibi:) *adv.* acaso, tal vez.

mayor (mɛəʳ) *s.* alcalde, corregidor.

maypole (ˈmeipoul) *s.* mayo, árbol de mayo.

maze (meiz) *s.* laberinto, dédalo. *2* confusión, perplejidad.

me (mi:, mi) *pron. pers.*, me, mi: ***with me,*** conmigo.

meadow (ˈmedou) *s.* prado, pradera.

meager, meagre (ˈmi:gəʳ) *a.* magro, flaco. *2* pobre, estéril, escaso.

meal (mi:l) *s.* comida: ~ ***time,*** hora de comer. *2* harina [de maíz, etc.].

mean (mi:n) *s.* bajo, humilde. *2* ruin, bajo, vil. *3* mezquino, tacaño. *4* (E. U.) avergonzado, indispuesto. *5* medio, mediano, intermedio: ~ ***term.*** término medio. *6 s.* medio [término medio]; media [proporcional]. *7* justo medio. *8 pl.* medio, medios [de hacer, obtener, etc.]: ***by all means,*** a toda costa; no faltaba más; ***by means of,*** por medio de; ***by no means,*** de ningún modo. *9 pl.* medios, recursos bienes de fortuna.

mean (to) (mi:n) *t.* significar, querer decir. *2* pensar, proponerse, tener intención de. *3* destinar: ***clothes are meant for use,*** los vestidos se hacen para usarlos. *4 i.* tener intención [buena o mala]. ¶ Pret. y p. p.: ***meant*** (ment).

meander (miˈændəʳ) *s.* meandro.

meander (to) (miˈændəʳ) *i.* serpentear. *2* errar, vagar.

meaning (ˈmi:niŋ) *s.* significación, sentido, acepción. *2* intención.

meanness (mi:nnis) *s.* humildad, pobreza. *2* mala calidad. *3* ruindad. *4* mezquindad, tacañería.

meant (ment) V. TO MEAN.

meantime (ˈmi:nˈtaim), **meanwhile** (-ˈwail) *adv.* entretanto. *2 m.* interín.

measles (ˈmi:zlz) *s. pl.* MED. sarampión: ***german ~,*** rubéola.

measure (ˈmeʒəʳ) *s.* medida: ***beyond ~,*** sobremanera; ***to take measures,*** tomar las medidas o disposiciones necesarias. *2* cantidad, grado, extensión: ***in some ~,*** en cierto grado, en cierto modo. *3* ritmo. *4* MÚS. compás.

measure (to) (ˈmeʒəʳ) *t.-i.* medir: ***to ~ one's lenght,*** medir el suelo, caerse. *2* ajustar, proporcionar.

measured (ˈmeʒəd) *a.* medido. *2* mesurado, rítmico, acompasado. *3* moderado.

measurement (ˈmeʒəmənt) *s.* medición. *2* medida.

meat (mi:t) *s.* carne [como alimento]: ~ ***ball,*** albóndiga; ~ ***safe,*** fresquera. *2* vianda, comida.

mechanic (miˈkænik) *a.* mecánico. *2 s.* obrero, artesano, mecánico.

mechanical (miˈkænikəl) *a.* mecánico. *2* maquinal; automático.

mechanics (miˈkæniks) *s.* mecánica [ciencia].

mechanism (ˈmekənizəm) *s.* mecanismo. *2* mecanicismo.

medal (ˈmedl) *s.* medalla.

medallion (miˈdæljən) *s.* medallón.

meddle (to) (ˈmedl) *i.* entrometerse, injerirse, meterse [en].

meddlesome (ˈmedlsəm) *a.* entremetido.

meddling (ˈmedliŋ) *s.* entremetimiento, intromisión.

mediate ('mi:diit) *a.* mediato. *2* intermedio.
mediation (ˌmi:di'eiʃən) *s.* mediación.
mediator ('mi:dieitəʳ) *s.* mediador, medianero.
medical ('medikəl) *a.* médico, de medicina.
medicament (me'dikəmənt) *s.* medicamento.
medicine ('medsin) *s.* medicina [medicamento; ciencia].
mediocre ('mi:dioukəʳ) *a.* mediocre, mediano.
meditate (to) ('mediteit) *t.* proyectar, proponerse. *2 i.* meditar.
meditation (ˌmedi'teiʃən) *s.* meditación, reflexión.
Mediterranean (ˌmeditə'reinjən) *a.-s.* Mediterráneo.
medium ('mi:djəm) *s.* medio, punto o grado medio. *2* medio, conducto. *3* medium. *4 a.* mediano, medio.
medley ('medli) *s.* mezcla, mezcolanza. *2* MÚS. popurri. *3 a.* mezclado, confuso.
medulla (me'dʌlə) *s.* médula.
meek (mi:k) *a.* manso, suave, humilde, dócil. *2* **-ly** *adv.* mansamente, humildemente.
meekness (mi:knis) *s.* mansedumbre, suavidad, docilidad.
meet (to) (mi:t) *t.* encontrar, hallar, topar con; enfrentarse con. *2* conocer, ser presentado a. *3* reunirse, entrevistarse con. *4* hacer frente a [gastos, etc.]. *5* satisfacer, llenar, cumplir [necesidades, requisitos, etc.]. *6* refutar, responder. *7* ***to go to ~,*** ir a esperar o recibir. *8 i.* reunirse, encontrarse. *9* oponerse; pelear. *10* confluir. *11* ***to ~ with,*** encontrar, encontrarse con. ¶ Pret. y p. p.: ***met*** (met).
meeting ('mi:tiŋ) *s.* reunión, junta, sesión. *2* asamblea, mitin. *3* conferencia, entrevista. *4* encuentro.
megaphone ('megəfoun) *s.* megáfono, bocina, portavoz.
melancholic (ˌmelən'kɔlik) *a.-s.* MED. melancólico.
melancholy ('melənkəli) *s.* melancolía, hipocondría. *2 a.* melancólico.
mellifluous (me'lifluəs) *a.* melifluo.
mellow ('melou) *a.* maduro, sazonado [fruto]. *2* tierno, blando, pastoso, meloso. *3* suave [vino]. *4* lleno, puro, suave [voz, sonido, color, luz]. *5* calamocano. *6* **-ly** *adv.* blandamente, suavemente.
mellow (to) ('melou) *t.-i.* madurar. *2* suavizar(se.
melodious (mi'loudjəs) *a.* melodioso.
melody ('melədi) *s.* melodía, aire.
melon ('melən) *s.* BOT. melón.
melt (to) (melt) *t.-i.* fundir(se, derretir(se. *3* disipar(se, desvanecer(se. *3* ablandar(se, confundir(se. *5 i.* deshacerse, disolverse: ***to ~ into tears,*** fig. deshacerse en lágrimas.
member ('membəʳ) *s.* miembro. *2* socio, individuo. *3* diputado [de una Cámara].
membership ('membəʃip) *s.* calidad de miembro o socio: ***~ fee,*** cuota.
memoir ('memwɑ:ʳ) *s.* memoria, informe, nota.
memorable ('memərəbl) *a.* memorable.
memorandum (ˌmemə'rændəm), *pl.* **dums** (dəmz) o **da** (də) *s.* memorándum. *2* nota, apunte.
memorial (mi'mɔ:riəl) *a.* conmemorativo. *2 s.* monumento conmemorativo. *3* memorial, petición. *4* nota, apunte.
memorize (to) ('meməraiz) *t.* aprender de memoria.
memory ('meməri) *s.* memoria, retentiva. *2* memoria, recuerdo: ***within ~ of man,*** que registra la historia.
men (men) *s. pl.* de MAN.
menace ('menəs) *s.* amenaza.
menace (to) ('menəs) *t.-i.* amenazar.
mend (to) (mend) *t.* componer, reparar, remendar. *2* repasar, zurcir. *3* corregir, enmendar. *4* mejorar. *5 i.* corregirse, enmendarse. *6* mejorarse; restablecerse.
menial ('mi:njəl) *a.* doméstico, servil. *2 s.* criado, lacayo.
mental ('mentl) *a.* mental, intelectual. *2* **-ly** *adv.* mentalmente.
mention ('menʃən) *s.* mención.
mention (to) ('menʃən) *t.* mencionar, nombrar: ***don't ~ it,*** no hay de qué.
mercantile ('mə:kəntail) *a.* mercantil, mercante.
mercenary ('mə:sinəri) *a.* mercenario; venal, interesado. *2 s.* MIL. mercenario.
merchandise ('mə:tʃəndaitz) *s.* mercancía, géneros.
merchant ('mə:tʃənt) *s.* mercader, comerciante. *2 a.* mercante, mercantil.
merciful ('mə:siful) *a.* misericordioso, clemente, compasivo. *2* **-ly** *adv.* misericordiosamente, piadosamente.
mercifulness ('mə:sifulnis) *s.* misericordia, clemencia, compasión.
merciless ('mə:silis) *a.* implacable, despiadado, cruel.
mercury ('mə:kjuri) *s.* QUÍM. mercurio, azogue.

mercy ('mə:si) *s.* misericordia, clemencia, compasión. *2* merced, gracia. *3* ***at the ~ of,*** a la merced de.
mere (miə^r) *a.* mero, solo.
merge (to) (mə:dʒ) *t.* unir, combinar, fusionar. *2 i.* fundirse, unirse, fusionarse.
meringue (mə'ræŋ) *s.* merengue.
merit ('merit) *s.* mérito. *2* merecimiento.
merit (to) ('merit) *t.* merecer; ser digno de.
meritorius (ˌmeri'tɔ:riəs) *a.* meritorio.
mermaid ('mə:meid) *s.* MIT. sirena.
merrily ('merili) *adv.* alegremente.
merriment ('merimənt) *s.* alegría, regocijo. *2* fiesta, diversión.
merry ('meri) *a.* alegre, divertido, festivo: ***to make ~,*** divertirse. *2* risueño, placentero.
merry-go-round ('merigouˌraund) *s.* tiovivo, caballitos.
mesh (meʃ) *s.* malla [de red]. *2* MEC. engranaje. *3 pl.* lazos, trampa.
mesmerize (to) ('mezməraiz) *t.* magnetizar, hipnotizar.
mess (mes) *s.* enredo, lío; asco, suciedad: ***to get into a ~,*** meterse en un lío; ***to make a ~ of,*** desarreglar, enredar, ensuciar. *2* MIL. mesa de oficiales.
mess (to) (mes) *t.* desarreglar, enredar, ensuciar.
message ('mesidʒ) *s.* mensaje. *2* recado, mandado, parte, aviso.
messenger ('mesindʒə^r) *s.* mensajero. *2* mandadero. *3* heraldo.
messiah (mi'saiə) *s.* mesías.
mestizo (mes'ti:zou) *s.* mestizo.
met (met) V. TO MEET.
metal ('metl) *s.* metal.
metallic (mi'tælik) *a.* metálico.
metamorphosis (ˌmetə'mɔ:fəsis) *s.* metamorfosis.
meter ('mi:tə^r) *s.* contador [de gas, etc.].
method ('meθəd) *s.* método. *2* técnica.
methodical (mi'θɔdikəl) *a.* métodico.
meticulous (mi'tikjuləs) *a.* meticuloso.
metre, (E. U.) **meter** ('mi:tə^r) *s.* metro.
metropolis (mi'trɔpəlis) *s.* metrópoli.
metropolitan (ˌmetrə'pɔlitən) *a.-s.* metropolitano.
mettle ('metl) *s.* temple, brío, ánimo.
Mexico ('meksikou) *n. pr.* GEOGR. Méjico, México.
mice (mais) *s. pl.* de MOUSE.
Michael (maikl) *n. pr.* m. Miguel.
microbe ('maikroub) *s.* microbio.
mid (mid) *a.* medio, mitad [punto medio].
midday ('middei) *s.* mediodía [las doce].
middle ('midl) *a.* medio, de en medio, mediano, intermedio: ***~ age,*** mediana edad; ***Middle Ages,*** Edad Media; ***~ class,*** clase media; ***Middle East,*** Oriente Medio. *2 s.* medio, mediados, mitad, centro: ***in the ~ of,*** en medio de, a mediados de. *3* promedio.
midget ('midʒit) *a.* enano, liliputiense.
midnight ('midnait) *s.* medianoche: ***~ Mass,*** misa del gallo.
midst (midst) *s.* centro, medio: ***in the ~ of,*** en medio de, entre.
midsummer ('midˌsʌmə^r) *s.* canícula.
midway ('mid'wei) *s.* mitad del camino. *2* avenida central. *3 a.-adv.* de la mitad o a mitad del camino.
midwife ('midwaif) *s.* partera, comadrona.
mien (mi:n) *s.* semblante, aire, continente.
might (mait) *pret.* de MAY. *2 s.* poderío, fuerza: ***with ~ and main,*** con todas sus fuerzas, a más no poder.
mighty ('maiti) *a.* poderoso. *2* vigoroso, potente. *3* importante, grande.
migrate (to) (mai'greit) *i.* pasar de un país a otro; emigrar.
migration (mai'greiʃən) *s.* migración.
mild (maild) *a.* apacible, blando. *2* manso, dócil. *3* leve, moderado, templado. *4* dúctil. *5* **-ly** *adv.* blandamente, etc.
mildew ('mildju:) *s.* AGR. mildew; añublo. *2* moho [orgánico].
mildness ('maildnis) *s.* suavidad, benignidad. *2* lenidad, indulgencia. *3* mansedumbre. *4* templanza [del clima].
mile (mail) *s.* milla: ***~ stone,*** piedra miliaria.
militancy ('militənsi) *s.* belicosidad, combatividad.
military ('militəri) *a.* militar. *2* castrense. *3 s.* ***the ~,*** los militares.
militate (to) ('militeit) *i.* militar.
militia (mi'liʃə) *s.* milicia.
milk (milk) *s.* leche: ***~ can,*** lechera [vasija].
milk (to) (milk) *t.* ordeñar.
milky ('milki) *a.* lechoso, lácteo: ***Milky Way,*** Vía Láctea.
mill (mil) *s.* molino. *2* fábrica, taller.
mill (to) (mil) *t.* moler, triturar. *2* aserrar.
miller ('milə^r) *s.* molinero.
milliner ('milinə^r) *s.* modista de sombreros.
millinery ('milinəri) *s.* sombrerería de señoras.
mime (maim) *s.* TEAT. mimo. *2* payaso, bufón.
mimic ('mimik) *a.* mímico. *2* imitativo. *3 s.* pantomimo; imitador.
mimic (to) ('mimik) *t.* imitar, remedar. ¶ Pret. y p. p.: ***mimicked;*** ger.: ***mimicking.***

mimosa (mi'mouzə) *s.* BOT. mimosa, sensitiva.
mince (to) (mins) *t.* desmenuzar; picar [carne]. *2* medir [las palabras]; ***without mincing words,*** sin moderse la lengua. *3 i.* andar, hablar, etc., de un modo afectado.
mincing ('minsiŋ) *a.* afectado, remilgado.
mind (maind) *s.* mente, espíritu, entendimiento, juicio; ánimo: ***to go out of one's ~***, perder el juicio; ***presence of ~***, presencia de ánimo. *2* mentalidad. *3* intención, propósito, deseo: ***to know one's ~***, saber uno lo que quiere. *4* pensamiento, mientes, memoria, recuerdo: ***to bear*** o ***keep in ~***, tener presente; ***to put in ~***, [hacer] recordar; ***out of ~***, olvidado, inmemorial. *5* opinión, parecer: ***to change one's ~***, mudar de opinión; ***of one ~***, unánimes.
mind (to) (maind) *t.* tener en cuenta; hacer caso de. *2* tener inconveniente en; molestarle a uno [una cosa]: ***do you ~ the smoke?***, ¿le molesta el humo? *3* cuidar de, atender, ocuparse de. *4* tener cuidado con. *5* recordar, acordarse de. *6 i.* ***never ~***, no importa, no se preocupe. *7* ***mind!***, ¡cuidado!
mindful ('maindful) *a.* atento, cuidadoso. *2* **-ly** *adv.* atentamente, cuidadosamente.
1) **mine** (main) *pron. pos.* mío, -a; míos, -as: ***a friend of ~***, un amigo mío.
2) **mine** (main) *s.* MIN., FORT., MIL. mina.
mine (to) (main) *t.* minar. *2* extraer [mineral]; beneficiar [un filón].
miner ('mainə[r]) *s.* minero.
mineral ('minərəl) *a.-s.* mineral.
mingle (to) ('miŋgl) *t.* mezclar; entremezclar. *2 i.* mezclarse; juntarse.
miniature ('minjətʃə[r]) *s.* miniatura.
minimum ('minimәm) *s.* mínimo.
minion ('minjən) *s.* favorito, seguidor servil. *2* esbirro.
minister ('ministə[r]) *s.* ministro [en todas sus acepciones].
minister (to) ('ministə[r]) *t.* dar, suministrar. *2 i.* oficiar. *3* asistir, auxiliar.
ministry ('ministri) *s.* ministerio. *2* clero.
minor ('mainə[r]) *a.-s.* menor. *2 s.* menor [de edad].
minority (mai'nɔriti) *s.* minoría. *2* menor edad.
minstrel ('minstrəl) *s.* trovador, juglar. *2* (E.U.) cantor cómico.
mint (mint) *s.* casa de moneda. *2* BOT. menta. *3* pastilla de menta.
mint (to) (mint) *t.* acuñar [moneda].
minus ('mainəs) *prep.-a.* menos: ***~ sign***, signo menos.
1) **minute** (mai'nju:t) *a.* menudo, diminuto. *2* minucioso.
2) **minute** ('minit) *s.* minuto: ***~ hand***, minutero. *2* momento, instante. *3* minuta, nota. *4* acta [de una junta, etc.].
miracle ('mirəkl) *s.* milagro. *2* TEAT. ***~ play***, auto [drama religioso].
miraculous (mi'rækjuləs) *a.* milagroso. *2* maravilloso.
mirage ('mirɑ:ʒ) *s.* espejismo.
mire ('maiə[r]) *s.* cieno, lodo, fango.
mirror ('mirə[r]) *s.* espejo.
mirror (to) ('mirə[r]) *t.* reflejar. *2 i.* reflejarse; mirarse [en un espejo].
mirth (mə:θ) *s.* alegría, regocijo, hilaridad.
miry ('maiəri) *a.* cenagoso, lodoso, fangoso.
misadventure ('misədventʃə[r]) *s.* desgracia, percance.
misanthropy (mi'zænθrəpi) *s.* misantropía.
misapply (to) ('misə'plai) *t.* usar o emplear mal.
misapprehend (to) ('mis,æpri'hend) *t.* entender mal.
misbehave (to) ('misbi'heiv) *i.* portarse mal.
misbehaved ('misbi'heivd) *a.* malcriado, descortés.
misbehaviour ('misbi'heivjə[r]) *s.* mal comportamiento. *2* descortesía.
misbelief ('misbi'li:f) *s.* error; herejía.
miscarry (to) (mis'kæri) *i.* abortar. *2* malograrse. *3* extraviarse [una carta].
miscellaneous (,misi'leinjəs) *a.* misceláneo.
miscellany (mi'seləni) *s.* miscelánea.
mischance (mist'tʃɑ:ns) *s.* desgracia, fatalidad, percance.
mischief ('mis-tʃif) *s.* mal, daño, perjuicio: ***to make ~***, enredar, meter cizaña. *2* travesura.
mischievous ('mis-tʃivəs) *a.* malo, dañino. *2* enredador, chismoso. *3* travieso. *4* **-ly** *adv.* dañinamente, perversamente.
misconduct (mis'kɔndəkt) *s.* mala conducta.
misconduct (to) ('miskən'dʌkt) *t.* dirigir o administrar mal.
misconstrue (to) ('miskən'stru:) *t.* interpretar equivocadamente.
misdeed ('mis'di:d) *s.* fechoría, mala acción.
misdemeanour (,misdi'mi:nə[r]) *s.* mala conducta. *2* delito.

misdirect (to) ('misdi'rekt) *t.* dirigir erradamente.
misdoer ('mis'du:əʳ) *s.* malhechor, delincuente.
miser ('maizəʳ) *a.-s.* mísero, avaro, roñoso.
miserable ('mizərəbl) *a.* miserable.
miserly ('maizəli) *a.* avaro, tacaño, roñoso.
misery ('mizəri) *s.* miseria. *2* desdicha, infelicidad. *3* pena, dolor, sufrimiento.
misfire (to) ('mis'faiəʳ) *i.* fallar [un arma de fuego, el encendido de un motor, etc.].
misfortune (mis'fɔ:tʃən) *s.* infortunio, desdicha, desgracia.
misgiving (mis'giviŋ) *s.* presentimiento, recelo, temor.
misgovernment ('mis'gʌvənmənt) *s.* desgobierno, desbarajuste.
misguide (to) ('mis'gaid) *t.* dirigir mal, aconsejar mal: ***misguided***, mal aconsejado, descaminado.
mishap ('mishæp) *s.* desgracia, percance, contratiempo.
misjudge (to) ('mis'dʒʌdʒ) *t.* juzgar mal, erróneamente.
mislay (to) (mis'lei) *t.* extraviar, perder.
mislead (to) (mis'li:d) *t.* desencaminar, descarriar, despistar. *2* engañar, seducir.
mismanagement ('mis'mænidʒmənt) *s.* mala administración.
misplace (to) ('mis'pleis) *t.* poner fuera de su sitio. *2* extraviar.
misprint ('mis'print) *s.* errata, error de imprenta.
misrepresent (to) ('mis,repri'zent) *t.* desfigurar, tergiversar.
Miss (mis) *s.* señorita [antepuesto al nombre].
miss (mis) *s.* errada; fracaso. *2* falta, pérdida.
miss (to) (mis) *t.* errar. *2* perder [un tren, la ocasión, etc.]. *3* omitir. *4* escapar, evitar. *5* echar de menos. *6 i.* errar el blanco. *7* fallar, no surtir efecto.
misshapen ('mis'ʃeipən) *a.* deforme.
missile ('misail) *a.* arrojadizo. *2 s.* proyectil.
missing ('misiŋ) *a.* extraviado, perdido, que falta: ***to be*** ~, faltar, estar extraviado o perdido.
mission ('miʃən) *s.* misión.
missive ('misiv) *a.* misivo. *2 s.* carta, misiva.
mis-spend (to) ('mis'pend) *t.* malgastar.
mist (mist) *s.* niebla, vapor, vaho.
mistake (mis'teik) *s.* equivocación, error, confusión: ***to make a*** ~, equivocarse.
mistake (to) (mis'teik) *t.* equivocar; confundir, tomar [una pers. o cosa] por otra. ¶ Pret.: ***mistook;*** p. p.: ~ ***taken.***
mistaken (mis'teikən) *p. p.* de TO MISTAKE. *2 a.* equivocado, errado. *3* erróneo, incorrecto.
mistletoe ('misltou) *s.* BOT. muérdago.
mistress ('mistris) *s.* ama, dueña, señora. *2* maestra [de escuela]. *3* querida, manceba.
mistrust ('mis'trʌst) *s.* desconfianza, suspicacia.
mistrust (to) ('mis'trʌst) *t.* desconfiar de, recelar.
mistrustful ('mis'trʌstful) *a.* desconfiado, receloso.
misty ('misti) *a.* brumoso, nebuloso. *2* empapado. *3* confuso, vago.
misunderstand (to) ('misʌndə'stænd) *t.* entender mal.
misunderstanding ('misʌndə'stændiŋ) *s.* equivocación, error, mala interpretación. *2* desavenencia.
misuse ('mis'ju:s) *s.* mal uso; uso impropio.
misuse (to) ('mis'ju:z) *t.* maltratar. *2* usar mal.
mite (mait) *s.* pizca; pequeñez. *2* criatura.
mitigate (to) ('mitigeit) *t.* mitigar, disminuir, atenuar.
mitigation (,miti'geiʃən) *s.* alivio, mitigación.
mitre ('maitəʳ) *s.* mitra.
mitten ('mitn) *s.* guante sin división para los dedos, excepto para el pulgar. *2 **to get**,* o ***give the*** ~, recibir o dar calabazas.
mix (miks) *s.* mezcla. *2* ***mix-up***, embrollo, lío.
mix (to) (miks) *t.* mezclar. *2* ***to*** ~ ***up***, mezclar; confundir. *3 i.* mezclarse. *4* juntarse, alternar.
mixed (mikst) *a.* mezclado. *2* mixto. *3* misceláneo, variado. *4* ~ ***up***, confundido, aturdido.
mixture ('mikstʃəʳ) *s.* mezcla, mixtura.
moan (moun) *s.* gemido, quejido, lamento.
moan (to) (moun) *i.* gemir, quejarse. *2 t.* llorar, deplorar.
moat (mout) *s.* FORT. foso.
mob (mɔb) *s.* populacho, chusma; turba. *2* gentío, tropel.
mob (to) (mɔb) *t.* atacar en tumulto. *2 i.* tumultuarse.
mobile ('moubail) *a.* móvil. *2* inconstante, variable.
mobilize (to) ('moubilaiz) *t.* movilizar.
moccasin ('mɔkəsin) *s.* mocasín.

mock (mɔk) *a.* ficticio, falso. *2* fingido, burlesco. *3 s.* burla, mofa.
mock (to) (mɔk) *t.* mofarse de, burlarse de; engañar. *2* imitar. *3 i. to ~ at,* burlarse de.
mockery ('mɔkəri) *s.* burla, mofa, escarnio. *2* remedo.
model ('mɔdl) *s.* modelo. *2* diseño, muestra. *3* figurín. *4* dechado, ejemplo. *5 a.* modelo: *~ school,* escuela modelo.
model (to) ('mɔdl) *t.* modelar, formar, moldear.
moderate ('mɔdərit) *a.* moderado; templado. *2* mesurado. *3* módico. *4* mediano, regular. *5* **-ly** *adv.* moderadamente.
moderate (to) ('mɔdəreit) *t.* moderar; templar; reprimir. *2 i.* moderarse.
moderation (ˌmɔdə'reiʃən) *s.* moderación. *2* sobriedad, templanza. *3* mesura, comedimiento.
modern ('mɔdən) *a.* moderno.
modest ('mɔdist) *a.* modesto, recatado. *2* modesto, humilde. *3* moderado [no excesivo].
modesty ('mɔdisti) *s.* modestia. *2* pudor, decencia.
modify (to) ('mɔdifai) *t.* modificar. *2* moderar, templar, suavizar.
modulate (to) ('mɔdjuleit) *t.* modular. *2* ajustar. *3 i.* MÚS. modular.
Mohammed (mou'hæmed) *n. pr. m.* Mahoma.
Mohammedan (mou'hæmidən) *a.-s.* mahometano.
moiety ('mɔiəti) *s.* mitad.
moist (mɔist) *a.* húmedo, mojado.
moisten (to) ('mɔisn) *t.* humedecer, mojar. *2 i.* humedecerse.
moisture ('mɔistʃə^r) *s.* humedad.
mole (moul) *s.* lunar. *2* rompeolas; muelle. *3* ZOOL. topo.
molest (to) (mou'lest) *t.* molestar, inquietar, vejar.
mollify (to) ('mɔlifai) *t.* molificar. *2* mitigar. *3* calmar, apaciguar.
molten ('moultən) *p. p. irr.* de TO MELT. *2 i.* fundido [metal].
moment ('moumənt) *s.* momento, instante, coyuntura. *2* momento, importancia.
momentarily ('mouməntərili) *adv.* momentáneamente.
momentous (mou'mentəs) *a.* importante, grave, trascendental.
momentum (mou'mentəm) *s.* ímpetu, impulso, velocidad adquirida.
monarch ('mɔnək) *s.* monarca.
monarchy ('mɔnəki) *s.* monarquía.
monastery ('mɔnəstri) *s.* monasterio, convento.
monastic(al (mə'næstik, -əl) *a.* monástico.
Monday ('mʌndi, -dei) *s.* lunes.
money ('mʌni) *s.* moneda, dinero: *~ order,* giro postal: *~ lender,* prestamista.
mongol ('mɔŋgəl) *a.-s.* mogol, mongol.
mongoose ('mɔŋgu:s) *s.* ZOOL. mangosta.
mongrel ('mʌŋgrəl) *a.-s.* mestizo, cruzado.
monitor ('mɔnitə^r) *s.* admonitor. *2* instructor. *3* monitor.
monk (mʌŋk) *s.* monje, fraile.
monkey ('mʌŋki) *s.* ZOOL. mono, mico, simio. *2* MEC. *~ wrench,* llave inglesa.
monkish ('mʌŋkiʃ) *a.* monacal; frailesco.
monogram ('mɔnəgræm) *s.* monograma.
monograph ('mɔnəgrɑ:f) *s.* monografía.
monologue ('mɔnələg) *s.* monólogo; soliloquio.
monopolize (to (mə'nɔpəlaiz) *t.* monopolizar.
monopoly (mə'nɔpəli) *s.* monopolio.
monotonous (mə'nɔtənəs) *a.* monótono.
monotony (mə'nɔtəni) *s.* monotonía.
monsoon (mɔn'su:n) *s.* monzón.
monster ('mɔnstə^r) *s.* monstruo. *2 a.* enorme.
monstrosity (mɔns'trɔsiti) *s.* monstruosidad.
monstruous ('mɔnstrəs) *a.* monstruoso. *2* **-ly** *adv.* monstruosamente.
month (mʌnθ) *s.* mes.
monthly ('mʌnθli) *a.-adv.* mensual(mente: *~ allowance, pay,* etc., mensualidad.
monument ('mɔnjumənt) *s.* monumento.
mood (mu:d) *s.* genio, talante. *2* humor, disposición: *to be in no ~ for* o *to,* no tener ganas de. *3* capricho.
moody ('mu:di) *a.* malhumorado, triste, caviloso. *2* raro, caprichoso, veleidoso.
moon (mu:n) *s.* ASTR. luna: *new ~,* luna nueva; *full ~,* luna llena; *~ light,* luz de la luna.
moor (muə^r) *s.* páramo, brezal, marjal.
Moor (muə^r) *s.* moro, sarraceno.
moor (to) (muə^r) *t.-i.* MAR. amarrar, anclar.
mop (mɔp) *s.* bayeta. *2* greña, cabello revuelto.
mop (to) (mɔp) *t.* fregar el suelo. *2* enjugar, limpiar [el sudor, etc.].
mope (to) (moup) *i.* andar abatido y melancólico; aburrirse.
moral ('mɔrəl) *a.* moral. *2* virtuoso. *3 s.* moraleja, enseñanza. *4 pl.* moral, ética. *5* moral [costumbres].

morale (mɔ'rɑ:l) *s.* moral [estado de ánimo].
morality (mə'ræliti) *s.* moralidad.
moralize (to) ('mɔrəlaiz) *t.-i.* moralizar.
morass (mə'ræs) *s.* pantano, cenagal.
morbid ('mɔ:bid) *a.* mórbido, morboso. *2* horrible.
morbidity (mɔ:'biditi) *s.* morbosidad. *2* morbididad.
mordant ('mɔ:dənt) *a.* corrosivo. *2* acre, mordaz. *3 s.* mordente.
more (mɔ:ʳ, mɔəʳ) *a.-adv.* más; [not] ***any ~***, ya no; ~ ***or less***, [poco] más o menos; ***once ~***, otra vez; ***the ~ the merrier***, cuantos más, mejor.
moreover (mɔ:'rouvəʳ) *adv.* además, por otra parte.
Moresque (mə'resk) *a.-s.* moro, morisco. *2* B. ART. árabe.
morning ('mɔ:niŋ) *s.* [la] mañana. *2* alba, aurora, albores. *3 a.* matinal, matutino; ~ ***star***, lucero del alba.
Moroccan (mə'rɔkən) *a.-s.* marroquí.
Morocco (mə'rɔkou) *n. pr.* GEOGR. Marruecos.
morose (mɔ'rous) *a.* malhumorado, hosco, displicente. *2* **-ly** *adv.* con mal humor.
morphia ('mɔ:fje), **morphine** ('mɔ:fi:n) *s.* morfina.
morrow ('mɔrou) *s.* mañana, día siguiente: ***on the ~***, el día siguiente.
morsel ('mɔ:səl) *s.* bocado. *2* pedacito.
mortal ('mɔ:tl) *a.-s.* mortal: ~ ***sin***, pecado mortal. *2* **-ly** *adv.* mortalmente.
mortality (mɔ:'tæliti) *s.* mortalidad. *2* humanidad.
mortar ('mɔ:təʳ) *s.* mortero, almirez. *2* ARTILL. mortero. *3* mortero, argamasa.
mortgage ('mɔ:gidʒ) *s.* hipoteca.
mortgage (to) ('mɔ:gidʒ) *t.* hipotecar.
mortify (to) ('mɔ:tifai) *t.* mortificar, humillar. *2* mortificarse.
mortuary ('mɔ:tjuəri) *a.* mortuorio. *2 s.* depósito de cadáveres.
mosaic (mə'zeiik) *a.* mosaico.
Moslem ('mɔzlem) *a.-s.* muslime.
mosque (mɔsk) *s.* mezquita.
mosquito (məs'ki:tou) *s.* ENT. mosquito: ~ ***net***, mosquitero.
moss (mɔs) *s.* BOT. musgo; moho.
most (moust) *adj. superl.* de MORE, MUCH y MANY. *2* muchos, los más, la mayoría de. *3* ***for the ~ part***, en su mayor parte. *4 adv.* sumamente, muy; más: ***Most Reverend***, reverendísimo. *5 s.* lo más, lo sumo: ***at the ~***, a lo más, a lo sumo.
mostly ('moustli) *adv.* en su mayor parte, principalmente.
motel (mou'tel) *s.* motel.
moth (mɔθ) *s.* ENT. polilla; mariposa nocturna.
mother ('mʌðəʳ) *s.* madre. *2 a.* madre; materno; natal; ~ ***tongue***, lengua madre; lengua materna.
motherly ('mʌðəli) *a.* maternal, materno. *2 adv.* maternalmente.
motif (mou'ti:f) *s.* MÚS., B. ART. motivo, tema.
motion ('mouʃən) *s.* movimiento, moción. *2* seña, ademán. *3* moción, proposición. *4* ~ ***picture***, película [cinematográfica]. *pl.* cine.
motion (to) ('mouʃən) *i.-t.* hacer seña o ademán [a uno].
motionless ('mouʃənlis) *a.* inmóvil.
motive ('moutiv) *s.* motivo, causa, razón. *2 a.* motor, motriz: ~ ***power***, fuerza motriz.
motor ('moutəʳ) *s.* motor [lo que mueve]. *2 a.* motor, motriz. *3* de motor; automóvil.
mottle ('mɔtl) *s.* pinta, mancha, veta [de color].
mottle (to) ('mɔtl) *t.* motear, jaspear, vetear.
motto ('mɔtou) *s.* mote, lema, divisa.
mo(u)ld (mould) *s.* moho [orgánico], verdín. *2* tierra vegetal, mantillo. *3* molde, matriz, modelo. *4* forma, hechura.
mo(u)ld (to) (mould) *t.* moldear. *2* modelar. *3 i.* enmohecerse.
mo(u)lder (to) ('mouldəʳ) *t.-i.* consumir(se, convertir(se en polvo.
mo(u)lding ('mouldiŋ) *s.* CARP., ARQ. moldura. *2* moldeado.
mo(u)ldy ('mouldi) *a.* mohoso, florecido.
mo(u)lt (to) (moult) *t.* mudar [la pluma, la piel, etc.]. *2 i.* mudar, hacer la muda [un animal].
moulting ('moultiŋ) *s.* muda [de los animales].
mound (maund) *s.* montículo, túmulo. *2* terraplén.
mount (maunt) *s.* monte, montaña. *2* montura, cabalgadura. *3* montura [de un objeto].
mount (to) (maunt) *t.* subir [una cuesta, etc.]; elevarse por. *2* subir, levantar. *3* montar(se en o sobre. *4* montar, armar, engastar, engarzar. *5* TEAT. poner en escena. *6* MAR., MIL. montar [cañones; la guardia]. *7 i.* subir, elevarse, remontarse. *8* ascender [una cuenta].
mountain ('mauntin) *s.* montaña; ~ ***range***, cadena de montañas; ~ ***climber***, montañero.
mountaineer (ˌmaunti'niəʳ) *s.* montañés. *2* alpinista.

mountainous ('mauntinəs) *a.* montañoso, montuoso. *2* enorme.
mounting ('mauntiŋ) *s.* subida. *2* montaje; engaste, montura.
mourn (to) (mɔ:n) *t.* deplorar, lamentar, llorar. *2 i.* lamentarse, dolerse. *3* estar de luto.
mournful ('mɔ:nful) *a.* triste, lúgubre, fúnebre. *2* apesadumbrado.
mourning ('mɔ:niŋ) *s.* dolor, pesar, duelo. *2* lamento, llanto. *3* luto: ***to be in ~***, estar de luto.
mouse (maus), *pl.* **mice** (mais) *s.* ZOOL. ratón.
moustache (məs'tɑ:ʃ) *s.* bigote.
mouth (mauθ) *s.* ANAT. boca: ***down in the ~***, alicaído, cariacontecido. *2* boca [entrada, orificio]. *3* bocas, desembocadura [de un río].
mouthful ('mauθful) *s.* bocado [de comida]. *2* pizca.
mouthpiece ('mauθpi:s) *s.* MÚS. boquilla, embocadura. *2* portavoz, vocero.
movable ('mu:vəbl) *a.* movible, móvil. *2 s. pl.* muebles, efectos.
move (mu:v) *s.* movimiento [acción de moverse]: ***to get a ~ on***, darse prisa; ***on the ~***, en movimiento. *2* jugada. *3* cambio de sitio. *4* paso, diligencia.
move (to) (mu:v) *t.* mover. *2* inducir, persuadir. *3* menear. *4* remover, trasladar, mudar. *5* conmover, enternecer. *6* excitar [un sentimiento]. *7* proponer [en una asamblea]. *8* jugar [una pieza, un peón]. *9 i.* moverse, andar: ***to ~ away***, irse; alejarse; ***to ~ round***, dar vueltas. *10* irse. *11* trasladarse, mudarse.
movement ('mu:vmənt) *s.* movimiento. *2* mecanismo [de reloj, etc.].
movie ('mu:vi) *s.* película [de cine]. *2 pl.* ***the movies***, el cine.
moving ('mu:viŋ) *s.* movimiento; traslado, mudanza. *2 a.* móvil, que se mueve: ***~ picture***, película [de cine]. *3* motor, motriz. *4* conmovedor, patético. *5* **-ly** *adv.* conmovedoramente, patéticamente.
mow (to) (mou) *t.* segar, guadañar. ¶ Pret. ***mowed*** (moud); p. p.: ***mown*** (moun).
mown (moun) *p. p.* de TO MOW.
much (mʌtʃ) *a.* mucho, -cha. *2* adv. muy, mucho: ***as ~ as***, tanto como; ***how ~?***, ¿cuánto?; ***so ~ the better***, tanto mejor. *3 s.* mucho, gran cosa: ***to make ~ of***, tener en mucho, festejar.
muck (mʌk) *s.* estiércol; suciedad.
mud (mʌd) *s.* barro, lodo, fango: ***to sling ~ at***, llenar de fango, difamar.
muddle ('mʌdl) *s.* enredo, lío, confusión, desorden.
muddle (to) ('mʌdl) *t.* enredar, embrollar. *2* enturbiar. *3* embriagar, entontecer. *4 i.* hacerse un lío.
muddy ('mʌdi) *a.* barroso, fangoso, lodoso. *2* turbio. *3* confuso.
mudguard ('mʌdgɑ:d) *s.* guardabarros.
muezzin (mu(:)'ezin) *s.* almuecín.
muffle (to) ('mʌfl) *t.* envolver, embozar, cubrir, tapar. *2* apagar [un sonido].
muffler ('mʌflə^r) *s.* bufanda, embozo. *2* MEC. silenciador.
mug (mʌg) *s.* jarro [para beber].
mulatto (mju(:)'lætou) *a.-s.* mulato.
mulberry ('mʌlbəri) *s.* BOT. moral: ***white ~***, morera. *2* mora.
mule (mju:l) *s.* ZOOL. mulo, macho: ***she-mule***, mula.
muleteer (ˌmju:li'tiə^r) *s.* mulero.
multiple ('mʌltipl) *a.* múltiple. *2 s.* múltiplo.
multiply (to) ('mʌltiplai) *t.-i.* multiplicar(se.
multitude ('mʌltitju:d) *s.* multitud, muchedumbre.
multitudinous (ˌmʌlti'tju:dinəs) *a.* numeroso. *2* multitudinario.
mumble (to) ('mʌmbl) *t.-i.* mascullar, murmurar, musitar.
mummy ('mʌmi) *s.* momia. *2* mamá.
munch (to) (mʌntʃ) *t.* mascar.
mundane ('mʌndein) *a.* mundano.
municipality (mju(:)ˌnisi'pæliti) *s.* municipalidad, municipio.
munificent (mju(:)'nifisnt) *a.* munificente.
munitions (mju(:)'niʃənz) *s. pl.* municiones.
murder ('mə:də^r) *s.* asesinato, homicidio.
murder (to) ('mə:də^r) *t.* asesinar, matar.
murderer ('mə:dərə^r) *s.* asesino, matador, homicida.
murderous ('mə:dərəs) *a.* asesino, homicida. *2* sanguinario, cruel.
murky ('mə:ki) *a.* obscuro, lóbrego, sombrío.
murmur ('mə:mə^r) *s.* murmullo, susurro, rumor. *2* queja.
murmur (to) ('mə:mə^r) *i.-t.* murmurar, susurrar. *2 i.* quejarse, refunfuñar.
muscle ('mʌsl) *s.* ANAT. músculo.
muscular ('mʌskjulə^r) *a.* muscular. *2* musculoso, fornido.
Muse (mju:z) MIT. y fig. musa.
muse (to) (mju:z) *i.* meditar, reflexionar. *2* estar o mirar absorto, distraído.
museum (mju(:)'ziəm) *s.* museo.
mushroom ('mʌʃrum) *s.* BOT. seta, hongo.
music ('mju:zik) *s.* música: ***~ stand***, atril; ***to face the ~***, pagar el pato.

musical ('mju:zikəl) *a.* musical, músico: ~ ***comedy***, comedia musical, opereta. *2* armonioso, melodioso, canoro.

musician (mju(:)'ziʃən) *s.* músico.

musk (mʌsk) *s.* almizcle: ~ ***melon***, melón; ~ ***rat***, desmán. *2* ZOOL. almizclero.

musket ('mʌskit) *s.* mosquete, fusil.

musketeer (ˌmʌski'tiəʳ) *s.* mosquetero, fusilero.

musketry ('mʌskitri) *s.* mosquetería, fusilería.

muslin ('mʌzlin) *s.* muselina. *2* percal.

1) **must** (mʌst, məst) *s.* mosto. *2* moho, ranciedad.

2) **must** (mʌst, məst) *aux. defect.* [usado sólo en el presente] deber, haber de, tener que. *2* deber de. *3* ser necesario.

mustard ('mʌstəd) *s.* mostaza.

muster ('mʌstəʳ) *s.* reunión. *2* MIL. lista, revista.

muster (to) ('mʌsəʳ) *t.* juntar, reunir. *2* MIL. reunir. *3 i.* reunirse, juntarse.

musty ('mʌsti) *a.* mohoso. *2* rancio. *3* mustio, triste.

mute (mju:t) *a.-s.* mudo. *2* MÚS. sordina. *3* **-ly** *adv.* mudamente.

mutilate (to) ('mju:tileit) *t.* mutilar.

mutilation (ˌmju:ti'leiʃən) *s.* mutilación.

mutineer (ˌmju:ti'niəʳ) *s.* amotinado. *2* amotinador.

mutinous ('mju:tinəs) *a.* rebelde, indómito. *2* subversivo. *3* **-ly** *adv.* amotinadamente.

mutiny ('mju:tini) *s.* motín, insubordinación.

mutiny (to) ('mju:tini) *i.* amotinarse, rebelarse.

mutter ('mʌtəʳ) *s.* murmullo.

mutter (to) ('mʌtəʳ) *t.-i.* murmurar, musitar, refunfuñar.

mutton ('mʌtn) *s.* carnero, carne de carnero: ~ ***chop***, chuleta de carnero.

mutual ('mju:tjuəl) *a.* mutual, mutuo; recíproco.

muzzle ('mʌzl) *s.* hocico, morro. *2* bozal, frenillo. *3* boca [de un arma de fuego].

muzzle (to) ('mʌzl) *t.* abozalar. *2* amordazar.

my (mai) *a. pos.* mi, mis: ~ ***book***, mi libro. *2* interj. ***oh, my!***, ¡caramba!

myopia (mai'oupjə) *s.* miopía.

myrmidon ('mə:midən) *s.* esbirro.

myrrh (mə:ʳ) *s.* mirra.

myrtle ('mə:tl) *s.* mirto, arrayán.

myself (mai'self) *pron.* yo, yo mismo; a mí, a mí mismo, me.

mysterious (mis'tiəriəs) *a.* misterioso.

mystery ('mistəri) *s.* misterio. *2* arcano, enigma.

mystic ('mistik) *a.-s.* místico.

mysticism ('mistisizəm) *s.* misticismo.

mystify (to) ('mistifai) *t.* confundir, desconcertar, engañar.

myth (miθ) *s.* mito. *2* fábula.

mythological (ˌmiθə'lɔdʒikəl) *a.* mitológico.

mythology (mi'θɔlədʒi) *s.* mitología.

N

nadir ('neidiə[r]) *s.* nadir.
nag (næg) *s.* jaca. *2* rocín.
nag (to) (næg) *t.-i.* regañar, hallarlo todo mal.
nail (neil) *s.* ANAT., ZOOL. uña: ~ ***clippers***, cortaúñas. *2* clavo; punta; tachón: ***on the*** ~, en el acto.
nail (to) (neil) *t.* clavar; fijar, sujetar. *2* clavetear.
naive, naive (nɑ:'iv, nai'i:v) *a.* sencillo, ingenuo. *2* **-ly** *adv.* ingenuamente.
naked ('neikid) *a.* desnudo: ***with the*** ~ ***eye***, a simple vista. *2* descubierto, sin protección. *3* **-ly** *adv.* desnudamente.
name (neim) *s.* nombre: ***what is your*** ~***?***, ¿cómo se llama usted?; ***in the*** ~ ***of***, en nombre de. *2* fama, reputación. *3* ***nick*** ~, apodo, mote.
name (to) (neim) *t.* llamar, denominar, apellidar. *2* nombrar, hacer mención de. *3* señalar, indicar, fijar.
nameless ('neimlis) *a.* anónimo. *2* innominado. *3* humilde. *4* indescriptible, horrible.
namely ('neimli) *adv.* a saber, esto es.
namesake ('neim-seik) *s.* homónimo, tocayo.
nanny ('næni) *s.* niñera.
nap (næp) *s.* siesta, sueñecito. *2* pelo [de un tejido].
nap (næp) *i.* dormitar, descabezar el sueño: ***to catch napping***, coger desprevenido.
nape (neip) *s.* ~ ***of the neck***, nuca, cogote.
napkin ('næpkin) *s.* servilleta. *2* toalleta.
narcissus (nɑ:'sisəs) *s.* BOT. narciso.
narcotic (nɑ:'kɔtik) *a.-s.* MED. narcótico.
nard (nɑ:d) *s.* BOT. nardo.
narrate (to) (næ'reit) *t.* narrar.
narration (næ'reiʃən) *s.* narración.
narrative ('nærətiv) *a.* narrativo. *2 s.* narración, relato. *3* narrativa.
narrow ('nærou) *a.* estrecho, angosto: ~ ***gauge***, vía estrecha. *2* escaso, reducido. *3* mezquino, tacaño. *4* iliberal. *5* ~ ***escape***, por poco. *6* ~ ***circumstances***, pobreza, estrechez. *7 s. pl.* parte estrecha. *8* **-ly** *adv.* estrechamente; mezquinamente.
narrow (to) ('nærou) *t.-i.* estrechar(se, angostar(se. *2* reducir(se, encoger(se.
narrow-minded ('nærou'maindid) *a.* mezquino, iliberal, mojigato.
narrowness ('nærounis) *s.* estrechez, angostura.
nasal ('neizəl) *a.-s.* nasal.
nasty ('nɑ:sti) *a.* sucio, asqueroso, repugnante. *2* indecente, grosero. *8* desagradable. *4* malo.
nation ('neiʃən) *s.* nación.
nationality (ˌnæʃə'næliti) *s.* nacionalidad.
native ('neitiv) *a.* nativo [metal]. *2* natal, nativo, patrio. *3* natural [de un país]; indígena, autóctono. *4* originario, oriundo. *5 s.* natural; indígena.
nativity (nə'tiviti) *s.* natividad.
natty ('næti) *a.* elegante. *2* diestro, hábil.
natural ('nætʃrəl) *a.* natural. *2* nato. *3* parecido [retrato]. *4 s.* idiota, simple.
naturalize (to) ('nætʃrəlaiz) *t.* naturalizar. *2* aclimatar.
nature ('neitʃə) *s.* naturaleza, natura. *2* carácter, especie. *3* natural, índole, genio. *4* B. ART. ***from*** ~, del natural.
naught (nɔ:t) *s.* cero. *2* nada: ***to come to*** ~, reducirse a nada, malograrse.
naughty ('nɔ:ti) *a.* malo, desobediente, travieso.
nausea ('nɔ:sjə) *s.* náusea, asco.
nauseate (to) ('nɔ:sieit) *t.* dar náuseas a. *2 i.* nausear.
nauseous ('nɔ:siəs) *a.* nauseabundo.
nautic(al ('nɔ:tik, -əl) *a.* náutico, marino.
naval ('neivəl) *a.* naval.
nave (neiv) *s.* ARQ. nave.
navel ('neivəl) *s.* ombligo.
navigate (to) ('nævigeit) *t.-i.* navegar.

navigation (ˌnævi'geiʃən) *s.* navegación.
navigator ('nævigeitəʳ) *s.* navegante.
navy ('neivi) *s.* armada, flota, marina de guerra.
nay (nei) *adv.* no.
near (niəʳ) *a.* cercano, próximo, inmediato: ***Near East***, Próximo Oriente. *2* íntimo, estrecho. *3 adv.* cerca: ***to come ~***, acercarse. *4* casi, a punto de. *5 prep.* cerca de.
near (to) (niəʳ) *t.-i.* acercar(se.
nearby ('niəbai) *a.* cercano. *2 adv.* cerca.
nearly ('niəli) *adv.* cerca, aproximadamente. *2* casi, por poco.
neat (ni:t) *a.* pulcro, ordenado. *2* limpio. *3* límpido. *4* primoroso. *5* elegante. *6* hábil, diestro. *7* puro; neto.
neatness ('ni:tnis) *s.* limpieza, pulcritud, orden.
nebulous ('nebjuləs) *a.* nebuloso.
necessary ('nesisəri) *a.* necesario.
necessitous (ni'sesitəs) *a.* necesitado, pobre.
necessity (ni'sesiti) *s.* necesidad, precisión.
neck (nek) *s.* cuello, pescuezo, garganta. *2* cuello [de una prenda, una vasija, etc.]; gollete. *3* parte estrecha.
necklace ('neklis) *s.* collar, gargantilla.
need (ni:d) *s.* necesidad, carencia, falta. *2* necesidad, pobreza.
need (to) (ni:d) *t.* necesitar, haber menester, requerir. *2 i.* estar necesitado. *3 impers.* ser necesario, ser menester.
needful ('ni:dful) *a.* necesario. *2* necesitado. *3 s.* lo necesario.
needle ('ni:dl) *s.* aguja. *2* BOT. hoja acicular. *3* brújula.
needless ('ni:dlis) *a.* innecesario, inútil.
needlewoman ('ni:dlˌwumən) *s.-f.* costurera.
needy ('ni:di) *a.* necesitado, menesteroso.
nefarious (ni'fɛəriəs) *a.* nefario, abominable.
negation (ni'geiʃən) *s.* negación.
negative ('negətiv) *a.* negativo. *2 s.* negativa, negación. *3* FOT., ELECT. negativo.
neglect (ni'glekt) *s.* abandono, descuido, negligencia. *2* desuso.
neglect (to) (ni'glekt) *t.* abandonar, descuidar, omitir. *2* desdeñar, arrinconar.
neglectful (ni'glektful) *a.* descuidado, negligente. *2* **-ly** *adv.* negligentemente.
negligence ('neglidʒəns) *s.* negligencia, descuido, dejadez.
negotiate (to) (ni'gouʃieit) *t.-i.* negociar. *2 fam.* atravesar, saltar, salvar.
negotiation (niˌgouʃi'ieʃən) *s.* negociación. *2* negocio, gestión.
Negro ('ni:grou) *a.-s.* negro [pers.].
neigh (nei) *s.* relincho.
neigh (to) (nei) *i.* relinchar.
neighbo(u)r ('neibəʳ) *s.* vecino. *2* amigo. *3* prójimo.
neighbo(u)rhood ('neibəhud) *s.* vecindad. *2* cercanías. *3* vecindario.
neighbo(u)ring ('neibəriŋ) *a.* vecino, adyacente. *2* rayano, cercano.
neither ('naiðəʳ, 'ni:ðəʳ) *a.* ninguno [de los dos], ningún, na. *2 conj.* ni. *3 adv.* tampoco, ni siquiera. *4 pron.* ninguno, ni el uno ni el otro.
neologism (ni(:)'ɔlədʒizəm) *s.* neologismo.
nephew ('nevju(:) *s.* sobrino.
nerve (nə:v) *s.* ANAT., BOT. nervio. *2* nervio, vigor. *3* sangre fría; valor; descaro. *4 pl.* nervios.
nervous ('nə:vəs) *a.* nervioso. *2* vigoroso, enérgico. *3* tímido.
nest (nest) *s.* nido. *2* nidal, ponedero.
nest (to) (nest) *i.* anidar. *2* buscar nidos.
nestle (to) ('nesl) *i.* acurrucarse; anidar(se.
net (net) *s.* red. *2* malla, redecilla [tejido]. *3 a.* COM. neto; líquido.
nettle ('netl) *s.* BOT. ortiga.
nettle (to) ('netl) *t.* picar [como una ortiga], enfadar.
neuter ('nju:təʳ), **neutral** (-trəl) *a.* neutro. *2* neutral.
never ('nevəʳ) *adv.* nunca, jamás: ~ ***again***, nunca más. *2* de ningún modo, no: ~ ***fear***, no hay cuidado: ~ ***mind***, no importa.
nevertheless (ˌnevəðə'les) *adv. conj.* no obstante, sin embargo.
new (nju:) *a.* nuevo. *2* tierno [pan]. *3* moderno. *4* reciente. *5* ~ ***arrival***, recién llegado. *6* **-ly** *adv.* nuevamente, recientemente.
newborn ('nju:bɔ:n) *a.* recién nacido.
newcomer ('nju:'kʌməʳ) *s.* recién venido o llegado.
new-laid ('nju:leid) *s.* fresco [huevo].
news (nju:z) *s.* noticia, noticias: ***a piece of ~***, una noticia. *2* prensa, periódicos.
newsman ('nju:zmən) *s.* (Ingl.) vendedor de periódicos. *2* (E. U.) periodista, reportero.
newspaper ('nju:sˌpeipəʳ) *s.* diario, periódico.
newspaperman ('nju:s'peipəˌmæn) *s.* periodista.
newt (nju:t) *s.* ZOOL. tritón.
next (nekst) *a.* próximo, inmediato, contiguo; siguiente, sucesivo; futuro, venidero: ~ ***door***, la puerta de al lado; ~

life, la vida futura. *2 adv.* luego, después, a continuación: ~ ***to***, al lado de; después de, casi. *3 prep.* al lado de. *4* después de.

nib (nib) *s.* punto [de la pluma]. *2* MEC. pico, punta, púa, diente.

nibble ('nibl) *s.* mordisco, bocadito.

nibble (to) ('nibl) *t.* mordisquear. *2* picar [como el pez].

nice (nais) *s.* bueno, agradable; delicioso, exquisito, primoroso. *2* lindo. *3* elegante, refinado. *4* amable, simpático. *5* fino, sutil; exacto, preciso. *6* concienzudo, escrupuloso. *7* delicado, exigente. *8* **-ly** *adv.* sutilmente, finalmente, etc.

niche (nitʃ) *s.* nicho, hornacina.

nick (nik) *s.* mella, desportilladura: ***in the ~ of time***, en el momento crítico.

nickel ('nikl) *s.* QUÍM. níquel. *2 fam.* (E. U.) moneda de cinco centavos.

nickname ('nikneim) *s.* apodo, nombre familiar.

niece (ni:s) *s. f.* sobrina.

niggard ('nigəd) *a.-s.* tacaño, avaro.

niggardly ('nigədli) *a.* tacaño. *2 adv.* tacañamente.

night (nait) *s.* noche: ***at*** **~**, ***by*** **~**, de noche; ***last*** ~, anoche. *2 a.* de noche, nocturno.

nightfall ('naitfɔ:l) *s.* anochecer.

nightgown ('naitgaun) *s.* camisón, bata de noche.

nightingale ('naitiŋgeil) *s.* ORN. ruiseñor.

nightly ('naitli) *adv.* cada noche.

nightmare ('naitmɛə[r]) *s.* pesadilla.

night-time ('nait-taim) *s.* noche: ***in the*** **~**, de noche.

night-watchman ('nait'wɔtʃmən) *s.* sereno, vigilante nocturno.

nimble ('nimbl) *a.* ágil, ligero, vivo, activo.

nincompoop ('ninkəmpu:p) *s.* bobo, simple.

nine (nain) *a.-s.* nueve: ~ ***o'clock***, las nueve. *2* ***the Nine***, las Musas.

ninepins ('nain-pinz) *s.* juego de bolos.

nineteen ('nain'ti:n) *a.-s.* diecinueve.

nineteenth ('nain'ti:nθ) *a.-s.* decimonono.

ninetieth ('naintiiθ) *a.-s.* nonagésimo.

ninety ('nainti) *a.-s.* noventa.

ninny ('nini) *s.* bobo, mentecato.

ninth (nainθ) *a.* nono, noveno.

nip (nip) *s.* pellizco, mordisco, picotazo.

nip (to) (nip) *t.* pellizcar. *2* mordiscar, picotear. *3* helar, marchitar [el frío]. *4* cortar: ***to ~ in the bud***, cortar en germen.

nipper ('nipə[r]) *s.* boca, pinzas [de crustáceo]. *2 pl.* pinzas, alicates, cortaalambre.

nipple ('nipl) *s.* ANAT. pezón, tetilla. *2* protuberancia.

nit (nit) *s.* liendre.

nitrogen ('naitridʒən) *s.* nitrógeno.

no (nou) *adv.* no: ***are you going? —No,*** ¿va usted? —No; ~ ***more***, no más. *2 a.* ningún, ninguno: ~ ***one***, ninguno, nadie; ***with ~ money***, sin dinero.

nobility (nou'biliti) *s.* nobleza.

noble ('noubl) *a.-s.* noble.

nobleman (noublmən) *s.* noble, aristócrata.

nobleness ('noublnis) *s.* nobleza [cualidad].

nobody ('noubədi) *pron.* nadie, ninguno. *2 s.* nadie [pers. insignificante].

nod (nɔd) *s.* inclinación de cabeza [en señal de asentimiento, etc.]. *2* cabezada [el que duerme sentado].

nod (to) (nɔd) *i.-t.* inclinar la cabeza [en señal de asentimiento, saludo, etc.]. *2 i.* dar cabezadas, dormitar.

noise (nɔiz) *s.* ruido, sonido. *2* ruido, barullo, alboroto. *3* rumor, fama.

noise (to) (nɔiz) *t.* esparcir, divulgar, rumorear.

noiseless ('nɔizlis) *a.* silencioso, callado, tranquilo.

noisome ('nɔisəm) *a.* nocivo, pernicioso. *2* fétido, ofensivo, repugnante.

noisy ('nɔizi) *a.* ruidoso, clamoroso, bullicioso.

nomad ('nɔməd) *a.* nómada.

nominate (to) ('nɔmineit) *t.* nombrar. *2* proponer; designar como candidato.

nomination (ˌnɔmi'neiʃən) *s.* nominación, nombramiento, propuesta.

nonchalance ('nɔnʃələns) *s.* indiferencia, abandono, indolencia.

non-conformist ('nɔnkən'fɔ:mist) *a.-s.* disidente.

nondescript ('nɔndiskript) *a.-s.* indefinible, difícil de clasificar.

none (nʌn) *pron.* ninguno; nada. *2* nadie. *3 adv.* no, en ningún modo: ~ ***the less***, no obstante, sin embargo.

nonentity (nə'nentiti) *s.* nada; no existencia. *3* nulidad [pers.].

nonpayment ('nɔn'peimənt) *s.* falta de pago.

nonplus (to) ('nɔn'plʌs) *t.* confundir, dejar perplejo. *2* aplastar, dejar sin palabra.

nonsense ('nɔnsəns) *s.* absurdidad, tontería, desatino. *2* tonterías, pamplinas. *3 interj.* ¡bah!

non-skid ('nɔn'skid) *a.* antideslizante.

noodle ('nu:dl) *s.* tallarín; fideo. *2 fig.* tonto, zote.
nook (nuk) *s.* rincón. *2 fig.* rinconcito.
noon (nu:n) *s.* mediodía.
noose (nu:s) *s.* lazo, nudo corredizo. *2* dogal.
nor (nɔ:[r]) *conj.* ni: ***neither you ~ I***, ni usted ni yo. *2* tampoco: ~ ***I***, yo tampoco.
norm (nɔ:m) *s.* norma.
normal ('nɔ:məl) *a.* normal. *2* **-ly** *adv.* normalmente.
Norman ('nɔ:mən) *a.-s.* normando.
Norse (nɔ:s) *a.-s.* escandinavo.
north (nɔ:θ) *s.* norte. *2 a.* del norte, septentrional. *3* ***North Pole***, Polo Norte.
northern ('nɔ:ðən) *a.* del norte, septentrional.
Norway ('nɔ:wei) *n. pr.* GEOGR. Noruega.
Norwegian (nɔ:'wi:dʒen) *a.-s.* noruego.
nose (nouz) *s.* ANAT., ZOOL. nariz, narices. *2* nariz, olfato. *3* morro, hocico: ~ ***bag***, morral, cebadera. *4* MAR. proa.
nose (to) (nouz) *t.* oler, olfatear.
nosegay ('nouzgei) *s.* ramillete [de flores].
nosey ('nouzi) *a. fam.* curioso, entremetido.
nostalgia (nɔs'tældʒiə) *s.* nostalgia.
nostril ('nɔstril) *s.* ventana de la nariz. *2* ollar.
not (nɔt) *adv.* no: ~ ***at all***, nada, de ningún modo; de nada.
notable ('noutəbl) *a.* notable. *2* memorable. *3 s.* notable, pers. de nota.
notary (public) ('noutəri) *s.* notario.
notation (nou'teiʃən) *s.* notación. *2* anotación.
notch (nɔtʃ) *s.* muesca, entalladura, mella.
notch (to) (nɔtʃ) *t.* hacer muescas en. *2* mellar, dentar.
note (nout) *s.* nota, señal. *2* nota [distinción]. *3* nota, apunte, relación, cuenta. *4* nota [oficial]. *5* billete, esquela. *6* billete [de banco]. *7* MÚS. nota. *8* ***to take ~ of***, observar.
note (to) (nout) *t.* notar, observar. *2* hacer notar. *3* anotar, asentar, registrar, apuntar: ***to ~ down***, apuntar.
notebook ('noutbuk) *s.* agenda, libreta, cuaderno.
noted ('noutid) *a.* nombrado, conocido, célebre, eminente.
nothing ('nʌθiŋ) *s.* nada: ***for ~***, de balde; inútilmente. *2* ARIT. cero. *3* nadería. *4 adv.* nada, de ningún modo, no: ~ ***less***, no menos.
notice ('noutis) *s.* informe, aviso, advertencia. *2* conocimiento, observación, caso; mención: ***to take ~ of***, notar, hacer caso de. *3* atención, cortesía. *4* despido: ***to give ~***, dar uno su despido. *5* reseña [literaria, etc.].
notice (to) ('noutis) *t.* notar, observar, advertir. *2* hacer mención de; reseñar [un libro]. *3* reconocer, hacer caso de.
noticeable ('noutisəbl) *a.* notable.
notify (to) ('noutifai) *t.* notificar. *2* informar, avisar.
notion ('nouʃən) *s.* noción. *2* idea, concepto. *3* intención; capricho. *4 pl.* (E. U.) mercería.
notorious (nou'tɔ:riəs) *a.* notorio, conocido, famoso. | Ús. gralte. en sentido peyorativo.
notwithstanding (ˌnɔtwiθ'stændiŋ) *adv.* no obstante. *2 prep.* a pesar de. *3 conj.* aunque, por más que.
nougat ('nu:gɑ:) *s.* nuégado, guirlache, turrón.
nought (nɔ:t) *s.* NAUGHT.
noun (naun) *s.* GRAM. nombre.
nourish (to) ('nʌriʃ) *t.* nutrir, alimentar, sustentar.
nourishing ('nʌriʃiŋ) *a.* nutritivo.
nourishment ('nʌriʃmənt) *s.* nutrición. *2* alimento, sustento. *3* pábulo, pasto.
novel ('nɔvəl) *a.* nuevo; original. *2 s.* novela.
novelist ('nɔvəlist) *s.* novelista.
November (nou'vembə[r]) *s.* noviembre.
novelty ('nɔvəlti) *s.* novedad.
novice ('nɔvis) *s.* novicio.
now (nau) *adv.* ahora; hoy día; actualmente: ***from ~ on***, de ahora en adelante; ~ ***and then***, de vez en cuando. *2* entonces. *3* ahora, ahora bien. *4* mas, pero. *5* ***now ... now***, ora ... ora, ya ... ya. *6 interj.* ¡vamos!, ¡vaya!
nowadays ('nauədeiz) *adv.* hoy día, hoy en día.
nowhere ('nou(h)wɛə[r]) *adv.* en ninguna parte, a ningún sitio.
noxious ('nɔkʃəs) *a.* nocivo, dañino, pernicioso.
nuance (nju:'ɑ:ns) *s.* matiz.
nuclear ('nju:kliə[r]) *a.* nuclear.
nucleus ('nju:kliəs) *s.* núcleo.
nude (nju:d) *a.* desnudo. *2* escueto.
nudge (nʌdʒ) *s.* codazo ligero.
nudge (to) (nʌdz) *t.* tocar con el codo.
nugget ('nʌgit) *s.* MIN. pepita.
nuisance ('nju:sns) *s.* daño, molestia, fastidio. *2* pers. o cosa molesta, fastidiosa.
null (nʌl) *a.* nulo.
nullity (to) ('nʌlifai) *t.* anular.
numb (nʌm) *a.* entumecido, envarado, adormecido, entorpecido.
numb (to) (nʌm) *t.* entumecer, entorpecer.

number ('nʌmbəʳ) *s.* número [en todas sus acepciones].
number (to) ('nʌmbəʳ) *t.* numerar. *2* contar.
numberless ('nʌmbəlis) *a.* innumerable, innúmero.
numbness (nʌmnis) *s.* entumecimiento, torpor, adormecimiento.
numeral ('nju:mərəl) *a.* numeral. *2 s.* número, cifra.
numerator ('nju:məreitəʳ) *s.* numerador.
numerous ('nju:mərəs) *a.* numeroso. *2* muchos. *3* **-ly** *adv.* numerosamente, en gran número.
numskull ('nʌmskʌl) *s.* bodoque, zopenco.
nun (ʌn) *s.* monja, religiosa.
nuncio ('nʌnʃiou) *s.* nuncio [apostólico].
nunnery ('nʌnəri) *s.* convento [de monjas].
nuptial ('nʌpʃəl) *a.* nupcial.
nurse (nə:s) *s.* ama [de cría], nodriza, niñera. *2* enfermera.
nurse (to) (nə:s) *t.* criar, amamantar. *2* alimentar; abrigar, acariciar; fomentar. *3* cuidar [de un niño, a un enfermo].
nursery ('nə:sri) *s.* cuarto de los niños: ~ ***rhymes***, cuentos en verso. *2* criadero, vivero.
nursing ('nə:siŋ) *s.* crianza, lactancia. *2* cuidado [de enfermos]: ~ ***home***, clínica.
nurture ('nə:tʃəʳ) *s.* alimentación. *2* crianza, educación.
nurture (to) ('nə:tʃəʳ) *t.* alimentar. *2* criar, educar. *3* fomentar.
nut (nʌt) *s.* BOT. nuez. *2* MEC. tuerca. *3* pop. chola.
nut-brown ('nʌtbraun) *a.* castaño, tostado.
nutcracker ('nʌt,krækəʳ) *s.* cascanueces.
nutrition (nju(:)'triʃən) *s.* nutrición.
nutritious (nju(:)'triʃəs) *a.* nutritivo, alimenticio.
nutshell ('nʌt-ʃəl) *s.* cáscara de nuez o avellana: ***in a*** ~, en pocas palabras.
nuzzle (to) ('nʌzl) *i.* husmear. *2* hocicar, hozar. *3* acurrucarse.
nymph (nimf) *s.* ninfa.

O

oak (ouk) *s.* roble.
oar (ɔ:ʳ, ɔəʳ) *s.* remo.
oarsman ('ɔ:zmən) *a.* remero.
oasis (ou'eisis) *s.* oasis.
oat (out) *s.* BOT. avena.
oath (ouθ) *s.* juramento, jura: ***to take*** ~, prestar juramento. *2* juramento, voto, reniego.
oatmeal ('outmi:l) *s.* harina o puches de avena.
obduracy ('ɔdjurəsi) *s.* dureza [de corazón]; obstinación, obduración, impenitencia.
obedience (ə'bi:djəns) *s.* obediencia.
obedient (ə'bi:diənt) *a.* obediente. *2* dócil.
obeisance (o(u)'beisəns) *s.* reverencia [saludo]. *2* respeto, homenaje.
obelisk ('ɔbilisk) *s.* obelisco.
obesity (ou'bi:siti) *s.* obesidad.
obey (to) (ə'bei) *t.-i.* obedecer.
obituary (ə'bitjuəri) *a.* necrológico. *2 s.* nota necrológica.
object (ɔbdʒikt) *s.* objeto. *2* objeto de lástima, risa, etc. *3* GRAM. complemento.
object (to) (əb'dʒekt) *t.* objetar. *2* reprochar. *3 i.* oponerse, poner objeción.
objection (əb'dʒekʃən) *s.* objeción, reparo, inconveniente.
objectionable (əb'dʒekʃənəbl) *a.* poco grato. *2* censurable. *3* molesto, inconveniente.
objective (ɔb'dʒektiv, əb-) *a.-s.* objetivo.
objector (əb'dʒektəʳ) *s.* objetante.
obligate (to) ('ɔbligeit) *t.* obligar, comprometer.
obligation (,ɔbli'geiʃən) *s.* obligación, deber, compromiso. *2* deuda de agradecimiento: ***to be under*** ~ ***to***, deber favores a.
oblige (to) (ə'blaidʒ) *t.* obligar. *2* complacer, servir, poner en deuda [por un favor]: ***much obliged***, muchas gracias.
obliging ('ə'blaidʒiŋ) *a.* complaciente, servicial, cortés. *2* **-ly** *adv.* cortésmente, amablemente.
oblique (ə'bli:k) *a.* oblicuo. *2* indirecto. *3* evasivo.
obliterate (to) (ə'blitəreit) *t.* borrar [tachar, hacer desaparecer].
oblivion (ə'bliviən) *s.* olvido.
oblivious (ə'bliviəs) *a.* desmemoriado. *2* olvidado [que olvida]. *3* abstraído [de].
oblong ('ɔblɔŋ) *a.* oblongo.
obnoxious (əb'nɔkʃəs) *a.* ofensivo, molesto, detestable, odioso.
oboe ('oubou) *s.* MÚS. óboe.
obscene (ɔb'si:n) *a.* obsceno; indecente.
obscure (əbs'kjuəʳ) *a.* obscuro. *2* vago, indistinto.
obscure (to) (əbs'kjuəʳ) *t.* obscurecer. *2* ocultar.
obscurity (əb'skjuəriti) *s.* obscuridad. *2* confusión, vaguedad.
obsequies ('ɔbsikwiz) *s. pl.* exequias, funerales.
obsequious (əb'si:kwiəs) *a.* obsequioso, servil, zalamero.
observance (əb'zə:vəns) *s.* observancia. *2* ceremonia, rito; práctica, uso.
observant (əb'zə:vənt) *a.* atento, vigilante. *2* observante. *3* cuidadoso [de].
observation (,ɔbzə(:)'veiʃən) *s.* observación.
observatory (əb'zə:vətri) *s.* observatorio. *2* atalaya, mirador.
observe (to) (əb'zə:v) *t.* observar. *2* guardar [una fiesta]. *3* decir, hacer notar.
observer (əb'zə:vəʳ) *s.* observador.
obsess (to) (əb'ses) *t.* obsesionar.
obsession (əb'seʃən) *s.* obsesión.
obsolete ('ɔbsəli:t) *a.* anticuado, desusado.
obstacle ('ɔbstəkl) *s.* obstáculo. *2* impedimento, óbice.
obstinacy ('ɔbstinəsi) *s.* obstinación. *2* pertinacia, persistencia.
obstinate ('ɔbstinit) *a.* obstinado. *2* emperrado. *3* persistente.

obstruct (to) (əbs'trʌkt) *t.* obstruir. *2* atorar, atascar. *3* entorpécer, impedir, estorbar.
obstruction (əbs'trʌkʃən) *s.* obstrucción. *2* obstáculo, estorbo.
obtain (to) (əb'tein) *t.* obtener, alcanzar, conseguir, lograr. *2 i.* ser general, estar en boga.
obtrude (to) (əb'tru:d) *t.* imponer o introducir quieras que no. *2 -i.-ref.* entremeterse.
obtruder (əb'tru:dəʳ) *s.* entremetido, intruso.
obstrusive (əb'tru:siv) *a.* entremetido, intruso, molesto.
obtuse (əpb'tju:s) *a.* obtuso. *2* embotado [sentido]; sordo [dolor]. *3* **-ly** *adv.* obtusamente.
obverse ('ɔbvə:s) *s.* anverso.
obviate (to) ('ɔvieit) *t.* obviar, prevenir, evitar.
obvious ('ɔbviəs) *a.* obvio, evidente, palmario. *2* sencillo, fácil de descubrir. *3* **-ly** *adv.* obviamente, evidentemente.
occasion (ə'keiʒən) *s.* ocasión, oportunidad, caso, circunstancia: ***on ~***, cuando se ofrece, ocasionalmente. *2* causa, motivo, origen; pie: ***on the ~ of***, con motivo de. *3* ***I have no ~ for***, no me hace falta.
occasion (to) (ə'keiʒən) *t.* ocasionar, causar, motivar.
occasional (ə'keiʒənl) *a.* ocasional, casual. *2* poco frecuente. *3* **-ly** *adv.* ocasionalmente.
occident ('ɔksidənt) *s.* occidente, ocaso, oeste.
occlude (to) (ɔ'klu:d) *t.* ocluir. *2* cerrar.
occult (ɔ'kʌlt) *a.* oculto, secreto, misterioso.
occupant ('ɔkjupənt) *s.* ocupante, inquilino.
occupation (ˌɔkju'peiʃən) *s.* ocupación. *2* posesión, tenencia.
occupy (to) ('ɔkjupai) *t.* ocuparse. *2* emplear, invertir.
occur (to) (ə'kə:ʳ) *i.* hallarse. *2* ocurrir, suceder. *3* ocurrirse [a uno].
occurrence (ə'kʌrəns) *s.* ocurrencia, suceso, caso.
ocean ('ouʃən) *s.* océano.
ocher, ochre ('oukəʳ) *s.* ocre.
October (ɔk'toubəʳ) *s.* octubre.
octopus ('ɔktəpəs) *s.* pulpo.
ocular ('ɔkjuləʳ) *a.-s.* ocular.
oculist ('ɔkjulist) *s.* oculista.
odd (ɔd) *a.* impar, non. *2* suelto, solo. *3* ocasional: ***~ job***, trabajo ocasional; ***~ times***, ratos perdidos. *4* y tantos; y pico: ***ten pounds ~***, diez libras y pico. *5* raro, curioso, extraño. *6* **-ly** *adv.* extrañamente.
oddity ('ɔditi) *s.* rareza, singularidad. *2* ente raro.
odds (ɔdz) *s. pl.* y *sing.* desigualdad; superioridad: ***to fight against ~***, luchar contra fuerzas superiores. *2* ventaja [en el juego]. *3* probabilidades [en favor o en contra]. *4* desavenencia: ***to be at ~ with***, estar reñido con. *5* ***~ and ends***, retazos, cosas sueltas.
ode (oud) *s.* LIT. oda.
odious ('oudiɔs) *a.* odioso, repugnante.
odium ('oudiəm) *s.* odio.
odo(u)r ('oudəʳ) *s.* olor. *2* fragancia. *3* ***bad ~***, hedor.
odo(u)rless ('oudəlis) *a.* inodoro.
of (ɔv, əv) *prep.* En muchos casos se traduce por *de*; en otros, por *a, en, con, por*, etc.: ***~ himself***, solo, por sí mismo; ***~ late***, últimamente.
off (ɔ:f, ɔf) *adv.* lejos, fuera; enteramente, del todo; indica alejamiento, ausencia, separación, disminución, privación, cesación: ***to be ~***, irse; ***from far ~***, de lejos. *2 prep.* lejos de, fuera de; de o desde. *3* MAR. frente a, a la altura de. *4 a.* alejado, ausente. *5* lateral [calle, etc.]. *6* libre, de asueto. *7* suspendido, interrumpido, abandonado. *8* quitado, sin poner. *9* cerrado, cortado [gas, agua, etc]. *10* FÚTBOL ***~ side***, fuera de juego.
offal ('ɔfəl) *s. sing.* y *pl.* bazofia, basura, desperdicios.
offence (ə'fens) *s.* ofensa, agravio. *2* ofensa, ataque. *3* pecado. *4* infracción: delito.
offend (to) (ə'fend) *t.* ofender. *2 i.* pecar; delinquir.
offender (ə'fendəʳ) *s.* ofensor. *2* pecador; delincuente.
offense (ə'fens) *s.* OFFENCE.
offensive (ə'fensiv) *a.* ofensivo. *2* perjudicial. *3 s.* ofensiva.
offer ('ɔfəʳ) *s.* oferta, ofrecimiento. *2* propuesta, proposición. *3* COM. oferta.
offer (to) ('ɔfəʳ) *t.-i.* ofrecer(se. *2 t.* brindar. *3* hacer, inferir.
offering ('ɔfəriŋ) *s.* ofrenda. *2* ofrecimientos. *3* don, dádiva.
off-hand ('ɔf:'hænd) *adv.* de improviso, sin pensarlo; bruscamente. *2 a.* hecho o dicho de improviso; brusco.
office ('ɔfis) *s.* oficio, función, ministerio. *2* cargo, empleo [esp. público o de autoridad]. *3* oficina, despacho, agencia, negociado. *4* ECCL. oficio. *5 pl.* oficios: ***good offices***, buenos oficios.

officer ('ɔfisəʳ) *s.* MIL., MAR. oficial. *2* funcionario.

official (ə'fiʃəl) *a.* oficial. *2 s.* el que tiene un cargo público o de gobierno. *3* funcionario.

officiate (to) (ə'fiʃieit) *i.* oficiar. *2 t.* celebrar [un rito, etc.].

officious (ə'fiʃəs) *a.* oficioso. *2* entremetido.

offing ('ɔfiŋ) *s. in the* ~, mar afuera.

offset ('ɔ:fset) *s.* compensación, equivalente. *2* cosa que da realce. *3* IMPR. offset.

offspring ('ɔ:fspriŋ) *s.* vástago, hijo, hijos, prole. *2 fig.* producto, resultado.

off (ɔ(:)ft), **often** ('ɔ(:)fn) *adv.* a menudo, frecuentemente.

ogle (to) ('ougl) *t.-i.* mirar con amor o coquetería; echar el ojo.

ogre ('ougəʳ) *s.* ogro.

oil (ɔil) *s.* aceite; óleo. *2* petróleo. *3 sing.* y *pl.* color o pintura al óleo: ~ ***painting***, cuadro al óleo.

oilcloth ('ɔil-klɔθ) *s.* hule. *2* linóleo.

oily ('ɔili) *a.* aceitoso. *2* grasiento. *3* untuoso. *4* zalamero, hipócrita.

ointment ('ɔintmənt) *s.* unto, untura, ungüento.

O.K., OK., okay ('ou'kei) *a.* conforme. *2 adv.* está bien. *3* visto bueno.

old (ould) *a.* viejo; anciano; añoso; añejo; antiguo: ~ ***boy***, chico viejo [expresión de afecto]; ~ ***man***, viejo; ~ ***salt***, lobo de mar; *Old Testament*, Antiguo Testamento; ***how ~ are you?***, ¿qué edad tiene usted?

old-fashioned ('ould'fæʃən) *a.* anticuado; pasado de moda.

oldster ('ouldstəʳ) *s. fam.* viejo, vieja.

oleander (ˌouli'ændəʳ) *s.* BOT. adelfa.

oligarchy ('ɔligɑ:ki) *a.* oligarquía.

olive ('ɔliv) *s.* BOT. olivo: ~ ***grave***, olivar; *2* aceituna, oliva: ~ ***oil***, aceite de oliva: ~ ***tree***, olivo.

omelet, omelette ('ɔmlit) *s.* tortilla de huevos.

omen ('oumən) *s.* agüero, presagio, pronóstico.

ominous ('ɔminəs) *a.* ominoso, presagioso.

omission (o(u)'miʃən) *s.* omisión. *2* olvido, descuido.

omit (to) (o(u)'mit) *t.* omitir. *2* dejar de, olvidar.

omnibus (ɔ'mnibəs) *s.* ómnibus.

omnipotent (ɔm'nipətənt) *a.* omnipotente.

omniscient (ɔm'nisiənt) *a.* omnisciente.

omnivorous (ɔm'nivərəs) *a.* omnívoro.

on (ɔn, ən) *prep.* en, sobre, a, de, con; por; bajo: ~ ***the table***, sobre la mesa; ~ ***board***, a bordo; ~ ***foot***, a pie; ~***credit***, al fiado; ~ ***arriving***, al llegar; ~ ***duty***, de servicio; ***on this condition***, con esta condición; ~ ***all sides***, por todos lados; ~ ***pain of***, bajo pena de. *2* ~ ***Monday***, el lunes. *3 adv.* puesto: ***to have one's hat*** ~, llevar puesto el sombrero. *4* adelante, continuando: ***to go*** ~, seguir, continuar; ***and so*** ~, y así sucesivamente. *5 a.* que funciona; abierto, encendido: ***the light is*** ~, la luz está encendida.

once (wʌns) *adv.-s.* vez, una vez; ~ ***and again***, una y otra vez; ~ ***for all***, de una vez para siempre; ***at*** ~, a la vez, de una vez; en seguida; ***once upon a time there was***, érase una vez. *2* alguna vez. *3* en otro tiempo. *4 a.* antiguo, que fue. *5 conj.* una vez que.

one (wʌn) *a.* uno, una: ~ ***hundred***, ciento. *2* un solo, único: ***his ~ chance***, su única oportunidad. *3* unido, idéntico, lo mismo: ***it is all ~ to me***, me da lo mismo. *4* un cierto, un tal. *5 pron.* uno, una: ***no*** ~, nadie; ~ ***another***, el uno al otro. *6 s.* uno. *7 the ~ who*, el que, aquel que; ***this*** ~, éste.

onerous ('ɔnərəs) *a.* oneroso.

oneself (wʌn'self) *pron.* se, sí, uno mismo: ***within*** ~, consigo.

one-way ('wʌn, wei) *a.* dirección única. *2* de ida [billete].

onion ('ʌnjən) *s.* BOT. cebolla.

only (ounli) *a.* solo, único. *2 adv.* sólo, solamente, únicamente. *3* ***if*** ~, ojalá, si, si al menos. *4 conj.* sólo que, pero.

onrush ('ɔnrʌʃ) *s.* embestida, arremetida, fuerza impetuosa.

onset ('ɔnset) *s.* ataque, asalto. *2* principio.

onslaught ('ɔnslɔ:t) *s.* ataque furioso, asalto.

onto ('ɔntu, -te) *prep.* hacia, sobre.

onward(s ('ɔnwəd(z) *adv.* hacia adelante.

ooze (u:z) *s.* fango, légamo.

ooze (to) (u:z) *i.* rezumarse, escurrirse. *2* manar, fluir suavemente. *3 t.* exudar, sudar.

opal ('oupəl) *s.* MINER. ópalo.

opaque (ou'peik) *a.* opaco. *2* obscuro [estilo]. *3* torpe, obtuso.

open ('oupən) *a.* abierto: ***in the open air***, al aire libre. *2* raso, descubierto. *3* descubierto [coche, etc.]. *4* expuesto [a]. *5* visible, manifiesto; conocido: ~ ***secret***, secreto a voces. *6* franco, sincero. *7* **-ly** *adv.* abiertamente, francamente, etc.

open (to) ('oupən) *t.* abrir. *2* ofrecer a la vista. *3* iniciar, empezar: ***to ~ up***, descubrir, abrir, hacer accesible. *4 i.* abrir, abrirse. *5* confiarse, abrir su corazón a. *6* ***to ~ into, on, upon***, etc., dar acceso a, salir a, dar a.

opening ('oupəniŋ) *s.* apertura. *2* abertura, entrada, brecha, boquete. *3* TEAT. estreno. *n.* oportunidad, coyuntura.

open-minded ('oupən'maindid) *a.* de espíritu abierto, razonable.

opera ('ɔpərə) *s.* MÚS. ópera: ~ ***glassess***, gemelos de teatro.

operate (to) ('ɔpəreit) *t.* hacer funcionar, mover, manejar, dirigir. *2* efectuar. *3 i.* obrar, producir efecto. *4* COM., MIL., CIR. operar.

operation (,ɔpə'reiʃən) *s.* operación. *2* funcionamiento.

operator ('ɔpəreitə[r]) *s.* operador, maquinista: ***telephone ~***, telefonista.

opinion (ə'pinjən) *s.* opinión. *2* buen concepto: ***to have no ~ of***, no tener buen concepto de.

opinionate(d (ə'pinjəneitid) *a.* obstinado, terco.

opium ('oupjəm) *s.* opio: ~ ***poppy***, adormidera.

opossum (ə'pɔsəm) *s.* ZOOL. zarigüeya, opósum.

opponent (ə'pounənt) *s.* oponente, contrario, adversario.

opportune ('ɔpətju:n) *a.* oportuno.

opportunity (,ɔpə'tju:niti) *s.* oportunidad; lugar, ocasión.

oppose (to) (ə'pouz) *t.* oponer. *2* oponerse a, resistir.

opposed (ə'pouzd) *a.* opuesto, contrario.

opposite ('ɔpəzit)a *a.* opuesto: ~ ***angles***, ángulos opuestos. *2* frontero. *3* contrario, adverso. *4 prep.* enfrente de. *5 adv.* enfrente.

opposition (,ɔpə'ziʃən) *s.* oposición; resistencia. *2* contrariedad, contradicción.

oppress (to) (ə'pres) *t.* oprimir. *2* tiranizar. *3* agobiar, abrumar, abatir.

oppression (ə'preʃən) *s.* opresión, tiranía.

oppressor (ə'presə[r]) *s.* opresor.

opprobious (ə'proubiəs) *a.* oprobioso. *2* injurioso, ultrajante.

opt (to) (ɔpt) *i.* optar.

optic ('ɔptik) *a.* óptico.

optician (ɔp'tiʃən) *s.* óptico.

optimist ('ɔptimist) *s.* optimista.

optimistic (,ɔpti'mistik) *a.* optimista.

option ('ɔpʃən) *s.* opción. *2* alternativa.

optional ('ɔpʃənl) *a.* facultativo, discrecional.

opulence ('ɔpjuləns) *s.* opulencia.

opulent ('ɔpjulənt) *a.* opulento.

or (ɔ:[r]) *conj.* o, u. *2* si no, de otro modo.

oracle ('ɔrəkl) *s.* oráculo.

oral ('ɔ:rəl) *a.* oral.

orange ('ɔrindʒ) *s.* BOT. naranja: ~ ***blossom***, azahar; **~-tree**, naranjo.

oration (ɔ:'reiʃən) *s.* discurso.

orator ('ɔrətə[r]) *s.* orador.

oratory ('ɔrətəri) *s.* oratoria. *2* oratorio, capilla.

orb (ɔ:b) *s.* orbe, esfera.

orbit ('ɔ:bit) *s.* ASTR. órbita.

orchard ('ɔ:tʃəd) *s.* huerto [de frutales].

orchestra ('ɔ:kistrə) *s.* orquesta. *2* TEAT. platea.

orchid ('ɔ:kid) *s.* BOT. orquídea.

ordain (to) (ɔ:'dein) *t.* ordenar, [conferir órdenes]. *2* ordenar, decretar, disponer.

ordeal (ɔ:'di:l) *s.* ordalía. *2* prueba [penosa].

order ('ɔ:ʃə[r]) *s.* order [disposición o sucesión regular]: ***in ~***, en orden; ***out of ~***, desordenado; descompuesto. *2* orden [religiosa, militar, etc.]. *3* condecoración. *4* orden, mandato, precepto. *5* orden [sacramento]. *6* orden, clase, grado: ***the lower orders***, la clase baja. *7* COM. pedido, encargo. *8* ***in ~ to***, para, a fin de.

order (to) ('ɔ:də[r]) *t.* ordenar [poner un orden; disponer, mandar]. *2* COM. pedir; encargar, mandar hacer. *3* ECCL. ordenar. *4* MIL. ***Order arms!*** ¡descansar!

orderly ('ɔ:dəli) *a.* ordenado, metódico. *2* obediente, tranquilo. *3 s.* MIL. ordenanza. *4* practicante [de hospital]. *5 adv.* ordenadamente.

ordinal ('ɔ:dinl) *a.-s.* ordinal.

ordinary ('ɔ:din(ə)ri) *a.-s.* ordinario. *2 in ~*, en ejercicio; de cámara.

ordnance ('ɔ:dnəns) *s.* artillería, cañones.

ordure ('ɔ:djuə[r]) *s.* suciedad.

ore (ɔ:[r],ɔə[r]) *s.* MIN. mineral, ganga, mena.

organ ('ɔ:gən) *s.* órgano [de un animal, una planta, un partido, etc.]. *2* MÚS. órgano; ***barrel ~***, organillo; ~ ***grinder***, organillero.

organism ('ɔ:gənizəm) *s.* BIOL., FIL., organismo.

organization (,ɔ:gənai'zeiʃən) *s.* organización.

organize (to) ('ɔ:gənaiz) *t.-i.* organizar(se.

orgy ('ɔ:dʒi) *s.* orgía.

Orient ('ɔ:riənt) *s.* oriente.

orient (to) ('ɔ:rient) *t.* orientar.

orientate (to) ('ɔ:rienteit) *t.* orientar.

orifice ('ɔrifis) *s.* orificio.

origin ('ɔridʒin) *s.* origen. *2* linaje, nacimiento.
original (ə'ridʒənl) *a.* original: ~ ***sin***, pecado original. *2* primitivo, primero. *3 s.* original.
originate (to) (ə'ridʒineit) *t.* originar, crear, producir. *2 i.* originarse, nacer, provenir.
ornament ('ɔ:nəmənt) *s.* ornamento, adorno.
ornament (to) ('ɔ:nəment) *t.* ornamentar, adornar, decorar.
ornamental (ˌɔ:nə'mentl) *a.* ornamental, decorativo.
ornate (ɔ:'neit) *a.* adornado en exceso; recargado. *2* florido [estilo].
ornithology (ˌɔ:ni'θɔlədʒi) *s.* ornitología.
orography (ɔ'rɔgrəfi) *s.* orografía.
orphan (ˌɔ:fən) *a.-s.* huérfano.
orphanage ('ɔ:fənidʒ) *s.* orfandad. *2* orfanato.
orthodox ('ɔ:θədɔks) *a.* ortodoxo.
orthodoxy ('ɔ:θədɔksi) *s.* ortodoxia.
orthography (ɔ:'θɔgrəfi) *s.* ortografía.
oscillate (to) ('ɔsileit) *i.* oscilar. *2* fluctuar.
osier ('ouʒə[r]) *s.* BOT. mimbrera. *2* mimbre.
ostensible (ɔs'tensibl) *a.* ostensible. *2* aparente.
ostentation (ˌɔsten'teiʃən) *s.* ostentación. *2* pompa. *3* alarde.
ostentatious (ˌɔsten'teiʃəs) *a.* ostentoso, pomposo.
ostler ('ɔslə[r]) *s.* mozo de cuadra, palafrenero.
ostracism ('ɔstrəsizəm) *s.* ostracismo.
ostrich ('ɔstritʃ) *s.* avestruz.
other ('ʌðə[r]) *a.* otro, otra, otras, otras: ***every ~ day***, días alternos. *2 pron.* (*pl.* **others**) otro, etc. *3 adv.* [other than], más que; otra cosa que.
otherwise ('ʌðə-waiz) *adv.* de otra manera: ~ ***called***, alias, por otro nombre. *2* en otro caso, fuera de eso. *3 conj.* si no, de lo contrario.
otiose ('ouʃious) *a.* ocioso.
otter ('ɔtə[r]) *s.* ZOOL. nutria.
1) **ought** (ɔ:t) *pron.-adv.* AUGHT.
2) **ought** (ɔ:t) *def.* y *aux.* [seguido de infinitivo con ***to***] deber [en presente o mejor condicional]: ***I ~ to write***, debo o debería escribir.
ounce (auns) *s.* onza [28.35 gr.].
our ('auə[r]) *a.* nuestro, nuestra, etc.; ***Our Lady***, Nuestra Señora.
ours ('auəz) *pron. pos.* [el] nuestro, [la] nuestra, [los] nuestros, [las] nuestras: ***a friend of*** ~, un amigo nuestro.
ourselves (ˌauə'selvz) *pron.* nosotros mismos. *2* nos, a nosotros mismos.
oust (to) (aust) *t.* desalojar, desahuciar, echar fuera.
ouster ('austə[r]) *s.* DER. desposesimiento; desahucio.
out (aut) *adv.* fuera, afuera, hacia fuera: ***to go*** ~, salir. *2* claro, sin rodeos: ***speak*** ~, hable claro. *3* completamente, hasta el fin. *4* por, movido por: ~ ***of pity***, por compasión. *5* de, con: ~ ***of a bottle***, de una botella. *6 a.* ausente, fuera de casa. *7* cerrado, apagado; expirado. *8* publicado, que ha salido. *9* ~ ***and away***, con mucho; ~ ***and*** ~, completamente; acérrimo; ~ ***for***, en busca de; ~ ***of favour***, en desgracia; ~ ***of place***, fuera de sitio; incongruo; ~ ***of sorts***, indispuesto; ***one ~ of ten***, uno de cada diez; ~ ***of this world***, extraordinario, del otro jueves; ~ ***on strike***, en huelga; ~ ***to win***, decidido a vencer. *10 interj.* ¡fuera!
outbreak ('autbreik) *s.* erupción. *2* arrebato, estallido. *3* principio [de una guerra, etc.].
outbuilding ('autˌbildiŋ) *s.* dependencia accesoria.
outburst ('autbə:st) *s.* arranque, explosión, estallido: ~ ***of laughter***, explosión de risas.
outcast ('autkɑ:st) *a.-s.* desterrado, proscrito, paria.
outcome ('autkʌm) *s.* resultado, consecuencia, desenlace.
outcry ('aut-krai) *s.* grito. *2* gritería, clamor, clamoreo.
outdo (to) (aut' du:) *t.* exceder, sobrepujar, vencer: ***to ~ oneself***, excederse a sí mismo.
outdoor ('aut'dɔ:) . el aire libre, el campo, la calle. *2* **-s** (-z) *adv.* fuera de casa, al aire libre.
outer ('autə[r]) *a.* exterior, externo. *2* **-ly** *adv.* exteriormente.
outfit ('autfit) *s.* equipo. *2* ajuar, pertrechos, avíos. *3* conjunto [de vestir].
outfit (to) ('autfit) *t.* equipar, aviar, habilitar, armar.
outflow ('autflou) *s.* efusión, flujo, salida.
outing ('autiŋ) *s.* salida, jira, excursión.
outlaw ('aut-lɔ:) *s.* bandido, forajido. *2* proscrito.
outlet ('aut-let) *s.* salida, orificio de salida; desagüe. *2* toma de corriente. *3* COM. salida, mercado.
outline ('aut-lain) *s.* contorno, perfil. *2* bosquejo, esbozo. *3* plan, esquema; compendio.
outlook ('aut-luk) *s.* atalaya. *2* vista, perpectiva. *3* actitud mental. *4* perspectivas.

outlying ('aut,laiiŋ) *a.* alejado, exterior, circundante. *2* extrínseco.
out-of-date ('autəv'deit) *a.* pasado de moda, anticuado.
out-of-print ('autəv'print) *a.* agotado [libro, edición].
outpost ('autpoust) *s.* MIL. avanzada.
output ('autput) *s.* producción, rendimiento.
outrage ('aut-reidʒ) *s.* ultraje, desafuero, atropello.
outrage (to) ('aut-reidʒ) *t.* ultrajar, atropellar. *2* violar.
outrageous (aut'reidʒəs) *a.* ultrajante. *2* violento. *3* desaforado, enorme, atroz. *4* **-ly** *adv.* ultrajosamente, etc.
outright ('aut-rait) *a.* sincero, franco, directo. *2* completo, absoluto. *3* *adv.* (aut'rait) completamente. *4* abiertamente, sin reserva. *5* en seguida.
outset ('aut-set) *s.* principio, salida.
outside ('aut'said) *s.* exterior, parte externa; superficie. *2* apariencia. *3* lo más, lo sumo: ***at the*** ~, a lo más. *4* *a.* exterior. *5* superficial. *6* extraño. *7* neutral. *8* *adv.* fuera, afuera, por fuera. *9* *prep.* fuera de, más allá de; excepto.
outsider ('aut'saidə^r) *s.* forastero. *2* extraño, profano.
outskirts ('aut-skə:ts) *s.* *pl.* alrededores.
outstanding (aut'stændiŋ) *a.* saledizo, saliente. *2* destacado, notable, sobresaliente. *3* pendiente, por pagar o cobrar.
outstretch (to) (aut'stretʃ) *t.* extender, alargar.
outstrip (to) (aut'strip) *t.* adelantar, dejar atrás.
outward ('autwed) *a.* exterior, externo. *2* aparente, superficial. *3* que va hacia fuera; que sale, de ida. *4* **-s** (-z) *adv.* hacia fuera.
outwit (to) (aut'wit) *t.* engañar con astucia; ser más listo que.
oval ('ouvəl) *a.* oval, ovalado. *2* *s.* óvalo.
oven ('ʌvn) *s.* horno, hornillo.
over ('ouvə^r) *adv.* arriba, por encima. *2* al otro lado: de una mano a otra. *3* enfrente. *4* al revés, trastornado. *5* completamente: ***all*** ~, por todas partes, completamente. *6* más, de más. *7* ***to run*** ~, salirse, derramarse. *8* ~ ***again***, de nuevo. *9* ~ ***and above***, además de. *10* *prep.* sobre, encima de, por encima de. *11* al otro lado o a la vuelta de. *12* más de. *13* durante. *14* por todo [un espacio, camino, etc.]. *15* de, a propósito de. *16* *a.* superior, más alto. *17* que cubre. *18* excesivo, de más. *19* acabado.

overalls ('ouvərə:lz) *s.* mono de trabajo. *2* guardapolvo.
overawe (to) (,ouvər'ɔ:) *t.* intimidar, atemorizar.
overbear (to) (,ouvə'bɛə^r) *t.* agobiar. *2* dominar, imponerse.
overbearing (,ouvə'bɛəriŋ) *a.* dominador, despótico, altanero.
overcast ('ouvə-kɑ:st) *a.* nublado, encapotado. *2* sombrío. *3* *s.* cielo encapotado.
overcharge (to) ('ouvə'tʃɑ:dʒ) *t.* sobrecargar, recargar. *2* cobrar demasiado.
overcoat ('ouvəkout) *s.* sobretodo, gabán, abrigo.
overcloud (to) (,ouvə'klaud) *i.* anublarse, cerrarse [el cielo].
overcome (to) (,ouvə'kʌm) *t.* vencer, triunfar de. *2* vencer, superar, allanar [obstáculos, etc.]. *3* sobreponerse a. *4* rendir, agotar.
overcrowd (to) (,ouvə'kraud) *t.* apiñar, atestar.
overdo (to) (,ouvə'du:) *t.* hacer [algo] demasiado; exagerar. *2* cocer demasiado. *3* fatigar.
overdress (to) ('ouvə'dres) *t.-i.* ataviar o ataviarse con exceso.
overflow ('ouvə-flou) *s.* inundación, avenida. *2* desbordamiento.
overflow (to) (,ouvə'flou) *t.-i.* inundar, desbordar(se.
overgrown ('ouvə'groun) *a.* cubierto de plantas, hierbas. *2* anormalmente desarrollado.
overhang (to) ('ouvə'hæŋ) *t.* hacer saliente, volar o colgar sobre. *2* estar suspendido sobre; amenazar. *3* *i.* hacer saliente.
overhaul ('ouvəhɔ:l) *s.* repaso, recorrido.
overhaul (to) (,ouvə'hɔ:l) *t.* repasar, recorrer; revisar, examinar. *2* alcanzar.
overhead ('ouvə'hed) *a.-adv.* [situado] arriba, en lo alto.
overhear (to) (,ouvə'hiə^r) *t.* oír por casualidad, acertar a oír.
overjoyed (,ouvə'dʒɔid) *a.* alborozado, jubiloso.
everland ('ouvəlænd) *a.-adv.* por tierra, por vía terrestre.
overlap (to) ('ouvə'læp) *t.* cubrir, recubrir, dar una capa. *2* oprimir, abrumar.
overloock (to) (,ouvə'luk) *t.* mirar desde lo alto. *2* dominar [estar más elevado]. *3* tener vista a. *4* inspeccionar, vigilar. *5* repasar, revisar. *6* pasar por alto, no ver, descuidar. *7* tolerar, perdonar.
overnight ('ouvə'nait) *adv.* en la noche anterior. *2* toda la noche: ***to stay*** ~, pasar la noche.

overpowering (ˌouvəˈpaueriŋ) *a.* dominador; dominante. *2* abrumador, arrollador, irresistible.

overrate (to) (ˈouvəˈreit) *t.* valorar excesivamente.

overrun (to) (ˌouvəˈrʌn) *t.* cubrir enteramente, invadir. *2* recorrer. *3* pasar por encima, atropellar. *4* exceder.

oversea (ˈouvəˈsi:) *a.* de ultramar. *2* **-s** (-z)*adv.* ultramar, allende los mares.

oversee (to) (ˈouvəˈsi:) *t.* vigilar, inspeccionar, revisar.

overseer (ˈouvəsiəʳ) *s.* inspector, veedor. *2* sobrestante, capataz.

overshadow (to) (ˌouvəˈʃædou) *s.* dar sombra a. *2* eclipsar.

overshoe (ˈouvəˌʃu:) *s.* (E. U.) chanclo, zapato de goma.

oversight (ˈouvəsait) *s.* descuido, omisión, inadvertencia. *2* vigilancia, cuidado.

overstate (to) (ˈouvəˈsteit) *t.* exagerar.

overstep (to) (ˈouvəˈstep) *t.* pasar, transgredir.

overtake (to) (ˌouvəˈteik) *t.* alcanzar, atrapar. *2* pasar, dejar atrás. *3* sorprender, coger.

overthrow (to) (ˌouvəˈθrou) *t.* volcar, tumbar, derribar. *2* derrocar. *3* destruir. *4* vencer.

overtime (ˈouvətaim) *s.* tiempo suplementario. *2 a.-adv.* en horas extraordinarias.

overtop (to) (ˈouvəˈtɔp) *t.* dominar, descollar sobre; sobresalir entre. *2* rebasar.

overture (ˈouvətjuəʳ) *s.* insinuación, proposición, propuesta [de paz, etc.]. *2* MÚS. obertura.

overturn (to) (ˌouvəˈtə:n) *t.* volcar, trabucar. *2* derribar. *3* trastornar.

overweening (ˌouvəˈwi:niŋ) *a.* presuntuoso, arrogante.

overwhelm (to) (ˌouvəˈwelm) *t.* inundar. *2* abrumar, aplastar. *3* confundir, anonadar.

overwhelming (ˌouvəˈwelmiŋ) *a.* aplastante, arrollador, irresistible, poderoso.

owe (to) (ou) *t.* deber, adeudar.

owing (ˈouiŋ) *ger.* de TO OWE. *2 a.-adv.* *~ to*, debido a, por causa de.

owl (aul) *s.* ORN. búho, mochuelo, lechuza.

own (oun) *a.* propio, mismo, de uno: ***his ~ mother***, su propia madre. *2 s.* ***one's ~***, lo suyo, lo de uno.

own (to) (oun) *t.* poseer, tener. *2* reconocer, confesar.

owner (ˈounəʳ) *s.* dueño, propietario, poseedor.

ox (ɔks), *pl.* **oxen** (ˈɔksən) *s.* buey: ***ox-eye***, ojo de buey.

oxide (ˈɔksaid) *s.* QUÍM. óxido.

oxygen (ˌɔksidʒən) *s.* oxígeno.

oyster (ˈɔistəʳ) *s.* ostra.

P

pace (peis) *s.* paso [marcha, modo de andar; medida]. *2* portante [del caballo].
pace (to) (peis) *i.* andar, pasear. *2* amblar. *3 t.* recorrer o medir a pasos.
pacific (pə'sifik) *a.* pacífico. *2* GEOGR. ***Pacific Ocean,*** océano Pacífico.
pacify (to) ('pæsifai) *t.* pacificar, apaciguar, calmar, sosegar.
pack (pæk) *s.* lío, fardo, bala; paquete; carga: ~ ***animal,*** animal de carga. *2* baraja. *3* hato, sarta. *4* cuadrilla. *5* manada. *6* jauría.
pack (to) (pæk) *t.-i.* empacar, empaquetar; envasar. *2 t.* hacer [la maleta]. *3* amontonar, llenar, atestar. *4* cargar [una acémila]. *5 i.* reunirse, juntarse. *6* ***to ~ up,*** hacer la maleta.
package ('pækidʒ) *s.* fardo, paquete, bulto.
packet ('pækit) *s.* paquete [fardo pequeño]. *2* ***~boat,*** paquebote.
packing ('pækiŋ) *s.* embalaje; envase.
packsaddle ('pækˌsædl) *s.* albarda, basto.
pact (pækt) *s.* pacto, convenio.
pad (pæd) *s.* cojincillo, almohadilla; postizo, relleno; hombrera. *2* tampón [para entintar]. *3* ESGR. peto. *4* taco, bloc [de papel]. *5* jaca.
pad (to) (pæd) *t.* rellenar, acolchar; forrar [de algo blando].
padding ('pædiŋ) *s.* relleno, acolchado. *2* LIT. paja, relleno.
paddle ('pædl) *s.* canalete [remo]. *2* paleta [de rueda]: ~ ***boat,*** buque de ruedas.
paddle (to) ('pædl) *t.* impulsar con canalete. *2* apalear. *3 i.* remar con canalete. *4* chapotear.
paddock ('pædək) *s.* dehesa, cercado [para caballos de carreras].
padlock ('pædlɔk) *s.* candado.
pagan ('peigən) *a.-s.* pagano, gentil.
page (peidʒ) *s.* paje. *2* botones; criado joven. *3* página.
pageant ('pædʒənt) *s.* cabalgata, desfile, espectáculo magnífico, pompa.
paid (peid) V. TO PAY.
pail (peil) *s.* herrada, cubo. *2* MAR. balde.
pain (pein) *s.* dolor, pena; aflicción. *2* pena [castigo]. *3* trabajo, molestia; ***to take pains to,*** esforzarse en, esmerarse por.
pain (to) (pein) *t.* doler, punzar. *2* causar dolor, afligir.
painful ('peinful) *a.* doloroso. *2* penoso, aflictivo, angustioso. *3* arduo. *4* dolorido. *5* **-ly** *adv.* dolorosamente, etc.
painstaking ('peinzˌteikiŋ) *a.* afanoso, industrioso, cuidadoso, concienzudo, esmerado.
paint (peint) *s.* pintura, color. *2* afeite, colorete.
paint (to) (peint) *t.-i.* pintar.
paintbrush ('peinbrʌʃ) *s.* brocha, pincel.
painter ('peintəʳ) *s.* pintor. *2* MAR. amarra.
painting ('peintiŋ) *s.* pintura [acción, arte; color]. *2* pintura, cuadro.
pair (pɛəʳ) *s.* par, pareja. *2* yunta. *3* ***a. ~ of scissors,*** unas tijeras; ***a ~ of trousers,*** unos pantalones.
pair (to) (pɛəʳ) *t.* aparear, casar, acoplar. *2* parear. *3 i.* aparearse.
pajamas (pə'dʒɑ:məz) *s. pl.* pijama.
pal (pæl) *s.* compañero, camarada.
palace ('pælis) *s.* palacio.
palatable ('pælətəbl) *a.* sabroso. *2* agradable, aceptable.
palate ('pælit) *s.* paladar.
pale (peil) *a.* pálido. *2* descolorido. *3 s.* estaca, palizada. *4* límites, esfera. *5* **-ly** *adv.* pálidamente.
pale (to) (peil) *i.* palidecer.
palette ('pælit) *s.* PINT. paleta.
palfrey ('pɔ:lfri) *s.* palafrén.
paling ('peiliŋ) *s.* palenque, estacada.
palisade (ˌpæli'seid) *s.* palizada, estacada.
pall (pɔ:l) *s.* paño mortuorio. *2* ECLES. palio.

pall (to) (pɔ:l) *t.* ahitar, empalagar. *2 i. to ~ on one*, cansar, dejar de gustar.
palliate (to) ('pælieit) *t.* paliar, mitigar. *2* atenuar, excusar.
pallid ('pælid) *a.* pálido; desvaído.
palm (pɑ:m) *s.* BOT. palma: ***Palm Sunday***, Domingo de Ramos; *~ **tree***, palmera. *2* fig. palma, victoria. *3* palma [de la mano].
palm (to) (pɑ:m) *t.* manosear. *2* escamotear. *3 **to ~ off on***, endosar [algo a uno].
palmist(er ('pɑ:mist(əʳ) *s.* quiromántico.
palmistry ('pɑ:mistri) *s.* quiromancia.
palpable ('pælpəbl) *a.* palpable, evidente.
palpitate (to) ('pælpiteit) *i.* palpitar, latir.
palsied ('pɔ:lzid) *a.* paralítico. *2* vacilante, tembloroso.
paltry ('pɔ:ltri) *a.* mezquino, despreciable. *2* pobre, fútil.
pampas ('pæmpəs) *s. pl.* pampa.
pamper (to) ('pæmpəʳ) *t.* mimar, consentir.
pamphlet ('pæmflit) *s.* folleto.
pan (pæn) *s.* cacerola, cazuela, cazo: ***frying ~***, sartén. *2* platillo [de balanza]. *3* cazoleta [de arma de fuego].
panacea (ˌpænə'siə) s. panacea.
pancake ('pænkeik) *s.* hojuela [fruta de sartén]; torta delgada.
pane (pein) *s.* cristal, vidrio [de ventana, etc.] *2* cara, faceta.
panegyric (ˌpæni'dʒirik) *a.-s.* panegírico.
panel ('pænl) *s.* CARP. ARQ., ING. panel, cuarterón; entrepaño, artesón. *2* PINT. tabla. *3* recuadro. *4* AUTO., ELECT. tablero, cuadro. *5* lista [de jurados].
panel(l)ing ('pænəliŋ) *s.* revestimiento de madera. *2* artesonado.
pang (pæŋ) *s.* punzada, dolor agudo, tormento, congoja.
panic ('pænik) *a.-s.* pánico.
pannier ('pæniəʳ) *s.* cesta grande, cuévano. *2* tontillo.
panorama (ˌpænə'rɑ:mə) *s.* panorama.
pansy ('pænzi) *s.* BOT. pensamiento.
pant (pænt) *s.* jadeo, resuello. *2* palpitación.
pant (to) (pænt) *i.* jadear, resollar. *2* palpitar.
pantheist ('pænθiist) *s.* panteísta.
panther ('pænθəʳ) *s.* ZOOL. pantera; (E. U.) puma.
panties ('pæntiz) *s. pl.* bragas [de mujer].
pantomime ('pæntəmaim) *s.* pantomima.
pantry ('pæntri) *s.* despensa.
pants (pænts) *s.* fam. pantalones. *2* calzoncillos.
papa (pa'pɑ:) *s.* fam. papá.
papacy ('peipəsi) *s.* papado.
papal ('peipəl) *a.* papal, pontificio.
paper ('peipəʳ) *s.* papel [materia; hoja de papel; documento]: *~ **currency**, ~ **money***, papel moneda; *~ **knife***, plegadera. *2* papel, periódico, diario. *3 pl.* documentos, apuntes, memorias.
paper (to) ('peipəʳ) *t.* empapelar.
par (pɑ:ʳ) *s.* equivalencia, paridad; COM. par: ***at ~***, a la par; ***to be on a ~ with***, correr parejas con.
parable ('pærəbl) *s.* parábola [narración].
parabola (p ə'ræbələ) *s.* GEOM. parábola.
parachute ('pærəʃu:t) *s.* paracaídas.
parade (pə'reid) *s.* ostentación; alarde, gala. *2* MIL. parada, revista. *3* desfile, cabalgata. *4* (Ingl.) paseo público.
parade (to) (pə'reid) *t.* ostentar, alardear de. *2 t.-i.* MIL. formar en parada; [hacer] desfilar. *3 i.* exhibirse.
paradise ('pærədais) *s.* paraíso.
paradox ('pærədɔks) *s.* paradoja.
paragon ('pærəgən) *s.* modelo, ejemplar, dechado.
paragraph ('pærəgrɑ:f) *s.* párrafo. *2* suelto, artículo corto.
parakeet ('pærəki:t) *s.* periquito.
paralise (to) ('pærəlaiz) *t.* paralizar.
parallel ('pærəlel) *a.* paralelo. *2 s.* paralelismo, semejanza. *3* par, igual. *4* GEOGR., ELEC. paralelo.
parallel (to) ('pærəlel) *t.* igualar, parangonar. *2* ser paralelo a.
parallelogram (ˌpærə'leləgræm) *s.* GEOM. paralelogramo.
paralysis (pə'rælisis) *s.* parálisis.
paralytic (ˌpærə'litik) *a.-s.* paralítico.
paramount ('pærəmaunt) *a.* superior, supremo, máximo.
paramour ('pærəmuəʳ) *s.* amante; querido; querida.
parapet ('pærəpit) *s.* parapeto. *2* pretil, baranda.
parasite ('pærəsait) *s.* parásito. *2* gorrón, gorrero.
parasol (ˌpærə'sɔl) *s.* sombrilla, parasol.
paratrooper ('pærətru:pəʳ) *t.* paracaidista.
parcel ('pɑ:sl) *s.* paquete, bulto. *2* hatajo. *3* parcela.
parcel (to) ('pɑ:sl) *t.* parcelar, dividir. *2* empaquetar.
parch (to) (pɑ:tʃ) *t.* tostar. *2* quemar, abrasar [el calor, la sed, etc.]; resecar, agostar.
parchment ('pɑ:tʃmənt) *s.* pergamino; vitela.
pardon ('pɑ:dn) *s.* perdón. *2* indulto, amnistía.

pardon (to) 'p:dn) *t.* perdonar. *2* indultar. *3* excusar: ~ ***me,*** dispense usted.
pare (to) (pɛəʳ) *t.* mondar, pelar [fruta, etc.]. *2* cortar, recortar, raer. *3* reducir, cercenar.
parent ('pɛərənt) *s.* padre o madre. *2 pl.* padres.
parentage ('pɛərəntidʒ) *s.* linaje, nacimiento.
parings ('pɛəriŋz) *s. pl.* mondaduras, raeduras.
parish ('pæriʃ) *s.* parroquia, feligresía.
parishioner (pə'riʃənəʳ) *s.* feligrés, parroquiano.
Paris ('pæris) *n. pr.* GEOGR. París.
Parisian (pə'rizjən) *a.-s.* parisiense.
park (pɑ:k) *s.* parque.
park (to) (pɑ:k) *t.-i.* aparcar, estacionar.
parking ('pɑ:kiŋ) *s.* aparcamiento.
parley ('pɑ:li) *s.* conferencia, discusión.
parley (to) ('pɑ:li) *i.* discutir, parlamentar.
parliament ('pɑ:ləmənt) *s.* parlamento, cortes.
parlo(u)r ('pɑ:ləʳ) *s.* sala de estar o recibimiento. *2* (E. U.) salón [de belleza]; sala [de billares]. *3* locutorio.
parochial (pə'roukjəl) *a.* parroquial. *2* fig. limitado, local; estrecho.
parody ('pærədi) *s.* parodia.
parole (pə'roul) *s.* palabra de honor. *2* MIL. santo y seña.
paroxism ('pærəksizəm) *s.* paroxismo *2.* acceso, arrebato.
parrot ('pærət) *s.* ORN. loro, cotorra, papagayo.
parry ('pæri) *s.* parada, quite.
parry (to) ('pæri) *t.-i.* parar [un golpe, etc.]. *2* evitar, eludir.
parsimonious (ˌpɑ:si'mounjəs) *a.* parsimonioso, parco, tacaño.
parsley ('pɑ:sli) *s.* BOT. perejil.
parsnip ('pɑ:snip) *s.* BOT. chirivía.
parson ('pɑ:sn) *s.* párroco, cura, sacerdote.
parsonage ('pɑ:sənidʒ) *s.* rectoría, rectoral.
part (pɑ:t) *s.* parte [porción; miembro; elemento; participación, etc.]: ~ ***of speech,*** parte de la oración; ***to take the ~ of,*** ponerse de parte de. *2* cuidado, deber. *3* TEAT. papel. *4* MÚS. parte. *5* MEC. pieza. *6* (E. U.) raya [del cabello]. *7 pl.* lugares, países. *8* talento, dotes. *9 a.-adv.* parcial, parcialmente.
part (to) (pɑ:t) *t.* dividir, partir. *2* repartir. *3* ***to ~ the hair,*** hacer la raya. *4 i.* separarse, desprenderse. *5* irse, despedirse. *6* morir. *7* ***to ~ with,*** desprenderse de; separarse de.
partake (to) (pɑ:'teik) *t.* compartir. *2 i.* ***to ~ in,*** participar en. *3* ***to ~ of,*** participar de.
partial ('pɑ:ʃəl) *a.* parcial. *2* afecto, aficionado. *3* **-ly** *adv.* parcialmente.
partiality (ˌpɑ:ʃi'æliti) *s.* parcialidad. *2* inclinación, afición.
participate (to) (pɑ:'tisipeit) *i.-t.* participar [tomar o tener parte].
participle ('pɑ:tisipl) *s.* GRAM. participio.
particle ('pɑ:tikl) *s.* partícula. *2* pizca.
particular (pə'tikjuləʳ) *a.* particular. *2* minucioso, detallado. *3* escrupuloso, exigente. *4 s.* pormenor, detalle. *5* ***in ~,*** en particular.
particularize (to) (pə'tikjuləraiz) *t.* particularizar, detallar, especificar.
parting ('pɑ:tiŋ) *s.* separación, división. *2* partida, marcha; despedida. *3* raya [del pelo]. *4* ***~ of ways,*** bifurcación.
partisan (ˌpɑ:ti'zæn) *s.* partidario. *2* guerrillero. *3* partesana. *4 a.* partidista.
partition (pɑ:'tiʃən) *s.* partición. *2* división. *3* tabique, barandilla.
partly ('pɑ:tli) *adv.* en parte, en cierto modo.
partner ('pɑ:tnəʳ) *s.* socio [en un negocio]. *2* compañero [en el juego]. *3* pareja [de baile]. *4* cónyuge. *5* aparcero.
partridge ('pɑ:tridʒ) *s.* ORN. perdiz.
party ('pɑ:ti) *s.* partido [político], bando. *2* partido, causa. *3* reunión, fiesta; grupo de personas que viajan, cazan, etc. juntas. *4* MIL. destacamento. *5* parte [en un contrato, una contienda, etc.]. *6* individuo, sujeto. *7 a.* ~ ***wall,*** pared medianera.
pass (pɑ:s) *s.* paso, pasaje; desfiladero; desembocadero. *2* paso [acción o permiso de pasar]; pase; salvoconducto. *3* aprobación [en exámenes]. *4* ESGR. estocada. *5* trance, situación.
pass (to) (pa:s) *i.* pasar [en todas sus acepciones]. *2* ***to ~ along,*** pasar por. *3* ***to ~ by,*** pasar de largo, por el lado. *4* ***to ~ for,*** pasar por. *4* ***to ~ out,*** salir. *6* ***to ~ over,*** pasar al otro lado. *7* ***to come to ~,*** suceder, ocurrir. *8 t.* pasar [atravesar; cruzar; dejar atrás]. *9* cruzarse con. *10* pasar de, exceder. *11* pasar, sufrir; tolerar. *12* tomar [un acuerdo]; aprobar [a un examinando, un proyecto de ley]. *13* pasar, hacer pasar, dar. *14* omitir. *15* emitir [un juicio]. *16* pasar, colar, cerner. *17* ***to ~ along,*** pasar de uno a otro. *18* ***to ~ by,*** perdonar, omitir. *19* ***to ~ over,*** transferir; omitir; postergar; perdonar. ¶ Pret. p.: ***passed*** o ***past.***
passable ('pɑ:səbl) *a.* pasadero. *2* transitorio. *3* tolerable, regular.

passage ('pæsidʒ) *s.* paso, pasaje, tránsito. *2* paso, entrada, pasadizo. *3* MAR. viaje. *4* pasaje [de un buque]. *5* lance, encuentro, incidente. *6* pasaje [de un libro, etc.].
passenger ('pæsindʒəʳ) *s.* viajero, pasajero.
passer-by ('pɑ:sə'bai) *s.* transeúnte, viandante.
passing ('pɑ:siŋ) *s.* paso, pasada. *2* tránsito, muerte. *3 a.* que pasa. *4* pasajero, transitorio.
passion ('pæʃən) *s.* pasión. *2* cólera, ira. *3* (con may.) Pasión [de N. S.].
passionate ('pæʃənit) *a.* apasionado. *2* acalorado, colérico. *3* **-ly** *adv.* apasionadamente; colérico.
passive ('pæsiv) *a.* pasivo. | No tiene el sentido de pasivo [haber], ni el de pasivo [participio]. *2 s.* GRAM. voz pasiva.
passport ('pɑ:s-pɔ:t) *s.* pasaporte.
password ('pa:s-wə:d) *s.* santo y seña, contraseña.
past (pɑ:st) *a.* pasado, pretérito; último, ex, que fue. *2* consumado. *3* GRAM. pasivo [participio]; pretérito [tiempo]. *4 s.* pasado. *5 prep.* pasado, después de; fuera de; sin: ~ ***recovery,*** incurable, sin remedio.
paste (peist) *s.* pasta, masa. *2* engrudo.
paste (to) peist) *t.* pegar con engrudo.
pasteboard ('peistbɔ:d) *s.* cartón.
pastel ('pæstəl) *s.* BOT. hierba pastel. *2* PINT. pastel.
pastime ('pɑ:s-taim) *s.* pasatiempo.
pastor ('pa:stəʳ) *s.* pastor (esp. espiritual)
pastoral´('pɑ:stərəl) *a.* pastoril. *2 a.-s.* pastoral.
pastry ('peistri) *s.* pastelería, pasteles, repostería: ~ ***cook,*** pastelero.
pasturage ('pɑ:stjuridʒ) *s.* pasto. *2* apacentamiento.
pasture ('pɑ:stʃəʳ) *s.* pasto, dehesa.
pasture (to) ('pɑ:stʃəʳ) *t.-i.* pacer, apacentarse. *2 t.* apacentar.
pat (pæt) *a.* exacto, conveniente, oportuno. *2 adv.* oportunamente. *3 s.* golpecito, palmadita.
pat (to) (pæt) *t.* dar palmaditas o golpecitos.
patch (pætʃ) *s.* remiendo; parche. *2* lunar postizo. *3* trozo. *4* mancha [de color]. *5* pedazo [de terreno].
patch (to) (pætʃ) *t.* remendar, apedazar. *2* cubrir con manchas de color.
patent ('peitənt) *a.* patente, manifiesto. *2* patentado. *3* ~ ***leather,*** charol. *4 s.* patente; diploma.
patent (to) ('peitənt) *t.* patentar.
paternity (pə'tə:niti) *s.* paternidad.
path (pɑ:θ) *s.* camino, senda, vereda. *2* ruta, curso.
pathetic (pə'θetik) *a.* patético. *2* lastimoso.
pathos ('peiθɔs) *s.* patetismo, sentimiento.
pathway ('pɑ:θ-wei) *s.* camino, senda.
patience ('peiʃənt) *s.* paciencia. *2* solitario [juego].
patient ('peʃənt) *a.* paciente. *2* susceptible [de]. *3 s.* MED. paciente. *4* **-ly** *adv.* pacientemente.
patriarch ('peitriɑ:k) *s.* patriarca.
patrimony ('pætriməni) *s.* patrimonio.
patriot ('peitriət) *s.* patriota.
patriotism ('pætriətizəm) *s.* patriotismo.
patrol (pə'troul) *s.* patrulla; ronda.
patrol (to) (pə'troul) *i.-t.* patrullar, rondar.
patron ('peitrən) *a.* patrón, tutelar. *2 s.* patrón [santo]. *3* patrono, protector. *4* parroquiano, cliente.
patronage ('pætrənidʒ) *s.* protección, patrocinio. *2* clientela. *3* ECLES. patronato.
patronize (to) ('pætrənaiz) *t.* proteger, patrocinar. *2* ser cliente de.
patten ('pætn) *s.* zueco, chanclo.
pattern ('pætən) *s.* modelo, muestra, dechado; ejemplar, tipo. *2* patrón, plantilla. *3* dibujo, diseño.
paunch ('pɔ:ntʃ) *s.* panza, barriga.
pauper (pɔ:pəʳ) *s.* pobre [pers.].
pause (pɔ:z) *s.* pausa, interrupción. *2* MÚS. calderón. *3* vacilación. *4* respiro, tregua.
pause (to) (pɔ:z) *i.* pausar, interrumpirse, detenerse. *2* vacilar.
pave (to) (peiv) *t.* pavimentar, solar, adoquinar.
pavement ('peivmənt) *s.* pavimiento. *2* acera; andén.
pavillion (pə'viljən) *s.* pabellón [tienaa, dosel].
paw (pɔ:) *s.* garra, zarpa.
paw (to) (pɔ:) *t.* manosear, sobar. *2 i.* patear, piafar.
pawn (pɔ:n) *s.* peón [de ajedrez]. *2* empeño, garantía: ***in ~,*** en prenda.
pawn (to) (pɔ:n) *t.* empeñar [un objeto].
pawnbroker ('pɔ:nˌbroukəʳ) *s.* prestamista.
pawnshop ('pɔ:n-ʃɔp) *s.* casa de empeños.
pay (pei) *s.* paga, sueldo. *2* pago; recompensa.
pay (to) (pei) *t.-i.* pagar; ***to ~ back*** devolver; ***to ~ for,*** pagar; recompensar; expiar: ***to ~ off,*** pagar y despedir; saldar; vengarse; ***to ~ out,*** desembolsar; ***to ~***

up, saldar. *2 t.* costear, sufragar. *3* hacer [una visita; la corte]; rendir [homenaje]; prestar [atención]; dirigir [cumplidos]. *4* MAR. ***to ~ out,*** largar, lascar. *5 i.* compensar, ser provechoso. ¶ Pret. y p. p.: ***paid*** (peid).
payable ('peiəbl) *a.* pagable, pagadero.
payer ('peiə^r^) *s.* pagador.
paymaster ('pei,mɑ:stə^r^) *s.* pagador; habilitado.
payment ('peimənt) *s.* pago, paga. *2* recompensa.
pay-office ('pei;'ɔfis) *s.* pagaduría.
pea (pi:) *s.* BOT. guisante.
peace (pi:s) *s.* paz: ~ ***of God,*** tregua de Dios; ***at*** ~, en paz. *2* orden público. *3* quietud, tranquilidad, silencio.
peaceful ('pi:sful) *a.* pacífico, tranquilo. *2* **-ly** *adv.* pacíficamente.
peacemaker ('pi:s,meikə^r^) *s.* pacificador.
peach (pi:tʃ) *s.* BOT. melocotón: ~ ***tree,*** melocotonero.
peacock ('pi:kɔk) *s.* ORN. pavo real.
peahen ('pi:'hen) *s.* ORN. pava real.
peak (pi:k) *s.* pico, cumbre, cima. *2* cúspide. *3* pico, punta [de una cosa]. *4* cresta [de ola]. *5* visera [de gorra].
peal (pi:l) *s.* repique [de campanas]. *2* estrépito, estruendo.
peal (to) (pi:l) *t.-i.* repicar [las campanas]. *2* gritar. *3* sonar, retronar.
peanut ('pi:nʌt) *s.* BOT. cacahuete; *maní.
pear (pɛə^r^) *s.* BOT. pera: ~ ***tree,*** peral. *2* perilla [adorno].
pearl (pə:l) *s.* perla, margarita.
pearl (to) (pə:l) *t.* perlar. *2* dar color de perla. *3 i.* pescar perlas.
pearly ('pə:li) *a.* perlino, nacarado.
peasant ('pezənt) *s.* labriego, campesino.
peasantry ('pezəntri) *s.* paisanaje, gente del campo.
peat (pi:t) *s.* turba [materia].
pebble ('pebl) *s.* guija, guijarro, china.
peccadillo (,pekə'dilou) *s.* pecadillo, falta.
peck (pek) *s.* picotazo.
peck (to) (pek) *t.* picar, picotear.
pectoral ('pektərəl) *a.-s.* pectoral.
peculiar (pi'kju:liə^r^) *a.* peculiar. *2* particular, especial. *3* raro, singular.
peculiarity (pi,kju:li'æriti) *s.* peculiaridad.
pecuniary (pi'kju:njəri) *a.* pecuniario.
pedagogue ('pedəgɔg) *s.* pedagogo. *2* pedante.
pedal ('pedl) *s.* pedal. *2 a.* de pie.
pedant ('pedənt) *s.* pedante.
pedantry ('pedəntri) *s.* pedantería.
peddle (to) ('pedl) *t.* vender de puerta en puerta. *2 i.* hacer de buhonero.
peddler ('pedlə^r^) *s.* buhonero.
pedestal ('pedistl) *s.* pedestal; peana, pie.
pedestrian (pi'destriən) *a.* pedestre. *2* peatón, caminante.
pedigree ('pedigri:) *s.* genealogía, linaje, árbol genealógico.
peel (pi:l) *s.* piel, corteza, cáscara, hollejo, telilla.
peel (to) (pi:l) *t.* pelar, mondar, descascarar. *2 i.* pelarse, descascararse. *3* desprenderse [la piel, etc.].
peeling ('pi:liŋ) *s.* peladura, mondadura.
peep (pi:p) *s.* atisbo, ojeada. *2* asomo. *3* pío [de ave]; vocecita.
peep (to) (pi:p) *i.* atisbar, fisgar; mirar por una rendija. *2* asomarse. *3* piar.
peep-hole ('pi:p-houl) *s.* atisbadero, mirilla.
peer (piə^r^) *s.* par, igual, compañero. *2* par [noble].
peer (to) (piə^r^) *i.* mirar [atentamente]. *2* asomar, salir, aparecer.
peerage ('piəridʒ) *s.* dignidad de par; cuerpo de la nobleza.
peerless ('piəlis) *a.* sin par, incomparable.
peevish ('pi:viʃ) *a.* malhumorado, brusco; quisquilloso, displicente, enojadizo.
peg (peg) *s.* clavija, estaquilla, taco. *2* percha, colgador. *3* estaca, jalón.
pelican ('pelikən) *s.* ORN. pelícalo, alcatraz.
pellet ('pelit) *s.* pelotilla, bolita. *2* píldora. *3* bodoque.
pell-mell ('pel'məl) *adv.* revueltamente, atropelladamente. *3 s.* confusión, desorden.
pellucid (pe'lju:sid) *a.* diáfano, transparente.
pelota (pə'loutə) *s.* pelota vasca.
pelt (pelt) *s.* pellejo, cuero. *2* golpeo.
pelt (to) (pelt) *t.* apedrear; tirar, hacer llover [algo] sobre. *2 i.* caer con fuerza [la lluvia]. *3* apresurarse.
pen (pen) *s.* pluma [para escribir]. *2* corral [para encerrar ganado].
pen (to) (pen) *t.* escribir. *2* encerrar [ganado]. ¶ Pret. y p. p.: ***penned*** o ***pent.***
penal ('pi:nl) *a.* penal. *2* penable.
penalize (to) ('pi:nəlaiz) *t.* penar, castigar.
penalty ('penəlti) *s.* pena. castigo. *2* DEP. penalti, castigo.
penance ('penəns) *s.* penitencia.

penchant ('pɑ:ŋʃɑ:ŋ) *s.* afición, tendencia.

pencil ('pensl) *s.* lápiz, lapicero. *2* pincel fino.

pendant, pendent ('pendənt) *a.* pendiente. *2* colgante, péndulo. *3 s.* cosa que cuelga; pendiente, zarcillo, medallón. *4* ARQ. pinjante.

pendulum ('pendjuləm) *s.* péndulo; péndola.

penetrate (to) ('penitreit) *t.-i.* penetrar. *2 i.* atravesar, perforar.

penetrating ('penitreitiŋ) *a.* penetrante. *2* perspicaz.

penetration (ˌpeni'treiʃən) *s.* penetración.

penguin ('peŋgwin) *s.* ORN. pingüino.

penholder ('penˌhouldəʳ) *s.* portapluma.

peninsular (pi'ninsjuləʳ) *a.-s.* peninsular.

penitence ('penitəns) *s.* penitencia, contricción.

penitent ('peni'tent) *a.-s.* penitente, arrepentido.

penitential (ˌpeni'tenʃəl) *a.* penitencial.

penitentiary (ˌpeni'tenʃəri) *a.* penitencial. *2* penitenciario. *3 s.* penitenciaría.

penknife ('pennaif) *s.* cortaplumas.

pennant ('penənt) *s.* flámula, gallardete. *2* MAR. insignia.

penniless ('penilis) *a.* pobre, sin dinero.

penny ('peni), *pl.* **pennies** ('peniz) o [en comp.] **pence** (pens) *s.* penique.

pension ('penʃən) *s.* pensión, retiro, jubilación. *2* ('pɑ:ŋsiɔ:ŋ) pensión, casa de huéspedes.

pension (to) ('penʃən) *t.* pensionar, retirar, jubilar.

pensioner ('penʃənəʳ) *s.* pensionado. *2* jubilado. *3* MIL. inválido. *4* pensionista.

pensive ('pensiv) *a.* pensativo; melancólico.

pent (pent) *a.* encerrado, acorralado. *2* contenido, reprimido.

pentagon ('pentəgən) *s.* GEOM. pentágono.

Pentecost ('pentikɔst) *s.* Pentecostés.

penthouse ('penthaus) *s.* cobertizo. *2* tejadillo. *3* (E. U.) piso en la azotea.

penultimate (pi'nʌltimit) *a.* penúltimo.

penury ('penjuri) *s.* penuria, estrechez. *2* escasez.

people ('pi:pl) *s.* pueblo, raza, nación. *2* pueblo [de un país, etc.]. *3* gente, personas: ***two ~***, dos pesonas; ***the young ~***, la gente joven.

people (to) ('pi:pl) *t.* poblar.

pep (pep) *s.* pop. (E. U.) energía, brío.

pepper ('pepəʳ) *s.* pimienta. *2.* pimiento, ají. *3.* ***red ~***, pimentón.

pepper (to) ('pepəʳ) *t.* sazonar con pimienta. *2* salpimentar. *3* acribillar.

peppermint ('pepəmint) *s.* BOT. menta, piperita.

per (pə(:)ʳ),prep. *por:* ***~ cent***, por ciento. *2* ***as ~***, según.

perambulate (to) (pə'ræmbjuleit) *t.* recorrer. *2 i.* andar, pasear.

perambulator (pə'ræmbjuleitəʳ), fam. **pram** (præm) *s.* cochecito de niño.

perceivable (pə'si:vəbl) *a.* perceptible.

perceive (to) (pə'si:v) *t.* percibir, ver, distinguir.

percentage (pə'sentidz) *s.* porcentaje.

perceptible (pə'septibl) *a.* perceptible, sensible, visible.

perception (pə'sepʃən) *s.* percepción.

perch (pə:tʃ) *s.* ICT. perca. *2* pértica [medida]. *3* percha, alcándara. *4* pértiga, palo.

perch (to) (pə:tʃ) *t.-i.* encaramar(se. *2 i.* posarse [en una percha, rama, etc.].

perchance (pə'tʃɑ:ns) *adv.* acaso, por ventura.

percolate (to) ('pə:kəleit) *t.* colar, filtrar. *2 t.-i.* trascolarse, filtrarse [por].

percolator ('pə:kəleitəʳ) *s.* filtro, colador.

percussion (pə:'kʌʃən) *s.* percusión.

perdition (pə:'diʃən) *s.* perdición.

peregrination (ˌperigri'neiʃən) *s.* peregrinación, viaje.

peremptory (pə'remptəri) *a.* perentorio, terminante. *2* autoritario, imperioso.

perennial (pə'renjəl) *a.* perennal, perenne. *2* BOT. perenne, vivaz.

perfect ('pə:fikt) *a.* perfecto. *2* acabado, consumado, completo.

perfect (to) (pə'fekt) *t.* perfeccionar, acabar, completar.

perfection (pə'fekʃən) *s.* perfección.

perfectly ('pə:fiktli) *adv.* perfectamente, a la perfección.

perfidious (pə:'fidiəs) *a.* pérfido.

perfidy ('pə:fidi) *s.* perfidia.

perforate (to) ('pə:fəreit) *t.* perforar, taladrar.

perforce (pə'fɔ:s) *adv.* a la fuerza.

perform (to) (pə'fɔ:m) *t.* hacer, ejecutar, realizar. *2 i.* actuar. *3* desempeñar un papel, tocar un instrumento, etc. *4* funcionar [una máquina].

performance (pə'fɔ:məns) *s.* ejecución, cumplimiento, desempeño. *2* acción, hazaña. *3* función, representación, concierto; actuación de un artista, etc.

perfume ('pə:fju:m) *s.* perfume.

perfume (to) (pə'fju:m) *t.* perfumar, embalsamar.
perfunctory (pə'fʌŋktəri) *a.* perfunctorio, hecho sin interés, formulario.
perhaps (pə'hæps, præps) *adv.* quizá, tal vez.
peril ('peril) *s.* peligro, riesgo.
perilous ('periləs) *a.* peligroso, expuesto.
period ('piəriəd) *s.* período. *2* hora [de clase]. *3* punto final.
periodic (ˌpiəri'ɔdik) *a.* periódico.
periodical (ˌpiəri'ɔdikəl) *a.* periódico. *2 s.* periódico, revista.
periscope ('periskoup) *s.* periscopio.
perish (to) ('periʃ) *i.* perecer, fenecer.
perishable ('periʃəbl) *a.* perecedero. *2* marchitable. *3* averiable.
periwig 'periwig) *s.* peluquín.
perjure (to) ('pə:dʒəʳ) *i.* perjurar.
perjury ('pə:dʒəri) *s.* perjurio.
perk (to) (pə:k) *t.* levantar, erguir [la cabeza, etc.]. *2* ataviar. *3 i. to ~ up,* reanimarse.
perky ('pə:ki) *a.* gallardo, airoso.
permanence ('pə:mənəns) *s.* permanencia.
permanent ('pə:mənənt) *a.* permanente, estable, duradero: *~ wave,* ondulación, permanente. *2* **-ly** *adv.* permanentemente.
permeate (to) 'pə:mieit) *t.* penetrar, calar, impregnar.
permission (pə'miʃən) *s.* permiso, licencia, venia. *2* MIL. permiso.
permissive (pə'misiv) *a.* permisivo. *2* permitido.
permit ('pə:mit) *s.* permiso, licencia, pase, guía.
permit (to) (pə'mit) *t.* permitir.
pernicious (pə:'niʃəs) *a.* pernicioso. *2* malvado.
perorate (to) ('perəreit) *i.* perorar.
perpendicular (ˌpə:pən'dikjuləʳ) *a.-s.* perpendicular. *2 a.* vertical.
perpetrate (to) ('pə:pitreit) *t.* perpetrar.
perpetual (pə'petjuəl, -tʃuəl) *a.* perpetuo. *2* continuo, incesante. *3* BOT. perenne. *4* **-ly** *adv.* perpetuamente.
perpetuate (to) (pə'petjueit) *t.* perpetuar.
perplex (to) (pə'pleks) *t.* dejar perplejo; confundir. *2* aturdir. *3* complicar, enredar.
perplexity (pə'pleksiti) *s.* perplejidad, duda, confusión. *2* complicación, enredo.
perquisite ('pə:kwizit) *s.* gaje, obvención, propina.
persecute (to) ('pə:sikju:t) *t.* perseguir, vejar, oprimir. *2* perseguir, acosar.
persecution (ˌpə:si'kju:ʃən) *s.* persecución.
perseverance (ˌpə:si'viərəns) *s.* perseverancia.
persevere (to) (ˌpə:si'viəʳ) *i.* perseverar.
persist (to) (pə'sist) *i.* persistir. *2* insistir, porfiar. *3 ~* ***in,*** empeñarse en.
persistence (pə'sistənt) *s.* persistencia constancia. *2* insistencia, porfía.
persistent (pə'sistənt) *a.* persistente. *2* constante, tenaz. *3* insistente. *4* **-ly** *adv.* persistentemente, etc.
person ('pə:sn) *s.* persona.
personable ('pə:sənəbl) *a.* bien parecido.
personage ('pə:sənidʒ) *s.* personaje.
personal ('pə:sənl) *a.* personal: *~* ***pronoun,*** pronombre personal. *2. ~* ***estate,*** bienes muebles. *3 s.* nota de sociedad. *4* **-ly** *adv.* personalmente.
personality (ˌpə:sə'næliti) *s.* personalidad. *2* individualidad. *3* personalismo, alusión personal.
personate (to) ('pə:səneit) *t.* TEAT. representar el papel de. *2* fingirse, hacerse pasar por, *3* personificar.
personify (to) (pe:'sɔnifai) *t.* personificar.
personnel (ˌpə:sə'nel) *s.* personal, dependencia.
perspective (pə'spektiv) *s.* perspectiva.
perspicacious (ˌpe:spi'keiʃəs) *a.* perspicaz.
perspicuous (pə'spikjuəs) *a.* perspicuo.
perspiration (ˌpə:spi'reiʃən) *s.* transpiración, sudor.
perspire (to) (pəs'paiəʳ) *t.-i.* transpirar, sudar. *2 t.* exudar.
persuade (to) (pə'sweid) *t.* persuadir, inducir. *2* exhortar, tratar de convencer.
persuasion (pə'sweiʒən) *s.* persuasión. *2* persuasiva. *3* creencia. *4* credo, fe.
pert (pə:t) *a.* petulante, descarado. *2* vivo, alegre, desenvuelto. *3* **-ly** *adv.* descaradamente, etc.
pertain (to) (pə:'tein) *i.* pertenecer; corresponder, tocar, atañer.
pertinacious (ˌpe:ti'neiʃəs) *a.* pertinaz.
pertinent ('pə:tinənt) *a.* pertinente, oportuno, atinado.
pertness ('pə:tnis) *s.* petulancia, descaro. *2* vivacidad.
perturb (to) (pə'tə:b) *t.* perturbar, agitar.
perturbation (ˌpə:tə:'beiʃən) *s.* perturbación, conturbación, agitación.
perusal (pə'ru:zəl) *s.* lectura, lectura atenta.
peruse (to) (pə'ru:z) *t.* leer, leer con cuidado.
Peruvian (pə'ru:vjən) *a.-s.* peruano.
pervade (to) (pə:'veid) *t.* penetrar, llenar, difundirse por.

perverse (pə'və:s) *a.* perverso, avieso. *2* terco, indócil, que lleva la contraria. *3* **-ly** *adv.* perversamente.
perversion (pə'və:ʃən) *s.* perversión. *2* pervertimiento. *3* corrupción, alteración.
perverseness (pə'və:snis), **perversity** (pə'və:siti) *s.* perversidad, malicia. *2* terquedad, indocilidad.
pervert (to) (pə'və:t) *t.* pervertir. *2* corromper, tergiversar, falsear.
pervious ('pə:vjəs) *a.* penetrable, permeable.
pessimist ('pesimist) *s.* pesimista.
pest (pest) *s.* peste; plaga. *2* insecto nocivo.
pester (to) ('pestəʳ) *t.* molestar, importunar.
pestiferous (pes'tifərəs) *a.* pestífero, pestilente.
pestilence ('pestiləns) *s.* peste, pestilencia.
pestle ('pesl) *s.* mano de almirez, majadero.
pet (pet) *a.* querido, mimado, favorito. *2* ~ ***name***, apelativo cariñoso. *3 s.* animal favorito. *4* pers. o niño mimado. *5* enojo, berrinche.
pet (to) (pet) *t.* mimar, acariciar.
petal ('petl) *s.* BOT. pétalo.
Peter ('pi:təʳ) *n. pr.* Pedro.
petition (pi'tiʃən) *s.* petición, solicitud. *2* ruego, súplica.
petition (to) (pi'tiʃən) *t.* solicitar. *2* dirigir una petición a.
petrel ('petrəl) *s.* ORN. petrel.
petrify (to) ('petrifai) *t.-i.* petrificar(se.
petrol ('pətrəl) *s.* (Ingl.) gasolina, bencina.
petroleum (pi'trouljəm) *s.* petróleo, aceite mineral.
petticoat ('petikout) *s.* enaguas. *2* falda. *3* fig. faldas, mujeres.
pettifoger ('petifɔgəʳ) *s.* leguleyo, picapleitos.
pettish ('petiʃ) *a.* enojadizo, malhumorado.
petty ('peti) *a.* pequeño, insignificante, mezquino: ~ ***cash***, gastos menores; ~ ***thief***, ratero. *2* inferior, subalterno.
petulance ('petjuləns) *s.* impaciencia, malhumor, mal genio.
petulant ('petjulənt) *a.* enojadizo, malhumorado.
pewter ('pju:təʳ) *s.* peltre. *2* vasijas de peltre.
phalange ('fælændʒ) *s.* ANAT., ZOOL., POL. falange.
phantasm ('fæntæzəm) *s.* fantasma.
phantom ('fæntəm) *s.* fantasma, aparición. *2* ilusión óptica. *3 a.* fantasmal, quimérico.
pharmacy ('fɑ:məsi) *s.* farmacia.
phase (feiz) *s.* fase.
pheasant ('feznt) *s.* ORN. faisán.
phenomenon (fi'nɔminən) *s.* fenómeno.
philander (to) (fi'lændəʳ) *i.* galantear, flirtear.
philanthropy (fi'lænθrəpi) *s.* filantropía.
philharmonic (ˌfila:'mɔnik) *a.* filarmónico.
philologist (fi'lɔlədʒist) *s.* filólogo.
philosopher (fi'lɔsəfəʳ) *s.* filósofo.
philosophy (fi'lɔsəfi) *s.* filosofía.
philtre ('filtəʳ) *s.* filtro, bebedizo.
phlegm (flem) *s.* flema.
phlegmatic(al (fleg'mætik(əl) *a.* flemático.
phœnix ('fi:niks) *s.* fénix.
phone (foun) *s.* fam. teléfono.
phone (to) (foun) *t.-i.* telefonear.
phonetics (fə'netiks) *s.* fonética.
phoney, phony ('founi) *a.* fam. (E. U.) falso, engañoso.
photo ('foutou) *s.* fam. fotografía.
photograph ('foutəgrɑ:f) *s.* fotografía.
photograph (to) ('foutəgrɑ:f) *t.-i.* fotografiar.
photogravure (ˌfoutəgrə'vjuəʳ) *s.* fotograbado.
phrase (freiz) *s.* frase, locución.
physical ('fizikəl) *a.* físico: ~ ***training***, educación física.
physician (fi'ziʃən) *s.* médico, doctor.
physics ('fiziks) *s. pl.* física.
physiognomy (ˌfizi'ɔnəmi) *s.* fisonomía.
physiologist (ˌfizi'ɔlədʒist) *s.* fisiólogo.
physique (fi'zi:k) *s.* físico, figura, constitución [de una pers.].
pianist ('pjənist, 'pjænist) *s.* MÚS. pianista.
piano ('pjænou, 'pjɑ:nou) *s.* piano.
picaresque (ˌpikə'resk) *a.* picaresco.
pick (pik) *s.* pico [herramienta]. *2* MÚS. púa, plectro. *3* cosecha. *4* selección. *5* flor, lo más escogido.
pick (to) (pik) *t.* picar, agujerear. *2* coger [flores, frutos, etc.]. *3* escoger. *4* limpiar, pelar, mondar. *5* forzar [una cerradura]. *6* picotear. *7* comer a bocaditos. *8* ***to ~ a quarrel***, buscar pendencia. *9* ***to ~ off***, arrancar. *10* ***to ~ out***, escoger. *11* ***to ~ up***, recoger; tomar; captar [en radio]. *12 i.* ***to ~ up***, restablecerse; ganar velocidad.
picket ('pikit) *s.* estaca, piquete. *2* MIL. piquete.
pickle ('pikl) *s.* salmuera, escabeche,

adobo. *2* apuro, aprieto. *3 pl.* encurtidos.
pickle (to) ('pikl) *t.* escabechar, adobar.
pickpocket ('pik,pɔkit) *s.* ratero, carterista.
pickup ('pikʌp) *s.* recogida. *2* cosa hallada. *3* ELECT. fonocaptor, pick-up.
picnic ('piknik) *s.* partida de campo, jira, comida al aire libre.
picnic (to) ('piknik) *i.* comer o merendar en el campo.
picture ('piktʃəʳ) *s.* pintura, cuadro. *2* imagen, retrato; lámina, grabado. *3* escena, cuadro. *4* descripción. *5* OPT. imagen. *6* ***the pictures,*** el cine.
picture (to) ('piktʃəʳ) *t.* pintar, retratar. *2* describir. *3 i.* imaginarse, representarse.
picturesque (,piktʃə'resk) *a.* pintoresco.
pie (pai) *s.* pastel, empanada.
piece (pi:s) *s.* pieza, trozo, pedazo. *2* pieza [de tela, de un juego]; ejemplo, caso, acto: ~ ***of furniture,*** mueble; ~ ***of advice,*** consejo: ~ ***of news,*** noticia. *3* cañón, arma de fuego. *4* moneda. *5* casco, tonel. *6* PINT. cuadro. 7 MÚS., LIT., TEAT. pieza, obra.
piece (to) (pi:s) *t.* apedazar, remendar. *2* reunir.
piecemeal ('pi:s-mi:l) *a.* hecho de trozos. *2 adv.* en pedazos. *3* poco a poco, por partes.
pied (paid) *a.* moteado.
pier (piəʳ) *s.* pilar, estribo. *2* muelle, embarcadero; rompeolas. *3* ARQ. entrepaño.
pierce (to) (piəs) *t.* atravesar, traspasar; perforar; penetrar. *2* conmover. *3* abrir [un agujero, etc.].
piercing ('piəsiŋ) *a.* agudo, penetrante.
piety ('paiəti) *s.* piedad, devoción.
pig (pig) *s.* ZOOL. cerdo, cochino. *2* COC. lechón. *3* fig. cerdo [pers.].
pigeon ('pidʒin) *s.* ORN. pichón, palomo.
pigeonhole ('pidʒinhoul) *s.* hornilla [de palomar]. *2* casilla [de casillero].
pig-headed ('pig'hedid) *a.* testarudo, terco.
pigskin ('pigskin) *s.* piel de cerdo.
pigsty ('pigstai) *s.* pocilga, zahurda.
pigtail ('pigteil) *s.* coleta [de pelo].
pike (paik) *s.* pica [arma]; garrocha; chuzo. *2* ICT. lucio.
pilaster (pi'læstəʳ) *s.* ARQ. pilastra.
pile (pail) *s.* pelo, pelusa, lana. *2* pila, montón. *3* ELECT. pila, batería. *4* pira. *5* estaca, pilote.
pile (to) (pail) *t.* amontonar, apilar. *2* sostener con pilotes. *3 i.* acumularse.
pilfer (to) ('pilfəʳ) *t.-i.* hurtar, ratear, sisar.
pilfering ('pilfəriŋ) *s.* ratería, hurto.
pilgrim ('pilgrim) *s.* peregrino, romero.
pilgrimage ('pilgrimidʒ) *s.* peregrinación, romería.
pill (pil) *s.* píldora. *2* fig. mal trago.
pillage ('pilidz) *s.* pillaje, saqueo. *2* botín [de un pillaje].
pillage (to) ('pilidz) *t.* pillar, saquear.
pillar ('piləʳ) *s.* pilar, columna; sostén: ***from ~ to post,*** de Ceca en Meca; de Herodes a Pilatos.
pillion ('piljən) *s.* asiento trasero de motocicleta.
pillory (piləri) *s.* picota.
pillow (pilou) *s.* almohada. *2* almohadón.
pilot ('pailət) *m.* MAR. piloto, práctico. *2* AVIA. piloto, aviador. *3* guía, consejero.
pilot (to) ('pailət) *t.* pilotar. *2* dirigir, gobernar.
pimp (pimp) *s.* alcahuete.
pimple ('pimpl) *s.* grano, barro [en la piel].
pin (pin) *s.* alfiler. *2* prendedor, broche. *3* clavillo, clavija, chaveta. *4* MEC. gorrón; muñón. *5* bolo [para jugar]. *6 pl.* palos [de billar].
pin (to) (pin) *t.* prender [con alfileres]; clavar, sujetar.
pinafore ('pinəfɔ:ʳ) *s.* delantal [de niño].
pincers ('pinsəz) *s. pl.* tenazas, mordazas. *2* pinzas, tenacillas.
pinch (pintʃ) *s.* aprieto, apuro. *2* punzada, dolor. *3* pellizco. *4* pulgarada.
pinch (to) (pintʃ) *t.* pellizcar. *2* apretar [el zapato]. *3* hurtar. *4* reducir, escatimar. *5* coger, prender, *6 i.* economizar.
pine (pain) *s.* BOT. pino: ~ ***cone,*** piña; ~ ***nut,*** piñón.
pine (to) (pain) *i.* desfallecer, languidecer. | Gralte. con ***away.*** *2* afligirse. *3* ***to ~ for*** o ***after,*** anhelar.
pineapple ('pain,æpl) *s.* BOT. ananá, piña de América.
ping-pong ('pimpɔŋ) *s.* tenis de salón, pingpong.
pinion ('pinjən)) *s.* ORN. ala. *2* alón. *3* MEC. piñón.
pinioned ('pinjənd) *a.* atado, maniatado.
pink (piŋk) *s.* BOT. clavel; clavellina. *2* color de rosa. *3* estado perfecto. *4 a.* rosado.
pinnacle ('pinəkl) *s.* pináculo. *2* cima, cumbre.
pint (paint) *s.* pinta, cuartillo [medida].
pioneer (,paiə'niəʳ) *s.* MIL. zapador, gastador. *2* pionero.

pious ('paiəs) *a.* pío, piadoso, devoto. *2* **-ly** *adv.* piadosamente.

pipe (paip) *s.* tubo, cañería, conducto. *2* cañón [de órgano]. *3* flauta, caramillo. *4* MAR. silbato. *5* pitido, silbido. *6* pipa [para fumar]. *7* pipa, tonel. *8 pl.* tubería. *9* MÚS. gaita.

pipe (to) (paip) *t.-i.* tocar [en] el caramillo. *2* chiflar, pitar. *3 t.* MAR. llamar [con el silbato].

pipe-line ('paip-lain) *s.* tubería, oleoducto.

piper ('paipə^r) *s.* gaitero.

piping ('paipiŋ) *a.* agudo, aflautado. *2 adv.* ~ ***hot,*** muy caliente. *3 s.* tubería. *4* COST. ribete.

piquancy ('pi:kənsi) *s.* lo picante [de una cosa].

piquant ('pi:kənt) *a.* picante. *2* travieso, picaresco.

pique (pi:k) *t.* picar, irritar. *2* picar, estimular. *3* ***to ~ onself on,*** picarse, jactarse de.

piracy ('pairərəsi) *s.* piratería.

pirate ('paiərit) *s.* pirata. *2* plagiario.

pirate (to) (p'aiərit) *t.-i.* piratear.

pirogue (pi'roug) *s.* piragua.

pistil ('pistil) *s.* BOT. pistilo.

pistol ('pistl) *s.* pistola; ~ ***case,*** pistolera.

piston ('pistən) *s.* MEC. pistón, émbolo.

pit (pit) *s.* hoyo; foso, pozo. *2* boca [del estómago]. *3* cacaraña. *4* mina. *5* TEAT. parte posterior del patio. *6* (E. U.) corro [de Bolsa]. *7* hueso [de fruta].

pitapat ('pitə'pæt) *s.* trip trap; palpitación.

pitch (pitʃ) *s.* pez, brea, alquitrán. *2* echada, tiro [en ciertos juegos]. *3* inclinación, pendiente. *4* MÚS., FONÉT. tono. *5* paso [de rosca].

pitch ((to) (pitʃ) *t.* empecinar, embrear. *2* tirar, arrojar. *3* clavar, fijar en tierra; poner, colocar. *4 i.* echarse o caer de cabeza. *5* MAR. cabecear. *6* ***pitched battle,*** batalla campal.

pitcher ('pitʃə^r) *s.* jarro, cántaro. *2* lanzador.

pitchfork ('pitʃfɔ:k) *s.* AGR. horca, horquilla.

piteous ('pitiəs) *a.* lastimoso, lastimero.

pitfall ('pitfɔ:l) *s.* trampa [para cazar]. *2* añagaza; escollo.

pith (piθ) *s.* meollo, médula.

pitiable ('pitiəbl) *a.* lastimoso, lamentable. *2* despreciable.

pitiful ('pitiful) *a.* PITIABLE. *2* compasivo. *3* **-ly** *adv.* despiadadamente.

pitiless ('pitilis) *a.* despiadado, cruel, inhumano. *2* **-ly** *adv.* despiadadamente.

pity ('piti) *s.* piedad, compasión. ***what a ~!,*** ¡qué lástima!

pity (to) ('piti) *t.* compadecer, apiadarse de.

pivot ('pivət) *s.* eje, pivote.

placard ('plækɑ:d) *s.* cartel, anuncio, letrero.

placate (to) (plə'keit) *t.* aplacar, apaciguar.

place (pleis) *s.* lugar, sitio; parte; local: ***out of ~,*** fuera de lugar o de propósito. *2* puesto; rango, dignidad. *3* empleo, cargo. *4* MIL. plaza. *5* plazuela; calle corta. *6* mansión, quinta.

place (to) (pleis) *t.* colocar, poner, situar, acomodar.

placement ('pleismənt) *s.* colocación, situación.

placid ('plæsid) *a.* plácido, apacible.

plague (pleig) *s.* plaga. *2* peste. *3* calamidad.

plague (to) (pleig) *t.* plagar, infestar. *2* molestar, importunar.

plaid (plæd) *s.* manta escocesa. *2* tartan. *3* diseño a cuadros.

plain (plein) *a.* llano, liso. *2* claro, evidente. *3* franco, sincero. *4* simple, corriente. *5* feo, sin atractivo. *6* puro, sin mezcla. *7* ~ ***clothes,*** traje de paisano. *8* MÚS. ~ ***song,*** canto llano. *9 adv.* claramente. *10 s.* llanura. *11* **-ly** *adv.* llanamente, claramente.

plaint (pleint) *s.* queja. *2* DER. querella.

plaintiff ('pleintif) *s.* DER. demandante.

plaintive ('pleintiv) *a.* lastimero, triste, plañidero.

plait (plæt) *s.* pliegue. *2* trenza..

plait (to) (plæt) *t.* plegar, alechugar. *2* trenzar.

plan (plæn) *s.* plano, diseño, esquema. *2* PERSP., ESC. plano. *3* plan, proyecto.

plan (to) (plæn) *t.* planear, proyectar; planificar. *2 i.* hacer planes.

plane (plein) *a.* plano. *2 s.* plano [superficie]. *3* nivel. *4* aeroplano, avión. *5* cepillo, garlopa. *6* BOT. ~ ***tree,*** plátano [árbol].

plane (to) (plein) *t.* CARP. acepillar, cepillar. *2 i.* AVIA. volar; planear.

planet ('plænit) *s.* ASTR. planeta.

plank (plæŋk) *s.* tablón, tabla.

plant (plɑ:nt) *s.* BOT. planta. *2* mata, esqueje. *3* equipo, instalación. *4* fábrica, taller.

plant (to) (plɑ:nt) *t.* plantar, sembrar. *2* fundar, establecer. *3* implantar.

plantation (plæn'teiʃən) *s.* plantación. *2* plantío.

plaster ('plɑ:stə^r) *s.* yeso; estuco, escayola. *2* FARM. parche, emplasto.

plaster (to) ('plɑ:stəʳ) *t.* enyesar, enlucir. *2* emplastar. *3* pegar [un cartel, etc.].
plastic ('plæstik) *a.-s.* plástico.
plate (pleit) *s.* placa, plancha. *2* grabado, lámina. *3* ELECT., FOT., BACT., ZOOL. placa. *4* plato, fuente. *5* vajilla [de plata, etc.].
plate (to) (pleit) *t.* planchear. *2* dorar, platear, niquelar, chapear. *3* IMPR. clisar.
plateau ('plætou) *s.* meseta.
platform ('plætfɔ:m) *s.* plataforma. *2* tablado, tarima. *3* tribuna, estrado. *4* FERROC. andén.
platinum ('plætinəm) *s.* platino.
platitude ('plætitju:d) *s.* perogrullada, lugar común.
platoon (plə'tu:n) *s.* pelotón.
plausible ('plɔ:zibl) *a.* especioso, aparentemente bueno.
play (pleid) *s.* juego [diversión, deporte], broma: ~ ***on words,*** juego de palabras. *2* MEC. juego. *3* juego, funcionamiento, acción. *4* juego [de luces, colores, etc.]. *5* TEAT. representación. *6* TEAT. comedia, drama, etc..
play (to) (plei) *t.* jugar [una partida, un naipe, etc.]. *2* poner en acción, hacer, causar: ***to ~ a trick on,*** hacer una mala jugada a. *3* fingir: ***to ~ the fool,*** hacerse el tonto. *4* TEAT. representar [una obra]; hacer [un papel]. *5* MÚS. tocar, tañer. *6* ***to ~ truant,*** hacer novillos. *7 i.* divertirse, jugar; bromear. *8* ***to ~ fair,*** jugar limpio.
player ('pleiəʳ) *s.* jugador. *2* TEAT. actor. *3* tocador, ejecutante.
playful ('pleiful) *a.* juguetón, travieso.
playground ('plei-graund) *s.* patio de recreo. *2* campo de juego.
playhouse ('pleihaus) *s.* teatro.
playwright ('pleirait) *s.* autor dramático.
plea (pli:) *s.* argumentación. *2* defensa, alegato. *3* disculpa, excusa, pretexto. *4* súplica.
plead (to) (pli:d) *t.* alegar [en defensa, etc.]. *2 i.* pleitear, abogar. *3* DER. ***to ~ guilty,*** declararse culpable.
pleading ('pli:diŋ) *s.* alegación, defensa. *2* súplica, ruegos.
pleasant ('pleznt) *a.* agradable, grato, placentero. *2* simpático, afable. *3* **-ly** *adv.* agradablemente, gratamente.
pleasantry ('plezntri) *s.* broma, chanza.
please (to) (pli:z) *t.-i.* agradar, gustar, placer; complacer. *2* ***to be pleased*** [***to***], estar contento; querer, tener a bien. *3 i.* gustar, tener a bien, dignarse: ***please,*** haga usted el favor de.
pleasing ('pli:ziŋ) *a.* agradable, grato, placentero. *2* afable, cortés. *3* **-ly** *adv.* agradablemente, etc..
pleasurable ('pleʒərəbl) *a.* agradable, deleitoso.
pleasure ('pleʒəʳ) *s.* placer, deleite, goce, gusto. *2* recreo. *3* gozo, alegría. *4* gusto, voluntad, deseo.
pleat (pli:t) *s.* pliegue, doblez.
plebeian (pli'bi:ən) *a.* plebeyo.
pledge (pledʒ) *s.* prenda [garantía], rehén, fianza, empeño. *2* brindis.
pledge (to) (pledʒ) *t.* dar en prenda, empeñar. *2* comprometerse. *3* hacer prometer. *4* brindar por.
plentiful ('plentiful) *a.* abundante, copioso. *2* fértil, feraz.
plenty ('plenti) *s.* abundancia: ~ ***of,*** mucho, de sobra.
pliable ('piaiəbl) *a.* flexible, dócil. *2* dúctil, manejable.
pliant ('plaiənt) *a.* flexible, cimbreño. *2* blando, dócil, complaciente.
pliers ('plaiəz) *s. pl.* alicates, tenazas.
plight (plait) *s.* condición, estado. *2* apuro, aprieto.
plod (to) (plɔd) *i.* afanarse, trabajar mucho; andar pesadamente.
plot (plɔt) *s.* porción de terreno, solar, parcela. *2* conspiración, complot, maquinación. *3* LIT. trama, argumento.
plot (to) (plɔt) *t.* tramar, urdir. *2 i.* conspirar.
plotter ('plɔtəʳ) *s.* conspirador, intrigante.
plough, (E. U.) **plow** (plau) *s.* arado.
plough (to) ((E. U.), **plow (to)** (plau) *t.-i.* arar, labrar. *2 t.* surcar.
ploughman, (E. U.) **plowman** ('plaumən) *s.* arador, labrador.
pluck (plʌk) *s.* valor, resolución. *2* tirón, estirón.
pluck (to) (plʌk) *t.* coger, arrancar. *2* desplumar. *3* dar un tirón. *4* MÚS. puntear. *5* ***to ~ up courage,*** cobrar ánimo.
plug (plʌg) *s.* tapón, espita, taco. *2* DENT. empaste. *3* ELECT. clavija. *4* AUTO. bujía.
plug (to) (plʌg) *t.* atarugar, tapar. *2* ELECT ***to ~ in,*** enchufar.
plum (plʌm) *s.* BOT. ciruela; ciruelo. *2* pasa [para repostería].
plumage ('plu:midʒ) *s.* plumaje.
plumb (plʌm) *s.* plomo, plomada. *2 a.* vertical. *3* completo. *4 adv.* a plomo. *5* completamente; directamente.
plumb (to) (plʌm) *t.* sondear. *2* ALBAÑ. aplomar. *3* plomar.
plumber ('plʌməʳ) *s.* plomero. *2* fontanero.

plume (plu:m) *s.* pluma [de ave]. *2* plumaje. *3* penacho. *4* fig. galardón.
plump (plʌmp) *a.* regordete, rollizo. *2* brusco, franco.
plunder ('plʌndəʳ) *s.* pillaje, saqueo; botín.
plunder (to) ('plʌndəʳ) *s.* pillar, saquear, robar.
plundering ('plʌndəriŋ) *s.* pillaje, rapiña. *2* expoliación.
plunge (plʌndʒ) *s.* zambullida, sumersión; salto, caída.
plunge (to) (plʌndʒ) *t.-i.* zambullir(se, precipitar(se, abismar(se.
pluperfect ('plu:'pə:fikt) *a.-s.* GRAM. pluscuamperfecto.
plural ('pluərəl) *a.-s.* plural.
plus (plʌs) *prep.* más.
plush (plʌʃ) *s.* TEJ. felpa, peluche.
ply (plai) *s.* pliegue, doblez. *2* propensión.
ply (to) (plai) *t.* usar, manejar. *2* practicar. *3* trabajar con ahínco en. *4* ***to ~ with,*** acosar con [preguntas]; hacer comer o beber. *5 i.* ***to ~ between,*** hacer el servicio entre.
poach (to) (poutʃ) *i.* cazar o pescar en vedado. *2 t.* escalfar [huevos].
poacher ('potʃəʳ) *s.* cazador o pescador furtivo.
pock (pɔk) *s.* MED. viruela.
pocket ('pɔkit) *s.* bolsillo, faltriquera. *2* MIL. bolsa. *3* ANAT., MED. saco, bolsa. *4* AVIA. bache. *5* BILL. tronera.
pocket (to) ('pɔkit) *t.* embolsar(se.
pocket-book ('pɔkitbuk) *s.* libro de bolsillo. *2* billetero, cartera.
pock-marked ('pɔkmɑ:kt) *a.* picado de viruelas.
pod (pɔd) *s.* BOT. vaina, cápsula.
poem ('pouim) *s.* poema.
poet ('pouit) *s.* poeta, vate.
poetry ('po(u)itri) *s.* poesía. | No tiene el sentido de verso, poema. *2* poética.
poignant ('pɔinənt) *a.* acerbo. *2* agudo, penetrante. *3* mordaz. *4* conmovedor. *5* **-ly** *adv.* acerbamente, etc..
point (pɔint) *s.* punta [extremo, esp. agudo]. *2* punzón, buril, puñal, etc. *3* GEOGR. punta; pico, picacho. *4* punto [en varios sentidos]: ***~ of view,*** punto de vista; ***to come to the ~,*** ir al grano, venir al caso; ***beside the ~,*** fuera de propósito; ***in the ~ of,*** a punto de. *5* tanto [en el juego]. *6* signo [de puntuación]. *7* peculiaridad. *8* el quid; la intención, el chiste. *9* fin, propósito: ***to carry one's ~,*** salirse con la suya. *10* grado [de escala]. *11* FERROC. aguja.
point (to) (pɔint) *t.* aguzar, sacar punta a. *2* apuntar, asestar, encarar. *3* señalar, indicar, hacer notar. *4* GRAM. puntuar. *5 i.* ***to ~ at, to*** o ***toward,*** señalar, apuntar a o hacia. *6 t.-i.* parar [el perro].
point-blank ('pɔint'blæŋk) *a.* directo; claro, categórico. *2 adv.* a quemarropa. *3* clara, categóricamente.
pointed ('pɔintid) *a.* puntiagudo. *2* intencionado, mordaz. *3* ARQ. apuntado. *4* **-ly** *adv.* sutilmente, agudamente, etc..
pointer ('pɔintəʳ) *s.* indicador; índice; manecilla. *2* perro de muestra.
poise (pɔiz) *s.* equilibrio. *2* serenidad. *3* aire, continente.
poise (to) (pɔiz) *t.* equilibrar, balancear.
poison ('pɔizn) *s.* veneno, ponzoña.
poison (to) ('pɔizn) *t.* envenenar.
poisonous ('pɔiznəs) *a.* venenoso.
poke (pouk) *s.* empujón, codazo. *2* hurgonazo.
poke (to) (pouk) *t.* picar, aguijonear, atizar, hurgar. *2* meter. *3 i.* husmear, meterse [en].
poker ('poukəʳ) *s.* hurgón, atizador. *2* póquer [juego].
polar ('pouləʳ) *a.* polar.
pole (poul) *s.* polo. *2* palo, pértiga. *3* lanza [de carruaje]. *4* (con may.) polaco, ca.
polemic (pə'lemik) *a.* polémico [de controversia]. *2 s.* polemista. *3* polémica.
pole-star ('poul-stɑ:ʳ) *s.* estrella polar. *2* fig. norte, guía.
police (pə'li:s) *s.* policía: *~* ***court,*** tribunal correccional.
policeman (pə'li:smən) *s.* policía; guardia de seguridad, urbano.
policy ('pɔlisi) *s.* política, línea de conducta; maña. *2* póliza [de seguro].
Polish (pouliʃ) *a.-s.* polaco.
polish ('pɔliʃ) *s.* pulimento. *2* lustre, brillo. *3* betún, lustre [para zapatos].
polish (to) ('pɛliʃ) *t.* pulir, bruñir, lustrar. *2* perfeccionar; educar. *3 i.* pulirse.
polite (pə'lait) *a.* cortés, atento, bien educado. *2* culto, refinado.
politeness (pə'laitnis) *s.* cortesía, urbanidad.
politic ('pɔlitik) *a.* político, prudente.
political (pə'litikəl) *a.* político [de la política].
politician (,pɔli'tiʃən) *s.* político.
politics ('pɔlitiks) *s. pl.* política.
poll (poul) *s.* cabeza [pers.] *2* votación; su resultado. *3* lista electoral. *4 pl.* colegio electoral. *5* urnas electorales.
poll (to) (poul) *t.* recibir y escrutar [los votos]. *2* dar [voto]. *3* trasquilar. *4* desmochar. *5* descornar.

pollen ('pɔlin) *s.* BOT. polen.

pollute (to) (pɔ'lu:t, -'lju:t) *t.* impurificar, contaminar.

pollution (pɔ'lu:ʃən, -'lju:-) *s.* contaminación. *2* MED. polución.

polo ('polou) *s.* polo [juego].

poltroon (pɔl'tru:n) *s.* cobarde.

polygamous (pɔ'ligəməs) *a.* polígamo.

polytheism ('pɔliθi(:)izəm) *s.* politeísmo.

pomegranate ('pɔm,grænit) *s.* BOT. granada. *2* BOT. granado.

pommel ('pʌml) *s.* pomo [de la espada]. *2* perilla [del arzón].

pommel (to) ('pʌml) *t.* aporrear.

pomp (pɔmp) *s.* pompa, fausto.

pompous ('pɔmpəs) *a.* pomposo. *2* hueco, vanidoso. 3 **-ly** *adv.* pomposamente.

pond (pɔnd) *s.* estanque, charca.

ponder (to) ('pɔndəʳ) *t.* ponderar, pesar. *2* ***to ~ on*** o ***over,*** reflexionar acerca de.

ponderous (pɔndərəs) *a.* pesado, macizo. *2* pesado, aburrido. *3* **-ly** *adv.* pesadamente.

poniard ('pɔnjəd) *s.* puñal.

pontifex ('pɔntifeks) *s.* pontífice.

pony ('pouni) *s.* jaquita, caballito.

poodle ('pu:dl) *s.* perro de lanas.

pool (pu:l) *s.* charco, balsa. *2* estanque. *3* polla [en ciertos juegos]. *4* fusión de intereses o empresas.

poop (pu:p) *s.* MAR. popa.

poor (puəʳ) *a.* pobre: ~ ***thing,*** pobrecito, ta. *2* malo, de mala calidad. *3* débil; enfermo. *4* pl. ***the ~,*** los pobres. *5* **-ly** *adv.* pobremente; insuficientemente.

pop (pɔp) *s.* estallido, taponazo, pistoletazo. *2* bebida gaseosa.

pop (to) (pɔp) *t.* hacer estallar. *2* sacar, asomar. *3* soltar, disparar. *4 i.* ***to ~ in,*** entrar [de sopetón].

pop-corn ('pɔp,kɔ:n) *s.* rosetas de maíz.

Pope (poup) *s.* papa, pontífice. *2* pope.

pop-eyed (pɔp'aid) *a.* de ojos saltones.

poplar (p'ɔpləʳ) *s.* BOT. álamo, chopo.

poppy ('pɔpi) *s.* BOT. amapola, adormidera.

popular ('pɔpjuləʳ) *a.* popular. *2* corriente, general. *3* que tiene simpatías. *4* de moda.

popularity (,pɔpju'læriti) *s.* popularidad; estimación general.

populate (to) ('pɔpjuleit) *t.* poblar.

population (,pɔpju'leiʃən) *s.* población [habitantes].

porcelain ('pɔ:slin) *s.* porcelana.

porch (pɔ:tʃ) *s.* porche, atrio, pórtico. *2* vestíbulo, entrada.

porcupine ('pɔ:kjupain) *s.* ZOOL. puerco espín.

pore (pɔ:ʳ, pɔəʳ) *s.* poro.

pore (to) (pɔ:ʳ, pɔəʳ) *i.* ***to ~ over,*** mirar de cerca, leer con atención.

pork (pɔ:k) *s.* cerdo, carne de cerdo.

porpoise ('pɔ:pəs) *s.* ZOOL. marsopa.

porridge ('pɔridʒ) *s.* gachas, puches, potaje.

port (pɔ:t) *s.* puerto [de mar o río]. *2* MAR. porta. *3* MAR. babor. *4* porte, aire. *5* vino de Oporto.

portable ('pɔ:təbl) *a.* portátil.

portcullis (pɔ:t'kʌlis) *s.* FORT. rastrillo.

portend (to) (pɔ:'tend) *t.* anunciar, presagiar.

portent ('pɔ:tent) *s.* portento. *2* presagio.

portentous (pɔ:'tentəs) *a.* portentoso. *2* presagioso. *3* grave, solemne.

porter ('pɔ:təʳ) *s.* portero. *2* mozo [de estación, hotel, etc.].

portfolio (pɔ:t'foujou) *s.* carpeta, cartera. *2* cartera, ministerio. *3* cartera [de un banco].

portion ('pɔ:ʃən) *s.* porción, porte. *2* herencia, dote. *3* sino, suerte.

portion (to) ('pɔ:ʃən) *t.* distribuir. *2* dotar.

portly ('pɔ:tli) *a.* voluminoso, corpulento. *2* majestuoso.

portmanteau (pɔ:t'mæntou) *s.* maleta, maletín.

portrait ('pɔ:trit) *s.* retrato.

portray (to) (pɔ:'trei) *t.* retratar.

portrayal (pɔ'treiəl) *s.* retrato, descripción.

Portuguese (,pɔ:tju'gi:z) *a.-s.* portugués.

pose (pouz) *s.* actitud. *2* actitud afectada.

pose (to) (pouz) *t.* B. ART. colocar. *2* plantear [un problema, etc.], hacer [una pregunta]. *3* confundir con palabras difíciles. *4 i.* B. ART. posar por. *5* ***to ~ as,*** darse aires de.

position (pə'ziʃən) *s.* posición. *2* postura, actitud. *3* situación. *4* empleo.

positive ('pɔzitiv) *a.* positivo. *2* categórico. *3* indudable. *4* terco. *5 s.* lo positivo. *6* FOT. positiva.

possess (to) (pə'zes) *t.* poseer, tener.

possibility (,pɔsi'biliti) *s.* posibilidad.

possible ('pɔsibl) *a.* posible: ***as soon as ~,*** cuanto antes.

possibly ('pɔsibli) *adv.* posiblemente, tal vez.

post (poust) *s.* poste, pilar. *2* MIL. puesto. *3* puesto, empleo, cargo. *4* factoría [comercial]. *5* posta [para viajar]. *6* correo, estafeta; correos: ~ ***card,*** tarjeta postal; ~ ***office,*** casa de correos.

post (to) (poust) *t.* anunciar [con carteles]; fijar [carteles]. *2* apostar, situar. *3* enviar por correo. *4* enterar. *5 i.* viajar por la posta.

postage ('poustidʒ) *s.* franqueo: ~ ***stamp,*** sello de correos.

postal ('poustəl) *a.* postal: ~ ***order,*** giro postal.

poster ('poustəʳ) *s.* cartel, anuncio. *2* fijador de carteles.

posterity (pɔs'teriti) *s.* posteridad.

postern ('poustə:n) *s.* poterna. *2* puerta falsa.

posthaste ('poust-'heist) *adv.* rápidamente.

postman ('pous(t)mən) *s.* cartero.

post-office ('poust,ɔfis) *s.* oficina de correos, estafeta: ~ ***box,*** apartado de correos.

postpone (to) (pous(t)'poun) *t.* aplazar, diferir. *2* posponer.

postponement (pous(t)'pounmənt) *s.* aplazamiento.

postscript ('pousskript) *s.* posdata.

posture ('pɔstʃəʳ) *s.* postura, actitud. *2* estado, situación.

pot (pɔt) *s.* olla, puchero, pote. *2* maceta, tiesto.

potable ('poutəbl) *a.* potable.

potato (pə'teitou) *s.* BOT. patata: ***sweet*** ~, batata, boniato.

potency ('poutənsi) *s.* potencia, poder. *2* autoridad. *3* fuerza.

potent ('poutənt) *a.* potente, poderoso.

potentate ('poutənteit) *s.* potentado.

potential (pə'tenʃəl) *a.-s.* potencial. *2* **-ly** *adv.* potencialmente.

potluck ('pɔt'lʌk) *s.* ***to take*** ~, hacer penitencia, comer de lo que haya.

potter ('pɔtəʳ) *s.* alfarero.

pottery ('pɔtəri) *s.* alfarería. *2* vasijas de barro.

pouch (pautʃ) *s.* bolsa, saquito. *2* faltriquera. *3* ANAT., ZOOL. bolsa.

poultice ('poultis) *s.* cataplasma, bizma.

poultry ('poultri) *s.* pollería, aves de corral.

pounce (pauns) *s.* zarpazo. *2* salto súbito.

pounce (to) (pauns) *i.* saltar, abalanzarse.

pound (paund) *s.* libra [peso; moneda].

pound (to) (paund) *t.* moler, majar, machacar. *2* aporrear.

pour (to) (pɔ:ʳ,pɔəʳ) *t.* verter, derramar, echar. *2 i.* fluir, correr; salir a chorros. *3* diluviar.

pout (paut) *s.* mohín [con los labios]; puchero. *2 pl.* berrinche.

pout (to) (paut) *i.* hacer mohínes o pucheros; mostrar malhumor.

poverty ('pɔvəti) *s.* pobreza, indigencia: ~ ***striken,*** muy pobre, indigente.

powder ('paudəʳ) *s.* polvo; polvillo. *2* polvos [de tocador]: ~ ***box,*** polvera. *3* pólvora: ~ ***magazine,*** polvorín.

powder (to) ('paudəʳ) *t.* polvorear. *2 t.-i.* pulverizar(se. *3* empolvar(se.

power ('pauəʳ) *s.* poder, facultad. *2* poderío, fuerza. *3* potestad, autoridad, influencia. *4* DER. poder: ~ ***of attorney,*** poder, procuración. *5* potencia [estado soberano]. *6* MAT., FÍS. potencia. *7* energía, fuerza mecánica o motriz: ~ ***plant,*** central eléctrica. *8 pl.* potestades [angélicas].

powerful ('pauəful) *a.* poderoso. *2* fuerte. *3* intenso, potente. *4* **-ly** *adv.* poderosamente, etc.

power-house ('pauəhaus) *s.* central eléctrica.

powerless ('pauəlis) *a.* impotente, ineficaz.

practicable ('præktikəbl) *a.* practicable. *2* factible, hacedero. *3* transitable.

practical ('præktikəl) *a.* práctico. *2* virtual, de hecho. *3* ~ ***joke,*** broma, chasco.

practically ('præktikəli) *adv.* prácticamente. *2* de hecho, casi.

practice ('præktis) *s.* práctica: ***in*** ~, en la práctica. *2* costumbre. *3* clientela. *4* artería, estratagema.

practise (to) ('præktis) *t.-i.* practicar. *2* ejercitarse en. *3* ejercer [una profesión]. *4 t.* ejercitar, adiestrar.

practitioner (præk'tiʃənəʳ) *s.* médico, etc., que ejerce.

pragmatic(al (præg'mætik,-əl) *a.* pragmático.

prairie ('prɛəri) *s.* pradera, llanura, sabana; ~ ***wolf,*** coyote.

praise (preiz) *s.* alabanza, elogio. *2* fama.

praise (to) (preiz) *t.* alabar, ensalzar.

praiseworthy ('preiz,wə:ði) *a.* laudable, digno de alabanza.

prance (prɑ:ns) *s.* cabriola, trenzado [del caballo].

prance (to) (prɑ:ns) *i.* cabriolar, trenzar [el caballo].

prank (præŋk) *s.* travesura, retozo.

prattle ('prætl) *s.* charla, parloteo.

prattle (to) ('prætl) *i.* charlar, parlotear.

prawn (prɔ:n) *s.* ZOOL. camarón, quisquilla, langostino.

pray (to) (prei) *t.-i.* rogar, suplicar. *2 i.* orar, rezar.

prayer (prɛəʳ) *s.* ruego, súplica. *2* rezo, oración: ~ ***book,*** devocionario. *3 pl.* preces.

preach (to) (pri:tʃ) *t.-i.* predicar, sermonear.

preacher ('pri:tʃə^r) *s.* predicador.
preamble (pri:'æmbl) *s.* preámbulo.
prebend ('prebənd) *s.* prebenda.
precarious (pri'kεəriəs) *a.* precario. *2* incierto, inseguro. *3* infundado.
precaution (pri'kɔ:ʃən) *s.* precaución.
precede (to) (pri(:)'si:d) *t.-i.* preceder.
precedence (pri(:)'si:dəns) *s.* precedencia, prioridad.
precedent (pri'si:dənt) *a.* precedente, antecedente, anterior. *2 s.* ('presidənt)- precedente.
precept ('pri:sept) *s.* precepto.
precinct ('pri:siŋkt) *s.* recinto; interior de un edificio, etc. *2* distrito. *3 pl.* inmediaciones.
precious ('preʃəs) *a.* precioso, preciado. *2* caro, amado. *3* culterano. *4 adv.* muy, mucho. *5* **-ly** *adv.* preciosamente; extremadamente.
precipice ('precipis) *s.* precipicio, despeñadero.
precipitate (pri'sipitit) *a.* precipitado. *2* súbito. *3 s.* QUÍM. precipitado.
precipitate (to) (pri'sipiteit) *t.* precipitar [despeñar; apresurar]. *2* QUÍM. METEOR. precipitar. *3 i.* precipitarse.
precipitous (pri'sipitəs) *a.* pendiente, escarpado.
precise (pri'sais) *a.* preciso, claro, distinto; exacto, justo. *2* rígido, meticuloso. *3* **-ly** *adv.* precisamente, justamente.
preciseness (pri'saisnis) *s.* precisión, claridad. *2* rigor, meticulosidad.
precision (pri'siʒən) *s.* precisión, exactitud.
preclude (to) (pri'klu:d) *t.* impedir, excluir.
precocious (pri'kouʃəs) *a.* precoz.
precursor (pri(:)'kə:sə^r) *s.* precursor.
predecessor ('pri:disəsə^r) *s.* predecesor, antecesor.
predestinate (to) (pri(:)'destineit) *t.* predestinar.
predestination (pri(:)ˌdesti'neiʃən) *s.* predestinación.
predestine (to) (pri(:)'destin) *t.* predestinar.
predicament (pri'dikəmənt) *s.* LÓG. predicamento. *2* apuro, aprieto.
predict (to) (pri'dikt) *t.* predecir, vaticinar.
prediction (pri'dikʃən) *s.* predicción, vaticinio.
predilection (ˌpri:di'lekʃən) *s.* predilección.
predispose (to) ('pri:dis'pouz) *t.* predisponer.
predominance (pri'dɔminəns) *s.* predominio.
predominate (to) (pri'dɔmineit) *i.* predominar, prevalecer.
pre-eminent (pri(:)'eminənt) *a.* preeminente.
prefabricated ('pri:'fæbrikeitid) *a.* prefabricado.
preface ('prefis) *s.* prefacio, prólogo.
prefect ('pri:fekt) *s.* prefecto.
prefer (to) (pri'fə:^r) *t.* preferir, anteponer. *2* elevar, exaltar.
preferable ('prefərəbl) *a.* preferible.
preference ('prefərəns) *s.* preferencia. *2* predilección.
preferential (ˌprefə'renʃəl) *a.* preferente.
preferment (pri'fə:mənt) *s.* ascenso, elevación. *2* favorecimiento, apoyo.
prefix ('pri:fiks) *s.* prefijo.
pregnant ('pregnənt) *a.* preñada, embarazada. *2* importante; significativo.
prehensile (pri'hensail) *a.* prensil.
prehistory ('pri:'histəri) *s.* prehistoria.
prejudge (to) ('pri:'dʒʌdʒ) *t.* prejuzgar.
prejudice ('predʒudis) *s.* prejuicio, prevención. *2* daño, perjuicio.
prejudice (to) ('predʒudis) *t.* prevenir, predisponer. *2* perjudicar, dañar.
prejudicial (ˌpredʒu'diʃəl) *a.* perjudicial, nocivo.
prelate ('prelit) *s.* prelado.
preliminary (pri'liminəri) *a.-s.* preliminar.
prelude ('prelju:d) *s.* preludio.
prelude (to) ('prelju:d) *t.-i.* preludiar.
premature (ˌpremə'tjuə^r) *a.* prematuro. *2* **-ly** *adv.* prematuramente.
premeditate (to) (pri(:)'mediteit) *t.* premeditar.
premier ('premjə^r) *a.* primero, principal. *2 s.* primer ministro.
première ('premiεə^r) *s.* estreno de una obra teatral o filme.
premise ('premis) *s.* premisa. *2 pl.* local, casa, finca.
premise (to) (pri'maiz) *t.* suponer, dar por sentado.
premium ('pri:mjəm) *s.* premio. *2* COM. prima, interés.
premonition (ˌpri:mə'niʃən) *s.* aviso, presentimiento.
preoccupation (pri(:)ˌɔkju'peiʃən) *s.* preocupación.
preoccupy (to) (pri(:)'ɔkjupai) *t.* preocupar [ocupar antes que otro; absorber la atención]. *2* predisponer.
preparation (ˌprepə'reiʃən) *s.* preparación. *2* preparativo. *3* preparado.
preparative (pri'pærətiv), **preparatory** (pri'pærətəri) *a.* preparatorio.

prepare (to) (pri'pɛəʳ) *t.* preparar. *2* prevenir, disponer, aprestar. *3* equipar. *4 i.* prepararse. *5* hacer preparativos.
prepayment ('pri:'peimənt) *s.* pago adelantado.
prepense (pri'pens) *a.* premeditado.
preponderate (to) (pri'pɔndəreit) *i.* preponderar.
preposition (ˌprepə'ziʃən) *s.* GRAM. preposición.
prepossess (to) (ˌpri:pə'zes) *t.* imbuir [de una idea, etc.]. *2* causar buena impresión.
prepossessing (ˌpri:pə'zesiŋ) *a.* simpático, atractivo.
preposterous (pri'pɔstərəs) *a.* absurdo, descabellado; ridículo. *2* **-ly** *adv.* absurdamente, etc.
prerequisite ('pri:'rekwizit) *s.* requisito previo.
prerogative (pri'rɔgətiv) *s.* prerrogativa.
presage ('presidʒ) *s.* presagio. *2* pronóstico.
presage (to) ('presidʒ) *t.* presagiar. *2* pronosticar.
Presbyterian (ˌprezbi'tiəriən) *a.-s.* presbiteriano.
presbytery ('prezbit(ə)ri) *s.* presbiterio. *2* casa rectoral.
prescribe (to) (pris'kraib) *t.* prescribir [ordenar; recetar]. *2 t.-i.* DER. prescribir.
prescription (pris'kripʃən) *s.* prescripción.
presence ('prezns) *s.* presencia: *~ **of mind,*** presencia de ánimo. *2* aire, porte. *3* *~ **chamber,*** salón de audiencias de un soberano.
present ('preznt) *a.* presente: ***to be ~,*** estar presente, asistir. *2* actual. *3* GRAM. presente [tiempo]; pasivo [participio]. *4 s.* presente, la actualidad: ***for the ~,*** por ahora. *5* presente, regalo.
present (to) (pri'zent) *t.* presentar: ***to ~ oneself,*** presentarse, personarse. *2* ofrecer [un aspecto, sus respetos, etc.]. *3* apuntar [un arma]. *4* ***to ~ with,*** regalar, obsequiar con.
presentation (ˌprezen'teiʃən) *s.* presentación. *2* regalo, obsequio.
presentiment (pri'zentimənt) *s.* presentimiento.
presently ('prezntli) *adv.* presentemente. *2* dentro de poco, al poco rato.
preservation (ˌprezə'veiʃən) *s.* preservación. *2* conservación.
preserve (pri'zə:v) *s.* conserva, confitura. *2* vedado.
preserve (to) (pri'zə:v) *t.* preservar, proteger. *2* conservar, mantener. *3* conservar, confitar.
preside (to) (pri'zaid) *t.-i.*, presidir; dirigir: ***to ~ at*** o ***over,*** presidir.
president ('prezidənt) *s.* presidente.
press (pres) *s.* muchedumbre. *2* apretura. *3* empuje, presión. *4* prisa, apremio. *5* prensa [máquina, periódicos]. *6* imprenta.
press (to) (pres) *t.* apretar. *2* apiñar. *3* impeler. *4* prensar, planchar, laminar. *5* estrujar, exprimir. *6* abrumar, oprimir; apurar. *7* apremiar. *8* obligar. *9* instar. *10* insistir en. *11* acosar. *12 i.* ejercer presión. *13* avanzar; agolparse; apiñarse. *14* urgir, apremiar.
pressing ('presiŋ) *a.* urgente, apremiante. *2* insistente, importuno.
pressure ('preʃəʳ) *s.* presión. *2* impulso, empuje. *3* peso, opresión. *4* urgencia, apremio. *5* ELECT. tensión.
prestidigitation ('prestiˌdidʒi'teiʃən) *s.* prestidigitación.
prestige (pres'ti:ʒ) *s.* prestigio.
presume (to) (pri'zju:m) *t.* presumir, suponer. *2 i.* atreverse.
presumption (pri'zʌmpʃən) *s.* presunción.
presumptive (pri'zʌmptiv) *a.* presunto. *2* presuntivo.
presumptuous (pri'zʌmptjuəs) *a.* presuntuoso, presumido, atrevido. *2* **-ly** *adv.* presuntuosamente.
presuppose (to) (ˌpri:sə'pouz) *t.* presuponer.
pretence (pri'tens) *s.* pretensión. *2* fingimiento, apariencia, pretexto: ***under false pretences,*** con engaño; ***under ~ of,*** so pretexto de.
pretend (to) (pri'tend) *t.* aparentar, fingir, simular. *2 t.-i.* pretender, aspirar [a].
pretender (pri'tendəʳ) *s.* pretendiente.
pretentious (pri'tenʃəs) *a.* pretencioso, ostentoso. *2* ambicioso, vasto. *3* **-ly** *adv.* con presunción, ostentosamente.
preterit(e ('pretərit) *a.* pretérito, pasado. *2 s.* GRAM. pretérito definido.
pretext ('pri:tekst) *s.* pretexto.
prettily ('pritili) *adv.* lindamente, bonitamente. *2* bastante, pasablemente.
pretty ('priti) *a.* lindo, bonito; gracioso. *2* bueno, regular; considerable: ***a ~ penny,*** un dineral. *3 adv.* bastante: *~ **well,*** bastante bien.
prevail (to) (pri'veil) *i.* prevalecer. *2* predominar; reinar, ser general. *3* ***to ~ upon*** o ***with,*** convencer, persuadir.
prevalent ('prevələnt) *a.* reinante, corriente, general.
prevaricate (to) (pri'værikeit) *i.* usar de argucias; deformar la verdad, mentir. *2* DER. prevaricar.

prevent (to) (pri'vent) *t.* prevenir, evitar, impedir. *2* anticiparse a.
preventive (pri'ventiv) *a.* impeditivo. *2* preventivo; profiláctico.
previous ('pri:vjəs) *a.* previo. *2* anterior, precedente. *3 adv.* ~ ***to,*** antes de.
previously (pri:vjəsli) *adv.* previamente, con anterioridad.
prevision (pri(:)'viʒən) *s.* previsión.
prey (prei) *s.* presa, rapiña. *2* presa, botín; víctima.
prey (to) (prei) *i.* ***to ~ on, upon*** o ***at,*** hacer presa; pillar; remorder, preocupar.
price (prais) *s.* precio; coste, costa: ***set ~,*** precio fijo; ***at any ~,*** a toda costa. *2* valor, importe. *3* curso [en Bolsa].
price (to) (prais) *t.* apreciar, estimar, tasar.
priceless ('praislis) *a.* inapreciable, que no tiene precio.
prick (prik) *s.* pinchazo, picadura, resquemor. *2* aguijón. *3* estímulo, acicate.
prick (to) (prik) *t.* pinchar, punzar, picar. *2* espolear. *3* avivar, aguzar: ***to ~ up one's ears,*** aguzar los oídos o las orejas.
prickle ('prikl) *s.* pincho, púa. *2* ardor, comezón.
prickle (to) ('prikl) *t.* punzar, producir picazón.
prickly ('prikli) *a.* espinoso. *2* que pica.
pride (praid) *s.* orgullo: ***to take ~ in,*** enorgullecerse. *2* soberbia, altivez. *3* pompa, esplendor.
pride (to) (praid) *t.* ***to ~ oneself on,*** enorgullecerse de.
priest (pri:st) *m.* sacerdote. *2* presbítero.
priesthood ('pri:sthud) *s.* sacerdocio.
prig (prig) *s.* pedante, presuntuoso; gazmoño.
prim (prim) *a.* relamido, estirado. *2* riguroso, exacto. *3* **-ly** *adv.* con remilgo, afectación, etc.
primacy ('praiməsi) *s.* primacía, supremacía.
primary ('praiməri) *a.* primario. *2* prístino. *3* fundamental.
primate ('praimit) *s.* ECCL. primado. *2* ZOOL. ('praimeit) primate.
prime (praim) *a.* primero, principal: ~ ***minister,*** primer ministro. *2* MAT. primo. *3* superior, excelente. *4 s.* prima [hora]. *5* albor, amanecer. *6* lo mejor: ***the ~ of life,*** la flor de la edad.
prime (to) (praim) *t.* cebar [un arma, etc.]. *2* imprimar. *3* preparar, instruir de antemano.
primer ('praimə^r^) *s.* abecedario [libro].
primeval (prai'mi:vəl) *a.* primitivo.
primitive ('primitiv) *a.* primitivo. *2* prístino.
primordial (prai'mɔ:djəl) *a.* primordial.
primrose ('primrouz) *s.* BOT. vellorita, primavera.
prince (prins) *s.* príncipe.
princely ('prinsli) *a.* digno de un príncipe; noble, regio.
princess (prin'ses) *f.* princesa.
principal ('prinsipl) *a.* principal. *2 s.* jefe. *3* director [de un colegio]. *4* DER. poderdante. *5* **-ly** *adv.* principalmente.
principle ('prinsəpl) *s.* principio [origen; verdad fundamental, regla, ley]. *2* QUÍM. principio.
print (print) *s.* impresión, huella. *2* estampa, impresión: ***in ~,*** impreso; ***out of ~,*** agotado. *3* TEJ. estampado.
print (to) (print) *t.-i.* imprimir, estampar. *2* dar a la imprenta, publicar. *3* FOT. tirar [una prueba].
printing ('printiŋ) *s.* impresión, estampado. *2* imprenta, tipografía [arte]. *3* impreso, estampa. *4* FOT. impresión.
prior ('praiə^r^) *a.* anterior, previo. *2 adv.* ***prior to,*** antes de. *2 s.* prior.
priority (prai'ɔriti) *s.* anterioridad. *2* prioridad.
prismatic (priz'mætik) *a.* prismático. *2* colorido, brillante.
prison ('prizn) *s.* prisión, cárcel.
prisoner ('priznə^r^) *s.* preso; prisionero.
pristine ('pristain) *a.* prístino, primitivo.
privacy ('praivəsi) *s.* retiro, aislamiento. *2* reserva, secreto.
private ('praivit) *a.* privado, personal, particular: ~ ***hospital,*** clínica. *2* reservado, confidencial. *3* secreto, excusado. *4* retirado, apartado, solo: ***they wish to be ~,*** quieren estar solos. *5 s.* soldado raso. *6* **-ly** *adv.* privadamente.
privateer (,praivə'tiə^r^) *s.* corsario.
privation (prai'veiʃən) *s.* privación [carencia; necesidad].
privilege ('privilidʒ) *s.* privilegio. *2* prerrogativa; inmunidad, exención; honor.
privy ('privi) *a.* privado, oculto, secreto. *2* ~ ***to,*** enterado, cómplice de.
prize (praiz) *s.* premio, recompensa. *2* premio [de lotería]. *3* presa, captura.
prize (to) (praiz) *t.* apreciar, estimar; valuar. *2* alzaprimar.
probability (,prɔbə'biliti) *s.* probabilidad. *2* verosimilitud.
probable ('prɔbəbl) *a.* probable. *2* verosímil.
probation (prə'beiʃən) *s.* probación. *2* DER. libertad vigilada.

probe (proub) *s.* CIR. tienta, sonda. *2* exploración, sondeo.
probe (to) (proub) *t.* CIR. sondar. *2* explorar, sondear.
probity ('proubiti) *s.* probidad.
problem ('prɔbləm) *s.* problema.
problematic(al (ˌprɔbli'mætik, -əl) *a.* problemático. *2* enigmático.
procedure (prə'si:dʒəʳ) *s.* proceder. *2* procedimiento. *3* DER. tramitación.
proceed (to) (prə'si:d) *i.* proseguir, seguir adelante. *2* proceder, provenir. *3* proceder, obrar; pasar a [hacer algo]. *4* DER. actuar, proceder.
proceeding (prə'si:diŋ, prou-) *s.* proceder, procedimiento. *2* marcha, proceso. *3 pl.* actas. *4* DER. actuaciones, autos.
proceeds ('prousi:dz) *s. pl.* producto, beneficios.
process ('prouses) *s.* proceso, progreso, marcha: ***in ~ of time,*** con el tiempo. *2* procedimiento, sistema. *3* ANAT., ZOOL., BOT. apófisis, apéndice.
procession (prə'seʃən) *s.* procesión. *2* cortejo, desfile; cabalgata. *3* marcha, curso.
proclaim (to) (prə'kleim) *t.* proclamar. *2* promulgar. *3* pregonar. *4* proscribir.
proclamation (ˌprɔklə'meiʃən) *s.* proclamación. *2* proclama, banda, edicto.
proclivity (prə'kliviti) *s.* proclividad.
procrastine (to) (pru'kræstineit) *t.-i.* diferir, aplazar.
procreation (ˌproukri'eiʃən) *s.* procreación.
procure (to) (prə'kjuəʳ) *t.* lograr, obtener, procurar.
prod (prɔd) *s.* pincho, aguijada. *2* aguijonazo.
prod (to) (prɔ) *t.* pinchar, aguijonear.
prodigal ('prɔdigəl) *a.-s.* pródigo. *2* **-ly** *adv.* pródigamente.
prodigious (prə'didʒəs) *a.* prodigioso, portentoso. *2* enorme, inmenso. *3* **-ly** *adv.* prodigiosamente, etc.
prodigy ('prɔdidʒi) *s.* prodigio, portento.
produce ('prɔdju:s) *s.* producto, producción. *2* productos agrícolas.
produce (to) (prə'dju:s) *t.* presentar, exhibir. *2* producir. *3* criar. *4* poner en escena. *5* GEOM. prolongar.
producer (prə'dju:səʳ) *s.* productor. *2* TEAT. director.
product ('prɔdəkt) *s.* producto, producción. *2* resultado, efecto. *3* MAT., QUÍM. producto.
production (prə'dʌkʃən) *s.* producción. *2* TEAT. dirección escénica, representación.
productive (prə'dʌktiv) *a.* productivo. *2* producente. *3* fértil, fecundo.
profane (prə'fein) *a.* profano. *2* irreverente, blasfemo.
profane (to) (prə'fein) *t.* profanar.
profanity (prə'fæniti) *s.* profanidad. *2* irreverencia, reniego.
profess (to) (prə'fes) *t.* profesar. *2* declarar, confesar. *3 i.* profesar [en una orden].
professed (prə'fest) *a.* declarado. *2* ostensible. *3* supuesto. *4* profeso.
profession (prə'feʃən) *s.* profesión. *2* declaración. *3* fe, religión.
professor (prə'fəsəʳ) *s.* profesor, catedrático.
professorship (prə'fesəʃip) *s.* profesorado, cátedra.
proffer ('prɔfəʳ) *s.* oferta, proposición.
proffer (to) ('prɔfəʳ) *t.* ofrecer, brindar, proponer.
proficiency (prə'fiʃənsi) *s.* pericia, habilidad.
proficient (prə'fiʃənt) *a.* perito, diestro.
profile ('proufi:l, -fail) *s.* perfil [contorno; postura]: ***in ~,*** de perfil.
profit ('prɔfit) *s.* provecho, ventaja, utilidad. *2* ganancia, beneficio: ***~ and loss,*** ganancias y pérdidas.
profit (to) ('prɔfit) *t.* aprovechar, ser útil a. *2 i.* aprovecharse; adelantar, mejorar: ***to ~ by,*** sacar partido de.
profitable ('prɔfitəbl) *a.* provechoso, beneficioso, útil, lucrativo.
profiteer (ˌprɔfi'tiəʳ) *s.* explotador, logrero, acaparador.
profligate ('prɔfligit) *a.-s.* libertino, disoluto.
profound (prə'faund) *a.* profundo. *2* hondo. *3* abstruso. *4* **-ly** *adv.* profundamente, etc.
profuse (prə'fju:s) *a.* profuso. *2* pródigo, generoso. *3* **-ly** *adv.* profusamente, etc.
profusion (prə'fju:ʒən) *s.* profusión. *2* prodigalidad.
progeny ('prɔdʒini) *s.* prole, descendencia.
prognosticate (to) (prəg'nɔstikeit) *t.* pronosticar.
program(me ('prougræm) *s.* programa. *2* plan.
progress ('prougres) *s.* progreso. *2* progresos. *3* marcha, curso, carrera.
progress (to) (prə'gres) *i.* progresar. *2* avanzar. *3 t.* hacer progresar.
progressive (prə'gresiv) *a.* progresivo.
prohibit (to) (prə'hibit) *t.* prohibir. *2* impedir.
prohibition (ˌproui'biʃən) *s.* prohibición. *2* (E. U.) ***~ law,*** ley seca.
project ('prɔdʒekt) *s.* proyecto, plan.

project (to) (prə'dʒekt) *t.* proyectar, idear. *2* proyectar [sombra, etc.]. arrojar. *3* GEOM. proyectar. *4 i.* volar, sobresalir, resaltar.
proletariat(e (,proule'tɛəriət) *a.-s.* proletariado.
prolix ('prouliks) *a.* prolijo, difuso. *2* pesado, latoso.
prologue ('proulɔg) *s.* prólogo.
prolong (to) (prə'lɔŋ) *t.* prolongar, extender. *2 i.* dilatarse, entretenerse.
promenade (,prɔmi'nɑ:d) *s.* paseo.
prominence ('prɔminəns) *s.* prominencia. *2* altura. *3* distinción, eminencia.
prominent ('prɔminənt) *a.* prominente, saliente. *2* notable. *3* distinguido, eminente. *4* **-ly** *adv.* prominentemente, eminentemente.
promiscuous (prə'miskjuəs) *a.* promiscuo.
promise ('prɔmis) *s.* promesa. *2* augurio.
promise (to) ('prɔmis) *t.-i.* prometer: ***promised Land,*** tierra de Promisión.
promising ('prɔmisiŋ) *a.* prometedor, halagüeño.
promontory ('prɔməntri) *s.* promontorio.
promote (to) (prə'mout) *t.* promover, ascender. *2* promover, fomentar, suscitar. *3* fundar, organizar [una empresa].
promotion (prə'mouʃən) *s.* promoción.
prompt (prɔmpt) *a.* pronto, presto, listo, puntual: ~ ***payment,*** pronto pago. *2* **-ly** *adv.* prontamente; puntualmente.
prompt (to) (prɔmpt) *t.* incitar, inducir. *2* sugerir, apuntar. *3* TEAT. apuntar.
prompter ('prɔmptəʳ) *s.* apuntador, traspunte.
promulgate (to) ('prɔməlgeit) *t.* promulgar, publicar.
prone (proun) *a.* prono, inclinado a. *2* boca abajo. *3* inclinado, pendiente.
prong (prɔŋ) *s.* gajo, púa, diente, punta [de horca, tenedor, etc.]. *2* horca, horcón.
pronoun ('prounaun) *s.* GRAM. pronombre.
pronounce (to) (prə'nauns) *t.* pronunciar [palabras, sentencias]. *2* declarar. *3 i.* pronunciarse [en pro, en contra].
pronounced (prə'naunst) *a.* pronunciado, marcado, decidido.
pronunciation (prə'nʌnsi'eiʃən) *s.* pronunciación.
proof (pru:f) *s.* prueba, demostración. *2* ensayo. *3* DER., MAT., IMPR., FOT. prueba: ~ ***reader,*** IMPR. corrector. *4* ***a*** ~ ***against,*** a prueba de.
prop (prɔp) *s.* puntual, apoyo, sostén.
prop (to) (prɔp) *t.* apuntalar, apoyar, sostener.
propaganda (,prɔpə'gændə) *s.* propaganda.
propagate (to) ('prɔpəgeit) *t.* propagar. *2* difundir. *3 i.* propagarse.
propel (to) (prə'pel) *t.* propulsar, impeler.
propeller (prə'peləʳ) *s.* propulsor. *2* hélice [de buque o avión].
propensity (prə'pensiti) *s.* propensión.
proper ('prɔpəʳ) *a.* propio, característico. *2* propio, apropiado. *3* correcto [en su uso, etc.]. *4* propiamente dicho. *5* GRAM. propio [nombre]. *6* decoroso, conveniente; exigente [en decoro o etiqueta]. *7 s.* propio [de la misa]. *8* **-ly** *adv.* propiamente, adecuadamente, etc.
property ('prɔpəti) *s.* propiedad [atributo, cualidad]. *2* propiedad [derecho; finca]. *3* fortuna, bienes, hacienda. *4* TEAT. accesorios.
prophecy ('prɔfisi) *s.* profecía.
prophesy (to) ('prɔfisai) *t.-i.* profetizar.
prophet ('prɔfit) *s.* profeta.
prophetic(al (prə'fetik, -əl) *a.* profético.
propitiate (to) (prə'piʃieit) *i.* propiciar.
propitious (pre'piʃəs) *a.* propicio. *2* favorable, feliz. *3* **-ly** *adv.* propiciamente.
proportion (prə'pɔ:ʃən) *s.* proporción; armonía, correlación. *2* MAT. proporción. *3 pl.* proporciones, tamaño.
proportion (to) (prə'pɔ:ʃən) *t.* proporcionar [una cosa a otra; disponer con armonía].
proportional (prə'pɔ:ʃənl) **proportionate** (prə'pɔ:ʃənit) *a.* proporcional. *2* **-ly** *adv.* proporcionalmente.
proposal (prə'pouzəl) *s.* propuesta, proposición. *2* oferta. *3* declaración, proposición de matrimonio.
propose (to) (prə'pouz) *t.* proponer. *2* proponerse, tener intención de. *3* brindar por. *4 i.* declararse a una mujer.
proposition (,prɔpə'ziʃən) *s.* proposición. *2* (E. U.) cosa, asunto, negocio.
propound (to) (prə'paund) *t.* proponer. *2* presentar, plantear.
proprietor (prə'praiətəʳ) *s.* propietario, dueño.
propriety (prə'praiəti) *s.* propiedad, cualidad de apropiado. *2* corrección, decencia. *3 pl.* urbanidad, reglas de conducta.
prorogue (to) (prə'roug) *t.* aplazar, suspender.
proscribe (to) (prous'kraib) *t.* proscribir.
proscription (prous'kripʃən) *s.* proscripción.
prose (prouz) *s.* prosa. *2* discurso pesado.
prosecute (to) ('prɔsikju:t) *t.* proseguir, continuar. *2* ejercer [una profesión, etc.]. *3* DER. procesar, enjuiciar.

prosecution (ˌprɔsiˈkjuːʃən) *s.* prosecución. *2* DER. proceso, acusación. *3* DER. ministerio fiscal.
prosecutor (ˈprɔsikjuːtəʳ) *s.* DER. demandante; acusador privado. *2* DER. ***public*** ~, fiscal.
prosody (ˈprɔsedi) *s.* métrica.
prospect (ˈprɔspekt) *s.* perspectiva, paisaje, panorama. *2* expectativa, esperanza. *3* situación, orientación.
prospect (to) (prəsˈpekt) *t.-i.* explorar [terrenos] en busca de [oro, petróleo, etc.].
prospective (prəsˈpektiv) *a.* probable, posible, en perspectiva.
prospectus (prəsˈpektəs) *s.* prospecto, programa.
prosper (to) (ˈprɔspəʳ) *t.-i.* prosperar.
prosperity (prɔsˈperiti) *s.* prosperidad.
prosperous (ˈprɔspərəs) *a.* próspero. *2* favorable.
prostitute (ˈprɔstitjuːt) *s.* prostituta.
prostrate (ˈprɔstreit) *a.* postrado, prosternado. *2* abatido. *3* BOT. tendido.
prostrate (to) (prɔsˈtreit) *t.* postrar; abatir. *2 i.-ref.* postrarse, prosternarse.
prostration (prɔsˈtreiʃən) *s.* postración.
prosy (ˈprouzi) *a.* prosaico. *2* latoso, insulso.
protect (to) (prəˈtekt) *t.* proteger.
protection (prəˈtekʃən) *s.* protección.
protective (prəˈtektiv) *a.* protector. *2* proteccionista.
protector (prəˈtektəʳ) *s.* protector.
protein (ˈproutiːn) *s.* QUÍM. proteína.
protest (ˈproutest) *s.* protesta. *2* protestación. *3* DER. protesta.
protest (to) (prəˈtest) *t.-i.* protestar.
Protestant (ˈprɔtistənt) *a.-s.* protestante.
Protestantism (ˈprɔtistəntizəm) *s.* protestantismo.
protocol (ˈproutəkɔl) *s.* protocolo.
protract (to) (prəˈtrækt) *t.* alargar, prolongar.
protrude (to) (prəˈtruːd) *t.* sacar, hacer salir. *2 i.* sobresalir.
protuberance (prəˈtjuːbərəns) *s.* protuberancia.
proud (praud) *a.* orgulloso, soberbio, altanero. *2* ***to be ~ of,*** enorgullecerse de. *3* espléndido, noble, bello. *4* **-ly** *adv.* orgullosamente, etc.
prove (to) (pruːv) *t.* probar, demostrar, justificar. *2* experimentar, comprobar, poner a prueba; hacer la prueba de. *3 i.* salir, resultar [bien o mal]; demostrar que se es [apto, etc.]. P. p.: ***proved,*** o ***proven.***
provender (ˈprɔvindəʳ) *s.* pienso, forraje.
proverb (ˈprɔvəb) *s.* proverbio, refrán.
provide (to) (prəˈvaid) *t.* proveer, abastecer. *2* suministrar. *3* estipular. *4 i.* ***to ~ for,*** proveer a, dotar, proveer de medios de vida. *5* ***to ~ against,*** precaverse contra.
provided (prəˈvaidid) *conj.* ~ ***that,*** con tal que, siempre que.
providence (ˈprɔvidəns) *s.* providencia, previsión. *2* providencia divina.
provident (ˈprɔvidənt) *a.* próvido, previsor. *2* frugal, económico.
province (ˈprɔvins) *s.* provincia. *2* región, distrito. *3* esfera [de actividad, etc.]. *4* competencia, incumbencia.
provision (prəˈviʒən) *s.* provisión, prevención. *2* medida, providencia. *3* cláusula, estipulación. *4* pl. provisiones.
provisional (prəˈviʒənl) *a.* provisional. *2* **-ly** *adv.* provisionalmente.
proviso (prəˈvaizou) *s.* estipulación, condición, requisito.
provocative (prəˈvɔkətiv) *a.* provocativo. *2* irritante.
provoke (to) (prəˈvouk) *t.* provocar. *2* irritar. *3 i.* causar enojo.
provoking (prəˈvoukiŋ) *a.* provocativo. *2* irritante, exasperador.
prow (prau) *s.* proa. *2* MAR. tajamar.
prowess (ˈprauis) *s.* valor, bizarría. *2* proeza. *3* destreza.
prowl (to) (praul) *t.-i.* rondar [para robar, etc.]; andar al acecho.
proximate (ˈprɔksimit) *a.* próximo, inmediato.
proxy (ˈprɔksi) *s.* procuración, delegación: ***by ~,*** por poderes. *2* apoderado, delegado.
prude (pruːd) *s.* remilgada, mojigata.
prudence (ˈpruːdəns) *s.* prudencia.
prudent (ˈpruːdənt) *a.* prudente; previsor; considerado, discreto. *2* **-ly** *adv.* prudentemente.
prudery (ˈpruːdəri) *s.* remilgo, gazmoñería.
prudish (ˈpruːdiʃ) *a.* remilgado, gazmoño.
prune (to) (pruːn) *t.* podar, recortar: ***prunning-hook*** o ***-knife,*** podadera, podón.
prurience (ˈpruəriəns) *s.* comezón, prurito. *2* lascivia.
Prussian (ˈprʌʃən) *a.-s.* prusiano.
pry (to) (prai) *i.* espiar, acechar. *2 t.* apalancar.
psalm (sɑːm) *s.* salmo.
pseudonym (]sjuːdənim, -dou-) *s.* seudónimo.
psychiatrist (saiˈkaiətrist) *s.* psiquiatra.

psychologic(al (ˌsaikəˈlɔdʒik(əl) *a.* psicológico.

psychology (saiˈkɔledʒi) *s.* psicología.

psychosis (saiˈkousis) *s.* MED. psicosis.

pub (pʌb) *s.* pop. [Ingl.] cervecería, taberna.

puberty (ˈpju:bəti) *s.* pubertad.

public (ˈpʌblik) *a.* público: ~ ***house,*** taberna; ~ ***servant,*** funcionario público. *2 s.* público. *3* **-ly** *adv.* públicamente.

publication (ˌpʌbliˈkeiʃən) *s.* publicación. *2* edición.

publicity (pʌˈblisiti) *s.* publicidad. *2* notoriedad.

publish (to) (ˈpʌbliʃ) *t.* publicar. *2* editar. *3* difundir, propalar.

publisher (ˈpʌbliʃəʳ) *s.* editor.

pucker (ˈpʌkəʳ) *s.* arruga, pliegue.

pucker (to) (ˈpʌkəʳ) *t.* arrugar, plegar.

pudding (ˈpudiŋ) *s.* budín, pudín. *2* embuchado.

puddle (ˈpʌdl) *s.* charco, poza.

pudgy (ˈpʌdʒi) *a.* rechoncho.

puerility (pjuəˈriliti) *s.* puerilidad.

Puerto Rican (ˈpwə:touˈri:kən) *a.-s.* portorriqueño.

puff (pʌf) *s.* soplo, bufido. *2* bocanada, fumarada. *3* COC. bollo: ~ ***paste,*** hojaldre. *4* COST. bollo, bullón. *5* borla [para empolvarse].

puff (to) (pʌf) *i.* soplar, jadear; echar bocanadas o fumaradas. *2* ***to ~ up,*** hincharse; ahuecarse. *3 t.* hinchar. *4* engreír.

pugilist (ˈpju:dʒilist) *s.* púgil.

pugnacious (pʌgˈneiʃəs) *a.* pugnaz, belicoso.

pull (pul) *s.* tirón, sacudida. *2* tirador [botón, cordón, etc.]. *3* esfuerzo prolongado. *4* atracción. *5* trago. *6* chupada [a un cigarro]. *7* ventaja, superioridad. *8* influencia, aldabas.

pull (to) (pul) *t.* tirar de, halar, estirar, arrastrar. *2* arrancar. *3* desgarrar. *4* torcer, distender [un ligamento, etc.]. *5* beber, chupar. *6* (E. U.) sacar [un arma]. *7* ***to ~ apart,*** separar, desgajar. *8* ***to ~ down,*** derribar, bajar. *9* ***to ~ on,*** ponerse [las medias, etc.]. *10* ***to ~ one's leg,*** tomar el pelo a uno. *11* ***to ~ out,*** arrancar, sacar. *12* ***to ~ through,*** sacar de un apuro, llevar a cabo. *13* ***to ~ up,*** arrancar; detener, parar; reprender. *14 i.* tirar, dar un tirón; ejercer tracción; trabajar. *15* ***to ~ in,*** detenerse, llegar [un tren] a la estación. *16* ***to ~ round,*** restablecerse. *17* ***to ~ through,*** salir de un apuro.

pulley (ˈpuli) *s.* polea, garrucha; aparejo.

pull-over (ˈpulˌouvəʳ) *s.* pulóver, jersey.

pulp (pʌlp) *s.* pulpa. *2* pasta [de papel].

pulpit (ˈpulpit) *s.* púlpito. *2* tribuna.

pulsate (to) (pʌlˈseit) *i.* pulsar, latir.

pulse (pʌls) *s.* pulso, pulsación, latido.

pulse (to) (pʌls) *i.* pulsar, latir.

pulverize (to) (ˈpʌlvəraiz) *t.* pulverizar.

puma (ˈpju:mə) *s.* ZOOL. puma.

pumice o **pumice stone** (ˈpʌmisstoun) *s.* piedra pómez.

pump (pʌmp) *s.* MEC. bomba. *2* fuente alimentada por una bomba.

pump (to) (pʌmp) *t.* impeler, lanzar, sacar, etc., con bomba. *2* sonsacar. *3 i.* dar a la bomba.

pumpkin (ˈpʌmpkin) *s.* BOT. calabaza.

pun (pʌn) *s.* retruécano, juego de palabras.

punch (pʌntʃ) *s.* ponche: ~ ***bowl,*** ponchera. *2* puñetazo. *3* empuje, energía. *4* punzón; sacabocados.

Punch (pʌntʃ) *n. pr.* Polichinela: ***Punch-and-Judy show,*** función de títeres.

punch (to) (pʌntʃ) *t.* picar, aguijar. *2* perforar, embutir, etc., con punzón, etc. *3* apuñear.

punctilious (pʌŋkˈtiliəs) *a.* puntilloso, meticuloso.

punctual (ˈpʌŋktjuəl) *a.* puntual, exacto. *2* **-ly** *adv.* puntualmente.

punctuality (ˌpʌŋktjuˈæliti) *s.* puntualidad, exactitud.

punctuate (to) (ˈpʌŋktjueit) *t.* puntuar, acentuar, hacer resaltar.

punctuation (ˌpʌnktjuˈeiʃən) *s.* GRAM. puntuación.

puncture (ˈpʌŋktʃəʳ) *s.* pinchazo, picadura. *2* CIR. punción.

puncture (to) (ˈpʌŋktʃəʳ) *t.* punzar, pinchar, picar.

pungent (ˈpʌndʒənt) *a.* picante. *2* mordaz. *3* agudo, vivo, penetrante.

punish (to) (ˈpʌniʃ) *t.* castigar, penar.

punishment (ˈpʌniʃmənt) *s.* castigo. *2* vapuleo.

punt (pʌnt) *s.* batea, barca plana.

puny (ˈpju:ni) *a.* endeble, canijo. *2* pequeño, diminuto.

pup (pʌp) *s.* cachorro.

pupil (ˈpju:pl, -pil) *s.* discípulo, alumno. *2* DER. pupilo. *3* ANAT. pupila.

puppet (ˈpʌpit) *s.* títere, muñeco; maniquí.

purchase (ˈpə:tʃəs) *s.* compra. *2* MEC., MAR. palanca, aparejo.

purchase (to) (ˈpə:tʃəs) *t.* comprar, adquirir: ***purchasing power,*** poder adquisitivo.

purchaser ('pə:tʃəsəʳ) *s.* comprador.
pure ('pjuəʳ) *a.* puro. *2* **-ly** *adv.* puramente; simplemente.
purgative ('pə:gətiv) *a.* purgativo. *2 a.-s.* MED. purgante.
purgatory ('pə:gətəri) *s.* purgatorio.
purge (pə:dʒ) *s.* purga.
purge (to) (pə:dʒ) *t.* purgar, limpiar. *2* DER., MED., MEC. purgar. *3 i.* purgarse.
purification (ˌpjuərifi'keiʃən) *s.* purificación. *2* depuración.
purifier (ˌpjuərifaiəʳ) *s.* purificador.
Puritan ('pjuəritən) *a.-s.* puritano.
purity ('pjuəriti) *s.* pureza.
purl (pə:l) *s.* murmurio del agua. *2* onda, rizo. *3* orla rizada.
purl (to) (pə:l) *t.* orlar, adornar con flecos. *2 i.* murmurar [las aguas]. *3* ondular, arremolinarse.
purloin (to) (pə:'lɔin) *t.* hurtar, substraer.
purloiner (pə:'lɔinəʳ) *s.* ladrón.
purple ('pə:pl) *a.* purpúreo, morado, rojo. *2* imperial, regio. *3 s.* púrpura.
purport ('pə:pət) *s.* significado, sentido, tenor.
purport (to) ('pə:pət) *t.* significar, querer decir, dar a entender.
purpose ('pə:pəs) *s.* propósito, intención, designio: ***on ~,*** de propósito. *2* resolución, determinación. *3* efecto, resultado, uso, utilidad. *4* **-ly** *adv.* de propósito, adrede.
purpose (to) ('pə:pəs) *t.-i.* proponerse, intentar.
purr (pə:ʳ) *s.* ronroneo.
purr (to) (pə:ʳ) *i.* ronronear.
purse (pə:ʳs) *s.* bolsa, bolsillo, portamonedas. *2* bolsa [dinero; premio, subvención; recipiente].
purse (to) (pə:s) *t.* arrugar, fruncir [la frente, los labios].
pursue (to) (pə'sju:) *t.* seguir, perseguir. *2* perseguir [un fin]. *3* seguir [unos estudios, etc.]. *4 i.* proseguir, continuar.
pursuit (pə'sju:t) *s.* seguimiento, caza, busca. *2* pretensión, empeño. *3* prosecución. *4* ocupación, actividad.
purvey (to) (pə:'vei) *t.-i.* proveer, abastecer.
purveyor (pə:'veiəʳ) *s.* proveedor, abastecedor.
purview ('pə:vju:) *s.* esfera, extensión, alcance.
pus (pʌs) *s.* MED. pus.
push (puʃ) *s.* empujón. *2* impulso, energía, esfuerzo. *3* embestida. *4* apuro, aprieto. *5* ~ ***button,*** pulsador, botón eléctrico.
push (to) (pʌʃ) *t.* empujar, impeler: ***to ~ aside,*** apartar; ***to ~ in,*** encajar, meter. *2* apretar [un botón]. *3* proseguir. *4* impulsar. *5* apremiar. *6 i.* empujar. *7* ***to ~ forward,*** avanzar, abrirse paso. *8* ***to ~ off,*** desatracar, irse. *9* interj. ***push on!,*** ¡adelante!
pusillanimous (ˌpju:si'læniməs) *a.* pusilánime.
puss (pus) *s.* gatito, minino. *2* chiquilla, mozuela.
put (put) *s.* acción de TO PUT. *2* golpe, lanzamiento. *3* ***to stay ~,*** estar quieto.
put (to) (put) *t.* poner, colocar. *2* obligar, incitar. *3* hacer [una pregunta]. *4* expresar. *5* atribuir, achacar. *6* ***to ~ aside,*** descartar, desechar; poner aparte. *7* ***to ~ away,*** guardar; ahorrar; rechazar. *8* ***to ~ down,*** poner [en el suelo]; reprimir; deprimir; humillar; apuntar, anotar; rebajar; hacer callar. *9* ***to ~ forth,*** extender; mostrar; proponer; echar [hojas, plumas, etc.]. *10* ***to ~ in mind,*** recordar. *11* ***to ~ off,*** diferir; desechar; eludir; quitarse [una prenda]. *12* ***to ~ on,*** ponerse [una prenda].; engañar; dar [la luz, etc.]; TEAT. poner en escena. *13* ***to ~ on airs,*** darse tono. *14* ***to ~ out,*** sacar; echar fuera; alargar; exhibir; invertir [dinero, etc.]; apagar [la luz, fuego]; molestar, irritar; desconcertar. *15* ***to ~ out of countenance,*** avergonzar; ***to ~ out of joint,*** dislocar; ***to ~ out of the way,*** quitar de en medio; matar. *16* ***to ~ over,*** aplazar. *17* ***to ~ to death,*** matar. *18* ***to ~ together,*** reunir; montar [un artefacto]. *19* ***to ~ two and two together,*** atar cabos. *20* ***to ~ up,*** levantar, erigir; armar, montar; ahorrar; envolver; inventar; alojar; TEAT. poner en escena. *21 i.* ir, dirigirse. *22* MAR. ***to ~ about,*** cambiar de rumbo. *23* ***to ~ to sea,*** hacerse a la mar. *24* ***to ~ out,*** irse, salir; MAR. zarpar. *25* ***to ~ up with,*** aguantar, sufrir; conformarse con. ¶ Pret. y p. p.: ***put*** (put); ger.: ***putting*** ('putiŋ).
put-out ('putaut) *a.* enojado, contrariado.
putrefaction (ˌpju:tri'fækʃən) *s.* putrefacción.
putrefy (to) ('pju:trifai) *t.-i.* pudrir(se, corromper(se.
putrid ('pju:trid) *a.* pútrido. *2* apestoso. *3* corrompido [moralmente].
putty ('pʌti) *s.* masilla.
puzzle ('pʌzl) *s.* embarazo, perplejidad. *2* enredo, embrollo. *3* acertijo, rompecabezas; ***crossword ~,*** crucigrama.
puzzle (to) ('pʌzl) *t.* confundir, dejar perplejo. *2* embrollar. *3* ***to ~ out,*** descifrar.

puzzling ('pʌzliŋ) *a.* enigmático, intrigante.
pygmy ('pigmi) *a.-s.* pigmeo, enano.
pyjamas (pə'dʒa:məz) *s.* pl. pijama.
pyramid ('pirəmid) *s.* pirámide.
pyre ('paiə[r]) *s.* pira, hoguera.
Pyrenees (ˌpirə'ni:z) *n. pr.* GEOGR. Pirineos.
python ('paiθən) *s.* ZOOL., MIT. pitón.

Q

quack (kwæk) *s.* graznido [del pato]. *2* curandero, charlatán. *3 a.* falso, de charlatán.
quack (to) (kwæk) *i.* graznar.
quadrangle ('kwɔˌdræŋgl) *s.* cuadrángulo; patio.
quadrille (kwə'dril) *s.* contradanza. *2* cuadrilla [de toreros].
quaff (kwɑ:f) *s.* trago, bebida.
quaff (to) (kwɑ:f) *t.-i.* beber.
quag (kwæg) *s.* GUAGMIRE 1.
quagmire ('kwægmaiəʳ) *s.* cenagal. *2* fig. atolladero.
quail (kweil) *s.* ORN. codorniz.
quail (to) (kweil) *i.* abatirse, acobardarse.
quaint (kweint) *a.* curioso, singular; atractivo por su rareza.
quake (to) (kweik) *i.* temblar, estremecerse.
Quaker ('kweikəʳ) *a.-s.* cuáquero.
qualification (ˌkwɔlifi'keiʃən) *s.* calificación. *2* condición, requisito. *3* capacidad, idoneidad.
qualified ('kwɔlifaid) *a.* calificado, apto, idóneo, competente.
qualify (to) ('kwɔlifai) *t.* calificar, capacitar. *2* modificar, limitar. *3* atenuar. *4 i.* capacitarse, habilitarse.
quality ('kwɔliti) *s.* calidad, cualidad: ***in ~ of,*** en calidad de. *2* clase. *3* excelencia. *4* propiedad, virtud.
qualm (kwɔ:m) *s.* basca, desfallecimiento. *2* duda, inquietud.
quandary ('kwɔndəri) *s.* incertidumbre, perplejidad. *2* apuro.
quantity ('kwɔntiti) *s.* cantidad. *2 sing.* y *pl.* gran cantidad.
quarantine ('kwɔrənti:n) *s.* cuarentena [aislamiento]. *2* lazareto.
quarrel ('kwɔrəl) *s.* riña, disputa, desavenencia.
quarrel (to) ('kwɔrəl) *i.* reñir, pelear, disputar.
quarrelsome ('kwɔrəlsəm) *a.* pendenciero, rencilloso.
quarry ('kwɔri) *s.* cantera, pedrera. *2* presa, caza [que se persigue].
quart (kwɔ:t) *s.* cuarto de galón.
quarter ('kwɔ:təʳ) *s.* cuarto, cuarta parte. *2* cuarto [de hora; de la luna]. *3* moneda de veinticinco centavos. *4* trimestre. *5* parte, dirección: ***form all quarters,*** de todas partes. *6* barrio, vecindad. *7* cuartel, clemencia: ***to give no ~***, no dar cuartel. *8 pl.* cuartel, oficina; vivienda, alojamiento.
quarter (to) ('kwɔtəʳ) *t.* cuartear. *2* acuartelar; hospedar, alojar.
quarterly ('kwɔ:təli) *a.* trimestral. *2 adv.* trimestralmente.
quartet (kwɔ:'tet) *s.* grupo de cuatro. *2* MÚS. cuarteto.
quartz (kwɔ:ts) *s.* MINER. cuarzo.
quash (to) (kwɔʃ) *t.* sofocar, reprimir. *2* DER. anular.
quatrain ('kwɔtrein) *s.* LIT. cuarteta; redondilla.
quaver (to) ('kweivəʳ) *i.* temblar, vibrar. *2* MÚS. trinar, gorjear. *3 i.-t.* decir con voz trémula.
quay (ki:) *s.* muelle, desembarcadero.
queen (kwi:n) *s.* reina: ~ ***bee,*** abeja reina.
queer (kwiəʳ) *a.* raro, extraño, estrafalario. *2* excéntrico, chiflado.
quell (to) (kwel) *t.* reprimir, sofocar. *2* aquietar. *3* calmar.
quench (to) (kwentʃ) *t.* apagar, extinguir, calmar, templar.
querulous ('kweruləs) *a.* quejumbroso, quejicoso.
query ('kwiəri) *s.* pregunta. *2* duda. *3* interrogante.
query (to) ('kwiəri) *t.* preguntar, inquirir. *2* interrogar. *3* poner en duda. *4 i.* hacer preguntas.
quest (kwest) *s.* busca. *2* pesquisa.
quest (to) (kwest) *t.* buscar. *2* indagar.

question ('kwestʃən) *s.* pregunta: ~ ***mark,*** interrogante. *2* objeción, duda: ***to call in*** ~, poner en duda. *3* cuestión, problema, asunto.
question (to) ('kwestʃən) *t.* preguntar, interrogar. *2* discutir, poner en duda.
questionable ('kwestʃənəbl) *a.* cuestionable. *2* dudoso, sospechoso.
queue (kju:) *s.* cola, hilera. *2* coleta.
queue (to) (kju:) *i.* hacer cola.
quibble ('kwibl) *s.* sutileza; equívoco, subterfugio.
quibble (to) ('kwibl) *i.* sutilizar, valerse de equívocos o subterfugios.
quick (kwik) *a.* vivo, rápido, pronto, impetuoso: ~ ***temper,*** genio vivo. *2* despierto, agudo. *3* vivo, intenso, ardiente. *4* movediza [arena]. *5* viva [agua]. *6 s.* carne viva; lo vivo: ***to cut in the*** ~, herir en lo vivo. *7* **-ly** *adv.* vivamente, prontamente, aprisa.
quicken (to) ('kwikən) *t.* vivificar, resucitar. *2* avivar, excitar, aguzar. *3* apresurar. *4 i.* avivarse. *5* apresurarse.
quicklime ('kwik-laim) *s.* cal viva.
quiet ('kwaiət) *a.* quieto, inmóvil. *2* callado, silencioso: ***to be*** ~, callar, callarse. *3* tranquilo, sosegado. *4* sencillo, modesto, serio. *5 s.* quietud, silencio, calma, paz. *6* ***on the*** ~, a la chita callando.
quiet (to) (kwaiət) *t.* aquietar, sosegar. *2 i.* ***to*** ~ ***down,*** aquietarse.
quill (kwil) *s.* pluma [de ave]. *2* cañón [de pluma].
quilt (kwilt) *s.* colcha; cobertor acolchado.
quilt (to) (kwilt) *t.* acolchar.
quince (kwins) *s.* membrillo [árbol y fruto].
quintal ('kwintl) *s.* quintal.
quintessence (kwin'tesns) *s.* quinta esencia.
quintet (kwin'tet) *s.* grupo de cinco. *2* MÚS. quinteto.
quip (kwip) *s.* pulla, sarcasmo. *2* ocurrencia.
quit (kwit) *a.* absuelto, descargado. *2* libre, exento.
quit (to) (kwit) *t.* dejar, abandonar, irse de; dejarse de; desistir, renunciar a. *2* librar, descargar. *3* pagar, saldar. *4 i.* irse. *5* parar, dejar de hacer algo.
quite (kwait) *adv.* completamente, del todo; realmente, verdaderamente. *2 fam.* ~ ***a man,*** todo un hombre. *3* fam. ~ ***so,*** así es, en efecto.
quittance ('kwitəns) *s.* quitanza. *2* pago, recompensa.
quiver ('kwivə[r]) *s.* aljaba, carcaj. *2* vibración, temblor.
quiver (to) ('kwivə[r]) *t.* vibrar, temblar, estremecerse.
quixotic (kwik'sɔtik) *a.* quijotesco.
quoit (kɔit) *s.* tejo, herrón.
quotation (kwou'teiʃən) *s.* cita [texto citado]. *2* COM. cotización. *3 a.* ~ ***marks,*** comillas ("").
quote (to) (kwout) *t.* citar [un texto, un autor]. *2* COM. cotizar; dar el precio de. *3* poner entre comillas.
quotidian (kwɔ'tidiən) *a.* cotidiano, diario.
quotient ('kwouʃənt) *s.* MAT. cociente.

R

rabbi ('ræbai) *s.* rabí, rabino.
rabbit ('ræbit) *s.* ZOOL. conejo.
rabble ('ræbl) *s.* populacho, canalla. *2* multitud alborotada.
rabid ('ræbid) *a.* MED., VET. rabioso. *2* furioso, violento.
rac(c)oon (rə'ku:n) *s.* ZOOL. mapache.
race (reis) *s.* raza; casta, linaje. *2* carrera, regata. *3* ***mill*** ~, canal, caz.
race (to) (reis) *i.* correr [en una carrera, etc.]. *2 t.* hacer correr. *3* competir con [en una carrera].
racial ('reiʃəl) *a.* racial.
racism ('reisizəm) *s.* racismo.
rack (ræk) *s.* estante, etc., para ciertas cosas: arquero, taquera, perchero, red para el equipaje. *2* aparato de tortura.
rack (to) (ræk) *t.* torturar. *2* atormentar. *3* ***to ~ one's brains,*** devanarse los sesos.
racket ('rækit) *s.* raqueta. *2* alboroto. *3* diversión, holgorio. *4* pop. timo, engaño.
racy ('reisi) *a.* vivo, animado, chispeante.
radar ('reidɑ:, -də) *s.* ELECT radar.
radial ('reidjəl) *a.* radial, radiado.
radiance ('reidjəns) *s.* brillo, resplandor, esplendor.
radiant ('reidjənt) *a.* radiante.
radiate (to) ('reidieit) *t.-i.* radiar, irradiar. *2 t.* iluminar. *3* difundir.
radiation (ˌreidi'eiʃən) *s.* radiación.
radiator ('reidieitəʳ) *s.* radiador.
radical ('rædikəl) *a.-s.* radical. *2 a.* esencial, fundamental. *3* **-ly** *adv.* radicalmente.
radio ('reidiou) *s.* ELECT. radio; ~ ***set,*** aparato de radio.
radioactive ('reidiou'æktiv) *a.* radioactivo.
radish ('rædiʃ) *s.* BOT. rábano.
radium ('reidjəm) *s.* QUÍM. radio.
radius ('reidjəs) *s.* GEOM., ANAT. radio. *2* radio [de acción, etc.].
raffle ('ræfl) *s.* rifa.
raffle (to) ('ræfl) *t.-i.* rifar, sortear.
raft (rɑ:ft) *s.* balsa, almadía.
rafter ('rɑ:ftəʳ) *s.* ARQ. viga.
rag (ræg) *s.* trapo, harapo, pingajo, guiñapo: ***in rags,*** hecho jirones; andrajoso.
ragamuffin ('rægə'mʌfin) *s.* golfo, pelagatos.
rage (reidʒ) *s.* rabia, ira. *2* furia, violencia. *3* ***to be all the*** ~, estar de moda.
rage (to) (reidʒ) *i.* rabiar, encolerizarse. *2* hacer estragos.
ragged ('rægid) *a.* andrajoso, harapiento. *2* roto, deshilachado, mellado. *3* **-ly** *adv.* andrajosamente; hecho jirones.
ragman ('rœgmæn) *s.* trapero.
raid (reid) *s.* incursión, ataque.
raid (to) (reid) *t.* hacer una incursión en.
rail (reil) *s.* barra; pasamano, barandal. *2* barandilla, barrera. *3* raíl; ferrocarril; ***by*** ~, por ferrocarril.
rail (to) (reil) *t.* cercar, poner barandilla a. *2* i. ***to ~ at,*** injuriar, vituperar.
railing ('reiliŋ) *s.* barandilla, pasamano, barrera, reja, verja.
raillery ('reiləri) *s.* burla, fisga.
railroad ('reilroud) (E. U.), **railway** (-wei) (Ingl.) *s.* ferrocarril, vía férrea.
raiment ('reimənt) *s.* ropa, vestidos.
rain (rein) *s.* lluvia: ~ ***bow,*** arco iris; ~ ***coat,*** impermeable; ~ ***drop,*** gota de lluvia; ~ ***storm,*** chubasco; ~ ***fall,*** aguacero; lluvia, lluvias.
rain (to) (rein) *i.-impers.-t.* llover; ***to ~ cats and dogs,*** llover a cántaros.
rainy ('reini) *a.* lluvioso.
raise (reiz) *s.* aumento, alza, subida [de precio, salario, etc.].
raise (to) (reiz) *t.* levantar, alzar, elevar; poner derecho, erguir, erigir. *2* elevar, subir [la temperatura, el tono, los precios, etc.]. *3* elevar, engrandecer; ascender. *4* levantar, sublevar. *5* suscitar, promover. *6* presentar, hacer [una ob-

jeción]. 7 cultivar [plantas], criar [animales]. 8 (E. U.) criar, educar.
raisin ('reizn) *s.* pasa [uva seca].
raja(h ('rɑ:dʒə) *s.* rajá.
rake (reik) *s.* libertino. 2 AGR. rastro, rastrillo.
rake (to) (reik) *t.* AGR. rastrillar. 2 rascar, raer. 3 atizar, hurgar [el fuego].
rally ('ræli) *s.* reunión. 2 recobro, restablecimiento.
rally (to) ('ræli) *t.-i.* reunir(se, concentrar(se. 2 reanimar(se, fortalecer(se.
ram (ræm) *s.* ZOOL. morueco. 2 MIL. ariete. 3 MEC. martinete.
ram (to) (ræm) *t.* apisonar. 2 clavar, meter [a golpes]; atestar, henchir. 3 *i.* chocar.
ramble ('ræmbl) *s.* paseo, excursión. 2 divagación.
ramble (to) ('ræmbl) *i.* pasear, vagar. 2 serpentear. 3 divagar.
rambling ('ræmbliŋ) *a.* paseador. 2 que divaga. 3 BOT. trepador, rastrero. 4 grande y de planta irregular [caja].
ramp (ræmp) *s.* rampa, declive.
rampant ('ræmpənt) *a.* exuberante. 2 violento. 3 general, extendido. 4 BLAS. rampante.
rampart ('ræmpɑ:t) *s.* FORT. muralla, baluarte; terraplén.
ramshackle ('ræm,ʃækl) *a.* desvencijado. 2 destartalado, ruinoso.
ran (ræn) *pret.* de TO RUN.
ranch (rɑ:ntʃ) *s.* rancho, hacienda.
rancher ('rɑ:ntʃə[r]) *s.* ranchero, ganadero, vaquero.
rancid ('rænsid) *a.* rancio.
ranco(u)r ('ræŋkə[r]) *s.* rencor.
random ('rændəm) *s.* azar, acaso: ***at ~***, al azar. 2 *a.* ocasional, fortuito.
rang (ræŋ) *pret.* de TO RING.
range (reindʒ) *s.* fila, hilera: ***~ of mountains***, sierra, cordillera. 2 esfera [de una actividad]. 3 escala, gama, serie. 4 extensión [de la voz]. 5 alcance [de un arma, etc.]; distancia. 6 autonomía [de buque o avión]. 7 extensión de pastos.
range (to) (reindʒ) *t.* alinear; arreglar, ordenar. 2 recorrer. 3 pasear [la mirada por]. 4 *i.* alinearse. 5 extenderse, variar [dentro de ciertos límites]. 6 correr, errar. 7 contarse [entre]. 8 alcanzar [un arma].
rank (ræŋk) *a.* lozano, lujuriante, vicioso. 2 rancio; ofensivo [sabor, olor]. 3 grosero. 4 insalubre. 5 acabado, insigne, rematado. 6 *s.* línea, hilera, fila. 7 rango, grado.
rank (to) (ræŋk) *t.* alinear. 2 ordenar, arreglar. 3 *i.* ***to ~ high***, tener un alto grado o categoría; ***to ~ with***, contarse entre.
rankle (to) ('ræŋkl) *i.* enconarse, ulcerarse, irritarse.
ransack (to) ('rænsæk) *t.* registrar, explorar. 2 saquear, pillar.
ransom ('rænsəm) *s.* rescate, redención.
ransom (to) ('rænsəm) *t.* rescatar, redimir. 2 hacer pagar rescate.
rant (to) (rænt) *i.* declamar a gritos. 2 desbarrar; delirar.
rap (ræp) *s.* golpe seco.
rap (to) (ræp) *t.-i.* golpear, dar un golpe seco.
rapacious (rə'peiʃəs) *a.* rapaz.
rape (to) (reip) *t.* forzar, violar.
rapid ('ræpid) *a.* rápido. 2 *s.* rápido, rabión. 3 **-ly** *adv.* rápidamente.
rapidity (rə'piditi) *s.* rapidez.
rapier ('reipiə[r]) *s.* estoque, espadín.
rapport (ræ'pɔ:[r]) *s.* relación, armonía, conformidad.
rapt (ræpt) *a.* arrebatado, transportado, absorto.
rapture ('ræptʃə[r]) *s.* rapto, arrobamiento, éxtasis.
rapturous ('ræptʃərəs) *a.* arrobado, embelesado.
rare (rεə[r]) *a.* raro [de poca densidad; poco común; escaso]. 2 ralo. 3 raro; peregrino. 4 coc. poco cocido. 5 **-ly** *adv.* raramente, rara vez.
rarefy ('rεərifai) *t.-i.* rarificar(se, enrarecer(se.
rarity ('rεəriti) *s.* rareza, raridad. 2 tenuidad. 3 preciosidad, primor.
rascal (rɑ:skəl) *s.* bribón, pillo.
rase (to) (reiz) *t.* TO RAZE.
rash (ræʃ) *a.* irreflexivo, precipitado; imprudente, temerario. 2 *s.* salpullido. 3 **-ly** *adv.* imprudentemente.
rasp (to) (rɑ:sp) *t.* raspar, escofinar, raer, rallar.
raspberry ('rɑ:zbəri) *s.* BOT. frambuesa; frambueso.
rasping ('rɑ:spiŋ) *a.* raspante. 2 áspero, bronco. 3 irritante.
rat (ræt) *s.* ZOOL. rata.
ratchet ('rætʃit) *s.* trinquete.
rate (reit) *s.* razón, proporción, tanto [por ciento]; tipo [de interés o cambio]; velocidad. 2 precio, valor. 3 clase, orden. 4 arbitrio, impuesto. 5 ***at any ~***, al menos, de todos modos.
rate (to) (reit) *t.* valuar, tasar, apreciar. 2 estimar, juzgar. 3 reñir, regañar. 4 *i.* ser tenido o considerado.
rather ('rɑ:ðə[r]) *adv.* bastante, algo, un tanto. 2 mejor, antes, más: ***I would ~***,

me gustaría más. *3* antes bien, al contrario. *4* mejor dicho. *5 interj.* ¡ya lo creo!

ratify (to) ('rætifai) *t.* ratificar, confirmar.

ratio ('reiʃiou) *s.* relación, proporción. *2* MAT. razón.

ration ('ræʃən) *s.* ración.

ration (to) ('ræʃən) *t.* racionar.

rational ('ræʃənl) *a.* racional. *2* cuerdo, razonable. *3* **-ly** *adv.* racionalmente.

rationalize (to) ('ræʃənəlaiz) *t.* hacer racional o explicable. *2* MAT., COM., IND. racionalizar.

rationing ('ræʃəniŋ) *s.* racionamiento.

rattle ('rætl) *s.* tableteo, matraqueo. *2* estertor. *3* cascabel [de serpiente]. *4* sonajero [juguete]. *5* matraca.

rattle (to) ('rætl) *t.* hacer sonar, sacudir. *2* decir rápidamente. *3* aturdir. *4 i.* tabletear, matraquear; rodar con ruido [un coche, etc.]. *5* temblar [los cristales, etc.].

rattlesnake ('rætlsneik) *s.* serpiente de cascabel.

rattling ('rætliŋ) *a.* ruidoso. *2* vivo, animado. *3* estupendo.

raucous ('rɔ:kəs) *a.* rauco, ronco, bronco.

ravage ('rævi3) *s.* daño, estrago.

ravage (to) ('rævidʒ) *t.* asolar, talar, arruinar. *2* saquear.

rave (to) (reiv) *i.* delirar. *2* bramar, enfurecerse.

raven ('reivn) *s.* ORN. cuervo.

ravenous ('rævinəs) *a.* voraz. *2* hambriento.

ravine (rə'vi:n) *s.* barranca, hondonada, quebrada.

raving ('reiviŋ) *s.* delirio. *2 a.* delirante. *3* furioso. *4* **-ly** *adv.* delirantemente.

ravish (to) ('ræviʃ) *t.* extasiar, embelesar. *2* violar.

raw (rɔ:) *a.* crudo [sin cocer], en bruto, en rama: ~ ***material,*** materia prima; ~ ***flesh,*** carne viva. *2* crudo, húmedo, frío [viento, tiempo]. *3* bisoño, novato. *4* **-ly** *adv.* crudamente.

raw-boned ('rɔ:'bound) *a.* esquelético.

ray (rei) *s.* rayo [de luz, etc.]. *2* GEOM. radio. *3* ICT. raya.

raze (to) (reiz) *t.* arrasar, asolar. *2* raspar, borrar.

razor ('reizəʳ) *s.* navaja de afeitar.

reach (ri:tʃ) *s.* alcance, poder: ***in ~ of,*** al alcance de.

reach (to) (ri:tʃ) *t.* alargar, extender, tender: ***to ~ out one's hand,*** alargar o tender la mano. *2* tocar, llegar a o hasta, alcanzar. *3* alargar, dar. *4* alcanzar, obtener. *5 i.* extenderse, llegar, alcanzar [a o hasta].

react (to) (ri(:)'ækt) *i.* reaccionar.

reactor (ri(:)'æktəʳ) *s.* reactor.

read (to) (ri:d) *t.* leer. *2* descifrar. *3* estudiar [para la licenciatura]. *4* indicar, registrar [un termómetro, etc.]. *5 i.* leer(se. *6* decir, rezar [un escrito, etc.]. ¶ Pret. y p. p.: ***read*** (red).

reader ('ri:dəʳ) *s.* lector. *2* IMPR. corrector [de pruebas].

readily ('redili) *adv.* prontamente. *2* de buena gana.

readiness ('redinis) *s.* prontitud, facilidad. *2* disposición, buena voluntad. *3* disponibilidad.

reading ('ri:diŋ) *s.* lectura, lección. *2* indicación [de un termómetro, etc.].

readjust (to) ('ri:ə'dʒʌst) *t.* reajustar.

ready ('redi) *s.* preparado, pronto, listo, dispuesto, aparejado. *2* vivo, ágil, diestro. *3* fácil [método]. *4* pronto [pago, réplica, etc.]. *5* a la mano, disponible; contante, efectivo.

ready-made ('redi'meid) *a.* hecho, confeccionado: ~ ***clothes,*** ropa hecha.

real (riəl) *a.* real, verdadero. *2* sincero. *3* DER. inmueble, raíz: ~ ***estate,*** fincas.

realism ('riəlizəm) *s.* realismo.

realistic (riə'listik) *a.* realista; práctico.

reality (ri(:)'æliti) *s.* realidad.

realization (ˌriəlai'zeiʃən) *s.* realización. *2* comprensión.

realize (to) ('riəlaiz) *t.* comprender, darse cuenta de. *2* realizar, efectuar. *3* dar vida o realidad a.

really ('riəli) *adv.* realmente, de veras.

realm (relm) *s.* reino. *2* campo, dominio, región.

reap (to) (ri:p) *t.* segar, guadañar. *2* recoger, cosechar.

reaping ('ri:piŋ) *s.* siega: ~ ***machine,*** segadora mecánica.

reaper ('ri:pəʳ) *s.* segador.

reappear (to) ('ri:ə'piəʳ) *i.* reaparecer.

rear (riəʳ) *a.* trasero, último, posterior. *2* ~ ***admiral,*** contralmirante. *3* MIL. ~ ***guard,*** retaguardia. *4 s.* trasera, parte de atrás; fondo [de una sala]; cola [de una fila].

rear (to) (riəʳ) *t.* levantar, alzar; erigir. *2* criar, cultivar; educar. *3 i.* empinarse, encabritarse.

reason ('ri:zn) *s.* razón. | No tiene el sentido de razón en MAT. ni el de razón social: ***it stands to ~,*** es razonable, es justo; ***by ~ of,*** por causa de.

reason (to) ('ri:zn) *t.-i.* razonar. *2 i.* persuadir o disuadir con razones.

reasonable ('ri:zənəbl) *a.* racional [ser]. *2* razonable. *3* módico.
reasoning (ri:z(ə)niŋ) *s.* razonamiento.
reassurance (ˌri:ə'ʃuərəns) *s.* confianza restablecida. *2* seguridad renovada. *3* COM. reaseguro.
reassure (to) (ˌri:ə'ʃuə^r) *t.* tranquilizar. *2* COM. reasegurar.
rebel ('rebl) *a.-s.* rebelde; insurgente.
rebel (to) (ri'bel) *i.* rebelarse, sublevarse.
rebelion (ri'beljən) *s.* rebelión, sublevación.
rebound (ri'baund) *s.* rebote, rechazo. *2* repercusión.
rebound (to) (ri'baund) *i.* rebotar. *2* repercutir. *3* volver a adquirir actualidad o interés.
rebuff (ri'bʌf) *s.* repulsa, desaire.
rebuff (to) (ri'bʌf) *t.* repulsar, desairar.
rebuild (to) ('ri:'bild) *t.* reconstruir.
rebuke (ri'bju:k) *s.* reproche, censura.
rebuke (to) (ri'bju:k) *t.* increpar, reprender, censurar.
recalcitrant (ri'kælsitrənt) *a.* recalcitrante, obstinado, rebelde.
recall (ri'kɔ:l) *s.* llamada [para hacer volver]. *2* recordación. *3* anulación, revocación.
recall (to) (ri'kɔ:l) *t.* llamar, hacer volver. *2* recordar, acordarse de. *3* anular, revocar. *4* destituir.
recant (to) (ri'kænt) *t.-i.* retractar(se.
recapitulate (to) (ˌri:kə'pitjuleit) *t.-i.* recapitular, resumir.
recede (to) (ri'si:d) *i.* retroceder. *2* retirarse, alejarse.
receipt (ri'si:t) *s.* recepción, recibo. *2* cobranza. *3* recibo, carta de pago, recibí. *4* receta, fórmula. *5* ingresos, entradas.
receive (to) (risi:v) *t.* recibir; tomar, aceptar. *2* acoger. *3* cobrar, percibir.
receiver (ri'si:və^r) *s.* receptor. *2* cobrador, tesorero. *3* TELEF. auricular.
recent ('ri:snt) *a.* reciente. *2* moderno, nuevo. *3* **-ly** *adv.* recientemente.
receptacle (ri'septəkl) *s.* receptáculo, recipiente.
reception (ri'sepʃən) *s.* recepción. *2* admisión, aceptación.
receptionist (ri'sepʃənist) *s.* recepcionista.
recess (ri'ses) *s.* hueco, entrada, nicho, alcoba. *2* lugar recóndito. *3* suspensión, descanso; recreo [escolar].
recipe ('resipi) *s.* récipe, receta.
recipient (ri'sipiənt) *a.-s.* receptor, recibidor.
reciprocal (ri'siprəkəl) *a.* recíproco; mutuo. *2* **-ly** *adv.* mutuamente.
reciprocate (to) (ri'siprəkeit) *t.* reciprocar. *2* cambiar, intercambiar. *3* corresponder a [un afecto, favor, etc.]. *4 i.* ser recíproco o correspondiente. *5* MED. tener movimiento alternativo o de vaivén.
recital (ri'saitl) *s.* relación, narración. *2* MÚS. recital.
recite (to) (ri'sait) *t.-i.* recitar. *2 t.* narrar.
reckless ('reklis) *a.* indiferente; que no hace caso. *2* temerario, atolondrado.
reckon (to) ('rekən) *t.-i.* contar, calcular. *2 t.* considerar [como]; contar [entre]. *3* calcular; suponer, creer. *4 i.* ***to ~ on*** o ***with,*** contar con.
reckoning ('rekəniŋ) *s.* cuenta, cómputo, cálculo. *2* cuenta [que se da]; ajuste de cuentas.
reclaim (to) (ri'kleim) *t.* poner en cultivo; hacer utilizable [un terreno, etc.]; ganar [terreno] al mar. *2* regenerar [a una pers.]. *3* DER. reclamar.
recline (to) (ri'klain) *t.-i.* reclinar(se, recostar(se.
recluse (ri'klu:s) *a.* retirado, solitario. *2 s.* pers. retirada del mundo; ermitaño.
recognize (to) ('rekəgnaiz) *t.* reconocer. No tiene el sentido de examinar o registrar.
recoil (ri'kɔil) *s.* retroceso, reculada. *2* coz [de un arma].
recoil (to) (ri'kɔil) *i.* retroceder, recular, retirarse. *2* dar coz [un arma].
recollect (to) (ˌrekə'lekt) *t.-i.* recordar, acordarse.
recollect (to) ('ri:kə'lekt) *t.* recoger. *2* recobrar. *3* ***to ~ oneself,*** reponerse, serenarse.
recollection (ˌrekə'lekʃən) *s.* recuerdo, memoria. *2* recogimiento [espiritual].
recommend (to) (ˌrekə'mend) *t.* recomendar. *2* alabar.
recommendation (ˌrekəmen'deiʃən) *s.* recomendación. *2* consejo.
recompense ('rekəmpens) *s.* recompensa. *2* indemnización.
recompense (to) ('rekəmpens) *t.* recompensar, pagar. *2* compensar, indemnizar.
reconcile (to) ('rekənsail) *t.* reconciliar. *2* conciliar, hacer compatible. *3* ***to ~ oneself to,*** conformarse con, resignarse a.
reconciliation ('rekənsili'eiʃən) *s.* reconciliación.
reconnaissance (ri'kɔnisəns) *s.* MIL. reconocimiento.
reconnoitre (to) (ˌrekə'nɔitə^r) *t.* MIL. reconocer.
reconsider (to) ('ri:kən'sidə^r) *t.* repensar. *2* volver a estudiar, a discutir.

reconstruct (to) ('ri:-kəns'trʌkt) *t.* reconstruir.
record ('rekɔ:d) *s.* inscripción, registro. *2* acta, historia. *3* DER. expediente, autos. *4* hoja de servicios, historial. *5* disco; grabación [en disco]. *6* DEP. récord, marca. *7 pl.* archivo, protocolo. *8* anales, memorias.
record (to) (ri'kɔ:d) *t.* asentar, inscribir, registrar. *2* fijar en la memoria. *3* grabar en disco o en cinta magnetofónica.
recorder (ri'kɔ:dəʳ) *s.* archivero, registrador. *2* MEC. indicador, contador. *3* ***tape-~***, magnetófono.
recount (to) (ri'kaunt) *t.* contar, relatar.
recourse (ri'kɔ:s) *s.* recurso, refugio, auxilio: ***to have ~ to,*** recurrir a.
recover (to) (ri'kʌvəʳ) *t.* recobrar, recuperar. *2* curar: hacer volver en sí. *3* rescatar. *4* ***to ~ oneself,*** reponerse; recobrar el equilibrio. *5 i.* restablecerse; volver en sí.
recovery (ri'kʌvəri) *s.* recobro, recuperación. *2* cobranza. *3* restablecimiento, convalecencia.
re-create (to) ('ri:kri'eit) *t.* recrear [crear de nuevo].
recreate (to) ('rekrieit) *t.* recrear, divertir. *2 i.* recrearse.
recreation (ˌrekri'eiʃən) *s.* recreación, recreo.
recriminate (to) (ri'krimineit) *t.* recriminar.
recruit (ri'kru:t) *s.* recluta, novato.
recruit (to) (ri'kru:t) *t.* reclutar, alistar.
rectangle ('rekˌtæŋgl) *s.* GEOM. rectángulo.
rectify (to) ('rektifai) *t.* rectificar, corregir, enmendar.
rectitude ('rektitju:d) *s.* rectitud.
rector ('rektəʳ) *s.* rector. *2* párroco.
rectory ('rektəri) *s.* curato. *2* casa rectoral.
recumbent (ri'kʌmbənt) *a.* reclinado, recostado; yacente.
recuperate (to) (rik'ju:pəreit) *t.* recuperar, recobrar. *2 i.* restablecerse, reponerse.
recur (to) (ri'kə:ʳ) *i.* volver [a un tema]. *2* volver a ofrecerse [a la mente, etc.]. *3* volver a ocurrir, repetirse.
recurrence (ri'kʌrəns) *s.* repetición, reaparición.
recurrent (ri'kʌrənt) *a.* que se repite o reaparece; periódico.
red (red) *a.* encarnado, colorado, rojo; enrojecido, encendido: ***~ corpuscle,*** hematíe, glóbulo rojo; ***~ currant,*** grosella; ***~ heat,*** calor al rojo; ***~ tape,*** balduque; fig. formalismo burocrático; ***~ wine,*** vino tinto; ***Red Sea,*** Mar Rojo; ***to turn ~,*** ponerse colorado, sonrojarse. *2 a.-s.* POL. rojo. *3 s.* rojo, encarnado [color].
redden (to) ('redn) *t.* enrojecer. *2 i.* enrojecerse. *3* ruborizarse.
reddish ('rediʃ) *a.* rojizo.
redeem (to) (ri'di:m) *t.* redimir. *2* cumplir [una promesa]. *3* compensar.
redeemer (ri'di:məʳ) *s.* redentor: ***The Redeemer,*** el Redentor.
redemption (ri'dempʃən) *s.* redención.
red-hot ('red'hɔt) *a.* calentado al rojo, muy caliente. *2* muy entusiasta. *3* fresco, reciente [noticias, etc.].
redness (rednis) *s.* rojez, rojura.
redolent ('redoulənt) *a.* fragante, oloroso. *2* que tiene algo de; que huele o recuerda a.
redouble (to) (ri'dʌbl) *t.* reduplicar, redoblar. *2 i.* redoblarse.
redoubtable (ri'dautəbl) *a.* temible, formidable.
redress (ri'dres) *s.* reparación, desagravio. *2* remedio, compensación. *3* corrección.
redress (to) (ri'dres) *t.* deshacer, reparar [injusticias]. *2* resarcir, compensar. *3* corregir, rectificar, enderezar.
redskin ('red-skin) *s.* indio piel roja.
reduce (to) (ri'dju:s) *t.* reducir. *2* rebajar, diluir. *3* MIL. degradar. *4 i.* reducirse.
reduction (ri'dʌkʃən) *s.* reducción.
redundancy (ri'dʌndənsi) *s.* redundancia.
reduplicate (to) (ri'dju:plikeit) *t.* reduplicar, redoblar.
reed (ri:d) *s.* BOT. caña; carrizo; junco. *2* caña [material]. *3* MÚS. lengüeta. *4* BOT. ***~ mace,*** espadaña.
reef (ri:f) *s.* arrecife, bajío, escollo. *2* MAR. rizo.
reek (ri:k) *s.* vaho, mal olor.
reek (to) (ri:k) *t.* exhalar, echar [vaho, tufo, etc.]. *2* ahumar. *3 i.* humear, vahear; oler mal: ***to ~ of,*** oler a.
reel (ri:l) *s.* devanadera, carrete. *2* CINE. rollo [de película]. *3* tambaleo.
reel (to) (ri:l) *t.* aspar, devanar. *2* hacer dar vueltas a. *3 i.* dar vueltas [la cabeza]. *4* tambalearse, vacilar.
re-enlist (to) ('ri:in'list) *t.-i.* reenganchar(se, volver(se a alistar.
refer (to) (ri'fə:ʳ) *t.* referir, remitir. *2* referir, relacionar, atribuir. *3 i.* referirse, aludir. *4* remitirse. *5* dirigirse, recurrir.
referee (ˌrefə'ri:) *s.* árbitro, juez. *2* ponente.
reference ('refrəns) *s.* referencia, relación. *2* referencia [alusión, mención; remisión]. *3* ***~ book,*** libro de consulta. *4 pl.* referencias.

refine (to) (ri'fain) *t.* refinar. *2* afinar. *3* pulir, perfeccionar. *4 i.* refinarse, pulirse. *5* sutilizar.
refined (ri'faind) *a.* refinado. *2* pulido. *3* fino, culto.
refinement (ri'fainmənt) *s.* refinamiento. *2* sutileza; finura, urbanidad. *3* refinación.
reflect (to) (ri'flekt) *t.* reflejar, reflector. *2 i.* reflejarse. *3* reflexionar.
reflection (ri'flekʃən) *s.* reflexión, reverberación. *2* reflejo, imagen. *3* reflexión, consideración. *4* tacha, descrédito.
reflex ('ri:-fleks) *a.-s.* reflejo.
reform (ri'fɔ:m) *s.* reforma.
reform (to) (ri:'fɔ:m) *t.* reformar, mejorar, enmendar. *2 i.* reformarse, corregirse.
reformation (ˌrefə'meiʃən) *s.* reforma.
reformer (ri'fɔ:məʳ) *s.* reformador.
refraction (ri'frækʃən) *s.* refracción.
refractory (ri'fræktəri) *a.* terco, obstinado, rebelde. *2* refractario, resistente.
refrain (ri'frein) *s.* estribillo.
refrain (to) (ri'frein) *t.* refrenar, contener. *2 i.* contenerse; abstenerse.
refresh (to) (ri'freʃ) *t.* refrescar. *2* renovar, restaurar. *3* reparar las fuerzas, descansar. *4 i.* refrescarse, descansar.
refreshment (ri'freʃmənt) *s.* refrescadura. *2* refresco, refrigerio. *3* realivio, descanso. *4 pl.* refrescos.
refrigerate (to) (ri'fridʒəreit) *t.* refrigerar, helar.
refrigerator (ri'fridʒəreitəʳ) *s.* refrigerador. *2* nevera.
refuge ('refju:dʒ) *s.* refugio, asilo, protección. *2* refugio, asilo [lugar, institución]. *3* pretexto.
refugee (ˌrefju(:)'dʒi:) *s.* refugiado. *2* asilado.
refund (to) (ri:'fʌnd) *t.* restituir, reembolsar, reintegrar.
refusal (ri'fju:zəl) *s.* rechazamiento. *2* negativa, denegación, repulsa. *3* opción.
refuse ('refju:s) *s.* desecho, sobras, basura.
refuse (to) (ri'fju:z) *t.* rehusar, rechazar, desechar, denegar, negar. *2* negarse a.
refute (to) (ri'fju:t) *t.* refutar, impugnar, rebatir.
regain (to) (ri'gein) *t.* recobrar, recuperar.
regal ('ri:gəl) *a.* real, regio.
regale (to) (ri'geil) *t.* regalar, agasajar. *2* recrear, deleitar. *3* ref. regalarse.
regard (ri'gɑ:d) *s.* miramiento, consideración, caso: ***without ~ to***, sin hacer caso de. *2* afecto, respeto. *3* relación, respecto: ***with ~ to,*** con respecto a. *4* mirada. *5 pl.* recuerdos.
regard (to) (rigɑ:d) *t.* mirar, contemplar. *2* reparar, observar. *3* mirar, considerar. *4* estimar, apreciar, respetar. *5* tocar a, concernir, referirse a: ***as regards,*** en cuanto a.
regarding (ri'gɑ:diŋ) *prep.* tocante a, respecto de.
regenerate (to) (ri'dʒenəreit) *t.-i.* regenerar(se.
regent ('ri:dʒənt) *a.-s.* regente.
regicide ('redʒisaid) *s.* regicidio. *2* regicida.
regime (rei'ʒi:m) *s.* régimen.
regiment ('redʒimənt) *s.* MIL. regimiento.
region ('ri:dʒən) *s.* región.
register ('redʒistəʳ) *s.* registro; archivo, protocolo.
register (to) ('redʒistəʳ) *t.-i.* registrar(se, inscribir(se, matricular(se. *2 t.* registrar, señalar. *3* certificar [una carta]; facturar [el equipaje].
registrar (ˌredʒis'trɑ:ʳ) *s.* registrador; archivero.
registration (ˌredʒis'treiʃən) *s.* registro, inscripción. *2* facturación [de equipajes].
registry ('redʒistri) *s.* registro [inscripción; oficina]. *2* AUTO., MAR. matrícula.
regnant ('regnənt) *a.* reinante.
regression (ri'greʃən) *s.* regresión.
regret (ri'gret) *s.* pesar, sentimiento. *2* remordimiento. *3* añoranza.
regret (to) (ri'gret) *i.* sentir, lamentar. *2* arrepentirse. *3* llorar, añorar.
regretful (ri'gretful) *a.* pesaroso. *2* **-ly** *adv.* con pesar.
regrettable (ri'gretəble) *a.* sensible, lamentable.
regular ('regjuləʳ) *a.* regular. | No tiene el sentido de mediano. *2* ordenado, metódico. *3* normal, corriente.
regulate (to) ('regjuleit) *t.* regular, arreglar, reglamentar. *2* regular, ajustar. *3* regularizar.
regulation (ˌregju'leiʃən) *s.* regulación. *2* reglamentación. *3* regla, orden. *4 pl.* reglas, reglamento, ordenanzas.
rehash (to) ('ri:'hæʃ) *t.* desp. recomponer; refundir.
rehearsal (ri'hə:səl) *s.* ensayo [de una comedia, etc.]. *2* repetición, recitación.
rehearse (to) (ri'hə:s) *t.* ensayar [una comedia, etc.]. *2* repasar [lo estudiado]. *3* repetir.
reign (rein) *s.* reino, soberanía. *2* reinado.
reign (to) (rein) *i.* reinar.
reimburse (to) (ˌri:im'bə:s) *t.* reembolsar, indemnizar.
rein (rein) *s.* rienda. *2* sujeción, freno.
reindeer ('reindiəʳ) *s.* reno.

reinforce (to) (ˌri:in'fɔ:s) *t.* reforzar. *2 reinforced concrete,* hormigón armado.
reinforcement (ˌri:in'fɔ:smənt) *s.* refuerzo. *2 pl.* MIL. refuerzos.
reinstate (to) ('ri:in'steit) *t.* reponer [en un cargo]. *2* reparar, renovar.
reiterate (to) (ri:'itəreit) *t.* reiterar, repetir.
reject ('ri:dʒekt) *s.* desecho.
reject (to) (ri'dʒekt) *t.* rechazar, rehusar, repeler. *2* denegar. *3* desechar, descartar.
rejection (ri'dʒekʃən) *s.* rechazamiento. *2* denegación. *3* desecho.
rejoice (to) (ri'dʒɔis) *t.-i.* alegrar(se, regocijar(se.
rejoicing (ri'dʒɔisiŋ) *s.* alegría, regocijo. *2* fiesta, festividad.
rejoin (to) (ri'dʒɔin) *t.* reunirse con; volver a juntarse con. *2 t.-i.* responder, replicar.
rejoinder (ri'dʒɔində^r^) *s.* respuesta, réplica.
rejuvenate (to) (ri'dʒu:vineit) *t.* rejuvenecer, remozar.
relapse (ri'læps) *s.* recaída. *2* reincidencia.
relapse (to) (ri'læps) *i.* recaer, reincidir.
relate (to) (ri'leit) *t.* relatar, referir, contar. *2* relacionar [una cosa con otra]. *3 i.* relacionarse, referirse.
related (ri'leitid) *a.* relacionado, conexo. *2* emparentado, afín.
relation (ri'leiʃən) *s.* relación, relato. *2* relación [entre cosas o personas]; respecto: ***in ~ to,*** respecto a. *3* parentesco, afinidad. *4* pariente, deudo.
relationship (ri'leiʃənʃip) *s.* relación [entre cosas o pers.]. *2* parentesco.
relative ('relətiv) *a.* relativo. *2 s.* pariente, deudo, allegado. *3* **-ly** *adv.* relativamente.
relax (to) (ri'læks) *t.-i.* relajar(se, aflojar(se, ablandar(se. *2 t.* esparcir [el ánimo]. *3 i.* remitir, amainar. *4* descansar.
relaxation (ˌri:læk'seiʃən) *s.* relajación, aflojamiento. *2* descanso, solaz, esparcimiento.
relay (ri'lei) *s.* relevo. *2* ELECT. ('ri:'lei) relevador, relé.
relay (to) ('ri:lei) *t.* volver a colocar. ¶ Pret. y p. p.: ***relaid*** ('ri:'leid) *2 i.* retransmitir por radio. ¶ Pret. y p. p.: ***relayed*** ('ri:'leid).
release (ri'li:s) *s.* libertad, excarcelación. *2* descargo, exoneración, quita. *3* MEC. disparo, escape.
release (to) (ri'li:s) *t.* libertar, soltar. *2* librar, descargar, aliviar. *3* DER. ceder.
relegate (to) ('religeit) *t.* relegar.
relent (to) (ri'lent) *i.* ablandarse, aplacarse, ceder; enternecerse. *2* mitigarse.
relentless (ri'lentlis) *a.* implacable, inexorable.
relevant ('relivənt) *a.* pertinente, aplicable, que hace al caso.
reliable (ri'laiəbl) *a.* confiable, digno de confianza, seguro, formal. *2* fidedigno.
reliance (ri'laiəns) *s.* confianza, seguridad.
relic ('relik) *s.* reliquia. *2 pl.* restos, ruinas.
relief (ri'li:f) *s.* ayuda, auxilio, socorro; limosna. *2* alivio. *3* aligeramiento. *4* descanso, solaz. *5* relieve, realce. *6* MIL. relevo.
relieve (to) (ri'li:v) *t.* remediar, auxiliar, socorrer. *2* consolar. *3* aliviar. *4* desahogar. *5* realzar, hacer resaltar. *6* MIL. relevar.
religion (ri'lidʒən) *s.* religión.
religious (ri'lidʒəs) *a.* religioso. *2* piadoso. *3 s.* religioso.
relinquish (to) (ri'liŋkwiʃ) *t.* abandonar, dejar; desistir de. *2* ceder, renunciar a.
relish ('reliʃ) *s.* buen sabor, gusto, dejo. *2* gusto, goce, fruición. *3* gusto [para apreciar]. *4* condimento, entremés.
relish (to) ('reliʃ) *t.* saborear, paladear. *2* gustarle a uno [una cosa]. *3 i.* gustar, agradar.
reluctance (ri'lʌktəns) *s.* repugnancia, renuencia, aversión.
reluctant (ri'lʌktənt) *a.* renuente, reacio.
rely (to) (ri'lai) *i.* [con ***on*** o ***upon***] confiar o fiar en, contar con, fiarse de.
remain (to) (ri'mein) *i.* quedar; sobrar, restar, faltar. *2* quedarse. *3* permanecer, continuar.
remainder (ri'meində^r^) *s.* resto, sobrante. *2* MAT. resta, residuo.
remains (ri'meinz) *s. pl.* restos [mortales]. *2* sobras. *3* reliquias, ruinas.
remark (ri'mɑ:k) *s.* observación, nota, dicho, comentario.
remark (to) (ri'mɑ:k) *t.* observar, advertir, notar, reparar. *2* observar, hacer notar, decir.
remarkable (ri'mɑ:kəbl) *a.* observable. *2* notable, extraordinario.
remedy ('remidi) *s.* remedio.
remedy (to) ('remidi) *t.* remediar.
remember (to) (ri'membə^r^) *t.* recordar, acordarse de. *2* hacer presente; dar recuerdos.
remind (to) (ri'maind) *t.* ***to ~ of,*** recordar, hacer presente [una cosa a uno].
reminder (ri'maində^r^) *s.* recordatorio.
reminiscent (ˌremi'nisnt) *a.* recordativo, evocador. *2* lleno de recuerdos.
remiss (ri'mis) *a.* remiso, negligente.

remission (ri'miʃən) *s.* remisión [perdón; disminución de intensidad].
remit (to) (ri'mit) *t.* remitir [perdonar; someter a la decisión, etc.; diferir, aplazar]. *2* remitir, enviar.
remittance (ri'mitəns) *s.* COM. remesa [de dinero], giro.
remnant ('remnənt) *s.* remanente, resto, residuo. *2* vestigio. *3* retal, saldo.
remonstrate (to) (ri'mɔnstreit) *i.* protestar, objetar, reconvenir; tratar de persuadir.
remorse (ri'mɔ:s) *s.* remordimiento, compunción.
remorseful (ri'mɔ:sful) *a.* arrepentido, compungido.
remorseless (ri'mɔ:slis) *a.* implacable, cruel.
remote (ri'mout) *a.* remoto, lejano, apartado. *2* extraño, ajeno. *3* **-ly** *adv.* remotamente.
removal (ri'mu:vəl) *s.* acción de quitar o llevarse; remoción, levantamiento. *2* mudanza. *3* eliminación, supresión, alejamiento.
remove (to) (ri'mu:v) *t.* trasladar, mudar. *2* alejar. *3* remover, quitar, sacar, eliminar. *4 i.* trasladarse, mudarse.
remunerate (to) (ri'mju:nəreit) *t.* remunerar.
remunerative (ri'mju:nərətiv) *a.* remuneratorio. *2* remunerador.
Renaissance (rə'neisəns) *s.* Renacimiento.
rend (to) (rend) *t.* rasgar, desgarrar, hender, rajar. *2* lacerar. *3* dividir, desunir. ¶ Pret. y p. p.: ***rent*** (rent).
render (to) ('rendə^r) *t.* dar, entregar. *2* devolver. *3* hacer, administrar [justicia]. *4* rendir [tributo, etc.]. *5* prestar, hacer [ayuda, un favor, etc.]. *6* volver, hacer, poner: ***to ~ useless,*** hacer inútil. *7* B. ART. representar, expresar. *8* traducir, verter.
rendezvous ('rɔndivu:) *s.* cita [para encontrarse], reunión. *2* punto de reunión.
renegade ('renigeid) *s.* renegado, apóstata.
renew (to) (ri'nju:) *t.-i.* renovar(se. *2* reanudar(se.
renewal (ri'nju(:)əl) *s.* renovación, renuevo. *2* reanudación.
renounce (to) (ri'nauns) *t.* renunciar. *2* renegar, abjurar. *3* repudiar, rechazar.
renovate (to) ('renouveit) *t.* renovar, restaurar. *2* regenerar.
renown (ri'naun) *s.* renombre, fama.
renowned (ri'naund) *a.* renombrado, famoso.
rent (rent) *s.* renta, arriendo, alquiler. *2* desgarrón; grieta, raja. *3* cisma, división. *4 p. p.* de TO REND.
rent (to) (rent) *t.-i.* arrendar(se, alquilar(se.
renunciation (ri,nʌnsi'eiʃən) *s.* renuncia.
reorganize (to) ('ri:'ɔ:gənaiz) *t.* reorganizar.
repair (ri'pɛə^r) *s.* reparación, restauración, remiendo, compostura. *2* estado: ***in good ~***, en buen estado; ***out of ~***, descompuesto.
repair (to) (ri'pɛə^r) *t.* reparar, remendar, componer. *2* remediar, subsanar, restablecer. *3 i.* ***to ~ to,*** ir o acudir a; refugiarse en.
reparation (,repə'reiʃən) *s.* reparación, compensación, satisfacción.
repartee (,repɑ:'ti:) *s.* réplica pronta y aguda. *2* discreteo.
repast (ri'pɑ:st) *s.* comida, refacción.
repay (to) (ri:'pei) *t.* pagar, corresponder a. *2* reembolsar, compensar.
repayment (ri:'peimənt) *s.* pago, retorno, desquite.
repeal (ri'pi:l) *s.* abrogación, revocación.
repeal (to) (ri'pi:l) *t.* abrogar, revocar.
repeat (to) (ri'pi:t) *t.* repetir, reiterar. *2* recitar. *3 i.* repetirse periódicamente.
repeatedly (ri'pi:tidli) *adv.* repetidamente.
repel (to) (ri'pel) *t.* repeler, rechazar. *2* repugnar.
repellent (ri'pelənt *a.* repelente. *2* repulsivo.
repent (to) (ri'pent) *i.* arrepentirse. *2 t.* arrepentirse de.
repentance (ri'pentəns) *s.* arrepentimiento.
repentant (ri'pentənt) *a.* arrepentido.
repercussion (,ri:pə:'kʌʃən) *s.* repercusión. *2* rechazo, reflexión, retumbo.
repetition (,repi'tiʃən) *s.* repetición. *2* repaso [de una lección, etc.]. *3* recitación. *4* copia, reproducción.
replace (to) (ri'pleis) *t.* reponer, devolver. *2* reemplazar, substituir. *3* cambiar [una pieza].
replacement (ri'pleismənt) *s.* substitución, cambio. *2* restitución. *3* pieza de cambio.
replenish (to) (ri'pleniʃ) *t.* llenar, henchir. *2* rellenar, llenar de nuevo.
replete (ri'pli:t) *a.* lleno, repleto. *2* gordo.
reply (ri'plai) *s.* respuesta, contestación.
reply (to) (ri'plai) *t.* responder, contestar. *2* DER. replicar.
report (ri'pɔ:t) *s.* voz, rumor. *2* noticia, información. *3* relato. *4* parte, comunicado. *5* informe, dictamen. *6* denuncia. *7* detonación, tiro.
report (to) (ri'pɔ:t) *t.* relatar, contar, dar cuenta o parte de. *2* informar, dictaminar sobre. *3* denunciar. *4* rumorear: ***it is***

reported, se dice. *5 i.* dar noticias de sí mismo; presentarse.

reporter (ri'pɔ:təʳ) *s.* reportero. *2* informador. *3* DER. relator.

repose (ri'pouz) *s.* reposo.

repose (to) (ri'pouz) *t.* descansar, reclinar. *2* poner [confianza, etc.]. *3 i.* reclinarse, tenderse. *4* reposar, descansar.

reposeful (ri'pouzful) *a.* sosegado, tranquilo.

reprehend (to) (ˌrepri'hend) *t.* reprender, censurar.

represent (to) (ˌrepri'zent) *t.* representar, significar.

representation (ˌreprizen'teiʃən) *s.* representación. *2* súplica, protesta.

representative (ˌrepri'zentətiv) *a.* representativo. *2* típico. *3 s.* representante, apoderado, delegado; (E. U.) diputado.

repress (to) (ri'pres) *t.* reprimir, contener, refrenar, dominar, sofocar. *2* cohibir.

repression (ri'preʃən) *s.* represión.

reprieve (ri'pri:v) *s.* suspensión de la ejecución de un reo; indulto. *2* alivio, respiro, tregua.

reprieve (to) (ri'pri:v) *t.* suspender la ejecución [de un reo]; indultar.

reprimand ('reprimɑ:nd) *s.* reprimenda, reprensión.

reprimand (to) ('reprimɑ:nd) *t.* reprender, reconvenir.

reprint ('ri:'print) *s.* reimpresión. *2* tirada aparte.

reprisal (ri'praizəl) *s.* represalia.

reproach (ri'proutʃ) *s.* reproche, censura. *2* tacha, baldón.

reproach (to) (ri'proutʃ) *t.* reprochar. *2* reprender.

reproachless (ri'proutʃlis) *a.* irreprochable.

reprobate ('reproubeit) *a.-s.* réprobo. *2* malvado, vicioso.

reproduce (to) (ˌri:prə'dju:s) *t.* reproducir. *2 i.* reproducirse, propagarse.

reproduction (ˌri:prə'dʌkʃən) *s.* reproducción.

reproof (ri'pru:f), **reproval** (ri'pru:vəl) *s.* reprobación, reprensión.

reprove (to) (ri'pru:v) *t.* reprobar, reprender, censurar.

reptile ('reptail) *a.-s.* reptil.

republic (ri'pʌblik) *s.* república.

repudiate (to) (ri'pju:dieit) *t.* repudiar. *2* desconocer, rechazar, recusar.

repugnance (ri'pʌgnəns) *s.* repugnancia.

repugnant (ri'pʌgnənt) *a.* repugnante. *2* hostil, reacio.

repulse (ri'pʌls) *s.* repulsión, rechazo. *2* repulsa, desaire.

repulse (to) (ri'pʌls) *t.* rechazar, repeler. *2* repulsar.

repulsive (ri'pʌlsiv) *a.* repulsivo.

reputable ('repjutəbl) *a.* estimable, honrado, honroso, lícito.

reputation (ˌrepju(:)'teiʃən) *s.* reputación, fama. *2* buena fama, nota, distinción.

repute (ri'pju:t) *s.* reputación, estimación, fama: ***of ill ~,*** de mala fama.

repute (to) (ri'pju:t) *t.* reputar, tener por.

reputedly (ri'pju:tidli) *adv.* según se cree.

request (ri'kwest) *s.* ruego, solicitud: ***at the ~ of,*** a instancias de. *2* demanda, salida: ***in ~,*** en boga, solicitado.

request (to) (ri'kwest) *t.* rogar, pedir, solicitar, encargar.

require (to) (ri'kwaiəʳ) *t.-i.* requerir, pedir, demandar, exigir, necesitar.

requirement (ri'kwaiəment) *s.* requisito, condición. *2* exigencia, necesidad. *3* demanda, requerimiento.

requisite ('rekwizit) *a.* requerido, necesario, indispensable. *2 s.* requisito, cosa esencial.

rescind (to) (ri'sind) *t.* rescindir, anular.

rescue ('reskju:) *s.* liberación, rescate, salvamento, socorro.

rescue (to) ('reskju:) *t.* libertar, rescatar, salvar.

rescuer ('reskjuəʳ) *s.* libertador, salvador.

research (ri'sə:tʃ) *s.* búsqueda, indagación, investigación.

research (to) (ri'sə:tʃ) *t.* buscar, indagar, investigar.

resemblance (ri'zembləns) *s.* parecido, semejanza.

resemble (to) (ri'zembl) *t.* parecerse, asemejarse a.

resent (to) (ri'zent) *t.* resentirse u ofenderse de o por; sentirse de, agraviarse por.

resentful (ri'zentful) *a.* resentido, ofendido. *2* rencoroso.

resentment (ri'zentmənt) *s.* resentimiento, enojo.

reservation (ˌrezə'veiʃən) *s.* reserva [reservación; condición, salvedad]. *2* terreno reservado.

reserve (ri'zə:v) *s.* reserva, repuesto. *2* reserva [discreción; sigilo; frialdad]. *3* reservación, reserva, restricción.

reserve (to) (ri'zə:v) *t.* reservar. *2* hacerse reservar [un asiento, etc.].

reserved (ri'zə:vd) *a.* reservado. *2* **-ly** *adv.* reservadamente.

reservoir ('rezəvwɑ:ʳ) *s.* depósito [de agua, gas, etc.]. *2* alberca, aljibe. *3* embalse.

reside (to) (ri'zaid) *i.* residir.

residence ('reizidəns) *s.* residencia; morada, mansión; período en que se reside.
resident ('rezidənt) *a.* residente. *2 s.* residente, morador. *3* gobernador de un protectorado.
residue ('rezidju:) *s.* residuo, resto, remanente.
resign (to) (ri'zain) *t.* dimitir, renunciar a. *2* entregar. *3 i.* dimitir. *4* resignarse, conformarse. *5* AJED. abandonar.
resignation (ˌrezig'neiʃən) *s.* dimisión, renuncia. *2* resignación, conformidad.
resilience (ri'ziliəns) *s.* resorte, elasticidad.
resilient (ri'ziliənt) *a.* elástico. *2* que reacciona fácilmente.
resin ('rezin) *s.* resina.
resist (to) (ri'zist) *t.-i.* resistir. | No tiene el sentido de tolerar, sufrir. *2 t.* oponerse a, resistirse a.
resistance (ri'zistəns) *s.* resistencia.
resistant (ri'zistənt) *a.* resistente.
resolute ('rezəlu:t) *a.* resuelto, decidido; denodado.
resolution ('rezə'lu:ʃən) *s.* resolución. *2* propósito. *3* acuerdo [de una asamblea]; propuesta [de acuerdo]; conclusión.
resolve (ri'zɔlv) *s.* resolución [acuerdo; firmeza de propósito].
resolve (to) (ri'zɔlv) *t.* resolver. *2* decidir [a uno a que haga algo]. *3* acordar [en una asamblea]. *4 i.* resolverse, decidirse.
resolved (ri'zɔlvd) *a.* resuelto. *2* persuadido, convencido.
resonance ('rezənəns) *s.* resonancia.
resort (ri'zɔ:t) *s.* recurso, medio, refugio. *2* balneario: ***summer ~***, punto de veraneo.
resort (to) (ri'zɔ:t) *i.* acudir, concurrir, frecuentar. *2* recurrir, echar mano [de].
resound (to) (ri'zaund) *i.* resonar, retumbar, formar eco.
resource (ri'sɔ:s) *s.* recurso, medio, expediente, remedio. *2 pl.* recursos.
resourceful (ri'zɔ:sful) *a.* listo, ingenioso.
respect (ris'pekt) *s.* respeto, atención, consideración. *2* respecto, relación; aspecto: ***with ~ to,*** respeto a o de. *3 pl.* respetos, saludos.
respect (to) (ris'pekt) *t.* respetar. *2* respectar, atañer.
respectable (ris'pektəbl) *a.* respetable. *2* decente, presentable. *3* honroso; correcto.
respectful (ris'pektful) *a.* respetuoso. *2* **-ly** *adv.* respetuosamente.
respecting (ris'pektiŋ) *prep.* con respecto a, en cuanto a.
respective (ris'pektiv) *a.* respectivo.
respiration (ˌrespi'reiʃən) *s.* respiración, respiro.
respite ('respait) *s.* respiro, tregua, descanso. *2* suspensión, prórroga.
resplendent (ris'plendənt) *a.* resplandeciente.
respond (to) (ris'pɔnd) *i.* responder, contestar. *2* responder, corresponder [a una acción, etc.].
response (ris'pɔns) *s.* respuesta, contestación, réplica.
responsibility (risˌpɔnsi'biliti) *s.* responsabilidad. *2* cometido: ***to take the ~ of,*** encargarse de. *3* solvencia.
responsible (ris'pɔnsəbl) *a.* responsable. *2* autorizado, respetable.
responsive (ris'pɔnsiv) *a.* que responde o corresponde [a una acción, un afecto], sensible; obediente; que se interesa.
rest (rest) *s.* descanso, reposo. *2* paz, tranquilidad. *3* MÚS. pausa, silencio. *4* apoyo, soporte. *5* ristre. *6* resto, restante: ***the ~,*** lo demás; los demás. *7* ***at ~,*** en reposo; tranquilo; en paz [muerto].
rest (to) (rest) *i.* descansar, reposar; estar quieto. *2* cesar, parar. *3* posarse. *4* descansar, apoyarse, basarse [en], cargar [sobre]. *5* descansar, confiar [en]. *6* quedar, permanecer. *7* ***to ~ with,*** depender de. *8 t.* asentar, apoyar, basar.
restaurant ('restərənt) *s.* restaurante.
restful ('restful) *a.* quieto, sosegado. *2* reparador.
restive ('restiv) *a.* ingobernable. *2* inquieto, impaciente.
restless ('restlis) *a.* inquieto, intranquilo, agitado. *2* bullicioso, revoltoso. *3* desvelado, insomne.
restoration ('restə'reiʃən) *s.* restauración. *2* restitución.
restore (to) (ris'tɔ:[r]) *t.* restaurar. *2* restablecer. *3* reponer [en el trono]. *4* devolver.
restrain (to) (ris'trein) *t.* refrenar, contener, reprimir, coartar, impedir. *2* limitar.
restraint (ris'treint) *s.* refrenamiento, cohibición, restricción. *2* reserva, circunspección. *3* contención, moderación.
restrict (to) (ris'trikt) *t.* restringir, limitar.
restriction (ris'trikʃən) *s.* restricción, limitación.
restrictive (ris'triktiv) *a.* restrictivo.

result (ri'zʌlt) *s.* resultado. *2* consecuencia.
result (to) (ri'zʌlt) *i.* ***to ~ from,*** resultar, originarse, inferirse. *2* ***to ~ in,*** dar por resultado, venir a parar en.
resume (to) (ri'zju:m) *t.* reasumir, volver a tomar, a ocupar. *2* recobrar. *3* reanudar, continuar. *4* resumir.
resumption (ri'zʌmpʃən) *s.* reasunción. *2* recobro. *3* reanudación.
resurgence (ri'sə:dʒəns) *s.* resurgimiento.
resurrección (ˌrezə'rekʃən) *s.* resurrección; renacimiento.
resuscitate (to) (ri'sʌsiteit) *t.-i.* resucitar.
retail ('ri:teil) *s.* detall, menudeo.
retail (to) (ri:'teil) *t.* detallar, vender al por menor.
retain (to) (ri'tein) *t.* retener, guardar, quedarse con. *2* detener, contener. *3* tomar o tener a su servicio.
retainer (ri'teinə[r]) *s.* criado, dependiente, seguidor.
retaliate (to) (ri'tælieit) *i.* desquitarse, vengarse. *2 t.* devolver [un daño, una injuria].
retaliation (riˌtæli'eiʃən) *s.* desquite, venganza, represalias.
retard (ri'tɑ:d) *s.* retardo.
retard (to) (ri'tɑ:d) *t.* retardar, retrasar, atrasar.
reticent ('retisənt) *a.* reservado.
retina ('retinə) *s.* ANAT. retina.
retinue ('retinju:) *s.* séquito, acompañamiento.
retire (to) (ri'taiə[r]) *i.* retirarse [apartarse, retroceder; recogerse, irse a acostar]. *2* retraerse. *3 t.* retirar, apartar, sacar. *4 t.-i.* retirar(se, jubilar(se.
retired (ri'taiəd) *a.* retirado, apartado, solitario. *2* retraído. *3* retirado, jubilado.
retirement (ri'taiəmənt) *s.* retiro. *2* retirada. *3* retraimiento.
retiring (ri'taiəriŋ) *a.* retraído, tímido, modesto. *2* que se retira. *3* del retiro o jubilación.
retort (ri'tɔ:t) *s.* réplica mordaz. *2* QUÍM. retorta.
retort (to) (ri'tɔ:t) *t.-i.* replicar, redargüir. *2* devolver [una ofensa, etc.].
retrace (to) (ri'treis) *i.* desandar: ***to ~ one's steps,*** volver sobre sus pasos. *2* seguir, reparar [con los ojos], evocar. *3* relatar, contar.
retract (to) (ri'trækt) *t.* retractarse de. *2 i.* retractarse. *3 t.-i.* retraer(se, encoger(se.
retreat (ri'tri:t) *s.* retirada. *2* retiro, aislamiento. *3* refugio, asilo. *4* retreta [toque].
retreat (to) (ri'tri:t) *i.* retirarse, retroceder. *2* refugiarse. *3* tener inclinación hacia atrás. *4 t.* retirar, mover hacia atrás.
retrench (to) (ri'trentʃ) *t.* cercenar, reducir; economizar.
retribution (ˌretri'bju:ʃən) *s.* retribución. *2* justo castigo.
retrieve (to) (ri'tri:v) *t.* recobrar, recuperar. *2 t.-i.* cobrar [la caza el perro].
retrograde ('retrougreid) *a.* retrógrado.
retrospect ('retrouspekt) *s.* mirada retrospectiva: ***in ~,*** retrospectivamente.
return (ri'tə:n) *s.* vuelta, regreso, retorno: ***~ ticket,*** billete de ida y vuelta; ***many happy returns of the day,*** feliz cumpleaños; ***by ~ mail,*** a vuelta de correo. *2* devolución, reexpedición. *3* retorno, pago, cambio, desquite: ***in ~,*** en cambio. *4* beneficio, fruto; producción. *5 pl.* datos, resultado [de un escrutinio, etc.].
return (to) (ri'tə:n) *i.* volver, retornar; regresar, reaparecer. *2 t.* volver, devolver, restituir; pagar, dar en cambio.
reunion ('ri:'ju:njən) *s.* reunión.
reunite (to) ('ri:ju:'nait) *t.-i.* reunir(se; reconciliar(se.
reveal (to) (ri'vi:l) *t.* revelar, descubrir, manifestar.
revel ('revl) *s.* holgorio, orgía.
revel (to) ('revl) *i.* jaranear, tomar parte en orgías. *2* deleitarse, gozarse [en].
revelation (ˌrevi'leiʃən) *s.* revelación. *2* Apocalipsis.
revenge (ri'vendʒ) *s.* venganza. *2* desquite.
revenge (to) (ri'vendʒ) *t.* vengar, vindicar. *2 i.* vengarse.
revengeful (ri'vendʒful) *a.* vengativo.
revenue ('revinju:) *s.* renta, rédito, ingresos. *2* rentas públicas; fisco.
reverberate (to) (ri'və:bəreit) *t.* reflejar [la luz, etc.]. *2 i.* reverberar, reflejarse, retumbar.
revere (to) (ri'viə[r]) *t.* reverenciar, venerar.
reverence ('revərəns) *s.* reverencia, respeto.
reverence (to) ('revərəns) *t.* reverenciar, acatar.
reverend ('revərənd) *a.* reverendo, venerable.
reverent ('revərənt) *a.* reverente.
reverie ('revəri) *s.* ensueño. *2* visión, fantasía.
reversal (ri'və:səl) *s.* inversión. *2* cambio completo [de opinión, etc.].
reverse (ri'və:s) *a.* inverso, contrario. *2 s.* lo inverso o contrario. *3* inversión, trastorno. *4* revés, contratiempo. *5* reverso, revés, dorso. *6* MEC. marcha atrás.

reverse (to) (ri'və:s) *t.* invertir, volver al revés, transformar. *2* MEC. poner en marcha atrás.
review (ri'vju:) *s.* revista [inspección; periódico; espectáculo]. *2* revisión. *3* reseña [de una obra]. *4* MIL. revista.
review (to) (ri'vju:) *t.* rever. *2* revisar, repasar. *3* hacer la crítica o reseña de.
revile (to) (ri'vail) *t.* ultrajar, denigrar, injuriar, denostar.
revise (to) (ri'vaiz) *t.* revisar; corregir.
revision (ri'viʒən) *s.* revisión, repaso.
revival (ri'vaivəl) *s.* restauración, renacimiento; resurgimiento, despertar. *2* TEAT. reposición.
revive (to) (ri'vaiv) *t.* reanimar, reavivar, despertar. *2* restablecer, resucitar. *3 i.* volver en sí. *4* revivir, renacer.
revoke (to) (ri'vouk) *t.* revocar, derogar.
revolt (ri'voult) *s.* revuelta, rebelión.
revolt (to) (ri'voult) *i.* sublevarse, amotinarse. *2* sublevarse, indignarse, sentir asco. *3 t.* sublevar; dar asco.
revolting (ri'voultiŋ) *a.* indignante, odioso. *2* repugnante.
revolution (ˌrevə'lu:ʃən) *s.* revolución.
revolve (to) (ri'vɔlv) *t.* voltear; hacer girar. *2* revolver [en la mente]. *3 i.* rodar, girar, dar vueltas.
revolver (ri'vɔlvəʳ) *s.* revólver.
revolving (ri'vɔlviŋ) *a.* rotativo, giratorio.
revulsion (ri'vʌlʃən) *s.* revulsión.
reward (ri'wɔ:d) *s.* premio, recompensa, galardón. *2* pago.
reward (to) (ri'wɔ:d) *t.* premiar, recompensar, pagar.
rhapsody ('ræpsədi) *s.* rapsodia. *2* discurso entusiástico.
rhetoric ('retərik) *s.* retórica.
rheumatism ('ru:mətizəm) *s.* reumatismo, reuma.
rhinoceros (rai'nɔsərəs) *s.* ZOOL. rinoceronte.
rhomboid ('rɔmbɔid) *s.* romboide.
rhubarb ('ru:bɑ:b) *s.* ruibarbo.
rhyme (raim) *s.* LIT. rima. *2* ***witout ~ or reason,*** sin ton ni son.
rhyme (to) (raim) *t.-i.* rimar. *2 i.* consonar, armonizar. *3* versificar.
rhythm ('riðəm) *s.* ritmo.
rib (rib) *s.* ANAT., BOT., MAR. costilla. *2* ENT. nervio [de ala]. *3* varilla [de paraguas o abanico]. *4* cordoncillo [de tejido]. *5* ARQ. nervadura.
ribald ('ribəld) *a.* grosero, obsceno.
ribbon ('ribən) *s.* cinta, galón, banda, tira.
rice (rais) *s.* arroz: ~ ***field,*** arrozal.
rich (ritʃ) *a.* rico. *2* suculento. *3* muy dulce. *4* fértil, pingüe. *5* fragante. *6* vivo [color]. *7* melodioso [voz, sonido]. *8* **-ly** *adv.* ricamente.
riches ('ritʃiz) *s. pl.* riqueza.
rickety ('rikiti) *a.* raquítico. *2* desvencijado. *3* ruinoso.
rid (to) (rid) *t.* librar, desembarazar: ***to get ~ of,*** librarse, desembarazarse de; ***to be well ~ of,*** salir bien de. ¶ Pret. y p. p.: ***rid*** (rid) o ***ridded*** ('ridid).
ridden ('ridn) *p. p.* de TO RIDE.
riddle ('ridl) *s.* enigma, acertijo, adivinanza. *2* criba.
riddle (to) ('ridl) *t.* resolver, descifrar. *2* cribar. *3* acribillar.
ride (raid) *s.* paseo o viaje a caballo, en bicicleta, en coche.
ride (to) (raid) *i.* ir a caballo, en bicicleta, en coche, etc.; cabalgar, montar: ***to ~ roughshod over,*** fig. tiranizar, atropellar. *2* girar, funcionar. *3* andar, marchar [el caballo montado, el vehículo]. *4* MAR. ***to ~ at anchor,*** estar fondeado. *5 t.* montar [un caballo, etc.]; conducir [un vehículo], ir en él. *6* surcar [las olas]. *7* oprimir. *8* ***to ~ down,*** atropellar, pisotear. *9* ***to ~ out,*** sortear, capear [un temporal]. ¶ Pret.: ***rode*** (roud); p. p.: ***ridden*** ('ridn).
rider ('raidəʳ) *s.* el que va montado en algo; jinete, ciclista, etc. *2* aditamento.
ridge (ridʒ) *s.* elevación larga y estrecha. *2* cerro, cresta. *3* AGR. lomo. *4* caballete [de tejado].
ridicule ('ridikju:l) *s.* ridículo.
ridicule (to) ('ridikju:l) *t.* ridiculizar, poner en ridículo.
ridiculous (ri'dikjuləs) *a.* ridículo.
riding ('raidiŋ) *s.* paseo a caballo o en coche. *2* equitación. *3* MAR. fondeadero.
rife (raif) *a.* corriente, general, frecuente. *2* ~ ***with,*** lleno de.
riff-raff ('rifræf) *s.* canalla, chusma.
rifle ('raifl) *s.* rifle, fusil.
rifle (to) ('raifl) *t.* pillar, saquear. *2* robar, llevarse.
rift (rift) *s.* hendedura, grieta. *2* disensión, desavenencia.
rig (to) (rig) *t.* MAR. aparejar. *2* equipar. *3* vestir, ataviar.
rigging ('rigiŋ) *s.* MAR. aparejo, jarcia.
right (rait) *a.* recto, derecho [no torcido]. *2* GEOM. recto. *3* recto, justo, honrado. *4* bueno, correcto, verdadero, apropiado; que está bien; sano, cuerdo. *5* que tiene razón. *6* derecho, diestro, de la derecha. *7 adv.* derechamente. *8* exactamente. *9* bien; justamente; con razón. *10* a la derecha. *11* ~ ***away,*** en seguida, en el acto. *12* ~ ***now,*** ahora

mismo. *13* interj. ***all ~!,*** ¡está bien!, ¡conformes! *14 s.* derecho, justicia, razón. *15* derecho [que se tiene]. *16* derecho [de una tela, etc.]. *17* derecha, diestra. *18* POL. derecha. *19* **-ly** *adv.* rectamente, honradamente.

right (to) (rait) *t.* hacer justicia a. *2* enderezar, corregir.

righteous ('raitʃəs) *a.* recto, justo. *2* honrado, virtuoso. *3* **-ly** *adv.* honradamente.

rightful (raitful) *a.* justo, honrado, legítimo.

rigid ('ridʒid) *a.* rígido. *2* preciso, riguroso.

rigo(u)r ('rigəʳ) *s.* rigidez. *2* rigor. *3* austeridad.

rill (ril) *s.* arroyuelo, riachuelo.

rim (rim) *s.* borde, margen, canto [esp. de algo curvo]. *2* reborde, pestaña. *3* aro, llanta [de rueda].

rind (raind) *s.* corteza. *2* cáscara, piel, hollejo.

ring (riŋ) *s.* anillo, sortija. *2* anilla, anillo, aro, cerco. *3* ojera [en el ojo]. *4* pista, arena, redondel. *5* BOX. ring, cuadrilátero. *6* corro, círculo. *7* sonido vibrante, resonante; tañido de campana; llamada [de timbre].

1) **ring (to)** (riŋ) *t.* cercar, circundar. *2* poner anillos a. *3 i.* formar círculo. ¶ Pret. y p. p.: ***ringed*** (riŋd).

2) **ring (to)** (riŋ) *t.* hacer sonar; tocar, tañer, repicar [campanas]; tocar [un timbre]; ***to ~ up,*** llamar por teléfono; TEAT. subir el telón. *2 i.* tocar el timbre. *3* sonar, tañer, retiñir. *4* zumbar [los oídos]. ¶ Pret.: ***rang*** (ræŋ); p. p.: ***rung*** (rʌŋ).

ringing ('riŋiŋ) *s.* campaneo, repique; retintín. *2* zumbido [de oídos].

ringlet (riŋlit) *s.* anillejo. *2* sortija, rizo.

rink (riŋk) *s.* pista de patinar.

rinse (to) (rins) *t.* enjuagar.

riot ('raiət) *s.* tumulto, alboroto, motín. *2* desenfreno, exceso.

riot (to) ('raiət) *i.* armar alboroto, amotinarse. *2* ser exuberante.

rioter ('raiətəʳ) *s.* alborotador, amotinado.

riotous ('raiətəs) *a.* amotinado. *2* desenfrenado, disoluto.

rip (rip) *s.* rasgadura. *2* descosido.

rip (to) (rip) *t.* rasgar, abrir, destripar, descoser, arrancar. *2 i.* desgarrarse, abrirse.

ripe (raip) *a.* maduro. *2* en sazón, a punto.

ripen (to) ('raipən) *t.-i.* madurar, sazonar(se.

ripple ('ripl) *s.* onda, rizo. *2* pliegue, ondulación. *3* murmullo [del agua].

ripple (to) ('ripl) *i.* rizarse, ondear. *2* caer en ondas. *3* murmurar [el agua].

rise (raiz) *s.* levantamiento, ascensión, subida. *2* elevación. *3* salida [de un astro]. *4* pendiente, cuesta, altura. *5* encumbramiento, ascenso. *6* aumento, alza, subida [de precios, etc.]. *7* causa, origen: ***to give ~ to,*** dar origen a.

rise (to) (raiz) *i.* subir, ascender, elevarse, alzarse, remontarse. *2* salir [un astro]. *3* encumbrarse, ascender. *4* levantarse [de la cama, etc.; ponerse en pie]. *5* erizarse. *6* alzarse, sublevarse. *7* subir, aumentar, crecer; encarecerse. *8* nacer, salir, originarse. *9* surgir, aparecer, presentarse, ocurrir. ¶ Pret.: ***rose*** (rouz); p. p.: ***risen*** ('rizn).

risen (rizn) *p.-p.* de TO RISE.

rising ('raiziŋ) *s.* subida. *2* levantamiento. *3* alzamiento, insurrección. *4* orto, salida.

risk (risk) *s.* riesgo, peligro.

risk (to) (risk) *t.* arriesgar, aventurar, exponer. *2* exponerse a.

risky ('riski) *a.* arriesgado, expuesto. *2* verde, escabroso.

rite (rait) *s.* rito.

ritual ('ritjuəl) *a.-s.* ritual.

rival ('raivəl) *a.* competidor. *2 s.* rival.

rival (to) ('raivəl) *t.* competir, rivalizar con; emular a.

rivalry ('raivəlri) *s.* rivalidad. *2* emulación.

river ('rivəʳ) *s.* río: ***~ basin,*** cuenca; ***up ~,*** río arriba; ***down ~,*** río abajo.

riverside ('rivəsaid) *s.* ribera, orilla de un río.

rivet (to) ('rivit) *t.* roblar, remachar. *2* fijar, absorber [la mirada, la atención, etc.].

rivulet ('rivjulit) *s.* riachuelo, arroyo.

road (roud) *s.* carretera, camino; ***in the road,*** estorbando el paso. *3* MAR. rada.

road-house ('roudhaus) *s.* parador.

roadstead ('roudsted) *s.* rada, fondeadero.

roadway ('roudwei) *s.* carretera, calzada.

roam (to) (roum) *i.* rodar, vagar, errar. *2 t.* vagar por.

roar (rɔ:ʳ, rɔəʳ) *s.* rugido, bramido. *2* grito; griterío.

roar (to) (rɔ:ʳ, rɔəʳ) *i.* rugir, bramar. *2* gritar, alborotar.

roaring ('rɔ:riŋ) *s.* bramador; ruidoso, tremendo, enorme. *3* próspero.

roast (roust) *s.* asado. *2 a.* asado, tostado.

roast (to) (roust) *t.-i.* asar(se. *2* tostar(se.

rob (to) (rɔb) *t.* robar, hurtar, pillar, saquear.

robber ('rɔbəʳ) *s.* ladrón.

robbery ('rɔbəri) *s.* robo, latrocinio.

robe (roub) *s.* ropaje, vestidura, túnica; toga [de juez, etc.]. *2* bata. *3* vestido de mujer. *4* fig. manto, capa.
robe (to) (roub) *t.-i.* vestir(se, ataviar(se.
robin ('rɔbin) *s.* ORN. petirrojo.
robot ('roubɔt) *s.* robot.
robust (rə'bʌst) *a.* robusto. *2* fuerte, sólido.
rock (rɔk) *s.* roca, peña, peñasco; escollo: *~ salt,* sal gema; *on the rocks,* perdido, arruinado.
rock (to) (rɔk) *t.* acunar. *2 t.-i.* mecer(se, balancear(se. *3* tambalear(se.
rocket ('rɔkit) *s.* cohete.
rocking ('rɔkiŋ) *a.* mecedor; vacilante, oscilante: *~ chair,* mecedora.
rocky ('rɔki) *a.* rocoso, pedregoso.
rod (rɔd) *s.* vara, varilla, barra. *2* bastón de mando; cetro. *3* caña [de pescar]. *4* varilla de virtudes. *5* MEC. barra, vástago.
rode (roud) *pret.* de TO RIDE.
rodent ('roudənt) *a.-s.* roedor.
roe (rou) *s.* hueva.
rogue (roug) *s.* pícaro, bribón. *2* holgazán.
role, rôle (roul) *s.* papel [que se hace o representa].
roll (roul) *s.* rollo [de papel, etc.]. *2* lista, nómina, registro, escalafón. *3* bollo, panecillo. *4* ARQ. voluta. *5* retumbo [del trueno]; redoble [del tambor]. *6* balanceo. *7 ~ of the waves,* oleaje.
roll (roul) *t.* hacer rodar. *2* mover, llevar, etc., sobre ruedas. *3* arrollar, enrollar. *4* liar [un cigarrillo]. *5* envolver, fajar. *6* allanar, etc., con rodillo. *7* mover [los ojos], ponerlos en blanco. *8 i.* rodar, girar. *9* ir sobre ruedas. *10* revolcarse. *11* ondular [un terreno]. *12* balancearse [un buque]. *13* moverse [las olas]. *14* arrollarse, hacerse una bola. *15* retumbar, tronar. *16* redoblar [el tambor]. *17 to ~ down,* bajar rodando.
roller ('roulə[r]) *s.* MEC. rodillo, cilindro, tambor. *2* rueda o ruedecita [de patín, etc.]. *3* MAR. ola larga.
rolling ('rouliŋ) *a.* rodante, que rueda: *~ stock,* FERROC. material rodante; *~ pin,* rollo de cocina.
Roman ('roumən) *a.-s.* romano. *2 a.* latina [lengua]. *3 s.* latín. *4* IMPR. redondo [tipo].
romance (rə'mæns) *s.* romance; novela. *2* lo novelesco; interés, aventura; idilio amoroso. *3* ficción, invención.
Romanesque (ˌroumə'nesk) *a.-s.* ARQ. románico.
romantic (rou'mæntik, rə-) *a.* romántico.
romp (to) (rɔmp) *i.* jugar, correr, saltar, retozar.
roof (ru:f) *s.* techo, techado, tejado, cubierta: *flat ~,* azotea. *2* fig. techo, hogar. *3* cielo [de la boca].
roof (to) (ru:f) *t.* cubrir, techar.
rook (ruk) *s.* ORN. grajo, chova. *2* AJED. torre, roque.
room (rum, ru:m) *s.* cuarto, pieza, habitación, sala. *2* espacio, sitio; cabida: *to make ~,* hacer sitio, abrir paso. *3* causa, motivo: *there is no ~ for doubt,* no cabe duda.
roomy ('rumi) *a.* espacioso, holgado, amplio.
roost (ru:st) *s.* percha; gallinero.
roost (to) (ru:st) *i.* dormir [las aves en la percha].
rooster ('ru:stə[r]) *s.* gallo [ave].
root (ru:t) *s.* raíz: *to take ~,* arraigar.
root (to) (ru:t) *i.t.* hozar. *2 t.* arraigar, implantar. *3 to ~ out,* desarraigar, extirpar. *4 i.* arraigar, echar raíces.
rope (roup) *s.* cuerda, soga, maroma, cable: *to know the ropes,* conocer bien un asunto; *rope-dancer, rope-walker,* volatinero, funámbulo. *2* sarta, ristra.
rosary ('rouzəri) *s.* rosario.
rose (rouz) *s.* BOT. rosal. *2* BOT. rosa. *3* rosa [color, adorno]. *4* rallo [de regadera]. *5* rosetón [ventana]. *6* BOT. *~ mallow,* malva real. *7 pret.* de TO RISE.
rosebud ('rouzbʌd) *s.* capullo de rosa, pimpollo.
rosemary ('rouzməri) *s.* BOT. romero.
rosewood ('rouzwud) *s.* palisandro; palo de rosa.
rosy ('rouzi) *a.* rosado, sonrosado, color de rosa. *2* sonrojado. *3* risueño, lisonjero.
rot (rɔt) *s.* putrefacción, podredumbre.
rot (to) (rɔt) *i.* pudrirse, corromperse. *2 t.* pudrir.
rotary ('routəri) *a.* rotatorio.
rotate (to) (rou'teit) *i.* rodar, girar. *2* turnar, alternar. *3 t.* hacer girar.
rote (rout) *s. by ~,* de rutina, de memoria.
rotten ('rɔtn) *a.* podrido. *2* fétido. *3* malo, ofensivo, sucio. *4* poco firme, inseguro.
rotund (rou'tʌnd) *a.* redondo. *2* rotundo.
rouge (ru:ʒ) *s.* colorete, arrebol.
rough (rʌf) *a.* áspero, tosco, basto. *2* escabroso [terreno]. *3* agitado [mar]. *4* tempestuoso. *5* rudo, inculto. *6* brusco. *7* en bruto, de preparación, mal acabado: *~ copy,* borrador. *8* aproximativo. *9* duro; penoso; rudo, violento. *10 s.* lo áspero, tosco, etc.: *in the ~,* en bruto.
rough (to) (rʌf) *t.* hacer o labrar toscamente. *2 to ~ it,* vivir sin comodidades.

roughly ('rʌfli) *adv.* ásperamente. *2* toscamente. *3* aproximadamente, en términos generales.
roulette (ru(:)'let) *s.* ruleta.
round (raund) *a.* redondo. *2* rollizo. *3* circular. *4* claro, categórico. *5* fuerte, sonoro. *6* cabal, completo. *7 s.* círculo, esfera; corro. *8* redondez. *9* recorrido, ronda. *10* ronda [de bebidas, etc.]. *11* serie [de sucesos, etc.], rutina. *12* salva [de aplausos]. *13* descarga, salva, disparo. *14* BOX. asalto. *15 adv.* alrededor; por todos lados: ***to turn ~,*** hacer girar; ***to hand ~ the cigars,*** pasar los cigarros. *16* ***~ about,*** alrededor; aproximadamente. *17 prep.* alrededor de. *18* ***~ the corner,*** a la vuelta de la esquina.
round (to) (raund) *t.* redondear. *2* rodear, cercar. *3* doblar [un cabo, una espina]. *4* ***to ~ off,*** completar, acabar. *5* ***to ~ up,*** juntar, recoger. *6 i.* redondearse.
roundabout ('raundəbaut) *a.* indirecto, hecho con rodeos. *2 s.* circunloquio. *8* tiovivo.
roundish (raundiʃ) *a.* redondeado.
roundly ('raundli) *adv.* redondamente. *3* francamente.
round-up ('raundʌp) *s.* (E. U.) rodeo [del ganado]; recogida, redada.
rouse (to) (rauz) *t.-i.* despertar. *2 t.* animar, excitar, provocar.
rout (raut) *s.* rota, derrota.
rout (to) (raut) *t.* derrotar, poner en fuga. *2* arrancar, hozando. *3* ***to ~ out,*** sacar, echar.
route (ru:t) *s.* ruta, camino, vía. *2* itinerario.
routine (ru:'ti:n) *s.* rutina, hábito.
rove (to) (rouv) *i.* vagar, errar, corretear. *2* piratear.
rover ('rouvə[r]) *s.* vagabundo. *2* pirata.
1) **row** (rau) *s.* riña, pendencia.
2) **row** (rou) *s.* fila, hilera, línea. *2* paseo en lancha o bote.
1) **row (to)** (rau) *t.* fam. pelearse con. *2 i.* pelearse, alborotar.
2) **row (to)** (rou) *i.* remar, bogar. *2 t.* mover al remo.
rowdy (raudi) *a.-s.* camorrista, bravucón, alborotador.
rower (rouə[r]) *s.* remero.
royal ('rɔiəl) *a.* real, regio.
royalty ('rɔiəlti) *s.* realeza. *2* persona(s real(es. *3* derechos [de autor].
rub (rʌb) *s.* friega, frote, roce. *2* tropiezo, dificultad.
rub (to) (rʌb) *t.* estregar, restregar, fregar, frotar. *2* bruñir, pulir. *3* irritar. *4* ***to ~ away*** u ***off,*** quitar frotando. *5* ***to ~ in,*** hacer penetrar frotando; encasquetar. *6* ***to ~ out,*** borrar. *7 i.* rozar.
rubber ('rʌbə[r]) *s.* caucho, goma; goma de borrar. *2 pl.* chanclos.
rubbish ('rʌbiʃ) *s.* basura, desecho, escombros. *2* fam. tonterías.
rubble ('rʌbl) *s.* ripio, cascote, cascajo; mampuestos.
rubblework ('rʌbl-wə:k) *s.* mampostería.
rubicund ('ru:bikənd) *a.* rubicundo.
ruble ('ru:bl) *s.* rublo.
ruby ('ru:bi) *s.* MINER. rubí.
ruction ('rʌkʃən) *s.* fam. alboroto, tumulto.
rudder ('rʌdə[r]) *s.* timón, gobernalle.
ruddy ('rʌdi) *a.* colorado, encendido; rubicundo.
rude (ru:d) *a.* rudo. *2* tosco. *3* chapucero, imperfecto. *4* inculto; inhábil. *5* brusco, descortés.
rudeness ('ru:dnis) *s.* rudeza. *2* tosquedad. *3* grosería, descortesía.
rudiment ('ru:dimənt) *s.* rudimento.
rue (ru:) *s.* BOT. ruda.
rue (to) (ru:) *t.-i.* llorar, lamentar, sentir.
rueful ('ru:ful) *a.* lamentable, lamentoso. *2* lloroso, afligido.
ruff (rʌf) *s.* gorguera, cuello alechugado.
ruffian ('rʌfjən) *a.* brutal, cruel. *2 s.* hombre brutal, matón.
ruffle ('rʌfl) *s.* lechuguilla, volante fruncido.
ruffle (to) ('rʌfl) *t.* rizar, alechugar, fruncir. *2* arrugar, descomponer. *3* irritar, incomodar. *4* encrespar, erizar.
rug (rʌg) *s.* alfombra, alfombrilla, ruedo, felpudo. *2* (Ingl.) manta [de viaje, etc.].
Rugby (football) ('rʌgbi) *s.* DEP. rugby.
rugged ('rʌgid) *a.* rugoso; áspero, escabroso. *2* rudo. *3* desapacible. *4* recio. *5* regañón. *6* borrascoso.
ruin (ruin) *s.* ruina. *2* destrucción. *3* perdición, deshonra. *4 pl.* ruinas.
ruin (to) (ruin) *t.* arruinar. *2* destruir. *3* seducir, perder. *4 i.* arruinarse, perderse.
ruinous ('ruinəs) *a.* ruinoso.
rule (ru:l) *s.* regla, precepto, pauta, norma: ***as a ~,*** por regla general. *2* reglamento, régimen. *3* gobierno, poder. *4* reinado. *5* regla [para trazar líneas; para medir].
rule (to) (ru:l) *t.-i.* gobernar, regir, dirigir. *2 t.* regular, reglar. *3* reglar, rayar, pautar. *4* tirar [líneas]. *5* ***to ~ out,*** excluir; desechar.
ruler ('ru:lə[r]) *s.* gobernante, soberano. *2* regla [instrumento].

rum (rʌm) *s.* ron, aguardiente. *2 a.* extraño, singular.
rumble ('rʌmbl) *s.* rumor, retumbo, ruido sordo.
rumble (to) ('rʌmbl) *i.* retumbar, hacer un ruido sordo.
ruminant ('ru:minənt) *a.-s.* rumiante. *2 a.* meditativo.
ruminate (to) ('ru:mineit) *t.-i.* rumiar.
rummage (to) ('rʌmidʒ) *t.-i.* registrar, revolver buscando.
rumo(u)r ('ru:mə^r) *s.* rumor.
rumo(u)r (to) ('ru:mə^r) *t.* rumorear, propalar.
rump (rʌmp) *s.* ancas, cuarto trasero. *2* rabadilla [de ave].
rumple (to) ('rʌmpl) *t.-i.* arrugar(se, chafar(se, ajar(se.
rumpus ('rʌmpəs) *s.* bulla, alboroto, ruido.
run (rʌn) *s.* corrida, carrera. *2* curso, marcha, dirección. *3* serie, racha. *4* funcionamiento, operación, manejo. *5* hilo [del discurso]. *6* clase, tipo, etc., usual. *7* viaje, paseo. *8* libertad de andar por un sitio. *9* terreno, extensión. *10* carrera [en las medias]. *11* ***in the long ~***, a la larga, tarde o temprano. *12 p. p.* de TO RUN.
run (to) (rʌn) *i.* correr. *2* girar, rodar. *3* extenderse [hacia, hasta, por]; llegar, alcanzar [hasta]. *4* pasar [a cierto estado]; ***to ~ dry***, secarse [un pozo, etc.]. *5* fluir, manar, chorrear. *6* derretirse. *7* correrse [colores]. *8* supurar. *9* durar, mantenerse: TEAT. representarse seguidamente. *10* seguir, estar vigente; estar en boga. *11* funcionar, marchar. *12* POL. presentarse [para]; *13* ***to ~ about***, correr, ir de un lado a otro. *14* ***to ~ across***, encontrar, dar con. *15* ***to ~ against***, chocar con; oponerse [a]. *16* ***to ~ away***, huir, desbocarse [un caballo]; ***to ~ away with***, fugarse con, arrebatar; llevarse. *17* ***to ~ down***, pararse, habérsele acabado la cuerda, el vapor, etc.; agotarse, debilitarse. *18* ***to ~ on***, seguir, continuar. *19* ***to ~ out***, salir; salirse, derramarse; acabarse; extenderse; ***to ~ out of***, acabársele a uno [una cosa]. *20* ***to ~ over***, rebosar, desbordarse; atropellar, pasar por encima. *21* ***to ~ with***, estar chorreando o empapado de; abundar en *22 t.* correr; cazar, perseguir. *23* pasar [una cosa por encima de otra]. *24* hacer [un mandado]. *25* tirar [una línea]. *26* pasar de contrabando. *27* correr [un riesgo]. *28* regentar, dirigir, explotar [un negocio]. *29* MIL. burlar [un bloqueo]. *30* ***to ~ down***, derribar; atropellar [con un vehículo]; denigrar, difamar. *31* ***to ~ into***, clavar, hundir. *32* ***to ~ out***, sacar, extender; agotar. *33* ***to ~ through***, atravesar, pasar de parte a parte; hojear. *34* ***to ~ to earth***, perseguir hasta su escondite; seguir hasta su origen. ¶ Pret.: ***ran*** (ræn); p. p.: ***run*** (rʌn); ger.: ***running***.
runabout ('rʌnəbaut) *s.* vagabundo. *2* birlocho. *3* automóvil ligero.
runaway ('rʌnəwei) *a.-s.* fugitivo. *2* desertor. *3 a.* desbocado [caballo]. *4* DEP. ganado fácilmente.
rung (rʌŋ) *s.* escalón [de escala]. *2 p. p.* de TO RING.
runner ('rʌnə^r) *s.* corredor [el que corre]. *2* mensajero. *3* (E. U.) agente [de un total, etc.]. *4* contrabandista. *5* MEC. corredera o anillo corredizo. *6* patín [de trineo]. *7* pasillo [alfombra]. *8* BOT. ~ ***bean***, judía [planta].
running ('rʌniŋ) *s.* carrera, corrida, curso. *2* marcha, funcionamiento. *3* dirección, manejo. *4* flujo. *5 a.* corredor. *6* corriente: ~ ***water***, agua corriente. *7* corredizo: ~ ***knot***, nudo corredizo. *8* fluido [estilo]. *9 adv.* seguido.
runway ('rʌnwei) *s.* lecho, cauce. *2* AVIA. pista de aterrizaje.
rupee (ru:'pi:) *s.* rupia.
rupture ('rʌptʃə^r) *s.* ruptura, rotura. *2* MED. hernia.
rupture (to) ('rʌptʃə^r) *t.-i.* romper(se. *2* quebrarse, sufrir hernia.
rural ('ruərəl) *a.* rural, rústico.
ruse (ru:z) *s.* ardid, astucia.
rush (rʌʃ) *s.* movimiento o avance impetuoso. *2* torrente, tropel, afluencia: ~ ***hour***, hora punta. *3* prisa, precipitación. *4* ímpetu, empuje. *5* embestida. *6* BOT. junco.
rush (to) (ruʃ) *i.* arrojarse, abalanzarse, precipitarse: ***to ~ forward***, avanzar, arrojarse con ímpetu. *2 t.* empujar. *3* activar, apresurar. *4* embestir.
rusk (rʌsk) *s.* sequillo, galleta.
Russian ('rʌʃən) *a.-s.* ruso.
rust (rʌst) *t.* enmohecer(se. *2* aherrumbrar(se.
rustic ('rʌstik) *a.-s.* rústico. *2* campesino. *3 a.* campestre.
rustle ('rʌsl) *s.* susurro, crujido.
rustle (to) ('rʌsl) *i.* susurrar, crujir. *2* hacer susurrar o crujir. *3* robar [ganado].
rusty ('rʌsti) *a.* mohoso, herrumbroso. *2* enmohecido. *3* rojizo.

rut (rʌt) *s.* carril, rodada, surco. *2* rutina, costumbre. *3* brama, celo [de los animales].

ruthless ('ru:θlis) *s.* cruel, despiadado, inhumano. *2* **-ly** *adv.* cruelmente, etc.

rye (rai) *s.* BOT. centeno. *2* BOT. ~ ***grass,*** ballico, césped inglés.

S

Sabbath ('sæbəθ) *s.* día de descanso, sábado, domingo.
sabotage ('sæbətɑ:ʒ) *s.* sabotaje.
sabre ('seibəʳ) *s.* sable.
sack (sæk) *s.* saco, costal. *2* saco, saqueo.
sack (to) (sæk) *t.* saquear. *2* ensacar. *3* despedir, mandar a paseo.
sacrament ('sækrəmənt) *s.* sacramento: ***Holy Sacrament***, Santísimo Sacramento.
sacred ('seikrid) *a.* sagrado, sacrosanto. *2* inviolable.
sacrifice ('sækrifais) *s.* sacrificio.
sacrifice (to) ('sækrifais) *t.* sacrificar; inmolar.
sacrilege ('sækrilidʒ) *s.* sacrilegio.
sacrilegious (ˌsækri'lidʒəs) *a.* sacrílego.
sad (sæd) *a.* triste. *2* aciago. *3* malo, pobre, de inferior calidad. *4* **-ly** *adv.* tristemente; funestamente.
sadden (to) ('sædn) *t.* entristecer. *2 i.* entristecerse.
saddle ('sædl) *s.* silla [de montar]. *2* sillín.
saddle (to) ('sædl) *t.* ensillar. *2* enalbardar. *3* ***to ~ with***, hacer cargar con.
sadism ('sædizəm) *s.* sadismo.
sadness ('sædnis) *s.* tristeza. *2* melancolía.
safe (seif) *a.* salvo, ileso, incólume: ~ ***and sound***, sano y salvo. *2* seguro [exento de peligro]; prudente. *3* seguro, confiable. *4 s.* arca, caja de caudales. *5* alacena.
safe-conduct ('seif'kɔndəkt) *s.* salvoconducto, convoy.
safeguard ('seifgɑ:d) *s.* salvaguardia, resguardo.
safely ('seifli) *adv.* sin peligro. *2* salvo, sin novedad.
safety ('seifti) *s.* seguridad, incolumidad: ~ ***belt***, salvavidas; ~ ***pin***, imperdible; ~ ***razor***, maquinilla de afeitar. *2* prudencia.
saffron ('sæfrən) *s.* azafrán.
sag (to) (sæg) *t.* combar, empandar. *2 i.* ceder, flojear. *3* bajar [los precios].
sagacious (sə'geiʃəs) *a.* sagaz.
sage (seidʒ) *s.* BOT. salvia. *2* sabio, filósofo, hombre prudente. *3 a.* cuerdo.
said (sed) V. TO SAY.
sail (seil) *s.* MAR. vela. *2* aspa [de molino].
sail (to) (seil) *i.* navegar. *2* hacerse a la vela. *3* deslizarse, flotar, volar. *4 t.* navegar por, surcar.
sailing ('seiliŋ) *s.* navegación, deporte de vela.
sailor ('seiləʳ) *s.* marinero. *2* marino.
saint (seint, san(t) *s.* santo, santa.
saintly ('seintli) *a.* santo, devoto.
sake (seik) *s.* causa, motivo, amor, consideración: ***for my*** ~, por mí, por mi causa; ***for God's*** ~, por el amor de Dios.
salad ('sæləd) *s.* ensalada: ~ ***bowl***, ensaladera.
salamander ('sæləˌmædəʳ) *s.* ZOOL., MIT. salamandra.
salary ('sæləri) *s.* salario, sueldo, paga.
sale (seil) *s.* venta; liquidación: ***for ~, on*** ~, en venta.
salesman ('seilzmən) *s.* vendedor. *2* viajante de comercio.
saliva (sə'laivə) *s.* saliva.
sallow ('sælou) *a.* pálido, cetrino.
salmon ('sæmən) *s.* ICT. salmón.
salon ('sælɔŋ) *s.* salón.
saloon (sə'lu:n) *s.* salón [gran sala]. *2* (E. U.) taberna, bar.
salt (sɔ:lt) *s.* QUÍM. sal. *2* sal común. *3* ingenio, agudeza. *4 a.* salado, salino.
salt (to) (sɔ:lt) *t.* salar. *2* sazonar con sal.
saltpeter ('sɔ:ltˌpi:təʳ) *s.* nitro, salitre. *2* nitrato de Chile.
salutary ('sæljutəri) *a.* saludable.
salutation (ˌsælju'teiʃən) *s.* salutación, saludo.
salute (sə'lu:t) *s.* saludo.

salute (to) (sə'lu:t) *t.-i.* saludar. *2 i.* MIL. cuadrarse.
salvage ('sælvidʒ) *s.* salvamento.
salvation (sæl'veiʃən) *s.* salvación.
same (seim) *a.-pron.* mismo, misma, etc.: ***at the ~ time***, a la vez, al mismo tiempo. *2 adv.* ***the same***, igualmente. *3* ***all the same***, a pesar de todo.
sameness ('seimnis) *s.* igualdad; monotonía.
sample ('sɑ:mpl) *s.* COM. muestra. *2* muestra, cala, cata. *3* espécimen, ejemplo.
sample (to) ('sɑ:mpl) *t.* sacar muestra de; probar, catar.
sanatorium (ˌsænə'tɔ:riəm) *s.* sanatorio.
sanctimonious (ˌsæŋkti'mounjəs) *a.* santurrón.
sanction ('sæŋkʃən) *s.* sanción.
sanction (to) ('sæŋkʃən) *t.* sancionar.
sanctuary ('sæŋktjuəri) *s.* santuario. *2* asilo, refugio, sagrado.
sand (sænd) *s.* arena: ~ ***bar***, barra de arena. *2* playa.
sandal ('sændl) *s.* sandalia. *2* BOT. sándalo.
sandwich ('sænwidʒ) *s.* emparedado, bocadillo.
sane (sein) *a.* sano. *2* cuerdo. *3* **-ly** *adv.* sanamente, cuerdamente.
sang (sæŋ) V. TO SING.
sangaree (ˌsæŋgə'ri:) *s.* sangría [bebida].
sanguinary ('sæŋgwinəri) *a.* sanguinario, cruel. *2* sangriento.
sanguine ('sæŋgwin) *a.* rubicundo. *2* sanguíneo. *3* optimista. *4 s.* DIB. sanguina.
sanitary ('sænitəri) *a.* sanitario, de sanidad. *2* higiénico.
sanity ('sæniti) *s.* cordura, salud mental. *2* sensatez.
sap (sæp) *s.* savia. *4* vigor, vitalidad.
sap (to) (sæp) *t.* zapar, minar.
sapphire ('sæfaiəʳ) *s.* zafir, zafiro.
sarcasm ('sɑ:kæzəm) *s.* sarcasmo.
sarcastic (sɑ:'kæstik) *a.* sarcástico.
sardine (sɑ:'di:n) *s.* ICT. sardina.
sardonic (sɑ:'dɔnik) *a.* sardónico.
sash (sæʃ) *s.* faja, ceñidor, banda. *2* parte movible de la ventana de guillotina.
sat (sæt) V. TO SIT.
satanic (sə'tænik) *a.* satánico.
satchel ('sætʃəl) *s.* maletín. *2* cartera [para libros].
satellite ('sætəlait) *s.* satélite.
satiate (to) ('seiʃieit) *t.* saciar. *2 i.* saciarse.
satiety (sə'taieti) *s.* saciedad.
satin ('sætin) *s.* TEJ. raso.
satire ('sætaiəʳ) *s.* sátira.
satiric (sə'tirik) *a.* satírico.
satirize (to) ('sætəraiz) *t.* satirizar.
satisfaction (ˌsætis'fækʃən) *s.* satisfacción.
satisfactory (ˌsætis'fæktəri) *a.* satisfactorio. *2* suficiente, ventajoso.
satisfy (to) ('sætisfai) *t.* satisfacer. *2* contentar. *3* convencer: ***I am satisfied that***, estoy seguro de que. *4* compensar, pagar.
saturate (to) ('sætʃəreit) *t.* saturar. *2* empapar, llenar. *3* imbuir.
Saturday ('sætədi, -dei) *s.* sábado.
sauce (sɔ:s) *s.* salsa. *2* aderezo, condimento.
sauce-boat ('sɔ:sbout) *s.* salsera.
saucepan ('sɔ:spən) *s.* cacerola, cazuela.
saucer ('sɔ:səʳ) *s.* platillo [plato pequeño].
saucy (s'ɔ:si) *a.* descarado, respondón. *2* elegante.
saunter (to) ('sɔ:ntəʳ) *i.* pasear; andar despacio y sin objeto.
sausage ('sɔsidʒ) *s.* salsicha, embutido.
savage ('sævidʒ) *a.* salvaje. *2* fiero, bárbaro, brutal. *3 s.* salvaje. *4* **-ly** *adv.* salvajemente.
savagery ('sævidʒəri) *s.* salvajismo. *2* barbarie, ferocidad.
savant ('sævənt) *s.* hombre de letras o de ciencia.
save (seiv) *prep.* salvo, excepto. *4 conj.* si no fuera.
save (to) (seiv) *t.* salvar, librar. *2* guardar, preservar. *3* ahorrar [dinero, etc.]. *4* guardar, conservar.
saving ('seiviŋ) *s.* economía, ahorro. *2 pl.* ahorros: ***savings bank***, caja de ahorros. *3 prep.* salvo, excepto. *4* **-ly** *adv.* económicamente, etc.
saviour ('seivjə) *s.* salvador.
savour ('seivəʳ) *s.* sabor; olor. *2* gusto, deje.
savour (to) ('seivəʳ) *t.* saborear. *2* dar un sabor u olor a.
savoury ('seivəri) *a.* sabroso, apetitoso. *2* fragante. *3* (Ingl.) especie de entremés.
saw (sɔ:) *s.* sierra [herramienta]. *2* dicho, refrán, proverbio. *3 pret.* de TO SEE.
saw (to) (sɔ:) *t.-i.* serrar, aserrar. ¶ Pret.: ***sawed*** (sɔ:d); *p. p.*: ***sawn*** (sɔ:n).
sawdust ('sɔ:dʌst) *s.* serrín.
sawed (sɔ:d) V. TO SAW.
sawn (sɔ:n) V. TO SAW.
Saxon ('sæksn) *a.-s.* sajón. *2* anglosajón.
say (sei) *s.* dicho, aserto. *2* turno para hablar.
say (to) (sei) *t.* decir: ***to ~ mass***, decir misa; ***it is said***, se dice: ***that is to ~***, es decir. *2* recitar, rezar. ¶ Pres.: ***says*** (səz) pret. y p. p.: ***said*** (sed).

saying ('seiiŋ) *s.* lo que se dice. *2* dicho, sentencia.
scab (skæb) *s.* costra, postilla.
scabbard ('skæbəd) *s.* vaina [de un arma].
scaffold ('skæfəld) *s.* andamio. *2* tablado. *3* tribuna [al aire libre]. *4* cadalso, patíbulo.
scaffolding ('skæfəldiŋ) *s.* armazón, andamiaje.
scale (skeil) *s.* platillo [de balanza]. *2* balanza, báscula, romana. *3* escala [serie graduada; proporción]. *4* MÚS. escala. *5* escama, laminilla.
scale (to) (skeil) *t.* pesar. *2* escamar [quitar las escamas].
scalp (skælp) *s.* cuero cabelludo.
scalp (to) (skælp) *t.* arrancar la cabellera.
scalpel ('skælpəl) *s.* CIR. escalpelo.
scaly ('skeili) *a.* escamoso. *2* ruin. *3* avaro.
scamp (skæmp) *s.* pícaro, bribón.
scamper ('skæmpəʳ) *s.* huida precipitada.
scamper (to) ('skæmpəʳ) *i.* huir, correr.
scan (to) (skæn) *t.* escandir. *2* escrutar, explorar.
scandal ('skændl) *s.* escándalo. | No tiene el sentido de alboroto. *2* ignominia. *3* difamación, maledicencia.
scandalize (to) ('skændəlaiz) *t.* escandalizar.
scandalous ('skændələs) *a.* escandaloso, vergonzoso. *2* difamatorio.
scant (skænt) *a.* escaso, corto, exiguo: ~ *of*, corto de.
scanty ('skænti) *a.* escaso, insuficiente, exiguo. *2* mezquino, cicatero.
scapegoat ('skeipgout) *s. fig.* cabeza de turco.
scar (skɑ:ʳ) *s.* cicatriz. *2* chirlo. *3* roca pelada.
scarce (skɛəs) *a.* escaso, raro, contado.
scarcely ('skɛəsli) *adv.* apenas, difícilmente. *2* ~ ***ever***, casi nunca.
scarcity ('skɛəsiti) *s.* escasez, penuria, carestía. *2* rareza, raridad.
scare (skɛəʳ) *s.* susto, alarma. *2* pánico.
scare (to) (skɛəʳ) *t.* asustar, amedrentar, alarmar. *2* ***to*** ~ ***away***, espantar, ahuyentar.
scarecrow ('skɛə-krou) *s.* espantapájaros.
scarf (skɑ:f) *s.* echarpe. *2* pañuelo, bufanda.
scarlet ('skɑ:lit) *a.* rojo, de color escarlata.
scathing ('skeiðiŋ) *a.* acerbo, mordaz.
scatter (to) ('skætəʳ) *t.* dispersar. *2* disipar, desvanecer. *3* esparcir, difundir.
scenario (si'nɑ:riou) *s.* TEAT., CINEM. guión.
scene (si:n) *s.* escena [en todas sus acepciones]. *2* escenario. *3* TEAT. decorado: ~ ***shifter***, tramoyista; ***behind the scenes***, entre bastidores. *4* cuadro, vista, paisaje.
scenery ('si:nəri) *s.* paisaje, panorama. *2* TEAT. decorado.
scent (sent) *s.* olfato. *2* olor; fragancia. *3* rastro, pista, indicio. *4* perfume, esencia.
scent (to) (sent) *t.* oler, olfatear, husmear, ventear. *2* sospechar. *3* perfumar. *4 t.* ***to*** ~ ***of***, oler a.
scepter, sceptre ('septəʳ) *s.* cetro [real].
schedule ('ʃedju:l, [E. U.] 'skedju:l) *s.* lista, inventario. *2* horario [de trenes, etc.]. *3* programa, plan.
scheme (ski:m) *s.* esquema, diseño. *2* plan, proyecto. *3* intriga, maquinación.
scheme (to) (ski:m) *t.* proyectar, idear, trazar. *2 i.* formar planes, intrigar.
schism ('sizəm) *s.* cisma; escisión.
scholar ('skɔləʳ) *s.* licenciado que disfruta de beca. *2* hombre docto, erudito.
scholarship ('skɔləʃip) *s.* saber, erudición. *2* beca [para estudiar].
school (sku:l) *s.* escuela. *2* colegio [de enseñanza]. *3* facultad [de una universidad]. *4 a.* escolar, de enseñanza: ~ ***year***, año escolar.
school (to) (sku:l) *t.* enseñar, instruir.
schooling ('sku:liŋ) *s.* instrucción, enseñanza.
schoolmaster ('sku:lˌmɑ:stəʳ) *s.* profesor de instituto.
schoolmistress ('sku:lˌmistris) *s.* profesora de instituto.
science ('saiens) *s.* ciencia. *2* ciencias naturales.
scientist ('saiəntist) *s.* hombre de ciencia.
scintillate (to) ('sintileit) *i.* centellear, chispear.
scion ('saiən) *s.* AGR. vástago, renuevo. *2* descendiente.
scissors ('sizəz) *s. pl.* tijeras.
scoff (skɔf) *s.* burla, mofa.
scoff (to) (skɔf) *i.* mofarse, burlarse, hacer befa [de].
scold (to) (skould) *t.* reñir, regañar.
scoop (sku:p) *s.* cucharón, cazo. *2* cuchara [de excavadora, etc.].
scope (skoup) *s.* alcance [de un arma]. *2* campo o radio [de acción]. *3* mira, designio.
scorch (to) (skɔ:tʃ) *t.* chamuscar, socarrar. *2* abrasar, quemar. *3 i.* abrasarse.
scorching ('sckɔ:tʃiŋ) *a.* abrasador, ardiente.
score (skɔ:ʳ, skɔəʳ) *s.* muesca, entalladura. *2* cuenta [de lo que se debe]. *3* tantos,

tanteo. *4* razón, motivo. *5* veintena. *6* MÚS. partitura.
score (to) (skɔːʳ, skɔəʳ) *t.* esclopear. *2* marcar, ganar [puntos, tantos]. *3* rayar. *4* MÚS. orquestar.
scorn (skɔːn) *s.* desdén, desprecio. *2* escarnio.
scorn (to) (skɔːn) *t.* desdeñar, despreciar. *2* escarnecer. *3* tener a menos.
scorpion ('skɔːpjən) *s.* ZOOL. escorpión, alacrán.
Scot (skɔt) *s.*, **Scoth** (skɔtʃ) *a.-s.* escocés.
scoundrel ('skaundrəl) *s.* granuja, bribón, canalla.
scour (to) ('skauəʳ) *t.* fregar, estregar; limpiar. *2* explorar, registrar.
scourge (skəːdʒ) *s.* látigo, azote. *2* azote, calamidad.
scourge (to) (skəːdʒ) *t.* azotar, flagelar.
scout (skaut) *s.* MIL. explorador, escucha: ***boy*** ~, muchacho explorador.
scout (to) (skaut) *t.-i.* explorar, reconocer. *2* desdeñar.
scowl (skaul) *s.* ceño, sobrecejo.
scowl (to) (skaul) *i.* mirar con ceño.
scrag (skræg) *s.* pescuezo. *2* pedazo.
scramble ('skræmbl) *s.* lucha, arrebatiña. *2* gateamiento.
scramble (to) ('skræmbl) *i.* trepar, gatear. *2* andar a la arrebatiña. *3* barajar, revolver: ***scrambled eggs***, huevos revueltos.
scrap (skræp) *s.* trozo, pedazo, mendrugo. *2 pl.* sobras, desperdicios; chatarra: ~ ***iron***, hierro viejo; ~ ***book***, álbum de recortes.
scrape (skreip) *s.* raspadura, rasguño. *2* lío, aprieto.
scrape (to) (skreip) *t.* raspar, rascar, raer; rayar.
scratch (skrætʃ) *s.* arañazo; rasguño; raya. *2* tachón, borradura.
scratch (to) (skrætʃ) *t.* arañar, rayar. *2* rascar. *3* tachar, borrar.
scream (skriːm) *s.* chillido, grito.
scream (to) (skriːm) *t.-i.* chillar, gritar.
screech (skriːtʃ) *s.* chillido. *2* chirrido.
screech (to) (skriːtʃ)*'i.* chillar. *2* chirriar.
screen (skriːn) *s.* pantalla: ***the*** ~, la pantalla, el cine. *2* bombo, cancel, persiana. *3* alambrera, enrejado [de ventana, etc.]. *4* abrigo, reparo.
screen (to) (skriːn) *t.* ocultar, tapar. *2* abrigar, proteger.
screw (skruː) *s.* tornillo, rosca; tuerca. *2* hélice [propulsor].
screw (to) (skruː) *t.* atornillar.
screw-driver ('skruːˌdraivəʳ) *s.* destornillador.
Scripture ('skriptʃəʳ) *s.* Sagrada Escritura.
scroll (skroul) *s.* rollo de papel o pergamino [esp. escrito].
scrub (skrʌb) *a.* desmirriado, achaparrado. *2 s.* fregado, fregoteo. *3* monte bajo.
scrub (to) (skrʌb) *t.* fregar, estregar.
scruff (skrʌf) *s.* pescuezo, nuca.
scruple ('skruːpl) *s.* escrúpulo [duda, recelo].
scruple (to) ('skruːpl) *i.* tener escrúpulo. *2* vacilar.
scrutinize (to) ('skruːtinaiz) *t.* escrutar, escudriñar.
scullery ('skʌləri) *s.* fregadero, trascocina.
sculptor ('skʌlptəʳ) *s.* escultor.
sculpture ('skʌlptʃəʳ) *s.* escultura.
scum (skʌm) *s.* espuma, nata. *2* escoria, hez. *3* canalla, chusma.
scurry (to) ('skʌri) *i.* echar a correr, huir, escabullirse.
scutcheon ('skʌtʃən) *s.* escudo de armas.
scuttle ('skʌtl) *s.* escotillón, abertura. *2* cubo del carbón.
scuttle (to) ('skʌtl) *t.* MAR. barrenar, echar a pique.
scythe (saið) *s.* guadaña.
sea (siː) *s.* mar, océano: ***high*** o ***open*** ~, alta mar. *2* oleaje, marejada. *3 a.* del mar: ~ ***level***, nivel del mar; ~ ***wall***, rompeolas; ~ ***side***, playa; ~ ***horse***, caballo de mar.
seagull ('siːgʌl) *s.* gaviota.
seal (siːl) *s.* ZOOL. foca. *2* sello, sigilo.
seal (to) (siːl) *t.* sellar, precintar.
sealing-wax ('siːliŋwæks) *s.* lacre.
seam (siːm) *s.* costura; sutura.
seam (to) (siːm) *t.* coser.
seaman ('siːmən) *s.* marinero, marino.
seamstress ('semstris) *s.* costurera.
sear (to) (siəʳ) *t.* secar, agostar.
search (səːtʃ) *s.* busca, búsqueda. *2* registro, reconocimiento.
search (to) (səːtʃ) *t.-i.* buscar. *2* examinar, registrar. *3* escudriñar, indagar.
searchlight ('səːtʃ-lait) *s.* ELECT. proyector, reflector.
seasick ('siː-sik) *a.* mareado [en el mar].
seasickness ('siː-siknis) *s.* mareo [en el mar].
seaside ('siː'said) *s.* orilla del mar, costa, playa. *2 a.* costanero; de playa.
season ('siːzn) *s.* estación [del año]. *2* tiempo, temporada: ~ ***ticket***, abono. *3* sazón, tiempo oportuno: ***on due*** ~, a su tiempo: ***out of*** ~, intempestivo.
season (to) ('siːzn) *t.* sazonar. *2* aliñar, aderezar. *3* habituar, aclimatar.
seasonable ('siːzənəbl) *a.* oportuno, conveniente.

seat (si:t) *s.* asiento [para sentarse]: ***to take a ~***, tomar asiento. *2* TEAT. localidad. *3* sitio, sede, residencia. *4* situación.
seat (to) (si:t) *t.* sentar, asentar. *2* establecer, instalar. *3* fijar, afianzar.
secede (to) (si'si:d) *i.* separarse [de una comunión].
secession (si'seʃən) *s.* sucesión, separación.
seclude (to) (si'klu:d) *t.* apartar, aislar. *2* recluir, encerrar.
seclusion (si'klu:ʒən) *s.* retraimiento, aislamiento. *2* reclusión, encierro.
second ('sekənd) *a.* segundo: ***~ hand***, de segunda mano; ***~ cabin***, MAR., segunda clase. *2* secundario, subordinado. *3* inferior: ***to be ~ to none***, no ser inferior a nadie. *4 s.* segundo [división del minuto]. *5* **-ly** *adv.* en segundo lugar.
second (to) ('sekənd) *t.* secundar, apoyar, apadrinar.
secondary ('sekəndəri) *a.* secundar.
secret ('si:krit) *a.* secreto: ***~ service***, espionaje, policía secreta. *2* recóndito, íntimo. *3* callado, reservado. *4 s.* secreto: ***in ~***, en secreto. *5* **-ly** *adv.* secretamente, reservadamente.
secretary ('sekrətri) *s.* secretario. *2* ministro [del gobierno].
secrete (to) (si'kri:t) *t.* esconder, encubrir. *2* FISIOL. secretar.
sect (sekt) *s.* secta. *2* grupo, partido.
section ('sekʃən) *s.* sección. *2* región, barrio.
secular ('sekjuləʳ) *a.* secular. *2 s.* eclesiástico secular. *3* seglar, lego.
secure (si'kjuəʳ) *a.* seguro [libre de peligro o riesgo]. *2* **-ly** *adv.* seguramente.
secure (to) (si'kjuəʳ) *t.* asegurar; afianzar; prender. *2* obtener, lograr. *3* garantizar.
security (si'kjuəriti) *s.* seguridad. *2* protección, salvaguardia. *3* tranquilidad, confianza. *4 pl.* COM. pagarés, valores.
sedative ('sedətiv) *a.-s.* MED. sedativo. *2* calmante.
sedentary ('sedntəri) *a.* sedentario.
sediment ('sedimənt) *s.* sedimento. *2* heces, poso.
sedition (si'diʃən) *s.* sedición.
seduce (to) (si'dju:s) *t.* seducir. *2* inducir, tentar.
sedulous ('sedjuləs) *a.* asiduo, aplicado, laborioso.
see (si:) *s.* ECLES. sede, silla: ***Holy ~***, Santa Sede.
see (to) (si:) *t.-i.* ver. *2* mirar, observar. *3* considerar, juzgar. *4* ***to ~ one off***, ir a despedir a uno. *5* ***to ~ after***, cuidar; buscar. *6* ***to ~ into***, examinar. *7* ***to ~ that***, cuidar de que. *8* ***to ~ through***, penetrar; calar las intenciones de. *9* ***to ~ to***, cuidar de, atender. ¶ Pret.: ***saw*** (sɔ:); ***seen*** (si:n).
seed (si:d) *s.* BOT. semilla, simiente, grano.
seed (to) (si:d) *t.-i.* sembrar. *2 t.* despepitar, deshuesar.
seek (to) (si:k) *t.* buscar. *2* pedir. *3* perseguir, ambicionar. *4 i.* ***to ~ after, for***, o ***out***, buscar, solicitar. ¶ Pret. y p. p.: ***sought*** (sɔ:t).
seem (to) (si:m) *i.* parecer: ***it seams to me***, me parece. *2* parecerle a uno. *3* fingirse.
seeming (si:miŋ) *a.* aparente; parecido. *2 s.* apariencia. *3* **-ly** *adv.* aparentemente, al parecer.
seemly ('si:mli) *a.* decente, correcto. *2* bien parecido. *3 adv.* decentemente.
seen (si:n) V. TO SEE.
seep (to) (si:p) *i.* filtrar, escurrirse.
seer ('si(:)əʳ) *s.* profeta, vidente.
seethe (to) (si:ð) *i.* hervir.
segment ('segmənt) *s.* segmento.
segregation (ˌsegri'geiʃən) *s.* segregación, separación.
seismic ('saizmik) *a.* sísmico.
seize (to) (si:z) *t.* asir, agarrar, coger. *2* apoderarse de. *3* confiscar, embargar.
seizure ('si:ʒəʳ) *s.* captura. *2* embargo.
seldom ('seldəm) *adv.* raramente, rara vez.
select (si'lekt) *a.* selecto, escogido. *2* delicado, exigente [al escoger].
select (to) (si'lekt) *t.* escoger, elegir, seleccionar.
selection (si'lekʃən) *s.* selección. *2* trozo escogido. *3* COM. surtido.
self (self), *pl.* **selves** (selvz) *a.* mismo; idéntico [*myself, yourselves*, etc.]. *2* *self-* [en compuestos] auto-, por sí mismo: ***~ conscious***, tímido; ***~ control***, dominio de sí mismo; ***~ service***, autoservicio; ***~ sufficient***, presuntuoso.
selfish (selfiʃ) *a.* interesado, egoísta. *2* **-ily** *adv.* interesadamente, egoístamente.
selfishness ('selfiʃnis) *s.* egoísmo, amor propio.
sell (sel) *s. fam.* engaño, estafa.
sell (to) (sel) *t.* vender, [enajenar, traicionar]: ***tickets are sold out***, las localidades están agotadas. *2* engañar. *3 i.* venderse [un artículo]: ***to ~ off***, liquidar. ¶ Pret. y p. p.: ***sold*** (sould).
seller ('seləʳ) *s.* vendedor. *2* cosa que se vende bien: ***best ~***, libro de mayor venta.

semaphore ('seməfɔ:ʳ) *s.* semáforo. *2* FERROC. disco de señales.
semblance ('sembləns) *s.* semejanza. *2* aspecto, semblante. *3* imagen, retrato. *4* apariencia.
semicolon ('semi'koulən) *s.* ORTOG. punto y coma.
seminar ('seminɑ:ʳ) *s.* seminario [en una universidad].
senate ('senit) *s.* senado.
send (to) (send) *t.* enviar, mandar. *2* lanzar. *3 to ~ away*, despedir; *to ~ back*, devolver; *to ~ for*, enviar a buscar; *to ~ forth*, exhalar; exportar; publicar; *to ~ word*, mandar recado. ¶ Pret. y p. p.: *sent* (sent).
sender ('sendəʳ) *s.* remitente, expedidor. *2* TELEGR., RADIO. transmisor.
senile ('si:nail) *a.* senil, caduco.
senior ('si:njəʳ) *a.* mayor, de más edad; más antiguo; decano. *2* (E. U.) del último curso de una facultad. *3 s.* anciano.
sensation (sen'seiʃən) *s.* sensación. *2* sensacionalismo, afectismo.
sensational (sen'seiʃənl) *a.* sensacional. *2* melodramático, efectista.
sense (sens) *s.* sentido [corporal; del humor, etc.]. *2* cordura, buen sentido: *common ~*, sentido común. *3* inteligencia. *4* significado, acepción: *to make ~*, tener sentido. *5* sensación, impresión, conciencia. *6 to be out one's senses*, estar loco.
sense (to) (sens) *t.* sentir, percibir, darse cuenta.
senseless ('senslis) *a.* insensible, sin conocimiento. *2* sin sentido, absurdo. *3* insensato. *4* **-ly** *adv.* sin conocimiento; absurdamente.
sensible ('sensibl) *a.* sensible. *2* perceptible. *3* sensato, cuerdo. *4 to be ~ of*, tener conciencia de.
sensitive ('sensitiv) *a.* sensitivo. *2* sensible, impresionable.
sensual ('sensjuel) *a.* sensual. *2* materialista.
sent (sent) V. TO SEND.
sentence ('sentəns) *s.* sentencia, fallo; condena. *2* sentencia máxima. *3* GRAM. oración, período.
sententious (sen'tenʃəs) *a.* sentencioso. *2* conciso, enérgico.
sentiment ('sentimənt) *s.* sentimiento. *2* sensibilidad. *3* parecer, opinión. *4* concepto, frase.
sentimental (,senti'mentl) *a.* sentimental.
sentry ('sentri) *s.* centinela.
separate ('seprit) *a.* separado. *2* aparte. *3* distinto. *4* **-ly** *adv.* separadamente, por separado.
separate (to) ('sepəreit) *t.* separar. *2* despegar. *3 i.* separarse. *4* desprenderse.
separation (,sepə'reiʃən) *s.* separación. *2* porción.
September (səp'tembəʳ) *s.* septiembre.
sepulchre ('sepəlkəʳ) *s.* sepulcro, sepultura.
sequel ('si:kwəl) *s.* secuela. *2* conclusión, inferencia. *3* continuación.
sequence ('si:kwəns) *s.* sucesión, continuación; serie. *2* consecuencia. *3* ilación.
sequential (si'kwenʃəl) *a.* sucesivo, consecutivo. *2* consiguiente.
serenade (,seri'neid) *s.* serenata. *2 fam.* cencerrada.
serene (si'ri:n) *a.* sereno, claro, despejado; plácido, tranquilo.
serenity (si'reniti) *s.* serenidad, bonanza. *2* sosiego, apacibilidad. *3* serenidad, sangre fría.
serf (sə:f) *s.* siervo. *2* esclavo.
sergeant ('sɑ:dʒənt) *s.* MIL. sargento.
serial ('siəriəl) *a.* en serie, consecutivo. *2* publicado por entregas. *3* CINEM., RADIO serial.
series ('siəri:z) *s.* serie: *in ~*, ELECT. en serie.
serious ('siəriəs) *a.* serio. *2* verdadero, sincero. *3* **-ly** *adv.* seriamente; en serio.
seriousness ('siəriəsnis) *s.* seriedad, gravedad.
sermon ('se:mən) *s.* sermón.
serpent ('sə:pənt) *s.* serpiente, sierpe.
serried ('serid) *a.* apretado, apiñado.
serum ('siərəm) *s.* suero.
servant ('sə:vənt) *s.* sirviente, criado. *2* servidor. *3* siervo.
serve (to) (sə:v) *t.-i.* servir. *2* surtir, abastecer. *3* ejecutar, notificar: *to ~ a summons*, entregar una citación. *4* cumplir [una condena]. *5 it serves me right*, me está bien empleado.
service ('se:vis) *s.* servicio; saque [de pelota en tenis]; *at your ~*, servidor de usted. *2* utilidad. *3* ayuda. *4* función religiosa: *funeral ~*, funerales. *5 mail ~*, servicio de correos. *6* reparación: *~ station*, estación de servicio.
serviceable ('sə:visəbl) *a.* servible. *2* útil. *3* duradero. *4* servicial.
servile ('se:vail) *a.* servil.
servitude ('se:vitju:d) *s.* servidumbre. *2* esclavitud.
session ('seʃən) *s.* sesión.
set (set) *s.* juego, servicio surtido, colección; grupo: *~ of chairs*, sillería. *2* ade-

rezo [de diamantes]. *3* equipo, cuadrilla. *4* clase, gente. *5* aparato [de radio, etc.]. *6* dirección; tendencia. *7* colocación; actitud, postura. *8* TEAT., CINEM. decoración. *9* TENIS set. *10 a.* resuelto, determinado. *11* fijo, inmóvil, firme: ~ ***price***, precio fijo. *12* reglamentario. *13* preparado, estudiado.

set (to) (set) *t.* poner, colocar, instalar. *2* destinar, fijar. *3* plantar, erigir. *4* preparar, arreglar. *5* poner [un reloj] en hora. *6* excitar [contra]. *7* dar [el tono]. *8* adornar; sembrar. *9* engastar [una joya]. *10* dar, atribuir [un valor, etc.]. *11* fijar, inmovilizar. *12* IMPR. componer. *13* CIR. encajar [un hueso]. *14* tender [una trampa, etc.]. *15* ***to ~ about***, poner a. *16* ***to ~ aside***, dejar a un lado. *17* ***to ~ back***, detener, atrasar [el reloj]. *18* ***to ~ down***, sentar; poner por escrito. *19* ***to ~ fire to***, pegar fuego a. *20* ***to ~ free***, libertar. *21* ***to ~ going***, poner en marcha. *22* ***to ~ off***, adornar; comparar; disparar. *23* ***to ~ out***, extender; proyectar. *24* MAR. ***to ~ sail***, hacerse a la vela. *25* ***to ~ up***, alzar; fundar; exponer. *26 i.* caer bien [una prenda]. *27* ponerse [un astro]. *28* dedicarse a, ponerse a. *29* fijarse [un color]; fraguar, solidificarse. *30* ***to ~ forth***, ponerse [en camino]. *31* ***to ~ off***, salir. *32* ***to ~ out for***, salir para. *33* ***to ~ up for***, hacerse pasar por. ¶ Pret. y p. p.: ***set*** (set); ger.: ***setting*** ('setiŋ).

set-back ('setbæk) *s.* revés, contrariedad, retroceso.

settee (se'ti:) *s.* canapé, sofá.

setting ('setiŋ) *s.* puesta [del sol]. *2* engaste [de una joya]. *3* escenario [de una narración]; ambiente; decorado [teatro]. *4* ~ ***up***, establecimiento.

settle ('setl) *s.* escaño, banco. *2* escalón.

settle (to) ('setl) *t.* colocar, establecer. *2* fijar, asegurar. *3* colonizar, poblar. *4* ordenar; arreglar. *5* ajustar [cuentas]; zanjar [una disputa]; decidir, resolver. *6* pagar [una deuda]. *7* sosegar, pacificar. *8 i.* establecerse, instalarse: ***to ~ down***, asentarse.

settlement ('setlmənt) *s.* establecimiento, instalación. *2* colonización; poblado. *3* ~ ***house***, casa de beneficencia. *4* dotación [de bienes, etc.]. *5* acomodo, empleo. *6* ajuste [de cuentas]. *7* arreglo, convenio.

settler ('setlə^r) *s.* poblador, colono.

seven ('sevn) *a.-s.* siete.

seventeen ('sevn'ti:n) *a.-s.* diecisiete.

seventeenth ('sevn'ti:nθ) *a.* decimoséptimo.

seventh ('sevnθ) *a.* séptimo.

seventieth ('sevntiəθ, -tiiθ) *a.-s.* septuagésimo.

seventy ('sevnti) *a.-s.* setenta.

sever (to) ('sevə^r) *t.-i.* separar(se; romper(se. *2 t.* cortar.

several ('sevrəl) *a.* varios, diversos. *2* diferentes, distintos.

severe (si'viə^r) *a.* severo. *2* grave, duro. *3* **-ly** *adv.* severamente.

severity (si'veriti) *s.* severidad. *2* rigor, dureza.

sew (to) (sou) *t.-i.* coser. ¶ Pret.: ***sewed*** (soud); p. p.: ***sewn*** (soun) o ***sewed***.

sewage ('sju:idʒ) *s.* aguas de albañal.

sewed (soud) V. TO SEW.

sewer (sjuə^r) *s.* alcantarilla, cloaca.

sewing (souiŋ) *s.* costura [acción de coser]: ~***machine***, máquina de coser.

sewn (soun) V. TO SEW.

sex (seks) *s.* sexo: ***the fair*** ~, el bello sexo.

sexual ('seksjuəl) *a.* sexual.

shabby ('ʃæbi) *a.* raído, gastado. *2* desaseado. *3* mezquino. *4* ruin, vil.

shack (ʃæk) *s.* (E. U.) cabaña.

shakle ('ʃækl) *s.* grillete, esposa. *2* traba, estorbo.

shade (ʃeid) *s.* sombra [de un árbol, etc.]. *2* matiz, tinte. *3* pantalla [de lámpara]. *4* visillo, cortina.

shade (to) (ʃeid) *t.* hacer o dar sombra. *2* resguardar de la luz. *3* proteger, esconder.

shadow ('ʃædou) *s.* espacio de sombra definida, oscuridad. *2* sombra [de un objeto; en pintura]. *3* espectro, imagen. *4* pizca, señal. *5* retiro, amparo.

shadow (to) ('ʃædou) *t.* sombrear; oscurecer. *2* espiar, seguir, seguir de cerca.

shaft (ʃɑ:ft) *s.* astil [de saeta, etc.]. *2* asta [de lanza, bandera]. *3* saeta. *4* fuste [de columna]; obelisco. *5* lanza, vara [de carruaje]. *6* MEC. árbol, eje. *7* pozo [de mina].

shaggy ('ʃægi) *a.* lanudo, peludo. *2* áspero. *3* desgreñado.

shake (ʃeik) *s.* meneo, sacudida. *2* temblor, estremecimiento. *3* apretón [de manos]. *4* ***milk*** ~, batido [de leche].

shake (to) (ʃeik) *t.* sacudir, agitar, blandir. *2* hacer temblar. *3* librarse de. *4* titubear; hacer vacilar. *5* impresionar. *6* ***to ~ hands***, darse la mano. *7* ***to ~ one's head***, decir que no con la cabeza. *8* ***to ~ with cold***, tiritar de frío. ¶ Pret.: ***shook*** (ʃuk); p. p.: ***shaken*** ('ʃeikən).

shaky ('ʃeiki) *a.* tembloroso, vacilante. *2* ruinoso, agrietado.

shall (ʃæl, ʃəl) *v. def. aux.* del futuro. En 1.as personas denota simple acción futura: en 2.as y 3.as, voluntad, intención, mandato: ***I shall go***, iré; ***he shall go***, tiene que ir. *2* SHOULD (ʃud, ʃəd) pret. de ***shall***. En 1.as personas, forma potencial; en 2.as y 3.as voluntad, intención, mandato: ***I should come***, vendría; ***you should come***, deberías venir.

shallow ('ʃælou) *a.* bajo, poco profundo. *2* superficial, frívolo. *3 s.* bajío.

sham (ʃæm) *s.* fingimiento. *2* imitación, cosa falsa. *3 a.* fingido, falso.

sham (to) (ʃæm) *t.-i.* fingir, simular.

shame (ʃeim) *s.* vergüenza, bochorno; pudor. *2* vergüenza, deshonra.

shame (to) (ʃeim) *t.* avergonzar. *2* afrentar.

shameful ('ʃeimful) *a.* vergonzoso. *2* **-ly** *adv.* vergonzosamente.

shampoo (ʃæm'pu:) *s.* champú.

shank (ʃæŋk) *s.* zanca, pierna.

shape (ʃeip) *s.* forma, figura. *2* cuerpo, estado; ***out of*** ~, deformado.

shape (to) (ʃeip) *t.* formar, dar forma a; modelar: ***to ~ one's life***, ajustar o disponer su vida.

shapeless ('ʃeiplis) *a.* informe. *2* deforme.

share (ʃεəʳ) *s.* parte, porción. *2* participación. *3* COM. acción.

share (to) (ʃεəʳ) *t.* distribuir, repartir. *2* ***to ~ in***, participar en; ***to thing with***, compartir una cosa con; ***to go shares with***, ir a medias con.

shareholder ('ʃεəˌhouldəʳ) *s.* COM. accionista.

shark (ʃɑ:k) *s.* ICT. y *fig.* tiburón. *2* estafador.

sharp (ʃɑ:p) *a.* agudo, aguzado, afilado, cortante, punzante. *2* puntiagudo. *3* escarpado. *4* áspero, duro, severo. *5* vivo, listo, astuto. *6* violento, impetuoso. *7* ***at ten o'clock*** ~, a las diez en punto.

sharpen (to) ('ʃɑ:pən) *t.* afilar, aguzar; amolar.

sharpness ('ʃɑ:pnis) *s.* agudeza; perspicacia. *2* aspereza. *3* mordacidad. *4* violencia, rigor.

shatter (to) ('ʃætəʳ) *t.* romper, hacer astillas.

shave (to) (ʃeiv) *t.-i.* afeitar(se. *2 t.* pasar rozando.

shaving ('ʃeiviŋ) *s.* afeitado: ~ ***brush***, brocha de afeitar. *2* ***wood shavings***, virutas.

shawl (ʃɔ:l) *s.* chal, mantón.

she (ʃi:, ʃi) *pron. pers.* ella. *2* hembra: ***she-ass***, borrica.

sheaf (ʃi:f), *pl.* **sheaves** (ʃi:vz) *s.* haz, gavilla.

shear (ʃiəʳ) *s.* esquileo. *2* lana esquilada. *3 pl.* cizalla.

shear (to) (ʃiəʳ) *t.* esquilar, trasquilar. ¶ P. p.: ***shorn*** (ʃɔ:n).

sheath (ʃi:θ) *s.* vaina, funda.

sheathe (to) (ʃi:ð) *t.* envainar, enfundar.

shed (ʃed) *s.* cobertizo, alpende. *2* hangar. *3* divisoria de aguas.

shed (to) (ʃed) *t.* verter, derramar. *2* lanzar, esparcir. *3 i.* mudar [la piel, etc.]. ¶ Pret. y p. p.: ***shed.***

sheen (ʃi:n) *s.* lustre, brillo.

sheep (ʃi:p) *s. sing.* y *pl.* carnero(s, oveja(s: ~ ***dog***, perro pastor.

sheer (ʃiəʳ) *a.* puro, mero. *2* completo, absoluto. *3* empinado, escarpado. *4* TEJ. fino, ligero. *5 adv.* completamente. *6* de golpe.

sheer (to) (ʃiəʳ) *t.-i.* desviar: ***to ~ off***, apartarse, huir de.

sheet (ʃi:t) *s.* lámina, plancha. *2* hoja [de papel]. *3* sábana [de cama].

shelf (ʃelf), *pl.* **shelves** (ʃelvz) *s.* anaquel, repisa; *pl.* estantería. *2* saliente de roca. *3* bajío.

shell (ʃel) *s.* ZOOL. concha, caparazón. *2* cáscara [de huevo, nuez, etc.]. *3* vaina [de guisantes, etc.]. *4* casco [de barco]. *5* bala [de cañón], bomba, granada.

shell (to) *t.* descascarar, mondar. *2* bombardear.

shellfish ('ʃelfiʃ) *s.* marisco(s.

shelter ('ʃeltəʳ) *s.* abrigo, refugio; albergue: ***to take*** ~, refugiarse.

shelter (to) ('ʃeltəʳ) *t.-i.* guarecer(se, abrigar(se.

shelve (to) (ʃelv) *t.* archivar; dar carpetazo a. *2 i.* estar en declive.

shelves (ʃelvz) *s. pl.* de ***shelf.***

shepherd ('ʃepəd) *s.* pastor, zagal.

sheriff ('ʃerif) *s.* alguacil mayor.

sherry ('ʃeri) *s.* vino de Jerez, jerez.

shield (ʃi:ld) *s.* escudo, adarga. *2* defensa.

shield (to) (ʃi:ld) *t.* proteger, escudar, defender.

shift (ʃift) *s.* recurso, maña. *2* tanda, turno [de obreros; de trabajo]. *3* cambio, desviación.

shift (to) (ʃift) *t.-i.* cambiar, mudar [de posición, etc.]; mover(se, trasladar(se. *2* usar subterfugios: ***to ~ for oneself***, arreglárselas.

shiftless ('ʃiftlis) *a.* inútil, perezoso.

shilling ('ʃiliŋ) *s.* chelín.

shimmer ('ʃiməʳ) *s.* luz trémula.

shimmer (to) ('ʃiməʳ) *i.* rielar, brillar débilmente.

shin (ʃin) *s.* espinilla [de la pierna].

shin (to) (ʃin) *i.-t.* trepar, subir.

shine (ʃain) *s.* brillo, resplandor, lustre.
shine (to) (ʃain) *i.* brillar, resplandecer, lucir. *2* pulir, lustrar [el calzado]. ¶ Pret. y p. p.: ***shone*** (ʃɔn).
shingle (ˈʃiŋgl) *s.* guijarro. *2* ripia [para techar]. *3* (E. U.) letrero de despacho. *4 pl.* MED. zoster, zona.
shining (ˈʃainiŋ) *a.* brillante, resplandeciente.
ship (ʃip) *s.* buque, barco: ~ ***builder***, ingeniero naval; ~ ***yard***, astillero.
ship (to) (ʃip) *t.-i.* embarcar(se. *2 t.* transportar, expedir.
shipment (ˈʃipmənt) *s.* cargamento, embarque.
shipping (ˈʃipiŋ) *s.* embarque, expedición.
shipwreck (ˈʃip-reck) *s.* naufragio: ***to be shipwrecked***, naufragar.
shire (ˈʃaiəʳ) *s.* (Ingl.) distrito, condado.
shirk (to) (ʃə:k) *t.* eludir, evitar. *2 i.* huir del trabajo.
shirt (ʃə:t) *s.* camisa [de hombre]: ***in one's ~ sleeves***, en mangas de camisa.
shiver (ˈʃivəʳ) *s.* temblor, escalofrío, estremecimiento.
shiver (to) (ˈʃivəʳ) *i.-t.* temblar, tiritar, estremecerse.
shoal (ʃoul) *s.* bajo, bajío, banco [de arena o de peces].
shock (ʃɔk) *s.* golpe, choque. *2* conmoción; sobresalto, susto. *3* ofensa. *4* MED. choque. *5* greña, maraña.
shock (to) (ʃɔk) *t.* chocar; ofender. *2* sobresaltar, causar impresión. *3* sacudir, conmover. *4* ***to be shocked***, asombrarse.
shocking (ˈʃɔkiŋ) *a.* chocante, ofensivo, escandaloso. *2* horrible.
shod (ʃɔd) V. TO SHOE.
shoe (ʃu:) *s.* zapato: ~ ***black***, limpiabotas; ~ ***polish***, betún; ***shoeohorn***, calzador.
shoe (to) (ʃu:) *t.* calzar; herrar [a un caballo]. ¶ Pret. y p. p.: ***shod*** (ʃɔd).
shoemaker (ˈʃu:ˌmeikəʳ) *s.* zapatero.
shone (ʃɔn) TO SHINE.
shock (ʃuk) V. TO SHAKE.
shoot (ʃu:t) *s.* BOT. vástago, retoño. *2* conducto inclinado [para carbón, etc.]. *3* cacería. *4* concurso de tiro [al blanco].
shoot (to) (ʃu:t) *t.* fusilar. *2* disparar [un tiro, una instantánea]. *3* echar [brotes]. *4* DEP. chutar. *5 i.* ir de caza. *6* ***to ~ down***, derribar. *7* ***to ~ up***, brotar [las plantas, etc.]. ¶ Pret. y p. p.: ***shot*** (ʃɔt).
shooting (ˈʃu:tiŋ) *s.* caza con escopeta. *2* tiro(s, tiroteo; fusilamiento. *3* CINEM. filmación, rodaje.
shop (ʃɔp) *s.* tienda, comercio, almacén; ~ ***assistant***, dependiente; ~ ***keeper***, tendero; ~ ***window***, escaparate.
shop (to) (ʃɔp) *i.* comprar [en tiendas]: ***to go shopping***, ir de compras.
shore (ʃɔ:ʳ) *s.* orilla [del mar, río, etc.], costa, playa, ribera: ***on ~***, en tierra.
shorn (ʃɔ:n) V. TO SHEAR.
short (ʃɔ:t) *a.* corto; breve, escaso, poco. *2* bajo [de estatura]. *3* seco, brusco. *4* ***to be ~ of***, estar falto o escaso de; ***to be ~***, para abreviar; ***to cut ~***, interrumpir bruscamente; ***to fall ~ of***, quedarse corto de; ***to run ~ of***, acabársele a uno algo; ~ ***cut***, atajo; ~ ***hand***, taquígrafo, taquigrafía; ~ ***sighted***, corto de vista. *5 adv.* brevemente, cortamente; ~ ***of***, excepto, si no. *6 s.* lo corto: ***for ~***, para abreviar; ***in ~***, en resumen; ~ ***for***, forma abreviada para. *7* CINEM. película corta. *8 pl.* pantalones cortos [para deporte].
shortage (ˈʃɔ:tidʒ) *s.* falta, escasez, carestía.
shorten (to) (ˈʃɔ:tn) *t.-i.* acortar(se, abreviar, reducir.
shortly (ˈʃɔ:tli) *adv.* brevemente. *2* luego, en breve: ~ ***before***, poco antes; ~ ***after***, poco después.
shot (ʃɔt) *a.* tornasolado, matizado. *2 s.* tiro, disparo. *3* bala; perdigones. *4* ***he is a good ~***, es un buen tirador. *5* tirada [en ciertos juegos]. *6* V. TO SHOOT.
shot-gun (ˈʃɔtgʌn) *s.* escopeta de caza.
should (ʃud, ʃed) V. TO SHALL.
shoulder (ˈʃouldəʳ) *s.* hombro. *2* codo [de un cuadrúpedo]; espaldilla [de cordero]. *3* parte saliente.
shoulder (to) (ˈʃouldəʳ) *t.* echar o llevar al hombro; cargar con. *2* empujar con el hombro.
shout (ʃaut) *s.* grito, griterío, exclamación.
shout (to) (ʃaut) *t.-i.* gritar, vocear. *2* vitorear.
shove (ʃʌv) *s.* empujón, empuje. *2* impulso.
shove (to) (ʃʌv) *t.i.* empujar, dar empujones. *2 i.* avanzar a empujones.
shovel (ˈʃʌvl) *s.* pala. *2* palada.
show (ʃou) *s.* presentación, exhibición. *2* exposición [artística, etc.]; ~ ***room***, sala de exposición. *3* espectáculo; función [de teatro, cine]. *4* ostentación, alarde: ***to make a ~ of***, hacer gala de. *5* ficción.
show (to) (ʃou) *t.* mostrar, enseñar, exhibir, lucir. *2* sacar, asomar. *3* hacer ver, demostrar. *4* revelar, descubrir. *5* indi-

car; dar [señales]. *6* acompañar: ~ ***him in***, hágale pasar. *7* ***to*** ~ ***how to***, enseñar a [hacer algo]. *8* ***to*** ~ ***up***, destacar. *9 i.* mostrarse, aparecer. *10* TEAT. actuar. *11* ***to*** ~ ***off***, fachendear, pavonearse. ¶ Pret.: ***showed*** (ʃoud); p. p.: ***shown*** (ʃoun) o ***showed***.

shower (ʃauəʳ) *s.* chubasco, chaparrón. *2* lluvia, copia, abundancia. *3* ~ ***bath***, ducha.

shown (ʃoun) V. TO SHOW.

showy (ˈʃoui) *a.* vistoso, ostentoso. *2* chillón, llamativo.

shrank (ʃræŋk) V. TO SHRINK.

shred (ʃred) *s.* tira, jirón, andrajo. *2* triza, fragmento.

shred (to) (ʃred) *t.* hacer tiras, jirones, trizas.

shrew (ʃru:) *s.* ZOOL. musaraña. *2* mujer de mal genio, arpía.

shrewd (ʃru:d) *a.* sagaz, listo, astuto. *2* **-ly** *adv.* sutilmente, astutamente.

shriek (ʃri:k) *s.* chillido, alarido.

shriek (to) (ʃri:k) *i.* chillar, gritar.

shrill (ʃril) *a.* agudo, penetrante, chillón.

shrill (to) (ʃril) *t.-i.* chillar.

shrimp (ʃrimp) *s.* ZOOL. camarón, quisquilla, gamba.

shrine (ʃrain) *s.* urna, relicario; capilla, santuario.

shrink (to) (ʃriŋk) *t.-i.* encoger(se, contraerse; disminuir. ¶ Pret.: ***shrank*** (ʃræŋk)o ***shrunk*** (ʃrʌŋk) ; p. p.: ***shrunk*** o ***shrunken*** (ˈʃrʌŋkən).

shrinkage (ˈʃriŋkidʒ) *s.* encogimiento, contracción.

shrivel (to) (ˈʃrivl) *t.-i.* arrugar(se, encoger(se, resecar(se.

shroud (ʃraud) *s.* mortaja, sudario.

shroud (to) (ʃraud) *t.* amortajar; ocultar.

shrub (ʃrʌb) *s.* arbusto.

shrug (to) (ʃrʌg) *t.-i.* encoger(se [de hombros].

shrunk (ʃrʌŋk) V. TO SHRINK.

shrunken (ʃrʌŋkən) TO SHRINK.

shuck (to) (ʃʌk) *t.* (E. U.) descascarar, pelar.

shudder (ˈʃʌdəʳ) *s.* temblor, estremecimiento.

shudder (to) (ˈʃʌdəʳ) *i.* estremecerse. *2* tiritar.

shuffle (to) (ˈʃʌfl) *t.* barajar [las cartas], revolver. *2* arrastrar los pies. *3* andar con evasivas.

shun (to) (ʃʌn) *t.* rehuir, esquivar, eludir.

shut (to) (ʃʌt) *t.* cerrar [una puerta, etc.]. *3* tapar, obstruir. *3* ***to*** ~ ***down***, cerrar una fábrica; ***to*** ~ ***off***, cortar [el gas, etc.]; ***to*** ~ ***up***, tapar; callarse. ¶ Pret. y p. p.: ***shut*** (ʃʌt); ger.: ***shutting***.

shutter (ˈʃʌtəʳ) *s.* postigo, contraventana. *2* FOT. obturador.

shy (ʃai) *a.* tímido, asustadizo. *2* retraído. *3* cauteloso, prudente. *4* **-ly** *adv.* tímidamente; con cautela.

shy (to) (ʃai) *i.* esquivar; asustarse; respingar [un caballo].

shyness (ˈʃainis) *s.* timidez. *2* vergüenza, recato. *3* cortedad.

sick (sik) *a.-s.* enfermo. *2* mareado. *3* ***the*** ~, los enfermos; ***to be*** ~ ***of***, estar harto de; ***he is*** ~, está enfermo, (Ingl.) está mareado.

sicken (to) (ˈsikn) *t.* enfermar, poner enfermo. *2* dar asco o náuseas. *3* hartar, empalagar. *4 i.* ponerse enfermo.

sickening (ˈsikniŋ) *a.* nauseabundo, repugnante. *2* lastimoso.

sickle (ˈsikl) *s.* hoz, segur.

sickly (ˈsikli) *a.* enfermizo, achacoso. *2* insaluble.

sickness (ˈsiknis) *s.* enfermedad. *2* náusea, mareo.

side (said) *s.* lado, costado: ***by the*** ~ ***of***, al lado de. *2* orilla, margen. *3* falda [de montaña]. *4* partido, bando: ***to take sides with***, tomar partido por. *5 a.* lateral; secundario: ~ ***door***, puerta lateral.

side (to) (said) *t.* ponerse o estar al lado de. *2 i.* ***to*** ~ ***with***, tomar partido por.

sideboard (ˈsaidbɔ:d) *s.* aparador, alacena.

sidelong (ˈsaidlɔŋ) *a.* lateral; oblicuo. *2* de soslayo. *3 adv.* lateralmente.

sidewalk (ˈsaid-wɔ:k) *s.* (E. U.) acera.

sideward(s (ˈsaidwəd, -z) *adv.* de lado, hacia un lado.

sideways (ˈsaid-weiz), **sidewise** (-waiz) *a.* dirigido hacia un lado. *2 adv.* de lado. *3* oblicuamente. *4* de soslayo.

siege (si:dʒ) *s.* sitio, asedio, cerco.

sieve (siv) *s.* cedazo, tamiz.

sift (to) (sift) *t.* cerner, tamizar, cribar.

sigh (sai) *s.* suspiro.

sigh (to) (sai) *i.* suspirar: ***to*** ~ ***for***, anhelar.

sight (sait) *s.* vista, visión [sentido, órgano; acción de ver]: ***at*** ~, ***on*** ~, a primera vista; ***by*** ~, de vista. *2* escena, espectáculo. *3* mira [de arma]. *4* ***what a*** ~!, ¡qué adefesio! *5* ***to see the sights***, ver los lugares de interés. *6* **-ly** *a.* vistoso, hermoso. *7 adv.* vistosamente, bellamente.

sight (to) (sait) *t.-i.* ver, mirar *2 t.* avistar.

sightseeing (ˈsaitˌsi:iŋ) *s.* turismo; visita de sitios interesantes.

sign (sain) *s.* signo, señal, indicio. *2* astro, vestigio. *3* ~ ***board***, cartel; tablero [para anuncios]; ***electric*** ~, anuncio luminoso.
sign (to) (sain) *t.-i.* firmar, rubricar. *2* contratar. *3* hacer señas.
signal ('signəl) *s.* señal, seña, signo. *2 a.* señalado, notable.
signalize (to) ('signəlaiz) *t.* distinguir, particularizar.
signatory ('signətəri) *s.-a.* firmante.
signature ('signətʃəʳ) *s.* firma, rúbrica.
significance, -cy (sig'nifikəns, -si) *s.* significación, significado. *2* importancia.
significant (sig'nifikənt) *a.* significativo, importante.
signify (to) ('signifai) *t.* significar. *2 i.* importar.
signpost ('sainpoust) *s.* poste indicador.
silence ('sailəns) *s.* silencio: ~ ***gives consent***, quien calla otorga. *2* reserva, secreto. *3 interj.* ¡silencio!
silence (to) ('sailəns) *t.* imponer silencio, hacer callar.
silent ('sailənt) *a.* silencioso; mudo: ***to be*** ~, callar, callarse. *2* **-ly** *adv.* silenciosamente.
silhouette (ˌsilu'et) *s.* silueta.
silk (silk) *s.* seda [materia, hilo, tejido]: ~ ***worm***, gusano de seda; ~ ***hat***, sombrero de copa. *2 pl.* sedería, géneros de seda.
silken ('silkən) *a.* de seda. *2* sedoso.
sill (sil) *s.* umbral. *2* antepecho [de ventana].
silliness ('silinis) *s.* tontería, simpleza.
silly ('sili) *a.* tonto, necio. *2* absurdo, disparatado. *3* rústico, sencillo.
silver ('silvəʳ) *s.* plata [metal, moneda; objetos]. *2 a.* de plata: ~ ***wedding***, bodas de plata; ~ ***work***, orfebrería.
silversmith ('silvə-smiθ) *s.* platero, orfebre.
silverware ('silvə-wɛəʳ) *s.* objetos de plata.
similar ('similəʳ) *a.* similar, semejante.
similarity (ˌsimi'læriti) *s.* semejanza, parecido.
simmer (to) ('siməʳ) *t.-i.* hervir a fuego lento.
simper ('simpəʳ) *s.* sonrisa boba.
simple ('simpl) *a.* simple. *2* sencillo. *3* llano [sin presunción]. *4* tonto, bobo. *5* ~ ***minded***, ingenuo. *6 s.* simplón.
simplicity (sim'plisiti) *s.* simplicidad. *2* sencillez. *3* llaneza. *4* ingenuidad. *5* simpleza.
simplify (to) ('simplifai) *t.* simplificar.
simply ('simpli) *adv.* simplemente; meramente.
simulate (to) ('simjuleit) *t.* simular; imitar.
simultaneous (ˌsiməl'teinjəs) *a.* simultáneo.
sin (sin) *s.* pecado.
sin (to) (sin) *i.* pecar.
since (sins) *adv.* desde, desde entonces. *2 prep.* desde, después de. *3 conj.* desde que, después que. *4* ya que, puesto que.
sincere (sin'siəʳ) *a.* sincero. *2* verdadero, real.
sincereness (sin'siənis) **sincerity** (sin'seriti) *s.* sinceridad, franqueza.
sinecure ('sainikjuəʳ) *s.* sinecura, prebenda.
sinew ('sinju:) *s.* ANAT. tendón. *2* fuerza muscular. *3* energía, nervio.
sinewy ('sinju(:)i) *a.* nervoso, nervudo. *2* fuerte, vigoroso.
sinful ('sinful) *a.* pecador, pecaminoso.
sing (to) (siŋ) *t.-i.* cantar: ***to*** ~ ***out of tune***, desafinar. ¶ Pret.: ***sang*** (sæŋ); p. p.: ***sung*** (sʌŋ).
singe (to) (sindʒ) *t.* chamuscar, socarrar.
singer ('siŋəʳ) *s.* cantante, cantor, cantatriz.
single ('siŋgl) *a.* único: ***not a*** ~ ... ni un solo... *2* célibe: ~ ***man***, soltero. *3* sencillo, simple. *4* individual.
single (to) ('siŋgl) *t.* ***to*** ~ ***out***, singularizar, distinguir; escoger.
singsong ('siŋ;sɔŋ) *s.* sonsonete. *2 a.* monótono.
singular ('siŋgjuləʳ) *a.* singular. *2* raro, estrafalario. *3 s.* GRAM. número singular.
sinister ('sinistəʳ) *a.* siniestro. *2* aciago, funesto.
sink (siŋk) *s.* sumidero. *2* fregadero.
sink (to) (siŋk) *t.-i.* hundir(se, sumergir(se, echar a pique; naufragar. *2* cavar [un pozo]. *3* clavar [los dientes, un poste, etc.]. *4* grabarse [en la memoria]. *5* ***to*** ~ ***down***, derrumbarse. *6* ponerse [el sol]. ¶ Pret.: ***sank*** (sæŋk)o ***sunk*** (sʌŋk); p. p.: ***sunk*** o ***sunken*** ('sʌŋkən).
sinner ('sinəʳ) *s.* pecador, pecadora.
sinuosity (ˌsinju'ɔsiti) *s.* sinuosidad, tortuosidad.
sinuous ('sinjuəs) *a.* sinuoso, tortuoso.
sip (sip) *s.* sorbo.
sip (to) (sip) *t.-i.* beber a sorbos.
sir (sə:ʳ, səʳ) *s.* señor: ***yes, sir***, sí, señor. *2* (Ingl.) tratamiento que se antepone al nombre de un caballero o baronet: ***Sir Winston Churchill.***
sire ('saiəʳ) *s.* señor [tratamiento del soberano]. *2* progenitor. *3* animal padre, semental.

siren ('saiərin, -rən) *s.* MIT. sirena. *2* mujer seductora. *3* sirena [pito].
sirloin ('sə:lɔin) *s.* solomillo, solomo.
sister ('sistə^r) *s.* hermana. *2* sor, monja. *3* enfermera. *4* ***sister-in-law***, cuñada, hermana política.
sit (to) (sit) *t.-i.* sentar(se; posarse [un pájaro]; estar sentado. *2* empollar [las gallinas]. *3* celebrar sesión. *4* sentar bien [un traje]. *5* ***to ~ down***, sentarse; establecerse. *6* ***to ~ for***, representar [un distrito]; servir de modelo. *7* ***to ~ on*** o ***upon***, deliberar sobre. *8* ***to ~ up***, incorporarse [en la cama]. ¶ Pret. y p. p.: ***sat*** (sæt).
site (sait) *s.* sitio, escenario [de algo]. *2* asiento, situación [de una población, etc.].
sitting ('sitiŋ) *s.* acción de sentarse o estar sentado. *2* sesión. *3* empolladura. *4 a.* sentado: *~ **room***, sala, estancia.
situation (ˌsitju'eiʃən) *s.* situación; posición. *2* colocación, empleo.
six (siks) *a.-s.* seis.
sixpence ('sikspəns) *s.* seis peniques.
sixteen ('siks'ti:n) *a.-s.* dieciséis.
sixteenth ('siks'ti:nθ) *a.-s.* decimosexto.
sixth (siksθ) *a.-s.* sexto.
sixtieth ('sikstiiθ) *a.-s.* sexagésimo.
sixty ('siksti) *a.-s.* sesenta.
size (saiz) *s.* medida, tamaño. *2* número [de calzado, etc.]: talla [de vestido].
size (to) (saiz) *t.* clasificar según tamaño. *2* ***to ~ up***, apreciar, avaluar. *3* encolar, aprestar.
sizeable ('saizəble) *a.* bastante grande, considerable.
sizzle (to) ('sizl) *i.* chirriar [al freírse, etc.].
skate (skeit) *s.* patín: ***ice*** *~*, patín de hielo; ***roller*** *~*, patín de ruedas.
skate (to) (skeit) *i.* patinar [sobre patines].
skein (skein) *s.* madeja, cadejo.
skeleton ('skelitn) *s.* esqueleto. *2* armazón. *3* esbozo, esquema. *4 ~ **key***, llave maestra.
sketch (sketʃ) *s.* boceto, apunte, croquis.
sketch (to) (sketʃ) *t.* esbozar, bosquejar, diseñar.
ski (ski:) *s.* esquí.
ski (to) (ski:) *i.* esquiar.
skid (to) (skid) *t.* hacer deslizar sobre maderos, etc. *2* patinar [una rueda].
skilful ('skilful) *a.* diestro, hábil, experto. *2* **-ly** *adv.* diestramente, hábilmente.
skill (skil) *s.* habilidad, destreza, maña.
skilled (skild) *a.* práctico; hábil, experto.
skim (to) (skim) *t.* espumar, desnatar. *2* examinar superficialmente.
skin (skin) *s.* piel, cutis, pellejo: ***by the ~ of one's teeth***, por un pelo. *2* odre. *3* cáscara, hollejo. *4* ***skin-deep***, superficial.
skin (to) (skin) *t.* desollar, despellejar. *2* desplumar. *3* pelar, mondar. *4* ***to ~ over***, cicatrizarse.
skip (skip) *s.* salto, brinco. *2* omisión.
skip (to) (skip) *t.* saltar, brincar. *2* omitir, pasar por alto.
skirmish ('skə:miʃ) *s.* escaramuza.
skirt (skə:t) *s.* falda, saya: ***under*** *~*, enaguas. *2* orilla, margen.
skirt (to) (skə:t) *t.-i.* bordear, rodear, circundar.
skit (skit) *s.* paso cómico; cuento satírico; burla.
skulk (to) (skʌlk) *i.* esconderse, acechar sin ser visto.
skull (skʌl) *s.* cráneo, calavera.
sky (skai) *s.* cielo, firmamento: *~ **blue***, azul celeste; *~ **light***, claraboya, tragaluz; *~ **scraper***, rascacielos.
skylark ('skailɑ:k) *s.* ORN. alondra.
slab (slæb) *s.* tabla, plancha, losa. *2* loncha, tajada.
slack (slæk) *a.* flojo; débil. *2* lento. *3* negligente, remiso. *4 s.* inactividad, calma. *5 pl.* pantalones anchos. *6* **-ly** *adv.* flojamente.
slacken (to) ('slækən) *t.* moderar, retardar. *2* aflojar. *3 i.* ser lento o negligente.
slag (slæg) *s.* escoria.
slain (slein) V. TO SLAY.
slake (to) (sleik) *t.-i.* apagar [la sed, la cal, etc.]. *2* mojar, refrescar.
slam (slæm) *s.* golpe, portazo.
slam (to) (slæm) *t.* cerrar de golpe: ***to ~ the door***, dar un portazo.
slander ('slɑ:ndə^r) *s.* calumnia, difamación.
slander (to) ('slɑ:ndə^r) *t.* calumniar, difamar.
slanderous ('slɑ:dərəs) *a.* calumniador, difamador.
slang (slæŋ) *s.* lenguaje popular. *2* jerga, argot.
slant (slɑ:nt) *s.* inclinación, oblicuidad; declive. *2* punto de vista.
slant (to) (slɑ:nt) *t.-i.* segar(se, inclinar(se.
slap (slæp) *s.* palmada; bofetón. *2* insulto, desaire.
slap (to) (slæp) *t.* pegar, abofetear.
slash (slæʃ) *s.* cuchillada, tajo.
slash (to) (slæʃ) *t.* acuchillar; hacer un corte en. *2* rebajar [sueldos, precios, etc.].
slate (sleit) *s.* pizarra.

slaughter ('slɔ:tə^r) *s.* matanza, carnicería: ~ ***house***, matadero.
slaughter (to) ('slɔ:tə^r) *t.* matar. *2* sacrificar [reses].
Slav (slæv, slɑ:v) *a.-s.* eslavo.
slave (sleiv) *s.* esclavo: ~ ***trade***, trata de esclavos.
slavery ('sleivəri) *s.* esclavitud, servidumbre.
slay (to) (slei) *t.* matar. ¶ Pret.: ***slew*** (slu:); p. p.: ***slain*** (slein).
sled (sled), **sledge** (sledʒ) *s.* trineo, rastra.
sleek (sli:k) *a.* liso, bruñido. *2* zalamero.
sleek (to) (sli:k) *t.* pulir, alisar.
sleep (sli:p) *s.* sueño; descanso; ~ ***walker***, sonámbulo. *2* muerte.
sleep (to) (sli:p) *i.* dormir: ***to ~ like a lop***, dormir como un lirón. *2 t.* ***to ~ away*** o ***out***, pasar [un tiempo durmiendo]. ¶ Pret. y p. p.: ***slept*** (slept).
sleepiness ('sli:pinis) *s.* somnolencia, sueño.
sleeping ('sli:piŋ) *a.* dormido: ~***car***, coche cama; ~ ***pills***, píldoras para dormir.
sleeplessness ('sli:p-lisnis) *s.* insomnio.
sleepy ('sli:pi) *a.* soñoliento: ***to be*** ~, tener sueño.
sleeve (sli:v) *s.* manga [de vestido]: ***to laugh up one's*** ~, reírse con disimulo.
sleigh (slei) *s.* trineo: ~ ***bell***, cascabel.
sleight (slait) *s.* destreza, habilidad: ~ ***of hand***, juego de manos.
slender ('slendə^r) *a.* delgado, esbelto. *2* tenue. *3* escaso. *4* frugal.
slept (slept) V. TO SLEEP.
sleuth (slu:θ) *s.* sabueso. *2* (E. U.) detective.
slew (slu:) V. TO SLAY.
slice (slais) *s.* rebanada, lonja, rodaja.
slice (to) (slais) *t.* rebanar. *2* tajar, cortar.
slick (slik) *a. fam.* mañoso. *2* astuto, meloso. *3* liso, lustroso. *4 s.* lugar aceitoso en el agua.
slick (to) (slik) *t.* alisar, pulir. *2 i.* acicalarse.
slid (slid) V. TO SLIDE.
slide (slaid) *s.* corrimiento de tierra; falla. *2* MEC. corredera, ranura. *3* ÓPT. diapositiva.
slide (to) (slaid) *i.-t.* resbalar, deslizarse. ¶ Pret. y p. p.: ***slid*** (slid).
slight (slait) *a.* ligero, leve. *2* pequeño, insignificante. *3* delgado, delicado. *4 s.* desaire, desprecio. *5* **-ly** *adv.* ligeramente, levemente.
slight (to) (slait) *t.* despreciar. *2* desairar.
slim (slim) *a.* delgado, esbelto. *2* pequeño. *3* baladí. *4* hábil. *5* **-ly** *adv.* esbeltamente; escasamente.
slime (slaim) *s.* limo. *2* viscosidad.
slimy ('slaimi) *a.* fangoso. *2* viscoso.
sling (sliŋ) *s.* honda. *2* portafusil.
sling (to) (sliŋ) *t.* tirar con honda. *2* lanzar: ***to ~ a rifle over one's shoulder***, echarse el rifle al hombro. ¶ Pret. y p. p.: ***slung*** (slʌŋ).
slink (to) (sliŋk) *i.* andar furtivamente: ***to ~ away***, escurrirse. ¶ Pret. y p. p.: ***slunk*** (slʌŋk).
slip (slip) *s.* resbalón. *2* desliz, tropiezo, error. *3* huida, esquinazo. *4* tira [trozo estrecho]; trozo de papel. *5* funda [de mueble, etc.]. *6* combinación [de mujer]. *7 a.* ~ ***knot***, nudo corredizo.
slip (to) (slip) *t.-i.* resbalar(se, deslizar(se. *2* cometer un desliz, equivocarse. *3* dislocarse [un hueso]. *4* borrarse de la memoria. *5* pasar por alto. *6* ***to ~ away*** o ***off***, escabullirse. *7* ***to ~ into***, introducirse.
slipper ('slipə^r) *s.* zapatilla, babucha.
slippery ('slipəri) *a.* resbaladizo. *2* huidizo. *3* astuto.
slit (slit) *s.* abertura estrecha, corte, hendedura.
slit (to) (slit) *t.* hender, cortar, dividir. ¶ Pret. y p. p.: ***slit.***
slogan ('slougən) *s.* eslogan, lema.
slop (slɔp) *s.* fango, suciedad. *2* agua sucia, desperdicios.
slop (to) (slɔp) *t.* ensuciar, salpicar.
slope (sloup) *s.* cuesta, pendiente. *2* falda, ladera. *3* GEOGR. vertiente.
slope (to) (sloup) *i.* inclinarse, estar en declive. *2 t.* inclinar, sesgar.
sloping ('sloupiŋ) *a.* inclinado, pendiente. *2* **-ly** *adv.* en declive.
sloppy (slɔpi) *a.* sucio, lodoso. *2* desaseado. *3* mal hecho [vestido].
slot (slɔt) *s.* hendedura, abertura: ~ ***machine***, tragaperras. *2* pista, rastro.
sloth (slouθ) *s.* pereza, galvana. *2* ZOOL. perezoso.
slouch (slautʃ) *s.* pers. desmañada, perezosa. *2* inclinación, caída, perezosa. *2* inclinación, caída. *3 a.* caído, gacho.
slouch (to) (slautʃ) *i.* andar agachado o alicaído. *2* repantigarse [en una silla, etc.].
slovenly ('slʌvnli) *a.* desaliñado, desaseado. *2 adv.* desaliñadamente.
slow (slou) *a.* lento, tardo. *2* torpe: ~ ***witted***, cerrado de mollera. *3* atra-

sado; ***the watch goes*** ~, el reloj atrasa. *4 adv*. lentamente, despacio. *5* **-ly** *adv*. despacio, lentamente.

slow (to) (slou) *t.-i.* retardar [el paso].

slowness ('slounis) *s.* lentitud. *2* cachaza. *3* torpeza, pesadez.

slug (slʌg) *s.* ZOOL. babosa. *2* bala, posta.

slug (to) (slʌg) *t.* pasar [un tiempo] ocioso. *2* aporrear, apuñear. *3 i.* andar despacio.

sluggish ('slʌgiʃ) *a.* flojo, indolente. *2* lento. *3* COM. encalmado. *4* **-ly** *adv*. perezosamente, lentamente.

slump (slʌm) *s.* barrio miserable; barrio bajo.

slumber ('slʌmbəʳ) *s.* sueño.

slumber (to) ('slʌmbəʳ) *i.* dormitar. *2* dormirse.

slum (*sl*ʌm) *s.* hundimiento, desplome.

slump (to) (slʌmp) *i.* caer, desplomarse.

slung (slʌŋ) V. TO SLING.

slunk (slʌŋk) V. TO SLINK.

slur (slə:ʳ) *s.* mancha, borrón.

slur (to) (slə:ʳ) *t.* manchar. *2* pasar por alto.

slushy ('slʌʃi) *a.* fangoso. *2* empalagosamente sentimental.

sly (slai) *a.* astuto, socarrón. *2* travieso. *3* furtivo: ***on the*** ~, a hurtadillas. *4* **-ly** *adv*. astutamente.

slyness ('slai-nis) *s.* astucia, disimulo.

smack (smæk) *s.* sabor, gustillo. *2* poquito, algo. *3* restallido, chasquido, golpe.

smack (to) (smæk) *i.* ***to*** ~ ***of***, tener un gustillo de. *2 i.-t.* chasquear el látigo; chuparse los dedos; besar sonoramente. *3 t.* dar un manotazo a.

small (smɔ:l) *a.* pequeño, chico; insignificante: ~ ***change***, dinero suelto; ***in a*** ~ ***way***, en pequeña escala. *2* menor: ~ ***game***, caza menor. *3* bajo [estatura].

smallness ('smɔ:lnis) *s.* pequeñez. *2* baja estatura. *3* ruindad.

smallpox ('smɔ:l-pɔks) *s.* MED. viruelas.

smart (smɑ:t) *a.* elegante: ***the*** ~ ***set***, la gente distinguida. *2* listo, astuto: ~ ***remark***, observación aguda. *3* fuerte, violento. *4 s.* punzada, escozor. *5* dolor. *6* **-ly** *adv*. vivamente; agudamente; con elegancia.

smart (to) (smɑ:t) *i.* escocer, doler.

smash (smæʃ) *s.* rotura, destrozo. *2* choque [de vehículos, etc.], golpe violento. *3* fracaso, bancarrota.

smash (to) (smæʃ) *t.-i.* romper(se, destrozar(se. *2* quebrar, arruinar(se, destruir(se.

smashing ('smæʃiŋ) *a.* coll. estupendo.

smatter (smætəʳ), **smattering** (-riŋ) *s.* barniz, tintura; conocimiento superficial.

smear (smiəʳ) *s.* embadurnamiento, mancha.

smear (to) (smiəʳ) *t.* embadurnar, untar, manchar.

smell (smel) *s.* olfato [sentido]. *2* olor.

smell (to) (smel) *t.* oler [percibir con el olfato]. *2* olfatear, husmear: ***to*** ~ ***a rat***, sospechar algo malo. *3 i.* oler [exhalar olor]: ***to*** ~ ***of***, oler a. ¶ Pret. y p. p.: ***smelt*** (smelt).

smelt (to) (smelt) *t.* fundir [minerales]. *2* extraer [metal] por fusión. *3 pret.* y p. p. de TO SMELL.

smile (smail) *s.* sonrisa.

smile (to) (smail) *i.* sonreír(se.

smirk (to) (smə:k) *i.* sonreír(se afectadamente.

smite (to) (smait) *t.* golpear, herir. *2* asolar. *3* remorder [la conciencia]. ¶ Pret.: ***smote*** (smout); p. p.: ***smiten*** ('smitn).

smith (smiθ) *s.* forjador. *2* el que trabaja en metales; herrero.

smithy ('smiði) *s.* forja, herrería.

smitten (smitn) V. TO SMITE.

smog (smɔg) *s.* niebla mezclada con humo.

smoke (smouk) *s.* humo: ~ ***-screen***, cortina de humo; ***to have a*** ~, fumar; ~***-stack***, chimenea.

smoke (to) (smouk) *t.-i.* fumar. *2* ahumar. *3* echar humo.

smoking ('smoukiŋ) *a.* de fumar: ~***car***, vagón para fumadores; ~***room***, cuarto de fumar; ***no*** ~, se prohíbe fumar.

smoky ('smouki) *a.* humeante; ahumado; lleno de humo.

smooth (smuð) *a.* liso, terso. *2* llano, igual. *3* fácil. *4* blando, suave. *5* plácido. *6* afable, lisonjero. *7* **-ly** *adv*. lisamente, etc.

smooth (to) (smu:ð) *t.* alisar, allanar. *2* cepillar, pulir. *3* facilitar [las cosas]. *4* suavizar. *5* calmar.

smoothness ('smuðnis) *s.* lisura. *2* suavidad. *3* afabilidad.

smote (smout) V. TO SMITE.

smother (to) ('smʌðəʳ) *t.-i.* ahogar(se; sofocar(se; asfixiar(se.

smug (smʌg) *a.* presumido, relamido. *2* **-ly** *adv*. pulidamente, etc.

smuggle (to) ('smʌgl) *t.* pasar de contrabando.

smut (smʌt) *s.* suciedad, mancha. *2* obscenidad.

smut (to) (smʌt) *t.* ensuciar, manchar.

snack (snæk) *s.* bocado, tentempié, comida ligera.
snag (snæg) *s.* tocón. *2* raigón. *3* obstáculo imprevisto; tropezón.
snail (sneil) *s.* caracol; babosa.
snake (sneik) *s.* culebra, serpiente.
snake (to) (sneik) *i.* arrastrarse sinuosamente, serpentear.
snap (snæp) *s.* chasquido. *2* castañeta [con los dedos]. *3* mordisco. *4* energía, vigor. *5* ~ ***shot***, foto instantánea.
snap (to) (snæp) *t.-i.* chasquear, romper(se con estallido. *2* arrebatar. *3* tirar un bocado a; responder con acritud. *4* hacer una instantánea.
snare (snɛəʳ) *s.* lazo, armadijo. *2* celada, trampa.
snare (to) (snɛəʳ) *t.* atrapar; hacer caer en una trampa.
snarl (snɑ:l) *s.* gruñido; regaño. *2* enredo, maraña.
snarl (to) (snɑ:l) *i.* regañar; gruñir. *2 t.-i.* enredar(se, enmarañar(se.
snatch (snætʃ) *s.* acción de arrebatar. *2* trozo, pedacito. *3* rato: ***by snatches***, a ratos.
snatch (to) (snætʃ) *t.* coger, arrebatar, quitar.
sneak (sni:k) *s.* persona ruin, solapada.
sneak (to) (sni:k) *t.-i.* andar u obrar furtivamente: ***to ~ in***, meter(se a escondidas; ***to ~ out, off, away***, salir o llevar(se [algo] a escondidas. *2* hurtar, ratear.
sneer (sniəʳ) *s.* sonrisa o gesto desdeñoso; burla, mofa.
sneer (to) (sniəʳ) *i.* reírse con burla o desprecio; burlarse. | Gralte. con ***at***.
sneeze (sni:z) *s.* estornudo.
sneeze (to) (sni:z) *i.* estornudar.
sniff (snif) *s.* olfato, husmeo. *2* sorbo [por las narices].
sniff (to) (snif) *t.* olfatear, husmear. *2 i.* sorberse los mocos.
snip (snip) *s.* incisión, tijeretazo. *2* recorte.
snip (to) (snip) *t.* cortar, recortar [con tijeras].
snivel (to) ('snivl) *i.* moquear. *2* gimotear, hacer pucheros.
snob (snɔb) *s.* esnob [persona con pretensiones sociales].
snobbery ('snɔbəri) *s.* esnobismo. *2* orgullo, presunción.
snooze (to) (snu:z) *i.* dormitar, sestear.
snore (to) (snɔ:ʳ) *i.* roncar.
snort (to) (snɔ:t) *i.* resoplar, bufar.
snout (snaut) *s.* trompa [del elefante]. *2* hocico, morro.
snow (snou) *s.* nieve: ~ ***storm***, tempestad de nieve: ~***-drift***, ventisquero: ~***flake***, copo de nieve; ~***fall***, nevada.
snow (to) (snou) *i.* nevar.
snub (snʌb) *s.* repulsa, desaire. *2* ~ ***nosed***, chato.
snub (to) (snʌb) *t.* reprender, desairar.
snuff (snʌf) *s.* rapé, tabaco en polvo.
snuff (to) (snʌf) *t.* oler; absorber por la nariz. *2* olfatear, husmear. *3* despabilar [una vela].
snuffle (to) ('snʌfl) *i.* respirar con la nariz obstruida. *2* ganguear.
snug (snʌg) *a.* cómodo, abrigado. *2* ajustado, apretado.
so (sou) *adv.* así; eso, lo mismo: ***I hope ~***, así lo espero. *2* ~ ***that***, para que. *3* tan, tanto: ~ ***good***, tan bueno. *4* y así, por tanto. *5 conj.* con tal que; para que. *6* ***and ~ forth***, etcétera; ~ ***far as***, hasta; ~ ***long***, hasta la vista; ~ ***much***, tanto; ~ ***many***, tantos; ***so-so***, regular; ***so-and-so***, fulano [de tal]; ~ ***far***, hasta ahora, hasta aquí; ~ ***to say***, o ***to speak***, por decirlo así.
soak (souk) *s.* remojo, remojón. *2* borrachín.
soak (to) (souk) *t.-i.* remojar(se, empapar(se: ***to be soaked through***, estar calado hasta los huesos.
soap (soup) *s.* jabón: ~ ***dish***, jabonera; ~ ***flakes***, escamas de jabón.
soap (to) (soup) *t.* jabonar. *2* dar jabón, adular.
soar (to) (sɔ:ʳ, sɔəʳ) *i.* elevarse, remontarse.
sob (sɔb) *s.* sollozo; suspiro.
sob (to) (sɔb) *i.* sollozar; suspirar.
sober ('soubəʳ) *a.* sobrio; abstemio. *2* sereno, templado. *3* serio. *4* discreto [color]. *5* **-ly** *adv.* sobriamente, serenamente.
soberness ('soubənis) *s.* sobriedad, seriedad.
sobriety (sou'braiəti) *s.* sobriedad, cordura.
sobriquet ('soubrikei) *s.* apodo, mote.
so-called ('sou'kɔ:ld) *a.* llamado, supuesto; pseudo.
sociable ('souʃəbl) *a.* sociable, tratable.
social ('souʃəl) *a.* social: ~ ***security***, seguro social. *2* sociable. *3 s.* reunión social.
socialism ('souʃəlizəm) *s.* socialismo.
society (sə'saiəti) *s.* sociedad. *2* compañía.
sock (sɔk) *s.* calcetín. *2* golpe, puñetazo.
socket ('sɔkit) *s.* hueco en que encaja algo; cuenca [del ojo]; alvéolo [de diente]; enchufe.

sod (sɔd) *s.* césped. *2* terrón; turba.
sodden ('sɔdn) *a.* mojado, empapado.
sofa ('soufə) *s.* sofá.
soft (sɔft) *a.* blando, maleable, fofo. *2* muelle, suave, delicado. *3* dulce, grato. *4* tierno. *5* débil [de carácter]. *6* perezoso. *7 adv.* blandamente, suavemente; callandito, quedito.
soften (to) ('sɔfn) *t.-i.* ablandar(se, suavizar(se.
softness ('sɔftnis) *s.* suavidad, blandura. *2* dulzura. *3* molicie.
soil (sɔil) *s.* tierra, terreno. *2* suelo, país. *3* suciedad; mancha.
soil (to) (sɔil) *t.* ensuciar, manchar.
sojourn ('sɔdʒe:n) *s.* estancia, estada.
sojourn (to) ('sɔdʒe:n) *i.* estar, residir [por una temporada].
solace ('sɔləs) *s.* consuelo, alivio. *2* solaz.
solace (to) ('sɔləs) *t.* consolar, aliviar. *2* solazar.
sold (sould) V. TO SELL.
solder (to) ('sɔldəʳ) *t.* soldar. *2* unir.
soldier ('souldʒəʳ) *s.* soldado.
sole (soul) *s.* planta [del pie]; palma [del casco del caballo]. *2* suela [del zapato]. *3* suelo, base. *4* ICT. lenguado. *5 a.* solo, único: ~ ***right***, exclusiva. *6* **-ly** *adv.* solamente, únicamente.
solemn ('sɔləm) *a.* solemne.
solemnity (sə'lemniti) *s.* solemnidad.
solemnize (to) ('sɔləmnaiz) *t.* solemnizar.
solicit (to) (sə'lisit) *t.* solicitar. *2* rogar. *3* inducir, incitar.
solicitor (sə'lisitəʳ) *s.* especie de abogado o procurador.
solicitous (sə'lisitəs) *a.* solícito, cuidadoso, ansioso.
solicitude (sə'lisitju:d) *s.* solicitud, cuidado.
solid ('sɔlid) *a.* sólido. *2* macizo. *3* duro, firme.
solidify (to) (sə'lidifai) *t.-i.* solidificar. *2* consolidar.
solidity (sə'liditi) *s.* solidez. *2* seriedad, solvencia.
soliloquy (sə'liləkwi) *s.* soliloquio.
solitary ('sɔlitəri) *a.* solitario. *2* solo, único.
solitude ('sɔlitju:d) *s.* soledad, retiro.
soluble ('sɔljubl) *a.* soluble.
solution (sə'lu:ʃən) *s.* solución.
solve (to) (sɔlv) *t.* resolver, aclarar.
somber, sombre ('sɔmbəʳ) *a.* obscuro, sombrío.
some (sʌm, səm) *a.-pron.* algún, algunos; un, unos; alguna persona. *2* algo de, un poco de.
somebody ('sʌmbədi) *pron.* alguien, alguno: ~ ***else***, algún otro.
somehow ('sʌmhau) *adv.* de algún modo.
someone ('sʌmwʌn) *pron.* SOMEBODY.
somersault ('sʌməsɔ:lt) *s.* salto mortal.
something ('sʌmθiŋ) *s.* algo, alguna cosa. *2* persona o cosa de importancia.
sometime ('sʌmtaim) *adv.* algún día, alguna vez.
sometimes ('sʌmtaimz) *adv.* algunas veces, a veces.
somewhat ('sʌmwɔt) *s.* algo, un poco. *2 adv.* algo, algún tanto; en cierto modo.
somewhere ('sʌmwɛəʳ) *adv.* en alguna parte.
son (sʌn) *s.* hijo; descendiente [varón]. *2* ***son-in-law***, yerno.
song (sɔŋ) *s.* canto [acción de cantar]. *2* MÚS., LIT. canción, canto, copla, cantar: ***the Song of Songs***, el Cantar de los Cantares.
son-in-law ('sʌninlɔ:) *s.* yerno.
sonnet ('sɔnit) *s.* LIT. soneto.
sonorous (sə'nɔ:rəs) *a.* sonoro; armonioso; resonante.
soon (su:n) *adv.* pronto, luego; temprano: ***as*** ~ ***as***, tan pronto como; ~ ***after***, poco después. *2* prontamente.
sooner (su:nəʳ) *adv. comp.* de SOON.: más pronto más temprano: ~ ***or later***, tarde o temprano.
soot (sut) *s.* hollín.
soothe (to) (su:ð) *t.* aliviar, calmar. *2* apaciguar. *3* halagar.
soothsayer ('su:θ,seiəʳ) *s.* adivino.
sophism ('sɔfizəm) *s.* sofisma.
sophisticated (sə'fistikietid) *a.* sofisticado. *2* artificial, refinado, mundano.
soporific (,soupə'rifik) *a.-s.* soporífero.
soprano (sə'prɑ:nou) *s.* MÚS. soprano, tiple.
sorcerer ('sɔ:sərəʳ) *s.* hechicero, brujo, encantador.
sorcery ('sɔ:səri) *s.* hechicería. *2* hechizo.
sordid ('sɔ:did) *a.* sórdido. *2* bajo, vil.
sore (sɔ:ʳ, sɔəʳ) *a.* dolorido, inflamado: ***to have a*** ~ ***throat***, tener mal de garganta; ~ ***eyes***, mal de ojos. *2* afligido, apenado. *3* ofendido [con ***at***]. *4 s.* herida, llaga. *5* **-ly** *adv.* penosamente.
sorrow ('sɔrou) *s.* dolor, pesar, sentimiento. *2* arrepentimiento.
sorrow (to) ('sɔrou) *i.* afligirse.
sorry ('sɔri) *a.* afligido, pesaroso, triste: ***I am*** ~, lo siento; ***I am*** ~ ***for him***, le compadezco. *2* arrepentido. *3* raquítico; ruin.
sort (sɔ:t) *s.* clase, especie, suerte: ***a*** ~ ***of***, una especie de. *2* modo, manera: ***in a***

~, en cierto modo. *3* ~ ***of***, algo, un tanto.

sort (to) (sɔ:t) *t.* ordenar, clasificar. *2* escoger, entresacar.

sough (to) (sau) *t.* murmullar, susurrar [el viento].

sought (sɔ:t) V. TO SEEK.

soul (soul) *s.* alma [en todos sus sentidos, menos en los de hueco, madero o pieza interior]: ***not a*** ~, nadie, ni un alma.

sound (saund) *a.* sano: ~ ***of mind***, en su cabal juicio. *2* ileso, incólume. *3* cuerdo, sensato. *4* sólido, seguro. *5* bueno, fuerte. *6* fiel, leal. *7* profundo [sueño]. *8* ~ ***film***, película sonora; ~ ***wave***, FÍS. onda sonora. *9 s.* son, sonido. *10* brazo de mar; ría.

sound (to) (saund) *i.* sonar. *2* resonar, divulgarse. *3 t.* tocar, tañer [un instrumento]. *4* entonar [alabanzas]. *5* auscultar. *6* sondear.

sounding ('saundiŋ) *a.* sonor: ***high*** ~, rimbombante. *2 s.* sonda.

soundness ('saundnis) *s.* solidez. *2* cordura, rectitud. *3* ~ ***of body***, buena salud.

soup (su:p) *s.* sopa.

sour ('sauəʳ) *a.* ácido, agrio. *2* rancio; fermentado. *3* verde [fruta]. *4* áspero, desabrido, huraño. *5* **-ly** *adv.* agriamente; ásperamente.

sour (to) ('sauəʳ) *t.-i.* agriarse. *2* enranciarse, fermentar.

source (sɔ:s) *s.* fuente, manantial: ***to have from a good*** ~, saber de buena tinta.

sourness ('sauənis) *s.* acidez. *2* acritud, desabrimiento.

south (sauθ) *s.* sur, mediodía. *2 a.* del sur, meridional: ***South America***, América del Sur; ***South Pole***, Polo Sur.

sounthern ('sʌðən) *a.* del sur, meridional.

souvenir ('su:vəniəʳ) *s.* recuerdo.

sovereign ('sɔvrin) *a.* soberano. *2* supremo, sumo. *3 s.* soberano [monarca: moneda].

soviet ('souviet) *s.* soviet. *2 a.* soviético: ***Soviet Union***, Unión Soviética.

1) **sow** (sau) *s.* cerda, marrana.

2) **sow (to)** (sou) *t.* sembrar. ¶ Pret.: ***sowed*** (soud); p. p.: ***sown*** (soun) o ***sowed.***

spa (spɑ:) *s.* balneario.

space (speis) *s.* espacio. *2* trecho, distancia. *3* plaza, sitio. *4* oportunidad.

space (to) (speis) *t.* espaciar.

spacious ('speiʃəs) *a.* espacioso; vasto. *2* amplio. *3* **-ly** *adv.* ampliamente, dilatadamente.

spade (speid) *s.* laya, pala [para remover la tierra].

span (spæn) *s.* palmo, llave de la mano. *2* extensión, trecho, espacio, lapso; instante. *3* luz [de un arco]; ojo [de puente]. *4* envergadura [de avión]. *5 pret.* de TO SPIN.

spangle (spæŋgl) *s.* lentejuela; cosa brillante. *2* destello.

Spaniard ('spænjəd) *s.* español.

Spanish ('spæniʃ) *a.* español, hispano, hispánico: ~ ***shawl,*** mantón de Manila. *2 s.* lengua española o castellana. *3 pl.* ***the Spanish***, los españoles.

spank (to) (spæŋk) *t.* azotar, dar nalgadas. *2 i.* correr, galopar.

spanner ('spænəʳ) *s.* MEC. llave de tuerca, llave inglesa.

spar (spɑ:ʳ) *s.* pértiga. *2* hurgonazo. *3* combate de boxeo.

spar (to) (spɑ:ʳ) *i.* hacer movimientos de ataque y defensa con los puños [como en el boxeo]. *2* reñir, disputar.

spare (spɛəʳ) *a.* de repuesto, de recambio; sobrante; libre, disponible. *2* flaco, enjuto. *3* sobrio, frugal. *4* **-ly** *adv.* económicamente, parcamente.

spare (to) (spɛəʳ) *t.* ahorrar, economizar; evitar, excusar: ***to have*** [***something***] ***to*** ~, tener [algo] de sobra. *2* prescindir de, pasar sin. *3* perdonar, hacer gracia de.

sparing ('spɛəriŋ) *a.* económico, parco, sobrio. *2* escaso. *3* clemente. *4* **-ly** *adv.* económicamente; con clemencia.

spark (spɑ:k) *s.* chispa: centella, chispazo: ~ ***plug***, bujía [del motor].

spark (to) (spɑ:k) *i.* chispear, echar chispas.

sparkle (pɑ:kl) *s.* chispa, destello, brillo, centelleo. *2* viveza, animación.

sparkling ('spɑ:kliŋ) *a.* chispeante, rutilante, brillante: ~ ***wine***, vino espumoso.

sparrow ('spærou) *s.* gorrión, pardal.

sparse (spɑ:s) *a.* escaso; ralo [pelo]; frugal.

spasm ('spæzəm) *s.* espasmo.

spat (spæt) V. TO SPIT.

spat (to) (spæt) *t.-i.* (E. U.) reñir, disputar. *2* golpear ligeramente.

spatter (to) ('spætəʳ) *t.* salpicar. *2 i.* caer gotas gruesas.

speak (to) (spi:k) *i.* hablar: ***to*** ~ ***out***, hablar claro; ***to*** ~ ***through the nose***, ganguear; ***so to*** ~, por decirlo así. *2 t.* hablar, decir, expresar: ***to*** ~ ***one's mind***, decir lo que uno piensa. *3* hablar [una lengua]. ¶ Pret.: ***spoke*** (spouk); p. p.: ***spoken*** ('spoukən).

speaker ('spi:kəʳ) *s.* el que habla. *2* orador. *3* presidente [de una asamblea]. *4* RADIO locutor.

spear (spiəʳ) *s.* lanza, venablo. *2* arpón [para pescar]. *3* tallo, caña [de hierba].

spear (to) (spiəʳ) *t.* alancear. *2* atravesar con arpón.

special ('speʃəl) *a.* especial. *2* particular, peculiar. *3* ~ ***delivery***, correo urgente. *4 s.* tren, autobús, etc., especial. *5* carta urgente. *6* **-ly** *adv.* especialmente; singularmente.

specialist ('speʃəlist) *a.-s.* especialista.

specialize (to) ('speʃəlaiz) *t.-i.* especializar(se. *2* detallar.

species ('spi:ʃi:z) *s.* especie [imagen; apariencia]. *2* clase, suerte. *3* género humano.

specific(al (spi'sifik, -əl) *a.* específico. *2* preciso. *3* característico. *4 s.* FARM. específico.

specify (to) ('spesifai) *t.* especificar, detallar.

specimen ('spesimin) *s.* espécimen, muestra.

specious ('spi:ʃəs) *a.* especioso, engañoso.

speck (spek) *s.* manchita; motita. *2* pizca, átomo.

speck (to) (spek) *t.* manchar, motear.

speckle ('spekl) *s.* manchita.

spectacle ('spektəkl) *s.* espectáculo. *2 pl.* gafas, anteojos.

spectacular (spek'tækjuləʳ) *a.* espectacular. *2* sensacional.

spectator (spek'teitəʳ) *s.* espectador.

specter, spectre ('spektəʳ) *s.* espectro, aparición.

speculate (to) ('spekjuleit) *i.* especular, teorizar [sobre]. *2* COM. especular.

sped (sped) V. TO SPEED.

speech (spi:tʃ) *s.* palabra, lenguaje. *2* idioma. *3* discurso. *4* TEAT. parlamento. *5* conversación.

speed (spi:d) *s.* rapidez, prisa. *2* marcha, velocidad. *3 a.* rápido.

speed (to) (spi:d) *t.* acelerar, dar prisa a. *2* despachar, expedir. *3* prosperar, ayudar. *4 i.* apresurarse. ¶ Pret. y p. p.: ***sped*** (sped) o ***speeded*** ('spi:did).

speedway ('spi:d-wei) *s.* autopista.

speedy ('spi:di) *a.* rápido, ligero. *2* activo, diligente.

spell (spel) *s.* hechizo, encanto. *2* fascinación. *3* turno, tanda. *4* período, temporada: ***by spells***, por turnos; a ratos.

spell (to) (spel) *t.-i.* deletrear. *2* escribir correctamente. ¶ Pret. y p. p.: ***spelled*** (speld) o ***spelt*** (spelt)

spelling ('speliŋ) *s.* deletreo; ortografía.

spelt (spelt) *p. p.* de TO SPELL.

spend (to) (spend) *t.* gastar. *2* consumir, agotar. *3* pasar [el tiempo]. ¶ Pret. y p. p.: ***spent*** (spent).

spendthrift ('spendθrift) *s.* derrochador, malgastador.

spent (spent) V. TO SPEND.

sphere (sfiəʳ) *s.* esfera. *2* globo, orbe.

sphinx (sfiŋks) *s.* esfinge.

spice (spais) *s.* especia. *2* picante. *3* aroma.

spice (to) (spais) *t.* condimentar con especias. *2* sazonar.

spicy ('spaisi) *a.* sazonado con especias; picante.

spider ('spaidəʳ) *s.* araña: ***spider's web***, telaraña. *2* trébedes.

spike (spaik) *s.* pincho, púa. *2* clavo de alcayata. *3* BOT. espiga. *4* BOT. espliego.

spike (to) (spaik) *t.* clavar con clavos.

spill (spill) *s.* derramamiento. *2* caída [desde un caballo].

spill (to) *t.-i.* derramar(se, verter(se: ***to ~ over***, rebosar. ¶ Pret. y p. p.: ***spilled*** (spild) o ***spilt*** (spilt).

spilt (spilt) V. TO SPILL.

spin (spin) *s.* giro, vuelta. *2* paseo en coche o bicicleta.

spin (to) (spin) *t.-i.* hilar. *2* tejer: ***to ~ a yarn***, contar un cuento increíble. *3* hacer girar. *4* hacer bailar [un trompo]. *5* ***to ~ out***, alargar. ¶ Pret.: ***spun*** (spʌn) o ***span*** (spæn); p. p.: ***spun*** (spʌn).

spinach ('spinidʒ) *s.* espinaca.

spinal ('spainl) *a.* espinal: ~ ***column***, espina dorsal.

spindle ('spindl) *s.* huso. *2* MEC. eje.

spine (spain) *s.* espinazo. *2* parte saliente y esquinada. *3* espina.

spineless ('spainlis) *a.* invertebrado. *2* flácido, flojo.

spinner ('spinəʳ) *s.* hilador, hilandero. *2* máquina de hilar.

spinning ('spiniŋ) *s.* hilatura, acción de hilar: ~ ***mill***, hilandería; ~ ***top***, trompo; ~ ***wheel***, torno de hilar.

spinster ('spinstəʳ) *s.* soltera, solterona.

spiral ('spaiərəl) *a.* espiral: ~ ***staircase***, escalera de caracol.

spire ('spaiəʳ) *s.* cima, cúspide. *2* ARQ. aguja, chapitel de torre.

spirit ('spirit) *s.* espíritu [en todos sus sentidos]: ***the Holy Spirit***, el Espíritu Santo. *2* estado de ánimo, humor. *3* aparecido, espectro. *4* ánimo, valor; vivacidad; energía. *5 pl.* alcohol, bebida espirituosa. *6* ***spirits, high spirits***, alegría, animación; ***out of spirits***, triste, abatido.

spirit (to) ('spirit) *t.* alentar, animar. | A veces con ***up***. *2* ***to ~ away*** o ***off***, llevarse, hacer desaparecer.

spirited ('spiritid) *a.* vivo, brioso. *2* **-ly** *adv.* vivamente.

spiritless ('spirit-lis) *a.* exánime. *2* abatido, desanimado. *3* cobarde. *4* flojo.

spiritual ('spiritjuəl) *a.* espiritual. *2 s.* espiritual [canto religioso de los negros].

spit (spit) *s.* asador. *2* esputo, saliva.

spit (to) (spit) *i.* escupir, esputar. *2* lloviznar. ¶ Pret. y p. p.: ***spat*** (spæt).

spite (spait) *s.* despecho, rencor, resentimiento. *2* ***in ~ of***, a pesar de, a despecho de.

spite (to) (spait) *t.* molestar, irritar.

spiteful ('spaitful) *a.* rencoroso, malévolo. *2* **-ly** *adv.* rencorosamente, malévolamente.

splash (splæʃ) *s.* salpicadura, rociada. *2* chapoteo. *3* ***to make a ~***, hacer sensación.

splash (to) (splæʃ) *t.* salpicar, rociar. *2 i.* chapotear.

spleen (spli:n) *s.* ANAT. bazo. *2* bilis, mal humor. *3* esplin, melancolía.

splendid ('splendid) *a.* espléndido. *2* ilustre, glorioso. *3* **-ly** *adv.* espléndidamente.

splendo(u)r ('splendəʳ) *s.* brillo, resplandor. *2* magnificencia.

splice (to) (splais) *t.* empalmar, unir.

splint (splint) *s.* astilla. *2* CIR. tablilla.

splinter ('splintəʳ) *s.* astilla, esquirla.

splinter (to) ('splintəʳ) *t.-i.* astillar(se.

split (split) *s.* grieta. *2* división, cisma. *3* astilla, raja. *4 a.* hendido, rajado.

split (to) (split) *t.-i.* hender(se, rajar(se, partir(se. ¶ Pret. y p. p.: ***split*** (split).

spoil (spɔil) *s.* despojo, botín. *2* saqueo, robo. *3 pl.* despojos.

spoil (to) (spɔil) *t.* saquear, robar: ***to ~ of***, privar de. *2* estropear, echar a perder. *3* mimar, malcriar. *4 i.* estropearse. ¶ Pret. y p. p.: ***spoiled*** (spɔild) o ***spoilt*** (spɔilt).

spoilt (spɔilt) V. TO SPOIL.

spoke (spouk) *pret.* de TO SPEAK. *2 s.* rayo [de rueda].

spoken ('spoukən) V. TO SPEAK.

spokesman ('spouksmən) *s.* portavoz, vocero.

sponge (spʌndʒ) *s.* esponja. *2 fig.* gorrón, parásito.

sponge (to) (spʌndʒ) *t.* lavar con esponja, borrar. *2* absorber, chupar. *3 i.* esponjarse.

sponsor ('spɔnsəʳ) *s.* fiador, responsable. *2* padrino, madrina. *3* patrocinador.

sponsor (to) ('spɔnsəʳ) *t.* salir fiador, responder de, o por. *2* apadrinar. *3* patrocinar.

spontaneous (spɔn'teinjəs) *a.* espontáneo. *2* **-ly** *adv.* espontáneamente.

spool (spu:l) *s.* carrete, bobina.

spoon (spu:n) *s.* cuchara.

spoonful ('spu:nful) *s.* cucharada.

sport (spɔ:t) *s.* deporte. *2* juego, diversión. *3* broma, burla.

sport (to) (spɔ:t) *t.* ostentar, lucir. *2 i.* jugar, retozar.

sporting ('spɔ:tiŋ) *a.* deportivo. *2* honrado, leal.

sportsman ('spɔ:tsmən) *m.* deportista.

sportive ('spɔ:tiv) *a.* alegre, festivo, chistoso.

spot (spɔt) *s.* mancha, borrón. *2* lunar, pinta. *3* sitio, lugar: ***in spots***, aquí y allá; ***on the ~***, en el sitio mismo; en el acto; alerta. *4 a.* disponible [dinero].

spot (to) (spɔt) *t.* manchar. *2* motear. *3* marear. *4* descubrir; localizar. *5 i.* mancharse.

spotless ('spɔtlis) *a.* limpio, inmaculado.

spotlight ('spɔt-lait) *s.* reflector. [de teatro]. *2* AUTO. faro piloto.

spouse (spauz) *s.* esposo, -a; consorte.

spout (spaut) *s.* caño, espita; pico, pitorro [de vasija]; gárgola, canalón. *2* chorro, surtidor. *3* aguacero.

spout (to) (spaut) *t.* echar [en chorro]. *2 t.-i.* declamar. *3 i.* chorrear; brotar [un líquido].

sprain (sprein) *s.* MED. torcedura, esguince.

sprain (to) (sprein) *t.* MED. torcer: ***to ~ one's ankle***, torcerse el tobillo.

sprang (spræŋ) V. TO SPRING.

sprawl (to) (sprɔ:l) *i.* tenderse, yacer; tumbarse [cuan largo es]. *2 t.* abrir, extender [brazos, piernas, etc.].

spray (sprei) *s.* líquido pulverizado; rocío [del mar, etc.]. *2* ramita, ramaje.

spray (to) (sprei) *t.* pulverizar con un líquido, rociar.

spread (spred) *pret.* y *p. p.* de TO SPREAD. *2 a.* extendido, etc. *3 s.* despliegue, desarrollo. *4* extensión [de terreno, etc.]. *5* difusión, propagación. *6* AVIA. envergadura. *7* cobertor; tapete. *8* mesa puesta, festín.

spread (to) (spred) *t.-i.* extender(se, desplegar(se. *2* esparcir(se, derramar(se. *3* difundir(se, divulgar(se. *4 t.* ofrecer a la vista. *5* untar con; dar una mano de. *6* poner o preparar [la mesa]. ¶ Pret. y p. p.: ***spread*** (spred).

spree (spri:) *s.* diversión: ***to go on a ~***, ir de juerga.

sprig (sprig) *s.* ramita, pimpollo.

sprightly ('spraitli) *a.* vivo, alegre. *2* brioso, ágil.

spring (spriŋ) *s.* primavera. *2* fuente: ~ ***water***, agua de manantial. *3* origen, principio. *4* salto, brinco. *5* muelle, resorte: ~ ***mattress***, colchón de muelles. *6* elasticidad: ~ ***board***, trampolín. *7* vigor, energía. *8* ARQ. arranque [de un arco]. *9* ***springtime***, primavera; ***spring tide***, marea viva.

spring (to) (spriŋ) *i.* saltar, brincar; lanzarse sobre [***at***]. *2* nacer, brotar. | con ***forth***, ***out***, o ***up***. *3* arrancar [un arco]. *4* provenir, seguirse. *5 t.-i.* mover(se, o cerrar(se [con resorte]. *6 t.* hacer saltar o estallar [una mina]. *7* levantar [la caza]. ¶ Pret.: ***sprang*** (spræŋ); p. p.: ***sprung*** (sprʌŋ).

sprinkle ('spriŋkl) *s.* rocío, rociada. *2* llovizna.

sprinkle (to) ('spriŋkl) *t.* rociar, regar. *2* lloviznar.

sprint (sprint) *s.* carrera corta y rápida.

sprint (to) (sprint) *i.* correr a toda velocidad.

sprite (sprait) *s.* duende, trasgo.

sprout (spraut) *s.* retoño, brote. *2 pl.* ***Brussels sprouts***, coles de Bruselas.

sprout (to) (spraut) *i.* brotar, retoñar; crecer.

spruce (spru:s) *a.* pulcro, elegante. *2 s.* BOT. picea.

spruce (to) (spru:s) *t.-i.* asear(se, componer(se [con un].

sprung (sprʌŋ) V. TO SPRING.

spun (spʌn) V. TO SPIN.

spur (spəːʳ) *s.* espuela. *2* aguijón, estímulo. *3* espolón [de gallo]. *4* estribación [de montaña].

spur (to) (spəːʳ) *t.* espolear, picar. *2* estimular.

spurious ('spjuəriəs) *a.* espurio, falso.

spurn (spəːn) *s.* coz, puntapié.

spurn (to) (spəːn) *t.* desdeñar, despreciar.

spurt (spəːt) *s.* chorretada, borbotón. *2* explosión [de ira, etc.].

spurt (to) (spəːt) *i.* brotar, salir en chorro. *2* estallar [una pasión].

sputter ('spʌtəʳ) *s.* rociada [de saliva, etc.]. *2* chisporroteo. *3* farfulla.

sputter (to) ('spʌtəʳ) *i.* echar saliva al hablar. *2* chisporrotear. *3 t.-i.* farfullar.

sputum ('spju:təm) *pl.* **sputa** (-tə) *s.* MED. esputo.

spy (spai) *s.* espía: ~ ***glass***, catalejo; ~ ***hole***, atisbadero.

spy (to) (spai) *t.* espiar; acechar. *2 i.* ***to ~ on*** o ***upon***, espiar a.

squabble ('skwɔbl) *s.* disputa, riña.

squabble (to) ('skwɔbl) *i.* disputar, reñir.

squad (skwɔd) *s.* escuadra; pelotón.

squadron ('skwɔdrən) *s.* MAR. escuadra. *2* AVIA. escuadrilla. *3* MIL. escuadrón.

squalid ('skwɔlid) *a.* escuálido, sucio.

squall (skwɔ:l) *s.* chubasco, turbonada. *2* chillido.

squall (to) (skwɔ:l) *impers.* caer chubascos. *2 t.-i.* chillar.

squalor ('skɔləʳ) *s.* suciedad, miseria.

squander (to) ('skwɔndəʳ) *t.* derrochar, malgastar.

square (skwɛəʳ) *s.* GEOM. cuadro, cuadrado. *2* MAT. cuadrado. *3* casilla [ajedrez, etc.]. *4* plaza [de ciudad]. *5* escuadra, cartabón. *6* ***he is on the ~***, obra de buena fe. *7 a.* ~ ***foot***, pie cuadrado; en cuadro. *8* escuadrado. *9* fornido. *10* exacto, justo. *11* recto, honrado. *12* saldado, en paz; empatado. *13* rotundo, categórico. *14* abundante [comida]. *15* **-ly** *adv.* en cuadro, a escuadra; honradamente.

square (to) (skwɛəʳ) *t.* GEOM., MAT. cuadrar. *2* escuadrar; elevar al cuadrado; medir en unidades cuadradas. *3* cuadricular. *4* ***to ~ a person with another***, poner bien a una persona con otra. *5* saldar [cuentas]; ajustar, arreglar. *6* ***to ~ oneself***, justificarse. *7 i.* concordar [una cosa con otra].

squash (skɔʃ) *s.* calabaza.

squash (to) (skɔʃ) *t.-i.* aplastar(se, estrujar(se.

squat (skwɔ) *a.* en cuclillas, agachado. *2* rechoncho.

squat (to) (skwɔt) *i.* sentarse en cuclillas. *2* agacharse. *3* establecerse como colonizador en tierra baldía.

squawk (skwɔ:k) *s.* graznido, chillido; queja.

squawk (to) (skwɔ:k) *i.* graznar, chillar; quejarse.

squeak (ski:k) *s.* chillido, chirrido.

squeak (to) (ski:k) *i.* chillar, chirriar. *2* delatar.

squeal (ski:l) *s.* chillido, grito agudo.

squeal (to) (ski:l) *i.* chillar.

squeamish ('skwi:miʃ) *a.* escrupuloso, remilgado. *2* propenso a la náusea.

squeeze (skwi:z) *s.* apretón, estrujón. *2* apretura. *3* compresión.

squeeze (to) (skwi:z) *t.* apretar, comprimir. *2* estrujar, prensar. *3* exprimir. *4* agobiar [con impuestos]. *5* obtener por presión.

squelch (skweltʃ) *s.* aplastamiento. *2* chapoteo.

squelch (to) (skweltʃ) *t.* aplastar. *2 i.* andar chapoteando.
squint (skwint) *s.* estrabismo. *2* mirada de soslayo o furtiva. *3* ***squint-eyed***, bizco.
squint (to) (skwint) *i.* bizcar. *2* mirar de soslayo.
squire ('skwaiəʳ) *s.* escudero. *2* (Ingl.)hacendado; caballero.
squirm (to) (skwə:m) *i.* retorcerse, serpear.
squirrel ('skwirəl) *s.* ardilla.
squirt (to) (skwə:t) *t.* lanzar un chorrito. *2* jeringar. *3* rociar.
stab (stæb) *s.* puñalada, estocada.
stab (to) (stæb) *t.-i.* apuñalar, acuchillar.
stability (stə'biliti) *s.* estabilidad.
stable ('steibl) *a.* estable. *2 s.* establo, cuadra.
stable (to) ('steibl) *t.-i.* poner, tener o estar en un establo.
stack (stæk) *s.* almiar. *2* pila, montón. *3* pabellón [de fusiles]. *4* cañón [de chimenea].
stack (to) (stæk) *t.* apilar, amontonar.
stadium ('steidjəm) *s.* estadio.
staff (stɑ:f) *s.* palo, bastón; báculo. *2* asta [de bandera, etc.]. *3* MIL. estado mayor. *4* personal [técnico o directivo]; profesorado. *5* redacción [de un periódico]. *6* MÚS. pentagrama.
staff (to) (stɑ:f) *t.* proveer de personal técnico o directivo.
stag (stæg) *s.* ciervo, venado [macho].
stage (steidʒ) *s.* escenario, escena, tablas; teatro [arte, profesión]. *2* campo [de actividades]. *3* parada; jornada: ***stage-coach***, diligencia. *4* grado, fase.
stage (to) (steidʒ) *t.* poner en escena.
stagger (to) ('stægəʳ) *i.* vacilar, tambalearse. *2* titubear. *3 t.* hacer vacilar.
staging ('steidʒiŋ) *s.* andamiaje. *2* TEAT. puesta en escena.
stagnant ('stægnənt) *a.* estancado: ***to become ~***, estancarse.
stagnate (to) ('stægneit) *i.* estancar(se.
staid (steid) *a.* serio, formal. *2* **-ly** *adv.* seriamente.
stain (stein) *s.* mancha. *2* tinte.
stain (to) (stein) *t.-i.* manchar(se. *2* teñir: ***stained glass***, vidrio de color. *3 i.* mancharse.
stainless ('steinlis) *a.* limpio, inmaculado. *2* ***~ steel***, acero inoxidable.
stair (stɛəʳ) *s.* escalón, peldaño: ***I go down-stairs*** o ***upstairs***, voy al piso de abajo o de arriba.
staircase ('stɛəkeis) *s.* escalera.
stake (steik) *s.* estaca; poste. *2* puesta, apuesta [en el juego]. *3* ***to be at ~***, estar en juego, en peligro.
stake (to) (steik) *t.* estacar. *2* apostar [en el juego], arriesgar.
stale (steil) *a.* pasado; rancio, viejo.
stalk (stɔ:k) *s.* BOT. tallo, caña; pecíolo.
stalk (to) (stɔ:k) *t.* andar majestuosamente. *2* espiar, acechar.
stall (stɔ:l) *s.* establo, cuadra. *2* puesto [de venta]. *3* TEAT. butaca de patio.
stall (to) (stɔ:l) *t.-i.* poner o tener en establo o cuadro. *2* atascar(se; ahogar(se [un motor].
stallion ('stæljən) *s.* caballo padre.
stalwart ('stɔ:lwət) *a.-s.* fornido. *2* valiente. *3* leal.
stammer ('stæməʳ) *s.* tartamudeo. *2* balbuceo.
stammer (to) ('stæməʳ) *i.* tartamudear. *2* balbucear.
stamp (stæmp) *s.* estampa, huella, señal. *2* sello [que se pega; que marca; carácter distintivo]; póliza. *3* estampilla. *4* cuño, troquel. *5* género, suerte.
stamp (to) (stæmp) *t.* estampar, imprimir, marcar. *2* caracterizar. *3* sellar, estampillar. *4* poner sello a. *5* estampar [en relieve]. *6* patear; apisonar.
stampede (stæm'pi:d) *s.* huida en tropel; estampida.
stanch (stɑ:ntʃ) *a.* STAUNCH.
stand (stænd) *s.* posición, puesto. *2* alto, parada. *3* resistencia: ***to make a ~***, hacer frente, resistir. *4* tablado, tribuna. *5* puesto [en el mercado]; quiosco [de venta]. *6* velador, pie, soporte.
stand (to) (stænd) *i.* estar, tenerse o ponerse en pie; levantarse; ***~ up***, ponte en pie. *4* durar. *5* detenerse. *6* mantenerse firme, resistir. *7* ser compatible [con]. *8 t.* poner derecho. *9* aguantar: ***I can't ~ him***, no puedo verle. *10* ***to ~ aside***, apartarse. *11* ***to ~ back of***, colocarse detrás de; respaldar a. *12* ***to ~ by***, apoyar; estar alerta. *13* ***to ~ a chance of***, tener posibilidad de. *14* ***to ~ for***, representar; estar en lugar de; presentarse para; hacer rumbo a. *15* ***to ~ in with***, estar en buenas relaciones con. *16* ***to ~ off***, apartarse. *17* ***to ~ on***, descansar sobre, depender de. *18* ***to ~ on end***, ponerse de punta [el pelo]. *19* ***to ~ out***, sobresalir. *20* ***stand still***, estése quieto. *21* ***it stands to reason***, es razonable. ¶ Pret. y p. p.: ***stood*** (stud).
standard ('stændəd) *s.* norma; nivel: ***~ of living***, nivel de vida. *2* modelo. *3* ***gold ~***, patrón oro. *4* base, sostén. *5* estandarte: ***standard-bearer***, portaestandarte. *6 a.* de ley; oficial. *7* normal, corriente.

standardize (to) ('stændədaiz) *t.* unificar, regularizar.
standing ('stændiŋ) *a.* derecho, de pie. *2* parado. *3* fijo. *4* vigente [ley]. *5 s.* posición. *6* reputación. *7* sitio, lugar. *8* duración.
standpoint ('stændpɔint) *s.* punto de vista.
standstill ('stændstil) *s.* alto, parada. *2* pausa.
stank (stæŋk) *pret.* de TO STINK.
stanza ('stænzə) *s.* estancia, estrofa.
staple ('steipl) *s.* grapa [para sujetar papeles, etc.]. *2* producto principal [de un país]. *3* materia prima. *4 a.* corriente. *5* principal.
star (stɑ:[r]) *s.* ASTR. estrella, astro. *2* asterisco. *3* placa, gran cruz. *4* destino. *5* estrella [de cine, etc.].
star (to) (stɑ:[r]) *t.* tachonar de estrellas. *2* marcar con asterisco. *3* TEAT., CINEM. presentar como estrella o ser estrella.
starboard ('stɑ:bəd) *s.* MAR. estribor.
starch (stɑ:tʃ) *s.* almidón. *2* empaque.
starch (to) (stɑ:tʃ) *t.* almidonar.
stare (stɛə[r]) *s.* mirada fija, de hito en hito.
stare (to) (stɛə[r]) *t.-i.* mirar fijamente; clavar la vista.
starfish ('stɑ:-fiʃ) *s.* estrellamar.
stark (stɑ:k) *a.* rígido. *2* desnudo. *3* puro, completo. *4 adv.* completamente: *~ **mad***, loco de remate.
starlight ('stɑ:lait) *s.* luz de estrellas. *2 a.* iluminado por las estrellas.
starry ('stɑ:ri) *a.* estrellado.
start (stɑ:t) *s.* sobresalto, bote. *2* susto. *3* marcha, partida. *4* delantera, ventaja. *5 **by starts***, a ratos; a empujones.
start (to) (stɑ:t) *i.* sobresaltarse. *2* salir, partir; arrancar [el motor, etc.]. *3 t.-i.* poner(se en marcha. *4 t.* empezar, emprender [un negocio, etc.]. *5* levantar [la caza, etc.]. *6* dar salida a.
starter ('stɑ:tə[r]) *s.* el que sale [en una carrera]. *2 **self-starter***, motor de arranque. *3* DEP. juez que da la salida.
starting ('stɑ:tiŋ) *s.* principio; arranque, salida. *2* sobresalto. *3 a. ~ **point***, punto de partida.
startle (to) (stɑ:tl) *t.-i.* asustar(se; sobresaltar(se.
startling ('stɑ:tliŋ) *a.* sorprendente, alarmante. *2* **-ly** *adv.* con sobresalto o sorpresa.
starvation (stɑ:'veiʃən) *s.* hambre, inanición.
starve (to) (stɑ:v) *i.* morir o padecer hambre. *2 t.* matar de hambre.
state (steit) *s.* establo, situación. *2* FÍS. estado. *3* POL. estado: ***State Department***, (E. U.) ministerio de relaciones exteriores. *4* pompa. *5* majestad.
state (to) (steit) *t.* exponer, declarar, expresar. *2* consignar [por escrito]. *3* plantear [un problema].
stateliness ('steitlinis) *s.* majestuosidad.
stately ('steitli) *a.* majestuoso.
statement ('steitmənt) *s.* declaración, afirmación. *2* exposición, relación; relato, informe. *3* estado de cuentas.
stateroom ('steit-rum) *s.* MAR. camarote. *2* FERROC. departamento individual con cama.
statesman ('steitsmən) *s.* estadista, hombre de estado.
station ('steiʃən) *s.* estación [de tren, meteorológica, etc.]. *2* parada, apeadero. *3* puesto [militar; de servicio]. *4* MAR. apostadero. *5* puesto, situación.
station (to) ('steiʃən) *t.* estacionar, situar.
stationary ('steiʃnəri) *a.* estacionario; fijo.
stationery ('steiʃnəri) *s.* papelería.
statistics (stə'tistiks) *s.* estadística.
statuary ('stætjuəri) *a.* estatuario. *2 s.* estatuaria.
statue ('stætju:) *s.* imagen, estatua.
stature ('stætʃə[r]) *s.* estatura, talla.
status ('steitəs) *s.* estado legal. *2* estado, condición.
statute ('stætju:t) *s.* estatuto, ordenanza.
staunch (stɔ:ntʃ) *a.* fuerte, sólido. *2* leal, constante.
staunch (to) (stɔ:ntʃ) *t.* estancar, restañar.
stave (steiv) *s.* duela [de tonel]. *2* palo. *3* LIT. estrofa. *4* MÚS. pentagrama.
stave (to) (steiv) *t.* poner duelas a. *2 t.-i.* romper(se, agujerear(se: ***to ~ in***, romperse; ***to ~ off***, evitar; diferir. ¶ Pret. y p. p.: ***staved*** (steivd) o ***stove*** (stouv).
stay (stei) *s.* MAR. estay, tirante. *2* sostén, apoyo. *3* parada, estancia. *4* aplazamiento. *5* varilla [de corsé]. *6 pl.* corsé.
stay (to) (stei) *t.* sostener, apoyar. *2* fundar, basar. *3* resistir. *4* detener, frenar. *5* aplazar. *6* aguardar. *7* sosegar. *8 i.* estar de pie o quieto; pararse. *9* estar o quedarse en casa; ***to ~ up***, velar. *10* tardar. *11 **to ~ at*** o ***in***, hospedarse en. *12 **to ~ away***, ausentarse.
stead (sted) *s.* (precedido de ***in***) lugar, vez: utilidad; ***in ~ of***, en vez de.
steadfast ('stedfəst) *a.* firme. *2* invariable. *3* resuelto.
steadiness ('stedinis) *s.* firmeza, estabilidad. *2* constancia.
steady ('stedi) *a.* firme. *2* estable, continuo, regular. *3* quieto. *4* juicioso.
steady (to) ('stedi) *t.-i.* afianzar(se, dar firmeza. *2* calmar [los nervios].

steak (steik) *s.* tajada [para asar o freír], biftec.

steal (sti:l) *s.* hurto, robo.

steal (to) (sti:l) *t.-i.* hurtar, robar. *2 to ~ away*, escabullirse, escapar; *to ~ into a room*, meterse a hurtadillas en un cuarto; *to ~ out of a room*, salir a escondidas de un cuarto. ¶ Pret.: ***stole*** (stoul); p. p.: ***stolen*** ('stoulən).

stealth (stelθ) *s.* disimulo, cautela, secreto: *by ~*, a hurtadillas.

stealthy ('stelθi) *a.* furtivo, secreto; disimulado.

steam (sti:m) *s.* vapor [esp. de agua]: *~ engine*, máquina de vapor. *2* vaho.

steam (to) (sti:m) *t.* cocer o preparar al vapor. *2 i.* emitir vaho. *3* marchar a vapor.

steamboat ('sti:mbout), **steamer** ('sti:məʳ), **steamship** ('sti:mʃip) *s.* vapor [buque].

steed (sti:d) *s.* corcel.

steel (sti:l) *s.* acero [metal, arma]. *2 a.* de acero; fuerte.

steel (to) (sti:l) *t.* acerar. *2* endurecer, acorazar.

steep (sti:p) *a.* empinado, pendiente. *2 s.* cuesta, precipicio.

steep (to) (sti:p) *t.* empapar, remojar. *2 i.* estar en remojo.

steeple ('sti:pl) *s.* campanario o torre con aguja.

steepness ('sti:pnis) *s.* declive, precipicio.

steer (stiəʳ) *s.* novillo castrado.

steer (to) (stiəʳ) *t.* gobernar [una embarcación]; conducir, guiar [un vehículo], pilotar [un avión].

steering ('stiəriŋ) *s.* dirección, gobierno [esp. del buque o coche]: *~ gear*, AUTO. dirección; *~ wheel*, volante [del coche].

stem (stem) *s.* BOT. tallo, tronco. *2* tronco [de una familia]. *3* raíz [de una palabra]. *4* pie [de copa]. *5* proa.

stem (to) (stem) *t.* estancar, represar. *2* navegar contra [la corriente]. *3* resistir. *4 i.* provenir, derivar. *5 t.-i.* contener(se.

stench (stentʃ) *s.* hedor, tufo.

stenographer (ste'nɔgrəfəʳ) *s.* taquígrafo.

step (step) *s.* paso [del que anda; en el progreso, etc.]: *~ by ~*, paso a paso. *2* escalón; umbral. *3* estribo [de coche]. *4* huella, pisada. *5* medida, diligencia [para].

step (to) (step) *i.* andar, caminar; *to ~ aside*, apartarse; *to ~ back*, retroceder; *to ~ in*, entrar; *to ~ out*, salir. *2 t.* sentar [el pie]. *3 to ~ on the gas*, pisar el acelerador. *4 to ~ up*, elevar, subir.

stepfather ('step,fɑ:ðəʳ) *s.* padrastro.

step-ladder ('step,lædəʳ) *s.* escalera de mano.

stepmother ('step,mʌðəʳ) *s.* madrastra.

sterile ('sterail) *a.* estéril.

sterling ('stə:liŋ) *a.* esterlina: *pound ~*, libra esterlina. *2* puro, de ley: *~ silver*, plata de ley.

stern (stə:n) *a.* duro, riguroso. *2* austero, severo. *3 s.* popa. *4* **-ly** *adv.* severamente.

sternness ('stə:nnis) *s.* severidad, rigor, austeridad.

stevedore ('sti:vidɔ:ʳ) *s.* estibador, cargador de muelle.

stew (stju:) *s.* estofado, guisado. *2 to be in a ~*, estar en un apuro.

stew (to) (stju:) *t.* estofar, guisar.

steward (stjuəd) *s.* mayordomo. *2* camarero [de buque, etc.].

stewardess ('stjuədis) *s.* mayordoma. *2* camarera [de buque o avión].

stewed (stju:d) *a.* estofado, cocido.

stew-pan ('stju:pæn), **stew-pot** -pɔt) *s.* olla, cacerola.

stick (stik) *s.* palo, garrote. *2* leño. *3* varita, palito. *4* batuta. *5* barra [de labios, etc.].

stick (to) (stik) *t.* clavar, hincar. *2* meter. *3* pegar, adherir. *4* pinchar. *5* sacar, asomar [con *out*]. *6* levantar [con *up*]. *7 i.* estar clavado; pegarse. *8* sobresalir. *9* atascarse. ¶ Pret. y p p.: ***stuck*** (stʌk).

sticky ('stiki) *a.* pegajoso, viscoso, tenaz.

stiff (stif) *a.* tieso [rígido; estirado]. *2* almidonado. *3* espeso. *4* tirante. *5* duro, difícil. *6* terco, obstinado. *7 ~ neck*, tortícolis; obstinación; ***stiffnecked***, obstinado. *8* **-ly** *adv.* tiesamente, rígidamente.

stiffen (to) ('stifn) *t.-i.* atiesar(se. *2* envarar(se. *3* endurecer(se. *4* espesar(se. *5 i.* robustecerse. *6* obstinarse.

stiffness ('stifnis) *s.* rigidez, dureza. *2* engreimiento.

stifle (to) ('staifl) *t.-i.* ahogar(se. *2 t.* apagar. *3* callar, ocultar.

stigma ('stigmə), *pl.* **stigmas** (-z) o **-mata** (-tə) *s.* estigma [en todas sus acepciones].

still (stil) *a.* quieto, inmóvil. *2* tranquilo, sosegado. *3* silencioso. *4* suave [voz, ruido]. *5* muerto, inanimado: *~ life*, naturaleza muerta. *6 adv.* aún, todavía. *7 conj.* no obstante, a pesar de eso. *8 s.* silencio, quietud. *9* alambique. *10* destilería.

still (to) (stil) *t.* acallar. *2* detener, parar. *3 t.-i.* calmar(se, aquietar(se.

stillness ('stilnis) *s.* quietud, calma, silencio.

stilted ('stiltid) *a.* realzado, elevado. *2* altisonante, hinchado.

stimulant ('stimjulənt) *a.-s.* estimulante *2 s. pl.* bebidas alcohólicas.

stimulate (to) ('stimjuleit) *t.-i.* estimular.

stimulus ('stimjuləs) *s.* estímulo.

sting (stiŋ) *s.* picadura, punzada. *2* aguijón, estímulo. *3* escozor: ~ ***of remorse***, remordimiento.

sting (to) (stiŋ) *t.-i.* picar, punzar. *2* escocer, remorder. *3* aguijonear, estimular. ¶ Pret. y p. p.: ***stung*** (stʌŋk).

stinginess ('stindʒinis) *s.* avaricia, tacañería.

stingy ('stindʒi) *s.* avaro.

stink (stiŋk) *s.* hedor, peste.

stink (to) (stiŋk) *i.* heder, oler mal. ¶ Pret.: ***stank*** (stæŋk) o ***stunk*** (stʌŋk); p. p.: ***stunk.***

stint (stint) *s.* limitación, restricción. *2* tarea asignada.

stint (to) (stint) *t.* limitar, escatimar. *2 i.* ser económico.

stipulate (to) ('stipjuleit) *t.* estipular.

stir (stəːʳ) *s.* movimiento, actividad. *2* revuelo, alboroto.

stir (to) (stəːʳ) *t.-i.* mover(se, menear(se. *2 t.* agitar; promover; inspirar.

stirrup ('stirəp) *s.* estribo.

stitch (stitʃ) *s.* puntada [de costura]. *2* CIR. punto. *3* punzada [dolor].

stitch (to) (stitʃ) *t.* coser a puntadas, pespuntar.

stock (stɔk) *s.* tronco [de árbol; del cuerpo; origen]. *2* zoquete. *3* pilar. *4* provisión, existencia: ***out of*** ~, vendido. *5* TEAT. repertorio. *6* inventario. *7* ganado: ***stockbreeder***, ganadero. *8* capital de un negocio. *9* COM. título; acción: ***stockholder***, accionista. *10* muebles. *11* mango [de caña de pescar, etc.]; caja [de fusil, etc.]. *12* valores públicos. *13 pl.* cepo [castigo]. *14 a.* común, usual.

stock (to) (stɔk) *t.* tener en existencia. *2* abastecer, proveer.

stockade (stɔ'keid) *s.* empalizada, vallado.

Stockholm ('stɔkhoum) *n. pr.* GEOGR. Estocolmo.

stocking ('stɔkiŋ) *s.* media, calceta.

stocky ('stɔki) *a.* rechoncho.

stoic(al ('stouik, -əl) *a.* estoico.

stoke (to) (stouk) *t.-i.* atizar [el fuego]. *2* cargar [el horno, etc.].

stole (stoul), **stolen** ('stoulən) V. TO STEAL.

stolid ('stɔlid) *a.* estólido. *2* impasible.

stomach ('stʌmək) *s.* estómago: ~ ***ache***, dolor de estómago.

stone (stoun) *s.* piedra: ***within a stone's throw***, a tiro de piedra; ***Stone Age***, Edad de Piedra. *2* hueso [de fruta]. *3* (Ingl.)peso de 14 libras.

stone (to) (stoun) *t.* apedrear. *2* deshuesar [fruta].

stony ('stouni) *a.* pedregoso. *2* duro, insensible.

stood (stud) V. TO STAND.

stool (stuːl) *s.* taburete, escabel. *2* excremento. *3* retrete.

stoop (stuːp) *s.* inclinación [de espaldas], encorvamiento.

stoop (to) (stuːp) *i.* agacharse, doblar el cuerpo. *2* andar encorvado. *3 t.* inclinar.

stop (stɔp) *s.* alto, parada; fin, pausa. *2* apeadero. *3* posada, parador. *4* obstrucción; tapón. *5* GRAM. punto: ***full*** ~, punto final.

stop (to) (stɔp) *t.-i.* detener(se, parar(se. *2 t.* dejar de. *3* interrumpir. *4* poner coto a. *5* impedir, estorbar. *6* tapar.

stoppage ('stɔpidʒ) *s.* detención, interrupción. *2* obstrucción.

stopper ('stɔpəʳ) *s.* tapón, obturador.

storage ('stɔːridʒ) *s.* almacenamiento. *2* almacenaje.

store (stɔːʳ, stɔəʳ) *s.* abundancia; provisión. *2* tesoro. *3* ~***house***, almacén. *4* (E. U.) tienda, comercio. *5 pl.* reservas, provisiones.

store (to) (stɔːʳ, stɔəʳ) *t.* proveer, abastecer. *2* atesorar. *3* almacenar: ***to*** ~ ***up***, acumular.

storey ('stɔːri) *s.* ARQ. piso, planta.

stork (stɔːk) *s.* ORN. cigüeña.

storm (stɔːm) *s.* tempestad, tormenta. *2* MIL. asalto: ***to take by*** ~, tomar al asalto.

storm (to) (stɔːm) *t.* tomar al asalto. *2 i.* haber tempestad.

stormy ('stɔːmi) *a.* tempestuoso. *2* violento, turbulento.

story ('stɔːri) *s.* historia, leyenda, cuento. *2 fam.* chisme, embuste. *3* trama, argumento. *4* ARQ. piso [de edificio].

stout (staut) *a.* fuerte, recio. *2* valiente. *3* firme, leal. *4* obstinado.

stove (stouv) *s.* estufa; hornillo. *2* cocina económica de gas o electricidad. *3* V. TO STAVE.

stow (to) (stou) *t.* apretar, hacinar. *2* guardar, esconder.
straddle (to) ('strædl) *i.* esparrancarse. *2* montar o estar a horcajadas sobre.
straggle (to) ('strægl) *i.* andar perdido; extraviarse. *2* rezagarse.
straight (streit) *a.* recto, derecho; correcto. *2* erguido; lacio [pelo]. *3* sincero; honrado; serio. *4* puro, sin mezcla. *5 adv.* seguido: ***for two hours*** ~, dos horas seguidas; ~ ***away***, en seguida; ~ ***ahead***, enfrente. *6 s.* recta, plano. *7* escalera [en póker].
straighten (to) ('streitn) *t.-i.* enderezar(se. *2* arreglar.
straightforward (streit'fɔ:wəd) *a.* recto, derecho. *2* honrado. *3* sincero.
straightness ('streitnis) *s.* rectitud. *2* honradez.
straightway ('streit-wei) *adv.* inmediatamente, en seguida.
strain (strein) *s.* tensión o esfuerzo excesivo. *2* esguince, torcedura. *3* estirpe. *4* rasgo heredado; vena [de loco]. *5* clase, suerte. *6* tono, acento. *7* aire, melodía.
strain (to) (strein) *t.* estirar demasiado. *2* forzar [la vista, etc.]; fatigar. *3* torcer, violentar. *4* colar, tamizar. *5 i.* esforzarse.
strainer ('streinə[r]) *s.* tensor. *2* colador, cedazo.
strait (streit) *a.* estrecho, apretado. *2* difícil. *3 s.* GEOGR. estrecho. *4* aprieto, apuro.
straiten (to) ('streitn) *t.* estrechar. *2* agobiar.
straitness ('streitnis) *s.* estrechez. *2* apuro, penuria.
strand (strænd) *s.* playa, ribera. *2* ramal [de cuerda], trenza. *3* hilo [de perlas].
strand (to) (strænd) *t.-i.* embarrancar. *2 t.* dejar desamparado.
strange (streindʒ) *a.* extraño, foráneo. *2* ajeno. *3* raro, singular. *4* retraído, reservado. *5* **-ly** *adv.* extrañamente.
stranger ('streindʒə[r]) *s.* extraño, forastero.
strangle (to) ('stræŋgl) *t.-i.* ahogar(se. *2 t.* estrangular. *3* reprimir, sofocar.
strap (stræp) *s.* correa, tira [esp. para atar]. *2* ZAP. tirador.
strap (to) (stræp) *t.* atar con correas. *2* precintar. *3* azotar con correa. *4* asentar el filo [de la navaja].
strapping ('stræpiŋ) *a.* robusto, fuerte.
stratagem ('strætidʒəm) *s.* estratagema.
strategic(al (strə'ti:dʒik, -əl) *a.* estratégico.
stratosphere ('strætousfiə[r]) *s.* estratosfera.
stratum ('streitəm, strɑ:təm), *pl.* **strata** (-tə) *s.* estrato, capa.
straw (strɔ:) *s.* paja: ~ ***hat***, sombrero de paja; ***that's the last*** ~, es el colmo.
strawberry ('strɔ:bəri) *s.* fresa.
stray (strei) *a.* descarriado, errante. *2 s.* animal descarriado. *3 pl.* RADIO parásitos.
stray (to) (strei) *i.* desviarse. *2* descarriarse, perderse.
streak ('stri:k) *s.* raya, línea. *2* rayo o raya [de luz].
streak (to) ('stri:k) *t.* rayar, listar. *2 i.* ir como un rayo.
streaky ('stri:ki) *a.* rayado, listado.
stream (stri:m) *s.* corriente. *2* río, arroyo. *3* torrente; chorro.
stream (to) (stri:m) *i.* fluir, manar. *2* salir a torrentes.
street (stri:t) *s.* calle, vía pública; ***bystreet***, callejuela; ***streetcar***, (E. U.) tranvía.
strenght (streŋθ) *s.* fuerza, energía. *2* firmeza. *3* poder. *4* intensidad.
strengthen (to) ('streŋθən) *t.-i.* fortalecer(se, reforzar(se.
strenuous ('strenjuəs) *a.* estrenuo, enérgico. *2* arduo.
stress (stres) *s.* fuerza [que obliga], presión, coacción. *2* ***to lay*** ~ ***on***, dar importancia a. *3* esfuerzo, tensión. *4* MÚS., PROS. acento.
stress (to) (stres) *t.* someter a un esfuerzo. *2* acentuar. *3* recalcar, hacer hincapié en.
stretch (stretʃ) *s.* extensión. *2* estiramiento. *3* tensión. *4* esfuerzo. *5* trecho. *6* período [de tiempo].
stretch (to) (stretʃ) *t.-i.* extender(se, alargar(se; estirar(se. *2 t.* forzar; exagerar. *3* ***to*** ~ ***oneself***, tenderse, desperezarse. *4* ***to*** ~ ***out***, estirar; alargar. *5 i.* esforzarse. *6* tumbarse.
stretcher ('stretʃə[r]) *s.* tendedor. *2* tensor. *3* camilla, parihuelas. *4* CARP. viga, tirante.
strew (to) (stru:) *t.* esparcir. *2* regar. ¶ Pret.: ***strewed*** (stru:d); p. p.: ***strewed*** o ***strewn*** (stru:n).
stricken ('strikən) *p. p.* de TO STRIKE. *2* golpeado, herido. *3* gastado.
strict (strikt) *a.* estricto. *2* riguroso. *3* **-ly** *adv.* estrictamente, rigurosamente.
stridden ('stridn) V. TO STRIDE.
stride (straid) *s.* paso largo, zancada.
stride (to) (straid) *i.* andar a pasos largos. *2* montar a horcajadas. ¶ Pret.: ***strode*** (stroud); p. p.: ***stridden*** ('stridn).
strident (straidənt) *a.* estridente.

strife (straif) *s.* disputa, contienda. *2* competición; porfía.
strike (straik) *s.* golpe. *2* huelga: ***to go on* ~**, declararse en huelga; **~ *breaker***, esquirol. *3* descubrimiento de un filón. *4* golpe de suerte.
strike (to) (straik) *t.* golpear, herir. *2* encontrar [oro, etc.]. *3* cortar de un golpe. *4* encender [una cerilla]. *5* producir un efecto súbito: ***to ~ dumb***, dejar mudo; asombrar. *6* sorprender, extrañar. *7* ocurrir [una idea]: ***it strikes me***, se me ocurre. *8* acuñar [moneda]. *9* MÚS. tocar. *10* dar [la hora]. *11* ***how does she ~ you?***, ¿qué opina de ella? *12* cerrar [un trato]. *13* arriar [bandera]. *14* ***to ~ off*** o ***out***, borrar. *15* ***to ~ down***, derribar. *16* *i.* marchar, partir. *17* declararse en huelga. ¶ Pret.: ***struck*** (strʌk); p. p.: ***struck*** o ***stricken*** ('strikən).
striker ('straikəʳ) *s.* huelguista. *2* golpeador.
striking ('straikiŋ) *a.* sorprendente, chocante. *2* llamativo.
string (striŋ) *s.* cordón, cordel; hilo. *2* ristra, sarta.
string (to) (striŋ) *t.* atar [con cordón, etc.]. *2* ensartar, enhebrar. *3* extender, alargar. ¶ Pret. y p. p.: ***strung*** (strʌŋ).
stringent ('strindʒənt) *a.* rígido, severo. *2* COM. flojo [mercado].
strip (strip) *s.* tira, lista, listón: **~ *of land***, faja de tierra.
strip (to) (strip) *t.-i.* despojar(se, desnudar(se: ***strip-tease***, espectáculo en que una artista se desnuda. *2* privar, robar. *3* MAR. desmantelar. ¶ Pret. y p. p.: ***stripped*** (stript).
stripe (straip) *s.* raya, lista, franja, galón.
stripe (to) (straip) *t.* rayar, listar: ***striped***, rayado, listado.
strive (to) (straiv) *i.* esforzarse. *2* forcejear; luchar. ¶ Pret.: ***strove*** (strouv); p. p.: ***striven*** ('strivn).
strode (stroud) *pret.* de TO STRIDE.
stroke (strouk) *s.* golpe. *2* brazada [del que nada]; jugada; tacada. *3* campanada [de reloj]. *4* MED. ataque [de apoplejía, etc.]. *5* esfuerzo, acto: **~ *of wit***, rasgo de ingenio. *6* trazo, rasgo, pincelada. *7* caricia.
stroke (to) (strouk) *t.* frotar suavemente; acariciar, alisar.
stroll (stroul) *s.* paseo: ***to take a* ~**, dar una vuelta.
stroll (to) (stroul) *i.* pasear [a pie].
strong (strɔŋ) *a.* fuerte. *2* robusto. *3* grande, poderoso. *4* marcado, pronunciado. *5* firme. *6* acérrimo. *7* espirituosa [bebida]. *8* ***strong-minded***, de creencias arraigadas; ***strong-willed***, voluntarioso. *9* *adv.* fuertemente. *10* **-ly** fuertemente; sólidamente.
stronghold ('strɔŋhould) *s.* fortaleza, plaza fuerte.
strove (strouv) V. TO STRIVE.
struck (strʌk) V. TO STRIKE.
structure ('strʌktʃəʳ) *s.* estructura. *2* construcción, edificio.
struggle ('strʌgl) *s.* esfuerzo, lucha. *2* disputa.
struggle (to) ('strʌgl) *i.* esforzarse, luchar, pugnar.
strung (strʌŋ) V. TO STRING.
strut (strʌt) *s.* contoneo, pavoneo. *2* CARP. tornapunta.
strut (to) (strʌt) *i.* andar con paso arrogante; contonearse.
stub (stʌb) *s.* tocón. *2* cabo, resto; colilla [de cigarro]. *3* matriz [de talonario].
stubble ('stʌbl) *s.* rastrojo. *2* barba sin afeitar.
stubborn ('stʌbən) *a.* obstinado, terco; tenaz.
stuck (stʌk) V. TO STICK.
stud (stʌd) *s.* tachón, clavo de adorno. *2* botón postizo para camisa.
stud (to) (stʌd) *t.* tachonar, clavetear.
student ('stju:dənt) *s.* estudiante.
studio ('stju:diou) *s.* estudio, taller.
studious ('stju:djəs) *a.* estudioso, aplicado.
study ('stʌdi) *s.* estudio [acción de estudiar]. *2* objeto de estudio. *3* B. ART., LIT. estudio. *4* despacho.
study (to) ('stʌdi) *t.-i.* estudiar.
stuff (stʌf) *s.* material, materia prima. *2* tela, paño. *3* chismes, cachivaches. *4* pócima. *5* tonterías.
stuff (to) (stʌf) *t.* llenar, atestar. *2* rellenar; disecar [un animal]. *3* embutir. *4* *t.-i.* atracar(se [de comida].
stuffy ('stʌfi) *a.* mal ventilado. *2* (E. U.) malhumorado.
stumble ('stʌmbl) *s.* tropiezo, tropezón. *2* desliz.
stumble (to) ('stʌmbl) *i.* tropezar, dar un traspié. *2* vacilar, tratamudear.
stump (stʌmp) *s.* tocón, cepa. *2* muñón [de miembro cortado]; raigón [de muela, etc.]. *3* colilla [de cigarro]. *4* (E. U.) ***to be up a* ~**, estar en un brete.
stump (to) (stʌmp) *t.* cortar el tronco [de un árbol]. *2* tropezar. *3* (E. U.)recorrer haciendo discursos electorales.
stumpy ('stʌmpi) *a.* rechoncho.

stun (to) (stʌn) *t.* aturdir, atolondrar. *2* pasmar.
stung (stʌŋ) V. TO STING.
stunk (stʌŋk) V. TO STINK.
stunt (to) (stʌnt) *t.* impedir el desarrollo de. *2* hacer piruetas.
stunted ('stʌntid) *a.* desmedrado, raquítico.
stupefaction (ˌstju:pi'fækʃən) *s.* estupefacción.
stupefy (to) ('stju:pifai) *t.* causar estupor, aturdir, atontar. *2* pasmar.
stupendous (stju:pendəs) *a.* estupendo, asombroso.
stupid ('stju:pid) *a.-s.* estúpido, tonto. *2 a.* atontado, aturdido.
stupidity (stju(:)'piditi) *s.* estupidez, tontería.
stupor ('stju:pəʳ) *s.* estupor, letargo.
sturdiness ('stə:dinis) *s.* robustez. *2* firmeza. *3* tenacidad.
sturdy ('stə:di) *a.* robusto. *2* firme. *3* tenaz.
stutter (to) ('stʌtəʳ) *i.* tartamudear.
stutterer ('stʌtərəʳ) *s.* tartamudo.
sty (stai) *s.* pocilga. *2* MED. orzuelo.
style (stail) *s.* estilo [de autor, escuela, etc.]. *2* distinción, elegancia; moda.
suave (swɑ:v) *a.* suave, afable.
subconscious ('sʌb'kɔnʃəs) *a.-s.* subconsciente.
subdivision ('sʌbdiˌviʒən) *s.* subdivisión.
subdue (to) (səb'dju:) *t.* sojuzgar, someter. *2* amansar. *3* ***subdued tone***, tono sumiso; voz baja.
subject ('sʌbdʒikt) *a.* sometido, supeditado. *2* expuestó a. *3 a.-s.* súbdito. *4 s.* sujeto, asunto, tema; asignatura. *5* GRAM., LÓG., FIL., PSIC. sujeto.
subject (to) (səb'dʒekt) *t.* sujetar, someter. *2* subordinar.
subjection (səb'dʒekʃən) *s.* sometimiento. *2* sujeción.
subjugate (to) ('sʌbdʒugeit) *t.* subyugar, sojuzgar.
sublime (sə'blaim) *a.* sublime.
submarine (ˌsʌbmə'ri:n) *a.-s.* submarino.
submerge (to) (səb'mə:dʒ) *t.-i.* sumergir(se. *2* inundar.
submission (sə'miʃən) *s.* sumisión. *2* sometimiento.
submissive (səb'misiv) *a.* sumiso.
submit (to) (səb'mit) *t.-i.* someter(se. *2* presentar, exponer.
subordinate (sə'bɔ:dinit) *a.* subordinado, subalterno.
subordinate (to) (sə'bɔ:dineit) *t.* subordinar. *2* supeditar.
subscribe (to) (səb'skraib) *t.-i.* subscribir(se, firmar. *2 i.* ***to ~ for***, subscribirse a; ***to ~ to***, aprobar.
subscription (səb'skipʃən) *s.* subscripción, abono.
subsequent ('sʌbsikwənt) *a.* subsiguiente. *2* **-ly** *adv.* después, posteriormente.
subside (to) (səb'said) *i.* menguar, bajar [el nivel]. *2* calmarse.
subsidiary (səb'sidjəri) *a.* subsidiario. *2* auxiliar. *3 a.-s.* COM. filial.
subsidize (to) ('sʌbsidaiz) *t.* subvencionar.
subsidy ('sʌbsidi) *s.* subvención.
subsist (to) (səb'sist) *i.* subsistir.
subsistence (səb'sistəns) *s.* subsistencia. *2* manutención, sustento.
substance ('sʌbstəns) *s.* substancia.
substantial (səb'stænʃəl) *a.* substancial. *2* esencial. *3* sólido. *4* importante, considerable.
substantiate (to) (səb'stænʃieit) *t.* comprobar, justificar.
substantive ('sʌbstəntiv) *s.-a.* substantivo.
substitute ('sʌbstitju:t) *s.* substituto, suplente.
substitute (to) ('sʌbstitju:t) *t.* substituir.
substitution (ˌsʌbsti'tju:ʃən) *s.* substitución; reemplazo.
subterfuge ('sʌbtəfju:dʒ) *s.* subterfugio.
subterranean (ˌsʌbtə'reinjən), **subterraneous** (-njəs) *a.* subterráneo.
subtle ('sʌtl) *a.* sutil. *2* disimulado. *3* astuto.
subtlety ('sʌtlti) *s.* sutileza. *2* agudeza. *3* astucia.
subtract (to) (səb'trækt) *t.* substraer. *2* MAT. restar.
subtraction (səb'trækʃən) *s.* substracción. *2* MAT. resta.
suburb ('sʌbə:b) *s.* suburbio. *2 pl.* inmediaciones.
subvention (səb'venʃən) *s.* subvención, ayuda.
subversive (sʌb'və:siv) *a.* subversivo.
subway ('sʌbwei) *s.* paso subterráneo. *2* (E. U.) ferrocarril subterráneo.
succeed (to) (sək'si:d) *i.* suceder [a una pers.]. *2* tener buen éxito; salir bien.
success (sək'ses) *s.* éxito, triunfo.
succesful (sək'sesful) *a.* que tiene éxito; afortunado, próspero. *2* **-ly** *adv.* felizmente, con buen éxito; prósperamente.
succession (sək'seʃən) *s.* sucesión.
successive (sək'sesiv) *a.* sucesivo.
successor (sək'səsəʳ) *s.* sucesor, heredero.
succo(u)r ('sʌkəʳ) *s.* socorro, auxilio.
succo(u)r (to) ('sʌkəʳ) *t.* socorrer, auxiliar.
succulent ('sʌkjulənt) *a.* suculento, jugoso.

succumb (to) (sə'kʌm) *f.* sucumbir. *2* rendirse.
such (sʌtʃ) *a.-pron.* tal(es, semejante(s. *2 pron.* éste, -ta, etc.; ***as ~***, como a tal. *3 ~ **as***, el, la, los, las que; tal(es como. *4 adv.* tan, así, tal: *~ **a good man***, un hombre tan bueno.
suchlike ['sʌtʃlaik] *a.* Vulg. tal, semejante, de esta clase, de esta índole. *2 pron.* Vulg. cosas así, cosas semejantes.
suck (to) (sʌk) *t.-i.* chupar, sorber; mamar.
sucker ('sʌkə^r) *s.* mamón, chupón. *2* lechón, cordero lechal.
suckle (to) ('sʌkl) *t.* amamantar. *2 i.* mamar.
sudden ('sʌdn) *a.* súbito, repentino: ***all of a ~***, de pronto. *2* **-ly** *adv.* de súbito, de repente.
suddenness ('sʌdnnis) *s.* precipitación, rapidez.
suds (sʌdz) *a.-s.* jabonaduras; espuma.
sue (to) (sju:, su:) *t.-i.* DER. demandar. *2 **to ~ for peace***, pedir la paz.
suffer (to) ('sʌfə^r) *t.-i.* sufrir; ***to ~ from***, padecer de. *2* resistir, aguantar.
suffering ('sʌfəriŋ) *s.* sufrimiento, padecimiento. *2 a.* doliente, enfermo. *3* sufrido.
suffice (to) (sə'fais) *i.* bastar, ser suficiente.
sufficient (sə'fiʃənt) *a.* suficiente, bastante. *2* **-ly** *adv.* suficientemente, bastante.
suffocate (to) ('sʌfəkeit) *t.-i.* sofocar(se, asfixiar(se.
suffrage ('sʌfridʒ) *s.* sufragio, voto.
suffuse (to) (sə'fju:z) *t.* bañar. *2* difundir.
sugar ('ʃugə^r) *s.* azúcar: ***~-bowl***, azucarero; ***~-cane***, caña de azúcar; ***lump of ~***, terrón de azúcar.
sugar (to) ('ʃugə^r) *t.* azucarar, confitar.
suggest (to) (sə'dʒest) *t.* sugerir. *2* hacer pensar en. *3* sugestionar.
suggestion (sə'dʒestʃən) *s.* sugestión. *2* indicación. *3* señal.
suggestive (sə'dʒestiv) *a.* sugestivo.
suicide ('sjuisaid) *s.* suicidio: ***to commit ~***, suicidarse. *2* suicida.
suit (sju:t) *s.* petición. *2* cortejo, galanteo. *3* DER. demanda; pleito. *4* traje. *5* colección, surtido. *6* palo de la baraja.
suit (to) (sju:t) *t.* vestir. *2 t.-i.* convenir, ir o venir bien. *3* ajustarse, acomodarse. *4* agradar, satisfacer.
suitable ('sju:təbl) *a.* propio, conveniente, apropiado; satisfactorio.
suit-case ('sju:tkeis) *s.* maleta.
suite (swi:t) *s.* séquito, comitiva. *2* colección, serie: *~ **of rooms***, serie de habitaciones.
suitor ('sju:tə^r) *s.* DER. demandante. *2* aspirante. *3* pretendiente, galán.
sulk (to) (sʌlk) *i.* estar enfurruñado, de mal humor.
sulky ('sʌlki) *a.* enfurruñado, malhumorado.
sullen ('sʌlən) *a.* hosco, huraño. *2* triste. *3* **-ly** *adv.* hoscamente; sombríamente.
sully ('sʌli) *s.* mancha.
sully (to) ('sʌli) *t.-i.* manchar(se.
sulphate ('sʌlfeit) *s.* sulfato.
sulphur ('sʌlfə^r) *s.* azufre.
sultriness ('sʌltrinis) *s.* bochorno, calor sofocante.
sultry ('sʌltri) *a.* bochornoso, sofocante.
sum (sʌm) *s.* MAT. suma. *2* total.
sum (to) (sʌm) *t.-i.* sumar. *2 **to ~ up***, sumar; resumir.
summarize (to) ('sʌməraiz) *t.* resumir, compendiar.
summary ('sʌməri) *a.* sumario, breve. *2 s.* sumario, resumen.
summer ('sʌmə^r) *s.* verano, estío. *2* ARQ. viga maestra; dintel.
summer (to) ('sʌmə^r) *i.* veranear, pasar el verano.
summit ('sʌmit) *s.* cúspide, punta, cima.
summon (to) ('sʌmən) *t.* llamar, convocar. *2* DER. citar.
summons ('sʌmənz) *s.* llamada. *2* DER. citación. *3* MIL. intimación [de rendición].
sumptuous ('sʌmptjuəs) *a.* suntuoso. *2* **-ly** *adv.* suntuosamente.
sun (sʌn) *s.* sol. ***~-bath***, baño de sol; ***~-blind***, persiana.
sun (to) (sʌn) *t.* asolear. *2 i.* tomar el sol.
sunbeam ('sʌnbi:m) *s.* rayo de sol.
sunburn (to) ('sʌnbə:n) *t.-i.* quemar(se, tostar(se con el sol.
Sunday ('sʌndi, -dei) *s.* domingo.
sunder ('sʌndə^r) *s.* separación, división.
sunder (to) ('sʌndə^r) *t.-i.* separar(se, dividir(se.
sundial ('sʌndaiəl) *s.* reloj de sol, cuadrante solar.
sundown ('sʌndaun) *s.* puesta de sol.
sundry ('sʌndri) *a.* varios, diversos. *2* sendos.
sunflower ('sʌn,flauə^r) *s.* BOT. girasol.
sung (sʌŋ) V. TO SING.
sunk (sʌŋk) V. TO SINK.
sunlight ('sʌnlait) *s.* sol, luz de sol.

sunny ('sʌni) *a.* soleado; radiante: ***it is ~***, hace sol.
sunrise ('sʌnraiz) *s.* salida del sol, amanecer.
sunset ('sʌnset) *s.* ocaso, puesta del sol.
sunshade ('sʌn-ʃeid) *s.* sombrilla. *2* toldo.
sunshine ('sʌnʃain) *s.* luz de sol; solana.
sunstroke ('sʌn-strouk) *s.* MED. insolación.
sup (to) (sʌp) *t.-i.* cenar. *2 t.* beber, tomar a sorbos.
superb (sju(:)'pə:b) *a.* soberbio, magnífico.
supercilious (ˌsju:pə'siliəs) *a.* arrogante, altanero.
superficial (ˌsju:pə'fiʃəl) *a.* superficial. *2* somero. *3* **-ly** *adv.* superficialmente.
superfluous (sju:'pə:fluəs) *a.* superfluo.
superfortress (ˌsju:pəˌfɔ:tris) *s.* AVIA. superfortaleza.
superhuman (ˌsju:pə:'hju:mən) *a.* sobrehumano.
superintendent (ˌsju:prin'tendənt) *s.* superintendente, inspector. *2* capataz.
superior (sju(:)'piəriə^r^) *a.-s.* superior.
superiority (sju(:)ˌpiəri'ɔriti) *s.* superioridad.
superlative (sju(:)'pə:lətiv) *a.-s.* superlativo. *2* exagerado.
supernatural (ˌsju(:)pə'nætʃrəl) *a.* sobrenatural.
supersede (to) (ˌsju:pə'si:d) *t.* reemplazar. *2* DER. sobreseer.
superstition (ˌsju:pə'stiʃən) *s.* superstición.
superstitious (ˌsju:pə'stiʃəs) *a.* supersticioso.
supervise (to) ('sju:pəvaiz) *t.* inspeccionar, revisar.
supervision (ˌsju:ə'viʒən) *s.* inspección, vigilancia.
supervisor ('sju:pəvaizə^r^) *s.* inspector, director.
supper ('sʌpə^r^) *s.* cena: ***to have ~***, cenar.
supplant (to) (sə'plɑ:nt) *t.* suplantar.
supple ('sʌpl) *a.* flexible. *2* dócil.
supplement ('sʌplimənt) *s.* suplemento.
supplement (to) ('sʌpliment) *t.* complementar, completar.
suppliant ('sʌpliənt) **supplicant** (~kənt) *a.-s.* suplicante.
supplication (ˌsʌpli'keiʃən) *s.* súplica, plegaria; ruego.
suppleir (sə'plaiə^r^) *s.* suministrador, proveedor.
supply (sə'plai) *s.* suministro, provisión. *2* repuesto, surtido. *3 pl.* provisiones, víveres, pertrechos.
supply (to) (sə'plai) *t.* suministrar, proporcionar; abastecer. *2* suplir.
support (sə'pɔ:t) *s.* soporte, apoyo. *2* ayuda. *3* sustento, manutención.
support (to) (sə'pɔ:t) *t.* soportar [sostener; tolerar]. *2* apoyar. *3* sustentar, mantener.
supporter (sə'pɔ:tə^r^) *s.* mantenedor, defensor. *2* partidario. *3* apoyo.
suppose (to) (sə'pouz) *t.* suponer. *2* creer, pensar.
supposed (sə'pouzd) *a.* supuesto, presunto. *2* **-ly** *adv.* supuestamente.
suppress (to) (sə'pres) *t.* suprimir. *2* ahogar, sofocar.
suppression (sə'preʃən) *s.* supresión, omisión. *2* represión.
supremacy (sju'preməsi) *s.* supremacía.
supreme (sju(:)'pri:m) *a.* supremo. *2* **-ly** *adv.* supremamente; sumamente.
sure (ʃuə^r^) *a.* seguro. *2* firme. *3* ***to make ~***, asegurar(se de. *4 adv.* ciertamente.
sureness ('ʃuənis) *s.* seguridad [calidad de seguro]. *2* certeza, confianza.
surety ('ʃuəti) *s.* SURENESS. *2* cosa segura. *3* garantía. *4* fiador.
surf (sə:f) *s.* oleaje, rompiente; resaca.
surface ('sə:fis) *s.* superficie; cara.
surface (to) ('sə:fis) *t.* alisar, pulir.
surfeit ('se:fit) *s.* exceso. *2* empacho.
surfeit (to) ('sə:fit) *t.-i.* hartar(se, saciar(se.
surge (sə:dʒ) *s.* ola, oleaje.
surge (to) (sə:dʒ) *i.* hincharse, agitarse.
surgeon ('sə:dʒən) *s.* cirujano. *2* MIL. médico.
surgery ('sə:dʒəri) *s.* cirugía. *2* sala de operaciones.
surliness ('sə:linis) *s.* brusquedad, rudeza.
surly ('sə:li) *a.* rudo, brusco, hosco.
surmise ('sə:maiz) *s.* conjetura, suposición.
surmise (to) (se:'maiz) *t.* conjeturar, suponer.
surmount (to) (sə:'maunt) *t.* vencer, superar. *2* coronar.
surmountable (sə:'mauntəbl) *a.* superable.
surname ('sə:neim) *s.* apellido. *2* sobrenombre.
surpass (to) (sə:'pɑ:s) *t.* sobrepujar, aventajar.
surpassing (sə:'pɑ:siŋ) *a.* sobresaliente, excelente.
surplus ('sə:pləs) *s.-a.* sobrante, excedente. *2 s.* superavit.
surprise (sə'praiz) *s.* sorpresa.
surprise (to) (sə'praiz) *t.* sorprender. *2* ***to be surprised at***, sorprenderse de.
surprising (sə'praiziŋ) *a.* sorprendente, asombroso.

surrender (sə'rendəʳ) *s.* rendición. *2* entrega, renuncia.
surrender (to) (sə'rendəʳ) *t.-i.* rendir(se, entregar(se.
surround (to) (sə'raund) *t.* rodear, cercar.
surrounding (sə'raundiŋ) *a.* circundante. *2 s.* cerco. *3 pl.* alrededores. *4* ambiente.
surveillance (sə:'veiləns) *s.* vigilancia.
survey ('sə:vei) *s.* medición; plano [de un terreno]. *2* inspección, examen. *3* perspectiva, bosquejo [de historia, etc.].
survey (to) (sə:'vei) *t.* medir, deslindar [tierras]. *2* levantar el plano de. *3* inspeccionar, examinar. *4* dar una ojeada general a.
surveyor (sə(:)'veiəʳ) *s.* agrimensor; topógrafo. *2* inspector. *3* vista [de aduanas].
survival (sə'vaivəl) *s.* supervivencia. *2* resto, reliquia.
survive (to) (sə'vaiv) *t.* sobrevivir.
survivor (sə'vaivəʳ) *s.* sobreviviente.
susceptible (sə'septibl) *a.* susceptible; capaz. *2* ~ ***to***, propenso a.
suspect ('sʌspekt) *a.-s.* sospechoso.
suspect (to) (səs'pekt) *t.* sospechar.
suspend (to) (səs'pend) *t.* suspender, colgar. *2* aplazar, interrumpir.
suspenders (səs'pendəz) *s. pl.* ligas. *2* tirantes [de pantalón].
suspense (səs'pens) *s.* suspensión, interrupción. *2* incertidumbre, ansiedad: ***to keep in*** ~, tener en vilo.
suspension (səs'penʃən) *s.* suspensión: ~ ***points***, puntos suspensivos; ~ ***bridge***, puente colgante.
suspicion (səs'piʃən) *s.* sospecha.
suspicious (səs'piʃəs) *a.* sospechoso. *2* suspicaz. *3* **-ly** *adv.* sospechosamente.
suspiciousness (səs'piʃəsnis) *s.* suspicacia, recelo.
sustain (to) (səs'tein) *t.* sostener. *2* mantener, sustentar. *3* sufrir [daños, etc.]. *4* defender.
sustenance ('sʌstinəns) *s.* sostenimiento. *2* mantenimiento.
swaddle (to) ('swɔdl) *t.* empañar [a un niño]; fajar, vendar.
swagger ('swægəʳ) *s.* andar arrogante. *2* fanfarronería.
swagger (to) ('swægəʳ) *i.* contonearse, fanfarrear.
swain (swein) *s.* zagal. *2* enamorado.
swallow ('swɔlou) *s.* ORN. golondrina. *2* gaznate. *3* trago. *4* ~ ***-tail***, frac.
swallow (to) ('swɔlou) *t.-i.* tragar, engullir.
swam (swæm) V. TO SWIM.
swamp ('swɔmp) *s.* pantano, marisma.
swamp (to) ('swɔmp) *t.-i.* sumergir(se, hundir(se. *2* abrumar [de trabajo].
swampy ('swɔmpi) *a.* pantanoso, cenagoso.
swan (swɔn) *s.* cisne. *2* NAT. (E. U.) ~ ***dive***, salto del ángel.
swap (to) (swɔp) *t.-i.* cambiar, cambalachear.
sward (swɔ:d) *s.* césped, tierra herbosa.
swarm (swɔ:n) *s.* enjambre. *2* multitud.
swarm (to) (swɔ:m) *i.* pulular, hormiguear.
swart (swɔ:t), **swarthy** ('swɔ:ði) *a.* moreno, atezado.
swat (swɔt) *s.* golpazo.
swat (to) *t.* golpear con fuerza.
swathe (sweið) *s.* faja, venda. *2 pl.* pañales.
swathe (to) (sweið) *t.* fajar, vendar.
sway (swei) *s.* oscilación, vaivén. *2* desviación. *3* poder, dominio.
sway (to) (swei) *i.* oscilar. *2* tambalear; inclinarse. *3 t.-i.* dominar, influir en.
swear (to) (swɛəʳ) *t.-i.* jurar; renegar, echar maldiciones. ¶ Pret.: ***swore*** (swɔ:); p. p.: ***sworn*** (swɔ:n).
sweat (swet) *s.* sudor; trasudor.
sweat (to) (swet) *t.-i.* sudar; trasudar. *2 t.* hacer sudar; explotar [al que trabaja].
sweater ('swetəʳ) *s.* el que suda. *2* explotador [de obreros]. *3* suéter.
Swedish ('swi:diʃ) *a.* sueco. *2 s.* idioma sueco.
sweep (swi:p) *s.* barrido. *2* barrendero; deshollinador. *3* extensión.
sweep (to) (swi:p) *t.* barrer. *2* deshollinar. *3* arrebatar. *4* rastrear, dragar. *5* abarcar [con la vista, etc.]. *6 i.* andar majestuosamente. *7* extenderse. ¶ Pret. y p. p.: ***swept*** (swept).
sweeper ('swi:pəʳ) *s.* barrendero; ***carpet*** ~, escoba mecánica.
sweet (swi:t) *a.* dulce, azucarado. *2* amable, benigno. *4* oloroso. *5* ***to have a*** ~ ***tooth***, ser goloso. *6 adv.* dulcemente, etc. *7 s.* dulzura. *8 pl.* dulces, golosinas.
sweeten (to) ('swi:tn) *t.-i.* endulzar(se, dulcificar(se.
sweetheart ('swi:thɑ:t) *s.* novio; amado; novia; amada.
swell (swel) *s.* hinchazón. *2* bulto, protuberancia. *3* oleaje. *4 a.* elegante.
swell (to) (swel) *t.-i.* hinchar(se, inflar(se. *2* engreír(se. ¶ Pret.: ***swelled*** (sweld); p. p.: ***swollen*** ('swoulən) y ***swelled.***
swelling ('sweliŋ) *s.* hinchazón. *2* aumento, crecida.

swelter (to) ('sweltəʳ) *t.-i.* ahogar(se [de calor].
swept (swept) V. TO SWEEP.
swerve (swə:v) *s.* desviación, viraje. *2* vacilación.
swerve (to) (swə:v) *t.-i.* desviar(se, apartar(se. *2 i.* vacilar.
swift (swift) *a.* rápido, veloz.
swiftness ('swiftnis) *s.* velocidad, rapidez.
swim (swim) *s.* acción o rato de nadar. *2* ~ ***suit***, traje de baño; ***swimming-pool***, piscina.
swim (to) (swim) *i.* nadar; flotar. *2 i.* pasar a nado. ¶ Pret.: ***swam*** (swæm); p. p.: ***swum*** (swʌm).
swindle ('swindl) *s.* estafa, timo.
swindle (to) ('swindl) *t.* estafar, timar.
swindler ('swindləʳ) *s.* estafador, timador.
swine (swain) *s. sing.* y *pl.* ZOOL. cerdo, cerdos.
swineherd ('swainhə:d) *s.* porquero.
swing (swiŋ) *s.* oscilación, giro; ritmo. *2* columpio. *3* operación, marcha: ***full*** ~, plena operación.
swing (to) (swiŋ) *t.-i.* balancear(se, columpiar(se. *2 t.* hacer oscilar o girar. *3* blandir [un bastón, etc.]. *4* suspender, colgar. *5 i.* ser ahorcado. Pret. y p. p.: ***swung*** (swʌŋ).
swipe (swaip) *s.* golpe fuerte. *2* trago grande.
swipe (to) (swaip) *t.* golpear fuerte. *2* hurtar.
swirl (swə:l) *s.* remolino, torbellino.
swirl (to) (swə:l) *t.-i.* girar, dar vueltas. *2 i.* arremolinarse.
Swiss (swis) *a.-s.* suizo, -za.
switch (switʃ) *s.* vara flexible; látigo. *2* latigazo. *3* añadido [de pelo postizo]. *4* FERROC. aguja, desvío. *5* ELECT. interruptor, conmutador. *6* cambio.
switch (to) (switʃ) *t.* azotar, fustigar. *2* cambiar, desviar. *3* ELECT. ***to*** ~ ***on***, conectar [dar la luz]: ***to*** ~ ***off***, desconectar. *4 i.* cambiar.
switch-board ('switʃbɔ:d) *s.* ELECT., TELEF. cuadro de distribución.
Switzerland ('switsələnd) *n. pr.* GEOGR. Suiza.
swollen ('swoulən) V. TO SWELL.
swoon (swu:n) *s.* desmayo.
swoon (to) (swu:n) *i.* desmayarse, desfallecer.
swoop (to) (swu:p) *i.* abatirse, precipitarse [sobre].
sword (swɔ:d) *s.* espada [arma]; ***to be at sword's points***, estar a matar.
swore (swɔ:ʳ) V. TO SWEAR.
sworn (swɔ:n) V. TO SWEAR.
swum (swʌm) V. TO SWIM.
swung (swʌŋ) V. TO SWING.
sycamore ('sikəmɔ:ʳ) *s.* BOT. sicómoro. *2* BOT. (E. U.) plátano falso.
syllable ('siləbl) *s.* sílaba.
symbol ('simbl) *s.* símbolo.
symbolic(al (sim'bɔlik, -əl) *a.* simbólico.
symmetric(al (si'metrik, -əl) *a.* simétrico.
symmetry ('simitri) *s.* simetría.
sympathetic(al (ˌsimpə'θetik, -əl) *a.* simpático. *2* simpatizante. *3* compasivo; comprensivo.
sympathize (to) ('simpəθaiz) *i.* simpatizar. *2* compadecerse, acompañar en el sentimiento.
sympathy ('simpəθi) *s.* simpatía. *2* compasión, condolencia. *3* comprensión. *4* afinidad, armonía. *5* pésame.
symphony ('simfəni) *s.* sinfonía.
symptom ('simptəm) *s.* síntoma.
syndicate ('sindikit) *s.* sindicato financiero, trust. *2* empresa distribuidora de artículos, etc., para los periódicos.
syndicate (to) ('sindikeit) *t.-i.* sindicar(se, asociar(se. *2* publicar [artículos, etc.] en periódicos a través de un sindicato.
synonym ('sinənim) *s.* sinónimo.
synonymous (si'nɔniməs) *a.* sinónimo.
syntax ('sintæks) *s.* GRAM. sintaxis.
synthetic (sin'θetik) *a.* sintético.
synthetize (to) ('sinθitaiz) *t.* sintetizar.
syringe ('sirindʒ) *s.* jeringa.
syrup ('sirəp) *s.* jarabe. *2* almíbar.
system ('sistəm) *s.* sistema. *2* orden, método.
systematic(al (ˌsisti'mætik, -əl) *a.* sistemático. *2* taxonómico.
systematize (to) ('sistimətaiz) *t.* sistematizar. *2* organizar.

T

tabernacle ('tæbə(:)nækl) *s.* tabernáculo.
table ('teibl) *s.* mesa: ~ ***cloth,*** mantel; ~ ***ware,*** vajilla, servicio de mesa. *2* tabla [de materias, etc.]; lista, catálogo: ***tables of the Law,*** las Tablas de la Ley. *3* ~ ***land,*** meseta. *4* tablero [de juego].
table (to) ('teibl) *t.* poner sobre la mesa. *2* poner en forma de índice. *3* ***to ~ a motion,*** aplazar la discusión de una moción.
tablet ('tæblit) *s.* tablilla. *2* lápida, placa. *3* FARM. tableta, comprimido. *4* bloc de papel.
tabulate (to) ('tæbjuleit) *t.* disponer en forma de tabla o cuadro.
tacit ('tæsit) *a.* tácito.
tack (tæk) *s.* tachuela. *2* hilván. *3* cambio de rumbo. *4* MAR. amura [cabo].
tack (to) (tæk) *t.* clavar con tachuelas. *2* hilvanar. *3* cambiar de rumbo.
tackle ('tækl) *s.* equipo, aparejos: ***fishing ~,*** avíos de pescar. *2* agarrada [en rugby]. *3* jarcia.
tackle (to) ('tækl) *t.* agarrar, forcejear con. *2* abordar [un problema, etc.].
tact (tækt) *s.* tacto, discreción.
tactful ('tæktful) *a.* prudente, diplomático.
tactics ('tæktiks) *s. pl.* táctica.
tactless ('tæktlis) *a.* falto de tacto.
tag (tæg) *s.* herrete. *2* marbete, etiqueta. *3* cabo, resto; que cuelga. *4* ***question ~,*** GRAM. muletilla [¿verdad?]: ***she is pretty, isn't she,*** es bonita, ¿verdad?
tag (to) (tæg) *t.* poner herretes a. *2* poner etiqueta a. *3* unir. *4* seguir de cerca.
Tagus ('teigəs) *n. pr.* Tajo.
tail (teil) *s.* cola, rabo; extremidad: ~ ***light,*** farol de cola. *2* SAST. faldón: ~ ***coat,*** frac.
tailor ('teiləʳ) *s.* sastre: ~ ***made,*** hecho a la medida.
tailoring ('teilərin̩) *s.* sastrería [arte, oficio].
taint (teint) *s.* mancha, infección, corrupción.
taint (to) (teint) *t.* manchar. *2 t.-i.* inficionar(se, corromper(se.
take (teik) *s.* toma, tomadura. *2* redada. *3* recaudación [de dinero]. *4* ***take-off,*** remedo, parodia; despegue [del avión].
take (to) (teik) *t.* tomar, coger; agarrar; apoderarse de. *2* asumir. *3* acometer [a uno una enfermedad, deseo, etc.]. *4* deleitar, cautivar. *5* suponer, entender. *6* MAT. restar. *7* cobrar. *8* llevar, conducir. *9* dar [un golpe, un paseo, un salto, etc.]. *10* hacer [ejercicio, un viaje]. *11* someterse a, sufrir, aguantar. *12* sacar [una foto, etc.]. *13 i.* arraigar [una planta]. *14* prender [el fuego; la vacuna]. *15* ser eficaz. *16* tener éxito. *17* pegar, adherirse a. *18* ***to ~ a chance,*** correr el riesgo. *19* ***to ~ a fancy,*** caer en gracia a uno; antojársele a uno; aficionarse a. *20* ***to ~ after,*** parecerse a. *21* ***to ~ an hour to get there,*** tardar una hora en llegar. *22* ***to ~ amiss,*** interpretar mal. *23* ***to ~ away,*** quitar. *24* ***to ~ back one's words,*** desdecirse, retractarse. *25* ***to ~ care of,*** cuidar de. *26* ***to ~ charge of,*** encargarse de. *27* ***to ~ cold,*** resfriarse. *28* ***to ~ down,*** descolgar; poner por escrito. *29* ***to ~ effect,*** surtir efecto, dar resultado; entrar en vigor [una ley]. *30* ***to ~ for granted,*** dar por sentado. *31* ***to ~ from,*** quitar; restar. *32* ***to ~ in,*** meter en; abarcar; recibir; engañar, timar; reducir, achicar [un vestido]. *33* ***I ~ it that,*** supongo que... *34* ***to ~ leave,*** despedirse. *35* ***to ~ off,*** descontar, rebajar; despegar [el avión]; remedar. *36* ***to ~ out,*** sacar [de paseo]; quitar. *37* ***to ~ place,*** ocurrir, tener lugar. *38* ***to ~ to,*** tomar, afición a. *39* ***to ~ up,*** ocupar, abarcar; tomar posesión [de un empleo]; censurar; empezar. *40* ***to ~ with,*** juntarse con, prendarse de. ¶ Pret.: ***took*** (tuk); p. p.: ***taken*** 'teikən.

take-down ('teik,daun) *a.* desmontable. *2 s.* desarmadura. *3* humillación.
taken ('teikən) *p. p.* de TO TAKE. *2 to be ~ ill,* caer enfermo.
taking ('teikiŋ) *a.* atractivo, seductor. *2* contagioso. *3 s.* toma. *4* captura. *5* afecto, inclinación.
tale (teil) *s.* cuento, fábula. *2* LIT. cuento. *3* relato, informe. *4 to teil tales,* contar cuentos; murmurar.
talent ('tælənt) *s.* talento, aptitud. *2* persona de talento.
tale-teller ('teil,teləʳ) *s.* cuentista. *2* chismoso.
talk (tɔ:k) *s.* conversación, plática, conferencia. *2* rumor, hablilla. *3* tema de conversación.
talk (to) (tɔ:k) *i.* hablar; conversar; *to ~ about,* hablar de; *to ~ to,* hablar a; responder. *2 t.* hablar [una lengua]. *3 to ~ business,* hablar de negocios. *4 to ~ for talking's sake,* hablar por hablar. *5 to ~ into,* persuadir a. *6 to ~ nonsense,* decir disparates. *7 to ~ out of,* disuadir de. *8 to ~ over,* examinar. *9 to ~ through one's ears,* hablar por los codos. *10 to ~ up,* alabar; hablar claro.
talkative ('tɔ:kətiv) *a.* hablador, locuaz.
tall (tɔ:l) *a.* alto [pers., árbol]. *2* excesivo, exorbitante: *a ~ story,* cuento difícil de creer.
tallness ('tɔ:lnis) *s.* altura; estatura.
tallow ('tælou) *s.* sebo.
tally ('tæli) *s.* tarja [para llevar una cuenta]. *2* cuenta [que se lleva]. *3* marbete, etiqueta. *4* copia, duplicado.
tally (to) ('tæli) *t.* llevar la cuenta de. *2* marcar, señalar. *3* ajustar. *4 to ~ with,* concordar con.
talon ('tælən) *s.* garra. *2* monte [de la baraja].
tamable ('teiməbl) *a.* domable, domesticable.
tame (teim) *a.* manso, dócil; *~ amusement,* diversión poco animada. *2* **-ly** *adv.* mansamente.
tame (to) (teim) *t.* domar, domesticar.
tamer ('teiməʳ) *s.* domador.
tamp (to) (tæmp) *t.* atacar [un barreno; la pipa]. *2* apisonar.
tamper (to) ('tæmpəʳ) *i. to ~ with,* meterse en, enredar con; falsificar.
tan (tæn) *s.* color tostado. *2 a.* tostado, de color de canela.
tan (to) (tæn) *t.* curtir [las pieles]. *2* tostar, atezar. *3* zurrar, azotar.
tang (tæŋ) *s.* dejo, sabor. *2* sonido vibrante, tañido. *3* punzada.
tang (to) (tæŋ) *i.* sonar, retiñir. *2 t.* hacer retiñir.
tangent ('tændʒənt) *a.-s.* tangente.
tangible ('tændʒəbl) *a.* tangible, palpable.
tangle ('tæŋgl) *s.* enredo, maraña, confusión.
tangle (to) ('tæŋgl) *t.-i.* enredar(se, enmarañar(se. *2* confundir(se.
tank (tæŋk) *s.* tanque, cisterna. *2* MIL. tanque.
tannery ('tænəri) *s.* tenería, curtiduría.
tantalize (to) ('tæntəlaiz) *t.* atormentar, exasperar mostrando lo inasequible.
tantrum ('tæntrəm) *s.* ataque de mal humor, berrinche.
tap (tæp) *s.* grifo, espita. *2* golpecito, palmadita. *3 ~ dance,* zapateado; *~ room,* bar.
tap (to) (tæp) *t.* poner espita a; abrir un barril. *2 t.-i.* dar golpecitos o palmadas [a o en]: *to ~ at a door,* llamar a una puerta.
tape (teip) *s.* cinta, galón: *~ measure,* cinta métrica; *~ recorder,* aparato magnetofónico de cinta.
tape (to) (teip) *t.* atar con cinta. *2* medir con cinta. *3* grabar en cinta magnetofónica.
taper ('teipəʳ) *s.* candela, velilla; cirio.
taper (to) ('teipəʳ) *t.-i.* afilar(se, adelgazar(se, ahusar(se.
tapestry ('tæpistri) *s.* tapiz, colgadura, tapicería.
tar (tɑ:ʳ) *s.* alquitrán, brea, pez.
tar (to) (ta:ʳ) *t.* alquitranar, embrear.
tardiness ('tɑ:dinis) *s.* lentitud, tardanza.
tardy ('tɑ:di) *a.* lento, tardo. *2* retrasado. *3* tardío.
target ('tɑ:git) *s.* blanco [al que se tira]: *~ practice,* tiro al blanco.
tariff ('tærif) *s.* tarifa. *2* arancel. *3 a.* arancelario.
tarnish ('tɑ:niʃ) *s.* deslustre, empañamiento. *2* mancha.
tarnish (to) ('tɑ:niʃ) *t.-i.* empañar(se, deslucir(se. *2 t.* manchar.
tarpaulin (tɑ:'pɔ:lin) *s.* tela embreada, encerado.
tarry ('tɑ:ri) *a.* alquitranado, embreado. *2* sucio.
tarry (to) ('tæri) *i.* detenerse, estar, demorarse, entretenerse.
tart (tɑ:t) *a.* acre, agrio; áspero: *~ reply,* respuesta mordaz o agria. *2 s.* tarta, pastel. *3* mujer inmoral; prostituta.
tartan ('tɑ:tən) *s.* tartán.
task (tɑ:sk) *s.* tarea, labor, trabajo. *2 to take to ~,* reprender, regañar.
tassel ('tæsəl) *s.* borla, campanilla.
taste (teist) *s.* gusto [sentido]. *2* sabor. *3*

afición. *4* gusto [por lo bello, etc.]. *5* sorbo, bocadito. *6* muestra, prueba.
taste (to) (teist) *t.* gustar, saborear. *2* probar, catar. *3 i. to ~ of,* saber a.
tasteful ('teistful) *a.* de buen gusto, elegante.
tasteless ('teistlis) *a.* insípido, soso. *2* de mal gusto.
tasty ('teisti) *a.* de buen gusto. *2* fam. sabroso.
tatter ('tætəʳ) *s.* harapo, andrajo, jirón. *2 a.* ***tattered,*** harapiento, andrajoso.
tattle ('tætl) *s.* charla, parloteo. *2* chismorreo. *3* ***tattler,*** hablador; chismoso; soplón.
tattle (to) ('tætl) *i.* charlar. *2* chismorrear.
tattoo (tə'tu:) *s.* retreta [toque; fiesta]. *2* tamborileo. *3* tatuaje.
tattoo (to) (tə'tu:) *t.* tatuar. *2 i.* tocar retreta. *3* tamborilear.
taught (tɔ:t)V. TO TEACH.
taunt (tɔ:nt) *s.* reproche insultante, sarcasmo, provocación.
taunt (to) (tɔ:nt) *t.* reprochar con insulto, provocar.
taut (tɔ:t) *a.* tirante, tieso. *2* aseado.
tavern ('tævən) *s.* taberna, mesón.
tawdry ('tɔ:dri) *a.* chillón, llamativo.
tawny ('tɔ:ni) *a.* moreno, atezado. *2* leonado.
tax (tæks) *s.* impuesto, contribución. *2* carga, esfuerzo gravoso. *3* ***taxpayer,*** contribuyente.
tax (to) (tæks) *t.* imponer tributo a, gravar. *2* fatigar; abusar de. *3* censurar.
taxation (tæk'seiʃən) *s.* imposición de tributos, impuestos.
taxi (tæksi), **taxicab** ('tæksikæb) *s.* taxi [coche].
tea (ti:) *s.* té: ***afternoon ~,*** merienda; ***~ cup,*** taza para té; ***~ party,*** té [reunión]; ***~ pot,*** tetera; ***~ set,*** juego de té; ***~ spoon,*** cucharilla.
teach (to) (ti:tʃ) *t.-i.* enseñar, instruir. ¶ Pret. y p. p.: ***taught*** (tɔ:t).
teacher ('ti:tʃəʳ) *s.* maestro, -tra, profesor, -ra.
teaching ('ti:tʃiŋ) *s.* enseñanza, instrucción. *2 a.* docente.
team (ti:m) *s.* tiro [de animales]. *2* grupo, cuadrilla: ***~ work,*** cooperación. *3* DEP. equipo.
team (to) (ti:m) *t.* enganchar, uncir.
1) **tear** (tiəʳ) *s.* lágrima: ***~ gas,*** gas lacrimógeno; ***to burst into tears,*** romper a llorar.
2) **tear** (tɛəʳ) *s.* rotura, desgarro: ***wear and ~,*** desgaste.
tear (to) (tɛəʳ) *t.* romper, rasgar, desgarrar. *2* mesar. *3* arrancar, separar con violencia. *4* ***to ~ down,*** desarmar; demoler. *5* ***to ~ up,*** arrancar; romper en pedazos. *6 i.* rasgarse. *7* moverse u obrar con furia. ¶ Pret.: ***tore*** (tɔ:ʳ, tɔəʳ); p. p.: ***torn*** (tɔ:n).
tearful ('tiəful) *a.* lloroso.
tease (to) (ti:z) *t.* fastidiar, importunar, molestar.
teaspoonful ('ti:spu(:)nˌful) *s.* cucharadita.
teat (ti:t) *s.* pezón [de teta]; teta.
technical ('teknikəl) *a.* técnico.
technician (tek'niʃən) *s.* técnico.
technique (tek'ni:k) *s.* técnica.
teddy bear ('tediˌbɛəʳ) *s.* osito de trapo.
teddy boy ('tediˌbɛi) *s.* gamberro.
tedious ('ti:djəs) *a.* tedioso, latoso. *2* **-ly** *adv.* fastidiosamente, aburridamente.
tediousness ('ti:djəsnis) *s.* tedio, aburrimiento, fastidio.
teem (to) (ti:m) *t.* producir, engendrar. *2 i. to ~* ***with,*** abundar en, estar lleno de.
teenager ('ti:nˌeidʒəʳ) *s.* joven de 13 a 19 años.
teeth (ti:θ) *s. pl.* de TOOTH: ***he escaped by the skin of his ~,*** se escapó por milagro.
teetotal(l)er (ti:'toutləʳ) *s.* abstemio.
telecast ('telikɑ:st) *s.* transmisión por televisión.
telecast (to) ('telikɑ:st) *t.* televisar.
telegram ('teligræm) *s.* telegrama.
telegraph ('teligrɑ:f, -græf) *s.* telégrafo. *2* telegrama.
telephone ('telifoun) *s.* teléfono: ***~ call,*** llamada telefónica.
telephone (to) ('telifoun) *t.-i.* telefonear, llamar por teléfono.
telescope ('teliskoup) *s.* telescopio.
televiewer ('telivju:əʳ) *s.* telespectador.
television ('teliˌviʒən) *s.* televisión.
tell (to) (tel) *t.* contar, numerar. *2* narrar, relatar, decir. *3* mandar, ordenar. *4* distinguir, conocer; adivinar. *5* ***to ~ on someone,*** contar chismes de alguien. *6* ***to ~ someone off,*** destacar para un servicio; reprender. *7* ***there is no telling,*** no es posible decir o prever. *8* ***it tells,*** tiene su efecto. ¶ Pret. y p. p.: ***told*** (tould).
temerity (ti'meriti) *s.* temeridad.
temper ('tempəʳ) *s.* temple [del metal]. *2* genio; humor. *3* cólera, mal genio: ***to keep one's ~,*** contenerse; ***to lose one's ~,*** encolerizarse.
temper (to) ('tempəʳ) *t.* templar, moderar. *2* mezclar. *3* templar [el metal].
temperament ('tempərəmənt) *s.* temperamento [de una pers.].
temperance ('tempərəns) *s.* templanza, sobriedad.

temperate ('tempərit) *a.* templado, sobrio, moderado.
temperature ('tempritʃəʳ) *s.* temperatura: ***to have a ~,*** tener fiebre.
tempest ('tempist) *s.* tempestad.
tempestuous (tem'pestjuəs) *a.* tempestuoso, borrascoso. *2* **-ly** *adv.* tempestuosamente.
temple ('templ) *s.* templo. *2* ANAT. sien.
temporal ('tempərəl) *a.* temporal, transitorio.
temporary ('tempərəri) *a.* temporal, provisional, interino.
temporize (to) ('tempəraiz) *i.* contemporizar; ganar tiempo.
tempt (to) (tempt) *t.* tentar, instigar, atraer.
temptation (temp'teiʃən) *s.* tentación. *2* incentivo.
tempter ('temptəʳ) *s.* tentador.
ten (ten) *a.-s.* diez: *~* ***o'clock,*** las diez. *2 s.* decena.
tenable ('tenəbl) *a.* defendible, sostenible.
tenacious (ti'neiʃəs) *a.* tenaz. *2* **-ly** *adv.* tenazmente, con tesón.
tenacity (ti'næsiti) *s.* tenacidad. *2* tesón.
tenant ('tenənt) *s.* inquilino, arrendatario.
tend (to) (tend) *t.* cuidar, atender, vigilar. *2 i.* tender [a un fin]. *3* ir, dirigirse [a].
tendency ('tendənsi) *s.* tendencia; propensión.
tender ('tendəʳ) *a.* tierno: *~* ***hearted,*** de corazón tierno. *2* delicado [escrupuloso]. *3* dolorido: *~* ***foot,*** novato, no aclimatado. *4 s.* cuidador, guardador. *5* ténder [de un tren]; lancha [de auxilio]. *6* oferta, propuesta. *7* ***legal*** *~,* moneda corriente. *8* **-ly** *adv.* tiernamente, etc.
tender (to) ('tendəʳ) *t.* ofrecer, presentar. *2 t.-i.* ablandar(se, enternecer(se.
tenderness ('tendənis) *s.* ternura, suavidad. *2* debilidad. *3* sensibilidad.
tendon ('tendən) *s.* tendón.
tendril ('tendril) *s.* zarcillo [de planta trepadora].
tenement ('tenimənt) *s.* habitación, vivienda: *~* ***house,*** casa de vecindad.
tenet ('tenit, 'ti:net) *s.* principio, dogma, credo.
tenfold ('ten-fould) *a.* décuplo. *2 adv.* diez veces.
tennis ('tenis) *s.* tenis: *~* ***court,*** cancha de tenis.
tenor ('tenəʳ) *s.* contenido, significado. *2* curso, tendencia. *3* MÚS. tenor.
tense (tens) *a.* tenso; tirante, tieso. *2 s.* GRAM. tiempo [de verbo].
tension ('tenʃən) *s.* tensión, tirantez.
tent (tent) *s.* tienda de campaña: ***bell*** *~,* pabellón.
tent (to) (tent) *i.* acampar en tiendas.
tentacle ('tentəkl) *s.* tentáculo.
tentative ('tentətiv) *a.* de prueba, de ensayo; tentador; provisional. *2 s.* tentativa, ensayo.
tenth (tenθ) *a.-s.* décimo.
tenuous ('tenjuəs) *a.* tenue, sutil.
tenure ('tenjuəʳ) *s.* tendencia, posesión. *2* ejercicio [de un cargo].
tepid ('tepid) *a.* tibio, templado.
tercet ('tə:sit) *s.* LIT. terceto. *2* MÚS. tresillo.
tergiversate (to) ('tə:dʒivə:seit) *i.* cambiar de opinión, de principios. *2* hacer manifestaciones contradictorias.
term (tə:m) *s.* plazo, período. *2* período de sesiones [justicia] o de clases [trimestre]. *3* LÓG., MAT., ARQ. término. *4 pl.* condiciones; acuerdo: ***to come to terms,*** llegar a un arreglo. *5* relaciones: ***to be on good terms,*** estar en buenas relaciones.
term (to) (tə:m) *t.* nombrar, llamar.
termagant ('tə:məgənt) *a.* turbulento, pendenciero. *2 s.* fiera, arpía.
terminal ('tə:minl) *a.* terminal. *2 s.* término, final. *3* estación terminal.
terminate (to) ('tə:mineit) *t.* limitar. *2 t.-i.* terminar.
termination (ˌte:mi'neiʃən) *s.* terminación, fin. *2* GRAM. desinencia.
terminus ('tə:minəs) *s.* término, final. *2* estación terminal.
terrace ('terəs) *s.* terraza. *2* terrado. *3* terraplén.
terrestrial (ti'restriəl) *a.* terreno, terrenal.
terrible ('teribl) *a.* terrible, tremendo.
terribly ('teribli) *adv.* terriblemente.
terrier ('teriəʳ) *s.* perro de busca.
terrific (te'rifik) *a.* terrífico; terrorífico.
terrify (to) ('terifai) *t.* aterrar, aterrorizar.
territory ('teritəri) *s.* territorio.
terror ('terəʳ) *s.* terror, espanto.
terse (tə:s) *a.* terso, conciso, limpio [estilo]. *2* **-ly** *adv.* concisamente.
test (test) *s.* copela. *2* prueba, ensayo: *~* ***tube,*** tubo de ensayo; ***to undergo a*** *~,* sufrir una prueba. *3* PSIC. test.
test (to) (test) *t.* examinar, probar, ensayar, poner a prueba.
testament ('testəmənt) *s.* testamento.
testify (to) ('testifai) *t.* testificar, testimoniar. *2 i.* dar testimonio.

testimony ('testiməni) *s.* testimonio, declaración.
testy ('testi) *a.* irritable, susceptible.
tetchy ('tetʃi) *a.* quisquilloso, enojadizo.
tête-a-téte ('teitɑ:'teit) *adv.* a solas [dos personas]. *2 a.* confidencial. *3* entrevista a solas.
tether ('teðəʳ) *s.* cuerda, ramal [para atar a un animal]: ***at the end of one's ~,*** habiendo acabado las fuerzas.
tether (to) ('teðəʳ) *t.* atar, estacar [a un animal].
text (tekst) *s.* texto: ~ ***book,*** libro de texto. *2* tema [de un discurso, etc.].
textile ('tekstail) *a.* textil: ~ ***mill,*** fábrica de tejidos.
than (ðæn, ðən) *conj.* que [después de comparativo]: ***he is taller ~ you,*** él es más alto que tú. *2* de: ***more ~ once,*** más de una vez.
thank (to) (θæŋk) *t.* dar gracias: ~ ***you,*** [le doy las] gracias. *2 s. pl.* ***thanks,*** gracias.
thankful ('θæŋkful) *a.* agradecido. *2* **-ly** *adv.* con agradecimiento.
thankfulness ('θæŋkfulnis) *s.* gratitud, agradecimiento.
thankless ('θæŋklis) *a.* ingrato, desagradecido: ~ ***task,*** tarea ingrata.
thanksgiving ('θæŋks,giviŋ) *s.* acción de gracias.
that (ðæt) *a.* ese, esa, aquel, aquella. *2 pron.* ése, ésa, eso, aquél, aquélla, aquello. *3 pron. rel.* (ðət, ðæt) que. *4 conj.* (ðət) que: ***so ~,*** para que. *5 adv.* así, tan: ~ ***far,*** tan lejos: ~ ***long,*** de este tamaño.
thatch (θætʃ) *s.* paja seca [para techar]: ***thatched roof,*** techo de paja.
thaw (θɔ:) *s.* deshielo, derretimiento.
thaw (to) (θɔ:) *t.-i.* deshelar(se, derretir(se.
the (ðə; ante vocal, ði) *art.* el, la, lo; los, las. *2 adv.* ~ ***more he has,*** ~ ***more he wants,*** cuanto más tiene [tanto] más quiere.
theater, theatre ('θiətəʳ) *s.* teatro.
theatrical (θi'ætrikəl) *a.* teatral. *2 s.* comedia. *3 pl.* funciones teatrales.
theft (θeft) *s.* robo, hurto.
their (ðɛəʳ, ðəʳ) *a. pos.* su, sus [de ellos o de ellas].
theirs (ðɛəz) *pron. pos.* [el] suyo, [la] suya, [los] suyos, [las] suyas [de ellos o de ellas].
them (ðem,ðəm) *pron. pers.* [sin prep.] los, las, les. *2* [con prep.] ellos, ellas.
theme (θi:m) *s.* tema, materia, asunto.
themselves (ðəm'selvz) *pron. pers.* ellos mismos, ellas mismas. *2* se [reflex.], a sí mismos.
then (ðen) *adv.* entonces. *2* luego, después; además. *3 conj.* por consiguiente. *4* ***now ~,*** ahora bien; ~ ***and there,*** allí mismo; ***now and ~,*** de vez en cuando.
thence (ðens) *adv.* desde allí, desde entonces: ~ ***forth,*** desde entonces. *2* por lo tanto, por eso.
theology (θi'ɔlədʒi) *s.* teología.
theoretic (al (θiə'retic, -əl) *a.* teórico.
theory ('θiəri) *s.* teoría.
there (ðɛəʳ, ðəʳ) *adv.* allí, allá, ahí: ~ ***is,*** ~ ***are,*** hay; ~ ***was,*** ~ ***were,*** había; ~ ***he is,*** helo ahí. *2 interj.* ¡eh!, ¡vaya!, ¡ea! *3* ***thereabouts,*** por allí, aproximadamente. *4* ***thereafter,*** después de ello; por lo tanto. *5* ***thereby,*** en relación con esto. *6* ***therefore,*** por lo tanto. *7* ***therein,*** en eso; allí dentro. *8* ***thereof,*** de eso, de ello. *9* ***thereon,*** encima de ello; en seguida. *10* ***thereupon,*** por tanto; inmediatamente.
thermometer (θe'mɔmitəʳ) *s.* termómetro.
thermos bottle o **flask** ('θə:mɔs bɔtl, flɑ:sk) *s.* botella termos.
these (ði:z) *a.* estos, estas. *2 pron.* éstos, éstas.
thesis ('θi:sis), *pl.* **-ses** (-si:z) *s.* tesis.
thews (θju:z) *s.* músculos. *2* energía.
they (ðei) *pron. pers.* ellos, ellas.
thick (θik) *a.* espeso, grueso: ***two inches ~,*** dos pulgadas de grueso. *2* espeso, poblado [barba], tupido. *3* ~ ***with,*** lleno de. *4* seguido, continuado. *5* turbio, neblinoso. *6* torpe. *7* ronco [voz]. *8* duro [de oído]. *9* íntimo [amigo]. *10 s.* grueso, espesor: ***the ~ of,*** lo más espeso de; ***through ~ and thin,*** incondicionalmente. *11* **-ly** *adv.* espesamente, densamente.
thicken (to) ('θikən) *t.-i.* espesar(se, engrosar(se, complicar(se.
thicket ('θikit) *s.* espesura, maleza, matorral.
thickness ('θiknis) *s.* espesor, grueso. *2* densidad, consistencia.
thief (θi:f) *s.* ladrón, ratero.
thieve (to) (θi:v) *i.* robar, hurtar.
thigh (θai) *s.* ANAT. muslo.
thimble ('θimbl) *s.* dedal.
thin (θin) *s.* delgado, fino, tenue. *2* flaco, enjuto. *3* claro, flojo, aguado. *4* ligero, transparente. *5* escaso, corto. *6* débil, agudo [voz, etc.]. *7* **-ly** *adv.* delgadamente; flacamente; con poca densidad.
thin (to) (θin) *t.-i.* adelgazar(se. *2* aclarar(se [hacer(se menos espeso]. *3* aguar(se. *4* disminuir.

thine (ðain) *pron. pos.* [el]tuyo, [la] tuya, [los] tuyos, [las]tuyas. *2 a.* tu, tus. | Úsase sólo en poesía y en la Biblia.
thing (θiŋ) *s.* cosa: ***for one ~,*** entre otras cosas; ***the right ~,*** lo justo, lo debido; ***poor ~!,*** ¡pobrecito!
think (to) (θiŋk) *t.-i.* pensar, juzgar, creer. *2* discurrir, idear. *3* ***~ it over,*** piénsalo bien; ***to ~ on, of,*** pensar en: ***I ~ so,*** eso creo yo; ***to ~ well*** o ***ill of,*** tener buena, mala opinión de. ¶ Pret. y p. p.: ***thought*** (θɔ:t).
thinker ('θiŋkəʳ) *s.* pensador.
thinness (θinnis) *s.* delgadez, flacura. *2* raleza [de cabello]. *3* enrarecimiento [del aire].
third (θə:d) *a.* tercero. *2 s.* tercio [tercera parte].
thirst (θə:st) *s.* sed. *2* anhelo, ansia.
thirst (to) (θə:st) *i.* tener sed. *2* anhelar, ansiar.
thirsty ('θə:sti) *a.* sediento: ***to be ~,*** tener sed.
thirteen ('θə:'ti:n) *a.-s.* trece.
thirteenth ('θə:'ti:nθ) *a.* decimotercero.
thirtieth ('θə:tiiθ) *a.* trigésimo.
thirty ('θə:ti) *a.-s.* treinta.
this (ðis) *a.* este, esta. *2 pron.* éste, ésta, esto.
thistle ('θisl) *s.* BOT. cardo.
thither ('ðiðəʳ) *adv.* allá, hacia allá.
thong (θɔŋ) *s.* correa.
thorn (θɔ:n) *s.* espina, púa, pincho.
thorny ('θɔ:ni) *a.* espinoso; arduo, difícil.
thorough ('θʌrə) *a.* completo, total, acabado. *2* perfecto, consumado. *3* esmerado.
thoroughbred ('θʌrə-bred) *a.-s.* de pura raza, de casta [animal]. *2* bien nacida, distinguida [persona].
thoroughfare ('θʌrəfεəʳ) *s.* vía pública, camino: ***no ~,*** prohibido el paso.
those (ðouz) *a.* esos, esas; aquellos, aquellas. *2 pron.* ésos, ésas; aquéllos, aquéllas.
thou (ðau) *pron.* tú. | Úsase sólo en poesía y en la Biblia.
though (ðou) *conj.* aunque, si bien; sin embargo. *2* ***as ~,*** como si.
thought (θɔ:t) V. TO THINK. *2 s.* pensamiento, idea, intención: ***on second ~,*** pensándolo mejor.
thoughtful ('θɔ:tful) *a.* pensativo, meditabundo. *2* atento, solícito. *3* previsor. *4* **-ly** *adv.* reflexivamente; con atención.
thoughtfulness ('θɔ:tfulnis) *s.* consideración, atención. *2* cuidado, solicitud.
thoughtless ('θɔ:tlis) *a.* irreflexivo, atolondrado, incauto. *2* impróvido. *3* **-ly** *adv.* irreflexivamente, descuidadamente.
throughtlessness ('θɔ:tlisnis) *s.* irreflexión, ligereza. *2* descuido, inadvertencia.
thousand ('θauzənd) *a.* mil. *s.* ***a ~, one ~,*** mil, un millar.
thousandth ('θauzənθ) *a.-s.* milésimo.
thrash (to) (θræʃ) *t.-i.* trillar, desgranar. *2 t.* golpear; derrotar. *3 i.* revolcarse, agitarse.
thrashing ('θræʃiŋ) *s.* THRESHING. *2* zurra, paliza.
thread (θred) *s.* hilo. *2* fibra, hebra; ***screw ~,*** rosca de tornillo.
thread (to) (θred) *t.* enhebrar, ensartar: ***to ~ a screw,*** roscar un tornillo. *2 i.* pasar, deslizarse.
threat (θret) *s.* amenaza. *2* amago.
threaten (to) ('θretn) *t.-i.* amenazar: ***threatening,*** amenazador. *2* amagar.
three (θri:) *a.-s.* tres: ***~ fold,*** triple; tres veces más.
thresh (to) (θreʃ) *t.-i.* trillar desgranar.
threshing ('θreʃiŋ) *s.* trilla: ***~ machine,*** trilladora; ***~ floor,*** era.
threshold ('θreʃ(h)ould) *s.* umbral.
threw (θru:) *pret.* de TO THROW.
thrift (θrift) *s.* economía, frugalidad. *2* (E. U.) crecimiento, desarrollo vigoroso.
thriftless ('θriftlis) *a.* manirroto, impróvido.
thrifty ('θrifti) *a.* económico, frugal. *2* industrioso. *3* (E. U.) próspero, floreciente.
thrill (θril) *s.* temblor, estremecimiento, escalofrío, emoción viva.
thrill (to) (θril) *t.* hacer estremecer, dar calofríos, emocionar. *2 i.* temblar, estremecerse.
thriller ('θriləʳ) *s.* cuento o drama espeluznante.
thrive (to) (θraiv) *i.* crecer. *2* prosperar, medrar. ¶ Pret.: ***throve*** (θrouv) o ***thrived*** (θraivd); p. p.: ***thrived*** o ***thriver*** ('θrivn).
thriving ('θraiviŋ) *a.* próspero, floreciente. *2* **-ly** *adv.* prósperamente.
throat (θrout) *s.* garganta, cuello, gaznate: ***sore ~,*** dolor de garganta.
throb (θrɔb) *s.* latido, palpitación.
throb (to) (θrɔb) *i.* latir, palpitar.
throe (θrou) *s.* angustia, agonía.
throne (θroun) *s.* trono.
throng (θrɔŋ) *s.* muchedumbre, gentío, tropel.
throng (to) (θrɔŋ) *i.* apiñarse, agolparse. *2 t.* apiñar, atestar.

throttle ('θrɔtl) *s.* garganta, gaznate. *2* gollete [de botella]. *3* válvula reguladora, obturador.
throttle (to) ('θrɔtl) *t.-i.* ahogar(se. *2 t.* estrangular: ***to ~ down,*** reducir la marcha.
through (θru:) *prep.* por, a través de. *2* por medio de, a causa de. *3 adv.* de un lado a otro, de parte a parte, hasta el fin; completamente, enteramente: ***loyal ~ and ~,*** leal a toda prueba; ***to be wet ~,*** estar calado hasta los huesos; ***to carry the plan ~,*** llevar a cabo el plan. *4 a.* directo: ***~ train,*** tren directo. *5* de paso. *6* ***to be ~ with,***haber acabado con.
throughout (θru:'aut)) *prep.* por todo, durante todo, a lo largo de: ***~ the year,*** durante todo el año. *2 adv.* por o en todas partes, desde el principio hasta el fin.
throve (θrouv) V. TO THRIVE.
throw (θrou) *s.* lanzamiento, tiro. *2* tirada [de dados]. *3* MEC. carrera, embolada: ***throwback,*** retroceso.
throw (to) (θrou) *t.* tirar, arrojar, lanzar. *2* empujar, impeler. *3* derribar. *4* ***to ~ away,*** desperdiciar. *5* ***to ~ back,*** devolver; replicar; rechazar. *6* ***to ~ down,*** derribar. *7* ***to ~ in gear,*** engranar; ***to ~ in the clutch,*** embragar. *8* ***to ~ off,*** librarse de; improvisar [versos]. *9* ***to ~ open,*** abrir de par en par. *10* ***to ~ out,*** echar fuera, proferir; ***to ~ out of gear,*** desengranar; ***to ~ out the clutch,*** desembragar. *22* ***to ~ over,*** abandonar. *12* ***to ~ up,*** echar al aire; levantar; vomitar. ¶ Pret.: ***threw*** (θru:); p. p.: ***thrown*** (θroun).
thrown (θroun) V. TO THROW.
thrush (θrʌʃ) *s.* ORN. tordo; zorzal.
thrust (θrʌst) V. TO THRUST. *2* estocada, lanzada, puñalada. *3* empujón. *4* arremetida.
thrust (to) (θrʌst) *t.* meter, clavar, hincar. *2* empujar. *3* extender [sus ramas]. *4* ***to ~ aside,*** echar a un lado. *5* ***~ in,*** meter en o entre. *6* ***to ~ out,*** sacar, echar fuera. *7* ***to ~ someone through with a sword,*** atravesar a alguien con la espada. *8* ***to ~ a task upon someone,*** imponer a alguien una tarea. *9 i.* meterse, abrirse paso. *10* apiñarse. ¶ Pret. y p. p.: ***thrust*** (θrʌst).
thud (θʌd) *s.* porrazo, golpazo.
thumb (θʌm) *s.* pulgar: ***~ tack,*** chinche [clavito].
thump (θʌmp) *s.* golpe, porrazo.
thump (to) (θʌmp) *t.-i.* golpear, aporrear.
thunder ('θʌndəʳ) *s.* trueno. *2* estruendo.
thunder (to) ('θʌndə) *i.* tronar. *2* retumbar.
thunder-bolt ('θʌndəboult) *s.* rayo, centella.
thunder-clap ('θʌndə-klæp) *s.* trueno, estallido.
thunder-storm ('θʌndə-stɔ:m) *s.* tronada.
thunder-struck ('θʌndə-strʌk) *a.* aturdido, atónito, estupefacto.
Thursday ('θə:zdi, -dei) *s.* jueves.
thus (ðʌs) *adv.* así, de este modo. *2* hasta este punto: ***~ far,*** hasta aquí; hasta ahora.
thwart (to) (θwɔ:t) *t.* desbaratar, frustrar, impedir.
thyme (taim) *s.* BOT. tomillo.
thyself (ðai'self) *pron.* tú mismo, ti mismo. | Úsase sólo en poesía y en la Biblia.
tick (tik) *s.* ZOOL. garrapata. *2* tela de colchón o almohada. *3* tictac. *4* marca, señal.
tick (to) (tik) *i.* hacer tictac; latir [el corazón]. *2* señalar, marcar [el taxímetro, etc.].
ticket ('tikit) *s.* billete, boleto, entrada: ***return ~,*** billete de ida y vuelta; ***~ office,*** taquilla. *2* lista de candidatos. *3* etiqueta.
tickle ('tikl) *s.* cosquillas. *2* toque ligero.
tickle (to) ('tikl) *t.* hacer cosquillas. *2* halagar, divertir. *3 i.* tener cosquillas.
ticklish ('tikliʃ) *a.* cosquilloso. *2* susceptible; delicado. *3* variable.
tide (taid) *s.* marea; corriente; flujo de la marea: ***high*** o ***full ~,*** pleamar; ***ebb*** o ***low ~,*** bajamar. *2* curso [de una cosa]. *3* época: ***Christmas ~,*** temporada de navidad.
tidily ('taidili) *adv.* aseadamente, ordenadamente.
tidiness ('taidinis) *s.* aseo, pulcritud.
tidings ('taidiŋz) *s.* noticias, nuevas.
tidy ('taidi) *a.* aseado, pulcro, ordenado. *2 s.* cubierta de respaldo. *3* cajón para retazos.
tidy (to) (taidi) *t.* asear, arreglar.
tie (tai) *s.* cinta, cordón, etc. para atar. *2* lazo, nudo. *3* corbata. *4* empate. *5* ***tie-up,*** enlace, conexión; paralización; embotellamiento.
tie (to) (tai) *t.* atar. *2* liar, anudar. *3 t.-i.* empatar.
tier (tiəʳ) *s.* hilera, fila.
tier (to) (tiəʳ) *t.* disponer en hileras o capas.
tiger ('taigəʳ) *s.* tigre; ***~ cat,*** gato montés.
tight (tait) *a.* bien cerrado, hermético. *2* tieso, tirante. *3* apretado; ***it fits ~,*** está muy ajustado. *4* duro, severo. *5* tacaño. *6* igualado [en el juego]. *7* ***to be in***

a ~ spot, estar en un aprieto. *8* **-ly** *adv.* herméticamente; apretadamente; fuertemente.

tighten (to) ('taitn) *t.-i.* apretar(se, estrechar(se. *2* estirar(se.

tightness ('taitnis) *s.* estrechez. *2* tirantez, tensión. *3* tacañería.

tile (tail) *s.* teja. *2* losa, baldosa, azulejo.

tile (to) (tail) *t.* tejar. *2* embaldosar, cubrir con azulejos.

1) **till** (til) *prep.* hasta. *2 conj.* hasta que.

2) **till (to)** (til) *t.-i.* labrar, cultivar.

tillage ('tilidʒ) *s.* labranza, cultivo.

tiller ('tiləʳ) *s.* labrador, agricultor. *2* caña [del timón].

tilt (tilt) *s.* inclinación, ladeo; declive. *2* justa, torneo. *3* lanzada, golpe. *4* disputa. *5* ***at full ~,*** a toda velocidad.

tilt (to) (tilt) *t.-i.* inclinar(se, ladear(se. *2* volcar(se. *3 t.* dar lanzadas, acometer.

timber ('timbəʳ) *s.* madera [de construcción]; viga. *2* bosque, árboles maderables.

time (taim) *s.* tiempo. | No tiene el sentido de estado atmosférico. *2* hora; vez; plazo: ***at any ~,*** a cualquier hora; ***at a ~,*** de una vez: ***at no ~,*** nunca; ***at one ~,*** de una vez, de una tirada; ***at the same ~,*** al mismo tiempo; ***at times,*** a veces; ***behind ~,*** retrasado [el tren]; ***behind the times,*** anticuado; ***for the ~ being,*** de momento, por ahora; ***from ~ to ~,*** de vez en cuando; ***in ~,*** a tiempo, andando el tiempo; ***many a ~,*** a menudo; ***on ~*** puntual; ***to beat the ~,*** marcar el compás; ***to have a good ~,*** divertirse, pasar un buen rato; ***what's the ~?, what ~ is it?,*** ¿qué hora es?

time (to) (taim) *t.* escoger el momento. *2* regular, poner en hora [el reloj]. *3* cronometrar, medir el tiempo.

timeful ('taimful) *a.* oportuno.

timekeeper ('taim,ki:pəʳ) *s.* reloj, cronómetro. *2* cronometrador.

timeless ('taimlis) *a.* eterno, interminable.

timely ('taimli) *adv.* oportunamente; temprano.

time-table ('taim,teibl) *s.* guía, horario, itinerario.

timid ('timid) *a.* tímido, medroso.

timidity (ti'miditi) *s.* timidez.

timorous ('timərəs) *a.* temeroso, medroso.

tin (tin) *s.* QUÍM. estaño. *2* lata, hojalata. *3* lata, bote.

tin (to) (tin) *t.* estañar, cubrir con estaño. *2* enlatar: ***tinned goods,*** conservas.

tincture ('tiŋktʃəʳ) *s.* tintura, color, tinte.

tincture (to) ('tiŋktʃəʳ) *t.* teñir, colorar.

tinder ('tindəʳ) *s.* yesca.

tinge (tindʒ) *s.* tinte, matiz. *2* saborcillo, dejo.

tinge (to) (tindʒ) *t.* teñir, matizar; dar un sabor, cualidad, etc., a.

tingle ('tiŋgl) *s.* hormigueo, picazón.

tingle (to) ('tiŋgl) *i.* hormiguear, picar. *2* sentir hormigueo.

tinkle ('tiŋkl) *s.* tintineo; retintín.

tinkle (to) ('tiŋkl) *i.* retiñir, tintinear. *2 t.* hacer sonar o retiñir.

tinsel ('tinsəl) *s.* oropel.

tint (tint) *s.* tinte, matiz.

tint (to) (tint) *t.* teñir, matizar.

tiny ('taini) *a.* pequeñito, diminuto.

tip (tip) *s.* extremo, punta. *2* propina. *3* soplo, aviso confidencial. *4* golpecito. *5* inclinación, vuelco.

tip (to) (tip) *t.-i.* inclinar(se, volcar(se. *2 t.* dar propina a. *3* dar un soplo o aviso confidencial a. *4* dar un golpecito.

tipsy ('tipsi) *a.* achispado, algo borracho.

tiptoe ('tiptou) *s.* punta de pie. *2 adv.* ***on ~,*** de puntillas; alerta.

tiptoe (to) ('tiptou) *i.* andar de puntillas.

tiptop ('tip'tɔp) *s.* lo más alto, lo mejor.

tirade (tai'reid) *s.* andanada, invectiva.

tire ('taiəʳ) *s.* llanta, neumático, goma.

tire (to) ('taiəʳ) *t.-i.* cansar(se, fatigar(se. *2* aburrir(se; fastidiar(se.

tired ('taiəd) *a.* cansado, fatigado; aburrido: ***~ out,*** muerto de cansancio.

tiredness ('taiədnis) *s.* cansancio; fatiga; aburrimiento.

tireless ('taiəlis) *a.* incansable, infatigable.

tiresome ('taiəsəm) *a.* cansado, molesto, fastidioso.

tiring ('taiəriŋ) *a.* cansado, pesado.

tissue ('tisju:, tiʃju:) *s.* tisú, gasa: ***~ paper,*** papel de seda. *2* BIOL. tejido.

tit (tit) *s.* ***~ for tat,*** golpe por golpe.

titanic (tai'tænik) *a.* titánico.

titbit ('titbit) *s.* golosina; trozo escogido, bocado regalado.

tithe (taið) *s.* diezmo. *2* pizca.

title ('taitl) *s.* título. | No tiene el sentido de título en química: ***~ page,*** portada [de un libro]; ***~ deed,*** título de propiedad.

titter ('titəʳ) *s.* risita, risa ahogada.

titter (to) ('titəʳ) *i.* reír con risa ahogada o disimulada.

titular ('titjuləʳ) *a.* del título. *2* honorario, nominal. *3 a.-s.* titular.

to (tu:, tu, tə) *prep.* a. hacia, para; hasta: ***~ the right,*** a la derecha; ***a quarter ~ five,*** las cinco menos cuarto: ***I have ~ go,*** tengo que ir. *2* ***to*** ante verbo es signo de infinitivo y no se traduce. *3*

adv. ***to come*** ~, volver en sí; ~ ***and fro***, de acá para allá.
toad (toud) *s.* sapo.
toast (toust) *s.* tostada, pan tostado. *2* brindis.
toast (to) (toust) *t.-i.* tostar(se. *2* brindar.
toaster ('toustəʳ) *s.* tostador. *2* el que brinda.
tobacco (tə'bækou) *s.* tabaco.
tobacconist (tə'bækənist) *s.* tabaquero, estanquero; ***tobacconist's***, estanco.
today, to-day (tə'dei) *adv.* hoy, hoy en día. *2 s.* el día de hoy.
toe (tou) *s.* dedo del pie. *2* pezuña. *3* punta del calzado, de la media.
toe-nail ('touneil) *s.* uña del dedo del pie.
together (tə'geðəʳ) *adv.* junto; juntos, reunidos, juntamente; de acuerdo; ***to call*** ~, convocar: ***to come*** ~, juntarse; ~ ***with***, junto con. *2* al mismo tiempo. *3* sin interrupción.
toil (tɔil) *s.* trabajo, esfuerzo, fatiga. *2 pl.* red, lazo.
toil (to) (tɔil) *i.* afanarse, esforzarse.
toilet ('tɔilit) *s.* tocador; cuarto de baño; retrete: ~ ***articles***, artículos de tocador; ~ ***case***, neceser; ~ ***paper***, papel higiénico. *2* tocado; peinado; aseo personal.
toilsome ('tɔilsəm) *a.* laborioso, penoso.
token ('toukən) *s.* señal, indicio, prueba, recuerdo. *2* rasgo característico. *3* moneda, ficha.
told (tould) V. TO TELL.
tolerance ('tɔlərəns) *s.* tolerancia.
tolerant ('tɔlərənt) *a.* tolerante.
tolerate (to) ('tɔləreit) *t.* tolerar.
toll (toul) *s.* tañido de campana. *2* peaje, tributo.
toll (to) (toul) *t.* tañer, doblar o sonar [la campana].
tomato (tə'mɑ:tou, [E. U.] tə'meitou) *s.* BOT. tomate.
tomb (tu:m) *s.* tumba, sepulcro.
tombstone ('tu:m-stoun) *s.* lápida sepulcral.
tomcat ('tɔm'kæt) *s.* ZOOL. gato.
tome (toum) *s.* tomo, volumen.
tomorrow (tə'mɔrou) *adv.* mañana. *2 s.* día de mañana.
ton (tʌn) *s.* tonelada.
tone (toun) *s.* tono; sonido; voz. *2 pl.* matices.
tone (to) (toun) *t.* dar tono a: ***to*** ~ ***down***, bajar el tono; ***to*** ~ ***up***, elevar el tono. *2* tomar un tono o color; armonizar [con].
tongs (tɔŋz) *s. pl.* tenazas, pinzas.
tongue (tʌŋ) *s.* ANAT. lengua: ~ ***twister***, trabalenguas; ***to hold one's*** ~, callarse. *2* idioma; habla.
tonic ('tɔnik) *a.-s.* tónico.
tonight (tə'nait, tu-) *s.* esta noche.
tonnage ('tʌnidʒ) *s.* tonelaje.
tonsil ('tɔnsl) *s.* amígdala.
tonsure ('tɔnʃəʳ) *s.* tonsura.
too (tu:) *adv.* demasiado [seguido de a. y adv.]. *2* ~ ***much***, demasiado; ~ ***many***, demasiados [ante subst.]. *3* también, además.
took (tuk) V. TO TAKE.
tool (tu:l) *s.* instrumento, herramienta, utensilio.
tooth (tu:θ), *pl.* **teeth** (ti:θ) *s.* diente; muela; ***to have a sweet*** ~, ser goloso.
toothache ('tu:θ-eik) *s.* dolor de muelas.
toothbrush ('tu:θbrʌʃ) *s.* cepillo para los dientes.
toothless ('tu:θlis) *a.* desdentado.
tooth-paste ('tu:θpeist) *s.* pasta dentífrica.
toothpick ('tu:θpik) *s.* mondadientes.
top (tɔp) *s.* parte o superficie superior, cima, cumbre, remate, pináculo, cabeza, cúspide: ***from*** ~ ***to bottom***, de arriba abajo; ***on (the)*** ~ ***of***, encima de; ***at the*** ~ ***of his voice***, a voz en cuello. *2* copa [del árbol]. *3* tablero [de mesa]. *4* capota [de coche]. *5* ***spinning*** ~, trompo. *6* lo mejor. *7 a.* superior, primero: ~ ***hat***, sombrero de copa; ***at*** ~ ***speed***, a toda velocidad.
top (to) (tɔp) *t.* desmochar. *2* coronar, rematar. *3* sobresalir.
topaz ('toupæz) *s.* MINER. topacio.
toper ('toupəʳ) *s.* borrachín.
topic ('tɔpik) *s.* asunto, tema. *2 pl.* tópicos, lugares comunes.
topmost ('tɔpmoust) *a.* más alto [de todos].
topple (to) ('tɔpl) *t.* hacer caer, derribar, volcar. *2 i.* tambalearse [con ***down*** u ***over***].
torch (tɔ:tʃ) *s.* hacha, antorcha. *2* linterna eléctrica. *3* ***blow*** ~, soplete.
tore (tɔ:ʳ) V. TO TEAR.
torment ('tɔ:mənt) *s.* tormento, tortura, pena.
torment (to) (tɔ:'ment) *t.* atormentar, torturar, molestar.
torn (tɔ:n) V. TO TEAR. *2 a.* roto, rasgado.
tornado (tɔ:'neidou) *s.* tornado, huracán.
torpedo (tɔ:'pi:dou) *s.* MIL., ICT. torpedo; ~ ***boat***, torpedero.
torpedo (to) (tɔ:'pi:dou) *t.* torpedear.

torpor ('tɔ:pə[r]) *s.* torpeza, letargo, apatía.
torrent ('tɔrənt) *s.* torrente.
torrid ('tɔrid) *a.* tórrido, ardiente.
torsion ('tɔ:ʃən) *s.* torsión.
tortoise ('tɔ:təs) *s.* ZOOL. tortuga.
torture ('tɔ:tʃə) *s.* tortura, tormento.
torture (to) ('tɔ:tʃə[r]) *t.* torturar, martirizar.
toss (tɔs) *s.* sacudida, meneo. *2* lanzamiento, tiro. *3* cara o cruz; azar: ***I don't care a ~***, no me importa un bledo.
toss (to) (tɔs) *t.* sacudir, menear, agitar. *2* arrojar, lanzar. *3 i.* moverse, agitarse; cabecear [un buque].
toss-up ('tɔsʌp) *s.* cara y cruz. *2* probabilidad incierta.
tot (tɔt) *s.* chiquitín, -na. *2* fam. suma. *3* fam. traguito.
tot (to) (tɔt) *t.-i.* [con ***up***] sumar.
total ('toutl) *s.* total. *2 a.* entero, todo. *3* **-ly** *adv.* totalmente.
totalitarian (ˌtoutæli'tɛəriən) *a.* totalitario.
totter (to) ('tɔtə[r]) *i.* vacilar, tambalearse; amenazar ruina.
touch (tʌtʃ) *s.* toque, tiento. *2* tacto. *3* contacto. *4* ***a ~ of fever***, algo de fiebre; ***~ and go***, situación peligrosa; ***to get in ~ with***, ponerse en contacto con; ***to keep in ~ with***, mantener(se en comunicación con.
touch (to) (tʌtʃ) *t.* tocar, tantear, palpar. *2* rozar. *3* inspirar; conmover; irritar. *4* alcanzar, llegar a. *5* esbozar, retocar. *6* ***to ~ at a port***, hacer escala en un puerto; ***to ~ off an explosive***, prender la mecha de un explosivo; ***to ~ up, retocar;*** *7 i.* tocarse, estar contiguo.
touchiness ('tʌtʃinis) *s.* susceptibilidad.
touching ('tʌtʃiŋ) *prep.* tocante a, en cuanto a. *2 a.* tierno, conmovedor. *3* **-ly** *adv.* tiernamente, conmovedoramente.
touchstone ('tʌtʃstoun) *s.* piedra de toque.
touchy ('tʌtʃi) *a.* susceptible, irritable, quisquilloso.
tough (tʌf) *a.* duro, correoso. *2* fuerte, vigoroso. *3* (E. U.) malvado, pendenciero. *4* terco, tenaz. *5* arduo, penoso.
toughen (to) ('tʌfn) *t.-i.* endurecer(se, curtir(se. *2* hacer(se correoso.
toughness ('tʌfnis) *s.* dureza, resistencia. *2* correosidad. *3* tenacidad.
tour (tuə[r]) *s.* viaje, excursión, vuelta, jira. *2* turno.
tour (to) (tuə[r]) *i.* viajar por, hacer turismo.
tourist ('tuərist) *s.* turista, viajero.
tournament ('tuənəmənt) *s.* torneo, justa. *2* certamen.
tow (tou) *s.* estopa. *2* remolque: ~ ***boat***, remolcador; ***to take in ~***, remolcar.
toward (tə'wɔ:d), **towards** (-z) *prep.* hacia. *2* cerca de. *3* para. *4* con, para con.
towel ('tauəl) *s.* toalla: ~ ***rack***, toallero.
tower ('tauə[r]) *s.* torre, torreón. *2* campanario.
tower (to) ('tauə[r]) *i.* descollar, sobresalir. *2* elevarse, remontarse.
towering ('tauəriŋ) *a.* alto, elevado. *2* encumbrado. *3* sobresaliente.
town (taun) *s.* población, ciudad, pueblo; municipio: ~ ***council***, ayuntamiento; ~ ***hall***, casa del ayuntamiento.
toxic ('tɔksik) *s.* tóxico.
toy (tɔi) *s.* juguete [para jugar]. *2 a.* de juguete; pequeñito.
toy (to) (tɔi) *i.* jugar, juguetear, divertirse.
trace (treis) *s.* huella, pisada, rastro. *2* señal, indicio. *3* pizca. *4* tirante [de los arreos].
trace (to) (treis) *t.* trazar, esbozar. *2* rastrear, seguir la pista de. *3* investigar; buscar el origen de.
track (træk) *t.* rastrear, seguir la pista de. *2* trazar, trillar [un camino].
tract (trækt) *s.* rastro, pista, huellas; señal, vestigio. *2* MAR. estela. *3* reguero. *4* camino, senda. *5* rumbo, trayectoria. *6* DEP. pista. *7* vía [de tren, tranvía, etc.].
track (to) (træk) *t.* rastrear, seguir la pista de. *2* trazar, trillar [un camino].
tract (trækt) *s.* área, región, trecho: ***digestive ~***, aparato digestivo.
tractable ('træktəbl) *a.* complaciente, tratable.
traction ('trækʃən) *s.* tracción. *2* servicio público de transportes.
tractor ('træktə[r]) *s.* tractor.
trade (treid) *s.* profesión, ocupación; oficio, arte mecánica: ~ ***union***, sindicato obrero. *2* comercio, tráfico: ~ ***mark***, marca registrada. *3* parroquia, clientela.
trade (to) (treid) *i.* comerciar, negociar, tratar. *2 t.* comerciar en; vender.
trader ('treidə[r]) *s.* comerciante, negociante. 2 buque mercante.
tradesman ('treidzmən) *s.* comerciante, tendero. *2* artesano.
trading ('treidiŋ) *s.* comercio, tráfico. *2 a.* comercial, mercantil.
tradition (trə'diʃən) *s.* tradición.
traditional (trə'diʃənl) *a.* tradicional.
traduce (to) (trə'dju:s) *t.* difamar, calumniar.

traffic ('træfik) *s.* tráfico, comercio. *2* tránsito, tráfico: ~ ***lights,*** semáforo.
tragedian (trə'dʒi:djən) *s.* trágico [autor; actor].
tragedy ('trædʒidi) *s.* tragedia.
tragic(al ('trædʒik, -əl) *a.* trágico. *2* **tragically** *adv.* trágicamente.
trail (treil) *s.* cola [de vestido, cometa, etc.]. *2* rastro, huella, pista. *3* senda.
trail (to) (treil) *t.-i.* arrastrar(se. *2* seguir la pista. *3* ***to ~ behind,*** ir rezagado.
trailer ('treilə^r) *s.* AUTO. remolque. *2* rastreador, cazador. *3* CINEM. tráiler.
train (trein) *s.* tren [ferroc.; de máquina; de ondas]. *2* fila, recua; séquito, comitiva. *3* cola [de cometa, vestido, etc.]. *4* ***passenger ~,*** tren de pasajeros; ***goods ~,*** tren de mercancías.
train (to) (trein) *t.-i.* ejercitar(se, adiestrar(se. *2 t.* educar. *3* DEP. entrenar. *4* apuntar [un cañón, etc.].
trainee (trei'ni:) *s.* persona que se adiestra. *2* MIL. recluta.
trainer ('treinə^r) *s.* amaestrador. *2* DEP. preparador.
training ('treiniŋ) *s.* adiestramiento, preparación. *2* DEP. entrenamiento: ~ ***camp,*** campo de entrenamiento.
trait (trei, [E. U.] treit) *s.* toque, pincelada. *2* rasgo, peculiaridad.
traitor ('treitə^r) *a.-s.* traidor.
tram (træm), **tramcar** ('træmkɑ:^r) *s.* tranvía.
trammel (to) ('træməl) *t.* trabar, estorbar.
tramp (træmp) *s.* viandante. *2* vagabundo. *3* caminata.
tramp (to) (træmp) *i.* viajar a pie, vagabundear. *2 t.* pisar; apisonar.
tramper ('træmpə^r) *s.* vagabundo.
trample (to) ('træmpl) *t.* hollar, pisar: ~ ***on,*** pisotear.
trance (trɑ:ns) *s.* enajenamiento, rapto, éxtasis. *2* estado hipnótico.
tranquil ('træŋkwil) *a.* tranquilo, apacible.
tranquility (træŋ'kwiliti) *a.* tranquilidad, sosiego, paz.
transact (to) (træn'zækt) *t.* llevar a cabo, tramitar, despachar. 2 pactar.
transaction (træn'zækʃən) *s.* despacho, negociación. *2* COM., DER. transacción; arreglo. *3 pl.* actas [de una sociedad docta].
transatlantic ('trænzə'læntik) *a.* transatlántico.
transcend (to) (træn'send) *t.* sobrepasar; ir más allá de. *2 i.* FIL., TEOL. transcender.
transcendence (træn'sendən), **-cy** (-i) *s.* excelencia, superioridad. *2* FIL. transcendencia.
transcontinental ('trænz,kɔnti'nentl) *a.* transcontinental.
transcribe (to) (træns'kraib) *t.* transcribir.
transcript ('trænskript) *s.* transcripción, copia.
transfer ('trænsfə:^r) *s.* transferencia, traslado, transporte. *2* DER. ~ ***of ownership,*** cesión o traspaso de propiedad.
transfer (to) (træns'fə:^r) *t.* transferir, trasladar, transbordar. *2* DER. traspasar, ceder.
transferable (træns'fə:rəbl) *a.* transferible.
transference (trænsfərəns) *s.* transferencia, traslado.
transfix (to) (træns'fiks) *t.* traspasar, atravesar.
transform (to) (træns'fɔ:m) *t.-i.* transformar(se.
transformation (,trænsfə'meiʃən) *s.* transformación.
transgress (to) (træns'gres) *t.* transgredir, quebrantar. *2 i.* quebrantar la ley.
transgression (træns'greʃən) *s.* transgresión. *2* delito, pecado.
transient ('trænziənt) *a.* transitorio, pasajero. *2 s.* transeúnte.
transistor (træn'sistə^r) *s.* ELECT. transistor.
transit ('trænsit) *s.* tránsito, paso.
transition (træn'siʒən) *s.* transición.
transitive ('trænsitiv) *a.-s.* GRAM. transitivo.
transitory ('trænsitəri) *a.* transitorio, pasajero.
translate (to) (træns'leit) *t.* traducir. *2* trasladar [de un lugar a otro].
translation (træns'leiʃən) *s.* traducción. *2* traslado.
translator (træns'leitə^r) *s.* traductor.
translucent (trænz'lu:snt) *a.* translúcido, transluciente: ***to be ~,*** traslucirse.
transmission (trænz'miʃən) *s.* transmisión. *2* AUTO. cambio de marchas.
transmit (to) (trænz'mit) *t.* transmitir. *2* enviar, remitir.
transmitter (trænz'mitə^r) *s.* transmisor; emisor.
transom ('trænsəm) *s.* CARP. travesaño. *2* ARQ. dintel, puente. *3* montante [ventana].
transparence (træns'pεərəns) *s.* transparencia.
transparency (træns'pεərensi) *s.* transparencia. *2* filmina, diapositiva.
transparent (træns'pεərənt) *a.* transparente. *2* franco, ingenuo.

transpiration (ˌtrænspiˈreiʃən) *s.* transpiración.
transpire (to) (trænsˈpaiəʳ) *t.-i.* transpirar, sudar. *2* divulgarse.
transplant (to) (trænsˈplɑːnt) *t.* trasplantar.
transplantation (ˌtrænsplɑːnˈteiʃən) *s.* trasplante.
transport (ˈtrænspɔːt) *s.* transporte, acarreo. *2* rapto, éxtasis.
transport (to) (trænsˈpɔːt) *t.* transportar, acarrear. *2* transportar, enajenar. *3* deportar.
transportation (ˌtrænspɔːˈteiʃən) *s.* transporte, sistemas de transporte. *2* (E. U.) coste del transporte; billete, pasaje. *3* deportación.
transpose (to) (trænsˈpouz) *t.* transponer.
trans-shipment (trænˈʃipmənt) *s.* transbordo.
transversal (trænzˈvəːsəl) *a.* transversal.
trap (træp) *s.* trampa, lazo: ***to lay a*** ~, tender una trampa.
trap (to) (træp) *t.* coger con trampa, atrapar.
trapeze (treˈpiːz) *s.* GEOM., GIMN. trapecio.
trapper (ˈtræpəʳ) *s.* trampero, cazador de pieles.
trappings (ˈtræpiŋz) *s. pl.* jaeces, gualdrapa. *2* adornos, atavíos.
trash (træʃ) *s.* hojarasca, broza, basura. *2* tontería.
trashy (ˈtræʃi) *a.* inútil, despreciable.
travel (ˈtrævl) *s.* viaje. *2* tráfico.
travel (to) (ˈtrævl) *i.* viajar. *2 t.* viajar por, recorrer.
travel(l)er (ˈtrævləʳ) *s.* viajero.
travel(l)ing (ˈtrævliŋ) *a.* de viaje; ~ ***expenses,*** gastos de viaje.
traverse (ˈtrævə(ː)s) *s.* travesaño.
traverse (to) (ˈtrævə(ː)s) *t.* cruzar, atravesar, recorrer.
travesty (ˈtrævisti) *s.* disfraz, parodia.
travesty (to) (ˈtrævisti) *t.* parodiar, falsear.
tray (trei) *s.* bandeja. *2* cubeta [de baúl o maleta].
treacherous (ˈtretʃərəs) *a.* traidor, falso, engañoso. *2* **-ly** *adv.* traidoramente.
treachery (ˈtretʃəri) *s.* traición. *2* deslealtad, alevosía.
tread (tred) *s.* paso, pisada. *2* huella, rastro.
tread (to) (tred) *t.* pisar, hollar. *2* pisotear. *3* andar a pie, caminar. ¶ Pret.: ***trod*** trɔd); p. p.: ***trodden*** (ˈtrɔdn) o ***trod.***
treason (ˈtriːzn) *s.* traición.
treasure (ˈtreʒəʳ) *s.* tesoro.
treasure (to) (ˈtreʒəʳ) *t.* atesorar.
treasurer (ˈtrəʒərəʳ) *s.* tesorero.
treasury (ˈtreʒəri) *s.* tesorería, erario público: ***Secretary of the*** ~, ministro de hacienda.
treat (triːt) *s.* agasajo, convite. *2* placer, deleite.
treat (to) (triːt) *t.-i.* tratar. *2 t.* convidar, invitar.
treatise (ˈtriːtiz) *s.* tratado.
treatment (ˈtriːtmənt) *s.* trato; tratamiento.
treaty (ˈtriːti) *s.* tratado, convenio.
treble (ˈtrebl) *a.* triple, triplo. *2* ~ ***voice,*** voz atiplada.
treble (to) (ˈtrebl) *t.-i.* triplicar(se.
tree (triː) *s.* árbol: ***apple*** ~, manzano; ***family*** ~, árbol genealógico; ***shoe*** ~, horma de zapato.
treeless (ˈtriːlis) *a.* pelado, sin árboles.
trellis (ˈtrelis), **trellis-work** (-weːk) *s.* enrejado. *2* glorieta, emparrado.
tremble (ˈtrembl) *s.* temblor, estremecimiento.
tremble (to) (ˈtrembl) *i.* temblar. *2* estremecerse, trepidar.
tremendous (triˈmendəs) *a.* tremendo.
tremor (ˈtreməʳ) *s.* temblor, estremecimiento.
tremulous (ˈtremjuləs) *a.* trémulo, tembloroso.
trench (trentʃ) *s.* foso, zanja. *2* trinchera.
trench (to) (trentʃ) *t.* abrir fosos o zanjas en. *2 t.-i.* atrincherar(se.
trenchant (ˈtrentʃənt) *a.* tajante, bien definido. *2* mordaz, incisivo.
trend (trend) *s.* dirección, rumbo. *2* inclinación, tendencia.
trend (to) (trend) *i.* dirigirse, tender.
trepidation (ˌtrepiˈdeiʃən) *s.* trepidación. *2* sobresalto.
trespass (ˈtrespəs) *s.* transgresión. *2* delito.
trespass (to) (ˈtrespəs) *i.* ***to*** ~ ***against,*** infringir; pecar contra. *2* ***to*** ~ ***on,*** o ***upon,*** traspasar los límites de.
tress (tres) *s.* trenza [de pelo]; rizo, bucle.
trial (ˈtraiəl) *s.* prueba, ensayo. *2* aflicción, desgracia. *3* juicio, proceso.
triangle (ˈtraiæŋgl) *s.* triángulo.
tribe (traib) *s.* tribu.
tribulation (ˌtribjuˈleiʃən) *s.* tribulación.
tribunal (traiˈbjuːnl) *s.* tribunal. *2* juzgado.
tributary (ˈtribjutəri) *a.-s.* tributario; afluente [río].
tribute (ˈtribjuːt) *s.* tributo. *2* homenaje.
trice (trais) *s.* momento, instante: ***in a*** ~, en un santiamén.
trick (trik) *s.* treta, ardid, engaño. *2* arte,

habilidad. *3* hábito, vicio. 4 baza [en los naipes]. *5* ***to play tricks,*** hacer suertes; hacer travesuras.
trick (to) (trik) *t.-i.* engañar, estafar, burlar. *2* ***to ~ out,*** o ***up,*** vestir, ataviar.
trickery ('trikəri) *s.* engaño, superchería, malas artes.
trickle (to) ('trikl) *i.* gotear, escurrir.
tricky ('triki) *a.* trapacero, marrullero. *2* difícil, intrincado..
tried (traid) V. TO TRY. *2 a.* probado, fiel.
trifle ('traifl) *s.* fruslería, friolera, bagatela, baratija.
trifle (to) ('traifl) *i.* bromear, chancear(se. *2* ***to ~ with,*** jugar con; burlarse de.
trifler ('traifləʳ) *s.* persona frívola.
trifling ('traifliŋ) *a.* fútil, ligero. *2* frívolo.
trigger ('trigəʳ) *s.* gatillo, disparador.
trill (tril) *s.* trino, gorjeo.
trill (to) (tril) *i.* trinar, gorjear. *2 t.* pronunciar con vibración.
trim (trim) *a.* bien arreglado; en buen estado. *2* elegante; pulcro, acicalado. *3 s.* adorno, aderezo. *4* buen estado. *5* **-ly** *adv.* en buen orden.
trim (to) (trim) *t.* arreglar, disponer. *2* cortar [el pelo, etc.]; podar. *3* adornar, guarnecer. *4* templar [las velas, etc.].
trimming ('trimiŋ) *s.* guarnición, adorno, ribete, franja, orla. COST. *3* poda. *4* desbaste [de un tronco]. *5* paliza. *6 pl.* adornos; accesorios; recortes.
trinket ('triŋkit) *s.* joya, dije. *2* baratija.
trip (trip) *s.* viaje, excursión: ***to go on a ~***, viajar. *2* tropezón. *3* zancadilla.
trip (to) (trip) *i.* saltar, brincar. *2* tropezar, dar un traspié; equivocarse. *3 t.* hacer tropezar o caer.
triple ('tripl) *a.* triple.
trite (trait) *a.* gastado, trivial, vulgar.
triumph ('traiəmf) *s.* triunfo.
triumph (to) ('traiəmf) *i.* triunfar, vencer.
triumphal (trai'ʌmfəl) *a.* triunfal.
triumphant (trai'ʌmfənt) *a.* triunfante. *2* victorioso. *3* **-ly** *adv.* triunfalmente.
trivial ('triviəl) *a.* trivial, fútil, frívolo.
triviality (trivi'ælity) *s.* trivialidad, menudencia.
trod (trɔd) V. TO TREAD.
trodden ('trɔdn) V. TO TREAD.
trolley ('trɔli) *s.* trole: ~ ***bus***, trolebús. *2* carretilla.
trombone (trɔm'boum) *s.* MÚS. trombón.
troop (tru:p) *s.* tropa, cuadrilla.
trophy ('troufi) *s.* trofeo.
tropic ('trɔpik) *s.* trópico.
tropical ('trɔpikəl) *a.* tropical.
trot (trɔt) *s.* trote: ***at a ~***, al trote.
trot (to) (trɔt) *i.* trotar. *2 t.* hacer trotar.
trouble ('trʌbl) *s.* perturbación, desorden. *2* pena; apuro: ***to be in ~***, estar en un apuro; ***it is not worth the ~***, no vale la pena. *3* inconveniente; molestia. *4* avería. *5* ***heart ~***, enfermedad de corazón.
trouble (to) ('trʌbl) *t.* turbar, perturbar. *2* incomodar, molestar. *3 i.-ref.* preocuparse; molestarse.
troublemaker ('trʌblmeikəʳ) *s.* agitador, alborotador.
troublesome ('trʌblsəm) *a.* molesto, pesado. *2* enojoso. *3* inquieto.
trough (trɔf) *s.* ***food ~***, comedero; ***drinking ~***, abrevadero. *2* artesa; batea. *3* ***eaves ~***, canalón de tejado.
trousers ('trauzəz) *s. pl.* pantalón(es.
trousseau ('tru:sou) *s.* ajuar de novia.
trout (traut) *s.* trucha.
truant ('tru(:)ənt) *s.* tunante, holgazán: ***to play ~***, hacer novillos. *2 a.* ocioso; perezoso.
truce (tru:s) *s.* tregua.
truck (trʌk) *s.* (Ingl.) vagón de plataforma. *2* (E. U.) camión. *3* carretilla de mano. *4* cambio, trueque. *5* ***garden ~***, hortalizas frescas.
truculence ('trʌkjuləns) *s.* truculencia, crueldad.
truculent ('trʌkjulənt) *a.* truculento.
trudge (trʌdʒ) *s.* caminata; marcha penosa.
trudge (to) (trʌdʒ) *i.-t.* andar con esfuerzo.
true (tru:) *a.* verdadero, cierto, real. *2* fiel, leal. *3* exacto. *4* ***it is ~***, es verdad.
truism ('tru(:)izəm) *s.* verdad manifiesta; perogrullada.
truly ('tru:li) *adv.* verdaderamente. *2* sinceramente: ***yours (very) truly***, su afectísimo.
trump (trʌmp) *s.* triunfo [en los naipes].
trump (to) (trʌmp) *t.* matar con un triunfo [en naipes]. *2* ***to ~ up an excuse***, inventar una excusa.
trumpery ('trʌmpəri) *s.* oropel, relumbrón; engaño.
trumpet ('trʌmpit) *s.* trompeta, clarín.
truncheon ('trʌntʃən) *s.* garrote, porra.
trunk (trʌŋk) *s.* tronco [de árbol; del cuerpo, etc.]. *2* cofre, baúl. *3* trompa [de elefante]. *4 pl.* pantalones cortos [para deporte]. *5* ~ ***call***, conferencia interurbana.
trust (trʌst) *s.* confianza, fe [en una pers. o cosa]; esperanza. *2* depósito, cargo, custodia. *3* COM. crédito. *4* trust, asociación de empresas.
trust (to) (trʌst) *t.* confiar en; fiar(se. *2* esperar. *3* dar crédito a.

trustee (trʌs'ti:) *s.* fidelcomisario; administrador legal. *2* ***board of trustees***, patronato [de una universidad, etc.].
trustful ('trʌstful) *a.* confiado. *2* **-ly** *adv.* confiadamente.
trustworthy ('trʌst,wə:ði) *a.* digno de confianza, fidedigno.
trusty ('trʌsti) *a.* fiel, honrado. *2* firme, seguro. *3 s.* persona honrada.
truth (tru:θ) *s.* verdad. *2* fidelidad.
truthful ('tru:θful) *a.* veraz. *2* verdadero.
truthfulness ('tru:θfulnis) *s.* veracidad.
try (trai) *s.* prueba, ensayo, tentativa.
try (to) (trai) *t.* probar, intentar, tratar de: ***to ~ on a suit***, probarse un traje. *2* exasperar: ***to ~ someone's patience***, poner a prueba la paciencia de uno. *3* DER. juzgar; ver [una causa, etc.]. *4* ***to ~ to***, esforzarse en.
trying ('traiiŋ) *a.* irritante, molesto, fatigoso.
tub (tʌb) *s.* tina, batea. *2* bañera, baño.
tube (tju:b) *s.* tubo. *2* RADIO lámpara, válvula. *3* ***tube*** o ***~ railway***, metro, ferrocarril subterráneo.
tuberculosis (tju,bə:kju'lousis) *s.* tuberculosis.
tuberculous (tju'bə:kjuləs) *a.* tuberculoso.
tuck (to) (tʌk) *t.* hacer alforzas o pliegues: ***to ~ in bed***, arropar; ***to ~ up one's sleeves***, arremangarse.
Tuesday ('tju:zdi, -dei) *s.* martes.
tuft (tʌft) *s.* penacho, cresta. *2* borla. *3* mata espesa.
tug (tʌg) *s.* tirón, estirón; forcejeo. *2* remolcador.
tug (to) (tʌg) *t.* tirar de, arrastrar. *2* remolcar. *3* trabajar con esfuerzo.
tuition (tju'iʃən) *s.* enseñanza, instrucción.
tulip ('tju:lip) *s.* tulipán.
tumble ('tʌmbl) *s.* caída, tumbo, vuelco, voltereta. *2* desorden. *3 a.* ***~ down***, destartalado, ruinoso.
tumble (to) ('tʌmbl) *i.* dar volteretas, voltear. *2* caerse, dejarse caer: ***to ~ down***, caerse; ***to ~ into, on, upon***, tropezar con. *3 t.* derribar. *4* trastornar.
tumbler ('tʌmblə[r]) *s.* vaso [para beber]. *2* volatinero, acróbata.
tumo(u)r ('tju:mə[r]) *s.* MED. tumor.
tumult ('tju:mʌlt) *s.* tumulto.
tumultuous (tju(:)'mʌltjuəs) *a.* tumultuoso.
tune (tju:n) *s.* melodía; tonada: ***out of ~***, desafinado; ***in ~ with***, afinado; a tono con.
tune (to) (tju:n) *t.* templar, afinar. *2* entonar: ***to ~ in***, sintonizar; ***to ~ up***, acordar [instrumentos]; poner a punto [un motor, etc.]. *3 i.* armonizar.
tuneful (tju:nful) *a.* armonioso, melodioso.
tunic ('tju:nik) *s.* túnica.
tunnel ('tʌnl) *s.* túnel.
tunny ('tʌni) *s.* ICT. atún.
turbid ('tə:bid) *a.* turbio, turbulento.
turbine ('tə:bin, -bain) *s.* MEC. turbina.
turbojet ('tə:bou'dʒet) *s.* turborreactor.
turbulent ('tə:bjulənt) *a.* turbulento, agitado.
turf (tə:f) *s.* césped; tepe. *2* turba. *3* ***the ~***, las carreras de caballos.
turgid ('tə:dʒid) *a.* hinchado. *2* ampuloso, pomposo.
Turk (tə:k) *s.* turco.
Turkey ('tə:ki) *n. pr.* GEOGR. Turquía. *2 minusc.* pavo.
turmoil ('tə:mɔil) *s.* confusión, alboroto.
turn (tə:n) *s.* vuelta, giro; revolución. *2* recodo; cambio de rumbo. *3* turno. *4* ***at every ~***, a cada paso; ***bad*** o ***ill ~***, jugarreta; ***good ~***, favor; ***to take turns***, turnarse; ***~ of mind***, actitud mental.
turn (to) (tə:n) *t.-i.* volver(se; voltear(se. *2* girar, dar vueltas. *3* tornear, labrar al torno. *4* desviar(se; dirigir(se. *5* trastornar: ***to ~ the brain of***, trastornar el juicio a. *6* doblar: ***to ~ the corner***, doblar la esquina. *7* cambiar, transformar. *8* volverse: ***to ~ pale***, ponerse pálido. *9* ***to ~ a deaf ear***, hacerse el sordo. *10* ***to ~ aside***, desviar(se. *11* ***to ~ away***, despedir, echar; desviar. *12* ***to ~ back***, volver atrás; devolver. *13* ***to ~ down***, rechazar [una oferta]; poner boca abajo; bajar [el gas]. *14* ***to ~ in***, entrar; irse a la cama. *15* ***to ~ inside out***, volver al revés. *16* ***to ~ into***, convertir(se en. *17* ***to ~ off***, cortar [el agua, etc.], apagar [la luz]. *18* ***to ~ on***, abrir [la llave del gas, etc.], encender [la luz]. *19* ***to ~ out***, expulsar, echar; apagar [la luz]; producir. *20* ***to ~ out badly***, salir mal; ***to ~ out to be***, resultar. *21* ***to ~ over***, volcar(se [un vehículo]; revolver [en la mente]; volver una hoja; entregar. *22* ***to ~ to***, tender, dirigirse a; aplicarse a; ***to ~ to the left***, torcer a la izquierda. *23* ***to ~ up***, subir [el cuello; la radio]; arremangarse; ***to ~ up one's nose***, desdeñar. *24* ***to ~ upside down***, trastornar; volcar; zozobrar.
turning ('tə:niŋ) *s.* giro, vuelta. *2* viraje. *3* recodo, esquina. *4 a.* giratorio. *5* ***~ point***, punto crucial, crisis.
turnip ('tə:nip) *s.* nabo.

turnout ('tə:n'aut) *s.* salida a paseo. *2* concurrencia. *3* bifurcación; apartadero [en vía férrea]. *4* producción [de una fábrica]. *5* acabado, presentación. *6* vestido, atuendo.
turnover ('tə:nˌouvəʳ) *a.* doblado hacia abajo. *2 s.* vuelco [de un coche]. *3* cambio, reorganización [de personal]. *4* ***business*** ~, movimiento de mercancías. *5* COC. estrelladera.
turnpike ('tə:npaik) *s.* (E. U.) gran autopista de peaje.
turnstile ('tə:n-stail) *s.* torniquete [en un paso].
turpentine ('tə:pəntain) *s.* trementina, aguarrás.
turpitude ('tə:pitju:d) *s.* depravación, vileza.
turret ('tʌrit) *s.* torrecilla, torreón.
turtle ('tə:tl) *s.* ZOOL. tortuga: ~ ***dove***, tórtola.
tusk (tʌsk) *s.* colmillo [de elefante, etc.].
tussle ('tʌsl) *s.* pelea; discusión.
tutor ('tju:təʳ) *s.* preceptor. *2* tutor.
tutor (to) ('tju:təʳ) *t.* enseñar, instruir.
tuxedo (tʌk'si:dou) *s.* (E. U.) traje de esmoquin.
twang (twæŋ) *s.* sonido vibrante [de cuerda de guitarra]. *2* gangueo, tonillo nasal.
tweed (twi:d) *s.* paño de lana con mezcla de colores.
tweezers ('twi:zəz) *s. pl.* pinzas, tenacillas.
twelfth (twelfθ) *a.-s.* duodécimo: ~ ***night***, noche de reyes, epifanía.
twelve (twelv) *a.-s.* doce.
twentieth ('twentiiθ) *a.-s.* vigésimo.
twenty ('twenti) .*-s.* veinte.
twice (twais) *adv.* dos veces.
twig (twig) *s.* BOT. ramita, varita.
twilight ('twailait) *s.* crepúsculo: ***in the*** ~, entre dos luces.
twin (twin) *s.* gemelo, mellizo.
twine (twain) *s.* cordel, bramante, guita.
twine (to) (twain) *t.* torcer [hilos, etc.]; tejer. *2* enlazar, abrazar. *3 i.* enroscarse.
twinge (twindʒ) *s.* punzada, dolor agudo. *2* remordimiento.
twinge (to) (twindʒ) *t.* punzar. *2 i.* sentir dolor agudo.
twinkle ('twiŋkl) *s.* titilación, destello. *2* parpadeo; guiño.
twinkle (to) ('twiŋkl) *i.* titilar, destellar. *2* parpadear; guiñar.
twinkling ('twiŋkliŋ) *s.* ***in a*** ~, en un santiamén; ***in the*** ~ ***of an eye***, en un abrir y cerrar de ojos.
twirl (twə:l) *s.* giro o vuelta rápidos; molinete. *2* rasgo [con la pluma].
twirl (to) (twə:l) *t.-i.* girar o hacer girar rápidamente.
twist (twist) *s.* torsión, torcedura. *2* enroscadura, vuelta. *3* sesgo; propensión. *4* rosca [de pan].
twist (to) (twist) *t.-i.* torcer(se, retorcer(se. *2* enroscar(se, entrelazar(se.
twitch (twitʃ) *s.* crispamiento, temblor, contracción nerviosa. *2* tirón, sacudida.
twitch (to) (twitʃ) *t.* tirar de, dar un tirón a. *2 i.* crisparse, moverse convulsivamente.
twitter ('twitəʳ) *s.* gorjeo, piar [de los pájaros].
twitter (to) ('twitəʳ) *i.* gorjear, piar. *2* temblar, agitarse.
two (tu:) *a.-s.* dos. *2* ***twofold***, doble.
tycoon (tai'ku:n) *s.* magnate [de la industria, etc.].
type (taip) *s.* tipo, modelo, ejemplar: ~ ***writer***, máquina de escribir; ~ ***writing***, mecanografía; ***typist*** , mecanógrafa.
typewrite (to) ('taip-rait) *t.* escribir a máquina. *2 a.* ***typewritten***, escrito a máquina. ¶ Pret.: ***typewrote*** ('taip-rout); p. p.: ***typewriten*** ('taip-ˌritn).
typhoon (tai'fu:n) *s.* METEOR. tifón.
typical ('tipikl) *a.* típico; característico. *2* **-ly** *adv.* típicamente.
tyrannic(al (ti'rænikˌ-əl) *a.* tiránico.
tyrannize (to) ('tirənaiz) *t.* tiranizar. *2 i.* obrar con tiranía.
tyranny ('tirəni) *s.* tiranía.
tyrant ('taiərənt) *s.* tirano.
tyre ('taiəʳ) *s.* TIRE.
tyro ('taiərou) *s.* novato, principiante.

U

ubiquity (ju:'bikwiti) *s.* ubicuidad, omnipresencia.
udder ('ʌdəʳ) *s.* ZOOL. ubre, teta.
ugly ('ʌgli) *a.* feo. *2* horroroso. *3* odioso, repugnante. *4* (E. U.) de mal genio.
ugliness ('ʌglinis) *s.* fealdad. *2* fiereza.
ulcer ('ʌlsəʳ) *s.* úlcera, llaga.
ulcerate (to) ('ʌlsəreit) *t.-i.* ulcerar(se.
ulcerous ('ʌlsərəs) *a.* ulceroso.
ultimate ('ʌltimit) *a.* último, final. *2* fundamental, esencial. *3* **-ly** *adv.* últimamente, etc.
ultra ('ʌltrə) *a.* exagerado. *2* fanático. *3 s.* extremista, exaltado.
umbrage ('ʌmbridʒ) *s.* pique, resentimiento.
umbrella (ʌm'brelə) *s.* paraguas; ~ ***stand,*** paragüero. *2* sombrilla.
umpire ('ʌmpaiəʳ) *s.* árbitro, juez.
un- (ʌn) pref. de negación que equivale a des-, in-, no, sin, etc.
unabashed ('ʌnə'bæʃt) *a.* no avergonzado, descarado.
unable ('ʌn'eibl) *a.* incapaz, imposibilitado. *2* ***to be ~ to,*** no poder [hacer una cosa].
unacceptable ('ʌnək'septəbl) *a.* inaceptable.
unaccountable ('ʌnə'kauntəbl) *a.* inexplicable, extraño; irresponsable.
unaccustomed ('ʌnə'kʌstəmd) *a.* insólito, inusitado. *2* no acostumbrado.
unadvisable ('ʌnəd'vaizəbl) *a.* que no es de aconsejar.
unadvised ('ʌnəd'vaizd) *a.* sin consejo. *2* imprudente, precipitado. *3* **-ly** *adv.* imprudentemente, irreflexivamente.
unaffected (ˌʌnə'fektid) *a.* sencillo, natural. *2* impasible, inalterado.
unafraid ('ʌnə'freid) *a.* impertérrito.
unalterable (ʌn'ɔ:ltərəbl) *a.* inalterable, inmutable.
unanimity (ˌju:nə'nimiti) *s.* unanimidad.
unanimous (ju(:)'næniməs) *a.* unánime. *2* de acuerdo.
unanswerable (ˌʌn'ɑ:nsərəbl) *a.* incontrovertible, incontestable.
unarmed (ʌn'ɑ:md) *a.* desarmado, indefenso.
unassailable (ˌʌnə'seiləbl) *a.* inexpugnable.
unassuming ('ʌnə'sju:miŋ) *a.* modesto, sin presunción.
unattached ('ʌnə'tætʃt) *a.* suelto, despegado. *2* libre, sin compromiso.
unattainable ('ʌnə'teinəbl) *a.* inasequible.
unauthorized ('ʌn'ɔ:θəraizd) *a.* no autorizado.
unavailing ('ʌnə'veiliŋ) *a.* inútil, infructuoso, vano.
unavoidable (ˌʌnə'vɔidəbl) *a.* inevitable, ineludible.
unaware ('ʌnə'wɛəʳ) *a.* desprevenido, ignorante [de una cosa]. *2* **-s** (-z) *adv.* inesperadamente, de improviso.
unbalanced ('ʌn'bælənst) *a.* desequilibrado.
unbearable (ʌn'bɛərəbl) *a.* insufrible, insoportable.
unbecoming ('ʌnbi'kʌmiŋ) *a.* que sienta o cae mal. *2* impropio, indecoroso. *3* **-ly** *adv.* impropiamente, indecorosamente.
unbelief ('ʌnbi'li:f) *s.* incredulidad.
unbelievable (ˌʌnbi'li:vəbl) *a.* increíble.
unbeliever ('ʌnbi:'li:vəʳ) *s.* descreído; infiel.
unbend (to) ('ʌn'bend) *t.-i.* enderezar(se. *2* soltarse. *3* ***-ing,*** inflexible.
unbias(s)ed ('ʌn'baiəst) *a.* imparcial, libre de prejuicio.
unborn ('ʌn'bɔ:n) *a.* no nacido; futuro.
unbosom (to) (ʌn'buzəm) *t.* revelar, confesar.
unbound ('ʌn'baund) *pret.* y *p. p.* de TO UNBIND. *2 a.* desatado, suelto. *3* sin encuadernar.

unbounded (ʌn'baundid) *a.* ilimitado, infinito.
unbreakable ('ʌn'breikəbl) *a.* irrompible.
unbridled (ʌn'braidld) *a.* desenfrenado, no controlado.
unbroken ('ʌn'broukən) *a.* entero, intacto. *2* ininterrumpido. *3* indómito.
unburden (to) (ʌn'bə:dn) *t.* descargar; aliviar: ***to ~ oneself,*** franquearse, desahogarse.
unbutton (to) ('ʌn'bʌtn) *t.* desabotonar, desabrochar.
uncanny (ʌn'kæni) *a.* misterioso, extraño, sobrenatural.
unceasing (ʌn'si:siŋ) *a.* incesante. *2* **-ly** *adv.* sin cesar.
unceremonious ('ʌn,seri'mounjəs) *a.* sin ceremonia; familiar, llano. *2* brusco, descortés. *3* **-ly** *adv.* familiarmente, etc.
uncertain (ʌn'sə:tn) *a.* incierto, dudoso. *2* vago, indeterminado. *3* variable. *4* indeciso. *5* **-ly** *adv.* inciertamente.
uncertainty (ʌn'sə:tnti) *s.* incertidumbre.
unchangeable (ʌn'tʃeindʒəbl) *a.* inmutable, invariable.
unchanged ('ʌn'tʃeindʒd) *a.* inalterado, igual.
uncharitable (ʌn'tʃæritəbl) *a.* poco caritativo, duro.
unchecked ('ʌn'tʃekt) *a.* desenfrenado. *2* COM. no comprobado.
uncivil ('ʌn'sivl) *a.* incivil, descortés.
uncivilized ('ʌn'sivilaizd) *a.* salvaje, tosco, inculto.
uncle ('ʌŋkl) *s.* tío.
unclean ('ʌn'kli:n) *a.* sucio, desaseado.
unclouded ('ʌn'klaudid) *a.* claro, despejado, sin nubes.
uncoil (to) ('ʌn'kɔil) *t.* desarrollar, desenrollar.
uncomfortable (ʌn'kʌmfətəbl) *a.* penoso, incómodo, desagradable, molesto.
uncommon (ʌn'kɔmən) *a.* poco común o frecuente, insólito. *2* **-ly** *adv.* insólitamente; extraordinariamente.
uncomplimentary ('ʌn,kɔmpli'mentəri) *a.* poco halagüeño o amable; ofensivo.
uncompromising (ʌn'kɔmprəmaiziŋ) *a.* inflexible, firme, intransigente.
unconcern ('ʌnkən'sə:n) *s.* tranquilidad. *2* indiferencia.
unconcerned ('ʌnkən'se:nd) *a.* indiferente, frío, desinteresado.
unconditional ('ʌn-kən'diʃənl) *a.* incondicional.
uncongenial ('ʌn-kən'dʒi:njəl) *a.* incompatible. *2* antipático.
unconquerable (ʌn'kɔŋkərəbl) *a.* inconquistable, invencible.
unconscious (ʌn'kɔnʃəs) *a.* inconsciente. *2* **-ly** *adv.* inconscientemente.
unconsciousness (,ʌn'kɔnʃəsnis) *s.* inconsciencia, insensibilidad.
uncontrollable (,ʌn-kən'trouləbl) *a.* ingobernable, indomable.
unconventional ('ʌn-kən'venʃənl) *a.* libre de trabas, despreocupado.
uncouth (ʌn'ku:θ) *a.* tosco, rudo, inculto. *2* **-ly** *adv.* toscamente, rudamente.
uncover (to) (ʌn'kʌvəʳ) *t.-i.* destapar(se, descubrir(se. *2* desabrigar(se. *3 t.* revelar.
unction ('ʌŋkʃən) *s.* unción. *2* fervor: ***Extreme Unction,*** Extremaunción. *3* hipocresía.
unctuous ('ʌŋktjuəs) *a.* untuoso.
uncultivated ('ʌn'kʌltiveitid) *a.* yermo, baldío. *2* inculto.
uncultured ('ʌn'kʌltʃəd) *a.* inculto; grosero.
undamaged ('ʌn'dæmidʒ) *a.* indemne, ileso.
undaunted (ʌn'dɔ:ntid) *a.* impávido, intrépido, impertérrito. *2* **-ly** *adv.* intrépidamente.
undecided ('ʌndi'saidid) *a.* indeciso.
undefeated ('ʌndi'fi:tid) *a.* invicto.
undefended ('ʌndi'fendid) *a.* indefenso.
undefiled ('ʌndi'faild) *a.* impoluto, limpio.
undefined (,ʌndi'faind) *a.* indefinido.
undeniable (,ʌndi'naiəbl) *a.* innegable, indiscutible.
under ('ʌndəʳ) *prep.* bajo, debajo de. *2* menos de; dentro: ~ ***an hour,*** en menos de una hora. *3* en tiempo de. *4* conforme a, según. *5* ~ ***arms,*** bajo las armas; ~ ***age,*** menor de edad; ~ ***cover,*** al abrigo. *6 adv.* abajo, debajo. *7 a.* inferior; subordinado.
underbrush ('ʌndə'brʌʃ) *s.* maleza [de un bosque].
underclothes ('ʌndə-klouðz) *s.* ropa interior.
underdeveloped ('ʌndədi'veləpt) *a.* poco desarrollado. *2* subdesarrollado.
underdone ('ʌndədʌn, -'dʌn) *a.* COC. poco asado.
underestimate (to) ('ʌndər'estimeit) *t.* menospreciar, tener en poco.
underfeed (to) ('ʌndə'fi:d) *t.* alimentar, insuficientemente. *2 a.* ***underfed,*** mal nutrido.
undergo (to) ('ʌndə'gou) *t.* sufrir, padecer, aguantar. ¶ Pret.: ***underwent*** ('ʌndə'went); p. p.: ***undergone*** ('ʌndə'gɔn).
undergraduate (,ʌndə'grædjuit) *s.* estu-

diante universitario que aún no tiene grado académico.
underground ('ʌndəgraund) *a.* subterráneo. *2* secreto, clandestino. *3 s.* subterráneo. *4* metro, ferrocarril subterráneo. *7* (ˌʌndə'graund) *adv.* bajo tierra. *6* en secreto.
undergrowth ('ʌndə-grouθ) *s.* maleza, matas [del bosque].
underhand ('ʌndəhænd) *adv.* clandestinamente. *2 a.* secreto, clandestino: ***-ed,*** clandestino.
underlie (to) (ˌʌndə'lai) *t.* estar debajo de. *2* ser la base de.
underline (to) (ˌʌndə'lain) *t.* subrayar.
underlying (ˌʌndə'laiiŋ) *a.* subyacente. *2* fundamental.
undermine (to) (ˌʌndə'main) *t.* minar, socavar.
undermost ('ʌndəmoust) *a.* el más bajo. *2 adv.* debajo de todo.
underneath (ˌʌndə'ni:θ) *adv.* debajo. *2 prep.* debajo de.
underpay (to) ('ʌndə'pei) *t.* pagar poco, pagar mal.
underrate (to) (ˌʌndə'reit) *t.* rebajar, menospreciar.
undershirt (ˌʌndəʃə:t) *s.* camiseta.
undersign (to) (ˌʌndə'sain) *t.* firmar, subscribir. *2* ***the undersigned,*** el infrascrito.
underskirt ('ʌndə-skə:t) *s.* enaguas, refajo.
understand (to) (ˌʌndə'stænd) *t.* entender, comprender: ***to give to ~,*** dar a entender. ¶ Pret. y p. p.: ***understood*** (ˌʌndə'stud).
understandable (ˌʌndə'stændəbl) *a.* comprensible.
understanding (ˌʌndə'stændiŋ) *s.* inteligencia, comprensión. *2* entendimiento [facultad]. *3 a.* inteligente; comprensivo.
understatement ('ʌndə'steitmənt) *s.* declaración incompleta.
understood (ˌʌndə'stud) *pret.* y *p. p.* de TO UNDERSTAND.
undertake (to) (ˌʌndə'teik) *t.* emprender, acometer, intentar. *2* comprometerse a. ¶ Pret.: ***undertook*** (ˌʌndə'tuk); p. p.: ***undertaken*** (ˌʌndə'teikən).
undertaker ('ʌndəˌteikəʳ) *s.* empresario de pompas fúnebres.
undertaking (ˌʌndə'teikiŋ) *s.* empresa. *2* contrata. *3* ('ndəˌteikiŋ) funeraria.
undertone ('ʌndətoun) *s.* voz baja. *2* color apagado.
undertook (ˌʌndə'tuk) *pret.* de TO UNDERTAKE.
undertow ('ʌndətou) *s.* MAR. resaca.
undervalue (to) ('ʌndə'vælju:) *t.* menospreciar, despreciar.
underwear ('ʌndəwɛəʳ) *s.* ropa interior.
underwent (ˌʌndə'went) *pret.* de TO UNDERGO.
underworld ('ʌndəwə:ld) *s.* mundo subterráneo o submarino. *2* el hampa, bajos fondos de la sociedad.
underwrite (to) ('ʌndərait) *t.* subscribir, firmar. ¶ Pret.: ***underwrote*** ('ʌndərout); p. p.: ***underwritten*** ('ʌndəˌritn).
undeserved ('ʌndi'zə:vd) *a.* inmerecido.
undeserving ('ʌndi'zə:viŋ) *a.* indigno.
undesirable ('ʌndi'zaiərəbl) *a.* indeseable.
undetermined ('ʌndi'tə:mind) *a.* indeterminado. *2* indeciso.
undeveloped ('ʌndi'veləpt) *a.* sin desarrollar, rudimentario.
undid ('ʌn'did) *pret.* de TO UNDO.
undigested ('ʌndi'dʒestid) *a.* no digerido.
undigestible ('ʌndi'dʒestibl) *a.* indigesto.
undignified (ʌn'dignifaid) *a.* poco digno o decoroso.
undiscovered ('ʌndis'kʌvəd) *a.* no descubierto.
undismayed ('ʌndis'meid) *a.* impertérrito.
undisputed ('ʌndis'pju:tid) *a.* indiscutible.
undisturbed ('ʌndis'tə:bd) *a.* tranquilo; impasible, sereno.
undivided ('ʌndi'vaidid) *a.* entero, indiviso.
undo (to) ('ʌn'du:) *t.* desatar, desabrochar. *2* deshacer: ***to ~ one's hair,*** soltarse el cabello. *2* anular. ¶ Pret.: ***undid*** ('ʌn'did); p. p.: ***undone*** ('ʌn'dʌn).
undone (ˌʌn'dʌn) *p. p.* de TO UNDO: ***to leave ~,*** dejar por hacer.
undoubted (ʌn'dautid) *a.* cierto, indudable. *2* **-ly** (-li) indudablemente, etc.
undress (to) ('ʌn'dres) *t.-i.* desnudar(se, desvestir(se.
undue ('ʌn'dju:) *a.* indebido, excesivo. *2* impropio. *3* injusto.
undulate (to) ('ʌndjuleit) *t.-i.* ondular, ondear.
unduly ('ʌn'dju:li) *adv.* indebidamente.
undutiful ('ʌn'dju:tiful) *a.* que falta a sus deberes; desobediente.
undying (ʌn'daiiŋ) *a.* imperecedero, eterno.
unearth (to) ('ʌn'ə:θ) *t.* desenterrar.
uneasily (ʌn'i:zili) *adv.* intranquilamente, incómodamente.
uneasiness (ʌ'n:zinis) *s.* intranquilidad, inquietud. *2* malestar, incomodidad.
uneasy (ʌn'i:zi) *a.* intranquilo, inquieto. *2* molesto, incómodo.
uneducated ('ʌn'edjukeitid) *a.* inculto, ignorante.

unemployed (ˈʌnimˈplɔid) *a.* desocupado, ocioso. *2* sin trabajo.
unemployment (ˈʌnimˈplɔimənt) *s.* falta de trabajo, paro; desocupación.
unending (ʌnˈendiŋ) *a.* inacabable, interminable.
unenviable (ˈʌnˈenviəbl) *a.* poco envidiable.
unequal (ˈʌnˈi:kwəl) *s.* desigual. *2* diferente. *3* insuficiente, ineficaz.
unequalled (ˈʌnˈi:kwəld) *a.* inigualado, sin par.
unerring (ˈʌnˈə:riŋ) *a.* infalible, certero.
uneven (ˈʌnˈi:vən) *a.* desigual, desnivelado. *2* impar. *3* **-ly** *adv.* desigualmente.
unevenness (ˈʌnˈi:vənnis) *s.* desigualdad, desnivel, escabrosidad.
unexpected (ˈʌniksˈpektid) *a.* inesperado, imprevisto. *2* repentino. *3* **-ly** *adv.* inesperadamente, etc.
unfading (ʌnˈfeidiŋ) *a.* inmarcesible, inmarchitable.
unfailing (ʌnˈfeiliŋ) *a.* inagotable. *2* seguro. *3* infalible.
unfair (ˈʌnˈfɛəʳ) *a.* injusto, desleal: ***to act unfairly***, obrar de mala fe.
unfaithful (ˈʌnˈfeiθful) *a.-s.* infiel, desleal.
unfaithfulness (ˈʌnˈfeiθfulnis) *s.* infidelidad, deslealtad.
unfamiliar (ˈʌn-fəˈmiljəʳ) *a.* poco familiar, desconocido.
unfashionable (ˈʌnˈfæʃənəbl) *a.* no ajustado a la moda.
unfasten (to) (ˈʌnˈfɑ:sn) *t.* desabrochar, desprender, soltar.
unfathomable (ʌnˈfæðəməbl) *a.* insondable, sin fondo.
unfavo(u)rable (ˈʌnˈfeivərəbl) *a.* desfavorable, contrario, adverso.
unfeeling (ʌnˈfi:liŋ) *a.* insensible, duro, cruel. *2* **-ly** *adv.* cruelmente.
unfinished (ˈʌnˈfiniʃt) *a.* inacabado, incompleto.
unfit (ˈʌnˈfit) *a.* incapaz, inepto. *2* inadecuado, impropio.
unfold (to) (ˈʌnˈfould) *t.-i.* desplegar(se, extender(se. *2 t.* descubrir, revelar.
unforeseen (ˈʌn-fɔ:ˈsi:n) *a.* imprevisto.
unforgettable (ˈʌn-fəˈgetəbl) *a.* inolvidable.
unforgiving (ˈʌn-fəˈgiviŋ) *a.* implacable, rencoroso.
unfortunate (ʌnˈfɔ:tʃənit) *a.-s.* desgraciado, desdichado. *2* **-ly** *adv.* desgraciadamente, etc.
unfounded (ˈʌnˈfaundid) *a.* infundado, sin base.
unfrequented (ˈʌn-friˈkwentid) *a.* solitario.
unfriendly (ˈʌnˈfrendli) *a.* poco amistoso, hostil, enemigo.
unfurl (to) (ʌnˈfə:l) *t.* desplegar, extender.
unfurnished (ˈʌnˈfə:niʃt) *a.* desamueblado.
ungainly (ʌnˈgeinli) *a.* desgarbado, torpe.
ungentlemanlike (ʌndˈdʒentlmənlaik), **ungentlemanly** (ʌnˈdʒentlmənli) *a.* impropio de un caballero, descortés.
ungodly (ʌnˈgɔdli) *a.* impío.
ungraceful (ˈʌnˈgreisful) *a.* desgarbado, torpe.
ungrateful (ʌnˈgreitful) *a.* ingrato, desagradecido.
unguent (ˈʌŋgwənt) *s.* ungüento.
unhang (to) (ˈʌŋˈhæŋ) *t.* descolgar, desprender. ¶ Pret. y p. p.: ***unhung*** (ˈʌnˈhʌŋ).
unhappily (ʌnˈhæpili) *adv.* infelizmente; desgraciadamente.
unhappiness (ʌnˈhæpinis) *s.* infelicidad, desdicha.
unhappy (ʌnˈhæpi) *a.* infeliz, desgraciado. *2* triste.
unharmed (ˈʌnˈhɑ:md) *a.* ileso, incólume.
unhealthy (ʌnˈhelθi) *a.* enfermo. *2* malsano, insalubre.
unheard (ˈʌnˈhə:d) *a.* no oído. *2* ~ ***of***, inaudito, extraño.
unheeded (ˈʌnˈhi:did) *a.* desatendido, inadvertido.
unhesitating (ʌnˈheziteitiŋ) *a.* resuelto; rápido, pronto. *2* **-ly** *adv.* resueltamente.
unhinge (to) (ʌnˈhindʒ) *t.* desquiciar; sacar de quicio.
unhook (to) (ˈʌnˈhuk) *t.-i.* desenganchar(se, descolgar; desabrochar(se.
unhorse (to) (ˈʌnˈhɔ:s) *t.* desmontar, desarzonar.
unhurt (ˈʌnˈhə:t) *a.* ileso, indemne.
unification (ˌju:nifiˈkeiʃən) *s.* unificación.
uniform (ˈju:nifɔ:m) *a.-s.* uniforme.
unify (to) (ˈju:nifai) *t.-i.* unificar(se, unir(se.
unimpaired (ˈʌnimˈpɛəd) *a.* intacto, incólume.
unimportant (ˈʌnimˈpɔ:tənt) *a.* insignificante, sin importancia.
unintelligible (ˈʌninˈtelidʒəbl) *a.* ininteligible.
unintentional (ˈʌninˈtenʃənl) *a.* involuntario.
uninterested (ˈʌnˈintristid) *a.* indiferente, distraído, apático.
union (ˈju:njən) *s.* unión: ***the Union***, los

Estados Unidos. *2* asociación o sindicato obrero: ***Trade Union,*** sindicato obrero.
unique (ju:'ni:k) *a.* único; singular, raro.
unison ('ju:nizn) *a.* unísono: ***in*** ~, al unísono; al compás.
unit ('ju:nit) *s.* unidad.
unite (to) (ju:'nait) *t.-i.* unir(se, juntar(se.
United States of America (ju'naitid steits əv ə'merikə) *n. pr.* Estados Unidos de América.
unity ('ju:niti) *s.* unidad.
universal (ˌju:ni'və:səl) *a.* universal.
universe ('ju:nivə:s) *s.* universo, mundo.
university (ˌju:ni'və:siti) *s.* universidad. *2 a.* universitario.
unjust ('ʌn'dʒʌst) *a.* injusto.
unjustifiable (ʌn'dʒʌstifaiəbl) *a.* injustificable.
unkempt ('ʌn'kempt) *a.* desaliñado. *2* despeinado.
unkind (ʌn'kaind) *a.* duro, cruel. *2* poco amable. *3* **-ly** *adv.* duramente, etc.
unkindness (ʌn'kaindnis) *s.* dureza, crueldad. *2* falta de bondad.
unknown ('ʌn'noun) *a.* desconocido, ignorado, ignoto: ~ ***quantity,*** incógnita.
unlatch (to) ('ʌn'lætʃ) *t.* abrir, quitar el cerrojo.
unlawful ('ʌn'lɔ:ful) *a.* ilegal.
unlearned ('ʌn'lə:nid) *a.* indocto, ignorante. *2* no aprendido, instintivo.
unless (ən'les) *conj.* a menos que, a no ser que. *2* salvo, excepto.
unlike ('ʌn'laik) *a.* desemejante, diferente. *2 adv.* de diferente modo que. *3 prep.* a diferencia de.
unlikely (ʌn'laikli) *a.* improbable. *2* incierto. *3* inverosímil. *4 adv.* improbablemente.
unlikelihood ('ʌn'laiklihud) *s.* improbabilidad.
unlimited (ʌn'limitid) *a.* ilimitado. *2* vago, indefinido.
unload (to) ('ʌn'loud) *t.* descargar [un buque, etc.].
unlock (to) ('ʌn'lɔk) *t.* abrir [una puerta, etc.]. *2* descubrir, revelar.
unlooked-for (ʌn'luktfɔ:ʳ) *a.* imprevisto, inesperado.
unloose(n (to) ('ʌn'lu:s, -n) *t.-i.* desatar(se, aflojar(se, soltar(se.
unluckily (ʌn'lʌkili) *adv.* desgraciadamente, por desgracia.
unlucky (ʌn'lʌki) *a.* desafortunado, desgraciado. *2* nefasto. *3* siniestro.
unmanageable (ʌn'mænidʒəbl) *a.* ingobernable, indomable.
unmannerly (ʌn'mænəli)*a.* mal educado. *2 adv.* descortésmente.
unmarried ('ʌn'mærid) *a.* soltero, soltera.
unmatched ('ʌn'mætʃt) *a.* único, sin par. *2* desapareado.
unmerciful (ʌn'mə:siful) *a.* implacable, cruel. *2* **-ly** *adv.* implacablemente, cruelmente.
unmerited ('ʌn'meritid) *a.* inmerecido.
unmindful (ʌn'maindful) *a.* olvidadizo, desatento, descuidado.
unmistakable ('ʌnmis'teikəbl) *a.* inequívoco, claro, evidente.
unmixed ('ʌn'mikst) *a.* puro, sin mezcla.
unmoved ('ʌn'mu:vd) *a.* firme, inmoble. *2* impasible, frío, indiferente.
unnatural (ʌn'nætʃrəl) *a.* no natural. *2* inhumano. *3* artificial.
unnecessary (ʌn'nesisəri) *a.* innecesario, superfluo.
unnoticed ('ʌn'noutist) *a.* inadvertido.
unobtainable ('ʌnəb'teinəbl) *a.* inasequible.
unoccupied ('ʌn'ɔkjupaid) *a.* desocupado, vacante, vacío.
unostentatious ('ʌnˌɔsten'teiʃəs) *a.* sencillo, modesto.
unpack (to) ('ʌn'pæk) *t.* desempaquetar, deshacer [baúles, etc.].
unpaid ('ʌn'peid) *a.* sin pagar.
unparalleled (ʌn'pærəleld) *a.* único, incomparable.
unpardonable (ʌn'pɑ:dnəbl) *a.* imperdonable, inexcusable.
unperceived ('ʌnpə'si:vd) *a.* inadvertido.
unperturbed ('ʌn-pə(:)'tə:bd) *a.* quieto, sereno.
unpleasant (ʌn'pleznt) *a.* desagradable, molesto. *2* **-ly** *adv.* desagradablemente.
unpleasantness (ʌn'plezntnis) *s.* disgusto, molestia.
unpolished ('ʌn'pɔliʃt) *a.* áspero, tosco. *2* sin pulir, mate.
unpopular ('ʌn'pɔpjuləʳ) *a.* impopular.
unprecedented (ʌn'presidentid) *a.* sin precedente, inaudito.
unprejudiced (ʌn'predʒudist) *a.* imparcial.
unpremeditated ('ʌn-pri'mediteitid) *a.* impremeditado, indeliberado.
unprepared ('ʌn-pri'pɛəd) *a.* desprevenido, descuidado.
unpretending, unpretentious ('ʌnpri'tendiŋ, -'tenʃəs) *a.* modesto, sin pretensiones.
unprincipled (ʌn'prinsipld) *a.* inmoral, sin conciencia.
unproductive ('ʌnprə'dʌktiv) *a.* improductivo, estéril.

unprofitable (ʌn'prɔfitəbl) *a.* improductivo, inútil.
unprotected ('ʌnprə'tektid) *a.* sin protección, indefenso.
unpublished ('ʌn'pʌbliʃt) *a.* inédito.
unpunished ('ʌn'pʌniʃt) *a.* impune, sin castigo.
unqualified ('ʌn'kwɔlifaid) *a.* inhábil, incapaz. *2* absoluto, categórico; completo, entero.
unquenchable (ʌn'kwentʃəbl) *a.* inextinguible.
unquestionable (ʌn'kwestʃənəbl) *a.* incuestionable, indiscutible.
unquiet (ʌn'kwaiət) *a.* inquieto. *2* **-ly** *adv.* inquietamente.
unravel (to) (ʌn'rævl) *t.* desenredar, desenmarañar. *2* aclarar, explicar.
unready ('ʌn'redi) *a.* desprevenido, desapercibido.
unreal ('ʌn'riəl) *a.* irreal, ilusorio, imaginario.
unreasonable (ʌn'ri:znəbl) *a.* irrazonable. *2* inmoderado, exorbitante.
unrecognizable ('ʌn'rekəgnaizəbl) *a.* desconocido, irreconocible.
unrefined ('ʌnri'faind) *a.* no refinado. *2* inculto, rudo.
unrelenting (ˌʌnri'lentiŋ) *a.* inexorable, inflexible.
unreliable ('ʌnri'laiəbl) *a.* no confiable, de poca confianza. *2* informal.
unrepentant ('ʌnri'pentənt) *a.* impenitente.
unreserved ('ʌnri'zə:vd) *a.* no reservado, franco, abierto. *2* **-ly** *adv.* francamente, sin reserva.
unrest ('ʌn'rest) *s.* inquietud, desasosiego.
unrestrained ('ʌnris'treind) *a.* libre, desenfrenado. *2* suelto, desembarazado.
unrewarded ('ʌnri'wɔ:did) *a.* sin recompensa.
unriddle (to) ('ʌn'ridl) *t.* resolver, descifrar.
unripe ('ʌn'raip) *a.* verde, en agraz; inmaduro.
unrivalled (ʌn'raivəld) *a.* sin rival, sin par.
unroll (to) ('ʌn'roul) *t.-i.* desenrollar(se.
unruly (ʌn'ru:li) *a.* indócil, desobediente.
unsafe ('ʌn'seif) *a.* inseguro, peligroso.
unsatisfactory ('ʌnˌsætis'fæktəri) *a.* poco satisfactorio, inaceptable.
unsatisfied ('ʌn'sætisfaid) *a.* no satisfecho. *2* descontento.
unsavo(u)ry ('ʌn'seivəri) *a.* insípido, soso. *2* mal oliente.
unscalable ('ʌn'skeiləbl) *a.* infranqueable.
unscathed ('ʌn'skeiðd) *a.* indemne, ileso.
unscrew (to) ('ʌn'skru:) *t.* destornillar.
unscrupulous (ʌn'skru:pjuləs) *a.* poco escrupuloso.
unseal (to) ('ʌn'si:l) *t.* abrir, desellar.
unseasonable (ʌn'si:z(ə)nəbl) *a.* intempestivo, inoportuno.
unseemly (ʌn'si:mli) *a.* indecoroso, indecente. *2 adv.* impropiamente, indecorosamente.
unseen ('ʌn'si:n) *a.* no visto, inadvertido. *2* invisible.
unselfish ('ʌn'selfiʃ) *a.* altruista, generoso.
unselfishness ('ʌn'selfiʃnis) *s.* desinterés, generosidad.
unsettle (to) ('ʌn'setl) *t.* perturbar, alterar; trastornar. *2* ***unsettled***, desarreglado; inestable [tiempo]; turbio [líquido]; indeciso.
unshaken ('ʌn'ʃeikən) *a.* firme, inalterado.
unsheltered ('ʌn'ʃeltəd) *a.* desabrigado, sin protección.
unshod ('ʌn'ʃɔd) *a.* descalzo. *2* desherrado, sin herraduras.
unsightly (ʌn'saitli) *a.* feo, deforme.
unsightliness (ʌn'saitlinis) *s.* fealdad, deformidad.
unskilled ('ʌn'skild), **unskillful** ('ʌn'skilful) *a.* torpe, inhábil, inexperto.
unsociable (ʌn'souʃəbl) *a.* insociable, reservado.
unsound ('ʌn'saund) *a.* enfermo, achacoso. *2* erróneo. *3* malsano. *4* inseguro.
unspeakable (ʌn'spi:kəbl) *a.* inefable, indecible.
unstable ('ʌn'steibl) *a.* inestable. *2* inconstante, variable.
unsteady ('ʌn'stedi) *a.* inseguro, inestable. *2* inconstante.
unsteadiness ('ʌn'stedinis) *s.* inseguridad, inestabilidad. *2* inconstancia.
unstrained ('ʌn'streind) *a.* natural, no forzado.
unsuccessful ('ʌn-sək'sesful) *a.* infructuoso, desgraciado. *2* fracasado, sin éxito. *3* **-ly** *adv.* sin éxito.
unsufferable ('ʌn'sʌfərəbl) *a.* insoportable, insufrible.
unsuitable ('ʌn'sju:təbl), **unsuited** ('ʌn'sju:tid) *a.* impropio, inadecuado.
unsullied ('ʌn'sʌlid) *a.* puro, sin mancha.
unsure ('ʌn'ʃuəʳ) *a.* inseguro. *2* incierto, precario.
unsurmountable ('ʌn-sə:'mauntəbl) *a.* insuperable, invencible.
unsurpassed ('ʌn-sə:'pɑ:st) *a.* excelente, insuperado.
unsuspected ('ʌn-səs'pektid) *a.* insospechado.

untamed ('ʌn'teimd) *a.* indomado, indómito, bravío.
unthoughtful ('ʌn'θɔ:tful) *a.* irreflexivo, inconsiderado.
untidy (ʌn'taidi) *a.* desaliñado, desaseado, desordenado.
untie (to) ('ʌn'tai) *t.* desatar, desanudar. *2* aflojar, soltar.
until (ən'til) *prep.* hasta [con sentido temporal]. *2 conj.* hasta que.
untimely (ʌn'taimli) *a.* inoportuno. *2* prematuro. *3 adv.* intempestivamente.
untiring (ʌn'taiəriŋ) *a.* incansable, infatigable.
unto ('ʌntu) *prep.* poét. y ant. hacia a, hasta, contra, en.
untold ('ʌn'tould) *a.* no dicho. *2* no revelado. *3* incalculable.
untouchable (ʌn'tʌtʃəbl) *a.* intangible. *2 s.* intocable.
untoward (ʌn'touəd) *a.* indócil, terco. *2* indecoroso.
untrained ('ʌn'treind) *a.* inexperto; indisciplinado. *2* MIL. bisoño.
untranslatable ('ʌntræns'leitəbl) *a.* intraducible.
untried ('ʌn'traid) *a.* no probado, no ensayado.
untrimmed ('ʌn'trimd) *a.* desguarnecido, sin adornos.
untrod(den ('ʌn'trɔd(n) *a.* no hollado.
untroubled ('ʌn'trʌbld) *a.* quieto, sosegado, tranquilo.
untrue ('ʌn'tru:) *a.* falso, inexacto. *2* desleal.
untruly ('ʌn'tru:li) *adv.* falsamente.
untrustworthy ('ʌn'trʌst,wə:ði) *a.* poco fiable o seguro.
untruth ('ʌn'tru:θ) *s.* falsedad.
unused ('ʌn'ju:zd) *a.* no usado. *2* ('ʌn'ju:st) no habituado.
unusual (ʌn'ju:ʒuəl) *a.* extraordinario, excepcional, raro, no acostumbrado. *2* **-ly** *adv.* excepcionalmente.
unveil (to) (ʌn'veil) *t.-i.* quitar(se el velo, descubrir(se.
unwarned ('ʌn'wɔ:nd) *a.* no avisado. *2* desprevenido.
unwariness (ʌn'wɛrinis) *s.* imprudencia, imprevisión.
unwarranted (ʌn'wɔrəntid) *a.* injustificado. *2* ('ʌn'wɔrəntid) no autorizado. *3* sin garantía.
unwary (ʌn'wɛəri) *a.* descuidado, incauto, desprevenido.
unwelcome (ʌn'weklkəm) *a.* mal acogido, mal recibido. *2* desagradable, inoportuno.
unwell ('ʌn'wel) *a.* indispuesto, enfermo.
unwholesome ('ʌn'houlsəm) *a.* insalubre, malsano. *2* dañino.
unwieldy (ʌn'wi:ldi) *a.* de difícil manejar, engorroso.
unwilling ('ʌn'wiliŋ) *a.* reacio, renuente. *2* **-ly** *adv.* de mala gana.
unwillingness (ʌn'wiliŋnis) *s.* mala voluntad, repugnancia.
unwise ('ʌn'waiz) *a.* imprudente, necio. *2* ignorante. *3* **-ly** *adv.* imprudentemente, etc.
unwitting (ʌn'witiŋ) *a.* inconsciente, distraído. *2* **-ly** *adv.* inconscientemente, sin saberlo.
unwonted (ʌn'wountid) *a.* desacostumbrado, inusitado, raro.
unworthy (ʌn'wə:ði) *a.* indigno, desmerecedor.
unwounded ('ʌn'wu:ndid) *a.* sin herida, ileso.
unwrap (to) ('ʌn'ræp) *t.* desenvolver, desabrigar.
unyielding (ʌn'ji:ldiŋ) *a.* inflexible, firme. *2* terco, reacio.
unyoke (to) ('ʌn'jouk) *t.* desuncir; desunir. *2 i.* libertarse de un yugo.
up (ʌp) *adv.* hacia arriba. *2* en pie. *3* a la altura de: ***well ~ in,*** bien enterado. *4* enteramente, completamente: ***to burn ~,*** quemar del todo. *5* en contacto o proximidad: ***close ~ to,*** tocando a. *6* en reserva: ***to lay ~,*** acumular. *7* hasta: ***~ to date,*** hasta la fecha. *8 prep.* subido a, en lo alto de: ***~ a tree,*** subido a un árbol. *9* hacia arriba: ***~ the river,*** río arriba. *10 a.* ascendente: ***~ train,*** tren ascendente. *11* derecho; levantado [no acostado]. *12* que está en curso: ***what is ~?,*** ¿qué ocurre? *13* entendido, enterado. *14* capaz, dispuesto. *15* acabado: ***the time is ~,*** expiró el plazo. *16 s.* ***ups and downs,*** altibajos. *17 interj.* ¡arriba!, ¡aúpa! *18* ***~ there!,*** ¡alto ahí!
upbraid (to) (ʌp'breid) *t.* reconvenir, reprender.
upbringing ('ʌp,briŋiŋ) *s.* educación.
upheaval (ʌp'hi:vəl) *s.* sublevación. *2* trastorno, conmoción.
upheave (to) (ʌp'hi:v) *t.-i.* solevar(se, levantar(se.
uphill ('ʌp'hil) *adv.* cuesta arriba. *2 a.* ascendente. *3* dificultoso.
uphold (to) (ʌp'hould) *t.* levantar; mantener derecho. *2* sotener, apoyar. ¶ Pret. y p. p.: ***upheld*** (ʌp'held).
upholster (to) (up'houlstə[r]) *t.* tapizar y emborrar [muebles].
upholstery (ʌp'houlstəri) *s.* tapicería; colgaduras.

upkeep ('ʌpki:p) *s.* conservación, manutención.

upland ('ʌplənd) *s.* meseta. *2* tierra adentro.

uplift ('ʌplift) *s.* levantamiento, elevación.

uplift (to) (ʌp'lift) *t.* levantar, elevar.

upon (ə'pɔn) *prep.* sobre, encima. *2* ***nothing to live*** **~,** nada con qué vivir; ~ ***pain of,*** bajo pena de; ~ ***seeing this,*** viendo esto.

upper ('ʌpəʳ) *a. comp.* de UP: superior, alto, más elevado: ~ ***classes,*** la clase alta; ~ ***House,*** cámara alta; ***to have the*** ~ ***hand of,*** ejercer el mando. *2 s.* pala y caña del zapato; litera alta.

uppermost ('ʌpəmoust, -məst) *a.* el más alto o elevado; predominante. *2 adv.* en lo más alto; en primer lugar.

upright ('ʌp'rait) *a.* derecho, vertical. *2* recto, honrado. *3* **-ly** *adv.* verticalmente; rectamente, honradamente.

uprightness ('ʌpˌraitnis) *s.* rectitud, honradez.

uprising (ʌp'raiziŋ) *s.* levantamiento. *2* insurrección.

uproar ('ʌpˌrɔ:) *s.* gritería, alboroto, tumulto.

uproarious (ʌp'rɔ:riəs) *a.* tumultuoso, ruidoso.

uproot (to) (ʌp'ru:t) *t.* desarraigar, extirpar.

upset ('ʌpset) *a.* volcado, tumbado. *2* trastornado, desarreglado. *3 s.* vuelco. *4* trastorno; desorden. *5* contratiempo.

upset (to) (ʌp'set) *t.* volcar. *2* trastornar, desarreglar. *3* alterar, conmover. *4* contrariar, desbaratar. *5 i.* volcar. ¶ Pret. y p. p.: ***upset*** (ʌp'set).

upside ('ʌpsaid) *s.* lado o parte superior: ~ ***down,*** al revés, patas arriba.

upstairs ('ʌp'stɛəz) *adv.* arriba, al o en el piso de arriba. *2 a.* de arriba.

upstart ('ʌpˌstɑ:t) *a.-s.* advenedizo; presuntuoso.

up-to-date ('ʌptə'deit) *a.* al corriente. *2* moderno, del día.

upward ('ʌpwəd) *a.* dirigido hacia arriba, ascendente.

upward(s ('ʌpwəd, -z) *adv.* hacia arriba, arriba.

urban ('ə:bən) *a.* urbano [de la ciudad].

urbanity (ə:'bæniti) *s.* urbanidad. *2* fineza.

urchin ('ə:tʃin) *s.* pilluelo, granuja.

urge (ə:dʒ) *s.* impulso. *2* ganas, deseo.

urge (to) (ə:dʒ) *t.* insistir en. *2* recomendar. *3* instar, apremiar. *4* incitar. *5* apresurar.

urgency ('ə:dʒənsi) *s.* urgencia. *2* insistencia.

urgent ('ə:dʒənt) *a.* urgente. *2* insistente.

urinate (to) ('juərineit) *i.* orinar, mear.

urn (ə:n) *s.* urna. *2* jarrón.

us (ʌs, əs, s) *pron. pers.* [caso objetivo] nos. *2* [con prep.] nosotros.

usage ('ju:zidʒ) *s.* trato, tratamiento. *2* uso, costumbre.

use (ju:s) *s.* uso, empleo: ***out of*** **~,** desusado, pasado de moda. *2* utilidad, servicio, provecho: ***of no*** **~,** inútil. *3* práctica, costumbre.

use (to) (ju:z) *t.* usar, emplear. *2* practicar, hacer. *3* tratar [bien, mal]. *4* ***to*** ~ ***up,*** gastar, consumir.

used (ju:st) *v. defect.-pret.* y *p. p.* acostumbraba: ***he used to live in London,*** acostumbraba vivir en Londres. *2 a.* ***used to + ger.*** acostumbrado a: ***I am not used to being spoken like that,*** no estoy acostumbrado a que me hablen así.

useful ('ju:sful) *a.* útil, provechoso. *2* **-ly** *adv.* útilmente.

useless ('ju:slis) *a.* inútil. *2* inservible. *2* **-ly** *adv.* inútilmente, infructuosamente.

usher ('ʌʃəʳ) *s.* ujier, portero. *2* TEAT. acomodador.

usher (to) ('ʌʃəʳ) *t.* introducir; anunciar, guiar.

usual ('ju:ʒuəl) *a.* usual, habitual: ***as*** **~,** como de costumbre. *2* **-ly** *adv.* generalmente, etc.

usufruct ('ju:sju(:)frʌkt) *s.* usufructo.

usurer ('ju:ʒərəʳ) *s.* usurero.

usurp (to) (ju:'zə:p) *t.* usurpar.

usury ('ju:ʒuri) *s.* usura.

utensil (ju:'tensl, -sil) *s.* utensilio, herramienta.

utility (ju:'tiliti) *s.* utilidad, provecho. *2* empresa de servicio público.

utilize (to) ('ju:tilaiz) *t.* utilizar, emplear, explotar.

utmost ('ʌtmoust, -məst) *a.* sumo, extremo. *2 s.* lo más posible: ***to do one's*** **~,** hacer cuanto uno puede.

utter ('ʌtəʳ) *a.* absoluto, total. *2* terminante.

utter (to) ('ʌtəʳ) *t.* pronunciar, articular. *2* lanzar [un grito]. *3* decir, expresar.

utterance ('ʌtərəns) *s.* pronunciación, articulación. *2* expresión, manera de hablar. *3* declaración, discurso.

utterly ('ʌtəli) *adv.* absolutamente, completamente, del todo.

V

vacancy ('veikənsi) *s.* ocio. *2* vacío, hueco. *3* empleo vacante. *4* habitación desocupada.
vacant ('veikənt) *a.* vacante. *2* vacío. *3* desocupado; libre.
vacate (to) (və'keit) *t.* dejar vacante. *2* evacuar, desocupar.
vacation (ve'keiʃən) *s.* vacación, descanso.
vaccinate (to) ('væksineit) *t.* vacunar.
vaccine ('væksi:n) *s.* vacuna.
vacillate (to) ('væsileit) *t.* vacilar *2* fluctuar.
vacuum ('vækjuəm) *s.* vacío: ~ ***cleaner,*** aspirador eléctrico.
vagabond ('vægəbənd) *a.-s.* vagabundo.
vagary ('veigəri) *s.* capricho, antojo, extravío.
vagrant ('veigrənt) *a.-s.* vago; vagabundo.
vague (veig) *a.* vago, indefinido. *2* incierto.
vain (vein) *a.* vano, fútil: ***in*** ~, en vano. *2* vanidoso. *3* **-ly** *adv.* vanamente.
vainglory (vein'glɔ:ri) *s.* vanagloria.
vale (veil) *s.* valle, cañada.
valence, -cy ('veiləns, -i) *s.* QUÍM. valencia.
valentine ('væləntain) *s.* tarjeta o regalo el día de san Valentín. *2* novio, novia.
valet ('vælit, -lei, -li) *s.* criado, ayuda de cámara.
valiant ('væljənt) *a.* valiente, valeroso.
valid ('vælid) *a.* válido. *2* valedero.
validity (və'liditi) *s.* validez.
valise (və'li:z) *s.* maleta, valija; *petaca.
valley ('væli) *s.* valle, cuenca.
valo(u)r ('vælə^r) *s.* valor, valentía.
valuable ('væljuəbl) *a.* valioso, costoso. *2* *s. pl.* joyas, objetos de valor.
valuation (ˌvælju'eiʃən) *s.* valoración, avalúo. *2* estimación, apreciación.
value ('vælju:) *s.* valor [de una cosa]; precio, mérito.
value (to) ('vælju:) *t.* valorar, valuar. *2* apreciar, estimar.
valve (vælv) *s.* ANAT. MEC., RADIO. válvula: ***safety*** ~, válvula de seguridad. *2* BOT. ventalla. *3* ZOOL. valva.
vampire ('væmpaiə^r) *s.* vampiro; vampiresa.
van (væn) *s.* carromato. *2* camión. *3* (Ingl.) furgón de equipajes.
vandalism ('vændəlizəm) *s.* vandalismo.
vane (vein) *s.* veleta. *2* aspa [de molino]. *3* paleta, álabe.
vanguard ('vængɑ:d) *s.* vanguardia.
vanilla (və'nilə) *s.* BOT. vainilla.
vanish (to) ('væniʃ) *i.* desaparecer, desvanecerse.
vanity ('væniti) *s.* vanidad: ~ ***case,*** polvera; ~ ***table,*** tocador.
vanquish (to) ('væŋkwiʃ) *t.* vencer, derrotar.
vapid ('væpid) *a.* soso, insípido.
vaporize (to) ('veipəraiz) *t.-i.* vaporizar(se. *2* volatilizar. *3* evaporar.
vaporous (veipərəs) *a.* brumoso. *2* vaporoso, etéreo.
vapo(u)r ('veipə^r) *s.* vapor, vaho. *2* niebla ligera.
variable ('vɛəriəbl) *a.-s.* variable.
variance ('vɛəriəns) *s.* variación. *2* discrepancia. *3* desavenencia, desacuerdo: ***to be at*** ~, estar en desacuerdo.
variation (ˌvɛəri'eiʃən) *s.* variación.
varied ('vɛərid) *a.* vario, variado.
variegated ('vɛərigeitid) *a.* abigarrado, jaspeado, matizado.
variety (və'raiəti) *s.* variedad. *2* TEAT. variedades.
various ('vɛəriəs) *a.* vario [diverso; variable]. *2* varios; diferentes. *3* **-ly** *adv.* variamente.
varnish ('vɑ:niʃ) *s.* barniz.
varnish (to) ('vɑ:niʃ) *t.* barnizar. *2* CERÁM. vidriar.

vary (to) ('vɛəri) *t.-i.* variar. *2 i.* diferenciarse.
vase (vɑ:z) *s.* jarrón; florero.
vassal ('væsəl) *s.* vasallo.
vast (vɑ:st) *a.* vasto. *2* inmenso; enorme, atroz. *3* **-ly** *adv.* vastamente, etc.
vastness ('vɑ:stnis) *s.* inmensidad.
vat (væt) *s.* tina, tanque.
vaudeville ('voudəvil) *s.* espectáculo de variedades, vodevil.
vault (vɔ:lt) *s.* ARQ. bóveda. *2* sótano; cripta; tumba o panteón subterráneo. *3* salto [con pértiga, etc.].
vault (to) (vɔ:lt) *t.* abovedar. *2 t.-i.* saltar [por encima], saltar con pértiga.
vaunt (to) (vɔ:nt) *i.* jactarse, vanagloriarse.
veal (vi:l) *s.* ternera [carne].
veer (to) (viəʳ) *i.* virar, girar, desviarse.
vegetable ('vedʒitəbl) *a.* vegetal. *2* de hortalizas: ~ ***garden,*** huerto. *3 s.* vegetal, planta. *4* legumbre, hortaliza.
vegetate (to) ('vedʒiteit) *i.* vegetar.
vegetation (vedʒi'teiʃən) *s.* vegetación.
vehemence ('vi:iməns) *s.* vehemencia.
vehement ('vi:imənt) *a.* vehemente. *2* **-ly** *adv.* vehementemente.
vehicle ('vi:ikl) *s.* vehículo.
veil (veil) *s.* velo.
veil (to) (veil) *t.* velar [cubrir con velo]. *2* ocultar, disimular.
vein (vein) *s.* ANAT. vena. *2* BOT. vena, nervio. *3* MIN. veta, filón. *4* humor, disposición.
vellum ('veləm) *s.* pergamino, vitela.
velocity (vi'lɔsiti) *s.* velocidad.
velvet ('velvit) *s.* terciopelo, velludo.
velvety ('velviti) *a.* aterciopelado. *2* suave.
vendor ('vendɔ:ʳ) *s.* vendedor.
veneer (vi'niəʳ) *s.* hoja para chapear, chapa.
veneer (to) (vi'niəʳ) *t.* chapear, enchapar; revestir.
venerable ('venərəbl) *a.* venerable. *2* venerado.
venerate (to) ('venəreit) *t.* venerar, reverenciar.
veneration (ˌvenə'reiʃən) *s.* veneración.
Venezuelan (ˌvene'zweilən) *a.-s.* venezolano.
vengeance ('ven(d)ʒens) *s.* venganza. *2* ***with a ~,*** con furia.
vengeful ('ven(d)ʒful) *a.* vengativo.
venison ('venzn, 'venizn) *s.* venado, carne de venado.
venom ('venəm) *s.* veneno. *2* rencor, ponzoña.
venomous ('venəməs) *a.* venenoso. *2* rencoroso.
vent (vent) *s.* orificio, abertura; escape, respiradero. *2* expansión, desahogo: ***to give ~ to anger,*** desahogar la ira.
vent (to) (vent) *t.* dar salida a. *2* desahogar; descargar.
ventilate (to) ('ventileit) *t.* ventilar. *2* discutir.
ventilator ('ventileitəʳ) *s.* ventilador.
ventriloquist (ven'triləkwist) *s.* ventrílocuo.
venture ('ventʃəʳ) *s.* ventura, azar, riesgo: ***at a ~,*** al azar. *2* empresa arriesgada.
venture (to) ('ventʃəʳ) *t.-i.* aventurar(se, arriesgar(se. *2 i.* atreverse.
venturesome ('ventʃəsəm), **venturous** ('ventʃərəs) *a.* atrevido, temerario. *2* aventurado, arriesgado, azaroso.
venturously ('ventʃərəsli) *adv.* osadamente.
veracious (və'reiʃəs) *a.* veraz. *2* verídico.
veranda(h (və'rændə) *s.* veranda, terraza.
verb (və:b) *s.* GRAM. verbo.
verbal ('və:bl) *a.* verbal. *2* oral.
verbatim (və:'beitim) *adv.* literalmente, al pie de la letra.
verbena (və(:)'bi:nə) *s.* BOT. verbena.
verbose (və:'bous) *a.* verboso. *2* difuso, prolijo.
verbosity (və:'bɔsiti) *s.* verbosidad.
verdant ('və:dənt) *a.* verde [campo, planta, etc.].
verdict ('və:dikt) *s.* veredicto. *2* dictamen.
verdure ('və:dʒəʳ) *s.* verde, verdura, verdor.
verge (ve:dʒ) *s.* borde, orilla: ***on the ~ of,*** a punto de.
verge (to) (və:dʒ) *i.* inclinarse, acercarse [a o hacia]. *2* ***to ~ on,*** estar próximo a, estar al borde de: ***to ~ toward,*** tender a.
verification (ˌverifi'keiʃən) *s.* verificación, comprobación.
verify (to) ('verifai) *t.* verificar, comprobar.
verily ('verili) *adv.* verdaderamente, en verdad.
veritable ('veritəbl) *a.* verdadero.
vermicelli (ˌvə:mi'seli) *s.* fideos.
vermillion (və'miljən) *s.* bermellón. *2* rojo, carmín.
vermin ('və:min) *s.* bicho, sabandija. *2* alimaña.
vernacular (və'nækjuləʳ) *a.* vernáculo. *2 s.* lenguaje vernáculo.
versatile ('və:sətail) *a.* versátil. *2* de conocimientos variados.
verse (və:s) *s.* LIT. verso. *2* versículo.
versed (və:st) *a.* versado, instruido.
versify (to) ('və:sifai) *t.-i.* versificar.
version ('və:ʃən) *s.* versión.

vertebrate ('və:tibrit) *a.-s.* ZOOL. vertebrado.

vertical ('və:tikəl) *a.* vertical. *2* **-ly** *adv.* verticalmente.

vertiginous (və:'tidʒinəs) *a.* vertiginoso. *2* **-ly** *adv.* vertiginosamente.

vertigo ('və:tigou) *s.* vértigo.

verve (vɛəv, və:v) *s.* inspiración, brío.

very ('veri) *a.* mismo, idéntico: ***at that ~ moment,*** en aquel mismo instante. *2* verdadero, puro, solo: ***the ~ truth,*** la pura verdad. *3 adv.* muy, sumamente: ***~ much,*** mucho, muchísimo.

vespers ('vespəz) *s. pl.* LITURG. vísperas.

vessel ('vesl) *s.* vasija, vaso: ***blood ~,*** vena. *2* nave, embarcación.

vest (vest) *s.* chaleco. *2* camiseta de punto.

vest (to) (vest) *t.* ***to ~ in,*** dar, atribuir, conferir a. *2* ***to ~ with power,*** investir de autoridad. *3* ***vested interests,*** intereses creados.

vestibule ('vestibju:l) *s.* vestíbulo; zaguán.

vestige ('vestidʒ) *s.* vestigio, huella.

vestment ('vestmənt) *s.* vestidura. *2* vestidura sagrada.

vestry ('vestri) *s.* sacristía. *2* junta parroquial.

veteran ('vetərən) *s.-a.* veterano.

veterinary ('vetərinəri) *a.* veterinario.

veto ('vi:tou) *s.* veto; prohibición.

veto (to) ('vi:tou) *t.* poner el veto a; prohibir.

vex (to) (veks) *t.* vejar, molestar. *2* disgustar, desazonar. *3* discutir: ***vexed point,*** punto discutido.

vexation (vek'seiʃən) *s.* molestia. *2* chinchorrería. *3* disgusto, enojo.

vexatious (vek'seiʃəs) *a.* enfadoso, molesto, engorroso.

via ('vaiə) *prep.* vía, por la vía de, por.

viaduct ('vaiədʌkt) *s.* viaducto.

vial ('vaiəl) *s.* frasco, ampolleta.

viands ('vaiəndz) *s. pl.* vituallas, provisiones, comida.

vibrant ('vaibrənt) *a.* vibrante.

vibrate (to) (vai'breit) *t.-i.* vibrar, hacer vibrar.

vicar ('vikəʳ) *s.* vicario. *2* párroco anglicano.

vicarage ('vikəridʒ) *s.* beneficio y casa del VICAR 2.

vicarious (vai'kɛəriəs) *a.* delegado; suplente.

vice (vais) *s.* vicio. *2* VISE. *3* fam. sustituto, suplente. *4 pref.* vice-. *5* ('vaisi) *prep.* en lugar de.

vice-chancellor ('vais'tʃɑ:nsələʳ) *s.* vicecanciller.

viceroy ('vais rɔi) *s.* virrey.

vice versa ('vaisi'və:sə) *adv.* viceversa.

vicinity (vi'siniti) *s.* vecindad, cercanía. *2* alrededores, contornos.

vicious ('viʃəs) *a.* vicioso [depravado; defectuoso]. *2* resabiado: ***~ dog,*** perro mordedor. *3* sañudo, rencoroso. *4* **-ly** *adv.* viciosamente; malignamente.

vicissitude (vi'sisitju:d) *s.* vicisitud.

victim ('viktim) *s.* víctima. *2* interfecto.

victor ('viktəʳ) *m.* vencedor.

Victoria (vik'tɔ:riə) *n. pr. f.* Victoria.

victorious (vik'tɔ:riəs) *a.* victorioso. *2* triunfal. *3* **-ly** *adv.* victoriosamente.

victory ('viktəri) *s.* victoria, triunfo.

victual (to) ('vitl) *t.-i.* avituallar(se.

victuals ('vitlz) *s. pl.* vitualla(s, víveres.

vie (to) (vai) *t.* emular, competir.

view (vju:) *s.* vista, visión, consideración; mirada. *2* vista, panorama, escena. *3* opinión, punto de vista, aspecto. *4* propósito: ***with a ~ to,*** con el propósito de; ***~ point,*** punto de vista.

view (to) (vju:) *t.* ver, mirar. *2* examinar, inspeccionar. *3* considerar.

viewer ('vju:əʳ) *s.* espectador. *2* inspector. *3* TELEV. telespectador.

vigil ('vidʒil) *s.* vigilia, desvelo: ***to keep ~,*** velar.

vigilance ('vidʒiləns) *s.* vigilancia.

vigilant ('vidʒilənt) *a.* vigilante, atento.

vigorous ('vigərəs) *a.* vigoroso. *2* fuerte, enérgico. *3* **-ly** *adv.* vigorosamente, enérgicamente.

vigo(u)r ('vigəʳ) *s.* vigor, fuerza, energía.

vile (vəil) *a.* vil, ruin. *2* malo, pésimo. *3* **-ly** *adv.* vilmente, etc.

vileness ('vailnis) *s.* vileza, bajeza, infamia.

vilify (to) ('vilifai) *t.* vilipendiar, denigrar.

villa ('vilə) *s.* villa, quinta.

village ('vilidʒ) *s.* aldea, lugar, pueblo.

villager ('vilidʒəʳ) *s.* lugareño, aldeano.

villain ('vilən) *s.* bribón, canalla. *2* malo, traidor [de drama o novela].

villainous ('vilənəs) *a.* villano, vil, ruin.

villainy ('viləni) *s.* villanía, maldad, infamia.

vindicate (to) ('vindikeit) *t.* vindicar, justificar. *2* reivindicar.

vindication (ˌvindi'keiʃən) *s.* vindicación; justificación, desagravio.

vindictive (vin'diktiv) *a.* vindicativo, vengativo.

vine (vain) *s.* BOT. vid, parra; enredadera.

vinegar ('vinigəʳ) *s.* vinagre.

vineyard ('vinjəd) *s.* viña, viñedo.

vintage ('vindidʒ) *s.* vendimia. *2* cosecha [de vino].

violate (to) ('vaiəleit) *t.* violar, forzar; atropellar.
violence ('vaiələns) *s.* violencia.
violent ('vaiələnt) *a.* violento. *2* impetuoso.
violet ('vəiəlit) *s.* violeta. *2* color de violeta. *3 a.* violado.
violín (ˌvaiə'lin) *s.* violín.
violinist ('vaiəlinist) *s.* violinista.
violoncello (ˌvaiələn'tʃelou) *s.* violoncelo.
viper ('vaipəʳ) *s.* víbora.
virago (vi'rɑ:gou) *s.* virago. *2* arpía, mujer regañona.
virgin ('və:dʒin) *s.* virgen, doncella: ***the Virgin,*** la Santa Virgen. *2 a.* Virgen; virginal.
virginity (və:'dʒiniti) *s.* virginidad.
virile ('virail) *a.* viril, masculino, varonil.
virility (vi'riliti) *s.* virilidad.
virtual ('və:tjuəl) *a.* virtual. *2* **-ly** *adv.* virtualmente.
virtue ('və:tju:) *s.* virtud: ***by*** o ***in ~ of,*** en virtud de.
virtuosity (ˌvə:tju'ɔsiti) *s.* virtuosismo, maestría.
virtuous ('və:tʃuəs, -tjuəs) *a.* virtuoso.
virulence ('viruləns) *s.* virulencia, malignidad.
virulent ('virulənt) *a.* virulento.
virus ('vaiərəs) *s.* virus.
visa ('vi:zə) *s.* visado, visto bueno.
visage ('vizidʒ) *s.* rostro, semblante. *2* aspecto.
viscount ('vaikaunt) *s.* vizconde: ***viscountess,*** vizcondesa.
viscous ('viskəs) *a.* viscoso.
vise (vais) *s.* MEC. (E. U.) tornillo de banco.
visible (vizibl) *a.* visible.
vision ('viʒən) *s.* vista [sentido]. *2* visión [facultad de ver; cosa vista, aparición].
visionary ('viʒənəri) *a.-s.* visionario. *2 a.* imaginario, quimérico.
visit ('vizit) *s.* visita.
visit (to) ('vizit) *t.* visitar. *2* afligir, castigar. *3 i.* hacer visita.
visitor ('vizitəʳ) *s.* visita, visitante. *2* visitador.
visor ('vaizəʳ) *s.* visera.
vista ('vistə) *s.* vista, panorama.
visual ('vizjuəl) *a.-s.* visual. *2* **-ly** *adv.* visualmente.
visualize (to) ('vizjuəlaiz) *t.* hacer visible. *2* representarse en la mente.
vital ('vaitl) *a.* vital. *2* fatal, mortal.
vitality (vai'tæliti) *s.* vitalidad. *2* animación, vigor.
vitalize (to) ('vaitəlaiz) *t.* vivificar.
vitals (vaitlz) *s. pl.* órganos vitales, entrañas.
vitamin(e ('vaitəmin, 'vit-) *s.* vitamina.
vitiate (to) ('viʃieit) *t.* viciar [dañar, corromper].
vitriol (vitriəl) *s.* vitriolo. *2* virulencia, causticidad.
vituperate (to) (vi'tju:pəreit) *t.* vituperar. *2* denostar.
vivacious (vi'veiʃəs) *a.* vivaz, vivaracho, alegre, animado.
vivacity (vi'væsiti) *s.* vivacidad, viveza.
vivid ('vivid) *a.* vívido. *2* vivo, animado. *3* **-ly** *adv.* vivamente.
vividness ('vividnis) *s.* viveza, intensidad.
vivify (to) ('vivifai) *t.* vivificar. *2* animar, avivar.
vixen ('viksn) *s.* zorra, raposa.
vocabulary (və'kæbjuləri) *s.* vocabulario. *2* léxico.
vocal ('voukəl) *a.-s.* vocal. *2 a.* oral. *3* vocálico. *4* fig. hablador, elocuente. *5* **-ly** *adv.* vocalmente, oralmente.
vocalist ('voukəlist) *s.* vocalista.
vocation (vou'keiʃən) *s.* vocación. *2* oficio, profesión.
vociferate (to) (vou'sifəreit) *i.* vociferar.
vociferous (vou'sifərəs) *a.* vociferante, vocinglero. *2* **-ly** *adv.* a gritos, desaforadamente.
vogue (voug) *s.* boga, moda.
voice (vɔis) *s.* voz. *2* habla, palabra. *3* opinión, voto: ***with one ~,*** unánimemente. *4* GRAM. voz [del verbo]; ***voiced consonant,*** consonante sonora.
voice (to) (vɔis) *t.* expresar, decir, anunciar.
voiceless ('vɔislis) *a.* sin voz. *2* sin voto. *3* mudo, silencioso. *4* FONÉT. sordo; ***~ consonant,*** consonante sorda.
void (vɔid) *a.* vacío; vacante. *2* desprovisto [de]. *3* vano, inútil. *4* DER. nulo, inválido. *5 s.* vacío, hueco.
volatile ('vɔlətail) *a.* volátil. *2* ligero, fugaz.
volcanic (vɔl'kænik) *a.* volcánico.
volcano (vɔl'keinou) *s.* volcán.
volition (vou'liʃən) *s.* volición; voluntad.
volley ('vɔli) *s.* descarga, andanada. DEP. voleo [tenis].
volley (to) ('vɔli) *t.* lanzar una descarga, una lluvia de. *3* DEP. volear.
volt (voult) *s.* ELECT. voltio.
voltage ('voultidʒ) *s.* ELECT. voltaje, tensión.
voluble ('vɔljubl) *a.* voluble, versátil.
volume ('vɔljum) *s.* volumen, tomo, libro. *2* GEOM., MÚS. volumen. *3* bulto, masa.
voluminous (və'lju:minəs) *a.* voluminoso. *2* copioso, prolijo.

voluntary ('vɔləntəri) *a.* voluntario. *2* espontáneo.
volunteer (ˌvɔlən'tiəʳ) *s.* voluntario.
volunteer (to) (ˌvɔlən'tiəʳ) *t.-i.* ofrecer(se voluntariamente.
voluptuous (və'lʌptjuəs) *a.* voluptuoso, sensual.
voluptuousness (və'lʌptjuəsnis) *s.* voluptuosidad, sensualidad.
volute (və'lju:t) *a.* enroscado, en espiral. *2 s.* voluta, espiral.
vomit (to) ('vɔmit) *t.-i.* vomitar.
voracious (və'reiʃəs) *a.* voraz. *2* insaciable, ávido.
voracity (vɔ'ræsiti) *s.* voracidad.
vortex ('vɔ:teks), *pl.* **-texes** (-teksiz), **-tices** (-tisi:z) vórtice. *2* vorágine, torbellino.
vote (vout) *s.* voto, votación, sufragio.
vote (to) (vout) *t.-i.* votar [dar su voto].
voter ('voutəʳ) *s.* votante. *2* elector.
vouch (to) (vautʃ) *t.* testificar, dar fe de. *2* garantizar, responder de. *3 i.* ***to ~ for*** responder de o por.
voucher ('vautʃəʳ) *s.* garante, fiador. *2* documento, justificativo, resguardo, recibo.
vouchsafe (to) (vautʃ'seif) *t.* conceder, permitir. *2* dignarse.
vow (vau) *s.* voto, promesa solemne. *2* voto, deseo; súplica: ***to take religious ~***, profesar.
vow (to) (vau) *t.* hacer voto de; prometer solemnemente.
vowel ('vauəl) *a.-s.* GRAM. vocal.
voyage (vɔidʒ) *s.* viaje por mar o por el aire, travesía.
voyage (to) (vɔidʒ) *i.* viajar, navegar.
voyager ('vɔiədʒəʳ) *s.* viajero, pasajero.
vulgar ('vʌlgəʳ) *a.* vulgar. *2* común, ordinario, de mal gusto. *3* **-ly** *adv.* vulgarmente, groseramente.
vulgarize (to) ('vʌlgəraiz) *t.* vulgarizar. *2* adocenar.
vulgarity (vʌl'gæriti) *s.* vulgaridad. *2* ordinariez.
vulnerable ('vʌlnərəbl) *a.* vulnerable.
vulture ('vʌltʃəʳ) *s.* buitre, cóndor.
vying ('vaiiŋ) *ger.* de TO VIE.

W

wad (wɔd) *s.* guata. *2* ARTILL. taco. *3* fam. (E. U.) fajo [de billetes].

waddle (to) ('wɔdl) *i.* anadear. *2* andar o moverse con marcha torpe.

wade (to) (weid) *i.* andar sobre terreno cubierto de agua, lodo, etc. *2 t.* vadear.

waft (to) (wɑ:ft, wɔ:ft, wɔft) *t.-i.* mecer(se. *2* llevar o enviar por el agua o el aire.

wag (wæg) *s.* meneo. *2* bromista, guasón.

wag (to) (wæg) *t.* menear [la cabeza, etc.]. *2 i.* moverse, menearse.

wage (weidʒ) *s.* paga, jornal, salario.

wage (to) (weidʒ) *t.* emprender, sostener; hacer: ***to ~ war,*** hacer guerra.

wager ('weidʒəʳ) *s.* apuesta: ***to lay a ~,*** hacer una apuesta.

wager (to) ('weidʒəʳ) *t.-i.* apostar.

waggish ('wægiʃ) *a.* juguetón.

waggle (to) ('wægl) *t.-i.* menear(se, mover(se de un lado a otro.

wag(g)on ('wægən) *s.* carromato, furgón. *2* FERROC. vagón de mercancías.

waif (weif) *s.* cosa o animal sin dueño. *2* niño abandonado; golfillo.

wail (weil) *s.* lamento, gemido.

wail (to) (weil) *t.-i.* lamentar(se, deplorar.

wainscot ('weinskət) *s.* zócalo, friso.

wainscot (to) ('weinskət) *t.* enmaderar.

waist (weist) *s.* cintura, talle. *2* corpiño.

waistcoat ('weiskout) *s.* chaleco.

wait (weit) *s.* espera. *2* detención, demora. *3* ***to lie in ~ for,*** estar al acecho.

wait (to) (weit) *i.-t.* esperar, aguardar [con ***for***]. *2 i.* servir: ***to ~ at table,*** servir a la mesa. *3* ***to ~ on*** o ***upon,*** servir; visitar.

waiter ('weitəʳ) *s.* mozo, camarero.

waiting ('weitiŋ) *s.* espera. *2* servicio. *3* a. ***~ room,*** sala de espera; ***~ maid,*** doncella.

waitress ('weitris) *s.* camarera, moza.

waive (to) (weiv) *t.* renunciar, abandonar. *2* desaprovechar.

wake (weik) *s.* estela, aguaje: ***in the ~ of,*** detrás de. *2* vela, velatorio.

wake (to) (weik) [a veces con ***up***] *t.-i.* despertar(se, despabilarse. ¶ Pret.: ***waked*** (weikt) o ***woke*** (wouk); p. p.: ***waked*** o ***woken*** ('woukən).

wakeful ('weikful) *a.* desvelado, insomne.

wakefulness ('weikfulnis) *s.* insomnio; desvelo.

waken (to) ('weikən) *t.-i.* despertar.

walk (wɔ:k) *s.* paseo, vuelta. *2* paseo, alameda, senda. *3* paso [del caballo, etc.]. *4* ***~ of life,*** condición social; profesión; ***a ten minutes' ~,*** un paseo de diez minutos.

walk (to) (wɔ:k) *i.* andar, caminar; ***to ~ away,*** irse; ***to ~ back home,*** volverse a casa a pie; ***to ~ in,*** entrar; ***to ~ out, to ~ out with,*** salir con, ser novio de; ***to ~ up to,*** acercarse a; ***to ~ the hospitals,*** estudiar medicina. *2 t.* sacar a paseo. *3* recorrer.

walkie-talkie ('wɔ:ki-'tɔ:ki) *s.* transmisor-receptor portátil.

walking ('wɔ:kiŋ) *s.* marcha, paseo. *2 a.* de paseo; ***~ stick,*** bastón.

wall (wɔ:l) *s.* pared, muro: ***to drive*** o ***push, to the ~,*** poner entre la espada y la pared. *2* muralla.

wallet ('wɔlit) *s.* cartera [de bolsillo].

wallow (to) ('wɔlou) *i.* revolcarse. *2* nadar [en la abundancia].

walnut ('wɔ:lnət) *s.* BOT. nuez [del nogal]: ***~ tree,*** nogal.

wan (wɔn) *a.* pálido, descolorido. *2* triste, enfermizo.

wand (wɔnd) *s.* vara: ***magic ~,*** varilla mágica.

wander (to) ('wɔndəʳ) *t.-i.* errar, vagar: ***to ~ away,*** desviarse de. *2* delirar.

wanderer ('wɔndərəʳ) *s.* paseante, vagabundo, viajero.

wandering ('wɔndəriŋ) *s.* viaje. *2* extravío. *3* delirio. *4 a.* errante: ***~ Jew,***

judío errante. *5* extraviado. *6* delirante.

wane (to) (wein) *t.* menguar, disminuir. *2* declinar.

want (wɔnt) *s.* falta, necesidad, carencia, escasez: ***to be in ~***, estar necesitado; ***for ~ of***, por falta de.

want (to) (wɔnt) *t.* necesitar. *2* querer, desear: ***to ~ for***, necesitar.

wanting ('wɔntiŋ) *a.* falto, defectuoso. *2* necesitado: ***to be ~***, faltar.

wanton ('wɔntən) *a.* travieso. *2* irreflexivo. *3* lascivo. *4* licencioso. *5* brutal. *6* *s.* mujer disoluta. *7* **-ly** *adv.* licenciosamente; brutalmente.

war (wɔ:ʳ) *s.* guerra: ***~ dance***, danza guerrera; ***~ horse***, corcel de batalla.

war (to) (wɔ:ʳ) *i.* guerrear, estar en guerra: ***to ~ on***, guerrear con.

warble ('wɔ:bl) *s.* trino, gorjeo.

warble (to) ('wɔ:bl) *t.-i.* trinar, gorjear.

ward (wɔ:d) *s.* guarda, custodia. *2* tutela. *3* pupilo. *4* barrio. *5* sala [de hospital].

ward (to) (wɔ:d) *t.* guardar, proteger. *2* ***to ~ off***, resguardarse de, evitar.

warden ('wɔ:dn) *s.* vigilante, guardián. *2* gobernador, alcaide: ***prison ~***, alcalde de una prisión.

warder ('wɔ:dəʳ) *s.* guarda, centinela.

wardrobe ('wɔ:droub) *s.* armario, guardarropa. *2* vestuario, ropa.

ware (wɛəʳ) *s. sing.* o *pl.* géneros, mercancías.

warehouse ('wɛəhaus) *s.* almacén, depósito.

warfare ('wɔ:fɛəʳ) *s.* guerra, lucha.

warily ('wɛərili) *adv.* cautamente, astutamente.

wariness ('wɛərinis) *s.* cautela, precaución, prudencia.

warlike ('wɔ:-laik) *a.* guerrero, belicoso, bélico.

warm (wɔ:m) *a.* caliente, cálido, caluroso: ***I am ~***, tengo calor; ***it is ~***, hace calor. *2* acalorado. *3* afectuoso, cordial: ***~ hearted***, de buen corazón. *4* vivo, fogoso, apasionado. *5* **-ly** *adv.* calurosamente; ardientemente, afectuosamene.

warm (to) (wɔ:m) *t.-i.* calentar(se. *2* animar(se, acalorar(se, *3* ***to ~ over*** o ***up***, recalentar(se; animar(se.

warmth (wɔ:mθ) *s.* calor moderado. *2* afecto, cordialidad.

warn (to) (wɔ:n) *t.* avisar, advertir, prevenir. *2* amonestar.

warning ('wɔ:niŋ) *s.* aviso, advertencia. *2* amonestación. *3* escarmiento.

warp (wɔ:p) *s.* TEJ. urdimbre. *2* alabeo. *3* torcimiento, deformación.

warp (to) (wɔ:p) *t.* urdir. *2* *t.-i.* alabear(se. *3* torcer(se, deformar(se.

warrant ('wɔrənt) *s.* autorización, poder. *2* mandato, orden [de prisión]. *3* justificante. *4* garantía, seguridad.

warrant (to) ('wɔrənt) *t.* autorizar. *2* garantizar. *3* asegurar, certificar. *4* justificar.

warranty ('wɔrənti) *s.* garantía. *2* justificación.

warrior ('wɔriəʳ) *s.* guerrero.

warship ('wɔ:-ʃip) *s.* buque de guerra.

wary ('wɛəri) *a.* cauto, prudente.

was (wɔz, wəz) *pret.* de TO BE.

wash (wɔʃ) *s.* lavado, ablución. *2* baño, capa. *3* loción. *4* ***~ -basin***, lavabo, palangana; ***washed-out***, descolorido; ***wash-leather***, gamuza; ***wash-room***, cuarto de aseo; ***-stand***, palanganero, lavabo.

wash (to) (wɔʃ) *t.* lavar. *2* bañar, regar; ***to ~ away, off, out***, quitar lavando; ***to be washed away by the waves***, ser arrastrado por las olas; ***to ~ up***, lavar los platos.

washable ('wɔʃəbl) *a.* lavable.

washerwoman ('wɔʃəˌwumən) *s.* lavandera.

washing ('wɔʃiŋ) *s.* acción de TO WASH. *2* colada. *3* *a.* de lavar: ***~-machine***, lavadora.

wasn't ('wɔznt) *contr.* de WAS NOT.

wasp (wɔsp) *s.* avispa: ***wasp's nest***, avispero.

wastage ('weistidʒ) *s.* desgaste. *2* desperdicio.

waste (weist) *a.* yermo, inculto. *2* desierto, desolado. *3* triste, sombrío. *4* devastado, arruinado. *5* inútil, sobrante: ***~ paper***, papeles rotos o usados. *6* *s.* extensión, inmensidad. *7* desierto. *8* destrucción. *9* gasto inútil, derroche. *10* desgaste, merma. *11* desechos, desperdicios.

waste (to) (weist) *t.* devastar, destruir. *2* gastar, mermar. *3* malgastar. *4* *i.* gastarse, consumirse. | A veces con ***away***.

wasteful ('weistful) *a.* asolador. *2* ruinoso. *3* malgastador.

wastrel ('weistrəl) *s.* gastador. *2* vago, golfo.

watch (wɔtʃ) *s.* reloj de bolsillo. *2* vela, vigilia: ***~ night***, noche vieja. *3* velatorio. *4* vigilancia, observación, cuidado: ***on the ~***, alerta. *5* centinela, vigilante: ***~ box***, garita.

watch (to) (wɔtʃ) *i.* velar [estar despierto]. *2* vigilar, estar alerta: ***to ~ for,*** esperar, aguardar; ***to ~ over,*** velar por; vigilar, inspeccionar; ***watch out!,*** ¡cuidado! *3 t.* guardar, custodiar.

watchful ('wɔtʃful) *a.* desvelado. *2* vigilante, en guardia.

watchfulness ('wɔtʃfulnis) *s.* vigilancia, desvelo.

watch-maker ('wɔtʃˌmeikəʳ) *s.* relojero.

watchman ('wɔtʃmən) *s.* sereno.

watchword ('wɔtʃwə:d) *s.* MIL. santo y seña, consigna.

watchwork ('wɔtʃwə:k) *s.* mecanismo de relojería.

water ('wɔ:təʳ) *s.* agua: ***in deep ~,*** o ***waters,*** en apuros; ***drinking ~,*** agua potable; ***high ~,*** pleamar; ***low ~,*** bajamar; ***spring ~,*** agua de manantial. *2 a.* de agua, acuático: ***~ -closet,*** retrete con descarga de agua; ***-colo(u)r,*** acuarela; ***-front,*** orilla, ribera; ***-lily,*** nenúfar; ***-line,*** MAR. línea de flotación; ***~ pot,*** jarro; ***-power,*** fuerza hidráulica; ***~ proof,*** impermeable.

water (to) ('wɔ:təʳ) *t.* regar, rociar, mojar. *2* aguar [el vino]. *3 i.* chorrear agua o humedad; llorar. *4 t.-i.* abrevar(se [el ganado]. *5* proveer(se de agua.

waterfall ('wɔ:təfɔ:l) *s.* cascada, catarata.

watering ('wɔ:təriŋ) *s.* riego, irrigación; ***-can,*** regadera; ***~ -place,*** abrevadero; balneario.

watershed ('wɔ:təʃed) *s.* GEOGR. cuenca; vertiente.

waterspout ('wɔ:tə-spaut) *s.* manga, tromba marina.

watery ('wɔ:təri) *a.* acuoso.

wave (weiv) *s.* ola. *2* onda: ***~ -length,*** RADIO. longitud de onda. *3* temblor, oscilación.

wave (to) (weiv) *i.* flotar, ondear, ondular. *2 t.* agitar, tremolar: ***to ~ good-bye,*** hacer ademán de despedida.

waver ('weivəʳ) *s.* oscilación, temblor. *2* titubeo.

waver (to) ('weivəʳ) *i.* ondear, oscilar, temblar. *2* vacilar.

wavy ('weivi) *a.* rizado, ondulado, ondulante.

wax (wæks) *s.* cera: ***~ candle,*** vela, cirio. *2* cerumen.

wax (to) (wæks) *t.* encerar. *2 i.* crecer, aumentar. *3* ponerse: ***to ~ old,*** hacerse viejo.

way (wei) *s.* vía, camino, calle, canal, conducto. *2* viaje, rumbo, curso, dirección, sentido: ***~ down,*** bajada; ***~ up,*** subida; ***to go one's ~,*** seguir uno su camino; ***on the ~,*** de paso; ***the other ~ round,*** al revés; ***this ~,*** por aquí. *3* paso: ***~ in,*** entrada; ***~ out,*** salida; ***~ through,*** paso, pasaje. *4* espacio, distancia, trecho. *5* marcha, progreso: ***to make no ~,*** no prosperar. *6* modo, manera: ***anyway,*** de todos modos. *7* lado, aspecto. *8* medio. *9* sistema de vida, costumbre: ***it is not my ~,*** no acostumbrado a. *10* estado, condición. *11 pl.* maneras [de una persona]. *12* ***by ~ of,*** pasando por, por vía de. *13* ***by the ~,*** a propósito. *14* ***out of the ~,*** fuera de camino; impropio. *15 a.* de camino, de tránsito: ***~ train,*** tren, tranvía.

wayfarer ('weiˌfɛərəʳ) *s.* caminante. *2* viajero.

waylay (to) (wei'lei) *t.* aguardar, acechar.

wayside ('weisaid) *s.* borde del camino.

wayward ('weiwed) *a.* díscolo, voluntarioso. *2* caprichoso.

we (wi:, wi) *pron.* nosotros.

weak (wi:k) *a.* débil, flojo, flaco. *2* **-ly** *adv.* débilmente, etc.

weaken (to) ('wi:kən) *t.-i.* debilitar(se. *2 i.* flaquear, desfallecer.

weakness ('wi:knis) *s.* debilidad, flaqueza.

weal (wi:l) *s.* bien, prosperidad: ***public ~,*** bien público. *2* cardenal [en la piel].

wealth (welθ) *s.* riqueza. *2* fortuna.

wealthy ('welθi) *a.* rico, opulento.

weapon ('wepən) *s.* arma.

wear (wɛəʳ) *s.* uso [de ropa, calzado, etc.]: ***for everyday ~,*** de uso diario. *2* ropa, vestidos; ***men's ~,*** ropa para hombres.

wear (to) (wɛəʳ) *t.* traer puesto, usar, llevar. *2* usar [barba, etc.]. *3 t.-i.* gastar(se, deteriorar(se. *4* agotar(se, fatigar(se. *5* ***to ~ away,*** gastar(se, consumir(se. *6* ***to ~ out,*** desgastar(se. ¶ Pret.: ***wore*** (wɔ:ʳ, wɔəʳ); p. p.: ***worn*** (wɔ:n).

wearied ('wiərid) *a.* cansado, fatigado. *2* aburrido.

wearily ('wiərili) *adv.* penosamente, con cansancio.

weariness ('wiərinis) *s.* cansancio, fatiga. *2* aburrimiento.

wearisome ('wiərisəm) *a.* cansado, fatigoso. *2* aburrido.

weary ('wiəri) *a.* cansado, fatigado. *2* abrumado. *3* aburrido.

weary (to) ('wiəri) *t.-i.* cansar(se [fatigar(se, fastidiar(se]. *2* aburrirse.

weasel ('wi:zl) *s.* comadreja.

weather ('weðəʳ) *s.* tiempo [estado de la

atmósfera]: ~ ***forecast(ing,*** pronóstico del tiempo: ***-vane,*** veleta; ***it is fine ~,*** hace buen tiempo.
weather (to) ('weðəʳ) *t.-i.* curar(se, secar(se a la intemperie. *2 t.* capear, aguantar.
weave (wi:v) *s.* tejido, textura.
weave (to) (wi:v) *t.* tejer. *2* entretejer. *3* urdir, tramar. ¶ Pret.: ***wove*** (wouv); p. p.: ***woven*** ('wouvən) o ***wove.***
weaver ('wi:vəʳ) *s.* tejedor.
web (web) *s.* tejido, tela; telaraña: ***spider' s ~,*** o ***cob-~,*** tela de araña; ***~-footed,*** palmípedo.
we'd (wi:d) *contrac.* de WE HAD, WE SHOULD y WE WOULD.
wed (to) (wed) *t.* casarse [con]. *2* casar. ¶ Pret. y p. p.: ***wedded*** ('wedid) o ***wed*** (wed).
wedding ('wediŋ) *s.* casamiento, boda: ***silver ~,*** bodas de plata.
wedge (wedʒ) *s.* cuña, calce.
wedge (to) (wedʒ) *t.* acuñar, meter cuñas.
wedlock ('wedlɔk) *s.* matrimonio, nupcias.
Wednesday ('wenzdi, -dei) *s.* miércoles.
weed (wi:d) *s.* yerbajo, mala hierba. *2* alga.
weed (to) (wi:d) *t.* escardar, desyerbar.
week (wi:k) *s.* semana: ***-end,*** fin de semana: ***a ~ from today,*** de hoy en ocho días.
weekly ('wi:kli) *a.* semanal. *2 adv.* semanalmente. *3 s.* semanario [periódico].
weep (to) (wi:p) *t.-i.* llorar, lamentar. ¶ Pret. y p.p.: ***wept*** (wept).
weeping ('wi:piŋ) *s.* llanto. *2 a.* llorón: ***~ willow,*** sauce llorón.
weigh (to) (wei) *t.-i.* pesar(se. *2* sopesar, considerar. *3* levar [un ancla]. *4* ***to ~ down,*** abrumar, agobiar.
weight (weit) *s.* peso, gravedad: ***paper-~,*** pisapapeles; ***to put on ~,*** engordar. *3* sistema de pesos.
weight (to) (weit) *t.* cargar con peso; sobrecargar.
weighty ('weiti) *a.* pesado, ponderoso. *2* de peso, importante.
weir (wiəʳ) *s.* azud, presa [en un río].
weird (wiəd) *a.* sobrenatural, fantástico. *2* raro, extraño.
welcome ('welkəm) *a.* bien venido. *2* grato, agradable. *3* ***you are ~,*** no hay de qué. *4 s.* bienvenida, buena acogida. *5 interj.* ¡bien venido!
welcome (to) ('welkəm) *t.* dar la bienvenida, acoger. *2 a.* ***welcoming,*** acogedor.
welfare ('welfɛəʳ) *s.* bienestar, felicidad, salud.
we'll (wi:l) *contrac.* de WE SHALL y WE WILL.
1) **well** (wel) *s.* manantial. *2* pozo. *3* cisterna.
2) **well** (wel) *a.* bien hecho, satisfactorio, bueno, apto. *2* ***well-meaning,*** bienintencionado; ***well-off,*** o ***well-to-do,*** rico, adinerado. *3* ***all is ~,*** no hay novedad, todo va bien; ***it is ~ to do it,*** conviene hacerlo. *4 s.* ***well-being,*** bienestar. *5 adv.* bien, felizmente, del todo: ***as ~,*** además; también; ***~ done,*** bien hecho; bien cocido; ***~ then,*** pues bien, ahora bien. *6 interj.* ¡bien!, ¡bueno! ¡vamos!
3) **well (to)** (wel) *t.-i.* manar, brotar.
wend (to) (wend) *t.* encaminar: ***to ~ one's way,*** dirigir sus pasos.
went (went) *pret.* de TO GO.
wept (wept) V. TO WEEP.
we're (wiəʳ) *contrac.* de WE ARE.
were (wə:ʳ; wəʳ) V. TO BE.
west (west) *s.* oeste, occidente. *2 a.* occidental, del oeste: ***West Indies,*** las Antillas.
westerly ('westəli) *a.* occidental. *2 adv.* hacia el oeste.
wet (wet) *a.* mojado: ***to be ~ through,*** estar calado. *2* húmedo. *3* lluvioso. *4 s.* humedad; tiempo lluvioso.
wet (to) (wet) *t.* mojar. *2* humedecer. ¶ Pret. y p. p.: ***wet*** o ***wetted.***
wetness ('wetnis) *s.* humedad.
whale (h)weil) *s.* ballena.
wharf (h)wɔ:f) *s.* muelle, embarcadero.
what (h)wɔt) *a.* y *pron. interr.* qué; cuál: ***~ for?,*** ¿para qué? *2 pron. rel.* lo que. *3 a. rel.* que: ***~ a man!,*** ¡qué hombre! *4 interj.* ¡eh!, ¡qué!
whatever (wɔt'evəʳ) *pron.* cualquier cosa que, todo lo que. *2 a.* cualquiera que.
whatsoever (ˌwɔtsou'evəʳ) *pron.* y *a.* WHATEVER.
wheat (h)wi:t) *s.* trigo: ***~ field,*** trigal.
wheedle (to) ('h)wi:dl) *t.* halagar, engatusar.
wheel (h)wi:l) *s.* rueda. *2* torno. *3* AUTO. volante.
wheelbarrow ('wi:lˌbærou) *s.* carretilla de mano.
wheeze (h)wi:z) *s.* jadeo.
wheeze (to) (h)wi:z) *i.* jadear.
when (h)wen) *adv.-conj.* cuando.
whence (h)wens) *adv.* de donde; por lo cual.
whenever (h)wen'evəʳ) *adv.* cuando quiera que, siempre que.
where (h)wɛəʳ) *adv.-conj.* donde, en donde, adonde, por donde.

whereabouts ('wɛərəbauts) *s.* paradero.
whereas (wɛər'æz) *conj.* considerando que. *2* mientras que.
whereby (wɛə'bai) *adv.* por donde; por lo cual; con lo cual.
wherein (wɛər'in) *adv.* en donde, en que, con que.
whereupon (ˌwɛərə'pɔn) *adv.* entonces, después de lo cual.
wherever (wɛər'evəʳ) *adv.* dondequiera que, adondequiera que, por dondequiera que.
whet (to) (h)wet) *t.* afilar, amolar. *2* excitar, aguzar.
whether ('weðəʳ) *conj.* si. *2* sea, ya sea que, tanto si... (como).
which (h)witʃ) *a.* y *pron. interrog.* [selectivo] ¿qué? ¿cuál?, ¿cuáles?: *~ **book do you prefer?,*** ¿qué libro prefiere usted? *2 pron. rel.* lo que, lo cual. *3 a. rel.* que [cuando el antecedente es cosa].
whichever (h)witʃ'evəʳ) *pron.* y *a.* cual(es)quiera [que].
whiff (h)wif) *s.* soplo [de aire]. *2* bocanada, tufo.
while (h)wail) *s.* rato, tiempo: ***for a ~,*** por algún tiempo; ***to be worth ~,*** valer la pena. *2 conj.* mientras [que].
while (to) (h)wail) *t.* pasar [el rato, etc.]. | Gralte. con ***away.***
whilst (h)wailst) *conj.* mientras [que].
whim (h)wim) *s.* antojo, capricho.
whimper ('h)wimpəʳ) *s.* gemido, lloriqueo.
whimper (to) ('h)wimpəʳ) *i.* gemir, lloriquear.
whimsical ('h)wimzikəl) *a.* caprichoso, antojadizo; extravagante.
whimsy ('h)wimzi) *s.* WHIM.
whine (h)wain) *s.* gemido, plañido.
whine (to) (h)wain) *i.* gemir, quejarse.
whip (h)wip) *s.* látigo, azote. *2* latigazo. *3* batido de nata.
whip (to) (h)wip) *t.* fustigar, azotar, zurrar. *2* batir [nata, etc.]. *3 t.-i.* mover(se bruscamente.
whipping ('h)wipiŋ) *s.* zurra, paliza: ***-top,*** peonza.
whir (h)wəːʳ) *s.* zumbido.
whir (to) (h)wəːʳ) *i.* zumbar.
whirl (h)wəːl) *s.* giro o vuelta rápidos; remolino.
whirl (to) (h)wəːl) *i.* girar, dar vueltas rápidamente. *2 t.* hacer girar.
whirlpool ('h)wəːl-puːl) *s.* vórtice, remolino de agua.
whirlwind ('h)wəːlwind) *s.* torbellino, remolino de viento.
whisker ('h)wiskəʳ) *s.* patilla; barba. *2 pl.* bigotes [del gato, etc.].
whiskey, whisky ('wiski) *s.* whisky.
whisper ('h)wispəʳ) *s.* susurro, murmullo.
whisper (to) ('h)wispəʳ) *i.-t.* susurrar, murmurar.
whispering ('h)wispəriŋ) *s.* susurro, rumor.
whistle ('h)wisl) *s.* silbato, pito. *2* silbido, pitido.
whistle (to) ('h)wisl) *i.-t.* silbar, pitar.
whit (h)wit) *s.* pizca: ***not a ~,*** nada.
white (h)wait) *a.* blanco: ***-hot,*** candente. *2* cano. *3 s.* blanco [del ojo]. *4* clara [de huevo]. *5* blanco, blanca [pers.].
whiten (to) ('h)waitn) *t.* blanquear, emblanquecer.
whiteness ('h)waitnis) *s.* blancura. *2* pureza.
whitewash (to) ('h)wait-wɔʃ) *t.* blanquear, enjalbegar, encalar. *2* encubrir [vicios, etc.].
whihther ('h)wiðəʳ) *adv.* adonde. *2* ¿adónde?
whitish ('h)waitiʃ) *a.* blanquecino, blancuzco.
whitsunday ('wit'sʌndi) *s.* domingo de Pentecostés: ***Whitsuntide,*** Pascua de Pentecostés.
whiz o **whizz** (h)wiz) *s.* zumbido.
whiz o **whizz (to)** (h)wiz) *i.* zumbar, silbar.
who (huː, hu) *pron. rel.* quien, quienes, que, el que, la que, los que, las que. *2 pron. interr.* ¿quién?, ¿quiénes?
whoever (hu(ː)'evəʳ) *pron. rel.* quienquiera que, cualquiera que.
whole (houl) *a.* todo, entero: ***the ~ day,*** todo el día; ***~-hearted,*** sincero, cordial. *2* íntegro, intacto, sano. *3 s.* total, conjunto: ***as a ~,*** en conjunto; ***on the ~,*** en general.
wholesale ('houl-seil) *a.-adv.* al por mayor. *2 s.* venta al por mayor: ***~ dealer,*** mayorista.
wholesome ('houlsəm) *a.* sano, saludable.
wholly ('houli) *adv.* totalmente, enteramente.
whom (huːm, hum) *pron.* (caso oblicuo de WHO) a quien, a quienes; que, al que, etc.
whoop (huːp) *s.* grito, alarido.
whoop (to) (huːp) *t.-i.* gritar, vocear.
whooping-cough ('huːpiŋkɔf) *s.* MED. tos ferina.
whose (huːz) *pron.* (genitivo de WHO y WHICH) cuyo -a, cuyos -as, del que, de la que, etc.
why (h)wai) *adv. conj.* ¿por qué?, ¿có-

mo? *2 interj.* ¡cómo!, ¡toma! *3 s.* porqué, causa.
wick (wik) *s.* pábilo; mecha.
wicked ('wikid) *a.* malo, perverso. *2* maligno. *3* travieso.
wickedness ('wikidnis) *s.* maldad. *2* malignidad.
wicker ('wikəʳ) *s.* mimbre: ~ ***chair,*** silla de mimbre.
wicket ('wikit) *s.* postigo, portillo; ventanilla.
wide (waid) *a.* ancho: ***two feet ~,*** de dos pies de ancho. *3* amplio, extenso. *4 adv.* ampliamente. *5* lejos, a distancia. *6* muy: ~ ***open,*** muy abierto; de par en par. *7* **-ly** *adv.* ampliamente, etc.
widen (to) ('waidn) *t.-i.* ensanchar(se, extender(se.
wideness ('waidnis) *s.* anchura, amplitud.
wide-spread ('waidspred) *a.* extendido. *4* muy difundido; general.
widow ('widou) *s.* viuda.
widower ('widouəʳ) *s.* viudo.
widowhood ('widouhud) *s.* viudez.
width (widθ) *s.* anchura, ancho.
wield (to) (wi:ld) *t.* manejar, esgrimir. *2* ejercer [autoridad].
wife (waif), *pl.* ***wives*** (waivz) *s.* esposa.
wig (wig) *s.* peluca, peluquín.
wild (waild) *a.* salvaje, montaraz, silvestre: ~ ***boar,*** jabalí; ~ ***duck,*** pato salvaje; ~ ***goat,*** cabra montés. *2* sin cultivo, desierto. *3* violento, impetuoso. *4* alocado. *5* extravagante, disparatado: ***to talk ~,*** disparatar.
wilderness ('wildənis) *s.* tierra inculta, desierto.
wildly ('waildli) *adv.* en estado salvaje. *2* salvajemente.
wildness ('waildnis) *s.* tosquedad. *2* selvatiquez. *3* brutalidad.
wile (wail) *s.* ardid, maña, engaño.
wilfulness ('wilfulnis) *s.* terquedad, obstinación. *2* intención, premeditación.
will (wil) *s.* voluntad: ***at ~,*** a voluntad. *2* albedrío. *3* gana, deseo. *4* DER. testamento.
1) **will (to)** (wil) *t.* querer, ordenar, mandar. *2* dejar en testamento. ¶ Pret. y p.p.: ***willed.***
2) **will** (sin **to**) (wil) *t.* querer, desear: ***do what you ~,*** haz lo que quieras; ***would that he were here!,*** ¡ojalá que él estuviera aquí! ¶ Pret.: ***would*** (wud). | No se usa otro tiempo.
3) **will** (sin **to**) (wil) *v. defect.* y *aux.* pret. y condicional: ***would*** (wud, wəd). Se usa ***will*** para formar el fut. y ***would*** en condicional en 2.ª y 3.ª pers.: ***he ~ go,*** él irá; en las 1.ᵃˢ pers. indica voluntad o determinación: ***I ~ not do it,*** no quiero hacerlo. En 3.ª pers. indica negativa o costumbre: ***he would not help me,*** no quería ayudarme; ***he would come every day,*** acostumbraba a venir todos los días; ***would*** condicional; ***he would come, if he could,*** vendría, si pudiera.
willing ('wiliŋ) *a.* deseoso, dispuesto. *2* gustoso. *3* voluntario. *4* **-ly** *adv.* de buena gana.
willingness ('wiliŋnis) *s.* buena gana, gusto, complacencia.
willow ('wilou) *s.* BOT. sauce.
willowy ('wiloui) *a.* cimbreño, flexible, esbelto.
willy-nilly ('wili-'nili) *adv.* a la fuerza.
wilt (to) (wilt) *t.-i.* marchitar(se.
wily ('waili) *a.* astuto, marrullero, artero.
win (to) (win) *t.* ganar, conquistar. *2* persuadir. *3 i.* vencer, triunfar. ¶ Pret. y p.p.: ***won*** (wʌn).
wince (wins) *s.* respingo.
wince (to) (wins) *i.* cejar, acobardarse [ante una dificultad, golpe, etc.]; respingar.
wind (wind) *s.* viento, aire. *2* rumbo, punto cardinal. *3* viento [olor que deja la caza]: ***to get ~ of,*** oler, tener noticia de. *4* aliento, respiración. *5* flato, ventosidad: ***to break ~,*** ventosear.
1) **wind (to)** (wind) *t.-i.* husmear, olfatear. *2 t.* airear. ¶ Pret. y p. p.: ***winded*** ('windid).
2) **wind (to)** (waind) *t.* devanar. *2* manejar. *3* dar cuerda a [un reloj]. *4* izar, elevar. ¶ Pret. y p. p.: *wound* (waund).
3) **wind (to)** (waind) *t.* soplar. *2* hacer sonar [soplando]. ¶ Pret. y p. p.: ***winded*** ('waindid) o ***wound*** (waund).
windbag ('windbæg) *s.* palabrero, charlatán.
windfall ('windfɔ:l) *s.* fruta caída del árbol. *2* suerte inesperada.
winding ('waindiŋ) *s.* enroscamiento, bobinado. *2* vuelta, recodo. *3 a.* sinuoso, tortuoso: ~ ***stairs,*** escalera de caracol.
windmill ('winmil) *s.* molino de viento.
window ('windou) *s.* ventana: ~ ***frame,*** marco de ventana. *2* ***shop-~,*** escaparate [de tienda]; ~ ***pane,*** cristal de ventana.
windpipe ('windpaip) *s.* tráquea, gaznate.
wind-screen ('windskri:n), **wind-shield** (-ʃi:ld) *s.* AUTO parabrisas.
windy ('windi) *a.* ventoso: ***it is ~,*** hace viento.
wine (wain) *s.* vino: ~ ***bag*** o ~ ***skin,*** odre, pellejo; ~ ***cellar,*** bodega.

wing (wiŋ) *s.* ORN., POL. ala: ***under the ~ of,*** bajo la protección de. *2* vuelo: ***to take ~,*** levantar el vuelo. *3* TEAT. bastidor.
wink (wiŋk) *s.* parpadeo, pestañeo. *2* guiño: ***I didn't sleep a ~,*** no pegué los ojos. *3* destello.
wink (to) (wiŋk) *i.* pestañear, parpadear. *2* hacer guiños. *3* centellear. *4* ***to ~ at,*** hacer la vista gorda.
winner ('winə[r]) *s.* ganador. *2* vencedor.
winning ('winiŋ) *a.* triunfante, ganador. *2* atractivo, encantador. *3* **-s** *s. pl.* ganancias [en el juego].
winsome ('winsəm) *a.* agradable, atractivo, seductor.
winter ('wintə[r]) *s.* invierno. *2* a. ***~ month,*** mes de invierno.
wintry ('wintri) *a.* invernal; frío, helado.
wipe (to) (waip) *t.* limpiar, secar, enjugar. *2* lavar, borrar. | Con ***away, off*** o ***out.***
wire ('waiə[r]) *s.* alambre. *2* telegrama; telégrafo. *3 pl.* hilos [para mover algo]: ***to pull the wires,*** mover los hilos. *4* ***barbed ~,*** alambre con púas; ***~ entanglement,*** alambrada; ***~ screen,*** tela metálica.
wireless ('waiəlis) *s.* radio, radiotelefonía; aparato de radio.
wiry ('waeiəri) *a.* de alambre. *2* delgado y fuerte; nervudo.
wisdom ('wizdəm) *s.* sabiduría, sapiencia. *2* prudencia, cordura.
wise (waiz) *a.* cuerdo, prudente. *2* ***the three ~ men,*** los tres reyes magos. *3 s.* manera: ***in no ~,*** de ningún modo. *4* **-ly** *adv.* prudentemente.
wish (wiʃ) *s.* deseo, anhelo.
wish (to) (wiʃ) *t.* desear, anhelar, ansiar: ***to ~ one good morning,*** dar los buenos días. *2 i.* ***to ~ for*** o ***after,*** anhelar; ***I ~ it were true!,*** ¡ojalá fuera verdad!
wishful ('wiʃful) *a.* deseoso, ansioso: ***~ thinking,*** ilusión.
wistful ('wistful) *a.* ansioso. *2* pensativo, tristón.
wit (wit) *s.* agudeza, ingenio. *2* talento: ***to be at one's wit's end,*** haber agotado todo su ingenio; ***to be out of one's wits,*** perder el juicio; ***to use one's wits,*** valerse de su ingenio.
witch (witʃ) *s.* bruja, hechicera.
witchcraft ('witʃkrɑ:ft), **witchery** ('witʃəri) *s.* brujería, hechicería. *2* encanto, fascinación.
with (wið) *prep.* con; para con; a, de, en, entre: ***~ all speed,*** a toda prisa; ***charged ~,*** acusado de; ***filled ~,*** lleno de; ***ill ~,*** enfermo de.
withdraw (to) (wið'drɔ:) *t.* retirar(se. *2* apartar(se, separar(se. *3* descorrer [una cortina]. *4* ***to ~ a statement,*** retractarse. ¶ Pret.: ***withdrew*** (wið'dru:), p. p.: ***withdrawn*** (wið'drɔ:n).
withdrawal (wið'drɔ:əl) *s.* retiro, retirada. *2* retractación.
withdrawn (wið'drɔ:n) V. TO WITHDRAW.
withdrew (wið'dru:) V. TO WITHDRAW.
wither (to) ('wiðə[r]) *t.* marchitar(se, secar(se, ajar(se.
withheld (wið'held) V. TO WITHHOLD.
withhold (to) (wið'houl) *t.* detener, contener. *2* suspender [un pago]. *3* negar. ¶ Pret. y p. p.: ***withheld*** (wið'held).
within (wi'ðin) *prep.* dentro de [los límites de], en. *2* al alcance de: ***~ hearing,*** al alcance del oído. *3 adv.* dentro, en o al interior, en la casa.
without (wi'ðaut) *prep.* sin. *2* falto de. *3* fuera de. *4 adv.* fuera. *5 conj.* si no, a menos de.
withstand (to) (wið'stænd) *t.* resistir, aguantar, oponerse a. ¶ Pret. y p. p.: ***withstood*** (wið'stud).
withstood (wið'sud) V. TO WITHSTAND.
witness ('witnis) *s.* testigo [pers.]: ***eyewitness,*** testigo ocular. *2* testimonio: ***call to ~,*** tomar por testigo.
witness (to) ('witnis) *t.* dar testimonio de, atestiguar. *2* presenciar.
witticism ('witisizəm) *s.* agudeza, rasgo de ingenio, chiste.
wittiness ('witinis) *s.* ingenio, agudeza.
witty ('witi) *a.* ingenioso, agudo, chistoso.
wives (waivz) *s. pl.* de WIFE.
wizard ('wizəd) *s.* brujo, hechicero.
woe (wou) *s.* pena, aflicción, calamidad.
wo(e)begone ('woubiˌgɔn) *a.* triste, abatido.
wo(e)ful ('wouful) *a.* triste, afligido. *2* lastimero, doloroso.
woke (wouk) V. TO WAKE.
woken ('woukən) V. TO WAKE.
wolf (wulf), *pl.* **wolves** (wulvz) *s.* lobo: ***~ cub,*** lobezno.
woman ('wumən), *pl.* **women** ('wimin) *s.* mujer.
womanish ('wuməniʃ) *a.* femenil. *2* afeminado.
womankind ('wumən'kaind) *s.* el sexo femenino.
womanly ('wumənli) *a.* femenino, femenil, mujeril.
womb (wu:m) *s.* útero, matriz. *2* entrañas.
won (wʌn) V. TO WIN.
wonder ('wʌndə[r]) *s.* admiración, asombro: ***no ~,*** no es de extrañar. *2* incertidumbre, perplejidad. *3* portento, prodigio.
wonder (to) ('wʌndə[r]) *t.* desear, saber,

preguntarse: ***I ~ what he wants,*** ¿qué querrá? *2 i.* extrañarse, maravillarse.

wonderful ('wʌndəful) *a.* admirable, maravilloso. *2* **-ly** *adv.* maravillosamente.

wondrous ('wʌndrəs) *a.* sorprendente, asombroso.

wont (wount) *a.* acostumbrado: ***to be ~ to,*** soler, acostumbrar. *2 s.* costumbre, hábito.

won't (wount) *contr.* de WILL NOT.

woo (to) (wu:) *t.-i.* cortejar, pretender [a una mujer].

wood (wud) *s.* bosque, selva. *2* madera, leña: ***small ~,*** leña menuda; ***~ louse,*** cochinilla de humedad; ***~ pigeon,*** paloma torcaz.

woodbine (wudbain) *s.* madreselva.

wood-cutter ('wud,kʌtəʳ) *s.* leñador.

wooded ('wudid) *a.* arbolado, cubierto de bosques.

woodpecker ('wud,pekəʳ) *s.* ORN. pájaro carpintero.

wooing (wu:iŋ) *s.* cortejo, galanteo.

wool (wul) *s.* lana: ***all ~,*** pura lana.

woolly ('wuli) *a.* de lana. *2* lanudo, lanoso. *3* confuso.

word (wə:d) *s.* palabra, vocablo: ***in a ~,*** en una palabra; ***by ~ of mouth,*** oralmente. *2* palabra, promesa: ***to keep one's ~,*** cumplir su palabra; ***on*** o ***upon my ~,*** palabra de honor. *3* aviso, recado: ***to leave ~,*** dejar recado. *4 pl.* palabras, disputa: ***to have words,*** disputar.

word (to) (wə:d) *t.* expresar [con palabras]; formular, redactar.

wordiness ('wə:dinis) *s.* verbosidad.

wordy ('wə:di) *a.* verbal. *2* verboso.

wore (wɔ:ʳ, wɔəʳ) V. TO WEAR.

work (wə:k) *s.* trabajo, labor; ocupación, empleo; operación, funcionamiento; ***at ~,*** trabajando; ***out of ~,*** sin trabajo. *2* obra [literaria, artística]. *3* COST. labor, bordado. *4 pl.* fábrica, taller. *5* obras [públicas, etc.]. *6* maquinaria [de un artefacto].

work (to) (wə:k) *i.* trabajar; laborar. *2* surtir efecto, dar resultado. *3* ***to ~ out,*** resultar [bien o mal]; DEP. entrenarse. *4 t.* fabricar, producir. *5* explotar [una mina]. *6* hacer funcionar. *7* influir. *8* excitar. *9* bordar. *10* ***to ~ off,*** deshacerse de. *11* ***to ~ out,*** hacer; expiar, borrar; agotar [una mina]. *12* ***~ up,*** inflamar; lograr [con esfuerzo]; elaborar [un plan]. *13* ***to ~ one's way,*** abrirse paso.

workable ('wə:kəbl) *a.* explotable. *2* factible, viable.

worker ('wə:kəʳ) *s.* obrero, operario.

working ('wə:kiŋ) *a.* que trabaja: ***~ class,*** clase obrera; ***~ day,*** día laborable. *2* activo, laborioso. *3* que contrae nerviosamente [el rostro, etc.]. *4* eficaz. *5* ***~ capital,*** capital circulante. *6* ***~ drawing,*** plano, montea.

workman ('wə:kmən) *s.* obrero, trabajador. *2* artesano.

workmanlike ('we:kmənlaik), **workmanly** ('wə:kmənli) *a.* primoroso, bien hecho.

workmanship ('wə:kmənʃip) *s.* hechura, ejecución. *2* habilidad en el trabajo.

workroom ('wə:k-rum), **work-shop** (-ʃɔp)*s.* taller, obrador.

world (wə:ld) *s.* mundo. | No tiene el sentido de baúl: ***the ~ beyond,*** el otro mundo; ***~ without end,*** por los siglos de los siglos. *2 a.* mundano, mundial.

worldly ('wə:ldli) *a.*mundano, mundanal. *2* terrenal. *3 adv.* mundanalmente.

worm (wə:m) *s.* gusano, lombriz. *2* oruga. *3* polilla, carcoma.

worm (to) (wə:m) *i.-ref.* introducirse, insinuarse. *2 t.* ***to ~ one's way,*** serpentear, arrastrarse.

worn (wɔ:n) *p. p.* de TO WEAR. *2* ***~ out,*** usado, gastado. *3* cansado, agotado.

worried ('wʌrid) *a.* angustiado, preocupado.

worry ('wʌri) *s.* cuidado, preocupación; molestia.

worry (to) ('wʌri) *t.-i.* inquietar(se, preocupar(se. *2* molestar, acosar. *3* ***to ~ out,*** hallar solución.

worse (wə:s) *a.-adv. comp.* de ***bad,*** peor: ***to get ~,*** empeorarse; ***~ and ~,*** cada vez peor. *2 s.* lo peor; la peor parte.

worsen (to) ('wə:sn) *t.-i.* empeorar(se.

worship ('wə:ʃip) *s.* culto, adoración. *2* veneración.

worship (to) ('wə:ʃip) *t.* rendir culto a, adorar.

worst (wə:st) *a. superl.* peor [en sentido absoluto]: ***the ~,*** el peor. *2 adv. superl.* peor, pésimamente. *3 s.* lo peor: ***at the ~,*** en el peor estado.

worst (to) (wə:st) *t.* vencer, derrotar.

worsted ('wustid, -təd) *s.* TEJ. estambre.

worth (wə:θ) *s.* valor, precio. *2* valor, mérito. *3* utilidad, importancia. *4 a.* que vale o posee: ***to be ~,*** valer. *5* digno, merecedor de: ***to be ~ seeing,*** ser digno de verse.

worthily ('wə:ðili) *adv.* merecidamente, dignamente.

worthiness ('wə:ðinis) *s.* valía, mérito, dignidad.

worthless ('wə:θlis) *a.* sin valor, inútil. *2* indigno.

worthy ('wə:ði) *a.* estimable, excelente. *2* digno, merecedor. *3 s.* persona ilustre.
would (wud, wəd) *pret.* de WILL 2; *pret.* y *condicional* de WILL 3.
would-be ('wudbi:) *a.* supuesto, seudo. *2* aspirante, que quisiera ser.
wouldn't ('wudənt) *contrac.* de WOULD NOT.
1) **wound** (waund) V. TO WIND.
2) **wound** (wu:nd) *s.* herida, llaga. *2* daño, ofensa.
wound (to) (wu:nd) *t.* herir, lastimar. *2* ofender.
wounded ('wu:ndid) *a.* herido, lastimado. *2 s.* herido.
wove (wouv) V. TO WEAVE.
woven ('wouvən) V. TO WEAVE.
wrangle ('ræŋgl) *s.* disputa, altercado.
wrangle (to) ('ræŋgl) *i.* disputar. *2 t.-i.* debatir, discutir.
wrap (ræp) *s.* envoltura. *2* manta, abrigo.
wrap (to) (ræp) *t.-i.* cubrir(se, envolver(se, arropar(se. | A veces con ***up.*** *2* enrollar(se [alrededor de algo]: ***to be wrapped in,*** estar absorto.
wrapper ('ræpə^r) *s.* cubierta, envoltura.
wrapping ('ræpiŋ) *s.* cubierta, envoltura: ~ ***paper,*** papel de envolver.
wrath (rɔ:θ) *s.* cólera, ira.
wrathful ('rɔ:θful) *a.* colérico, airado, furioso. *2* **-ly** *adv.* airadamente, furiosamente.
wreak (to) (ri:k) *t.* infligir. *2* descargar [un golpe, etc.]; desahogar [la cólera, etc.].
wreath (ri:θ) *s.* corona, guirnalda.
wreathe (to) (ri:ð) *t.-i.* entrelazar. *2 t.* tejer [coronas o guirnaldas]. *3* ceñir, rodear.
wreck (rek) *s.* naufragio; choque, descarrilamiento; ruina, destrucción: ***to go to*** ~, naufragar, arruinarse.
wreck (to) (rek) *t.* hacer naufragar, echar a pique. *2* hacer chocar o descarrilar [un tren]. *3 t.-i.* arruinar(se, destruir(se, fracasar. *4* naufragar.
wreckage ('rekidʒ) *s.* naufragio, ruina. *2* restos.
wrench (rentʃ) *s.* tirón. *2* torcedura, esguince. *3* ***monkey*** ~, llave inglesa.
wrench (to) (rentʃ) *t.* tirar de [torciendo]; arrancar.
wrest (to) (rest) *t.* torcer violentamente. *2* arrancar, arrebatar.
wrestle (to) ('resl) *i.* luchar a brazo partido. *2* esforzarse.
wrestling ('resliŋ) *s.* lucha. *2* DEP. lucha grecorromana.
wretch (retʃ) *s.* miserable, desdichado. *2* canalla.
wretched ('retʃid) *a.* infeliz, desdichado. *2* miserable. *3* vil. *4* malo, ruin. *5* **-ly** *adv.* miserablemente; vilmente; ruinmente.
wriggle (to) ('rigl) *t.-i.* retorcer(se, menear(se: ~ ***out of,*** escaparse de.
wring (to) (riŋ) *t.* torcer, retorcer: ***to ~ the neck of,*** torcer el pescuezo a. *2* estrujar, exprimir. ¶ Pret. y p. p.: ***wrung*** (ruŋ).
wrinkle ('riŋkl) *s.* arruga, surco.
wrist (rist) *s.* ANAT. muñeca: ~ ***watch,*** reloj de pulsera.
writ (rit) *s.* escrito, escritura. *2* orden judicial, mandato jurídico.
write (to) (rait) *t.-i.* escribir: ***to ~ back,*** contestar por carta; ***to ~ down,*** anotar; ***to ~ out,*** redactar; escribir sin abreviar; ***to ~ up,*** describir extensamente por escrito; poner al día. ¶ Pret.: ***wrote*** (rout); p. p.: ***written*** ('ritn).
writer ('raitə^r) *s.* escritor, autor.
writhe (to) (raið) *t.-i.* retorcer(se, torcer(se. *2* serpentear.
writing ('raitiŋ) *s.* escritura, escrito: ~ ***desk,*** escritorio; ~ ***hand,*** letra; ***in one's own ~,*** de su puño y letra; ~ ***paper,*** papel de escribir; ~ ***materials,*** ~ ***set,*** recado de escribir.
written ('ritn): V. TO WRITE.
wrong (rɔŋ) *a.* malo, injusto. *2* erróneo, equivocado, defectuoso; inconveniente, inoportuno. *2* ***the ~ side,*** el revés [de una tela]. *3* ***to be [in the] ~,*** no tener razón; ser culpable. *4 adv.* mal, al revés; ***to go ~,*** descaminarse; resultar mal. *5 s.* agravio, injusticia, daño. *6* mala acción. *7* culpa. *8* error. *9* **-ly** *adv.* injustamente, mal; erróneamente.
wrong (to) (rɔŋ) *t.* agraviar, ofender, perjudicar.
wrong-doer ('rɔŋ'duə^r) *s.* malhechor.
wrongful ('rɔŋful) *a.* injusto, inicuo. *2* perjudicial.
wrote (rout) V. TO WRITE.
wroth (rouθ) *a.* enojado; furioso.
wrought (rɔ:t) *pret.* y *p. p. irreg.* de TO WORK. *2 a.* trabajado, labrado, forjado.
wrung (rʌŋ) V. TO WRING.
wry (rai) *a.* torcido, ladeado: ~ ***face,*** gesto, mueca.

X

xenophobia (ˌzenə'foubjə) *s.* xenofobia.

Xmas ('krisməs) *s.* abrev. de CHRISTMAS.

X-rays ('eks'reːz) *s. pl.* rayos X.

Y

yacht (jɔt) *s.* MAR. yate.

Yankee ('jæŋki) *a.-s.* yanqui.

yard (jɑːd) *s.* yarda [medida inglesa de longitud = 0'914 m]. *2* patio, corral, cercado: ***back ~***, ***barn ~***, corral; ***navy ~***, arsenal; ***ship ~***, astillero.

yarn (jɑːn) *s.* hebra, hilo. *2* cuento increíble.

yawn (jɔːn) *s.* bostezo. *2* abertura.

yawn (to) (jɔːn) *i.* bostezar.

year (jəː[r]) *s.* año: ***once a ~***, una vez al año; ***leap ~***, año bisiesto.

yearling ('jəːliŋ) *a.* primal, añal. *2 s.* niño, planta, etc., de un año.

yearly ('jeːli) *a.* anual. *2 adv.* anualmente.

yearn (to) (jeːn) *i.* [con ***for*** o ***after***] anhelar, suspirar por.

yearning ('jəːniŋ) *s.* anhelo. deseo ardiente.

yeast (jiːst) *s.* levadura.

yell (jell) *s.* grito, alarido.

yell (to) (jel) *i.* gritar, dar alaridos.

yellow ('jelou) *a.* amarillo. *2* bilioso; celoso. *3* cobarde.

yellowish ('jelouiʃ) *a.* amarillento.

yelp (jelp) *s.* ladrido, aullido.

yelp (to) (jelp) *i.* ladrar, aullar.

yeoman ('joumən) *s.* hacendado, labrador rico. *2* ***~ of the guard***, guardián de la Torre de Londres.

yes (jes) *adv.* sí. *2 s.* sí (respuesta afirmativa].

yesterday ('jestədi, -dei) *s.* y *adv.* ayer; ***the day before ~***, anteayer.

yet (jet) *adv.* todavía, aún. *2 conj.* aun así, no obstante, sin embargo.

yew (ju:) *s.* BOT. tejo.

yield (jiːld) *s.* producto, rendimiento. *2* cosecha. *3* rendición.

yield (to) (jiːld) *t.* producir, rendir. *2* exhalar, despedir. *3* dar de sí. *4* entregar, ceder. *5* dar. *6 i.* rendir. *7* rendirse, someterse. *8* ceder a, doblegarse.

yoke (youk) *s.* yugo; esclavitud. *2* yunta. *3* yugada.

yoke (to) (jouk) *t.* uncir, acoyundar. *2* unir.

yokel ('joukəl) *s.* rústico, patán.

yolk (jouk) *s.* yema [de huevo].

yon (jɔn), **younder** ('jɔndə[r]) *a.* aquel, aquella, etc., aquellos, etc. *2 adv.* allá; más allá.

yore (jɔː[r]) *s.* otro tiempo: ***in days of ~***, antaño.

you (juː, ju) *pron.* de 2.ª *pers. sing.* y *pl.* tú, usted, vosotros, ustedes. *2* a ti, te; le, a usted; os, a vosotros; les, a ustedes.

young (jʌŋ) *a.* joven. *2* mozo, juvenil. *3* nuevo; tierno. *4 s.* ***the ~***, los jóvenes; ***with ~***, preñada.

youngster ('jʌŋstə[r]) *s.* muchacho, joven.

your (juə[r], jɔː[r]) *a.* tu, tus, vuestro, -a, -os, -as; su, de usted, de ustedes.

yours (juəz, jɔːz) *pron. pos.* [el] tuyo, -a, -os, -as, [el] vuestro, -a, -os, -as; [el] suyo, -a, -os, -as [de usted o ustedes].

yourself (juə'self, jɔː-) *pron. pers.* tú, ti, usted mismo; te, se [reflexivos].

yourselves (juə'selvz, jɔː-) *pron. pl.* de YOURSELF.

youth (juːθ) *s.* juventud, mocedad. *2* joven, mozalbete.

youthful ('juːθful) *a.* joven, juvenil. *2* fresco, vigoroso. *3* **-ly** *adv.* de manera juvenil.

yule (juːl) *s.* tiempo de Navidad.

Z

zeal (zi:l) *s.* celo, fervor, entusiasmo.
zealot ('zelət) *s.* fanático.
zealous (zeləs) *a.* celoso, entusiasta. *2* **-ly** *adv.* celosamente, con ardor.
zebra ('zi:brə) *s.* ZOOL. cebra.
zenith ('zeniθ) *s.* cénit. *2* culminación, apogeo.
zephyr ('zefə[r]) *s.* céfiro.
zero ('ziərou) *s.* cero; ***below ~,*** bajo cero.
zest (zest) *s.* sabor, gusto. *2* entusiasmo; aliciente.
zigzag ('zigzæg) *s.* zigzag: *2 a.-adv.* en zigzag.
zigzag (to) ('zigzæg) *i.* zigzaguear.
zinc (ziŋk) *s.* cinc, zinc.
zip (zip) *s.* zumbido [de una bala]. *2* energía. *3* cierre de cremallera: ***zipper, zip-fastener,*** cremallera.
zip (to) (zip) *t.* ***zip up,*** cerrar el cierre de cremallera; ***unzip,*** abrirlo. *2* zumbar o silbar [una bala].
zone (zoun) *s.* zona.
zoo (zu:) *s.* parque o jardín zoológico.
zoological (ˌzouə'lɔdʒikl) *a.* zoológico.
zoology (zou'ɔlədʒi) *s.* zoología.
zoom (zu:m) *s.* zumbido [del avión al elevarse]. *2* ~ ***lens,*** lente del tomavistas que acerca y aleja la imagen rápidamente.
zoom (to) (zu:m) *i.* elevarse rápidamente [el avión]. *2* acercar o alejar la imagen mediante una lente del tomavistas.

SPANISH-ENGLISH

REMARKS

For an easy consultation of this Dictionary the reader should consider the following points:

a) In the arrangement of each entry in it, the equivalent or groups of equivalents of a word (viz. its different meanings), when widely differing in meaning or use, are treated as separate items, marked with a full stop and numbered.

b) Contrary to the usual practice in dictionaries, the examples, phrases and locutions are not listed at the end of the entry, but grouped with the particular meaning to which they correspond. The meaning is therefore emphasized and made clearer through this direct association.

c) Generally, the examples and locutions are given within each item of the entry in a fixed sequence, as follows: word groups not containing any verb; expressions containing a verb; phrases or locutions (adverbial, prepositional, etc.)

d) Expressions, phrases, etc., not assignable to any particular meaning have a separate place and number in the entry.

e) The sense of the words given as equivalents is determined, when needed, by synonyms, particularizing words and definitions [all in brackets].

f) To the same end, subject and usage abbreviations are employed. Interpretation of these is given in a list preceding the Dictionary.

g) The letters **ch** and **ll** which are distinct letters of the Spanish alphabet are listed as such in this Dictionary.

h) As asterisk in the body of an entry indicates that the English word it precedes is only used in America.

ABBREVIATIONS USED IN THIS DICTIONARY

a.	adjectif
adv.	adverb
AER.	aeronautics.
AGR.	agriculture.
ALG.	algebra.
Am.	Spanish America.
ANAT.	anatomy.
ARCH.	architecture.
ARCHEOL.	archeology.
Arg.	Argentina.
ARITH.	arithmetic.
art.	article.
ARTILL.	artillery.
ASTR.	astronomy.
aug.	augmentative.
AUTO.	automobiles; automobilism.
aux.	auxiliary verb.
BACT.	bacteriology.
BIB.	Bible; Biblical.
BILL.	billiards.
BIOL.	biology.
BOOKBIND.	bookbinding.
BOOK-KEEP.	book-keeping.
BOT.	botany.
BULL.	bullfighting.
CARP.	carpentry.
CHEM.	chemistry.
coll.	colloquial.
COM.	commerce.
comp.	comparative.
COND.	Conditional.
conj.	conjunction.
CONJUG.	conjugation.
COOK.	cooking.
cop.	copulative verb.
def.	defective; definite.
dim.	diminutive.
ECCL.	ecclesiastic.
ELEC.	electricity.
ENG.	engineering.
ENT.	entomology.
f.	feminine; feminine noun.
F. ARTS.	fine arts.
FENC.	fencing.
fig.	figuratively.
FISH.	fishing.
Fut.	Future.
GEOG.	geography.
GEOL.	geology.
GEOM.	geometry.
GER.	Gerund.
GRAM.	grammar.
GYM.	gymnastics.
HIST.	history.
i.	intransitive verb.
ICHTH.	ichthyology.
imper.	imperative.
IMPER.	imperfect.
impers.	impersonal verb.
indef.	indefinite.
INDIC.	Indicative.
IND.	industry.
INF.	Infinitive.
INSUR.	insurance.
interj.	interjection.
interrog.	interrogative.
iron.	ironical.
irr., *irreg.*	irregular.
JEW.	jewelry.
LIT.	literature.
LITURG.	liturgy.
LOG.	logic.
m.	masculine; masculine noun.
MACH.	machinery.
MATH.	mathematics.
MECH.	mechanics.
MED.	medicine; pathology.
METAL.	metallurgy.
Mex.	Mexico.
MIL.	military.
MIN.	mining.
MINER.	mineralogy.
MUS.	music.
MYTH.	mythology.
n.	noun; masculine and feminine noun.
NAUT.	nautical; nautics.
NAV.	naval; navy.
neut.	neuter.
not cap.	not capitalized.
obs.	obsolete.
OPT.	optics.
ORN.	ornithology.
pers., pers.	person; personal.
PHIL.	philosophy.

PHOT.	photography.
PHYS.	physics.
pl.	plural.
POET.	poetry.
POL.	politics.
poss.	possessive.
p.p.	past participle.
prep.	preposition.
Pres.	Present.
pres. p.	present participle.
Pret.	preterit.
PRINT.	printing.
pr. n.	proper noun.
pron.	pronoun.
RADIO.	radio; broadcasting.
ref.	reflexive verb.
reg.	regular.
REL.	religion.
RLY.	railway; railroad.
SUBJ.	Subjunctive.
superl.	superlative.
SURG.	surgery.
SURV.	surveying.
t.	transitive verb.
TELEV.	television.
THEAT.	theatre.
THEOL.	theology.
usu.	usually.
V.	Vide, See.
vul.	vulgar.
WEAV.	weave.
ZOOL.	zoology.

KEY TO THE SPANISH PRONUNCIATION

I. VOWELS

Letter	Approximate sound
a	Like **a** in English f**a**r, f**a**ther, e.g., *casa, mano.*
e	When stressed, like **a** in English p**a**y, e.g., *dedo, cerca.* When not stressed, it becomes shorter.
i	Like **i** in English mach**i**ne or **ee** in English f**ee**t, e.g., *fin, sali.*
o	Like **o** in English **o**bey, e.g., *mona, poner.*
u	Like **u** in English r**u**le and **oo** in English b**oo**t. It is silent in *gue, gui* (unless marked with a diæresis **ü**) and in *que, qui.*
y	When a vowel (standing alone or at the end of a word), like Spanish **i**, e.g., *y, rey.*

II. DIPHTHONGS

Diphthong	Approximate sound
ai, ay	Like **i** in English l**i**ght, e.g., *caigo, hay.*
au	Like **ou** in English s**ou**nd, e.g., *cauto, paular.*
ei, ey	Like **ey** in English th**ey** or **a** in English **a**le, e.g., *reina, rey.*
eu	Like a combination of **a** in English p**a**y and the sound **w** following **o** in English **no,** e.g., *deuda, leudar.*
oi, oy	Like **oy** in English t**oy**, e.g., *oiga, soy.*
ia, ya	Like **ya** in English **ya**rn, e.g., *rabia, raya.*
ua	Like **wa** in English **wa**d, e.g., *cuatro, cual.*
ie, ye	Like **ye** in English **ye**t, e.g., *bien, yeso.*
ue	Like **wa** in English **wa**ry, e.g., *buena, fue.*
io, yo	Like **yo** in English **yo**ke, without the following sound of **w** heard in this word, e.g., *región, yodo.*
uo	Like **ou** in English q**uo**te, e.g., *cuota, oblicuo.*
iu, yu	Like **yu** in English **Yu**le, e.g., *ciudad, triunfo, yunta.*
ui	Like **wee** in English **wee**k, e.g., *ruido.*

III. THRIPHTHONGS

Thriphthong	Approximate sound
iai	Like a combination of **y** in English **y**et and **i** in English l**i**ght, e.g., *estudiáis.*
iei	Like the English word **yea,** e.g., *estudiéis.*
uai, uay	Like **wi** in English **wi**de, e.g., *averiguáis, guay.*
uei, uey	Like **wei** in English **wei**gh, e.g., *amortigüéis, buey.*

IV. CONSONANTS

Letter	Approximate sound
b	Generally like **b** in English **b**oat, **b**ring, o**b**solete, e.g., *baile, cable, obstáculo.* Between two vowels it has a softer sound, e.g., *acaba.*
c	Before *a, o, u* or a consonant, like **c** in English **c**oal, e.g., *casa, saco, cuba, acto.* Before *e* or *i*, like English **th** in **th**in, e.g., *cerdo, cine.* However, in some parts of Spain and Spanish America, the **c** before *e* or *i* is pronounced like Spanish **s**.
ch	Like *ch* in English **ch**eese or su**ch,** e.g., *chato, mucho.*
d	Generally like **d** in English **d**og or **th** in English **th**is, e.g., *dedo, digo.* When ending a syllable it has a sound resembling *t.*
f	As in English.
g	Before *a, o, u,* the groups *ue, ui,* or a consonant, like **g** in English **g**ain, e.g., *gato, gorra, aguja, guerra, guita, digno.* Remember that *u* is silent in *gue, gui,* unless marked with a diæresis. Before *e* or *i*, like a strongly aspirated English **h**, e.g., *general, región.*
h	It is always silent.
j	Like Spanish **g** before *e* or *i*, e.g., *joven, reja.*
k	As in English. It is found only in words of foreing origin, e.g., *kilo.*
l	As in English.
ll	Somewhat like **lli** in English mi**lli**on. However in some parts of Spain and Spanish America it is pronounced like **y** in English **y**et.
m, n	As in English.
ñ	Somewhat like **ni** in English o**ni**on, e.g., *cañón, paño.*
p	As in English.
q	Like **c** in English **c**oal. This letter is used only in the combinations *que, qui,* when the *u* us silent, e.g., *queso, aquí.*
r	At the beginning of a word and when proceded by *l, n* or *s* it is strongly thrilled, e.g., *roca, alrota, Enrique, desratar.* In all other positions it is pronounced with a single tap of the tongue, e.g., *era, padre.*
rr	Strongly thrilled, e.g., *carro, arriba.*
s	Always like **s** in English **s**o, e.g., *cosa, das.*
t	Differs from English **t** in that it is pronounced by placing the tip of the tongue between the teeth.
v	As in English. However in many parts of Spain and Spanish America it is generally pronounced like the Spanish **b**.
x	Alway like **x** (cs) in English e**x**pand, e.g., *examen, extensión.*
y	When a consonant (between vowels or at the beginning of word), like **y** in English **y**et, e.g., *yate, yeso.*
z	Like Spanish **c** when before *e* or *i*, e.g., *zapato, cazo, azud.*

A SYNOPSIS OF SPANISH GRAMMAR

ACCENT

Rules of accentuation

All Spanish words (except adverbs ending in *-mente*) have but one stress. In a number of them the stress is indicated by a written accent (´).

I In words having no written accent, the position of the stress is indicated by the ending of the word according to the following rules:

a) Words which end in a consonant, except **n** or **s**, have the stress on the last syllable: *pared, añil, capaz.*
Final **y** as part a dipthong is taken as a consonant: *carey, Paraguay.*

b) Words which end in a vowel or in **n** or **s** have the stress on the penultimate: *casa, pasan, libros.*

NOTE: Adverbs in **-mente** preserve, in addition to the stress on **-men-**, the original stress (and written accent) of the adjectives from which they are formed.

II The words having the stress indicated by a written accent are:

a) Words which end in a vowel or **n** or **s** and the stress on the last syllabe: *café, talón, anís.*

b) Words which end in a consonant (except **n** or **s**) and have the stress on the penultimate: *árbol, quidam.*

c) All words having the stress on the antepenultimate: *párvulo, máxima.*

NOTE. Verb forms having enclitic pronouns attached to them preserve the written accent, when they have one: *llevóme, apuréla.*

Other uses of the written accent

I The written accent is used to distinguish:

él pronoun	from	**el** article
tú pronoun	»	**tu** possessive adjective
mí pronun	»	**mí** possessive adjective **mí** musical note
sí adverb **sí** pronoun	»	**sí** conjunction
sé of the verb *ser* **sé** of the verb *saber*	from	**se** reflexive pronoun
más adverb	»	**mas** conjunction
dé of the verb *dar*	»	**de** preposition
té noun	»	**te** pronoun
éste	»	**este** (adjetives)
ése	»	**ese** (adjetives)
aquél	»	**aquel** (adjetives)
sólo adverb	»	**solo** adjective

II Moreover, the written accent is placed on:

a) **Quién, cuál, cúyo, cuánto, cuán, cuándo, cómo, dónde** in interrogative and exclamative sentences.

b) **Qué, cúyo, cuándo, cómo, porqué,** used as nouns: *sin* **qué** *ni para* **qué,** ***el* cómo** *y el* **cuándo.**
c) **Quién, cuál, cuándo** having a distributive sense: **quién** *más,* **quién** *menos.*
d) **Aún** when replaceable by **todavía:** *no ha llegado* **aún.**
e) **I** and **u** when, being preceded or followed by another vowel, form a separate stressed syllabe: **llovía, baúl.**
f) The conjunction **o** when placed between two figures (so that it be not taken as a nought): *3 ó 4.*

ARTICLE

The Spanish article is a variable part of speech: it is made to agree with the noun.

DEFINITE ARTICLES ARE:

el (for masculine nouns), **la** (for feminine nouns); **los** (plural of *el*), **las** (plural of *la*): **el** *libro,* **la** *mano,* **los** *libros,* **las** *manos,* the book, the hand, the books, the hands.

In addition to these, a neuter article **lo** is used to give a substantive value to some adjectives: **lo** *bello,* the beautiful, what is beautiful; **lo** *profundo de su pensamiento,* the profoundness of his thought.

INDEFINITE ARTICLES ARE:

un (for masculine nouns), **una** (for feminine nouns); **unos** (plural of *un*), **unas** (plural of *una*); **un** *hombre,* a man; **una** *naranja,* an orange; **unos** *hombres,* some men; **unas** *naranjas,* some oranges.

Special cases

A) The masculine article is used with feminine nouns that begin with a stressed *a*: **el** *alma,* the soul; **un** *ave,* a bird.

B) With reflexive verbs, the definite article is equivalent to an English possessive adjective in sentences like: *me lavo* **las** *manos,* I wash my hands; *ponte* **el** *sombrero,* put on your hat.

C) The Spanish definite article may have the pronominal value of the English *the one* or *ones*: **el** *del sombrero blanco,* the one with the white hat.

THE GENDER

All Spanish nouns are in the masculine, the feminine, the common or the epicene gender.

Only some adjectives having a substantive value given to them are in the neuter gender. V. *ARTICLE.

NOTE: For all practical uses, common and epicene nouns are masculine or feminine and they are treated as such in the entries of this Dictionary.

Some particularities

I Nouns denoting living beings have usually a different ending or a different form for the masculine or the feminine gender: *actor, actriz,* actor, actress; *oso, osa,* bear, she-bear; *buey, vaca,* ox, cow; *caballo, yegua,* horse, mare.

II Some nouns denoting persons have but one ending for the masculine and the feminine. They are in the common gender and the sex is indicated only by the article that they take: *un pianista, una pianista,* a pianist (man), a lady pianist.

III Some masculine nouns and some feminine nouns are used to denote animals of either sex. They are in the epicene gender and the sex is not indicated by the article but by placing the word *macho* or the word *hembra* after the noun: *una sérpiente macho,* a male serpent.

IV The nouns denoting things, material or moral, are never (as English one are) in the neuter gender, but have a masculine or feminine gender attributed to them. There are some rules to it, but the exceptions are so many that it would be of practically no use to give them here. It will be better for the reader in doubt as to the gender of a word to look for it the corresponding entry of the Dictionary.

PLURAL

The plural of Spanish nouns and adjectives is formed by adding **s** or **es** to the form of the singular.

Nouns and adjectives whose plural is formed by adding **s** are:

a) The ones ending in an unstressed vowel: *casa*, **casas**; *blanco*, **blancos**.

b) The ones ending in a stressed **é**: *café*, **cafés**.

Nouns and adjectives whose plural is formed by adding **es** are:

a) The ones ending in a stressed **á, í, ó** or **ú**: *bajá*, **bajaes**; *rubí*, **rubíes**.
EXCEPTION: *papá, mamá, chacó* and *chapó* add **s**; *maravedí* (has three forms for the plural: **maravedís, maravedíes** and **maravedises**.

b) The names of the vowels: *a*, **aes**; *e*, **ees**; *i*, **íes**, etc.

c) The nouns and adjectives ending in a consonant: *árbol*, **árboles**; *anís*, **anises**; *cañón*, **cañones**.

EXCEPTION: Nouns of more than one syllable ending is **s** preceded by an unstressed vowel are invariable: *lunes*, **lunes**; *crisis*, **crisis**.

Observe that nouns and adjectives ending in **z** change **z** to **c** in their written plurals: *vez*, **veces**; *feliz*, **felices**.

Proper names

When a proper name is used in the plural all the preceding rules and exceptions are observed in the formation of this plural.

EXCEPTION: Family names ending in **z** *(Núñez, Pérez,* etc.) are invariable.

Nouns of foreign origin

Usually the plural of the nouns of foreign origin is formed in accordance whith the preceding rules. Nevertheless, the plural of *lord* is **lores** and the plural of *cinc* or *zinc* is **cincs** or **zincs**.
Latin words, such a *ultimátum, déficit, fiat, exequátur,* etc., have no plural form.

Compound nouns and adjectives

a) When the elements of the compound are separated, only the first element takes the mark of the plural: **ojos** *de buey*, **patas** *de gallo*.
b) When the compound is an imperfect one, as *ricahembra, mediacaña,* both the elements take the mark of the plural: **ricashembras, mediascañas**.
c) When the compound is a perfect one, the mark of the plural is placed at the end of the word: **ferrocarriles, patitiesos, primogénitos**.
d) The plural of *cualquiera* and *quienquiera* are **cualesquiera** and **quienesquiera**.

OBJECT, DIRECT AND INDIRECT

(Complemento directo e indirecto)

DIRECT OBJECT

As a rule, the Spanish direct object is constructed without a preposition. Neverthless, as the positions of the subject and the object in the Spanish sentence are often inverted, in orden to avoid possible confusions, the direct object is preceded sometimes by the preposition **a**.

EXAMPLES AND PARTICULARITIES:

Construction with **a**	Construction without **a**
1) *César venció* **a** *Pompeyo.* (Proper noun of a person)	*Plutarco os dará mil Alejandros.* (proper noun used as a common noun)
2) *Ensilló* **a** *Rocinante.* (Proper noun of an animal)	*Ensilló el caballo* (Common noun of an animal)
3) *Conquistó* **a** *Sevilla. Conozco Madrid.* Uncertain use. (Proper nouns of places without the article)	*Visitó La Coruña. Veremos El Escorial.* (Proper noun of places preceded by the article)
4) *Busco* **al** *criado de mi casa.* (Common noun of a specified person)	*Busco criados diligentes.* (Common noun of non-specified person)
5) *Tienen por Dios* **al** *viento.* *Temo* **al** *agua.* (Noun of a personified thing, or of a thing to which and active quality is attributed)	*Partiremos esta leña. Recojo el agua.* (Nouns of things in general)
6) *No conozco* **a** *nadie. Yo busco* **a** *otros,* **a** *alguien,* **a** *ti.* (Indefinite pronoun representing a person or personal pronoun)	*No sabía nada. Di algo.* (Indefinite pronouns representing things)
7) *Aquel a quien ama.*	*No sé quién vendrá.* (*Quién* is the subject of the second verb)

INDIRECT OBJECT

The indirect object is always preceded by the prepositions **a** or **para**: *Escribo una carta* **a** *mi madre. Compro un libro* **para** *mi hijo.*

ADJECTIVE

The Spanish adjective is a variable part of the speech. It takes gender and number inflections and is made to agree with the noun it is entended to qualify: *libro* **pequeño,** *casa* **pequeña**, *libros* **pequeños**, *casas* **pequeñas**.
Some adjectives have but one inflection for both the masculine and feminine gender: *hombre* **fiel**, *mujer* **fiel**; *hombres* **fieles**, *mujeres* **fieles**.

Place of the adjective.

Usually, the adjectives used predicatively are placed after the verb: *la nieve es* **blanca**, the snow is white.
Nevertheless, the order of the sentence can be inverted for emphasis or in some fixed expressions: **¡buena** *es ésta*!, that is a good one!; **bueno** *está lo bueno,* leave well alone.
Adjectives qualifying their noun directly may be placed before or after it.

Special cases.

a) Adjectives expressing some quality regarded as natural or appropriate to a person or thing are placed before the noun: *el* **fiero** *león, la* **blanca** *nieve.*

b) The indefinite, interrogative, and exclamative adjectives; the adjectives **medio, buen, mal, poco, mucho, mero** and the adjectives expressing cardinals, are placed before the noun.

Alguno, when placed after the noun takes a negative sense: *no hay remedio* **alguno**, there is no remedy.

c) Some adjectives have a different sense acording to their being placed before or after the noun: *un* **gran** *hombre*, a great man; *un patio* **grande**, a large yard.

See POSSESSIVE

Comparative degree.

The English comparatives *more... than, less... than,* are rendered by the Spanish **más... que, menos... que**: *Pedro es* **más** (or **menos**) *perspicaz* **que** *Juan*, Peter is more (or less) perspicacious than John.

When **que** in a comparative expression is to be followed by a verb, it is replaced by **de lo que**: *esto es más difícil* **de lo que** *parece*, this is more difficult than it seems.

The English comparatives *as... as, so... as* are rendered by the Spanish **tan... como**: *mi casa es* **tan** *hermosa* **como** *la de usted*, my house is as beatiful as yours.

Superlative degree.

The English superlative *the most* (or *the least*)... *in* or *of* is rendered by the Spanish **el más** (or **el menos**)... **de: el** *barrio* **más** *populoso* **de** *la ciudad*, the most populous quarter in the town.

The absolute superlative is formed by placing **muy** before the adjectives or by adding the ending **-ísimo** to the adjective: **muy excelente, excelentísimo,** most excellent.

Adjectives ending in a vowel lose it when taking the ending **-ísimo:** *grande*, **grandísimo;** *alto*, **altísimo**.

Adjectives ending in **co** or **go,** change **c** to **qu** and **g** to **gu:** *poco*, **poquísimo;** *largo*, **larguísimo**.

Adjectives ending in **io**, lose the **o**: *limpio*, **limpísimo**.

Adjectives containing an accented diphtong **ie** or **ue**, change **ie** to **e** and **ue** to **o**: *valiente*, **valentísimo**; *fuerte*, **fortísimo**.

Adjectives ending in **ble**, change this ending to **bilísimo**: *amable*, **amabilísimo.**

Some adjectives have special forms for the comparative and the superlative degrees: *bueno, buena*, **mejor**; *malo, mala*, **peor**; *grande*, **mayor**; *bueno*, **óptimo**; *buena*, **óptima**.

Comparatives and superlatives ending in **or** do no change to form the feminine.

Other particularities.

Some adjectives change in form when used before their noun. The adjective **grande** may be shortened to **gran**: *un* **gran** *rey*, a great king.

The masculine adjectives **alguno, ninguno, bueno, malo, primero** and **tercero**, drop their final **o** when placed before the noun: **algún** *día*, some day; **ningún** *hombre*, no man.

The masculine **Santo** is shortened to **San** before all names of saints except Tomás, Toribio and Domingo: **San** *Juan*, Saint John; **Santo** *Tomás*, Saint Thomas.

NUMERALS

Some particularities

1) **uno** and **ciento**, when preceding a noun or adjective; and **ciento**, when multiplying a cardinal, take the form **un** and **cien**: **un** *libro*; **cien** *hombres*; **cien mil** *soldados*.
2) The cardinals between 20 and 30 take the forms: **veintiuno, veintidós, veintitrés,** etc.
3) The cardinals between 30 and 40, between 40 and 50, etc. (under 100) take the conjunction **y**: *treinta* **y** *uno, ochenta* **y** *tres*.
4) The preceeding indications apply to formation of any cardinal above 100: **ciento** *veintiuno*, 121; **seiscientos** *cuarenta y dos*, 642; **cien mil** *cuarenta*, 100.040.
   OBSERVE: That while *millón, billón*, etc., take the adjective **un**: *ciento, cien* and *mil* go without this adjective: **un** *millón*, a million; **ciento,** a hundred; **mil,** a thousand.
5) The ordinals between 10th and 20th are: **undécimo, duodécimo, decimotercero** or

decimotercio, decimocuarto, decimoquinto, decimosexto, decimoséptimo, decimoctavo, and **decimonoveno** or **decimonono**.

6) The ordinals between 20th and 30th, between 30th and 40th., etc., are formed by adding the nine first ordinals to **vigésimo, trigésimo**, etc.: **vigésimo primero, trigésimo segundo**, etc.

7) Most ordinals may also be formed by adding the endings **eno, ena** and **avo, ava** to the cardinals.

The ordinals ending in **avo** (*octavo* excepted) are used only to express fractions: *una* **dozava** *parte*, **el dozavo** *de*.

8) The cardinals (**uno** excepted) may be used as ordinals. Nevertheless, from 2 to 10, for the names of kings, chapters of books, etc., preference is given to the ordinals.

For the days of the month (the **first** excepted) only cardinals are used: *el* **primero** *de junio, el* **dos** *de octubre, el* **catorce** *de diciembre.*

9) All the ordinals and the cardinals, **uno, doscientos, trescientos,** etc., to **novecientos** inclusive, are made to agree with their noun: *la* **primera** *puerta, el* **tercer** *hombre*, **una** *casa*, **doscientos** *libros*, **trescientas cuatro** *personas*.

PERSONAL PRONOUNS

Pronouns classed according to stress

Person	Strong pronouns		Weak pronouns	
	singular	plural	singular	plural
1st	***yo, mí, conmigo***	***nosotros, nosotras, nos***	***me***	***nos***
2nd	***tú, ti, usted, contigo***	***vosotros, vosotras, ustedes, vos***	***te***	***os***
3rd	***él, ella,***	***ellos, ellas,***	***le, la, lo***	***les, las, los***
	sí, consigo		***se***	

Use of the strong pronouns

Yo and **tú** are always used as subjects.

Mí, tí and **sí** are always used as complements or objects preceded by a preposition.

Nosotros, nosotras, nos, vosotros, vosotras, vos, usted, ustedes, él, ella, ellos and **ellas** may be used: *a*) as subjects; *b*) as complements and objects preceded by a preposition.

Conmigo, contigo, consigo are equivalent to **mí, tí** and **sí** preceded by the preposition **con.**

Observations

a) The Spanish pronoun subject is only used for emphasis or to prevent ambiguity. When neither of these reasons for its use exists, its presence in the sentence makes the style heavy and is to be avoided.

b) **Usted, ustedes** (contraction of the old *vuestra merced, vuestras mercedes*), is a second person pronoun used out of courtesy. Its verb is to be used in the third person.

c) **Nos** is used by kings, bishops, etc., in their writings or proclammations in the same way as the English **we** and **us**.

Nosotros is used by writers in the same way as the English editorial **we** and **us**.

d) **Vos** is only used to address God, a saint, a king, etc. Nevertheless, in some American countries it often replaces **tú**.

Use of the weak pronouns

Lo, la, los, las, are always direct objects (accusatives): *¿Has buscado el libro? —***Lo** *he buscado.*

Me, te, nos, os, le and **se** (reflexive) may be either direct objects (accusatives) or indirect objects (datives): **Me** *quiere* (accusative). **Me** *compra un anillo* (dative).
Les is always a dative: **les** *traigo la cena.*

Se may be, also:

a) The mark of the passive voice. V. *PASSIVE VOICE.
b) An impersonal subject equivalent to the English *one, you, they, people*: **se** *habló de todo,* they talked about everything.

OBSERVATIONS:

a) The pronoun **le** is used sometimes instead of **lo** as a masculine singular accusative or direct object. This use is only correct when the noun represented by the pronoun denotes a person, not a thing.
b) The use of **la** as a feminine dative (indirect object) of persons, notwithstanding its being frequent in dialectal languages, is not to be recommended.
c) When **le** and **les** (datives) must precede another pronoun of the third person, they are replaced by **se**. You don't say: **le** *lo mandaron*; **les** *las quitaron.* You say: **se** *lo mandaron*; **se** *las quitaron.*

The weak pronouns when placed after the verb are incorporated to it: **diciéndolo, molestarte.**
Sometimes in this union a metaplasm occurs: **unámonos**, not *unamosnos*; **sentaos**, not *sentados.*

Placing order

When several weak pronouns acompany the verb, either preceding or following it, the second person pronoun is placed before the first person pronoun and this one before the third person pronoun. The pronoun **se** is always placed before the others. **Te me** *quieren arrebatar.* **Nos lo** *ofrecen.* **Se te** *conoce en la cara.*

POSSESSIVE

I The Spanish possessive adjective and pronoun are made to agree with the noun denoting the possessed thing: **mi** *sombrero* (my hat); **mis** *libros* (my books); **tus** *caballos,* **vuestros** *caballos* (your horses); *este libro es* **mío** (mine); *esta casa es* **tuya** (yours); *estos caballos son* **vuestros** (yours).

II The Spanish possessive of the third person, specially when in the form **su** is very ambigous; it can be equivalent to *his, her, its* and *their.* It is also equivalent to *your* when used in correlation with *usted* or *ustedes.* To prevent misundersantindgs, there was formerly added to **su** the possessor's name [or a pronoun representing it] preceded by **de**: *su casa* **de Luis**; *su libro* **de ellos**; *su madre* **de usted**. Now this use is usually restricted to **su** *de usted* or *de ustedes*: **su** *libro* **de usted, su** *madre* **de ustedes**. In the other cases the ambiguity is avoided by giving another turn to the sentence.

III **Nuestro** and **vuestro** denote only one possessor when the corresponding personal pronoun (*nosotros, nos* or *vos*) denotes one person.

IV In some sentences, the definite article replaces the possessive adjective: *he dejado* **los** *guantes* (my gloves) *sobre la mesa; se pone* **los** *guantes* (his or her gloves); *te has olvidado* **el** *paraguas* (your umbrella).

CONJUGATION

The Spanish language possesses three groups of regular verbs: verbs of the first conjugation (ending in **-ar**), verbs of the second conjugation (ending in **-er**), verbs of the third conjugation (ending in **-ir**).

Models of the three conjugations
(simple tenses)

AMAR	TEMER	RECIBIR
to love	to fear	to receive

INDICATIVE

Present

am-*o, -as, -a; -amos, -áis, -an*
tem-*o, -es, -e; -emos, -éis, -en*
recib-*o, -es, -e; -imos, -ís, -en*

Imperfect

am-*aba, -abas, -aba; -ábamos, -ábais, -aban*
tem, recib } *-ía, -ías, -ía; -íamos, -iais, -ían*

Preterit

am-*é, -aste, -ó; -amos, -asteis, -ron*
tem, recib } *-í, -iste, -ió; -imos, -isteis, -ieron*

Future

amar, temer, recibir } *-é, -ás, -á; -emos, -éis, -án*

CONDITIONAL

amar, temer, recibir } *-ía, -ías, -ía; -íamos, -iais, -ían*

SUBJUNCTIVE

Present

am-*e, -es, -e; -emos, -éis, -en*
tem, recib } *-a, -as, -a; -amos, -áis, -an*

Imperfect (r-form)

am-*ara, -aras, -ara; -áramos, -arais, -aran*
tem, recib } *-iera, -ieras, -iera; -iéramos, -iérais, -ieran*

Imperfect (s-form)

am-*ase, -ases, -ase; -ásemos, -aseis, -asen*
tem, recib } *-iese, -ieses, -iese; iésemos, -ieseis, -iesen*

Future

am-*are*, -ares, -are; -áremos, -areis, -aren
tem, recib } *-iere, -ieres, -iere; -iéremos, -iereis, -ieren*

PAST PARTICIPLE

am-*ado*
tem, recib } *-ido*

GERUND

am-*ando*
tem, recib } *-iendo*

The forms of the compound tenses are constitued by a form of the auxiliary **(haber)** and the past participle of the conjugated verb: *he comido*. I have dined; *habrá llegado*, he'll have arrived.

Irregular verbs

The conjugations of the irregular verbs are indicated in the entries corresponding to their infinitives.

Ortographic-changing verbs

Some verbs undergo changes in their spelling so that their regularity to the ear may be preserved: *tocar*, **toqué**; *llegar*, **llegué**; *vencer*, **venzo**; *lanzar*, **lancé**, etc.

These are not properly irregular verbs and they are not treated as such in this Dictionary.

PASSIVE VOICE

Spanish language expresses the passive voice in two different forms:

a) By means of the verb **ser** and a past participle: *la serpiente* **fue** *muerta por Pedro*, the snake was killed by Peter.

b) By means of the pronoun **se** preceding the verb: *el cañón* **se** *carga por la culata*, the gun is loaded at the breech.

This last form of passive voice is often difficult to distinguish from the active voice in sentences where **se** is an impersonal subject. V. PERSONAL PRONOUNS.

NEGATION

I Negation is expressed in Spanish by means of the adverb **no** equivalent to the English *no* and *not*.
No is always placed before the verb: *la casa* **no** *es mía, el niño* **no** *come*.
Between **no** and the verb, other words, even whole sentences, may be intercalated: *no* **se lo** *daré*, *no* **todos los presentes** *estaban conformes*.
All the same, when a misunderstanding is possible, **no** must accompany the words it modifies.

II Words having a negative sense:

Jamás, nunca, nada, nadie, ninguno and the phrases **en mi vida, en todo el día,** etc., take the place of **no** when they are placed before the verb: **jamás** *volveré*, **nunca** *lo sabrás*, **nada** *me falta*, **a nadie** *veo*, **ninguno** *sobra*.
Yet, when they are placed after the verb, the use of **no** becomes indispensable: **no** *volveré jamás*, **no** *lo sabrás nunca*.
When the sentence contains several words having a negative sense, only one of them can be placed before the verb: **nadie** *me ayudó nunca en nada*, **nunca** *me ayudó nadie en nada*.
If the verb is preceded by **no,** all other words having a negative sense are placed after the verb: *no me ayudó* **nunca nadie** *en* **nada**.

III **No** is used without a negative value:

a) In sentences subordinate to a verb expressing fear or possibility, in which **no** takes the place of a **que**: *temía* **no** *viniese* (that the should come).

b) In sentences as: *nadie dudará que la falta de precisión...* **no** *dimane de...* (comes from... or is due to...), where **no** is a mere expletive.

INTERROGATION

Construction of the interrogative sentence

SENTENCES HAVING NO INTERROGATIVE WORD.

1) The subject is placed after the verb. If the tense is a compound one, the subject is placed after the participle. Bear in mind that in the Spanish language the subject is expressed only for emphasis or when its pressence is necessary to the right understanding of the sentence.

¿Ha llegado tu padre?
¿Viene alguien?
¿Trae cada uno su libro?
Llaman. —¿Será él?
¿Vienes?
¿Viene usted?
¿Viene él?

SENTENCES HAVING AN INTERROGATIVE WORD.

2) When the interrogative word is the subject, there is no inversion.

¿Quién llama?
¿Qué dolor es comparable al mío?

3) When the interrogative word is an attribute, an object or a complement, the subject is inverted as in 1).

¿Cuál es tu libro?
¿Qué quiere tu hermano?
¿Con quién habla usted?

Complement, object or subject placed at the beginning of the sentence

4) To emphasize a complement or object, it is placed at the beginning of the sentence. When it is an object, direct or indirect, it can be repeated by means of a pronoun.
Ex.: *A este hombre, ¿lo conocían ustedes? — A tu padre, ¿le has escrito? — De este asunto, ¿han hablado ustedes?*

5) The subject can also be placed at the beginning of the interrogative sentence, but then the question is denoted only by question marks and intonation: *¿los estudiantes estaban contentos?* or *los estudiantes, ¿estaban contentos?*

The Spanish language has two question marks: one (¿) which is placed at the beginning of the question and another (?) which is placed at the end.

INFINITIVE

The Spanish Infinitive has practically the same uses as the English Infinitive.

Exception: In some subordinate sentences expressing what is ordered, expected, desired, etc., the Spanish uses the Subjuntive or the Indicative in the place of the English Infinitive: *me pidió* **que pagase** *la cuenta*, he asked me *to pay* the bill; *esperan* **que se irá** *pronto*, they expect him *to go soon*.

The Spanish Noun Infinitive is equivalent to the English Noun Infinitive and often, also, to the English Gerund used as a Noun: **errar** *es humano*, to err is human; *he dejado de* **fumar**, I have given up smoking.

PARTICIPLE

Past participle

I The Spanish past participle when used in the formation of compound tenses is always invariable: **he recibido** *una carta, los libros que* **he recibido**.
The past participle when used as an adjective or an attribute is made to agree with its noun: *un problema* **resuelto,** *la obra está* **terminada**.
Likewise it is made to agree when it is used with the verbs **tener, llevar, dejar**, etc., in expressions as: *tengo* **resueltos** *los problemas*, I have solved the problems: *llevo* **escritas** *cuatro cartas*, I have written four letters; *la dejó* **hecha** *una furia*, when he left her, she was in a rage.

II Spanish language has a quantity of irregular past participles coexisting with the regular form. As a rule, these irregular participles are used only as adjectives, and sometimes as nouns: *una medalla* **bendita**; *los tiene* **sujetos**.

Present participle

The Spanish verbs having a present participle (in the Latin sense) are very few in number. This participle has become a mere adjective. Only **concerniente, condescendiente, conducente, correspondiente** and some others, that can have the same complements and object as the verb, keep something of their participal nature.

GERUND

Formation of the Spanish gerund

The first conjugation forms the gerund by adding **-ando** to the stem. The second and third conjugation form the gerund by adding **-iendo** to the stem.

Some particularities

I The Spanish gerund never has the function of a noun. It expresses an action simultaneous with, or immediately preceding the one expressed by the verb of the principal sentence: *lee* **paseándose** (while walking up and down); **viendo** *a su padre* (on seeing his father) *corrió hacia él*; **habiendo estudiado** *la proposición* (after studying the proposition) *me resuelvo a aceptarla*.

The use of the Spanish gerund to express an action subsequent to the one expressed by the verb of the principal sentence is absolutely incorrect.

II When the gerund is related to the subject of the verb in the principal sentence, it may only be used in an **explanatory** sense: *el lobo*, **huyendo de los perros** (fleeing before the dogs), *se metió en el bosque*.

This gerund is never to be used as **a determinative**.

It is correct to say: *los pasajeros*, **llevando pasaporte** (as they had their passports), *pudieron desembarcar*.

It is incorrect to say: *los pasajeros* **llevando pasaporte** (only the passengers having a passport) *pudieron desembarcar*.

In this case it is necessary to say: **que llevaban** *pasaporte*.

III When the gerund is related to the object of the verb in the principal sentence this object has at the same time the function of subject to the gerund. This use is only correct when the gerund expresses an actiоn perceptible in its course, never a state, a quality or an action not perceptible in its course.

It is correct to say: *vi a un hombre* **plantando** *coles* (who was planting cabbages).

It is not correct to say: *envió una caja* **conteniendo** *libros* (containing some books).

In this case it is necessary to say: **que contenía** *libros*.

IV The Spanish gerund may be used in a participal sense especially in expressions independent of any principal sentence, as in titles and inscriptions to engravings, paintings, photographs, etc.: *César* **pasando** (passing or passes) *el Rubicón*; *las ranas* **pidiendo** (asking for) *rey*.

V The Spanish gerund is often used as an adverb: *ella se fue* **llorando** (in tears); *el tiempo pasa* **volando** (swiftly).

It may express also the way in which something is done or attained: *hizo una cuerda* **uniendo** *varias sábanas* (by tying several sheets together).

ADVERB

Adverbs ending in -mente

Some Spanish adverbs are formed from an adjective to which the ending **-mente** is attached. When the adjective is one taking gender inflections, the adverb is formed from the feminine form of the adjective.

Place of the adverb

As a rule, when the word to be qualified is an adjective or an adverb, the qualifying adverb is placed immediately before it: *un libro* **bien** escrito, a well written book.

When the word to be qualified is a verb, the qualifying adverb may be placed before or after the verb: **mañana** *llegará mi padre* or *mi padre llegará* **mañana,** my father will arrive tomorrow.

The negative adverb is always placed before the verb: **no** *conozco a este hombre*, I don't know this man.

Usually, the adverb is never placed between the auxiliary verb and the principal verb: *ha vencido* **fácilmente** *a su adversario*, he has easily defeated his opponent.

Note: When a word is qualified by two adverbs or more, ending in **-mente,** the first placed one or ones preserve the form of the adjective and only the last one takes the ending **-mente**: *habló* **clara, concisa** *y* **elegantemente**, he spoke clearly, concisely and elegantly.

Comparative and superlative degrees

The comparative and superlative of adverbs are formed in the same manner as the comparative and superlative of adjectives. See ADJECTIVE.

SYNTAX

The construction of the Spanish sentence is very free. As a general rule, its elements, the weak personal pronouns excepted. (V. PERSONAL PRONOUNS) may be placed in any order. Nevertheless, it is to be observed that the placing of the verb at the end of the sentence, though it is grammatically correct, shows affectation and it is rarely used in writing and not used at all in conversation.

Special cases

There are some cases in which the subject must be placed after the verb. The more important ones are:

1) In some interrogative sentences (V. INTERROGATION).
2) In exclamatory sentences beginning with **qué, cuál, cuán, cuánto:** *¡Qué alegría tendrá* **Juan**! *¡Cuál sería* **su sorpresa**!
3) After **cualquiera que, quienquiera que**, used with the verb **ser**, and after **por... que, por muy... que** when the intervening word is an attribute: *Cualquiera que fuese* **su estado.** *Por muy hábil que sea* **tu hermano**.
4) In parenthetic sentences having the verbs **decir, preguntar, responder, exclamar**, etc.: *Nadie — dijo* **Juan** — *lo creería.*
5) In sentences expressing a wish or desire, a condition, a supposition: *¡Viva* **la Reina**! *Si se presenta* **la ocasión**. *Si lo quiere* **usted** *así.*
6) In sentences beginning with the adverbs or phrases **cuando, apenas, en cuanto**, etc. *Cuando llegue* **tu padre.** *Apenas lo oyó* **Juan**. *En cuanto estemos* **todos** *reunidos.*
7) In imperative sentences having **usted** as a subject or having a subject which is to be emphasized: *Oiga* **usted**. *Ven* **tú** *si no viene él.*

COMMON SPANISH SUFIXES

-able, -ible are equivalent to the English sufixes **-able, -ible**.

-ada
I is often equivalen to **-ful, load**: *cucharada*, spoonful; *carretada*, cartload.
II indicâtes
a) a blow with, a stroke of: *cornada*, blow with a horn; *embolada*, stroke of piston;
b) an action peculiar to: *bufonada*, buffoonery;
c) a group or collection of: *boyada*, drove of oxen.

-ado, -ada are often equivalent to **ed** in words as *barbado*, bearded.

-ado, -ato indicate office, state, term, place, in nouns as: *obispado*, bishopric; *decanato*, doyenship; *reinado*, reing; *noviciado*, noviciate.

-ado, -ido are the endings of the past participle. They take feminine and plural in participles used as adjectives.

-acho, -acha, -azo, -aza, -ón, -ona, -ote, -ota are augmentative endings.

-aco, -aca, -acho, -acha, -ejo, -eja, -ucho, -ucha, are depreciative endings.

-azo indicates a blow, a shot, an explosion: *bastonazo*, blow with a cane; *pistoletazo*, pistol shot.

-dad, -idad, -ez, -eza are usually equivalent to **-ity, -hood, -ness**: *castidad*, chastity; *cortedad*, shortness; *niñez*, childhood; *delicadeza*, delicateness.

-al, -ar, -edo, -eda denote field, orchard, grove, plantation of: *arrozal*, rice field; *manzanar*, apple orchard; *pinar*, pine grove; *avellanedo, avellaneda*, hazel plantation.

-dura forms verbal derivates, often meaning action or its effect: *barredura*, sweeping; *barreduras*, sweepings.

-eria
I is equivalent to **-ness** in words as *tontería*, foolishness, foolish act.
II usually denotes *a*) profession, trade, occupation; place where something is made, sold, etc.: *herrería*, smith trade; smith shop; ironworks; *carpintería*, carpentry; *ingeniería*, engineering; *b*) collection, ware: *caballería*, cavalry; *cristalería*, glassware, glass service.

-ero, -era
I often denote *a*) one having some trade, habit or occupation: *zapatero*, shoemaker; *embustero*, liar; *tendero*, shopkeeper; *cajero*, cashier; *b*) a tree or plant: *melocotonero*, peachtree; *c*) a place: *achicharradero*, inferno, hot place.
II form adjectives with various implications: *cobradero*, collectible; *dominguero*, Sunday; *guerrero*, warlike.

-ía *a*) is equivalent to **-y** in words as *geometría,* geometry; *teología,* theology.
b) denotes office, employment, status, etc., in words as *capitanía*, captaincy; *canonjía*, canonry; *ciudadanía*, citizenship.

-ico, -ica, -illo, -illa, -ito, -ita, -uelo, -uela (with thir variants **-cico, -ecico, -cillo, -ecillo, -zuelo, -ezuelo,** etc.) and **-ete, -eta, -uco, -uca, -ucho, -ucha** are diminutive endings.

-ísimo is the ending of the absolute superlative: *fortísimo*, very strong.

-izo, -ucho, -izco, -uzco mean «tending to», «somewhat»: *rojizo*, reddish; *malucho*, poor in health: *blanquizco*, whitish; *negruzco*, blackish.

-mente is the adverbial ending equivalent to the English suffixe **-ly**: *sabiamente*, wisely. ¶ See ADVERB (a Synopsis of Spanish Grammar).

-miento, -ción have the meaning of **-ment, -tion, -ing,** in words denoting action or effect; *presentimiento*, presentiment; *coronamiento, coronación*, coronation, crowning.

-or, -ora, -dor, -dora mean *that does or serves to do,* and are equivalent to **-ing** (in adjectives) and **-er, -or** (in nouns); *casa editora*, publishing house; *lector, lectora,* reader; *testador, testadora,* testator.

-ura forms abstract nouns derived from adjectives: *altura*, height; *blancura,* whiteness.

A

a *prep*. to [governing the indirect object]. *2* at, by, in, on, to, after, like, etc. *3* Generally it is not translated when used with the direct object of **a** verb: ***César venció ~ Pompeyo,*** Cesar defeated Pompey. *4* It coalesces with *el* forming *al*: ***al contrario***, on the contrary.
abacería *f*. grocery.
abad *m*. abbot.
abadejo *m*. codfish.
abadesa *f*. abbess.
abadía *f*. abbey. *2* abbacy.
abajo *adv*. down. *2* below, under. *3* downstairs. *4 interj*. down with!
abalanzarse *ref*. to pounce, throw oneself, rush impetuously.
abalorio *m*. glass bead(s.
abanderado *m*. standard-bearer.
abandonado, da *a*. abandoned, forsaken, *2* forlorn. *3* negligent, slovenly.
abandonar *t*. to abandon, leave, forsake. *2* to give up. *3 i*. CHESS. to resing. *4 ref*. to neglect oneself, one's duties.
abanicar *t*. to fan. *2 ref*. to fan oneself.
abanico *m*. fan. *2* NAUT. derrick.
abaratar *t*. *-ref*. to cheapen.
abarca *f*. brogue, sandal.
abarcar *t*. to clasp, grasp, embrace, comprise, include. *2* (Am.) to monopolize.
abarquillar *t.-ref*. to warp, curl up.
abarrotar *t*. to cram, pack, stow; to overstock.
abastecer *t*. to provision, purvey, supply. ¶ CONJUG. like ***agradecer***.
abastecimiento *m*. supply, provision, purveyance.
abasto *m*. purveyance, supply. *2* abundance. *3 dar* ***~ a,*** to be sufficient for.
abatanar *t*. WEAV. to full [cloth].
abate *m*. abbé.
abatimiento *m*. dejection, low spirits. *2* abjectedness. *3* humiliation. *4* lowness.
abatir *t*. to bring down. throw down, overthrow. *2* NAUT. to lower a sail. *3* to depress, dishearten. *4* to humble. *5 i*. NAUT., AER. to drift. *6 ref*. to humble oneself. *7* to be disheartened.
abdicación *f*. abdication.
abdicar *t*. to abdicate, renounce.
abdomen *m*. abdomen, belly.
abecé *m*. A, B, C. *2* primer.
abecedario *m*. alphabet. *2* primer.
abedul *m*. BOT. birch tree.
abeja *f*. ENT. bee, honeybee: ~ ***reina***, queen-bee.
abejar *m*. apiary, bee-hive.
abejorro *m*. ENT. bumble-bee.
aberración *f*. aberration.
abertura *f*. opening, aperture, hole, slit. gap. *2* cove, inlet, small bay. *3* frankness.
abeto *m*. BOT. fir, silver fir; spruce.
abiertamente *adv*. openly, declaredly, frankly.
abierto, ta *p. p*. of ABRIR; opened. *2* open. *3* sincere, frank.
abigarrado, da *a*. variegated; motley.
abisinio, -nia *a.-n*. Abyssinian.
ab intestato *adv*. intestate.
abismar *t*. to plunge into an abyss. *2* to depress. *3 ref*. to plunge, be plunged [into]; to be immersed [in thought, etc.].
abismo *m*. abysm, abyss, gulf.
abjuración *f*. abjuration; recantation.
abjurar *t*. to abjure, forswear.
ablandar *t*. to soften. *2* to mollify. *3* to appease [temper, anger]; to melt. *4 ref*. to soften, become soft.
ablativo *m*. GRAM. ablative.
ablución *f*. ablution.
abnegación *f*. abnegation, self-denial.
abnegado, da *a*. self-denying, devoted.
abocar *t*. to catch with the mouth. *2* to decant. *3* to bring near. *4* NAUT. to enter the mouth of.
abocetar *t*. to sketch.
abochornado, da *a*. ashamed.

abochornar *t.* to shame, put to the blush. *2 ref.* to blush, be ashamed. *3* AGR. to wilt from excessive heat.
abofetear *t.* to buffet, cuff, slap.
abogacía *f.* law, legal profession.
abogado *m.* advocate, lawyer, barrister. *2* advocate, intercessor.
abogar *i.* to plead [in favour of]; to intercede for.
abolengo *m.* ancestry, descent. *2* inheritance.
abolición *f.* abolition, abrogation.
abolir *t.* to abolish, abrogate. ¶ Only used in the forms having *i* in their terminations.
abolladura *f.* dent, bruise, bump.
abollar *t.* to dent, bruise, bump.
abombar *t.* to curve, make convex. *2* coll. to deafen, stun.
abominable *a.* abominable. *2* very bad. *3* **-mente** *adv.* abominably.
abominar *t.* to abominate. *2* to detest, abhor.
abonable *a.* payable. *2* COM. creditable.
abonado, da *m. f.* subscriber; commuter, season-ticket holder. *2 a.* apt, capable.
abonar *t.* to approve. *2* to guarantee, answer for. *3* to improve. *4* to fertilize, manure. *5* COM. to credit; to discount; to pay. *6 t.-ref.* to subscribe [for], buy a season-ticket.
abono *m.* approbation. *2* guarantee. *3* payment. *4* COM. credit. *5* fertilizer. *6* subscription; season-ticket.
abordaje *m.* NAUT. collision. *2* the act of boarding a ship.
abordar *t.* NAUT. to board, come up against [a ship]. *2* to run foul of [a ship]. *3* to approach [a person, a matter, etc.].
aborígenes *m. pl.* aborigines.
aborrecer *t.* to abhor, hate. ¶ CONJUG. like ***agradecer***.
aborrecimiento *m.* abhorrence, hate, dislike.
abortar *i.* to abort, miscarry.
aborto *m.* abortion, miscarriage. *2* monster.
aborujar *t.* to make lumpy. *2 ref.* to become lumpy.
abotagado, da *a.* bloated, swollen.
abotonar *t.* to button, button up. *2 i.* to bud.
abovedar *t.* ARCH. to vault, cove.
abozalar *t.* to muzzle.
abrasador, ra *a.* burning, scorching, very hot.
abrasar *t.* to burn, sear, scorch, parch. *2 ref.* to swelter, feel very hot. *3* ***abrasarse de***, o ***en***, to burn with [thirst, love, etc.].
abrazadera *f.* clasp, clamp, brace.
abrazar *t.* to embrace, hug, clasp. *2* to include, comprise. *3* to adopt, follow [an opinion, etc.]. *4 ref.* to embrace, hug each other; to cling [to].
abrazo *m.* hug, embrace, clasp.
abrelatas *m.* can or tin opener.
abrevadero *m.* drinking trough. *2* watering place for cattle.
abrevar *t.* to water [cattle]. *2 ref.* to drink.
abreviación *f.* abbreviation. *2* abridgement. *3* shortening.
abreviar *t.* to abridge, abbreviate, shorten. *2* to hasten, speed up.
abreviatura *f.* abbreviation.
abrigar *t.* to cover, wrap, keep warm. *2* to shelter, protect. *3* to entertain, harbour [fears, hopes, etc.]. *4 ref.* to wrap oneself up. *5* to take shelter.
abrigo *m.* protection against the cold, keeping warm: ***ropa de ~***, warm clothing. *2* shelter. *3* protection. *4* overcoat, wrap. *5* NAUT. haven.
abril *m.* April.
abrir *t.* to open. *2* to unfasten, uncover, unlock, unseal. *3* to cut or tear open; to split. *4* to bore [a hole], dig [a trench]. *5* to head, lead [a procession, etc.]. *6* to whet [the appetite]. *7* ~ ***paso***, to make way. *8 t.-ref.* to spread out, unfold. *9 ref.* to open [be opened]. *10* to split, burst open. *11* [of flowers] to blossom. *12* to open up [to], confide [in]. ¶ Past. p.: ***abierto***.
abrochador *m.* button-hook.
abrochar *t.-ref.* to button, clasp, buckle; to fasten with hooks and eyes.
abrogar *t.* to abrogate, repeal.
abrojo *m.* BOT., MIL. caltrop. *2 pl.* difficulties.
abrumador, ra *a.* overwhelming, crushing. *2* oppressive, fatiguing.
abrumar *t.* to overwhelm, crush. *2* to oppress, weary, fatigue.
abrupto, ta *a.* abrupt, steep, craggy.
absceso *m.* abscess.
absentismo *m.* absenteeism.
ábside *m.-f.* ARCH. apse.
absolución *f.* absolution: *2* LAW acquittal.
absolutamente *adv.* absolutely.
absoluto, ta *a.* absolute. *2* ***en ~***, absolutely, by no means, at all.
absolver *t.* to absolve. *2* to acquit. ¶ CONJUG. like ***mover***.
absorbente *a.-m.* absorbent. *2 a.* absorbing, engrossing.

absorber *t.* to absorb. *2* to engross.
absorción *f.* absorption.
absorto, ta *a.* amazed, ecstatic. *2* absorbed in thought.
abstemio, mia *a.* abstemious.
abstención *f.* abstention, refraining.
abstenerse *ref.* to abstain, refrain, forbear.
abstinencia *f.* abstinence.
abstracción *f.* abstraction.
abstracto, ta *a.* abstract: ***en*** ~, in the abstract.
abstraer *t.* to abstract. *2 ref.* to be abstracted, lost in thought. *3* ***abstraerse de***, to become oblivious of.
absuelto, ta V. ABSOLVER.
absurdamente *adv.* absurdly.
absurdo, da *a.* absurd, nonsensical. *2 m.* absurdity, nonsense.
abuchear *t.* to boo, hoot.
abucheo *m.* booing, hooting.
abuela *f.* grandmother. *2* old woman.
abuelo *m.* grandfather. *2* ancestor. *3* old man. *4 pl.* grandparents.
abúlico, ca *a.* abulic.
abultado, da *a.* bulky, large, big.
abultamiento *m.* swelling, protuberance. *2* enlarging, exaggeration.
abultar *t.* to enlarge, increase. *2* to exaggerate. *3 i.* to bulge, be bulky.
abundancia *f.* abundance, plenty.
abundante *a.* abundant, copious. *2* **-mente** *adv.* abundantly.
abundar *i.* to abound [be plentiful]. *2* to teem, be rich [in].
aburrido, da *a.* bored, weary. *2* boring, tedious, irksome.
aburrimiento *m.* boredom, weariness, ennui.
aburrir *t.* to annoy, bore, tire, weary. *2 ref.* to get bored.
abusar *i.* to go too far, abuse. *2* ~ ***de***, to abuse [misuse, make bad use of]; to take undue advantage of; to impose upon.
abusivo, va *a.* abusive [implying misuse], dishonest.
abuso *m.* abuse [misuse, bad use]. *2* ~ ***de confianza***, breach of faith or trust.
abyecto, ta *a.* abject, base.
acá *adv.* here, over here, hither, this way, this side: ~ ***y acullá***, here and there.
acabadamente *adv.* completely, perfectly.
acabado, da *a.* finished. *2* perfect, consummate; arrant. *3* spent, worn out. *4* ~ ***de hacer***, freshly done. *5 m.* finish, last touch.
acabar *t.-i.* to finish, end: ~ ***con***, to obtain; to destroy, put an end to; ~ ***en***, to end in; ~ ***por***, to end by. *2 t.* to consume, exhaust. *3* to finish, kill. *4 i.* to die. *5 ref.* to end, be over, run out. *6* ***acaba de llegar***, he has just arrived. *7* ***¡acabáramos!***, at last!
academia *f.* academy. *2* special school.
académico, ca *a.* academic(al. *2 m.* academic. *3* academician.
acaecer *impers.* to happen, come to pass. ¶ CONJUG. like ***agradecer***.
acaloradamente *adv.* warmly, excitedly.
acaloramiento *m.* heat, ardour, excitement.
acalorar *t.* to warm, heat [with work or exercise]. *2* to excite, inflame. *3 ref.* to get overheated or excited.
acallar *t.* to silence, hush, still, quiet.
acampanado, da *a.* bell-shaped, flaring.
acampar *i.-t.* to camp, encamp.
acanalado, da *a.* blowing through narrow place [wind]. *2* channeled, grooved, fluted.
acanalar *t.* to groove. *2* to corrugate.
acantilado, da *a.* sheer, cliffy. *2 m.* cliff, bluff.
acantonar *t.* to billet, quarter [troops].
acaparamiento *m.* monopolizing, cornering.
acaparar *t.* to monopolize. *2* COM. to corner, buy up.
acaracolado, da *a.* spiral-shaped winding.
acaramelado, da *a* spoony, oversweet.
acariciar *t.* to caress, fondle. *2* to cherish [hopes, etc.].
acarrear *t.* to carry, cart, transport. *2* to cause, occasion. *3 ref.* to bring upon oneself.
acarreo *m.* carriage, transport.
acartonado, da *a.* cardboard-like. *2* wizened.
acaso *m.* chance, hazard. *2 adv.* by chance; perhaps: ***por si*** ~, just in case.
acatamiento *m.* obedience and respect.
acatar *t.* to obey and respect.
acatarrarse *ref.* to catch a cold.
acaudalado, da *a.* rich, wealthy.
acaudalar *t.* to accumulate, acquire [money, knowledge, etc.].
acaudillar *t.* to lead, command [troops, men].
acceder *i.* to accede, agree, consent.
accesible *a.* accessible, attainable.
acceso *m.* access [approach; entry]. *2* access, attack, fit, outburst.
accesoria *f.* outbuilding.
accesorio, a *a.* accessory, secondary. *2 m.* accessory, fixture.
accidentado, da *a.* stormy, agitated. *2* broken, uneven, rough.

accidental *a.* accidental. *2* **-mente** *adv.* accidentally.
accidente *m.* accident. *2* MED. sudden fit.
acción *f.* action, act: ~ ***de gracias***, thanksgiving; ***en*** ~, in action, at work. *2* attitude. *3* COM. share, stock. *4* THEAT. plot. *5* MIL. action. *6* lawsuit.
accionar *t.* to gesticulate. *2* MECH. to move, drive, work.
accionista *m.-f.* shareholder, stockholder.
acebo *m.* BOT. holly-tree.
acebuche *m.* BOT. wild olive-tree.
acecinar *t.* to salt and dry [meat].
acechar *t.* to lurk, watch stealthily. *2* to lie in wait, look out for.
acecho *m.* lurking, spying: ***al*** ~, in wait, on the watch.
aceitar *t.* to oil, lubricate.
aceite *m.* olive oil. *2* oil: ~ ***de linaza***, linseed oil.
aceitera *f.* oil can. *2* MEC. oil cup. *3 pl.* cruets.
aceitoso, sa *a.* oily; greasy.
aceituna *f.* olive [fruit].
aceitunado, da *a.* olive-green.
acelerar *t.* to accelerate, hasten, quicken, hurry.
acémila *f.* beast of burden.
acendrado, da *a.* pure, stainless.
acendrar *t.* to purify. *2* to fine, refine [metal].
acento *m.* accent. *2* stress.
acentuar *t.* to accent, stress. *2* to emphasize.
acepción *f.* acceptation, meaning.
acepillar *t.* to brush [clothes, etc.]. *2* to plane, smooth [wood, metals].
aceptación *f.* acceptance. *2* approbation.
aceptar *t.* to accept, receive. *2* to approve of.
acequia *f.* irrigation ditch or canal.
acera *f.* pavement, *sidewalk.
acerado, da *a.* steel, steely. *2* sharp, incisive, mordant.
acerbo, ba *a.* harsh to the taste. *2* harsh, bitter, cruel.
acerca de *adv.* about, concerning, with regard to.
acercamiento *m.* approach, approximation. *2* rapprochement.
acercar *t.* to bring or place near or nearer. *2 ref.* to approach, come near or nearer.
acería *f.* steel works.
acero *m.* steel. *2* sword; weapon.
acérrimo, ma *a.* very acrid. *2* strong, staunch, out and out.
acertadamente *adv.* rightly, fitly.
acertado, da *a.* right, fit, proper, opportune, apposite; successful.
acertar *t.* to hit [the mark]. *2* to hit upon, find. *3* to guess right; to divine. *4* to do well, right; to succeed [in]. *5 i.* to happen, chance: ***yo acertaba a estar allí***, I chanced to be there. ¶ CONJUG. INDIC. Pres.: ***acierto, aciertas acierta; aciertan.*** | SUBJ. Pres.: ***acierte, aciertes, acierte; acierten.*** | IMPER: ***acierta, acierte; acierten.***
acertijo *m.* riddle; conundrum.
acervo *m.* heap. *2* common property.
aciago, ga *a.* ill-fated, unlucky, sad, ominous.
acíbar *m.* BOT. aloe. *2* aloes. *3* bitterness.
acibarar *t.* to embitter.
acicalar *t.* to burnish. *2* to dress, embellish, trim. *3 ref.* to dress up.
acicate *m.* one-pointed spur. *2* spur, incitement.
acidez *f.* acidity, sourness.
ácido, da *a.* acid, sour, tart. *2 a.-m.* CHEM. acid.
acierto *m.* good aim, hit. *2* good guess. *3* wisdom, prudence. *4* ability, address. *5* success.
aclamación *f.* acclamation. *2* acclaim.
aclamar *t.* to acclaim, cheer, hail, applaud.
aclaración *f.* explanation, elucidation. *2* rinsing.
aclarar *t.* to clear, clarify. *2* to thin, thin out. *3* to rinse. *4* to explain, elucidate *5 i.* [of weather] to clear up. *6* to dawn. *7 ref.* to become clear, brighten up.
aclimatación *f.* acclimatization, acclimation.
aclimatar *t.-ref.* to acclimatize.
acobardar *t.* to cow, daunt, dishearten. *2 ref.* to lose courage.
acodar *t.-ref.* to lean or rest the elbow. *2 t.* HORT. to layer.
acogedor, ra *a.* welcoming, inviting, hospitable.
acoger *t.* to receive, admit, take into one's house or company. *2* to shelter, protect. *3* to receive, accept [ideas, etc.]. *4 ref.* to take refuge [in]; to resort [to].
acogida *f.* reception; hospitality; acceptance; welcome. *2* shelter.
acolchar *t.* to quilt. *2* to upholster.
acólito *m.* acolyte. *2* satellite.
acometer *t.* to attack, assail, charge. *2* to undertake.
acometida *f.* attack, assault.
acometividad *f.* aggressiveness.
acomodación *f.* accommodation, adaptation.
acomodado, da *a.* convenient, fit, apt. *2* well-to-do.

acomodador, ra *m.* THEAT. usher. *2 f.* usherette.
acomodar *t.* to accommodate. *2* to take in, lodge. *3* to place, settle, usher. *4* to suit, fit. *5 ref.* to come to an arrangement. *6* to install oneself. *7* to adapt oneself.
acomodo *m.* employment, situation. *2* lodgings.
acompañamiento *m.* accompaniment. *2* attendance, retinue.
acompañar *t.* to keep [someone] company. *6* to accompany, go with, attend, escort. *3* to enclose. *4* MUS. to accompany.
acompasadamente *adv.* rhythmically.
acompasado, da *a.* rhythmic, measured.
acondicionar *t.* to fit, condition, arrange: ***con aire acondicionado***, air-conditioned.
acongojadamente *adv.* with sorrow.
acongojar *t.* to distress, grieve. *2 ref.* to feel anguish; to grieve.
aconsejar *t.* to advise, counsel. *2 ref.* to take advice, consult.
acontecer *impers.* to happen, occur, befall. ¶ CONJUG. like ***agradecer***.
acontecimiento *m.* event, happening, occurrence.
acopio *m.* gathering, storing. *2* store, stock, supply.
acoplar *t.* to couple; to join, connect, yoke. *2* to fit together. *3 t.-ref.* to pair, mate.
acorazado, da *a.* ironclad, armoured. *2 m.* battleship.
acordar *t.* to decide, agree upon. *2* to reconcile. *3* MUS. to attune. *4 i.* to agree, correspond. *5 ref.* to come to an agreement. *6* ***acordarse de,*** to remember, recall, recollect. ¶ CONJUG. like ***contar***.
acorde *a.* agreeing. *2* in harmony. *3 m.* MUS. chord.
acordeón *m.* accordion.
acordonar *t.* to lace, tie. *2* to surround, draw a cordon around.
acorralar *t.* to corral, pen [cattle]. *2* to drive at bay, corner.
acorrer *t.* to help, succour.
acortar *t.* to shorten, abridge.
acosar *t.* to pursue closely. *2* to persecute, harass, worry.
acostar *t.* to put to bed; to lay down. *2 ref.* to go to bed. ¶ CONJUG. like ***contar***.
acostumbrado, da *a.* accustomed, used. *2* usual, customary.
acostumbrar *tr.* to accustom. *2 i.* to be accustomed, be used [to]. *3 ref.* to get used [to].
acotación *f.* annotation, marginal note.
acotamiento *m.* boundary mark, landmark. *2* enclosure.
acotar *t.* to preserve, enclose [ground]. *2* to delimitate, restrict.
acre *a.* acrid, tart, pungent. *2* acrimonious. *3 m.* acre.
acrecentar *t.* to increase. *2* to improve, enrich.
acrecer *t.* to increase. ¶ CONJUG. like ***agradecer***.
acreditado, da *a.* reputable, well-known.
acreditar *t.* to accredit, authorize. *2* to prove to be. *3* to bring fame or credit to. *4* ACC. to credit. *5 ref.* to win credit.
acreedor, ra *a.* deserving, worthy. *2* ACC. favourable [balance]. *3 m.* COM. creditor.
acribillar *t.* to riddle, stab repeatedly. *2* to harass, plague.
acrimonia *f.* acridity. *2* acrimony.
acrisolado, da *a.* proven. unblemished.
acritud *f.* ACRIMONIA.
acrobacia *f.* acrobatics.
acróbata *m.-f.* acrobat.
acta *f.* record [of proceedings]. *2* certificate of election. *3* statement of facts: ~ ***notarial,*** affidavit.
actitud *f.* attitude.
activamente *adv.* actively.
activar *t.* to hasten, expedite.
actividad *f.* activity. *2* briskness.
activo, va *a.* active. *2 m.* COM. assets. *3* ***en*** ~, in active service.
acto *m.* act, action, deed: ***en el*** ~, at once; ~ ***seguido,*** immediately afterwards. *2* ceremony, meeting, public function. *3* act [of a play].
actor *m.* THEAT. actor.
actor, ra *m.-f.* LAW actor, plaintiff.
actriz *f.* actress.
actuación *f.* action [of any agent], performance. *2 pl.* law proceedings.
actual *a.* present, current, of the day.
actualidad *f.* present time: ***en la*** ~, at present; ***ser de*** ~, to be the topic of the day. *2* current events. *3 pl.* CINEM. news-reel.
actualizar *t.* to bring up-to-date.
actualmente *adv.* at present.
actuar *t.* to put into action. *2 i.* to act, perform, take action: ~ ***de,*** to act as.
actuario *m.* clerk [in court]. *2* actuary.
acuarela *f.* PAINT. water-colour, aquarelle.
acuario *m.* aquarium.
acuático, ca *a.* aquatic, water.
acuciante *a.* pressing, urging.
acuclillarse *ref.* to squat, crouch.

acuchillar *t.* to knife, stab, put to the sword. *2* to slash [a garment].
acudir *i.* to go or come [to]. *2* to frequent. *3* to come or go to the aid, or rescue [of]. *4* to have recourse to.
acueducto *m.* aqueduct.
acuerdo *m.* accord. agreement, understanding: ***estar de*** ~, to agree; ***de común*** ~, by mutual agreement. *2* resolution [of a meeting]. *3* resolve.
acullá *adv.* yonder, over there.
acumulación *f.* accumulation, gathering.
acumulador, ra *a.* accumulating. *2 m.-f.* accumulator.
acumular *t.* to accumulate.
acunar *t.* to rock, cradle.
acuñar *t.* to coin, mint. *2* to wedge, key.
acuoso, a *a.* watery, aqueous.
acurrucarse *ref.* to huddle up, cuddle, nestle.
acusación *f.* accusation, charge, impeachment.
acusado, da *a. m.-f.* accused, defendant.
acusar *t.* to accuse, charge [with]. *2* to denounce. *3* to acknowledge [receipt].
acusativo *m.* GRAM. accusative.
acústico, ca *a.* acoustic. *2 f.* acoustics.
achacar *t.* to impute, ascribe.
achacoso, sa *a.* sickly, ailing, unhealthy, infirm.
achaque *m.* ailment, indisposition. *2* weakness, habitual failing. *3* matter, subject. *4* excuse, pretext.
achicar *t.* to diminish, belittle. *2* to bail, scoop [water]. *3 ref.* to diminish. *4* to humble oneself; to be daunted.
achicoria *f.* BOT. chicory.
achicharrar *t.* COOK. to burn. *2 ref.* to swelter.
achispado, da *a.* tipsy.
achuchar *t.* to crush. *2* to push [a person] violently.
adagio *m.* adage, proverb, saying. *2 adv.-m.* MUS. adagio.
adalid *m.* leader, chief.
adamascado, da *a.* WEAV. damasked.
adaptación *f.* adaptation, fitting, accommodation.
adaptar *t.-ref.* to adapt, fit, suit, accommodate.
adarga *f.* shield.
adecentar *t.* to tidy. *2* to make decent.
adecuadamente *adv.* adecuately, fitly.
adecuado, da *a.* adequate, fit, suitable.
adefesio *m.* nonsense, absurdity. *2* fig. scarecrow, fright.
adelantado, da *a.* anticipated: ***por*** ~, in advance. *2* advanced. *3* precocious. *4* fast [clock].
adelantamiento *m.* advance. *2* advancement. *3* progress, improvement.
adelantar *t.* to advance. *2 t.-ref.* to be in advance of; to get ahead of. *3 i.* [of a clock] to be fast. *4* to improve.
adelante *adv.* forward, ahead, onward: ***en*** ~, henceforth: ***más*** ~, later on. *3 interj.* forward!, come in!
adelanto *m.* progress, improvement. *2* advance payment.
adelgazar *t.* to attenuate, make thin or slender. *2 i.-ref.* to become thin or slender.
ademán *m.* gesture; attitude. *2 pl.* manners.
además *adv.* moreover, besides. *2* ~ ***de***, besides.
adentrarse *ref.* to penetrate, go into.
adentro *adv.* within, inside, indoors. *2 m. pl.* inward mind: ***para sus adentros***, in his heart.
adepto *m.* adept, initiated. *2* partisan, follower.
aderezar *t.* to adorn, dress. *2* to cook. *3* to season. *4* to arrange, prepare. *5* to repair. *6* to dress [salad]. *7* to direct.
aderezo *m.* adornment, dressing. *2* cooking, seasoning. *3* preparation. *4* set of jewelry.
adeudar *t.* to owe. *2* ACC. to debit, charge.
adherente *a.* adherent, adhesive.
adherido, da *m.-f.* adherent, follower.
adherir *i.-ref.* to adhere, stick [to].
adhesión *f.* adhesion, adherence, support.
adición *f.* addition, addendum.
adicionar *t.* to add, join; to make additions to.
adicto, ta *a.* attached, devoted. *2 m.* supporter, follower.
adiestrar *t.* to train, drill, school, teach, guide. *2 ref.* to train oneself, practise.
adinerado, da *a.* rich, wealthy.
adiós *interj.* good-bye!, farewell!, adieu!
aditamento *m.* addition, addendum.
adivinación *f.* divination.
adivinanza *f.* ADIVINACIÓN. *2* ACERTIJO.
adivinar *t.* to divine, guess, foresee. *2* to solve [a riddle].
adivino, na *m.-f.* diviner, soothsayer.
adjetivo, va *a.-n.* adjective. *2 a.* adjectival.
adjudicación *f.* awarding, adjudgment.
adjudicar *t.* to adjudge, award. assign. *2 ref.* to appropriate.
adjunto, ta *a.* adjunct, joined. *2* enclosed [in a letter]. *3 m.-f.* adjunct, associate.
administración *f.* administration, administering, management. *2* ~ ***de Correos***. Post Office.
administrador, ra *m.-f.* administrator,

manager, steward, trustee. *2 ~ de Correos*, postmaster.
administrar *t.* to administer, manage.
administrativo, va administrative.
admirable *a.* admirable. *2* wonderful. *3* **-mente** *adv.* admirably, wonderfully.
admiración *f.* admiration. *2* wonder, astonishment. *3* exclamation mark (!).
admirar *t.* to astonish, surprise. *2* to admire. *3 ref.* to wonder, be astonished, surprised.
admisión *f.* admission.
admitir *t.* to admit [in every sense except «to acknowledge»]. *2* to accept. *3* to allow, suffer.
adocenado, da *a.* commonplace, ordinary.
adoctrinar *t.* to indoctrinate, teach, instruct.
adolecer *i.* to be ill. *2 ~ de,* to have [a specified defect, vice, etc.]. ¶ CONJUG. like ***agradecer***.
adolescente *a.-n.* adolescent.
adonde *adv.* where. *2 interr.* where?, whither?
adopción *f.* adoption.
adoptar *t.* to adopt. *2* to take [an attitude, a decision].
adoptivo, va *a.* adoptive.
adoquín *m.* paving block.
adoración *f.* adoration, worship.
adorar *t.* to adore; to worship.
adormecer *t.* to lull to sleep. *2* to lull, allay. *3 ref.* to fall asleep. *4* to grow benumbed. ¶ CONJUG. like ***agradecer***.
adormidera *f.* BOT. opium poppy.
adormilarse *ref.* to drowse.
adornar *t.* to adorn, decorate, embellish, deck, garnish.
adorno *m.* adornment, ornament, decoration, trimming.
adosar *t.* to back or lean [something] against.
adquirir *t.* to acquire. *2* to buy ¶ CONJUG. INDIC. Pres.: ***adquiero, adquieres, adquiere; adquieren.*** || SUBJ. Pres.: ***adquiera, adquieras, adquiera; adquieran.*** || IMPER.: ***adquiere, adquiera, adquieran.***
adquisición *f.* acquisition: acquirement, purchase.
adrede *adv.* purposely, on purpose.
adscribir *t.* to attribute, ascribe. *2* to attach [a person] to a service.
aduana *f.* custom-house.
aduanero, ra *a.* customs. *2 m.* customs officer.
aducir *t.* to adduce, cite, allege. ¶ CONJUG. like ***conducir***.
adueñarse *ref. ~ de,* to seize, take possession of.
adulación *f.* adulation, flattery.
adular *t.* to adulate, flatter, fawn upon.
adulterar *t.* to adulterate, corrupt, sophisticate. *2 i* to commit adultery.
adúltero, ra *a.* adulterous. *2 m.* adulterer. *3 f.* adulteress.
adulto, ta *a.-n.* adult, grown-up.
adusto, ta *a.* burnt, hot. *2* gloomy, sullen, stern.
advenedizo, za *a.* foreign. *2 m.-f.* foreigner, stranger, newcomer. *3* upstart, parvenu.
advenimiento *m.* advent, arrival, comming. *2* accession [to the throne].
adventicio, cia *a.* adventitious.
adverbio *m.* GRAM. adverb.
adversario, ria *m.-f.* adversary, opponent; foe.
adversidad *f.* adversity.
adverso, sa *a.* adverse.
advertencia *f.* admonition, warning, advice. *2* foreword. *3* notice. *4* awareness.
advertido, da *a.* capable, knowing, clever.
advertir *t.* to notice, realize. *2* to advise, instruct, point out; to warn. *3* to admonish. ¶ CONJUG. like ***discernir.***
adviento *m.* ECCL. advent.
adyacente *a.* adjacent, adjoining.
aéreo, a *a.* aerial. *2* aeronautical. *3* airy. *4* ***correo ~,*** air-mail.
aerodinámico, ca *a.* streamline.
aeronáutica *f.* aeronautics.
aeronave *f.* airship.
aeroplano *m.* aeroplane, airplane.
aeropuerto *m.* airport.
afabilidad *f.* affability, kindliness.
afable *a.* affable, kind.
afamado, da *a.* famous, renowned.
afán *m.* toil, labour. *2* anxiety, eagerness, ardour; desire.
afanar *ref.* to toil, labour, strive.
afanoso, sa *a.* toilsome. *2* eager, anxious, desirous.
afear *t.* to disfigure, deface, make ugly. *2* to blame, reproach.
afección *f.* affection, fondness. *2* MED. affection.
afectación *f.* affectation, affectedness. *2* affecting.
afectar *t.* to make a show of; to feign. *3* to annex, attach. *3* to affect [move; influence; concern]. *4 ref.* to be affected, moved.
afecto , ta *a.* attached, fond. *2 m.* affection, love, attachment. *3* affect, feeling, passion.

afectuosamente *adv.* affectionately, fondly.
afectuoso, sa *a.* fond, affectionate, loving; kind.
afeitar *t.-ref.* to shave [whit razor]. *2* to make up.
afeite *m.* cosmetics, rouge, make-up, paint.
afelpado, da *a.* plushy, velvety.
afeminado, da *a.* effeminate.
aferrado, da *a.* holding fast (to an opinion or purpose]
aferrar *t.* to grasp, seize, grapple. *2* NAUT. to furl. *3 ref.* ***aferrarse a,*** to hold fast to; to stick to [an opinion].
afianzar *t.* to stand surety for. *2* to make firm or fast; to strengthen. *3 ref.* to become firm or fast, steady oneself, hold fast [to].
afición *f.* fondness, liking. *2* ardour. *3* hobby. *4* coll. ***la*** ~, the fans, the public.
aficionado, da *m.-f.* amateur. *2* fan, devotee.
aficionar *t.* to give a liking for. *2 ref.* to grow fond of, take a liking to.
afilado, da *a.* sharp, keen; pointed. *2* taper.
afilar *t.* to sharpen, grind, whet, point; to taper.
afiliado, da *a.-n.* affiliate, member.
afiliar *t.* to affiliate, associate. *2 ref.* ***afiliarse a***, to join, to affiliate with.
afiligranado, da *a.* filigreed, delicate.
afín *a.* kindred, related, allied. *2 m. f.* relative by marriage.
afinación *f.* perfecting touch. *2* MUS. tune; tuning.
afinar *t.* to perfect, polish. refine. *2* MUS. to tune.
afinidad *f.* affinity.
afirmación *f.* affirmation, assertion.
afirmado *m.* road-bed.
afirmar *t.* to make firm, secure, steady. *2* to affirm, say. *3 ref.* to steady oneself. *4* to maintain firmly.
afirmativa *f.* affirmative, affirming.
aflicción *f.* afliction, grief, sorrow, distress.
afligir *t.* to afflict. *2* to distress, grieve. *3 ref.* to grieve, repine, sorrow.
aflojar *t.* to slacken, slack, loosen, relax, ease, let out. *2* coll. to pay up. *3 i.* to slack, slacken, relent, let up, abate. *4 ref.* to become loose.
afluencia *f.* affluence, inflow, crowd. *2* affluence, abundance.
afluente *a.* inflowing. *2* fluent, voluble. *3 m.* affluent.
afluir *i.* ~ ***a***, to flow in, into, to or towards; to congregate in; [of a stream] to discharge into. ¶ CONJUG. like ***huir***.
afonía *f.* loss of voice.
afónico, ca *a.* unable to speak.
aforismo *m.* aphorism.
afortunadamente *adv.* luckily, fortunately.
afortunado, da *a.* lucky, fortunate, happy.
afrenta *f.* affront, outrage, dishonour.
afrentar *t.* to affront, outrage.
África *f. pr. n.* GEOG. África.
africano, na *a.-n.* African.
afrontar *t.* to put face [to]; to bring face to face. *2* to confront, face.
afuera *adv.* out, outside. *2* outward. *3 interj.* out of the way! *4 f. pl.* outskirts, environs.
agachar *t.* to lower, bend down. *2 ref.* to stoop; to duck, crouch, squat.
agalla *f.* BOT. gall. *2* gill [of a fish]. *3 pl.* coll. courage, guts.
ágape *m.* banquet, feast.
agareno, na *a.-n.* Mohammedan.
agarrada *f.* altercation, wrangle.
agarradero *m.* hold, handle, grip. *2* fig. protection, pull.
agarrado, da *a.* niggardly, stingy.
agarrar *t.* to seize, take, catch; to clutch, grab, grasp. *2 ref.* to grapple. *3* ***agarrarse a***, to take hold of.
agarrotar *t.* to pinion; to bind tightly. *2* to oppress.
agasajar *t.* to fête, regale, entertain.
agasajo *m.* affectionate reception. *2* gift, treat, refreshment.
ágata *f.* agate.
agencia *f.* agency.
agenciar *t.* to carry out, negotiate. *2 t.-ref.* to manage to get.
agenda *f.* note-book, memorandum.
agente *m.* agent. *2* ~ ***de cambio y bolsa***, stockbroker; ~ ***de policía***, policeman.
agigantar *t.* to enlarge, aggrandize.
ágil *a.* agile, nimble, quick. *2* **-mente** *adv.* agilely, nimbly.
agilidad *f.* agility, nimbleness.
agiotista *m.* stock-jobber.
agitación *f.* agitation, flurry, flutter, excitement.
agitador, ra *m.-f.* agitator.
agitanado, da *a.* gypsylike.
agitar *t.* to agitate; to flurry, excite. *2* to shake, stir; to wave. *3 ref.* to be agitated, flurry.
aglomeración *f.* agglomeration, crowd.
aglutinar *t.* to agglutinate.
agobiar *t.* to weigh down, overburden; to oppress.
agobio *m.* burden, oppression, fatigue.

agolparse *ref.* to crowd, throng; to rush [to].
agonía *f.* agony, death agony. *2* agony, anguish.
agonizante *a.* dying. *2 m.-f.* dying person.
agonizar *i,* to be dying.
agorero, ra *m.-f.* diviner. *2 a.* prophet of evil.
agostar *t.* to parch, dry up [plants].
agosto *m.* August. *2* harvest time; harvest: ***hacer uno su ~,*** to feather one's nest.
agotamiento *m.* exhaustion.
agotar *t.* to exhaust, drain off, use up, work out, sell out, tire out. *2 ref.* to exhaust oneself; to be exhausted, run out: to be sold out.
agraciado, da *a.* graceful, wellfavoured, genteel.
agraciar *t.* to grace, adorn. *2* to bestow [on], to favour [with].
agradable *a.* agreeable, pleasant, enjoyable. *2* **-mente** *adv.* agreeably, pleasantly.
agradar *t.* to please: to suit: ***esto me agrada.*** I like this.
agradecer *t.* to acknowledge [a favour]; to thank for, be grateful for. ¶ CONJUG. INDIC. Pres.: ***agradezco, agradeces, etc.*** ‖ SUBJ. Pres.: ***agradezca, agradezcas, etc.*** ‖ IMPER.: ***agradezca, agradezcamos, agradezcan.***
agradecido, da *a.* grateful, thankful, obliged.
agradecimiento *m.* gratitude, thankfulness.
agrado *m.* affability, amiableness, graciousness, *2* pleasure, liking.
agrandar *t.* to enlarge, aggrandize, magnify.
agrario, ria *a.* agrarian.
agravar *t.* to aggravate, make heavier or worse. *2* to burden with taxes. *3 ref.* to get worse.
agraviar *t.* to offend, insult. *2* to injure, hurt, wrong. *3 ref.* to take offence.
agravio *m.* grievance, insult. *2* injury, harm, wrong.
agraz *m.* unripe grape: ***en ~,*** prematurely. *2* grape verjuice.
agredir *t.* to assail, assault, attack.
agregado *m.* aggregate. *2* annex. *3* attaché.
agregar *t.* to aggregate, add, join, attach.
agresión *f.* aggression, assault, attack.
agresivamente *adv.* aggressively.
agresivo, va *a.* aggressive.
agresor, ra *m.-f.* aggressor, assaulter.
agreste *a.* rustic, rural, wild.
agriamente *adv.* sourly; harshly.
agriar *t.* to sour [make sour]. *2* to embitter. *3 ref.* to turn sour.
agrícola *a.* agricultural.
agricultor, ra *m.-f.* agriculturist, farmer.
agricultura *f.* agriculture, farming.
agridulce *a.* bittersweet.
agrietar *t.-ref.* to crack, fissure.
agrio, gria *a.* sour, acid, crab. *2* bitter [orange]. *3* rough, uneven. *4* sour, tart, ungracious. *5 m. pl.* citrus fruits.
agro *m.* land, countryside.
agronomía *f.* agronomy.
agrumarse *ref.* to clot, coagulate.
agrupación *f.* grouping. *2* groupment.
agrupar *t.* to group. *2* to cluster.
agua *f.* water: ~ ***dulce,*** fresh water; ~ ***salada,*** salt water; ***claro como el ~,*** obvious, manifest. *2* rain. *3 pl.* tide, tides [in the sea].
aguacero *m.* rainstorm, heavy shower.
aguada *f.* watering place. *2* water-colour.
aguador, ra *m.-f.* water carrier.
aguafiestas *m.-f.* kill-joy, marplot.
aguafuerte *m.* etching; etched plate.
aguamanil *m.* ewer, water jug. *2* washstand.
aguantar *t.* to restrain, hold, hold back. *2* to bear, endure, suffer, sustain, support. *3* to swallow [an affront, etc]. *4 ref.* to restrain oneself.
aguante *m.* patience, endurance. *2* strength, firmness.
aguar *t.* to water, dilute.
aguardar *t.* to wait [for]; to expect, await.
aguardiente *m.* spirit, brandy.
aguarrás *m.* turpentine.
aguazal *m.* fen, swamp.
agudamente *adv.* sharply; wittily.
agudeza *f.* acuteness, sharpness, keenness. *2* perspicacity. *3* wit. *4* witticism, sally.
agudo, da *a.* acute [sharp; keen; high-pitched; shrill; perspicacious]. *2* witty, smart. *3* oxytone [word].
agüero *m.* augury, prediction. *2* omen.
aguerrido, da *a.* inured to war; veteran.
aguijar *t.* to goad, spur; to incite.
aguijón *m.* point of a goad. *2* ZOOL., BOT. sting.
aguijonear *t.* to goad, prick; to incite.
águila *f.* eagle: ***ser un ~,*** fig. to be very clever.
aguileño, ña *a.* aquiline. *2* hawk-nosed.
aguilucho *m.* eaglet.
aguinaldo *m.* Christmas gift.
aguja *f.* needle. *2* bodkin, hatpin. *3* hand [of clock], pointer, index. *4* steeple. *5* switch-rail. *6 pl.* RLY. switch.
agujerear *t.* to pierce, bore, perforate.
agujero *m.* hole.

agujeta *f.* tagged lace. *2* pains from overexercise.
aguzar *t.* to sharpen, point, whet. *2* to prick up [ears].
aherrojar *t.* to chain, put in irons.
ahí *adv.* there, in that place: ***de ~ que***, hence, therefore.
ahijada *f.* goddaughter.
ahijado *m.* godchild, godson.
ahijar *t.* to adopt [a person].
ahínco *m.* eagerness, earnestness, ardour.
ahitar *t.* to satiate, cloy, surfeit. *2 ref.* to get surfeited.
ahíto, ta *a.* satiated, cloyed, surfeited; fed up. *2 m.* surfeit, indigestion.
ahogar *t.* to choke, stifle, smother, suffocate, strangle, quench. *2* to drown. *3 ref.* to be choked, drowned, etc.
ahogo *m.* anguish, oppression, suffocation. *2* pinch, financial difficulties.
ahondar *t.* to deepen [a hole or cavity]. *2 i.-t.* to go deep into, penetrate.
ahora *adv.-conj.* now; at present; ***por ~***, for the present. *2 conj.* whether... or.
ahorcado, da *m.-f.* hanged man.
ahorcar *t.* to hang [kill by hanging]. *2 ref.* to hang oneself.
ahorrador, ra *a.* saving, thrifty.
ahorrar *t.* to save, spare. *2 ref.* to spare oneself [trouble, etc.].
ahorro *m.* saving, economy, thrift, *2 pl.* savings.
ahuecar *t.* to hollow; to puff out. *2* to loosen, soften, fluff. *3* to make [the voice] hollow or pompous. *4* fig. ***~ el ala***, to go away.
ahumado, da *a.* smoked, smoky. *2 f.* smoke signal.
ahumar *t.* to smoke [blacken, cure, etc., with smoke]. *2 i.* to smoke [emit smoke]. *3 ref.* fig. to get drunk.
ahuyentar *t.* to drive or scare away.
airadamente *adv.* angrily.
airado, da *a.* angry, irate, wrathful. *2* loose, depraved [life].
airarse *ref.* to get angry.
aire *m.* air [fluid, atmosphere, wind]: ***al ~ libre***, in the open air, outdoors. *2* appearance, air, airs. *3* ***darse un ~ a***, to resemble. *4* elegance, gracefulness. *5* MUS. air, melody.
airear *t.* to air, ventilate. *2 ref.* to take the air.
airosamente *adv.* gracefully, lively.
airoso, sa *a.* airy, windy [place]. *2* graceful, lively. *3* ***salir ~***, to acquit oneself well; to be successful.
aislador *m.* isolator, insulator.
aislamiento *m.* isolation; insulation. *2* seclusion.
aislar *t.* to isolate, insulate. *2 ref.* to isolate or seclude oneself.
¡ajá! *interj.* aha!, good!
ajar *t.* to rumple, spoil, wither, fade. *2 ref.* to become spoiled; to wither.
ajedrez *m.* chess [game].
ajenjo *m.* wormwood. *2* absinth.
ajeno, na *a.* another's, alien, strange. *2* foreign [to]. *3* ignorant [of].
ajetreo *m.* fatigue; bustle.
ají *m.* red pepper, chili.
ajimez *m.* mullioned window.
ajo *m.* garlic. *2* garlic clove.
ajorca *f.* bracelet, anklet.
ajuar *m.* household furniture. *2* trousseau.
ajustado, da *a.* adjusted. *2* just, right. *3* tight, close-fitting.
ajustar *t.* to adjust, adapt, fit. *2* to fit tight. *3* to make [an agreement]; to arrange. *4* to settle [accounts]. *5* to hire, engage. *6 i.* to fit tight. *7 ref.* to conform [to]. *8* to hire oneself.
ajuste *m.* adjustment. *2* agreement, contract. *3* settlement [of account]. *4* hire, engagement.
ajusticiar *t.* to execute, put to death.
al *contr.* of. A & EL.
ala *f.* wing: ***dar alas***, fig. to embolden. *2* brim [of a hat]. *3* flap [of a table].
alabanza *f.* praise.
alabar *t.* to praise, extol. *2 ref.* to praise oneself. *3* to boast.
alabarda *f.* halberd.
alabastro *m.* alabaster.
alabearse *ref.* to warp, have a camber.
alacena *f.* cupboard, closet.
alacrán *m.* ZOOL. scorpion. *2* shank [of button].
alado, da *a.* winged, swift.
alambicado, da *a.* distilled. *2* subtle, fine-drawn.
alambicar *t.* to distil, rectify. *2* to make over-subtle [of style].
alambique *m.* still, alembic.
alambre *m.* wire [metallic thread].
alameda *f.* poplar grove. *2* avenue, mall.
álamo *m.* BOT. poplar: ***~ temblón***, aspen.
alamparse *ref.* to crave after, long for, be very fond of.
alano *m.* a large dog. *2 pl.* Alans.
alarbe *a.-n.* ÁRABE. *2 m.* fig. boor.
alarde *m.* display, show, ostentation.
alardear *i.* to boast.
alargar *t.* to lengthen, extend, prolong. *2* to increase. *3* to reach, stretch out. *4* to hand, pass [something to somebody]. *5*

ref. to lengthen, grow longer. *6* to expatiate.
alarido *m.* yell, howl, scream.
alarma *f.* alarm.
alarmante *a.* alarming.
alarmar *t.* to alarm *2 ref.* to be alarmed.
alazán, na *a.-n.* sorrel [horse].
alba *f.* dawn, daybreak. *2* ECCL. alb.
albacea *m.* LAW testamentary executor.
albahaca *f.* BOT. sweet basil.
albañil *m.* mason, bricklayer.
albarán *m.* delivery note.
albarda *f.* pack saddle.
albaricoque *m.* BOT. apricot.
albedrío *m.* free will. *2* will, pleasure.
alberca *f.* pond, pool, water reservoir.
albérchigo *m.* BOT. peach; peach-tree.
albergar *t.* to shelter, lodge, harbour. *2 ref.* to take shelter; to lodge.
albergue *m.* shelter, lodging, harbour, refuge. *2* orphanage, home.
albino, na *a.* albinic. *2 m.* albino. *3 f.* albiness.
albo, ba *a.* white.
albóndiga, albondiguilla *f.* COOK. meat ball.
albor *m.* whiteness. *2* dawn, beginning.
alborada *f.* dawn, break of the day. *2* MIL. reveille.
alborear *i.* [of the day] to dawn.
albornoz *m.* burnous. *2* bathing robe.
alborotar *t.* to disturb, agitate, excite. *2* to incite to riot. *3 i.* to make a racket, shout. *4 ref.* to get excited. *5* to riot.
alboroto *m.* uproar, noise. *2* excitement, agitation. *3* disturbance. *4* tumult, riot.
alborozar *t.* to gladden, cheer.
alborozo *m.* joy, merriment.
albricias *f. pl.* reward for good news. *2 interj.* joy!, joy!
albufera *f.* lagoon, salt lake by the sea.
álbum *m.* album.
albur *m.* chance, hazard.
alcachofa *f.* BOT. artichoke.
alcahueta *f.* procuress, bawd.
alcaide *m.* [formerly] warden [of a prison or castle].
alcalde *m.* Mayor, Lord Mayor; head of a town council.
alcaldía *f.* Mayoralty. *2* the Mayor's office.
alcance *m.* pursult, overtaking. *2* reach: ***al ~ de uno***, within one's reach. *3* range [of missile]; import, consequence. *4* intellect, understanding. *5* COM. balance due.
alcancía *f.* money-box.
alcanfor *m.* camphor.
alcantarilla *f.* sewer, drains. *2* culvert.
alcanzar *t.* to overtake, catch up with. *2* to reach. *3* to get, obtain. *4* to understand. *5 i.* to reach [to]. *6* to be sufficient [to or for]. *7* ~ ***a ver, a oír***, to see, hear.
alcaparra *f.* BOT. caper.
alcatraz *m.* BOT. cuckoopint. *2* ORN. pelican.
alcázar *m.* fortress. *2* royal palace. *3* NAUT. quarter-deck.
alce *m.* ZOOL. elk; moose. *2* cut [at cards].
alcoba *f.* alcove, bedroom.
alcohol *m.* alcohol. *2* kohl.
alcoholismo *m.* alcoholism.
alcornoque *m.* BOT. cork oak. *2* fig. blockhead.
alcurnia *f.* lineage, ancestry.
aldaba *f.* door-knocker. *2* bolt, crossbar.
aldabazo *m.* knock [on the door].
aldabón *m.* door-knocker. *2* large handle [of a chest, etc.].
aldea *f.* hamlet, village.
aldeano, na *m.-f.* villager, countryman, countrywoman.
alderredor *adv.* ALREDEDOR.
aleación *f.* alloyage; alloy.
aleatorio, ria *a.* aleatory.
aleccionar *t.* to teach, drill.
aledaño, ña *a.* bordering, adjacent. *2 m. pl.* borders, surroundings.
alegación *f.* allegation, plea.
alegar *t.* to allege, plead, adduce.
alegato *m.* plea. *2* reasoned allegation.
alegoría *f.* allegory, emblem.
alegrar *t.* to cheer, gladden. *2* to brighten, enliven. *3 ref.* to be glad. *4* to rejoice, cheer. *5* coll. to get tipsy.
alegre *a.* glad, joyful. *2* cheerful, merry, jolly. *3* bright, gay. *4* tipsy. *5* reckless. *6* ~ ***de cascos***, scatter-brained. *7* **-mente** *adv.* merrily, etc.
alegría *f.* joy, pleasure. *2* glee, mirth, merriment.
alegro *a.-adv. m.* MUS. allegro.
alejamiento *m.* removal, distance, absence. *2* withdrawal, estrangement, aloofness.
alejar *t.* to remove to a distance, to move away. *2* to separate, estrange. *3 ref.* to go or move away.
alelar *t.* to bewilder. *2* to stupefy.
aleluya *m.* or *f.* hallelujah. *2 f. pl.* poor verses, doggerel.
alemán, na *a.-n.* German.
Alemania *f. pr. n.* GEOG. Germany.
alentar *i.* to breathe. *2 t.* to encourage, cheer, hearten. ¶ CONJUG. like ***acertar.***
alergia *f.* allergy.
alero *m.* eaves. *2* splash-board, mudguard.

alerta *adv.* on the watch, on the alert. *2 interj.* look out! *3 m.* sentinel's call.
alertar *t.* to alert.
aleta *f.* small wing. *2* fin [of fish].
aletargar *t.* to lethargize. *2 ref.* to get drowsy.
aletear *i.* to flutter, flap the wings or the fins.
aleve *a.* ALEVOSO.
alevosía *f.* treachery, perfidy.
alevoso, sa *a.* treacherous, perfidious.
alfabeto *m.* alphabet.
alfalfa *f.* BOT. alfalfa, lucerne.
alfanje *m.* scimitar, cutlass.
alfarería *f.* pottery [shop, factory, art].
alfarero *m.* potter.
alféizar *m.* splay; embrasure.
alfeñique *m.* sugar paste. *2* frail, delicate person.
alférez *m.* second lieutenant, ensign.
alfil *m.* CHESS. bishop.
alfiler *m.* pin: ~ ***de corbata***, tie-pin. *2* brooch.
alfilerazo *m.* pinprick.
alfiletero *m.* needlecase, pincase.
alfombra *f.* floor carpet, rug.
alfombrar *t.* to carpet.
alforjas *f. pl.* wallet, saddle-bag.
alga *f.* BOT. alga; sea-weed.
algarabía *f.* Arabic language. *2* jargon. *3* hubbub, uproar.
algarroba *f.* carob bean. *2* BOT. vetch.
algarrobo *m.* BOT. carob-tree.
algazara *f.* din, clamour, joyful uproar.
álgebra *f.* algebra. *2* bone-setting.
algo *pron.* something; anything. *2 adv.* somewhat, a little.
algodón *m.* cotton: ~ ***hidrófilo***, absorbent cotton.
algodonero, ra *a.* cotton. *2 m.-f.* cotton dealer. *3 m.* BOT. cotton-plant.
alguacil *m.* constable; bailiff.
alguien *pron.* somebody, someone.
algún *a.* ALGUNO.
alguno, na *a.* some, any: ~ ***vez***, sometimes; ~ ***que otro***, some, a few. *2 pron.* someone, anyone, somebody, anybody.
alhaja *f.* jewel. *2* a valuable thing.
alhelí *m.* BOT. gillyflower.
aliado, da *a.* allied. *2 m.-f.* ally.
alianza *f.* alliance, league.
aliar *t.-ref.* to ally.
alias *lat. adv.* alias.
alicaído, da *a.* weak, drooping. *2* crestfallen. *3* downfallen.
alicates *m. pl.* pliers.
aliciente *m.* incentive, inducement.
alienación *f.* alienation.
alienar *t.* ENAJENAR.
aliento *m.* breath, breathing. *2* spirit, courage.
aligerar *t.* to lighten. *2* to alleviate. *3* to hasten.
alijo *m.* smuggled goods.
alimaña *f.* beast which destroys game, vermin.
alimentación *f.* food, feeding, nourishment.
alimentar *t.* to feed, nourish, sustain. *2* to entertain, cherish, nurture. *3 ref.* to feed: ***alimentarse de***, to feed on.
alimenticio, cia *a.* nutritious, nourishing.
alimento *m.* aliment, food, nourishment. *2* pabulum.
alimón (al) *adv.* together.
alinear *t.* to align, aline, put into line, range. *2 ref.* to align, aline, fall in line, be in line.
aliñar *t.* to dress, season [food]. *2* to dress, tidy. *3* to prepare.
aliño *m.* adornment, tidiness. *2* dressing, seasoning. *3* arrangement.
alisar *t.* to smooth, slick, sleek. *2* to polish, plane.
alisios *a.* ***vientos*** ~, trade winds.
alistamiento *m.* enlistment, enrollment. *2* MIL. conscription.
alistar *t.-ref.* to enlist, enroll. *2* to prepare, make ready.
aliviar *t.* to lighten. *2* to alleviate, allay, relieve, assuage. *3* to hasten. *4 ref.* to get better.
alivio *m.* alleviation, allay; relief.
aljaba *f.* quiver [for arrows].
aljibe *m.* cistern; water tank. *2* NAUT. tanker.
alma *f.* soul: ~ ***mía, mi*** ~, my love; ***rendir el ~ a Dios***, to give up the ghost. *2* bore [of a gun]. *3* core, heart [of a cable, etc.]. *4* MUS. sound post.
almacén *m.* store, warehouse, shop. *2* store-room. *3* depot; magazine. *4 pl.* department store.
almacenar *t.* to store, store up, lay up. *2* to hoard.
almadraba *f.* tunny fishing or fishery. *2* tunny-fishing net.
almanaque *m.* almanac, calendar.
almeja *f.* ZOOL. clam, mussel.
almena *f.* merlon battlement.
almenaje *m.* FORT. battlement.
almendra *f.* BOT. almond: ~ ***garapiñada***, praline. *2* BOT. kernel [of a drupe].
almendro *m.* BOT. almond-tree.
almiar *m.* haystack, straw stack.
almíbar *m.* simple syrup.
almibarar *t.* to preserve in syrup. *2* to sweeten, honey [one's words].

almidón *m.* starch.
almidonar *t.* to starch.
alminar *m.* minaret.
almirantazgo *m.* NAV. court of Admiralty. *2* admiralship.
almirante *m.* NAV. admiral.
almizcle *m.* musk.
almohada *f.* pillow, bolster; cushion. *2* pillow-slip.
almohadón *m.* cushion.
almohadilla *f.* small cushion, pad. *2* sewing cushion.
almohazar *t.* to curry.
almoneda *f.* auction. *2* bargain sale.
almorzar *i.* to breakfast; to lunch.
almuecín, almuédano *m.* muezzin.
almuerzo *m.* breakfast, lunch.
alocadamente *adv.* recklessly.
alocado, da *a.* mad, foolish, wild, reckless.
alocución *f.* allocution.
alojamiento *m.* lodging, quartering, billeting, accommodation. *2* lodgings, quarters; housing.
alojar *t.* to lodge, quarter, billet. *2 ref.* to lodge; to put up.
alondra *f.* ORN. lark, skylark.
alpargata *f.* rope-soled sandal.
alpinismo *m.* mountaineering.
alpinista *s.* mountaineer.
alpiste *m.* alpist, canary seed.
alquería *f.* grange, farmhouse.
alquilar *t.* to let, rent; to hire. *2 ref.* to hire out.
alquiler *m.* letting, renting. *2* rent, hire [price]. *3* ***de ~***, for hire; hack, hackney.
alquimia *f.* alchemy.
alquimista *m.* alchemist.
alquitrán *m.* tar; pitch: ***~ mineral***, coal tar.
alrededor *adv.* ***~ de***, around, about; ***a su ~***, around or about him, it, etc.
alrededores *m. pl.* outskirts, surroundings.
alta *f.* discharge [from hospital, etc.]. *2* registration for fiscal purposes. *3* MIL. inscription in the muster book. *4* joining [a club, society, etc.].
altamente *adv.* highly, extremely.
altanería *f.* haughtiness, arrogance. *2* falconry, hawking.
altanero, ra *a.* haughty, arrogant.
altar *m.* altar: ***~ mayor***, high altar.
altavoz *m.* RADIO. loudspeaker.
alteración *f.* alteration, change. *2* strong emotion, agitation. *3* disturbance: ***~ del orden público***, breach of the peace.
alterar *t.* to alter, change. *2* to excite, unsettle. *3* to disturb, upset. *4 ref.* to become altered, changed, excited, etc.
altercación *f.*, **altercado** *m.* altercation, dispute, wrangle.
altercar *t.* to altercate, dispute, wrangle.
alternante *a.* alternating, alternate. *2 m.* MATH. alternant.
alternar *t.-i.* to alternate. *2 i.* to have social intercourse; to mix.
alternativa *f.* alternative, option. *2* alternation. *3* admission of a bullfighter as a MATADOR.
alternativo, va *a.* alternate.
alteza *f.* height. *2* elevation, sublimity. *3* Highness [a title].
altibajos *m. pl.* ups and downs.
altillo *m.* hillock. *2* (Am.) garret.
altiplanicie *f.* plateau, tableland.
altísimo, ma *a. superl.* of ALTO. *2 m. El Altísimo*, The Most High, God.
altisonante *a.* high-sounding.
altitud *f.* heigth; altitude.
altivez *f.* haughtiness, pride.
altivo, va *a.* haughty, proud.
alto, ta *a.* high: ***alta mar***, high seas; ***~ traición***, high treason. *2* tall. *3* upper. *4* noble, excellent. *5* loud. *6 m.* height, hillock. *7* halt, stop: ***dar el ~***, to call to a halt, to stop. *8* storey [of a house]. *9 adv.* high, on high, raised. *10 interj.* halt!, stop!
altruismo *m.* altruism.
altura *f.* height, hillock. *2* height, tallness. *3* summit, top. *4* elevation, excellence. *5* altitude. *6* ***estar a la ~ de***, to be equal to [a task, etc.]. *7 pl.* heights. *8* heavens.
alubia *f.* BOT. bean, French bean.
alucinación *f.* hallucination.
alud *m.* avalanche, snow-slip.
aludir *i.* to allude, refer to, hint at.
alumbrado *m.* lighting, lights: ***~ público***, public lighting.
alumbramiento *m.* childbirth.
alumbrar *t.* to light, illuminate, enlighten. *2* to light the way for. *3 i.* to shed light. *4* to be delivered, give birth.
aluminio *m.* CHEM. aluminium.
alumno, na *m.-f.* pupil, student.
alunizar *i.* to land on the moon.
alusión *f.* allusion, reference.
alusivo, va *a.* allusive, referring to.
aluvión *f.* alluvion. *2* slit, wash.
alza *f.* advance, rise, lift [in prices]. *2* rear sight [of a rifle].
alzada *f.* height [of horses]. *2* appeal to a higher administrative body.
alzamiento *m.* raising, lifting. *2* uprising, insurrection.
alzaprima *f.* lever. *2* wedge.
alzar *t.* to raise, lift, hoist, uplift. *2* to ele-

vate [the Host]. *3* to erect, build. *4* to remove, carry off. *5* to clear [the table]. *6* to strike [tents]. *7* ~ ***el vuelo***, to take wing. *8* ~ ***velas***, to set sail; to flee, depart. *9* *ref.* to rise; to get up, stand up. *10* to rise, rebel. *11* ***alzarse con***, to run away with.

allá *adv.* there; yonder: ***más*** ~, farther; ***el más*** ~, the Beyond; ~ ***vosotros***, that's your look-out.

allanar *t.* to level, smooth, flatten. *2* to raze, level to the ground. *3* to overcome, remove [difficulties, etc.]. *4* to pacify, subdue. *5* *ref.* [of a building] to tumble down. *6* to acquiesce.

allegado, da *m.-f.* relative, friend; follower.

allegar *t.* to gather, raise, collect.

allende *adv.* on the other side. *2* *prep.* beyond, over.

allí *adv.* there; yonder. *2* then, at that moment.

ama *f.* mistress, landlady: ~ ***de casa***, housewife. *2* mistress, owner. *3* ~ ***de gobierno***, ~ ***de llaves***, house-keeper. *4* nurse [of a child]: ~ ***de leche***, wet nurse.

amabilidad *f.* kidness, affability, amiability.

amable *a.* kind, nice, amiable, friendly. *2* lovable. *3* **-mente** *adv.* kindly, etc.

amado, da *m.-f.* love, loved one, beloved.

amadrinar *t.* to act as godmother to, sponsor.

amaestrar *t.* to teach, coach, train, drill.

amagar *t.* to threaten, show intention of. *2* *i.* to threaten, show signs or symptoms.

amago *m.* threatening gesture, feint. *2* sign, hint, symptom.

amainar *t.* NAUT. to lower [the sails]. *2* *i.* [of wind, anger, etc.] to abate, relax.

amalgama *f.* amalgam.

amalgamar *t.* to amalgamate.

amamantar *t.* to nurse, suckle.

1) **amanecer** *i.* to dawn. *2* to be or appear at dawn. ¶ CONJUG. like ***agradecer***.

2) **amanecer** *m.*, **amanecida** *f.* dawn, daybreak: ***al*** ~, at dawn.

amanerado, da *a.* affected, mannered.

amansar *t.* to tame. *2* *ref.* to become tame.

amante *a.* loving, fond. *2* *m.-f.* lover. *3* paramour; mistress.

amañar *t.* to arrange artfully, cook, fake. *2* *ref.* to manage.

amaño *m.* skill. *2* artifice, trick. *3* *pl.* machinations.

amapola *f.* BOT. corn poppy.

amar *t.* to love. *2* to like, be fond of.

amarar *t.* AER. to alight on water.

amargado, da *a.-n.* embittered, soured [person].

amargamente *adv.* bitterly.

amargar *i.* to taste bitter. *2* *t.* to embitter. *3* to spoil [an evening, a feast, etc.].

amargo, ga *a.* bitter. *2* sour [temper].

amargura *f.* bitterness. *2* sorrow, grief.

amarillento, ta *a.* yellowish. *2* sallow, pale.

amarillo, lla *a.-m.* yellow [colo(u)r]. *2* sallow, pale.

amarra *f.* NAUT. mooring cable, hawser.

amarrar *t.* to tie, fasten; rope. *2* NAUT. to moor [a ship].

amartelar *t.* to make jealous. *2* to charm, enamour.

amasar *t.* to knead, mix. *2* to amass. *3* MED. to massage.

amazona *f.* MYTH. Amazon. *2* courageous woman. *3* horse-woman. *4* riding habit.

ambages *m. pl.* ambages: ***hablar sin*** ~, to speak plainly.

ámbar *m.* amber.

ambarino, na *a.* amberlike.

ambición *f.* ambition, aspiration.

ambicionar *t.* to aspire to, covet.

ambicioso, sa *a.* ambitious, covetous, eager.

ambiente *a.-m.* ambient. *2* *m.* atmosphere, environment, sétting.

ambigüedad *f.* ambiguity, ambiguousness.

ambiguo, gua *a.* ambiguous, doubtful.

ámbito *m.* circuit, compass, field, area, precinct.

amblar *t.* to amble, pace.

ambos, bas *a.-pron.* both.

ambulancia *f.* ambulance.

ambulante *a.* ambulatory, itinerant.

amedrentar *t.* to frighten, scare, intimidate.

amenaza *f.* threat, menace.

amenazar *t.* to threaten, menace. *2* *i.* to be impending.

amenguar *t.* to diminish, lessen. *2* to dishonour, disgrace.

amenidad *f.* amenity, pleasantness.

amenizar *t.* to render pleasant, brighten.

ameno, na *a.* agreeable, pleasant, delightful.

América *f. pr. n.* GEOG. America.

americana *f.* suit coat, jacket.

americano, na *a.-m.* American.

ametralladora *f.* machine-gun.

ametrallar *t.* to machine-gun.

amianto *m.* asbestos.

amigable *a.* amicable, friendly, in a friendly way. *2* **-mente** *adv.* amicably.

amigo, ga *a.* friendly. *2* fond of. *3 m.-f.* friend. *4 m.* lover. *5 f.* mistress, concubine.

amilanar *t.* to daunt, cow.

aminorar *t.* to reduce lessen.

amistad *f.* friendship. *2* amity. *3* favour. *4 pl.* friends.

amistosamente *adv.* amicably.

amistoso, sa *a.* friendly, amicable.

amnistía *f.* amnesty.

amo *m.* master, landlord, proprietor, owner. *2* boss.

amoblar *t.* to furnish. ¶ CONJUG. like ***contar.***

amodorrarse *ref.* to drowse, become drowsy.

amolar *t.* to whet, grind, sharpen. *2* to bother, annoy. ¶ CONJUG. like ***contar.***

amoldar *t.* to mo(u)ld, shape, adapt, adjust. *2 ref.* to adapt oneself.

amonestación *f.* admonition, reproof, warning. *2 pl.* marriage banns.

amonestar *t.* to admonish, reprove, warn. *2* to publish banns of, to ask.

amontillado *m.* pale dry sherry.

amontonar *t.* to heap, pile, hoard. *2 ref.* to heap, be piled; to crowd, throng. *3* to fly into a passion.

amor *m.* love, affection: ~ ***propio***, self-esteem, conceit. *2* care [in work]. *3 pl.* love, love-affair. *4* ***con*** or ***de mil amores***, willingly.

amoratado, da *a.* purplish. *2* livid, black-and-blue.

amordazar *t.* to gag, muzzle.

amorío *m.* love-affair, amour.

amoroso, sa *a.* loving, affectionate. *2* amorous, of love.

amortajar *t.* to shroud [a corpse].

amortiguar *t.* to deaden [a blow, etc.]; to muffle [a sound]; to lessen, soften, tone down.

amortización *f.* amortization.

amortizar *t.* to amortize.

amotinado, da *m.-f.* mutineer, rioter.

amotinar *t.* to mutiny, incite to rebellion. *2 ref.* to mutiny, rebel.

amparar *t.* to protect, shelter, help, support. *2 ref.* to shelter, protect oneself; to avail oneself of the protection [of].

amparo *m.* protection, shelter, support.

ampliación *f.* enlargement, amplification.

ampliamente *adv.* largely.

ampliar *t.* to enlarge, amplify, extend.

amplificación *f.* enlargement, amplification.

amplificar *t.* to enlarge, amplify, magnify.

amplio, plia *a.* ample, extensive. *2* roomy, wide. *3* large.

amplitud *f.* amplitude, extent.

ampolla *f.* blister. *2* water bubble. *3* round-bellied bottle. *4* cruet. *5* MED. ampoule.

ampuloso, sa *a.* inflated, pompous.

amputación *f.* amputation.

amueblar *t.* AMOBLAR.

amuleto *m.* amulet.

amurallar *t.* to wall.

anacoreta *m.* anchorite.

anacronismo *m.* anachronism.

ánade *m.* ORN. duck, drake.

anadón *m.* duckling.

anales *m. pl.* annals.

analfabeto, ta *a.-m.* illiterate.

análisis *m.* analysis. *2* GRAM. parsing.

analítico, ca *a.* analytic(al.

analizar *t.* to analyze. *2* GRAM. to parse.

analogía *f.* analogy.

análogo, ga *a.* analogous, similar.

ananá, ananás *f.* BOT. pine-apple.

anaquel *m.* shelf [board].

anaranjado, da *a.-n.* orange colo(u)r.

anarquía *f.* anarchy.

anárquico, ca *a.* anarchic(al.

anarquista *a.* anarchistic. *2 s.* anarchist.

anatomía *f.* anatomy.

anca *f.* haunch, rump. *2* croup [in horses].

anciano, na *a.* old, aged. *2 m.-f.* old man or woman; ancient; elder.

ancla *f.* NAUT. anchor.

anclar *i.* to anchor.

ancho, cha *a.* broad, wide. *2* loose-fitting [garment]. *3* lax, elastic [conscience]. *4 m.* breadth, width. *5 f. pl.* ***a sus anchas***, free, comfortable, at one's ease.

anchoa *f.* ICHTH. anchovy.

anchura *f.* breadth, width. *2* freedom, ease, comfort.

anchuroso, sa *a.* broad, wide, spacious.

andadas *f. pl.* traces [of game]. *2* ***volver a las andadas***, to go back to one's old tricks.

andaderas *f. pl.* go-cart.

andadura *f.* pacing, amble.

andaluz, za *a.-n.* Andalusian.

andamio *m.* scaffolding.

andanada *f.* NAUT. broadside [discharge]. *2* reprimand. *3* BULLF. grand stand.

andante *a.* walking. *2* [knight-] errant. *3* MUS. andante.

andanza *f.* event. *2* (good or bad) fortune. *3 pl.* adventures, rambles, wanderings.

1) **andar** *i.* to walk, go, move; to ride. *2* [of a clock] to go; [of a machine] to run, work. *3* ~ ***con*** or ***en***, to tamper,

touch, handle. *4* ~ or ***andarse con cuidado***, to be careful; ***andando el tiempo***, in the course of time; ***andarse por las ramas***, to beat about the bush. ¶ CONJUG. INDIC. Pret.: ***anduve, anduviste***, etc. || SUBJ. Imperf.: ***anduviera, anduvieras***, etc., or ***anduviese, anduvieses***, etc. | Fut.: ***anduviere, anduvieres***, etc.

2) **andar** *m.* gait, pace: ***a largo*** ~, in the long run.

andariego, ga *a.* roving, walking. *2 m.-f.* rover, walker.

andarín *m.* good walker.

andas *f. pl.* bier. *2* stretcher, portable platform: ***en*** ~, in triumph.

andén *m.* RLY. platform. *2* quay. *3* footwalk.

andrajo *m.* rag, tatter.

andrajoso, sa *a.* ragged, in tatters.

andurriales *m. pl.* out-of-the-way places.

anécdota *f.* anecdote.

anegar *t.* to flood, overflow, inundate. *2* to drown. *3 ref.* to be inundated. *4* to drown; to sink.

anejo, ja *a.* annexed, attached.

anemia *f.* anaemia, anemia.

anestésico, ca *a.-m.* anaesthetic.

anexar *t.* to annex.

anexión *f.* annexion, annexation.

anexo, xa *a.* annexed, joined. *2 m.* annex.

anfibio, bia *a.* amphibious.

anfiteatro *m.* amphitheatre.

anfitrión *m.* amphitryon, host, entertainer.

ángel *m.* angel; ~ ***custodio*** or ***de la guarda***, guardian angel. *2* ***tener*** ~, to be charming.

angélico, ca *a.* angelic.

angina *f.* MED. quinsy, sorethroat. *2* MED. ~ ***de pecho***, angina pectoris.

anglicano, na *a.-n.* Anglican.

anglosajón, na *a.-n.* Anglo-Saxon.

angosto, ta *a.* narrow.

angostura *f.* narrowness. *2* narrows.

anguila *f.* ICHTH. eel.

angula *f.* elver, young eel.

angular *a.* angular. *2* ***piedra*** ~, cornerstone.

ángulo *m.* GEOM. angle. *2* corner.

angustia *f.* anguish, affliction, distress.

angustiar *t.* to afflict, distress, worry.

angustioso, sa *a.* distressing.

anhelante *a.* panting. *2* desirous, longing.

anhelar *i.* to pant, gasp. *2 t.* to desire, long for.

anhelo *m.* longing, yearning, desire.

anheloso, sa *a.* hard [breathing]. *2* panting. *3* anxious, desirous.

anidar *i.* to nest, nestle. *2* to dwell, reside.

anillo *m.* ring, circlet, finger ring: ***venir como*** ~ ***al dedo***, to be opportune. *2* cigar band.

ánima *f.* [human] soul.

animación *f.* animation, liveliness, life. *3* bustle, movement, crowd.

animado, da *a.* animate. *2* animated, lively. *3* heartened. *4* full of people.

animadversión *f.* hatred, ill will. *2* animadversion.

animal *a.* animal. *2* stupid. *3 m.* animal. *4* fig. blockhead.

animalada *f.* stupidity.

animar *t.* to animate. *2* to cheer up. *3* to encourage, decide. *4* to enliven, brighten. *5 ref.* to become animated. *6* to take heart. *7* to make up one's mind.

ánimo *m.* mind, spirit. *2* courage. *3* intention, purpose. *4* attention, thought. *5 interj.* ***¡ánimo!***, cheer up!

animosamente *adv.* bravely.

animosidad *f.* animosity, ill will. *2* courage.

animoso, sa *a.* brave, courageous.

aniquilación *f.* annihilation, destruction.

aniquilar *t.* to annihilate, destroy, crush.

anís *m.* anise. *2* anissette.

aniversario *m.* anniversary.

anoche *adv.* last night.

1) **anochecer** *i.* to grow dark. *2* to be or reach somewhere at nightfall. ¶ CONJUG. like ***agradecer***.

2) **anochecer** *m.*, **anochecida** *f.* nightfall, dusk, evening.

anodino, na *a.-m.* anodyne. *2* inane, ineffective.

anomalía *f.* anomaly, irregularity.

anómalo, la *a.* anomalous.

anonadado, da *a.* crushed, thunderstruck.

anonadar *t.* to annihilate; to crush, overwhelm. *2 ref.* to humble oneself; to be crushed.

anónimo, ma *a.* anonymous. *2* COM. jointstock [company]. *3 m.* anonym. *4* anonymous letter. *5* anonymity.

anormal *a.* abnormal.

anotación *f.* annotation. *2* note, entry.

anotar *t.* to annotate. *2* to write, note down; to enter, inscribe.

ansia *f.* throe, anguish, pang. *2* eagerness, avidity, longing.

ansiar *t.* to wish, long for, covet.

ansiedad *f.* anxiety, uneasinness, worry.

ansioso, sa *a.* anguished. *2* desirous, anxious, eager, greedy.

antagónico, ca *a.* antagonistic(al.

antagonista *m.* antagonist, adversary, opponent.

antaño *adv.* last year. *2* formerly, in olden times, long ago.
antártico, ca *a.* antarctic.
1) **ante** *m.* ZOOL. elk, moose. *2* muff [leather], buckskin.
2) **ante** *prep.* before, in the presence of. *2* ~ ***todo***, first of all; above all.
anteanoche *adv.* the night before last.
anteayer *adv.* the day before yesterday.
antebrazo *m.* forearm.
antecámara *f.* antechambre, waiting-room.
antecedente *a.-m.* antecedent. *2 m. pl.* references.
anteceder *t.* to antecede, precede.
antecesor, ra *m.-f.* predecessor. *2* ancestor, forefather.
antedicho, cha *a.* a)foresaid.
antelación *f.* anteriority, previousness: ***con*** ~, in advance.
antemano (de) *adv.* beforehand.
antena *f.* NAUT. lateen yard. *2* ZOOL. antenna, horn. *3* RADIO. aerial.
anteojo *m.* spyglass. *2 pl.* binocular. *3* eyeglasses, spectacles.
antepasado, da *a.* foregone. *2 m.* ancestor, forefather.
antepecho *m.* parapet, railing, window sill.
antepenúltimo, ma *a.* antepenultimate.
anteponer *t.* to place before, prefix: to give preference to.
anterior *a.* anterior, foregoing, former, previous: ***el día*** ~, the day before.
anterioridad *f.* priority: ***con*** ~, previously, beforehand.
anteriormente *adv.* previously, before.
antes *adv.* before, first, previously, formerly: ***cuanto*** ~, as soon as possible. *2* sooner, rather. *3* conj. ***antes***, or ~ ***bien***, rather, on the contrary. *4 a.* before, previous.
antesala *f.* ante-room, antechamber, waiting-room.
antever *t.* to foresee.
antiaéreo, a *a.* anti-aircraft.
anticipación *f.* anticipation, advance: ***con*** ~, in advance.
anticipadamente *adv.* in advance, beforehand, previously.
anticipar *t.* to anticipate, advance, hasten. *2* to advance [money]. *3 ref.* to occur before the regular time. *4* ***anticiparse a***, to anticipate, forestall.
anticipo *m.* ANTICIPACIÓN. *2* advance payment.
anticongelante *a.* antifreeze.
anticuado, da *a.* antiquated, old-fashioned, obsolete, out-of-date.
anticuario *a.* antiquarian. *2 m.* antiquary, antique-dealer.
antídoto *m.* antidote.
antifaz *m.* mask, veil.
antigualla *f.* antique; out-of-date custom, object, etc.
antiguamente *adv.* anciently, in old times.
antigüedad *f.* antiquity. *2* seniority. *3 pl.* antiquities, antiques.
antiguo, gua *a.* ancient, old; antique. *2* of long standing, old. *3* senior [in employments, etc.]. *4 m.* old [old time]. *5 pl.* the ancients.
antílope *m.* ZOOL. antelope.
antiparras *f. pl.* coll. spectacles, goggles, barnacles.
antipatía *f.* antipathy, dislike, aversion.
antipático, ca *a.* disagreeable; uncongenial, unpleasant.
antirreglamentario, ria *a.* against the rules.
antítesis *f.* antithesis.
antojadizo, za *a.* capricious, whimsical, fickle, fanciful.
antojarse *ref.* to take a fancy to; to want, desire, long. *2* to think, imagine.
antojo *m.* caprice, whim, notion, fancy, freak, will: ***a su*** ~, arbitrarily. *2* birth-mark.
antología *f.* anthology.
antorcha *f.* torch, flambeau.
antro *m.* cavern, den.
antropología *f.* anthropology.
anual *a.* annual, yearly. *2* **-mente** *adv.* annually, yearly.
anuario *m.* annual, year-book, trade directory.
anublar *t.* to cloud, darken, obscure, dim. *2 ref.* to become clouded.
anudar *t.* to knot; to tie, join. *2* to take up, resume. *3 ref.* ***anudársele a uno la garganta***, to choke up with emotion.
anuencia *f.* consent, permission.
anulación *f.* annulment, cancellation.
1) **anular** *t.* to annul, cancel.
2) **anular** *a.* ring-shaped: ***dedo*** ~, ring-finger.
anunciación *f.* announcement. *2* REL. Annuntiation.
anunciante *a.* advertising. *2 m.-f.* advertiser, announcer.
anunciar *t.* to announce. *2* to indicate, foretell. *4* to advertise.
anuncio *m.* announcement, notice. *2* presage, sign. *3* advertisement. *4* COM. advice.
anverso *m.* obverse [of coin].

anzuelo *m.* fish-hook. *2* fig. lure, allurement: ***tragar el*** ~, to swallow the bait.
añadidura *f.* addition. *2* extra.
añadir *t.* to add, join, increase.
añagaza *f.* lure; snare, trick.
añejo, ja *a.* old, aged [wine].
añicos *m. pl.* bits, shatters: ***hacerse*** ~, to be smashed.
añil *m.* anil, indigo.
año *m.* year: ~ ***bisiesto***, leap-year. *2 pl.* years, age: ***tengo 20 años***, I'm 20 years old.
añoranza *f.* regret, nostalgia, homesickness, longing.
aojar *t.* to bewitch; to spoil.
apabullar *t.* to crush, flatten. *2* fig. to squelch, silence.
apacentar *t.-ref.* to pasture, graze, feed. ¶ CONJUG. like ***acertar.***
apacible *a.* gentle, mild. *2* placid, pleasant. *3* **-mente** *adv.* sweetly, pleasantly.
apaciguamiento *m.* pacification, appeasement.
apaciguar *t.* to pacify, appease, calm. *2 ref.* to calm down.
apadrinar *t.* to sponsor, act as godfather to; to act as second of [in a duel]. *2* to support.
apagado, da *a.* out, extinguished, quenched. *2* dull [person]. *3* faint, pale, dead, dull, muffled.
apagar *t.* to extinguish, put out, blow out, turn out. *2* to quench. *3* to slake [lime]. *4* to dull, soften [colours]. *5* to deaden, muffle [sound]. *6 ref.* [of fire, light, etc.] to die out, go out.
apalabrar *t.* to agree [to something]. *2* to bespeak, reserve, engage beforehand.
apalear *t.* to beat, cane, cudgel, thrash.
apandillar *t.-ref.* to band together.
apañado, da *a.* skilful. *4* suitable.
apañar *t.* to take; to steal. *2* to dress, adorn. *3* to patch, mend. *4 ref.* to manage, contrive.
aparador *m.* sideboard, cupboard, buffet. *2* shop-window.
aparato *m.* apparatus, appliance, device, set. *2* machine, airplane. *3* exaggeration. *4* pomp, display, show.
aparatoso, sa *a.* pompous, showy. *2* fussy. *3* spectacular.
aparcar *t.* to park [cars, etc.].
aparcero, ra *m.-f.* partner.
aparear *t.* to pair, match, mate.
aparecer *i.-ref.* to appear, show up, turn up. ¶ CONJUG. like ***agradecer.***
aparecido *m.* ghost, spectre.
aparejar *t.* to prepare, get ready. *2* to saddle [horses, mules]. *3* NAUT. to rig, rig out. *4 ref.* to get [oneself] ready.
aparejo *m.* gear, equipment. *2* riding gear; packsaddle. *3* NAUT. masts, rigging, sails, tackle [on a ship]. *4* tackle [pulleys]. *5 pl.* tools.
aparentar *t.* to feign, pretend. *2* to look, seem.
aparente *a.* apparent [not real]. seeming. *2* apparent, visible. *3* **-mente** *adv.* apparently.
aparición *f.* apparition, appearance. *2* ghost, vision.
apariencia *f.* appearance, aspect. *2* likelihood. *3* pretence, show. *4* ***guardar las apariencias***, to keep up appearances.
apartadero *m.* RLY. sidetrack, siding, roadside.
apartado, da *a.* retired, aloof; distant, out-of-the-way. *2 m.* post-office box. *3* section [of a law, bill, etc.].
apartamento *m.* apartment, flat.
apartamiento *m.* retirement, separation. *2* apartment, flat.
apartar *t.* to separate, set apart. *2* to push, draw or turn aside; to remove, move away. *3* to dissuade. *4* to sort. *5 ref.* to move away, withdraw. *6* to stray [from path, etc.].
aparte *a.* separate, other. *2 adv.* apart. aside. *3* separately. *4 m.* THEAT. aside. *5* paragraph: ***punto y*** ~, paragraph.
apasionadamente *adv.* ardently, passionately.
apasionado, da *a.* ardent, passionate. *2* loving. *3* biased; emotional.
apasionamiento *m.* ardour, vehemence. *2* bias, partiality.
apasionar *t.* to impassion, excite strongly; to appeal deeply to. *2 ref.* to become impassioned. *3* to become passionately fond [of].
apatía *f.* apathy, indolence, indifference.
apático, ca *a.* apathetic, indolent.
apeadero *m.* horse-block. *2* RLY. stop, wayside station.
apear *t.* to dismount, help down or out [from horse or carriage]. *2* to survey [land]. *3* ARCH. to prop up. *4* to dissuade. *5 ref.* to dismount, alight.
apechugar *t.* ~ ***con***, to accept reluctantly.
apedrear *t.* to throw stones at; to stone.
apegado, da *a.* attached, devoted.
apegarse *ref.* to become very fond of, attach oneself [to].
apego *m.* attachment, affection, liking, fondness.
apelación *f.* LAW appeal.
apelar *i.* LAW to appeal. *2* to have recourse to.
apelotonarse *ref.* [of hair, wool, etc.] to

form knots, tufts or balls. *2* [of people] to cluster.
apellidar *t.* to call, name, surname. *2 ref.* to be called.
apellido *m.* family name. *2* surname.
apenado, da *a.* sorry, troubled.
apenar *t.* to pain, cause sorrow to. *2 ref.* to grieve.
apenas *adv.* scarcely, hardly. *2* as soon as, no sooner than.
apéndice *m.* appendage, appendix.
apendicitis *f.* appendicitis.
apercibir *t.* to prepare before-hand. *2* to warn, advise. *3* to perceive, see. *4 ref.* to get ready.
aperitivo *m.* cocktail, appetizer.
apertura *f.* opening [of a shop, etc.]. *2* reading [of a will].
apesadumbrar *t.* to pain, distress. *2 ref.* to be sad, grieve.
apestar *t.* to infect with the plague. *2* to corrupt, vitiate. *3* to sicken, plague. *4 i.* to stink.
apetecer *t.* to desire, crave, wish. ¶ CONJUG. like ***agradecer***.
apetecible *a.* desirable, tasty.
apetencia *f.* appetence, -cy.
apetito *m.* appetite; hunger.
apetitoso, sa *a.* appetizing, savoury, palatable, tasty.
apiadar *t.* to inspire pity. *2 ref.* ***apiadarse de***, to pity, have pity on.
ápice *m.* apex, summit. *2* whit.
apicultor, ra *m.-f.* bee-keeper.
apilar *t.* to pile, pile up, heap, heap up.
apiñar *t.* to pack, press together, jam. *2 ref.* to crowd.
apio *m.* BOT. celery.
apisonadora *f.* steam-roller.
apisonar *t*, to tamp, pack down [earth]; to roll [roadways].
aplacar *t.* to appease, placate, soothe. *2 ref.* to become appeased.
aplanar *t.* to smooth, level, make even. *2* to astound. *3 ref.* to be discouraged or depressed.
aplastante *a.* crushing, dumbfounding, overpowering.
aplastar *t.* to flatten. *2* to crush, quash. *3* to dumbfound. *4 ref.* to become flat.
aplaudir *t.-i.* to applaud, clap [one's hands]. *2* to approve, praise.
aplauso *m.* applause, handclapping.
aplazamiento *m.* adjournment, postponement.
aplazar *t.* to adjourn, put off, postpone.
aplicación *f.* application. *2* sedulouness, studiousness. *3* SEW. appliqué.
aplicado, da *a.* applied. *2* studious, industrious, diligent.
aplicar *t.* to apply. *2 ref.* to apply [have a bearing]. *3* to devote oneself. *4* to be studious.
aplomo *m.* assurance, self-possession. *2* verticality, aplomb.
apocado, da *a.* cowardly, spiritless, timid.
apocar *t.* to lessen. *2* to contract, restrict. *3* to humble, belittle. *4 ref.* to become diffident.
apodar *t.* to nickname, give a nickname to.
apoderado, da *m.* proxy, agent, attorney, manager.
apoderar *t.* to empower, authorize. *2 ref.* ***apoderarse de***, to seize, take hold or possession of.
apodo *m.* nickname, sobriquet.
apogeo *m.* ASTR. apogee. *2* fig. summit, height.
apolillado, da *a.* moth-eaten, mothy.
apolillarse *t.-ref.* to become moth-eaten.
apología *f.* apology, defence.
apólogo *m.* apologue, fable.
apoltronarse *ref.* to grow lazy.
apoplejía *f.* MED. apoplexy, stroke.
aporrear *t.* to cudgel; to beat.
aportación *f.* contribution.
aportar *t.* to bring, contribute [as one's share]. *2 i.* ~ ***a***, NAUT. to arrive at [a port].
aposentar *t.* to put up, lodge. *2 ref.* to take lodging.
aposento *m.* room, apartment.
aposición *f.* GRAM. apposition.
aposta *adv.* on purpose.
1) **apostar** *t.-ref.-i.* to bet, wager ¶ CONJUG. like ***contar***.
2) **apostar** *t.-ref.* to place, post.
apostasía *f.* apostasy.
apostilla *f.* marginal note.
apóstol *m.* apostle.
apostrofar *t.* RHET. to apostrophize. *2* to scold.
apóstrofe *m.-f.* RHET. apostrophe. *2* taunt, insult.
apostura *f.* handsomeness, good looks.
apoteosis, *pl.* **-sis** *f.* apotheosis.
apoteótico, ca *a.* glorifying. *2* glorious, great.
apoyar *t.* to rest, lean. *2* to back, support; to base, found. *3* to prove, confirm. *4* to prop. *5 i.-ref.* to rest, lean [on]; to be supported [on or by]; to be based [on]. *6 ref.* to base oneself.
apoyo *m.* prop, stay, support. *2* protection, help. *3* basis.

apreciable *a.* appraisable. *2* appreciable, noticeable. *3* estimable, nice.
apreciación *f.* appraisal. *2* appreciation.
apreciar *t.* to appraise, estimate, value. *2* to esteem, like. *3* to appreciate.
aprecio *m.* appraisement, valuation. *2* esteem, regard, liking.
aprehender *t.* to aprehend, arrest.
aprehensión *f.* apprehension, arrest. *2* seizure [of contraband].
apremiante *a.* urgent, pressing.
apremiar *t.* to urge, press. *2* to compel, constrain.
apremio *m.* pressure, urgency. *2* constraint, judicial compulsion.
aprender *t.* to learn.
aprendiz, za *m.-f.* aprentice.
aprendizaje *m.* apprenticeship. *2* the act of learning.
aprensión *f.* APREHENSIÓN. *2* scruple. *3* dread of contagion or illness. *4* unfounded opinion.
aprensivo, va *a.* fearing contagion or illness, apprehensive.
apresar *t.* NAUT. to seize, capture. *2* to seize, clutch [with claws or teeth]. *3* APRISIONAR.
aprestar *t.-ref.* to prepare, make ready. *2* *t.* to finish [cloth].
apresto *m.* preparation, making ready. *2* finish [of cloth].
apresuradamente *adv.* hastily, hurriedly.
apresurado, da *a.* hasty, hurried.
apresuramiento *m.* hurry.
apresurar *t.* to hasten, hurry. *2 ref.* to hurry up, make haste.
apretadamente *adv.* tightly.
apretado, da *a.* tight [knot, screw, etc.]. *2* dense, compact. *3* difficult, dangerous. *4* coll. stingy. *5* coll. badly off.
apretar *t.* to squezee, hug. *2* to press, press down. *3* to tighten [bonds, screws, etc.]. *4* [of garments] to fit tight; [of shoes] to pinch. *5* to compress, press together, pack tight. *6* to spur, urge. *7* ~ ***el paso***, to quicken the pace. *8 i.* ~ ***a correr***, to start running. *9 ref.* to crowd, become pressed together. ¶ CONJUG. like ***acertar.***
apretón *m.* squeeze, quick pressure: ~ ***de manos***, handshake. *2* effort, dash, spurt.
apretujar *t.* to press or squeeze hard.
apretura *f.* press [of people], jam, crush. *2* narrow place.
aprieto *m.* straits, difficulty, scrape, fix. *2* APRETURA.
aprisa *adv.* quickly, hurriedly.
aprisco *m.* sheep-fold.
aprisionar *t.* to imprison. *2* to shackle. *3* to hold fast.
aprobación *f.* approbation, approval; applause.
aprobado *m.* EDUC. pass mark.
aprobar *t.* to approve, approve of. *2* to pass [an examination, a student]. *3* to pass, adopt [a bill, a resolution, etc.]. ¶ CONJUG. like ***contar.***
apropiadamente *adv.* fitly, etc.
apropiado, da *a.* fit, proper, appropriate.
apropiar *t.* to appropriate. *2* to fit, make suitable. *3* to apply fitly. *4 ref.* appropriate, take possession of.
aprovechado, da *a.* well spent [time]. *2* diligent, advanced. *3* thrifty.
aprovechar *t.* to utilize, make use of, benefit from, profit by, improve, spend profitably. *2* to use up [remaining material, etc.]. *3 i.* to be useful, avail. *4 ref.* to avail oneself of, take advantage of. *5* ***¡que aproveche!***, may you enjoy it!
aprovisionar *t.* to supply, furnish, provide.
aproximación *f.* aproximation, approach.
aproximadamente *adv.* approximately.
aproximado, da *a.* approximate; near. *2* nearly correct.
aproximar *t.* to bring near. *2* to approximate. *3 ref.* to approach, come near.
aptitud *f.* aptitude, titness, ability, talent.
apto, ta *a.* able, competent. *2* apt, fit, suitable.
apuesta *f.* bet, wager.
apuesto, ta *a.* good-looking. *2* elegant, spruce.
apuntación *f.* note, memorandum. *2* share in a lottery ticket.
apuntador *m.* THEAT. prompter.
apuntalar *t.* to prop, prop up.
apuntar *t.* to aim, level, point [a gun, etc.]. *2* to point out, indicate, mark. *3* to note, jot down, inscribe. *4* to point, sharpen. *5* to sketch. *6* to stitch, pin or tack lightly. *7* THEAT. to prompt. *8* to hint at. *9* to stake [a sum] on a card. *10 i.* to break, dawn, begin to appear.
apunte *m.* note, memorandum. *2* rough sketch. *3* THEAT. prompter.
apuñalar *t.* to stab, poniard.
apurado, da *p. p.* of APURAR. *2 a.* hard up, in trouble. *3* exhausted. *4* difficult, dangerous. *5* accurate, precise.
apurar *t.* to purify. *2* to investigate minutely. *3* to carry to extremes. *4* to drain, use up, exhaust. *5* to hurry, press. *6* to worry, annoy. *7 ref.* to get or be worried.
apuro *m.* fix, predicament, difficulty,

trouble. *2* need, want. *3* worry. *4* (Am.) urgency.
aquejar *t.* to ail, afflict, suffer from.
aquel *m.*, **aquella** *f. dem. a. sing.* that. **aquellos** *m.*, **aquellas** *f. pl.* those.
aquél *m.*, **aquélla** *f. dem. pron. sing.* that one; the former. **aquello** *neut.* that, that thing. **aquéllos** *m.*, **aquéllas** *f.* those [ones]; the former.
aquí *adv.* here. *2* now: ***de ~ en adelante***, from now on. *3* then, at that moment.
aquiescencia *f.* acquiescence, consent.
aquietar *t.* to quiet, calm, lull, pacify. *2 ref.* to quiet down.
aquilatar *t.* to weigh the merit or character of.
ara *f.* altar; altar slab. *2* ***en aras de***, for the sake of.
árabe *a.-n.* Arab, Arabic, Arabian. *2 m.* Arabic [language].
arado *m.* AGR. plough, *plow.
aragonés, sa *a.-n.* Aragonese.
arancel *m.* tariff.
arandela *f.* MECH. washer.
araña *f.* ZOOL. spider. *2* chandelier, lustre.
arañar *t.* to scratch. *2* to scrape up.
arañazo *m.* scratch.
arar *t.* to plough, plow.
arbitraje *m.* arbitration. *2* umpiring; refereeing.
arbitrar *t.* to arbitrate; to umpire, referee. *2* to raise [funds].
arbitrariedad *f.* arbitrary act. *2* arbitrariness.
arbitrario, ria *a.* arbitrary.
arbitrio *m.* free will. *2* power, choice, discretion. *3* means, device. *4* arbitrament. *5 pl.* excise, taxes.
árbitro *m.* arbiter. *2* arbitrator. *3* umpire, referee.
árbol *m.* BOT. tree. *2* MECH. shaft, axle. *3* NAUT. mast.
arbolado, da *a.* wooded. *2 m.* woodland.
arboladura *f.* NAUT. masts and yards.
arbolar *t.* to hoist, set up.
arboleda *f.* grove, wooded land.
arbotante *m.* flying buttress.
arbusto *m.* BOT. shrub, bush.
arca *f.* coffer, chest, box. *2* strong-box, safe. *3* ark: ***~ de Noé***, Noah's ark.
arcabuz *m.* harquebus.
arcada *f.* ARCH. arcade. *2 pl.* retching.
arcaico, ca *a.* archaic.
arcángel *m.* archangel.
arcano *a.* hidden. *2 m.* secret, mistery.
arce *m.* maple [tree; shrub].
arcediano *m.* archdeacon.
arcilla *f.* clay.
arcipreste *m.* archpriest.
arco *m.* GEOM., ELEC. arc. *2* ARCH., ANAT. arch. *3* bow [weapon, violin]. *4* hoop [of a cask]. *5* METEOR. ***~ iris***, rainbow.
archipiélago *m.* archipelago.
archivar *t.* to deposit in the archives. *2* to file, register.
arder *t.* to burn, blaze. *2* ***~ de***, or ***en***, to burn with [love, etc.].
ardid *m.* stratagem, trick.
ardiente *a.* ardent, burning, hot. *2* passionate; fiery. *3* **-mente** *adv.* ardently, fervently.
ardilla *f.* ZOOL. squirrel.
ardite *m.* bit, trifle: ***no me importa un ~***, I don't care a hang.
ardor *m.* ardour, heat. *2* eagerness, fervour. *3* courage.
ardoroso, sa *a.* ardent, burning, vehement, eager. *2* passionate.
arduo, dua *a.* hard, difficult, arduous.
arduamente *adv.* arduously.
área *f.* area [superficial extent]. *2* are [measure].
arena *f.* sand, grit. *2* arena, circus.
arenal *m.* sandy ground, extent of quicksands. *2* sand pit.
arenga *f.* harangue, address.
arengar *i.-t.* to harangue.
arenisca *f.* sandstone.
arenoso, sa *a.* sandy, grity.
arenque *m.* ICHTH. herring.
arete *m.* small ring. *2* ear-ring.
argamasa *f.* MAS. mortar.
argelino, na *a.-m.* Algerian.
argentado, da *a.* silvery.
argentino, na *a.* silvery. *2 m.-f.* Argentine, Argentinean.
argolla *f.* ring, metal ring. *2* bracelet.
argucia *f.* subtlety, sophism.
argüir *t.* to infer. *2* to argue [imply, prove; accuse]. *3 i.* to reason. ¶ CONJUG. like ***huir***.
argumentación *f.* argumentation, argument.
argumentar *t.* to argue, dispute, reason.
argumento *m.* argument. *2* plot [of a play, etc.].
aridez *f.* barrenness, dryness.
árido, da *a.* barren, dry, arid. *2 m. pl.* grains and dry vegetables.
ariete *m.* battering-ram. *2* NAUT. ram.
arisco, ca *a.* unsociable, surly.
arista *f.* arris, edge. *2* BOT. awn, beard [of grain].
aristocracia *f.* aristocracy.
aritmética *f.* arithmetic.
arma *f.* weapon, arm: ***~ blanca***, steel, cold steel. *2 pl.* arms [military profession]. *3* HER. arms, armorial bearings.

armada *f.* navy. *2* fleet.
armador *m.* shipowner, shipcharterer.
armadura *f.* armo(u)r. *2* framework, truss. *3* roof frame. *4* ELECT. armature.
armamento *m.* armament.
armar *t.* to arm. *2* to fix [a bayonet]. *3* to fit out [a ship]. *4* to assemble, set up, mount. *5* to set [a trap]. *6* to make, stir up. *7* ~ ***caballero***, to knight. *8 ref.* to arm oneself: ***armarse de valor***, to gather up one's courage.
armario *m.* cupboard, wardrobe.
armatoste *m.* hulk; cumbersome machine or object.
armazón *f.* frame, framework. *3* ANAT. skeleton.
armería *f.* arms museum. *2* armo(u)ry. *3* arms shop.
armiño *m.* ermine. *2* ermine fur.
armisticio *m.* armistice.
armonía *f.* harmony.
armónica *f.* MUS. harmonica, mouth-organ.
armonioso, sa *a.* harmonious.
armonizar *t.-i.* to harmonize.
arnés *m.* harness, armour. *2 pl.* harness [of horses]. *3* gear, tools.
aro *m.* hoop, ring, rim.
aroma *f.* aroma, fragance, scent.
aromático, ca *a.* aromatic.
arpa *f.* MUS. harp.
arpía *f.* harpy. *2* shrew; hag.
arpón *m.* harpoon. *2* ARCH. clamp.
arquear *t.* to arch, bend. *2* to gauge [a ship].
arqueología *f.* archælogy.
arquero *m.* archer.
arqueta *f.* small coffer or chest.
arquitecto *m.* architect.
arquitectura *f.* architecture.
arrabal *m.* suburb. *2 pl.* out-skirts.
arracimarse *ref.* to cluster.
arraigado, da *a.* rooted, inveterate.
arraigar *i.-ref.* to taque root. *2 t.* to establish, strenghten.
arraigo *m.* taking root.
arrancar *t.* to uproot, pull out. *2* to pluck [feathers, hairs, etc.]. *3* to tear out, snatch. *4* to extort, force [from]. *5 i.* to start. *6* to come [from].
arranque *m.* pulling up. *2* start [of a motor, etc.]. *3* MECH. starter, starting gear. *4* impulse, outburst [of anger, etc.].
arras *f. pl.* earnest money. *2* dowry.
arrasar *t.* to level; to raze, demolish. *2 ref.-i.* [of the sky] to clear up. *3* ***arrasarse en lágrimas***, [of the eyes] to fill with tears.
arrastrado, da *a.* wretched, miserable. *2* rascally. *3 m.-f.* rascal, scamp.
arrastrar *t.* to drag, pull along, trail. *2* to carry after oneself. *3* to carry away; to wash down. *4 ref.* to crawl. *5* to debase oneself.
arrayán *m.* BOT. myrtle.
arrastre *m.* drag, dragging.
arrear *t.* to drive [horses, mules, etc.]. *2* to deliver [a blow]. *3* to dress, adorn.
arrebatadamente *adv.* recklessly.
arrebatado, da *a.* hasty, rash, impetuous. *2* bright red [face].
arrebatar *t.* to snatch, take away by force. *2* to carry away, move, enrapture. *3 ref.* to be led away [by emotion].
arrebato *m.* fit, rage, fury. *2* rapture.
arrebol *m.* red tinge in the clouds. *2* rouge, paint.
arrebujarse *ref.* to tuck oneself [in]; to wrap oneself up.
arreciar *i.-ref.* to increase in strength or intensity.
arrecife *m.* reef [in the sea]. *2* stone-paved road.
arredrar *t.* to frighten, intimidate. *2 ref.* to be frightened; to flinch, draw back.
arreglar *t.-ref.* to adjust, regulate. *2* to settle, arrange. *3* to put in order. *4* to dress, smarten up. *5* to mend, fix up.
arreglo *m.* rule, order. *2* arrangement. *3* settlement, agreement, compromise. *4* mending, fixing up. *5* ***con*** ~ ***a***, according to.
arrellanarse *ref.* to sit at ease, sprawl, lounge.
arremangar *t.-ref.* to tuck up [one's] sleeves. *2* to take a firm decision.
arremeter *i.* to attack, rush.
arremetida *f.* attack, rushing upon; assault, push.
arremolinarse *ref.* to crowd, press together. *2* to whirl, swirl.
arrendamiento *m.* renting, leasing, letting; lease. 2 rent.
arrendar *t.* to rent, lease, farm; to let. ¶ CONJUG. like ***acertar***.
arrendatario, ria *m.-f.* lessee, tenant.
arreos *m. pl.* harness, riding gear. *2* appurtenances.
arrepentimiento *m.* repentance; regret.
arrepentirse *ref.* to repent, regret. ¶ CONJUG. like ***hervir***.
arrestado, da *a.* bold, daring.
arrestar *t.* to arrest, imprison. *2* MIL. to detain, confine.
arresto *m.* arrest, detention. *2* MIL. confinement. *3 pl.* pluck, spirit.
arriar *t.* to lower, strike [sails, colours].
arriba *adv.* up, upwards; upstairs; above,

on high, at the top, overhead: ***cuesta ~***, up the hill; ***de ~ abajo***, from top to bottom. *2 interj.* up!

arribar *i.* to arrive. *2* NAUT. to put into port.

arriendo *m.* lease, rental.

arriero *m.* muleteer.

arriesgadamente *adv.* dangerously, riskily.

arriesgado, da *a.* risky, dangerous. *2* daring, bold, rash.

arriesgar *t.* to risk, hazard, venture. *2 ref.* to expose oneself to danger. *3* to dare.

arrimar *t.* to bring close [to], place [against]. *2* to put away, shelve. *3 f.* ***arrimarse a***, to go near; to lean against; to seek the protection of; to associate with.

arrimo *m.* support, help, protection.

arrinconar *t.* to put in a corner. *2* to corner [a person]. *3* to shelve, ignore, neglect. *4* to lay aside, discard.

arroba *f.* weight of about 11 ½ kg.

arrobamiento *m.* bliss, entrancement, ecstasy, rapture.

arrobar *t.* to entrance, enrapture.

arrodillarse *ref.* to kneel [down].

arrogancia *f.* arrogance, haughtiness, pride.

arrogante *a.* arrogant, haughty, proud. *2* **-mente** *adv.* haughtily.

arrogarse *ref.* to arrogate, claim, appropriate, usurp, assume.

arrojadizo, za *a.* for throwing, missile.

arrojado, da *a.* bold, intrepid, dashing, rash.

arrojar *t.* to throw, fling, hurl, cast. *2* to shed, emit. *3* to expel, throw out. *4* to vomit. *5* to show [a total, a balance]. *6 ref.* to throw oneself. *7* to take the risk.

arrojo *m.* boldness, dash, bravery.

arrollador *m.* violent, sweeping, overwhelming.

arrollar *t.* to roll, roll up. *2* to wind, coil. *3* to rout [the enemy]. *4* to trample down run over. *5* to confound.

arropar *t. -ref.* to cover, wrap, wrap up, swathe.

arrostrar *t.* to face, stand, defy.

arroyo *m.* brook, rivulet, stream. *2* gutter [in a street].

arroz *m.* BOT. rice.

arrozal *m.* rice-field.

arruga *f.* wrinkle, crease, crumple; line [on the face].

arrugar *t.* to wrinkle; to crease, crumple. *2* SEW. to gather, fold. *3* ~ ***la frente***, to frown.

arruinar *t.* to ruin, demolish, destroy. *2 ref.* to become ruined, go «broke»; to fall into ruins.

arrullar *t.* to coo; to bill and coo. *2* to lull or sing to sleep.

arrullo *m.* cooing. *2* lullaby. *3* gentle murmuring.

arrumaco *m.* caress, show of affection.

arsenal *m.* shipyard, dockyard. *2* arsenal.

arsénico *m.* CHEM. arsenic.

arte *m.-f.* art: ***bellas artes***, fine arts. *2* craft, skill; cunning: ***con malas artes***, by evil means. *3* fishing appliance.

artefacto *m.* manufacture, mechanical hand-work. *2* device, machine, contrivance.

arteria *f.* artery.

artería *f.* artfulness; cunning, trick.

artero, ra *a.* artful, cunning, sly.

artesa *f.* kneading-trough.

artesano, na *m.-f.* artisan, craftsman, mechanic.

artesonado *a.* panelled [ceiling]. *2 m.* panelwork [in a ceiling].

ártico, ca *a.* arctic.

articulación *f.* articulation. *2* MECH. joint.

articulado, da *a.* articulate(d. *2 m.* the articles [of an act, law, etc.]. *3 a.-m.* ZOOL. articulate.

articular *t.* to articulate. *2 ref.* to articulate, be connected.

artículo *m.* article. *2* entry [in a dictionary]. *3* ~ ***de fondo***, editorial.

artífice *m.* artificer, craftsman.

artificial *a.* artificial.

artificio *m.* artifice, skill. *2* cunning, trick. *3* device, contrivance.

artificioso, sa *a.* skilful. *2* crafty, artful; deceitful.

artilugio *m.* contraption.

artillería *f.* artillery; ordnance.

artillero *m.* gunner, artilleryman.

artimaña *f.* trick, stratagem. *2* trap, snare.

artista *m.-f.* artist.

artístico, ca *a.* artistic.

arzobispado *m.* archbishopric.

arzobispo *m.* archbishop.

as *m.* ace.

asa *f.* handle.

asado, da *a.* roasted, roast. *2 m.* roast.

asador *m.* spit, roaster.

asaetear *t.* to shoot with arrows.

asalariado, da *a.* salaried. *2 m.* wage-earner.

asaltador *a.* assailing. *2 m.-f.* assailant, highwayman.

asaltar *t.* to assail, assault, storm. *2* to surprise, hold up.

asalto *m.* assault, storm; ***tomar por ~***, to

take by storm. *2* FENC. assault. *3* BOX. round.
asamblea *f.* assembly, meeting.
asar *t.-ref.* to roast.
asaz *adv.* enough; quite, very.
ascendencia *f.* ancestry, descent.
ascendente *a.* ascending, ascendant. *2* up [train].
ascender *i.* to ascend, climb. *2* to accede [to the throne]. *3* to amount [to]. *4* to be promoted. *5 t.* to promote. ¶ CONJUG. like ***entender.***
ascendiente *a.* ASCENDENTE 1. *2 m.* ancestor. *3* ascendancy, -ency.
ascensión *f.* ascension, ascent. *2* accession [to the throne].
ascenso *m.* promotion.
ascensor *m.* lift, elevator.
asceta *m.* ascetic.
ascético, ca *a.* ascetic.
asco *m.* nausea, loathing, disgust: ***dar ~***, to be disgusting. *2* disgusting thing.
ascua *f.* red-hot coal; ember; ***estar en ascuas***, to be on tenterhooks.
aseado, da *a.* clean, neat, tidy.
asear *t.* to clean, tidy.
asechanza *f.* snare, trap, pitfall.
asechar *t.* to set traps for.
asediar *t.* to besiege, invest. *2* fig. to beset, importunate.
asedio *m.* siege, blockade.
asegurado, da *a.-n.* insured.
asegurador, ra *m.-f.* insurer, underwriter.
asegurar *t.* to secure. *2* to fasten, fix. *3* to ensure. *4* to assure. *5* to assert, affirm. *6* COM. to insure. *7 ref.* to make sure. *8* to hold fast. *9* to insure oneself.
asemejar *t.* to liken, compare. *2 i.-ref.* to resemble.
ascenso *m.* assent, consent.
asentar *t.* to seat. *2* to place, fix, establish. *3* to affirm, assume. *4* to enter [in a ledger, etc.]; to note down. *5 ref.* to sit down. *6* to settle. *7* [of birds] to alight. ¶ CONJUG. like ***acertar.***
asentimiento *m.* assent, consent, acquiescence.
asentir *i.* to assent, agree. ¶ CONJUG. like ***hervir.***
aseo *m.* cleanliness, tidiness. *2* cleaning, tidying: ***cuarto de ~***, toilet-room.
asequible *a.* accesible, obtainable, reachable, available.
aserción *f.* assertion, affirmation.
aserradero *m.* saw-mill.
aserrar *t.* to saw. ¶ CONJUG. like ***acertar.***
aserrín *m.* sawdust.
aserto *m.* assertion, statement.
asesinar *t.* to assassinate, murder.
asesinato *m.* assassination, murder.
asesino, na *a.* murderous. *2 m.-f.* assassin, murderer.
asesor, ra *m.-f.* adviser, assessor.
asesoramiento *m.* advice.
asesorar *t.* to advise, give professional advice to. *2 ref.* to take advice.
asestar *t.* to aim, point, level, direct. *2* to strike, deal [a blow]; to fire [a shot].
aseveración *f.* asseveration, assertion.
aseverar *t.* to asseverate, affirm.
asfalto *m.* asphalt, asphaltum.
asfixia *f.* suffocation.
asfixiar *t.-ref.* to suffocate.
así *adv.* so, thus, in this way: ***así así,*** so so; middling; ***~ sea***, so be it. *2* in the same manner, as well. *3* as soon: ***~ que***, as soon as. *4 a.* such: ***un hombre ~***, such a man. *5 conj.* would that. *6* ***~ pues***, so then, therefore.
asiático, ca *a.-n.* Asiatic, Asian.
asidero *m.* handle, hold. *2* occasion, pretext.
asiduidad *f.* assiduity, sedulity.
asiduo, dua *a.* assiduous, frequent.
asiento *m.* seat [chair, etc.]. *2* site [of building, town, etc.]. *3* sediment. *4* settlement, establishment. *5* entry [in book-keeping]. *6* bottom.
asignación *f.* assignation. *2* allocation [of money], allowance.
asignar *t.* to assign, allot. *2* to assign, fix, appoint.
asignatura *f.* subject of study.
asilo *m.* asylum, refuge, shelter.
asimilación *f.* assimilation.
asimilar *t.* to assimilate. *2 ref.* to be assimilated. *3* to resemble.
asimismo *adv.* in like manner, likewise, also.
asir *t.* to seize, grasp, take. *2 ref.* to hold (to). *3* to avail oneself [of].
asistencia *f.* attendance, presence. *2* assistance, aid.
asistente *a.-n.* attendant, present. *2 m.* assistant, helper. *3* MIL. batman.
asistir *i.* to attend, be present, go: ***~ a la escuela***, to attend school. *2* CARDS to follow suit. *3 t.* to assist, aid, help.
asma *f.* MED. asthma.
asno *m.* ass, donkey, jackass.
asociación *f.* association.
asociado, da *m.-f.* associate, partner. *2* member.
asociar *t.* to associate. *2 ref.* to associate,

become associated; to join, enter into partnership.
asolador, ra *a.* razing, ravaging, devastating.
asolar *t.* to raze, level with the ground, lay waste, desolate. *2 ref.* [of liquids] to settle. ¶ CONJUG. like ***contar.***
asomar *i.* to begin to appear. *2 t.* to show, put out [through, behind or over an opening or a wall]. *3 ref.* to peep out, put one's head out, look out.
asombrar *t.* to frighten. *2* to amaze, astonish. *3 ref.* to be astonished, amazed.
asombro *m.* fright. *2* amazement, astonishment.
asombroso, sa *a.* amazing, astonishing, wonderful.
asomo *m.* sign, indication: ***ni por*** ~, by no means.
asonancia *f.* assonance.
aspa *f.* X-shaped figure or cross. *2* reel [for skeining]. *3* wing [of windmill]. *4* blade [of a propeller].
aspaviento *m.* fuss, excessive show of fear, surprise, etc.
aspecto *m.* aspect, look, appearance.
ásperamente *adv.* rudely, harshly.
aspereza *f.* asperity, roughness. *2* tartness; harshness. *3* rudeness, gruffness.
asperjar *t.* to sprinkle.
áspero, ra *a.* rough. *2* harsh. *3* sour, tart. *4* rude, gruff.
aspersión *f.* aspersion, sprinkling.
áspid(e *m.* asp; viper.
aspillera *f.* MIL. loop-hole.
aspiración *f.* aspiration, ambition, longing. *2* breathing in.
aspirador, ra *a.* sucking. *2 f.* vacuum cleaner, hoover.
aspirante *a.* sucking. *2 m.* aspirant, candidate.
aspirar *t.* to inhale, breathe in. *2* to suck, draw in. *3* PHYS., PHON. to aspirate. *4 i.* ~ ***a***, to aspire after or to; to be a candidate for.
asquerosamente *adv.* dirtily.
asqueroso, sa *a.* loathsome, dirty, filthy, disgusting.
asta *f.* shaft. *2* lance, pike. *3* flagstaff. *4* horn, antler.
astado *m.* bull.
asterisco *m.* asterisc (*).
asteroide *m.* ASTR. asteroid.
astil *m.* handle, helve. *2* beam [of balance]. *3* shaft [of arrow].
astilla *f.* chip, splinter.
astillar *t.* to chip, splinter.
astillero *m.* shipyard, dockyard. *2* rack for lances.
astracanada *f.* THEAT. cheap farce.
astringente *a.* astringent.
astro *m.* star, heavenly body.
astrología *f.* astrology.
astrólogo *m.* astrologer.
astronauta *m.-f.* astronaut.
astronomía *f.* astronomy.
astrónomo *m.* astronomer.
astucia *f.* astuteness, cunning. *2* trick, stratagem.
astutamente *adv.* cunningly.
astuto, ta *a.* astute, cunning, sly, crafty.
asueto *m.* brief vacation, day off, school holiday.
asumir *t.* to assume, take upon oneself.
asunción *f.* assumption.
asunto *m.* matter subject, theme. *2* affair, business.
asustadizo, za *a.* easily frightened, scary, skittish.
asustar *t.* to frighten, scare. *2 ref.* to be frightened, take fright.
atabal *m.* kettle-drum.
atacar *t.* to attack. *2* to assail. *3* to impugn. *4* to ram, tamp.
atado, da *a.* faint-hearted. *2 m.* bundle, parcel.
atadura *f.* tying. *2* bind, knot.
atajar *i.* to take a short cut. *2* to head off. *3* to stop, interrupt. *4* to cut short.
atajo *m.* short cut.
atalaya *f.* watch-tower; high look-out. *2 m.* guard, look-out [man].
atañer *i.* to concern, regard.
ataque *m.* attack. *2* impugnation. *3* fit, access, stroke.
atar *t.* to tie, lace, knot, bind: ~ ***cabos***, to put two and two together. *2 ref.* to bind oneself.
1) **atardecer** *impers.* to get or grow dark.
2) **atardecer** *m.* evening, nightfall.
atareado, da *a.* busy.
atarearse *ref.* to toil, work hard, be very busy.
atarugar *t.* to silence, confuse.
atascadero *m.* mudhole. *2* difficulty, obstruction, dead end.
atascar *t.* to stop, clog, obstruct. *2* fig. to arrest [an affair]. *3 ref.* to be bogged. *4* to get stuck.
atasco *m.* sticking in the mud. *2* obstruction, jam.
ataúd *m.* coffin.
ataviar *t.* to dress, dress up, deck out, adorn.

atavío *m.* dress, adornment. *2 pl.* adornments.
atavismo *m.* atavism.
ateísmo *m.* atheism.
atemorizar *t.* to frighten, daunt. *2 ref.* to become frightened.
atención *f.* attention: ***en ~ a***, in view of. *2* civility, kindness. *3 pl.* affairs, duties, obligations. *4 interj.* attention!
atender *i.-t.* to attend, pay attention. *2* to heed. *3* to take care [of]. *4* to attend, wait upon. *5 t.* to listen to; to comply with. ¶ CONJUG. like ***entender.***
ateneo *m.* athenaeum.
atenerse *ref.* ~ ***a***, to abide by, stick to, keep to [an opinion, etc.]. ¶ CONJUG. like ***tener.***
atentado *m.* outrage, crime. *2* murder or attempted murder.
atentamente *adv.* attentively. *2* politely.
atentar *i.* ~ ***contra***, to commit outrage against. *2* to attempt the life of.
atento, ta *a.* attentive. *2* polite, courteous.
atenuante *a.* attenuating, extenuating.
atenuar *t.* to attenuate, tone down, weaken, reduce.
ateo, a *a.* atheist, atheistic. *2 m.-f.* atheist.
aterciopelado, da *a.* velvety.
aterido, da *a.* stiff with cold.
aterrador, ra *a.* terrifying, dreadful, appalling.
1) **aterrar** *t.* to pull down, demolish. ¶ CONJUG. like ***acertar.***
2) **aterrar** *t.-ref.* ATERRORIZAR.
aterrizaje *m.* AER. landing.
aterrizar *t.* AER. to land.
aterrorizar *t.* to terrify, appall. *2 ref.* to be terrified.
atesorar *t.* to treasure, hoard up. *2* to possess [virtues, etc.].
atestación *f.* attestation, testimony.
1) **atestar** *t.* to cram, pack, stuff, fill up. ¶ CONJUG. like ***acertar.***
2) **atestar** *t.* to attest, witness.
atestiguar *t.* to attest, testify, bear witness to.
atezar *t.* to tan; to blacken.
atiborrar *t.* to pack, cram, stuff.
atildado, da *a.* neat, elegant, spruce, trim.
atildar *t.* to render neat; to tidy, trim.
atinadamente *adv.* rightly, judiciously.
atinado, da *a.* right, judicious.
atinar *i.-t.* to hit [the mark]. *2* to hit upon, guess right.
atisbar *t.* to peep, spy, observe.
atisbo *m.* inkling. *2* glimpse, insight.
atizador *m.* fire poker.
atizar *t.* to poke, stir [the fire]. *2* to trim [a lamp]. *3* to fan, stir up [passions, etc.].
atlántico, ca *a.-m.* Atlantic.
atlas *m.* atlas.
atleta *m.* athlete.
atlético, ca *a.* athletic. *2* robust.
atletismo *m.* athletics.
atmósfera *f.* atmosphere, air.
atolón *m.* atoll.
atolondradamente *adv.* thoughtlessly.
atolondrado, da *a.* scatter-brained, thoughtless, reckless.
atolondrar *t.* ATURDIR. *2 ref.* to become bewildered, confused.
atolladero *m.* ATASCADERO.
atollar *i.-ref.* to get stuck, obstructed in the mud.
atómico, ca *a.* atomic.
átomo *m.* atom.
atónito, ta *a.* astonished, amazed.
atontado, da *a.* stunned, confused. *2* stupid, silly.
atontar *t.* to stun, stupefy. *2* to confuse, bewilder.
atorar *t.* to obstruct, choke. *2 ref.* to be blocked, choked.
atormentar *t.* to torment. *2* to torture. *3 ref.* to torment oneself, worry.
atornillar *t.* to screw.
atosigar *t.* to poison. *2* to press, harass, bother.
atrabiliario, ria *a.* bad-tempered.
atracadero *m.* NAUT. landfall, landing-place.
atracar *t.* to gorge [with food]. *2* to assault, *hold up. *3* NAUT. to bring alongside. *4 i.* NAUT. to come alongside. *5 ref.* to gorge oneself.
atracción *f.* atraction, appeal.
atraco *m.* assault, robbery, *hold-up.
atractivo, va *a.* atractive. *2 m.* charm, grace. *3* inducement, attraction.
atraer *t.* to attract, draw. *2* to lure, allure. *3* to charm, captivate. ¶ CONJUG. like ***traer.***
atragantarse *ref.* to stick in the throat. *2* to be choked.
atrancar *t.* to bar, bolt, fasten with a bolt. *2* to choke, obstruct.
atrapar *t.* to catch, take; to get. *2* to trap, ensnare.
atrás *adv.* back, backward(s, behind. *2* ago: ***días*** ~, some days ago. *3 interj.* stand back!
atrasado, da *a.* in arrears. *2* behindhand. *3* backward, dull. *4* slow [clock].
atrasar *t.* to delay, postpone, retard. *2* to

set back [a clock]. *3 i.* [of a clock] to be slow. *4 ref.* to be late. *5* to be behindhand; to be in debt.

atraso *m.* backwardness, delay. *2 pl.* arrears.

atravesar *t.* to cross [go across; lie across]. *2* to put or lay across or crosswise. *3* to pierce, run through; to pass through. *4 ref.* to be or come in the way of. ¶ CONJUG. like ***acertar.***

atrayente *a.* attractive, pleasing.

atreverse *ref.* to dare, venture, risk.

atrevidamente *adv.* daringly.

atrevido, da *a.* daring, bold.

atrevimiento *m.* darling, boldness. *2* effrontery, insolence.

atribución *f.* power, authority, competence.

atribuir *t.* to attribute, ascribe. *2 ref.* to assume, take to oneself. ¶ CONJUG. like ***huir.***

atribular *t.* to grieve, afflict; distress. *2 ref.* to grieve: to be distressed.

atributo *m.* attribute, quality.

atril *m.* music-stand; lectern.

atrincherar *t.* MIL. to entrench. *2 ref.* to entrench oneself.

atrio *m.* courtyard, patio; entrance hall; portico. *2* atrium.

atrocidad *f.* atrocity. *2* enormity, excess.

atrofia *f.* atrophy.

atrofiarse *ref.* to atrophy, waste away.

atronador, ra *a.* deafening, thundering.

atropelladamente *adv.* helter-skelter; hastily.

atropellado, da *a.* badly-off. *2* hasty, precipitate.

atropellar *t.* to run over, trample. *2* to knock down. *3* to outrage, oppress, bully. *4 t.-i.* to disregard [rights, etc.]. *5 ref.* to be hasty.

atropello *m.* running over [accident]. *2* outrage, abuse.

atroz *a.* atrocious. *2* enormous, huge, awful.

atuendo *m.* dress. *2* pomp, ostentation.

atún *m.* ICHTH. tunny.

aturdido, da *a.* stunned. *2* ATOLONDRADO.

aturdir *t.* to stun, deafen. *2* to make giddy. *3* to rattle, bewilder. *4* to amaze.

aturrullar *t.* to confuse bewilder.

atusar *t.* to trim [hair, plants]; to smooth [the hair].

audacia *f.* audacity, boldness.

audaz, *pl.* **audaces** *a.* audacious, bold, daring.

audición *f.* audition, hearing. *2* concert.

audiencia *f.* audience [formal interview]. *2* Spanish provincial high court.

auditor *m.* judge advocate.

auditorio *m.* audience, auditory.

auge *m.* boom [in the market]. *2* boost [in prices]. *3* topmost height [of fortune, fame, etc.]. *4* acme. *5* ***estar en*** ~, to be on the increase.

augurar *t.* to foretell, predict.

augurio *m.* augury; omen.

aula *f.* class-room, lecture-room.

aullar *i.* to howl.

aullido *m.* howl. *2* RADIO. howling, squealing.

aumentar *t.-i.-ref.* to augment, increase, magnify. *2 i.-ref.* to grow, grow larger.

aumento *m.* enlargement, increase, advance.

aun *adv.* even, still: ~ ***cuando,*** although.

aún *adv.* yet, as yet, still.

aunar *t.-ref.* to join, unite, combine.

aunque *conj.* though, although.

aura *f.* gentle breeze. *2* aura. *3* ~ ***popular,*** popular favour.

áureo, rea *a.* golden.

aureola, auréola *f.* aureole, halo.

auricular *a.* auricular. *2 m.* TELEPH. receiver, earpiece.

aurífero, ra *a.* auriferous.

aurora *f.* dawn.

ausencia *f.* absence. *2* lack.

ausentarse *ref.* to absent oneself; to be absent; to leave.

ausente *a.* absent. *2 m.-f.* absentee.

auspicio *m.* auspice, patronage; presage.

austeridad *f.* austerity.

austero, ra *a.* austere, stern, strict; harsh.

austral *a.* austral, southern.

austríaco, ca *a.-n.* Austrian.

auténtico, ca *a.* authentic, genuine, real.

auto *m.* judicial decree, writ, warrant. *2* col. auto, car. *3* religious or biblical play. *4 pl.* LAW proceedings.

autobús *m.* bus.

autocar *m.* coach.

autócrata *m.* autocrat.

autógrafo, fa *a.* autographic. *2 m.* autograph.

autómata *m.* automaton.

automático, ca *a.* automatic(al.

automóvil *m.* automobile, motor-car.

automovilista *m.-f.* motorist.

autonomía *f.* autonomy. *2* home rule.

autónomo, ma *a.* autonomous.

autopista *f.* motorway, turnpike.

autopsia *f.* autopsy.

autor, ra *m.-f.* author, maker. *2.* author, authoress [writer]. *3* perpetrator [of a crime].
autoridad *f.* authority.
autorización *f.* authorization. *2* permit, license.
autorizar *t.* to authorize. *2* to empower. *3* to permit. *4* to legalize. *5* to approve.
autostop *m.* hitch-hiking: ***hacer*** ~, to hitch-hike.
1) **auxiliar** *t.* to help, assist.
2) **auxiliar** *a.* auxiliary. *2 m.* assistant.
auxilio *m.* help, aid, assistance.
aval *m.* guarantee.
avalar *t.* to guarantee.
avance *m.* advance [going forward; payment beforehand].
avanzada *f.* MIL. outpost; advance guard.
avanzar *i.* to advance. *2* to improve, progress.
avaricia *f.* avarice, greed.
avariento, ta; avaro, ra *a.* avaricious, miserly, niggard. *2 m.-f.* miser.
avasallador, ra *a.* overwhelming. *2* domineering.
avasallar *t.* to subjugate, subdue.
ave *f.* ORN. bird; fowl: ~ ***de rapiña***, or ***rapaz***, bird of prey.
avecinarse *ref.* to approach, be coming. *2* to settle.
avencindar *t.* to domicile. *2 ref.* to take up residence [at or in].
avejentar *t.-ref.* to age.
avellana *f.* BOT. hazel-nut.
avellano *m.* hazel plantation.
avemaría *f.* Hail Mary: ***en un*** ~, in a twinkle. *2* Angelus bell; ***al*** ~, at dusk.
avena *f.* BOT. oats.
avenencia *f.* agreement, accord.
avenida *f.* flood, freshet. *2* avenue.
avenir *t.* to make agree, to reconcile. *2 ref.* to agree. *3* to get along well together. *4* to resign oneself [to].
aventajado, da *a.* notable, excellent, outstanding.
aventajar *t.* to surpass, excel. *2* to advance, improve.
aventar *t.* to fan, to blow. *2* to winnow. *3* to strew to the wind. ¶ CONJUG. like ***acertar***.
aventura *f.* adventure. *2* hazard, chance, risk.
aventurado, da *a.* venturesome, risky.
aventurar *t.* to venture, hazard, risk. *2 ref.* to risk, run the risk of: to dare.
aventurero, ra *m.* adventurer. *2* mercenary. *3 f.* adventuress.
avergonzar *t.* to shame; to abash. *2 ref.* to be ashamed or abashed. *3* to blush. ¶ CONJUG. like ***contar***.
avería *f.* COM. damage. *2* MACH. failure, breakdown.
averiarse *ref.* to be damaged [esp. said of goods].
averiguación *f.* inquiry, investigation.
averiguar *t.* to inquire, investigate, find out.
aversión *f.* aversion, dislike, lothing, reluctance.
avestruz *f.* ORN. ostrich.
aviación *f.* aviation; air force.
aviador, ra *m.* aviator, airman, air pilot. *2 f.* airwoman.
avicultura *f.* aviculture.
avidez *f.* avidity, greed, covetousness. *2* eagerness.
ávido, da *a.* avid, covetous, greedy. *2* eager.
avieso, sa *a.* perverse, malicious, wicked, crooked.
avinagrado, da *a.* vinegary, sour, crabbed.
avinagrar *t.* to sour, make sour. *2 ref.* to sour, turn sour.
avío *m.* preparation, provision. *2 pl.* tools, tackle, equipment.
avión *m.* AER. airplane, aircraft.
avisado, da *a.* prudent, wise, srewd: ***mal*** ~, ill-advised.
avisar *t.* to inform. *2* to warn; to advise, admonish.
aviso *m.* notice, information; advice; warning. *2* caution: ***sobre*** ~ on one's guard.
avispa *f.* ENT. wasp.
avispado, da *a.* lively, clever, smart, keen.
avispar *t.* to rouse, enliven, make clever.
avispero *m.* wasp's nest. *2* MED. carbuncle.
avistar *t.* to sight, descry, get sight of. *2 ref.* to have an interview.
avituallar *t.* to victual, provision.
avivar *t.* to enliven, stir up. *2* to inflame, intensify. *3* to quicken. *4* to heighten, brighten [light, colours]. *5 i.-ref.* to acquire life, vigour.
avizor *a.* alert, watchful: ***ojo*** ~, on the alert.
avizorar *t.* to watch, spy.
axioma *m.* axiom.
¡ay! *interj.* alas!: ***¡~ de mí!***, woe is me!
aya *f.* governess. *2* nurse-maid.
ayer *adv.-m.* yesterday; lately; in the past.
ayo *m.* tutor [private teacher].
ayuda *f.* help, aid, assistance. *2* ~ ***de cámara***, valet.

ayudante *m.* aid, assistant. *2* MIL. aid, aide; adjutant.
ayudar *t.* to help, aid, assist.
ayunar *i.* to fast.
ayuno *m.* fast, fasting. *2 a.* having taken no food. *3 adv.* ***en ayunas***, before breakfasting; ignorant of.
ayuntamiento *m.* town council. *2* town hall.
azabache *m.* MINER. jet.
azada *f.* AGR. hoe.
azafata *f.* AER. air-hostess.
azafrán *m.* saffron; crocus.
azahar *m.* orange-blossom; lemon-blossom.
azar *m.* hazard, chance: ***al ~***, at random, haphazard. *2* accident, mishap.
azararse *ref.* to get troubled, rattled, flustered.
azarosamente *adv.* misfortunately.
azaroso, sa *a.* misfortunate, unlucky. *2* risky, hazardous.
azogar *t.* to silver [a mirror]. *2 ref.* to get troubled, agitated.
azogue *m.* mercury, quicksilver.
azor *m.* ORN. goshawk.
azoramiento *m.* trouble, fluster, embarrasment.
azorar *t.* to trouble, startle; to bewilder. *2 ref.* to be startled, astonished; to be bewildered, perplexed; to be uneasy.
azotaina *f.* flogging; spanking.
azotar *t.* to whip, flog; to flagellate. *2* to spank. *3* [of sea, rain, etc.] to beat, lash.
azote *m.* birch, thong, scourge, whip, etc. [for flogging]. *2 fig.* scourge.
azotea *f.* flat roof.
azúcar *m.-f.* sugar.
azucarar *t.* to sugar, sweeten. *2* to coat or ice with sugar.
azucarero, ra *a.* [pertaining to] sugar. *2 m.* sugar-basin.
azucarillo *m.* spongy sugar bar.
azucena *f.* BOT. white lily.
azufre *m.* CHEM. sulphur, brimstone.
azul *a.-m.* blue: ~ ***celeste***, sky blue; ~ ***marino***, navy blue.
azulado, da *a.* blue, bluish.
azulejo *m.* glazed tile.
azumbre *m.* a liquid measure [about 2 litres].
azur *a.-m.* HER. azure.
azuzar *t.* to set [the dogs] on. *2* to incite, goad.

B

baba *f.* spittle, slobber: ***caérsele a uno la ~***, to be silly; to be delighted.
babear *i.* to drivel, drool.
babel *f.* babel, bedlam.
babero *m.* bib, feeder.
Babia *f.* ***estar en ~***, to be absent in mind.
babor *m.* port, larboard.
babosa *f.* ZOOL. slug.
babosear *t.* to slaver, drivel.
baboso, sa *m.-f.* slaverer, drooler. *2 m.* brat.
bacalao *m.* cod-fish. *2* dried cod.
bacia *f.* basin; shaving basin.
bacilo *m.* bacillus.
bacteria *f.* bacterium. *2 pl.* bacteria.
báculo *m.* stick, staff. *2 fig.* support, relief. *3 ~ **pastoral***, Bishop's crozier.
bache *m.* pot-hole [in a road]. *2* AER. ***~ de aire***, air-pocket.
bachiller *m.-f.* one who has the Spanish certificate of secondary education. *2* chatterbox.
bachillerato *m.* the Spanish certificate of secondary education.
badajo *m.* clapper [of bell]. *2* coll. stupid babbler.
badana *f.* dressed sheepskin.
badulaque *m.* foolish, simpleton.
bagaje *m.* MIL. baggage.
bagatela *f.* bagatelle, trifle.
bahía *f.* [sea] bay.
bailador, ra *a.* dancing. *2 m.-f.* dancer.
bailar *i.* to dance. *2* [of a top] to spin.
bailarín, na *a.* dancing. *2 m.-f.* dancer.
baile *m.* dance; ball: ***~ de etiqueta***, formal dance.
bailotear *i.* to dance a lot and ungracefully.
bailoteo *m.* clumsy dancing.
baja *f.* fall, drop [in prices, in value, etc.]. *2* MIL. casualty. *3 **darse de ~***, to resign membership [of] voluntarily.
bajada *f.* descent. *2* slope, dip [on a road]. *3 **de ~***, on the way down; ***subidas y bajadas***, ups and downs.
bajamar *f.* low tide, low water.
bajamente *adv.* basely.
bajar *i.* to descend, come down, go down. *2* to fall, drop, lessen. *3* to sink, slope downwards. *4* to alight, get down [from a train, etc.]. *5 t.* to bring down, get down. *6* to lower, reduce [prices, etc.]. *7* to lower [head, eyes], bow [head]. *8 ref.* to stoop, bend down.
bajel *m.* vessel, ship.
bajeza *f.* baseness, meanness; lowliness. *2* low action.
bajío *m.* shoal, sandbank. *2* (Am.) lowland.
bajo *adv.* softly, in a low voice. *2 prep.* beneath, under; on: ***~ pena de muerte***, on pain of death.
bajo, ja *a.* low [in practically every sense]. *2* short [not tall]. *3* downcast [eyes, etc.]. *4* base [gold, silver]. *5* dull, subdued [colour]. *6* base, vile. *7* lower: ***la clase ~***, the lower classes. *8 **piso ~**, **planta baja***, ground floor. *9 m.* hollow, deep. *10* shoal, sandbank. *11* bass. *12 ~ **relieve***, bas-relief.
bala *f.* bullet, ball, shot. *2* bale [of goods].
balada *f.* ballad [poem].
baladí *a.* trivial, trifling.
baladronada *f.* boast, brag, bravado.
balance *m.* oscillation; equilibrium; swinging, rocking. *2* COM. balance-sheet, balance.
balancear *i.-ref.* to rock, swing, roll. *2 i.* to hesitate, waver. *3 t.* to balance, counterpoise.
balanceo *m.* swinging, rocking, rolling.
balanza *f.* balance, [pair of] scales.
balar *i.* to bleat.
balaustrada *f.* balustrade, banisters.
balazo *m.* shot; bullet wound.
balbucear *i.* to stammer, stutter. *2* [of a child] to babble.

balbuceo *m.* stammering. *2* babble [of a child].
balbucir *i.* BALBUCEAR.
balcón *m.* balcony [of a house].
baldado, da *a.* crippled, physically disabled. *2 m.-f.* invalid.
baldar *t.* to cripple. *2* to annoy.
balde *m.* bucket, pail. *2 adv.* ***de*** ~, free, for nothing. *3* ***en*** ~, in vain.
baldíamente *adv.* in vain, vainly.
baldío, día *a.* uncultivated. *2* vain. *3* idle, lazy. *4 m.* fallow land, wasteland.
baldón *m.* insult, affront. *2* blot, disgrace.
baldosa *f.* floor tile.
balear, baleárico *a.* Balearic.
balido *m.* bleat, bleating.
baliza *f.* buoy, beacon.
balneario, ria *a.* [pertaining to] bathing resorts. *2 m.* bathing resort, watering place, spa.
balón *m.* [a large, inflated] ball; a football. *2* bag [for holding a gas]. *3* CHEM. ballon.
baloncesto *m.* basket-ball.
balsa *f.* pool, pond. *2* NAUT. raft.
balsámico, ca *a.* balsamic, balmy.
bálsamo *m.* balsam, balm.
Báltico *pr. n.* Baltic Sea.
baluarte *m.* bastion. *2 fig.* bulwark.
ballena *f.* whale. *2* whalebone.
ballesta *f.* cross-bow. *2* carriage spring.
bambolear *i.* to sway, swing, rock. *2 ref.* to stagger; to sway.
bambolla *f.* show, sham, pretence.
bambú *m.* bamboo.
banana *f.* banana.
banasta *f.* large basket.
banca *f.* COM. banking. *2* a card game. *3* bank [in gambling]. *4* bench.
bancal *m.* AGR. terrace; plot.
bancario, ria *a.* COM. banking.
bancarrota *f.* bankruptcy: ***hacer*** ~, to go bankrupt.
banco *m.* bench, form; pew. *2* bench [work table]. *3* bank, shoal. *4* school [of fish]. *5* COM. bank.
banda *f.* scarf, sash. *2* band, strip. *3* band, gang; flock, herd. *4* side, border: ***cerrarse a la banda***, to stand firm. *5* side [of ship]. *6* MUS, RADIO band. *7* CINEM. ~ ***de sonido***, sound track.
bandada *f.* flock [of birds].
bandazo *m.* heavy roll.
bandeja *f.* tray, salver.
bandera *f.* flag, banner, colours: ***a banderas desplegadas***, openly; ***de*** ~, wonderful; ***arriar la*** ~, to strike the colours, surrender.
bandería *f.* faction, party.
banderilla *f.* barbed dart used in bullfighting: ***clavar una*** ~, to taunt, be sarcastic to.
banderillero *m.* banderillero.
banderín *m.* small flag. *2* recruiting post. *3* RLY. signal flag.
banderizo, za *a.* factional. *2* seditious. *3 m.* partisan.
banderola *f.* streamer, pennant.
bandido *m.* outlaw. *2* bandit, highwayman.
bando *m.* faction, party. *2* edict, proclamation.
bandolera *f.* bandolier.
bandolerismo *m.* brigandage, banditry.
bandolero *m.* brigand, robber, highwayman.
bandurria *f.* MUS. bandurria, bandore, cittern.
banquero *m.* COM. banker.
banqueta *f.* stool, footstool. *2* little bench. *3* (Mex.) sidewalk.
banquete *m.* banquet, feast.
banquillo *m.* stool, small bench. *2* prisoner's seat in court, dock.
bañador *m.* bathing-costume.
bañar *t.* to bathe. *2* to coat. *3 ref.* to bathe, take a bath.
bañera *f.* bath, bath-tub.
baño *m.* bath; bathing. *2* bathtub. *3* coating. *4 pl.* bathing place. *5* spa. *6* ~ ***de María***, double boiler.
baptisterio *m.* baptist(e)ry; font.
baqueta *f.* ramrod. *2* switch used as a whip. *3 pl.* drumsticks. *4* ***tratar a*** ~, to treat harshly, despotically.
baqueteado, da *a.* inured, hardened [person].
bar *m.* bar, tavern.
barahúnda *f.* uproar, tumult.
baraja *f.* pack, deck [of cards].
barajar *t.* to shuffle [cards]. *2* to mingle, jumble together. *3 i.* to quarrel. *4 ref.* to get mingled.
baranda, barandilla *f.* balustrade, railing, banisters.
baratija *f.* trinket, trifle.
baratillo *m.* cheap or second-hand goods or shop.
barato, ta *a.* cheap. *2 adv.* cheaply. *3 m.* bargain sale. *4* ***dar de*** ~, to grant [for the sake of argument].
baratura *f.* cheapness [of goods].
baraúnda *f.* BARAHÚNDA.
barba *f.* chin. *2* beard, whiskers: ~ ***cerrada***, thick beard; ***hacer la*** ~, to shave; to annoy; to fawn on; ***en las barbas de uno***, to one's face; ***por*** ~, apiece. *3* ~ ***de ballena***, whalebone. *4 m.* THEAT. old man.
bárbara *f.* ***santa*** ~, powdoer-magazine.

barbaridad *f.* barbarousness. *2* cruelty, brutality. *3* ***una ~ de***, a lot of; ***¡qué ~!***, what nonsense!; what an atrocity!
barbarie *f.* barbarousness. *2* savagery. *3* ignorance, lack of culture. *4* cruelty, brutality.
barbarismo *m.* barbarism [impurity of language]. *2* BARBARIE.
bárbaro, ra *a.* barbarian, barbaric, barbarous. *2* rude, cruel, savage. *3* coll. rash. *4* coll. enormous. *5* *m.-f.* barbarian.
barbecho *m.* fallow. *2* ploughed land ready for sowing.
barbería *f.* barber's shop.
barbero *m.* barber.
barbilampiño *a.* smoth-faced, beardless.
barbilla *f.* point of the chin.
barbón *m.* bearded man.
barboquejo *m.* chin-strap.
barbotar *i.-t.* to mumble, mutter.
barbudo, da *a.* bearded, long-bearded.
barca *f.* boat, small boat: ***~ de pasaje***, ferry-boat.
barcaza *f.* lighter, barge.
barco *m.* boat, vessel, ship.
barda *f.*, **bardal** *m.* bard [horse armour]. *2* thatched top [of a wall].
bardo *m.* bard [poet.].
baremo *m.* ready reckoner.
barítono *m.* MUS. baritone.
barlovento *m.* NAUT. windward.
barniz *m.* varnish. *2* glaze [on pottery]. *3* *fig.* smattering.
barnizar *t.* to varnish; to glaze.
barómetro *m.* barometer.
barón *m.* baron.
baronesa *f.* baroness.
barquero *m.* boatman; ferryman.
barquichuelo *m.* small boat.
barquillo *m.* thin rolled waffle.
barra *f.* bar. *2* MECH. lever, bar; beam, rod. *3* ingot. *4* bar, rail [in law-court]. *5* sand-bar. *6* ***sin pararse en barras***, regardless of obstacles; ***~ de labios***, lipstick.
barrabasada *f.* wrong, hasty, inconsiderate action, mischief.
barraca *f.* cabin, hut, shanty. *2* farmhouse [in Valencia].
barranca *f.* BARRANCO *1 & 2*.
barranco *m.* precipice. *2* ravine, gorge. *3* difficulty, set-back.
barreduras *f. pl.* sweepings, rubbish.
barreminas *m.* minesweeper.
barrena *f.* drill, auger, gimlet. *2* AER. spin: ***entrar en ~***, to go into a spin.
barrenar *t.* to drill, bore. *2* to scuttle [a ship]. *3* to foil, thwart. *4* to infringe [a law].
barrendero, ra *m.-f.* street-sweeper.
barreño *m.* earthen tub, basin.
barrer *t.* to sweep. *2* NAUT. to rake [with a volley, etc.].
barrera *f.* barrier: ***~ del sonido***, sound barrier. *2* FORT. parapet. *3* BULLF. fence around inside of bullring; first row of seats.
barriada *f.* city ward or district; suburb.
barricada *f.* barricade.
barrido *m.* sweeping.
barriga *f.* belly.
barrigón, na & **barrigudo, da** *a.* big-bellied.
barril *m.* barrel, keg.
barrilete *m.* keg. *2* CARP. clamp.
barrio *m.* town ward, quarter or district: ***~ extremo***, suburb; ***barrios bajos***, slums; fig. ***el otro ~***, the other world.
barrizal *m.* muddy place.
barro *m.* mud, clay: ***~ cocido***, terra-cotta. *2* *pl.* pimples [on the face].
barroco, ca *a.* baroque.
barroso, sa *a.* muddy. *2* pimply.
barrote *m.* short, thick bar. *2* rung [of a ladder or chair].
barruntar *t.* to conjecture, guess, suspect, foresee.
barrunto *m.* foreboding, guess. *2* inkling, sign.
bartola (a la) *adv.* ***tumbarse a la ~***, to lie back lazily.
bártulos *m. pl.* tools, household goods, implements: ***liar los bártulos***, coll. to pack up.
barullo *m.* noise, confusion, tumult, hubbub.
basa *f.* basis, foundation. *2* ARCH. base.
basalto *m.* basalt.
basar *t.* to base, found. *2* *ref.* to be based upon.
basca *f.* nausea, squeamishness.
báscula *f.* platform scale.
bascular *t.* to tilt, seesaw.
base *f.* basis, base: ***a ~ de***, on the basis of.
básico, ca *a.* basic.
basílica *f.* basilica.
basilisco *m.* basilisk: ***estar hecho un ~***, to be furious.
basta *f.* basting stitch.
bastante *a.* enough, sufficient. *2* *adv.* enough, fairly, rather; pretty.
bastar *i.* to suffice, be enough. *2* *interj.* ***¡basta!***, that will do!; stop!, enough!
bastardilla *a.* italic [letter]. *2 f.* italics.
bastardo, da *a.* bastard. *2* mean, base. *3* *m.-f.* bastard.
bastidor *m.* sash, frame. *2* chassis [of a car]. *3* wing [of stage scenery]; ***entre***

bastidores, behind the scenes. *4* embroidery frame. *5* stretcher [for canvas].

bastilla *f.* SEW. hem.

bastimento *m.* supply of provisions. *2* NAUT. vessel.

bastión *m.* FORT. bastion; bulwark.

basto, ta *a.* coarse, rough. *2* unpolished. *3 m.* pack-saddle. *4 pl.* clubs [in Spanish cards].

bastón *m.* cane, walking-stick.

bastonada *f.,* **bastonazo** *m.* blow with a walking-stick.

basura *f.* rubbish, garbage, sweepings, refuse.

basurero *m.* dustman, garbage man. *2* rubbish dump.

bata *f.* dressing-gown. *2* white coat [for doctors, etc.].

batacazo *m.* violent bump.

batahola *f.* din, uproar.

batalla *f.* battle: ~ ***campal***, pitched battle. *2* joust, tournament.

batallador, ra *a.* fighting. *2 m.-f.* warrior, fighter.

batallar *i.* to battle, fight; to struggle. *2* to fence. *3* to waver.

batallón *m.* battalion.

batata *f.* BOT. sweet potato.

batea *f.* painted wooden tray. *2* small tub. *3* RLY. flat car.

batel *m.* small boat.

batelero *m.* boatman.

batería *f.* battery: ~ ***de cocina***, kitchen utensils. *2* THEAT. footlights. *3* percussion instruments.

batiborrillo, batiburrillo *m.* hodge-podge.

batido, da *a.* beaten [path]. *2* shot [silk]. *3 m.* COOK. batter. *4* beaten eggs; milk-shake.

batidor *m.* beater. *2* COOK. whisk. **3** MIL. scout.

batiente *a.* beating. *2 m.* door jamb. *3* spot where the sea beats.

batihoja *m.* goldbeater, silverbeater.

batín *m.* smoking-jacket.

batir *t.* to beat, strike. *2* to batter, beat down. *3* [of water, etc.] to beat, dash against. *4* to flap [wings]. *5* to beat [a metal] into sheets. *6* to coin [money]. *7* to beat, defeat. *8* ~ ***la marca***, to beat the record. *9* ~ ***palmas,*** to clap hands. *10* MIL. to range, reconnoitre [the ground]. *11 ref.* to fight.

batista *f.* cambric, batiste.

baturrillo *m.* hodge-podge, medley.

batuta *f.* MUS. baton: ***llevar la*** ~, to lead.

baúl *m.* luggage trunk; ~ ***mundo***, Saratoga trunk.

bautismo *m.* baptism; christening.

bautizar *t.* to baptize, christen. *2* to name. *3* to water [wine].

bautizo *m.* christening; christening party.

baya *f.* BOT. berry.

bayeta *f.* baize, flannel.

bayo, ya *a.* bay, reddish brown. *2 m.* bay [horse].

bayoneta *f.* bayonet.

baza *f.* trick [in cards]: ***meter*** ~ ***en***, coll to butt in.

bazar *m.* baza(a)r.

bazo *m.* ANAT. spleen.

bazofia *f.* refuse, scraps of food. *2* garbage.

beatería *f.* sanctimoniousness.

beatificar *t.* to beatify.

beatitud *f.* beatitude, blessedness.

beato, ta *a.* happy, blessed; ***Beatísimo Padre***, Holy Father. *2* devout, sanctimonious [person]. *3 m.-f.* hypocrite; church-goer.

bebé *m.* baby. *2* doll.

bebedero, ra *a.* drinkable. *2 m.* drinking bowl [for birds]; trough. *3* spout [of a vessel].

bebedizo, za *a.* drinkable. *2 m.-f.* potion; philtre.

bebedor, ra *a.* drinking. *2 m.-f.* drinker; hard drinker, toper.

beber *t.-ref.* to drink: ~ ***a la salud de uno***, to toast: ~ ***los vientos por***, to long for.

bebida *f.* drink; beverage.

bebido, da *a.* half-drunk, tipsy.

beca *f.* tippet. *2* scholarship, allowance, grant.

becario *m.* holder of a scholarship.

becerrada *f.* BULLF. fight with young bulls.

becerro *m.* calf, young bull. *2* calfskin. *3* ~ ***marino***, seal.

becuadro *m.* MUS. natural [sign].

bedel *m.* usher [in University].

befa *f.* jeer, flout, scoff.

befar *t.* to jeer, flout, scoff at.

begonia *f.* BOT. begonia.

béisbol *m.* baseball.

bejuco *m.* BOT. liana; rattan.

beldad *f.* beauty [of a woman].

Belén *m. pr. n.* GEOG. Bethlehem. *2 m.* (not cap.) Christmas crib. *3* bedlam, confusion.

belga *a.-n.* Belgian.

Bélgica *f. pr. n.* Belgium.

bélico *a.* warlike, martial.

belicoso *a.* bellicose, pugnacious.

beligerante *a.-n.* belligerent.

bellaco, ca *a.* wickerd, knavish. *2* cunning, sly. *3 m.-f.* knave, scoundrel.

bellamente *adv.* beautifully.

bellaquería *f.* knavery, knavish act. *2* slyness.
belleza *f.* beauty.
bello, lla *a.* beautiful, fair, fine, handsome, lovely: ***bellas artes***, fine arts.
bellota *f.* BOT. acorn.
bemol *a.-m.* MUS. flat: ***doble ~***, double flat.
bencina *f.* benzine. *2* petrol.
bendecir *t.* to bless.
bendición *f.* benediction, blessing. *2 pl.* wedding ceremony.
bendito, ta *a.* sainted, holy, blessed. *2* happy. *3* annoying, bothersome. *4 m.* simple-minded soul.
beneficencia *f.* beneficence. *2* charity, social service.
beneficiar *t.* to benefit. *2* to cultivate, improve [land]; to exploit, work [a mine]. *3* COM. to sell [bills, etc.] at a discount. *4 ref.* to benefit, profit.
beneficio *m.* benefaction. *2* benefit, advantage, profit. *3* COM. profit: ~ ***neto***, clear profit. *4* [FEUD., ECCL.) benefice. *5* cultivation [of land]; exploitation [of mines].
beneficioso, sa *a.* beneficial, profitable, advantageous.
benéfico, ca *a.* beneficent, charitable. *2* beneficial.
benemérito, ta *a.* well-deserving, worthy: ***la Benemérita***, the Spanish Civil Guard.
beneplácito *m.* approval, consent.
benevolencia *f.* benevolence, kindness, goodwill.
benévolo, la *a.* benevolent, kind
benigno, na *a.* benign, gentle, mild, kind.
beodo, da *a.* drunk. *2 m.-f.* drunkard.
berbiquí *m.* brace, carpenter's brace.
bereber *a.-n.* Berber.
berenjena *f.* egg-plant.
bergante *m.* scoundrel, rascal.
bergantín *m.* NAUT. brig: ~ ***goleta***, brigantine.
berlina *f.* berlin [carriage]. *2* closed front compartment [of stage-coach].
bermejo, ja *a.* bright reddish.
bermellón *m.* vermilion.
berrear *i.* to low [like a calf].
berrido *m.* cry of a calf; low.
berrinche *m.* rage, tantrum, anger.
berza *f.* cabbage.
besar *t.* to kiss. *2 ref.* to kiss [one another]. *3* to collide.
beso *m.* kiss. *2* bump [collision].
bestia *f.* beast. *2* boor, idiot. *3 a.* stupid, idiot.
bestial *a.* beastly, bestial. *2* coll. enormous.
bestialidad *f.* bestiality, brutality. *2* stupidity.
besugo *m.* ICHTH. sea-bream.
besuquear *t.* to kiss repeatedly.
bético, ca *a.* Andalusian.
betún *m.* bitumen. *2* shoe-polish
biberón *m.* feeding-bottle.
Biblia *f.* Bible.
bíblico, ca *a.* Biblical.
bibliografía *f.* bibliography.
biblioteca *f.* library: ~ ***circulante***, lending library.
bibliotecario, ria *m.-f.* librarian.
bicarbonato *m.* CHEM. bicarbonate.
bíceps *m.* ANAT. biceps.
bicicleta *f.* bicycle.
bicharraco *m.* insect, ugly animal.
bicho *m.* small animal, vermin. *2* domestic animal. *3* BULLF. bull. *4* ~ ***raro***, odd fellow; ***mal*** ~, wicked person.
bidé *m.* bidet.
bidón *m.* can, drum.
biela *f.* MACH. connecting rod.
1) **bien** *adv.* well, properly, right, perfectly, happily. *2* willingly, readily: ***yo ~ lo haría, pero...***, I'd willingly do it, but... *3* very much, a good deal, fully, enough. *4* easily: ~ ***se ve que***..., it is easy to see that... *5* ~... ~, either... or. *6* ***ahora*** ~, now then. *7* ~ ***que***, although. *8* ***más*** ~, rather. *9* ***no*** ~, as soon as. *10* ***si*** ~, although. *11* ***y*** ~, well, now then.
2) **bien,** *pl.* **bienes** *m.* good [as opposed to evil]: ***hombre de*** ~, honest man. *2* good, welfare, benefit: ***hacer*** ~, to do good; ***en*** ~ ***de***, for the sake of. *3* fig. ***mi*** ~, my dearest, my love. *4 pl.* property, possessions, estate: ***bienes inmuebles*** or ***raíces***, real estate; ***bienes muebles***, movables, personal property.
bienal *a.* biennial.
bienandanza *f.* happiness, good fortune.
bienaventurado, da *a.* happy, blessed. *2* simple, guileless.
bienestar *m.* well-being, comfort.
bienhechor, ra *a.* beneficent, beneficial. *2 m.* benefactor. *3 f.* benefactress.
bienquisto, ta *a.* well-liked, generally steemed.
bienvenida *f.* welcome: ***dar la*** ~, to welcome.
bies *m.* bias [obliquity].
biftec, bistec *m.* beefsteak.
bifurcación *f.* forking, bifurcation, branch. *2* railway junction, branch railroad.
bifurcarse *ref.* to fork, branch off.
bigamia *f.* bigamy.

bígamo, ma *a.* bigamous. *2 m.-f.* bigamist.
bigote *m.* m(o)ustache. *2* whiskers [of cat].
bilingüe *a.* bilingual.
bilioso, sa *a.* bilious, liverish.
bilis *f.* bile, gall: *fig.* ***descargar la*** ~, to vent one's spleen.
billar *m.* billiards. *2* billiards-table. *3* billiards-room, hall.
billete *m.* note, short letter. *2* love-letter. *3* ticket [railway, theatre, lottery, etc.]: ~ ***de ida***, one-way ticket; ~ ***de ida y vuelta***, return ticket. *4* ~***de banco***, bank-note.
billón *m.* (British) billion; (U.S.A.) trillion.
bimensual *a.* twice monthly.
bimestral *a.* two-monthly.
bimotor *a.* AER. twin-motor.
binóculo *m.* binoculars. *2* lorgnette.
biografía *f.* biography.
biología *f.* biology.
biólogo *m.* biologist.
biombo *m.* folding screen.
bioquímica *f.* biochemistry.
biplano *m.* biplane.
birlar *t.* coll. ~ ***la novia***, to pinch [someone's] sweetheart.
birlibirloque *m.* ***por arte de*** ~, by magic.
birlocha *f.* kite [toy].
birrete *m.* scarlet biretta. *2* cap [of professors, judges, etc.].
bisabuelo, la *m.-f.* great-grandfather; great-grandmother. *2 m. pl.* great-grandparents.
bisagra *f.* hinge.
bisel *m.* bevel, bevel edge.
bisiesto *a.* leap [year].
bisnieto, ta *m.-f.* great-grandchild. *2 m.* great-grandson. *3 f.* great-granddaughter.
bisojo, ja *a.-n.* BIZCO.
bisonte *m.* ZOOL. bison.
bisoño, ña *a.* green, inexperienced. *2* MIL. raw. *3 m.-f.* greenhorn, novice. *4* raw recruit.
bistec *m.* beefsteak.
bisturí *m.* SURG. scalpel.
bisutería *f.* imitation jewelry.
bitácora *f.* NAUT. binnacle.
bitoque *m.* spigot [in a cask].
bizantino, na *a.-n.* Byzantine. *2 a.* idle [discussion].
bizarría *f.* gallantry, courage. *2* generosity.
bizarro, rra *a.* gallant, courageous. *2* generous.
bizcar *i.* to squint. *2 t.* to wink [the eye].
bizco, ca *a.* squint-eyed, cross-eyed. *2 m.f.* cross-eyed person.
bizcocho *m.* biscut, hardtack. *2* sponge cake.
biznieto, ta *m.-f.* BISNIETO, TA.
bizquear *i.* to squint.
blanco, ca *a.* white, hoary. *2* white, pale. *3* fair [complexion]. *4* white [race, person, metal]. *5 m.-f.* white person. *6 m.* white colour. *7* target, mark: ***dar en el*** ~, to hit the mark. *8* aim, goal. *9* gap, interval. *10* blank, blank space: ***en*** ~, blank [page, cheque, etc.]. *11* white [of eye]. *12* ***quedarse en*** ~, to fail to grasp the point, to be disappointed.
blancor *m.*, **blancura** *f.* whiteness. *2* fairness [of skin].
blancuzco, ca; blanquecino, na *a.* whitish.
blandir *t.* to brandish, flourish.
blando, da *a.* soft, bland. *2* gentle, mild. *3* delicate. *4* cowardly.
blanducho, cha; blandujo, ja *a.* softish, flabby.
blandura *f.* softness. *2* gentleness, sweetness. *3* endearing word. *4* luxury, delicacy.
blanquear *t.* to whiten, blanch. *2* to bleach. *3* to whitewash. *4 i.* to whiten, turn white. *5* to show white.
blanqueo *m.* whitening, bleaching. *2* whitewashing.
blasfemar *i.* to blaspheme, curse, swear.
blasfemia *f.* blasphemy, curse.
blasfemo, ma *a.* blasphemous. *2 m.-f.* blasphemer.
blasón *m.* heraldry, blazon. *2* armorial bearings. *3* HER. charge. *4* honour, glory.
blasonar *t.* HER. to emblazon. *2 i.* to boast [of being].
bledo *m.* BOT. blite: ***no me importa un*** ~, I don't care a straw.
blindaje *m.* armour-plating. *2* ELECT. shield.
blindar *t.* to armour, armour-plate. *2* ELECT. to shield.
blocao *m.* blockhouse.
blondo, da *a.* blond(e, fair.
bloque *m.* block [of stone, etc.].
bloquear *t.* to blockade. *2* to block, freeze [funds].
bloqueo *m.* MIL., NAUT. blockade. *2* bloking [of an account].
blusa *f.* blouse.
boa *f.* ZOOL. boa.
boato *m.* pomp, ostentation.
bobada *f.* foolishness, folly.
bobalicón, na *a.* silly, simple. *2 m.-f.* nitwit.
bobear *i.* to talk nonsense, play the fool.

bobería *f.* silliness, foolishness. *2* silly action or remark; nonsense, trifle.

bóbilis (de) *adv.* for nothing.

bobina *f.* bobbin. *2* ELECT. coil.

bobinar *t.* to wind [yarn, etc.].

bobo, ba *a.* silly, foolish. *2 m.-f.* fool, dunce, booby.

boca *f.* mouth [of man or animals]: ***andar en ~ de todos***, to be the talk of the place; ***meterse en la ~ del lobo***, to put one's head into the lion's mouth; ***no decir esta ~ es mía***, not to say a word; ***oscuro como la ~ del lobo***, pitchdark; ***~ abajo***, face downwards; ***~ arriba***, face upwards. *2* mouth, entrance, opening: ***~ de un río***, mouth of a river. *3* muzzle [of a gun]. *5* ***~ del estómago***, pit of the stomach.

bocacalle *f.* street entrance.

bocadillo *m.* sandwich.

bocadito *m.* little bit.

bocado *m.* mouthful [of food], morsel: ***~ de rey***, tibbit, delicacy. *2* bit [of the bridle].

bocamanga *f.* end of the sleeve.

bocanada *f.* mouthful [of liquid]. *2* puff [of smoke]; gust of wind.

boceto *m.* PAINT. sketch. *2* SCULP. rough model. *3* outline; skit.

bocina *f.* MUS. horn. *2* autohorn. *3* megaphone.

bocoy *m.* large barrel [for goods]; hogshead.

bochorno *m.* hot summer breeze. *2* sultry weather, suffocating heat. *3* blush. *4* embarrassment, shame.

bochornoso, sa *a.* hot, sultry. *2* disgraceful, shameful.

boda *f.* marriage, wedding: ***bodas de plata, de oro***, silver, golden wedding.

bodega *f.* cellar, wine-cellar. *2* wine shop. *3* pantry. *4* dock warehouse. *5* NAUT. hold [of a ship].

bodegón *m.* chop-house; tavern. *2* still-life painting.

bofetada *f.* **bofetón** *m.* slap in the face, buffet, blow.

boga *f.* vogue. *2* rowing.

bogar *i.* to row. *2* to sail.

bogavante *m.* ZOOL. lobster.

bohemio, mia *a.-m.* bohemian.

bohío *m.* (Am.) hut, *shack, cabin.

boicot *m.* boycott.

boicotear *t.* to boycott.

boina *f.* beret.

boj, boje *m.* BOT. box [shrub, wood].

bola *f.* ball: ***~ de nieve***, snowball. *2* fib, lie.

bolero, ra *a.* lying. *2 m.-f.* liar. *3 m.* bolero [dance; short jacket]. *4 f.* bowling-alley.

boleta *f.* MIL. billet. *2* (Am.) ballot.

boletín *m.* bulletin.

boleto *m.* (Am.) ticket.

bolígrafo *m.* ball-point pen.

boliche *m.* jack [small ball for bowling]. *2* bowls, skittles. *3* bowling-alley. *4* cup-and-ball [game]. *5* (Am.) cheap tavern; cheap store or shop; gambling joint.

bolina *f.* NAUT. bowline: ***navegar de ~***, to sail close to the wind. *2* NAUT. sounding line. *3* noise, tumult.

bolo *m.* skittle, ninepin. *2* dunce, idiot. *3* large pill.

bolsa *f.* bag, pouch. *2* purse: ***la ~ o la vida***, your money or your life. *3* bag, pucker [in cloth, etc.]. *4* stock exchange: ***jugar a la ~***, to speculate in stocks. *5* ***~ del trabajo***, employment exchange.

bolsillo *m.* pocket. *2* purse.

bolsista *m.-f.* stockbroker; stock speculator.

bolso *m.* purse: ***~ de mano***, ladies' handbag.

bollo *m.* bun, roll. *2* puff [in a dress]. *3* bump [swelling]. *4* row; confusion.

bomba *f.* pump: ***~ aspirante***, suction pump; ***~ impelente***, force pump. *2* bomb: ***~ atómica***, atomic bomb; ***~ volante***, flying bomb; ***a prueba de ~***, bomb-proof; ***noticia ~***, surprising news.

bombacho *a.* ***calzón ~***, short, wide breeches; ***pantalón ~***, loose-fitting trousers.

bombardear *t.* MIL. to bombard; to bomb. *2* PHYS. to bombard.

bombardeo *m.* bombardment; bombing; ***~ en picado***, AER. dive bombing.

bombear *t.* ARTILL. to bombard. *2* to pump. *3* to puff, write up.

bombero *m.* fireman.

bombilla *f.* ELECT. light bulb.

bombo, ba *a.* dazed, stunned. *2 m.* MUS. bass-drum. *3* writing up: ***dar ~***, to write up. *4* revolving lottery box.

bombón *m.* bon-bon, sweetmeat, chocolate.

bonachón, na *a.* kind, good-natured. *2 m.-f.* good soul.

bonaerense *a.-n.* of Buenos Aires.

bonanza *f.* NAUT. fair weather; calm sea. *2* prosperity.

bondad *f.* goodness. *2* kindness, good nature. *3* kindness, favour: ***tenga la ~ de contestar***, please, write back.

bondadosamente *adv.* kindly, good-naturedly.

bondadoso, sa *a.* kind, good, good-natured.

bonete *m.* biretta. *2* college cap. *3* cap, skull cap.
boniato *m.* sweet potato.
bonificación *f.* allowance, discount.
bonificar *t.* to improve. *2* COM. to credit.
bonísimo, ma *a. superl.* very good.
bonitamente *adv.* easily, artfully.
bonito, ta *a.* pretty, nice, dainty. *2 m.* ICHTH. bonito.
bono *m.* COM. bond, certificate, debenture. *2* charity food-ticket; ~ ***del tesoro***, exchequer bill.
boñiga *f.* cow dung, manure.
boqueada *f.* gape, gasp.
boquear *i.* to gape, gasp. *2* to be dying. *3 t.* to utter.
boquerón *m.* wide opening. *2* ICHT. anchovy.
boquete *m.* gap, breach, narrow opening.
boquiabierto, ta *a.* open-mouthed, gaping.
boquilla *f.* stem [of pipe]. *2* cigarette holder; tip [of cigarette]. *3* moutphiece [of musical instrument]. *4* burner [of lamp].
borbollar, borbollear *i.* to bubble up, gush out [water].
borbollón *m.* bubbing up [of water]; ***a borbollones***, hastily, tumltuously.
borbotar *i.* [of water] to bubble up, to burble, spurt, gush out; boil over.
borbotón *m.* BORBOLLÓN: ***a borbotones***, bubbling.
borda *f.* NAUT. gunwale: ***arrojar por la*** ~, to throw overboard. *2* CHOZA.
bordado *m.* embroidering; embroidery.
bordar *t.* to embroider. *2* to perform exquisitely.
borde *m.* border, edge, verge, brink. *2* hem [of a garment].
bordear *i.-t.* to border, skirt. *2 t.* to border, verge. *3. i.* NAUT. to ply to windward.
bordo *m.* NAUT. board [ship's sidel: ***a*** ~, aboard; ***de alto*** ~, large [ship]; fig. of importance, high-up.
boreal *a.* boreal, northern.
borla *f.* tassel, tuft.
bornear *t.* to turn, move, shift. *2 ref.* to warp, bulge.
borrachera *f.* drunkenness, intoxication. *2* carousal.
borracho, cha *a.* drunk, intoxicated. *2 m.-f.* drunken person, drunkard.
borrador *m.* draft, rough copy. *2* duster, eraser. *3* blotter [book].
borrar *t.* to cross, strike, rub or blot out; to obliterate, efface, erase. *2* to smudge, blur.
borrasca *f.* storm, tempest.
borrascoso, sa *a.* stormy, tempestuous.
borrego, ga *m.-f.* yearly lamb. *2* simpleton.
borrico, ca *m.* ass, donkey. *2 f.* she-ass. *3* CARP saw-horse.
borrón *m.* ink blot. *2* blot, blemish.
borroso, sa *a.* smudgy, blurred, faded. *2* thick with sediment, turbid.
bosque *m.* forest, wood, grove, thicket; woodland.
bosquejar *t.* to sketch, outline.
bosquejo *m.* sketch, outline, rough plan or draft: ***en*** ~, sketchy.
bostezar *i.* to yawn, gape [with drowsiness].
bostezo *m.* yawn.
bota *f.* small, leather wine bag. *2* cask. *3* boot: ***ponerse las botas***, to make money.
botadura *f.* NAUT. launching.
botánica *f.* botany.
botánico, ca *a.* botanical. *2 m.-f.* botanist.
botar *t.* to throw, fling out. *2* to launch [a boat]. *3 i.* to bound, bounce. *4* to jump.
botarate *m.* fool, harebrain. *2* (Am.)spendthrift.
bote *m.* NAUT. small boat: ~ ***salvavidas***, life-boat. *2* bound, bounce. *3* jar, pot, canister; tin can. *4* ***de*** ~ ***en*** ~, crowded, crammed with people.
botella *f.* bottle.
botica *f.* chemist's shop; *drug store.
boticario *m.* chemist, druggist, pharmacist.
botija *f.* earthenware jar.
botijo *m.* earthen drinking jar with spout and handle.
botín *m.* spat [short gaiter]. *2* boot. *3* booty, spoils.
botiquín *m.* medicine case; first-aid kit. *2* (Am.) retail wine store.
botón *m.* button [of garment, electric bell, etc.]. *2* knob: ~ ***de puerta***, doorknob. *3* BOT. button, bud.
botones *m.* buttons, pageboy.
bóveda *f.* ARCH, ANAT. vault: ~ ***en cañón***, barrel vault.
bovino, na *a.* bovine.
boxeador *m.* SPORT boxer.
boxear *i.* SPORT to box.
boxeo *m.* SPORT boxing.
boya *f.* NAUT. buoy. *2* net float.
boyante *a.* NAUT. [of a ship] riding light. *2* prosperous, successful.
boyero, boyerizo *m.* oxdriver; oxherd.
bozal *m.* muzzle [mouth covering]. *2* muzzle bells. *3* (Am.) kind of halter [for horses]. *4 a.* (Am.) negro native of Africa. *5* novice, green. *6* stupid, idiot. *7* [of horses] untamed.
bozo *m.* down [on upper lip].
bracear *i.* to move or swing the arms. *2* to struggle. *3* NAUT. to brace.

bracero *m.* labourer [unskilled workman]. *2 adv.* ***de*** ~, arm-in-arm.
bracete (de) *adv.* arm-in-arm.
bragas *f. pl.* panties, step-ins.
bragueta *f.* fly [of trousers].
bramante *m.* thin twine or hemp string. *2 a.* roaring.
bramar *i.* to bellow, roar.
bramido *m.* bellow, roar.
brasa *f.* live coal: ***estar en brasas***, to be on tenterhooks; ***pasar como sobre brasas***, to skip over.
brasero *m.* brazier, fire pan.
Brasil *m. pr. n.* GEOG. Brazil.
brasileño, ña *a.-n.* Brazilian.
bravamente *adv.* bravely, gallantly. *2.* cruelly. *3.* finely, extremely well. *4* abundantly.
bravata *f.* bluster, swagger, brag: ***echar bravatas***, to talk big.
bravear *i.* to talk big, bluster, swagger.
bravío, a *a.* ferocious, wild, untamed. *2* rustic [person].
bravo, va *a.* brave, courageous. *2* fine, excellent. *3* fierce, ferocious [animal]: ***toro*** ~, bull for bullfights. *4* rough [sea, land]. *5* angry, violent. *6* magnificent. *7 interj.* bravo!
bravucón, na *a.* swaggering. *2 m.-f.* swaggerer.
bravura *f.* bravery, courage. *2* fierceness, ferocity [of animals].
braza *f.* NAUT. fathom.
brazada *f.* stroke [with arms]. *2* BRAZADO.
brazado *m.* armful, armload.
brazalete *m.* bracelet, armlet.
brazo *m.* arm [of body, chair, lever, etc]; ***cruzarse de brazos***, to fold one's arms; fig. to remain idle; ***a ~ partido***, hand to hand; tooth and nail; ***asidos del*** ~, arm-in-arm. *2* arm, power, might. *3* branch [of river]. *4* forelegs [of a quadruped]. *5 pl.* hands, workers.
brea *f.* tar, wood tar. 2 NAUT. pitch.
brebaje *m.* beverage; unpalatable drink.
brecha *f.* breach, gap, opening.
bregar *i.* to fight; to struggle. *2* to work hard, toil. *3 t.* to knead.
breña *f.*, **breñal** *m.* bushy and craggy ground.
Bretaña *f. pr. n.* Brittany. *2* ***Gran*** ~, Great Britain.
brete *m.* fetters, stocks. 2 difficult situation.
breva *f.* early fig. *2* flat cigar. *3* good, desirable thing.
breve *a.* short, brief. *2 f.* MUS. breve. *3 m.*, apostolic brief. *4 adv.* ***en*** ~, soon, shortly. *5* **-mente** *adv.* briefly, concisely.
brevedad *f.* brevity, briefness. *2* ***a la mayor*** ~, as soon as possible.
breviario *m.* ECCL. breviary. *2* compendium.
brezal *m.* field of heather.
brezo *m.* BOT. heath, heather.
bribón, na *a.* loafing. *2* rascally. *3 m.-f.* loafer. *4* rascal, scoundrel.
bribonada *f.* dirty trick.
brida *f.* bridle: ***a toda*** ~, at top speed. *2* MEC. clamp; flange.
brigada *f.* MIL. brigade. *2* squad, gang.
brillante *a.* brilliant, shining, bright. *2* sparkling, glittering; glossy. *3 m.* brilliant [diamond]. *4* ***-mente*** *adv.* brilliantly.
brillantez *f.* brilliance. *2* success, splendour. *3* dazzle.
brillar *i.* to shine. *2* to sparkle, glitter, be glossy. *3* to be outstanding.
brillo *m.* brilliance, brightness, lustre; splendour, shine.
brincar *i.* to spring, skip, leap, jump, hop.
brinco *m.* spring, skip, leap, jump, hop.
brindar *i.* to toast, drink to the health of. *2 t.-i.* to offer, afford: ~ ***a uno con una cosa***, to offer something to someone. *3 ref.* ***brindarse a***, to offer to [do something].
brindis *m.* toast [to a person's health].
brío *m.* strength, spirit, determination. *2* liveliness, nerve; valour, courage.
brioso, sa *a.* vigorous, spirited, lively.
brisa *f.* northeast wind. *2* breeze.
brisca *f.* a Spanish card game.
británico, ca *a.* British, Britannic.
brizna *f.* slender particle, chip; leaf [of grass]; string [in pods].
broca *f.* WEAV., SPIN. spindle, skewer: ~ ***de lanzadera***, shuttle spindle. *2* conical drill bit. *3* shoemaker's tack.
brocado, da *a.* brocaded. *2 m.* brocade.
brocal *m.* curbstone [of a well]. *2* steel rim [of a shield]; metal mouth [of a scabbard]. *3* mouth piece [of a leather wine bag].
brocha *f.* stubby brush [for painting]; ***pintor de ~ gorda***, house painter. *2* ~ ***de afeitar***, shaving-brush.
brochada *f.*, **brochazo** *m.* brush-stroke, blow with a brush.
broche *m.* clasp, fastener, hook and eye; brooch. *2* hasp [for book covers].
broma *f.* fun, merriment; joke: ***gastar una ~ a***, to play a joke on: ***en*** ~, in fun, jokingly; ~ ***pesada***, practical joke.
bromear *i.* to joke, jest, make fun of.
bromista *a.* full of fun. *2 m.-f.* merry person, joker.

bronca *f.* row, shindy, quarrel: ***armar una*** ~, to cause a disturbance, raise a rumpus. *2* harsh reprehension.
bronce *m.* bronze.
bronceado, da *a.* bronzed, bronze-coloured. *2* tanned, sunburnt. *3 m.* bronzing, bronze finish.
broncear *t.* to bronze. *2* to tan [the skin].
bronco, ca *a.* coarse, rough. *2* brittle [metal]. *3* gruff, rude. *4* hoarse, harsh [voice, sound].
bronquitis *f.* MED. bronchitis.
broquel *m.* shield, buckler.
brotar *i.* to germinate, sprout; to bud, burgeon, shoot. *2* [of water, tears, etc.] to spring, gush. *3* [of pimples, etc.] to break out. *4 t.* to put forth [plants, grass, etc.]. *5* to shed.
brote *m.* bud, sprout. *2* outbreak.
broza *f.* underbrush. *2* brush, brushwood. *3* rubbish, trash.
bruces (a or **de)** *adv.* face downwards, on one's face, headlong.
bruja *f.* witch, sorceress. *2* coll. hag, shrew.
brujería *f.* witchcraft, sorcery, magic.
brujo *m.* wizard, sorcerer, magician.
brújula *f.* magnetic needle, compass.
bruma *f.* mist, fog [in the sea].
brumoso, sa *a.* foggy, hazy, misty.
bruno, na *a.* dark-brown.
bruñido, da *a.* burnished. *2 m.* burnishing.
bruñir *t.* to burnish, polish.
bruscamente *adv.* brusquely. *2* suddenly.
brusco, ca *a.* brusque, rude, gruff. *2* sudden. *3* sharp [curve].
Bruselas *f. pr. n.* GEOG. Brussels.
brusquedad *f.* brusqueness, rudeness, gruffness; rude action or treatment. *2* suddenness.
brutal *a.* brutal, brutish, beastly, savage. *2* coll. colossal. *3 m.* brute, beast. *4* **-mente** *adv.* brutally.
brutalidad *f.* brutality. *2* stupidity. 3 fig. ***me gusta una*** ~, I like it enormously.
bruto, ta *a.* brute, brutish. *2* stupid, ignorant. *3* rough, unpolished. *4* ***bruto*** or ***en*** ~, in the rough, unwrought, crude. *5 m.* brute, beast; blockhead.
bucanero *m.* buccaneer.
bucal *a.* oral, buccal.
bucear *i.* to dive; to swin under water. *2 fig.* to explore.
buceo *m.* diving.
bucle *m.* long curl [of hair], ringlet. *2* AER. loop.
buche *m.* crow, crop [of animals]. *2* stomach [of man]. *3* bosom [thoughts, secrets].
budín *m.* pudding.
buen *a.* apocopated form of BUENO.
buenamente *adv.* easily, without difficulty. *2* voluntarily, spontaneously.
buenaventura *f.* good luck, happiness. *2* fortune: ***decirle a uno la*** ~, to tell someone his fortune.
bueno, na *a.* good. *2* kind. *3* fit, suitable. *4* well [in good health or condition]. *5* ***a buenas, por la buena***, willingly; ***¡buena es ésta!***, that is a good one!; ***buenos días***, good morning; ***buenas noches***, good evening, good night; ***buenas tardes***, good afternoon; ***de buenas a primeras***, from the very start. *6 adv.* ***¡bueno!***, well, very well; all right!, that is enough!
buey *m.* ZOOL. ox, bullock, steer: ***carne de*** ~, beef; ~ ***marino***, sea-cow.
búfalo *m.* ZOOL. buffalo.
bufanda *f.* muffler, scarf.
bufar *i.* to puff and blow, to snort [with anger].
bufete *m.* writing-desk. *2* lawyer's office: ***abrir*** ~, to set up as a lawyer. *3* (Am.) snack, refreshment.
bufido *m.* angry snort or roar.
bufo, fa *a.* farcical, bouffe: ***ópera*** ~, opera bouffe. *2 m.* buffoon. *3* buffo [actor].
bufón, na *a.* buffoon. *2 m.-f.* buffoon, jester.
buharda, buhardilla *f.* dormer window. *2* garret, attic. *3* (Am.) skylight.
búho *m.* ORN. eagle owl.
buhonero *m.* pedlar, peddler, hawker.
buido, da *a.* pointed, sharp. *2* grooved, striated.
buitre *m.* ORN. vulture.
bujía *f.* wax candle. *2* candlestick. *3* MEC. spark-plug.
bula *f.* [papal] bull. *2* bulla.
bulbo *m.* ANAT., BOT. bulb.
bulerías *f. pl.* Andalusian song and dance.
buldog *m.* bulldog.
bulevar *m.* boulevard.
búlgaro, ra *a.-n.* Bulgarian.
bulo *m.* canard, hoax, false report.
bulto *m.* volume, size, bulk: ***de*** ~, in sculpture; fig. obvious, striking. *2* shade, form, body: ***escurrir el*** ~, to dodge. *3* swelling, lump. *4* bundle, pack. *5* ***a*** ~, broadly, roughly.
bulla *f.* noise, uproar, racket. *2* crowd.
bullanga *f.* tumult, racket, riot.

bullanguero, ra *a.* fond of noise. *2 m.-f.* noisy person, rioter.
bullicio *m.* hubbub, noise, stir. *2* riot.
bulliciosamente *adv.* noisily.
bullicioso, sa *a.* noisy, boisterous, restless, lively, merry. *2* riotous. *3 m.-f.* rioter.
bullir *i.* to boil. *2* to bubble up. *3* to seethe. *4* to bustle about. *5 i.-ref.-t.* to move, stir, budge.
buñuelo *m.* doughnut, cruller; fritter. *2* botch, bungle.
buque *m.* NAUT. ship, vessel: ~ ***de cabotaje***, coaster; ~ ***de guerra***, warship; ~ ***de vapor***, steamer; ~ ***de vela***, sailboat: ~ ***cisterna***, tanker; ~ ***mercante***, merchant ship. *2* hull [of a ship]. *3* capacity.
burbuja *f.* bubble.
burbujear *i.* to bubble.
burdel *m.* brothel.
Burdeos *pr. n. & m.* Bordeaux [town, wine].
burdo, da *coarse. 2* clumsy [lie, work].
burgalés, sa *a.-n.* of Burgos.
burgués, sa *m.-f.* bourgeois, middle class person.
burguesía *f.* bourgeoisie, middle class.
buril *m.* burin, chisel.
burla *f.* mockery, gibe, jeer, scoff: ***hacer*** ~ ***de***, to mock, scoff, make fun of. *2* joke, jest: ***de burlas***, in fun. *3* deception, trick.
burladero *m.* refuge in a bull ring. *2* safety island.
burlador, ra *a.* mocking, deceiving. *2 m.* mocker, deceiver. *3* seducer of women.
burlar *t.* to mock. *2* to deceive, seduce. *3* to disappoint, frustrate, evade. *4 i.-ref.* ***burlarse de***, to make fun of, to laugh at: ***burla, burlando***, without noticing it; on the quiet.
burlesco, ca *a.* burlesque, comical.
burlón, na *a.* mocking. *2 m.-f.* mocker, joker.
burlonamente *adv.* mockingly.
buró *m.* writing-desk, bureau.
burócrata *m.-f.* bureaucrat.
burra *f.* she-ass. *2* ignorant, stupid woman. *3* strong, hardworking woman.
burrada *f.* drove of asses. *2* foolishness, blunder.
burro *m.* donkey, ass: *fig.* ~ ***de carga***, strong, hardworking man. *2* ignorant, stupid man. *3* saw-horse.
bursátil *a.* [pertaining to] stock market.
busca *f.* search, hunt, quest: ***en*** ~ ***de***, in quest of.
buscador, ra *a.* searching. *2 m.-f.* searcher, seeker; prospector. *3 m.* OPT. finder.
buscar *t.* to look for, search for, seek. *2* to prospect.
buscón, na *m.-f.* searcher, seeker. *2* petty thief. *3 f.* harlot.
busilis *m.* coll. rub, point; ***dar en el*** ~, to see the point.
búsqueda *f.* search, hunt, quest.
busto *m.* bust.
butaca *f.* arm-chair. *2* THEAT. orchestra stalls.
butano *m.* CHEM. butane.
butifarra *f.* a kind of pork sausage.
buzo *m.* diver: ***campana de*** ~, diving-bell.
buzón *m.* outlet [of a pond]. *2* letter-box, pillar-box. *3* stopper, bung.

C

cabal *a.* just, complete, exact, full. *2* perfect. *3 adv.* exactly. *4 m. pl.* ***estar en sus cabales***, to be in one's right mind.
cábala *f.* cab(b)ala. *2* guess, divination.
cabalgadura *f.* riding horse. *2* beast of burden.
cabalgar *i.* to horse, ride on horseback, mount.
cabalgata *f.* cavalcade.
caballar *a.* equine, of horses.
caballeresco *a.* chivalrous, knightly. *2* gentlemanly.
caballería *f.* riding animal; horse, mule, ass. *2* MIL. horse, cavalry. *3* knighthood: ~ ***andante***, knight-errantry.
caballeriza *f.* stable [for horses]. *2* royal mews.
caballero, ra *a.* riding. *2 m.* ~ ***andante***, knight-errant. *3* gentleman. *4* sir [form of address].
caballerosidad *f.* gentlemanly behaviour, generosity, nobility.
caballeroso *a.* chivalrous, gentlemanly.
caballete *m.* small horse. *2* ridge [of roof; between furrows]. *3* trestle, saw-horse. *4* easel. *5* bridge [of nose].
caballista *m.* horseman, good rider.
caballo *m.* ZOOL. horse. *2* knight [in chess]. *3* CARDS queen. *4* MECH. ~ ***de fuerza*** or ***vapor***, horsepower. *5* ***a*** ~, on horseback.
caballón *m.* ridge [between furrows].
cabaña *f.* cabin, hut, hovel. *2* large number of sheep or cattle.
cabecear *i.* to nod. *2* [of horses] to raise and lower the head. *3* NAUT. to pitch. *4 t.* to blend [wines].
cabeceo *m.* nodding [head]. *2* NAUT. pitching.
cabecera *f.* principal part; head. *2* seat of honour. *3* headboard [of a bed]. *4* bedside. *5* main town.
cabecilla *f.* little head. *2 m.* ringleader, rebel leader.
cabellera *f.* hair, head of hair. *2* wig. *3* tail [of a comet].
cabello *m.* hair [of the human head]. *2 pl.* hair, head of hair: ~ ***de ángel***, sweetmeat.
cabelludo, da *a.* with an abundant head of hair. *2* hairy: ***cuero*** ~, scalp.
caber *i.* to fit into, go in or into; to have enough room for; to befall: ***en esta lata caben diez litros***, this can will hold ten litres; ***no cabe más***, there is no room for more; ***no me cabe en la cabeza***, I never would have believed that; ***no cabe duda***, there is no doubt. ¶ CONJUG. INDIC. Pres.: ***quepo***, cabes, cabe, etc. | Pret.: ***cupe, cupiste***, etc. | Fut.: ***cabré, cabrás***, etc. || COND.: ***cabría, cabrías***, etc. || SUBJ. Pres.: ***quepa, quepas***, etc. | Imperf.: ***cupiera, cupieras***, etc. or ***cupiese, cupieses***, etc. | Fut.: ***cupiere, cupieres***, etc. || IMPER.: cabe, quepa; quepamos, cabed, ***quepan***.
cabestrillo *m.* sling [for the arm].
cabestro *m.* halter [for horses]. *2* leading ox.
cabeza *f.* head [of man or animal; mind, understanding; top part or end]. *2* head [chief, leader; first place]. *3* headwaters, source [of a river]. *4* head, individual: ***por*** ~, per head. *5* main town: ~ ***de partido***, county seat. *6* ~ ***de ajo***, bulb of garlic.
cabezada *f.* blow with the head, butt [with the head]; bump [on the head]. *2* nod [from drowsiness or in salutation]: ***dar cabezadas***, to nod. *3* NAUT., AER. pitch, pitching. *4* headgear [of a harness].
cabezal *m.* pillow, bolster. *2* MIN., MACH. headstock.
cabezazo *m.* blow with the head, butt.
cabezón, na *a.-n.* CABEZUDO 1.
cabezota *f.* large head. *2 m.-f.* bigheaded or obstinate person.

cabezudo, da *a.-n.* large-headed, obstinate [person]. *2 m.* figure of a big-headed dwarf [in some processions].
cabida *f.* space, room, capacity.
cabildo *m.* cathedral chapter. *2* town council. *3* meeting of a CABILDO.
cabina *f.* AER., TELEPH. cabin.
cabizbajo, ja *a.* crestfallen; pensive.
cable *m.* cable; rope, howser.
cablegrafiar *t.* to cable.
cabo *m.* end, extremity: ***de ~ a rabo***, from head to tail. *2* end, termination: ***llevar a ~***, to carry out; ***al ~ de un mes***, in a month. *3* bit, stump. *4* strand [of rope or thread]. *5* GEOG. cape. *6* MIL. corporal.
cabotaje *m.* NAUT. cabotage, coasting-trade.
cabra *f.* ZOOL. goat: ***loco como una ~***, as mad as a hatter.
cabrerizo, cabrero *m.* goatherd.
cabrestante *m.* capstan, windlass.
cabrilla *f.* ICHTH. cabrilla. *2* CARP. saw-buck. *3* whitecaps [in the sea].
cabrío *a.* hircine, goatish: ***macho ~***, he--goat. *2 m.* herd of goats.
cabriola *f.* caper, leap, hop, skip; somersault.
cabritilla *f.* [dressed] kid skin.
cabrito *m.* kid.
cabrón *m.* ZOOL. buck, billy-goat. *2 fig.* acquiescent cuckold.
cabruno, na *a.* hircine, goatish.
cacahuete *m.* BOT. peanut.
cacao *m.* cacao [tree, seed]; cocoa [tree, powder, drink].
cacarear *i.* [of fowls] to cackle, crow. *2* coll. to boast, brag.
cacareo *m.* cackling, crowing [of fowls]. *2* coll. boasting, bragging.
cacatúa *f.* ORN. cockatoo.
cacería *f.* hunt, hunting party.
cacerola *f.* casserole, saucepan.
cacique *m.* cacique, Indian chief. *2* political boss; tyrant.
caciquismo *m.* caciquism, government by local bosses.
caco *m.* thief, pickpocket. *2* coward.
cacofonía *f.* cacophony.
cacto *m.* cactus.
cachalote *m.* cachalot, sperm whale.
cacharrería *f.* crockery shop.
cacharro *m.* crock, piece of crockery. *2* rickety machine or car.
cachaza *f.* slowness, coolness.
cachazudo, da *a.* slow, easy-going, cool.
cachear *t.* to search, frisk.
cachemira *m.* cashmere.
cachete *m.* slap [on the face]. *2* plump cheek. *3* short dagger.
cachiporra *f.* cudgel.
cacho *m.* bit, piece, slice.
cachondearse *ref.* to poke fun at somebody.
cachorro, rra *m.-f.* puppy, cub.
cada *a.* each, every: ***~ cual, ~ uno***, each one, every one.
cadalso *m.* scaffold, platform, stage.
cadáver *m.* corpse, cadaver.
cadavérico, ca *a.* cadaverous. *2* deadly, ghastly, pale.
cadena *f.* chain: ***~ perpetua***, life imprisonment.
cadencia *f.* cadence, rhythm.
cadencioso, sa *a.* rhythmical.
cadera *f.* hip.
cadete *m.* MIL. cadet.
caducar *i.* to dote [from old age]. *2* to fall into disuse. *3* COM. to lapse, expire.
caduco, ca *a.* caducous, decrepit; lapsed.
caer *i.-ref.* to fall, drop, fall down, come down; to fall off or out. *2* ***~ en la cuenta de***, to realize. *3* to lie, be located: ***el camino cae a la derecha***, the way lies to the right. *4* [of the sun] to go down. *5* ***~ bien*** or ***mal***, to suit, fit, or not to suit, fit. ¶ CONJUG. INDIC. Pres.: ***caigo***, caes, etc. | Pret.: caí, caíste, ***cayó;*** caímos, caísteis, ***cayeron.*** || SUBJ. Pres.: ***caiga, caigas***, etc. | Imperf.: ***cayera, cayeras***, etc., or ***cayese, cayeses***, etc. | Fut.: ***cayere, cayeres***, etc. || IMPER.: cae, ***caiga; caigamos***, caed, ***caigan.*** || GER.: ***cayendo.***
café *m.* coffee [tree; seeds, beverage]. *2* café [tea-shop].
cafetal *m.* coffee plantation.
cafetera *f.* coffee-pot.
cafetería *f.* cafeteria, coffee-house.
cafeto *m.* BOT. coffee tree.
cafre *a.-n.* Kaffir. *2* savage, inhuman [person]. *3* rude, rustic.
cagar *i.-t.-ref.* to shit [not in polite use]. *2 t.* to soil, defile.
caída *f.* fall, drop; downfall; falling off or out: ***a la ~ del sol***, at sunset.
caído, da *a.* fallen. *2* downhearted. *3* drooping [eyelids, etc.].
caimán *m.* alligator, cayman.
caja *f.* box, chest, case. *2* cashbox, safe; cashier's office. ***~ de ahorros***, savings-bank.
cajero, ra *m.-f.* cashier.
cajetilla *f.* packet [of cigarettes].
cajón *m.* large box, bin. *2* drawer, till, locker.
cal *f.* lime [burned limestone].
cala *f.* cove, small bay. *2* fishing ground.

calabaza *f.* calabash, gourd, pumpkin: ***dar calabazas***, to fail, turn down [in examinations]; to refuse [a lover].
calabozo *m.* dungeon. *2* cell [of jail]. *3* pruning sickle.
calado *m.* NAUT. draught. *2* NAUT. depth [of water]. *3* drawn-work [in linen]; openwork [in metal, etc.]; fretwork.
calafatear *t.* to caulk.
calamar *m.* ZOOL. squid.
calambre *m.* MED. cramp, spasm.
calamidad *f.* calamity, disaster, misfortune.
calamitoso, sa *a.* calamitous, miserable.
calandria *f.* lark, skylark. *2* calender, mangle [machine].
calaña *f.* pattern, model. *2* kind, sort [specially in a bad sense].
calar *t.* to soak, drench. *2* to go through, pierce, penetrate. *3* to make drawn-work in [linen]; to cut openwork [in metal, etc.]. *4* to plug [a melon]. *5* to see through [a person's intentions]. *6 ref.* to get soaked or drenched. *7* to pull down [one's hat].
calavera *f.* [fleshless] skull. *2 m.* madcap, reckless fellow.
calaverada *f.* reckless action, escapade.
calcañar *m.* heel-bone.
calcar *t.* to calk or calque; to trace. *2* fig. to imitate.
calce *m.* steel tire. *2* shim, wedge; chock.
calceta *f.* stocking, hose: ***hacer*** ~, to knit.
calcetería *f.* hosiery.
calcetín *m.* sock.
calcinar *t.* to calcine; burn, char.
calcio *m.* calcium.
calco *m.* tracing, traced copy; exact copy. *2* imitation.
calcular *t.-i.* to calculate. *2 t.* to conjecture, guess.
cálculo *m.* calculation, estimate. *2* conjecture, guess. *3* MATH. calculus. *4* gallstone.
caldeamiento *m.* heating, warming.
caldear *t.* to warm, heat. *2 ref.* to heat [grow hot].
caldera *f.* kettle. *2* MACH. boiler.
calderilla *f.* copper coin(s, small change.
caldero *m.* small kettle or cauldron.
caldo *m.* broth. *2 pl.* COM. vegetable juices as wine, oil, etc.
calefacción *f.* heating; heating system: ~ ***central***, central heating.
calendario *m.* calendar, almanac.
calentador *m.* heater; warming-pan.
calentamiento *m.* warming, heating.
calentar *t.* to warm, warm up, heat up. *2* to beat, spank. *3 ref.* to warm oneself; to become heated, excited or angry.
calentura *f.* MED. fever, temperature.
calenturiento, ta *a.* feverish.
caleta *f.* small cove or creek.
caletre *m.* coll. good sense, sound judgement.
calibrar *t.* to calibrate; to gauge.
calibre *m.* calibre, bore, gauge.
calicanto *m.* rubble masonry.
calicó *m.* calico, cotton cloth. *2* fig. size, importance.
calidad *f.* quality. *2* character, nature. *3* rank, importance. *4 pl.* moral qualities, gifts.
cálido, da *a.* warm, hot.
caliente *a.* warm, hot.
califa *m.* caliph.
calificación *f.* qualification; judgment, censure. *2* rate, standing. *3* mark [in examination].
calificado, da *a.* qualified, competent. *2* [of a thing] having all the necessary conditions.
calificar *t.* to qualify, rate, class as. *2* to ennoble, give credit to. *3* to award marks to [in examination].
calificativo, va *a.* GRAM. qualifying. *2 m.* qualifier; epithet.
caligrafía *f.* calligraphy.
cáliz *m.* chalice [cup]. *2* BOT. calyx.
caliza *f.* limestone.
calizo, za *a.* calcareous, limy.
calma *f.* calm. *2* inactivity, let-up. *3* composure. *4* slowness, phlegm.
calmante *a.* soothing. *2 m.* sedative.
calmar *t.* to calm, quiet. *2* to allay, soothe. *3 i.-ref.* to abate, calm down. *4* to calm oneself.
calmoso, sa *a.* calm, quiet. *2* slow, sluggish.
caló *m.* gipsy language; slang.
calofrío *m.* shivers, shivering.
calor *m.* heat, warmth: ***hace*** ~, it is hot; ***tengo*** ~, I feel warm, hot. *2* enthusiasm, ardour.
caloría *f.* PHYS., PHYSIOL. calorie.
calumnia *f.* calumny, slander.
calumniador, ra *a.* slanderous. *2 m.-f.* slanderer.
calumniar *t.* to calumniate, slander.
calumnioso, sa *a.* slanderous.
calurosamente *adv.* warmly, enthusiastically. *2* hotly.
caluroso, sa *a.* hot [weather]. *2* warm, hearty, enthusiastic.
calva *f.* bald head. *2* bald spot.
calvario *m.* calvary, suffering.
calvez, calvicie *f.* baldness.

calvo, va *a.* bald, hairless, bald-headed. *2* bare, barren [land].
calzada *f.* highway, main road.
calzado, da *a.* shod. *2 m.* footwear; boots, shoes.
calzador *m.* shoehorn.
calzar *t.-ref.* to put on [one's shoes, gloves, spurs]. *2 t.* to shoe. *3* to shim, wedge up.
calzón, calzones *m. sing.* or *pl.* breeches, trousers.
calzoncillos *m.-pl.* drawers, pants.
calladamente *adv.* silently, quietly, secretly.
callado, da *a.* silent, quiet.
callar *i.-ref.* to be, keep or become silent; to shut up, be quiet; to stop, cease [talking].
calle *f.* street, road: ~ ***mayor***, high street, main street.
calleja *f.* CALLEJUELA.
callejear *i.* to walk the streets; to loiter, saunter, loaf.
callejero, ra *a.* fond of walking the streets. *2* street; coarse, common. *3 m.-f.* loiterer. *4 m.* street-guide.
callejón *m.* lane, alley: ~ ***sin salida***, blind alley, cul-de-sac.
callejuela *f.* narrow street, bystreet, alley, lane.
callista *m.-f.* chiropodist.
callo *m.* callus, callosity; corn. *2 pl.* tripe [food].
cama *f.* bed, couch; bedstead: ***guardar*** ~, to stay in bed.
camada *f.* brood, litter.
camafeo *m.* cameo.
camaleón *m.* chameleon.
cámara *f.* chamber, room, hall, parlour. *2* grain loft; granary. *3* house [legislative body]: ~ ***alta***, upper house; ~ ***baja***, lower house. *4* inner tube [of tire]. *5* OPT. camera.
camarada *m.* comrade, companion, pal, friend.
camaradería *f.* goodfellowship.
camarera *f.* maid; chamber-maid. *2* waitress. *3* stewardess [on a ship]; air--hostess [on an airliner].
camarero *m.* waiter. *2* steward [in a ship]. *3* chamberlain.
camarilla *f.* coterie, clique, cabal.
camarón *m.* ZOOL. shrimp, prawn.
camarote *m.* cabin, state-room, berth.
camastro *m.* wretched bed.
cambalache *m.* swop.
cambalachear *t.* to harter, swop.
cambiar *t.-i.* to change, alter, shift. *2 t.* to convert; ~ ***en***, to change into; ~ ***por***, to exchange for; ~ ***dinero***, to exchange money. *3 i.-ref.* [of the wind] to veer.
cambio *m.* change [alteration; substitution, etc.]; shift, shifting. *2* exchange, barter. *3* RLY. switch. *4* ***libre*** ~, free trade; ***a*** ~ ***de***, in exchange for; ***en*** ~, on the other hand; in exchange; ~ ***de marchas***, AUTO. gearshift.
cambista *m.-f.* money-changer. *2* broker, banker.
camelar *t.* to court, flirt with. *2* to cajole.
camelia *f.* BOT. camellia.
camelo *m.* courting, flirting. *2* coll. hoax, joke.
camello *m.* ZOOL. camel.
camilla *f.* stretcher, litter. *2* small bed. *3* table with a heater underneath.
camillero *m.* stretcher-bearer.
caminante *m.-f.* traveller, walker.
caminar *i.* to travel, journey. *2* to walk, march, go.
caminata *f.* long walk, hike, excursion.
camino *m.* path, road, way, track, course: ***abrirse*** ~, to make a way for oneself. *2* way, journey, travel: ***ponerse en*** ~, to start, set off on a journey.
camión *m.* lorry, *truck.
camionero *m.* truck-driver.
camioneta *f.* small van or lorry.
camisa *f.* shirt: chemise: ~ ***de dormir***, nightgown, nightdress; ~ ***de fuerza***, strait jacket; ***meterse en*** ~ ***de once varas***, to meddle with other people's business.
camisería *f.* shirt factory. *2* shirt shop, haberdasher's shop.
camiseta *f.* vest.
camisón *m.* nightdress, large shirt.
camorra *f.* row, quarrel.
camorrista *a.-m.* quarrelsome [person].
campamento *m.* camp, camping; encampment.
campana *f.* bell.
campanada *f.* stroke of a bell. *2* scandal; sensational happening.
campanario *m.* belfry.
campanero *m.* bell-founder. *2* bell-ringer.
campanilla *f.* small bell; handbell, doorbell. *2* ANAT. uvula. *3* BOT. bell-flower.
campanillazo *m.* loud ring of a bell.
campanilleo *m.* ringing; tinkling.
campante *a.* self-satisfied, cheerful.
campanudo, da *a.* pompous, highsounding. *2* bell-shaped.
campaña *f.* level countryside. *2* campaign.
campar *i.* to excel, stand out. *2* to camp, encamp.
campeador *m.* champion in battle.

campear *i.* to excel, stand out. *2* to go to pasture; to go about [wild animals]. *3* [fo fields] to grow green. *4* MIL. to be in the field; to reconnoitre. *5* to search lost cattle.
campechano, na *a.* frank, open, hearty, good-humoured.
campeón, na *m.* champion; defender. *2 f.* championess.
campeonato *m.* championship.
campero, ra *a.* in the open field. *2* (Arg.)good at farming.
campesino, na *a.* rustic, rural. *2 m.-f.* peasant, countryman, countrywoman, farmer.
campestre *a.* rural, country; [of flowers] wild.
campiña *f.* stretch of arable land; fields, countryside.
campo *m.* fields, country, countryside. *2* cultivated land, crops. *3* field, ground. *4* GOLF. links. *5* MIL. camp. *6* ***ir a ~ traviesa***, to cut across the fields; ***a ~ raso***, in the open.
can *m.* ZOOL. dog. *2* trigger.
cana *f.* white hair: ***peinar canas***, to be old; ***echar una ~ al aire***, to have a gay time.
canadiense *a.-n.* Canadian.
canal *m.* canal [artificial channel]. *2* GEOG. channel, strait. *3 m.-f.* gutter [in a roof]; gutter tile. *4* ***abrir en ~***, to cut open from top to bottom.
canalizar *t.* to canalize. *2* to channel, pipe.
canana *f.* cartridge-belt.
canalón *m.* drain-pipe, spout.
canalla *f.* rabble, riff-raff. *2 m.* rascal, scoundrel, cad.
canallada *f.* dirty trick.
canapé *m.* couch, sofa, lounge.
Canarias (Islas) *f. pr. n.* GEOG. Canary Islands.
canario, ria *a.-n.* Canarian. *2 m.* ORN. canary.
canasta *f.* basket, hamper.
canastilla *f.* small basket. *2* layette. *3* trousseau.
canastillo *m.* basket-tray.
canasto *m.* large basket.
cancela *f.* iron-work gate.
cancelación *f.* cancellation.
cancelar *t.* to cancel, annul.
cáncer *m.* MED. cancer.
canceroso, sa *a.* cancerous.
canciller *m.* chancellor.
cancillería *f.* chancellery.
canción *f.* song: ***~ de cuna***, lullaby, cradle-song; ***~ popular***, folk-song. *2* lyric poem.
cancionero *m.* collection of lyrics. *2* song-book.
cancha *f.* sports ground; [pelota] court; cockpit.
candado *m.* padlock.
cande *a.* ***azúcar ~***, candy.
candeal *a.* white [wheat].
candela *f.* candle, taper. *2* candlestick. *3* fire.
candelabro *m.* candelabrum; sconce.
candelero *m.* candlestick: ***estar en el ~***, to be high in office.
candente *a.* incandescent, red-hot: ***cuestión ~***, burning question.
candidato, ta *m.-f.* candidate.
candidatura *f.* list of candidates. *2* *candidature. *3* ballot-paper.
candidez *f.* whiteness. *2* simplicity, naïvety.
cándido, da *a.* white, snowy. *2* naïve, simple; easy to deceive.
candil *m.* oil-lamp, hand-lamp.
candileja *f.* oil receptacle in lamp. *2 pl.* THEAT. footlights.
candor *m.* pure whiteness. *2* candour, ingenuousness.
candorosamente *adv.* ingenuously.
candoroso, sa *a.* ingenuous, pure, naïve, innocent.
canela *f.* cinnamon. *2* fig. anything exquisite.
cangrejo *m.* ZOOL. crab or crayfish.
cangrena, etc. *f.* GANGRENA, etc.
canguro *m.* ZOOL. kangaroo.
caníbal *a.-n.* cannibal.
canica *f.* marble [little ball]. *2 pl.* marbles [game].
canícula *f.* dog-days.
canijo, ja *a.* weak, sickly.
canilla *f.* arm-bone, shin-bone. *2* tap [for barrel]. *3* WEAV. reel.
canino, na *a.* canine. *2 m.* canine tooth.
canje *m.* interchange, exchange.
canjear *t.* to exchange.
cano, na *a.* gray, gray-haired, hoary.
canoa *f.* canoe.
canon, *pl.* **cánones** *m.* canon.
canonizar *t.* to canonize.
canoso, sa *a.* gray-haired, hoary.
cansado, da *a.* tired, weary. *2* worn-out, exhausted. *3* tiresome, wearisome.
cansancio *m.* fatigue, weariness.
cansar *t.-i.* to fatigue, tire. *2 t.* to weary, bore, harass. *3* to wear out, exhaust. *4 ref.* to get tired, to grow weary; to become exhausted. *5 i.* to be tiring or tiresome.
cansino, na *a.* tired, exhausted.
cantante *a.* singing. *2 m.-f.* singer.

1) **cantar** *m.* song: ~ ***de gesta***, epic poem. 2) **cantar** *t.-i.* to sing. *2 i.* coll. to squeak, confess. *3* [of cocks] to crow.
cántara *f.* CÁNTARO. *2* wine measure [32 pints].
cántaro *m.* pitcher, jug: ***llover a cántaros***, to rain cats and dogs.
cantera *f.* quarry, stone pit.
cántico *m.* canticle, religious song.
cantidad *f.* quantity, amount.
cantilena *f.* song, ballad. *2* annoying repetition: ***la misma*** ~, the same old song.
cantimplora *f.* canteen, water-bottle.
cantina *f.* canteen, refreshment room.
cantinero *m.* canteen-keeper.
canto *m.* singing, chant, song. *2* poet, canto. *3* crow [of cock]; chirp, chirr [of insects]. *4* corner, point. *5* edge, thickness: ***siempre de*** ~, this side upside. *6* stone: ~ ***rodado***, boulder. *7* back [of knife].
cantón *m.* canton, region.
cantor, ra *a.* singing: ***pájaro*** ~, song-bird. *2 m.-f.* singer, songster, songstress.
caña *f.* cane [stem]; reed: ~ ***de azúcar***, sugar-cane. *2* leg [of boot]. *3* ~ ***de pescar***, fishing-rod. *4* glass [of beer].
cañada *f.* glen, dell, hollow. *2* cattle path.
cañamazo *m.* hemp tow. *2* burlap. *3* canvas for embroidery.
cáñamo *m.* hemp. *2* hempen cloth.
cañaveral *m.* reed plantation. *2* canebrake. *3* sugar cane plantation.
cañería *f.* water or gas-pipe, or main.
cañizal, cañizar *m.* CAÑAVERAL.
caño *m.* short tube or pipe. *2* jet [of water]. *3* sewer. *4* spout. *5* narrow channel [of a harbour].
cañón *m.* tube, pipe. *2* barrel [of gun]. *3* flue [of chimney]. *4* ARTILL. cannon, gun. *5* canyon, ravine. *6* quill [of a feather].
cañonazo *m.* cannon-shot; report of a gun.
cañonear *t.* to bombard.
cañonera *f.* gun-boat.
caoba *f.* MOT. mahogany.
caos *m.* chaos; confusion.
caótico, ca *a.* chaotic.
capa *f.* cloak, mantle, cape: ***andar de*** ~ ***caída***, to be on the decline. *2* pretence, disguise: ***so*** ~ ***de***, under pretence of. *3* coat [of paint, etc.]. *4* stratum.
capacidad *f.* capacity, content. *2* capability, ability.
capacitación *f.* enabling, qualification.
capacitar *t.* to enable, capacitate.
capacho *m.* basket, hamper.
capar *t.* to geld, castrate.
caparazón *m.* caparison. *2* carapace, shell [of crustaceans, etc.].
capataz *m.* foreman, overseer.
capaz *a.* capacious, roomy. *2* capable. *3* able, competent.
capazo *m.* large flexible basket.
capcioso, sa *a.* captious, insidious.
capea *f.* amateur free-for-all bullfight.
capear *t.* BULLF. to play the bull whit the cape. *2* to beguile. *3* to weather [a storm].
capellán *m.* priest, clergyman. *2* chaplain.
caperuza *f.* pointed hood. *2* chimney cap. *3* MACH. hood.
capilar *a.* capillary.
capilla *f.* hood, cowl. *2* chapel; oratory.
capirotazo *m.* fillip, flick.
capirote *m.* conical hood.
capital *a.* capital [main, great]: ***pena*** ~, capital punishment. *2 m.* property, fortune. *3* ECON. capital. *4 f.* capital, chief town.
capitalismo *m.* capitalism.
capitalista *a.-n.* capitalist.
capitán *m.* captain, chief, leader.
capitanear *t.* to captain, lead, command.
capitel *m.* ARCH. capital. *2* ARCH. spire.
capitulación *f.* capitulation. *2* agreement. *3 pl.* articles of marriage.
capitular *i.* to come to an agreement. *2* to capitulate.
capítulo *m.* chapter [of a book] *2 pl.* ***capítulos matrimoniales***, articles of marriage.
capón *a.* castrated, gelded. *2 m.* eunuch. *3* capon. *4* rap on the head.
caporal *m.* chief, leader.
capota *f.* bonnet, lady's hat. *2* bonnet, *hood [of carriage].
capote *m.* cloak with sleeves. *2* bullfigther's cape.
capricho *m.* caprice, whim, fancy. *2* longing, keen desire.
caprichosamente *adv.* capriciously; whimsically.
caprichoso, sa *a.* capricious, whimsical, fanciful.
cápsula *f.* capsule. *2* cartridge.
captar *t.-ref.* to win, secure [good will, etc.]. *2* RADIO to get, pick up [signals]; to tune in.
captura *f.* capture, seizure.
capturar *t.* to capture, arrest.
capucha *f.* hood, cowl.
capuchino *a.-n.* Capuchin.
capuchón *m.* lady's hooded cloak. *2* cap [of fountain-pen].
capullo *m.* cocoon. *2* flower bud. *3* acorn cup.

cara *f.* face, visage, countenance: ***sacar la ~ por alguien***, to take someone's part; ***echar en ~***, to reproach, throw in one's face; ***de ~ a***, opposite, facing; ***~ a ~***, face to face. *2* look, mien, aspect: ***tener buena ~***, to look well, or, good. *3* face, front, façade, outside, surface. *4* face, head [of a coin]: ***~ o cruz***, heads or tails. *5 adv.* facing, towards.

carabela *f.* NAUT. caravel.

carabina *f.* carbine, rifle. *2* coll. chaperon.

carabinero *m.* carabineer. *2* customs guard.

caracol *m.* snail. *2* ARCH. ***escalera de ~***, winding [or spiral] staircase.

caracola *f.* conch or triton shell.

caracolear *i.* [of horses] to caracole; to caper, prance around.

carácter, *pl.* **caracteres**, *m.* character [type, letter; distintive qualities; moral strength]. *2* nature, disposition; status.

característico, ca *a.* characteristic(al. *2 f.* characteristic.

caracterizar *t.* to characterize. *2* to give distinction, honour, etc. *3 ref.* THEAT. to dress up, make up.

¡caramba! *interj.* good gracious!

carámbano *m.* icicle.

carambola *f.* BILL. cannon, carom: ***por ~***, indirectly.

caramelo *m.* caramel [burnt sugar], sweetmeat, sweet.

caramillo *m.* flageolet; rustic flute; reed pipe.

carantoñas *f. pl.* caresses, wheedling, cajolery.

carátula *f.* mask [false face].

caravana *f.* caravan.

¡caray! *interj.* ¡CARAMBA!

carbón *m.* coal; charcoal. *2* ELEC. carbon, crayon.

carbonato *m.* CHEM. carbonate.

carbonería *f.* coalyard; charcoal shop or store.

carbonero, ra *a.* [pertaining to] coal or charcoal; coaling. *2 m.-f.* coaldealer, charcoal seller. *3 f.* coal cellar.

carbonizar *t.* to carbonize, char. *2 ref.* to become carbonized.

carbono *m.* CHEM. carbon.

carburador *m.* carburet(t)er, -or.

carcajada *f.* burst of laughter, guffaw.

cárcel *f.* jail, gaol, prison.

carcelero *m.* jailer, gaoler.

carcoma *f.* ENT. woodworm.

carcomer *t.* [of the woodworm] to bore; to eat away; to corrode.

carcomido, da *a.* worm-eaten.

cardar *t.* to card, comb.

cardenal *m.* ECCL. cardinal. *2* weal, bruise.

cardenillo *m.* verdigris.

cárdeno, na *a.* dark-purple, livid.

cardíaco, ca *a.* cardiac.

cardillo *m.* BOT. golden thistle.

cardinal *a.* cardinal, fundamental.

cardo *m.* BOT. thistle.

carear *t.* to confront, compare. *2 ref.* to meet face to face.

carecer de *i.* to lack, be in need of. ¶ CONJUG. like ***agradecer.***

carenar *t.* NAUT. to careen.

carencia *f.* lack, want, need.

carente *a.* ***~ de***, lacking, wanting.

careo *m.* confrontation.

carestía *f.* scarcity, want; famine. *2* high cost.

careta *f.* mask: ***quitar la ~***, to unmask, expose. *2* face-guard.

carey *m.* tortoise-shell.

carga *f.* loading, lading; charging. *2* burden. *3* cargo, freight: ***buque de ~***, cargo ship. *4* tax. *5* duty, expenses; charge.

cargado, da *a.* full, loaded, fraught. *2* sultry, cloudy [weather]. *3* strong [coffee, etc.]. *4* ***~ de espaldas***, round-shouldered.

cargador *m.* loader; stevedore; shipper, freighter. *2* carrier, porter. *3* clip [of cartridges].

cargamento *m.* NAUT. cargo, shipment.

cargante *a.* coll. boring, annoying.

cargar *t.* to load. *2* to burden. *3* to charge [a furnace; an account; the enemy; the task of; taxes]. *4* to assume responsabilities. *5* to impute, ascribe. *6* to increase [prices]. *7* to bother, annoy. *8 i.* to load up, take on a load: ***~ con***, to shoulder, take the weight of. *9 ref.* to lean [the body towards]. *10* to burden oneself. *11* to get cloudy, overcast. *12* ***cargarse con el muerto***, to get the blame.

cargo *m.* loading. *2* burden, weight. *3* employment, post, office. *4* duty, charge, responsability. *5* charge, accusation. *6* ***hacerse ~ de***, to take charge of; to take into consideration, understand, realize.

cariacontecido, da *a.* sad, troubled, crestfallen.

cariar *t.* to cause caries. *2 ref.* to become carious, decay, rot.

caribe *a.* Caribbean. *2 m.-f.* Carib.

caricatura *f.* caricature; cartoon.

caricia *f.* caress, endearment.

caridad *f.* charity.

caries *f.* MED., DENT. caries, rot.
cariño *m.* love, affection, fondness, tenderness; care. *2 pl.* caresses, endearments.
cariñosamente *adv.* affectionately.
cariñoso, sa *a.* loving, affectionate.
caritativo, va *a.* charitable.
cariz *m.* aspect, look [of weather, etc.].
carmesí *a.-m.* crimson. *2 m.* crimson silk fabric.
carmín *a.-n.* carmine [colour].
carnada *f.* bait.
carnal *a.* carnal, sensual: ***primo*** ~, cousin-german.
carnaval *m.* carnival.
carne *f.* flesh [of man, animal, fruit]. *2* meat [as a food]: ~ ***de gallina***, goose-flesh; ***ser de ~ y hueso***, to be only human; ***en ~ viva***, raw [skin or sore]; ~ ***asada***, roasted meat; ***ser uña y ~***, to be hand in glove with.
carnero *m.* ZOOL. sheep; mutton.
carnet *m.* notebook. *2* membership card. *3* ~ ***de conducir***, driver's licence.
carnicería *f.* butcher's [shop]. *2* carnage, massacre.
carnicero, ra *a.* carnivorous [animal]. *2* bloodthirsty, sanguinary. *3 m.f.* butcher.
carnívoro, ra *a.* carnivorous.
carnosidad *f.* MED. proud flesh. *2* carnosity. *3* fleshiness, fatness.
carnoso, sa *a.* fleshy; pulpy [plant].
caro, ra *a.* dear, costly; expensive. *2* dear, beloved. *3 adv.* dearly, at a high price.
carpa *f.* ICHTH. carp.
carpeta *f.* writing-table cover. *2* writing-case. *3* portfolio.
carpintería *f.* carpentry. *2* carpenter's shop.
carpintero *m.* carpenter: ***pájaro*** ~, woodpecker.
carraca *f.* NAUT. carrack. *2* old boat. *3* rattle. *4* ratchet brace.
carraspear *i.* to clear one's throat. *2* to suffer from hoarseness.
carraspera *f.* hoarseness.
carrera *f.* run, running: ***a ~ tendida***, at full speed. *2* route [of a pageant]. *3* road, highway. *4* race [contest of speed]. *5* row; line, range. *6* ladder [in a stocking]. *7* career. *8* profession. *9 pl.* horse-racing.
carreta *f.* long, narrow cart.
carretada *f.* cartful, cart-load.
carrete *m.* spool, reel, bobbin. *2* ELEC. coil.
carretear *t.* to cart, haul [goods]. *2* to drive [a cart].
carretera *f.* road, high road, highway, main road.
carretero *m.* carter. *2* cart-wright.
carretilla *f.* wheelbarrow; handcart. *2* ***de*** ~, by heart.
carretón *m.* small cart. *2* handcart.
carril *m.* rut, track, furrow. *2* cart-way. *3* RLY. rail.
carrillo *m.* cheek, jowl: ***comer a dos carrillos***, to eat greedily.
carro *m.* cart. *2* (Am.) car. *3* chariot. *4* MIL. car, tank. *5* MACH. carriage [of typewriter, etc.]. *6* cart-boad.
carrocería *f.* body [of motorcar].
carromato *m.* long two-wheeled cart with a tilt.
carroña *f.* carrion.
carroza *f.* coach, stately carriage. *2* float [in processions].
carruaje *m.* carriage, car, vehicle.
carta *f.* letter, missive, epistle; note: ~ ***certificada***, registered letter; ~ ***de recomendación***, letter of introduction; ~ ***blanca***, full powers. *2* charter, chart. *3* chart, map. *4* playing-card. *5* bill of fare.
cartapacio *m.* note-book. *2* satchel.
cartearse *ref.* to correspond, write to one another.
cartel *m.* poster, placard, bill.
cartelera *f.* billboard, hoarding.
cartera *f.* wallet, pocket-book. *2* portfolio; brief-case. *3* satchel. *4* pocket flap.
carterista *m.* pickpocket.
cartero *m.* postman.
cartilla *f.* primer. *2* elementary treatise.
cartón *m.* cardboard, pasteboard.
cartoné *m.* BOOKBIND, ***en*** ~, in boards.
cartuchera *f.* cartridge-box. *2* cartridge-belt.
cartucho *m.* cartridge. *2* roll of coins. *3* conical paper bag.
cartujo *a.-n.* Carthusian [monk].
cartulina *f.* light card-board.
casa *f.* house, building, establishment, institution, office: ~ ***consistorial*** or ***de la villa***, town hall; ~ ***de empeños***, pawnshop; ~ ***de huéspedes***, boarding-house; ~ ***de socorro***, first-aid hospital; ~ ***solariega***, manor. *2* home; house, household, family: ***en*** ~, at home; ***en ~ de***, at the home, office, shop, etc., of. *3* commercial house, firm.
casaca *f.* old long coat.
casado, da *a.-n.* married [person].
casamentero, ra *a.* match-making. *2 m.-f.* match-maker.
casamiento *m.* marriage, wedding.
casar *i.* to marry; to match [colours]; to blend. *2 ref.* to get married, wed.

cascabel *m.* jingle bell, tinkle bell: ***ser un*** ~, to be a rattle-brain. *2* ***serpiente de*** ~, rattle-snake.
cascada *m.* cascade, waterfall.
cascado, da *a.* broken, cracked. *2* worn out, decayed.
cascajo *m.* gravel, fragments of stone, rubbish. *2* a broken piece of crockery.
cascanueces *m.* nut-cracker.
cascar *t.* to break, crack. *2* to beat, thrash. *3 ref.* to crack.
cáscara *f.* rind, peel [of orange, etc.]; shell [of egg, etc.]. *2* hard covering, hull, shell, crust.
cascarón *m.* egg-shell.
cascarrabias *m.-f.* coll. crab, ill-tempered person, grouch.
casco *m.* casque, helmet. *2* skull. *3* fragment of broken crockery. *4* cask, bottle [for liquids]. *5* hull [of ship]. *6* hoof [of horse, etc.]. *7* ~ ***de población***, a city excluding its suburbs. *8 pl.* brains [of a person]: ***ser alegre de cascos***, to be scatter-brained.
cascote *m.* piece of rubble. *2* debris.
caserío *m.* group of houses. *2* hamlet.
casero, ra *a.* homely; domestic, informal [dress, etc.]. *2* home-made. *3* home-loving. *4 m.-f.* landlord, landlady. *5* renter, tenant.
caserón *m.* large ramshackle house.
caseta *f.* small house, hut.
casi *adv.* almost, nearly.
casilla *f.* booth, cabin, hut; keeper's lodge. *2* square [of chessboard; on a sheet of paper]. *3* pigeonhole.
casillero *m.* set of pigeonholes.
casino *m.* casino, club.
caso *m.* GRAM., MED. case. *2* event, happening, instance, circumstances: ~ ***de conciencia***, case of conscience; ***hacer*** or ***venir al*** ~, to be relevant; ***vamos al*** ~, let's come to the point; ***en*** ~ ***de que***, in case; ***en todo*** ~, anyhow, at any rate. *3* heed, notice, attention; ***hacer*** ~ ***omiso***, to take no notice.
caspa *f.* dandruff, scurf.
casquete *m.* skull-cap, calotte. *2* MACH. cap. *3* helmet.
casquillo *m.* ferrule, socket, metal tip or cap. *2* cartridge cap.
casquivano, na *a.* feather-brained.
casta *f.* caste. *2* race, stock, breed. *3* lineage, kindred. *4* kind, quality.
castaña *f.* chestnut [fruit]. *2* knot of hair.
castañal, castañar *m.* chestnut grove.
castañero, ra *m.-f.* chestnutseller.
castañetear *t.* to play [a tune] with the castanets. *2 i.* [of teeth] to chatter; [of knees] to crackle. *3* [of partridges] to cry. *4* ~ ***con los dedos***, to snap one's fingers.
castaño, ña *a.* chestnut-coloured, auburn, brown, hazel. *2 m.* chestnut tree.
castañuela *f.* castanet.
castellano, na *a.-n.* Castilian. *2 m.* Castilian or Spanish language. *3* lord of a castle.
castidad *f.* chastity, continence.
castigador, ra *a.* punishing. *2 m.-f.* punisher. *3 m.* coll. lady-killer.
castigar *t.* to punish, chastise. *2* to mortify [the flesh].
castigo *m.* punishment; chastisement; penance, penalty. *2* affliction, mortification.
castillo *m.* castle.
castizo, za *a.* pure-blooded, pedigree. *2* traditional, national. *3* pure [style, etc.].
casto, ta *a.* chaste, pure.
castor *m.* ZOOL. beaver.
castrar *t.* to castrate, geld. *2* to prune, lop.
castrense *a.* military.
casual *a.* accidental, fortuitous, casual.
casualidad *f.* chance, accident; event: ***por*** ~, by chance.
casualmente *adv.* by chance, by accident; casually, accidentally.
casucha *f.*, **casucho** *m.* hut, hovel, small jerry-built house.
casulla *f.* chasuble.
cataclismo *m.* cataclysm.
catacumbas *f. pl.* catacombs.
catador, ra *m.-f.* taster, sampler.
catadura *f.* tasting, sampling. *2* aspect countenance.
catafalco *m.* catafalque.
catalán, na *a.-n.* Catalan.
catalejo *m.* spy-glass.
catalogar *t.* to catalogue.
catálogo *m.* catalogue.
cataplasma *f.* poultice.
catapulta *f.* catapult.
catar *t.* to taste, sample. *2* to look at, examine. *3* to think, judge.
catarata *f.* cataract, waterfall.
catarro *m.* MED. catarrh; head cold.
catástrofe *f.* catastrophe, mishap.
catear *t.* to reject [in an examination]. *2* (Am.) to prospect [a district] for minerals.
catecismo *m.* catechism.
cátedra *f.* chair [seat of the professor; professorship].
catedral *a.-f.* cathedral [church].
catedrático *m.* professor [holding a chair in Secondary School or University].

categoría *f.* category, rank. *2* class, kind; quality: ***de*** ~, of importance; prominent.
categórico, ca *a.* categoric(al.
catequista *m.-f.* catechist.
catequizar *t.* to catechize, give religious instruction. *2* to induce, persuade.
caterva *f.* multitude, great number, crowd, swarm.
cateto *m.* GEOM. leg [of a rightangled triangle].
catolicismo *m.* catholicism.
católico, ca *a.* catholic. *2 a.-n.* Roman Catholic.
catorce *a.-n.* fourteen.
catre *m.* cot, light bed.
cauce *m.* river-bed. *2* channel, ditch.
caucho *m.* rubber, caoutchouc.
caudal *a.* of great volume [river]. *2 m.* fortune, wealth; abundance. *3* volume [of water].
caudaloso, sa *a.* of great volume of water, full-flowing. *2* rich, wealthy.
caudillo *m.* chief, leader.
causa *f.* cause, origin, reason, motive: ***a*** or ***por*** ~ ***de***, because of, on account of; ***hacer*** ~ ***común con***, to make common cause with. *2* lawsuit. *3* case, trial at law.
causante *a.* causing, causative; occasioning. *2 m.f.* causer.
causar *t.* to cause, do, create, give rise to, bring about.
cáustico, ca *a.* caustic(al. *2 m.* caustic. *3* vesicatory.
cautamente *adv.* cautiously.
cautela *f.* caution, wariness. *2* craft, cunning.
cauteloso, sa *a.* cautious, wary.
cautivador, ra *a.* captivating, charming.
cautivar *t.* to take prisoner, capture. *2* to win, hold [the attention, etc.]. *3* to captivate, charm.
cautiverio *m.*, **cautividad** *f.* captivity.
cautivo, va *a.-n.* captive, prisoner.
cauto, ta *a.* cautious, wary, prudent.
cava *f.* digging, hoeing. *2* winecellar.
cavar *t.-i.* to dig, spade; to excavate.
caverna *f.* cavern, cave.
cavernícola *a.* cave-dwelling. *2 m.-f.* cave-dweller. *3* political reactionary.
cavernoso, sa *a.* cavernous. *2* hollow, deep [voice, etc.].
cavial, caviar *m.* caviar(e.
cavidad *f.* cavity.
cavilación *f.* rumination, brooding over.
cavilar *t.* to ruminate, brood over, muse on.
caviloso, sa *a.* ruminative, doubtful, undecided.
cayado *m.* shepherd's crook. *2* crozier.
cayo *m.* cay, key.
caza *f.* hunting, chase. *2* game [animals]: ~ ***mayor***, big game; ~ ***menor***, small game. *3 m.* AER. pursuit plane, fighter.
cazador, ra *a.* hunting. *2 m.* hunter; ~ ***furtivo***, poacher. *3 f.* huntress. *4* hunting jacket.
cazar *t.-i.* to hunt, chase; to track down. *2* to pursue, catch.
cazatorpedero *m.* torpedo-boat destroyer.
cazo *m.* ladle. *2* pot, pan.
cazuela *f.* earthen cooking pan; large casserole. *2* THEAT. gallery.
cazurro, rra *a.* taciturn, sullen.
cebada *f.* barley.
cebar *t.* to fatten up, feed [animals]. *2* to prime [a gun, pump, etc.]; to bait [a fish-hook]. *3* to nourish [a passion]. *4 ref.* ***cebarse en***, to vent one's fury on.
cebo *m.* food [for animals]. *2* bait. *3* lure, incentive. *4* primer charge, priming.
cebolla *f.* onion.
cebra *f.* zebra.
cecear *i.* to lisp.
ceceo *m.* lisping, lisp.
cecina *f.* salted, dried meat.
ceder *t.* to cede, transfer. *2 i.* to yield, submit, give in, give way. *3* [of a floor, a rope, etc.] to fall, give way.
cedro *m.* cedar.
cédula *f.* slip of paper; document; certificate: ~ ***personal***, identity card.
céfiro *m.* zephyr [wind; cloth]; soft breeze.
cegador, ra *a.* dazzling, blinding.
cegar *i.* to go blind. *2 t.* to blind [make blind]; to obfuscate. *3* to dazzle. *4* to wall up [a door, etc.]. *5 ref.* to be blinded [by passion, etc.].
cegato, ta *a.* short-sighted.
ceguedad, ceguera *f.* blindness. *2* obfuscation [of mind].
ceja *f.* brow, eyebrow: ***tener entre*** ~ ***y*** ~, to dislike [someone]; to persist in. *2* projecting part, flange. *3* brow [of a hill]. *4* cloud-cap.
cejar *i.* to back up, go backward. *2* to weaken, give way.
cejijunto, ta *a.* frowning; with knitted eyebrows.
celada *f.* ambush, trap, snare. *2* ARM. helmet.
celador, ra *a.* watching. *2 m.-f.* watcher; warden, wardress.

celaje *m.* mass of clouds. *2* coloured clouds. *3* skylight. *4* presage.
celar *t.* to see to [the observance of law, etc.]. *2* to watch over [jealousy]. *3* to hide, conceal. *4* to carve, engrave.
celda *f.* cell [in convent, etc.].
celebración *f.* celebration. *2* holding [of a meeting, etc]. *3* praise, applause.
celebrar *t.* to celebrate [a birthday, etc]; to make [a festival]; to hold [a meeting]. *2* to praise, honour. *3* to be glad of. *4* to say Mass. *5 ref.* to take place, be held.
célebre *a.* celebrated, famous.
celebridad *f.* celebrity, famous person. *2* fame, renown. *3* celebration, pageant.
celeridad *f.* celerity, speed, swiftness.
celeste *a.* celestial, heavenly: ***azul*** ~, sky-blue.
celestial *a.* celestial, heavenly. *2* perfect.
celestina *f.* bawd, procuress.
celibato *m.* celibacy.
célibe *a.* celibate, single, unmarried. *2 m.* bachelor. *3 f.* spinster.
celo *m.* zeal. *2* heat, rut. *3 pl.* jealousy.
celosamente *adv.* jealously.
celosía *f.* lattice window. *2* Venetian blind.
celoso, sa *a.* zealous. *2* jealous. *3* suspicious.
celta *a.* Celtic. *2 m.-f.* Celt.
célula *f.* BIOL. ELEC. cell.
celular *a.* cellular.
celuloide *m.* celluloid.
celulosa *f.* cellulose.
cementar *t.* METAL. to cement.
cementerio *m.* cemetery, churchyard, graveyard.
cemento *m.* cement. *2* ~ ***armado***, reinforced concrete.
cena *f.* supper; dinner: ***la Santa Cena***, the Last Supper.
cenagal *m.* slough, miry place, swamp. *2* quagmire.
cenagoso, sa *a.* miry, muddy.
cenar *i.* to sup, have supper; to dine, have dinner.
cenceño, ña *a.* lean, slender, thin.
cencerrada *f.* charivari, tin-pan serenade.
cencerro *m.* cow-bell.
cendal *m.* sendal, gauze; thin veil.
cenefa *f.* border, fringe.
cenicero *m.* ash-tray.
ceniciento, ta *a.* ashen, ash-gray. *2 f.* Cinderella.
cenit *m.* ASTR. zenith.
ceniza *f.* ash, ashes. *2 pl.* cinders.
censo *m.* census.
censor *m.* censor.
censura *f.* censure. *2* censorship.
censurable *a.* blameworthy, deserving blame.
censurar *t.* to censure, blame, criticize. *2* to censor.
centavo, va *a.* hundredth. *2 m.* one-hundredth part. *3* cent.
centella *f.* lightning, thunder-bolt. *2* spark, flash.
centellar, centellear *i.* to sparkle, flash, scintillate; to twinkle.
centelleante *a.* sparkling, glittering, flashing.
centelleo *m.* sparkling, glittering, scintillation, twinkling.
centena *f.* a hundred.
centenar, centenal *m.* hundred. *2* rye-field.
centenario, ria *a.* centennial. *2 m.-f.* centenarian [person]. *3 m.* centenary [aniversary].
1) **centeno** *m.* BOT. rye.
2) **centeno, na** *a.* hundredth.
centésimo, ma *a.-n.* centesimal, hundredth.
centígrado, da *a.* centigrade.
centímetro *m.* centimetre.
céntimo *m.* one-hundredth part of a peseta; centime, cent.
centinela *m.-f.* sentinel, sentry.
centolla *f.* ZOOL. thorn-back [crab].
central *a.* central. *2 f.* main office, headquarters. *3* TELEPH. exchange, *central. *4* ELEC. power-station.
centralismo *m.* centralism.
centralización *f.* centralization.
centralizar *t.* to centralize.
céntrico, ca *a.* centric, central. *2* downtown.
centrífugo, ga *a.* centrifugal.
centro *m.* centre, middle. *2* club, association. *3* main office. *4* ~ ***de mesa***, centre-piece.
céntuplo, pla *a.-m.* centuple.
centuplicar *t.* to centuplicate, centuple.
centuria *f.* century.
ceñido, da *a.* close-fitting.
ceñir *t.* to gird; to girdle, encircle. *2* to fasten around the waist. *3* to fit tight. *4* to shorten, condense. *5* ~ ***espada***, to wear a sword. *6* NAUT. to haul [the wind]. *7 ref.* to reduce one's expenses. *8* to be concise. ¶ CONJUG. like ***reír***.
ceño *m.* frown. *2* threatening aspect [of clouds, etc].
ceñudo, da *a.* frowning, grim.
cepa *f.* underground part of the stock [of tree or plant]. *2* grape-vine; vine stem. *3* butt or root [of a horn, etc.]. *4* stock

[of lineage]. 5 ***de buena*** ~, of good quality.

cepillar *t.* ACEPILLAR.

cepillo *m.* brush: ~ ***de ropa***, clothes-brush; ~ ***de dientes***, tooth-brush; ~ ***para el pelo***, hair-brush. 2 CARP plane. 3 alms box, poor-box.

cepo *m.* bough, branch [of tree]. 2 stock [of anvil]. 3 stocks, pillor. 4 iron trap.

cera *f.* wax; beeswax: ***figuras de*** ~, wax-works.

cerámica *f.* ceramics, pottery.

cerbatana *f.* blowgun. 2 pea-shooter, popgun.

1) **cerca** *f.* enclosure, hedge, fence.

2) **cerca** *adv.* near, close, nigh: ***aquí*** ~, near here; ~ ***de Madrid***, near Madrid. 2 ~ ***de***, nearly, about: ~ ***de un año***, nearly a year.

cercado, da *a.* fenced-in, walled-in. 2 *m.* enclosure, fenced-in garden or field; fence.

cercanía *f.* nearness, proximity. 2 *pl.* neighbourhood, vicinity; surroundings.

cercano, na *a.* near. 2 neighbouring.

cercar *t.* to fence in, wall in. 2 to surround, hem in. 3 MIL. to invest, lay siege to.

cercén, a cercén *adv.* to the root: ***cortar a*** ~, to cut clean off.

cercenar *t.* to clip, cut off the edges of. 2 to curtail.

cerciorar *t.* to assure, affirm. 2 *ref.* ***cerciorarse de***, to ascertain, make sure of.

cerco *m.* circle; hoop, ring, edge. 2 rim [of a wheel]. 3 casing, frame [of a door, etc.]. 4 halo. 5 MIL. siege, blockade.

cerda *f.* horsehair; bristle, hog bristle. 2 ZOOL. sow. 3 ***ganado de*** ~, swine [collec.].

cerdo *m.* ZOOL. swine, [domestic] hog, pig. 2 pork [meat].

cereal *a.-m.* cereal.

cerebral *a.* cerebral.

cerebro *m.* ANAT. cerebrum. 2 fig. head, brains.

ceremonia *f.* ceremony. 2 formality. 3 ceremoniousness.

ceremonial *a.-m.* ceremonial; formalities.

ceremonioso, sa *a.* ceremonious, formal.

cerería *f.* wax-chandler's shop.

ceremoniosamente *adv.* ceremoniously.

cereza *f.* cherry [fruit].

cerezo *m.* BOT. cherry-tree.

cerilla *f.* wax match. 2 taper.

cerner *t.* to sift, bolt [flour, etc.]. 2 to scan, observe. 3 *i.* [of blossom of vine, etc.] to be fertilized. 4 to drizzle. 5 *ref.* to waddle. 6 [of birds] to hover. 7 [of evil, storm] to threaten. ¶ CONJUG. like ***entender.***

cernícalo *m.* ORN. kestrel. 2 *fig.* blockhead.

cero *m.* zero, naught, nought, cipher: ***ser un*** ~ ***a la izquierda***, to be a mere cipher.

cerrado, da *a.* shut; close, closed; fastened; locked. 2 obscure. 3 sharp [curve]. 4 thick [beard]. 5 reserved [person]. 6 cloudy, overcast.

cerradura *f.* lock [fastening]: ~ ***de seguridad***, safety lock.

cerraja *f.* lock [fastening].

cerrajería *f.* locksmith trade. 2 locksmith's shop.

cerrajero *m.* locksmith.

cerrar *t.* to close, shut: ~ ***la boca***, to shut up. 2 to fasten, bolt, lock. 3 to clench [the fist]. 4 to block up, bar. 5 to wall, fence. 6 to seal [a letter]. 7 to turn off [the water, etc.]. 8 *i.* [of a shop, etc.] to shut.

cerrazón *f.* dark and cloudy weather. 2 ~ ***de mollera***, stupidity.

cerril *a.* broken, uneven [ground]. 2 unbroken, untamed [cattle]. 3 coll. unpolished, boorish.

cerro *m.* neck [of animal]. 2 back, backbone. 3 hill: ***irse por los cerros de Úbeda***, to talk irrelevantly.

cerrojo *m.* bolt [fastening]. 2 bolt [of a rifle].

certamen *m.* literary contest. 2 debate; competition.

certero, ra *a.* good [shot]. 2 well aimed. 3 certain, sure.

certeza, certidumbre *f.* certainty.

certificación *f.* certificate, affidavit.

certificado, da *a.* registered. 2 *m.* registered letter or package. 3 certificate.

certificar *t.* to certify, certificate, attest. 2 to register [a letter or package].

cerumen *m.* ear-wax.

cerval *a.* deer, deerlike: ***miedo*** ~, great fear.

cervatillo *m.* new-born fawn.

cervecería *f.* brewery. 2 ale-house.

cerveza *f.* beer, ale.

cerviz, *pl.* ***-vices*** *f.* cervix, neck, nape of the neck: ***doblar la*** ~, to humble oneself.

cesante *a.* ceasing. 2 *m.* civil servant out of office.

cesantía *f.* dismissal of public employment. 2 part pay of a dismissed civil servant.

cesar *i.* to cease, stop; to leave off [doing something]: ***sin*** ~, unceasingly.

cese *m.* cessation of payment.
cesión *f.* cession; transfer.
césped *m.* lawn, grass, sward. *2* turf, sod.
cesta *f.* basket, hamper. *2* wicker scoop for playing pelota.
cestero, ra *m.-f.* basketmaker or dealer.
cesto *m.* basket, washbasket: ~ ***de los papeles***, waste-paper basket.
cetáceo *m.* ZOOL. cetacean.
cetrería *f.* falconry, hawking.
cetrino, na *a.* sallow, greenish yellow. *2* melancholy.
cetro *m.* scepter.
cía *f.* hip-bone.
cianuro *m.* CHEM. cyanide.
ciar *t.* NAUT. to go backwards.
ciático, ca *a.* sciatic [nerve]. *2 f.* sciatica.
cicatería *f.* stinginess, niggardliness.
cicatero, ra *a.* stingy, niggard.
cicatriz, *pl.* **-trices** *f.* cicatrice, scar.
cicatrizar *t.-ref.* to heal, scar.
cíclico, ca *a.* cyclic(al.
ciclismo *m.* cycling, cyclism.
ciclo *m.* cycle, period.
ciclón *m.* cyclone, hurricane.
ciegamente *adv.* blindly.
ciego, ga *a.* blind. *2* [of a pipe] stopped, blocked. *3 m.-f.* blind man or woman. *4 m.* ANAT. caecum, blind gut. *5* ***a ciegas***, blindly.
cielo *m.* sky: ***despejarse el*** ~, to clear up; ***poner por los cielos***, to praise; ***a*** ~ ***raso***, in the open [air]; ***poner el grito en el*** ~, to hit the ceiling. *2* heaven [God]. *3* climate, weather. *4* ~ ***raso***, ceiling.
ciempiés, *pl.* **-piés** *m.* ZOOL. centipede. *2* coll. disconnected work.
cien *a.* a or one hundred.
ciénaga *f.* marsh, bog.
ciencia *f.* science; knowledge, learning: ***a*** ~ ***cierta***, with certainty.
cieno *m.* silt, mud, slime.
científicamente *adv.* scientifically.
científico, ca *a.* scientific. *2 m.-f.* scientist.
ciento *a.-m.* hundred, a hundred, one hundred: ***por*** ~, per cent.
cierne *m.* BOT ***en*** ~, blossoming.
cierre *m.* closing, shutting. *2* fastener: ~ ***de cremallera***, zipper; ~ ***metálico***, metal shutter. *3* lock-out.
ciertamente *a.* certainly, surely.
cierto, ta *a.* certain, sure: ***estar*** ~, to be sure; ***estar en lo*** ~, to be right; ***por*** ~ ***que***, by the way. *2* certain, a certain, some: ~ ***día***, one day.
ciervo, va *m.* ZOOL. deer; stag, hart. *2 f.* hind.
cierzo *m.* cold north wind.
cifra *f.* cipher, figure, number. *2* amount. *3* cipher, code. *4* sum, summary.
cifrar *t.* to cipher. *2* to summarize. *3* to base, place [happiness, etc.].
cigarra *f.* ENT. cicada, grasshopper.
cigarrillo *m.* cigarette.
cigarro *m.* cigar.
cigüeña *m.* ORN. stork. *2* MACH. crank, winch.
cilíndrico, ca *a.* cylindric(al.
cilindro *m.* cylinder. *2* roller.
cima *f.* summit, top, peak [of mountain]. *2* ***dar*** ~, to carry out, complete.
címbalo *m.* small bell. *2* cymbal.
cimbr(e)ar *t.-ref.* to vibrate. *2* to bend, sway. *3 t.* to flex, wave [a cane].
cimbreante *a.* flexible, pliant.
cimbreo *m.* act of vibrating, bending, swaying.
cimentar *t.* to lay the foundation of; to found, establish. ¶ CONJUG. like ***acertar***.
cimera *f.* crest [of helmet].
cimiento *f.* foundation [of a building, etc.]; groundwork, basis.
cimitarra *f.* scimitar.
cinc *m.* zinc.
cincel *m.* chisel.
cincelado *m.* chisel(l)ing.
cincelar *t.* to chisel, carve, engrave.
cinco *a.* five.
cincuenta *a.-m.* fifty.
cincuentena *f.* group of fifty.
cincuentenario *m.* semicentennial.
cincha *f.* saddle-girth, cinch.
cinchar *t.* to girth, fasten [saddle].
cine, cinema *m.* cinema, movies, pictures.
cíngulo *m.* girdle, belt.
cíngaro, ra *a.* gypsy.
cínico, ca *a.* cynical. *2* barefaced, impudent. *3 m.-f.* cynic.
cinismo *m.* cynicism. *2* impudence.
cinta *f.* ribbon, tape, band: ~ ***magnetofónica***, recording tape; ~ ***métrica***, decimal tape-measure. *2* CINEM. film.
cinto *m.* belt, girdle. *2* waist [of a person].
cintura *f.* waist.
cinturón *m.* belt: ~ ***de seguridad***, safety belt.
ciprés *m.* BOT. cypress.
circo *m.* circus.
circuito *m.* circuit.
circulación *f.* circulation; currency. *2* traffic [of vehicles].
1) **circular** *a.* circular. *2 f.* circular letter.
2) **circular** *i.* to circulate.
círculo *m.* circle. *2* circumference. *3* club, casino.
circundar *t.* to surround.
circunferencia *f.* circumference.
circunflejo *a.* circumflex.

circunlocución *f.*, **circunloquio** *m.* circumlocution, periphrasis.
circunscribir *t.* to circumscribe. *2 ref.* to confine oneself [to].
circunscripción *f.* circumscription. *2* district, territory.
circunspección *f.* circumspection. *2* decorousness, decorum, dignity.
circunspecto, ta *a.* circumspect, prudent.
circunstancia *f.* circumstance.
circunstancial *a.* circumstantial.
circunstante *a.* surrounding, present. *2 m. pl.* bystanders, onlookers, audience.
circunvalar *t.* to surround, encircle.
circunvecino, na *a.* neighbouring, surrounding, adjacent.
cirio *m.* ECCL. wax candle.
cirro *m.* cirrus.
ciruela *f.* plum: ~ ***pasa***, prune.
ciruelo *m.* BOT. plum-tree.
cirugía *f.* surgery.
cirujano *m.* surgeon.
cisco *m.* coal-dust, slack: ***hacer*** ~, to shatter, smash. *2* row, shindy: ***meter*** ~, to kick up a shindy.
cisma *m.* schism. *2* discord.
cismático, ca *a.-n.* schismatic.
cisne *m.* ZOOL. swan: ***canto del*** ~, swan song, last work.
cisterna *f.* cistern. *2* water tank.
cita *f.* appointment, engagement, date. *2* quotation.
citación *f.* quotation. *2* LAW citation, summons.
citar *t.* to make an appointment or a date with. *2* to cite, quote. *3* LAW to cite, summon. *4* to provoke, incite [the bull].
cítara *f.* MUS. cithara; zither.
ciudad *f.* city, town.
ciudadanía *f.* citizenship.
ciudadano, na *a.* civic. *2 m.-f.* citizen.
ciudadela *f.* citadel, fortress.
cívico, ca *a.* civic. *2* civil, polite.
civil *a.* civil. *2 a.-s.* civilian.
civilización *f.* civilization.
civilizado, da *a.* civilized.
civilizar *t.* to civilize. *2 ref.* to become civilized.
civismo *m.* patriotism, civic zeal.
cizalla *f.* shears, pliers. *2 pl.* metal filings.
cizaña *f.* BOT. darnel; weed. *2* corrupting vice; bad influence: ***meter*** ~, to sow discord.
clamar *t.-i.* to clamour [against], cry [out], shout. *2 i.* [of things] to want, require.
clamor *m.* clamour, outcry. *2* plaint. *3* knell, toll of bells.
clamoroso, sa *a.* clamorous; crying.
clan *m.* clan.
clandestinamente *adv.* clandestinely; secretly.
clandestino, na *a.* clandestine; underhanded, secrete.
clara *f.* white of egg.
claramente *adv.* clearly. *2* frankly, openly.
claraboya *f.* skylight. *2* clerestory.
clarear *t.* to make clear. *2 i.* to dawn. *3* [of weather] to clear up. *4 ref.* to be transparent.
clarete *m.* claret wine.
claridad *f.* light. *2* clearness; distinctness; plainness. *3* brightness.
clarificar *t.* to clarify; to refine [sugar].
clarín *m.* bugle. *2* bugler.
clarinete *m.* MUS. clarinet. *2* clarinet(t)ist.
clarividencia *f.*, perspicacity, clear insight.
clarividente *a.* perspicacious.
claro, ra *a.* bright, full of light. *2* clear. *3* illustrious. *4* obvious. *5* light [colour]: ***azul*** ~, light blue. *6* outspoken. *7* adv. clearly. *8 interj.* ***¡claro!, ¡claro está!***, of course!, sure! *9 m.* gap, break, space, interval. *10* clearing [in woods]. *11* ***poner en*** ~, to make plain, to clear up. *12* ***pasar la noche de*** ~ ***en*** ~, not to sleep a wink.
claroscuro *m.* light and shade, chiaroscuro.
clase *f.* class, order, profession: ~ ***alta, media, baja***, upper, middle, lower classes; ~ ***obrera***, working class. *2* class, kind, sort: ***toda*** ~ ***de***, all kind of. *3* RLY., EDUC. class: ***dar*** ~, to give class; ***asistir a*** ~, to attend class. *4* class-room.
clasicismo *m.* classicism.
clásico, ca *a.* classic(al. *2 m.* classic [author].
clasificación *f.* classification. *2* sorting, filing.
clasificar *t.* to class, classify. *2* to sort, file.
claudicación *f.* limping. *2* crookedness.
claudicar *i.* to halt, limp. *2* to be untrue to one's principles.
claustro *m.* ARCH., ECCL. cloister. *2* meeting of university faculty; teaching body.
cláusula *f.* clause, proviso. *2* GRAM. sentence, period.
clausura *f.* convent enclosure; monastic life. *2* closure, closing ceremony.
clausurar *t.* to close [session].
clava *f.* club, cudgel.
clavado, da *a.* nailed. *2* nail-studded. *3* exact, precise. *4* fitting exactly, apposite.
clavar *t.* to drive, stick, thrust, prick or stab with. *2* to nail. *3* to fix [eyes, etc.]. *4* to set [a precious stone]. *5 ref.* to deceive.
clave *f.* key [to a riddle, etc.]. *2* code. *3* MUS. clef.
clavel *m.* BOT. pink, carnation.

clavetear *t.* to nail, stud with nails. *2* to tip, tag [a lace].
clavicordio *m.* MUS. clavichord.
clavícula *f.* ANAT. clavice, collar-bone.
clavija *f.* pin, peg, dowel. *2* ELEC. plug.
clavo *m.* nail [of metal]: ***dar en el ~***, to hit the nail on the head.
clemencia *f.* clemency, mercy.
clemente *a.* clement, merciful.
clerical *a.* clerical.
clérigo *m.* clergyman, priest.
clero *m.* clergy, priesthood.
cliente *m.-f.* client. *2* customer.
clientela *f.* clientele, customers.
clima *m.* climate. *2* clime.
clínica *f.* clinic. *2* private hospital.
clínico, ca *a.* clinical.
clisé *m.* PRINT. plate, stereotype plate; cliché.
cloaca *f.* sewer.
clocar, cloquear *i.* to cluck.
clorhídrico, ca *a.* hydrochloric.
cloro *m.* chlorine.
clorofila *f.* BOT. chlorophyle.
cloroformizar *t.* to chloroform.
cloroformo *m.* CHEM. chloroform.
club *m.* club, society.
clueco, ca *a.-n.* broody [hen].
coacción *f.* constraint, compulsion.
coaccionar *t.* to coerce, compel.
coactivo, va *a.* coactive, compelling.
coagular *t.-ref.* to coagulate, clot.
coalición *f.* coalition, league.
coartada *f.* alibi.
coartar *t.* to limit, restrict.
coba *f.* humorous lie. *2* soft soap, flattery: ***dar ~***, to flatter.
cobarde *a.* cowardly. *2 m.-f.* coward. *3* **-mente** *adv.* cowardly.
cobardía *f.* cowardice, faint-heartedness.
cobertizo *m.* shed; lean-to.
cobertor *m.* bedcover, coverlet; quilt; counterpane.
cobertura *m.* cover, covering.
cobijar *t.* to cover, shelter, give shelter. *2 ref.* to take shelter.
cobra *f.* ZOOL. cobra.
cobrador *m.* collector [of money]. *2* tram or bus conductor.
cobrar *t.* to collect, receive [money]; to cash [cheques]. *2* to recover. *3* to take, gather: ***~ ánimo,*** to take courage; ***~ cariño***, to take a liking; ***~ fuerzas***, to gather strength. *4* HUNT. to retrieve; to take [game]. *5 ref.* to recover, come to.
cobre *m.* copper.
cobrizo, za *a.* coppery. *2* copper--coloured.
cobro *m.* cashing, collection.
cocaína *f.* cocaine.
cocción *f.* cooking boiling. *2* baking.
cocear *i.* [of animals] to kick.
cocer *t.* to cook [food]. *2* to boil [a substance]. *3* to bake [bread, bricks, etc.].
cocido, da *a.* cooked, boiled, baked. *2 m.* Spanish stew.
cociente *m.* MATH. quotient.
cocimiento *m.* COCCIÓN. *2* decoction.
cocina *f.* kitchen. *2* kitchen stove: ***~ económica***, cooking range.
cocinar *t.* to cook [food]. *2 i.* to do the cooking.
cocinero, ra *m.-f.* cook.
coco *m.* BOT. coco, coconut palm or tree. *2* bogeyman.
cocodrilo *m.* ZOOL. crocodile.
cocotero *m.* BOT. coco palm, coconut palm or tree.
cóctel *m.* cocktail; cocktail party.
cochambre *m.* coll. greasy, stinking filth.
cochambroso, sa *a.* coll. filthy and stinking.
coche . coach, carriage, car: ***~ de alquiler, de punto,*** cab, taxi; ***~ fúnebre***, hearse. *2* AUTO. car. *3* RLY. car, carriage: ***~ cama***, sleeping-car; ***~ restaurante***, dinning-car.
cochera *f.* coach-house. *2* tramway depot.
cochero *m.* coachman.
cochinada *f.* dirty thing. *2* dirty trick.
cochinería *f.* filth, dirt; dirty thing. *2* dirty action.
cochinilla *f.* cochineal [dyestuff; insect].
cochinillo *m.* sucking-pig.
cochino, na *a.* filthy, dirty; piggish. *2* paltry. *3 m.* ZOOL. pig, hog. *4 m.-f.* dirty person.
codazo *m.* poke with the elbow; nudge.
codear *i.* to elbow, nudge, jostle. *2 ref.* ***~ con***, to rub shoulders.
codicia *f.* covetousness, greed.
codiciar *t.* to covet, long for.
codicioso, sa *a.* covetous, greddy.
código *m.* code [of laws].
codo *m.* ANAT. elbow. *2* bend [in tube, etc.]: ***alzar*** or ***empinar el ~***, to drink too much; ***hablar por los codos***, to talk too much.
codorniz, *pl.* **-nices** *f.* ORN. quail.
coeficiente *a.-n.* coefficient.
coerción *f.* coertion, restraint.
coercitivo, va *a.* coercive.
coetáneo, a *a.-n.* contemporary.
coexistencia *f.* coexistence.
coexistir *i.* to coexist.
cofia *f.* hair-net. *2* women's cap. *3* ARM. coif.

cofrade *m.-f.* fellow member [of a brotherhood, club, etc.].
cofradía *f.* confraternity, brotherhood, sisterhood, guild.
cofre *m.* coffer; trunk, chest.
cogedor *m.* dustpan. *2* shovel.
coger *t.* to take, seize, grasp; to take hold of. *2* to catch [a ball, a cold]. *3* to pick, gather [flowers, fruits]. *4* [of a bull] to gore.
cogida *f.* picking, gathering, harvest. *2* goring [in bullfight].
cogollo *m.* heart [of lettuce, etc.]. *2* shoot [of plant]. *3 fig.* cream, the best.
cogote *m.* back of the neck, nape.
cohabitar *i.* to cohabit.
cohechar *t.* to bribe, suborn.
cohecho *m.* bribery, subornation.
coherente *a.* coherent, connected.
cohesión *f.* cohesion.
cohete *m.* rocket, skyrocket.
cohibido, da *a.* restrained; embarrassed, uneasy.
cohibir *t.* to restrain. *2* to constrain, embarrass.
cohombro *m.* BOT. cucumber.
coincidencia *f.* coincidence.
coincidir *i.* to coincide.
coito *m.* coition.
cojear *i.* to limp, halt, hobble. *2* [of furniture] to be rickety.
cojera *f.* lameness, halt, limp.
cojín *m.* cushion.
cojinete *m.* small cushion; pad. *2* MACH. bearing: ~ ***de bolas***, ball bearing.
cojo, ja *a.* lame, crippled. *2* unsteady [table, etc.]. *3 m.-f.* lame person, cripple.
col *f.* cabbage: ***coles de Bruselas***, Brussels sprouts.
cola *f.* tail; end. *2* train [of gown]. *3* queue, line: ***hacer*** ~, to queue up. *4* glue, isinglass. *5* ***tener o traer*** ~ ***una cosa***, to have serious consequences.
colaboración *f.* collaboration.
colaborador, ra *m.-f.* collaborator. *2* contributor [to a publication].
colaborar *i.* to collaborate, work together. *2* to contribute articles [to a publication].
colación *f.* conferment [of degrees]. *2* collation [comparison]. *3* light meal. *4* ***sacar a*** ~, to mention, bring up.
colada *f.* bucking, bleaching. *2* lye. *3* washing.
colador *m.* strainer, colander.
colapso *m.* MED. collapse, *2 fig.* breakdown.
colar *t.* to strain, filter. *2* to bleach with lye. *3 ref.* to slip or sneak in. ¶ CONJUG. like ***contar***.
colcha *f.* counterpane, quilt.
colchón *m.* mattress.
colchoneta *f.* long cushion. *2* thin, narrow mattress.
colear *i.* to wag the tail.
colección *f.* collection; set; gathering.
coleccionar *t.* to collect, make a collection.
coleccionista *m.* collector.
colecta *f.* collection [of money for charity]. *2* LITURG. collect.
colectivamente *adv.* collectively.
colectividad *f.* collectivity; community, group.
colectivo, va *a.* collective.
colector *a.* collecting. *2* ELEC. collector; commutator. *3* water pipe, drain. *4* main sewer.
colega *m.* colleague.
colegiado *a.* collegiate. *2 m.* member of a professional association.
colegial, la *a.* [pertaining to a] school. *2 m.* schoolboy. *3 f.* schoolgirl. *4* collegian.
colegiarse *ref.* to join or form a professional association.
colegio *m.* school, academy. *2* college, body, association. *3* ~ ***electoral***, polling station.
colegir *t.* to gather. *2* to infer, conclude.
cólera *f.* anger, rage, wrath. *2 m.* MED. cholera.
colérico, ca *a.* choleric, irascible; angry.
coleta *f.* pigtail, queue.
coletazo *m.* blow with the tail.
colgador *m.* hanger, coat hanger.
colgadura *f.* hangings, drapery.
colgante *a.* hanging; dangling: ***puente*** ~, suspension bridge.
colgar *t.* to hang, suspend. *2* to hang [kill by hanging]. *3* to attribute, impute. *4 i.* to hang [be suspended], dangle, droop.
colibrí *m.* ORN. humming-bird.
cólico *m.* MED. colic.
coliflor *f.* BOT. cauliflower.
colilla *f.* small tail. *2* cigar-butt, cigarette-end.
colina *f.* hill, hillock.
colindante *a.* adjacent, neighbouring.
colindar *i.* to border on; to be adjoining, run along.
colisión *f.* collision, clash.
colmado, da *a.* full, abundant. *2 m.* grocer's, *foodstore.
colmar *t.* to fill to the brim. *2* to fulfil [one's hopes, etc.]. *3* ~ ***de***, to fill with.
colmena *f.* beehive.
colmenar *m.* apiary.

colmillo *m.* canine tooth, eye-tooth, fang; tusk.
colmo *m.* fill, completion, crowning. *2* height, limit: ***es el*** ~, it's the limit.
colocación *f.* location, emplacement. *2* placement. *3* employment; place, situation, job. *4* investment [of capital].
colocar *t.* to place, put; to set, lay. *2* to place, find or give [someone] a situation or job. *3 ref.* to place oneself. *4* to get a job or situation.
colon *m.* ANAT. colon.
colonia *f.* colony. *2* eau-de-Cologne.
colonial *a.* colonial. *2 m. pl.* colonial products.
colonización *f.* colonization.
colonizador, ra *a.* colonizing. *2 m.-f.* colonizer, colonist.
colonizar *t.* to colonize, settle.
colono *m.* colonist, settler. *2* tenant farmer; planter.
coloquio *m.* colloquy. *2* talk, conversation.
color *m.* colo(u)r; colo(u)ring. *2* paint; rouge. *3* ***so*** ~ ***de***, under the pretext of.
colorado, da *a.* colo(u)red. *2* red, reddish; ***ponerse*** ~, to blush.
colorante *a.* colo(u)ring. *2 m.* colo(u)rant, dye, pigment.
colorar *t.* to colo(u)r, dye, stain.
colorear *t.* COLORAR. *2* to gloss, make plausible. *3 i.-ref.* to grow red.
colorete *m.* rouge.
colorido *m.* colo(u)ring [of things]. *2* false appearance.
colosal *a.* colossal, gigantic, huge.
columbrar *t.* to descry, glimpse. *2* to guess, conjecture.
columna *f.* column; support.
columnata *f.* colonnade.
columpiar *t.* to swing. *2 ref.* to swing, seesaw.
columpio *m.* swing; seesaw.
collado *m.* hill, hillock. *2* wide mountain pass.
collar *m.* necklace. *2* collar.
coma *f.* GRAM. comma. *2* decimal point. *3 m.* MED. coma.
comadre *f.* midwife.
comadrear *i.* to gossip, chat.
comadreja *f.* ZOOL. weasel.
comadreo *m.* gossiping, chatting.
comadrona *f.* midwife.
comandancia *f.* command. *2* MIL. headquarters.
comandante *m.* MIL. commander. *2* major.
comandar *t.* to command [troops].
comandita *f.* COM. limited or silent partnership: ***sociedad en*** ~, limited company.
comando *m.* MIL. command. *2* MIL. commando.
comarca *f.* district, region, country.
comba *f.* bend, warp, bulge. *2* [game of] skipping-rope.
combar *t.* to curve, bend. *2 ref.* to become curved, bent.
combate *m.* combat, fight, battle. *2* BOX. fight.
combatiente *a.-n.* combatant.
combatir *t.-i.* to combat, fight.
combinación *f.* combination. *2* underskirt.
combinar *t.-ref.* to combine.
combustible *a.* combustible. *2 m.* fuel.
combustión *f.* combustion, burning.
comedero *m.* feeding trough.
comedia *f.* comedy, play. *2* farce, pretence.
comediante, ta *m.-f.* hypocrite. *2 m.* comedian, actor. *3 f.* actress.
comedido, da *a.* courteous, polite. *2* moderate.
comedirse *ref.* to be moderate. *2* to be courteous, civil, polite.
comedor, ra *a.* heavy-eating. *2 m.* dining-room.
comendador *m.* commander.
comensal *m.-f.* table companion; dinner guest.
comentar *t.* to comment on.
comentario *m.* commentary. *2* remark; comment.
comentarista *m.-f.* commentator.
comenzar *t.-i.* to commence, begin.
comer *t.-ref.* to eat [up]. *2* CHESS to take. *3* to skip [a syllable, etc.]. *4 i.* to eat, feed. *5* to dine; to have a meal. *6* ***dar de*** ~, to feed.
comercial *a.* commercial.
comerciante *m.* merchant, trader, tradesman.
comerciar *i.* to trade, deal. *2* to do business with.
comercio *m.* commerce, trade. *2* shop, store. *3* intercourse.
comestible *a.* eatable, comestible. *2 m. pl.* food, groceries; victuals, provisions; ***tienda de comestibles***, grocer's [shop].
cometa *m.* ASTR. comet. *2 f.* kite.
cometer *t.* to entrust, commit. *2* to do, perpetrate.
cometido *m.* commission, duty.
comezón *f.* itch, itching.
comicios *m. pl.* POL. elections, polls.
cómico, ca *a.* comic, dramatic. *2* comical, funny. *3 m.* comedian, actor. *4 f.* comedienne, actress.
comida *f.* food; meal. *2* dinner.
comidilla *f.* gossip, talk.

comienzo *m.* commencement, beginning, opening, start.
comilón, na *a.-n.* great eater, glutton.
comilona *f.* big meal, spread.
comillas *f. pl.* quotation marks; inverted commas.
comino *m.* BOT. cumin [seed]; ***no valer un*** ~, not to be worth a rush.
comisaría *f.* commissariat: ~ ***de policía***, police-station.
comisario *m.* commissary, deputy; ~ ***de policía***, police inspector.
comisión *f.* commission. *2* committee.
comisionado, da *a.* commissioned. *2 m.* commissioner, *constable.
comisionar *t.* to commission.
comité *m.* committee, assembly.
comitiva *f.* suite, retinue, follower(s.
como *adv.* as, like: ***tanto*** ~, as much as. *2 conj.* ***así como***, as soon as. *3* if: ~ ***lo vuelva a hacer***, if you do it again. *4* because, since, as. *5* ~ ***quiera que***, since, as, inasmuch. *6* ~ ***no sea***, unless it be. *7 adv. interr.* how: ***¿cómo está usted?***, how do you do? *8* why; what: ***¿~ no viniste?***, why did you not come?; ***¿~ dice?***, what do you say? *9 interj.* why!, how now!
cómoda *f.* chest of drawers.
cómodamente *adv.* comfortably, easily.
comodidad *f.* comfort, convenience, ease, leisure.
comodín *m.* CARDS joker.
cómodo, da *a.* comfortable. *2* convenient, handy, snug, cosy.
comodón, na *a.* comfort-loving.
compacto *a.* compact, solid, dense.
compadecer *t.* to pity, feel sorry for, sympathize with. *2 ref.* to have pity on.
compadre *m.* comrade; pal.
compaginar *t.* to arrange, connect. *2* to make compatible. *3 ref.* to fit, agree.
compañerismo *m.* good fellowship; companionship.
compañero, ra *m.-f.* companion, fellow, mate, comrade, partner.
compañía *f.* society. *2* COM., MIL., THEAT. company.
comparación *f.* comparison.
comparar *t.* to compare. *2* to confront, collate.
comparativo, va *a.* comparative.
comparecer *i.* LAW to appear [before a judge, etc.].
comparsa *f.* supernumeraries, supers, extras. *2* masquerade.
compartimiento *m.* division. *2* compartment.
compartir *t.* to divide in parts. *2* to share.
compás *m.* [a pair of] compasses; dividers. *2* MUS, time, measure, rhythm: ***llevar el*** ~, to keep time, beat time; ***a*** ~, in time.
compasión *f.* compassion, pity.
compasivo, va *a.* compassionate, merciful.
compatibilidad *f.* compatibility.
compatible *a.* compatible, consistent.
compatriota *m.-f.* compatriot, fellow-countryman.
compeler *t.* to compel, force, constrain.
compendiar *t.* to epitomize, summarize, abridge, sum up.
compendio *m.* summary, digest.
compenetración *f.* mutual understanding. *2* full agreement in thought, feeling, etc.
compenetrarse *ref.* to be in full agreement of thought, etc.
compensación *f.* compensation.
compensar *t.* to compensate. *2* to make up for. *3 ref.* to be compensated for.
competencia *f.* competence, ability. *2* competition, rivalry.
competente *a.* competent, suitable, capable. *2* adequate. *3* qualified.
competer *i.* to behove, belong; to be incumbent [on].
competición *f.* competition.
competidor, ra *a.* competing. *2 m.-f.* competitor, rival.
competir *i.* to compete, vie. ¶ CONJUG. like ***servir.***
compilar *t.* to compile, collect.
compinche *m.* coll, comrade, chum, pal.
complacencia *f.* pleasure, satisfaction.
complacer *t.* to please, humour. *2 ref.* to be pleased, delighted, to take pleasure in. ¶ CONJUG. like ***agradecer.***
complaciente *a.* complaisant, compliant, obliging. *2* indulgent.
complejidad *f.* complexity.
complejo, ja *a.-m.* complex.
complementar *t.* to complement.
complementario, ria *a.* complementary.
complemento *m.* complement. 2 GRAM. object [of a verb].
completamente *adv.* completely.
completar *t.* to complete, finish.
completo, ta *a.* complete. *2* full up [bus, tram, etc.]: ***por*** ~, absolutely.
complexión *f.* PHYSIOL. constitution.
complicación *f.* complication.
complicado, da *a.* complicate(d.
complicar *t.* to complicate. *2* to implicate, involve. *3 ref.* to become complicated or involved.
cómplice *m.-f.* accomplice.

complicidad *f.* complicity.
complot *m.* plot, conspiracy.
componenda *f.* shady compromise.
componente *a.-n.* component.
componer *t.* to compose; compound; constitute. *2* to fix, repair. *3* to adorn, trim; to make up [the face]. *4* to settle [a dispute]. *5* to set [bones]. *6* to prepare, mix [a drink]. *7 ref.* to dress up, make up. *8* ***componerse de***, to consist. *9* ***componérselas***, to manage, make it up.
comportamiento *m.* behavio(u)r, conduct.
comportar *t.* to bear, tolerate. *2 ref.* to behave, act.
composición *f.* composition. *2* agreement. *3* ***hacer ~ de lugar***, to weigh the pros and cons.
compositor, ra *m.-f.* MUS. composer.
compostura *f.* repair, mending. *2* composure, dignity. *3* neatness. *4* settlement, adjustment.
compota *f.* compote.
compra *f.* buying: ***ir de compras***, to go shopping. *2* purchase.
comprar *t.* to purchase, buy.
comprender *t.* to comprehend, comprise, embrace. *2* to understand.
comprensible *a.* comprehensible, understandable.
comprensión *f.* comprehension. *2* understanding.
comprensivo, va *a.* understanding. *2* comprehensive.
compresa *f.* MED. compress.
compresión *f.* compression.
compresor, ra *a.* compressing. *2 m.* compressor.
comprimido, da *a.* compressed. *2 m.* PHARM. tablet.
comprimir *t.* to compress. *2* to control, restrain. *3 ref.* to become compressed. *4* to control, restrain oneself.
comprobación *f.* verification. *2* proof, test.
comprobante *a.* proving. *2 m.* voucher; proof; evidence.
comprobar *t.* to verify, check. *2* to prove.
comprometedor, ra *a.* compromising, jeopardizing.
comprometer *t.* to submit to arbitration. *2* to compromise, risk, jeopardize. *3*, to blind, engage. *4 ref.* to commit oneself; to undertake or engage oneself [to do something]; to become involved. *5* to become engaged, betrothed.
compromiso *m.* power given to an electoral delegate. *2* commitment, pledge, engagement, obligation. *3* predicament, trouble.
compuerta *f.* hatch, trop-door. *2* sluice, floodgate.
compuesto, ta *a.* composed. *2* composite, compound. *3* repaired, mended. *4* dressed up, bedecked. *5 m.* compound, composite. *6 p. p.* of COMPONER.
compungido, da *a.* remorseful.
compungirse *ref.* to feel regret or remorse.
computar *t.* to compute, calculate.
cómputo *m.* computation, calculation, estimate.
comulgar *i.* to communicate. *2* to take Holy Communion.
común *a.* common. *2* public. *3* ordinary, usual. *4* mean, low. *5 m.* community. *6* ***por lo ~***, generally; ***el ~ de las gentes***, most people.
comunal *a.* communal.
comunicación *f.* communication.
comunicado *m.* communiqué. *2* announcement.
comunicar *t.* to communicate, report. *2 ref.* to communicate. *3 i.* [of the telephone] to be engaged.
comunicativo, va *a:* communicative. *2* open, unreserved.
comunidad *f.* community. *2* commonwealth.
comunión *f.* communion. *2* ***la Sagrada Comunión***, the Holy Communion.
comunismo *m.* communism.
comunista *a.-s.* communist.
comúnmente *adv.* commonly, usually, generally. *2* frequently.
con *prep.* with. *2* [before an infinitive]: a)in spite of: ***~ ser tan fuerte***..., in spite of his being so strong... b) ***~ enseñar la carta***..., by showing the letter... *3* ***~ que***, as long as, if. *4* ***~ tal que***, provided that. *5* ***~ todo***, nevertheless.
conato *m.* endeavour, effort, exertion. *2* act attempted but not committed: ***~ de robo***, attempted robbery.
concavidad *f.* concavity, hollow.
cóncavo, va *a.* concave, hollow.
concebible *a.* conceivable.
concebir *t.-i.* to conceive [become pregnant. *2* to entertain [an idea], understand; to breed [affection]. ¶ CONJUG. like ***servir***.
conceder *t.* to grant, bestow, award. *2* to concede, admit.
concejal *m.* alderman, town councillor.
concentración *f.* concentration.

concentrar *t.-ref.* to concentrate.
concepción *f.* conception.
concepto *m.* concept, idea, thought. *2* witty thought, conceit. *3* opinion, judgement.
conceptuar *t.* to deem, judge, think, form an opinion, of.
concerniente *a.* concerning, relating: ***en lo ~ a***, as for; with regard to.
concernir *i.* to concern: ***por lo que a mí concierne***, as far as I am concerned.
concertar *t.* to arrange [a marriage, etc.]; to conclude [a bargain]; to agree upon [a price]; to harmonize. *2* to unite [efforts]. *3 i.-ref.* to agree. ¶ CONJUG. like ***acertar.***
concesión *f.* concession. *2* grant.
concesionario *m.* concessionaire.
conciencia *f.* conscience. *2* consciousness; awareness. *3* ***a ~***, consciencioușly.
concienzudo, da *a.* conscientious.
concierto *m.* good order. *2* agreement, covenant. *3* MUS. concert.
conciliábulo *m.* secret meeting.
conciliación *f.* conciliation.
conciliador, ra *a.* conciliating, conciliatory, soothing. *2 m.-f.* conciliator.
conciliar *t.* to conciliate. *2* to reconcile. *3* ***~ el sueño***, to get to sleep. *4 ref.* to win, win over.
concilio *m.* ECCL. council.
concisión *f.* conciseness, brevity.
conciso, sa *a.* concise, brief.
concitar *t.* to excite, incite, stir up, raise.
conciudadano, na *a.* fellow-citizen, fellow-countryman.
concluir *t.-i.-ref.* to conclude, finish, end. *2* to conclude, infer.
conclusión *f.* conclusion, end.
concluyente *a.* conclusive, convincing, decisive.
concomitante *a.* concomitant.
concordancia *f.* concordance, conformity, agreement.
concordar *t.* to make agree, to harmonize. *2 i.* to agree, accord, tally.
concordato *m.* concordat.
concordia *f.* concord, harmony, agreement, settlement.
concretamente *adv.* finally.
concretar *t.* to combine, unite. *2* to summarize; to express concretely; to fix details. *3 ref.* to limit oneself to, keep close to the point.
concreto, ta *a.* concrete [not abstract]; definite: ***en ~***, exactly.
concubina *f.* concubine.
conculcar *t.* to tread upon. *2* to violate, infringe [law].
concupiscencia *f.* concupiscence. *2* cupidity, greed, lust.
concurrencia *f.* concurrence, gathering; audience. *2* competition [in trade]. *3* aid.
concurrido, da *a.* frequented, thronged, popular; busy.
concurrir *i.* to concur [happen together, coincide]. *2* to be present at, attend, frequent. *3* to take part in a competition.
concurso *m.* concourse, assembly. *2* competition.
concusión *f.* MED. concussion. *2* LAW extortion.
concha *f.* ZOOL. shell. *2* oyster. *3* tortoise-shell. *4* bay.
conchabarse *ref.* to plot, band together.
condado *m.* earldom; countship. *2* county.
conde *m.* earl, count.
condecoración *f.* decoration. *2* badge, medal.
condecorar *t.* to decorate [with badge, medal].
condena *f.* sentence; term in prison; penalty.
condenación *f.* condemnation. *2* damnation. *3* conviction.
condenado, da *a.-n.* confounded, damned [person].
condenar *t.* to condemn, sentence. *2* to wall up [a door]. *3 ref.* to be damned.
condensador, ra *a.* condensing. *2 m.* condenser.
condensar *t.-ref.* to condense.
condesa *f.* countess.
condescendencia *f.* complaisance, compliance.
condescender *i.* to comply, yield, agree.
condescendiente *a.* complaisant, obliging.
condición *f.* condition [rank; nature; requisite]: ***a ~ de que***, provided that. *2 pl.* terms. *3* position. *4* circumstances.
condicional *a.* conditional. *2* **-mente** *adv.* conditionally.
condicionar *t.* to condition. *2 i.* to agree.
condimentar *t.* to season [foods].
condimento *m.* condiment, seasoning.
condiscípulo, la *m.* schoolfellow.
condolerse *ref.* to condole [with], sympathize [with], feel sorry for.
cóndor *m.* ORN. condor.
conducción *f.* conduction. *2* conveyance, transportation. *3* piping, wiring. *4* driving [of vehicles].
conducente *a.* leading, conducive.
conducir *t.* to convey, transport. *2* to conduct, lead. *3* to direct, manage. *4* to

drive [a vehicle]. *5 ref.* to behave, act. ¶ CONJUG. INDIC. Pres.: ***conduzco,*** conduces, etc. | Pret.: ***conduje, condujiste,*** etc. || SUBJ. Pres.: ***conduzca, conduzcas,*** etc. | Imperf.: ***condujera,*** etc., or ***condujese,*** etc. | Fut.: ***condujere,*** etc. || IMPERAT.: conduce, ***conduzca; conduzcamos,*** conducid, ***conduzcan.***

conducta *f.* conduct, behavio(u)r. *2* conduct, management. *3* remuneration for contracted medical services.

conducto *m.* conduit, pipe, channel: ***por ~ de***, through.

conductor, ra *a.* conducting, leading. *2 m.-f.* guide, leader. *3* driver [of a vehicle]. *4* PHYS., RLY. conductor.

condumio *m.* food.

conectar *t.* to connect; to switch on, turn on.

conejera *f.* burrow, rabbit hole. *2* rabbit-warren.

conejo *a.* ZOOL. rabbit: ***conejillo de Indias***, guinea-pig.

conexión *f.* connection; relation.

confabulación *f.* confabulation. *2* league, plot.

confabular *i.* to confabulate. *2 ref.* to plot.

confección *f.* making. *2* confection, ready-made article.

confeccionar *t.* to make. *2* to manufacture.

confederación *f.* confederation, league, alliance.

confederar *t.-ref.* to confederate.

conferencia *f.* conference. *2* [public] lecture. *3* TELEPH. trunk call.

conferenciante *m.-f.* lecturer.

conferenciar *i.* to confer, meet for discussion.

conferir *t.* to confer [bestow; to consult about; to compare]. ¶ CONJUG. like ***hervir.***

confesar *t.-i.* to confess [one's sins; hear in confession]. *2* to acknowledge. *3 ref.* to confess oneself [guilty].

confesión *f.* confession.

confes(i)onario *m.* confessional.

confesor *m.* confessor.

confiado, da *a.* confiding, unsuspecting. *2* self-confident.

confianza *f.* confidence, reliance, trust: ***de ~***, reliable; ***en ~***, confidentially. *2* courage. *3* self-confidence. *4* familiarity, informality. *5 pl.* liberties, familiarities.

confiar *i.* to confide, trust, rely on. *2* to entrust. *3 ref.* to be trustful. *4* to make confidences.

confidencia *f.* confidence, trust. *2* confidential information.

confidencial *a.* confidential.

confidente, ta *a.* trustworthy, reliable. *2 m.* confidant. *3* secret agent, spy; police informer.

configuración *f.* configuration, shape, outline.

configurar *t.* to configurate, shape.

confín *a.* bordering. *2 m.* limit, border, boundary.

confinamiento *m.* banishment to a definite place.

confinar *i.* to border. *2 t.* to confine.

confirmación *f.* confirmation.

confirmar *t.* to confirm.

confiscar *t.* to confiscate.

confitar *t.* to candy, preserve.

confite *m.* small round sweet.

confitería *f.* confectionery. *2* confectioner's shop.

confitero, ra *m.-f.* confectioner. *2 f.* sweet box or jar.

confitura *f.* confectionery, sweets; jam; preserves.

conflagración *f.* conflagration.

conflicto *m.* conflict, struggle. *2* difficulty.

confluencia *f.* confluence, junction [of two rivers].

confluir *i.* [of streams or roads] to join, meet. *2* to crowd, assemble. ¶ CONJUG. like ***huir.***

conformación *f.* conformation, form, structure.

conformar *t.* to adapt, adjust. *2* to conform, agree. *3 ref.* to conform oneself; to comply, yield; to be resigned to.

conforme *a.* according; alike; similar; agreeable; in agreement; resigned; ready to. *2 adv.* in accordance with.

conformidad *f.* conformity. *2* accordance. *3* agreement; compliance. *4* patience, resignation.

confort *m.* comfort.

confortable *a.* comfortable.

confortablemente *adv.* comfortably.

confortar *t.* to comfort.

confraternidad *f.* confraternity.

confraternizar *i.* to fraternize.

confrontación *f.* confrontation.

confrontar *t.* to confront. *2* to compare, collate.

confundir *t.* to mix up. *2* to confuse. *3* to confound. *4* to mistake. *5 ref.* to get mixed up or lost [in a crowd]. *6* to be confused, confounded or mistaken; to make a mistake.

confusión *f.* confusion. *2* disorder. *3* bewilderment; shame.

confuso, sa *a.* confused. *2* troubled, bewildered. *3* blurred, indistinct; obscure.
congelación *f.* freezing, congealment.
congelado, da *a.* frozen, icy.
congelador *n.* freezer.
congelar *t.-ref.* to congeal, freeze.
congeniar *i.* to get along well together; to be congenial with.
congénito, ta *a.* congenital.
congestión *f.* congestion.
congestionar *t.-ref.* to congest.
conglomerar *t.-ref.* to conglomerate.
congoja *f.* anguish, grief, anxiety.
congraciar *t.* to win the good will of. *2 ref.* to ingratiate oneself [with].
congratulación *f.* congratulation.
congratular *t.* to congratulate. *2 ref.* to be glad, be pleased.
congregación *f.* congregation.
congregar *t.-ref.* to congregate.
congresista *m.* congress-man. *2 f.* congress-woman.
congreso *m.* congress, assembly; (E.U.)~ ***de los Diputados***, house of Representatives; (Ingl.) [Houses of] Parliament.
congrio *m.* ICHTH. conger eel.
congruente *a.* congruent, suitable.
cónico, ca *a.* conic(al.
conjetura *f.* conjecture, guess.
conjeturar *t.* to conjecture, guess.
conjugar *t.* to conjugate.
conjugación *f.* conjugation.
conjuntamente *adv.* jointly.
conjunto, ta *a.* conjunct, united. *2 m.* whole, total: ***en*** ~, as a whole; altogether. *3* MUS. ensemble; chorus.
conjura, conjuración *f.* plot, conspiracy.
conjurar *i.-ref.* to swear together; to conspire. *2 t.* to swear in. *3* to conjure. *4* to exorcise. *5* to avert, ward off.
conjuro *m.* exorcism. *2* conjuration; entreaty.
conllevar *t.* to bear with. *2* to suffer with patience.
conmemoración *f.* commemoration.
conmemorar *t.* to commemorate.
conmemorativo, va *a.* commemorative; memorial.
conmigo *pron.* with me, with myself.
conminar *t.* to threaten, warn.
conmiseración *f.* commiseration, pity.
conmoción *f.* commotion. *2* riot.
conmovedor, ra *a.* moving, touching, exciting.
conmover *t.* to move, touch, stir. *2 ref.* to be moved, touched.
conmutación *f.* commutation, exchange.
conmutador *m.* ELEC. switch.
conmutar *t.* to commute, exchange. *2* ELEC. to commutate.
connaturalizarse *ref.* to become acclimatized, accustomed to.
connivencia *f.* connivance. *2* secret understanding.
cono *m.* GEOM. cone.
conocedor, ra *a.* knowing, expert. *2 m.-f.* connoisseur, judge.
conocer *t.* to know. *2* to be acquainted with, meet [a person]. *3 ref.* to know oneself. *4* to be acquainted with each other.
conocido, da *a.* known, familiar. *2* wellknow. *3 m.-f.* acquaintance.
conocimiento *m.* knowledge; notice, information. *2* understanding, intelligence. *3* skill. *4* bill of lading. *5* acquaintance. *6 pl.* knowledge, learning.
conque *conj.* so, so then, and so; well then.
conquista *f.* conquest.
conquistador, ra *a.* conquering. *2 m.-f.* conqueror. *3 m.* lady-killer.
conquistar *t.* to conquer [by arms]; win, gain.
consabido, da *a.* before-mentioned, in question, aforesaid.
consagración *f.* consecration.
consagrado, da *a.* consecrate(d. *2* sanctioned, established.
consagrar *t.* to consecrate, hallow. *2* devote. *3* to authorize [a word, etc.]. *4 ref.* to devote oneself to.
consanguíneo, a *a.* kindred, related by blood, akin.
consanguinidad *f.* consanguinity.
consciente *a.* conscious, aware.
conscientemente *adv.* consciously.
consecución *f.* attainment.
consecuencia *f.* consequence: ***en*** ~, ***por*** ~, consequently, therefore. *2* issue, result: ***a*** ~ ***de***, because of, owing to.
consecuente *a.-n.* consequent.
consecutivo, va *a.* consecutive.
conseguir *t.* to obtain, attain, get, achieve. *2* [with an inf.] to succeed in, manage to.
conseja *f.* fable, old wives' tale.
consejero, ra *m.-f.* adviser. *2 m.* counsellor, councilor.
consejo *m.* advice, counsel; piece of advice. *2* council, board: ~ ***de administración***, board of directors; ~ ***de guerra***, court-martial; ~ ***de ministros***, cabinet.
consentido, da *a.* spoiled [child].
consentimiento *m.* consent. *2* spoiling. *3* acquiescence.
consentir *t.* to allow, permit, tolerate. *2* to spoil [a child]. *3 i.* ~ ***en***, to consent to. *4 ref.* to crack. ¶ CONJUG. like ***hervir***.
conserje *m.* door-keeper, porter.

conserva *f.* preserves: ***sardinas en*** ~, tinned sardines.
conservación *f.* conservation.
conservador, ra *a.* preserving. *2 m.-f.* conserver. *3 m.* curator. *4 a.-n.* POL. conservative.
conservar *t.* to conserve, keep, maintain. *2* to preserve, can.
conservatorio *m.* conservatoire.
considerable *a.* considerable, important, substantial.
consideración *f.* consideration: ***en ~ de***, or ***a***, considering; out of respect for; ***tomar en*** ~, to take into consideration.
considerado, da *a.* considerate. *2* prudent. *3* respected.
considerar *t.* to consider, think over. *2* to treat with consideration. *3* to believe, judge.
consigna *f.* cloak-room, *checkroom. *2* watchword, password.
consignación *f.* consignation. *2* COM. consignment. *3* assignment.
consignar *t.* to consign. *2* to deposit. *3* to state in writing. *4* assign.
consignatorio *m.* trustee. *2* mortgagee. *3* COM. consignee. *4* NAUT. shipping agent.
consigo *pron.* with him. [her, it, one]; with them; with you.
consiguiente *a.* consequent [following, resulting]. *2 m.* LOG. consequent. *3* ***por*** ~, therefore.
consistencia *f.* consistence, consistency [firmness, solidity].
consistente *a.* consistent, firm, solid.
consistir *i.* to consist [of, in]; to be based on.
consistorial *a.* consistorial. *2* ***casa*** ~, town hall, town council.
consocio *m.* partner.
consola *f.* console-table.
consolación *f.* consolation, comfort.
consolador, ra *a.* consoling, comforting.
consolar *t.* to console, comfort, cheer, soothe. *2 ref.* to be consoled. ‖ CONJUG. like ***contar.***
consolidación *f.* consolidation.
consolidar *t.-ref.* to consolidate, strengthen.
consonancia *f.* consonance, conformity; agreement.
consonante *f.* GRAM. consonant. *2* perfect rhyme. *3* concordant, consistent.
consorcio *m.* partnership.
consorte *m.-f.* consort, partner. *2* consort [husband or wife].
conspicuo, cua *a.* conspicuous, eminent.
conspiración *f.* conspiracy, plot.
conspirador, ra *m.-f.* conspirator.
conspirar *i.* to conspire, plot.
constancia *f.* constancy, steadiness. *2* certainty, evidence.
constante *a.* constant, steady. *2* **-mente** *adv.* constantly.
constar *i.* to be evident or clear; to be on record. *2* to consist of.
constatar *t.* GAL. to verify. *2* to state, record.
constelación *f.* constellation.
consternación *f.* consternation.
consternar *t.* to consternate, dismay. *2 ref.* to be consternated.
constipado, da *a.* suffering from a cold. *2 m.* cold, chill.
constiparse *ref.* to catch a cold.
constitución *f.* constitution.
constitucional *a.* constitutional.
constituir *t.* to constitute; to establish. *2 ref.* to become. ¶ CONJUG. like ***huir.***
constitutivo, va *a.* constitutive; esential. *2 m.* constituent.
constituyente *a.* constituent, component.
constreñimiento *m.* constraint.
constreñir *t.* to constrain, compel, force. *2* MED. to constipate. ¶ CONJUG. like ***ceñir.***
construcción *f.* construction, building.
constructor, ra *m.-f.* constructor, builder.
construir *t.* to construct, build.
consuelo *m.* consolation, comfort. *2* relief.
consuetudinario, ria *a.* habitual, customary.
cónsul *m.* consul.
consulado *m.* consulate.
consular *a.* consular.
consulta *f.* consultation: ***horas de*** ~, consulting hours. *2* opinion.
consultar *t.-i.* to consult, take advice.
consultorio *m.* doctor's office.
consumación *f.* consummation, completion. *2* end.
consumado, da *a.* consummate. *2* accomplished; perfect.
consumar *t.* to consummate, complete, finish, accomplish.
consumición *f.* service [drink, etc., taken in café].
consumido, da *a.* consumed. *2* thin, emaciated.
consumidor, ra *a.* consuming. *2 m.-f.* consumer.
consumir *t.* to consume. *2* to waste away, spend. *3* to worry, vex. *4 ref.* to be consumed; to burn out. *5* to waste away.
consumo *m.* consumption: ***artículos de*** ~, staple commodity.
consunción *f.* consumption [illness].
consuno (de) *adv.* together, in accord.

contabilidad *f.* accounting, book-keeping.
contable *a.* countable. *2 m.* book-keeper; accountant.
contacto *m.* contact. *2* touch: ***mantenerse en contacto con***, to keep in touch with.
contado, da *a.* counted, numbered. *2* scarce, rare, few. *3 m.* ***al*** ~, for cash, cash down.
contador, ra *a.* counting. *2 m.-f.* computer, counter. *3* accountant; book-keeper. *4* counter, meter [for gas, water, etc.].
contaduría *f.* accountant's office. *2* THEAT. box office. *3* cashier's office.
contagiar *t.* to infect with, contaminate. *2 ref.* to be infected with.
contagio *m.* contagion, infection.
contagioso, sa *a.* contagious, infectious, catching.
contaminación *f.* contamination, pollution.
contaminar *t.* to contaminate, pollute, defile. *2 ref.* to be contaminated.
contante *a.* ready [cash].
contar *t.* to count. *2* to tell, narrate, reckon: ~ ***con***, to rely on; ***a*** ~ ***desde***, starting from.
contemplación *f.* contemplation. *2 pl.* complaisance, leniency.
contemplar *t.* to contemplate, gaze at, look at. *2* to pamper.
contemplativo, va *a.* contemplative.
contemporáneo, a *a.-n.* contemporary.
contemporizar *i.* to temporize, yield.
contención *f.* restraint, check.
contencioso, sa *a.* contentious; litigious.
contender *i.* to contend, compete. *2* to fight, strive.
contendiente *a.* contending; fighting. *2 m.-f.* adversary; contestant. *3* litigant.
contener *t.* to contain, hold, check. *2* to restrain, refrain. *3* to hold back. *4 ref.* to be contained. *5* to contain oneself.
contenido, da *a.* moderate, temperate. *2 m.* contents.
contentamiento *m.* contentment, joy.
contentar *t.* to content, please, satisfy. *2 ref.* to be pleased.
contento, ta *a.* content, pleased, glad. *2 m.* contentment, joy.
contertulio, a *m.-f.* fellow member of a coterie.
contestación *f.* answer, reply. *2* debate.
contestar *t.* to answer, reply, write back [a letter].
contexto *m.* context.
contextura *f.* contexture; frame, framework.
contienda *f.* contest, fight, battle.
contigo *pron.* with you, thee.
contiguo, gua *a.* contiguous, adjoining, next, neighbouring.
continencia *f.* continence.
continental *a.* continental.
continente *m.* container. *2* GEOG. continent. *3* countenance, bearing. *4 a.* containing. *5* continent [temperate].
contingencia *f.* contingency, chance, risk.
contingente *a.-m.* contingent.
continuación *f.* continuation.
continuamente *adv.* incessantly.
continuar *t.* to continue [pursue, carry on]. *2 i.* to go on, keep.
continuidad *f.* continuity.
continuo, a *a.* continuous; steady, constant, endless.
contonearse *ref.* to strut, swagger.
contoneo *m.* strut(ting, ewagger(ing.
contorno *m.* contour, outline. *2 sing.-pl.* surroundings.
contorsión *f.* contortion.
contra *prep.* against; counter. *2 m.* con, against: ***el pro y el*** ~, the pros and cons. *3 f.* opposition: ***hacer*** or ***llevar la*** ~, to oppose.
contraalmirante *m.* rear-admiral.
contraatacar *t.-i.* to counter-attack.
contrabajo *m.* MUS. contrabass. *2* contrabassist.
contrabandista *m.-f.* smuggler.
contrabando *m.* smuggling, contraband.
contracción *f.* contraction, shrinking.
contradecir *t.-ref.* to contradict, gainsay.
contradicción *f.* contradiction.
contradictorio, ria *a.* contradictory.
contraer *t.-ref.* to contract, shrink: ~ ***matrimonio***, to get married. *2* to get, catch [a disease]. ¶ CONJUG. like ***traer***.
contrafuerte *m.* counter [of shoe]. *2* spur [of a mountain]. *3* ARCH. buttress.
contrahecho, cha *a.* deformed, hunchbacked.
contraluz *f.* view [of a thing] against the light.
contramaestre *m.* foreman. *2* NAUT. boatswain.
contraorden *f.* countermand.
contrapartida *f.* compensation.
contrapelo (a) *adv.* against the hair, against the grain.
contrapesar *t.* to counterbalance, counterpoise.
contrapeso *m.* counterweight. *2* counterpoise, counterbalance.
contraposición *f.* contraposition. *2* opposition.

contraponer *t.* to set against, compare. *2 t.-ref.* to oppose.
contraproducente *a.* self-defeating.
contrapunto *m.* MUS. counterpoint.
contrariamente *adv.* contrarily.
contrariar *i.* to oppose, run counter to. *2* to annoy, vex.
contrariedad *f.* contrariety, opposition. *2* annoyance, vexation. *3* set-back, disappointment.
contrario, ria *a.* contrary. *2* harmful, unfavourable. *3* opposite. *4 m.-f.* opponent, adversary. *5 m.* the contrary, the opposite. *6 f.* ***llevar la contraria***, to oppose. *7* ***al*** ~, on the contrary.
contrarrestar *t.* to resist, oppose, counteract, neutralize.
contrarrevolución *f.* counter-revolution.
contrasentido *m.* contradiction in terms, inconsistency.
contraseña *f.* countersign, countermark. *2* MIL. password. *3* check [for a coat, hat, etc.].
contrastar *t.* to resist, oppose. *2* to check [weight, etc.]. *3* to hallmark. *4 i.* to contrast.
contraste *m.* resistance, opposition. *2* contrast. *3* hallmark. *4* inspector of weight, etc.
contrata *f.* contract [esp. for works, etc.]. *2* engagement [of an actor, etc.].
contratar *t.* to contract for. *2* to engage, hire.
contratiempo *m.* mishap, hitch, disappointment, set-back.
contrato *m.* contract [agreement].
contravención *f.* contravention, infringement.
contraveneno *m.* antidote.
contravenir *t.* to contravene, infringe, transgress [law].
contraventana *f.* [window] shutter.
contrayente *m.-f.* contracting party.
contribución *f.* contribution, tax.
contribuir *i.* to contribute to.
contribuyente *m.-f.* contributor, taxpayer.
contrincante *m.* competitor, rival.
contristar *t.* to sadden, grieve.
contrito, ta *a.* contrite, repentant.
control *m.* GAL. control, check.
controlar *t.* GAL. to control, check.
controversia *f.* controversy.
contumacia *f.* contumacy, stubborn disobedience.
contumaz *a.* contumacious, rebellious, stubborn.
contundente *a.* bruising. *2* conclusive, decisive.
contusión *f.* contusion, bruise.
convalecencia *f.* convalescence.
convalecer *i.* to convalesce, recover. ¶ CONJUG. like ***agradecer***.
convaleciente *a.* convalescent.
convalidación *f.* LAW confirmation.
convalidar *t.* LAW to confirm.
convecino, na *a.* neighbouring. *2 m.-f.* fellow neighbour.
convencer *t.* to convince. *2 ref.* to become convinced.
convencimiento *am.* conviction.
convención *f.* convention, agreement. *2* pact, treaty.
convencional *a.* conventional.
convencionalismo *m.* conventionalism, conventionality.
convenido, da *a.* agreed, settled.
conveniencia *f.* conformity, agreement. *2* fitness. *3* utility, advantage. *4 pl.* income, property.
conveniente *a.* convenient, fit, suitable. *2* useful, advantageous. *3* **-mente** *adv.* conveniently, etc.
convenio *m.* agreement, pact.
convenir *i.* to agree. *2* to come together. *3* to be convenient, advantageous: ***me conviene***, it suits me. *4 ref.* to come to an agreement.
convento *m.* convent, monastery.
convergencia *f.* convergence.
convergente *a.* converging.
converger, convergir *i.* to converge, come together.
conversación *f.* conversation, talk.
conversar *i.* to converse, talk.
conversión *f.* conversion.
converso, sa; convertido, da *a.* converted. *2 m.-f.* convert.
convertir *t.* to convert, transform. *2 ref.* to be or become converted; to turn [into], become.
convexo, xa *a.* convex.
convicción *f.* conviction, belief.
convicto, ta *a.* convicted [found guilty].
convidado, da *m.-f.* guest.
convidar *t.* to invite. *2* to incite.
convincente *a.* convincing, telling.
convite *m.* invitation. *2* banquet.
convivencia *f.* living together; mutual tolerance.
convivir *i.* to live together; cohabit. *2* to tolerate each other.
convocar *t.* to convoke, summon, call together.
convocatoria *f.* letter of convocation, notice of meeting.
convoy *m.* convoy. *2* railway train.
convulsión *f.* convulsion.

convulsivo, va *a.* convulsive.
conyugal *a.* conjugal, matrimonial: ***vida* ~**, married life.
cónyuge *m.-f.* spouse, consort. *2 pl.* husband and wife.
coñac *m.* cognac, brandy.
cooperación *f.* co-operation.
cooperar *t.* to co-operate.
cooperativa *f.* co-operative [society].
coordenada *f.* MATH. co-ordinate.
coordinación *f.* co-ordination.
coordinado, da *a.* co-ordinate(d.
coordinar *t.* to co-ordinate.
copa *f.* goblet, wineglass. *2* ***tomar una* ~** to have a drink. *3* cup [trophy]. *4* head, top, [of a tree]. *5* crown [of a hat]. *6* hearts [cards].
copar *t.* to cover [the whole bet]. *2* to sweep [all posts in an election]. *3* to cut off and capture [the enemy].
copartícipe *m.-f.* joint partner, copartner.
copete *m.* topknot; tuft; crest [of a bird]; forelock [of a horse]. *2* top [on a piece of furniture; of a mountain]. *3* fig. arrogance: ***de alto* ~**, of high rank.
copia *f.* abundance. *2* copy. *3* imitation.
copiar *t.* to copy. *2* to take down [from dictation].
copioso, sa *a.* copious, abundant.
copista *m.-f.* copyist.
copla *f.* stanza. *2* short poetical composition; folk-song, ballad.
copo *m.* flake [of snow]. *2* clot. *3* bunch of wool, flax, etc. *4* sweeping all posts [in an election]. *5* MIL. cutting off and capturing the enemy.
copropietario, ria *m.-f.* joint owner, coproprietor.
cópula *f.* copula, link. *2* copulation.
copulativo, va *a.* copulative.
coque *m.* coke.
coqueta *f.* coquette, flirt. *2 a.* coquettish.
coquetear *i.* to coquet, flirt.
coquetería *f.* coquetry, flirting.
coquetón, na *a.* [of things] pretty, charming.
coraje *m.* courage. *2* anger.
coral *a.* MUS. choral. *2 m.* [red] coral.
coraza *f.* cuirass. *2* armour [of a ship]. *3* shell [of a turtle].
corazón *m.* ANAT. heart [soul, sensibility, love, good will; courage, spirit]: ***llevar el* ~ *en la mano***, to wear one's heart on one's sleeve; ***me dice el* ~ *que***, I have a feeling that; ***de* ~**, heartily, sincerely. *2* core [of apple, etc.].
corazonada *f.* presentiment. *2* sudden access of courage.
corbata *f.* tie, necktie, cravat.
corbeta *f.* NAUT. corvette.
corcel *m.* steed, charger.
corcova *f.* hump, hunch.
corcovado, da *a.* humpbacked, hunchbached. *2 m.-f.* humpback, hunchback.
corchete *m.* hook and eye, clasp. *2* CARP. bench hook. *3* bracket. *4* bailiff, constable.
corcho *m.* cork. *2* cork mat.
cordaje *m.* rigging, cordage.
cordel *m.* string, fine cord: ***mozo de* ~**, porter.
cordero *m.* lamb. *2* lamb-skin; lamb meat.
cordial *a.* cordial, friendly, hearty. *2 m.* cordial [drink]. *3* **-mente** *adv.* heartily.
cordialidad *f.* cordiality, heartiness, friendliness.
cordillera *f.* mountain range.
cordobán *m.* cordovan leather.
cordobés, sa *a.-n.* Cordovan.
cordón *m.* braid; yarn, cord, string. *2* lace [of shoes]. *3* cordon [line of soldiers].
cordoncillo *m. dim.* small coord; braid. *2* rib [on cloth]. *3* milling [on edge of a coin].
cordura *f.* soundness of mind, sanity. *2* prudence, wisdom.
corear *t.* to chorus.
coreografía *f.* choreography.
corista *m. f.* chorist, chorister. *2 f.* THEAT. chorus girl.
cornada *f.* thrust with the horns.
cornamenta *f.* horns, antlers.
corneja *f.* ORN. jackdaw, daw.
corneta *f.* bugle; cornet. *2* bugler; cornetist.
cornisa *f.* cornice.
cornucopia *f.* cornucopia, horn of plenty.
cornudo, da *a.* horned, antlered. *2 m.* cuckold [man].
coro *m.* choir. *2* chorus
corola *f.* BOT. corolla.
corolario *m.* corollary.
corona *f.* crown; wreath.
coronar *t.* to crown.
coronel *m.* MIL. colonel.
coronilla *f.* little crown. *2* crown [of the head]; ***estar hasta la* ~**, coll. to be fed up.
corpiño *m.* bodice.
corporación *f.* corporation.
corporal *a.* corporal, bodily.
corpóreo, a *a.* corporeal, bodily.
corpulencia *f.* corpulence, stoutness.
corpulento, ta *a.* corpulent, bulky, stout.
corpúsculo *m.* corpuscle.
corral *m.* yard, farm yard. *2* corral, enclosure.

correa *f.* leather strap, thong, leash. *2* MACH. belt. *3* ***tener*** ~, to bear raillery.
correaje *m.* straps, leather straps.
corrección *f.* correction. *2* correctness. *3* reprehension.
correctamente *adv.* correctly.
correctivo, va *a.-m.* corrective. *2 m.* punishment.
correcto, ta *a.* correct, proper, right. *2* polite, well-bred.
corredera *f.* runner, groove. *2* sliding door. *3* NAUT. log line. *4* slide-valve.
corredizo, za *a.* running, sliding, slipping: ***nudo*** ~, slip-knot.
corredor, ra *a.* running, speedy. *2 m.* SPORT. runner. *3* COM. broker. *4* corridor.
corregible *a.* corrigible.
corregidor, ra *a.* correcting. *2 m.* corregidor [Spanish magistrate].
corregir *t.* to correct. *2* to reprimand. *3 ref.* to mend one's ways. ¶ CONJUG. like ***servir.***
correlación *f.* correlation.
correligionario, ria *m.-f.* of the same religion or political party.
correo *m.* postman; courier, messenger. *2* post-office, postal services. *3* mail, correspondence. *4* ~ ***aéreo***, air-mail; ***echar al*** ~, to post, mail [a letter]; ***a vuelta de*** ~, by return post.
correoso, sa *a.* flexible, pliant. *2* leathery, tough [food].
correr *i.* to run. *2* [of wind] to blow. *3* [of news] to spread. *4* [of time] to pass. *5* to hurry. *6 t.* to run [a distance; over the seas; a horse; a risk]. *7* to fight [a bull]. *8* to draw [a curtain]. *9* ~ ***prisa***, to be urgent, pressing. *10 ref.* to slide, slip. *11* [of ink, etc.] to run. *12* to be ashamed.
correría *f.* wandering, excursion. *2* raid, foray.
correspondencia *f.* correspondence, agreement. *2* letter-writing, letters. *3* return, reciprocation.
corresponder *i.* to correspond, answer [to, with]. *2* to belong, pertain. *3* to return, reciprocate. *4 ref.* to correspond [by letters]; to love each other.
correspondiente *a.* corresponding, suitable, appropriate. *2* respective. *3 m.* correspondent.
corresponsal *m.* correspondent [newspaper, business].
corretaje *m.* brokerage.
corretear *t.* to run around; to ramble, wander.
correvedile *m.-f.* tale-bearer.
corrida *f.* course, race. *2* ~ ***de toros***, bullfight.
corriente *a.* flowing, running. *2* current. *3* ordinary, usual. *4 f.* current, stream. *5* ELEC. current. *6 m.* current month. *7* ***al*** ~, up to date; informed.
corrientemente *adv.* usually.
corrillo *m.* group of talkers, clique.
corrimiento *m.* ~ ***de tierras***, landslide.
corro *m.* circle, ring of talkers or spectators.
corroboración *f.* corroboration.
corroborar *t.* to corroborate. *2* to strengthen.
corroer *t.* to corrode.
corromper *t.* to corrupt. *2* to bribe. *3* to seduce. *4* to spoil, vitiate. *5 ref.* to become corrupted; to rot.
corrompido, da *a.* corrupted. *2* depraved.
corrosivo, va *a.-m.* corrosive.
corrupción *f.* corruption.
corruptor, ra *a.* corrupting. *2 m.-f.* corrupter.
corsario *m.* pirate.
corsé *m.* corset, stays.
corta *f.* felling [of trees].
cortado, da *a.* cut. *2* abashed, confused. *3* in short sentences [style].
cortafrío *m.* cold chisel.
cortante *a.* cutting, sharp. *2* biting [air, cold].
cortapisa *f.* condition, restriction.
cortaplumas *m.* penknife.
cortar *t.* to cut, slash; to cut away, off, out or up; to divide, sever. *2* to carve, chop, cleave. *3* to cross, intersect. *4* to hew. *5* to intercept; to interrupt, cut short. *6* to stop, bar [the passage]. *7* to cut off [the steam, the gas, etc.]. *8 ref.* [of milk] to sour, curdle. *9* [of the skin] to chap. *10* to be embarrassed, ashamed.
1) **corte** *m.* cutting edge. *2* cut [in cards]. *3* art of cutting clothes. *4* lenght [of material for a garment]. *5* felling [of tress]. *6* ARCH. section. *7* ELEC. break [of current]. *8* edge [of a book].
2) **corte** *f.* court [of sovereign]. *2 fig.* suite, retinue. *3* city [king's residence]. *4* (Am.) court [of justice]. *5* courtship, wooing: ***hacer la*** ~ ***a***, to court, pay court to. *6 pl.* Parliament.
cortedad *f.* shortness. *2* shyness. *3* dullness.
cortejar *t.* to court, pay court to, woo, make love to.
cortejo *m.* court, paying court. *2* courtship, wooing. *3* train, procession. *4* suitor.

cortés *a.* courteous, polite.
cortésmente *adv.* politely.
cortesano, na *a.* courtlike; courteous, obliging. *2 m.* courtier. *3 f.* courtesan, prostitute.
cortesía *f.* courtesy, politeness.
corteza *f.* bark [of tree]; crust [of bread, etc.]; rind [of cheese, melon, etc.]; rind, peel [of orange, etc.]: ~ ***terrestre***, crust of the earth.
cortijo *m.* farm-house.
cortina *f.* curtain.
cortinaje *m.* courtains, hangings.
corto, ta *a.* short brief. *2* scant, wanting. *3* bashful, shy. *4* dull, slow-witted. *5* ELEC. ~ ***circuito***, short circuit. *6* ~ ***de vista***, short-sighted.
corva *f.* back of the knee.
corveta *f.* curvet, bound [of a horse]: ***hacer corvetas***, to prance.
corvo, va *a.* arched, curved.
corzo, za *m.-f.* ZOOL. roe-deer.
cosa *f.* thing, matter: ~ ***de***, about; ***como si tal*** ~, as if nothing had happened; ***poquita*** ~, little, weak person. *2* affair: ***eso es*** ~ ***tuya***, that is your affair. *3 pl.* peculiarities, oddities [of a person].
coscorrón *m.* blow on the head.
cosecha *f.* harvest, crop; vintage. *2* reaping: ***de su propia*** ~, of his own invention. *3* harvest time.
cosechadora *f.* reaping-machine, combine.
cosechar *t.-i.* to harvest, crop, reap, gather in.
coser *t.* to sew; to seam, stitch. *2* to stab repeatedly. *3* ***máquina de*** ~, sewing-machine.
cosmético, ca *a.-m.* cosmetic.
cosmopolita *a.-n.* cosmopolitan.
cosmos *m.* cosmos [universe].
coso *m.* enclosure for bullfights. *2* main [high] street.
cosquillas *f.* tickling, ticklishness: ***hacer*** ~, to tickle.
cosquillear *t.* to tickle.
cosquilleo *m.* tickling.
costa *f.* coast, shore. *2* cost, price, expense; ***a toda*** ~, at all costs; ***a*** ~ ***de***, at the expense of. *3 pl.* LAW costs.
costado *m.* side. *2* MIL. flank.
costal *m.* large sack, bag. *2 a.* ANAT. costal.
costar *i.* to cost. ¶ CONJUG. like ***contar.***
coste *m.* cost, price: ~ ***de vida***, cost of living.
costear *i.* NAUT. to coast, sail along the coast. *2 t.* to pay the cost of. *3 ref.* to pay one's own [studies, etc.].
costero, ra *a.* coastal, coasting.
costilla *f.* ANAT. rib. *2* chop, cutlet [to eat]. *3* wife.
costo *m.* cost, price, expense.
costoso, sa *a.* costly, expensive, dear. *2* hard, difficult.
costra *f.* crust; scab, scale.
costumbre *f.* custom; habit. *2 pl.* customs, ways, habits.
costumbrista *m.-f.* genre-writer.
costura *f.* sewing, needlework. *2* seam. *3* stitch(ing.
costurera *f.* seamstress.
costurero *m.* lady's work box. *2* sewing room.
costurón *m.* large or coarse seam. *2* large scar.
cota *f.* coat [of arms or mail]. *2* datum level [on maps].
cotejar *t.* to collate, compare.
cotejo *m.* collation, comparison.
cotidiano, na *a.* daily, everyday.
cotilleo *m.* gossiping.
cotización *f.* COM. quotation.
cotizar *t.* COM. to quote.
coto *m.* preserve: ~ ***de caza***, game preserve. *2* boundary mark. *3* stop, restriction: ***poner*** ~ ***a***, to put a stop to.
cotorra *f.* ORN. parrot, small parrot. *2 fig.* chatterbox.
cotorrear *i.* to chatter, gossip.
covacha *f.* small cave.
coyote *m.* coyote, prairie wolf.
coyunda *f.* strap for yoking oxen. *2* dominion, tyranny. *3* matrimonial union.
coyuntura *f.* ANAT. joint, articulation. *2* opportunity.
coz, *pl.* **coces** *f.* kick: ***dar coces***, to kick. *2* kickback, recoil [of a gun].
cráneo *m.* ANAT. cranium, skull.
crápula *f.* drunkenness. *2* dissipation.
crapuloso, sa *a.* drunken, dissolute.
craso, sa *a.* thick, fat, greasy. *2* crass, gross [ignorance, etc.].
cráter *m.* crater of a volcano.
creación *f.* creation.
creador, ra *a.* creative. *2 m.-f.* creator, maker.
crear *t.* to create. *2* to make. *3* to invent.
crecer *i.* to grow, increase. *2* [of a stream] to rise, swell. *3 ref.* to take courage; to grow daring.
creces *f. pl.* ***con*** ~, with interest.
crecido, da *a.* grown. *2* swollen [stream]. *3* large, big. *4 f.* flood, freshet.
creciente *a.* growing, increasing. *2 m.* crescent [moon].
crecimiento *m.* growth, increase.
credencial *a.-f.* credential, giving power. *2 pl.* credentials.

crédito *m.* credit, credence: ***dar ~ a***, to believe. *2* credit, good reputation: ***a ~***, on credit.
credo *m.* creed, credo.
credulidad *f.* credulity.
crédulo, la *a.* credulous, gullible.
creencia *f.* belief, creed, tenet.
creer *t.-i.-ref.* to believe. *2* to think, suppose: ***¡ya lo creo!***, of course.
creíble *a.* credible, believable.
crema *f.* cream. *2* custard. *3* diæresis.
cremación *f.* cremation, incineration.
cremallera *f.* MACH. ratchet. *2* rack rail. *3* zipper, zip-fastener.
crepitar *i.* to crackle, crepitate.
crepuscular *a.* crepuscular, twilight.
crepúsculo *m.* twilight; dawn.
crespo, pa *a.* crispy, curly [hair]. *2* angry, irritated.
crespón *m.* crape.
cresta *f.* crest, comb [of a bird]; cock's comb. *2* crest [of helmet, of mountain, of wave]. *3* tuft.
creta *f.* chalk.
cretino, na *m.-f.* cretin, idiot.
cretona *f.* cretonne.
creyente *a.* believing. *2 m.-f.* believer, faithful.
cría *f.* nursing, suckling. *2* breeding. *3* brood, young [animals].
criadero *m.* tree nursery. *2* breeding place [for animals]; fish hatchery. *3* MIN. seam, vein.
criado, da *a.* bred: ***bien ~***, well-bred; ***mal ~***, ill-bred. *2 m.* manservant. *3 f.* maid, maidservant.
crianza *f.* nursing. *2* bringing up, education. *3* breeding, manners.
criar *t.* to nurse, suckle. *2* to rear, breed, grow. *3* to put forth. *4* to bring up, educate.
criatura *f.* creature. *2* baby, child.
criba *f.* screen, sieve.
cribar *t.* to screen, sift.
cric *m.* jack, lifting jack.
cricquet *m.* SPORT. cricket.
crimen *m.* serious crime, felony.
criminal *a.-n.* criminal.
crin *f.* mane.
crío *m.* baby, child; kit.
criollo, lla *a.-n.* Creole.
crisantema *f.*, **crisantemo** *m.* chrysanthemum.
cripta *f.* crypt.
crisálida *f.* ENT. chrysalis, pupa.
crisis *f.* crisis. *2* COM. depression; shortage.
crisma *m.-f.* ECCL. chrism. *2 f.* coll, head.
crisol *m.* crucible, melting-pot.
crispar *t.* to contract [muscles]; to clench [fists]: ***~ los nervios***, to set the nerves on edge. *2 ref.* to twitch.
cristal *m.* crystal: ***~ de aumento***, magnifying glass. *2* window-pane.
cristalería *f.* glassware.
cristalino, na *a.* crystalline. *2 m.* ANAT. crystalline lens.
cristalizar *t.-i.-ref.* to crystallize.
cristianar *t.* coll. to christen, baptize.
cristiandad *f.* Christendom.
cristianismo *m.* Christianity.
cristiano, na *a.-n.* Christian.
Cristo *m. pr. n.* Christ. *2 m.* crucifix.
criterio *m.* criterion. *2* judgement, discernment.
crítica *f.* criticism. *2* faultfinding, censure; gossip. *3* the critics.
criticar *t.* to criticize. *2* to blame, censure, find fault with.
crítico, ca *a.* critical. *2 m.* critic; faultfinder.
criticón, na *a.* censorious, faultfinding. *2 m.-f.* faultfinder.
croar *i.* to croak.
crónica *f.* chronicle.
crónico, ca *a.* chronic.
cronista *m.* chronicler; reporter.
cronología *f.* chronology.
cronológico, ca *a.* chronologic(al.
cronometrar *t.* to clock, time.
cronómetro *m.* chronometer.
croqueta *f.* croquette.
croquis *m.* sketch, outline.
cruce *m.* cross, crossing. *2* intersection. *3* crossroads. *4* cross-breeding [of animals]. *5* blending [of words].
crucero *m.* cross-bearer. *2* crossroads. *3* ARCH. transept. *4* NAUT. cruiser.
crucial *a.* crucial.
crucificar *t.* to crucify; to torture.
crucifijo *m.* crucifix.
crucigrama *m.* cross-word puzzle.
crudamente *adv.* crudely, bluntly.
crudeza *f.* crudity, rawness. *2* bluntness, roughness. *3* bitterness [of weather].
crudo, da *a.* raw, uncooked, underdone [food]. *2* raw, bitter [weather]. *3* harsh, rough. *4* crude, blunt.
cruel *a.* cruel, ruthless, harsh. *2* **-mente** *adv.* cruelly.
crueldad *f.* cruelty; harshness.
cruento, ta *a.* bloody; implacable.
crujía *f.* corridor, passage. *2* hospital ward.
crujido *m.* creak, crackle. *2* rustle [of silk]. *3* gnash(ing [of teeth].
crujir *i.* to creak, crackle, crunch. *2* [of teeth] to gnash. *3* [of silk] to rustle.
crustáceo *a.-m.* crustacean; shell-fish.

cruz, *pl.* **cruces,** *m.* cross: ~ ***Roja***, Red Cross; ***hacerse cruces de***, to be astonished at. *2* tails [of coin]: ***cara o*** ~, heads or tails.
cruzada *f.* crusade; holy war.
cruzado, da *a.* crossed. *2* cross-bred. *3* double-breasted [garment]. *4 m.* crusader.
cruzamiento *m.* crossing. *2* cross-breeding.
cruzar *t.* to cross, lie across, intersect. *2* to cross [breeds]. *3 ref.* to cross, pass each other.
cuaderno *m.* note-book, exercise-book.
cuadra *f.* stable [for horses]. *2* croup [of horse]. *3* hall, ward [in hospitals].
cuadrado, da *a.-m.* square.
cuadragésimo, ma *a.-m.* fortieth.
cuadrangular *a.* quadrangular.
cuadrante *m.* sundial. *2* quarter [of the compass]. *3* ASTR., GEOM. quadrant.
cuadrar *t.* to square. *2 i.* to fit, suit. *3 ref.* MIL. to stand at attention. *4* to assume a firm attitude.
cuadriculado, da *a.* squared [paper].
cuadricular *t.* to graticulate.
cuadrilla *f.* party, crew, gang.
cuadro *m.* square or rectangle: ***a cuadros***, checkered. *2* picture, painting. *3* frame [of door, etc.]. *4* LIT. picture, description. *5* THEAT. tableau. *6* scene, view, spectable. *7* flower-bed. *8* table, synopsis. *9* ELEC., TELEPH. ~ ***de distribución***, switchboard.
cuadrúpedo *a.-m.* quadruped.
cuádruple *a.* quadruple, fourfold.
cuajar *t.-ref.* to curd, curdle, coagulate. *2 t.* to fill [with adornments]. *3* [of a thing] to be successful: ***la cosa no cuajó***, the thing did not work, or jell. *4 ref.* to become crowded.
cuajo *m.* rennet; ***de*** ~, by the roots.
cual, cuales *rel. pron.* who, which. *2* as, such as. *3* some. *4 adv.* as, like.
cuál, cuáles *interr. pron.* who, which [one, ones], what. *2 adv.* how.
cualidad *f.* quality.
cualquiera, *pl.* **cualesquiera** *pron.* anyone, anybody. *2* ~ ***que***, whatever, whichever *3* ***un, una*** ~, despicable person. *4 a.* any.
cuan *adv.* ***tan... cuan,*** as... as. *2 interrog.-exclam.* **cuán,** how.
cuando *adv.* when: ***aun*** ~, even though; ***de*** ~ ***en*** ~, now and then. *2* **¿cuándo?** *interrog. adv.* when?
cuantía *f.* amount, quantity. *2* importance: ***de poca*** ~, of little amount.
cuantioso, sa *a.* large, substantial, numerous.
1) **cuanto** *adv.* ***en*** ~ ***a***, with regard to, as for. *2* ~ ***antes***, as soon as possible. *3* ~ ***más... tanto más***, the more... the more. *4* ***en*** ~, no sooner. *5* **cuánto** *exclam. adv.* how; how much, how long, how far.
2) **cuanto, ta; cuantos, tas** *a.* all the, every, as much [sing.], as many [pl.]. *2 pron.* all [that], everything, as much as [sing.], as many as [pl.], all who. *3 a.-pron.* ***unos cuantos***, some, a few.
3) **cuánto, ta; cuántos, tas** [with interrog. or exclam.] *a.-pron.* how much [sing.], how many [pl.], what.
cuáquero, ra *a.-m.* Quaker.
cuarenta *a.-n.* forty.
cuarentena *f.* quarantine.
cuaresma *f.* Lent.
cuartear *t.* to quarter, divide in four parts. *2 ref.* to crack.
cuartel *m.* ward [of a town]. *2* MIL. barracks. *3* MIL. quarters: ***no dar*** ~, to give no quarter.
cuartelillo *m.* police-station.
cuarteta *f.* eight syllable quatrain with rhyme abab.
cuarteto *m.* more-than-eight syllable quatrain with rhyme ABBA. *2* MUS. quartet(te.
cuartilla *f.* sheet of paper.
cuarto, ta *a.* fourth. *2 m.* quarter. *3* room, chamber: ~ ***de baño***, bath-room: ~ ***de estar***, living-room. *4* old copper coin: ***no tener un*** ~, to be penniless.
cuarzo *m.* MIN. quartz.
cuatrero *m.* cattle-thief.
cuatro *a.* four.
cuba *f.* cask, barrel: ***estar hecho una*** ~, *fig.* to be drunk. *2* tub.
cubano, na *a.-n.* Cuban.
cubeta *f.* small cask. 2 pail, bucket.
cúbico, ca *a.* cubic(al.
cubicar *t.* to cube.
cubierta *f.* cover(ing; envelope [of a letter]; book-jacket. *2* roof(ing. *3* shoe, outer tyre. *4* NAUT. deck.
cubierto, ta *p. p.* of CUBRIR. *2 m.* cover, roof. *3* set of fork, spoon and knife. *4* meal for one at a fixed price.
cubilete *m.* goblet. *2* dice-box.
cubo *m.* bucket, pail, tub. *2* GEOM., MATH. cube. *3* hub [of a wheel].
cubrecama *m.* counterpane, coverlet, bedspread.
cubrir *t.* to cover [up]. *2* to hide, disguise. *3* to roof [a building]. *4* to cover [expenses, etc.; a distance]. *5 ref.* to cover oneself. *6* to protect oneself.
cucaña *f.* greasy pole.
cucaracha *f.* cockroach.

cuclillas (en) *adv.* in a squatting position, sitting on one's heels.
cuclillo *m.* ORN. cuckoo.
cucurucho *m.* paper cone.
cuchara *f.* spoon. *2* ladle. *3* scoop. *4* dipper [of excavator].
cucharada *f.* spoonful.
cucharadita *f.* tea-spoonful.
cucharilla *f.* tea-spoon.
cucharón *m.* ladle; large spoon.
cuchichear *i.* to whisper.
cuchicheo *m.* whispering.
cuchilla *f.* large knife, cleaver. *2* blade.
cuchillada *f.* stab, slash, gash.
cuchillería *f.* cutlery. *2* cutler's shop.
cuchillo *m.* knife: ***pasar a ~***, to put to the sword.
cuchitril *m.* pigsty. *2* filthy room.
cuchufleta *f.* jest, quip.
cuello *m.* neck, throat. *2* collar [of a garment].
cuenca *f.* wooden bowl. *2* socket [of eye]. *3* valley. *4* river basin.
cuenco *m.* earthen bowl.
cuenta *f.* account; count, counting; bill, note: ***a fin de cuentas***, after all: ***hacer cuentas***, to cast accounts; ***en resumidas cuentas***, in short, to sum up. *2* bead [of rosary]. *3* COM. account: ***~ corriente***, current account; ***rendir*** or ***dar cuentas***, to answer for, give account of. *4* behalf, care, responsibility: ***esto es ~ mía***, that is my affair; ***por ~ de***, for account of. *5* report, information: ***dar ~ de***, to inform of. *6* ***caer en la ~***, ***darse ~***, to realise. *7* ***tener en ~***, to take into account, bear in mind.
cuentagotas *m.* dropper.
cuentakilómetros *m. sing.* speedometer.
cuento *m.* tale, story, narrative: ***~ de hadas***, fairy tale; ***venir a ~***, to be pertinent. *2* gossip; yarn, falsehood. *3* count, number: ***sin ~***, numberless.
cuerda *f.* rope, cord, string. *2* MUS. string. *3* spring: ***dar ~ a un reloj***, to wind up a watch.
cuerdamente *adv.* prudently, etc.
cuerdo, da *a.* sane, wise, prudent.
cuerno *m.* horn. *2* antenna, feeler.
cuero *m.* hide, raw hide. *2* leather. *3* wineskin. *4* ***~ cabelludo***, scalp; ***en cueros***, stark naked.
cuerpo *m.* body; trunk: ***hurtar el ~***, to dogde; ***luchar ~ a ~***, to fight hand to hand. *2* figure, build [of a person]. *3* corpse: ***estar de ~ presente***, to lie in state. *4* company, staff: ***~ de ejército***, army corps.
cuervo *m.* raven, crow.
cuesta *f.* slope, hill: ***~ abajo***, downhill; ***~ arriba***, uphill; ***a cuestas***, on one's back.
cuestación *f.* collection for a charitable purpose.
cuestión *f.* question [problem, matter, point]; affair, business. *2* dispute, quarrel.
cuestionario *m.* questionnaire.
cueva *f.* cave. *2* cellar. *3* den.
cuévano *m.* hamper.
cuidado *m.* care, carefulness; charge: ***tener una cosa a su ~***, to have care or charge of a thing; ***al ~ de***, in care of; ***tener ~***, to be careful; ***¡~!***, look out! *2* fear, anxiety.
cuidadosamente *adv.* carefully.
cuidadoso, sa *a.* careful, painstaking. *2* watchful.
cuidar *t.* to execute with care. *2* *t.-i.* to take care of, keep, look after, mind, nurse. *3* *ref.* to take care of oneself.
cuita *f.* trouble, sorrow.
cuitado, da *a.* unfortunate, wretched. *2* shy.
culata *f.* butt [of a gun]. *2* MACH. head [of a cylinder].
culatazo *m.* blow with the butt of a rifle. *2* kick, recoil [of a firearm].
culebra *f.* snake.
culebrear *i.* to twist, wriggle.
culminación *f.* culmination, climax.
culminante *a.* culminating.
culminar *i.* to culminate, to come to a climax.
culo *m.* behind, bottom, backside. *2* anus; buttocks.
culpa *f.* guilt, fault, blame: ***echar la ~ a***, to blame; ***tener la ~***, to be to blame for; ***esto es ~ mía***, it's my fault.
culpabilidad *f.* guilt.
culpable *a.* guilty. *2* culpable, blamable. *3* *m.-f.* culprit. *4* the one to blame.
culpar *t.* to blame, accuse.
culteranismo *m.* euphuism, cultism.
culterano, na euphuistic. *2* *m.-f.* euphuist, cultist.
cultismo *m.* euphuism, cultism.
cultivador, ra *m.-f.* cultivator; tiller, farmer.
cultivar *t.* to cultivate, labour, farm [land, soil].
cultivo *m.* cultivation, culture, farming.
1) **culto** *m.* cult, worship. *2* veneration, homage: ***rendir ~ a***, to pay homage to; to worship.
2) **culto, ta** *a.* cultured, educated. *2* civilized. *3* learned.
cultura *f.* CULTIVO. *2* culture.
cumbre *f.* summit, top [of mountain], peak. *2* height.

cumpleaños *m.* birthday.
cumplido, da *a.-n.* complete, full; perfect. *2* large, ample. *3* courteous, polite. *4 m.* compliment, ceremony: ***visita de*** ~, formal call.
cumplidor, ra *a.* conscientious, dependable. *2* trustworthy.
cumplimentar *t.* to compliment, congratulate. *2* to pay a courtesy visit to.
cumplimiento *m.* fulfilment. *2* observance [of law]. *3* compliment: ***por*** ~, out of politeness only.
cumplir *t.* to accomplish, perform, fulfil. *2* to keep [a promise]. *3* to do [one's duty]; to observe [a law]. *4* to finish [a term in prison]. *5* reach [of age]. *6 i.* to behove. *7 i.-ref.* [of time] to expire. *8 ref.* to be fulfilled.
cúmulo *m.* heap, pile. *2* METEOR. cumulus.
cuna *f.* cradle. *2* birth, lineage.
cundir *i.* to spread. *2* to increase in volume. *3* to propagate.
cuneta *f.* ditch, gutter.
cuña *f.* wedge, quoin.
cuñada *f.* sister-in-law.
cuñado *m.* brother-in-law.
cuño *m.* die. *2* stamp.
cuota *f.* membership fee.
cupo *m.* quota, share.
cupón *m.* coupon.
cúpula *f.* ARCH. cupola, dome.
cura *m.* Roman Catholic priest; parish priest. *2* cure, healing: ***primera*** ~, first aid.
curación *f.* cure, healing.
curandero *m.* healer, quack.
curar *i.-ref.* to cure, heal, recover, get well. *2* to take care of; to mind. *3 t.* to cure, heal. *4* MED. to treat. *5* to cure [meat, fish]; to season [lumber]; to tan [hides].
curativo, va *a.* curative, healing.
cureña *f.* gun-carriage.
curia *f.* ecclesiastical court.
curiosear *i.* to pry, be inquisitive.
curiosidad *f.* curiosity. *2* neatness.
curioso, sa *a.* curious, inquisitive, prying. *2* clean, tidy. *3* rare.
cursar *t.* to frequent. *2* to study [law]. *3* to make [a petition]. *4* to pass through the regular administrative channels.
cursi *a.-n.* vulgar, in bad taste.
cursilería *f.* bad taste, cheapness, false elegance; shabby-gentility.
cursillo *m.* EDUC. short course of lectures on a subject.
curso *m.* course, direction. *2* EDUC. course [of lectures]; school year. *3* passage [of time].
curtido, da *a.* tanned [leather]. *2* sunburnt, weather-beaten. *3* experienced. *4 m.* tanning. *5 m. pl.* tanned leather.
curtidor *m.* tanner.
curtir *t.* to tan. *2* to inure. *3 ref.* to get sunburnt.
curva *f.* curve, bend.
curvatura *f.* curvature; bend.
curvo, va *a.* curved, bent, crooked.
cuscurro *m.* crust of bread.
cúspide *f.* top, peak. *2* summit.
custodia *f.* custody, care. *2* escort or guard. *3* ECCL. monstrance.
custodiar *t.* to guard, keep, take care of.
custodio *m.* custodian, guard: ***ángel*** ~, guardian angel.
cutáneo, a *a.* cutaneous.
cutis *m.* skin; complexion.
cuyo, ya *pl.* **cuyos, yas** *poss. pron.* whose, of which, of whom.

CH

chabacanamente *adv.* coarsely, vulgarly.
chabacanería *f.* coarseness, vulgarity.
chabacano, na *a.* coarse, vulgar.
chacal *m.* ZOOL. jackal.
chacota *f.* fun, noisy mirth: ***hacer ~ de***, to make fun of.
chacha *f.* coll. nurse, nursemaid.
cháchara *f.* prattle, idle talk.
chafallar *t.* to botch.
chafar *t.* to flatten, crush.
chaflán *m.* chamfer, bevel.
chal *m.* shawl.
chalado, da *a.* fool. *2* infatuated: ***estar ~ por***, to be madly in love with.
chalán, na *m.-f.* horse dealer.
chaleco *m.* waistcoat, vest.
chalet *m.* chalet.
chalupa *f.* NAUT. a small two-mast boat. *2* NAUT. launch.
chambelán *m.* chamberlain.
chambón, na *a.-n.* lucky person.
champaña *m.* champagne [wine].
champú *m.* shampoo.
chamuscar *t.* to singe, scorch. *2 ref.* to be singed.
chamusquina *f.* scorching. *2* quarrel.
chancear *i.-ref.* to joke, jest.
chancla *f.* old shoe.
chancleta *f.* slipper.
chanclo *m.* clog. *2* galosh.
chanchullo *m.* dirty business.
chanfaina *f.* stew of chopped lights.
chantaje *m.* blackmail.
chantajista *m.-f.* blackmailer.
chanza *f.* joke, jest, fun.
chapa *f.* metal sheet or plate, veneer. *2* rosy spot on the cheeks. *3 pl.* game of tossing up coins.
chapado, da *a.* plated, veneered. *2* ***~ a la antigua***, old-fashioned.
chaparro *m.* BOT. dwarf oak.
chaparrón *m.* downpour, violent shower.
chapitel *m.* spire. *2* capital.
chapotear *t.* to moisten. *2 i.* to splash.
chapoteo *m.* moistening. *2* splashing.
chapucería *f.* clumsiness [of a work]. *2* botch, clumsy work.
chapucero, ra *a.* botched, bungled. *2 s.* botcher, bungler.
chapurrar, chapurrear *t.* to speak [a language] brokenly.
chapuzar *t.-i.* to duck. *2 ref.* to dive.
chapuzón *m.* ducking, diving.
chaqué *m.* morning coat.
chaqueta *f.* jacket, sack coat.
charada *f.* charade.
charanga *f.* brass band.
charca *f.* pool, pond.
charco *m.* puddle, pond; ***pasar el ~***, to cross the pond.
charla *f.* chatter, prattle. *2* chat, chatting. *3* talk, lecture.
charlar *i.* to chatter, prattle. *2* to chat, talk.
charlatán, na *m.-f.* chatterer, chatterbox. *2* charlatan.
charlatanería *f.* garrulity.
charol *m.* varnish, japan. *2* patent leather.
charrán *a.* knave, rogue.
charretera *f.* epaulet. *2* garter.
charro, rra *a.* coarse. *2* cheap, flashy. *3 m.* churl.
chascarrillo *m.* joke, funny story.
chasco *m.* trick, deceit. *2* disappointment.
chasis *m.* AUTO., RADIO, chassis. *2* PHOT. plateholder.
chasquear *t.* to play a trick on, fool, deceive. *2* to disappoint. *3 t.-i.* to crack, snap. *4* to be disappointed.
chasquido *m.* crack [of whip]; crackling [of wood]; click [of the tongue].
chatarra *f.* scrap-iron. *2* iron slag.
chato, ta *a.-n.* flat-nosed. *2 m.* small glass [of wine].
chaval, la *a.* coll. young. *2 m.* coll. lad. *3 f.* coll, lass.

chaveta *f.* cotter-pin; key, forelock. *2* coll. ***perder la*** ~, to go off one's head.
checo, ca *a.-n.* Czech.
chelín *m.* shilling.
cheque *m.* cheque, check; ~ ***de viajero***, traveler's check.
chicle *m.* chewing-gum.
chico, ca *a.* small, little. *2 m.* child, kid, youngster, boy, lad. *3* coll. fellow; old chap. *4 f.* child, girl, lass.
chicote *m.* sturdy boy.
chicha *f.* alcoholic drink. *2 a.* NAUT. ***calma*** ~, dead calm.
chicharra *f.* ENT. cicada.
chicharrón *m.* fried piece of fat.
chichón *m.* bump [on the head].
chiflado, da *a.* crack-brained, crazy.
chifladura *f.* craziness, madness.
chiflar *i.* to whistle. *2 t.-ref.* to hiss. *3 ref.* to become crazy.
chileno, na *a.-n.* Chilean.
chillar *i.* to shriek, screech, scream. *2 fig.* to shout. *3* [of colours] to clash, glare, be garish.
chillido *m.* shriek, screech, scream.
chillón, na *a.* shrieking, screaming, screechy. *2* loud, garish [colour].
chimenea *f.* chimney. *2* hearth, fireplace. *3* funnel [of ship].
chimpancé *m.* ZOOL. chimpanzee.
China (la) *f. pr. n.* China.
china *f.* pebble. *2* China silk. *3* china, porcelain; chinaware. *4* Chinese woman.
chinchar *t.* coll. to bother.
chinche *f.* ENT. bedbug. *2* drawing-pin, thumb-tack. *3* bore, nuisance.
chinchilla *f.* ZOOL. chinchilla.
chinela *f.* slipper.
chino, na *a.-n.* Chinese.
chiquero *m.* pigsty; pen for bulls.
chiquillada *f.* childish trick.
chiquillo, lla *a.* small. *2 m.-f.* little boy or girl, child.
chiquito, ta *a.* tiny, very small. *2 m.-f.* CHIQUILLO 2.
chirinola *f.* trifle. *2* ***estar de*** ~, to be in good spirits.
chiripa *f.* fluke, stroke of luck.
chirlo *m.* wound or scar on the face.
chirriar *i.* to hiss, sizzle. *2* [of a wheel, etc.] to squeak. *3* [of birds or insects] to chirp.
chirrido *m.* hiss, sizzle. *2* squeak [of a wheel, etc.]. *3* chirr [of birds or insects].
chisme *m.* mischievous tale, piece of gossip. *2* implement.
chismear *t.* to gossip, bear tales.
chismorreo *m.* gossip, gossiping.
chismoso, sa *a.* gossipy. *2 m.-f.* gossip, tale-bearer.
chispa *f.* spark, sparkle: ***echar chispas***, *fig.* to be raging.
chispazo *m.* spark, flash.
chispeante *a.* sparkling.
chispear *i.* to spark, sparkle. *2* to drizzle slightly.
chisporrotear *i.* to spark, sputter.
chisporroteo *m.* sparkling, sputtering.
chistar *i.* to speak: ***no*** ~, not to say a word.
chiste *m.* joke, funny story, fun.
chistera *f.* top hat. *2* fish basket.
chistoso, sa *a.* witty, funny.
¡chitón! *interj.* hush!, silence!
chiva *f.* female kid.
chivato *m.* ZOOL. kid. *2* coll. informer, tale-bearer.
chivo *m.* male kid.
chocante *a.* shocking, funny.
chocar *i.* to collide; to clash, bump together. *2* to meet, fight. *3* to surprise: ***esto me choca***, I am surprised at this.
chocarrería *f.* coarse humour.
chocarrero, ra *a.* scurrilous. *2 m.-f.* vulgar joker.
chocolate *m.* chocolate.
chocolatín *m.* chocolate drop or tablet.
chochear *i.* to dote, to be in one's dotage.
chochera, chochez *f.* dotage.
chocho, cha *a.* doting. *2 m.-f.* dotard.
chófer *m.* AUT. chauffeur, driver.
chopo *m.* BOT. black poplar.
choque *m.* collision, clash; shock. *2* MIL. encounter, skirmish. *3* dispute, quarrel.
chorizo *m.* pork sausage.
chorlito *m.* ORN. golden plover. *2* coll. scatterbrains.
chorrear *i.* to spout, gush. *2* to drip.
chorro *m.* jet, spout, gush, flow, stream: ***a chorros***, in abundance.
chotearse *ref.* to make fun of.
choteo *m.* fun, mockery, jeering.
choto, ta *m.-f.* sucking kid. *2* calf.
choza *f.* hut, cabin, hovel, shanty.
chubasco *m.* shower, squall.
chubasquero *m.* raincoat, mackintosh.
chuchería *f.* trinquet, knick-knack. *2* titbit, delicacy.
chucho *m.* coll. dog.
chueca *f.* stump [of tree]. *2* head [of a bone].
chufa *f.* BOT. chufa, ground-nut.
chulear *t.* to banter, rally wittily. *2 ref.* to make fun.
chulería *f.* pertness.
chuleta *f.* chop, cutlet.

chulo, la *a.* pert and droll. *2 m.-f.* low-class person, loud in dress and manners. *3* pimp, procurer.
chumbera *f.* prickly pear [plant].
chunga *f.* fun. banter: ***estar de*** ~, to be joking; ***tomar a*** ~, to make fun of.
chunguearse *ref.* to joke, make fun [of].
chupada *f.* suck, sucking. *2* pull [at a pipe].
chupado, da *a.* lean, emaciated.
chupar *t.* to suck, draw. *2* to absorb, imbibe. *3* to drain [money, etc.]; to sponge on. *4* (Am.) to drink. *5 ref.* to become worn to a shadow; ~ ***los dedos***, to relish.
chupatintas *m.* coll. office clerk.
chupón, na *a.* sucking. *2* blotting [paper]. *3 m.* sucker, sponger.
churrigueresco, ca *a.* F. ARTS. Churrigueresque.
churro, rra *a.* coarse-wooled [sheep]. *2 m.* a long cylindrical fritter.
churumbel *m.* coll. child.
chusco, ca *a.* funny, witty; droll.
chusma *f.* rabble, mob.
chutar *i.* FOOTBALL to shoot.
chuzo *m.* short pike: *fig.* ***llover chuzos***, to rain pitchforks.

D

dable *a.* feasible, possible.
dactilografía *f.* typewriting.
dádiva *f.* gift, present.
dadivoso, sa *a.* generous, open-handed.
dado, da *a.* given. *2 conj.* ***dado que***, assuming that, if. *3 m.* die [*pl.* dice].
dador, ra *m.-f.* giver; bearer.
daga *f.* dagger.
dalia *f.* BOT. dahlia.
dama *f.* lady, dame. *2* mistress, concubine. *3* king [in draughts]. *4* queen [in chess]. *5 pl.* draughts, *checkers.
damasco *m.* damask [fabric].
damisela *f.* young lady, damsel.
damnificar *t.* to hurt, injure.
danés, sa *a.* Danish. *2 m.-f.* Dane. *3 m.* Danish [language].
danza *f.* dance; dancing.
danzar *i.* to dance.
danzarín, na *m.-f.* dancer.
dañado, da *a.* damaged, spoiled, tainted.
dañar *t.* to harm, damage, injure, hurt. *2* to spoil, taint. *3 ref.* to become damaged; to get hurt.
dañino, na *a.* harmful, injurious.
daño *m.* harm, damage, loss, injury: ***daños y perjuicios***, damages; ***hacer*** ~, to hurt.
dar *t.* to give, hand, deliver, grant. *2* to produce, bear, yield. *3* ~ ***comienzo***, to begin; ~ ***gritos***, to shout; ~ ***un paseo***, to take a walk. *4* ***dar como*** or ***por***, to suppose, consider, hold. *5* ~ ***a conocer***, to make known; ~ ***a luz***, to give birth to; to publish; ~ ***que hacer***, to give trouble; ~ ***que pensar***, to arouse suspicious. *6 i.* ~ ***con***, to meet, find. *7* ~ ***contra***, to knock against. *8* ~ ***en el clavo***, to hit the nail on the head. *9* ~ ***de comer***, to feed. *10* ~ ***de sí***, to give, yield, stretch. *11 ref.* to give oneself. *12* to yield, surrender. *13* ***darse a la bebida***, to take to drink. *14* [of things, events, etc.] to happen. *15* ***darse la mano***, to shake hands. ¶ CONJUG. INDIC. Pres.: ***doy, das, da***; ***damos, dais, dan.*** | Imperf.: ***daba, dabas***, etc. | Pret.: ***di, diste, dio; dimos, disteis, dieron.*** | Fut.: ***daré, darás***, etc. ‖ COND.: ***daría, darías***, etc. ‖ SUBJ. Pres.: ***dé, des***, etc. | Imperf.: ***diera, dieras***, etc., or ***diese, dieses***, etc. | Fut.: ***diere, dieres***, etc. ‖ IMPER.: ***da, dé; demos, dad, den.*** ‖ PAST. P.: ***dado.*** ‖ GER.: ***dando.***
dardo *m.* dart [missile].
dársena *f.* inner harbour, dock.
data *f.* date [in documents, etc.].
datar *t.* to date. *2* to enter [in account].
dátil *m.* BOT. date [fruit].
dato *m.* datum, fact. *2* document.
de *prep.* of; from, about, for, on, by, at, out of, with: ~ ***día***, by day; ~ ***noche***, at night. *2* [before inf.] if. *3* than. *4* ~ ***pie***, standing up.
deambular *t.* to walk, stroll.
debajo *adv.* underneath, below: ~ ***de***, under, beneath.
debate *m.* debate, discussion.
debatir *t.* to debate, discuss.
debe *m.* COM. debit.
debelar *t.* to conquer, vanquish.
1) **deber** *m.* duty, obligation. *2* homework.
2) **deber** *t.* to owe. *2 aux.* [with an inf.] must, have to; ought to, should. *3* ~ ***de***, must [conjecture].
debidamente *adv.* duly, properly.
debido, da *a.* owed. *2* due, just, proper: ***como es*** ~, rightly; ~ ***a***, due to, owing to.
débil *a.* weak, feeble. *2* slight, faint; sickly.
debilidad *f.* weakness.
debilitación *f.*, **debilitamiento** *m.* weakness; weakening.
debilitar *t.-ref.* to weaken.
débito *m.* debit, debt.
debut *m.* GALL. debut [first performance].
debutar *i.* to make one's debut.
década *f.* decade, ten years.
decadencia *f.* decadence, decline.
decadente *a.* decadent, declining.

decaer *i.* to decline, decay, fall, fall off, lessen.
decaído, da *a.* declining. *2* low [sick person]. *3* ~ ***de ánimo***, disheartened.
decaimiento *m.* decay, weakness.
decálogo *m.* decalogue. *2* Ten Commandments.
decampar *i.* to decamp.
decanato *m.* deanship [of a faculty]; doyenship [of a body].
decano *m.* dean [of a faculty]. *2* doyen, dean [of a body].
decantar *t.* to decant. *2* to overpraise.
decapitación *f.* behading, decapitation.
decapitar *t.* to behead, decapitate.
decena *f.* ten [ten unities].
decencia *f.* decency, propriety. *2* decorum, modesty. *3* honesty.
decente *a.* decent, proper. *2* decorous, modest. *3* correct.
decepción *f.* disappointment.
decepcionante *a.* disappointing.
decepcionar *t.* to dissappoint, disillusion.
decididamente *adv.* decidedly.
decidido, da *a.* decided. *2* determined.
decidir *t.* to decide, settle. *2* to determine, resolve. *3* *ref.* to make up one's mind.
décima *f.* tenth [part]. *2* a stanza of ten octosyllabic lines.
decimal *a.-m.* decimal.
décimo, ma *a.* tenth.
1) **decir** *t.* to say, talk, tell, speak: ~ ***para sí***, to say to oneself; ~ ***mentiras***, to tell lies; ***querer*** ~, to mean; ***como quien dice, como si dijéramos***, so to speak; ***es*** ~, that is to say. *2 ref.* ***se dice***, they say, it is said. ¶ CONJUG. INDIC. Pres.: ***digo, dices, dice;*** decimos, decís, ***dicen.*** | Imperf.: decía, decías, etc. | Pret.: ***dije, dijiste, dijo; dijimos, dijisteis, dijeron.*** | Fut.: ***diré, dirás,*** etc. ‖ COND.: ***diría, dirías,*** etc. ‖ SUBJ. Pres.: ***diga, digas,*** etc. | Imperf.: ***dijera, dijeras,*** etc., or ***dijese, dijeses,*** etc. | Fut.: ***dijere, dijeres,*** etc. ‖ IMPER.: ***di, diga; digamos,*** decid, ***digan.*** ‖ P. P.: ***dicho.*** ‖ GER.: ***diciendo.***
2) **decir** *m.* saying, maxim. *2* ***el*** ~ ***de las gentes***, the opinion of the people.
decisión *f.* decision. *2* determination, resolution.
decisivo, va *a.* decisive, final.
declamación *f.* declamation; recitation.
declamar *i.-t.* to declaim; to recite.
declaración *f.* declaration. *2* statement. *3* LAW deposition.
declarar *t.* to declare. *2* to state, make know, avow. *3* to explain. *4* LAW to find [guilty or not guilty]. *5 i.* to testify, make a statement. *6 ref.* to declare oneself. *7* to propose [to a woman]. *8* [of war] to be declared. *9* [of fire, etc.] to start, break out.
declinación *a.* decline, fall, descent. *2* GRAM. declension.
declinar *i.* to decline, deviate. *2* to lose vigour, decay, fall off. *3 t.* to decline, renounce.
declive *m.* declivity, slope.
decolorar *t.* to decolo(u)rize.
decomisar *t.* to confiscate.
decoración *f.*, **decorado** *m.* decoration, adornment. *2* THEAT. scenery, setting.
decorar *t.* to decorate, adorn, embellish.
decorativo, va *a.* decorative, ornamental.
decoro *m.* decorum, decency, dignity. *2* honour.
decoroso, sa *a.* decorous, becoming, decent, seemly.
decrecer *i.* to decrease, diminish.
decreciente *a.* decreasing, diminishing.
decrépito, ta *a.* decrepit.
decretar *t.* to decree, decide.
decreto *m.* decree, decision.
decurso *m.* lapse, course of time.
dechado *m.* example, model, pattern.
dedal *m.* thimble.
dedicación *f.* dedication.
dedicar *t.* to dedicate [a book, etc.]. *2* to autograph. *3* to devote. *4 ref.* to devote oneself to.
dedicatoria *f.* dedication [in a book, etc.]; autograph [on a photograph].
dedo *m.* ~ ***de la mano***, finger; ~ ***del pie***, toe; ~ ***gordo***, thumb; ~ ***índice***, forefinger, index; ~ ***cordial***, middle finger; ~ ***anular***, ring finger; ~ ***meñique***, little finger.
deducción *f.* deduction, inference, conclusion. *2* rebate, discount.
deducir *t.* to deduce, deduct, infer. *2* to deduct, rebate, discount. ¶ CONJUG. like ***conducir.***
deductivo, va *a.* deductive.
defecar *i.* to defecate.
defectivo, va *a.* defective, faulty.
defecto *m.* defect, fault, blemish; ***en*** ~ ***de***, in default of.
defectuoso, sa *a.* defective, faulty.
defender *t.-ref.* to defend. *2* assert, maintain. ¶ CONJUG. like ***entender.***
defensa *f.* defence. *2* shelter, protection, guard. *3 m.* FOOTBALL [right, left, central] back.
defensivo, va *a.* defensive. *2 f.* ***estar a la defensiva***, to be on the defensive.
defensor, ra *a.* defending. *2 m.-f.* defender. *3* advocate, supporter.
deferencia *f.* deference.

deferir *i.* to defer [to another's opinions, etc.]. *2 t.* to delegate. ¶ CONJUG. like ***hervir***.
deficiencia *f.* defect, deficiency.
deficiente *a.* deficient, faulty.
déficit *m.* deficit, shortage.
definición *f.* definition.
definido, da *a.* definite. *2* defined.
definir *t.* to define; to explain.
definitivamente *adv.* definitely.
definitivo, va *a.* definitive.
deformación *f.* deformation, distortion.
deformar *t.* to deform, distort. *2 ref.* to become deformed.
deforme *a.* deformed, misshapen.
deformidad *f.* deformity, ugliness.
defraudación *f.* defraudation, fraud, cheating.
defraudar *t.* to defraud, rob, cheat. *2* to frustrate, disappoint. *3* to deceive [hopes].
defuera (por) *adv.* on the outside, outwardly.
defunción *f.* death, decease.
degeneración *f.* degeneration. *2* degeneracy.
degenerado, da *a.-m.* degenerate.
degenerar *i.* to degenerate.
deglución *f.* swallowing.
deglutir *t.* to swallow.
degollación *f.* beheading, slaughter.
degolladero *m.* throttle. *2* slaughter-house; gibbet.
degollar *t.* to behead; to slash the throat. ¶ CONJUG. like ***contar***.
degollina *f.* massacre, slaughter, butchery.
degradación *f.* degradation, baseness. *2* MIL. demotion.
degradar *t.* to degrade, debase. *2* MIL. to demote. *3 ref.* to demean oneself.
degüello *m.* beheading; throat-cutting. *2* shaft [of arrow].
degustación *f.* tasting.
degustar *t.* to taste, savo(u)r.
dehesa *f.* pasture ground.
deidad *f.* deity, divinity.
deificar *t.* to deify; to praise excessively. *2 ref.* to become deified.
dejadez *f.* neglect, slovenliness.
dejado, da *a.* lazy, negligent, slovenly, indolent.
dejar *t.* to leave: ~ ***en paz***, to let alone. *2* to abandon relinquish, let go. *3* to quit, depart from. *4* to allow, let. *5* to forsake. *6* to give up. *7* to lend, *loan. *8* to bequeath. *9* ~ ***de***, to omit, stop, cease. *10 ref.* to abandon oneself; to neglect oneself. *11* ***dejarse de rodeos***, to come to the point. *12* ***dejarse olvidado***, to forget, leave out.
dejo *m.* peculiar accent in speaking. *2* lassitude. *3* aftertaste.
del contraction of DE and EL: of the.
delación *f.* accusation, denunciation.
delantal *m.* apron; pinafore.
delante *adv.* before, in front of; ahead: ***por*** ~, before; ahead.
delantera *f.* front, fore part. *2* lead, advance, advantage: ***coger*** or ***tomar la*** ~ ***a***, to get ahead of, overtake.
delantero, ra *a.* fore, front, foremost. *2 m.* SPORT. forward.
delatar *t.* to accuse, denounce.
delator, ra *a.* accusing, denouncing. *2 m.-f.* accuser, denouncer.
delegación *f.* delegation. *2* COM. branch.
delegado, da *a.* delegated. *2 m.-f.* delegate, deputy.
delegar *t.* to delegate, depute.
deleitar *t.* to delight, please. *2 ref.* to delight in, take pleasure.
deleite *m.* pleasure, delight, joy.
deleitoso, sa *a.* delightful, agreeable.
deletrear *t.* to spell, spell out.
deletreo *m.* spelling out.
deleznable *a.* frail, perishable.
delfín *m.* dauphin. *2* ZOOL. dolphin.
delgadez *f.* thinness, leanness, slenderness.
delgado, da *a.* thin, lean, slender.
deliberación *f.* deliberation.
deliberadamente *adv.* deliberately.
deliberar *i.* to deliberate, consider. *2 t.* to decide.
delicadeza *f.* delicateness, delicacy. *2* fineness. *3* softness, tenderness.
delicado, da *a.* delicate. *2* poor [health]. *3* subtle, ingenious.
delicia *f.* delight; pleasure, joy.
delicioso, sa *a.* delicious, delightful.
delimitar *t.* to delimit, delimitate.
delincuencia *f.* delinquency.
delincuente *a.-n.* delinquent.
delineación *f.* delineation, draft.
delineante *m.* draftsman.
delinear *t.* to delineate, sketch.
delirante *a.* delirious, raving.
delirar *i.* to rave, be delirious. *2* to talk nonsense.
delirio *m.* delirium, madness.
delito *m.* transgression, offence, crime, guilt, misdemeano(u)r.
demacrado, da *a.* emaciated, thin, scrawny.
demacrarse *ref.* to waste away, become emaciated.
demagogia *f.* demagogy.

demagogo, ga *am.-f.* demagogue.
demanda *f.* petition, request. *2* COM. demand. *3* LAW claim, complaint; lawsuit.
demandado, da *m.-f.* defendant.
demandante *m.-f.* claimant.
demandar *t.* to demand, ask for, beg. *2* to ask, inquire. *3* LAW to sue.
demarcación *f.* demarcation, boundary-line.
demás *a.* the other, the rest of the. *2* *pron*, other, others: ***los*** ~, the others, the other people; ***lo*** ~, the rest; ***por lo*** ~, for the rest. *3* *adv.* besides.
demasía *f.* excess: ***en*** ~, too much, excessively. *2* boldness, audacity. *3* outrage.
demasiado *adv.* too, excessively.
demasiado, da *a.-pron.* too much [money], too many [books]; excessive.
demencia *f.* insanity, madness.
demente *a.* demented, mad, insane. *2* *m.-f.* lunatic, maniac.
democracia *f.* democracy.
demócrata *a.* democratic. *2* *m.-f.* democrat.
democrático, ca *a.* democratic.
demoler *t.* to demolish, pull down, tear down.
demolición *f.* demolition.
demonio *m.* demon, devil, fiend: ***¡qué*** ~!, what the devil!
demora *f.* delay.
demorar *t.* to delay, put off. *2* *i.* to stay, remain.
demostración *f.* demonstration; show; proof, explanation.
demostrar *t.* to demonstrate, show; to prove, explain.
demostrativo *a.-n.* demonstrative.
demudar *t.* to change, alter; disguise. *2* *ref.* to become disturbed, change countenance.
denegación *f.* denial, refusal.
denegar *t.* to deny, refuse. ¶ CONJUG. like ***acertar.***
dengue *m.* affectation; fastidiousness. *2* dengue fever.
dengoso, sa *a.* fastidious.
denigrante *a.* insulting.
denigrar *t.* to denigrate, debase, vilify. *2* to insult, revile.
denodado, da *a.* bold, brave.
denominación *f.* denomination.
denominador *m.* MATH. denominator.
denominar *t.* to denominate, name, call, entitle.
denostar *t.* to revile, abuse. ¶ CONJUG. like ***contar.***
denotar *t.* to denote, mean.
densidad *f.* density.
denso, sa *a.* dense, compact, thick.
dentado, da *a.* dentate, toothed. *2* MACH. cogged.
dentadura *f.* set of teeth: ~ ***postiza***, false teeth.
dental *a.* dental.
dentellada *f.* bite: tooth mark.
dentera *f.* tooth edge. *2* coll. envy. *3* desire. *4* ***dar*** ~, to set the teeth on edge.
dentición *f.* dentition, teething.
dentífrico, ca *a.-m.* tooth-paste, tooth--powder, dentifrice.
dentista *m.* dentist.
dentro *adv.* in, inside, within: ~ ***de una hora***, within an hour; ***por*** ~, inside, on the inside; ~ ***de poco***, shortly.
denuedo *m.* bravery, intrepidity, daring, dash, courage.
denuesto *m.* insult, affront.
denuncia *f.* denunciation [of a treaty]. *2* denouncement. *3* accusations. *4* miner' s claim. *5* ***presentar una*** ~, to make a charge.
denunciar *t.* to denounce. *2* accuse. *3* to report [a transgression]. *4* to claim [a mine].
deparar *t.* to provide, present.
departamento *m.* department. *2* district. *3* compartment.
departir *i.* to chat, talk.
depauperar *t.* to impoverish, weaken. *2* *ref.* to become impoverished.
dependencia *f.* dependence, dependency. *2* branch office, section. *3* staff, employees. *4* outbuildings.
depender *i.* ~ ***de***, to depend on, rely upon. *2* to be subordinate to.
dependiente *a.* depending, dependent, subordinate. *2* *m.* clerk, assistant, employee, dependant.
depilar *t.* to depilate.
deplorar *t.* to deplore, lament, regret.
deponer *t.* to lay down, set aside. *2* to depose, remove from office. *3* to take down. *4* *t.-i.* LAW to declare, testify. *5* *i.* to go to stool.
deportación *f.* deportation, exile, banishment.
deportar *t.* to deport, exile, banish.
deporte *m.* sport. *2* recreation.
deportista *m.* sportsman. *2* *f.* sportswoman.
deportivo, va *a.* sports, sporting, sportive. *2* sportsmanlike.
deposición *f.* declaration. *2* removal from office. *3* LAW deposition. *4* evacuation of bowels.
depositar *t.* to deposit. *2* to place, put. *3* *i.* CHEM. to settle.

depositario, ria *m.-f.* depositary, trustee. *2* public treasurer.
depósito *m.* deposit; trust. *2* sediment. *3* depot, storehouse, warehouse. *4* tank, reservoir.
depravación *f.* depravity.
depravado, da *a.* depraved.
depravar *t.* to deprave, corrupt. *2 ref.* to become depraved.
deprecación *f.* entreaty, prayer.
deprecar *t.* to entreat, pray.
depreciación *f.* depreciation.
depreciar *t.* to depreciate.
depresión *f.* depression. *2* hollow, dip. *3* dejection, low spirits.
depresivo, va *a.* depressive.
deprimente *a.* depressing. *2* humiliating.
deprimido, da *a.* downcast, lowspirited; out of sorts.
deprimir *t.* to depress [press down]. *2* to humiliate, belittle. *3 ref.* to become depressed.
depurar *t.* to purify; to purge.
derecha *f.* right, right side. *2* right hand. *3* POL. right wing. *4* ***a la*** ~, to the right.
derecho, cha *a.* right, right-hand. *2* straight. *3* standing, upright. *4 adv.* straight on. *5 m.* right; justice, equity. *6* law: ~ ***civil***, civil law. *7* grant, privilege. *8 pl.* fees, taxes, duties.
deriva *f.* ***ir a la*** ~, to drift.
derivación *f.* derivation, descent. *2* inference. *3* origin, source. *4* ELEC. branch; shunt.
derivado, da *a.* derived. *2 m.* GRAM., CHEM. derivative. *3 f.* derivate.
derivar *t.* to lead, conduct. *2 i.-ref.* to derive, come from. *3 i.* NAUT. to drift.
derogación *f.* abolishment, revocation, repeal.
derogar *t.* to abolish, repeal.
derramamiento *m.* overflowing, spilling. *2* outpouring. *3* shedding.
derramar *t.* to pour out, spill. *2* to shed [blood, tears, etc.]. *3 ref.* to overflow, run over.
derrame *m.* DERRAMAMIENTO. *2* leakage [of liquids]. *3* MED. discharge: ~ ***cerebral***, cerebral hæmorrhage.
derredor *m.* circuit; contour: ***al*** ~, ***en*** ~, around, round about.
derrengado, da *a.* lame, crippled; dislocated [said of hip or spine].
derrengar *t.* to dislocate [hip or spine]; to cripple. *2 ref.* to hurt one's hip or spine.
derretimiento *m.* melting, thaw.
derretir *t.-ref.* to melt, thaw.
derribar *t.* to pull down, tear down, demolish. *2* to fell, knock down, throw down. *3* to overthrow. *4 ref.* to tumble down.
derribo *m.* demolition. *2* debris.
derrocamiento *m.* throwing down. *2* demolition. *3* overthrow.
derrocar *t.* to pull down, demolish. *2* to overthrow [from office].
derrochador, ra *a.* wasteful, extravagant. *2 m.-f.* prodigal.
derrochar *t.* to waste, squander, dissipate.
derroche *m.* waste, extravagance, dissipation, squandering.
derrota *f.* defeat, rout. *2* path, road. *3* ship's route or course.
derrotar *t.* to defeat, rout. *2* to dilapidate. *3 ref.* NAUT. to drift off course.
derrotero *m.* NAUT. ship's course. *2* route, course, way.
derruir *t.* to pull down, demolish. ¶ CONJUG. like ***huir***.
derrumbamiento *m.* fall; collapse. *2* MIN. caving in; landslide.
derrumbar *t.* to precipitate, throw down. *2 ref.* to collapse. *3* MIN. to cave in.
desaborido, da *a.* tasteless, insipid. *2* dull [person].
desabrido, da *a.* tasteless, insipid. *2* gruff, surly, rude, disagreeable. *3* dirty [weather].
desabrigado, da *a.* unsheltered.
desabrigar *t.* to uncover, undress. *2* to deprive of shelter.
desabrigo *m.* lack of clothing or sheltering.
desabrimiento *m.* insipidity. *2* surliness. *3* bitterness.
desabrochar *t.-ref.* to unclasp, unfasten, unbutton.
desacatar *t.-ref.* to be disrespectful toward; to disobey.
desacato *m.* disrespect, irreverence. *2* disobedience.
desacertado, da *a.* unwise, wrong, mistaken.
desacierto *m.* error, mistake, blunder.
desaconsejar *t.* to dissuade.
desacordado, da *a.* discordant. *2* MUS. out of tune.
desacorde *a.* MUS. discordant.
desacostumbrado, da *a.* unusual, unaccustomed.
desacostumbrar *t.* to disaccustom. *2 ref.* to lose a habit.
desacreditar *t.* to discredit, bring discredit on.
desacuerdo *m.* disagreement, disaccord. *2* error. *3* ***en*** ~, at loggerheads with.
desafecto, ta *a.* disaffected, hostile [to government, etc.].

desafiar *t.* to challenge, defy; to dare. *2* to compete with.
desafinado, da *a.* out of tune.
desafinar *i.* MUS. to be out of tune, be discordant. *2 ref.* to get out of tune.
desafío *m.* challenge, defiance. *2* rivalry, competition. *3* duel.
desaforado, da *a.* reckless, lawless. *2* huge, enormous.
desafortunado, da *a.* unlucky; unfortunate.
desafuero *m.* excess, outrage, abuse.
desagradable *a.* disagreeable, unpleasant.
desagradar *t.* to be unpleasant to; to displease, offend.
desagradecido, da *a.* ungrateful.
desagrado *m.* displeasure, discontent.
desagraviar *t.* to make amends for. *2* to indemnify.
desagravio *m.* satisfaction, indemnity, compensation.
desaguar *t.* to drain. *2 i.* [of streams] to flow [into].
desagüe *m.* drainage, drain. *2* water outlet.
desaguisado, da *a.* unjust, unreasonable. *2 m.* wrong, offence.
desahogado, da *a.* impudent, cheeky. *2* roomy, unencumbered. *3* ***posición desahogada***, comfortable circumstances, well-off.
desahogar *t.-ref.* to relieve [one] from care, etc. *2* to give free rein to [passions]; to vent [anger, etc.]. *3 ref.* to unbosom oneself; to find relief or release.
desahogo *m.* relief. *2* comfort, ease. *3* forwardness, cheek.
desahuciado, da *a.* hopeless [of a patient]; evicted [of a tenant]. *2* discarded; rejected.
desahuciar *t.* to take away all hope from. *2* LAW to evict [a tenant].
desahucio *m.* LAW eviction [of a tenant].
desairado, da *a.* graceless, unattractive. *2* unsuccessful.
desairar *t.* to slight, disregard, snub. *2* to reject [a petition].
desaire *m.* gracelessness. *2* slight, disregard, snub.
desajustar *t.* to disarrange, disadjust.
desajuste *m.* disarrangement, disagreement.
desalentar *t.* to put out of breath. *2* to discourage. *3 ref.* to be discouraged. ¶ CONJUG. like ***acertar.***
desaliento *m.* discouragement, dejection. *2* weakness, faintness.
desaliñadamente *adv.* carelessly, slovenly.
desaliñado, da *a.* untidy, unkempt, slovenly.
desaliño *m.* untidiness, slovenliness; carelessness.
desalmado, da *a.* wicked, cruel, inhuman, soulless.
desalojado, da *a.* empty, unoccupied, free.
desalojar *t.* to dislodge. *2* to evict, expel from a lodging; eject [enemy]. *3* to empty. *4 i.* to move out.
desalquilado, da *a.* unrented, untenanted, vacant.
desalquilar *t.* to leave, give up [a rented house, room].
desamarrar *t.* to untie, let loose. *2* NAUT. to unmoor [a ship].
desamortización *f.* redemption [of property] from mortmain.
desamortizar *t.* to free from mortmain.
desamparado, da *a.* abandoned, helpless, forsaken.
desamparar *t.* to abandon, forsake, leave helpless.
desamparo *m.* abandonment, desertion; helplessness.
desamueblado, da *a.* unfurnished.
desandar *t.* to go back over: ~ ***lo andado***, to retrace one's steps. ¶ CONJUG. like ***andar.***
desangrarse *ref.* to bleed copiously, to lose blood.
desanimado, da *a.* discouraged, downhearted. *2* lifeless. *3* dull.
desanimar *t.* to discourage, dishearten. *2 ref.* to become discouraged, disheartened.
desánimo *m.* discouragement, depression, downheartedness.
desapacible *a.* unpleasant, disagreeable.
desaparecer *i.-ref.* to disappear.
desaparejar *t.* to unsaddle. *2* NAUT. to unrig.
desaparición *f.* disappearance.
desapasionado, da *a.* dispassionate, unbiased; calm; impartial.
desapego *m.* aloofness, indifference, detachment.
desapercibido, da *a.* unprovided, unprepared, unaware.
desaplicación *f.* carelessness, laziness, slackness.
desaplicado, da *a.* careless, indolent, lazy.
desaprensivo, va *a.* unscrupulous.
desaprobación *f.* disapproval.
desaprobar *t.* to disapprove of, blame. ¶ CONJUG. like ***contar.***
desaprovechar *t.* to waste, make no use of, mis-spend. *2 i.* to lose ground, fall back.

desarmado, da *a.* unarmed. *2* dismounted, taken to pieces.
desarmar *t.* to disarm. *2* to dismount, take apart, disassemble.
desarme *m.* disarmament.
desarraigar *t.* to uproot, root out, eradicate.
desarraigo *m.* uprooting, eradication.
desarreglado, da *a.* disarranged, disorderly. *2* slovenly.
desarreglar *t.* to disarrange, put out of order.
desarreglo *m.* disarrangement, disorder.
desarrollado, da *a.* developed: ***poco*** ~, underdeveloped.
desarrollar *t.* to unroll, unwind. *2* to develop. *3 ref.* to develop, grow. *4* to take place.
desarrollo *m.* unrolling, unwinding. *2* development, growth.
desarrugar *t.* to smooth out, unwrinkle.
desarticular *t.* to disarticulate, put out of joint.
desaseado, da *a.* untidy, dirty, slovenly, unkempt.
desaseo *m.* untidiness, dirtiness, slovenliness.
desasir *t.* to detach, loosen. *2 ref.* ***desasirse de***, to get loose.
desasosiego *m.* disquiet, uneasiness, anxiety.
desastre *m.* disaster, catastrophe.
desastroso, sa *a.* disastrous.
desatado, da *a.* loose, untied. *2* wild, violent.
desatar *t.* to untie, loose, loosen, unfasten; *2 ref.* to become untied. *3* to lose all restraint. *4* [of a storm] to break out.
desatención *f.* inattention. *2* disregard, disrespect, discourtesy.
desatender *t.* to pay no attention to. *2* to neglect, disregard. ¶ CONJUG. like ***entender***.
desatento, ta *a.* inattentive. *2* discourteous, impolite.
desatinado, da *a.* deranged, perturbed. *2* nonsensical, foolish.
desatino *m.* absurdity, nonsense, folly, error.
desatornillar *t.* to unscrew.
desatracar *t.* NAUT. to move [a boat] away [froom], unmoor.
desatrancar *t.* to unbar [a door].
desautorización *f.* withdrawal of authority, disavowal.
desautorizado, da *a.* unauthorized, discredited.
desautorizar *t.* to deprive of authority, discredit.
desavenencia *f.* discord, disagreement, quarrel.
desavenirse *ref.* to disagree, quarrel. ¶ CONJUG. like ***venir***.
desayunar(se *i.-ref.* to breakfast, have breakfast.
desayuno *m.* breakfast.
desazón *f.* insipidity. *2* displeasure. *3* discomfort.
desazonado, da *a.* insipid. *2* annoyed, vexed. *3* uneasy.
desbancar *t.* [in gambling] to break the bank. *2* to suplant.
desbandada *f.* disbandment: ***a la*** ~, helter-skelter, in disorder.
desbandarse *ref.* to disperse, disband.
desbarajuste *m.* disorder, confusion, confused medley.
desbaratar *t.* to destroy, ruin. *2* to waste, squander. *3* to frustrate, foil, thwart.
desbarrar *i.* to glide, slide. *2* to talk nonsense, act foolishly.
desbastar *t.* to plane, smooth, trim. *2* to polish [a person].
desbocado, da *a.* wide-mouthed [gun]. *2* broken-mouthed [jar, vessel]. *3* runaway [horse]. *4* foul-mouthed [person].
desbocar *t.* to break the mouth of [a jar, etc.]. *2 ref.* [of a horse], to run away. *3* [of a person] to become insolent.
desbordamiento *m.* overflow, flooding.
desbordante *a.* overflowing.
desbordar *i.-ref.* to overflow. *2 ref.* to lose one's self-control.
desbravar *t.* to tame, breal. in [horses]. *2 i.-ref.* to become less wild or fierce. *3* [of a liquor] to go flat.
desbrozar *t.* to clear [lands, etc.] of rubbish, underbrush, etc.
descabalgar *i.* to dismount, alight from a horse. *2 t.* to dismount [a gun].
descabellado, da *a.* dishevelled. *2* preposterous, absurd.
descabellar *t.* to dishevel. *2* to kill [the bull] by stabbing it in the back of the neck.
descabezar *t.* to behead. *2* to top, lop, cut off the top of. *3* ~ ***el sueño***, to take a nap. *4 ref.* to cudgel one's brains.
descalabrado, da *a.* wounded in the head, injured.
descalabrar *t.* to wound in the head. *2* to hurt. *3 ref.* to hurt one's head.
descalabro *m.* misfortune, damage, loss.
descalificar *t.* to disqualify.
descalzar *t.-ref.* to take off [one's shoes or stockings].
descalzo, za *a.* barefooted.
descaminado, da *a.* lost, on the wrong

road. *2* mistaken, wrong. *3* misguided, ill-advised.

descaminar *t.* to lead astray, mislead, misguide. *2 ref.* to go astray. *3* to go wrong.

descamisado, da *a.* shirtless, ragged. *2 m.-f.* poor person.

descampado, da *a.-m.* open, clear: ***en*** ~, in the open country.

descansado, da *a.* rested, refreshed. *2* easy, tranquil.

descansar *i.* to rest; to lie in sleep or death. *2* to rely on, put trust [in a person].

descanso *m.* rest, repose, relaxation. *2* alleviation. *3* break [half-time]; interval [in theatre]. *4* landing [of stairs].

descapotable *a.* convertible [car].

descarado, da *a.* impudent, barefaced; saucy.

descararse *ref.* to behave insolently; to be saucy.

descarga *f.* unloading, unburdening, discharge. *2* ARCH., ELEC. discharge. *3* discharge [of firearms], volley.

descargador *m.* unloader, docker.

descargar *t.* to unload, unburden. *2* to ease [one's conscience]. *3* to free, discharge [of a debt, etc.]. *4* to strike [a blow]. *5* to vent [one's fury, etc.]. *6* to fire, discharge [a firearm]. *7 ref.* to unburden oneself.

descargo *m.* unburdening. *2* COM. acquittance. *3* easement [of one's conscience], relief. *4* discharge [of an obligation]. *5* clearing, justification.

descargue *m.* unloading.

descarnado, da *a.* thin, lean; fleshless, scranny. *2* bony, bare.

descarnar *t.* to remove the flesh from. *2* to corrode, eat away. *3 ref.* to become thin.

descaro *m.* impudence, effrontery, sauciness, cheek.

descarriar *t.* to lead astray, mislead. *2 ref.* to go astray. *3* to go wrong.

descarrilamiento *m.* derailment.

descarrilar *i.* to derail, run off the rails.

descarrío *m.* going astray.

descartar *t.* to discard.

descascarar *t.-ref.* to peel, shell.

descastado, da *a.* showing little natural affection. *2* ungrateful.

descendencia *f.* descent, offspring, issue. *2* descent, lineage.

descendente *a.* descending: ***tren*** ~, down train.

descender *i.* to descend, go down. *2* [of temperature] to drop. *3* to derive. *4 t.* to take down, bring down. ¶ CONJUG. like ***entender.***

descendiente *a.* descendent. *2 m.-f.* descendant, offspring.

descendimiento *m.* descent; lowering.

descenso *m.* descent, coming, down. *2* drop, fall [of temperature, etc.]. *3* decline, fall.

descentrado, da *a.* out of plumb.

descentralizar *t.* to decentralize.

descentrar *t.* to place out of centre. *2 ref.* to become uncentred.

descerrajar *t.* to burst or force the lock. *2* ~ ***un tiro***, to shoot.

descifrar *t.* to decipher, make out, decode, interpret.

desclavar *t.* to remove the nails from. *2* to unnail.

descocado, da *a.* bold, brazen.

descoco *m.* boldness, sauciness.

descolgar *t.* to unhang, take down. *2* to lower, let down. *3 ref.* to show up unexpectedly. *4* to slip or let oneself down [from a window]. ¶ CONJUG. like ***contar.***

descolorido, da *a.* pale, faded.

descolorir *t.* to discolour. *2 ref.* to fade, lose its colour.

descollar *i.* to stand out, be prominent, excel, surpass. ¶ CONJUG. like ***contar.***

descomedido, da *a.* excessive, immoderate. *2* rude, impolite.

descompasado, da *a.* excessive, immoderate.

descomponer *t.* to decompose. *2* MEC. to resolve [forces]. *3* to put out of order, disarrange, upset. *4 fig.* to set at odds. *5 ref.* to decompose; to become putrid or tainted. *6* to get out of order. *7* [of the body] to be indisposed. *8* [of the face] to be altered. *9* to lose one's temper. *10* [of the weather] to change for the worse. ¶ CONJUG. like ***poner.***

descomposición *f.* decomposition. *2* MEC. resolution [of forces]. *3* ~ ***de vientre***, looseness of bowels.

descompostura *f.* decomposition. *2* disarrangement. *3* slovenliness. *4* lack of restraint. *5* disrespect, insolence.

descompuesto, ta *a.* decomposed. *2* out of order. *3* wild, insolent, impolite.

descomunal *a.* extraordinary, huge, enormous.

desconcertado, da *a.* disorderly. *2* disconcerted, baffled, upset.

desconcertante *a.* disconcerting, baffling, embarrassing.

desconcertar *t.* to disconcert. *2* to confuse, disturb. *3 ref.* to get out of order. *4* to disagree. *5* to be disconcerted, confused. ¶ CONJUG. like ***acertar.***

desconcierto *m.* disarrangement, disorder, confusion.

desconchado *m.* chipping off, peeling off [of plaster, etc.].

desconchar *t.* to scrape off [plaster, etc.]. *2 ref.* to peel off, chip off [as plaster].

desconectar *t.* to disconnect.

desconfiado, da *a.* mistrustful, suspicious.

desconfianza *f.* mistrust. *2* suspicious fear. *3* diffidence.

desconfiar *i.* to distrust, have little hope of.

descongelar *t.* to defreeze.

descongestión *f.* removing or relieving of congestion.

desconocer *t.* not to know, ignore, be unacquainted with. *2* to fail to recognize. *3* to disown. ¶ CONJUG. like ***agradecer***.

desconocido, da *a.* unknown. *2* strange, unfamiliar. *3* unrecognizable. *4 m.-f.* stranger.

desconocimiento *m.* ignorance. *2* disregard. *3* ingratitude.

desconsideración *f.* inconsiderateness, disregard.

desconsiderado *a.* inconsiderate, rude, discourteous.

desconsolado, da *a.* disconsolate, grief-stricken, dejected.

desconsolar *t.* to distress, grieve. *2 ref.* to become disheartened, grieved. ¶ CONJUG. like ***contar***.

desconsuelo *m.* affliction, grief.

descontar *t.* to discount, deduct.

descontentar *t.* to displease.

descontento, ta *a.* displeased. *2 m.* discontent, displeasure.

descorazonado, da *a.* disheartened, dejected.

descorazonar *t.* to dishearten, discourage.

descorchar *t.* to uncork [a bottle].

descorrer *t.* to draw back [a curtain, a bolt, etc.].

descortés *a.* impolite, uncivil.

descortesía *f.* discourtesy, impoliteness.

descortezamiento *m.* removal of bark or crust.

descortezar *t.* to bark [a tree]; to peel [oranges]; to shell [nuts]; to rind [cheese]; to remove the crust of [bread].

descoser *t.* to unstitch, unseam, rip. *2 ref.* to rip.

descosido, da *a.* ripped, unstitched. *2 m.* open seam, rip.

descoyuntado, da *a.* disjointed, disconnected.

descoyuntamiento *m.* dislocation.

descoyuntar *t.* to dislocate, disjoint. *2 ref.* to get out of joint.

descrédito *m.* discredit.

descreído, da *a.* unbelieving, incredulous. *2 m.-f.* unbeliever.

describir *t.* to describe.

descripción *f.* description.

descuajar *t.* to liquefy. *2* AGR. to eradicate.

descuartizar *t.* to quarter, tear or cut into pieces.

descubierto, ta *irr. p. p.* of DESCUBRIR. *2 a.* patent, manifest. *3* bareheaded, uncovered. *4 m.* deficit, overdraft: ***en*** ~, overdrawn. *5 adv.* ***al*** ~, in the open, openly. *6* COM. short.

descubridor, ra *m.-f.* discoverer. *2* scout.

descubrimiento *m.* discovery, find, invention. *2* revealing, disclosure.

descubrir *t.* to discover, disclose, reveal. *2* to make known. *3* to uncover, lay bare. *4* to discover [find out]. *5 ref.* to take off one's hat.

descuento *m.* discount, rebate.

descuidado, da *a.* careless, negligent. *2* slovenly. *3* unaware.

descuidar *t.* to relieve from care. *2* to divert the attention of. *3 t.-i.-ref.* to neglect, fail to attend, be careless.

descuido *m.* neglect. *2* negligence, carelessness. *3* slovenliness. *4* oversight, inadvertence. *5* slip, error. *6* slight lack of attention.

desde *prep.* from, since: ~ ... ***hasta***, from ... to; ~ ***ahora***, from now on; ~ ***entonces***, since then, ever since. *2 adv.* ~ ***luego***, of course.

desdecir *i.* ~ ***de***, to be unbecoming to. *2 ref.* to retract.

desdén *m.* disdain, scorn.

desdentado, da *a.* toothless.

desdeñar *t.* to disdain, scorn.

desdeñoso, sa *a.* disdainful, contemptuous, scornful.

desdicha *f.* misfortune; unhappiness, misery.

desdichado, da *a.* unfortunate, miserable, unhappy, wretched.

desdoblamiento *m.* unfolding. *2* splitting.

desdoblar *t.* to unfold, spread open.

desdoro *m.* dishono(u)r, blemish.

deseable *a.* desirable.

desear *t.* to desire, wish, want.

desecación *f.* desiccation.

desecar *t.* to desiccate; to dry.

desechar *t.* to cast aside, banish, refuse, decline. *2* to cast off.

desecho *m.* refuse, reject, scrap: ***de*** ~, cast off.

desembalar *t.* to unpack [goods].

desembarazado, da *a.* clear, free, open. *2* easy, unrestrained.

desembarazar *t.* to clear. *2* to empty [a room]. *3 ref.* to get rid [of].
desembarazo *m.* disembarrassment. *2* freedom, ease, naturalness.
desembarcadero *m.* landing-place, wharf, pier.
desembarcar *t.* to disembark, land, go ashore.
desembarco *m.* landing.
desembargar *t.* to free, remove impediments from. *2* LAW to raise an embargo from.
desembocadura *f.* mouth [of a river]. *2* outlet, exit.
desembocar *i.* [of streams] to flow. *2* [of streets, etc.] to end [at], lead into.
desembolsar *t.* to disburse.
desembolso *m.* disbursement, payment; expenditure.
desembragar *t.* to ungear, disengage.
desembuchar *t.* coll. to speak out, to tell all one knows.
desemejante *a.* dissimilar.
desemejanza *f.* dissimilarity, unlikeness, difference.
desempaquetar *t.* to unpack.
desempatar *t.* SPORT to break a tie between.
desempate *m.* breaking the tie between.
desempeñar *t.* to redeem [what is pledged], take out of pawn. *2* to discharge [a duty]. *3* to act, play [a part]. *4 ref.* to get out of debt.
desempeño *m.* redemption of a pledge; taking out of pawn. *2* discharging [of debt].
desempolvar *t.* to dust, free from dust.
desencadenar *t.* to unchain. *2* to free, unleash. *3 ref.* [of passions] to run wild; [of wind] to break loose; [of war] to break out.
desencajar *t.* to disjoint, dislocate; to unhinge. *2 ref.* [of face] to become distorted or twisted.
desencaminar *t.* to mislead.
desencantar *t.* to disenchant. *2* to disillusion.
desencanto *m.* disenchantment, disillusionment, disappointment.
desenchufar *t.* to unplug, disconnect.
desenfadado, da *a.* easy, unconrained.
desenfadar *t.* to appease, calm.
desenfado *m.* ease, freedom, nonchalance, unconcern.
desenfocar *t.* to put out of focus.
desenfrenado, da *a.* unbridled. *2* wild. *3* licentious, wanton.
desenfrenar *t.* to unbridle. *2 ref.* [of passions, etc.] to run wild.
desenfreno *m.* licentiousness.
desenganchar *t.* to unhook, unfasten. *2* to uncouple, unhitch.
desengañar *t.* to undeceive, disabuse. *2* to disappoint.
desengaño *m.* disillusion, disappointment.
desengranar *t.* to throw out of gear, disengage.
desengrasar *t.* to take the grease out of, clean.
desenjaular *t.* to uncage.
desenlace *m.* outcome, issue, end. *2* dénouement [of plot].
desenlazar *t.* to untie. *2* to solve, bring to an issue.
desenmascarar *t.-ref.* to unmask.
desenredar *t.* to disentangle. *2 ref.* to disentangle oneself.
desenredo *m.* disentanglement; dénouement, conclusion.
desenrollar *t.* to unroll, unwind.
desentenderse *ref.* ~ ***de***, to pretend not to understand; to take no part in, cease to be interested in.
desentendido, da *a.* disinterested [in]. *2 n.* ***hacerse el*** ~, to pretend not to notice.
desenterrar *t.* to unearth. *2* to disinter, exhume. *3* to recall [long-forgotten things]. ¶ CONJUG. like ***acertar***.
desentonado, da *a.* out of tune.
desentonar *i.* to be out of tune.
desentrañar *t.* to disembowel. *2* to find out, solve, decipher.
desentrenado, da *a.* SPORT out of training.
desentumecer *t.* to free [a limb] from numbness. *2 ref.* to shake off numbness.
desenvainar *t.* to unsheathe.
desenvoltura *f.* ease in acts or manners. *2* boldness.
desenvolver *t.* to unfold. *2* to develop [a theme, etc.]. *3 ref.* to develop [be developed]. *4* to behave with ease or assurance. ¶ CONJUG. like ***mover***.
desenvuelto, ta *p. p.* of DESENVOLVER. *2* free and easy.
deseo *m.* desire; wish, longing.
deseoso, sa *a.* desirous, eager.
desequilibrado, da *a.-n.* unbalanced; reckless.
desequilibrar *t.* to unbalance. *2 ref.* to become unbalanced.
desequilibrio *m.* lack of balance. *2* ~ ***mental***, mental disorder.
deserción *f.* MIL. desertion.
desertar *t.-i.* MIL. to desert.
desertor *m.* deserter.
desesperación *f.* despair, desperation. *2* anger, fury.

desesperado, da *a.* hopeless, desperate. *2* furious, mad.
desesperanzado, da *a.* discouraged; hopeless; desperate, in dispair.
desesperar *t.* to make despair. *2* to exasperate, drive mad. *3 i.-ref.* to despair; to be exasperated.
desespero *m.* DESESPERACIÓN.
desestimar *t.* to disregard, undervalue. *2* to reject [a petition].
desfachatez *f.* impudence, brazenness, effrontery, cheek.
desfalcar *t.* to embezzle, remove part of.
desfalco *m.* embezzlement.
desfallecer *t.* to weaken, debilitate. *2 i.* to faint, faint away. *3* to lose courage.
desfallecimiento *m.* faintness. languor. *2* fainting fit, swoon.
desfavorable *a.* unfavourable.
desfigurar *t.* to disfigure, change, alter. *2* to disguise. *3* to distort, misrepresent.
desfiladero *m.* defile, gorge, long narrow passage.
desfilar *t.* to march past [in review, etc.]. *2* to file out.
desfile *m.* defiling; marching past, parade, review [of troops].
desfogar *t.-ref.* to give vent [to one's anger or feelings].
desgaire *m.* affected carelessness in dress and deportment.
desgajar *t.* to tear off [a branch of a tree].
desgana *f.* lack of appetite. *2* indifference: ***a*** ~, reluctantly.
desgañitarse *ref.* to shout oneself hoarse.
desgarbado, da *a.* ungainly, ungraceful, clumsy.
desgarrado, da *a.* torn, ripped. *2* brazen, shameless.
desgarrador, ra *a.* rending. *2* heartrending.
desgarrar *t.* to tear, rend. *2 ref.* to tear oneself away.
desgastar *t.* to wear away, waste. *2 ref.* to wear oneself out.
desgaste *m.* waste, wear and tear.
desglosar *t.* to separate. *2* to detach [a part of a book].
desgracia *f.* misfortune: ***por*** ~, unfortunately. *2* bad luck, mischance. *3* disfavour. *4* gracelessness. *5* accident.
desgraciado, da *a.* unfortunate, unhappy, unlucky. *2 m.-f.* wretch, unfortunate.
desgraciar *t.* to spoil to cripple. *2 ref.* to spoil [be spoiled]. *3* to be crippled.
desgranar *t.* to thresh [grain]; to shell [peas, beans, etc.].
desgreñado, da *a.* dishevelled.
deshabitado, da *a.* uninhabited, deserted. *2* untenanted; empty.
deshacer *t.* to undo, unmake. *2* to loosen [a knot]. *3* to destroy. *4* to upset [plans]. *5* to melt. *6 ref.* to come undone. *7* to be destroyed. *8* to melt, dissolve. *9* ***deshacerse de***, to get rid of.
desharrapado, da *a.* ragged, in tatters; shabby.
deshecho, cha *a.* undone, destroyed, melted, dissolved. *2 fig.* broken, exhausted.
deshelar *t.-ref.* to thaw, melt. ¶ CONJUG. like ***acertar.***
desheredar *t.* to disinherit.
deshidratar *t.* to dehydrate.
deshielo *m.* thaw, thawing.
deshilar *t.* to ravel out: to fray.
deshilvanado, da *a.* disconnected, incoherent [speech, etc.].
deshinchar *t.* to deflate [a balloon, etc.]. *2* to appease [anger]. *3 ref.* to become deflated. *4* to unpuff.
deshojar *t.* to strip [a tree] of its leaves. *2 ref.* to defoliate, lose its leaves.
deshollinador *m.* chimney-sweep.
deshollinar *t.* to sweep.
deshonesto, ta *a.* immodest, indecent, lewd, immoral.
deshonor . dishonour, disgrace.
deshonra *f.* dishonour, disgrace, shame. *2* seduction or violation [of a woman].
deshonrar *t.* to dishonour, disgrace. *2* to insult, defame. *3* to violate or seduce [a woman].
deshonroso, sa *a.* dishonourable.
deshora *f.* inopportune time: ***a*** ~, inopportunely.
deshuesar *t.* to bone [meat]. *2* to stone [fruits].
deshumanizar *t.* to dehumanize.
desidia *f.* carelessness, negligence, indolence, idleness.
desierto, ta *a.* deserted, uninhabited; alone, lonely. *2 m.* desert, wilderness.
designación *f.* designation, appointment.
designar *t.* to design, purpose. *2* to designate, appoint.
designio *m.* design, purpose, intention, plan.
desigual *a.* unequal, unlike. *2* uneven; irregular. *3* changeable.
desigualdad *f.* inequality, difference. *2* unevenness. *3* changeableness.
desilusión *f.* disillusion(ment), disappointment.
desilusionar *t.* disillusion, disappoint.
desinfectante *a.-m.* disinfectant.
desinfectar *t.* to disinfect.

desinflar *t.* to deflate.
desintegrar *t.* to disintegrate.
desinterés *m.* disinterestedness, indifference. *2* uniselfishness. *3* impartiality.
desinteresado, da *a.* disinterested, indifferent. *2* unselfish; fair, impartial.
desinteresarse *ref.* to lose interest.
desistir *i.* to desist; to stop, give up. *2* LAW to waive [a right].
desleal *a.* disloyal, faithless.
deslealtad *f.* disloyalty, treachery.
desleír *t.* to dissolve. *2* to dilute. ¶ CONJUG. like ***reír.***
deslenguado, da *a.* insolent, foul-mouthed.
desliar *t.* to untie, undo.
desligar *t.* to untie, unbind. *2* to absolve, free.
deslindar *t.* to mark off, set the boundaries of. *2* to delimit.
deslinde *m.* demarcation, delimitation.
desliz *m.* sliding, slipping. *2 fig.* slip, blunder, false step.
deslizamiento *m.* sliding, slipping. *2* glide.
deslizante *a.* gliding.
deslizar *i.-ref.* to slide, glide, slip. *2 t.* to slip, glide.
deslucido, da *a.* tarnished, spoilt. *2* dull, flat; dingy, shabby.
deslucir *t.* to tarnish, mar, spoil. *2 ref.* to become tarnished.
deslumbramiento *m.* dazzle, glare.
deslumbrante *a.* dazzling, glaring.
deslumbrar *t.* to dazzle, daze.
desmán *m.* excess, outrage.
desmanarse *ref.* to stray.
desmandar *t.* to repeal an order. *2 ref.* to be insolent. *3* to lose moderation. *4* to stray.
desmantelar *t.* to dismantle. *2* NAUT. to unmast.
desmañado, da *a.* clumsy, awkward, unskillful.
desmayado, da *a.* faint, languid. *2* discouraged. *3* pale; wan.
desmayar *t.* to dismay, discourage. *2 i.* to lose courage. *3 ref.* to faint, swoon.
desmayo *m.* languor, weakness. *2* discouragement. *3* swoon, fainting fit. *4* weeping, willow.
desmedido, da *a.* excessive, disproportionate.
desmedirse *ref.* to forget oneself, go too far. ¶ CONJUG. like ***servir.***
desmejora *f.*, **desmejoramiento** *m.* impairment, loss of health.
desmejorar *t.* to impair, make worse. *2 i.-ref.* to lose beauty. *3* to decline; to grow worse.
desmembrar *t.* to dismember. *2* to divide. ¶ CONJUG. like ***acertar.***
desmemoriado, da *a.* forgetful.
desmentir *t.* to give the lie to. *2* to contradict, deny. ¶ CONJUG. like ***hervir.***
desmenuzar *t.* to crumble, break into small pieces, fritter. *2* to scrutinize.
desmerecer *t.* to be or become unworthy of. *2 i.* to lose worth. *3* ~ ***de***, to be inferior to. ¶ CONJUG. like ***agradecer.***
desmesurado, da *a.* excessive, disproportionate.
desmirriado, da *a.* lean, emaciated.
desmontar *t.* to clear [a wood]. *2* to level [ground]. *3* to dismount, take apart. *4* to unhorse. *5 i.* to dismount, alight.
desmoralización *f.* demoralization.
desmoralizador, ra *a.* demoralizing. *2 m.-f.* demoralizer.
desmoralizar *t.* to demoralize. *2 ref.* to become demoralized. *3* MIL. to lose the morale.
desmoronamiento *m.* crumbling, disintegration.
desmoronar *t.* to crumble. *2 ref.* to crumble down, fall gradually to pieces.
desnaturalizado, da *a.* denaturalized. *2* denatured. *3* unnatural [parent, child, etc.].
desnaturalizar *t.* to denaturalize.
desnivel *m.* unevenness; slope.
desnivelado, da *a.* uneven.
desnivelar *t.* to make uneven. *2 ref.* to become uneven.
desnucar *t.-ref.* to break or dislocate the [one's] neck.
desnudar *t.-ref.* to undress, strip. *2 t.* to uncover, strip.
desnudez *f.* nudity, nakedness.
desnudo, da *a.* naked, nude. *2* bare, uncovered.
desnutrición *f.* malnutrition, undernourishment.
desobedecer *t.* to disobey. ¶ CONJUG. like ***agradecer.***
desobediencia *f.* disobedience.
desobediente *a.* disobedient.
desobstruir *t.* to clear, remove obstructions from. ¶ CONJUG. like ***huir.***
desocupación *f.* leisure. *2* unemployment.
desocupado, da *a.* free, vacant. *2* idle. *3* unemployed.
desocupar *t.* to vacate, leave, empty; to evacuate. *2 ref.* to disengage oneself.
desodorante *a.-m.* deodorant.
desoír *t.* not to hear, refuse; to turn a deaf ear to.
desolación *f.* desolation; ruin. *2* anguish, affliction, grief.

desolar *t.* to desolate, lay waste. *2 ref.* to be in anguish; to grieve. ¶ CONJUG. like ***contar.***
desollar *t.* to skin, flay. *2* to injure [a person]. ¶ CONJUG. like ***contar.***
desorden *m.* disorder, confusion. *2* disturbance, riot. *3* licence.
desordenado, da *a.* disorderly. *2* disarranged. *3* slovenly. *4* immoderate. *5* licentious [life].
desordenar *t.* to disorder, disturb, disarrange, upset.
desorganización *f.* disorganization.
desorganizar *t.* to disorganize. *2 ref.* to become disorganized.
desorientación *f.* disorientation, loss of one's bearings. *2* confusion, perplexity.
desorientar *t.* to disorientate. *2 ref.* to lose one's bearings.
despabilado, da *a.* wakeful, smart, lively, alert.
despabilar *t.* to trim or snuff [a candle]. *2* to smarten, enliven. *3* coll. to kill. *4 ref.* to wake up. *5* to become alert.
despacio *adv.* slowly, little by little. *2 interj.* easy there!
despacito *adv.* slowly, gently.
despachar *t.* to dispatch [get promptly done; to send off; to kill]. *2* to attend to [correspondence]. *3* to settle business; to sell [goods]. *4* to dismiss, discharge. *5 i.-ref.* to hasten, be quick.
despacho *m.* dispatch, promptness. *2* attending [to correspondence]; settling [of business]. *3* sale [of goods]. *4* dismissal. *5* shipment. *6* office: ~ ***de localidades***, box-office. *7* study. *8* dispatch [message]. *9* title, warrant, commission.
despachurrar *t.* to crush, squash.
despampanante *a.* astounding.
desparpajo *m.* ease, freedom of manners. *2* freshness, pertness.
desparramar *t.-ref.* to spread, scatter, spill. *2 t.* to squander, dissipate.
despavorido, da *a.* terrified.
despectivo, va *a.* contemptuous. *2* GRAM. pejorative.
despechar *t.* to irritate, enrage.
despecho *m.* spite, grudge. *2* ***a*** ~ ***de***, in spite of, despite.
despedazar *t.* to tear or cut into pieces. *2* to break [one's heart].
despedida *f.* farewell, leave, parting. *2* dismissal.
despedir *t.* to throw. *2* to emit, send forth, eject, dart; to discharge. *3* to dismiss. *4* to say good-bye to. *5 ref.* to part; to say good bye: ***despedirse de***, to take one's leave. *6* to leave [a post]. ¶ CONJUG. like ***servir.***
despegado, da *a.* detached, unglued. *2* cool, indifferent.
despegar *t.* to detach, unglue. *2 i.* AER. to take off.
despego *m.* coolness, indifference.
despegue *m.* AER. take-off.
despeinado, da *a.* dishevelled, unkempt.
despeinar *t.-ref.* to dishevel, disarrange, ruffle the hair of.
despejado, da *a.* assured, self-confident. *2* [of intelligence] bright. *3* [of the sky] cloudless.
despejar *t.* to clear, free. *2 ref.* [of weather, etc.] to clear up.
despensa *f.* pantry, larder, store-room. *2* store of provisions.
despeñadero *m.* precipice.
despeñar *t.* to precipitate, fling down a precipice. *2 ref.* to throw oneself headlong [into].
desperdiciar *t.* to waste, squander.
desperdicio *m.* waste. *2* (spec. *pl.*) leavings, refuse.
desperdigar *t.-ref.* to scatter, disperse.
desperezarse *ref.* to stretch oneself.
desperfecto *m.* slight damage. *2* flaw, defect.
despertador *m.* alarm-clock.
despertar *t.* to wake, awaken. *2* to excite [appetite]. *3 i.-ref.* to wake up, awake. ¶ CONJUG. like ***acertar.***
despiadado, da *a.* pitiless, ruthless, unmerciful.
despido *m.* farewell; leave-taking. *2* dismissal, discharge.
despierto, ta *a.* awake. *2* lively, smart.
despilfarrador, ra *a.* squanderer, prodigal, extravagant, wasteful.
despilfarrar *t.* to waste, squander, spend lavishly.
despilfarro *m.* waste, extravagance, lavishness.
despistar *t.* to throw off the scent. *2 ref.* to lose the scent. *3* to swerve. *4* coll. to get lost.
despiste *m.* swerve [of car].
desplante *m.* arrogance, impudent remark or act.
desplazamiento *m.* displacement.
desplegar *t.* to unfold, spread. *2* to unfurl. *3* to explain. *4* to display [activity]. *5* MIL. to deploy: ***con banderas desplegadas***, with banners flying.
despliegue *m.* unfolding; displaying. *2* MIL. deployment.
desplomarse *ref.* to get out of plumb. *2* [of a wall] to tumble down. *3* [of a pers.] to collapse.

desplome *m.* getting out of plumb. *2* tumbling down. *3* colapse, fall.
desplumar *t.* to pluck. *2* to despoil.
despoblación *f.* depopulation.
despoblar *t.* to depopulate. *2 ref.* to become depopulated, deserted. ¶ CONJUG. like ***acertar.***
despojar *t.* to despoil, deprive; to strip; to plunder. *2* LAW to dispossess. *3 ref.* ***despojarse de***, to take off [a garment].
despojo *m.* despoilment, despoliation; stripping, plundering; dispossession. *2* spoils, booty. *3 pl.* leavings, scraps. *4* mortal remains.
desposado, da *a.* newly married. *2* handcuffed. *3 m.-f.* newly-wed.
desposar *t.* to marry. *2 ref.* to get married. *3* to be betrothed.
desposeer *t.-ref.* to disposses.
desposorios *m. pl.* nuptials, marriage. *2* betrothal.
déspota *m.* despot, tyrant.
despotricar *i.* to rave.
despreciable *a.* despicable, contemptible, wirthless.
despreciar *t.* to despise, scorn, slight. *2* to lay aside, reject.
desprecio *m.* contempt, scorn.
desprender *t.* to detach, unfasten. *2 ref.* to withdraw from, renounce. *3* to come away from, fall down. *4* to follow, be inferred.
desprendimiento *m.* detaching. *2* emission [of light, heat, etc.]. *3* generosity, disinterestedness. *4* indifference. *5* landslide.
despreocupación *f.* freedom from bias. *2* unconventionality. *3* open-mindedness.
despreocupado, da *a.* unprejudiced. *2* unconcerned. *3* unconventional. *4* broad-minded.
despreocuparse *ref.* not to care or worry anymore about.
desprestigiar *t.* to discredit. *2 ref.* to lose one's prestige.
desprestigio *m.* discredit, loss of prestige.
desprevenido, da *a.* unprovided, unprepared.
desproporción *f.* disproportion.
desproporcionado, da *a.* disproportionate.
despropósito *m.* absurdity, nonsense.
desprovisto, ta *a.* unprovided. *2* deprived [of].
después *adv.* after, afterwards, later; next. *2* ~ ***de***, after, next to; ~ ***de todo***, after all.
despuntar *t.* to blunt. *2 i.* to be witty, clever. *3* ~ ***el día***, to dawn. *4* to sprout, bud.
desquiciar *t.* to unhinge. *2* to disjoint, upset, unsettle. *3 ref.* to become unhinged, etc.
desquitar *t.* to compensate [someone] for loss, etc. *2 ref.* to retrieve a loss. *3* to take revenge, get even.
desquite *m.* recovery [of a loss], compensation. *2* revenge, requital, retalliation; getting even.
destacado, da *a.* outstanding.
destacamento *m.* detachment [of troops].
destacar *t.* to detach [troops]. *2 t.-ref.* to stand out; ***hacer*** ~, to make stand out.
destajo *m.* piece-work: ***a*** ~, by the job; *fig.* eagerly.
destapar *t.* to uncover, uncork. *2* to take off the cover or lid of.
destartalado, da *a.* tumbledown, ramshackle. *2* poorly furnished.
destellar *t.* to sparkle, gleam.
destello *m.* sparkle. *2* gleam, flash; beam [of light].
destemplado, da *a.* MUS. out of tune. *2* PAINT. inharmonious. *3* intemperate. *4* ***sentirse*** ~, not to feel well.
destemplanza *f.* intemperance, unsteadiness [of weather]. *2* MED. malaise. *3* rudeness.
destemplar *t.* to disturb the harmony of. *2* MUS. to put out of tune. *3 ref.* MED. to feel a malaise. *4* to lose moderation.
desteñir *t.* to undye; to fade. *2 ref.* to lose the dye; to fade. ¶ CONJUG. like ***teñir.***
desternillarse *ref.* ~ ***de risa***, coll. to shake with laughter.
desterrado, da *a.* exiled, banished. *2 m.-f.* exile, outcast.
desterrar *t.* to exile, banish. ¶ CONJUG. like ***acertar.***
destetar *t.* to wean.
destiempo (a) *adv.* inopportunely, untimely.
destierro *m.* banishment, exile.
destilación *f.* distillation.
destilar *t.* to distil. *2* to filter.
destilería *f.* distillery.
destinar *t.* to destine. *2* to assign, appoint [to a post]. *3* to allot.
destinatario, a *m.-f.* adressee. *2* consignee.
destino *m.* destiny, fate. *2* destination: ***con*** ~ ***a***, bound for, going to. *3* employment, post.
destitución *f.* dismissal. *2* destitution.
destituir *t.* to dismiss. *2* to destitute. ¶ CONJUG. like ***huir.***
destornillador *m.* screwdriver.
destornillar *t.* to unscrew. *2 ref.* to go crazy.
destreza *f.* skill, dexterity.
destripar *t.* to gut. *2* to crush.
destronar *t.* to dethrone.

destrozar *t.* to break in pieces, shatter, rend, destroy.
destrozo *m.* breakage; destruction, havoc.
destrucción *f.* destruction, ruin.
destructor, ra *a.* destructive. *2 m.-f.* destroyer.
destruir *t.* to destroy. *2* to bring to ruin. *3* to waste. ¶ CONJUG. like ***huir.***
desuello *m.* skinning, flaying. *2* effrontery.
desunión *f.* disunion, discord.
desunir *t.* to divide, separate.
desusado, da *a.* out of date, obsolete. *2* unusual, unaccustomed.
desuso *m.* disuse, obsoleteness: ***caer en ~***, to become obsolete.
desvaído, da *a.* pale, dull [colour]. *2* lank, ungainly.
desvainar *t.* to shell [peas, etc.].
desvalido, da *a.* helpless, unprotected, destitute.
desvalijar *t.* to rob, hold up.
desvalorización *f.* devaluation.
desvalorizar *t.* to devalue.
desván *m.* garret, loft, attic.
desvanecer *t.* to dissolve. *2* to dispel [clouds, etc.]. *3* to efface [a recollection]. *4 t.-ref.* to swell [with pride]. *5 ref.* to melt, vanish, evaporate. *6* to faint, swoon. *7* RADIO to fade. ¶ CONJUG. like ***agradecer.***
desvanecido, da *a.* faint, dizzy. *2* proud, haughty.
desvanecimiento *m.* dizziness, faintness. *2* pride, haughtiness.
desvariar *i.* to be delirious, rave, rant; to talk nonsense.
desvarío *m.* delirium, raving. *2* madness. *3* caprice, whim.
desvelado, da *a.* wakeful, sleepless. *2* careful.
desvelar *t.* to keep awake, make sleepless. *2 ref.* to be unable to sleep. *3* to take great pains.
desvelo *m.* sleeplessness, wakefulness. *2* care, solicitude.
desvencijado, da *a.* rickety, loose.
desventaja *f.* disadvantage; drawback.
desventajoso, sa *a.* disadvantageous.
desventura *f.* misfortune, misery.
desventurado, da *a.* unfortunate, wretched. *2* timid, spiritless.
desvergonzado, da *a.* shameless; impudent.
desvergüenza *f.* shamelessness. *2* impudence, insolence.
desvestir *t.-ref.* to undress.
desviación *f.* deviation, deflection. *2* turning aside, swerving.
desviar *t.* to deviate, deflect. *2* to turn aside, swerve. *3* RLY. to switch. *4 ref.* to deviate, be deflected, turn aside, swerve.
desvío *m.* deviation, deflection. *2* RLY. side-track, siding.
desvirtuar *t.* to impair, disminish the value or quality of.
desvivirse *ref.* ~ ***por***, to do one's utmost for; to long for.
detall *m.* retail: ***al ~***, at retail.
detallar *t.* to detail, work in detail. *2* to retail, sell at retail.
detalle *m.* detail, particular.
detectar *t.* RADIO to detect.
detective *m.* detective.
detención *f.* detention. *2* halt, stop, delay. *3* detention, arrest.
detener *t.* to detain, stop; to check, hold [back], keep. *2* to arrest, capture. *3 ref.* to stop, halt. *4* to delay. ¶ CONJUG. like ***tener.***
detenido, da *a.* careful. *2* under arrest. *3 m.-f.* LAW prisoner.
detenimiento *m.* care, thoroughness. *2* detention; delay.
detergente *a.-n.* detergent.
deteriorar *t.* to impair, damage, spoil, deteriorate.
deterioro *m.* deterioration. *2* injury, damage.
determinación *f.* determination. *2* decision. *3* firmness.
determinado, da *a.* determinate. *2* fixed, appointed. *3* GRAM. definite [article].
determinar *t.* to determine. *2* to fix, appoint [time, place]. *3* to resolve, decide.
detestable *a.* detestable, hateful.
detestar *t.* to detest, hate, abhor.
detonación *f.* detonation, report.
detracción *f.* detraction.
detractar *t.* to detract, defame, slander.
detrás *adv.* behind, back, in the rear. *2* ***~ de***, behind, after; ***ir ~ de***, to go after. *3* ***por ~***, from behind.
detrimento *m.* detriment, damage.
deuda *f.* debt; indebtedness.
deudo, da *m.-f.* relative.
deudor, ra *m.-f.* debtor.
devaluación *f.* devaluation.
devanar *t.* to wind, reel, spool. *2 ref.* ***devanarse los sesos***, to rack one's brains.
devaneo *m.* delirium, nonsense. *2* dissipation. *3* flirtation.
devastación *f.* devastation, destruction, waste.
devastar *t.* to devastate, lay waste, ruin.
devengar *t.* to earn [wages]; to draw [interest].

devenir *i.* to happen. *2* PHIL. to become. ¶ CONJUG. like ***venir.***
devoción *f.* plety, devoutness. *2* strong attachment. *3 pl.* devotions, prayers.
devocionario *m.* prayer-book.
devolución *f.* return, restitution.
devolver *t.* to give back, pay back, return. *2* coll. to vomit.
devorador, ra *a.* devouring; ravenous. *2 m.* devourer.
devorar *t.* to devour.
devoto, ta *a.* devout, pious. *2* devoted [to a person].
día *m.* day: ***días alternos***, every other day; ~ ***de año nuevo***, New Year's Day; ~ ***de asueto***, day off; ~ ***de fiesta***, holiday; ~ ***laborable***, workday; ***quince días***, a fortnight; ***al*** ~, a day, per day; up-to-date; ***hoy*** ~, today, now, nowadays; ***¡buenos días!***, good morning! *2* daylight, daytime.
diablo *m.* devil, demon, fiend; wicked person: ***¡diablos!***, the devil! *2* badtempered, reckless, mischievous person. *3* ***pobre*** ~, poor devil.
diablura *f.* devilry.
diabólico, ca *a.* diabolic(al, devilish.
diácono *m.* deacon.
diadema *f.* diadem, crown.
diáfano, na *a.* transparent, clear.
diagnosticar *t.* to diagnose.
diagnóstico, ca *a.* diagnostic. *2 m.* diagnosis.
diagonal *a.-f.* diagonal.
diagrama *m.* diagram.
dialecto *m.* dialect.
dialogar *i.-t.* to dialogue.
diálogo *m.* dialogue.
diamante *m.* diamond.
diámetro *m.* diameter.
diana *f.* MIL reveille. *2* bull's eye [of a target].
diantre *m.* devil. *2 interj.* the deuce!
diapasón *m.* MUS. diapason. *2* MUS. tuning-fork.
diapositiva *f.* PHOT. diapositive; lantern slide.
diariamente *adv.* daily, every day.
diario, ria *a.* daily: ***a*** ~, daily, every day. *2 m.* daily newspaper. *3* diary, journal. *4* BOOKKEEP. day-book.
diarrea *f.* MED. diarrhœa, diarrhea.
dibujante *m.-f.* draftsman. *2* sketcher, designer.
dibujar *t.* to draw , make a drawing of; to sketch, design. *2 ref.* to appear, show; to be outlined.
dibujo *m.* drawing, sketch, portrayal: ~ ***animado***, animated cartoon. *2* description.
dicción *f.* word. *2* diction, speech.
diccionario *m.* dictionary.
diciembre *m.* December.
dictado *m.* dictation: ***escribir al*** ~, to take dictation.
dictador *m.* dictator.
dictadura *f.* dictatorship.
dictamen *m.* opinion, judgement. *2* expert' s report.
dictaminar *i.* to give an opinion [on]. *2* [of an expert] to report.
dictar *t.* to dictate [a letter, terms, etc.]. *2* to inspire, suggest. *3* to give [laws, etc.].
dicha *f.* happiness. *2* fortune, good luck.
dicho, cha *p. p.* of DECIR: ~ ***y hecho***, no sooner said than done. *2 a.* said, mentioned. *3 m.* saying, proverb, sentence.
dichoso, sa *a.* happy, lucky. *2* coll. blessed.
diecinueve *a.-m.* nineteen. *2 m.* nineteenth.
dieciocho *a.-m.* eighteen. *2 m.* eighteenth.
dieciséis *a.-m.* sixteen. *2 m.* sixteenth.
diecisiete *a.-m.* seventeen. *2 m.* seventeenth.
diente *m.* ANAT., ZOOL. tooth: ~ ***canino***, eye-tooth; ***apretar los dientes***, to set one's teeth: ***hablar entre dientes***, to mutter, mumble; ***hincar el*** ~ ***en***, to backbite, slander; to attack [a task, etc.]. *2* fang [of serpent]. *3* tooth [of a comb, saw, etc.]; cog. *4* clove [of garlic].
diestra *f.* right side or hand.
diestro, tra *a.* right, right-hand. *2* dexterous, skilful. *3 f.* right, right hand. *4 m.* bullfighter. *5* bridle.
dieta *f.* diet. *2* assembly. *3* allowance. *4* doctor's fees.
dietario *m.* family account book. *2* chronicler's record book.
diez *a.-m.* ten. *2 m.* tenth.
diezmar *t.* to decimate.
diezmo *m.* tithe.
difamación *f.* defamation, slander.
difamar *t.* to defame, libel, slander.
diferencia *f.* difference: ***a*** ~ ***de***, unlike.
diferenciar *t.* to differentiate. *2 ref.* to differ [be different]. *3* to make oneself noticeable.
diferente *a.* different.
diferir *t.* to defer, delay, postpone, put off. *2 i.* to differ. ¶ CONJUG. like ***hervir.***
difícil *a.* difficult, hard: ~ ***de creer***, hard to believe. *2* improbable.
difícilmente *adv.* with difficulty, hardly.
dificultad *f.* difficulty. *2* objection.

dificultoso, sa *a.* difficult, hard.
difundir *t.-ref.* to diffuse, spread out. *2* RADIO to broadcast.
difunto, ta *a.* deceased, defunt. *2 m.-f.* deceased, dead.
difusión *f.* diffusion. *2* diffuseness. *3* RADIO broadcasting.
difuso, sa *a.* diffuse. *2* broad, widespread.
digerir *t.* to digest. ¶ CONJUG. like ***hervir.***
digestión *f.* digestion.
dignarse *ref.* to deign, condescend.
dignatario *m.* dignitary.
dignidad *f.* dignity; rank.
dignificar *t.* to dignify.
digno, na *a.* worthy. *2* deserving. *3* suitable. *4* respectable.
dije *m.* trinket, locket; jewel.
dilación *f.* delay, postponement.
dilapidar *t.* to squander.
dilatación *f.* dilatation, expansion. *2* delay. *3* diffuseness.
dilatado, da *a.* vast, extensive, large; numerous.
dilatar *t.-ref.* to dilate, enlarge, widen, expand. *2 t.* to spread out [fame, etc.]. *3* to put off, delay.
dilema *m.* dilemma.
diligencia *f.* diligence, activity, dispatch. *2* errand; steps, action. *3* stage-coach.
diligente *a.* diligent; quick.
dilucidar *t.* to clear up, elucidate.
dilución *f.* dilution.
diluir *t.-ref.* to dilute. ¶ CONJUG. like ***huir.***
diluviar *impers.* to pour with rain.
diluvio *m.* deluge, downpour; flood.
dimanar *i.* ~ ***de***, to spring from, issue from.
dimensión *f.* dimension, bulk.
dimes *m. pl.* ***andar en dimes y diretes***, to argue, quibble.
diminutivo, va *a.-m.* GRAM. diminutive.
diminuto, ta *a.* little, tiny.
dimisión *f.* resignation [of office].
dimitir *t.* to resign, give up.
Dinamarca *f. pr. n.* Denmark.
dinámica *f.* dynamics.
dinámico, ca *a.* dynamic.
dinamismo *m.* dynamism, energy.
dinamita *f.* dynamite.
dinamo *f.* ELEC. dynamo.
dinastía *f.* dynasty.
dineral *m.* large sum of money.
dinero *m.* money, currency, wealth: ~ ***contante,*** ~ ***contante y sonante***, ready money, cash.
dintel *m.* ARCH. lintel, doorhead.
diocesano, na *a.-m.* diocesan.
diócesis *f.* diocese.
Dios *pr. n.* God: ***¡adiós!***, farewell, good-bye; ***a la buena de*** ~, at random, haphazard; ~ ***mediante***, God willing; ***¡~ mío!***, my God!, good Heavens!
diosa *f.* goddess.
diploma *m.* diploma. *2* licence.
diplomacia *f.* diplomacy.
diplomático, ca *a.* diplomatic, tactful. *2 m.-f.* diplomat.
diptongo *m.* diphthong.
diputación *f.* deputation.
diputado *m.* deputy, representative.
dique *m.* dam mole, dike. *2 fig.* barrier. *3* NAUT. dry dock.
dirección *f.* direction: ~ ***única***, one way. *2* direction, management; leadership. *3* office of a director. *4* postal address.
directamente *adv.* directly.
directivo, va *a.* directive, managing. *2 m.* member of a board of directors, *executive.
directo, ta *a.* direct, straight.
director, ra *a.* directing, managing. *2 m.-f.* director, manager. *3* principal, headmaster, headmistress. *4* MUS. conductor.
directorio *m.* directory.
dirigente *a.* heading, governing. *2 m.-f.* director, *executive.
dirigir *t.* to direct. *2* to manage, govern; to lead. *3* MUS. to conduct. *4* to address [a letter, etc.]. *5 ref.* ***dirigirse a***, to make one's way to, make for. *6* to address, speak to. *7* to go to. *8* to apply to.
dirimir *t.* to annul, dissolve. *2* to settle [a quarrel].
discernimiento *m.* discernment, judgement. *2* discrimination.
discernir *t.* to dicern, distinguish. *2* LAW to appoint [a guardian]. ¶ CONJUG. IND. PRES.: ***discierno, disciernes, discierne; disciernen.*** ‖ SUBJ. Pres.: ***discierna, disciernas, discierna; disciernan.*** ‖ IMPER.: ***discierne, discierna; disciernan.*** ‖ All other forms are regular.
disciplina *f.* discipline. *2* teaching, instruction. *3* art, science. *4 pl.* scourge [for flogging].
disciplinado, da *a.* disciplined.
disciplinar *t.* to discipline, train; to drill. *2 ref.* to discipline oneself. *3* to scourge oneself.
discípulo, la *m.-f.* disciple. *2* pupil [of a teacher].
disco *m.* disk. *2* SPORT discus. *3* record [of a record-player].
díscolo, la *a.* ungovernable, unruly, wilful.

disconforme *a.* disagreeing.
disconformidad *f.* disagreement. *2* nonconformity.
discordancia *f.* disagreement.
discordar *i.* to discord [be discordant]. *2* to disagree. ¶ CONJUG. like ***contar.***
discorde *a.* discordant, in disagreement; dissonant.
discordia *f.* discord, disagreement.
discreción *f.* discretion: ***a*** ~, at will.
discrecional *a.* optional: ***parada*** ~, request stop.
discrepancia *f.* discrepancy. *2* dissent, disagreement.
discreto, ta *a.* discreet, prudent. *2* not bad; fairly good.
discriminación *f.* discrimination.
discriminar *t.* to discriminate.
disculpa *f.* excuse, apology.
disculpable *a.* excusable.
disculpar *t.* to excuse. *2 ref.* to excuse oneself, apologize.
discurrir *i.* to go about, roam. *2* [of a river] to flow. *3* [of time] to pass. *4* to reason, meditate; to infer. *5* to invent, contrive.
discurso *m.* discourse. *2* reasoning. *3* talk, speech. *4* course [of time].
discusión *f.* discussion, argument.
discutir *t.-i.* to discuss, argue.
disecar *t.* to dissect. *2* to stuff [dead animals].
disección *f.* dissection, anatomy. *2* taxidermy.
diseminar *t.* to disseminate, scatter spread.
disensión *f.* dissension, dispute.
disentir *i.* to dissent, disagree. ¶ CONJUG. like ***sentir.***
diseñar *t.* to design, draw, sketch, outline.
diseño *m.* design, drawing, sketch, outline.
disertación *f.* dissertation.
disertar *t.* to discourse, discuss.
disforme *a.* misshapen, hideous. *2* monstruous, ugly.
disfraz *m.* disguise, mask; masquerade costume.
disfrazar *t.* to disguise, conceal, mask. *2 ref.* to disguise oneself.
disfrutar *t.* to enjoy, possess, benefit by. *2 i.* to enjoy oneself.
disgregación *f.* separation.
disgregar *t.* to scatter, disperse.
disgustado, da *a.* displeased. *2* sorry.
disgustar *f.* to displease, annoy; to pain, give sorrow. *2 ref.* to be displeased or hurt. *3* to have a difference [with].
disgusto *m.* displeasure, annoyance, trouble, quarrel: ***a*** ~, against one's will.
disidente *a.* dissident. *2 m.-f.* dissenter.
disimular *t.* to dissemble. *2* to disguise, conceal. *3* to overlook.
disimulo *m.* dissimulation.
disipación *f.* dissipation, waste, extravagance. *2* licentiousness.
disipado, da *a.-n.* dissipated, prodigal [person].
disipar *t.* to dissipate, scatter, squander. *2 ref.* to vanish.
dislocación, dislocadura *f.* dislocation.
dislocar *t.* to dislocate, put out of joint. *2 ref.* to become dislocated, get out of joint.
disminución *f.* diminution, decrease.
disminuir *t.-i.-ref.* to diminish, lessen, decrease. *2* to taper. ¶ CONJUG. like ***huir.***
disociación *f.* dissociation.
disociar *t.-ref.* to dissociate, separate.
disolución *f.* dissolution, breaking up. *2* lewdness, dissoluteness.
disoluto, ta *a.-n.* dissolute, loose, immoral, dissipate.
disolver *t.-ref.* to dissolve; to melt. ¶ CONJUG. like ***mover.***
disonancia *f.* dissonance, discord.
dispar *a.* unlike, different.
disparador *m.* shooter. *2* trigger. *3* release [of camera].
disparar *t.* to discharge, fire, let off: ~ ***un tiro***, to fire a shot. *2* to hurl, throw. *3 ref.* to dash off; to bolt. *4* [of a gun, etc.] to go off.
disparatado, da *a.* absurd, foolish.
disparatar *t.* to talk nonsense.
disparate *m.* absurdity, nonsense; crazy idea. *4* blunder, mistake.
disparo *m.* shot, discharge. *2* MACH. release, trip, start.
dispendio *m.* excessive expenditure.
dispensa *f.* dispensation, exemption.
dispensar *t.* to dispense, give, grant. *2* to exempt. *3* to excuse, pardon.
dispensario *m.* dispensary.
dispersar *t.* to disperse, scatter.
dispersión *f.* dispersion, dispersal.
disperso, sa *a.* dispersed, scattered.
displicencia *f.* coolness, indifference, disdain.
displicente *a.* cool, disdainful.
disponer *t.* to dispose, arrange. *2* to prepare, get ready. *3* to order, decree. *4 i.* ~ ***de***, to have. *5 ref.* to get ready [for].
disponibilidades *f. pl.* resources, money on hand.
disponible *a.* ready, available. *2* spare. *3* on hand.

disposición *f.* disposition. *2* disposal. *3* state of health. *4* gift, natural aptitude. *5* order, command. *6 pl.* steps, measures.
dispositivo, va *a.* preceptive. *2 m.* MACH. device, contrivance.
dispuesto, ta *p. p.* of DISPONER. *2 a.* disposed: ***bien*** ~, favourably disposed. *3* prepared, ready. *4* comely. *5* able, clever.
disputa *f.* dispute; quarrel.
disputar *t.* to dispute, contest. *2 i.* to argue, dispute.
distancia *f.* distance. *2* interval.
distanciar *t.* to distance. *2* to separate. *3 ref.* to become distant.
distante *a.* distant, far, remote.
distar *i.* ~ ***de***, to be [at many miles, etc.] distant from; ~ ***mucho de***, to be far from.
distinción *f.* distinction, privilege; rank. *2* clarity.
distinguido, da *a.* distinguished.
distinguir *t.* to distinguish. *2* to discriminate. *3 ref.* to be distinguished; to excel; to differ.
distintivo, va *a.* distinctive. *2 m.* mark; badge, sign.
distinto, ta *a.* distinct. *2* different.
distracción *f.* distraction, diversion, amusement. *2* absent-mindedness. *3* oversight. *4* ~ ***de fondos***, embezzlement.
distraer *t.* to amuse, entertain. *2* to distract [the attention, etc.]. *3* to lead astray. *4* ~ ***fondos***, to embezzle. *5 ref.* to amuse oneself. *6* to be inattentive.
distraído, da *a.* absent-minded, inattentive.
distribución *f.* distribution. *2* arrangement.
distribuir *t.* to distribute ¶ CONJUG. like ***huir***.
distrito *m.* district; region.
disturbio *m.* disturbance, riot.
disuadir *t.* to dissuade, deter.
disuelto, ta *p. p.* of DISOLVER.
diurno, na *a.* daily, diurnal.
divagación *f.* digression.
divagar *i.* to ramble, digress.
diván *m.* divan.
divergencia *f.* divergence.
diversidad *f.* diversity. *2* variety.
diversión *f.* diversion, amusement, entertainment.
diverso, sa *a.* diverse, different, various. *2 pl.* several, many.
divertido, da *a.* amusing, funny.
divertimiento *m.* diversion, amusement.
divertir *t.* to amuse, entertain. *2* to divert, turn away. *3 ref.* to enjoy, amuse oneself, have a good time. ¶ CONJUG. like ***hervir***.
dividir *t.* to divide, split, separate.
divieso *m.* boil.
divinidad *f.* divinity, godhead. *2* very beautiful person or thing.
divinizar *t.* to deify.
divino, na *a.* divine, heavenly.
divisa *f.* badge, emblem. *2* AER. device. *3* foreign currency.
divisar *t.* to descry, sight, perceive, make out.
división *f.* division.
divo, va *m.* great singer [man]. *2 f.* prima donna.
divorciar *t.-ref.* to divorce, separate.
divorcio *m.* divorce, separation.
divulgación *f.* divulgation. *2* popularization [of knowledge].
divulgar *t.* to divulge, spread. *2* to popularize [knowledge]. *3 ref.* to be spread about.
dobladillo *m.* SEW. hem; trouser turn-up.
doblar *t.* to double. *2* to fold. *3* to bend, bow [one's head]. *4* to turn [a page; a corner]. *5 i.* to toll, knell. *6 ref.* to double [up]. *7* to stoop, bend [down], give in.
doble *a.* double, twofold. *2* thick, heavy [cloth, etc.]. *3* thick-set, sturdy. *4* two-faced, deceitful. *5 adv.* doubly. *6 m.* fold, crease. *7* toll, knell.
doblegar *t.* to bend, curve, fold. *2* to force to yield, subdue. *3 ref.* to yield, submit. *4* to bend over, stoop.
doblez *m.* fold, crease, ply. *2 f.* duplicity, deceitfulness.
doce *a.-m.* twelve. *2 m.* twelfth.
docena *f.* dozen.
docente *a.* educational, teaching.
dócil *a.* docile, obedient. *2* tame.
docto, ta *a.* learned. *2 m.-f.* scholar.
doctor, ra *m.-f.* doctor.
doctorado *m.* doctorate.
doctrina *f.* doctrine. *2* learning, knowledge. *3* catechism.
documentación *f.* documentation.
documento *m.* document.
dogal *m.* halter, hangman's rope, noose.
dogma *m.* dogma.
dogmático, ca *a.* dogmatic(al.
dogo, ga *a.-n.* bulldog.
dólar *m.* dollar [U.S. money].
dolencia *f.* ailment, complaint, disease, illness.
doler *i.* to ache, hurt, pain: ***me duele la cabeza***, my head aches. *2* to hate [to do

something]. *3 ref.* ***dolerse de***, to repent; to feel sorry for; to complain of. ¶ CONJUG. like ***mover.***

dolido, da *a.* hurt, grieved.

doliente *a.* aching, suffering. *2* ill, sick. *3* sorrowful.

dolo *m.* guile, deceit, fraud.

dolor *m.* pain, ache, aching: ~ ***de cabeza***, headache. *2* pain, sorrow, grief.

dolorido, da *a.* sore, aching. *2* sorrowful, grief-stricken.

doloroso, sa *a.* painful, sorrowful; pitiful.

doloso, sa *a.* guileful, deceitful.

doma *f.* taming [of passions]; breaking [of horses].

domador, ra *m.-f.* tamer. *2* horse-breaker.

domar *t.* to tame. *2* to break in [horses, etc.].

domesticar *t.* to tame, domesticate.

doméstico, ca *a.* domestic. *2 m.-f.* house servant.

domiciliar *t.* to house, lodge. *2 ref.* to take up residence, dwell.

domicilio *m.* domicile, home.

dominación *f.* domination.

dominante *a.* domineering. *2* dominant. *3* commanding [height].

dominar *t.* to dominate. *2* to domineer. *3* to rule over. *4* to control. *5* to master [a subject]. *6* to overlook, command [a landscape]. *7* to stand out.

domingo *m.* Sunday: ~ ***de Ramos***, Palm Sunday; ~ ***de Resurrección***, Easter Sunday.

dominio *m.* dominion. *2* domination, control. *3* mastery [of a subject]. *4* domain.

don *m.* gift, present. *2* talent; knack: ~ ***de gentes***, charm. *3* Don, Spanish title prefixed to Christian names of men.

donación *f.* donation, gift, bestowal.

donaire *m.* nimble-wit. *2* sally, lively remark. *3* graceful carriage.

donar *t.* to donate, bestow, grant.

donativo *m.* gift, donation.

doncel *m.* virgin man. *2* king's page.

doncella *f.* virgin, maiden, maid. *2* maidservant.

donde *adv.-pron.* where, wherein, whither, in which: ***a*** ~, ***en*** ~, where; ***de*** ~, from where, whence; ***hasta*** ~, up to where, how far.

dondequiera *adv.* anywhere, wherever.

donoso, sa *a.* nimble-witted, graceful, pleasant.

doña *f.* Spanish title used before the Christian name of a lady.

dorado, da *a.* gilt, golden. *2 m.* gilding.

dorar *t.* to gild. *2* COOK. to brown.

dormilón, na *a.* sleepy. *2 m.-f.* sleepy-head.

dormir *i.* to sleep, rest: ~ ***a pierna suelta***, to be fast asleep. *2 ref.* to go to sleep, fall asleep. ¶ CONJUG. INDIC. Pres.: ***duermo, duermes, duerme;*** dormimos, dormís, ***duermen.*** | Pret.: dormí, dormiste, ***durmió;*** dormimos, dormisteis, ***durmieron.*** ‖ SUBJ. Pres.: ***duerma, duermas, duerma; durmamos, durmáis, duerman.*** | Imperf.: ***durmiera, durmieras,*** etc., or ***durmiese, durmieses,*** etc. | Fut.: ***durmiere, durmieres,*** etc. ‖ IMPER.: ***duerme, duerma; durmamos,*** dormid, ***duerman.*** | GER.: ***durmiendo.***

dormitar *i.* to doze, nap.

dormitorio *m.* bedroom. *2* dormitory.

dorso *m.* back, reverse.

dos *a.-n.* two: ***los*** ~, ***las*** ~, both; ***de*** ~ ***en*** ~, two abreast; by twos. *2* second.

doscientos, tas *a.-m.* two hundred.

dosel *m.* canopy.

dosis *f.* MED. dose. *2* quantity.

dotación *f.* endowment, funds. *2* dowry. *3* NAUT. complement, crew. *4* staff, personnel.

dotado, da *a.* endowed; gifted.

dotar *t.* to endow, dower, bestow.

dote *m.-f.* dowry, dower, marriage portion. *2 f. pl.* endowments, gifts, virtues, talents.

draga *f.* dredger [boat].

dragado *m.* dredging.

dragaminas *m.* NAV. minesweeper.

dragar *t.* to dredge.

dragón *m.* dragon. *2* MIL. dragoon.

drama *m.* drama.

dramático, ca *a.* dramatic. *2 m.-f.* dramatist.

dramaturgo *m.* playwright, dramatist.

drenaje *m.* drainage.

drenar *t.* to drain.

droga *f.* drug. *2* chemical substance. *3* fib, lie.

droguería *f.* drugstore, chemist's shop.

ducado *m.* duchy. *2* dukedom. *3* ducat [coin].

dúctil *a.* ductile.

ducha *f.* douche, shower-bath.

duchar *t.* to douche, give a shower-bath. *2 ref.* to take a shower-bath.

duda *f.* doubt: ***sin*** ~, doubtless.

dudar *i.-t.* to doubt, hesitate.

dudoso, sa *a.* doubtful, dubious.

duelo *m.* duel. *2* grief, sorrow. *3* pity, compassion. *4* mourning. *5* mourners. *6 pl.* hardships, troubles.

duende *m.* goblin, elf; ghost.

dueña *f.* owner, proprietress, landlady, mistress. *2* duenna.
dueño *m.* owner, proprietor, master, landlord.
Duero *m. pr. n.* Douro.
dulce *a.* sweet. *2* saltless, insipid. *3* fresh [water]. *4 adv.* softly. *5 m.* sweetmeat, confection.
dulcería *f.* confectionery shop.
dulzón, na *a.* sickly.
dulzor *m.* sweetness.
dulzura *f.* sweetness. *2* mildness [of temper, of weather]. *3* gentleness, kindliness. *4* pleasantness. *5 pl.* endearments.
duna *f.* sand dune.
dúo *m.* MUS. duet, duo.
duodécimo, ma *a.-m.* twelfth.
duplicado, da *a.-m.* duplicate.
duplicar *t.* to double, duplicate.
duplicidad *f.* duplicity; falseness.
duque *m.* duke.
duquesa *f.* duchess.
duración *f.* duration, endurance.
duradero, ra *a.* durable, lasting.
durante *prep.* during, for.
durar *i.* to endure, last, continue.
durazno *m.* BOT. peach [tree; fruit].
dureza *f.* hardness. *2* harshness, severity. *3* callosity.
durmiente *a.* sleeping, dormant. *2 m.-f.* sleeper [pers.]. *3* cross-beam; *railroad tie.
duro, ra *a.* hard: ~ ***de corazón***, hard-hearted. *2* harsh, severe. *3* obstinate. *4* strong, hardy. *5* stingy. *6 adv.* hard. *7 m.* Spanish coin worth 5 pesetas.

E

e *conj.* and [used for ***y*** before words beginning with ***i*** or ***hi***].
ebanista *m.* cabinet-maker.
ébano *m.* BOT. ebony.
ebrio, ebria *a.* drunk, intoxicated.
ebullición *f.* ebullition, boiling.
eclesiástico, ca *a.* ecclesiastic(al. *2 m.* clergyman.
eclipse *m.* eclipse.
eco *m.* echo: ***tener ~***, *fig.* to spread, be widely accepted.
economía *f.* economy. *2* saving, thrift. *3* sparingness. *4 pl.* savings: ***hacer economías***, to save up.
económico, ca *a.* economic. *2* thrifty, saving. *3* cheap, uncostly.
económicamente *adv.* economically. *2* cheaply.
economizar *t.* to economize; to save, spare.
ecuador *m.* equator.
ecuánime *a.* calm, placid. *2* just, impartial.
ecuestre *a.* equestrian.
echar *t.* to throw, cast. *2* to put in, add. *3* to emit, give off [sparks, etc.]. *4* to dismiss, expel. *5* to grow, sprout [hair, leaves, etc.]. *6* to pour [wine, etc.]. *7* ***~ cuentas***, to reckon; ***~ un trago***, to take a drink; ***~ a un lado***, to push aside; ***~ a perder***, to spoil; ***~ a pique***, to sink; ***~ de menos***, to miss; ***~ una mano***, to lend a hand. *8 i.-ref.* ***~ a correr, a reír***, etc., to begin to run, laugh, etc. *9 ref.* to lie down. *10* to throw oneself into.
edad *f.* age: ***mayor ~***, majority full age; ***menor ~***, minority; ***~ media***, Middle Ages; ***¿qué ~ tiene usted?***, how old are you?
edición *f.* edition. *2* issue [of a newspaper]. *3* publication [of a book].
edicto *m.* edict. *2* placard.
edificación *f.* building, construction. *2* edification.
edificar *t.* to build, construct. *2* to edify, uplift.
edificio *m.* edifice, building.
editar *t.* to publish [a book, a newspaper, etc.]; to issue.
editor *m.* publisher; editor.
editorial *a.* publishing. *2 m.* editorial, leading article. *3 f.* publishing house.
edredón *m.* eider-down. *2* down-quilt.
educación *f.* education. *2* breeding, manners; politeness.
educar *t.* to educate; to train, bring up. *2* give good breeding.
efectivamente *adv.* really. *2* as a matter of fact; indeed.
efectivo, va *a.* effective, real. *2* ***dinero ~***, cash. *3 m.* cash, specie: ***en ~***, in cash. *4* ***hacer ~***, to carry out; to cash.
efecto *m.* effect, result; ***surtir ~***, to come out as expected; ***llevar a ~***, to carry out; ***en ~***, in fact, indeed. *2* purpose, end: ***al ~***, for the purpose. *3* impression: ***hacer ~***, to be impressive. *4* COM. draft, bill, security.
efectuar *t.* to effect, do, carry out. *2 ref.* to take place.
efervescente *a.* effervescent.
eficacia *f.* effectiveness, efficacy.
eficaz *a.* efficient, effective, active, efficacious, effectual.
eficiencia *f.* efficiency.
eficiente *a.* efficient.
efímero, ra *a.* ephemeral, brief.
efluvio *m.* emanation, exhalation, vapors.
efusión *f.* effusion. *2 fig.* warmth. *3* ***~ de sangre***, bloodshed.
efusivo, va *a.* effusive, warm.
Egipto *m. pr. n.* Egypt.
égloga *f.* eclogue.
egoísmo *m.* selfishness.
egoísta *a.* selfish [person].
egolatría *f.* self-worship.
egregio, gia *a.* illustrious, eminent.
eje *m.* axis. *2* axle, shaft, spindle.

ejecución *f.* execution; carrying out. *2* performance, fulfilment.
ejecutar *t.* to execute, carry out, fulfil, perform. *2* to execute [put to death].
ejecutivo, va *a.* executive. *2* prompt, active.
ejemplar *a.* exemplary. *2 m.* pattern, model. *3* copy [of a book, etc.].
ejemplo *m.* example: ***dar*** ~, to set an example. *2* instance: ***por*** ~, for instance.
ejercer *t.* to exercise. *2* to practise [a profession].
ejercicio *m.* exercise, training. *2* MIL. drill. *3* practice [of virtue, etc].
ejercitar *t.* to practice. *2 t.-ref.* to exercise, drill, train oneself.
ejército *m.* army.
el *def. art. masc. sing.* the.
él *pers. pron. masc. sing.* he; him; it [after prep.].
elaborar *t.* to elaborate, manufacture, work.
elasticidad *f.* elasticity.
elástico *a.* elastic; resilient.
elección *f.* election. *2* choice.
electo, ta *a.-n.* elect, chosen.
electricidad *f.* electricity.
eléctrico, ca *a.* electric(al.
electricista *m.* electrician; electrical engineer.
electrizar *t.* to electrify. *2* to thrill, excite.
electrocutar *t.* to electrocute.
electrónico, ca *a.* electronic, electron. *2 f.* electronics.
elefante *m.* elephant.
elegancia *f.* elegance, gracefulness, style.
elegante *a.* elegant, graceful, smart, stylish.
elegido, da *a.* elected, chosen.
elegir *t.* to elect. *2* to choose, select. ¶ CONJUG. like ***servir.***
elemental *a.* elemental, elementary; fundamental.
elemento *m.* element. *2 pl.* elements [atmospheric forces]. *3* means, resources. *4* rudiments.
elevación *f.* elevation, raising, rise. *2* elevation, height.
elevado, da *a.* elevated, raised, lifted; high. *2* sublime, lofty.
elevador, ra *a.* elevating. *2 m.* elevator.
elevar *t.* to elevate, raise, lift. *2* to hoist. *3 ref.* to rise, ascend, soar.
elidir *t.* to weaken. *2* to elide.
eliminación *f.* elimination, removal.
eliminar *t.* to eliminate, remove.
elocución *f.* elocution.
elocuencia *f.* eloquence.
elocuente *a.* eloquent.
elogiar *t.* to praise, eulogize.
elogio *m.* praise, eulogy.
elucidar *t.* to elucidate, illustrate, explain.
eludir *t.* to elude, avoid, dodge.
ella *pron. f. sing.* she; her, it [after prep.].
ello *pron. neuter sing.* it.
ellos, ellas *pron. m. & f. pl.* they; them [after prep.].
emanación *f.* emanation, flow. *2* fumes, vapor, odour.
emanar *i.* to emanate, issue, spring.
emancipación *f.* emancipation.
emancipar *t.* to emancipate. *2 ref.* to free oneself; to become free.
embadurnar *t.* to daub, besmear.
embajada *f.* embassy. *2* message; errand.
embajador *m.* ambassador.
embalaje *m.* packing [of goods]; baling. *2* packing case.
embalar *t.* to pack, bale [goods]. *2 i.* SPORT to sprint.
embaldosar *t.* to pave with tiles.
embalsamar *t.* to embalm [a corpse]. *2* to perfume.
embalsar *t.* to dam up [water].
embarazada *a.-f.* pregnant.
embarazo *m.* obstruction. *2* embarrassment, constraint. *3* pregnancy.
embarazosamente *adv.* embarrassingly.
embarazoso, sa *a.* embarrassing, difficult. *2* cumbersome.
embarcación *f.* NAUT. boat, ship, vessel.
embarcadero *m.* wharf, pier, jetty, quay.
embarcar *t.-i.-ref.* NAUT. to embark. *2 ref.* to embark, go on board.
embargar *t.* to impede, restrain. *2* [of emotions] to overcome. *3* LAW to attach, seize.
embargo *m.* LAW attachment, seizure. *2* embargo. *3* ***sin*** ~, nevertheless, however.
embarnizar *t.* to varnish.
embarque *m.* shipment [of goods].
embarrado, da *a.* smeared. *2* plastered. *3* muddy.
embarrancar *t.-i.* NAUT. to run aground. *2 ref.* to stick in the mud.
embarullar *t.-ref.* to muddle, make a mess of.
embastar *t.* to baste, tack.
embate *m.* dash, buffet, dashing.
embaucador *m.* cheat, impostor.
embaucar *t.* to deceive, humbug, bamboozle.
embaular *t.* to pack in a trunk. *2* to guzzle.
embebecer *t.* to enrapture, absorb, delight. *2 ref.* to become enraptured. ¶ CONJUG. like ***agradecer.***
embebecimiento *m.* rapture, absorption.

embeber *t.* to absorb, imbibe. *2* to soak [in]. *3* to embed, insert. *4 i.* [of cloth] to shrink. *5 ref.* to be fascinated or absorbed.
embelesar *t.* to charm, delight, captivate.
embeleso *m.* charm, delight.
embellecer *t.* to embellish, beautify. ¶ CONJUG. like ***agradecer.***
embestida *f.* assault, attack, onset.
embestir *t.* to assail, attack. *2 i.* ~ ***contra***, to rush against, or upon. ¶ CONJUG. like ***servir.***
emblema *m.* emblem, symbol.
embocadura *f.* mouth [of a river]. *2* entrance [by a narrow passage]. *3* mouthpiece [of a wind instrument]. *4* bit [of a bridle]. *5* taste, flavour [of wine].
émbolo *m.* MECH. piston, plunger. *2* MED. embolus.
embolsar *t.-ref.* to pocket [money].
emborrachar *t.* to intoxicate, make drunk. *2 ref.* to get drunk.
emboscada *f.* ambuscade, ambush.
emboscar *t.* to ambush. *2 ref.* to lie in ambush. *3* to get into a forest.
embotado, da *a.* blunt, dull.
embotamiento *m.* dullness, bluntness.
embotar *t.* to blunt, dull. *2 ref.* to become blunt or dull.
embotellar *t.* to bottle. *2 fig.* to stop, obstruct.
embozado, da *a.* muffled. *2* disguised; masked.
embozo *m.* fold in top part of bedsheet. *2* disguise [of meaning, etc.]: ***sin*** ~, openly, frankly.
embragar *t.* to sling. *2* MEC. to engage the clutch.
embrague *m.* clutch.
embravecer *t.* to irritate, enrage. *2 ref.* to get enraged. *3* [of sea] to swell, surge. ¶ CONJUG. like ***agradecer.***
embriagado, da *a.* intoxicated; drunk.
embriagar *t.* to intoxicate, make drunk. *2 ref.* to get drunk.
embriaguez *f.* intoxication, drunkenness.
embrollar *t.* to entangle, confuse, muddle. *2 ref.* to get confused or muddled.
embrollo *m.* tangle, muddle, mess. *2* lie, deception.
embromar *t.* to play jokes on, banter, chaff. *2* to fool, deceive. *3* (Am.) to annoy, vex.
embrujar *t.* to bewitch, enchant.
embrujamiento, embrujo *m.* bewitchment, charm, enchantment. *2* glamour.
embrutecer *t.* to besot, brutify. *2 ref.* to grow stupid. ¶ CONJUG. like ***agradecer.***
embrutecimiento *m.* sottishness, stupidity.
embuchado *m.* pork sausage. *2* blind, pretext.
embuchar *t.* to stuff, make sausages.
embudo *m.* funnel. *2* trick.
embuste *m.* lie, falsehood; fraud, trinket.
embustero, ra *a.* lying. *2 m.-f.* liar.
embutido *m.* sausage. *2* inlaid work, marquetry.
emergencia *f.* emergence. *2* happening, incident. *3* emergency.
emerger *i.* to emerge, come out.
emigración *f.* emigration.
emigrante *a.-n.* emigrant.
emigrar *i.* to emigrate, migrate.
eminencia *f.* eminence. *2* height.
eminente *a.* eminent, excellent.
emisario *m.* emissary; messenger. *2* spy.
emisión *f.* emission. *2* COM. issue [of shares, etc.]. *3* RADIO broadcast.
emisora *f.* broadcasting station.
emitir *t.* to emit. *2* to issue. *3* RADIO to broadcast.
emoción *f.* emotion, excitement, thrill.
emocionante *a.* moving, touching, thrilling.
emocionar *t.* to move, touch, thrill. *2 ref.* to be moved, etc.
emotivo, va *a.* emotional.
empacar *t.* to pack, bale.
empachar *t.* to impede, embarrass. *2* to surfeit, give indigestion. *3 ref.* to be embarrassed. *4* to have indigestion.
empacho *m.* embarrassment, bashfulness. *2* indigestion, surfeit: ***no tener ~ en***, to have no objection to.
empalagar *t.* to cloy, sicken. *2* to weary, bore.
empalagoso *a.* cloying, oversweet. *2* wearisome, boring.
empalizada *f.* stockade, palisade.
empalmar *t.* to splice, join [two ends]. *2 i.-ref.* to connect, join [of roads, etc.].
empalme *m.* junction; joint, connection, splice.
empanada *f.* pie, meat pie. *2* fraud.
empañado, da *a.* tarnished; blurred, dim.
empañar *t.* to swaddle. *2* to dim, blur, tarnish.
empapar *t.* to soak, drench, saturate.
empapelador *m.* paper-hanger.
empapelar *t.* to wrap up in paper. *2* to paper [a wall].
empaque *m.* packing. *2* stiffness, affected gravity.
empaquetar *t.* to pack. *2* to crowd.
emparedado, da *a.-n.* recluse. *2 m.* sandwich.

emparejar *t.* to pair, match. *2* to level. *3 i.* to come abreast. *4* to equal. *5 ref.* to pair.
emparentado, da *a.* related by marriage.
emparentar *i.* to become related by marriage. ¶ CONJUG. like ***acertar.***
emparrado *m.* vine arbour, bower.
empastar *t.* to paste. *2* to bind [books] in a stiff cover. *3* to fill [a tooth].
empatar *t.-i.-ref.* to tie, equal, draw [in games or voting].
empate *m.* tie, draw [in games or voting].
empecinado, da *a.* (Am.) stubborn.
empedernido, da *a.* hardened. *2* inveterate.
empedernir *t.* to harden. *2 ref.* to become hard-hearted.
empedrado, da *a.* stone-paved. *2 m.* stone pavement.
empedrar *t.* to pave with stones.
empeine *m.* groin [lower part of the abdomen]. *2* instep.
empellón *m.* push, shove: ***a empellones***, by pushing.
empeñado, da *a.* pledged; pawned. *2* eager to. *3* hot, hard [dispute].
empeñar *t.* to pledge; to pawn. *2* to engage, compel. *3 ref.* to get into debt. *4* to bind oneself. *5* ***empeñarse en***, to insist on; to engage in.
empeño *m.* piedge [of one's word]. *2* pawn: ***casa de empeños***, pawnbroker. *3* pledge, obligation. *4* insistence, determination: ***con*** ~, repeatedly; ***tener*** ~ ***en***, to be eager to.
empeorar *t.-i.-ref.* to impair, spoil; worsen; to make or grow worse.
empequeñecer *t.* to diminish, make smaller, belittle. ¶ CONJUG. like ***agradecer.***
emperador *m.* emperor.
emperatriz *f.* empress.
empero *conj.* yet, however.
empezar *t.-i.* to begin: ~ ***a***, to begin to, to start. ¶ CONJUG. like ***acertar.***
empinado, da *a.* high; steep. *2* stiff, stuck-up.
empinar *t.* to raise, lift. *2* ~ ***el codo***, to crook the elbow, drink. *3 ref.* to stand on tiptoe. *4* to rise high.
empingorotado, da *a.* stuck-up, haughty.
empírico, ca *a.* empiric(al. *2 m.-f.* empiricist.
emplazamiento *m.* summons. *2* emplacement.
emplazar *t.* to summon. *2* to locate, place.
empleado, da *m. f.* employee: clerk.
emplear *t.* to employ. *2* to spend, invest [money]. *3* ***le está bien empleado***, it serves him right. *4 ref.* to take employment.
empleo *m.* employ, employment, job; occupation. *2* use. *3* investment [of money].
empobrecer *t.* to impoverish. *2 i.-ref.* to become poor. ¶ CONJUG. like ***agradecer.***
empobrecimiento *m.* impoverishment.
empolvar *t.* to sprinkle with powder; to cover with dust. *2 ref.* to powder one's face.
empollar *t.* to brood, hatch [eggs]. *2* coll. to grind, swot up [a subject].
empollón, na *m.-f.* swot, grind [student].
emponzoñar *t.* to poison. *2 ref.* to become poisoned.
empotrar *t.* to embed [in a wall].
emprendedor, ra *a.* enterprising.
emprender *t.* to undertake; to begin: ~ ***la marcha***, to start out.
empresa *f.* enterprise, undertaking. *2* firm, company. *3* management [of a theatre].
empresario *m.* contractor. *2* theatrical manager; impresario; showman.
empréstito *m.* loan.
empujar *t.* to push, shove; to impel.
empuje *m.* push; shove. *2* ARCH. pressure. *3* enterprise, energy.
empujón *m.* push, shove: ***a*** ~, roughly; by fits and starts.
empuñadura *f.* hilt [of sword].
empuñar *t.* to handle [a sword, etc.]. *2* to clutch, grasp, grip.
emular *t.* to emulate, rival.
émulo, la *a.-n.* rival, competitor.
en *prep.* in, into; on upon; at; by; about.
enaguas *f. pl.* petticoat, slip.
enajenación *f.*, **enajenamiento** *m.* alienation. *2* abstraction, rapture. *3* ~ ***mental***, mental disorder; madness.
enajenar *t.* to alienate. *2* [of emotions] to transport; to deprive. *3 ref.* to dispossess oneself of. *4* to become estranged. *5* to become enraptured.
enaltecer *t.* to ennoble. *2* to praise, exalt. *3 ref.* to be praised, exalted. ¶ CONJUG. like ***agradecer.***
enamorado, da *a.* in love. *2 m.-f.* lover.
enamorar *t.* to make love to, court, woo. *2 ref.* to fall in love.
enano, na *a.-m.-f.* dwarf, dwarfish.
enarbolar *t.* to raise on high, hoist [a flag, etc.]. *2* to brandish [a cane, a pike, etc.]. *3 ref.* [of a horse] to rear.
enardecer *t.* to inflame, kindle, excite. *2 ref.* to become excited, inflamed, kindled. *3* to get angry. ¶ CONJUG. like ***agradecer.***

enardecimiento *m.* heating, ardour, excitement, passion.
encabezamiento *m.* heading, headline. *2* tax roll.
encabezar *t.* to head, put a heading to [a letter, etc.]. *2* to head, lead. *3* to register on a tax roll.
encabritarse *ref.* [of horses] to rear.
encadenamiento *m.* chaining. *2* connection, sequence, linking.
encadenar *t.* to chain. *2* to enslave, connect, link together.
encajar *t.* to thrust in, fit into, insert; to put or force in. *2* to land, take [a blow]. *3* to fit in; to be relevant. *4 ref.* to squeeze [oneself] into. *5* to butt in.
encaje *m.* fitting in, insertion. *2* socket, groove, hole. *3* lace. *4* inlaid work.
encajonar *t.* to box, encase. *2 ref.* [of rivers] to narrow.
encalar *t.* to whitewash.
encalmarse *ref.* [of weather or wind] to become calm.
encallar *i.* to run aground.
encallecerse *ref.* to become hardened or callous. ¶ CONJUG. like ***agradecer.***
encaminar *t.* to direct, set on the way. *2* to direct [to an end]. *3 ref.* to set out for.
encandilar *t.* to dazzle, bewilder. *2* to stir [the fire]. *3 ref.* [of the eyes] to shine with lust or drink.
encanecer *i.* to grow white, old. ¶ CONJUG. like ***agradecer.***
encantado, da *a.* enchanted, delighted. *2* haunted [house].
encantador, ra *a.* enchanting, charming, delightful. *2 m.* enchanter. *3 f.* enchantress.
encantar *t.* to enchant, cast a spell on. *2* to enchant, charm.
encanto *m.* enchantment. *2* charm, delight. *3 pl.* charms [of a woman].
encapotado, da *a.* cloaked. *2* overcast, cloudy. *3* in bad humour.
encapotarse *ref.* to put on a cloak. *2* to frown, look grim. *3* to become overcast or cloudy.
encapricharse *ref.* to persist in one's whim, take a fancy to.
encaramar *t.* to raise, hoist. *2 ref.* to climb, mount.
encarar *i.-ref.* ~ or ***encararse con***, to face.
encarcelar *t.* to imprison, jail, put in prison.
encarecer *t.* to raise the price of. *2* to emphasize; to praise. *3* to recommend strongly. ¶ CONJUG. like ***agradecer.***
encarecidamente *adv.* earnestly, insistently.
encarecimiento *m.* rise in price. *2* praise. *3* earnestness.
encargado, da *m.-f.* manager, foreman, forewoman, agent.
encargar *t.* to entrust. *2* to recommend, charge. *3* to order [goods, etc.]. *4 ref.* ~ ***de***, to take charge of.
encargo *m.* charge, commission. *2* errand. *3* warning. *4* order [of goods].
encariñado, da *a.* attached, fond.
encariñarse *ref.* to become fond of, attached to.
encarnado, da *a.* flesh-coloured. *2* red.
encarnar *i.* THEOL. to be incarnate. *2 t.* to incarnate, embody.
encarnizado, da *a.* bloody, fierce, bitter, hard fought.
encarnizar *t.* to make cruel, infuriate. *2* ***encarnizarse con***, to get furious, enraged; to fight with fury.
encarrilar *t.* to put back on the rails. *2* to set right.
encasillado *m.* set of squares.
encasillar *t.* to classify, distribute.
encastillarse *ref.* to stick to one's own opinion.
encausar *t.* to prosecute, indict.
encauzar *t.* to channel. *2* to direct, guide.
encenegado, da *a.* muddy; sunk in the vice.
encenagarse *ref.* to wallow in mire.
encendedor *m.* lamplighter. *2* cigarette-lighter.
encender *t.* to light, set fire to, kindle. *2* to excite. *3 ref.* to burn, be kindled. *4* [of war] to break out. *5* to redden. ¶ CONJUG. like ***entender.***
encendido, da *a.* red, flushed. *2* ardent, inflamed. *3 m.* AUTO. ignition
encerado, da *a.* waxed. *2 m.* oilcloth, oilskin. *3* blackboard. *4* waxing [of floors, etc.].
encerrar *t.* to shut in, lock up or in. *2* to enclose, contain. *3 ref.* to shut oneself in. ¶ CONJUG. like ***acertar.***
encestar *t.* to put in a basket.
encía *f.* gum [of the mouth].
enciclopedia *f.* encyclop(a)edia.
encierro *m.* shutting in or up, lock-up. *2* reclusion. *3* prison.
encima *adv.* on, upon, over: ~ ***de***, on, upon; ***por ~ de***, over, above. *2* in addition, besides; on top; overhead.
encina *f.* BOT. evergreen oak.
encinal, encinar *m.* evergreen-oak grove.
encinta *a.* pregnant.
enclaustrar *t.* to cloister, hide.
enclavar *t.* to nail. *2* to pierce, transfix; embed.
enclenque *a.* weak, feeble, sickly.

encoger *t.* to contract, draw back or in, shrivel. *2 i.-ref.* to shrink. *3* ***encogerse de hombros***, to shrug one's shoulders.
encogido, da *a.* awkward, shy.
encogimiento *a.* contraction, shrinking. *2* awkwardness, timidity. *3* ~ ***de hombros***, shrug.
encolar *t.* to glue. *2* WEAV. to dress. *3* PAINT. to size.
encolerizar *t.* to anger, irritate. *2 ref.* to become angry.
encomendar *t.* to entrust, commend, recommend. *2 ref.* to commend oneself [to]. ¶ CONJUG. like ***acertar***.
encomiar *t.* to praise, eulogize.
encomienda *f.* charge, commission. *2* praise, commendation. *3* protection, care. *4* royal land grant.
enconado, da *a.* bitter [enemy]; inflamed; infected. *2* sore. *3* angry.
enconar *t.* to inflame, aggravate [a wound or sore]. *2* embitter [the feelings]. *3 ref.* to become inflamed, rankle. *4* to become embittered.
encono *m.* bitterness, rancour.
encontrado, da *a.* contrary, opposed, conflicting.
encontrar *t.-ref.* to find; to meet, encounter. *2 i.-ref.* to meet, collide. *3 ref.* to be [in a place]. *4* to feel [ill, well, etc.]. *5* ***encontrarse con***, to come across, meet up with; to find. ¶ CONJUG. like ***contar***.
encontrón, encontronazo *m.* bump, collision: ***darse un*** ~, to collide with, bump into [each other].
encopetado, da *a.* presumptuous, stuck-up. *2* noble, aristocratic.
encorajinarse *ref.* to become enraged.
encorvar *t.* to bend, curve. *2 ref.* to bend over, stoop.
encrespar *t.-ref.* to curl, crisp, frizzle. *2* to bristle, ruffle. *3 t.* to stir up [the waves]. *4* to anger, irritate. *5 ref.* [of the sea] to become rough. *6* to be infuriated.
encrucijada *f.* cross-roads; street intersection. *2* ambush, snare.
encuadernación *f.* bookbinding. *2* binding [of a book].
encuadernar *t.* to bind [a book]: ***sin*** ~, unbound.
encuadrar *t.* to frame. *2* to encompass, fit into.
encubiertamente *adv.* secretly, on the sly.
encubrir *t.* to conceal, hide, cover.
encuentro *m.* meeting, encounter; ***salir al encuentro de***, to go to meet; to oppose. *2* clash, collision. *3* MIL. encounter.
encuesta *f.* search, inquiry.
encumbramiento *m.* elevation, height. *2* exaltation.
encumbrar *t.-ref.* to raise high. *2* to exalt, elevate. *3 ref.* to grow proud.
enchapado *m.* veneer, veneering.
encharcado, da *a.* still, stagnant.
encharcar *t.* to flood. *2 ref.* to fill [with water].
enchufar *t.* ELEC. to connect, plug in. *2 ref.* to get a sinecure.
enchufe *m.* ELEC. plug; plug and socket. *2* sinecure, easy job.
ende *adv.* ***por*** ~, therefore.
endeble *a.* weak, feeble, frail.
endecha *f.* dirge. *2* assonanced seven-syllabled quatrain.
endemoniado, da *a.* demoniac. *2 fig.* devilish. *3 m.-f.* possessed.
enderezar *t.* to straighten, unbend. *2* to right, set upright. *3* to address. *4* to right, correct. *5 ref.* to straighten up.
endeudarse *ref.* to get into debt.
endiabladamente *adv.* devilishly.
endiablado, da *a.* devilish, deuced. *2* ugly, deformed. *3* furious, wild. *4* complicated, difficult.
endilgar *t.* to direct, guide. *2* to land [a blow].
endiosarse *ref.* to become haughty, proud.
endomingado, da *a.* in his Sunday best.
endomingarse *ref.* to put on one's Sunday best, dress up.
endosar *t.* COM. to endorse.
endulzar *t.* to sweeten. *2* to soften, make bearable.
endurecer *t.-ref.* to harden, endure. ¶ CONJUG. like ***agradecer***.
endurecimiento *m.* hardness. *2* obduracy. *3* hard-heartedness.
enemigo, ga *a.* adverse. *2* enemy, hostile. *3 m.-f.* enemy, foe. *4 f.* enmity, hatred, ill-will.
enemistar *t.* to make enemies of. *2 ref.* to become enemies: ***enemistarse con***, to fall out with.
energía *f.* energy. *2* MECH. power: ~ ***eléctrica***, electric power.
enérgico, ca *a.* energetic, vigorous, active, lively.
enero *m.* January.
enervar *t.* to enervate, weaken. *2 ref.* to become enervate.
enfado *m.* annoyance, anger.
enfadar *t.* to displease, annoy, anger. *2 ref.* to be displeased, get angry, be cross.

enfadoso, sa *a.* annoying, irksome, bothersome.
enfangar *t.* to bemud. *2 ref.* to sink in the mud. *3* to mix [in dirty business].
énfasis *f.* emphasis.
enfático, ca *a.* emphatic.
enfermar *i.* to fall ill, be taken ill; become ill.
enfermedad *f.* illness, disease, sickness.
enfermero, ra *m.* male nurse. *2 f.* [woman] nurse.
enfermería *f.* infirmary.
enfermizo, za *a.* sickly, unhealthy.
enfermo, ma *a.* sick, ill. *2 m.-f.* patient.
enfilar *t.* to line up. *2* to aim, sight. *3* to go straight down or up [a street, etc.]. *4* to string [beads, etc.]. *5* ARTILL. to enfilade.
enflaquecer *t.* to make thin or lean. *2* to weaken. *3 i.-ref.* to become thin or lean. ¶ CONJUG. like ***agradecer.***
enfocar *t.* to focus. *2* to envisage, direct [an affair, etc.]; to approach [a problem, etc.].
enfrascar *t.* to bottle. *2 ref.* to become absorbed in.
enfrentar *t.* to confront, put face to face. *2 t.-ref.* to face.
enfrente *adv.* in front, opposite: ~ ***de***, in front of, against.
enfriamiento *m.* cooling, refrigeration. *2* MED. cold, chill.
enfriar *t.* to cool. *2 ref.* to cool down or off. *3* to get cold.
enfurecer *t.* to infuriate, enrage. *2 ref.* to rage, become infuriated, get furious. *3* [of the sea, etc.] to get rough. ¶ CONJUG. like ***agradecer.***
enfurruñarse *ref.* to get angry.
engalanar *t.* to adorn, bedeck. *2 ref.* to dress up, primp.
enganchar *t.* to hook. *2* to hitch. *3* RLY. to couple [carriages]. *4* to attract [a person]. *5* MIL. to recruit, enlist. *6 ref.* to get caught [on a hook, etc.]. *7* MIL. to enlist in the army.
enganche *m.* hooking. *2* RLY. coupling. *3* MIL. enlistment.
engañador, ra *a.* deceitful, deceiving. *2 m.-f.* deceiver.
engañar *t.* to deceive, beguile, dupe, cheat, hoax, mislead, take in. *2* to ward off [hunger, etc.]. *3 ref.* to deceive oneself, be mistaken.
engaño *m.* deceit; falsehood; fraud. *2* error, mistake.
engañoso, sa *a.* deceptive, delusive. *2* deceitful, misleading.
engarce *m.* JEW. linking; setting.
engarzar *t.* JEW. to link. *2* to set, mount.
engastar *t.* JEW. to enchase, set, mount.
engaste *m.* JEW. setting, mounting.
engatusar *t.* to cajole, coax.
engendrar *t.* to engender, beget. *2* to generate, originate.
englobar *t.* to include, comprise.
engolfarse *i.-ref.* to go or get deeply [into]. *2* to become absorbed, lost in thought.
engomar *t.* to gum, glue.
engordar *t.* to fatten. *2 i.* to grow fat.
engorroso, sa *a.* cumbersome, annoying, bothersome.
engranaje *m.* MACH. mesh; gear(s, gearing: ***palanca de*** ~, clutch.
engranar *i.* MACH. to gear, throw in gear, interlock.
engrandecer *t.* to enlarge, aggrandize. *2* to enhance, exaggerate. *3* to exalt. *4 ref.* to be exalted. ¶ CONJUG. like ***agradecer.***
engrasar *t.* to grease, oil, lubricate.
engreído, da *a.* vain, conceited.
engreír *t.* to make vain or conceited. *2 ref.* to become vain or conceited. ¶ CONJUG. like ***reír.***
engrescar *t.* to incite to quarrel. *2* to incite to merriment. *3 ref.* to get into a row. *4* to get merry.
engrosar *t.* to thicken. *2* to enlarge [the number of]. *3 ref.* to grow thick. ¶ CONJUG. like ***contar.***
engrudo *m.* paste [for gluing].
engullir *t.* to swallow, gulp, gobble.
enhebrar *t.* to thread [a needle, etc.].
enhiesto, ta *a.* erect, upright.
enhorabuena *f.* congratulations: ***dar la*** ~ ***a***, to congratulate. *2 adv.* happily.
enigma *m.* enigma, riddle.
enigmático, ca *a.* enigmatic(al.
enjabonar *t.* to soap, lather. *2* to flatter, soft-soap.
enjaezar *t.* to harness.
enjalbegar *t.* to whitewash. *2 ref.* to make up one's face.
enjambre *m.* swarm of bees. *2* crowd.
enjaular *t.* to cage. *2* coll. to imprison.
enjuagar *t.* to rinse.
enjuague *m.* rinse, rinsing. *2* mouthwash. *3* scheme, plot.
enjugar *t.* to dry; to wipe.
enjuiciar *t.* to judge. *2* LAW. to indict, prosecute.
enjuto, ta *a.* dry. *2* thin, skinny.
enlace *m.* tie, bond. *2* lacing, linking. *3* link. *4* wedding. *5* RLY. junction; connection.
enladrillar *t.* to pave with bricks.
enlatar *t.* to can [food, etc.].
enlazar *t.* to lace. *2* to link, join. *3* to lasso. *4 ref.* to marry. *5* to be connected together.

enloquecer *t.* to madden, drive mad. *2 i.* to go mad or crazy. ¶ CONJUG. like ***agradecer.***
enlosar *t.* to pave with flagstones.
enmarañamiento *m.* entanglement. *2* embroilment.
enmarañar *t.* to entangle. *2* to embroil, confuse. *3 ref.* to get tangled, embroiled.
enmascarar *t.* to mask, disguise. *2 ref.* to put on a mask.
enmendar *t.* to correct, amend. *2* repair, make amends for. *3 ref.* to reform, mend one's ways. ¶ CONJUG. like ***acertar.***
enmienda *f.* amendment, correction. *2* amends, reparation.
enmohecerse *ref.* to get mouldy. ¶ CONJUG. like ***agradecer.***
enmudecer *t.* to hush, silence. *2 i.* to become dumb. *3* to be silent. ¶ CONJUG. like ***agradecer.***
ennegrecer *t.* to blacken, darken. ¶ CONJUG. like ***agradecer.***
ennoblecer *t.* to ennoble, dignify. ¶ CONJUG. like ***agradecer.***
enojadizo, za *a.* irritable, peevish.
enojar *t.* to anger, make angry, vex, annoy. *2 ref.* to become angry, get cross.
enojo *m.* anger, irritation. *2* annoyance; rage, trouble.
enojoso, sa *a.* annoying, bothersome, troublesome.
enorgullecer *t.* to make proud. *2 ref.* to become proud: ***enorgullecerse de***, to pride oneself on. ¶ CONJUG. like ***agradecer.***
enorme *a.* enormous, huge.
enormidad *f.* enormity. *2* absurdity, nonsense.
enramada *f.* bower; shady grove; shelter of branches.
enrarecer *t.* to rarefy, thin. *2 i.-ref.* to become scarce. ¶ CONJUG. like ***agradecer.***
enredadera *f.* creeper. *2* bindweed.
enredar *t.* to tangle, entangle, mat, ravel. *2* to net; to set nets. *3* to embroil. *4* to involve, implicate. *5 i.* [of children] to be mischievous, play pranks. *6* to meddle. *7 ref.* to be caught [in a net, etc]. *8* to get entangled or involved, complicated, trapped.
enredo *m.* tangle. *2* complication. *3* falsehood, gossip, mischief. *4* plot [of play].
enrejado *m.* iron railing. *2* grating, trellis, lattice.
enrejar *t.* to close with a grille. *2* to fence with a railing or trellis. *3* to fix the ploughshare.
enrevesado, da *a.* intricate, tangled. *2* rebellious, frisky.
enriquecer *t.* to enrich. *2 ref.* to become wealthy. ¶ CONJUG. like ***agradecer.***
enrojecer *t.* to redden. *2 ref.* to turn red, blush. ¶ CONJUG. like ***agradecer.***
enrollar *t.* to roll up, wind.
enroscar *t.* to coil, twist. *2* to screw on or in. *3 ref.* to curl up, roll up.
ensalada *f.* salad.
ensaladera *f.* salad bowl.
ensaladilla *f.* kind of salad with mayonnaise sauce.
ensalmo *m.* charm, spell: ***como por ~***, as if by magic; in a jiffy.
ensalzar *t.* to exalt. *2* to praise, extol.
ensambladura *f.* joinery; joint.
ensamblar *t.* to join, fit together.
ensanchamiento *m.* enlargement, expansion; stretch.
ensanchar *t.-ref.* to widen, enlarge, expand. *2* ***~ el corazón***, to relieve, cheer up.
ensanche *m.* widening, enlargement. *2* suburban development.
ensangrentado, da *a.* gory, bloody.
ensangrentar *t.* to stain with blood. *2 ref.* to be covered with blood. ¶ CONJUG. like ***acertar.***
ensañar *t.* to enrage. *2 ref.* ***ensañarse con***, to be cruel to, vent one's fury on.
ensartar *t.* to string [beads, etc.]. *2* to spit, pierce. *3* coll. to rattle off [stories, etc.].
ensayar *t.* to assay [metals]. *2* to try out, test. *3* to rehearse [a play, etc.]. *4 ref.* to try over, practice.
ensayo *m.* assay [of metals]. *2* test, experiment. *3* rehearsal: ***~ general***, THEAT. dress rehearsal. *4* LIT. essay.
ensenada *f.* cove, inlet, creek.
enseñanza *f.* teaching, instruction, education: ***primera ~***, primary education; ***~ superior***, higher education.
enseñar *t.* to teach. *2* to instruct, train. *3* to show.
ensillar *t.* to saddle.
ensimismarse *ref.* to become absorbed in thought.
ensoberbecer *t.* to make haughty, arrogant. *2 ref.* to become haughty, arrogant. ¶ CONJUG. like ***agradecer.***
ensordecedor, ra *a.* deafening.
ensordecer *t.* to deafen. *2 ref.* to become deaf. ¶ CONJUG. like ***agradecer.***
ensortijar *t.-ref.* to curl, crisp.
ensuciar *t.* to dirty, soil, stain. *2 ref.* to get dirty.
ensueño *m.* day-dream, fantasy; illusion.

entablar *t.* to plank, board. *2* to start [a conversation]. *3* ~ ***un pleito***, to bring a lawsuit.
entallar *t.* to carve, sculpture, engrave. *2* [of a garment] to fit to the waist.
entarimado *m.* parqueted floor.
ente *m.* entity, being.
enteco, ca *a.* weakly, sickly.
entendederas *f. pl.* brains, understanding.
1) **entender** *m.* understanding, opinion: ***a mi*** ~, in my opinion.
2) **entender** *t.* to understand. *2* to think; to infer. *3 i.* ~ ***de*** or ***en***, to be an expert on. *4 ref.* to get along well together. ¶ CONJUG. IND. Pres.: ***entiendo, entiendes, entiende;*** entendemos, entendéis, ***entienden.*** || SUBJ.: Pres.: ***entienda, entiendas, entienda;*** entendamos, entendáis, ***entiendan.*** || IMPER.: ***entiende, entienda;*** entendamos, entended, ***entiendan.***
entendimiento *m.* understanding, comprehension, intellect, mind.
enterar *t.* to inform, acquaint. *2 ref.* ***enterarse de***, to learn, be informed of; to know, find out.
entereza *f.* entirety. *2* integrity. *3* fortitude, firmness.
enternecedor, ra *a.* moving, touching, pitiful.
enternecer *t.* to soften. *2* to touch, move to pity. *3 ref.* to be moved or touched. ¶ CONJUG. like ***agradecer.***
entero, ra *a.* entire, whole. *2* honest, upright. *3* firm, constant. *4* sound, robust. *5* ***por*** ~, entirely, completely.
enterrador *m.* grave-digger, sexton.
enterrar *t.* to bury. *2 ref.* to retire, bury oneself. ¶ CONJUG. like ***acertar.***
entibiar *t.* to cool. to make lukewarm. *2 ref.* to become lukewarm, cool down.
entidad *f.* entity. *2* importance. *3* association, corporation.
entierro *m.* burial, funeral.
entonación *f.* intonation.
entonar *t.* to sing in tune. *2* to intone. *3 ref.* to become stuck-up.
entonces *adv.* then, at that time: ***por*** ~, at that time.
entornar *t.* to half-close [the eyes]; to set ajar [a door].
entorpecer *t.* to dull, blunt [the mind, etc.]. *2* to clog, delay. *3 ref.* to become dull. ¶ CONJUG. like ***agradecer.***
entorpecimiento *m.* dullness, bluntness. *2* obstruction.
entrada *f.* entrance, gate. *2* entry; admission. *3* entrance fee; ticket. *4* first payment. *5* beginning [of a book, etc.]. *6* ***prohibida la*** ~, no admittance.
entrambos, bas *a. pl.* both.
entrampar *t.* to trap, ensnare. *2* to trick. *3* to burden with debt. *4 ref.* to run into debt.
entrante *a.* entrant, entering. *2* coming, next: ***el mes*** ~, next month.
entraña *f.* the innermost part; depths. *2 pl.* vitals. *3* entrails. *4* heart, feeling: ***no tener entrañas***, to be heartless.
entrañable *a.* most affectionate; dearly loved. *2* **-mente** *adv.* dearly; deeply.
entrar *i.* to enter, go in(to, come in(to, get in(to. *2* to begin, start. *3* to fit into. *4* ***me entró miedo,*** I became afraid.
entre *prep.* between, among, amongst. *2* ~ ***mi,*** ~ ***sí***, to myself, to himself. *3* ~ ***tanto***, meanwhile.
entreabierto, ta *a.* half-open, ajar.
entreabrir *t.* to half-open; to set ajar.
entreacto *m.* interval.
entrecejo *m.* space between the eyebrows; frown: ***fruncir el*** ~, to knit one's brow, frown.
entredicho *m.* prohibition, ban.
entrega *f.* delivery. *2* surrender. *3* instalment [of a book]: ***novela por entregas***, serial [novel].
entregar *t.* to deliver, hand over. *2 t.-ref.* to give up, surrender. *3 ref.* to yield, submit. *4* to abandon oneself [to a feeling]. *5* to devote oneself to.
entrelazar *t.* to interlace, interweave, entwine.
entremés *m.* hors d'œuvre, side dish. *2* THEAT. one-act farce.
entremeter *t.* to insert, place between. *2 ref.* to meddle, intrude, interfere.
entremetido, da *a.* meddlesome. *2 m.-f.* meddler, busybody.
entremezclar *t.* to intermingle, intermix.
entrenar *t.* SPORT. to train, coach. *2 ref.* SPORT to train.
entrenador, ra *m.-f.* trainer.
entreoír *t.* to hear vaguely.
entresacar *t.* to sift; to thin [hair, trees].
entresuelo *m.* entresol, mezzanine. *2* second floor [in U.S.A.]; first floor [in G. B.]
entretanto *adv.* meanwhile.
entretejer *t.* to interweave, intertwine.
entretener *t.* to delay, detain. *2* to entertain, amuse: ~ ***el tiempo***, to while away the time. *3 ref.* to delay. *4* to amuse oneself. ¶ CONJUG. like ***tener.***
entretenido, da *a.* entertaining, amusing.
entretenimiento *m.* entertainment, amusement pastime.

entrever *t.* to glimpse. *2* to guess.
entreverar *t.* to intermingle, intermix.
entrevista *f.* interview, meeting. *2* date, appointment.
entrevistar *t.* to interview. *2 ref.* to have an interview with.
entristecer *t.* to sadden. *2 ref.* to become sad. ¶ CONJUG. like ***agradecer.***
entrometido, da *s.* meddler, busybody.
entronque *m.* relationship. *2* RLY junction.
entuerto *m.* wrong, injustice.
entumecer *t.* to benumb, make numb. *2 ref.* to swell, become numb. ¶ CONJUG. like ***agradecer.***
entumecimiento *m.* numbness, torpor; swelling.
enturbiar *t.* to muddy. *2* to obscure, muddle, dim; to trouble [waters]. *3 ref.* to get mudd.
entusiasmar *t.* to captivate, excite, enrapture. *2 ref.* to get excited about.
entusiasmo *m.* enthusiasm, eagerness, keenness.
entusiasta *m.-f.* enthusiast, fan, eager fellow.
enumerar *t.* to enumerate.
enunciación *f.*, **enunciado** *m.* enouncement, statement.
enunciar *t.* to enounce, state.
envainar *t.* to sheathe.
envalentonar *t.* to make bold, daring, encourage. *2 ref.* to grow bold; to brag, swagger.
envanecer *t.* to make vain. *2 ref.* to become vain; to be proud [of]. ¶ CONJUG. like ***agradecer.***
envasar *t.* to pack, bottle, can, put into a container.
envase *m.* packing, bottling, canning, etc. *2* container.
envejecer *t.* to age; to make old. *2 i.-ref.* to grow old. ¶ CONJUG. like ***agradecer.***
envejecido, da *a.* aged, looking old.
envenenamiento *m.* poisoning.
envenenar *t.* to poison; to infect.
envergadura *f.* breadth [of a sail]; span [of an airplane]; spread [of a bird's wings]. *2* importance.
envés *m.* back, wrong side.
enviado *m.* messenger, envoy.
enviar *t.* to send, dispatch.
envidia *f.* envy, jealousy.
envidiar *t.* to envy, covet.
envidioso, sa *a.-n.* envious, jealous.
envilecer *t.* to debase, degrade, revile. *2 ref.* to degrade oneself. ¶ CONJUG. like ***agradecer.***
envío *m.* sending, remittance; shipment; dispatch.
enviudar *i.* to become a widower or widow.
envoltura *f.* envelope, wrapper.
envolver *t.* to cover, envelop, wrap up. *2* to involve; imply. *3 ref.* to wrap oneself up. *4* to become involved. ¶ CONJUG. like ***mover.*** | P. P.: ***envuelto.***
enyesar *t.* to plaster.
enzarzar *t.* to entangle, sow discord. *2* to cover with brambles. *3 ref.* to get entangled; to quarrel.
épica *f.* epic poetry.
épico, ca *a.* epic, heroic.
epidemia *f.* epidemic.
epidémico, ca *a.* epidemic(al.
epígrafe *m.* epigraph. *2* title, headline.
epigrama *m.* epigram, witticism.
epílogo *m.* epilogue.
episcopado *m.* episcopate, bishopric.
episodio *m.* episode; incident.
epístola *f.* epistle, letter.
epitafio *m.* epitaph.
epíteto *m.* GRAM. epithet.
epítome *m.* abstract, summary.
época *f.* epoch, age, time.
epopeya *f.* epopee, epic poem.
equidad *f.* equity, justice, fairness.
equilibrar *t.-ref.* to poise, balance.
equilibrio *m.* equilibrium, balance, poise.
equilibrista *m.-f.* equilibrist, acrobat, rope-walker.
equipaje *m.* luggage, baggage. *2* equipment, outfit. *3* NAUT. crew.
equipar *t.* to equip, fit out.
equipo *m.* equipment, fitting out. *2* crew, squad [of workmen]. *3* SPORT. team. *4* ***~ de novia,*** trousseau.
equitación *f.* horsemanship, riding.
equitativo, va *a.* equitable, fair, just, honest.
equivalente *a.-m.* equivalent.
equivaler *i.* to be equivalent; to be equal. ¶ CONJUG. like ***valer.***
equivocación *f.* mistake, error.
equivocado, da *a.* mistaken. *2* erroneous. *3* ***estás*** ~, you are wrong.
equivocar *t.-ref.* to mistake. *2 ref.* to be mistaken; to make a mistake; to be wrong.
equívoco, ca *a.* equivocal, ambiguous. *2 m.* equivocation, quibble, ambiguity.
era *f.* era, epoch, age. *2* threshing-floor. *3* garden plot.
erario *m.* exchequer, public treasury.
eremita *m.* hermit, recluse.
erguir *t.* to raise, erect [the head, etc.], lift, set upright. *2 ref.* to stand erect, sit up. *3* to become proud or haughty. ¶ CONJUG. INDIC. Pres.: ***irgo*** or ***yergo, ir-***

gues or ***yergues, irgue*** or ***yergue;*** erguimos, erguís, ***irguen*** or ***yerguen.*** | Pret.: erguí, erguiste, ***irguió;*** erguimos, erguisteis, irguieron. || SUBJ. Pres.: ***irga*** or ***yerga, irgas*** or ***yergas***, etc. | Imperf.: ***irguiera, irguieras***, etc., or ***irguiese, irguieses***, etc. | Fut.: ***irguiere, irguieres***, etc. || IMPER.: ***irgue*** or ***yergue, irga*** or ***yerga; irgamos*** or ***yergamos***, erguid, ***irgan*** or ***yergan.*** || P. P.: ***erguido.*** || GER.: ***irguiendo.***

erial *m.* waste land. *2 a.* uncultivated, untilled.

erigir *t.* to erect, build, set up. *2* to found, establish.

erizado, da *a.* bristly, prickly, standing on an end [of hair]: ~ ***de***, bristling with.

erizar *t.* to set on end; to make bristle. *2 ref.* to stand on end, bristle.

erizo *m.* bedgehog, porcupine. *2* ~ ***de mar***, sea-urchin. *3* ***ser un*** ~, to be irritable, harsh.

ermita *f.* hermitage.

ermitaño *m.* EREMITA.

errante *a.* errant, wandering, strolling, vagabond.

errar *t.* to miss [the target, a blow, etc.]. *2* to wander. *3 i.-ref.* to err, be mistaken. ¶ CONJUG. like ***acertar.***

erróneo, nea *a.* erroneous, wrong.

error *m.* error. *2* mistake, fault.

eructar *i.* to belch, eructate.

eructo *m.* belch, eructation.

erudición *f.* erudition, learning.

erudito, ta *a.* erudite, scholarly, learned. *2 m.-f.* scholar.

erupción *f.* eruption, outbreak. *2* MED. rash.

esbeltez *f.* slenderness, elegance.

esbelto, ta *a.* slender and graceful.

esbirro *m.* bailiff.

esbozar *t.* to sketch, outline.

esbozo *m.* sketch, outline.

escabechar *t.* to pickle.

escabeche *m.* pickle; pickled fish.

escabechina *f.* ravage.

escabel *m.* stool; footstool. *2* stepping-stone.

escabrosidad *f.* roughness, unevenness [of ground]. *2* asperity [of temper]. *3* escabrousness.

escabroso, sa *a.* rough, rugged, uneven [ground]. *2* harsh, rude. *3* scabrous, indecent.

escabullirse *ref.* to slip away.

escala *f.* ladder, step-ladder. *2* scale. *3* NAUT. port of call: ***hacer escala en***, to call at.

escalador, ra *m.-f.* scaler, climber.

escalafón *m.* list, scale.

escalar *t.* to scale, climb.

escaldar *t.* to scald. *2* to chafe. *3 ref.* to get scalded.

escalera *f.* stair, staircase: ~ ***mecánica***, escalator; ~ ***de caracol***, winding stairs. *2* ladder: ~ ***de tijera***, step-ladder. *3* straight [at cards].

escalfado *a.* COOK. poached [egg].

escalinata *f.* front steps, perron.

escalofriante *a.* chilling, blood-curdling.

escalofrío *m.* chill; shudder.

escalón *m.* step of a stair. *2* stepping-stone. *3* stage, degree.

escama *f.* ZOOL., BOT. scale.

escamar *t.* to scale [fish]. *2* to cause distrust or suspicion. *3 ref.* to become distrustful.

escamotear *t.* to cause to disappear by sleight-of-hand.

escamoteo *m.* sleight-of-hand; swindling.

escampar *t.* to clear out [a place]. *2 i.* to stop raining, clear up.

escanciar *t.* to pour, serve [wine]. *2 i.* to drink wine.

escandalizar *t.* to scandalize, shock. *2* to make a lot of noise. *3 ref.* to be shocked.

escándalo *m.* scandal: ***dar un*** ~, to make a scene. *2* noise.

escandaloso, sa *a.* scandalous. *2* noisy. *3* shameful.

escaño *m.* bench with a back.

escapada *f.* flight; escapade.

escapar *i.-ref.* to escape; to flee, run away. *2 ref.* leak out.

escaparate *m.* shop-window. *2* display cabinet, show-case.

escapatoria *f.* escape, loophole. *2* excuse.

escape *m.* escape, flight: ***a*** ~, at full speed. *2* escape, leak: ***no hay*** ~, there is no way out.

escarabajo *m.* ENT. beetle, scarab.

escaramuza *f.* skirmish. *2* dispute.

escarapela *f.* cockade, badge. *2* dispute with blows.

escarbar *t.* to scratch. *2* to clean out [one's ears, etc.]. *3* to poke [fire]. *4* to dig into.

escarceo *m.* small bubbling waves. *2 pl.* turns of spirited horses. *3* detour, circumlocution.

escarcha *f.* rime, frost.

escarchar *t.* to frost. *2 impers.* to freeze, rime.

escardar *t.* to weed [out].

escarlata *a.-f.* scarlet [cloth].

escarlatina *f.* scarlet fever.

escarmentado, da *a.* warned by punishment or experience.
escarmentar *t.* to punish. *2 i.-ref.* to learn by hard experience. ¶ CONJUG. like ***acertar.***
escarmiento *m.* lesson; warning, punishment.
escarnecer *t.* to scoff at, mock ¶ CONJUG. like ***agradecer***
escarnio *m.* scorn, derision, mockery, jeer.
escarola *f.* BOT. endive. *2* ruff.
escarpado, da *a.* steep; rugged.
escarpia . hooked nail.
escasamente *adv.* scarcely, hardly, scantily.
escasear *t.* to be scarce, fall short, be wanting.
escasez *f.* scarcity, lack, shortage; scantiness. *2* poverty.
escaso, sa *a.* scarce, scant. *2* short: ***andar ~ de***, to be short of. *3* stingy.
escatimar *t.* to stint, give sparingly, curtail, pinch, skimp.
escena *f.* THEAT. stage. *2* scene. *3* THEAT. scenery.
escenario *m.* THEAT. stage.
escepticismo *m.* scepticism.
escéptico, ca *a.-n.* sceptic(al.
escisión *f.* rupture, split, schism. *2* BIOL. fission, scission.
esclarecer *t.* to light up. *2* to ennoble. *3* to clear up, make clear. ¶ CONJUG. like ***agradecer.***
esclavitud *f.* slavery, servitude.
esclavizar *t.* to enslave.
esclavo, va *m.-f.* slave; drudge.
esclusa *f.* lock, sluice.
escoba *f.* broom.
escobazo *m.* blow with a broom.
escocedura *f.* chafe, soreness.
escocer *i.* to smart, hurt. *2 ref.* to chafe. ¶ CONJ. like ***mover.***
escocés, sa *a.* Scottish. *2 m.-f.* Scot.
escoger *t.* to choose, select.
escogido, da *a.* chosen. *2* choice, select.
escolar *a.* scholastic. *2 m.* schoolboy, schoolgirl; student.
escolástico, ca *a.* scholastic(al.
escolta *f.* escort. *2* NAUT. convoy.
escoltar *t.* to escort. *2* to convoy.
escollo *m.* NAUT. reef, rock. *2 fig.* difficulty; danger.
escombro *m.* rubbish. *2 pl.* débris, dust, ruins; slags.
esconder *t.* to hide, conceal. *2 ref.* to hide, be hidden.
escondite *m.* hiding-place. *2* ***jugar al ~***, to play hide-and-seek.
escondrijo *m.* hiding-place.
escopeta *f.* shot-gun, gun.
escopetazo *m.* gunshot. *2* gunshot wound. *3* sudden bad news.
escoplo *m.* CARP. chisel.
escoria *f.* scum, slag, dross. *2 fig.* dregs [worthless part].
escoriar *t.-ref.* to skin.
escorpión *m.* ZOOL. scorpion.
escotado, da *a.* low-necked.
escote *m.* low-neck. *2* share, part paid [of a common expense].
escotilla *f.* NAUT. hatchway.
escotillón *m.* trap-door. *2* THEAT. stage trap. *3* NAUT. scuttle.
escozor *m.* irritation, smarting sensation.
escribano *m.* notary. *2* lawyer's clerk.
escribiente *m.* office clerk, clerk.
escribir *t.-i.* to write. *2 ref.* to hold correspondence. ¶ P. P. irreg.: ***escrito.***
escrito *m.* writing [written paper, etc.]: ***por ~***, in writing. *2* LAW brief, bill.
escritor, ra *m.-f.* writer, author.
escritorio *m.* writing-desk. *2* office.
escritura *f.* writing: ***~ a máquina***, typewriting. *2* hand-writing. *2* LAW deed.
escrúpulo *m.* scruple, doubt. *2* squeamishness.
escrupulosamente *adv.* scrupulously; precisely.
escrupuloso, sa *a.* scrupulous; nice, careful. *2* squeamish.
escrutar *t.* to search, scrutinize. *2* to count [the votes].
escrutinio *m.* scrutiny, examination, ballot.
escuadra *f.* NAV. fleet. *2* MIL. squad. *3* carpenter's square.
escuadrilla *f.* squadron, flight.
escuadrón *m.* MIL. squadron.
escuálido, da *a.* lean, pale. *2* squalid, filthy.
escuchar *t.* to listen to. *2* to heed.
escudero *m.* HIST. shield bearer; squire.
escudilla *f.* bowl, porringer.
escudo *m.* shield, buckler. *2* escutcheon. *3* ***~ de armas***, coat of arms. *4* gold crown [coin].
escudriñar *t.* to scrutinize, search; to pry into.
escuela *f.* school: ***~ normal***, training school.
escuetamente *adv.* strictly, etc.
escueto, ta *a.* bare, plain, strict.
esculpir *t.* to sculpture; to engrave.
escultor *m.* sculptor, carver.
escultura *f.* sculpture.
escupir *i.* to spit. *2* to throw off, discharge.

escurridizo, za *a.* slippery, hard to hold: *lazo* ~, slip-knot.
escurrir *t.* to drain [plates, etc.]. *2* to wring. *3 i.* to drip. *4 ref.* to slip away, sneak out.
ese *m.* **esa** *f. sing. dem. a.* that, **esos** *m.* **esas** *f. pl.* those.
ése *m.* **ésa** *f.* **eso** *neut. sing. dem. pron.* that one, **ésos** *m.* **ésas** *f. pl.* those.
esencia *f.* essence. *2* perfume.
esencial *a.* essential.
esfera *f.* GEOM. sphere. *2* social class, rank. *3* dial [of clock].
esférico, ca *a.* spherical.
esfinge *f.* sphinx.
esforzado, da *a.* brave, courageous, strong, valiant.
esforzar *t.* to give strength. *2* to give courage. *3 ref.* to try hard, strive.
esfumarse *ref.* to disappear.
esfuerzo *m.* effort. *2* ENG. stress. *3* courage, spirit.
esgrima *f.* fencing [art].
esgrimir *t.* to wield, brandish [a weapon]; to make use of [arguments, etc.]. *2 i.* to fence.
esguince *m.* sprain [of a joint]. *2* dodge. *3* frown, wry face.
eslabón *m.* link [of a chain]. *2* steel [knife sharpener].
eslabonar *t.* to link, join, connect. *2 ref.* to be linked.
esmaltar *t.* to enamel.
esmalte *m.* enamel.
esmeradamente *adv.* carefully, etc.
esmerado, da *a.* careful, conscientious, painstaking.
esmeralda *f.* emerald.
esmerar *t.* to polish, brighten. *2 ref.* ***esmerarse en*** or ***por***, to do one's best to, strive.
esmeril *m.* emery.
esmero *m.* great care, refinement, nicety.
espaciar *t.* to space. *2 t.-ref.* to spread. *3 ref.* to expatiate. *4* to relax, amuse oneself.
espacio *m.* space. *2* room. *3* blank. *4* delay, slowness.
espacioso, sa *a.* spacious. roomy.
espada *f.* sword, rapier: ***entre la ~ y la pared***, between the devil and the deep blue sea. *2* swordsman. *3* BULLF. matador. *4 pl.* swords [Spanish card suit].
espadachín *m.* swordsman, bully.
espadaña *f.* bell gable.
espalda *f. sing. & pl.* back; shoulders: ***a espaldas de***, behind one's back; ***de espaldas***, backwards; ***dar la*** ~, to turn one's back.
espaldar *m.* backplate [of cuirass]. *2* carapace [of turtle]. *3* back [of a seat]. *4* trellis [for plants].
espaldarazo *m.* accolade; slap on the back.
espantadizo, za *a.* scary, shy.
espantajo, espantapájaros *m.* scarecrow.
espantar *t.* to frighten, scare. *2 ref.* to take fright; to be scared; to be astonished.
espanto *m.* fright, dread. *2* astonishment.
espantoso, sa *a.* fearful, frightful, dreadful. *2* astonishing.
España *f. pr. n.* Spain.
español, la *a.* Spanish [person; language]. *2 m.-f.* Spaniard.
esparadrapo *m.* court-plaster.
esparcimiento *m.* scattering. *2* pastime.
esparcir *t.-ref.* to scatter, spread. *2* to recreate. *3 ref.* to amuse oneself.
espárrago *m.* BOT. asparagus.
esparto *m.* esparto [grass].
espasmo *m.* spasm.
espasmódico, ca *a.* spasmodic.
especia *f.* spice [condiment].
especial *a.* especial. *2* special; ***en*** ~, specially. *3* **-mente** *adv.* especially, specially.
especialidad *f.* speciality.
especialista *a.-n.* specialist.
especialización *f.* specialization.
especializar *i.-ref.* to specialize.
especie *f.* species. *2* kind, sort. *3* matter, notion.
especificar *t.* to specify; to itemize.
específico, ca *a.* specific. *2 m.* patent medecine.
espectacular *a.* spectacular.
espectáculo *m.* spectacle; show. *2* performance. *3* scandal: ***dar un*** ~, to make a scene.
espectador, ra *m.-f.* spectator. *2 pl.* audience.
espectro *m.* spectre, ghost. *2* PHYS. spectrum.
especulación *f.* speculation.
especulador, ra *a.* speculating. *2 m.-f.* speculator.
especular *t.* to speculate [about.].
espejismo *m.* mirage; illusion.
espejo *m.* mirror, looking-glass: ~ ***de cuerpo entero***, full-length mirror.
espeluznante *a.* hair-raising, dreadful, terrifying.
espera *f.* wait, waiting; ***sala de*** ~, waiting-room. *2* delay. *3* patience. *4* ***estar en ~ de***, to be waiting for.
esperanza *f.* hope. *2* expectation.

esperar *t.* to hope; to expect. *2* to look forward to. *3 t.-i.* to await, wait [for]. *4 i.* to hope: ~ ***en Dios***, to trust in God.
esperpento *m.* ugly thing. *2* absurdity.
espesar *t.-ref.* to thicken.
espeso, sa *a.* thick, dense.
espesor *m.* thickness, density.
espesura *f.* thickness. *2* thicket, dense wood.
espetar *t.* to spit, skewer. *2* coll. to spring [something] on [one]. *3 ref.* to stiffen, assume a solemn air.
espía *m. f.* spy [person].
espiar *t.* to spy [on]; to watch.
espiga *f.* BOT. spike, ear [of wheat]. *2* peg, brad.
espigón *m.* breakwater, jetty.
espina *f.* thorn: *fig.* ***sacarse la*** ~, to get even. *2* fishbone. *3* spine, backbone. *4* scruple, suspicion: ***dar mala*** ~, to arouse one's suspicion.
espinaca *f.* BOT. spinach.
espinazo *m.* spine, backbone.
espinilla *f.* shin-bone. *2* MED. blackhead [on the skin].
espino *m.* BOT. thornbush, hawthorn.
espinoso, sa *a.* spiny, thorny. *2* arduous, difficult.
espionaje *m.* spying, espionage.
espirar *t.-i.* PHYSIOL. to expire. *4* to exhale, breathe out
espiritismo *m.* spiritism, spiritualism.
espiritista *m.-f.* spiritist, spiritualist.
espíritu *m.* spirit; soul. *2* ghost: ***Espíritu Santo***, Holy Ghost. *3* vigour; courage.
espiritual *a.* spiritual.
espita *f.* cock, tap; faucet.
esplendidez *f.* splendour. *2* abundance, generosity.
espléndido, da *a.* splendid, magnificent. *2* liberal, generous.
esplendor *m.* splendour. *2* radiance.
esplendoroso, sa *a.* splendid, radiant.
espliego *m.* BOT. lavender.
espolear *t.* to spur; to incite.
espolón *m.* spur [of bird]. *2* beak, ram [of a boat]. *2* breakwater, jetty.
espolvorear *t.* to powder.
esponja *f.* sponge.
esponjoso, sa *a.* spongy.
esponsales *m. pl.* betrothal.
espontáneamente *adv.* spontaneously.
espontaneidad *f.* spontaneity.
espontáneo, a *a.* spontaneous.
esposa *f.* wife. *2 pl.* handcuffs.
esposar *t.* to handcuff.
esposo *m.* husband. *2 pl.* husband and wife.
espuela *f.* spur; stimulus.
espulgar *t.* to delouse. *2* to examine closely.
espuma *f.* foam, froth. *2* lather [of soap]. *3* scum.
espumarajo *m.* froth [from the mouth]: ***echar espumarajos***, to be furious.
espumoso, sa *a.* foamy, frothy. *2* sparkling [wine].
espurio, ria *a.* spurious, bastard.
esputo *m.* spittle, spit, saliva.
esqueje *m.* HORT. cutting, slip.
esquela *f.* note, short letter. *2* ~ ***mortuoria***, death note.
esquelético, ca *a.* skeletal, thin.
esqueleto *m.* skeleton. *2* framework.
esquema *m.* scheme, plan, sketch.
esquí *m.* ski. *2* skiing.
esquiar *i.* to ski.
esquife *m.* skiff, small boat.
esquila *f.* hand-bell; cow-bell.
esquilar *t.* to shear, clip.
esquilmar *t.* to harvest. *2* to improverish [land].
esquimal *a.-n.* Eskimo.
esquina *f.* corner, outside angle.
esquinazo *m.* corner: ***dar ~ a***, to avoid someone.
esquirol *m.* blackleg.
esquivar *t.* to avoid, shun, dodge. *2 ref.* to withdraw.
esquivez *f.* shyness, desdain.
esquivo, va *a.* disdainful, cold, aloof. *2* reserved; unsociable.
estabilidad *f.* stability.
estable *a.* stable, steady, firm.
establecer *t.* establish, found. *2* to decree. *3 ref.* to settle down; to set up in business. ¶ CONJUG. like ***agradecer***.
establecimiento *m.* settlement; foundation. *2* establishment, shop, store. *3* statute, law.
establo *m.* stable; cattle barn.
estaca *f.* stake, picket. *2* HORT. cutting. *3* stick, cudgel.
estacada *f.* stockade, picket fence. *2* palisade.
estación *f.* season [of the year]. *2* halt, stop. *3* RLY. station. *4* ~ ***balnearia***, bathing resort.
estacionar *t.* to station; to place. *2 ref.* to park.
estacionario, ria *a.* stationary.
estadio *m.* stadium. *2* stage, phase.
estadista *m.* statesman. *2* statistician.
estadística *f.* statistics.
estado *m.* state, condition: ~ ***de guerra***, martial law; ***tomar*** ~, to marry; to take orders. *2* order, class: ~ ***llano***, the commons. *3* POL. state, government. *4* MIL. ~ ***mayor***, staff.

Estados Unidos de América *m. pr. n.* United States of America.
estadounidense *a.-n.* [citizen] of the U. S., American.
estafa *f.* cheat, swindle, trick.
estafar *t.* to cheat, swindle.
estafeta *f.* courier, post. *2* post-office branch.
estallar *i.* to burst, explode. *2* [of fire, war, etc.] to break out.
estallido *m.* outburst; snap, crack, crash: ***dar un*** ~, to explode.
estambre *m.* worsted, woolen yarn. *2* BOT. stamen.
estampa *f.* print, engraving. *2 fig.* appearance. *3* likeness.
estampado *m.* stamping. *2* cotton print, calico, printed fabric.
estampar *t.* to print. *2* to stamp. *3* to impress, imprint.
estampida *f.* rush, stampede.
estampido *m.* bang, crack, crash; report of a gun.
estampilla *f.* rubber stamp, seal. *2* (Am.)postage stamp.
estancar *t.* to stem, sta(u)nch, stop the flow of, hold up or back. *2 ref.* to stagnate.
estancia *f.* stay sojourn. *2* room, living-room. *3* stanza. *4* (Am.) ranch, farm.
estanco, ca *a.* stanch, watertight. *2 m.* tobacconist's.
estandarte *m.* standard, banner.
estanque *m.* reservoir, pond.
estante *m.* shelf, bookcase.
estantería *f.* shelving, shelves.
estaño *m.* CHEM. tin.
estar *i.-ref.* to be; to keep, stay, remain, stand [in or at a place, state, etc.]: ***estarle bien a uno***, to be becoming to one; ~ ***en casa***, to be at home; ~ ***enfermo***, to be ill; ~ ***quieto***, to stand still. *2 i.* it constitutes the progressive form, when followed by gerund. ¶ CONJUG. INDIC. Pres.: ***estoy, estás, está;*** estamos, ***estáis, están.*** Pret.: ***estuve, estuviste, estuvo,*** etc. ‖ SUBJ.: Pres.: ***esté, estés, esté;*** estemos, ***estéis, estén.*** | Imperf.: ***estuviera, estuvieras,*** etc., or ***estuviese, estuvieses***, etc. | Fut.: ***estuviere, estuvieres***, etc. ‖ IMPER.: ***está, esté;*** estemos, estad, ***estén.*** ‖ P. P: ***estado.*** ‖ GER.: ***estando.***
estatua *f.* statue.
estatuir *t.* to establish, order, decree. ¶ CONJUG.: like ***huir.***
estatura *f.* stature, height.
estatuto *m.* statutes, regulations.
1) **este** *m.* east, orient.
2) **este** *m.* **esta** *f. sing. dem. a.* this; **estos** *m.* **estas** *f. pl.* these.
éste *m.* **ésta** *f. sing. dem. pron.* this one; **esto** *neut.* this, this thing; **éstos** *m.* **éstas** *f. pl.* these. *2* ***éste*** ... ***aquél***, the former ... the latter.
estela *f.* wake [of a ship]; trail [of a luminous body]. *2* ARCH. stele.
estenografía *f.* shorthand, stenography.
estepa *f.* steppe, treeless plain.
estera *f.* mat; matting.
estercolar *t.* to dung, manure.
estercolero *m.* dunghill, manure pile or dump.
estereofónico, ca *a.* stereophonic.
estéril *a.* sterile, barren.
esterilidad *f.* sterility.
esterilizar *t.* to sterilize.
esterlina *a.* ***libra*** ~, sterling pound.
estero *m.* estuary. *2* laying mats.
estertor *m.* death-rattle; snort.
estético, ca *a.* æsthetic. *2 f.* æsthetics.
estetoscopio *m.* stethoscope.
estibador *m.* stevedore.
estibar *t.* to stow. *2* to pack down, compress.
estiércol *m.* dung, manure.
estigma *m.* stigma, mark.
estilar *i.* to use, be in the habit of. *2 ref.* to be in style.
estilete *m.* stylet. *2* stiletto.
estilo *m.* style. *2* use, custom.
estima *f.* esteem, appreciation.
estimación *f.* esteem, regard: ***propia*** ~, self-respect. *2* valuation.
estimar *t.* to esteem, hold in regard: ~ ***en poco***, to hold in low esteem. *2* to judge, think. *3* to estimate, value.
estimulante *a.* stimulating. *2 m.* stimulant.
estimular *t.* to stimulate. *2* to incite; to goad.
estímulo *m.* stimulus. *2* incentive. *3* encouragement.
estío *m.* summer.
estipendio *m.* stipend, salary, fee.
estipulación *f.* stipulation.
estipular *t.* to stipulate.
estirado, da *a.* stretched, expanded, drawn out. *2* stiff; stuck-up; conceited.
estirar *t.* to stretch, pull out. *2* to extend: ~ ***la pierna***, coll. to die. *3* to draw [wire]. *4 ref.* to stretch out.
estirón *m.* pull, tug. *2* coll. ***dar un*** ~, to shoot up [in growth].
estirpe *f.* stock, lineage, family.
estival; estivo, va *a.* æstival, summery.
estocada *f.* stab, thrust.
estofa *f.* quality, class: ***gente de baja*** ~, low-class people, rabble.

estofado, da *a.* steweed. *2 m.* COOK. stew, ragout.
estofar *t.* COOK. to stew, ragout.
estoico, ca *a.* stoic(al.
estómago *m.* ANAT. stomach.
estopa *f.* tow. *2* burlap.
estoque *m.* rapier. *2* BULLF. sword.
estorbar *t.* to hinder, obstruct. *2* to annoy.
estorbo *m.* hindrance, obstruction, nuisance.
estornino *m.* starling.
estornudar *i.* to sneeze.
estornudo *m.* sneeze.
estrado *m.* dais, platform. *2 pl.* lawcourts.
estrafalario, ria *a.* ridiculous, queer, eccentric.
estragar *t.* to corrupt, vitiate. *2* to ruin, spoil.
estrago *m.* havoc, ruin, ravage: ***hacer estragos***, to play havoc.
estrangular *t.* to strangle, throttle.
estraperlista *m.-f.* black marketeer.
estraperlo *m.* black market.
estratagema *f.* stratagem, trick.
estrategia *f.* strategy.
estratégico, ca *a.* strategic(al.
estrechamente *adv.* narrowly. *2* with poverty. *3* closely; tightly.
estrechar *t.* to narrow, make less wide. *2* to take in [a garment]. *3* to embrace, clasp in one's arms. *4* to tighten [bonds, etc.]. *5* ~ ***la mano***, to shake hands with. *6 ref.* to narrow [become narrower]. *7* to press together. *8* to cut down expenses.
estrechez *f.* narrowness. *2* tightness [of shoes, etc.]. *3* pressure [of time]. *4* closeness, intimacy. *5* penury, poverty.
estrecho, cha *a.* narrow. *2* tight [shoes, etc.]. *3* close [friendship, etc.]. *4* miserly. *5 m.* GEOG. straits: ~ ***de Gibraltar***, Sraits of Gibraltar.
estregar *t.* to rub, scrub. ¶ CONJUG. like ***acertar***.
estrella *f.* star: ~ ***fugaz***, shooting star; ***poner sobre las estrellas***, to praise to the skies. *2* star [of the screen, etc.]. *3* stars, luck: ***tener buena*** ~, to be lucky. *4* ~ ***de mar***, starfish.
estrellado, da *a.* starry, star-spangled. *2* star-shaped. *3* fried [egg]. *4* smashed, splattered.
estrellar *t.* to strew with stars. *2 t.-ref.* to smash [against], dash to pieces, shatter. *3 ref.* to become strewn with stars.
estremecer *t.-ref.* to shake, shiver, shudder; to thrill; to tremble. ¶ CONJUG. like ***agradecer***.
estremecimiento *m.* shaking, trembling, shudder; thrill.
estrenar *t.* to use or wear for the first time; to handsel. *2* to perform [a play] or to show [a film] for the first time. *3 ref.* to make one's debut.
estreno *m.* first use. *2* THEAT. première. *3* début; first performance. *4* handsel.
estreñimiento *m.* constipation.
estreñir *t.* to constipate. *2 ref.* to become constipated. ¶ CONJUG. like ***ceñir***.
estrépito *m.* noise, crash, din.
estrepitosamente *adv.* noisily.
estrepitoso, sa *a.* deafening, noisy.
estría *f.* stria, flute, groove.
estriar *t.* to striate, flute, groove.
estribación *f.* spur, counterfort.
estribar *i.* ~ ***en***, to rest on; to be based on; to lie on.
estribillo *m.* refrain. *2* pet word, pet phrase.
estribo *m.* stirrup: ***perder los estribos***, to lose one's head. *2* footboard, step [of a carriage]. *3* ARCH. buttress.
estribor *m.* NAUT. starboard.
estricto, ta *a.* strict; severe.
estridente *a.* strident; shrill.
estrofa *f.* strophe, stanza.
estropajo *m.* esparto scrub; dishcloth. *2* mob, swab. *3* worthless thing.
estropear *t.* to spoil, ruin, damage. *2* to maim. *3 ref.* to get spoiled, ruined, maimed.
estructura *f.* structure.
estruendo *m.* great noise, clangor, crash. *2* uproar, clamour, din.
estruendoso, sa *a.* noisy, clamorous.
estrujar *t.* to squeeze, crush, press.
estuario *m.* estuary.
estuco *m.* plaster, stucco.
estuche *m.* case, sheath.
estudiante *m.* student.
estudiantina *f.* musical band of students.
estudiar *t.* to study. *2 i.* to be a student.
estudio *m.* study. 2 study, paper [article, writing]. *3* studio, library. *4 pl.* studies, learning.
estudioso, sa *a.* studious.
estufa *f.* stove, heater.
estupefacto, ta *a.* amazed, dumbfounded.
estupendo, da *a.* stupendous, wonderful.
estupidez *f.* stupidity.
estúpido, da *a.-n.* stupid, foolish.
estupor *m.* amazement, astonishment.
estupro *m.* rape, violation.

etapa *f.* stage [of journey, etc.]. *2* epoch, period.
etcétera *f.* et cetera, and so on.
éter *m.* ether. *2* heavens.
etéreo, rea *a.* ethereal.
eternamente *adv.* eternally.
eternidad *f.* eternity.
eternizar *t.* to perpetuate, make eternal.
eterno, na *a.* eternal, everlasting.
ético, ca *a.* ethical, moral. *2 m.* ethicist, moralist. *3 f.* ethics.
etiqueta *f.* label. *2* etiquette, ceremony, formality.
eucalipto *m.* eucalyptus.
eucaristía *f.* Eucharist.
eufemismo *m.* euphemism.
Europa *f. pr.-n.* Europe.
europeo, a *a.-n.* European.
evacuación *f.* evacuation.
evacuar *t.* to evacuate, empty. *2* to discharge [bowels, etc.]. *3* to carry out [commision, etc.].
evadir *t.* to evade, elude. *2 ref.* to escape, sneak away.
evaluar *t.* to evaluate, appraise.
evangélico, ca *a.* evangelical.
evangelio *m.* gospel.
evangelizar *t.* to evangelize.
evaporación *f.* evaporation.
evaporar *t.-ref.* to evaporate.
evasión *f.* escape. *2* evasion.
evasivo, va *a.* evasive, elusive.
eventual *a.* fortuitous, accidental. *2* **~mente** *adv.* by chance.
evidencia *f.* evidence, obviousness.
evidenciar *t.* to show, render evident, prove.
evidente *a.* evident, obvious.
evitar *t.* to avoid, elude, shun. *2* to prevent.
evocación *f.* evocation.
evocar *t.* to evoke, call up.
evolución *f.* evolution [development, change].
exacerbar *t.* to exacerbate. *2* to irritate. *3 ref.* to become exacerbated.
exactamente *adv.* exactly.
exactitud *f.* exactness, accuracy.
exacto, ta *a.* exact, accurate, precise, punctual. *2 adv.* right.
exageración *f.* exaggeration.
exagerado, da *a.* exaggerated. *2* excessive.
exagerar *t.* to exaggerate.
exaltado, da *a.* exalted. *2* hot-headed.
exaltar *t.* to exalt. *2* to extol, praise. *3 ref.* to become excited.
examen *m.* examination. *2* inquiry, investigation.
examinar *t.* to examine. *2* to inspect, survey, look into. *3 ref.* to sit for an examination.
exangüe *a.* bloodless, pale. *2* exhausted, worn out. *3* lifeless.
exánime *a.* exanimate, lifeless. *2* weak.
exasperante *a.* exasperating.
exasperar *t.* to exasperate, irritate, annoy. *2 ref.* become exasperated, etc.
exceder *t.* to exceed, surpass, outdo. *2 i.-ref.* to go too far.
excelente *a.* excellent.
excelso, sa *a.* lofty, sublime.
excentricidad *f.* eccentricity.
excéntrico, ca *a.* eccentric(al. *2 m.-f.* eccentric, crank [person].
excepción *f.* exception.
excepcional *a.* exceptional, uncommon, unusual.
excepto *adv.* except, save.
exceptuar *t.* to except, leave out.
excesivo, va *a.* excessive, too much, immoderate.
exceso *m.* excess, surplus. *2* outrage, intemperance.
excitación *f.* excitement.
excitante *a.* exciting. *2 a.-m.* excitant.
excitar *t.* to excite, stir up, move. *2 ref.* to get excited.
exclamación *f.* exclamation.
exclamar *i.* to exclaim, cry out.
excluir *t.* to exclude, debar, shut out. ¶ CONJUG. like ***huir***.
exclusión *f.* exclusion.
exclusiva *f.* sole or exclusive right, special privilege.
exclusivamente *adv.* exclusively.
exclusivo, va *a.* exclusive. *2* sole.
excomulgar *t.* to excommunicate.
excomunión *f.* excommunication.
excoriación *f.* excoriation.
excrecencia *f.* excrescence.
excremento *f.* excrement.
excursión *f.* excursion, trip, tour.
excusa *f.* excuse, apology.
excusado, da *a.* exempt. *2* superfluous, unnecessary. *3* private, reserved. *4 m.* toilet.
excusar *t.* to excuse. *2* to avoid. *3* to exempt from. *4* ***excuso decir***, needless to say. *5 ref.* to apologize.
execrable *a.* execrable, hateful.
exención *f.* exemption, franchise.
exento, ta *a.* exempt. *2* free from. *3* unobstructed.
exequias *f.* obsequies, funeral rites.
exhalación *f.* exhalation. *2* shooting star. *3* fume, vapour.
exhalar *t.* to exhale, breathe forth. *2* to heave [a sigh].

exhausto, ta *a.* exhausted, empty.
exhibir *t.* to exhibit, show. *2* to produce [documents, etc.]. *3 ref.* to show off.
exhortar *t.* to exhort, warn.
exigencia *f.* fastidiousness. *2* demand, requirement.
exigente *a.* exigent, exacting.
exigir *t.* to exact. *2* to require, demand.
exiguo, gua *a.* exiguous, meager, scanty, small.
eximio, mia *a.* eminent, most excellent, very distinguished.
eximir *t.* to exempt, free from.
existencia *f.* existence. *2* life [of man]. *3 s. & pl.* COM. stocks in hand: ***en*** ~, in stock.
existir *i.* to exist, be.
éxito *m.* issue: ***buen*** ~, success; ***mal*** ~, failure. *2* success, hit: ***tener*** ~, to be successful.
exonerar *t.* to exonerate. *2* to dismiss [from a post].
exorbitante *a.* exorbitant.
exorcizar *t.* exorcise.
exótico, ca *a.* exotic, foreign, strange. *2* odd, bizarre.
expansión *f.* PHYS., ANAT. expansion. *2* emotional effusion. *3* relaxation, recreation.
expansionarse *ref.* to give vent to one's feelings.
expansivo, va *a.* expansive.
expatriarse *t.-ref.* to expatriate.
expectativa *f.* expectation, hope: ***a la*** ~, on the loock-out.
expedición *f.* expedition. *2* dispatch, speed.
expedicionario, ria *a.* expeditionary. *2 m.-f.* explorer.
expediente *m.* action, proceeding. *2* dossier. *3* device, resource. *4* ***cubrir el*** ~, to keep up appearances.
expedir *t.* to issue [a certificate, etc.]. *2* to send. *3* to expedite, dispatch. ¶ CONJUG. like ***servir.***
expedito, ta *a.* clear, free from encumbrance, open [way, etc.].
expeler *t.* to expel, eject.
expendedor, ra *a.* spending. *2 m.-f.* spender. *3* seller, retailer.
expensas *f. pl.* expenses: ***a*** ~ ***de***, at the expense of.
experiencia *f.* experience. *2* experiment.
experimentado, da *a.* experienced.
experimentar *t.* to experiment, try. *2* to experience, undergo.
experto, ta *a.* expert, skilful. *2 m.* expert.
expiación *f.* expiation.
expirar *i.* to expire.
explanar *t.* to level, grade [ground]. *2* to explain.
explayar *t.* to extend, dilate. *2 ref.* to extend; to dwell [upon a subject]. *3* to amuse oneself.
explicación *f.* explanation.
explicar *t.* to explain, expound. *2 ref.* to express oneself: ~ ***una cosa***, to account for a thing.
explícito, ta *a.* explicit, express.
explorador *m.-f.* explorer. *2 m.* MIL. scout. *3* boy scout.
explorar *t.* to explore. *2* to scan [the horizon]. *3* MIL. to scout.
explosión *f.* explosion [exploding; outburst]. *2* MIN. blast.
explosivo, va *a.-m.* explosive.
explotación *f.* exploitation.
explotar *t.* to run, work, exploit.
expoliación *f.* spoliation.
exponer *t.* to expound, explain, state. *2* to expose, show. *3* to exhibit [goods, etc.]. *4* PHOT. to expose. *5* to jeopardize. *6 ref.* to expose oneself.
exportación *f.* exportation, export.
exportar *t.* to export.
exposición *f.* exposition, expounding. *2* address, petition. *3* PHOT. exposure. *4* jeopardy, risk. *5* public, exhibition, show.
expósito, ta *a.-n.* foundling.
expresamente *adv.* on purpose.
expresar *t.-ref.* to express.
expresión *f.* expression.
expresivo, va *a.* expressive. *2* affectionate, kind.
expreso, sa *a.* expressed. *2* express, clear. *3 m.* RLY. express train.
exprimir *t.* to extract, squeeze out [juice]. *2* to express, utter.
expuesto, ta *a.* exposed. *2* on view, exhibited. *3* dangerous, hazardous. *4* liable, open to.
expugnar *t.* MIL. to take by storm.
expulsar *t.* to expel, drive out.
expulsión *f.* expulsion, ejection.
exquisito, ta *a.* exquisite.
extasiarse *ref.* to be in ecstasy, be delighted.
éxtasis *m.* ecstasy, rapture.
extender *t.* to spread, extend. *2* to spread out, unfold. *3* to stretch out [a limb]. *4* to draw up [a document]. *5 ref.* to extend, spread; to become extensive. ¶ CONJUG. like ***entender.***
extensión *f.* extension. *2* extent; range. *3* expanse, stretch.
extenso, sa *a.* extensive, vast, spacious: ***por lo*** ~, in detail.

extenuar *t.* to emaciate, exhaust, wear out, weaken. *2 ref.* to become worn out.
exterior *a.* exterior, outer, outside. *2* foreign [commerce, etc.]. *3 m.* exterior, outside. *4* [personal] appearance. *5* -**-mente** externally.
exterminar *t.* to exterminate.
exterminio *m.* extermination.
externo, na *a.* external, outward. *2 m.-f.* day scholar, day pupil.
extinguir *t.* to extinguish, quench, put out [fire, etc.]. *2 ref.* to become extinct; to die, go out.
extintor *m.* fire-extinguisher.
extirpación *f.* extirpation, eradication, removal.
extirpar *t.* to extirpate, uproot.
extracción *f.* extraction. *2* birth.
extracto *m.* extract.
extraer *t.* to extract, draw out.
extralimitarse *ref.* to go too far.
extranjero, ra *a.* foreign, outlandish. *2 m.-f.* alien, foreigner: ***al*** or ***en el*** ~, abroad.
extrañar *t.* to banish, exile. *2* to surprise. *3* (Am.) to miss [a person]. *4 ref.* to exile oneself. *5* to be surprised, wonder.
extrañeza *f.* strangeness, oddity. *2* wonder, astonishment.
extraño, ña *a.* strange, foreign. *2* strange, peculiar.
extraordinario, ria *a.* extraordinary, uncommon: ***horas extraordinarias***, overtime.
extravagancia *f.* oddness, wildness, nonsense; folly.
extravagante *a.* odd, queer, wild.
extraviado, da *a.* out of the way, mislaid, missing, lost, astray.
extraviar *t.* to lead astray. *2* to mislay. *3 ref.* to stray, lose or miss one's way, get lost.
extravío *m.* deviation, straying. *2* mislaying, loss. *3* error, wrong, *4* misconduct.
extremadamente *adv.* extremely.
extremado, da *a.* extreme, extremely good or bad.
extremar *t.* to carry to extremes. *2 ref.* to do one's best.
extremaunción *f.* ECL. extreme unction.
extremidad *f.* extremity, end, tip, brink, border. *2* the highest degree. *3 pl.* extremities.
extremo, ma *a.* extreme, utmost, farthest. *2* great, excessive. *3 m.* extreme, end, extremity: ***hasta tal*** ~, to such a point.
extrínseco, ca *a.* extrinsic.
exuberancia *f.* exuberance: ***con*** ~, abundantly.
exuberante *a.* exuberant, luxurious, rampant.
exvoto *m.* votive offering.

F

fábrica *f.* factory, works, mill. *2* manufacture.

fabricación *f.* manufacture.

fabricante *m.* manufacturer.

fabricar *t.* to make, manufacture. *2* to build. *3* to fabricate, invent.

fabril *a.* manufacturing.

fábula *f.* fable. *2* rumor, gossip.

fabuloso, sa *a.* fabulous. *2* extraordinary. *3* false.

faca *f.* jack-knife.

facción *f.* faction, party. *2 pl.* features [of the face].

faccioso, sa *a.* rebellious, insurgent. *2 m.* rebel.

faceta *f.* facet.

fácil *a.* easy, facile, fluent [speech]. *2* probable, likely.

fácilmente *adv.* easily.

facilidad *f.* ease, easiness; fluency. *2 pl.* facilities.

facilitar' *t.* to make easy, facilitate. *2* to furnish, provide with.

facineroso, sa *m.-f.* criminal, wicked; villain.

factible *a.* feasible, practicable.

factor *m.* COM. commercial agent. *2* element, joint cause. *3* RLY. luggage clerk. *4* MATH. factor.

factoría *f.* agency. *2* trading post. *3* agent's office.

factura *f.* COM. invoice, bill.

facturar *t.* COM. to invoice, bill. *2* RLY. to register [luggage]; to remit [goods] by rail.

facultad *f.* faculty. *2* power, permission. *3* ability, skill. *4* faculty [of University]. *5 pl.* mental powers.

facultar *t.* to empower, authorize.

facultativo *a.* optional. *2 a.-n.* professional. *3 m.* doctor.

facundia *f.* fluency, eloquence.

facha *f.* appearance, look, mien. *2* ridiculous figure.

fachada *f.* ARCH. façade, front. *2* appearance [of a person].

fachendoso, sa *a.* vain, boastful. *2 m.-f.* boaster.

faena *f.* work, toil. *2* task, job, *chore.

faisán *m.* pheasant.

faja *f.* sash, scarf; girdle. *2* swaddling band. *3* [newspaper] wrapper. *4* stripe, band, zone.

fajar *t.* to band, bandage, girdle. *2* to swaddle.

fajo *m.* bundle, sheaf, roll.

falange *f.* ANAT., ZOOL. phalange, phalanx. *2* (cap.) POL. Falange.

falaz *a.* deceitful, deceiving. *2* illusive, illusory.

falda *f.* skirt. *2* lap. *3* slope, foothill. *4* hat brim.

faldero, ra *a.* fond of the company of women. *2* lap [dog].

faldón *m.* coat-tail; shirt-tail.

falible *c.* fallible.

falsario, ria *a.* liar. *2* forger. counterfeiter, crook.

falsear *t.* to counterfeit, falsify; to misrepresent; to forge. *2 i.* to weaken, give way.

falsedad *f.* falseness. *2* falsehood, lie; deceit; treachery.

falsificación *f.* falsification, forgery, counterfeit.

falsificador, ra *m.-f.* falsifier, counterfeiter.

falsificar *t.* to falsify, make false. *2* to counterfeit, forge.

falso, sa *a.* false. *2* untrue. *3* sham. imitated. *4* treacherous [person]. *5* vicious [horse]. *6* counterfeit [money].

falta *f.* lack, want, deficiency, shortage: *~ **de pago***, nonpayment; ***a** ~ **de***, for want of; ***sin** ~*, without fail. *2* SPORTS fault. *3* LAW misdeed. *4* mistake: *~ **de ortografía***, mis-spelling. *5 **hacer** ~*, to be necessary.

faltar *i.* to be lacking, wanting or missing; to be short of; ***faltaban dos tenedores***, two forks were missing. *2* to be absent. *3* ~ ***a la verdad***, to lie. *4* to offend somebody. *5* to break [one' word]. *6 imper.* ***faltan tres días para Navidad***, it is three days till Christmas. *7* ***¡no faltaba más!***, that's the last straw.

falto, ta *a.* devoid, wanting, lacking, short.

faltriquera *f.* pocket.

falla *f.* fault, failure. *2* GEOL. fault, break.

fallar *t.* to judge, pass sentence. *2* to ruff, trump [at cards]. *3 i.* to fail, miss, be deficient.

fallecer *i.* to decease, die. ¶ CONJUG. like ***agradecer.***

fallecimiento *m.* decease, death, demise.

fallido, da *a.* unsuccessful frustrated.

fallo *m.* decision, judgement.

fama *f.* fame, renown, reputation. *2* report, rumour.

famélico, ca *a.* hungry, starving.

familia *f.* family. *2* household.

familiar *a.* [pertaining to the] family. *2* familiar [well-known]. *3* unceremonious, informal. *4* colloquial. *5 m.* relative.

familiaridad *f.* familiarity; informality.

familiarizar *t.* to familiarize [with], acquaint with. *2 ref.* to become familiar [with], acquaint oneself with.

famoso, sa *a.* famous, renowned. *2* coll. fine, great.

fámulo, la *m.* manservant. *2 f.* maidservant.

fanal *m.* harbour beacon. *2* light or lamp globe. *3* bell-glass.

fanático, ca *a.* fanatic(al. *2 m.-f.* fanatic, fan; bigot.

fanatismo *m.* fanaticism.

fanatizar *t.* to fanaticize.

fandango *m.* a lively Spanish dance. *2* coll. shindy.

fanega *f.* grain measure [1.60 bu.]. *2* ~ ***de tierra***, land measure [1.59 acres].

fanfarrón, na *a.* swaggering, bragging, boasting. *2 m.-f.* swaggerer, braggart, boaster.

fanfarronada *f.* fanfaronade, swagger, boast, bluff.

fanfarronear *i.* to boast, swagger.

fanfarronería *f.* boastfulness.

fangal, fangar *m.* miry place, mudhole.

fango *m.* mud, mire.

fangoso, sa *a.* muddy, miry.

fantasear *t.* to fancy, imagine.

fantasía *f.* fancy, imagination. *2* tale. *3* vanity, conceit.

fantasioso, sa *a.* vain, conceited.

fantasma *m.* phantom. *2* ghost.

fantástico, ca *a.* fantastic, fanciful. *2* vain, conceited.

fantoche *m.* puppet, marionette. *2* coll. ridiculous fellow.

farándula *f.* troupe of strolling players.

fardo *m.* bundle, bale, burden.

farfullar *t.* to splutter, stutter.

fariseo *m.* pharisee, hypocrite.

farmacéutico, ca *a.* pharmaceutic(al. *2 m.-f.* chemist, *druggist, pharmacist.

farmacia *f.* pharmacy. *2* chemist's shop, *drug-store.

faro *m.* lighthouse, beacon. *2* headlight [of a car].

farol *m.* street lamp, lamp-post. *2* lantern. *3* carriage lamp. *4* NAUT. light. *5* boaster. *6* bluff.

farola *f.* many-branched lamp-post. *2* harbour beacon.

farolear *i.* to show off, to brag.

farrá *f.* (Am.) spree, revelry.

fárrago *m.* farrago, medley.

farragoso, sa *a.* confused.

farruco, ca *a.* bold, fearless.

farsa *f.* THEAT. farce. *2* company of players. *3* sham; trick.

farsante *a.-n.* THAT. farce player. *2* hypocrite. *3* quack: bluffer.

fascículo *m.* fascicle, instalment.

fascinación *f.* fascination, bewitching, spell; glamour.

fascinador, ra *a.* fascinating, glamorous, charming.

fascinar *t.* to fascinate, charm.

fascista *a.-n.* fascist.

fase *f.* phase, aspect, view.

fastidiar *t.* to cloy, sicken. *2* to bore. *3 ref.* to become annoyed.

fastidio *m.* distaste. *2* annoyance. *3* boredom. *4* weariness.

fastidioso, sa *a.* cloying. *2* annoying. *3* boring, tiresome.

fasto, ta *a.* lucky, happy [day, etc.]. *2 m.* pomp, magnificence.

fastuoso, sa *a.* pompous, magnificent, gaudy, showy.

fatal *a.* fatal, unavoidable. *2* fateful. *3* bad, deadly.

fatalidad *f.* fatality. *2* misfortune, mischance.

fatídico, ca *a.* fatidic, ominous.

fatiga *f.* fatigue, weariness. *2* hard breathing. *3 pl.* hardships.

fatigar *t.* to fatigue, weary, tire. *2* to annoy, harass. *3 ref.* to tire, get tired.

fatigoso, sa *a.* wearisome, tiring. *2* hard, troublesome.

fatuo, tua *a.* vain, conceited.

fauna *f.* fauna.

fausto, ta *a.* happy, fortunate. *2 m.* pomp, magnificence.
favor *m.* help, aid. *2* favo(u)r, kindness, good turn: ***por*** ~, please; ***a*** ~ ***de***, on behalf of, in favo(u)r of; under cover of.
favorable *a.* favo(u)rable. *2* advantageous. *2* **-mente** *adv.* favo(u)rably.
favorecer *t.* to help, aid, favo(u)r, support. ¶ CONJUG. like ***agradecer***.
favoritismo *m.* favo(u)ritism.
favorito, ta *a.-n.* favo(u)rite, pet.
faz *f.* face, visage. *2* aspect.
fe *f.* faith: ***dar*** ~, to give credit to, believe. *2* assurance, certification: ~ ***de bautismo***, certificate of baptism.
fealdad *f.* ugliness, hideousness. *2* plainness. *3* badness, foulness.
febrero *m.* February.
febril *a.* feverish, restless.
fecundar *t.* to fertilize.
fecundo, da *a.* fruitful, fertile.
fecha *f.* date [time]. *2* day.
fechar *t.* to date [a letter, etc.].
fechoría *f.* misdeed, offence.
federación *f.* federation, union.
federal *a.* federal(istic.
federar *t.-ref.* to federate.
fehaciente *a.* LAW authentic, valid.
felicidad *f.* felicity, happiness, bliss. *2 pl.* congratulations!
felicitación *f.* congratulation.
felicitar *t.* to congratulate.
feligrés, sa *m.-f.* ECCL. parishioner.
feliz *a.* happy, fortunate, lucky. *2* **-mente** *adv.* happily.
felonía *f.* treachery, felony.
felpudo, da *a.* plushy. *2 m.* doormat.
femenino, na *a.* female, femenine.
fenomenal *a.* phenomenal. *2* great, enormous.
fenómeno *m.* phenomenon. *2* monster, freak.
feo, a *a.* ugly. *2* plain, homely. *3* unbecoming. *4* bad, dirty [word, etc.]. *5* serious, alarming. *6 m.* slight, affront.
feracidad *f.* feracity, fertility.
feraz *a.* feracious, fertile.
féretro *m.* bier, coffin.
feria *f.* fair, market: ~ ***de muestras***, trade exhibition.
fermentar *i.* to ferment.
fermento *m.* ferment. *2* leavening.
ferocidad *f.* fierceness, cruelty.
feroz *a.* ferocious. *2 fig.* ravenous, wild, fierce, savage.
férreo, a *a.* ferreous, iron: ***vía*** ~, *railroad, railway. *2* strong, harsh; stern, rigid.
ferretería *f.* hardware. *2* ironmonger's shop.
ferrocarril *m.* railway, *railroad.
ferroviario, ria *a.* [pertaining to the] railway. *2 m.* railwayman.
fértil *a.* fertile, productive, rich.
fertilidad *f.* fertility, fruitfulness.
fertilizante *m.* fertilizer.
fertilizar *t.* to fertilize.
férula *f.* ferule. *2* authority, rule.
ferviente *a.* FERVOROSO.
fervor *m.* fervour, zeal, warmth.
fervoroso, sa *a.* fervent; devout, zealous.
festejar *t.* to feast, celebrate. *2* to court, woo.
festejo *m.* feast, entertainment, festival, celebration. *2* courting, courtship. *3 pl.* public rejoicings.
festín *m.* feast, banquet.
festival *m.* festival.
festividad *f.* feast, celebration. *2* feast day, holiday.
festivo, va *a.* humourous, witty. *2* merry, joyful. *3* ***día*** ~, feast day, holiday.
festonar, festonear *t.* to festoon.
fetidez *f.* fetidness, stench.
fétido, da *a.* fetid. *2* foul [breath]; stinking, rank.
feudal *a.* feudal. *2* feudalistic.
feudalismo *m.* feudalism.
fiable *a.* trustworthy, responsible.
fiado *m.* ***al*** ~, on credit.
fiador, ra *m.-f.* guarantor, surety, bail: ***salir*** ~, to answer for. *2* safety catch.
fiambre *m.* cold meat.
fianza *f.* bail, guaranty, security, bond: ***bajo*** ~, on bail. *2* guarantor, guarantee.
fiar *t.* to answer for, guarantee. *2 t.-i.* to sell on credit. *3 ref.* ***fiarse de***, to trust, rely on.
fibra *f.* fibre, fiber; staple.
ficción *f.* fiction; fable, tale.
ficticio, cia *a.* fictitious, made-up; imaginary.
ficha *f.* counter, chip. *2* domino [piece]. *2* filing card.
fichero *m.* card index; filing cabinet.
fidedigno, na *a.* trustworthy, reliable.
fidelidad *f.* fidelity, faithfulness.
fideos *m. pl.* vermicelli, noodles.
fiebre *f.* MED. fever. *2* excitement, agitation.
fiel *a.* faithful, loyal, true, trustworthy. *2* accurate. *3 m.* faithful [church member]. *4* pointer [of scales]. *5* **-mente** *adv.* faithfully.
fieltro *m.* felt. *2* felt hat.
fiera *f.* wild beast.
fiereza *f.* fierceness, cruelty.

fiero, ra *a.* fierce, cruel, ferocious. *2* wild [beast]. *3* violent, rough.
fiesta *f.* feast, entertainment, party; festival, public rejoicing; ***la ~ brava***, bullfight. *2* feastday, holiday: ***hacer ~***, to take a day off. *3* endearment, caress. *4 pl.* holidays.
figón *m.* cheap eating-house.
figura *f.* figure, form, shape.
figurado, da *a.* figurative.
figurar *t.* to figure, form, shape. *2* to feign. *3 i.* to be counted [among]. *4 ref.* to fancy.
figurín *m.* fashion-plate.
fijamente *adv.* firmly, fixedly.
fijar *t.* to fix, fasten. *2* to stick, post [bills, etc.]. *3* to set [a date, etc.]. *4 ref.* to settle; to notice, pay attention.
fijo, ja *a.* fixed. *2* firm, steady, steadfast, set: ***mirada fija***, set look. *3* fast [colour].
fila *f.* row, line; file: ***~ india***, single file; ***en ~***, in a row.
filamento *m.* filament, thread.
filántropo *m.* philantropist.
filatelia *f.* stamp-collecting.
filete *m.* ARCH. fillet, listel. *2* edge, rim. *3* SEW. narow hem. *4* small spit. *5* MACH. narrow edge; screw thread. *6* COOK. sirloin; fillet.
filial *a.* filial. *2 f.* branch [of commercial house, etc.].
filigrana *f.* filigree.
filme *m.* CINEM. film.
filmar *t.* CINEM. to film.
filo *m.* [cutting] edge. *2* dividing point or line.
filólogo *m.* philologist.
filón *m.* MIN. vein, seam, layer.
filosofía *f.* philosophy.
filósofo, fa *a.* philosophic(al. *2 m.-f.* philosopher.
filtrar *t.-i.* to filter. *2 i.* to leak. *3 ref.* to leak away.
filtro *m.* filter, strainer.
fin *m.* end: ***dar ~***, to end; ***poner ~ a***, to put an end to; ***al ~*** at the end; finally; ***por ~***, at last, lastly. *2* aim, purpose: ***a ~ de [que]***, in order to, in order that.
final *a.* final, last, ultimate. *2 m.* end. *3* **-mente** *adv.* finally.
finalidad *f.* finality. *2* intention.
finalizar *t.-i.* to end, finish.
financiar *t.* to finance.
financiero, ra *a.* financial. *2 m.-f.* financier.
finanzas *f. pl.* finances.
finar *i.* to die. *2 ref.* to yearn.
finca *f.* property, land, house.
fineza *f.* fineness, delicacy. *2* kindness; little gift.
fingido, da *a.* feigned, sham. *2* false, deceitful.
fingimiento *m.* pretence, sham.
fingir *t.* to feign, simulate, sham, pretend. *2 ref.* to pretend to be.
finiquitar *t.* to close [an account].
finito, ta *a.* finite, limited.
finlandés, sa *a.* Finnish. *2 m.-f.* Finn, Finlander.
fino, na *a.* fine [pure]. *2* thin; sheer; slender. *3* polite. *4* shrewd. *5* sharp [point; sense].
finta *f.* feint [sham attack].
finura *f.* fineness. *5* nicety. *3* good manners. *4* subtlety.
fiordo *m.* fiord.
firma *f.* signature. *2* [act of] signing. *3* COM. firm.
firmamento *m.* firmament, sky.
firmar *t.* to sign, subscribe.
firme *a.* firm [stable, strong, solid, steady]: ***tierra ~***, mainland. *2* steadfast. *3 m.* roadbed. *4 adv.* firmly. *5* ***de ~*** violently.
firmeza *f.* firmness; resoluteness.
fiscal *a.* fiscal. *2 m.* LAW public prosecutor; *district attorney.
fiscalización *f.* control, inspection.
fiscalizar *t.* to control, inspect.
fisco *m.* exchequer, treasury.
fisgar *t.* to pry, peep, snoop.
fisgón, na *a.* snooping, curious. *2* prier, busybody.
fisgonear *t.* to pry into.
física *f.* physics.
físico, ca *a.* physical. *2 m.* physicist. *3* looks [of a person].
fisiología *f.* physiology.
fisiológico, ca *a.* physiological.
fisión *f.* PHYS., CHEM. fission.
fisonomía *f.* physiognomy. *2* feature, face.
flaco, ca *a.* lean, thin. *2* weak, frail. *3 m.* weak point.
flagelar *t.* to scourge. *2* to lash.
flagrante *a.* blazing, flaming. *2* ***en ~ delito***, in the very act.
flamante *a.* bright, flaming. *2* new, brand-new.
flamear *i.* to flame, blaze. *2* [of flags, etc.] to wave, flutter.
flamenco, ca *a.-n.* Flemish. *2* Andalusian gypsy [dance, song, etc.]. *3* buxom. *4 m.* Flemish [language]. *5* ORN. flamingo. *6* ***ponerse ~***, to get cocky.
flan *m.* flan, custard tart.
flanco *m.* flank, side.
flanquear *t.* to flank.
flaquear *i.* to weaken, slacken.

flaqueza *f.* leanness, emaciation. *2* weakness, frailty.
flauta *f.* flute. *2* flautist, flutist.
fleco *m.* fringe. *2* tassel.
flecha *f.* arrow, dart. *2* spire.
flechazo *m.* arrow shot. *2* arrow wound. *3* love at first sight.
flema *f.* phlegm. *2* calmness.
flemático, ca *a.* phlegmatic(al.
flemón *m.* gumboil, boil.
flequillo *m.* small fringe.
fletar *t.* NAUT. to freight, charter.
flete *m.* NAUT. freight, cargo.
flexibilidad *f.* flexibility.
flexible *a.* flexible, pliant, lithe, supple. *2* soft [hat].
flexión *f.* flexion, bend. *2* sag.
flirtear *i.* to flirt.
flojear *i.* to slack. *2* to weaken.
flojedad *f.* laxity, weakness. *2* slackness, carelessness.
flojo, ja *a.* loose, slack. *2* weak [wine, etc.]. *3* lax, careless.
flor *f.* flower, bloom, blossom. *2* ***la ~ y nata***, the pick and choice; ***en la ~ de la edad***, in the prime: ***echar flores***, to compliment; ***a ~ de agua***, close to, on the water.
florecer *i.* to flower, bloom, blossom. *2* to flourish, thrive. ¶ CONJUG. like ***agradecer.***
floreciente *a.* flourishing, thriving, prosperous.
florecimiento *m.* flowering, bloom. *2* flourishing.
floreo *m.* idle talk. *2* flourish on the guitar or in fencing.
florero, ra *m.-f.* florist. *2 m.* flower vase; flowerpot.
florido, da *a.* flowery, a-bloom, florid. *2* ***Pascua florida,*** Easter.
florista *m.-f.* florist, flower-girl.
flota *f.* NAUT. fleet. *2* ***~ aérea***, air force.
flotación *f.* flotation: ***línea de ~***, waterline.
flotante *a.* floating.
flotar *i.* to float. *2* [of a flag, etc.] to wave.
flote *m.* floating: ***a ~***, afloat.
fluctuación *f.* fluctuation, wavering.
fluctuar *i.* to fluctuate. *2* to waver, hesitate.
fluidez *f.* fluidity, fluency.
fluido, da *a.* fluid, fluent. *2 m.* fluid: ***~ eléctrico***, electric current.
fluir *i.* to flow, run. ¶ CONJUG. like ***huir.***
flujo *m.* flux. *2* flow, rising tide.
fluorescencia *f.* fluorescence.
fluorescente *a.* fluorescent.
fluvial *a.* fluvial, river.
foca *f.* ZOOL. seal.
foco *m.* focus, centre. *2* AUTO., THEAT. headlight, spotlight. *3* (Am.) electric light.
fofo, fa *a.* soft, spongy, flabby.
fogata *f.* blaze, bonfire.
fogón *m.* fire-place, hearth. *2* cooking-range; grill. *3* touch-hole. *4* fire-box.
fogonazo *m.* powder flash.
fogonero *f.* fireman, stoker.
fogosidad *f.* fire, spirit, vehemence, dash.
fogoso, sa *a.* ardent, vehement. *2* fierce, spirited, mettlesome.
follaje *m.* foliage.
folletín *m.* small pamphlet. *2* serial story.
folleto *m.* pamphlet, booklet.
fomentar *t.* to foment, promote, encourage, foster.
fomento *m.* fomentation, fostering; encouragement.
fonda *f.* inn, restaurant, hotel.
fondeadero *m.* NAUT. anchorage.
fondear *t.* NAUT. to sound. *2* to search [a ship]. *3 i.* to anchor.
fondista *m.-f.* innkeeper.
fondo *m.* bottom: ***dar ~***, to cast anchor; ***echar a ~***, to sink; ***en el ~***, at the bottom; ***artículo de ~***, leading article; ***a ~***, throughly. *2* depth. *3* farthest end [of a room]. *4* background [of a painting]. *5* disposition, nature [of a personn]. *6 s. pl.* funds [of wisdom, money].
fonética *f.* phonetics.
fonógrafo *m.* phonograph.
fontanería *f.* plumbing, pipelaying. *2* water-supply system.
fontanero *m.* plumber, pipelayer.
forajido *m.* outlaw, highwayman.
forastero, ra *a.* foreign, outside. *2 m.-f.* stranger, outsider; guest, visitor [of a town].
forcejear *i.* to struggle, strive.
forcejeo *m.* struggle, strife.
forja *f.* METAL. forge; forging. *2* ironworks, foundry.
forjado, da *a.* wrought, forged.
forjar *t.* to forge, shape. *2* invent.
forma *f.* form, shape, figure. *2* format [of a book]. *3* manner, way: ***de ~ que***, so that.
formación *f.* formation. *2* form, shape. *3* training, education.
formal *a.* formal. *2* serious, reliable. *3* definite, explicit. *4* **-mente** *adv.* formally.
formalidad *f.* seriousness, reliability. *2* restraint, composure. *3* formality, established practice.
formalista *a.-n.* fond of red tape.
formalizar *t.* to formalize, give definite shape or legal form to. *2* to formulate,

state. *4 ref.* to become serious or earnest.

formar *t.* to form, shape; to educate. *2 ref.* to grow, develop; to become educated.

formidable *a.* formidable, fearful. *2* huge.

formón *m.* chisel.

fórmula *f.* formula: ***por*** ~, as a matter of form. *2* recipe. *3* prescription.

formular *t.* to formulate: ~ ***cargos***, to make charges.

fornido, da *a.* stout, strong.

foro *m.* forum. *2* bar [legal profession]. *3* THEAT. back-stage.

forraje *m.* forage, green fodder.

forrajear *t.* to gather forage.

forrar *t.* to line [a garment, etc.]. *2* to cover [a book, etc.].

forro *m.* lining; book-cover.

fortalecer *t.* to fortify, strengthen. *2 ref.* to grow strong. ¶ CONJUG. like ***agradecer.***

fortaleza *f.* fortitude. *2* strength, vigour. *3* fortress, stronghold.

fortificar *t.* to fortify, strengthen.

fortín *m.* MIL. small fort.

fortísimo, ma *a.* very strong.

fortuito, ta *a.* fortuitous, accidental, unexpected.

fortuna *f.* fortune, chance, luck. *2* fate. *3* fortune, wealth.

forúnculo *m.* MED. boil.

forzado, da *a.* forced, compelled, constrained. *2* strained. *3* ***trabajos forzados***, hard labour. *4 m.* galley slave.

forzar *t.* to force, compel, constrain. *2* to break, open, enter by force. *3* to strain. *4* to violate. ¶ CONJUG. like ***contar.***

forzosamente *adv.* against one's will. *2* necessarily.

forzoso, sa *a.* necessary, unavoidable. *2* ***paro*** ~, unemployment.

forzudo, da *a.* strong, vigorous.

fosa *f.* grave, sepulture. *2* cavity.

fosforescente *a.* phosphorescent.

fósforo *m.* CHEM. phosphorus. *2* match.

fósil *a.-m.* fossil.

foso *m.* pit, hole [in the ground]. *2* FORT. ditch, moat.

foto *f.* coll. photo.

fotocopia *f.* photoprint.

fotografía *f.* photography. *2* photograph.

fotográfico, ca *a.* photographic: ***máquina fotográfica***, camera.

fotógrafo *m.* photographer.

frac *pl.* **fraques** *m.* full-dress coat, swallow-tailed coat.

fracasar *i.* to fail, be unsuccessful.

fracaso *m.* failure, ruin.

fracción *f.* fraction, part.

fraccionar *t.* to break up. *2* CHEM. to fractionate.

fractura *f.* breah, fracture.

fracturar *t.* to break, fracture.

fragancia *f.* fragrance, aroma.

fragante *a.* fragant. *2* FLAGRANTE.

fragata *f.* NAUT. frigate.

frágil *a.* fragile, brittle, breakable. *2* frail, weak.

fragilidad *f.* fragility. *2* frailty.

fragmentar *t.* to break into fragments. *2 ref.* to fragment.

fragmento *m.* fragment.

fragor *m.* boise, roar.

fragoroso, sa *a.* noisy, thundering.

fragosidad *f.* roughness.

fragoso, sa *a.* rough, craggy, uneven. *2* thick [of forest].

fragua *f.* forge [furnace].

fraguar *t.* to forge [metals]. *2* to plan, plot. *3 i.* MAS. to set.

fraile *m.* friar, monk.

frambuesa *f.* raspberry.

francés, sa *a.* French. *2 m.* Frenchman. *3 f.* Frenchwoman.

Francia *f. pr.-n.* GEOG. France.

francmasón, na *m.-f.* freemason.

francmasonería *f.* Freemasonry.

franco, ca *a.* frank, open, sincere. *2* generous, liberal. *3* free: ~ ***de servicio***, off duty. *4 m.* franc [coin].

franela *f.* flannel.

franja *f.* ornamental band or braid; stripe. *2* strip [of land].

franquear *t.* to free, exempt. *2* to grant liberally. *3* to clear, open [the way]. *4* to stamp [a letter, etc.]. *5* ***franquearse con***, to unbosom oneself.

franqueo *m.* postage [of a letter].

franqueza *f.* frankness, candour: ***con*** ~, frankly. *2* freedom.

franquicia *f.* exemption of taxes, etc.: ~ ***postal***, frank. *2* franchise, privilege.

frasco *m.* vial, bottle, flask.

frase *f.* phrase, sentence: ~ ***hecha***, set phrase, cliché.

fraternal *a.* fraternal, brotherly.

fraternidad *f.* fraternity; brotherhood.

fraude *m.* fraud, imposture.

fraudulento, ta *a.* fraudulent.

fray *m.* title prefixed to the names of friars.

frazada *f.* blanket.

frecuencia *f.* frequency: ***con*** ~, frequently.

frecuentar *t.* to frequent.

frecuente *a.* frequent. *2* **-mente** *adv.* frequently, often.

fregadero *m.* kitchen sink.
fregar *t.* to rub, scrub, scour. *2* to mop [the floor]; to wash up [dishes]. ¶ CONJUG. like ***acertar.***
fregona *f.* coll. kitchen-maid.
freír *t.* to fry. ¶ CONJUG. like ***reír.***
frenar *t.* to brake. *2* to bridle.
frenesí *m.* frenzy. *2* vehemence.
frenético, ca *a.* frantic, furious.
freno *m.* bridle. *2* MACH. brake. *3* control, check, restraint.
frente *f.* forehead, brow; face, countenance: ***hacer ~ a***, to face, meet; ***~ a ~***, face to face. *2 m.* front, fore part: ***al ~ de***, at the head of, in charge of: ***de ~***, forward; facing, abreast; ***~ a***, in front of; ***en ~***, opposite.
fresa *f.* BOT. strawberry. *2* MACH. milling cutter; drill.
fresco, ca *a.* cool, fresh, moderately cold. *2* light [clothing]. *3* fresh [recent; wind; complexion]; buxom. *4* calm, unconcerned. *5* bold, cheeky. *6 m.* coolness, cool air; ***hacer ~***, to be cool. *7* PAINT. fresco. *8 f.* cool air. *9* blunt remark.
frescura *f.* freshness, coolness. *2* cheek, forwardness.
fresno *m.* BOT. ash [tree; wood].
fresón *m.* Chilean strawberry.
fríamente *adv.* coldly; with indifference.
frialdad *f.* coldness, frigidity. *2* calmness, unconcern. *3* dullness.
fricción, friega *f.* friction.
frigorífico, ca *a.* refrigerating: ***cámara ~***, cold-storage room. *2 m.* refrigerator.
fríjol *m.* BOT. kidney bean.
frío, fría *a.* cold, frigid. *2* cool, calm. *3* unconcerned. *4 m.* cold, coldness: ***hace ~***, it is cold; ***tengo ~***, I am cold.
friolera *f.* trifle, bauble.
frisar *t.* to frieze, frizz [cloth]. *2* to rub. *3 i.* to be close to.
friso *m.* ARCH. frieze. *2* dado.
frito, frita *a.* fried. *2 m.* fry.
frivolidad *f.* frivolity.
frívolo, la *a.* frivolous. *2* trifling.
frondoso, sa *a.* leafy, luxuriant.
frontera *f.* frontier, border.
fronterizo, za *a.* frontier [situated on]. *2* facing, opposite.
frontispicio *m.* frontispiece.
frontón *m.* ARCH. fronton, pediment. *2* main wall of a handball court. *3* handball court.
frotación *f.* rubbing, friction.
frotar *t.* to rub, scour.
fructífero, ra *a.* fruitful. *2* successful, profitable.
fructificar *i.* to fructify. *2* to yield profit.
frugal *a.* frugal, sparse, thrifty.
frugalidad *f.* frugality, thrift.
fruición *f.* pleasure, enjoyment.
fruncir *t.* to knit [the brow]; to pucker [the mouth]. *2* SEW. to gather, pleat.
fruslería *f.* trifle, trinket.
frustración *f.* frustration; failure.
frustrar *t.* to frustrate, thwart. *2 ref.* to miscarry, fail.
fruta *f.* fruit: ***~ seca***, nut, dried fruit.
frutal *a.* fruit-bearing. *2 m.* fruit tree.
frutería *f.* fruit shop.
frutero, ra *m.-f.* fruiterer. *2 m.* fruit-dish.
fruto *m.* fruit. *2* consequence.
fuego *m.* fire: ***fuegos artificiales***, fireworks; ***abrir ~***, to open fire; ***pegar ~***, to set fire to. *2* light [cigarette].
fuelle *m.* bellows. *2* SEW. puckers.
fuente *f.* spring, source; fountain. *2* origin. *3* baptismal font. *4* dish. *5 pl.* headwaters.
fuera *adv.* out [of], outside, without; away, out of town: ***desde ~***, from the outside; ***hacia ~***, outward(s; ***~ de***, out of, away from; except. *2* ***~ de sí***, beside oneself. *3 interj.* out!
fuero *m.* exception, privilege. *2* jurisdiction. *3* codes of laws. *4 pl.* arrogance.
fuerte *a.* strong. *2* intense, severe [pain]. *3* heavy [blow]. *4* healthy, vigorous. *5* active [remedy, etc.]. *6* loud [voice, etc.]. *7* good, proficient. *8 m.* fort, fortress. *9 adv.* strongly. *10* **-mente** *adv.* strongly.
fuerza *f.* strenght, force, power: ***por ~***, by force. *2* violence. *3* vigour [of youth]. *4* ***a ~ de***, by dint of. *5 sing.-pl.* MIL. force(s: ***~ armadas***, armed forces.
fuga *f.* flight, escape. *2* elopement. *3* leak.
fugarse *ref.* to flee, escape.
fugaz *a.* fugitive, fleeting, brief.
fugitivo, va *a.* fugitive, fleeting. *2 a.-n.* fugitive, runaway.
fulano, na *m.-f.* so-and-so.
fulgor *m.* light, brilliancy, glow.
fulgurante *a.* flashing, shining.
fulgurar *i.* to flash, shine.
fulminado, da *a.* struck by lightning.
fulminante *a.* fulminating, fulminant. *2* sudden. *3 m.* explosive.
fulminar *t.* to fulminate, thunder.
fullero, ra *a.* cheating, tricky. *2 m.-f.* cheat, sharper.
fumador, ra *m.-f.* smoker.
fumar *t.-i.* to smoke.
fumigar *t.* to fumigate.
funámbulo, la *m.-f.* rope-walker.

función *f.* function. *2* show, performance [in a theatre, etc.].
funcionamiento *m.* functioning, operation, working.
funcionar *i.* to function, work, run: ***no funciona***, out of order.
funcionario *m.* civil servant, official.
funda *f.* case, sheath, cover, slip: ~ ***de almohada***, pillow-case; ~ ***para pistola***, holster.
fundación *f.* foundation.
fundador, ra *m.-f.* founder.
fundamental *a.* fundamental, essential.
fundamentar *t.* to lay the foundations of. *2* to base, ground.
fundamento *m.* foundation, groundwork. *2* basis, ground. *3* root, origin.
fundar *t.* to found, establish, base, ground. *2 ref.* ***fundarse en***, to be based on.
fundición *f.* founding, melting. *2* foundry. *3* PRINT. font.
fundir *t.* to fuse, melt. *2* to found, cast. *3 ref.* to fuse.
fúnebre *a.* funeral: ***honras*** ~, obsequies. *2* funereal, gloomy.
funeral *a.* funeral. *2 m.* funeral pomp. *3 pl.* obsequies.
funerario, ria *a.* funerary, funeral. *2 f.* undertaker's shop.
funesto, ta *a.* fatal, disastrous. *2* sad, unfortunate.
funicular *m.* funicular railway.
furgón *m.* luggage-van. *2* waggon.
furia *f.* fury, rage. *2* speed.
furibundo, da *a.* furious, angry.
furioso, sa *a.* furious, in a fury.
furor *m.* fury, rage. *2* passion.
furtivo, va *a.* furtive, stealthy: ***cazador*** ~, poacher.
fuselaje *m.* AER fuselage.
fusible *a.* fusible. *2 m.* fuse.
fusil *m.* rifle, gun: ~ ***ametralladora***, sub-machine-gun.
fusilamiento *m.* execution by shooting.
fusilar *t.* to shoot, execute.
fusión *f.* fusion. *2* COM. merger.
fusionar *t.-ref.* to unite, merge.
fuste *m.* wood, timber. *2* saddle-tree. *3* shaft [of a lance; of a column]. *4* importance.
fustigar *t.* to whip, lash. *2* to censure, scold.
fútbol *m.* football.
futbolista *m.* footballer.
fútil *a.* futile, trifling.
futilidad *f.* futility, triviality.
futuro, ra *a.* future. *2 m.* future [tense; time]. *3* fiancé. *4 f.* fiancée.

G

gabacho, cha *a.-n.* coll. French.
gabán *m.* overcoat.
gabardina *f.* gabardine. *2* raincoat.
gabarra *f.* NAUT. barge, lighter.
gabinete *m.* lady's private room. *2* library, study. *3* collection [of art, etc.]. *4* POL. cabinet.
gacela *f.* gazelle.
gaceta *f.* official gazette.
gacetilla *f.* gosip column.
gacha *f. pl.* porridge, pap.
gacho, cha *a.* dropping, bent: ***a gachas***, on all fours.
gafas *pl. f.* spectacles, glasses.
gaita *f.* bagpipe. *2 fig.* bother.
gaitero *m.* piper, bagpipe player.
gajes *m. pl.* pay, wages, fees.
gajo *m.* branch of a tree. *2* cluster [of cherries, etc.]. *3* section [of orange, etc.]. *4* prong [of fork].
gala *f.* best dress; ***de ~***, in full dress. *2* grace in speaking, etc. *3 pl.* dresses, jewels. *4* ***hacer ~ de***, to make a show of.
galán *a.* gallant, lover. *2* THEAT. leading man.
galante *a.* courteous, obliging; gallant [to women].
galantear *t.* to court, woo.
galanteo *m.* courtship, wooing.
galantería *f.* gallantry, compliment. *2* gracefulness.
galanura *f.* grace, elegance.
galardón *m.* recompense, reward.
galardonar *t.* to reward, recompense.
galeón *m.* galleon.
galeote *m.* galley-slave.
galera *f.* galley. *2* waggon.
galerada *f.* wagonload. *2* PRINT. gallery proof.
galería *f.*; gallery; corridor.
galerna *f.* stormy northwest wind.
Gales *f. pr. n.* Wales.
galés, sa *a.* Welsh. *2 m.-f.* Welshman, Welshwoman.
galgo *m.* greyhound.
galimatías *m.* gibberish.
galón *m.* galloon, braid. *2* MIL. stripe. *3* gallon [measure].
galopar *i.* to gallop.
galope *m.* gallop; ***a ~ tendido***, at full speed.
galvanizar *t.* to galvanize.
gallardear *i.* to behave gracefully.
gallardete *m.* pennant, streamer.
gallardía *f.* elegance, gracefulness. *2* valour.
gallardo, da *a.* elegant, graceful. *2* brave, gallant.
gallego *a.-n.* Galician.
galleta *f.* biscuit, cooky. *2* slap.
gallina *f.* hen. *2* coward: ***carne de ~***, gooseflesh.
gallinero, ra *m.-f.* poultry dealer. *2 m.* henhouse. *3* THEAT. top gallery.
gallo *m.* cock, rooster: ***~ de pelea***, fighting cock. *2* false note [in singing].
gamba *f.* ZOOL. large prawn.
gamberro *m.* teddy boy.
gamo *m.* fallow deer. *2 f.* doe.
gamuza *f.* chamois. *2* wash-leather.
gana *f.* appetite, desire, will; ***tener ganas de***, to wish, feel like; ***de buena ~***, willingly; ***de mala ~***, reluctantly; ***no me da la ~***, I don't fancy it.
ganadería *f.* cattle raising. *2* livestock. *3* cattle brand.
ganadero, ra *a.* cattle raising. *2 m.-f.* cattle raiser or dealer.
ganado *m.* cattle, livestock.
ganador, ra *a.* winning. *2 m.-f.* winner.
ganancia *f.* gain, profit.
ganapán *m.* odd-job man; porter.
ganar *t.-ref.* to gain, earn, win; ***ganarse la vida***, to earn one's living. *2* to defeat [in war, etc.]; to beat [in competition]. *3 i.* to improve.
ganchillo *m.* small hook. *2* crochet needle. *3* crochet work.
gancho *m.* hook, crook.

gandul, la *a.* idle, loafing. *2 m.-f.* idler, loafer.
gandulería *f.* idleness, laziness.
ganga *f.* MIN. gangue. *2* windfall, bargain; *snap.
gangoso, sa *a.* twanging, nasal.
gangrena *f.* MED. gangrene.
gangrenarse *ref.* to gangrene.
gansada *f.* coll. stupidity.
ganso, sa *m.* ORN. goose, gander. *2 m.-f.* slow, lazy person.
ganzúa *f.* picklock [tool; thief].
gañán *m.* farm hand.
garabato *m.* hook. *2* sex appeal. *3 pl.* scrawls.
garaje *m.* garage.
garante *a.* responsible. *2 m.-f.* guarantor.
garantía *f.* guarantee, guaranty. *2* COM. warranty, security.
garantizar *t.* to guarantee. *2* COM. to warrant. *3* to vouch for.
garbanzo *m.* BOT. chick-pea.
garbo *m.* gracefulness; jauntiness. *2* grace and ease.
garboso, sa *a.* easy and graceful, airy; jaunty.
garfio *m.* hook; gaff.
garganta *f.* throat, neck. *2* ravine.
gargantilla *f.* necklace.
gárgaras *f. pl.* gargle: ***hacer ~***, to gargle.
gárgola *f.* ARCH. gargoyle.
garita *f.* sentry-box.
garito *m.* gambling house.
garlopa *f.* CARP. jack-plane.
garra *f.* paw, claw [of wild beast]; talon [of bird of prey]. *2 fig.* clutch.
garrafa *f.* carafe, decanter.
garrafal *a.* great, big, huge.
garrapata *f.* ZOOL. tick.
garrapatear *i.* to scribble, scrawl.
garrocha *f.* picador's pike. *2* goad.
garrotazo *m.* blow with a stick.
garrote *m.* thick stick, cudgel. *2* garrotte [capital punishment].
garrucha *f.* pulley.
garrulería *f.* prattle, chatter.
gárrulo, la *a.* garrulous, prattling.
garza *f.* ORN. heron.
garzo, za *a.* blue, blue-eyed.
gas *m.* gas. *2* gaslight.
gasa *f.* gauze, chiffon.
gaseoso, sa *a.* gaseous. *2 f.* soda water.
gasolina *f.* gasoline, petrol.
gasolinera *f.* NAUT. boat with petrol engine. *2* filling station.
gastado, da *a.* spent. *2* used up, worn out. *3* trite, stale.
gastar *t.* to spend. *2* to use, wear. *3* to waste. *4 ref.* to wear out, become used up.
gasto *m.* expenditure, expense. *2 pl.* expenses, charges, costs.
gatear *i.* to climb. *2* to creep, crawl. *3* [of a cat] to scratch.
gatillo *m.* trigger. *2* dentist's forceps.
gato, ta *m.* cat, tom-cat. *2 f.* she-cat: ***a gatas***, on all fours. *3* lifting jack. *4* CARP. clamp.
gatuno, na *a.* catlike, feline.
gaucho, cha *a.-n.* Gaucho.
gaveta *f.* drawer, till.
gavilán *m.* ORN. sparrow hawk.
gavilla *f.* sheaf.
gaviota *f.* ORN. gull, sea-gull.
gazapo *m.* young rabbit. *2* sly fellow. *3* lie. *4* blunder, slip.
gazmoñería *f.* prudery; demureness; sanctimony.
gazmoño, ña *a.* prudish, demure.
gaznápiro, ra *m.-f.* simpleton.
gaznate *m.* throttle, windpipe.
gazpacho *m.* cold vegetable soup.
gelatina *f.* gelatin(e, jelly.
gema *f.* gem, precious stone.
gemelo, la *a.-n.* twin. *2 m. pl.* cuff-links. *3* binoculars.
gemido *m.* groan, wail, moan.
gemir *i.* to moan, groan, wail, grieve. ¶ CONJUG. like ***servir***.
gendarme *m.* gendarme.
genealógico, ca *a.* genealogical.
generación *f.* generation.
general *a.* general: ***en ~***, ***por lo ~***, in general. *2* common, usual. *3 m.* MIL., ECCL. general.
generalidad *f.* generality.
generalizar *t.-i.* to generalize. *2 ref.* to become general, usual.
generar *t.* to generate.
genérico, ca *a.* generic.
género *m.* kind, sort. *2* manner, way. *3* race: ***~ humano***, mankind. *4* GRAM. gender. *5* BIOL., LOG. genus. *6* F. ARTS., LIT. genre. *7* COM. cloth, goods.
generosidad *f.* generosity.
generoso, sa *a.* generous, nobleminded. *2* liberal.
genial *a.* genial. *2* brilliant, inspired. *3* pleasant.
genio *m.* temper, disposition: ***de buen ~***, good-tempered; ***de mal ~***, evil-tempered. *2* temperament. *3* genius.
gente *f.* people, folk; crowd. *2* clan, nation.
gentil *a.-n.* gentile, heathen, pagan. *2 a.* courteous, graceful.
gentilmente *adv.* gracefully.
gentileza *m.* handsomeness, grace, charm. *2* politeness.

gentilhombre *m.* gentleman.
gentío *m.* crowd, throng.
gentuza *f.* mob, rabble.
genuflexión *f.* genuflexion.
genuino, na *a.* genuine, true.
geografía *f.* geography.
geográfico, ca *a.* geographic(al.
geología *f.* geology.
geológico, ca *a.* geologic(al.
geometría *f.* geometry.
geométrico, ca *a.* geometric(al.
geranio *f.* geranium.
gerencia *f.* management, administration *2* manager's office.
gerente *m.* manager.
germánico, ca *a.-n.* Germanic.
germen *m.* germ. *2* origin.
germinar *i.* to germinate, bud.
gerundio *m.* GRAM. gerund.
gesticulación *f.* gesticulation, grimace.
gesticular *i.* to make faces, gesticulate.
gestión *f.* negotiation, conduct [of affairs], management; steps.
gestionar *t.* to take steps to; to negotiate, manage; carry out.
gesto *m.* grimace, gesture: ***hacer gestos a***, to make faces at.
gestor *m.* COM. manager, director. *2* COM. ~ ***de negocios***, agent.
gestoría *f.* management.
giba *f.* hump, hunch.
gibado, da; giboso, sa *a.* humped; hunchbacked, crookbacked.
gigante, ta *a.* giant, gigantic. *2 m.* giant. *3 f.* giantess.
gigantesco, ca *a.* gigantic.
gimnasia *f.* gymnastics.
gimnasio *m.* gymnasium.
gimnasta *m.-f.* gymnast.
gimotear *i.* to whine, whimper.
gimoteo *m.* whining, whimpering.
Ginebra *f. pr. n.* GEOG. Geneva. *2* gin [liquor].
gira *f.* trip, excursion, tour.
girar *i.* to gyrate, revolve, turn, whirl, spin. *2* COM. to trade. *3 t.-i.* COM. to draw.
girasol *m.* BOT. sunflower.
giratorio, ria *a.* revolving.
giro *m.* gyration, revolution, turn. *2* course, bias; tendency, trend. *3* COM. draft; ~ ***postal***, money order. *4* COM. trade, bulk of business. *5* turn [of expression].
girola *f.* ARCH. apse aisle.
gitanada *f.* gypsylike trick.
gitano, na *a.* gypsy. *2* sly. *3 m.-f.* gypsy.
glacial *a.* glacial. *2* ice-cold.
glaciar *m.* glacier.
glándula *f.* gland.
glauco, ca *a.* glaucous, light green.
glicerina *m.* glycerin.
global *a.* general, in all.
globo *m.* globe, sphere. *2* world, earth. *3* balloon. *4* ~ ***del ojo***, eyeball. *5* ***en*** ~, as a whole.
gloria *f.* glory. *2* heaven. *3* bliss, delight. *4* boast, pride.
gloriarse *ref.* ~ ***de***, to boast of; ~ ***en***, to glory in.
glorieta *f.* arbo(u)r, bower.
glorificar *t.* to glority. *2 ref.* GLORIARSE.
glorioso, sa *a.* glorious.
glosa *f.* gloss, comment.
glosar *t.* to gloss, comment upon.
glosario *m.* glossary.
glotón, na *a.* gluttonous. *2 m.-f.* glutton.
glotonería *f.* gluttony.
glucosa *f.* CHEM. glucose.
gobernación *f.* government. *2* ***Ministerio de la*** ~, Home Office; *Department of the Interior.
gobernador, ra *a.* governing. *2 m.* governor, ruler.
gobernante *a.* governing, ruling. *2 m.-f.* ruler, governor.
gobernar *t.-i.* to govern, rule. *2 t.* to lead, direct. *3* to steer [a ship]. *4 ref.* to manage one's affairs. ¶ CONJUG. like ***acertar***.
gobierno *m.* government, cabinet, administration. *2* direction, control, management: ~ ***de la casa***, housekeeping.
goce *m.* enjoyment, joy.
godo, da *a.* Gothic. *2 m.-f.* Goth.
gol *m.* SPORT goal.
gola *f.* ANAT. throat, gullet. *2* ruff, ruche [collar].
goleta *f.* NAUT. schooner.
golf *m.* SPORT golf.
1) **golfo** *m.* GEOG. gulf, large bay.
2) **golfo, fa** *m.-f.* stret-urchin, ragamuffin.
golondrina *f.* swallow.
golosina *f.* dainty, delicacy, sweet, titbit.
goloso, sa *a.* sweet-toothed, fond of delicacies.
golpe *m.* blow, bump, hit, knock, stroke, shock: ~ ***de Estado***, coup d'état; ~ ***de fortuna***, stroke of luck; ~ ***de mar***, heavy sea; ***al*** ~ ***de vista***, at one glance; ***errar el*** ~, to fail; ***de*** ~, suddenly; ***de un*** ~, all at once.
golpear *t.-i.* to strike, beat, knock, hit, pound.
gollería *f.* dainty, delicacy.
gollete *m.* throat, neck.
goma *f.* gum; rubber. *2* eraser.

gomoso, sa *a.* gummy, viscous. *2 m.* dandy, fop.
góndola *f.* gondola [boat].
gordinflón, na *a.* excessively fat.
gordo, da *a.* fat, plump, stout. *2* bulky. *3* greasy. *4* thick [paper, etc.]. *5* big. *6* ***dedo*** ~, thumb; big toe. *7* ***hacer la vista*** ~, to wink at.
gordura *f.* fatness, obesity.
gorgojo *m.* weevil, grub.
gorgorito *m.* trill, quaver: ***hacer gorgoritos***, to trill.
gorila *m.* ZOOL. gorilla.
gorjear *i.* to trill, warble.
gorjeo *m.* trill, warble, warbling.
gorra *f.* cap, bonnet. *2* ***vivir de*** ~, to live at another's expense; ~ ***de visera***, peaked cap.
gorrión *m.* ORN. sparrow.
gorrista *m.-f.* parasite, sponger.
gorro *m.* cap; baby's bonnet.
gorrón, na *a.* sponging. *2 m.-f.* sponger, parasite.
gota *f.* drop. *2* MED. gout.
gotear *i.* to dribble, drip, leak.
gotera *f.* leak, dripping.
gótico, ca *a.* Gothic.
gozar *t.-i.* to enjoy, have, possess. *2 ref.* to rejoice; to take pleasure in.
gozne *m.* hinge.
gozo *m.* joy, delight, pleasure.
gozoso, sa *a.* joyful, delighted.
grabación *f.* recording: ~ ***en cinta magnetofónica***, tape recording.
grabado, da *a.* engraved, stamped [on memory]. *2 m.* engraving, print: ~ ***en madera***, wood-cut. *3* picture [in a book, etc.]: ~ ***al agua fuerte***, etching.
grabar *t.* to engrave: ~ ***al agua fuerte***, to etch. *2* to sink [a die, etc.]. *3* to record [on tape-recorder]. *4 ref.* to become engraved.
gracia *f.* grace(fulness. *2* charm. *3* favo(u) r, kindness. *4* elegance. *5* joke, wittiness. *6* funniness: ***hacer*** ~, to amuse, please, be funny; ***tener*** ~, to be funny; ***¡qué gracia!***, how funny!; ***en*** ~ ***a***, for the sake of; ***¡gracias!***, thank you; ***gracias a***, thanks to, owing to; ***dar gracias a***, to thank to; ***gracias a Dios***, thank God.
grácil *a.* gracile, slender, slim.
graciosamente *adv.* gracefully.
gracioso, sa *a.* graceful, charming. *2* gracious, gratuitous. *3* witty, facetious. *4* funny. *5 m.-f.* THEAT. jester, clown, fool.
grada *f.* step [of stairs]. *2* row of seats.
gradación *f.* gradation.
gradería *f.* rows of seats; flight of steps.
grado *m.* step [of stairs]. *2* degree. *3* grade. *4* rank, class. *5* ***de buen*** ~, willingly; ***de mal*** ~, unwillingly.
graduable *a.* adjustable.
graduación *f.* graduation, grading. *2* strength [of spirituous liquors]. *3* MIL. rank, degree of rank. *4* EDUC. admission to a degree.
graduado, da *a.* graduated, graded. *2 m.-f.* graduate.
gradual *a.* gradual.
graduar *t.* to graduate, give a diploma, degree or rank to. *2* to gauge, measure. *3 ref.* *to graduate, take a degree.
gráfico, ca *a.* graphic. *2* vivid, lifelike. *3 f.* graph, diagram.
gragea *f.* PHARM. sugar-coated pill.
grajo *m.* rook, crow.
gramática *f.* grammar.
gramo *m.* gram, gramme [weight].
gramófono *m.* gramophone.
gran *a.* contr. of GRANDE.
grana *f.* any small seed. *2* cochineal. *3* scarlet colour. *4* scarlet cloth.
granada *f.* BOT. pomegranate [fruit]. *2* MIL. grenade, shell.
granado, da *a.* illustrious. *2* mature, expert. *3* tall, grown.
granar *i.* [of plants] to seed.
Gran Bretaña *f. pr. n.* GEOG. Great Britain.
grande *a.* large, big; great, grand. *2 m.* grandee, nobleman.
grandeza *f.* bigness, largeness. *2* size. *3* greatness, grandeur. *4* the grandees.
grandiosidad *f.* grandeur, magnificence, grandness.
grandioso, sa *a.* grandiose, grand, magnificent.
granel (a) *adv.* loose, in bulk. *2* in abundance.
granero *m.* granary, barn.
granito *m.* granite.
granizada *f.* hailstorm.
granizar *i.* to hail, sleet.
granizo *m.* hail; hailstorm.
granja *f.* grange, farm. *2* dairy.
granjear *t.* to gain, earn; to obtain. *2 t.-ref.* to win.
granjero, ra *m.-f.* farmer.
grano *m.* grain. *2* small seed. *3* berry, grape, corn. *4* pimple. *5* ***ir al*** ~, to come to the point.
granuja *f.* loose grapes. *2* grapestone. *3 m.* urchin, rascal.
granujada *f.* knavery.
granulado, da *a.* granulated.
grapa *f.* staple, cramp.
grasa *f.* grease, fat; suet; filth.

grasiento, ta; grasoso, sa *a.* greasy, oily; filthy.
gratamente *adv.* pleasingly.
gratificación *f.* gratification, gratuity, tip; recompense, reward.
gratificar *t.* to gratify, reward, tip. *2* to please.
gratis *adv.* gratis, free.
gratitud *f.* gratitude, gratefulness.
grato, ta *a.* agreeable, pleasant.
gratuito, ta *a.* gratuitous, free of charge. *2* arbitrary.
grava *f.* gravel. *2* broken stone.
gravamen *m.* burden, obligation. *2* tax, duty. *3* mortgage.
gravar *t.* to burden [with taxes].
grave *a.* heavy. *2* grave, weighty, serious; dangerous. *3* difficult. *4* solemn. *5* GRAM. grave [accent]. *6* MUS. deep, low [voice].
gravedad *f.* gravity. *2* importance, seriousness. *3* depth [of sound].
grávido, da *a.* pregnant.
gravitar *t.* to gravitate. *2* to weigh down.
gravoso, sa *a.* burdensome. *2* hard to bear.
graznar *i.* [of a crow, etc.] to caw, croak. *2* [of a goose] to cackle, gaggle.
graznido *m.* caw, croak [of crow, etc.]. *2* cackle, gaggle [of goose].
Grecia *f. pr. n.* Greece.
greda *f.* clay, fuller's earth; clay.
gregario, ria *a.* gregarious.
gremio *m.* guild, corporation.
greña *f.* tangled mop of hair: ***andar a la*** ~, to pull each other's hair.
greñudo, da *a.* shock-headed.
gresca *f.* merry noise, hubbub. *2* shindy, brawl.
grey *f.* flock, herd. *2* congregation [of parish].
griego, ga *a.-n.* Greek.
grieta *f.* crack, crevice. *2* chap.
grifo *m.* faucet, tap, cock.
grillarse *ref.* to sprout.
grillete *m.* fetter, shackle.
grillo *m.* ENT. cricket. *2* sprout [of a potato, etc]. *3 pl.* fetters.
grima *f.* displeasure, disgust.
gringo, ga *m.-f.* (Am.) foreigner.
gripe *f.* grippe, flu, influenza.
gris *a.* grey, gray. *2* cloudy [day].
grisáceo, a *a.* greyish.
grisú *m.* MIN. fire-damp.
gritar *i.-t.* to shout, cry out, scream. *2* to hoot.
gritería *f.*, **griterío** *m.* shouting, outcry, uproar.
grito *m.* shout; cry, scream, hoot: ***a ~ pelado***, at the top of one's voice.
grosella *f.* red currant: ~ ***silvestre***, gooseberry.
grosería *f.* coarseness, rudeness.
grosero, ra *a.* coarse, rough. *2* rude. *3 m.-f.* boor, churl.
grosor *m.* thickness.
grotesco, ca *a.* grotesque, ridiculous.
grúa *f.* MACH. crane, derrick crane.
gruesa *f.* gross [twelve dozen].
grueso, sa *a.* thick. *2* bulky, fat, stout. *3* big, heavy. *4 m.* bulk, mass: ***en*** ~, in bulk. *5* main body. *6* GEOM. thickness.
grulla *f.* ORN. crane.
grumete *m.* cabin-boy.
grumo *m.* clot, lump.
gruñido *m.* grunt, growl, grumble.
gruñir *i.* to grunt, growl, grumble. *2* to creak, squeak. ¶ CONJUG. like ***mullir***.
gruñón, na *a.* grumbling, cranky.
grupa *f.* croup, rump [of horse].
grupo *m.* group, set, clump.
gruta *f.* cavern, grotto, cave.
guadamecí, guadamecil *m.* embossed leather.
guadaña *f.* scythe.
guadañar *t.* to scythe, mow.
guadarnés *m.* harness room. *2* harness keeper.
gualdo, da *a.* yellow, weld.
gualdrapa *f.* horse trappings.
guano *m.* guano [fertilizer].
guantada *f.*, **guantazo** *m.* slap.
guante *m.* glove.
guantelete *m.* gauntlet.
guapo, pa *a.* handsome, good-looking. *2* well-dressed, smart. *3 m.* blusterer, bully.
guarda *m.-f.* guard, keeper: ~ ***de coto***, gamekeeper. *2 f.* ward, care. *3* observance [of law, etc.]. *4* BOOKS. fly-leaf. *5* MECH. guard plate.
guardabarrera *m.* RLY. gate-keeper.
guardabarros *m.* mudguard.
guardabosque *m.* forester, gamekeeper.
guardacostas *m.* revenue cutter. *2* coastguard ship.
guardagujas *m.* RLY. pointsman.
guardameta *m.* SPORT goalkeeper.
guardapolvo *m.* dust-cover.
guardar *t.* to keep, wateh over, guard. *2* to lay up, store. *3* to observe [laws, etc.]. *4 ref.* to keep from, guard against.
guardarropa *m.* wardrobe. *2* cloak-room. *3 m.-f.* cloak-room attendant.
guardavía *m.* RLY. linekeeper.
guardería *f.* guardship. *2* ~ ***infantil***, day nursery.
guardia *f.* guard: ~ ***civil***, Civil Guard; ~

urbano, policeman. *2* defense, protection. *3* ***estar de*** ~, to be on duty.
guardián, na *m.-f.* guardian, keeper, watchman.
guarecer *t.* to shelter, protect. *2 ref.* to take shelter, refuge. ¶ CONJUG. like ***agradecer.***
guarida *f.* haunt, den, lair. *2* shelter. *3* lurking place.
guarismo *m.* cipher, figure.
guarnecer *t.* to adorn, decorate, garnish. *2* to furnish, provide. *3* to trim, bind. *4* to set [a jewel]. *5* to harness [horses]. *6* MIL. to garrison. ‖ CONJUG. like ***agradecer.***
guarnición *f.* SEW. trimming, binding. *2* JEW. setting. *3* MIL. garrison. *4 pl.* harness.
guarnicionería *f.* harness maker's shop.
guarro, rra *a.* dirty, filthy. *2 m.* ZOOL. hog; *f.* SAW.
guasa *f.* jest, fun: ***estar de*** ~, to be in a jesting mood.
guasearse *ref.* to make fun, joke.
guasón, na *a.* funny. *2 m.-f.* jester, mocker.
gubernativo, va *a.* governmental.
guedeja *f.* long hair. *2* lion's mane.
guerra *f.* war, warfare: ~ ***a muerte***, war to death.
guerrear *i.* to make war, wage war against.
guerrero, ra *a.* martial, warlike. *2 m.-f.* warrior, soldier.
guerrilla *f.* guerrilla, warfare. *2* band of guerrillas, partisans.
guerrillero *m.* guerrilla, partisan.
guía *m.-f.* guide, leader. *2* guide-book. *3* ~ ***de teléfonos***, directory; ~ ***de ferrocarriles***, railway time-table. *4* handle bar [of a bicycle]. *5 pl.* reins.
guiar *t.* to guide, lead. *2* to drive, steer [a car, etc.]. *3* AER. to pilot.
guijarro *m.* pebble, cobble.
guillotina *f.* guillotine.
guinda *f.* BOT. sour cherry.
guindilla *f.* red pepper.
guiñada *f.* wink [with one eye].
guiñapo *m.* rag, tatter. *2* ragged person.
guiñar *t.* to wink [one eye].
guiño *m.* wink [with one eye].
guión *m.* hyphen; dash. *2* notes [for a speech]. *3* CINEM., RADIO. scenario, script.
guionista *m.-f.* . CINEM., RADIO script-writer, scenarist.
guirigay *m.* gibberish. *2* hubbub, confusion.
guirnalda *f.* garland, wreath.
guisa *f.* manner, way: ***a*** ~ ***de***, as, like.
guisado, da *a.* cooked; prepared. *2 m.* stew, cooked dish.
guisante *m.* pea.
guisar *t.* to cook. *2* to stew.
guiso *m.* cooked dish. *2* stew.
guita *f.* packthread, twine.
guitarra *f.* MUS. guitar.
guitarrista *m.-f.* guitarist.
gula *f.* gluttony, gormandize.
gusano *m.* worm; caterpillar. *2* miserable, wretch. *3* ~ ***de la seda***, silkworm.
gustar *t.* to taste. *2* to experience. *3* to please. *4* ***me gusta***, I like.
gustillo *m.* a lingering taste or flavour.
gusto *m.* taste: ***de buen, mal*** ~ in good, bad taste. *2* flavour. *3* pleasure: ***con mucho*** ~, with pleasure; ***dar*** ~, to please, delight; ***tanto*** ~, delighted, pleased to meet you. *4* whim, fancy.
gustosamente *adv.* with pleasure, gladly, willingly.
gustoso, sa *a.* tasty, savoury, palatable. *2* agreeable, pleasant. *3* glad, willing, ready.
gutural *a.* guttural.

H

haba *f.* bean, broad bean.

habano, na *a.* Havanese. *2 m.* [Habana] cigar.

1) **haber,** *pl.* **haberes** *m.* BOOK KEEP. credit side. *2* salary, pay. *3 sing.-pl.* property, fortune.

2) **haber** *t. aux.* to have. *2* to catch, hold. *3* (with ***de***) to have to, to be to, must. *4 impers.* (3.rd pers. pres. ind. ***hay***) to be [with *there* as a subject]: ***hay un puente,*** there is a bridge. *5* ***¿cuánto hay de aquí a...?,*** how far is it to...?; ***¿qué hay?,*** what's the matter? *6* (with ***que***) it is necessary. *7* ***cinco días ha,*** five days ago. *8 ref.* ***habérselas con,*** to deal with, contend with, cope with. ¶ CONJUG. IND. Pres.: ***he, has, ha*** or ***hay; hemos*** or ***habemos,*** habéis, ***han.*** | Imperf.: había, habías, etc. | Pret.: ***hube, hubiste,*** etc. | Fut.: ***habré, habrás,*** etc. || COND.: ***habría, habrías,*** etc. || SUBJ. Pres.: ***haya, hayas,*** etc. | Imperf.: ***hubiera, hubieras,*** etc., or ***hubiese, hubieses,*** etc. | Fut.: ***hubiere, hubieres,*** etc. || IMPER.: ***he, haya; hayamos,*** habed, ***hayan.*** || PAST. P.: habido. || GER.: habiendo.

habichuela *f.* BOT. kidney bean, French bean.

hábil *a.* skilful, clever, able. *2* **-mente** *adv.* skilfully.

habilidad *f.* ability, skill, cleverness. *2* talent.

habilidoso, sa *a.* skilful.

habilitado *m.* paymaster.

habilitar *t.* to enable; to make available for. *2* to qualify.

habitación *f.* dwelling, abode. *2* room, chamber, apartment.

habitante *m.-f.* inhabitant, resident; citizen.

habitar *t.-i.* to inhabit; to dwell, live, reside in.

hábito *m.* habit, custom. *2 sing.* or *pl.* habit [of monk]: ***tomar el ~,*** to profess, to take vows.

habitual *a.* habitual, customary. *2* **-mente** *adv.* usually.

habituar *t.* to accustom, inure. *2 ref.* to become accustomed, inured; to get used to.

habla *f.* speech [faculty]. *2* language, tongue; talk; dialect.

hablador, ra *a.* talkative. *2 m.-f.* chatterer. *3* gossip, babbler.

habladuría *f.* empty, chatter. *2* gossip, idle rumour.

hablar *i.* to speak [to], talk [to, with]: ~ ***alto,*** to speak loud; ~ ***bajo,*** to speak softly; ~ ***claro,*** to call a spade a spade; ***no hablarse con,*** not to be on speaking terms with.

hablilla *f.* rumour, gossip, tale.

hacedero, ra *a.* feasible, practicable.

Hacedor *m.* Maker, Creator.

hacendado, da *a.-n.* land-owner.

hacendista *m.* economist.

hacendoso, sa *a.* diligent, industrious, hard-working.

hacer *t.* to make [create, build]. *2* to do [perform, carry out]. *3* to deliver [a speech, etc.]. *4* to prepare [a meal]. *5* to pack [luggage]. *6* to compel, cause to act [in a certain way]. *7* to project, cast [shadow]. *8* to lead [a life]. *9* ~ ***alarde,*** to boast; ~ ***alto,*** to halt; ~ ***bien o mal,*** to do it rightly, wrongly; ~ ***burla de,*** to mock; ~ ***caso,*** to pay attention; ~ ***cola,*** to queue up; ~ ***daño,*** to hurt; ~ ***lugar,*** to make room; ~ ***pedazos,*** to break to pieces; ~ ***preguntas,*** to ask questions; ~ ***presente,*** to remind. *10 i.* ***no hace al caso,*** it is irrelevant; ~ ***de,*** to act as a [chairman]; ~ ***por,*** to try to. *11 ref.* to become, grow, turn to: ~ ***agrio,*** to turn to vinegar: ~ ***a un lado,*** to step aside; ***me hice limpiar los zapatos,*** I had my shoes cleaned. *12 impers.* ***hace frío,*** it's cold; ***hace tres días,*** three days ago; ***hace un año que no le veo,*** it's a year since. I saw him; ***se hace tarde***, it's getting late. ¶ IRREG. CONJUG. INDIC. Pres.: ***hago, haces***, etc. | Imperf.: hacía, hacías, etc. | Pret.: ***hice, hiciste***, etc. | Fut.: ***haré, harás***, etc. || CONDIC.: ***haría, harías***. || SUB. Pres.: ***haga, hagas***, etc. | Imperf.: ***hiciera, hicieras***, etc., or ***hiciese, hicieses***, etc. | Fut.: ***hiciere, hicieres***, etc. || IMPER.: ***haz, haga; hagamos***, haced, ***hagan***. || PAST. P.: ***hecho*** || GER.: haciendo.

hacia *prep.* toward(s, to, for: ~ ***abajo***, downwards; ~ ***arriba***, upwards; ~ ***adelante***, forwards; ~ ***atrás***, backwards. *2* near, about: ~ ***las tres***, toward three o' clock.

hacienda *f.* landed property, farm. *2* (Am.)ranch. *3* property: ~ ***pública***, public treasury.

hacinamiento *m.* heaping, piling. *2* heap, pile.

hacinar *t.* to heap, pile, stack. *2* to pack, crowd together. *3 ref.* to pile up.

hacha *f.* axe, hatchet. *2* torch.

hachazo *m.* blow with an axe.

hada *f.* fairy; ***cuento de hadas***, fairy tale.

hado *m.* fate, destiny.

halagar *t.* to flatter, coax, cajole. *2* to please.

halago *m.* cajolery. *2* flattery. *3* pleasure. *4 pl.* caresses.

halagüeño, ña *a.* attractive, alluring. *2* flattering. *3* promising.

halar *t.* to haul. *2* to row forwards.

halcón *m.* ORN. falcon, hawk.

hálito *m.* breath. *2* vapour.

hallar *t.* to find, come across, meet with. *2* to find out, discover. *3* to think; to see, observe. *4* to solve [a problem]. *5 ref.* to be [present].

hallazgo *m.* find, finding, discovery. *2* reward [for finding].

hamaca *f.* hammock.

hambre *f.* hunger; starvation, famine; ***tener*** ~, to be hungry.

hambriento, ta *a.* hungry [for]; greedy. *2 m.-f.* hungerer.

hampa *f.* underworld.

hangar *m.* AER. hangar.

haragán, na *a.* idle, lazy, slothful. *2 m.-f.* idler, loafer.

haraganear *i.* to idle, loaf.

haraganería *f.* idleness, laziness.

harapiento, ta *a.* ragged, tattered.

harapo *m.* rag, tatter.

harina *f.* flour, meal.

harinoso, sa *a.* floury.

harnero *m.* sieve.

harpillera *f.* burlap, sackcloth.

hartar *t.* to satiate, glut. *2* to fill up, gorge [with]. *3* to tire, sicken. *4 ref.* to stuff oneself. *5* to tire, become fed up [with].

harto, ta *a.* satiated, glutted. *2* tired, sick [of]; fed up [with]. *3 adv.* enough.

hartura *f.* satiety; abundance.

hasta *prep.* till, until; to, as far as; as much as, up to, down to: ~ ***ahora***, till now; ~ ***aquí***, so far; ~ ***luego***, goodbye, see you later. *2 conj.* even.

hastiar *t.* to surfeit, disgust. *2* to bore. *3 ref.* to weary [of].

hastío *m.* surfeit, disgust. *2* weariness, boredom.

hato *m.* outfit, belongings. *2* herd; flock. *3* shepherds' place. *4* lot, bunch. *5* gang, band.

haya *f.* beech [tree; wood].

haz *m.* bunch, bundle; fag(g)ot; sheaf. *2* beam [of rays]. *3 f.* face, visage. *4* right side [of cloth]. *5 m.* pl. fasces.

hazaña *f.* deed, feat, exploit, achievement, prowess.

hazmerreír *m.* laughing-stock.

he *adv.* [used with ***aquí*** or ***allí***] behold, here is: ***heme aquí***, here I am.

hebilla *f.* buckle, clasp.

hebra *f.* needleful of thread. *2* TEX. fibre, staple. *3* filament. *4* grain [of wood].

hebreo, a *a.-n.* Hebrew.

hecatombe *f.* hecatomb, massacre.

hectárea *f.* hectare [2.47 acres].

hectólitro *m.* hectolitre.

hectómetro *m.* hectometre.

hechicería *f.* sorcery, witchcraft, witchery. *2* charm, fascination.

hechicero, ra *a.* bewitching, fascinating. *2 m.-f.* bewitcher, magician. *3 m.* sorcerer, wizard. *4 f.* sorceress, witch.

hechizar *t.* to bewitch, charm.

hechizo *m.* charm, spell, enchantment. *2* fascination.

hecho, cha *irr. p. p.* of HACER. made, done. *2* grown, full. *3* ready-made [clothing]. *4* accustomed, used. *5 m.* fact. *6* happening. *7* deed, act, feat.

hechura *f.* making. *2* form, shape. *3* creation. *4 sing. & pl.* tailoring, cut [of a dress, etc.].

heder *i.* to stink; to reek. || CONJUG. like ***entender***.

hediondez *f.* stench, evil smell.

hediondo, da *a.* stinking, foul-smelling. *2* filthy, dirty.

hedor *m.* stench, stink, foul-smell.

hegemonía *f.* hegemony.

helada *f.* frost; nip.

helado, da *a.* frozen. *2* frost-bitten. *3*

cold, chilly. *4 quedarse ~*, to be frozen [with fear, etc.]. *5 m.* ice-cream.
helar *t.* to freeze. *2* to frostbite: ***está helando***, it is freezing. ¶ CONJUG. like ***acertar***.
helecho *m.* BOT. fern.
helénico, ca *a.* Hellenic, Greek.
hélice *f.* helix. *2* GEOM. spiral. *3* AER., NAUT. propeller, screw.
helicóptero *m.* AER. helicopter.
hembra *f.* female. *2* nut [of screw].
hemisferio *m.* hemisphere.
hemorragia *f.* hæmorrhage.
henchir *t.* to fill, stuff. *2* to swell. *3 ref.* to be filled. || CONJUG. like ***servir***.
hender *t.-ref.* to cleave, split, slit, crack. *2 t.* to cut through. || CONJUG. like ***entender***.
hendidura *f.* cleft, crevice, crack, fissure, slit, slot.
heno *m.* hay.
heráldico, ca *a.* heraldic. *2 f.* heraldry.
heraldo *m.* herald. *2* harbinger.
herbaje *m.* grass, pasture.
hercúleo, a *a.* herculean.
heredad *f.* property, estate.
heredar *t.* to inherit.
heredero, ra *m.-f.* inheritor. *2 m.* heir. *3 f.* heiress.
hereditario, ria *a.* hereditary.
hereje *m.* heretic.
herejía *f.* heresy.
herencia *f.* inheritance. *2* heredity.
herida *f.* wound, injury.
herido, da *a.* wounded, injured, hurt. *2* struck. *3 m.-f.* wounded or injured person.
herir *t.* to wound, injure, hurt. *2* to offend. *3* to touch, move. *4* to strike, hit. || CONJUG. like ***servir***.
hermana *f.* sister: *~ **política***, sister-in-law.
hermanar *t.* to join, match, mate; to harmonize.
hermanastro, tra *m.* stepbrother. *2 f.* stepsister.
hermandad *f.* fraternity, brotherhood, sisterhood. *2* confraternity, guild. *3 **Santa Hermandad***, former Spanish rural police.
hermano *m.* brother: *~ **político***, brother-in-law; ***primo** ~, **prima** ~*, cousin german.
hermético, ca *a.* hermetic(al, airtight. *2* impenetrable.
hermosear *t.* to beautify, embellish.
hermoso, sa *a.* beautiful, fair, lovely. *2* handsome, good-looking.
hermosura *a.* beauty, fairness.
héroe *m.* hero.
heroico, ca *a.* heroic; splendid.
heroína *f.* heroine. *2* heroin [drug].
heroísmo *m.* heroism.
herrador *m.* farrier, horseshoer.
herradura *f.* horseshoe.
herraje *m.* ironwork.
herramienta *f.* tool, implement.
herrar *t.* to shoe [horses]. *2* to brand [cattle]. *3* to cover with iron. ¶ CONJUG. like ***acertar***.
herrería *f.* forge, ironworks. *2* blacksmith's shop.
herrero *m.* blacksmith.
herrumbre *f.* rust, iron rust.
hervidero *m.* boiling. *2* bubbling. *3* bubbling spring of water. *4* crowd, swarm.
hervir *i.* to boil. *2* to bubble. *3* to swarm. ¶ IRREG. CONJUG. INDIC. Pres.: ***hiervo, hierves, hierve;*** hervimos, hervís, ***hierven***. | Pret.: herví, herviste, ***hirvió;*** hervimos, hervisteis, ***hirvieron***. ¶ SUBJ.: Pres.: ***hierva, hiervas, hierva; hirvamos, hirváis, hiervan***. | Imperf.: ***hirviera, hirvieras***, etc., or ***hirviese, hirvieses***, etc. | Fut.: ***hirviere, hirvieres***, etc. || IMPER.: ***hierve, hierva; hirvamos***, hervid, ***hiervan***. || PAST. P.: ***hervido***. || GER.: ***hirviendo***.
hervor *m.* boiling. *2* vehemence, ardour [of youth].
heterogéneo, a *a.* heterogeneous.
hez *f.* scum, dregs. *2 pl.* dregs, grounds, lees. *3* excrements.
hidalgo, ga *a.* noble, generous. *2 m.* hidalgo [Spanish nobleman; noblewoman].
hidalguía *f.* nobility, generosity.
hidratado, da *a.* hydrated.
hidráulico, ca *a.* hydraulic.
hidroavión *m.* AER. seaplane.
hidrofobia *f.* MED. hydrofobia.
hidrógeno *m.* CHEM. hydrogen.
hidropesía *f.* MED. dropsy.
hiedra *f.* ivy.
hiel *f.* bile, gall. *2* bitterness.
hielo *m.* ice. *2* frost. *3* coldness.
hiena *f.* ZOOL. hyena, hyæna.
hierático, ca *a.* hieratic(al.
hierba *f.* grass: ***mala** ~*, weed.
hierbabuena *f.* mint, peppermint.
hierro *m.* iron [metal]: *~ **colado***, cast iron; *~ **dulce***, wrought iron. *2* brand [mark]. *3* steel, weapon. *4 pl.* irons fetters.
hígado *m.* liver. *2 pl.* courage.
higiene *f.* hygiene. *2 pl.* cleanliness.
higiénico, ca *a.* hygienic, sanitary.
higo *m.* fig.
higuera *f.* fig-tree.
hija *f.* daughter, child. *2* HIJO.

hijastro, tra *m.-f.* stepchild. *2* stepson. *3 f.* stepdaughter.
hijo, hija *m.-f.* child; *m.* son; *f.* daughter: ~ ***político***, son-in-law; ~ ***política***, daughter-in-law. *2* native. *3* young [of an animal]. *4* offspring, fruit. *5 m. pl.* sons, descendents.
hilacha *f.*, **hilacho** *m.* unravelled thread [of cloth]. *2* rags.
hilado *a.* spun. *2 m.* spinning [operation]. *3* yarn, thread.
hilandería *f.* spinning mill.
hilandero, ra *m.-f.* spinner.
hilar *t.* to spin [wool, etc.].
hilera *f.* file, line, row.
hilo *m.* thread [of wool, etc.; of conversation]; ***pender de un*** ~, to hang by a thread. *2* yarn. *3* wire. *4* linen [cloth].
hilvanar *t.* to baste. *2* to string together. *3* to plan hastily.
himno *m.* hymn: ~ ***nacional***, national anthem.
hincapié *m.* ***hacer*** ~, to insist upon, emphasize, lay stress on.
hincar *t.* to drive, thrust in or into: ~ ***el diente***, to bite. *2 ref.* ~ ***de rodillas***, to kneel down.
hincha *f.* hatred, enmity. *2 m.-f.* fan, supporter.
hinchado, da *a.* swollen, inflated. *2* vain, puffed up.
hinchar *t.* to swell, inflate, puff up. *2 ref.* to swell.
hinchazón *f.* swelling, inflation. *2* conceit. *3* bombast.
hinojo *m.* fennel. *2 pl.* knees: ***de*** ~, on one's knees.
hípico, ca *a.* equine, of horses: ***concurso*** ~, horse-race.
hipnotizar *t.* to hypnotize.
hipo *m.* hiccup. *2 fig.* longing. *3 fig.* dislike, hatred.
hipocresía *f.* hypocrisy.
hipócrita *a.* hypocritical. *2 m.-f.* hypocrite.
hipódromo *m.* race track, racecourse.
hipoteca *f.* mortgage, pledge.
hipotecar *t.* to mortgage.
hipótesis *f.* hypothesis, supposition.
hipotético, ca *a.* hypothetic(al.
hiriente *a.* cutting, offensive.
hirsuto, ta *a.* shaggy, hairy.
hirviente *a.* boiling, seething.
hispánico, ca *a.* Spanish.
hispano, na *a.* Spanish.
hispanoamericano, na *a.* Spanish-American.
histérico, ca *a.* hysteric(al.
historia *f.* history. *2* story, tale, fable; gossip: ***dejarse de historias***, to come to the point.
historiador, ra *m. f.* historian.
historial *m.* account of an affair. *2* record [of a person].
histórico, ca *a.* historic(al.
historieta *f.* short story, tale.
histrión *m.* actor. *2* clown.
hito, ta *a.* fixed, firm: ***mirar de*** ~ ***en*** ~, to look fixedly, stare at. *2 m.* landmark. *3* target.
hocico *m.* snout muzzle: ***caer de hocicos***, to fall on one's face; ***meter el*** ~ ***en todo***, to poke one's nose into.
hogaño *adv.* this year. *2* nowadays, at present.
hogar *m.* hearth. *2* home.
hogareño, ña *a.* home-loving, homely.
hogaza *f.* large loaf.
hoguera *f.* bonfire, fire, blaze.
hoja *f.* leaf [of tree, plant, book, door, etc.]; blade [of grass, sword, knife, etc.]; petal. *2* sheet [of paper]. *3* foil, pane [of metal, wood]; ~ ***de afeitar***, razor blade. *4* shutter.
hojalata *f.* tin, tin-plate.
hojaldre *m.* or *f.* puff pastry.
hojarasca *f.* fallen leaves. *2* dry foliage. *3* useless words; trash.
hojear *t.* to turn the pages of, skim through [a book].
¡hola! *interj.* hello!, hullo!
Holanda *f. pr. n.* GEOG. Holland. *2 f.* (not cap.) holland [fabric].
holandés, sa *a.* Dutch. *2 m.-f.* Dutchman, Dutchwoman.
holgadamente *adv.* amply. *2* fully. *3* comfortably.
holgado, da *a.* idle. *2* large, ample, roomy. *3* loose [clothing]. *4* comfortable, well-off.
holganza *f.* leisure, rest. *2* idleness. *3* pleasure, amusement.
holgar *i.* to rest. *2* to be idle. *3* to be needless: ***huelga decir***, needless to say. *4 ref.* to enjoy oneself. *5 i.-ref.* to be glad. ¶ CONJUG. like ***contar***.
holgazán, na *a.* idle, lazy. *2 m.-f.* idler, loafer.
holgazanear *i.* to idle, lounge.
holgazanería *f.* idleness, laziness.
holgorio *m.* merrymaking, spree.
holgura *f.* roominess, ampleness. *2* ease, comfort. *3* merrymaking.
holocausto *m.* holocaust; sacrifice.
hollar *t.* to tread on, trample on. *2 fig.* to humiliate.
hollejo *m.* skin, peel; husk.
hollín *m.* soot.

hombrada *f.* manly act. *2* show of bravery.
hombre *m.* man [male; human being; mankind]: ~ ***bueno***, LAW conciliator; ~ ***de estado***, statesman; ~ ***de negocios***, businessman. *2* husband. *3* CARDS ombre. *4 interj.* why!
hombro *m.* shoulder: ***arrimar el*** ~, to help; ***encogerse de hombros***, to shrug one's shoulders; ***llevar a hombros***, to carry on the shoulder.
hombruno, na *a.* mannish, manly.
homenaje *m.* homage, honour: ***rendir*** ~, to pay homage to.
homicida *a.* homicidal. *2 m.* murderer. *3 f.* murderess.
homicidio *m.* homicide, murder.
homogéneo, a *a.* homogeneous.
homosexual *a.-n.* homosexual.
honda *f.* sling.
hondamente *adv.* deeply.
hondo, da *a.* deep, profound. *2 m.* depth, bottom.
hondonada *f.* hollow, ravine.
hondura *f.* depth: ***meterse en honduras***, to go beyond one's depth.
honestamente *adv.* honestly, etc.
honestidad *f.* purity, chastity; modesty, decency.
honesto, ta *a.* pure, chaste, modest, decent. *2* honest, upright.
hongo *m.* BOT. fungus, mushroom. *2* bowler [hat].
honor *m.* honour. *2* honesty. *3 pl.* honours [civilities]. *4* dignity, rank.
honorable *a.* honourable; worthy.
honorablemente *adv.* honorably.
honorario, ria *a.* honorary. *2 m. pl.* professional fee.
honorífico, ca *a.* honorific. *2* honorary. *3* honourable.
honra *f.* honour [reputation], dignity. *2* respect. *3* ***tener a mucha*** ~, to be proud of. *4 pl.* obsequies.
honradamente *adv.* honestly.
honradez *f.* honesty, probity.
honrado, da *a.* honest, upright, fair, just.
honrar *t.* to honour. *2* to be a credit to. *3 ref.* to be proud of; to be honoured.
honrilla *f.* keen sense of honour, punctiliousness.
honroso, sa *a.* honourable; reputable; honest.
hora *f.* hour; time: ~ ***de comer***, mealtime; ~ ***oficial***, standard time; ***horas extraordinarias***, overtime; ***horas punta***, rush hours; ***¿qué ~ es?***, what time is it?; ***por horas***, by the hour.
horadar *t.* to perforate, bore, drill, pierce.
horario *m.* hour-hand. *2* time-table, schedule of times.
horca *f.* gallows. *2* hay-fork. *3* crotch. *4* string [of onions].
horcajadas (a) *adv.* astride: ***ponerse a*** ~, to straddle.
horchata *f.* orgeat.
horda *f.* horde, gang.
horizontal *a.-f.* horizontal.
horizonte *m.* horizon.
horma *f.* mould. *2* shoe last.
hormiga *f.* ant.
hormigón *m.* ENG. concrete: ~ ***armado***, reinforced concrete.
hormiguear *i.* to itch. *2* to swarm.
hormigueo *m.* itching. *2* swarming.
hormiguero *m.* ant-hill. *2* swarm of people.
hormona *f.* hormone.
hornacina *f.* niche.
hornada *f.* batch, baking; melt.
hornillo *m.* small stove or cooker.
horno *m.* oven; furnace; kiln; ***alto*** ~, blast-furnace.
horquilla *f.* forked stick. *2* pitchfork. *3* hairpin. *4* fork [of bicycle]. *5* cradle [of telephone].
horrendo, da *a.* awful, frightful, fearful, dire, dreadful.
hórreo *m.* granary, mow.
horrible *a.* horrible, fearful, hideous, heinous.
horriblemente *adv.* horribly, etc.
horripilante *a.* hair-raising, horrifying, ghastly.
horror *m.* horror, fright. *2* grimness. *3* ***dar*** ~, to horrify.
horrorizar *t.* to horrify, shock, terrify. *2 ref.* to be horrified.
horroroso, sa *a.* horrible, dreadful. *2* hideous, frightful, ugly.
hortaliza *f.* vegetables, greens.
hortelano *m.* gardener; farmer.
hortensia *f.* BOT. hydrangea.
hosco, ca *a.* sullen, surly; gloomy.
hospedaje *m.* board and lodging.
hospedar *t.* to lodge. *2 ref.* to stop, put up [at].
hospedería *f.* hostelry, inn.
hospicio *m.* hospice, poor-house.
hospital *m.* hospital.
hospitalario, ria *a.* hospitable.
hospitalidad *f.* hospitality.
hostelero, ra *m.-f.* host, innkeeper.
hostería *f.* hostelry, inn, tavern.
hostia *f.* ECCL. Host; wafer.
hostigar *t.* to harass, worry. *2* to lash, whip.

hostil *a.* hostile, unfriendly.
hostilidad *f.* hostility, enmity.
hotel *m.* hotel. *2* villa.
hotelero, ra *m.-f.* hotel-keeper.
hoy *adv.* today; now; nowadays, at present time: ***de ~ en adelante***, from now on.
hoya *f.* hole, hollow, pit. *2* grave. *3* valley, dale.
hoyo *m.* hole, pit. *2* dent. *3* pock-mark. *4* grave.
hoyuelo *m.* small hole. *2* dimple.
hoz *f.* AGR. sickle. *2* ravine.
hucha *f.* large chest or coffer. *2* money-box. *3* savings.
hueco, ca *a.* hollow. *2* empty. *3* vain. *4* affected. *5* soft. *6 m.* hollow, cavity.
huelga *f.* strike [of workmen]: ***declararse en ~***, to go on strike.
huelguista *m.-f.* striker.
huella *f.* tread. *2* print; trace, track, footprint, footstep.
huérfano, na *a.-n.* orphan.
huero, ra *a.* addle. *2* empty.
huerta *f.* large vegetable garden or orchard. *2* irrigated region.
huerto *m.* orchard, fruit garden. *2* kitchen garden.
hueso *m.* bone: ***estar en los huesos***, to be all skin and bone. *2* BOT. stone. *3 fig.* drudgery.
huésped, da *m.-f.* guest: ***casa de huéspedes***, boarding-house. *2* host, hostess.
hueste *f.* army, host.
huesudo, da *a.* bony, big-boned.
huevo *m.* egg; ***~ duro***, hard-boiled egg; ***~ escalfado***, poached egg; ***~ estrellado o frito***, fried egg; ***~ pasado por agua***, soft-boiled egg; ***huevos revueltos***, scrambled eggs.
huida *f.* flight, escape.
huir *i.* to flee, fly, escape, run away [from], slip away. *2* [of the time] to fly, pass rapidly. *3 t.* to avoid, shun ‖ CONJUG.: INDIC. Pres.: ***huyo, huyes, huye;*** huimos, huis, ***huyen.*** | Pret. hui, huiste, ***huyó;*** huimos, huisteis, ***huyeron.*** ‖ SUBJ. Pres.: ***huya, huyas,*** etc., or ***huyese, huyeses,*** etc. | Fut.: ***huyere, huyeres,*** etc. ‖ IMPERAT.: ***huye, huya; huyamos,*** huid, ***huyan.*** ‖ GER.: ***huyendo.***
hule *m.* oilcloth. *2* rubber.
hulla *f.* coal.
humanidad *f.* humanity. *2* mankind. *3* benevolence, kindness. *4* corpulence. *5 pl.* humanities.
humanista *m.-f.* humanist.
humanitario, ria *a.* humanitarian.
humanizar *t.* to humanize. *2 ref.* to become human.
humano, na *a.* human. *2* humane. *3 m.* human being.
humareda *f.* cloud of smoke.
humeante *a.* smoky, smoking. *2* steaming.
humear *i.* to smoke. *2* to steam.
humedad *f.* humidity, moisture, dampness.
humedecer *t.* to moisten, dampen, wet. *2 ref.* to become humid. ‖ CONJUG. like ***agradecer.***
húmedo, da *a.* humid, moist, damp, wet.
humildad *f.* humility. *2* humbleness, lowliness, meekness.
humilde *a.* humble; lowly. *2* meek. *3* **-mente** *adv.* humbly.
humillación *f.* humiliation.
humillante *a.* humiliating, degrading.
humillar *t.* to humiliate. *2* to humble. *3* to shame. *4* to lower [one's head]. *5 ref.* to humble oneself.
humo *m.* smoke. *2* steam, vapour, fume. *3 pl.* conceit, pride.
humor *m.* humour, temper, mood: ***buen, mal ~***, good, bad humour. *2* merry disposition. *4* wit.
humorada *f.* pleasantry, witty remark. *2* whim.
humorismo *m.* humour.
humorístico, ca *a.* humorous, funny, amusing.
hundimiento *m.* sinking. *2* subsidence. *3* NAUT. foundering. *4* collapse, downfall, ruin.
hundir *t.* to sink, submerge. *2* NAUT. to founder. *3* to confound. *4 ref.* to sink, subside. *5* to collapse.
Hungría *f. pr. n.* Hungary.
huracán *m.* hurricane.
huraño, ña *a.* sullen, unsociable.
hurgar *t.* to poke. *2* stir up.
hurón, na *a.* sullen, unsociable. *2 m.* ZOOL. ferret.
hurtadillas (a) *adv.* stealthily.
hurtar *t.* to steal, thieve. *2 ref.* to withdraw, hide.
hurto *m.* stealing, theft, robbery. *2* stolen thing.
husmear *t.* to smell out, sniff out. *2* to pry into.
huso *m.* spindle.

I

ibérico, ca; ibero, ra *a.* Iberian.

iceberg *m.* iceberg.

ida *f.* going, departure: ***billete de ~ y vuelta***, return ticket.

idea *f.* idea; notion. *2* intent, purpose: ***llevar ~ de***, to intend to; ***mudar de ~***, to change one's mind. *3* opinion. *4* inventiveness.

ideal *a.-m.* ideal.

idealizar *t.* to idealize.

idear *t.* to imagine, conceive, think. *2* to plan, design.

idéntico, ca *a.* identic(al.

identidad *f.* identity, sameness.

identificación *f.* identification.

identificar *t.* to identify. *2 ref.* to identify oneself.

ideología *f.* ideology.

idílico, ca *a.* idyllic.

idilio *m.* idyll. *2* love relations.

idioma *m.* language, tongue.

idiota *a.* idiotic, silly. *2 m.-f.* idiot.

idiotez *f.* idiocy, stupidity.

idiotismo *m.* imbecility. *2* idiom.

idólatra *a.* idolatrous. *2 m.-f.* idolater; worshipper.

idolatrar *t.-i.* to idolize, worship.

idolatría *f.* idolatry; adoration.

ídolo *m.* idol.

idóneo, nea *a.* suitable, fit. *2* qualified.

iglesia *f.* church: ~ ***anglicana***, Church of England; ~ ***católica***, Roman Catholic Church.

ignición *f.* ignition.

ignominia *f.* ignominy, infamy.

ignominioso, sa *a.* ignominious; infamous, shameful, disgraceful.

ignorado, da *a.* unknown.

ignorancia *f.* ignorance, illiteracy.

ignorante *a.* ignorant. *2 m.-f.* ignoramus. *3* **-mente** *adv.* ignorantly.

ignorar *t.* not to know, be ignorant of.

ignoto, ta *a.* unknown.

igual *a.* equal [to]. *2* the same. *3* level, even. *4* constant. *5* ***sin*** ~, matchless. *6 adv.* ***al*** ~, equally; ~ ***que***, as well as; ***me es*** ~, I don't mind.

igualado, da *a.* equal, level, even.

igualar *t.* to equalize; to equate. *2* to even, level, smooth. *3* to match. *4 i.-ref.* to become equal. *5* SPORT to tie.

igualdad *f.* equality. *2* evenness. *3* ~ ***de ánimo***, equanimity.

igualmente *adv.* similarly. *2* evenly. *3* likewise, also.

ijada *f.* flank; side.

ilegal *a.* illegal, unlawful.

ilegalmente *adv.* unlawfully.

ilegítimo, ma *a.* illegitimate, illegal. *2* spurious.

ileso, sa *a.* unharmed, unhurt.

ilícito, ta *a.* ilicit, unlawful.

ilimitado, da *a.* unlimited.

ilógico, ca *a.* illogical, irrational.

iluminación *f.* illumination, lighting. *2* enlightenment.

iluminar *t.* to illuminate, light up. *2* to enlighten.

ilusión *f.* illusion, day-dream. *2* delightful anticipation.

ilusionado, da *a.* ***estar*** ~, to be looking forward to. *2* eager.

ilusionista *m.-f.* conjurer.

iluso, sa *a.* deluded, deceived. *2* dreamer, visionary.

ilusorio, ria *a.* illusory. *2* vain.

ilustración *f.* illustration. *2* enlightenment. *3* learning. *4* explanation. *5* engraving.

ilustrado, da *a.* cultured, well-read, educated.

ilustrar *t.* to illustrate. *2* to enlighten. *3* to explain. *4 ref.* to learn, become educated.

ilustre *a.* illustrious, celebrated.

imagen *f.* image; symbol; statue.

imaginación *f.* imagination, fancy, fantasy.

imaginar *t.* to imagine, fancy. *2 t.-ref.* suppose, conjecture.
imaginario, ria *a.* imaginary.
imaginativo, va *a.* imaginative.
imaginero *m.* painter or sculptor of religious images.
imán *m.* magnet. *2* loadstone.
imbécil *a.-n.* imbecile, stupid.
imbecilidad *f.* imbecility; idiocy.
imberbe *m.* beardless; very young.
imborrable *a.* indelible, not erasable; unforgettable.
imbuir *t.* to imbue, instil, infuse. ¶ CONJUG. like ***huir.***
imitación *f.* imitation.
imitar *t.* to imitate.
impaciencia *f.* impatience.
impacientar *t.* to vex, irritate. *2 ref.* to lose patience, become impatient.
impaciente *a.* impatient, anxious. *2* **-mente** *adv.* impatiently.
impacto *m.* impact, shock.
impar *a.* odd, uneven [number].
imparcial *a.* impartial, fair.
imparcialidad *f.* impartiality.
impartir *t.* to impart.
impasible *a.* impassive, unmoved.
impavidez *f.* fearlessness, intrepidity, dauntlessness.
impávido, da *a.* dauntless, fearless.
impecable *a.* faultless.
impedido, da *a.* disabled, crippled. *2 m.-f.* cripple.
impedimento *m.* impediment, hindrance, obstacle.
impedir *t.* to impede, hinder, prevent. ¶ CONJUG. like ***servir.***
impeler *t.* to impel, drive forward, propel, push, incite.
impenetrabilidad *f.* impenetrability, imperviousness, proof.
impenetrable *a.* impenetrable, impervious. *2* incomprehensible.
impenitente *a.* unrepentant.
impensado, da *a.* unexpected, unforeseen. *2* off-hand.
imperante *a.* ruling, commanding. *2* prevailing.
imperar *i.* to rule, command. *2* to prevail, be prevailing, reign.
imperativo, va *a.* imperative, commanding. *2 a.-m.* GRAM. imperative.
imperceptible *a.* imperceptible. *2* **-mente** *adv.* imperceptibly.
imperdible *m.* safety-pin.
imperdonable *a.* inexcusable.
imperecedero, ra *a.* everlasting, imperishable, undying.
imperfección *f.* imperfection.
imperfecto, ta *a.* imperfect. *2 a.-m.* GRAM. imperfect tense.
imperial *a.* imperial.
imperialismo *m.* imperialism.
impericia *f.* unskilfulness, lack of skill, incapacity.
imperio *m.* empire. *2* command, sway. *3* haughtiness.
imperioso, sa *a.* imperious, domineering. *2* urgent, pressing.
impermeable *a.* impervious. *2* waterproof. *3 m.* raincoat, mackintosh.
impersonal *a.* impersonal.
impertérrito, ta *a.* dauntless, intrepid; unmoved.
impertinencia *f.* impertinence.
impertinente *a.* impertinent, impudent. *2 m. pl.* lorgnette.
imperturbable *a.* impassive.
impetrar *t.* to impetrate. *2* to beseech.
ímpetu *m.* impetus. *2* violence.
impetuosidad *f.* impetuosity.
impetuoso, sa *a.* impetuous, violent, headlong.
impiedad *f.* impiety, ungodliness.
impío, a *a.* impious, godless. *2* cruel, pitiless.
implacable *a.* implacable, relentless, unforgiving, unyielding.
implantar *t.* to implant, introduce, establish.
implicar *t.* to implicate, involve. *2* to imply. *3 i.* to contradict.
implícito, ta *a.* implicit.
implorar *t.* to implore, entreat, beg.
imponderable *a.* imponderable.
imponente *a.* impressive. *2* grandiose, stately.
imponer *t.* to impose [taxes, etc]. *2* to impute falsely. *3* to inspire [respect, etc]. *4* to instruct. *5* to deposit [money in a bank]. *6 ref.* to assert oneself. *7* to be necessary. *8* to impose one's authority on.
importación *f.* COM. importation, imports.
importancia *f.* importance, consequence.
importante *a.* important, material, momentous, urgent, serious.
importar *i.* to import, be important; to matter, concern: ***no me importa***, I don't care. *2 t.* to amount to, come to. *3* COM. to import.
importe *m.* COM. amount, value.
importunar *t.* to importune, pester, tease.
importuno, na *a.* importunate. *2* troublesome.
imposibilidad *f.* impossibility.
imposibilitado, da *a.* unable. *2* disabled, crippled.

imposibilitar *t.* to make impossible; to prevent. *2* to disable.
imposible *a.* impossible. *2 m.* impossibility.
imposición *f.* imposition; tax, burden.
impostor, ra *m.* impostor. *2 f.* impostress. *3 m.-f.* slanderer.
impostura *f.* imposture.
impotencia *f.* impotence.
impotente *a.* impotent.
impracticable *a.* impracticable. *2* impassable.
imprecación *f.* imprecation, curse.
imprecar *t.* to imprecate, curse.
impreciso, sa *a.* vague, indefinite.
impregnar *t.* to impregnate, saturate. *2 ref.* to be pervaded.
imprenta *f.* printing [art]. *2* press: printing office.
imprescindible *a.* indispensable.
impresión *f.* impression, stamp, imprint. *2* mark, footprint.
impresionable *a.* emotional sensitive, easily influenced.
impresionante *a.* impressive.
impresionar *t.* to impress, affect. *2* to touch, move deeply, stir. *3* to record sounds. *4 ref.* to be moved, stirred.
impreso, sa *a.* printed. *2 m.* printed paper, form. *3 pl.* printed matter.
impresor, ra *m.-f.* printer.
imprevisible *a.* unforeseeable.
imprevisión *f.* lack of foresight, improvidence.
imprevisto, ta *a.* unforeseen. *2 m. pl.* incidental expenses.
imprimir *t.* to impress, imprint, print; to stamp.
improbable *a.* improbable, unlikely.
ímprobo, ba *a.* dishonest. *2* arduous, laborious.
improcedente *a.* unsuitable.
improductivo, va *a.* unproductive.
impronta *f.* cast, impression.
improperio *m.* insult, taunt.
impropio, pia *a.* improper, unsuited. *2* unfitting, unbecoming.
improrrogable *a.* unextendible.
improvisación *f.* improvisation.
improvisado, da *a.* improvised, off-hand. *2* extemporaneous.
improvisar *t.* to improvise.
improviso, sa; improvisto, ta *a.* unforeseen, unexpected: ***de*** ~, suddenly, all of a sudden.
imprudencia *f.* imprudence, rashness.
imprudente *a.* imprudent, rash.
impúdico, ca *a.* immodest; lewd.
impuesto, ta *p. p.* de IMPONER. *2 a.* informed. *3 m.* tax, duty.
impugnar *t.* to impugn, challenge, refute.
impulsar *t.* to impel. *2* to move. *3* MECH. to drive, force.
impulsivo, va *a.* impulsive.
impulso *m.* impulse. *2* force, push.
impune *a.* unpunished.
impunemente *adv.* with impunity.
impunidad *f.* impunity.
impureza *f.* impurity. *2* unchasteness.
impuro, ra *a.* impure. *2* defiled, adulterated. *3* unchaste, lewd.
imputable *a.* imputable, chargeable.
imputar *t.* to impute, ascribe.
inabordable *a.* unapproachable.
inacabable *a.* endless, unending.
inaccesible *a.* inaccesible.
inactividad *f.* inactivity.
inactivo, va *a.* inactive. *2* idle.
inadecuado, da *a.* unsuitable.
inadmisible *a.* unacceptable.
inadvertencia *f.* inadvertence, oversight.
inadvertido, da *a.* unseen, unnoticed. *2* careless, heedless.
inagotable *a.* inexhaustible.
inaguantable *a.* intolerable, unbearable.
inajenable, inalienable *a.* inalienable, untransferable.
inalterable *a.* unalterable, unchangeable. *2* stable, fast.
inamovible *a.* irremovable.
inanición *f.* starvation, inanition.
inanimado, da *a.* inanimate, lifeless.
inapelable *a.* unappealable.
inapetencia *f.* lack of appetite.
inaplazable *a.* undeferable.
inapreciable *a.* invaluable, priceless. *2* inappreciable.
inasequible *a.* unattainable.
inaudito, ta *a.* unheard-of, extraordinary. *2* monstrous.
inauguración *f.* inauguration.
inaugurar *t.* to inaugurate.
incalculable *a.* incalculable.
incalificable *a.* most reprehensible.
incandescente *a.* incandescent.
incansable *a* indefatigable, untiring, tireless.
incapacidad *f.* incapacity. *2* incompetence; inability.
incapacitar *t.* to incapacitate.
incapaz, *pl.* **-ces** *a.* incapable. *2* unable, unfit, inefficient.
incautamente *adv.* unwarily, etc.
incautarse *ref.* to appropriate.
incauto, ta *a.* unwary, reckless, heedless.
incendiar *t.* to sent on fire, set fire to. *2 ref.* to catch fire.
incendio *m.* fire. *2* conflagration, arson.

incentivo *m.* incentive, inducement, encouragement.
incertidumbre *f.* uncertainty.
incesante *a.* incessant, unceasing.
incidental *a.* INCIDENTE 1.
incidentalmente *adv.* incidentally.
incidente *a.* incidental, subsidiary. *2 m.*, incident, event.
incidir *i.* [of rays] to fall [upon or into].
incienso *m.* incense. *2* flattery.
incierto, ta *a.* not certain, uncertain, doubtful.
incineración *f.* incineration, cremation.
incinerar *t.* to incinerate, cremate.
incipiente *a.* incipient, nascent.
incisión *f.* incision, cut, slit.
incisivo, va *a.* incisive, cutting: ***diente*** ~, incisor. *2* sarcastic.
incitación *f.* incitement, encouragement.
incitante *a.* exciting, stimulating.
incitar *t.* to incite, excite, rouse.
incivil *a.* impolite, uncivil.
inclemençia *f.* inclemency, severity, harshness. *2* hard weather.
inclinación *f.* slant, slope; liking, propension. *2* bow, nod.
inclinado, da *a.* inclined, slanting, sloping.
inclinar *t.-ref.* to incline, tilt, slant, bow. *2 t.* to dispose, move. *3 ref.* lean, tend, be disposed. *4* to yield, defer.
ínclito, ta *a.* illustrious, renowned.
incluir *t.* to include. *2* to enclose [in an envelope]. ¶ CONJUG. like ***huir***.
inclusa *f.* foundling hospital.
inclusive *adv.* including.
incluso, sa *a.* included, enclosed. *2 adv.* including, even, besides.
incoar *t.* LAW to inchoate.
incógnito, ta *a.* unknown. *2 f.* MATH. unknown quantity. *3 adv.* ***de*** ~, incognito.
incoherencia *f.* incoherence.
incoherente *a.* incoherent, disconnected.
incoloro, ra *a.* colourless.
incólume *a.* unharmed, sound.
incombustible *a.* incombustible, fireproof.
incomodar *t.* to inconvenience, bother. *2* to annoy, trouble. *3 ref.* to become angry.
incomodidad *f.* inconvenience, discomfort. *2* annoyance, bother.
incómodo, da *a.* inconvenient, uncomfortable, cumbersome.
incomparable *a.* incomparable.
incompatibilidad *f.* incompatibility, uncongeniality.
incompatible *a.* incompatible, inconsistent; uncongenial.
incompetencia *f.* incompetence.
incompetente *a.* incompetent, unqualified.
incompleto, ta *a.* incomplete, unfinished.
incomprensible *a.* incomprehensible.
incomunicado, da *a.* isolated, cut off; solitary.
inconcebible *a.* inconceivable.
incondicional *m.* unconditional.
inconexo, xa *a.* incoherent, broken, disconnected.
inconfesable *a.* dishonourable.
inconfundible *a.* unmistakable.
incongruencia *f.* incongruity.
incongruente; incongruo, a *a.* incongruous, unsuitable.
inconmensurable *a.* incommensurable, unbounded.
inconsciencia *f.* unconsciousness.
inconsciente *a.* unconscious. *2* unaware. *3* thoughtless.
inconscientemente *adv.* unconsciously; unwittingly.
inconsecuencia *f.* inconsequence.
inconsecuente *a.* inconsequent.
inconstancia *f.* inconstancy, unsteadiness, fickleness.
inconstante *a.* inconstant, unsteady, changeable, fickle.
incontable *a.* uncountable.
incontestable *a.* incontestable, indisputable.
incontinenti *adv.* at once.
inconveniencia *f.* inconvenience, trouble, impropriety.
inconveniente *a.* inconvenient. *2 m.* drawback, obstacle.
incorporación *f.* incorporation. *2* sitting up. *3* joining [a body].
incorporar *t.* to incorporate [unite, combine]. *2 ref.* to sit up. *3* to join [a body, etc.].
incorrección *f.* incorrectness.
incorrectamente *adv.* incorrectly.
incorrecto, ta *a.* incorrect.
incorruptible *a.* incorruptible.
incredulidad *f.* incredulity.
incrédulo, la *a.* incredulous; unbelieving. *2 m.-f.* unbeliever.
increíble *a.* incredible.
incremento *m.* increment, increase, rise.
increpar *t.* to rebuke, scold.
incriminar *t.* to incriminate.
incruento, ta *a.* bloodless.
incrustación *f.* incrustation.
incrustar *t.* to incrust. *2* F. ARTS to inlay.
incubadora *f.* incubator.
incubar *t.* to incubate, hatch.
incuestionable *a.* unquestionable.

inculcar *t.* to inculcate, instil.
inculpar *t.* to accuse. *2* to blame.
inculto, ta *a.* uncultivated, untilled. *2* uneducated, unrefined.
incultura *f.* lack of culture.
incumbencia *f.* incumbency, duty, concern: ***no es de mi*** ~, it does not concern me.
incumbir *i.* to be incumbent [on], be the duty [of].
incurable *a.* incurable, hopeless.
incuria *f.* carelessness, negligence.
incurrir, en *i.* to incur, become liable to. *2* to fall into [error].
incursión *f.* raid, incursion.
indagación *f.* investigation, research, inquiry.
indagar *t.* to investigate, research, inquire.
indecencia *f.* indecency, obscenity, indecent act or remark.
indecente *a.* indecent, obscene.
indecible *a.* inexpressible, unutterable.
indecisión *f.* indecision, irresolution.
indeciso, sa *a.* undecided. *2* hesitant, doubtful.
indecoroso, sa *a.* indecorous, improper. *2* indecent.
indefenso, sa *a.* defenceless.
indefinidamente *adv.* indefinitely.
indefinido, da *a.* undefined, vague. *2* GRAM. indefinite.
indeleble *a.* indelible, inefaceable.
indemne *a.* unharmed, unhurt.
indemnización *f.* indemnification, indemnity; compensation.
indemnizar *t.* to indemnify, compensate.
independencia *f.* independence.
independiente *a.* independent, separate, free.
indescriptible *a.* indescribable.
indeterminado, da *a.* indeterminate, undetermined. *2* irresolute. *3* GRAM. indefinite.
India *f. pr. n.* GEOG. India. *2 pl.* Indies: ***Indias Occidentales***, West Indies.
indiano, na *a.* of Spanish America. 2 East Indian. *3 a.-n.* Spanish-American. *4 m.-f.* Spanish who returns rich from America.
indicación *f.* indication. 2 hint.
indicar *t.* to indicate, point out, show. 2 to hint, suggest.
indicativo, va *a.* indicative.
índice *m.* ANAT. index, forefinger. *2* sign; list; pointer, hand.
indicio *m.* sign, indication, token.
indiferencia *f.* indifference.
indiferente *a.* indifferent: ***me es*** ~, it is all the same to me.
indígena *a.* indigenous, native. *2 m.-f.* native.
indigencia *f.* indigence, poverty.
indigente *a.* indigent, destitute, needy, poor.
indigestarse *ref.* to cause indigestion. *2* to be disagreeable.
indigestión *f.* indigestion.
indigesto, ta *a.* indigestible.
indignación *f.* indignation, anger.
indignado, da *a.* indignant, angry.
indignamente *adv.* unworthily.
indignante *a.* irritating.
indignar *t.* to irritate, anger. *2 ref.* to become indignant.
indignidad *f.* unworthiness. *2* indignity, affront, insult.
indigno, na *a.* unworthy. *2* low.
indio, dia *a.-n.* Indian. *2* Hindu.
indirecta *f.* hint, insinuation, innuendo.
indirecto, ta *a.* indirect.
indisciplina *f.* indiscipline.
indisciplinado, da *a.* undisciplined.
indiscreto, ta *a.* indiscreet, imprudent, rash, unwise.
indiscutible *a.* unquestionable, indisputable. *2* **-mente** *adv.* unquestionably.
indispensable *a.* indispensable.
indisponer *t.* to indispose; to make ill. *2* to prejudice against. *3 ref.* to become ill. *4* ~ ***con***, to fall out with.
indisposición *f.* indisposition, upset, slight illness. *2* reluctance.
indispuesto, ta *a.* indisposed, slightly ill. *2* on bad terms.
indistintamente *adv.* indistinctly, indiscriminately.
individual *a.* individual.
individualmente *adv.* individually.
individuo, dua *a.-n.* individual.
índole *f.* disposition, nature. *2* class, kind.
indolencia *f.* indolence, laziness. *2* indifference.
indolente *a.* indolent, lazy. *2* indifferent.
indomable *a.* indomitable, untamable.
indómito, ta *a.* untamed. *2* unruly, uncontrollable.
inducción *f.* inducing, instigation. *2* ELEC., LOG. induction.
inducir *t.* to induce, persuade, instigate. *2* ELEC. LOG. to induce. ¶ CONJUG. like ***conducir***.
indudable *a.* doubtless, certain, unquestionable. *2* **-mente** *adv.* certainly.
indulgencia *f.* indulgence, leniency, forbearance.
indulgente *a.* indulgent, lenient, forbearing.
indultar *t.* to pardon. *2* to exempt, free.

indulto *m.* LAW pardon, commutation. *2* indult, amnesty.
indumentaria *f.* clothing, apparel.
industria *f.* industry. *2* cleverness, skill.
industrial *a.* industrial. *2 m.* industrialist, manufacturer.
industrioso, sa *a.* industrious, skilful.
inédito, ta *a.* unpublished.
inefable *a.* ineffable, unutterable.
ineficacia *f.* inefficacy.
ineficaz *a.* inefficient, ineffectual, ineffective.
ineludible *a.* unavoidable, inevitable.
ineptitud *f.* incompetence.
inepto, ta *a.* incompetent, incapable. *2* inept.
inequívoco, ca *a.* unmistakable.
inercia *f.* inertia; indolence.
inerme *a.* unarmed, defenceless.
inerte *a.* inert. *2* dull, sluggish.
inesperadamente *adv.* unexpectedly.
inesperado, da *a.* unexpected, unforeseen.
inestable *a.* unstable, unsteady; unsettled.
inestimable *a.* inestimable, invaluable.
inevitable *a.* inevitable, unavoidable.
inexacto, ta *a.* inexact, inaccurate.
inexorable *a.* inexorable.
inexperiencia *f.* inexperience.
inexperto, ta *a.* inexperienced.
inexplicable *a.* inexplicable.
inexpugnable *a.* impregnable.
inextinguible *a.* inextinguishable.
infalible *a.* infallible.
infamante *a.* defamatory.
infamar *t.* to defame, libel.
infame *a.* infamous, vile, hateful.
infancia *f.* infancy, childhood.
infanta *f.* infanta, princess.
infante *m.* infante, prince.
infantería *f.* infantry.
infantil *a.* infantile. *2* childish.
infatigable *a.* indefatigable, untiring, tireless.
infausto, ta *a.* unlucky, unhappy.
infección *f.* infection, contagion.
infeccioso, sa *a.* infectious, contagious.
infectar *t.* to infect, corrupt. *2 ref.* to become infected.
infeliz *a.* unhappy, wretched.
inferior *a.-n.* inferior. *2 a.* lower, subordinate.
inferioridad *f.* inferiority.
inferir *t.* to infer, conclude. *2* to cause, do. ¶ CONJUG. like ***hervir***.
infernal *a.* infernal, hellish.
infestar *t.* to infest, overrun. *2* to infect.
inficionar *t.* to infect, corrupt.
infidelidad *f.* infidelity.
infiel *a.* unfaithful, disloyal. *2* inexact. *3 a.-n.* infidel, pagan.
infierno *m.* hell, inferno.
infiltración *f.* infiltration.
infiltrar *t.-ref.* to infiltrate.
ínfimo, ma *adv.* lowest, least.
infinidad *f.* infinity.
infinitamente *adv.* infinitely.
infinitivo *a.-n.* infinitive.
infinito, ta *a.* infinite. *2 m.* infinite space. *3* MATH. infinity.
inflación *f.* inflation. *2* conceit, vanity.
inflamable *a.* inflammable.
inflamación *f.* inflammation.
inflamar *t.-ref.* to inflame, excite. *2 ref.* to become inflamed.
inflar *t.* to inflate, blow up. *2 ref.* to swell, be puffed up with pride.
inflexible *a.* inflexible, stiff, rigid. *2* **-mente** *adv.* inflexibly, etc.
inflexión *f.* inflection, bend, modulation.
infligir *t.* to inflict.
influencia *f.* influence.
influir *t.* to influence.
influjo *m.* influence.
influyente *a.* influential.
información *f.* information. *2* reportage. *3* inquiry.
informal *a.* informal. *2* not serious, unreliable.
informalidad *f.* informality, unconventionality. *2* unreliability.
informar *t.* to inform [tell, notify]. *2 i.* to report. *3* LAW to plead before a court. *4 ref.* to inquire, find out.
informe *a.* shapeless, formless. *2 m.* information, report. *3* LAW plea. *4 pl.* references.
infortunado, da *a.* unfortunate, unlucky.
infortunio *f.* misfortune, misery. *2* mishap, mischance.
infracción *f.* infraction, infringement, breach.
infractor, ra *m.-f.* infractor, law-breaker, transgressor.
in fraganti *adv.* in the very act.
infranqueable *a.* insurmountable.
infrascrito, ta *a.-n.* undersigned.
infringir *t.* to infringe, break.
infructuoso, sa *a.* fruitless, useless.
ínfulas *f. pl.* false importance: ***darse*** ~, to put on airs.
infundado, da *a.* groundless.
infundio *m.* lie, canard, false report.
infundir *t.* to infuse, instill.
infusión *f.* infusion: ***poner en*** ~, to steep [tea leaves].
ingeniar *t.* to think up, contrive. *2 ref.* to manage, find a way.

ingeniería *f.* engineering.
ingeniero *m.* engineer.
ingenio *m.* genius; mind, talent. *2* talented person. *3* cleverness, wit: ***aguzar el ~***, to sharpen one's wits. *4* engine, machine.
ingeniosidad *f.* ingeniousness, cleverness.
ingenioso, sa *a.* ingenious, clever.
ingénito, ta *a.* unbegotten.*2* innate, inborn.
ingente *a.* huge, very large.
ingenuidad *f.* candour, frankness; simplicity.
ingenuo, nua *a.* frank, sincere; simple, naïve; ingenuous.
ingerir *t.* to insert, introduce. *2 ref.* to interfere. ¶ CONJUG. like ***hervir.***
Inglaterra *f. pr. n.* England.
ingle *f.* groin.
inglés, sa *a.* English. *2 m.* Englishman. *2* English [language]. *4 f.* Englishwoman. *5 m. pl.* ***los ingleses***, the English [people]. *6* ***a la inglesa***, in the English fashion.
ingratitud *f.* ingratitude.
ingrato, ta *a.* ungrateful, thankless. *2* harsh, unpleasant.
ingrávido, da *a.* weightless. 2 light.
ingrediente *m.* ingredient.
ingresar *i.* to enter [a school, etc.]; to become a member of; to join [a political party, etc.]. *2* [of money] to come in. *3 t.* to deposit [money].
ingreso *m.* entrance, admittance. *2 pl.* income. *3* COM. profits.
inhábil *a.* unable, unskilful. *2* tactless. *3* unfit.
inhabilitar *t.* to disable, disqualify. *2* to render unfit.
inhabitable *a.* uninhabitable.
inhalar *t.* to inhale.
inherente *a.* inherent.
inhibición *f.* inhibition.
inhibir *t.* to inhibit. *2 ref.* to keep out of.
inhospitalitario, ria; inhóspito, ta *a.* inhospitable.
inhumación *f.* burial, interment.
inhumano, na *a.* inhuman, cruel.
inhumar *t.* to bury, inter.
iniciador, ra *a.* initiating. *2 m.-f.* initiator, pioneer.
iniciar *t.* to initiate, begin.
iniciativa *f.* initiative.
inicuo, cua *a.* iniquitous, wicked.
iniquidad *f.* iniquity, wickedness.
injertar *t.* to graft.
injerto *m.* graft.
injuria *f.* offence, insult, affront, abuse. *2* wrong; harm, damage.
injuriar *t.* to offend, insult, abuse.
injurioso, sa *a.* injurious, insulting, abusive.
injustamente *adv.* unjustly.
injusticia *f.* injustice.
injustificable *a.* unjustifiable.
injusto, ta *a.* unjust, unfair.
inmaculado, da *a.* immaculate, clean; pure.
inmarcesible *a.* unfading, unwithering.
inmediatamente *adv.* immediately.
inmediato, ta *a.* immediate. *2* adjoining, close [to], next [to].
inmensamente *adv.* immensely.
inmensidad *f.* immensity. *2* vastness. *3* great number.
inmenso, sa *a.* immense. *2* unbounded, vast, huge.
inmerecido, da *a.* undeserved.
inmersión *f.* immersion, dip.
inmigración *f.* immigration.
inmigrante *a.-n.* immigrant.
inmigrar *i.* to immigrate.
inminente *a.* imminent, near.
inmiscuir *t.* to mix. *2 ref.* to interfere, meddle. ¶ CONJUG. like ***huir.***
inmolar *t.* to immolate, sacrifice.
inmoral *a.* immoral.
inmoralidad *f.* immorality.
inmortal *a.* immortal.
inmortalidad *f.* immortality.
inmortalizar *t.* to immortalize. *2 ref.* to become immortal.
inmóvil *a.* immobile, motionless, still, fixed. *2* constant.
inmundicia *f.* dirt, filth, lewdness *2* impurity.
inmundo, da *a.* dirty, filthy. *2* unclean. *3* obscene.
inmune *a.* immune, exempt, free.
inmunidad *f.* immunity, exemption.
inmunizar *t.* to immunize, exempt.
inmutable *a.* unchangeable.
inmutar *t.* to change, alter. *2 ref.* to change countenance.
innato, ta *a.* innate, inborn.
innecesario, ria *a.* unnecessary.
innegable *a.* undeniable.
innovación *f.* innovation; novelty.
innovar *t.* to innovate.
innumerable *a.* innumerable, numberless.
inocencia *f.* innocence, innocency.
inocentada *f.* simple, silly act or words. *2* practical joke.
inocente *a.-n.* innocent; naïve.
inocentón, na *a.* gullible.
inocular *t.* to inoculate [with].
inodoro, ra *a.* odourless. *2 m.* water-closet, toilet.

inofensivo, va *a.* inoffensive, harmless.
inolvidable *a.* unforgettable.
inopinado, da *a.* unexpected, unforeseen.
inoportuno, na *a.* inopportune, untimely.
inorgánico, ca *a.* inorganic.
inoxidable *a.* inoxidable; stainless [steel].
inquebrantable *a.* unbreakable. *2* firm, irrevocable.
inquietar *t.* to disturb, worry. *2* to vex, harass, trouble. *3 ref.* to be anxious, be uneasy.
inquieto, ta *a.* restless. *2* agitated. *3* worried, anxious, uneasy.
inquietud *f.* restlessness, anxiety. *2* disturbance, riot.
inquilino, na *m.-f.* tenant.
inquina *f.* aversion, dislike.
inquirir *t.* to inquire into, search, investigate. ¶ CONJUG. like ***adquirir***.
inquisición *f.* enquiry, investigation. *2 f. pr. n.* Inquisition.
insaciable *a.* insatiable, greedy.
insalubre *a.* unhealthy, unwholesome.
insano, na *a.* insane, mad, crazy; unhealthy.
inscribir *t.* to inscribe. *2 ref.* to register.
inscripción *f.* inscription. *2* registration.
insecticida *m.* insecticide.
insecto *m.* insect.
inseguridad *f.* insecurity, unsafety. *2* uncertainty.
inseguro, ra *a.* insecure, unsafe. *2* uncertain.
insensatez *f.* stupidity.
insensato, ta *a.* stupid, foolish.
insensibilidad *f.* insensibility, insensitiveness.
insensible *a.* senseless, unconscious. *2* unfeeling, callous.
inseparable *a.-n.* inseparable.
insepulto, ta *a.* unburied.
insertar *t.* to insert, introduce.
inservible *a.* useless.
insidia *f.* snare, insidious act.
insidioso, sa *a.* insidious; sly.
insigne *a.* famous, eminent.
insignia *f.* badge, emblem. *2* NAUT. pennant.
insignificante *a.* insignificant.
insinuación *f.* insinuation, hint, innuendo.
insinuar *t.* to insinuate, hint. *2 ref.* to insinuate oneself.
insípido, da *a.* insipid, tasteless.
insistencia *f.* insistence, persistence.
insistente *a.* insistent, persistent.
insistentemente *adv.* insistently.
insistir *i.* to insist [on, that], persist.
insociable, insocial *a.* unsocial.
insolación *f.* sunstroke. *2* insolation.
insolencia *f.* insolence, cheekiness.
insolentar *t.* to make insolent. *2 ref.* to become insolent.
insolente *a.* insolent, impudent.
insólito, ta *a.* unusual.
insoluble *a.* insoluble.
insolvente *a.* insolvent, bankrupt.
insomnio *m.* insomnia.
insondable *a.* fathomless. *2* inscrutable.
insoportable *a.* unbearable.
insospechado, da *a.* unsuspected.
insostenible *a.* untenable, indefensible.
inspección *f.* inspection, survey.
inspeccionar *t.* to inspect, oversee.
inspector, ra *m.-f.* inspector, overseer, surveyor, supervisor.
inspiración *f.* inspiration.
inspirar *t.* to inspire breathe in. *2 ref.* to become inspired.
instalación *f.* installation. *2* plant.
instalar *t.* to install. *2* to set up. *3 ref.* to settle.
instancia *f.* instance, request: ***a ~ de***, at the request of. *2* urgency. *3* petition, application.
instantáneo, a *a.* instantaneous. *2 f.* PHOT. snapshot.
instante *m.* instant, moment: ***al ~***, immediately.
instar *t.* to request, beg, press, urge. *2 i.* to be pressing, urgent.
instaurar *t.* to restore, renew.
instigar *t.* to instigate, incite.
instintivo, va *a.* instinctive.
instinto *m.* instinct.
institución *f.* institution [establishment]. *2 pl.* institutes.
instituir *t.* to institute, establish, found. *2* LAW appoint [as heir]. ¶ CONJUG. like ***huir***.
instituto *m.* institute. *2* state secondary school.
institutriz *f.* governess.
instrucción *f.* instruction, teaching, education. *2* knowledge, learning. *3* MIL. drill. *4 pl.* directions, orders.
instructivo, va *a.* instructive.
instruir *t.* to instruct, teach. *2* MIL. to drill. *3* LAW to carry out proceedings. *4 ref.* to learn. ¶ CONJUG. like ***huir***.
instrumento *m.* instrument, tool.
insubordinarse *ref.* to rebel.
insuficiencia *f.* insufficiency. *2* incompetence.
insuficiente *a.* insufficient.
insufrible *a.* unbearable.
insular *a.* insular. *2 m.-f.* islander.
insulso, sa *a.* insipid, flat, dull.

insultante *a.* insulting, abusive.
insultar *t.* to insult; to call names.
insulto *m.* insult, affront, outrage.
insuperable *a.* insuperable, unsurpassable.
insurgente *a.-n.* insurgent, rebel.
insurrección *f.* insurrection, rebellion, uprising.
insurreccionarse *ref.* to rise up, rebel.
insurrecto, ta *a.* insurgent, rebellious. *2 m.-f.* rebel.
intacto, ta *a.* intact, whole.
intachable *a.* blameless, faultless.
integrante *a.* integral.
integrar *t.* to integrate, form.
integridad *f.* integrity, wholeness. *2* honesty, uprightness.
íntegro, gra *a.* whole, complete. *2* honest, upright.
intelecto *m.* intellect.
intelectual *a.-n.* intellectual.
inteligencia *f.* intelligence, intellect, mind, understanding.
inteligente *a.* intelligent, clever.
intemperancia *f.* intemperance.
intemperante *a.* intemperate.
intemperie *f.* open air; bad weather: ***a la*** ~, in the open air, outdoors.
intempestivo, va *a.* untimely, unseasonable, inopportune.
intención *f.* intention, purpose, mind, meaning: ***tener ~ de***, to intend, have in mind.
intencionadamente *adv.* deliberately, on purpose.
intencionado, da *a.* deliberate; pointed, barbed [remark]: ***mal*** ~, evil-minded.
intendencia *f.* intendancy. *2* MIL. administrative corps of the army.
intendente *m.* manager; supervisor.
intensidad *f.* intensity.
intensificar *t.* to intensify.
intensivo, va *a.* intensive.
intenso, sa *a.* intense, vehement.
intentar *t.* to try, attempt. *2* to intend.
intento *m.* intent, purpose: ***de*** ~, on purpose. *2* attempt.
intercalar *t.* to insert.
intercambio *m.* interchange.
interceder *i.* to intercede.
interceptar *t.* to intercept.
intercesión *f.* intercession, mediation.
interés *m.* interest, profit, concern: ***de*** ~, interesting; ***intereses creados***, vested interests.
interesado, da *a.* interested, concerned. *2* selfish.
interesante *a.* interesting.
interesar *t.* to interest. *2* to concern. *3* MED. to affect [an organ, etc.]. *4 i.* to be interesting. *5* to be necessary. *6 ref.* ***interesarse en*** or ***por***, to be interested [in+*n.*: to+*inf.*].
interferencia *f.* interference.
interino, na *a.* provisional, temporary.
interior *a.* interior, inner, inside. *2 m.* inner part; inland. *3* mind, soul. *4 pl.* personal affairs.
interiormente *adv.* internally, inwardly.
interjección *f.* GRAM. interjection, exclamation.
intermediario, ria *a.-n.* intermediary. *2* COM. middleman.
intermedio, dia *a.* intermediate. *2 m.* intermission; interval.
interminable *a.* endless, unending.
intermitente *a.* intermittent.
internacional *a.* international.
internado *m.* boarding school.
internar *t.* to intern, confine. *2 ref.* to go into the interior [of].
interno, na *a.* internal, interior, inside. *2 m.-f.* boarder.
interpelar *t.* to question, interrogate. *2* to ask the aid of.
interponer *t.* to interpose. *2 ref.* to intervene, mediate.
interpretación *f.* interpretation, explanation.
interpretar *t.* to interpret, explain. *2* THEAT. to play [a part].
intérprete *m.-f.* interpreter.
interrogación *f.* interrogation, question. *2* GRAM. question mark.
interrogante *a.* interrogating, questioning. *2 m.* GRAM. question mark.
interrogar *t.* to interrogate, question.
interrumpir *t.* to interrupt, break off, cut short, stop.
interrupción *f.* interruption.
interruptor, ra *m.-f.* interrupter. *2 m.* ELEC. switch.
intervalo *m.* interval; gap; break.
intervención *f.* intervention. *2* mediation. *3* supervision.
intervenir *i.* to intervene. *2* to intercede, plead. *3* to mediate. *4 t.* SURG. to operate upon.
interventor, ra *m.-f.* supervisor, inspector. *2* auditor.
intestino, na *a.* internal. *2* intestine. *3 m.* ANAT. intestine(s.
intimar *t.* to intimate, notify, order. *2 i.-ref.* to become intimate or friendly.
intimidad *f.* intimacy, close friendship: ***en la*** ~, in private.
intimidar *t.* to intimidate, daunt.
íntimamente *adv.* intimately.
íntimo, ma *a.* intimate. *2* private. *3* close [relation, etc.].

intolerable *a.* intolerable, unbearable.
intolerancia *f.* intolerance.
intolerante *a.* intolerant.
intranquilidad *f.* restlessness, uneasiness.
intranquilo, la *a.* restless, worried, uneasy.
intransigencia *f.* intransigence.
intransigente *a.* intransigent, uncompromising.
intratable *a.* intractable. *2* cantankerous, unsociable.
intrepidez *f.* fearlessness, courage.
intrépido, da *a.* intrepid, fearless.
intriga *f.* intrigue. *2* plot.
intrigante *a.* intriguing. *2 m.-f.* intriguer, plotter.
intrigar *i.* to intrigue, scheme.
intrincado, da *a.* intricate, complicate.
introducción *f.* introduction.
introducir *t.* to introduce; to insert. *2* to usher in. *3 ref.* to get in(to.
intromisión *f.* interference, meddling.
intruso, sa *a.* intruding, intrusive. *2 m.-f.* intruder.
intuición *f.* intuition.
intuir *t.* to know by intuition. ¶ CONJUG. like ***huir.***
intuitivo, va *a.* intuitive.
inundación *f.* inundation, flood.
inundar *t.* to inundate, flood.
inusitado, da *a.* unusual, obsolete.
inútil *a.* useless. *2* **-mente** *adv.* uselessly.
inutilidad *f.* uselessness.
inutilizar *t.* to render useless; to disable; to spoil. *2 ref.* to become useless; to be disabled.
invadir *t.* to invade, overrun.
invalidar *t.* to invalidate, annul.
inválido, da *a.-n.* invalid.
invariable *a.* invariable. *2* **-mente** *adv.* invariably.
invasión *f.* invasion.
invasor, ra *a.* invading. *2 m.-f.* invader.
invencible *a.* invincible.
inventar *t.* to invent, find out.
inventariar *t.* to inventory.
inventario *m.* inventory.
inventiva *f.* inventiveness.
invento *m.* invention, discovery.
inventor, ra *m.-f.* inventor.
invernáculo *m.* greenhouse, hothouse.
invernadero *m.* winter quarters. *2* winter pasture. *3* INVERNÁCULO.
invernal *a.* wintry, winter.
invernar *i.* to hibernate, winter. ¶ CONJUG. like ***acertar.***
inverosímil *a.* unlikely.
inversión *f.* inversion. *2* COM. investment.
inverso, sa *a.* inverse, inverted, opposite. *2* ***a la inversa***, on the contrary.
invertebrado, da *a.-n.* invertebrate.
invertido *m.* homosexual.
invertir *t.* to invert. *2* to reverse. *3* to spend [time]. *4* COM. to invest [money, etc.]. ¶ CONJUG. like ***hervir.***
investigación *f.* investigation, research, enquiry.
investigador, ra *a.* investigating. *2 m.-f.* investigate, researcher.
investigar *t.* to investigate, inquire into, do research on.
investir *t.* to invest [with]. ¶ CONJUG. like ***servir.***
inveterado, da *a.* inveterate.
invicto, ta *a.* unconquered.
invierno *m.* winter.
invisible *a.* invisible.
invitación *f.* invitation.
invitado, da *m.-f.* guest.
invitar *t.* to invite.
invocar *t.* to invoke, implore.
involucrar *t.* to introduce irrelevantly.
involuntario, ria *a.* involuntary.
invulnerable *a.* invulnerable.
inyección *f.* injection.
inyectar *t.* to inject.
ir *i.* to go: ***¿cómo le va?***, how are you?; ~ ***a caballo***, to ride on horseback; ~ ***a casa***, to go home; ~ ***a pie***, to go on foot; to walk; ~ ***en coche***, to drive, ride in a car; ~ ***en tren***, to go by train; ***¡vamos!***, come on!, let's go! *2* ~ ***de uniforme***, to be in uniform. *3* to suit, match; to be convenient. *4* ***va oscureciendo***, it is getting dark [progressive form].
5 ref. to go away, depart. *6* ***irse abajo***, to fall down, topple over, collapse. *7* ***irse a pique***, to sink, founder.
¶ IRREG. CONJUG. INDIC. Pres.: ***voy, vas, va; vamos, vais, van.*** | Imperf.: ***iba, ibas***, etc. | Pret.: ***fui, fuiste***, etc. | Fut.: ***iré, irás***, etc. ‖ COND.: ***iría, irías***, etc. ‖ SUBJ.: Pres.: ***vaya, vayas***, etc. | Imperf.: ***fuera, fueras***, etc., or ***fuese, fueses***, etc. | Fut.: ***fuere, fueres***, etc. ‖ IMPER.: ***ve, vaya; vayamos, id, vayan.*** ‖ PAST. P.: ***ido.*** ‖ GER.: ***yendo.***
ira *f.* anger, wrath, rage.
iracundo, da *a.* irritable, angry.
iris *m.* iris: ***arco*** ~, rainbow.
Irlanda *f. pr. n.* GEOG. Ireland.
irlandés, sa *a.* Irish.
ironía *f.* irony.
irónico, ca *a.* ironic(al.
irracional *a.* irrational.
irradiar *t.* to irradiate, radiate.
irreal *a.* unreal.
irrealizable *a.* unrealizable, impracticable.

irreductible *a.* irreducible.
irreflexión *f.* rashness, thoughtlessness.
irreflexivo, va *a.* rash, thoughtless.
irrefragable *a.* irrefutable.
irrefrenable *a.* unbridled; unruly.
irreligioso, sa *a.* irreligious.
irremediable *a.* irremediable, hopeless.
irreprochable *a.* irreproachable.
irresistible *a.* irresistible.
irresoluto, ta *a.* irresolute.
irrespetuoso, sa *a.* disrespectful.
irrespirable *a.* unbreathable, suffocating.
irresponsable *a.* irresponsible.
irreverente *a.* irreverent.
irrigación *f.* MED. irrigation.
irrigar *t.* MED. to irrigate.
irrisorio, ria *a.* derisory, ridiculous. *2* insignificant.
irritable *a.* irritable.
irritación *f.* irritation; wrath.
irritante *a.* irritating, irritant.
irritar *t.* to irritate. *2 ref.* to become irritated.
irrogar *t.* to cause, provoke.
irrompible *a.* unbreakable.
irrumpir *i.* to make an irruption.
irrupción *f.* irruption, invasion.
Isabel *f. pr. n.* Isabella, Elizabeth.
isla *f.* island; isle.
Islandia *f. pr. n.* GEOG. Iceland.
isleño, ña *m.-f.* islander.
islote *m.* small barren island.
israelita *a.* Jewish. *2 m.* Jew. *3 f.* Jewess.
istmo *m.* isthmus.
Italia *f. pr. n.* GEOG. Italy.
italiano, na *a.-n.* Italian.
itinerario *m.* itinerary. *2* time-table, schedule.
izar *t.* to hoist; to heave.
izquierdista *a.-n.* POL. leftist, radical.
izquierdo, da *a.* left-handed [person]; crooked. *2 f.* left hand; left side: ***a la ~***, to the left. *3* POL. the Left [wing].

J

jabalí *m.* wild boar.
jabón *m.* soap: ~ ***de afeitar***, shaving soap; ~ ***de tocador***, toilet soap. *2 fig.* flattery: ***dar*** ~, to soft-soap.
jabonar *t.* to soap; to lather.
jaca *f.* nag, cob.
jácara *f.* a gay dance and song.
jacarandoso, sa *a.* jaunty, lively.
jacinto *m.* hyacinth.
jactancia *f.* boast, brag.
jactancioso, sa *a.* boastful, bragging. *2 m.-f.* boaster, braggard.
jactarse *ref.* to boast, brag.
jadeante *a.* panting, out of breath.
jadear *i.* to pant, heave, gasp.
jaez, *pl.* **jaeces** *m.* harness. *2* kind, sort. *3 pl.* trappings.
jaguar *m.* ZOOL. jaguar.
jalea *f.* jelly.
jalear *t.* to shout [to hunting dogs]. *2* to cheer and clap [to encourage dancers].
jaleo *m.* clapping, cheering, etc. [to encourage dancers]. *2* Andalusian dance and its tune. *3* merry noise. *4* row, disturbance.
jalón *m.* landmark; stake.
jalonar *t.* to mark or stake out.
jamás *adv.* never.
jamelgo *m.* jade [horse].
jamón *m.* ham.
Japón (el) *m. pr. n.* Japan.
japonés, sa *a.-n.* japanese.
jaque *m.* CHESS check: ~ ***mate***, checkmate.
jaqueca *f.* migraine, headache.
jarabe *m.* syrup.
jarana *f.* merrymaking: ***ir de*** ~, to go on the spree. *2* coll. row, uproar. *3* trick.
jarcia *f.* NAUT. rigging, cordage.
jardín *m.* [flower] garden.
jardinero *m.* gardener.
jarra *f.* earthen jar. *2* ***en jarras***, with arms akimbo.
jarro *m.* jug, pitcher.
jarrón *m.* ornamental jug or vase.
jaspe *m.* jasper.
jaula *f.* cage [for birds, etc.].
jauría *f.* pack of hounds.
jazmín *m.* BOT. jasmine.
jefatura *f.* leadership. *2* headquarters [of police].
jefe *m.* chief, head, leader: ~ ***del Estado***, head of the State, *chief executive; ~ ***de estación***, station-master.
jengibre *m.* ginger.
jerarquía *f.* hierarchy.
jerez *m.* sherry [wine].
jerga *f.* coarse woollen cloth. *2* straw mattress. *3* jargon, slang.
jeringa *f.* syringe.
jeringar *t.* to inject. *2* to annoy.
jerigonza *f.* jargon; slang.
jeroglífico *m.* hieroglyph.
jersey *m.* jersey, sweater, jumper.
Jesucristo *m.* pr. *n.* Jesus Christ.
jesuita *a.-m.* Jesuit.
jícara *f.* chocolate cup.
jilguero *m.* goldfinch, linnet.
jinete *m.* horseman, rider.
jira *f.* strip of cloth. *2* picnic.
jirafa *f.* giraffe.
jirón *m.* shred, tatter; tear.
jocosidad *f.* jocosity, jocularity.
jocoso, sa *a.* jocose, jocular, humorous, funny.
jofaina *f.* wash-basin.
jolgorio *m.* HOLGORIO.
jornada *f.* day's journey. *2* military expedition. *3* working day. *4* act [of a play].
jornal *m.* day's wages: ***a*** ~, by the day. *2* day's work.
jornalero *m.* day-labourer, journeyman.
joroba *f.* hump, hunch. *2* coll. annoyance, bother.
jorobado, da *a.* hunchbacked. *2* bothered. *3 m.-f.* hunch-back.
jota *f.* the letter *j.*: ***no entender*** ~, not to

understand anything. *2* jota [Spanish dance].
joven *a.* young. *2 m.-f.* youth, young man or woman: ***los jóvenes***, the young people.
jovial *a.* jovial, cheerful, gay.
jovialidad *f.* joviality, cheerfulness, good humour.
joya *f.* jewel; gem.
joyería *f.* jeweller's shop, jewellery.
joyero *m.* jeweller. *2* jewel case.
juanete *m.* bunion.
jubilación *f.* retirement [from job]. *2* pension, superannuation.
jubilar *t.* to retire, pension off. *2 i.* to rejoice. *3 ref.* to retire [from job].
júbilo *m.* jubilation, joy, rejoicing.
jubiloso, sa *a.* joyful, rejoicing.
jubón *m.* doublet, jerkin.
judía *f.* Jewess. *2* BOT. bean, kidney bean.
judiada *f.* dirty trick.
judicial *a.* judicial, judiciary: ***poder*** ~, judicial power.
judío, a *a.* Jewish. *2 m.* Jew, Hebrew.
juego *m.* play. *2* game. *3* sport. *4* gambling; pack of cards. *5* set, service: ~ ***de té***, tea set. *6* ~ ***de palabras***, pun; ***hacer*** ~, to match; ***poner en*** ~, to make use of; ~ ***limpio***, fair play.
juerga *f.* spree, revelry: ***ir de*** ~, to go on the spree.
juerguista *m.-f.* reveller, merrymaker.
jueves *m.* Thursday.
juez *m.* judge, justice: ~ ***de paz***, justice of the peace.
jugada *f.* play, move. *2* stroke, throw, turn. *3* mean trick.
jugador, ra *m.-f.* player. *2* gambler.
jugar *t.-i.* to play, sport, frolic, toy, dally: ~ ***al fútbol***, to play football. *2* to game, gamble. *3* ~ ***a la Bolsa***, to speculate in stocks. *4 t.-ref.* to risk, stake. ¶ IRREG. CONJUG. INDIC. Pres.: ***juego, juegas, juega;*** jugamos, jugáis, ***juegan.*** ‖ SUBJ. Pres.: ***juegue, juegues, juegue;*** juguemos, juguéis, ***jueguen.*** ‖ IMPER.: ***juega, juegue; juguemos,*** jugad, ***jueguen.***
jugarreta *f.* mean trick, bad turn.
juglar *m.* minstrel, jongleur.
jugo *m.* juice. *2* substance, pith.
jugoso, sa *a.* juicy, succulent.
juguete *m.* toy, plaything.
juguetear *i.* to toy, play, frolic.
juguetón, na *a.* playful, frisky.
juicio *m.* judgement, sense, wisdom: ***a mi*** ~, in my opinion. *2* LAW trial, judgement.
juicioso, sa *a.* judicious, sensible, wise.
julio *m.* July.
jumento *m.* ass, donkey.
junco *m.* NAUT. junk. *2* BOT. rush.
junio *m.* June.
junta *f.* meeting, conference. *2* board, council: ~ ***directiva***, board of directors, executive board. *3* CARP. joint.
juntamente *adv.* jointly, together.
juntar *t.* to assemble. *2* to gather, lay up, store. *3* to join, unite; to connect. *4 ref.* to join, meet, assemble, gather.
junto, ta *a.* united, together. *2 adv.* near, close: ~ ***a***, near to, close to: ~ ***con***, together with; ***todo*** ~, all at once.
juntura *f.* joint, juncture.
jurado *m.* LAW jury. *2* juror, juryman. *3 p. p.* sworn.
juramentar *t.* to swear. *2 ref.* to take an oath.
juramento *m.* oath: ~ ***falso***, perjury. *2* swear-word, curse.
jurar *t.-i.* to swear, take an oath: ~ ***en falso***, to commit perjury. *2* to vow. *3* to curse.
jurídico, ca *a.* juridical; legal.
jurisconsulto *m.* jurist, lawyer.
jurisdicción *f.* jurisdiction.
jurisdiccional *a.* jurisdictional. *2* ***aguas jurisdiccionales***, territorial waters.
jurisprudencia *f.* jurisprudence.
jurista *m.* jurist, lawyer.
justa *f.* joust, tilt. *2* tournament. *3* contest.
justamente *adv.* justly. *2* tightly. *3* just, exactly.
justicia *f.* justice: ***hacer*** ~, to do justice. *2* officers of law-court, judge.
justiciero, ra *a.* just, righteous.
justificación *f.* justification.
justificante *a.* justifying. *2 m.* proof, voucher.
justificar *t.* to justify. *2* to prove, vouch. *3 ref.* to justify one's conduct.
1) **justo** *adv.* justly, rightly. exactly. *3* tightly, closely.
2) **justo, ta** *a.* just. *2* righteous. *3* exact, correct. *4* tight, close-fitting. *5 m.* just man.
juvenil *a.* juvenile, youthful.
juventud *f.* youth, youthfulness. *2* young people.
juzgado *m.* law-court, court of justice, tribunal.
juzgar *i.* to judge. *2* to try. *3* to give an opinion; to think; ***a*** ~ ***por***, judging by or from.

K

kilo, kilogramo *m.* kilogram, kilogramme, kilo.
kilolitro *m.* kilolitre, kiloliter.
kilométrico, ca *a.* kilometric(al. *2 m.* runabout ticket.
kilómetro *m.* kilometre, kilometer.
kilovatio *m.* kilowatt.
kiosko *m.* kiosk.

L

1) **la** *def. art. fem. sing.* the. *2 obj. pron.* her; it; you.
2) **la** *m.* MUS. la, A.
laberinto *m.* labyrinth, maze. *2* internal ear.
labia *f.* coll. fluency, winning eloquence.
labio *m.* lip. *2* brim [of a cup].
labor *f.* labour, work, task. *2* embroidery, needlework; knitting. *3* tillage; ploughing.
laborable *a.* workable. *2* arable [ground]. *3* ***día*** *~*, workday.
laborar *t.* to work, fashion.
laboratorio *m.* laboratory.
laboreo *m.* AGR. tillage. *2* MIN. working.
laboriosidad *f.* diligence, industry.
laborioso, sa *a.* laborious, industrious, diligent. *2* arduous.
labrado, da *a.* AGR. tilled. *2* wrought. *3* cut, carved.
labrador, ra *m.-f.* farmer, peasant.
labranza *f.* cultivation, farming, husbandry. *2* farm land.
labrar *t.* to work, carve, cut. *2* to plough, till, cultivate.
labriego, ga *m.-f.* farm labourer, peasant.
laca *f.* lac, shellac. *2* lacquer.
lacayo *m.* lackey, footman, groom.
lacerar *t.* to lacerate, tear. *2* to harm, damage.
lacio, cia *a.* withered. *2* languid. *3* straight, lank [hair].
lacónico, ca *a.* laconic; brief.
lacra *f.* trace left by illness. *2* fault, defect.
lacrar *t.* to seal.
lacre *m.* sealing-wax.
lacrimógeno, na *a.* ***gas*** *~*, tear-gas.
lacrimoso, sa *a.* lachrymose, tearful.
lácteo, tea *a.* milky: ***Vía Láctea***, Milky way.
ladear *t.-ref.* to tilt, tip, lean or incline to one side. *2* to turn sideways; to sway. *3 i.* to go round the hillside.
ladeo *m.* inclination, tilt.
ladera *f.* slope, hillside.
ladino, na *a.* shrewd, sly.
lado *m.* side: ***dejar a un*** *~*, to set aside; ***al*** *~*, close by, near by; ***al*** *~* ***de***, beside; ***por un*** *~* ... ***por otro***, on the one hand... on the other hand.
ladrar *i.* to bark.
ladrido *m.* bark, barking.
ladrillo *m.* brick, tile.
ladrón, na *m.-f.* thief, robber.
lagartija *f.* small lizard.
lagarto *m.* lizard. *2* coll. sly fellow.
lago *m.* lake.
lágrima *f.* tear, tear-drop: ***llorar a*** *~* ***viva***, to shed bitter tears.
lagrimear *i.* to shed tears, weep.
laguna *f.* small lake; pond, lagoon. *2* blank, gap.
laico, ca *a.* lay, secular. *2 m.-f.* layman.
lamentable *a.* lamentable, deplorable, pitiful, plaintive.
lamentación *f.* wail, lamentation.
lamentar *t.* to deplore, regret, be sorry for. *2 ref.* to complain, moan, wail, grieve.
lamento *m.* wail, moan, cry.
lamer *t.* to lick; to lap.
lamida *f.* lick.
lámina *f.* metal plate; sheet of metal. *2* engraving; full-page illustration.
lámpara *f.* lamp. *2* RADIO valve.
lana *f.* wool; fleece.
lanar *a.* wool-bearing: ***ganado*** *~*, sheep.
lance *m.* throw, cast. *2* predicament; incident, affair; *~* ***de honor***, affair of honour, duel. *3* move, turn [in a game]. *4* ***de*** *~*, second-hand.
lancero *m.* lancer.
lancha *f.* NAUT. launch, boat.
langosta *f.* ENT. locust. 2 ZOOL. lobster.
langostín, langostino *m.* ZOOL. prawn, shrimp, crayfish.

languidecer *i.* to languish; to pine away. ¶ CONJUG. like ***agradecer***.
languidez *f.* weakness, languor.
lánguido, da *a.* weak, languid, despondent.
lanudo, da *a.* wooly; fleecy.
lanza *f.* lance, spear: ~ ***en ristre,*** ready for action. *2* shaft.
lanzada *f.* lance thrust.
lanzadera *f.* shuttle.
lanzamiento *m.* cast, throwing. *2* NAUT. launching. *3* LAW eviction, dispossession.
lanzar *t.* to throw, cast, dart, fling, hurl. *2* to launch [a boat, etc.]. *3 ref.* to throw oneself, rush; to dart out.
lapicero *m.* pencil holder. *2* pencil.
lápida *f.* tablet; tombstone; slab.
lapidar *t.* to throw stones at, stone to death.
lápiz, *pl.* **-ces** *m.* pencil; crayon. *2* ~ ***para los labios,*** lipstick.
lapso *m.* lapse. *2* fall, slip.
largamente *adv.* at length; long, for a long time. *2* largely.
largar *t.* to let go. *2* to deliver [a speech]. *3* to give [a sigh; a slap]. *4 ref.* to get out, leave. *5 ¡lárgate!,* get out!
1) **largo** *adv.* largely, extendedly. *2 m.* long, length. *3* ***pasar de ~,*** to pass by. *4* interj. ***¡largo de ahí!,*** get out of here!
2) **largo, ga** *a.* long: ***a la larga,*** in the long run; ***a lo largo de,*** along, throughout. *2* shrewd.
largueza *f.* generosity. *2* length.
largura *f.* length.
laringe *f.* ANAT. larynx.
larva *f.* ZOOL. larva; grub.
las *def. art. f. pl.* the. *2* ~ ***que,*** those who or wich. *3 obj. pron. f. pl.* them.
lascivia *f.* lasciviousness, lewdness.
lascivo, va *a.* lascivious, lewd.
lasitud *f.* lassitude, weariness.
lástima *f.* pity, compassion, grief: ***¡qué ~!,*** what a pity!
lastimar *t.* to hurt, injure, damage; to offend. *2 ref.* to get hurt. *3* to feel pity for. *4* to complain.
lastre *m.* ballast.
lata *f.* tin-plate, tin, can: ***en ~,*** canned, tinned. *2* bore, nuisance: ***dar la ~,*** to annoy.
latente *a.* latent, hidden.
lateral *a.* lateral, side [door].
latido *m.* beat, throb, pulsation. *2* yelp [of dog].
latifundio *m.* large estate.
latigazo *m.* lash [with a whip, etc.]. *2* crack of a whip.
látigo *m.* whip.
latín *m.* Latin [language].
latir *i.* to beat, throb, pulsate. *2* [of a dog] to yelp, bark.
latitud *f.* breadth, width; extent, *2* GEOG. latitude.
lato, ta *a.* broad, wide.
latón *m.* brass.
latoso, sa *a.* annoying, boring.
latrocinio *m.* theft, robbery.
laúd *m.* lute.
laudable *a.* laudable, praiseworthy.
laureado, da *a.* laureate.
laurel *m.* laurel. *2 pl.* fig. honours.
lava *f.* lava. *2* MIN. washing.
lavable *a.* washable.
lavabo *m.* wash-stand. *2* washroom; lavatory.
lavadero *m.* washing-place. *2* laundry.
lavado *m.* wash, washing.
lavador, ra *a.* washing. *2 m.-f.* washer, cleaner. *3 f.* washing-machine.
lavamanos *m.* wash-hand-stand.
lavandera *f.* washerwoman, laundress.
lavandería *f.* laundry.
lavar *t.-i.* to wash [one's hands, etc.]; to wash up [dishes, etc.]; to clean, *2* to cleanse. *3 ref.* to wash oneself.
lavativa *f.* enema. *2* syringe.
laxante *a.-m.* laxative.
laxar *t.* to laxate, loosen.
laxitud *f.* laxity, laxness.
lazada *f.* slip-knot. *2* bow.
lazar *t.* to lasso, rope.
lazarillo *m.* blind person's guide.
lazo *m.* bow, knot: ~ ***corredizo,*** slip-knot. *2* tie, bond. *3* spare, trap: ***tender un ~ a,*** to set a trap for. *3* lasso.
le *pers. pron. m. sing.; direct obj.* him; you [formal]. *2 indirect obj.* to him, to her, to it; to you [formal].
leal *a.* loyal, faithful [servant]. *2* fair [proceeding]. *3* **-mente** *adv.* loyally, faithfully.
lealtad *f.* loyalty. *2* fairness.
lebrel *m.* greyhound.
lección *f.* lesson; reading.
lector, ra *m.-f.* reader. *2* lecturer [in colleges, etc.].
lectura f. *reading:* ***libro de ~,*** reader.
lechal *a.* sucking [lamb]. *2* milky [plant].
leche *f.* milk: ~ ***condensada,*** condensed milk. *2* luck [in games].
lechería *f.* dairy.
lechero, ra *a.* milky. *2 m.* milkman, dairyman. *3 f.* milkmaid, dairymaid.
lecho *m.* bed, couch. *2* river-bed. *3* layer, stratum.

lechón *m.* sucking-pig. *2* pig.
lechuga *f.* lettuce.
lechuza *f.* ORN. barn.-owl.
leer *t.-i.* to read. *2* to lecture.
legación *f.* legation.
legado *m.* LAW legacy, bequest. *2* legate, representative.
legajo *m.* bundle of papers; dossier, file.
legal *a.* legal, lawful. *2* **-mente** *adv.* legally, lawfully.
legalidad *f.* legality, lawfulness.
legalizar t. to legalize.
légamo *m.* mud, slime.
legar *t.* to will, bequeath. *2* to send as a delegate.
legendario, ria *a.* legendary.
legión *f.* legion.
legislación *f.* legislation.
legislador, ra *a.* legislative. *2 m.* legislator.
legislar *t.* to legislate, enact laws.
legislatura *f.* legislature. *2* legislative assembly.
legitimar *t.* to legitimate.
legítimo, ma *a.* legitimate. *2* lawful, *3* genuine, real.
lego, ga *a.* lay, secular. *2* ignorant. *3 m.* layman. *4* lay brother or sister.
legua *f.* league [about 3 miles].
leguleyo *m.* pettifogger.
legumbre *f.* legume, pod fruit. *2 pl.* vegetables.
lejanía *f.* distance, remoteness.
lejano, na *a.* distant, remote, far.
lejía *f.* lye.
lejos *adv.* far, far away, far off: ***a lo ~,*** in the distance, far away; ***de ~,*** from afar.
lelo, la *a.* stupid, dull.
lema *m.* motto. *2* slogan.
lencería *f.* linen goods. *2* linen-draper's shop. *3* lingerie.
lengua *f.* tongue: ***no morderse la ~,*** not to mince words. *2* language: ***~ materna,*** mother tongue. *3* clapper [of a bell]. *4* strip [of land].
lenguado *m.* sole [fish].
lenguaje *m.* language. *2* tongue, speech.
lengüeta *f.* small tongue. *2* epiglottis. *3* needle [of a balance]. *4* MUS. tongue, reed. *5* barb [of an arrow]. *6* MEC. feather, wedge.
lentamente *adv.* slowly.
lente *m.-f.* lens. *2* glass: ***~ de aumento,*** magnifying glass. *3 m. pl.* glasses, spectacles.
lenteja *f.* lentil
lentejuela *f.* spangle. *2 pl.* tinsel.
lentitud *f.* slowness, sluggishness.
lento, ta *a.* slow, sluggish.
leña *f.* firewood. *2* thrashing.
leñador, ra *m.-f.* woodcutter. *2 m.* woodman. *3 f.* woodwoman.
leño *m.* log. *2* block [of wood].
león *m.* lion.
leona *f.* lioness.
leonera *f.* lion-cage. *2* coll. gambling den. *3* lumber-room
leopardo *m.* leopard.
lepra *f.* leprosy.
leproso, sa *a.* leprous. *2 m.-f.* leper.
lerdo, da *a.* dull, slow-witted.
les *pers. pron. m.-f. pl.* them, to them; you, to you [formal].
lesión f. hurt, wound, injury.
lesionar *t.* to hurt, wound, injure. *2* to damage, harm.
letal *a.* lethal, deadly, mortal.
letargo *m.* lethargy, drowsiness.
letra *f.* letter [of alphabet]. *2* printing type; character. *3* handwriting. *4* words [of a song]. *5* ***~ mayúscula,*** capital letter; ***~ minúscula,*** small letter; ***al pie de la ~,*** litterally. *6* COM. ***letra*** or ***~ de cambio,*** bill of exchange, draft. *7 pl.* letters; learning.
letrado, da *a.* learned, erudite. *2 m.-f.* lawyer.
letrero *m.* label. *2* sign, poster, notice, placard.
letrina *f.* letrine, privy.
leva *f.* levy, draft. *2* weighing anchor, setting sail.
levadizo, za *a.* liftable: ***puente ~,*** drawbridge.
levadura *f.* leaven, yeast.
levantamiento *m.* lifting, raising. *2* sublimity. *3* insurrection, uprising, revolt.
levantar *t.* to raise, lift, hoist. *2* to set up, build. *3* to pick up, gather. *4* to stir, incite to rebellion. *5* ***~ la mesa,*** to clear the table. *6* ***~ un falso testimonio,*** to bear false witness. *7* ***~ acta,*** to draw up a statement. *8* ***~la sesión,*** to adjourn. *9 ref.* to rise, get up, stand up; to rebel.
levante *m.* East, Orient; Levant. *2* east coast of Spain.
levantisco, ca *a.* turbulent, rebellious.
levar *t.* NAUT. to set sail.
leve *a.* light. *2* slight, trifling.
levemente *adv.* lightly, slightly.
levita *m.* Levite. *2 f.* frock-coat.
léxico *m.* dictionary, lexicon. *2* vocabulary [of a person].
ley *f.* law; rule; act, statute. *2* loyalty. *3* standard quality: ***plata de ~,*** sterling silver.
leyenda *f.* legend, story. *2* reading, inscription.
lezna *f.* awl.

liar *t.* to tie [up], wrap up, bind. *2* to roll [a cigarrette]. *3 ref.* to get mixed up [with].
libar *t.* to sip. *2* to taste.
libelo *m.* libel.
libélula *f.* ENT. dragon-fly.
liberación *f.* liberation, deliverance, release.
liberal *a.* liberal, generous. *2 a.-n.* POL. liberal.
liberalidad *f.* liberality, generosity.
liberar *t.* to liberate, free.
libertad *f.* liberty, freedom.
libertador, ra *m.-f.* liberator, deliverer.
libertar *t.* to set free, liberate, deliver. *2* to free, rid, clear.
libertinaje *m.* licentiousness, debauchery. *2* free-thinking.
libertino, na *a.-n.* libertine. *2* freethinker. *3 a.* dissolute.
libra *f.* pound [weight; coin] ~ ***esterlina,*** pound sterling.
librador, ra *m.-f.* deliverer. *2* COM. drawer.
libramiento *m.* delivering. *2* order for payment.
libranza *f.* draft, bill of exchange.
librar *t.* to free, deliver, save [from danger, etc.]. *2* to pass [sentence]. *3* to draw [a bill, etc.]. *4* to give [battle]. *5* ref. ***librarse de,*** to get rid of; to escape from.
libre *a.* free: ~ ***albedrío,*** free will. *2* vacant [seat, etc.]. *3* disengaged, at leisure. *4* wanton.
libremente *adv.* freely.
librea *f.* livery [uniform].
librecambio *m.* free trade.
librería *f.* library; bookcase. *2* bookshop, bookstore.
librero *m.* bookseller.
libreta *f.* notebook.
libro *m.* book: ~ ***de caja,*** cash-book; ~ ***mayor,*** ledger.
licencia *f.* licence, permission. *2* licentiousness. *3* EDUC. degree of master or bachelor. *4* MIL. leave, furlough.
licenciado, da *m.-f.* EDUC. licentiate, graduate, holder of the degree of master or bachellor. *2* lawyer. *3* ~ ***del ejército,*** discharged soldier.
licenciar *t.* to give leave or permission. *2* EDUC. to confer the degree of master or bachelor. *3* MIL., to discharge [soldiers]. *4 ref.* to receive the degree of master or bachelor.
licenciatura *f.* degree of master or bachelor.
licencioso, sa *a.* licentious, lewd.
liceo *m.* lyceum, school. *2* club.
licitar *t.* to bid for [at auction].
lícito, ta *a.* licit, permitted, lawful.
licor *m.* liquor; liqueur; spirits.
licuar *t.-ref.* to liquefy, melt.
lid *f.* contest, fight. *2* dispute.
líder *m.* leader.
lidia *f.* fight. *2* bullfight.
lidiar *i.* to fight, contend, struggle.
liebre *f.* hare.
lienzo *m.* cotton or linen cloth. *2* canvas; painting.
liga *f.* garter. *2* bird-lime. *3* mixture; alloy. *4* league, alliance. *5* FOOTB. league.
ligadura *f.* tie, bond. *2* binding.
ligamento *m.* tie, binding. *2* ANAT. ligament.
ligar *t.* to tie, bind. *2* to alloy [metals]. *3* to join, unite. *4 ref.* to league together, join.
ligazón *f.* connection, linking.
ligereza *f.* lightness, swiftness, agility. *2* flippancy, frivolity.
1) **ligero, ra** *a.* light, swift, agile. *2* flippant, thoughtless.
2) **ligero** *adv.* fast, rapidly.
lija *f.* dogfish. *2* sandpaper.
lila *f.* lilac.
liliputiense *a.-n.* Liliputian.
lima *f.* file [tool]. *2* finish, polishing. *3* sweet lime [fruit].
limadura *f.* filing.
limar *t.* to file. *2* to polish.
limitación *f.* limitation; limit.
limitar *t.* to limit. *2* to cut down. *3 i.* ~ ***con,*** to border on. *4 ref.* to reduce expense. *5* ***limitarse a,*** to confine oneself to.
límite *m.* limit, bound. *2* border.
limítrofe *a.* neighbouring.
limón *m.* lemon.
limonada *f.* lemonade.
limonero *m.* lemon-tree.
limosna *f.* alms, charity.
limpiabotas *m.* bootblack.
limpiar *t.* to clean, cleanse. *2* to wipe. *3* to clear.
límpido, da *a.* limpid, clear.
limpieza *f.* cleanness, cleanliness. *2* purity. *3* honesty, fairness.
limpio, pia *a.* clean. *2* neat, tidy. *3* chaste; honest. *4* clear. net. *5* fair [play]. *6* ***sacar en*** ~, to conclude, infer: ***poner en*** ~, to make a clean copy.
linaje *m.* lineage, family, race: ~ ***humano,*** mankind.
linaza *f.* linseed, flax-seed.

lince *m.* ZOOL. lynx. *2* sharp-sighted person.
linchamiento *m.* lynching.
linchar *t.* to lynch.
lindante *a.* bordering, adjoining.
lindar *i.* ~ ***con,*** to border [on].
linde *m.-f.* limit, boundary; landmark.
lindero, ra *a.* bordering upon. *2 m.* limit, boundary.
lindeza *f.* prettiness; exquisiteness. *2* witty act or remark *3 pl.* pretty things; insults.
lindo, da *a.* pretty, nice, lovely.
línea *f.* line. *2* limit.
lineal *a.* lineal, linear.
lingote *m.* ingot.
lingüista *m.* linguist.
linimento *m.* liniment.
lino *m.* linen; flax.
linóleo *m.* linoleum.
linterna *f.* lantern, lamp: ~ ***eléctrica,*** flashlight.
lío *m.* bundel, parcel. *2* tangle, muddle, mess: ***armar un*** ~, to raise a rumpus; ***hacerse un*** ~, to get tangled up; ***meterse en un*** ~, to get oneself into a mess; ***¡qué*** ~***!,*** what a mess!
liquidación *f.* liquefaction. *2* liquidation. *3* bargain sale.
liquidar *t.-ref.* to liquefy. *2 t.* to liquidate. *3* fig. to squander; to murder. *4 i.* to go into liquidation.
líquido, da *a.-n.* liquid.
lira *f.* lira [monetary unit]. *2* MUS. lyre. *3* inspiration. *4* a type of metrical composition.
lírico, ca *a.* lyric(al). *2 m.-f.* lyric poet. *3 f.* lyric poetry.
lirio *m.* lily.
lirismo *m.* lyricism; enthusiasm.
lirón *m.* ZOOL. dormouse.
lisiado, da *a.* crippled. *2 m.-f.* cripple.
liso, sa *a.* smooth, even, flat.
lisonja *f.* flattery; compliment.
lisonjear *t.* to flatter.
lisonjero, ra *a.* flattering; fawning; promising.
lista *f.* strip. *2* slip [of paper]. *3* list, catalogue. *4* muster, roll; ***pasar*** ~, to call the roll.
listado, da *a.* striped.
listeza *f.* cleverness, smartness.
listo, ta *a.* ready. *2* quick. *3* finished. *4* clever.
listón *m.* ribbon. *2* ARCH. listel, *3* CARP. lath.
litera *f.* litter. *2* berth.
literal *a.* literal.
literario, ria *a.* literary.
literato, ta *m.-f.* literary person, writer, man-of-letters.
literatura *f.* literature.
litigar *t.-i.* to litigate, dispute.
litigio *m.* litigation, law-suit. *2* dispute.
litoral *a.* coastal. *2 m.* coast.
litro *m.* litre, liter.
liturgia *f.* liturgy.
liviandad *f.* lewdness. *2* lightness. *3* frivolity.
liviano, na *a.* lewd. *2* light; slight. *3* frivolous.
lívido, da *a.* livid.
lo *neut. art.* the. *2 pers. pron. m. neut.* him; it; you [formal]: ***lo que,*** what.
loa *f.* praise. *2* THEAT. prologue [of a play].
loable *a.* laudable, praiseworthy.
loar *t.* to praise, extol.
lobo, ba *m.* wolf. *2 f.* she-wolf. *3* fig. ~ ***de mar***, old salt.
lóbrego, ga *a.* dark, gloomy, sad.
lóbulo *m.* lobe, lobule.
local *a.* local. *2 m.* place, quarters, premises.
localidad *f.* locality. *2* place, town. *3* seat [in a theatre].
localizar *t.* to localize.
locamente *adv.* madly; wildly.
loco, ca *a.* mad, crazy, insane: ~ ***de remate,*** stark mad. *2 m.-f.* lunatic, insane person, madman, madwoman. *3* fool.
locomotora *f.* railway engine.
locuaz *a.* loquacious, talkative.
locución *f.* locution. *2* phrase, idiom.
locura *f.* madness, lunacy, insanity, folly.
locutor, ra *m.-f.* radio announcer, radio speaker.
lodo *m.* mud, mire.
lógicamente *adv.* logically.
lógico, ca *a.* logical. *2 f.* logic.
lograr *t.* to get, achieve, attain, obtain. *2* [with an *inf.*] to succeed [in + *ger.*] manage to. *3 ref.* [of a thing] to succeed.
logrero, ra *m.-f.* usurer, profiteer.
logro *m.* success, achievement. *2* gain, profit. *3* usury.
loma *f.* hillock, knoll, down.
lombriz *f.* earthworm.
lomo *m.* back [of an animal, a book, etc.]. *2* lower back [of person]. *3* loin. *4* sirloin.
lona *f.* canvas, sail-cloth.
londinense *m.-f.* Londoner.
Londres *m. pr. n.* GEOG. London.
longaniza *f.* pork sausage.
longevidad *f.* longevity, long life.
longitud *f.* length, longitude.
longitudinal *a.* longitudinal.

lonja *f.* exchange, market. *2* ARCH. raised porch. *3* slice [of meat]; strip [of leather].
lontananza *f.* PAINT. background. *2* ***en ~,*** in the distance.
loor *m.* praise.
loro *m.* parrot.
los *def. art. m. pl.* the. *2* ***~ que,*** those, or they who or which. *3 obj. pron. m. pl.* them: ***~ vi,*** I saw them.
losa *f.* flagstone, slab. *2* gravestone.
lote *m.* share, portion. *2* lot.
lotería *f.* lottery; raffle.
loza *f.* china, fine earthenware or crockery.
lozanía *f.* luxuriance. *2* bloom, freshness, vigour.
lozano, na *a.* luxuriant. *2* blooming, fresh, vigorous.
lubri(fi)cante *m.* lubricant.
lubri(fi)car *t.* to lubricate.
lucero *m.* morning star, bright star.
lucidez *f.* lucidity, brilliancy.
lucido, da *a.* brilliant, successful. *2* splendid.
lúcido, da *a.* clear, lucid, bright.
luciente *a.* shining, bright.
luciérnaga *f.* glow-worm, fire-fly.
lucimiento m. brilliancy, splendour. *2* skill, success.
lucir *i.* to shine, glow. *2* to excel. *3 t.* to show, display. *4 ref.* to dress up, show off. *5* to shine, be brilliant, be successful. ¶ CONJUG.: INDIC. Pres.: ***luzco,*** luces, luce, etc. ‖ SUBJ. Pres.: ***luzca, luzcas,*** etc. ‖ IMPER.: luce, ***luzca; luzcamos,*** lucid, luzcan.
lucrarse *ref.* to profit by.
lucrativo, va *a.* lucrative, profitable.
lucro *m.* gain, profit.
luctuoso, sa *a.* mournful, sorrowful, sad.
lucha *f.* fight. *2* strife, struggle: ***~ de clases,*** class struggle. *3* dispute. *4* wrestling.
luchador, ra *m.-f.* fighter, wrestler.
luchar *i.* to fight. *2* to strive, struggle. *3* to wrestle.
luego *adv.* afterwards, next. *2* presently, immediately. *3* later. *4* ***~ de,*** after. *5* ***desde ~,*** at once; of course. *6* ***hasta ~,*** so long, see you later. *7 conj.* therefore, then.
lugar *m.* place: ***en primer ~,*** firstly; ***fuera de ~,*** out of place; irrelevant. *2* spot, town. *3* opportunity. *4* position, employment. *5* space: ***hacer ~,*** to make room. *6* ***en ~ de,*** instead of. *7* ***dar ~ a,*** to give rise to. *8* ***tener ~,*** to take place, happen.
lugareño, ña *m.-f.* villager.
lugarteniente *m.* lieutenant, deputy.
lúgubre *a.* sad, gloomy, dismal.
lujo *m.* luxury: ***de ~,*** de luxe.
lujosamente *adv.* with luxury.
lujoso, sa *a.* luxurious, costly, lavish.
lujuria *f.* lewdness, lust.
lujurioso, sa *a.* licentious, lustful.
lumbre *f.* fire. *2* light.
lumbrera *f.* luminary. *2* skylight.
luminoso, sa *a.* bright, shining.
luna *f.* moon: ***~ de miel,*** honey moon; ***~ llena,*** full moon; ***estar en la ~,*** fig. to be absent-minded. *2* mirror plate.
lunar *a.* lunar. *2 m.* mole, beauty spot. *3* flaw, blemish.
lunes *pl.* **-nes** *m.* Monday.
lupa *f.* magnifying glass.
lupanar *m.* brothel.
lustrar *t.* to polish, shine.
lustre *m.* lustre, gloss. *2* glory. *3* shoe-polish.
luto *m.* mourning: ***estar de ~,*** to mourn; ***ir de ~,*** to be in mourning. *2* grief.
luxación *f.* dislocation.
luz *f.* light: ***~ del día,*** daylight; ***dar a ~,*** to give birth to; to publish; ***a todas luces,*** evidently; ***entre dos luces,*** by twilight. *2 pl.* knowledge, enlightenment.

LL

llaga *f.* ulcer, sore; wound.
llagar *t.* to ulcerate, make sore.
llama *f.* flame, blaze. *2* ZOOL. llama.
llamada *f.* call, summons. *2* knock, ring; sign, beckon. *3* TELEPH. call.
llamamiento *m.* call, summons, appeal.
llamar *t.* to call, summon; to name: ~ ***por teléfono,*** to telephone, call up: ~ ***la atención,*** to catch the attention; ~ ***la atención a,*** to warn. *2 i.* to knock [at a door]; to ring the bell. *3 ref.* to be called, or named: ***me llamo Juan,*** my name is John.
llamarada *f.* flash, sudden blaze or flame. *2* sudden flush, blush.
llamativo, va *a.* showy, flashy, gaudy.
llamear *i.* to blaze, flame.
llaneza *f.* plainness, simplicity. *2* frankness, homeliness.
llano, na *a.* flat, even, level, smooth. *2* open, frank. *3* simple [style]. *4* clear, evident. *5* GRAM. accented on the penultimate syllable. *6 m.* plain.
llanta *f.* steel tyre; hoop.
llanto *m.* crying, weeping.
llanura *f.* evenness, flatness. *2* plain; prairie.
llave *f.* key. *2* cock, faucet. *3* wrench: ~ ***inglesa,*** monkey-wrench. *4* MUS. clef.
llavero *m.* key-ring.
llavín *m.* latchkey.
llegada *f.* arrival, coming.
llegar *i.* to arrive [at; in]; to get at, reach. *2* to come to [an agreement]. *3* to suffice, amount to. *4* to get to [know]. *5* ~ ***a las manos,*** to come to blows. *6 ref.* to approach, come near, go to.
llenar *t.* to fill [up]. *2* to stuff. *3* to fulfil, please. *4 ref.* to fill [up]. *5* to get crowded. *6* to overeat.
lleno, na *a.* full [of]; filled [with]; crowded [with]: ~ ***hasta el borde,*** brimful. *2 m.* fullness, abundance. *3* THEAT. full house. *4* ***de*** ~, fully.
llevadero, ra *a.* bearable, tolerable.
llevar *t.* to carry, convey, take. *2* to wear, have on [a hat]. *3* to lead, guide. *4* to bear, endure. *5* to keep [accounts, books]. *6* to be in charge of, manage. *7* ***llevo un mes aquí,*** I have been here one month. *8* to be taller, heavier, older than. *9* to lead [a life]: ~ ***adelante,*** to carry on; ~ ***las de perder,*** to be at a disadvantage. *10 ref.* to take off, carry away. *11* to win, carry off [a prize]. *12* ~ ***bien,*** to get on well with. *13* ~ ***un chasco,*** to be disappointed.
llorar *i.* to weep, cry.
lloro *m.* weeping, crying, tears.
llorón, na *a.* weeping: ***sauce*** ~, weeping willow. *2 m.-f.* cry-baby, weeper, whiner.
lloroso, sa *a.* tearful; weeping.
llover *t.* to rain, shower: ~ ***a cántaros,*** to rain cats and dogs. ¶ CONJUG. like ***mover.***
llovizna *f.* drizzle, sprinkle.
lloviznar *impers.* to drizzle, sprinkle.
lluvia *f.* rain: ~ ***menuda,*** drizzle. *2* shower.
lluvioso, sa *a.* rainy, wet.

M

macabro, bra *a.* macabre, gruesome.
macana *f.* (Am.) club, cudgel. *2* lie, nonsense.
macanudo, da *a.* coll. great, ripping, extraordinary.
macarrón *m.* macaroon. *2 pl.* macaroni.
macarse *ref.* [of fruit] to rot.
maceta *f.* mallet. *2* mason's hammer. *3* flower-pot.
macilento, ta *a.* thin, pale, emaciated.
macizo, za *a.* massive, solid. *2 m.* flower-bed. *3* clump, mass [of buildings, etc.]. *4* massif, mountain mass.
mácula *f.* spot, stain; blemish.
macuto *m.* MIL. knapsack.
machacar *t.* to pound, crush, mash. *2 i.* to harp on a subject.
machacón, na *a.* tiresomely insistent, boring.
machamartillo (a) *adv.* firmly.
machete *m.* machet, cutlass.
macho *a.* male. *2* strong, robust. *3* stupid [fellow]. *4 m.* ZOOL. male, jack, buck. *5* he-mule: ~ ***cabrío,*** he-goat. *6* sledgehammer. *7* hook [and eye].
madeja *f.* skein, hank. *2* mass of hair. *3* limp, listless person.
madera *f.* wood; lumber, timber.
madero *m.* log, piece of timber.
madrastra *f.* stepmother.
madre *f.* mother: ~ ***patria,*** mother country; ~ ***política,*** mother-in-law. *2* main sewer. *3* dregs. *4* bed [of river].
madreperla *f.* mother-of-pearl.
madreselva *f.* BOT. honeysuckle.
madrigal *m.* madrigal.
madriguera *f.* hole, burrow [of rabbits, etc.]. *2* den, lair.
madrileño, ña *a.-n.* Madrilenian.
madrina *f.* godmother. *2* patroness, protectress.
madrugada *f.* dawn, daybreak: ***de*** ~, at daybreak. *2* early morning.
madrugador, ra *m.-f.* early-riser.
madrugar *i.* to get up early.
madurar *t.* to mature, ripen. *2* to think out [plans, etc.].
madurez *f.* maturity, ripeness. *2* wisdom.
maduro, ra *a.* mature, ripe. *2* wise, prudent. *3* middle-aged.
maestra *f.* mistress, woman teacher, schoolmistress.
maestría *f.* mastery, great skill.
maestro, tra *a.* master, main, principal: ***llave*** ~, master-key; ***obra maestra,*** masterpiece. *2 m.* master, schoolteacher, schoolmaster. *3 f.* (school)mistress. *4* MUS. composer.
magia *f.* magic: ~ ***negra,*** black magic, black art.
mágico, ca *a.* magic(al). *2* wonderful. *3 m.* magician, sorcerer. *4 f.* sorceress.
magisterio *m.* teaching, guidance, mastership. *2* teaching profession. *3* teachers as a class.
magistrado *m.* magistrate. *2* justice. judge.
magistratura *f.* magistracy.
magnánimo, ma *a.* magnanimous, noble, generous.
magnate *m.* magnate.
magnético, ca *a.* magnetic.
magnetizar *t.* to magnetize.
magnetófono *m.* tape-recorder.
magnificencia *f.* magnificence, splendour.
magnífico, ca *a.* magnificent, splendid.
magnitud *f.* magnitude, greatness; size; importance.
mago, ga *m.-f.* magician, wizard. *2* m. pl. ***los Reyes Magos,*** the Magi, the Three Wise Men.
magra *f.* rasher, slice of ham.
magro, gra *a.* meagre, lean, thin.
magulladura *f.,* **magullamiento** *m.* bruising. *2* bruise, contusion.
magullar *t.* to bruise, mangle.
mahometano, na *a.-s.* Mohammedan.
maíz *m.* BOT. maize, Indian corn.

maizal *m.* Indian-corn field.
majada *f.* sheep-fold. *2* dung.
majadería *f.* nonsense, foolishness.
majadero, ra *a.* silly, stupid. *2 m.-f.* dolt, bore. *3 m.* pestle.
majar *t.* to pound, grind.
majestad *f.* majesty; dignity.
majestuosamente *adv.* stately.
majestuosidad *f.* majesty.
majestuoso, sa *a.* majestic, stately.
majeza *f.* freedom of manners and gaudiness of dress. *2* boast-fulness. *3* prettiness.
majo, ja *a.* boastful; showy, gaudy; gaily attired. *2* fine, pretty. *3 m.* dandy, poppycock [of lower classes]. *4 f.* belle.
1) **mal** *a.* apocopation of MALO before masc. nouns. *2 adv.* badly, wrongly; poorly; ***de ~ en peor,*** from bad to worse; ~ ***que le pese,*** in spite of him. *3* ***algo va ~,*** something is amiss. *4* hardly, scarcely.
2) **mal,** *pl.* **males** *m.* evil, ill, harm, wrong, injury, misfortune: ***el bien y el ~,*** good and evil; ***tomar a ~,*** to take ill. *2* illness, disease.
malabarista *m.* juggler.
malandanza *f.* misfortune, misery.
malaventura *f.* misfortune, unhappiness.
malcarado, da *a.* grim-faced.
malcriado, da *a.* ill-bred, coarse.
maldad *f.* wickedness, badness.
maldecir *t.-i.* to curse, damn. *2* ~ ***de,*** to speak ill of, backbite. ¶ CONJUG. like ***decir,*** except the Indic. fut.: *maldeciré,* etc.; COND.: ***maldeciría,*** etc.: PAST. P.: ***maldecido*** or ***maldito.***
maldición *f.* curse, malediction.
maldito, ta *a.* accursed, damned. *2* wicked. *3* bad, mean. *4* nothing, damn-all.
maleante *a.* evil-doing. *2 m.-f.* evil-doer, rogue.
malear *t.* to spoil, damage. *2* to corrupt. *3 ref.* to rot.
maledicencia *f.* slander, backbiting, calumny.
maleficio *m.* spell, charm, witchery.
maléfico, ca *a.* evil, harmful.
malestar *m.* discomfort, uneasiness, malaise.
maleta *f.* valise, suit-case: ***hacer la ~,*** to pack up.
maletero *m.* [station] porter.
maletín *m.* small valise, satchel.
malevolencia *f.* malevolence, ill will.
malévolo, la *a.* malevolent, evil.
maleza *f.* weeds. *2* underbrush, brake, thicket.
malgastador, ra *a.* extravagant, squandering. *2 m.-f.* spendthrift, squanderer.
malgastar *t.* to waste, squander.
malhablado, da *a.* foul-mouthed.
malhechor, ra *m.-f.* evil-doer, malefactor, criminal.
malherir *t.* to wound badly.
malhumorado, da *a.* ill-humoured, peevish, surly.
malicia *f.* malice. *2* evil intention. *3* slyness, sagacity. *4* suspiciousness. *5* suspicion.
maliciar *t.-ref.* to suspect, fear.
maliciosamente *adv.* maliciously.
malicioso, sa *a.* suspicious. *2* malicious, cunning, sly.
maligno, na *a.* malign, malignant, evil, pernicious, harmful.
malintencionado, da *a.-n.* evil-intentioned [person].
malo, la (before a masc. noun, **mal**) *a.* bad, evil, wicked, vicious. *2* ill, harmful; ***mala voluntad,*** ill will. *3* naughty, mischievous. *4* ill, sick, unwell: ***estar malo,*** to be ill. *5* unpleasant. *6* ***estar de malas,*** to be out of luck. *7* ***lo malo es que...,*** the trouble is that... *8* ***por las malas,*** by force. *9* interj. ***¡malo!,*** bad!
malogrado, da *a.* unfortunate, unlucky. *2* failed, frustrated.
malograr *t.* to miss, waste, spoil. *2 ref.* to fail, fall through.
maloliente *a.* ill-smelling.
malparado, da *a.* hurt, damaged.
malquerencia *f.* ill will, hatred.
malquistar *t.* to estrange, set against. *2 ref.* to incur the dislike of.
malquisto, ta *a.* disliked.
malsano, na *a.* unhealthy, sickly.
malsonante *a.* ill-sounding, unpleasant.
malta *f.* malt.
maltratar *t.* to abuse, illtreat.
maltrecho, cha *a.* badly off, battered, damaged, injured.
malva *f.* BOT. mallow.
malvado, da *a.* wicked, evil, villainous. *2 m-f.* wicked person, villain.
malvasía *f.* malmsey.
malvender *t.* to undersell, sell at a loss.
malversación *f.* malversation. *2* embezzlement, peculation.
malversar *t.* to misuse [public funds]. *2* to embezzle.
malla *f.* mesh [of net]; network. *2* netted fabric. *3* mail [of armour]. *4 pl.* THEAT. tights.
mama *f.* ANAT., ZOOL. mamma, breast. *2* mummy [mother].
mamá *f.* MAMA 2.
mamar *t.* to suck [milk]. *2 t.-ref.* coll. to swallow, devour. *3* coll. to get, obtain. *4* (Am.) to get drunk.

mamarracho *m.* coll grotesque or ridiculous figure. *2* PAINT. daub. *3* coll. despicable man.
mamífero, ra *a.* ZOOL. mammalian. *2 m.* ZOOL. mammal.
mamotreto *m.* memorandum book. *2* coll. bulky book.
mampara *f.* screen.
mamporro *m.* blow, bump.
mampostería *f.* rubblework.
manada *f.* herd, flock, drove, pack. *2* handful.
manantial *m.* source, spring.
manar *i.* to flow, run. *2* fig. to abound. *3 t.* to pour forth.
mancebo *m.* young man, youth.
mancilla *f.* spot, blemish, stain.
mancillar *t.* to spot, stain.
manco, ca *a.-n.* handless, one-handed, armless [person]. *2 a.* faulty, defective.
mancomunadamente *adv.* jointly, in agreement.
mancomunado, da *a.* conjoint, combined.
mancomunidad *f.* union, association.
mancha *f.* stain, spot, blot; speckle. *2* patch [of grass].
manchar *t.* to stain, soil; to defile. *2 ref.* to become soiled.
mandado *m.* order, command. *2* errand.
mandamiento *m.* order, command. *2* LAW. writ. *3* ***los mandamientos de la ley de Dios,*** the ten commandments.
mandar *t.* to command, order, decree. *2* to be in command of. *3* to will, leave, bequeath. *4* to send: ***~ por,*** to send for. *5 i.* to command, govern.
mandarina *a.* mandarin [language; orange]. *2 f.* tangerine.
mandatario *m.* mandatary; attorney, representative.
mandato *m.* mandate, command, order.
mandíbula *f.* jaw, jaw-bone.
mandil *m.* apron.
mando *m.* command, authority, power: ***alto ~,*** high command; ***tomar el ~,*** to take command. *2* MACH. drive, control.
mandón, na *a.-n.* domineering, bossy [person]. *2 m.* boss.
manecilla *f. dim.* small hand. *2* book clasp. *3* hand [of clock or watch].
manejable *a.* manageable, handy.
manejar *t.* to manage, handle, wield. *2* to govern. *3* EQUIT. to manage. *4* (Am.) to drive [a car]. *5 ref.* to behave, manage.
manejo *m.* handling, wielding. *2* management, control. *3* horsemanship. *4* scheming, intrigue.
manera *f.* manner, mode, fashion; style: ***de ~ que,*** *so that;* ***de ninguna ~,*** by no means: ***de otra ~,*** otherwise: ***de todas maneras,*** at any rate, anyhow. *2* way, means: ***no hay ~ de,*** it is not possible to. *3 pl.* manners, behaviour.
manga *f.* sleeve: ***en mangas de camisa,*** in shirt-sleeves; ***tener ~ ancha,*** to be too indulgent. *2* hose-pipe. *3* METEOR. ***~ de agua,*** water-spout; ***~ de viento,*** whirlwind. *4* NAUT. beam.
mangante *m.* coll. beggar. *2* coll. loafer, vagabond.
mango *m.* handle, haft; penholder. *2* BOT. mango.
mangonear *i.* to loiter, loaf around. *2* to meddle, interfere.
manguera *f.* hose, watering hose.
manguito *m.* muff. *2* knitted half-sleeve. *3* oversleeve. *4* MECH. coupler.
maní, *pl.* **manises** *m.* (Am.) peanut.
manía *f.* mania, frenzy. *2* craze, whim. *3* dislike.
maniatar *t.* to tie the hands. *2* to handcuff.
maniático, ca *a.* queer, odd, cranky. *2 m.-f.* queer fellow, crank.
manicomio *m.* insane asylum, madhouse, mental hospital.
manicuro, ra *m.-f.* manicure; manicurist.
manifestación *f.* manifestation. *2* statement, declaration. *3* POL. public demonstration.
manifestar *t.* to manifest, show, reveal. *2* to state, declare. *3 ref.* to manifest oneself. ¶ CONJUG. like ***acertar.***
manifiestamente *adv.* obviously.
manifiesto, ta *a.* manifest, plain, obvious, evident: ***poner de ~,*** to make evident. *2 m.* manifest, manifesto.
manigua *f.* Cuban jungle.
manilla *f.* bracelet. *2 pl.* handcuffs, manacles.
manillar *m.* handle-bar.
maniobra *f.* manœuvre, operation. *2* RLY. shift.
maniobrar *i.* to manœuvrer. *2* RLY. to shift.
manipulación *f.* manipulation.
manipular *t.* to manipulate, handle, manage.
maniquí, pl. **-quíes** *m.* manikin, mannequin, dummy. *2* model.
manirroto, ta *a.* wasteful. *2 m.-f.* spendthrift.
manivela *f.* MACH. crank, handle.
manjar *m.* food; delicacy, titbit.
mano *f.* hand: ***~ de obra,*** labour; labourer; ***dar la ~ a,*** to shake hands with; to aid; ***echar una ~,*** to lend a hand; ***echar ~ de,*** to resort to; ***tener*** or ***traer entre***

manos, to have in hand; ***a la ~,*** near, at hand; ***a manos llenas,*** abundantly; ***con las manos en la masa,*** red-handed; ***cogidos de las manos,*** hand in hand; ~ ***sobre ~,*** idle; ***de segunda ~,*** second-hand. *2* forefoot; trotter. *3* hand [of clock, etc.]. *4* round [of game]. *5* coat [of paint, etc.]. *6 pl.* work, labour.
manojo *m.* bunch; handful.
manopla *f.* gauntlet.
manosear *t.* to handle. *2* to fondle, caress, pet.
manoseo *m.* handling; fingering.
manotada *f.*, **manotazo** *m.* blow, slap; sweep of the hand
manoteo *m.* gesticulation with the hands.
mansalva (a) *adv.* without danger.
mansamente *adv.* meekly; gently, quietly.
mansedumbre *f.* meekness, gentleness.
mansión *f.* stay, sojourn. *2* abode, dwelling.
manso, sa *a.* tame. *2* meek, mild, gentle. *3* quiet, slow [water]. *4 m.* leading sheep, goat, or ox.
manta *f.* blanket. *2* travelling rug.
mantear *t.* to toss in a blanket.
manteca *f.* fat: ~ ***de vaca,*** butter; ~ ***de cerdo,*** lard.
mantecado *m.* butter bun. *2* ice-cream.
mantecoso, sa *a.* greasy, buttery.
mantel, *pl.* **-teles** *m.* table-cloth. *2* altar cloth.
mantelería *f.* table-linen.
mantener *t.* to maintain, support, keep. *2* to sustain, hold [up]. *3 ref.* to support oneself. *4* to keep, continue. *5* ***mantenerse en,*** to remain firm in.
mantenimiento *m.* maintenance, support. *2* sustenance, food; livelihood.
mantequilla *f.* butter.
mantilla *f.* mantilla. *2* saddle-cloth. *3 pl.* swaddling clothes.
mantillo *m.* humus, compost.
manto *m.* mantle, cloak.
mantón *m.* large shawl: ~ ***de Manila,*** embroidered silk shawl.
manual *a.* manual. *2 m.* manual, handbook.
manubrio *m.* handle, crank. *2* barrel-organ.
manufactura *f.* manufacture.
manufacturar *t.* to manufacture.
manuscrito, ta *a.* written by hand. *2 m.* manuscript.
manutención *f.* maintenance, support. *2* conservation.
manzana *f.* BOT. apple. *2* block of houses.
manzanilla *f.* BOT. camomile. *2* manzanilla [pale dry sherry].
manzano *m.* BOT. apple-tree.
maña *f.* skill, cunning, knack: ***darse ~,*** to contrive to, manage. *2* trick. *3* bad habit.
mañana *f.* morning, forenoon: ***de ~,*** early in the morning; ***por la ~,*** in the morning. *2 m.* morrow. *3 adv.* tomorrow: ***pasado ~,*** the day after tomorrow.
mañoso, sa *a.* dexterous, skilful, clever, shrewd.
mapa *m.* map, chart.
maqueta *f.* maquette, model.
maquillaje *m.* THEAT. make-up.
maquillar *t.-ref.* to make up [one's face].
máquina *f.* machine, engine: ~ ***de afeitar,*** safety-razor; ~ ***de coser,*** sewing-machine; ~ ***de escribir,*** typewriter; ~ ***fotográfica,*** camera; ~ ***de vapor,*** steam-engine.
maquinación *f.* machination, plot(ting, scheme, intrigue.
maquinal *a.* mechanical, unconscious, automatic. *2* **-mente** *adv.* mechanically, etc.
maquinar *t.* to scheme, plot.
maquinaria *f.* machinery. *2* mechanics. *3* mechanism.
maquinista *m.-f.* machinist. *2* mechanic. *3* engineer; engine driver.
mar *m.* or *f.* sea: ***alta ~,*** high sea, open sea; ***hacerse a la ~,*** to take to the sea; ***la ~ de dificultades,*** a lot of difficulties; ***a mares,*** abundantly.
maraña *f.* thicket, bush. *2* tangle, snarl. *3* puzzle; maze. *4* plot, intrigue. *5* tale, lie; mischief.
maravedí, *pl.* **-dises** or **-díes** *m.* maravedi [old Spanish coin].
maravilla *f.* wonder, marvel: ***a las mil maravillas, a ~,*** wonderfully well. *2* BOT. marigold.
maravillar *t.* to astonish, dazzle. *2 ref.* to wonder, marvel.
maravilloso, sa *a.* wonderful, marvellous, wondrous, surprising.
marca *f.* mark, brand; ~ ***de fábrica,*** trade-mark. *2* SPORT record. *3* HIST. march [frontier]. *4* ***de ~,*** first-class quality.
marcar *t.* to mark, brand; to stencil. *2* SPORT to score. *3* TELEPH. to dial [a number]. *4* ~ ***el paso,*** to mark time.
marcial *a.* martial, warlike.
marco *m.* frame, case [of picture, window, etc.]. *2* mark [German coin; unit of weight].

marcha *f.* march: ***sobre la ~,*** at once; right off. *2* progress, course, *3* running, working: ***poner en ~,*** to start, set going. *4* departure, setting out. *5* pace, rate of speed: ***a toda ~,*** at full speed. *6* AUTO. ***cambio de marchas,*** gearshift.

marchamo *m.* custom-house mark. *2* lead seal.

marchar *i.* to march, walk. *2* [of things] to go, proceed, go ahead. *3* [of machines, etc.] to work, run. *4 i.-ref.* to go away, leave.

marchitar *t.-ref.* to wither, wilt, fade. *2 ref.* to shrivel up.

marchito, ta *a.* faded, withered.

marea *f.* tide [of sea]: *~* ***alta,*** high tide; *~* ***baja,*** low tide. *2* sea-breeze. *3* dew, drizzle.

mareado, da *a.* nauseated, sick, seasick, carsick, airsick. *2* dizzy, giddy. *3* annoyed.

marear *t.* to sail [a ship]. *2* to annoy, bother. *3 ref.* to become nauseated, sick, seasick, carsick, airsick. *4* to get dizzy.

marejada *f.* NAUT. surge, swell. *2* commotion, stirring.

maremagno, mare magnum *m.* mess, confusion.

maremoto *m.* earthquake at sea.

mareo *m.* sickness, seasickness, carsickness, airsickness. *2* dizziness. *3* annoyance.

marfil *m.* ivory.

marga *f.* mare, loam.

margarita *f.* BOT. daisy, marguerite. *2* pearl; pearl-shell.

margen *m-f.* margin. *2* border, edge. *3* bank [of river]. *4* ***dar ~ a,*** to give occasion for.

marica *f.* ORN. magpie. *2 m* milksop; homosexual.

marido *m.* husband.

marimorena *f.* row, shindy.

marina *f.* seacoast. *2* PAINT. sea-scape. *3* seamanship. *4* marine [vessels]: *~* ***de guerra,*** navy; *~* ***mercante,*** merchant marine.

marinero, ra *a.* [pertaining to] sea. *2 m.* mariner, sailor.

marino, na a. marine, nautical: ***azul ~,*** navy blue. *2 m.* mariner, sailor, seaman.

marioneta *f.* puppet, marionette.

mariposa *f.* ENT. butterfly. *2* floating taper.

mariposear *i.* to be fickle. *2* to flutter around.

mariscal *m.* MIL. marshal: *~* ***de campo,*** field marshal. *2* farrier.

marisco *m.* shellfish.

marisma *f.* salt marsh, swamp.

marítimo, ma *a.* maritime, marine

marjal *m.* moorland.

marmita *f.* kettle, pot, boiler.

mármol *m.* marble.

marmóreo, a *a.* marble, of marble.

maroma *f.* cable. *2* tightrope.

marqués, sa *m.* marquis, marquess. *2 f.* marchioness.

marquesina *f.* marquee.

marquetería *f.* cabinet work. *2* marquetry.

marrano, na *a.* dirty. *2* vile. *3 m.* ZOOL. hog, pig. *4 f.* sow.

marrar *i.-t.* to fail, miss. *2 i.* to go astray.

marrón *a.* brown, chestnut.

marroquí *a.-n.* Moroccan. *2 m.* morocco [leather].

Marruecos *m. pr. n.* Morocco.

marrullero, ra *a.-n.* sly, cunning.

marta *f.* marten [animal; fur].

martes *pl.* **-tes** *m.* Tuesday.

martillo *m.* hammer.

martinete *m.* drop hammer. *2* ORN. night heron.

martingala *f.* trick, cunning.

mártir *m.-f.* martyr.

martirio *m.* martyrdom. *2* torture, torment.

martirizar *t.* to martyr. *2* to torment, torture.

marzo *m.* March.

mas *conj.* but.

más *adv.* more: *~* ***o menos,*** more or less. *2* It can be expressed by the ending -er: *~* ***grande,*** bigger. *3* [with definite article] the most, or -est: ***el ~ bello,*** the most beautiful; ***el ~ grande,*** the greatest; ***todo lo ~,*** at the most. *4* other: ***no tengo ~ amigo que tú,*** I have no other friend, but you. *5 ~* ***bien,*** rather; *~* ***que,*** more than; *~* ***vale que,*** *better to;* ***por ~ que,*** however much; ***no quiero nada ~,*** I don't want anything else. *6 prep.* plus. *7 m.* MATH. plus. *8* ***los ~,*** the majority.

masa *f.* dough. *2* MAS. mortar. *3* PHYS. mass. *4* ELEC. ground. *5* volume, lump. *6* crowd of people: ***las masas,*** the masses; ***en ~,*** in a body.

masaje *m.* massage.

mascar *t.* to chew. *2* to mumble.

máscara *f.* mask. *2* masker, masquerader. *3* masquerade.

mascarada *f.* masquerade, masque.

mascarilla *f.* half mask. *2* death-mask.

mascota *f.* mascot.
masculino, na *a.* male, masculine.
mascullar *t.* to mumble, mutter.
masón *m.* mason, freemason.
masonería *f.* masonry, freemasonry.
masticar *t.* to masticate, chew.
mástil *m.* mast. *2* NAUT. topmast. *3* pole.
mastín, na *m.-f.* mastiff.
mata *f.* BOT. low shrub, plant; bush. *2* sprig [of mint, etc.]. *3* patch of tress. *4* *~ de pelo*, head of hair.
matadero *m.* slaughter-house. *2* drudgery.
matador, ra *a.* killing. *2 m.-f.* killer. *3 m.* BULLF. matador.
matafuego *m.* fire-extinguisher.
matanza *f.* killing. *2* slaughter, butchery, massacre. *3* swine slaughtering.
matar *t.* to kill, slay, murder. *2* to butcher [animals for food]. *3* to cancel [stamps]. *4* to ruin. *5* to harass, worry. *6* ***estar a ~ con***, to be at daggers drawn with. *7 ref.* to commit suicide. *8* to overwork. *9* to kill one another.
matarife *m.* butcher, slaughterman.
matasanos *m.* coll, unskilled doctor; quack.
matasellos *m.* postmark.
mate *a.* dull [sound; colour]. *2 m.* CHESS check-mate. *3* maté [tea]. *4* maté gourd.
matemáticas *f. pl.*, **-ca** *f.* mathematics.
matemático, ca *a.* mathematical. *2 m.* mathematician.
materia *f.* matter. *2* material, substance, stuff: ***primera ~***, raw material. *3* MED. pus. *4* topic, subject: ***entrar en ~***, to go into the subject.
material *a.* material. *2 m.* ingredient. *3* equipment. *4 pl.* materials. *5* **-mente** *adv.* materially, absolutely.
materialismo *m.* materialism.
maternal *a.* maternal, motherly.
maternidad *f.* maternity, motherhood.
matinal *a.* early, early morning.
matiz, *pl.* **-tices** *m.* tint, hue, nuance; shade.
matizar *t.* to blend colours. *2* to give a fine shade [of tone, etc.]. *3* to shade, tone down.
matojo *m.* bush, small shrub.
matón *m.* bully, tough fellow.
matorral *m.* bush, thicket, heath.
matraca *f.* wooden rattle; banter.
matrícula *f.* register, list, roll; matriculation; registration.
matricular *t.* to register, enroll. *2 ref.* to matriculate, enroll.
matrimonio *m.* matrimony, marriage. *2* married couple.
matriz *a.* principal. *2 f.* ANAT. matrix, womb. *3* mould, die.
matrona *f.* matron. *2* midwife.
maullar *i.* to mew, miaow.
maullido, maúllo *m.* mew.
máxima *f.* maxim.
máxime *adv.* principally, especially.
máximo, ma *a.* maximum, greatest, top.
mayestático, ca *a.* majestic.
mayo *m.* May. *2* Maypole.
mayonesa *a.* mayonnaise [sauce].
mayor *a.* bigger, greater, larger; older, elder. *2* the biggest, greatest, largest; the oldest, eldest, senior. *3* of age: ***ser ~ de edad***, to be of age; ***al por ~***, wholesale. *4* principal, chief, main, high, major: ***misa ~***, high mass. *5 m.* superior, head. *6 m. pl.* elders, superiors. *7* ancestors, forefathers.
mayoral *m.* head shepherd. *2* stage-coach driver. *3* foreman; overseer.
mayorazgo *m.* entailed estate. *2* owner of an entailed estate. *3* first-born son. *4* primogeniture.
mayordomo *m.* steward. *2* butler.
mayoría *f.* majority. *2* full age.
mayorista *m.* wholesaler.
mayormente *adv.* chiefly, principally.
mayúsculo, la *a.* large. *2* coll. awful. *3 f.* capital letter.
maza *f.* mace. *2* large drumstick. *3* drop hammer, pile driver.
mazapán *m.* marzipan.
mazmorra *f.* dungeon.
mazo *m.* mallet, wooden hammer. *2* bundle.
mazorca *f.* ear of corn.
me *obj. pron. first per. sing.* me; to me, for me, myself.
mear *i.-ref.* to urinate.
mecánica *f.* mechanics. *2* machinery, works.
mecánico, ca *a.* mechanical. *2 m.* mechanic, repairman. *3* mechanician, engineer.
mecanismo *m.* mechanism.
mecanización *a.* mechanization.
mecanizar *t.* to mechanize.
mecanografía *t.* typewriting, typing.
mecanografiar *t.* to type.
mecanógrafo, fa *m. f.* typist.
mecedor, ra *a.* rocking, swinging. *2 m.* COLUMPIO. *3 f.* rocking-chair.
mecer *t.* to stir [a liquid]. *2 t.- ref.* rock, swing.
mecha *f.* wick. *2* fuse. *3* lock [of hair].
mechero *m.* lamp burner, gas burner. *2* socket [of candlestick]. *3* cigarette lighter.

mechón *m.* lock, tuft [of hair].
medalla *f.* medal.
media *f.* stocking. *2* MATH. ~ ***proporcional***, mean proportional.
mediación *f.* mediation.
mediado, da *a.* half-filled, half-full. *2* adv. ***a mediados de***, about the middle of.
mediador, ra *m.-f.* mediator, intercessor.
medianero, ra *a.* dividing. *2* mediating: ***pared medianera***, partition wall.
medianía *f.* medium; average; moderate means. *2* mediocrity [person].
mediano, na *a.* middling, moderate. *2* mediocre. *3* middle-sized; average.
medianoche *f.* midnight.
mediante *a.* intervening: ***Dios ~***, God willing. *2 adv.* by means of. through.
mediar *i.* to be at the middle. *2* to mediate, intercede, intervene. *3* [of time] to elapse.
medible *a.* measurable.
medicamento *m.* medicament, medicine.
medicar *t.* to treat, prescribe medicine for. *2 ref.* to try a treatment.
medicina *f.* medicine.
medición *f.* measuring, measurement.
médico, ca *a.* medical. *2 m.* doctor, physician.
medida *f.* measure, measurement: ~ ***de volumen***, cubic measure. *2* proportion: ***a ~ de***, in proportion to, according to; ***a ~ que***, as; whilst. *3* measure, step. *4* moderation.
medieval *a.* medieval, mediæval.
medievo *m.* Middle Ages.
medio, dia *a.* half, half a: ~ ***libra***, half a pound; ***las dos y media***, half past two. *2* middle, mean, average: ***clase media***, middle class; ***término ~***, average. *3* medium. *4* medial, median. *5* mid: ***a media tarde***, in mid afternoon.
medio *adv.* half, partially: ~ ***dormido***, half asleep. *2* ***a medias***, by halves. *3 m.* ARITH. half. *4* middle, midst: ***en ~ de***, in the middle of. *5* means, agency: ***por ~ de***, by means of. *6* medium, environment. *7 pl.* means [pecuniary resources]. *8* mean [between extremes]. *9* ***de por ~***, in between. *10* ***quitar de en ~***, put out of the way.
mediocre *a.* mediocre, not very good.
mediodía *m.* noon, midday. *2* GEOG. south.
medir *t.* to measure; to gauge. *2* to scan [verse]. *3 ref.* to measure one's words or actions. ¶ CONJUG. like ***servir***.
meditabundo, da *a.* pensive, musing, thoughtful.
meditación *f.* meditation.
meditar *t.-i.* to meditate, think.
mediterráneo, a *a.-n.* Mediterranean [Sea].
medrar *i.* to grow, thrive, improve.
medroso, sa *a.* fearful, timorous, faint-hearted. *2* dreadful.
médula, medula *f.* marrow; pith.
megáfono *m.* megaphone.
megatón *m.* megaton.
Méjico *m. pr. n.* Mexico.
mejilla *f.* cheek.
mejillón *m.* ZOOL. common mussel.
mejor *pl.* **mejores** *comp.* of ***bueno***, better; *superl.* the best: ***el ~ día***, some fine day; ***a lo ~***, perhaps, maybe. *2 adv.* better; rather: ***tanto ~***, so much the better; ~ ***dicho***, rather, more exactly.
mejora *f.* improvement, betterment.
mejoramiento *m.* amelioration, improvement.
mejorar *t.* to better, improve. *2* to raise [a bid]. *3 i.-ref.* to recover, get better. *4* [of weather] to clear up.
mejoría *f.* betterment, improvement.
melancolía *f.* melancholy, sadness, low spirits.
melancólicamente *adv.* sadly.
melancólico, ca *a.* melancholic, melancholy, sad.
melena *f.* mane [of horse or lion]. *2* loose hair [in women]. *3* forelock [in animals].
melenudo, da *a.* long-haired.
melindre *m.* honey fritter. *2* small cake. *3* prudery; affectation of delicacy.
melindroso, sa *a.* finicky, mincing, affected, fussy, prudish.
melocotón *m.* BOT. peach [fruit].
melocotonero *m.* BOT. peach-tree.
melodía *f.* MUS. melody.
melódico, ca *a.* melodic.
melodioso, sa *a.* melodious.
melodrama *m.* melodrama.
melón *m.* BOT. melon.
meloso, sa *a.* honey-like. *2* honeyed, sweet; mealy-mouthed.
mella *f.* nick, notch, dent. *2* hollow, gap. *3* ***hacer ~***, to make an impression.
mellado, da *a.* nicked, gap-toothed.
mellar *t.* to nick, dent. *2* to injure; to damage. *3 ref.* to get nicked.
mellizo, za *a.-n.* twin.
membrana *f.* membrane.
membrete *m.* letter-head, heading. *2* memorandum, note.
membrillo *m.* quince-tree. *2* quince [fruit]. *3* quince jam.
memo, ma *a.* silly, foolish. *2 m.-f.* fool, simpleton.
memorable *a.* memorable, notable.

memorándum *m.* memorandum. *2* notebook.
memoria *f.* memory: ***de ~,*** by heart. *2* recollection; remembrance: ***hacer ~,*** to try to remember; to remind; ***en ~ de,*** in memory of. *3* memoir, record, statement. *4 pl.* memoirs; regards, compliments.
memorial *m.* memorial, petition. *2* notebook.
menaje *m.* household furniture. *2* school equipment and supplies.
mención *f.* mention: *~* ***honorífica,*** honourable mention.
mencionar *t.* to mention, cite.
mendigar *t.* to beg, ask alms.
mendigo, ga *m.-f.* beggar.
mendrugo *m.* hard crust [of bread].
menear *t.* to shake, stir. *2 t.-ref.* to wag, waggle, move. *3 ref.* to stir, hustle, hurry up. *4* [of a tooth, etc.] to be loose.
meneo *m.* shaking, stirring, wagging. *2* coll. thrashing.
menester *m.* need, want: ***haber ~,*** to need; ***ser ~,*** to be necessary. *2* job, occupation. *3 pl.* bodily needs. *4* implements, tools.
menesteroso, sa *a.-n.* neddy, indigent.
menestral *m.* artisan, mechanic, handicraftsman.
mengano, na *m.-f.* So-and-So.
mengua *f.* decrease; waning. *2* lack, want. *3* discredit.
menguado, da *a.* diminished, short. *2* cowardly. *3* mean, vile. *4* foolish. *5* wretched. *6 m.-f.* coward. *7* wretch. *8 m. pl.* narrowing [in knitting].
menguante *a.* decreasing; waning. *2 f.* decay, decline. *3* low water [in rivers, etc.]. *4* NAUT. ebb-tide. *5* waning [moon].
menguar *i.* to decrease; wane. *2* to decay, decline. *3* to narrow [in knitting].
menjurje *m.* medicinal or cosmetic mixture.
menor *a.* smaller, less, lesser; younger. *2* smallest, least; youngest, junior: *~* ***de edad,*** under age; minor. *3 m.-f.* minor [person]. *4* adv. ***al por ~,*** by [at] retail.
menos *adv.* less, least: *~* ***de,*** *~* ***que,*** less than; ***al ~,*** at least; ***a ~ que,*** unless; ***de ~,*** less, missing, wanting; ***no puede ~ de hacerlo,*** he cannot help doing it; ***por lo ~,*** at least; ***venir a ~,*** to decline. *2* fewer; ***no ~ de,*** no fewer than. *3* minus, less: ***cinco ~ dos,*** five minus two. *4* to: ***las tres ~ cuarto,*** a quarter to three. *5* but, except. *6 m.* minus [sign].
menoscabar *t.* to lessen, impair, damage, discredit.
menoscabo *m.* lessening; damage, loss; detriment, discredit.
menospreciar *t.* to undervalue, underrate. *2* to despise, scorn.
mensaje *m.* message, errand.
mensajero, ra *m.-f.* messenger. *2* carrier [-pigeon].
mensual *a.* monthly. *2* **-mente** *adv.* monthly.
mensualidad *f.* monthly pay.
menta *f.* mint, peppermint.
mentado, da *a.* mentioned. *2* famous.
mental *a.* mental. *2* **-mente** *adv.* mentally.
mentalidad *f.* mentality.
mentar *t.* to name, mention. ¶ CONJUG. like ***acertar.***
mente *f.* mind, intellect. *2* intention.
mentecato, ta *a.* silly, foolish. *2 m.-f.* fool, dolt.
mentidero *m.* gossiping place.
mentir *i.* to lie, tell lies, fib. ¶ CONJUG. like ***sentir.***
mentira *f.* lie, fib, falsehood: ***parece ~,*** it seems impossible.
mentiroso, sa *a.* lying. *2* deceptive. *3 m-f.* liar.
mentís *m.* lie: ***dar un ~ a,*** to give the lie to.
mentón *m.* chin.
menú *m.* menu, bill of fare.
menudear *t.* to do frequently, repeat frequently. *2 i.* to happen frequently. *3* to go into details.
menudencia *f.* smallness. *2* trifle. *3* minuteness, minute, accuracy. *4 pl.* pork products.
menudillos *m. pl.* giblets.
menudo, da *a.* small, minute, tiny. *2* trifling. *3* detailed. *4 m. pl.* small money or change. *5* chitterlings; giblets. *6* ***a ~,*** often, frequently.
meñique *a.* tiny, little [finger].
meollo *m.* marrow, pith. *2* fig. substance. *3* understanding.
mequetrefe *m.* busy-body.
meramente *adv.* mereley, purely.
mercachifle *m.* pedlar, hawker.
mercader *m.* merchant, dealer, trader.
mercadería *f.* MERCANCÍA.
mercado *m.* market: *~* ***de valores,*** stock-market: *~* ***negro,*** black market. *2* market-place.
mercancía *f.* commerce, trade. *2* merchandise. *3 pl.* goods, wares.
mercante *a.* merchant.
mercantil *a.* mercantile, commercial.
merced *f.* gift, favour. *2* mercy, will, power. *3* ***a ~ de,*** at the mercy of; ***vuestra (vuesa, su) Merced,*** you, sir; you, madam; *~* ***a,*** thanks to; ***hacer ~ de,*** to grant.
mercenario, ria *a.-n.* mercenary.

mercería *f.* haberdashery, *notions. *2* haberdasher's shop.
mercurio *m.* quicksilver, mercury.
merecedor, ra *a.* deserving, worthy.
merecer *t.-i.* to deserve. *2 t.* to be worthy of, be worth. ¶ CONJUG. like *agradecer*.
merecimiento *m.* merit, desert.
merendar *i.* to have an afternoon snack, have tea, ¶ CONJUG. like ***acertar.***
merendero *m.* snack-room; picnicking place.
merengue *m.* meringue.
meridiano, na *a.-n.* meridian. *2 a.* bright, dazzling.
meridional *a.* meridional, southern. *2 m. f.* meridional, southerner.
merienda *f.* afternoon snack; tea. *2* picnic.
meritísimo, ma *a.* most worthy.
mérito *m.* merit, worth: ***de ~,*** notable.
meritoriamente *adv.* meritoriously.
meritorio, ria *a.* meritorious, worthy, deserving. *2 m.* improver.
merluza *f.* hake. *2* coll. drunkenness.
merma *f.* decrease, waste, loss. *2* curtailment, reduction.
mermar *i.-ref.* to decrease, diminish. *2 t.* to lessen, curtail.
mermelada *f.* marmalade; jam.
mero, ra *a.* mere, pure, simple. *2 m.* ICHTH. grouper.
merodear *i.* to maraud; to harass.
mes *m.* month. *2* monthly pay.
mesa *f.* table: ***~ de noche,*** bed-side table; ***poner la ~,*** to set the table; ***quitar la ~,*** to clear the table. *2* food, fare. *3* executive board. *4* desk. *5* plateau.
mesar *t.* to tear the hair or beard.
meseta *f.* table-land, plateau. *2* staircase landing.
mesnada *f.* company of soldiers, band.
mesón *m.* inn, hostelry, tavern.
mesonero, ra *m.-f.* innkeeper.
mestizo, za *a.* mongrel, half-breed, half-blooded.
mesura *f.* gravity. *2* politeness. *3* moderation.
mesurado, da *a.* grave, dignified. *2* moderate, temperate.
mesurar *t.* to moderate. *2 ref.* to restrain oneself.
meta *f.* SPORT goal, finish line. *2* fig. aim, purpose.
metafísica *f.* metaphysics.
metáfora *f.* metaphor.
metal *m.* metal. *2* MUS. brass.
metálico, ca *a.* metallic. *2 m.* cash.
metalurgia *f.* metallurgy.
meteoro *m.* meteor.
meteorología *f.* meteorology.
meter *t.* to put [in], place, insert, introduce [in], get [in]. *2* to make [a noise; trouble]; ***~ miedo,*** tro frighten. *3* to smuggle [goods]. *4* to strike [a blow]. *5 ref.* to get involved in. *6* to interfere, meddle with. *8* to become [a friar]. *9* ***~ con,*** to quarrel with. *10* to turn to [a profession, trade].
meticuloso, sa *a.* meticulous.
metódicamente *adv.* methodically.
metódico, ca *a.* methodical.
método *m.* method. *2* technique.
metralla *f.* grape-shot; shrapnel.
métrico, ca *a.* metric(al). *2 f.* metrics, prosody.
metro *m.* metre, meter. *2* coll. underground railway, tube.
metrópoli *f.* metropolis.
mezcla *f.* mixture; blend(ing. *2* MAS. mortar.
mezclar *t.-ref.* to mix, mingle, blend. *2 ref.* to interfere, meddle.
mezcolanza *f.* mixture, medley, jumble, hodge-podge.
mezquindad *f.* poverty. *2* meanness, stinginess. *3* wretchedness.
mezquino, na *a.* neddy, poor. *2* stingy, niggardly. *3* small, short, mean. *4* wretched.
mezquita *f.* mosque.
mi, *pl.* **mis** *poss. a.* my.
mi *pers. pron.* me, myself.
miau *m.* mew, mewing.
mico *m.* long-tailed monkey, ape.
microbio *m.* microbe.
micrófono *m.* microphone.
microscopio *m.* microscope.
microsurco *m.* microgroove.
miedo *m.* fear, dread: ***dar ~,*** to be dreadful; ***dar ~ a,*** to frighten; ***tener ~,*** to be afraid.
miedoso, sa *a.* fearful, afraid.
miel *f.* honey: ***luna de ~,*** honeymoon. *2* molasses.
miembro *m.* member, limb. *2* associate. *3* penis. *4 pl.* extremities.
mientes *f. pl.* mind, thought: ***parar,*** or ***poner ~ en,*** to consider, reflect on.
mientras *adv.-conj.* while, whilst, when: ***~ tanto,*** meanwhile. *2* ***~ que,*** while; whereas.
miércoles, pl. **-les** *m.* Wednesday.
mierda *f.* excrement; filth.
mies *f.* ripe wheat or grain. *2* harvest time. *3 pl.* grain fields.
miga *f.* bit, small fragment. *2* crumb, soft part of bread. *3 pl.* fried crumbs. *4* fig. marrow, pith, substance. *5* ***hacer buenas*** or ***malas migas con,*** to get along well or badly with.

migaja *f.* MIGA.
migración *f.* migration.
migraña *f.* migraine, headache.
mijo *m.* millet.
mil *a.-m.* thousand, one thousand. *2* thousandth.
milagro *m.* miracle, wonder: ***de ~,*** with difficulty; by a narrow escape.
milagroso, sa *a.* miraculous, marvellous.
milano *m.* ORN. kite.
milenario, ria *a.-n.* millenary.
milenio *m.* millenium.
milésimo, ma *a.-n.* thousandth.
milicia *f.* art of warfare. *2* military service. *3* militia.
1) **militar** *a.* military. *2* soldierly. *3 m.* military man, soldier. *4* pl. ***los militares,*** the military.
2) **militar** *i.* to serve in the army. *2* to militate.
milla *f.* mile.
millar *m.* thousand.
millón, *pl.* **millones** *m.* million.
millonario, ria *a.-n.* millionaire.
mimar *t.* to pet, fondle, cuddle. *2* to pamper, spoil: ***niño mimado,*** spoiled child.
mimbre *m.* osier, wicker, withe.
mímica *f.* pantomime, dumb show.
mimo *m.* mime [actor and play]. *2* caress, petting. *3* pampering.
mimoso, sa *a.* caressing, petting. *2* soft, spoiled.
mina *f.* mine [of coal, etc.]. *2* underground passage. *3* FORT., MIL., NAV. mine.
minar *t.* to mine, burrow. *2* to sap. undermine. *3* MIL., NAV. to mine.
mineral *a.-n.* mineral. *2 m.* ore.
minería *f.* mining. *2* miners.
minero, ra *a.* mining. *2 m.* miner. *3* mine owner.
miniatura *f.* miniature.
mínimo, ma *a.* minimal, least, smallest. *2 m.* minimum.
minino, na *n.-f.* Kitty, pussy, cat.
ministerio *m.* ministry, cabinet. *2* government, administration: ***~ de Asuntos Exteriores,*** Foreign Office; *Department of State; ***~ de Hacienda,*** Exchequer; *Department of the Treasury; ***~ de Gobernación,*** Home Office; *Department of the Interior.
ministro *m.* minister; cabinet minister; ***primer ~,*** prime minister, premier.
minoría *f.* minority, the few.
minuciosamente *adv.* in detail.
minuciosidad *f.* minuteness. *2* trifle, small detail.
minucioso, sa *a.* minute, detailed, scrupulous.
minúsculo, la *a.* small, tiny, trifling. *2 f.* small letter.
minuta *f.* first draft. *2* memorandum. *3* lawyer's bill. *4* roll, list. *5* bill of fare.
minutero *m.* minute hand.
minuto *m.* minute [of an hour]: ***al ~,*** at once, right away.
mío, mía, míos, mías *poss. a.* my, my own, of mine. *2 poss. pron.* mine.
miope *a.-n.* short-sighted, near-sighted [person].
mira *f.* sight [of firearms, etc.]. *2* leveling rod. *3* aim, purpose, intention: ***poner la ~ en,*** to aim at. *4* ***estar a la ~,*** to be on the look-out for.
mirada *f.* look, glance, gaze: ***echar una ~ a,*** to cast a glance at.
mirado, mirada *a.* considerate, careful, circumspect. *2* considered, reputed. *3* adv. ***bien mirado,*** after all.
mirador *m.* belvedere, open gallery. *2* oriel [bay] window.
miramiento *m.* consideration, respect, regard. *2* circumspection.
mirar *i.* to look at, gaze, behold; to watch, examine, etc. *2* to consider, have in mind. *3* ***~ con buenos ojos,*** to like, approve of; ***~ con malos ojos,*** to dislike. *4* [of a building, etc.] to face. *5* ***~ por,*** to look after. *6* ***¡mira!,*** look!, behold! *7 ref.* to look at oneself; to look at one another.
mirilla *f.* peep-hole. *2* SURV. sight.
miriñaque *m.* crinoline. *2* bauble, trinket.
mirlo *m.* ORN. blackbird: ***~ blanco,*** coll. rare bird.
mirón, na *a.* curious. *2 m.-f.* looker-on, spectator.
mirra *f.* myrrh.
mirto *m.* myrtle.
misa *f.* mass: ***~ del gallo,*** midnight mass.
misal *m.* missal, Mass book.
miscelánea *f.* miscellany.
miserable *a.* miserable, wretched. *2* mean, poor. *3* miserly, stingy. *4* wicked, rascally. *5 m.-f.* miser *6* wretch, cur, knave. *7* **-mente** *adv.* miserably; stingily.
miseria *f.* misery, wretchedness. *2* poverty, stinginess. *3* bit.
misericordia *f.* mercy, pity, compassion.
mísero, ra *a.* miserable, wretched, unhappy. *2* miserly, mean.
misión *f.* mission; errand.
misionero, ra *a.-n.* ECCL. missionary.
1) **mismo** *adv.* right: ***ahora ~,*** right now; ***aquí ~,*** right here. *2* ***así ~,*** likewise, also.

2) **mismo, ma** *a.* same, very, selfsame. *2* [for emphasis] myself, yourself, etc.: ***lo haré yo ~,*** I'll do it myself.

misterio *m.* mystery: secret.

misticismo *m.* mysticism.

místico, ca *a.* mystic, mystical. *2 m.-f.* mystic [person].

mitad *f.* half: ***a la ~,*** or ***a ~ de,*** halfway through. *2* middle: ***en ~ de,*** in the middle of.

mitigar *t.* to mitigate, alleviate, relieve. *2 ref.* to be mitigated.

mitín *m.* political meeting, rally.

mito *m.* myth.

mitología *f.* mythology.

mitológico, ca *a.* mythological.

mitón *m.* mitten.

mitra *f.* mitre, miter.

mixto, ta *a.* mixed, mingled. *2 m.* match. *3* ***tren ~,*** passenger and goods train.

mobiliario, ria *a.* movable, personal [property]. *2 m.* furniture.

mocedad *f.* youth; age of youth.

moción *f.* motion; movement.

moco *m.* mucus. *2* snuff [of candle]. *3* slag [of iron].

mocoso, sa *a.* snivelly; sniffling. *2 m.-f.* brat, scamp.

mochila *f.* MIL. knapsack. *2* haversack.

mocho, cha *a.* blunt, stub-pointed. *2* topped [tree]. *3 m.* butt of a firearm.

mochuelo *m.* ORN. little owl.

moda *f.* fashion, mode, style: ***estar de ~,*** to be in fashion; ***pasado de ~,*** out of fashion.

modales *m. pl.* manners.

modalidad *f.* manner of being, mode, kind.

modelar *t.* F. ARTS to model, mould, mold, fashion.

modelo *m.* model, pattern, example. *2 m.-f.* life model.

moderación *f.* moderation.

moderar *t.* to moderate, temper, restrain. *2 ref.* to moderate. *3* to restrain or control oneself.

modernamente *adv.* recently, lately.

modernismo *m.* modernism.

modernizar *t.-ref.* to modernize.

moderno, na *a.* modern. 2 m. pl. ***los modernos,*** the moderns.

modestia *f.* modesty, decency; unaffectedness.

modesto, ta *a.* modest, decent; unpretentious.

módico, ca *a.* moderate, reasonable [price].

modificación *f.* modification.

modificar *t.-ref.* to modify.

modismo *m.* GRAM. idiom.

modista *f.* dressmaker, modiste. *2* ***~ de sombreros,*** milliner. *3 m.* modiste, ladies' tailor.

modo *m.* mode, manner, way: ***~ de ser,*** nature; ***de cualquier ~,*** anyway; ***de ningún ~,*** by no means; ***de todos modos,*** anyhow, at any rate. *2* GRAM. mood. *3 pl.* manners, civility.

modorra *f.* drowsiness, heavy slumber.

modoso, sa *a.* quiet, well-behaved.

modulación *f.* modulation.

modular *t.-i.* to modulate.

mofa *f.* mockery, jeer, scoff, sneer: ***hacer ~ de,*** to make fun of.

mofar *i.-ref.* to mock, jeer, sneer, scoff at, make fun of.

moflete *m.* coll. chubby cheek.

mohín *m.* grimace, wry face.

mohíno, na *a.* sad, melancholy, moody. *2* black [horse, etc.].

moho *m.* mo(u)ld, mildew. *2* rust [on iron]. *3* rustiness.

mohoso, sa *a.* mo(u)ldy, musty. *2* rusty.

mojado, da *a.* wet, damp, moist.

mojama *f.* dry salted tunny-fish.

mojar *t.* to wet, moisten, drench, soak, damp. *2* to dip [bread into milk]. *3 ref.* to get wet.

mojigatería *f.* prudery, sanctimoniousness; false humility.

mojigato, ta *a.* prudish, sanctimonious, hypocritical. *2 m.-f.* prude, hypocrite.

mojón *m.* landmark; milestone. *2* pile, heap.

molde *m.* mo(uld), cast; pattern. *2* FOUND. frame. *3* model: ***letra de ~,*** printed letter, print.

moldear *t.* to mo(u)ld. *2* to cast [in a mould].

mole *f.* mass; bulk.

molécula *f.* molecule.

molecular *a.* molecular.

moler *t.* to grind, crush, pound, mill. *2* to tire out. *3* to destroy. *4* ***~ a palos,*** to beat up. ¶ CONJUG. like *mover.*

molestar *t.* to vex, upset, trouble, annoy, molest. *2 ref.* to bother.

molestia *f.* vexation, annoyance, nuisance, bother, trouble.

molesto, ta *a.* annoying, troublesome. *2* annoyed. *3* uncomfortable.

molinero *m.* miller [person].

molinete *m. dim.* little mill. *2* pin-wheel, windmill [toy]. *3* ventilating wheel. *4* moulinet [with a sabre, etc.].

molinillo *m.* hand mill. *2* coffee grinder. *3* stirrer.

molino *m.* mill: ***~ de viento,*** windmill.

molusco *m.* ZOOL. mollusc.

mollera *f.* crown of the head. *2* fig. brains, sense: ***duro de ~***, obstinate; dull-witted.
momentáneamente *adv.* instantly, promptly.
momentáneo, a *a.* momentary, sudden, quick. *2* prompt.
momento *m.* moment, instant: ***al ~***, at once, inmediately; ***de ~***, ***por el ~***, for the present; ***por momentos***, continually, progressively. *2* importance.
momia *f.* mummy.
momio, mia *a.* lean, meagre. *2 m.* bargain, sinecure. *3* ***de ~***, free, gratis, for nothing.
mona *f.* female monkey. *2* coll. drunkenness: ***dormir la ~***, to sleep off a drunk; ***pillar una ~***, to get drunk. *3* Easter cake.
monada *f.* apery, apish action. *2* grimace. *3* tomfoolery. *4* pretty little thing. *5* pretty child, pretty girl. *6* cajolery.
monaguillo *m.* acolyte, altar boy.
monarca *m.* monarch, sovereign.
monarquía *f.* monarchy, kingdom.
monárquico, ca *a.* monarchic(al). *2 m.-f.* monarchist.
monasterio *m.* monastery; convent.
mondadientes *m.* toothpick.
mondar *t.* to clean out. *2* to prune, trim. *3* to pare, peel.
mondongo *m.* (of pork).
moneda *f.* coin; money; ***~ corriente***, currency; ***moneda falsa***, counterfeit; ***~ suelta***, change, small coins; ***casa de ~***, mint.
monedero *m.* money-bag.
monería *f.* grimace; mimicry. *2* prank, playful trick. *3* trifle, gewgaw.
monetario, ria *a.* monetary. *2 m.* collection of coins or medals.
monigote *m.* lay brother. *2* grotesque figure. *3* bumpkin.
monitor *m.* monitor, adviser.
monja *f.* nun, sister.
monje *m.* monk. *2* anchorite.
mono, na *a.* pretty, dainty, *cute. *2 m.* ZOOL. ape, monkey. *3* ***~ de mecánico***, overalls.
monologar *i.* to monologize.
monólogo *m.* monologue.
monopolio *m.* monopoly.
monopolizar *tr.* to monopolize.
monosílabo, ba *a.* monosyllabic. *2 m.* monosyllable.
monotonía *f.* monotony.
monótono, na *a.* monotonous.
monserga *f.* gibberish; gabble.
monstruo *m.* monster; freak.
monstruosidad *f.* monstrosity; freak.
monstruoso, sa *a.* monstrous. freakish. *2* hateful, execrable.
monta *f.* amount, sum: ***de poca ~***, of little value.
montacargas, *pl.* **-gas** *m.* lift, elevator [for goods].
montaje *m.* MACH. assembling, mounting.
montante *m.* broadsword. *2* upright; post. *3* ARCH. mullion. *4* transom. *5* COM. amount.
montaña *f.* mountain. *2* highlands. *3* forested region.
montañés, sa *m.-f.* mountaineer, highlander.
montañoso, sa *a.* mountainous.
montar *i.-ref.* to mount, get on: ***~ a horcajadas***, to straddle. *2 i.* to ride [horseback; on a bicycle]; ***silla de ~***, saddle. *3* to be of importance. *4* ***~ en cólera***, to fly into a rage. *5 t.* to mount, put [a person] on a horse, etc. *6* to ride [a horse, a bicycle, etc.]. *7* to amount to. *8* to assemble, set up [machinery]. *9* to set [a gem]. *10* THEAT. to mount [a play].
montaraz *a.* wild, untamed. *2* uncouth, rude. *3 m.* forester.
monte *m.* mount, mountain, hill. *2* woods, wodland; ***~ alto***, forest; ***~ bajo***, thicket, brushwood. *3* ***~ de piedad***, public pawnshop.
montepío *m.* pension fund.
montera *f.* cloth cap. *2* glass roof.
montería *f.* hunting, chase. *2* HUNT. big game.
montero *m.* beater, huntsman.
montés, sa; montesino, na *a.* wild [cat, goat, etc.].
montículo *m.* mound, hillock.
montón *m.* heap, pile. *2* lot, crowd, great quantity: ***a montones***, coll. in abundance.
montuoso, sa *a.* mountainous, hilly.
montura *f.* mount [riding horse]. *2* gear [of a riding horse]. *3* mounting, setting.
monumental *a.* monumental.
monumento *m.* monument, memorial.
moño *m.* chignon, bun [of hair]. *2* bow or knot of ribbons. *3* crest, tuft of feathers [of birds].
moquear *i.* to snivel.
mora *f.* Moorish woman. *2* BOT. blackberry; mulberry.
morada *f.* abode, dwelling. *2* stay, sojourn.
morado, da *a.-n.* dark purple, mulberry-coloured.
moral *a.* moral. *2 f.* morals, ethics, morality. *3* morale. *4 m.* BOT. black mulberry-tree.
moraleja *f.* moral [of a fable].

moralidad *f.* morality [of acts, etc.]. *2* moral [of a fable, etc.].
moralizar *t.* to moralize.
morar *i.* to live, dwell, stay.
morbidez *f.* softness, delicacy.
mórbido, da *a.* soft, delicate. *2* morbid.
morbosamente *adv.* morbidly.
morboso, sa *a.* morbid, diseased.
morcilla *f.* blood pudding.
mordacidad *f.* sharpness [of tongue], pungency.
mordaz *a.* biting, sarcastic, cutting; keen. *2* **-mente** *adv.* bitingly, caustically.
mordaza *f.* gag, muzzle. *2* MECH. clamp.
mordedura *f.* bite, biting; sting.
morder *t.* to bite; to nip, gnaw. *2* to nibble at. *3* [of an acid] to eat, corode. *4* to backbite, slander. ¶ CONJUG. like ***mover.***
mordisco *m.* bite; nibble; snap.
moreno, na *a.* brown, dark. *2 a.* dark-complexioned, swarthy, tawny. *3 f.* dark-haired girl. *4* sea-eel. *5* morain.
morera *f.* BOT. white mulberry-tree.
morería *f.* Moorish quarter. *2* Moorish land.
morfina *f.* CHEM. morphine.
morfinómano, na *a.-n.* morphine addict.
moribundo, da *m.-f.* moribund, dying person.
morigerar *t.* to moderate, restrain, check.
morir *i.* to die [of; with]. *2* [of a river, road, etc.] to flow [into]; to end [at]. *3 ref.* to die, be dying. *4* [of fire, flame, etc.] to die, go out. *5* ~ ***de hambre,*** to starve; fig. to be dying with hunger. *6* ***morirse por,*** to love dearly; be crazy about. *7 interj.* ***¡muera...!,*** down with...! ¶ CONJUG. like *dormir.* | P. p.: ***muerto.***
morisco, ca *a.* Moorish, Moresque. *a.-n.* HIST. Morisco.
moro, ra *a.* Moorish. *2* Moslem. *3* unbaptized. *4* dappled, spotted [horse]. *5 m.* Moor.
moroso, sa *a.* low, tardy; sluggish.
morral *m.* nosebag. *2* game-bag. *3* knapsack.
morrillo *m.* fleshy nape of the neck [of cattle]. *2* pebble.
morriña *f.* blues, melancholy, sadness; homesickness.
morro *m.* knob, round end. *2* knoll. *3* pebble. *4* thick lips.
morrocotudo, da *a.* coll. very important or difficult.
morsa *f.* ZOOL. walrus, morse.
mortadela *f.* Bologna sausage.
mortaja *f.* shroud, winding-sheet.
mortal *a.-n.* mortal. *2* **-mente** *adv.* mortally, deadly.
mortalidad *f.* mortality; death-rate.
mortandad *f.* massacre, butchery, slaughter.
mortecino, na *a.* dying, dim, dull, pale, subdued.
mortero *m.* mortar.
mortífero, ra *a.* deadly, fatal.
mortificación *f.* mortification. *2* annoyance.
mortificar *t.-ref.* to mortify. *2 t.* to annoy, vex, bother.
mortuorio, ria *a.* mortuary, funeral. *2 m.* funeral.
morueco *m.* ram [male sheep].
moruno, na *a.* Moorish.
mosaico, ca *a.* Mosaic. *2 a.-m.* F. ARTS. mosaic.
mosca *f.* ENT. fly.
moscada *a.* ***nuez*** ~, nutmeg.
moscardón *m.* ENT. botfly. *2* ent. bluebottle. *3* ENT. hornet. *4* fig. importuning fellow.
moscatel *a.-m.* muscat, muscatel.
moscón *m.* ENT. large fly. *2* fig. bore, nuisance [person].
mosconear *t.-i.* to bother, importune.
mosquear *t.* to drive [flies] away. *2 ref.* to shake off [annoyances]. *3* to take offence.
mosquetón *m.* short carbine.
mosquitera *f.*, **mosquitero** m. mosquito-net.
mosquito *m.* ENT. mosquito; gnat.
mostacho *m.* moustache.
mostaza *f.* mustard. *2* bird shot.
mosto *m.* must [grape juice].
mostrador *m.* counter [shop].
mostrar *t.* to show, exhibit, display. *2* to point out. *3* to demonstrate, prove. *4 ref.* to show oneself, prove to be. ¶ CONJUG. like *contar.*
mota *f.* burl [in cloth]. *2* mote, speck. *3* slight defect or fault. *4* knoll, hummock.
mote *m.* motto, device. *2* nickname.
motejar *t.* to call names to, nickname.
motín *m.* riot, uprising.
motivar *t.* to cause, give rise to. *2* to give a reason for.
motivo *m.* motive, reason: ***con*** ~ ***de,*** owing to; on the occassion of; ***por ningún*** ~, under no circumstances. *2 f.* ARTS. MÚS. motif.
motocicleta *f.* motor-cycle.
motonave *f.* NAUT. motor-ship.
motor, ra *a.* motor, motive. *2 m.* motor. *3* MACH. engine.
motora *f.* NAUT. small motor-boat.
motorista *m.-f.* motorist.
motorizar *t.* to motorize.

motriz *a.* motive, impelling, driving: ***fuerza ~,*** motive power.
movedizo, za *a.* movable. *2* shaky, unsteady. *3* fickle, inconstant. *4* ***arenas movedizas,*** quicksand.
mover *t.* to move; to stir, shake; to drive, propel; to induce, prompt, persuade; to raise, start, excite. *2* ~ ***a,*** to move, stir; to get busy. ¶ Irreg. Conjug. Indic. Pres.: *muevo, mueves, mueve;* movemos, movéis, *mueven.* ‖ SUBJ. Pres.: *mueva, muevas, mueva;* movamos, mováis, *muevan.* ‖ IMPER.: *mueve, mueva;* movamos, moved, *muevan.*
movible *a.* movable; mobile.
móvil *a.* movable, mobile; inconstant. *2* *m.* moving body. *3* motive, inducement.
movilidad *f.* mobility; inconstancy.
movilización *f.* mobilization.
movilizar *t.* to mobilize.
movimiento *m.* movement, motion; gesture: ***en ~,*** in motion. *2* stir, agitation.
moza *f.* girl, lass; ***buena ~,*** fine-looking girl. *2* maidservant.
mozalbete *m. dim.* lad, youth, young fellow.
mozárabe *a.* Mozarabic. *2 m.-f.* Mozarab.
mozo, za *a.* young. *2* unmarried. *3 m.* young man, youth, lad. *4* manservant, waiter, porter, errand-boy, hand.
mucosa *f.* ANAT. mucous membrane.
muchacho, cha *a.* young [person]. *2 m.* boy, lad. *3* manservant. *4 f.* girl, lass. *5* maidservant.
muchedumbre *f.* multitude, crowd.
muchísimo, ma *a.-adv.* superl. of MUCHO; very much, a very great deal.
1) **mucho** *adv.* much, a good or great deal, a lot; ***ni ~ menos,*** not by any means; ***por ~ que,*** however much. *2* often. *3* long, longtime.
2) **mucho, cha** *a.-pron.* much, plenty of, a good or great deal of, a lot of. *2 pl.* many, a good or great deal of, lots of, a large number of.
muda *f.* change, alteration. *2* change of clothing. *3* mo(u)lt, mo(u)lting.
mudable *a.* changeable. *2* fickle, inconstant.
mudanza *f.* change. *2* removal. *3* inconstancy, fickleness.
mudar *t.* to change, alter, convert. *2* to remove, move [to another place]. *3* to mo(u)lt, shed. *4 ref.* to change [in conduct; one's clothes). *5* to move [change one's residence].
mudo, da *a.* dumb, mute, silent. *2 m.-f.* mute, dumb person.
mueble *a.* movable, *2 m.* piece of furniture. *3 pl.* furniture.
mueca *f.* wry face, grimace, grin.
muela *f.* upper millstone. *2* grindstone. *3* ANAT. molar tooth, grinder ~ ***del juicio,*** wisdom tooth. *4* knoll, flat-topped hill.
muelle *a.* soft, delicate. *2* voluptuous. *3 m.* NAUT. wharf, pier, quay, docks. *4* RLY, freight platform. *5* MACH. spring.
muérdago *m.* BOT. mistletoe.
muerte *f.* death; murder: ***dar ~,*** to kill; ***de mala ~,*** miserable, wretched; ***de ~,*** implacably; deadly.
muerto, ta *p. p.* of MORIR and MATAR. *2 a.* dead; deceased; killed. *3* tired out; dying [with hunger, etc.]. *4* faded, withered. *5 m.-f.* dead person; corpse. *6* *naturaleza muerta,* PAINT. still life.
muesca *f.* notch, groove, slot. CARP. mortise.
muestra *f.* signboard; shop-sign. *2* sample. *3* model, pattern. *4* face, dial [of clock]. *5* sign, show, token: ***dar muestras de,*** to show signs of.
muestrario *m.* collection of samples, sample book.
mugido *m.* lowing, moo.
mugir *i.* to low, moo. *2* to bellow.
mugre *f.* grease, grime, filth.
mugriento, ta *a.* greasy, dirty, grimy.
mujer *f.* woman: ~ ***de su casa,*** good housewife. *2* wife.
mujeriego, ga *a.* womanly. *2* womanish. *3* fond of women.
mujerío *m.* crowd of women.
mula *f.* ZOOL. she-mule.
muladar *m.* dungheap, dunghill. *2* filth, corruption.
mulato, ta *a.* brown. *2 n.* mulatto.
muleta *f.* crutch; prop, support. *2* BULLF. matador's red flag.
muletilla *f.* MULETA 2. *2* pet phrase or word, cliché.
mulo *m.* ZOOL. mule; hinny.
multa *f.* fine.
multar *t.* to fine.
multicolor *a.* many-colo(u)red.
multicopista *m.* duplicator, copying machine.
múltiple *a.* multiple, manifold.
multiplicación *f.* multiplication.
multiplicar *t.-ref.* to multiply.
múltiplo *a.-m.* multiple.
multitud *f.* multitude, crowd.
mullido, da *a.* soft, fluffy. *2 m.* soft padding.
mullir *t.* to fluff, soften, loosen. *2* to beat up, shake up [a bed]. ¶ IRREG. CONJUG.: IND. Pret.: mullí, mulliste, *mulló,* mulli-

mos, mullisteis, *mulleron.* || SUBJ. Imperf.: *mullera, mulleras,* etc., or *mullese, mulleses,* etc. | Fut.: *mullere, mulleres,* etc. || GER.: *mullendo.*
mundanal; mundano, na *a.* mundane, worldly.
mundial *a.* world-wide, world.
mundo *m.* world; earth, globe: ***el Nuevo ~,*** the New World; ***todo el ~,*** everybody. *2* trunk [large box].
munición *f.* MIL. ammunition, munition: ***municiones de guerra,*** war supplies.
municipal *a.* municipal; *m.* policeman.
municipalidad *f.*, **municipio** *m.* municipality, town, council.
muñeca *f.* ANAT. wrist. *2* doll. *3* manikin.
muñeco *m.* puppet. *2* dummy. *3* fig. effeminate coxcomb.
muñir *t.* to summon [to meetings, etc.]. *2* to arrange, concert. ¶ CONJUG. like *mullir.*
muñón *m.* stump. *2* ARTIL. trunion. *3* MACH. pivot.
mural *a.* mural.
muralla *f.* outer wall, rampart.
murciélago *m.* ZOOL. bat.
murga *f.* band of street musicians.
murmullo *m.* murmur, ripple; whisper; rustle [of leaves, etc.].
murmuración *f.* gossip, backbiting.
murmurar *i.* to murmur, whisper. *2* to mutter, grumble. *3* [of leaves, etc.] to rustle. *4* [of streams] to purl, ripple. *5* to gossip, backbite.
muro *m.* wall. *2* FORT. rampart.
murria *f.* coll. blues, dejection, sullenness; ***tener ~,*** to be sulky.
murrio, a *a.* sad, sullen, sulky.
murta *f.* BOT. myrtle.
musa *f.* MYTH. Muse. *2* fig. Muse, muse [inspiration, poetry].
musaraña *f.* ZOOL. shrew-mouse. *2* insect, small animal.
muscular *a.* muscular.
músculo *m.* ANAT. muscle; brawn.
musculoso, sa *a.* muscular; sinewy.
muselina *f.* muslin.
museo *m.* museum; ***~ de pinturas,*** art gallery.
musgo *m.* BOT. moss.
música *f.* music.
músico, ca *a.* musical. *2 m.-f.* musician.
musitar *i.* to mumble, mutter.
muslo *m.* thigh.
mustio, tia *a.* withered, faded. *2* sad, melancholy.
musulmán *a.-n.* Musulman, Moslem.
mutabilidad *f.* mutability, fickleness, inconstancy.
mutación *f.* mutation. *2* change [of weather; of scene].
mutilado, da *a.* mutilated, crippled. *2 m.-f.* cripple.
mutilar *t.* to mutilate, cripple, maim. *2* to cut short. *3* to mar.
mutis *m.* THEAT. exit: ***hacer ~,*** to exit; to say nothing.
mutismo *m.* dumbness; silence.
mutualidad *f.* mutuality. *2* mutual aid. *3* mutual benefit society.
mutuo, tua *a.* mutual, reciprocal.
mutuamente *adv.* mutually, reciprocally.
muy *adv.* very, very much, greatly: ***~ señor mío,*** dear sir.

N

nabo *m.* turnip. *2* spindle.
nácar *m.* mother-of-pearl, nacre.
nacarado, da *a.* nacred, pearly.
nacer *i.* to be born. *2* [of plants, hair, etc.] to grow, bud, sprout. *3* [of streams, etc.] to spring, flow. *4* to originate, start. ¶ CONJUG. INDIC. Pres.: ***nazco,*** naces, etc. ‖ SUBJ. Pres.: ***nazca, nazcas,*** etc. ‖ IMPER.: nace, ***nazca; nazcamos,*** naced, ***nazcan.***
nacido, da *a.* born: ***bien ~,*** high-born.
naciente *a.* growing, budding, sprouting. *2* rising [sun]. *3* nascent; recent. *4 m.* East.
nacimiento *m.* birth. *2* growth, sprouting. *3* rising [sun]. *4* source [of a river, etc.]. *5* origin, issue. *6* descent, lineage. *7* crib [Nativity scene].
nación *f.* nation: *Naciones Unidas,* United Nations; ***de ~,*** by nationality.
nacional *a.* national. *2 m.* native.
nacionalidad *f.* nationality. *2* citizenship.
nacionalizar *t.* to nationalize. *2* to naturalize.
nada *f.* naught, nothingness. *2 indef. pron.* nothing, not anything, not a bit: ***de ~,*** don't mention it. *3 adv.* not, nothing.
nadador, ra *a.* swimming. *2 m.-f.* swimmer.
nadar *t.* to swim. *2* to float.
nadería *f.* trifle, worthless thing.
nadie *indef. pron.* nobody, no one, not... anyone.
nado (a) adv. swimming, afloat.
naipe *m.* [playing-] card.
nalga *f.* buttock, rump.
nao *f.* ship, vessel.
naranja *f.* BOT. orange: ***media ~,*** coll, better half.
naranjada *f.* orangeade.
naranjo *m.* BOT. orange-tree.
narciso *m.* BOT. narcissus, daffodil. *2* fig. dandy, fop.
narcótico, ca *a.* narcotic. *2 m.* narcotic, drug, dope.
narcotizar *t.* to drug, dope.
nardo m. spikenard, nard.
narigudo, da *a.-n.* large-nosed [person].
nariz, *pl.* **narices** *f.* nose; nostril: ***meter las narices en,*** to poke one's nose into.
narración *f.* narration, account.
narrar *t.* to narrate, relate, tell.
narrativo, va; narratorio, ria *a.* narrative.
nata *f.* cream. *2* the best, elite.
natación *f.* swimming.
natal *a.* natal, native. *2 m.* birth. *3* birthday.
natalicio *m.* birthday. *2* nativity.
natalidad *f.* natality, birth-rate.
natillas *f.* custard.
natividad *f.* nativity. *2* (cap.) Christmas.
nativo, va *a.* native, indigenous; natural.
nato, ta *a.* born: ***criminal ~,*** born criminal.
natural *a.* natural. *2* artless, ingenuous. *3 a.-n.* native. *4 m.* disposition, nature. *5* F. ARTS. ***del ~,*** from life.
naturaleza *f.* nature. *2* nationality. *3* temperament; character. *4* sort, kind. *5* F. ARTS. ***~ muerta,*** still life.
naturalidad *f.* naturalness; plainness. *2* ingenuousness.
naturalista *a.-n.* naturalist.
naturalizar *t.* to naturalize. *2 ref.* to become naturalized.
naturalmente *adv.* naturally, plainly. *2* of course.
naufragar *i.* NAUT. to sink; to be shipwrecked. *2* to fail.
naufragio *m.* shipwreck. *2* ruin.
náufrago, ga *m.-f.* shipwrecked person, castaway.
náusea *f.* nausea, sickness, disgust: ***tener náuseas,*** to be sick; ***dar náuseas,*** to make sick.
nauseabundo, da *a.* nauseating, sickening, loathsome, nasty.
náutico, ca *a.* nautical. *2* water [sports].
nava *f.* high valley, hollow.

navaja *f.* clasp-knife, pocketknife: ~ ***de afeitar,*** razor.
navajazo *m.* knife-slash or wound.
naval *a.* naval.
navarro, rra *a.-n.* Navarrese.
nave *f.* ship, vessel. *2* ARCH. nave: ~ ***lateral,*** aisle.
navegable *a.* navigable.
navegación *f.* navigation, sailing.
navegante *m.-f.* navigator; traveller by sea.
navegar *i.* to navigate, sail, steer.
Navidad *f.* Nativity; Christmas [Day].
naviero, ra *a.* ship, shipping. *2 n.* ship-owner.
navío *m.* vessel, ship: ~ ***de guerra,*** warship; ~ ***de línea,*** liner.
nazareno, na *a.-n.* Nazarene. *2 m.* Nazarite. *3* penitent.
nazi *a.-n.* Nazi.
neblina *f.* mist, thin fog, haze.
neblinoso, sa *a.* foggy, misty.
nebuloso, sa *a.* cloudy, nebulous, foggy, misty, hazy. *2* vague. *3* gloomy. *4 f.* ASTR. nebula.
necedad *f.* foolishness, nonsense.
necesariamente *adv.* necessarily.
necesario, ria *a.* necessary.
neceser *m.* toilet case. *2* sewing kit.
necesidad *f.* necessity; need, want. *2* emergency.
necesitado, da *a.-n.* neddy, poor [person]. *2* ~ ***de,*** wainting.
necesitar *t.* to necessitate. *2* to need, want, lack. *3* to have to.
neciamente *adv.* stupidly.
necio, cia *a.-n.* ignorant, foolish, stupid; silly [person].
néctar *m.* nectar.
nefando, da *a.* abominable; wicked.
nefasto, ta *a.* sad, ominous. *2* funest.
negación *f.* negation, denial.
negado, da *a.* incapable, unfit.
negar *t.* to deny. *2* to refuse. *3* to disavow. *4* to forbid, prohibit. *5 ref.* to decline, refuse. ¶ CONJUG. like ***acertar.***
negativa *f.* negative. *2* denial, refusal. *3* **-mente** *adv.* negatively.
negativo, va *a.* negative. *2 m.* PHOT. negative.
negligencia *f.* negligence, neglect, carelessness.
negligente *a.* negligent, careless.
negociable *a.* COM. negotiable.
negociación *f.* negotiation. *2* business transaction.
negociado *m.* department.
negociante *m.* dealer, trader, businessman, merchant.
negociar *i.* to deal, trade, do business. *2 t.-i.* to negotiate.
negocio *m.* business, affair, transaction, deal: ***hombre de negocios,*** businessman. *2* commerce, trade; concern. *3* profit, gain.
negrero, ra *m.-f.* slave-trader.
negro, gra *a.* black; dark. *2* gloomy. *3* unlucky. *4 m.* black [colour or person]. *5* Negro, nigger. *5 f.* Negress.
negror *m.*, **negrura** *f.* blackness.
negruzco, ca *a.* blackish.
nene, na *m.* baby; dear, darling.
nenúfar *m.* water-lily.
neolatino, na *a.* Romance.
neologismo *m.* neologism.
nepotismo *m.* nepotism.
nervio *m.* nerve: ***ataque de nervios,*** fit of nerves. *2* vigour, strength. *3* sinew, tendon.
nerviosamente *adv.* nervously.
nerviosismo *m.* nervousness, nervous excitement.
nervioso, sa *a.* nervous: ***poner*** ~, to get on one's nerves. *2* vigorous. *3* sinewy, strong.
nervudo, da *a.* strong-nerved, sinewy, tough.
netamente *adv.* clearly, distinctly.
neto, ta *a.* clear, pure. *2* net [weight, etc.].
neumático, ca *a.* pneumatic. *2 m.* tire.
neurastenia *f.* neurasthenia.
neurasténico, ca *a.* neurasthenic.
neutral *a.-n.* neutral, neuter.
neutralidad *f.* neutrality.
neutralizar *t.* to neutralize. *2* to counteract.
neutro, tra *a.* neutral, neuter.
nevada *f.* snowfall, snowstorm.
nevado, da *a.* snow-covered. *2* snow-white, snowy.
nevar *impers.* to snow. ¶ CONJUG. like ***acertar.***
nevasca *f.* NEVADA.
nevera *f.* icebox, refrigerator.
nevisca *f.* light snowfall.
nexo *m.* link, conexion, tie.
ni *conj.* neither, nor: ~ ***aquí*** ~ ***allí,*** neither here nor there. *2* ~ ***siquiera,*** no even; ~ ***que,*** even though.
nicho *m.* niche [recess in a wall].
nidada f. nestful of eggs. *2* brood, hatch.
nido *m.* nest. *2* home, abode.
niebla *f.* fog, mist, haze.
nieto, ta *m.-f.* grandchild. *2 m.* grandson. *3 f.* granddaughter.
nieve *f.* snow.

nigromancia *f.* necromancy, black magic.
nigromante *m.* conjurer, magician.
nilón *m.* nylon.
nimbo *m.* nimbus; halo.
nimiedad *f.* prolixity, minuteness. *2* smallness.
nimio, a *a.* very small, insignificant. *2* miserly, stingy.
ninfa *f.* nymph.
ningun(o, na *a.* no, not... any. *2 indef. pron. m.-f.* none, no one, nobody; ~ ***de los dos,*** neither of the two.
niña *f.* female child; little girl. *2* ANAT. ~ ***del ojo,*** pupil, apple of the eye.
niñada *f.* childishness, childish act or remark.
niñera *f.* nanny, nursemaid.
niñería *f.* childish act or remark. *2* trifle. *3* foolishness.
niñez *f.* childhood, infancy.
niño, ña *a.* child. *2* childish, childlike. *3 m.* male child or infant, little boy: ***de ~,*** as a child. *4 pl.* children.
nipón, na *a.-n.* Japanese.
niquel *m.* CHEM. nickel.
niquelado *m.,* **niqueladura,** *f.* nickel-plate; nickel-plating.
niquelar *t.* to nickel-plate.
níspero *m.* medlar [tree; fruit].
nitidez *f.* neatness, clearness.
nítido, da *a.* neat, clear.
nitrato *m.* nitrate. *2* ~ ***de Chile,*** Chile salpetre.
nitrógeno *m.* nitrogen.
nivel *m.* level: ~ ***del mar,*** sea level; ~ ***de vida,*** standard of living; ***paso a ~,*** level crossing.
nivelar *t.* to level, flatten; to grade [road]; to balance [the budget].
no *adv.* no, nay. *2* not; ~ ***obstante,*** notwithstanding; ~ ***bien,*** no sooner; ~ ***sea que,*** lest; or else.
noble *a.* noble, high-born. *2 m.-f.* noble, nobleman, noblewoman.
nobleza *f.* nobility, nobleness.
noción *f.* notion, idea. *2 pl.* rudiments.
nocivo, va *a.* noxious, harmful.
nocturno, na *a.* nocturnal, night.
noche *f.* night; evening: ~ ***buena,*** Christmas Eve; ~ ***vieja,*** New Year's Eve; ***buenas noches,*** good night; good evening; ***de*** or ***por la ~,*** at night, by night.
nodriza *f.* wet-nurse.
nogal *m.* walnut [tree or wood].
nómada *a.* nomadic. *2 a.-m.* nomad.
nombradía *f.* renown, fame.
nombramiento *m.* naming, nomination, designation.
nombrar *t.* to name, nominate, appoint, commission.
nombre *m.* name: ~ ***de pila,*** Christian name. *2* GRAM. noun. *3* title. *4* reputation.
nomenclatura *f.* nomenclature.
nomeolvides *f.* forget-me-not.
nómina *f.* catalogue of names. *2* pay roll.
nominal *a.* nominal.
non, pl. **nones** *a.* MATH. odd, undeven. *2 m.* odd number; ***pares y nones,*** odd and even. *3* ***decir nones,*** to say no.
nonada *f.* trifle, mere nothing.
nono, na *a.-n.* ninth.
nonagésimo, ma *a.* ninetieth.
norabuena *f. adv.* ENHORABUENA.
nordeste *m.* northeast.
nórdico, ca *a.-n.* Nordic. *2* Norse.
noria *f.* chain pump, draw wheel.
norma *f.* norm, pattern, standard.
normal *a.* normal, standard. *2 f.* training-college.
normalidad *f.* normality.
normalizar *t.* to normalize. *2* to standardize. *3 ref.* to become normal.
normando, da *a.-n.* Norman.
noroeste *m.* northwest.
norte *m.* north. *2* north wind. *3* North Pole. *4* North Star. *5 fig.* lodestar, guide.
Norteamérica *f. pr. n.* North America.
norteamericano, na *a.-n.* North American; American [of the U.S.A.].
norteño, ña *a.* northern. *2 m.-f.* northerner.
Noruega *f. pr. n.* GEOG. Norway.
noruego, ga *a.-n.* Norwegian.
nos *pers. pron. pl. m.-f.* [object] us, to us, for us; [recip.] each other; [ref.] ourselves. *2* we, us [used by the king, etc.].
nosotros, tras *pers. pron. m.-f.* we [subject]; us [object]. *2* ***nosotros mismos,*** ourselves.
nostalgia *f.* nostalgia, homesickness.
nostálgico, ca *a.* nostalgic, homesick, longing. *2* regretful.
nota *f.* note. *2* fame. *3* COM. account, bill: ~ ***de precios,*** price list. *4* EDUC.. mark, *grade.
notabilidad *f.* notability.
notable *a.* notable, remarkable, noteworthy. *2* noticeable, perceptible. *3 m.* EDUC. good mark. *4* **-mente** *adv.* remarkably.
notar *t.* to note, mark. *2* to notice, observe. *3* to write down.
notaría *f.* notary's office.
notario *m.* notary.

noticia *f.* news, news item, notice, piece of news, report, tidings. *2* information: ***tener ~ de***, to be informed of.
noticiario *m.* CINEM. news-reel. *2* RADIO, news cast. *3* news column [of a newspaper].
noticiero *m.-f.* newsman, reporter.
notificación *f.* notification.
notificar *t.* to notify, inform.
notoriamente *adv.* obviously.
notoriedad *f.* notoriety. *2* fame, renown.
notorio, ria *a.* notorious, wellknown; evident, obvious.
novato, ta *m.-f.* novice, beginner, freshman.
novecientos *a.* nine hundred.
novedad *f.* novelty. *2* newness. *3* change, alteration: ***sin ~***, as usual; well. *4* latest news. *5 pl.* fancy goods.
novel *a.-m.* new, inexperienced.
novela *f.* novel, romance, fiction.
novelesco, ca *a.* novelistic. *2* romantic, fantastic.
novelista *m.-f.* novelist.
noveno, na *a.-m.* ninth.
noventa *a.-m.* ninety.
novia *f.* bride. *2* fiancée, girl-friend, sweetheart.
noviazgo *m.* engagement, betrothal; courtship.
novicio, cia *a.* new, inexperienced. *2 m.-f.* novice, beginner.
noviembre *m.* November.
novillada *f.* drove of young bulls. *2* bullfight with young bulls.
novillero *m.* bullfighter of young bulls. *2* truant.
novillo, lla *m.* young bull, bullock. *2 f.* heifer, young cow. *3* ***hacer novillos***, to play truant.
novio *m.* bridegromm. *2* fiancé, boyfriend; suitor: ***los novios***, the young couple.
novísimo, ma *a.* newest, latest.
nubarrón *f.* large black cloud.
nube *f.* cloud: ***~ de verano***, summer shower; ***poner por las nubes***, to praise to the skies. *2* MED. film on the eyeball.
nublado, da *a.* cloudy, overcast. *2 m.* thundercloud. *3* impending danger.
nublarse *ref.* to cloud over.
nubloso, sa; nuboso, sa *a.* cloudy, overcast; gloomy.
nuca *f.* nape of the neck.
núcleo *m.* nucleus. *2* ELECT. core. *3* BOT. kernel [of nut]; stone [of fruit].
nudillo *m.* knuckle.
1) **nudo** *m.* knot, noose: ***~ en la garganta***, lump in the throat; ***~ corredizo***, slip knot. *2* bond, tie. *3* tangle, difficulty. *4* THEAT. plot.
2) **nudo, da** *a.* nude, naked.
nudoso, sa *a.* knotty; gnarled.
nuera *f.* daughter-in-law.
nuestro, tra *poss.* a. our, of ours. *2 poss. pron.* ours.
nueva *f.* news, tidings.
nuevamente *a.* again, anew.
Nueva Orleans *f., pr. n.* GEOG. New Orleans.
Nueva York *f. pr. n.* GEOG. New York.
Nueva Zelanda *f. pr. n.* GEOG. New Zeland.
nueve *a.-n.* nine.
nuevecito, ta *a.* dim. of NUEVO. *2* brandnew, nice and new.
nuevo, va *a.* new: ***¿qué hay de ~?***, what's new? *2* fresh, newly arrived. *3* adv. ***de ~***, again, once more.
nuez *f.* walnut. *2* nut [of some other plants]: ***~ moscada***, nutmeg. *3* adam's apple.
nulidad *f.* nullity. *2* incompetence. *3* incapable person.
nulo, la *a.* LAW, null, void. *2* worthless, useless.
numeración *f.* numeration, numbering.
numerar *t.* to numerate. *2* to number.
numérico, ca *a.* numerical.
número *m.* ARITH. number. *2* numeral, figure. *3* size [of shoes, etc.].
numeroso, sa *a.* numerous.
nunca *adv.* never: ***~ jamás***, never again.
nuncio *m.* messenger, harbinger, forerunner. *2* Papal nuncio.
nupcial *a.* nuptial, bridal.
nupcias *f.* nuptials, marriage, wedding.
nutria *f.* ZOOL. otter. *2* otter-fur.
nutricio, cia *a.* nutritious.
nutrido, da *a.* nourished. *2* full, abundant.
nutrimento *m.* nutrition; nourishment, food.
nutrir *t.* to nourish, feed.
nutritivo, va *a.* nutritious, nourishing.

Ñ

ñapa *f.* (Am.) additional amount; something over or extra: ***de*** ~, to boot, into the bargain.

ñiquiñaque *m.* trash, worthless person or thing.

ñoñería, ñonez *f.* silly remark, inanity.

ñoño, ña *a.* feeble-minded. *2* silly, inane. *3* old-fashioned.

O

o *conj.* or: ~ ..., ~ ..., either... or...
oasis, *pl.* **-sis** *m.* oasis.
obcecación *f.* mental obfuscation or blindness.
obcecar *t.* to obfuscate, blind. *2 ref.* to become obfuscated.
obedecer *t.-i.* to obey. *2* to respond, yield [to a force, etc.] *3* to be due [to]. ¶ CONJUG. like ***agradecer.***
obediencia *f.* obedience, compliance.
obediente *a.* obedient, compliant.
obelisco *m.* obelisk.
obenque *m.* shroud; riggings.
obertura *f.* MUS. overture.
obeso, sa *a.* obese, fat, fleshy.
óbice *m.* obstacle, hindrance.
obispado *m.* bishopric, episcopate, *2* diocese.
obispo *m.* ECCL. bishop.
óbito *m.* death, decease, demise.
objeción *f.* objection, opposition.
objetar *t.* to object, oppose.
objetivamente *adv.* objectively.
objetivo, va *a.-m.* objective.
objeto *m.* object. *2* thing. *3* subject, matter. *4* end, purpose.
oblación *f.* oblation, offering.
oblicuo, cua *a.* oblique, slanting.
obligación *f.* obligation. *2* duty. *3* COM. debenture, bond. *4 pl.* COM. liabilities.
obligar *t.* to obligate, oblige, bind. *2* to compel, force, constrain. *3 ref.* to blind oneself.
obligatorio, ria *a.* obligatory, compulsory.
obliterar *t.-ref.* to obliterate.
oblongo, ga *a.* oblong.
óbolo *m.* obol. *2* mite.
obra *f.* work, piece of work. *2* act, deed; ~ ***maestra,*** masterpiece. *3* THEAT. play, drama. *4* building under construction; repair work. *5* pl., ***obras públicas***, public works.
obrar *t.* to work, perform, make, do. *2* to build. *3 i.* to act, behave. *4* ***obra en nuestro poder,*** we have received your letter.
obrero, ra *m.-f.* worker, labourer; workman, workwoman.
obscenidad *f.* obscenity.
obsceno, na *a.* obscene, indecent.
obscurecer *t.* to obscure, darken. *2* to tarnish, dim. *3 impers.* to grow dark. ¶ CONJUG. like ***agradecer.***
obscuridad *f.* obscurity. *2* darkness, gloom.
obscuro, ra *a.* obscure. *2* dark. *3* uncertain, dubious. *4* ***a obscuras,*** in the dark.
obsequiar *t.* to entertain; to present to: ~ ***con,*** to present with. *2* to court.
obsequio *m.* attention, courtesy; treat; present, gift; ***en ~ de,*** for the sake of, in honour of.
obsequioso, sa *a.* obsequious, obliging, attentive.
observación *f.* observation: ***en ~,*** under observation. *2* remark.
observador, ra *a.* observing. *2 m.-f.* observer.
observancia *f.* observance [of a law, etc.], compliance.
observar *t.* to observe, comply with. *2* to notice. *3* to watch, regard. *4* to remark.
observatorio *m.* observatory.
obsesión *f.* obsession.
obsesionar *t.* to obsess.
obsesivo, va *a.* obsessive.
obstaculizar *t.* to prevent, hinder.
obstáculo *m.* obstacle, hindrance.
obstante (no) *conj.* notwithstanding; nevertheless.
obstar *i.* to hinder, impede, prevent.
obstinación *f.* obstinacy, stubbornness.
obstinado, da *a.* obstinate, stubborn.
obstinarse *ref.* ~ ***en,*** to be obstinate in, persist in, insist on.
obstrucción *f.* obstruction.
obstruir *t.* to obstruct, block. *2 ref.* to be

blocked. ¶ CONJUG. like ***huir***.
obtención *f.* attainment.
obtener *t.* to attain, obtain, get.
obturador *m.* choke [of a car]; throttle. *2* plug, stopper. *3* shutter [of a camera].
obturar *t.* to close, plug, stop up. *2* to throttle.
obtuso, sa *a.* GEOM. obtuse. *2* blunt, dull.
obús *m.* ARTILL., howitzer; shell.
obviar *t.* to obviate, prevent.
obvio, via *a.* obvious, evident.
oca *f.* ORN. goose.
ocasión *f.* occasion, opportunity, chance. *2* motive, cause. *3* ***en ~ de,*** on the occasion of. *4* ***de ~,*** second-hand.
ocasional *a.* occasional, accidental.
ocasionar *t.* to occasion, cause, bring about, arouse.
ocaso *m.* west. *2* setting, sunset; twilight. *3* decline.
occidental *a.* occidental, western.
occidente *m.* occident, west.
océano *m.* ocean.
ocio *m.* idleness, leisure. *2* pastime, diversion; relaxation.
ociosidad *f.* idleness, leisure; laziness.
ocioso, sa *a.* idle; lazy. *2* useless.
ocre *m.* MINER. ochre.
octavo, va *a.-m.* eighth.
octosílabo, ba *a.* octosyllabic. *2 m.* PROS. octosyllable.
octubre *m.* October.
ocular *a.* ocular: ***testigo ~,*** eye-witness. *2 m.* OPT. eyepiece.
oculista *m.-f.* oculist.
ocultación *f.* concealment, hiding.
ocultar *t.* to conceal, hide.
oculto, ta *a.* hidden, concealed. *2* occult, secret.
ocupación *f.* occupation. *2* employment, business.
ocupado, da *a.* occupied, busy, engaged.
ocupar *t.* to occupy. *2* to employ, give work to. *3* to fill [a space]. *4* ref. ***~ en,*** to be employed at; to be busy with.
ocurrencia *f.* occurrence, event. *2* joke, witty remark. *3* bright or funny idea.
ocurrente *a.* bright, witty, funny.
ocurrir *i.* to occur, happen. *2 ref.* to occur to one, strike [come into one's mind].
ochenta *a.-n.* eighty.
ocho *a.-n.* eight.
ochocientos, tas *a.-n.* eight hundred.
oda *f.* ode.
odiar *t.* to hate, detest, abhor.
odio *m.* hatred, hate, aversion.
odioso, sa *a.* odious, hateful.
odontología *f.* dentistry.
odontólogo *m.* dentist.
odre *m.* winebag, wineskin.
oeste *m.* west. *2* west wind.
ofender *t.* to offend, insult. *2 ref.* to take offence, resent.
ofensa *f.* offence, insult, injury.
ofensivo, va *a.* offensive, insulting. *2 f.* offensive.
ofensor, ra *a.* offending. *2 m.-f.* offender.
oferta *f.* offer. *2* offering, gift. *3* COM. ***la ~ y la demanda,*** supply and demand.
oficial *a.* official. *2 m.* [skilled] workman. *3* MIL. officer. *4* [government] official; magistrate. *5* **-mente** *adv.* officially.
oficina *f.* office, bureau. *2* workshop.
oficinista *m.-f.* office clerk, employee.
oficio *m.* occupation, profession; ***de ~,*** by trade. *2* office [duty, etc.]. *3* official communication. *4* ECCL. service.
oficioso, sa *a.* officious. *2* unofficial. *3* diligent, hard-working.
ofrecer *t.* to offer, present; ***¿qué se le ofrece a usted?,*** what do you wish? *2* to show. *3* COM. to offer; to bid. *4 ref.* to volunteer; to occur, arise. ¶ CONJUG. like ***agradecer***.
ofrecimiento m. offer, offering, promise.
ofrenda *f.* gift, religious offering.
ofrendar *t.* to offer, make an offering of.
ofuscación *f.,* **ofuscamiento** *m.* blindness, clouded vision. *2* bewilderment, mental confusion.
ofuscar *t.-ref.* to dazzle, daze. *2* to dim, blind. *3* to bewilder.
ogro *m.* ogre.
oída *f.* hearing [act]. *2* ***de oídas,*** by hearsay.
oído *m.* hearing [sense]; ear [organ of hearing]: ***aguzar los oídos,*** to prick up one's ears: ***tener buen ~,*** to have an ear for music; ***de ~,*** by ear.
oír *t.* to hear; to listen; to understand: ***¡oiga(n!,*** I say!; ***~ hablar de,*** to hear about, or of.: ***~ misa,*** to hear Mass. ¶ CONJUG. INDIC. Pres.: ***oigo, oyes, oye;*** oímos, oís, ***oyen.*** | Pret.: oí, oíste, ***oyó;*** oímos, oísteis, ***oyeron.*** ‖ SUBJ. Pres.: ***oiga, oigas,*** etc. | Imperf.: ***oyera, oyeras,*** etc., or ***oyese, oyeses,*** etc. | Fut.: ***oyere, oyeres,*** etc. ‖ IMPER.: ***oye, oiga; oigamos,*** oíd, ***oigan.*** ‖ PAST. P.: ***oído.*** ‖ GER.: ***oyendo.***
ojal *m.* buttonhole. *2* eyelet.
¡ojalá! *interj.* would to God!, God grant!, I wish!
ojeada *f.* glimpse, quick glance: ***echar una ~,*** to take a look.

ojear *t.* to beat [for game]. *2* to stare at, eye.
ojeo *m.* beating [for game].
ojera *f.* eye-cup. *2 pl.* dark rings under the eyes.
ojeriza *f.* grudge, spite, ill will.
ojeroso, sa *a.* haggard, with dark rings under the eyes.
ojival *a.* ARCH. ogival, gothic.
ojo *m.* eye: ***no pegar el ~***, not to sleep a wink; ***a ~***, by guess; ***a ojos cerrados,*** blindly; ***en un abrir y cerrar de ojos;*** in the twinkling of an eye; ***¡ojo!***, look out!, beware!. *2* eye, hole. 3 span [of a bridge]. *4* well [of stairs]. *5* keyhole.
ola *f.* wave, billow, surge, swell [in a liquid]. *2* fig. wave [of heat, cold, etc.]. *3* surge [of a crowd].
olé *interj.* bravo!
oleada *f.* large wave; surge.
oleaje *m.* surge, succession of waves, motion or rush of waves.
óleo *m.* oil; holy oil: ***pintura al ~***, oil-painting.
oleoducto *m.* pipeline.
oleoso, sa *a.* oily.
oler *t.-i.* to smell, scent. *2* to pry into.
olfatear *t.* to smell, scent, sniff. *2* to pry into, try to discover.
olfato *m.* smell, sense of smell.
oliente *a.* smelling: ***mal ~***, evilsmelling.
oligarquía *f.* oligarchy.
olimpiada *f.* Olympiad.
olímpico, ca *a.* Olympic; Olimpian. *2* fig. haughty.
oliva *f.* olive. *2* olive-tree.
olivar *m.* olive grove.
olivo *m.* BOT. olive-tree.
olmeda *f.*, **olmedo** *m.* elm grove.
olmo *m.* BOT. elm-tree.
olor *m.* odour, smell, fragance: ***mal ~***, stink.
oloroso, sa *a.* fragrant, scented.
olvidadizo, za *a.* forgetful, absent-minded.
olvidar *t.-ref.* to forget, leave behind, neglect.
olvido *m.* forgetfulness. *2* omission, neglect. *3* oblivion.
olla *f.* pot, boiler, kettle: ***~ de presión***, pressure-cooker.
ombligo *m.* navel. *2* centre.
ominoso, sa *a.* ominous, threatening.
omisión *f.* omission, oversight.
omiso, sa *a.* careless, neglectufl: ***hacer caso ~***, to overlook, ignore.
omitir *t.* to omit, drop, leave out, overlook.
omnipotencia *f.* omnipotence.
omnipotente *a.* omnipotent, allmighty.
omóplato *m.* shoulder-blade.
once *a.-m.* eleven.
onda *f.* wave [of water, of hair, etc.], ripple.
ondear *i.* to wave, ripple; to waver; to flutter.
ondulación *f.* undulation, waging: ***~ permanente***, permanent waving.
ondulado, da *a.* rippled. *2* wavy.
ondular *i.* to undulate, wave, ripple, billow.
oneroso, sa *a.* onerous, burdensome.
onomástico, ca *a.* onomastic.
onza *f.* ounce [weight; animal].
opaco, ca *a.* opaque; dark; dull.
ópalo *m.* MINER. opal.
opción *f.* option, choice.
ópera *f.* opera.
operación *f.* operation, business transaction.
operador, ra *m.-f.* operator. *2* surgeon. *3* CINEM. camera-man.
operar *t.* SURG. to operate upon. *2 i.* to take effect, work. *3* to speculate. *4* to manipulate, handle. *5 ref.* to occur.
operario, ria *m.-f.* workman, worker.
opereta *f.* operetta, light opera.
opinar *i.* to hold an opinion; to think, judge, consider.
opinión *f.* opinion: ***mudar de ~***, to change one's mind.
opio *m.* opium.
opíparo, ra *a.* sumptuous.
oponer *t.* to oppose [a thing to another]; to resist, face. *2* ref. ***oponerse a***, to be opposed to. ¶ CONJUG. like ***poner.***
oportunamente *adv.* opportunely.
oportunidad *f.* opportunity; chance.
oportuno, na *a.* opportune, suitable, timely. *2* witty.
oposición *f.* opposition, clash. *2 pl.* competitive examination.
opositor, ra *m.-f.* opponent, competitor, contender.
opresión *f.* oppression.
opresivo, va *a.* oppressive.
opresor, ra *m.-f.* oppressor.
oprimir *t.* to press down, push. *2* to crush, squeeze. *3* to tyranize, oppress.
oprobio *m.* ignominy, disgrace.
optar *i.* to select, choose. *2* ***~ a,*** to be a candidate for [a position, etc]. *3* ***~ por,*** to decide on; to choose.
óptico, ca *a.* optica(al. *2 m.* optician. *3 f.* optics.
optimismo *m.* optimism.
optimista *a.* optimistic, sanguine. *2 m.-f.* optimist.
óptimo, ma *a.* very good, best.

opuesto, ta *a.* opposed, *2* opposite. *3* contrary, adverse.
opugnar *t.* to attack; impugn.
opulencia *f.* opulence, wealth.
opulento, ta *a.* opulent, wealthy.
opúsculo *m.* booklet, tract.
oquedad *f.* hollow, cavity.
ora *conj.* ~ ... ~ ..., now... now...
oración *f.* speech, oration. *2* prayer. *3* GRAM. sentence, clause.
oráculo *m.* oracle.
orador, ra *m.-f.* orator, speaker.
oral *a.* oral; verbal.
orar *i.* to pray.
orate *m.-f.* lunatic, madman.
oratoria *f.* oratory, eloquence.
oratorio, ria *a.* oratorical. *2 m.* oratory. *3* MUS. oratorio.
orbe *m.* orb, sphere. *2* the world.
órbita *f.* ASTR. orbit. *2* field [of action, etc.]. *3* ANAT. eye-socket.
orden *m.* order [arrangement; method]: ***por*** **~**, in order. *2* order [public quiet]: ***llamar al*** **~**, to call to order. *3* class. degree. *4* MIL. order, array. *5 f.* order: ~ ***religiosa,*** religious order. *6* command: ***a sus órdenes,*** at your service.
ordenación *f.* order, arrangement. *2* ECCL. ordination.
ordenadamente *adv.* in order.
ordenado, da *a.* orderly, methodical, tidy.
ordenanza *f.* order, method. *2* order, command. *3* ordinance, decree, regulation. *4 m.* MIL. orderly. *5* errand-boy.
ordenar *t.* to order, arrange, put in order. *2* to order, command, prescribe. *3* ECCL. to ordain. *4 ref.* ECCL. to take orders.
ordeñar *t.* to milk [a cow, etc.].
ordinario, ria *a.* ordinary, usual. *2* common, vulgar. *3* ***de*** **~**, usually.
orear *t.* to air, ventilate. *2 ref.* to take the air.
orégano *m.* BOT. wild marjoram.
oreja *f.* ear. *2* flap [of shoe]. *3* MECH. ear, lug.
orfanato *m.* orphanage.
orfandad *f.* orphanhood.
orfebre *m.* goldsmith, silversmith.
orfeón *m.* choral society. *2* choir.
orgánico, ca *a.* organic.
organillero, *a.* organ-grinder.
organillo *m.* barrel-organ.
organismo *m.* organism. *2* organization, body, institution.
organización *f.* organization.
organizador, ra *a.* organizing. *2 m.-f.* organizer.
organizar *t.* to organize. *2* to set up, start.
órgano *m.* organ.
orgía *f.* orgy, revel.
orgullo *m.* pride. *2* haughtiness.
orgulloso, sa *a.* proud. *2* haughty.
orientación *f.* orientation. *2* bearings.
oriental *a.* oriental, eastern.
orientar *t.* to orientate; to direct [towards]. *2* NAUT. to trim [a sail]. *3 ref.* to find one's bearings.
oriente *m.* east, orient.
orificio *m.* orifice, hole, outlet.
origen *m.* origin. *2* source, cause. *3* native country.
original *a.* original. *2* queer, quaint. *3 m.* original [of a portrait, etc.]: *4* eccentric, crank. *5* **-mente** *adv.* originally; eccentrically.
originar *t.* to originate, give rise to. *2 ref.* to arise, spring from.
originariamente *adv.* originally, by its origin.
originario, ria *a.* originating. *2* original, derived, native.
orilla *f.* border, margin, edge, brink, hem. *2* bank, margin [of river]; shore.
orillo *m.* selvage [of cloth].
1) **orín** *m.* rust [on iron].
2) **orín** or *pl.* **orines** *m.,* **orina** *f.* urine.
orinal *m.* chamber-pot, urinal.
orinar *i.-t.* to urinate.
oriundo, da *a.* coming [from], native [of].
orla *f.* border, edging, fringe.
orlar *t.* to border, edge.
ornado, da *a.* ornate, adorned.
ornamentar *t.* to ornament, adorn.
ornamento *m.* ornament, adornment.
ornar *t.* to adorn, decorate.
oro *m.* gold; wealth: ~ ***de ley,*** standard gold; ***de*** **~**, golden, of gold; gold.
orondo, da *a.* big-bellied [jar, etc.]. *2* puffed up, self-satisfied.
oropel *m.* tinsel, brass foil.
orquesta *f.* MUS., THEAT. orchestra.
orquídea *f.* BOT. orchid.
ortiga *f.* BOT. nettle. *2* ZOOL. ~ ***de mar,*** jelly-fish.
ortodoxo, xa *a.* orthodox.
ortografía *f.* orthography, spelling.
oruga *f.* ENT., MACH. caterpillar.
orujo *m.* marc of pressed grapes or olives.
orza *f.* NAUT. luffing. *2* glazed jar.
orzuelo *m.* sty [on the eyelid].
os *pers. pron. pl. m.-f.* [object] you, to you, etc.; [recip.] each other; [ref.] yourselves.
osadía *f.* boldness, daring.

osado, da *a.* bold, daring.
osar *i.* to dare, venture.
oscilación *f.* oscillation, sway. *2* fluctuation, wavering.
oscilar *i.* to oscillate, sway. *2* to fluctuate, waver.
ósculo *m.* kiss.
oscurecer, oscuridad, etc. = OBSCURECER, OBSCURIDAD.
óseo, a *a.* bony.
osezno *m.* bear cub.
oso, sa *m.* bear: ***hacer el ~,*** to play the fool. *2 f.* she-bear: ***Osa Mayor***, Great Bear; ***Osa Menor***, Little Bear.
ostensible *a.* ostensible, apparent. *2* **-mente** *adv.* apparently.
ostentación *f.* ostentation, parade, display, show.
ostentar *t.* to parade, display, show. *2* to show off; to boast.
ostentoso, sa *a.* ostentatious, showy; magnificient.
ostra *f.* ZOOL. oyster.
ostracismo *m.* ostracism.
osudo, da *a.* bony.
otear *t.* to watch from a height.
otero *m.* hillock, knoll, height.
otoñal *a.* autumnal, of autumn.
otoño *m.* autumn, fall.
otorgar *t.* to grant, give *2* to award [a prize]. *3* to consent.
otro, otra *a.-pron.* another, other: ***otra cosa,*** something else; ***otra vez***, again; ***al ~ día,*** on the next day; ***por otra parte,*** moreover.
otrora *adv.* formerly.
ovación *f.* ovation, enthusiastic applause.
ovacionar *i.* to acclaim.
oval; ovalado, da *a.* oval.
óvalo *m.* GEOM. oval.
oveja *f.* ewe, female sheep.
ovillar *i.* to wind up [wool, etc.]. *2 ref.* to curl up.
ovillo *m.* ball [of thread, etc.]. *2* tangle: ***hacerse uno un ~,*** to curl up into a ball; to become entangled.
oxidado, da *a.* rusty; rusted.
oxidar *t.* to oxidize, rust. *2 ref.* to become oxidized; to rust.
oxígeno *m.* CHEM. oxygen.
oyente *m.-f.* hearer. *2* listener [to the radio]. *3 pl.* audience.
ozono *m.* ozone.

P

pabellón *m.* pavilion. *2* canopy. *3* stack [of rifles]. *4* flag, national colours. *5* external ear.
pábilo, pabilo *m.* wick or snuff [of a candle].
pábulo *m.* food, support: ***dar ~ a,*** to encourage.
pacer *i.-t.* to pasture, graze.
paciencia *f.* patience, endurance.
paciente *a.-n.* patient. *2* **-mente** *adv.* patiently.
pacienzudo, da *a.* very patient, long-suffering.
pacíficamente *adv.* peacefully.
pacificar *t.* to pacify, appease. *2 ref.* to calm down.
pacífico, ca *a.* pacific. *2* calm, peaceful. *3 a.-n.* (cap.) GEOG. Pacific [Ocean].
pacotilla *f.* goods carried by seamen free of freight. *2* ***de ~*** of inferior quality.
pactar *t.* to covenant, agree upon, stipulate. *2 i.* to come to an agreement.
pacto *m.* pact, agreement, covenant.
pachorra *f.* phlegm, sluggishness.
pachucho, cha *a.* overripe. *2* fig. weak, drooping.
padecer *t.-i.* to suffer [from], endure. ¶ CONJUG. like ***agradecer.***
padecimiento *m.* suffering.
padrastro *m.* stepfather. *2* hangnail.
padre *m.* father: ***~ político,*** father-in-law. *2* stallion, sire. *3 pl.* parents; ancestors.
padrenuestro *m.* Lord's prayer.
padrino *m.* godfather, sponsor. *2* second [at a duel]. *3* protector. *4* ***~ de boda,*** best man.
padrón *m.* census, poll. *2* pattern.
paella *f.* rice dish with meat, chicken, fish, etc.
paga *f.* payment. *2* pay, salary.
pagadero, ra *a.* payable.
pagado, da *p. p.* of PAGAR. *2* pleased, proud: ***~ de sí mismo,*** self-satisfied, conceited.
pagador, ra *m.-f.* payer, paymaster.
pagaduría *f.* pay office.
paganismo *m.* heathenism, paganism.
pagano, na *a.-n.* heathen, pagan. *2 m.* coll one who pays.
pagar *t.* to pay [money, etc.] to fee; ***~ al contado,*** to pay cash. *2* to pay for: ***me las pagarás,*** you'll pay for it. *2 ref.* *pagarse de,* to take a liking to; to be proud of.
pagaré *m.* COM. promissory note.
página *f.* page.
pago *m.* payment: ***en ~,*** in payment, in return. *2* prize, reward. *3* estate of vineyards.
país *m.* country, nation. *2* region.
paisaje *m.* landscape, scenery.
paisano, na *m.-f.* countryman, -woman. *2* fellow-countryman. *3* peasant. *4 m.* civilian.
Países Bajos *m. pr. n.* The Low Countries or Netherlands.
paja *f.* straw. *2 fig.* rubbish.
pajar *m.* haystack. *2* straw loft, barn.
pajarita *f.* paper bird.
pájaro *m.* bird; ***~ bobo,*** penguin; ***~ carpintero,*** woodpecker; ***matar dos pájaros de un tiro,*** to kill two birds with one stone. *2* shrewd fillow. *3* fig. ***~ de cuenta,*** man of importance; dangerous fellow.
paje *m.* page [person.]. *2* NAUT. cabin-boy.
pajizo, za *a.* made of straw. *2* thatched. *3* straw-coloured.
pala *f.* shovel. *2* fish-slice. *3* racket, bat. *4* blade [of a shoe, spade, etc.] *5* [baker's] peel.
palabra *f.* word [term; speech, remark]; ***palabras cruzadas,*** crossword puzzle; ***juego de palabras,*** pun; ***en una ~,*** in a word, to sum up; *dar* or ***empeñar uno su ~,*** to give, or pledge one's word.
palabrota *f.* coarse, obscene word.

palaciego, ga *a.* palace. *2 m.* courtier.
palacio *m.* palace.
palada *f.* shovelful. *2* stroke [of an oar].
paladar *s.* palate. *2* taste, relish.
paladear *t.-ref.* to taste with pleasure, relish.
paladín m. paladin. *2* champion.
paladino, na *a.* patent, public.
palafrén *m.* palfrey.
palanca *m. f.* lever. *2* crowbar.
palancana, palangana *f.* washbowl, basin.
palanganero *m.* wash-stand.
palco *m.* THEAT. box.
palenque *m.* palisade, wood fence, enclosure.
paleta *f.* PAINT. palette. *2* fire shovel. *3* MAS. trowel.
paletilla *f.* ANAT. shoulder-blade.
paleto *m.* ZOOL. fallow deer. *2* coll. bumpkin.
paliar *t.* to palliate. *2* to alleviate.
palidecer *i.* to turn pale. ¶ CONJUG. like ***agradecer.***
palidez *f.* paleness, pallor.
pálido, da *a.* pale, ghastly.
palillero *m.* toothpick, holder.
palillo *m.* toothpick. *2* drumstick. *3 pl.* castanets.
palinodia *f.* palinode, recantation.
palio *m.* cloak. *2* canopy.
palique *m.* chit-chat, small talk.
paliza *f.* beating, drubbing, thrashing.
palizada *f.* palisade, stockade.
palma *f.* BOT. palm, palm-tree. *2* palm [of the hand]. *3 pl.* clapping of hands: ***batir palmas,*** to clap hands.
palmada *f.* slap, pat. *2* clapping: ***dar palmadas***, to clap.
palmario, ria *a.* obvious, evident.
palmatoria *f.* candlestick.
palmera *f.* palm-tree.
palmípedo, da *a.* ORN. web-footed [bird].
palmo *m.* span [measure]: **~ *a* ~,** inch by inch.
palmotear *t.* to clap hands.
palo *m.* stick, staff, pole. *2* NAUT. mast. *3* blow with a stick. *4* suit [at cards]. *5* wood; handle.
paloma *f.* ORN. dove, pigeon: **~ *mensajera,*** carrier-pigeon. *2 pl.* whitecaps.
palomar *m.* pigeon-house, dove-cot.
palpable *a.* palpable. *2* obvious, evident. *3* **-mente** *adv.* obviously.
palpar *t.* to touch, feel. *2* to grope, feel one's way.
palpitación *f.* palpitation, beat, throb.
palpitante *a.* palpitating throbbing: ***la cuestión* ~,** the burning question.
palpitar *i.* to palpitate, beat, throb.
palúdico, ca *a.* marshy. *2* malarial.
paludismo *m.* MED. malaria.
palurdo, da *a.* uncouth, rude. *2 m.-f.* boor, churl.
palustre *a.* paludal, marshy. *2 m.* MAS. trowel.
pampa *f.* the pampas.
pámpano *m.* grape-vine tendril or shoot. *2* grape-vine leaf.
pamplina *f.* nonsense, trifle. *2* chikweed.
pan *m.* bread; loaf: ***ganarse el* ~,** to earn one's livelihood; ***llamar al pan, pan y al vino, vino***, to call a spade, a spade. *2* leaf, foil [of gold, etc.].
pana *f.* velveteen, corduroy. *2* AUTO. break-down.
panadería *f.* bakery, baker's shop.
panadero, ra *m.* baker.
panal *m.* honeycomb.
pancarta *f.* placard.
pandear *i.-ref.* [of a wall, beam, etc.] to sag, bulge, warp.
pandereta *f.* tambourine.
pandero *m.* tambourine.
pandilla *f.* gang, band, set.
panecillo *m.* roll [bread].
panegírico, ca *a.* panegyric(al. *2 m.* panegyric.
panel *m.* panel.
panfleto *m.* pamphlet, lampoon.
pánico, ca *a.-m.* panic.
panizo *m.* millet. *2* maize.
panocha *f.* ear [of Indian corn].
panoplia *f.* panoply.
panorama *m.* panorama.
pantalón or *pl.* **pantalones** *m.* trousers, breeches, *pants.
pantalla *f.* lamp-shade. *2* fire-screen. *3* CINEM. screen.
pantano *m.* swamp, marsh. *2* small lake or natural pond. *3* a large dam. *4* fig. obstacle.
pantanoso, sa *a.* swampy, marshy.
panteón *m.* pantheon.
pantera *f.* ZOOL. panther.
pantomina *f.* pantomine, dumb show.
pantorrilla *f.* calf [of the leg].
pantufla *f.*, **pantuflo** *m.* slipper.
panza *f.* paunch, belly.
panzudo, da *a.* paunchy, big-bellied.
pañal *m.* swaddling-cloth, napkin.
pañería *f.* drapery. *2* draper's shop.
paño *m.* cloth [woolen stuff]. *2 pl.* clothes: ***en paños menores,*** undressed. *3* stretch [of a wall].
pañuelo *m.* handkerchief. *2* square shawl.
papa *m.* Pope. *2* coll. papa, dad. *3 f.* fib, lie. *4* potato. *5 pl.* porridge.
papá *m.* coll. papa, dad.

papada *f.* double chin. *2* dewlap.
papado *m.* papacy.
papagayo *m.* ORN. parrot. *2* fig. chatterbox.
papamoscas, *pl.* **-cas** *m.* ORN. fly-catcher. *2* PAPANATAS.
papanatas, *pl.* **-tas** *m.* simpleton.
paparrucha *f.* fib, hoax. *2* silliness.
papel *m.* paper: ~ ***de calcar,*** tracing-paper; ~ ***de lija,*** sandpaper; ~ ***pintado,*** wallpaper; ~ ***secante,*** blotting-paper. *2* paper [document]: ~ ***de estado,*** government securities; ~ ***moneda,*** paper money. *3* THEAT. part, rôle: ***desempeñar el*** ~ ***de,*** to play the part of.
papeleo *m.* red tape.
papelera *f.* paper-case. *2* waste-paper-basket.
papelería *f.* stationer's shop, stationery.
papeleta *f.* slip of paper; card, file card, ticket: ~ ***de votación,*** ballot.
papelote, papelucho *m.* worthless writing or paper.
papera *f.* goitre. *2* mumps.
papilla *f.* pap [soft food].
paquebote *m.* packet-boat.
paquete *m.* packet, parcel: ***por*** ~ ***postal,*** by parcel post. *2* packet-boat.
par *a.* like, equal. *2* even [number]. *3 m.* pair, brace, couple. *4* peer, equal: ***sin*** ~, peerless. *5* peer [nobleman]. *6* ***a la*** ~, at par; equally, together: ***abierto de*** ~ ***en*** ~, wide-open [door, etc.].
para *prep.* for, to, in order to: ~ ***que,*** in order that, so that; ***¿para qué?,*** what for? *3* toward. *4* by, on: ~ ***entonces,*** by then; ~ ***Navidad,*** on Christmas. *5* ***estar*** ~, to be on the point of.
parabién *m.* congratulations.
parábola *f.* parable. *2* GEOM. parábola.
parabrisas, *pl.* **-sas** *m.* AUTO. wind-screen, wind-shield.
paracaídas, *pl.* **-das** *m.* parachute.
paracaidista *m.* parachutist. *2* MIL. paratrooper.
parachoques *m.* AUTO. bumper. *2* RLY. buffer.
parada *f.* stop, halt, standstill, stay: ~ ***en seco,*** dead stop. *2* stop [of a bus, etc.]. *3* pause. *4* SPORT catch [of the ball]. *5* parade [muster of troops].
paradero *m.* whereabouts. *2* stopping place, halt. *3* end.
parado, da *a.* stopped, arrested, motionless. *2* slow, awkward, shy. *3* unoccupied, unemployed [person]. *4* shut down [factory].
paradoja *f.* paradox.
paradójico, ca *a.* paradoxical.
parador *m.* inn, hostel, motel.
paráfrasis, *pl.* **-sis** *f.* paraphrase.
paraguas, *pl.* **-guas** *m.* umbrella.
paraíso *m.* paradise. *2* THEAT. gods, gallery.
paraje *m.* spot, place.
paralelo, la *a.* parallel, similar *2 m.* parallel line. *3* parallel [comparison]. *4 f. pl.* GYMN. parallel bars.
paralelogramo *m.* parallelogram.
paralítico, ca *a.-n.* MED. paralytic, palsied.
paralización *f.* paralyzation. *2* COM. stagnation. *3* stoppage [of the traffic].
paralizar *t.* to paralyze; to stop.
paramento *m.* ornament; hangings. *2* ARCH. face [of a wall]. *3* ECCL. priest's vestments.
paramera *f.* barren country.
páramo *m.* moor, bleak windy spot; cold region.
parangón *m.* comparison.
parangonar *t.* to compare.
paraninfo *m.* central hall of a university.
parapetarse *ref.* to shelter behind a parapet; to take refuge.
parapeto *m.* parapet; breastwork. *2* rail [of a bridge, etc.].
parar *t.* to stop, arrest, detain, check. *2* to get ready. *3* to stake [at gambling]. *4* HUNT. to point [game]. *5* FENC. to parry. *6* SPORT to catch [a ball]. *7* ~ ***atención,*** to notice; ~ ***mientes en,*** to consider. *8 i.-ref.* to stop. *9* to put up, lodge, *10* ***ir a*** ~, o ***en,*** to end in; finally to get to. *11* to desist. *12* ***pararse a,*** to stop to.
pararrayos, *pl.* **-yos** *m.* lightning-conductor.
parasitario, ria *a.* parasitic(al.
parásito, ta *a.* parasitic. *2 m.* BIOL. parasite. *3* hanger-on. *4 pl.* RADIO. strays.
parasol *m.* parasol, sunshade.
parcamente *adv.* scantily.
parcela *f.* lot, plot [of land].
parcial *a.* partial [not complete]. *2* partial, biased. *3 m.-f.* partisan, follower. *4* **-mente** *adv.* partially.
parcialidad *f.* partiality, bias. *2* faction, party.
parco, ca *a.* frugal, sparing, scanty. *2* moderate, sober.
parche *m.* PHARM. patch, plaster. *2* patch [for punctures, etc.]. *3* MUS. drumhead. *4* daub, botch.
pardal *m.* ORN. sparrow. *2* ORN. linnet. *3* coll. sly fellow.
¡pardiez! *interj.* by heavens!
pardo, da *a.* brown, reddish grey. *2* dark, cloudy.
pardusco, ca *a.* brownish, grayish.

1) **parecer** *m.* opinion, mind. *2* looks; ***ser de buen ~,*** to be good-looking.
2) **parecer** *i.* to appear, show up. *2* to turn up [after lost]. *3 impers.* to seem, look like; ***según parece,*** as it seems. *4 ref.* to resemble [each other]; be alike. ¶ CONJUG. like ***agradecer.***
parecido, da *a.* resembling, similar [to], like. *2* ***bien ~,*** good-looking; ***mal ~,*** bad-looking. *3 m.* resemblance, likeness.
pared *f.* wall: ~ ***maestra,*** main wall; ~ ***medianera,*** partition wall.
pareja *f.* pair, couple; yoke; team [of horses]. *2* dancing partner. *3* match. *4 pl.* GAMES doubles. *5* pair [at cards]. *6* ***correr parejas,*** to go together.
parejo, ja *a.* equal, like. *2* even, smooth.
parentela *f.* kindred, relations.
parentesco *m.* kinship, relation-ship.
paréntesis *m.* parenthesis: ***entre ~,*** parenthetically, incidentally.
paria *m.* pariah, outcast.
paridad *f.* parity, equality.
pariente, ta *m.-f.* relation, relative, kinsman.
parihuela *f.* stretcher, litter.
parir *t.* to give birth to, bring forth; to bear.
París *m. pr. n.* GEOG. Paris.
parisién, parisiense *a.-n.* Parisian.
parla *f.* chatter, gossip.
parlamentar *i.* to talk, converse. *2* to parley [discuss terms].
parlamentario, ria *a.-n.* parliamentary.
parlamento *m.* Parliament. *2* legislative body. *3* speech.
parlanchín, na *a.* talkative [person]. *2 m.-f.* chatterer.
parlar *i.* to talk. *2* to chatter.
parlotear *i.* coll. to prattle, prate.
parloteo *m.* prattle, idle talk.
paro *m.* MACH. stop, stopping. *2* suspension of work; lock-out, shutdown; ~ ***forzoso,*** unemployment. *3* ORN. titmouse.
parodia *f.* parody, take-off.
parodiar *t.* to parody, take off.
parpadear *i.* to blink, wink; to twinkle.
párpado *m.* eyelid.
parque *m.* park, garden.
parquedad *f.* sparingness; moderation; sobriety. *2* parsimony.
parra *f.* [climbing] vine. *2* earthen jar.
parrafada *f.* confidential chat.
párrafo *m.* paragraph. *2* ***echar un ~ con,*** to have a chat with.
parranda *f.* spree, revel: ***ir de ~,*** to go out on a spree.
parricida *m.-f.* parricide [person].
parricidio *m.* parricide [act].
parrilla *f.* gridiron, grill, broiler. *2* grate.
párroco *m.* parson, parish priest.
parroquia *f.* ECCL. parish. *2* parish church. *3* COM. customers, clientele.
parroquiano, na *m. f.* ECCL. parishioner. *2* COM. customer, client.
parsimonia *f.* parsimony, economy, thrift. *2* moderation.
parsimonioso, sa *a.* parsimonious, economical, thrifty. *2* moderate.
parte *f.* part, portion, lot, section: ***en ~,*** partly. *2* share, interest: ***llevar la mejor [peor] ~,*** to have the best [the worst] of it. *3* party, side: ***estar de ~ de,*** to support. *4* place, region: ***de ~ a ~,*** through; ***en ninguna ~,*** nowhere; ***por todas partes,*** everywhere. *5* ***de ~ de,*** in the name of, on behalf of; in favour of; from. *6* ***por una ~, ...por otra,*** on the one hand, ...on the other hand. *7* official communication. *8* ***dar ~,*** to report. *9 adv.* partly.
partera *f.* midwife.
parterre *m.* flower-bed.
partición *f.* partition, distribution.
participación *f.* participation, share. *2* announcement. *3* COM. copartnership.
participante *a.* participating. *2 m.-f.* participant, sharer.
participar *t.* to notify, inform. *2 i.* to participate, share.
partícipe *a.* participant, sharing. *2 m.-f.* participant, sharer.
participio *m.* GRAM. participle.
partícula *f.* particle.
particular *a.* particular, peculiar, private: ***lección ~,*** private lesson. *2* noteworthy, extraordinary. *3 m.* private, citizen. *4* detail, point; matter. *5* **-mente** *adv.* particularly; especially.
particularidad *f.* particularity. *2* friendship, favour.
partida *f.* departure, leave. *2* record [in a register]. *3* [birth, marriage, death] certificate. *4* BOOKKEEP. entry, item: ~ ***doble,*** [***simple***], double [simple] entry. *5* item [in a bill]. *6* COM. lot, shipment. *7* game [at cards, chess]; match [at billiards]; set [at tennis]. *8* squad, gang; band of armed men. *9* excursion. *10* ***jugar una mala ~,*** to play a mean trick. *11* turn, deed. *12* laws of Castile.
partidario, ria *a.* partisan, supporting. *2 m.-f.* partisan, follower, supporter.
partido, da *p. p.* of PARTIR. *2 m.* party, group. *3* profit, advantage. *4* favour; popularity. *5* SPORT team; game, match;

odds. *6* agreement. *7* decision. *8* ***tomar ~***, to take sides. *9* territorial district. *10* match [in marriage].
partir *t.-ref.* to divide, split. *2* to break, crack. *3* to share. *4 i.* to depart, leave. *5* to start from. *6* ***a ~ de hoy***, from today onwards.
partitura *f.* musical score.
parto *m.* childbirth, delivery: ***estar de ~***, to be in labour. *2* offspring, product.
parva *f.* light breakfast. *2* pile of unthreshed grain.
párvulo, la *a.* small; innocent. *2 m.-f.* little child.
pasa *f.* raisin: ***~ de Corinto***, currant.
pasacalle *m.* MUS. lively march.
pasada *f.* passage: ***de ~***, on the way; hastily. *2* SEW. long stitch. *3* WEAV. pick. *4* coll. ***mala ~***, mean trick.
pasadero, ra *a.* passable. *2* tolerable. *3 m-f.* stepping-stone.
pasadizo, *m.* alley, passage, corridor, aisle.
pasado, da *a.* past, gone by. *2* last [week, etc.]. *3* overripe, spoiled [fruit]; tainted [meat]. *4* ***~ de moda***, out of date or fashion. *5* ***~ mañana***, the day after tomorrow. *6 m.* the past. *7 pl.* ancestors.
pasador *m.* smuggler. *2* bolt, fastener [of windows, etc.]. *3* hat-pin; hair-pin; scarf-pin; hinge-pin; bodkin. *4* strainer, colander.
pasaje *m.* passage, way. *2* passengers in a ship. *3* passage [in a literary work]. *4* lane, alley.
pasajero, ra *a.* passing, transient. *2 m.-f.* passenger.
pasamano *m.* handrail. *2* passementerie, lace.
pasaporte m. passport.
1) **pasar (un buen)** *m.* enough to live on.
2) **pasar** *t.* to pass. *2* to carry across. *3* to go [over, in, by, to]. *4* to walk past. *5* to transgress [a limit]. *6* to pierce. *7* to swallow [food]. *8* to go through, suffer. *9* to overlook. *10* to spend [time]. *11* ***pasarlo bien***, to have a good time. *12 i.* to pass, get through. *13* to come in, or into. *14* ***~ de***, to go beyond. *15* ***ir pasando***, to get along. *16* ***impers.*** to pass, happen: ***¿qué pasa?***, what is the matter? *17 ref.* to get spoiled. *18* to exceed. *19* ***~ sin***, to do without.
pasarela *f.* gang-plank; footbridge.
pasatiempo *m.* pastime, amusement.
pascua *f.* Jewish Passover. *2* ECCL. Easter: ***~ de Resurrección***, Easter Sunday; Pentecost. *3* ***estar alegre como unas pascuas***, to be as merry as a cricket; ***felices Pascuas***, a merry Christmas.
pascual *a.* paschal.
pase *m.* pass; permit.
pasear *i.-ref.* to walk; to take a walk; to parade: ***~ en auto***, to take a car ride; ***~ a caballo***, to go on horseback riding.
paseo *m.* walk, stroll; ride; drive: ***dar un ~***, to go for a walk. *2* promenade.
pasillo *m.* corridor, narrow pasage. *2* aisle.
pasión *f.* passion.
pasional *a.* passionate.
pasionaria *f.* passion-flower.
pasivo, va *a.* passive. *2* ***clases pasivas***, pensionaries. *3 m.* COM. liabilities.
pasmar *t.* to chill. *2* to astonish, amaze. *3 ref.* to chill [be chilled]. *4* to be astonished, amazed.
pasmo *m.* amazement, astonishment, wonder.
pasmoso, sa *a.* astonishing, marvellous, amazing.
paso *m.* step, pace, footstep: ***~ a ~***, step by step; ***de ~***, by the way; ***~ a nivel***, level crossing; ***marcar el ~***, to mark time. *2* passage. *3* incident, event. *4* THEAT. short play. *5* platform with figures of the Passion.
pasodoble *m.* quickstep.
pasta *f.* paste. *2* dough. *3* (Am.) cookie. *4* BOOKBIND, boards. *5* ***~ para sopa***, alimentary paste.
pastar *t.-i.* to pasture, graze.
pastel *m.* pie, pastry, tart. *2* cake. *3* pastel painting. *4* POL. plot.
pasteleo *m.* POL. secret dealing, trimming, compromising.
pastelería *f.* pastry. *2* pastry chop, confectionery.
pastelero, ra *m.-f.* pastry-cook, confectioner.
pasterizar *t.* to pasteurize.
pastilla *f.* tablet, lozenge [of medicine]; bar [of chocolate]; cake [of soap].
pastizal *m.* pasture, grassland.
pasto *m.* pasture; grassland. *2* grazing. *3* ***a todo ~***, abundantly.
pastor *m.* shepherd; herdsman. *2* pastor, protestant minister.
pastora *f.* shepherdess.
pastorear *t.* to shepherd.
pastorela *f.* shepherd's song. *2* LIT. pastourelle.
pastoreo *m.* pasturing.
pastoso, sa *a.* pasty, doughy. *2* mellow [voice].
pastura *f.* pasture; fodder.
pata *f.* foot and leg [of animals]; leg [of table, etc.]; paw; hoof and leg: ***a cuatro***

patas, on all fours; ***a ~,*** on foot; ***meter la ~,*** to make a blunder; ***patas arriba,*** upside down. *2* ORN. female duck. *3* ***~ de gallo,*** crows feet; ***tener mala ~,*** to have bad luck.
patada *f.* kick; ***a patadas,*** in abundance. *2* stamp [with the foot]. *3* footprint.
patalear *i.* to kick about violently. *2* to stamp one's feet.
pataleo *m.* kicking. *2* stamping one's feet.
pataleta *f.* [feigned] convulsion.
patán *m.* rustic, churl, boor.
patata *f.* potato: ***patatas fritas,*** chips.
patatús *m.* fainting fit, swoon.
patear *t.* to kick. *2 i.* to stamp the feet; to rage.
patentar *t.* to patent.
patente *a.* patent, evident. *2 f.* patent.
patentizar *t.* to show, reveal, make evident.
paternidad *f.* paternity, fatherhood. *2* authorship.
paterno, na *a.* paternal; fatherly.
patético, ca *a.* pathetic, touching, moving.
patíbulo *m.* scaffold, gallows.
patidifuso, sa *a.* PATITIESO, SA.
patilla *f.* side-whiskers.
patín *m.* skate: ***~ de ruedas,*** roller-skate.
patinar *t.-i.* to skate. *2 i.* [of vehicles] to skid; to slip.
patinazo *m.* skid. *2* blunder.
patinete *m.* [child's] scooter.
patio *m.* court, yard, courtyard, patio. *2* THEAT. pit.
patitieso, sa *a.* astonished, amazed. *2* stiff--legged.
patituerto, ta *a.* crook-legged.
patizambo, ba *a.* knock-kneed.
pato *m.* duck. *2* drake [male duck]: ***pagar el ~,*** to get the blame.
patochada *f.* blunder, stupidity.
patraña *f.* lie, falsehood, humbug.
patria *f.* native country, father-land: ***~ chica,*** home town.
patriarca *m.* patriarch.
patrimonio *m.* patrimony, inheritance.
patrio, tria *a.* of one's country, native. *2* paternal.
patriota *m.-f.* patriot.
patriotería *f.* chauvinism, jingoism.
patriotero, ra *a.* jingoistic, chauvinistic. *2 m.-f.* jingo(ist, chauvinist.
patriótico, ca *a.* patriotic.
patriotismo *m.* patriotism.
patrocinar *t.* to patronize, support. *2* RADIO, TELEV. to sponsor.
patrocinio *m.* patronage, protection.
patrón *m.* patron. *2* ECCL. patron saint. *3* host; landlord. *4* master, employer, boss. *5* pattern [for dressmaking, etc.]. *6* standard: ***~ oro,*** gold standard.
patrona *f.* patroness. *2* hostess; landlady. *3* employer, mistress.
patronato *m.* ECCL. patronage. *2* board of trustees.
patrulla *f.* patrol. *2* gang, band.
patrullar *i.* to patrol.
paulatinamente adv. slowly, gradually.
paulatino, na *a.* slow, gradual.
pausa *f.* pause. *2* MUS. rest.
pausado, da *a.* slow, calm, deliberate.
pauta *f.* rule, standard. *2* guide lines. *3* model, example.
pava *f.* ORN. turkey-hen; ***~ real,*** peahen; ***pelar la ~,*** to court at a window grating. *2* unattractive woman.
pavesa *f.* spark. *2* flying cinder.
pavimentar *t.* to pave, floor.
pavimento *m.* pavement, floor.
pavo *m.* ORN. turkey; turkey cock. *2* ORN. ***~ real,*** peacock.
pavonear *i.-ref.* to strut, show off, swagger.
pavor *m.* fear, fright, terror.
pavoroso, sa *a.* dreadful, frightful.
payasada *f.* bufoonery, clowning.
payaso *m.* clown, buffoon.
payés, sa *m.-f.* Catalonian peasant.
paz *f.* peace; quiet, rest; ***dejar en ~,*** to leave alone; ***estar en ~,*** to be even; to be quits.
pazguato, ta *a.* dolt, simpleton.
peaje *m.* toll.
peana *f.* base, pedestal, stand.
peatón *m.* walker, pedestrian.
peca *f.* freckle, spot.
pecado *m.* sin: ***~ capital,*** deadly or capital sin.
pecador, ra *a.* sinful, sinning. *2 m.-f.* sinner.
pecaminoso, sa *a.* sinful, wicked.
pecar *i.* to sin. *2* ***esto peca por,*** or ***de, corto,*** this is too short.
pecera *f.* fish bowl, fish tank.
pecoso, sa *a.* freckled, freckly.
pecuario, ria *a.* [pertaining to] cattle.
peculado *m.* embezzlement.
peculiar *a.* peculiar, characteristic. *2* **-mente** *adv.* peculiarly.
peculiaridad *f.* peculiarity, characteristic.
peculio *m.* savings. *2* allowance.
pecuniario, ria *a.* pecuniary.
pechar *t.* to pay taxes. *2* i. ***~ con,*** to put up with.
pechera *f.* shirt-front. *2* chest-protector. *3* bib [of an apron].

pecho *m.* chest, breast, bosom; heart: ***dar el ~,*** to nurse, suckle. *2* courage: ***tomar a ~,*** to take to heart.
pechuga *f.* breast [of fowl].
pedagogía *f.* pedagogy.
pedagógico, ca *a.* pedagogic(al.
pedagogo *m.* pedagogue.
pedal *m.* pedal, treadle.
pedalear *i.* to pedal.
pedante *a.* pedantic. *2 m.-f.* pedant.
pedantería *f.* pedantry.
pedazo *m.* piece, portion, bit: ***~ de pan,*** crumb; ***hacer pedazos,*** to break to pieces.
pedernal *m.* flint.
pedestal *m.* pedestal, base, stand.
pedestre *a.* pedestrian.
pedicuro, ra *m.-f.* chiropodist.
pedido *m.* COM. order. *2* request, petition.
pedigüeño, ña *a.* importunate, begging.
pedir *t.* to ask [for], beg, request, demand: ***a ~ de boca,*** just as desired. *2* to ask in marriage. *3* COM. to order. *4* [of things] to call to, require: ***~ cuenta,*** to call to account. *5* ***~ prestado,*** to borrow. ¶ CONJUG. like ***servir.***
pedo *m.* fart, wind.
pedrada *f.* blow with a stone: ***matar a pedradas,*** to stone to death. *2* throw of a stone.
pedrea *s.* stone-throwing, stoning. *2* fight with stones. *3* hailstorm.
pedregal *m.* stony ground.
pedregoso, sa *a.* stony, rocky.
pedrera *f.* stone pit, quarry.
pedrería *f.* jewelry, gems.
pedrisco *m.* hail; hailstorm.
pedrusco *m.* rough stone.
pega *f.* pitch; sticking, gluing. *2* coll. practical joke, trick. *3* catch question [in an examination]. *4* ***de ~,*** sham, worthless.
pegadizo, za *a.* sticky, adhesive. *2* catching, infectious. *3* catchy [music, tune].
pegado *m.* patch, sticking plaster.
pegajoso, sa *a.* sticky, clammy. *2* catching, contagious.
pegar *t.-i.* to glue, stick, cement. *2* to tie, fasten. *3* to post [bills]. *4* to set [fire]. *5* to hit, slap. *6 ref.* to stick; to cling. *7* to come to blows.
peinado *m.* hairdressing, coiffure. *2* a. ***bien ~,*** spruce, trim.
peinador, ra *m.-f.* hairdresser. *2 m.* dressing-gown. *3* barber's sheet.
peinar *t.* to comb, dress or do the hair: ***~ canas,*** to be old.
peine *m.* comb. *2* rack.
peineta *f.* ornamental comb.
peladilla *f.* sugared almond. *2* small pebble.
pelado, da *a.* bald, bare; hairless. *2* barren; treeless. *3* peeled. *4* fig. penniless [person].
pelafustán, na *m.-f.* good-for-nothing, ragamuffin, vagrant.
pelagatos *m.* penniless fellow.
pelaje *m.* animal's coat or fur. *2* bearing, appearance.
pelar *t.* to cut, shave the hair of. *2* to pluck [a fowl]. *3* to peel, bark, hull. *4 ref.* to lose the hair. *5* to get one's hair cut.
peldaño *m.* step, stair; rung.
pelea *f.* fight. *2* wrangle. *3* quarrel. *4* battle; struggle.
pelear *i.-ref.* to fight. *2* to quarrel; to come to blows. *3 i.* to battle, wrangle, struggle.
pelele *m.* stuffed figure [of straw]; dummy.
peletería *f.* furrier's shop.
peletero *m.* furrier.
peliagudo, da *a.* difficult; ticklish.
pelícano *m.* pelican.
película *f.* film.
peligrar *i.* to be in danger, run a risk.
peligro *m.* danger, peril, risk, hazard.
peligrosamente *adv.* dangerously.
peligroso, sa *a.* dangerous, perilous, risky.
pelirrojo, ja *a.* red-haired.
pelo *m.* hair. *2* coat, fur [of animals]. *3* down [of birds]. *4* ***no tener pelos en la lengua,*** to be outspoken; ***tomar el ~,*** to pull the leg; ***a contrapelo,*** against the grain.
pelón, na *a.-n.* bald [person]. *2* penniless [person].
pelota *f.* ball; pelota, ball game: ***en pelotas,*** naked.
pelotera *f.* dispute, quarrel.
pelotilla *f. dim.* small ball. *2* coll. ***hacer la ~,*** to fawn on.
pelotón *m.* squad, platoon.
peltre *m.* pewter.
peluca *f.* wig, peruke.
peludo, da *a.* hairy, shaggy. *2 m.* thick rug.
peluquería *f.* haidresser's [shop]; barber's [shop].
peluquero, ra *m.-f.* hairdresser; barber.
pelusa *f.* down. *2* fluff.
pellejo *m.* skin, hide. *2* wineskin. *3* ***salvar el ~,*** to save one's skin.
pellizcar *t.* to pinch, nip.
pellizco *m.* pinch, nip.
pena *f.* penalty, punishment, pain: ***~ ca-***

pital, capital punishment. *2* grief, sorrow. *3* pity: ***dar*** ~, to arouse pity. *4* hardship. *5* trouble, toil. *6* ***valer la*** ~, to be worth while. *7* ***a duras penas,*** with a great difficulty.

penacho *m.* tuft of feathers, crest; panache.

penal *a.* penal. *2 m.* penitentiary.

penalidad *f.* trouble, hardship. *2* LAW penalty.

penar *t.* to punish, penalize. *2 i.* to suffer, grieve. *3* ~ ***por,*** to long for, pine for.

penco *m.* nag, jade.

pendencia *f.* dispute, quarrel, fight.

pendenciero, ra *a.* quarrelsome.

pender *i.* to hang, dangle, be pending. *2* to depend [on].

pendiente *a.* pending, hanging, dangling. *2* depending on. *3 f.* slope, incline. *4 m.* ear-ring.

pendón *m.* banner, standard.

péndulo *m.* pendulum.

pene *m.* penis.

penetración *f.* penetration. *2* acuteness; keen judgement.

penetrante *a.* penetrating. *2* acute, piercing; keen.

penetrar *t.-i.* to penetrate, break into. *2 i.* to be acute, piercing. *3* to comprehend.

penicilina *f.* PHARM. penicillin.

península *f.* GEOG. peninsula.

peninsular *a.-n.* peninsular.

penique *m.* penny [English coin].

penitencia *f.* penance. *2* penitence.

penitenciaría *f.* penitentiary, prison.

penitente, ta *a.* penitent, repentant. *2 m-f.* penitent.

penosamente *adv.* painfully.

penoso, sa *a.* painful. *2* laborious, hard.

pensado, da *a.* thought-out. *2* ***mal*** ~, evil-minded.

pensador, ra *a.* thinking. *2 m.* thinker.

pensamiento *m.* thought, mind. *2* idea. *3* BOT. pansy.

pensar *t.* to think [of, out, over, about]; to consider; to imagine; to intend. ¶ CONJUG. like ***acertar.***

pensativo, va *a.* pensive, thoughtful.

pensión *f.* pension. *2* boarding-house: ~ ***completa,*** room and board.

pensionado, da *a.* pensioned. *2 m.-f* pensioner. *3 m.* boarding school.

pensionista *m.-f.* pensioner. *2* boarder; ***medio*** ~, day-boarder.

pentágono *m.* pentagon.

pentagrama *m.* MUS. staff, musical staff.

Pentecostés *m.* Pentecost, Whitsuntide.

penúltimo, ma *a.* penultimate, last but one, next to the last.

penumbra *f.* penumbra, shade.

penuria *f.* penury; shortage.

peña *f.* rock, boulder. *2* group of friends.

peñascal *m.* rocky or craggy place.

peñasco *m.* large rock, crag.

peñón *m.* rock [hill of rock].

peón *m.* pedestrian. *2* day-labourer; ~ ***de albañil,*** hodman; ~ ***caminero,*** road-mender. *3* (Am.) farm hand. *4* spinning-top [toy]. *5* man [in draughts]. *6* pawn [in chess].

peonza *f.* whipping-top [toy].

peor *a.-adv. comp.* de MALO worse. *2* ***el peor,*** the worst.

pepino *m.* BOT. cucumber: ***me importa un*** ~, I don't care a pin.

pepita *f.* seed [of apple, melon, etc.], pip. *2* MIN. nugget.

pequeñez *f.* smallness. *2* childhood. *3* meanness. *4* trifle.

pequeño, ña *a.* little, small. *2* young. *3* low, *4 m.-f.* child.

pera *f.* pear.

peral, *m.* pear-tree.

percal *m.* percale, calico.

percance *m.* misfortune, mishap.

percatarse de *ref.* to notice, be aware of.

percepción *f.* perception, notion. *2* collection [of taxes, etc.].

perceptible *a.* perceptible, noticeable. *2* **-mente** *adv.* perceptibly.

percibir *t.* to perceive, notice. *2* to collect [taxes].

percusión *f.* percussion.

percusor, percutor *m.* percussion hammer, striker.

percha *f.* perch. *2* clothes-rack, hat-rack.

perchero *m.* hat-stand, clothes-rack.

perder *t.* to lose: ~ ***de vista,*** to lose sight of. *2* to ruin, spoil, waste. *3* to fade. *4 ref.* to go astray, get lost. *5* [of fruits, etc.] to be spoiled. *6* to become ruined. ¶ CONJUG. like ***entender.***

perdición *f.* perdition. *2* loss, ruin.

pérdida *f.* loss: ***pérdidas y ganancias,*** COM. profit and loss. *2* waste [of time]. *3* COM. shortage, leakage.

perdidamente *adv.* madly, desperately; uselessly.

perdido, da *a.* lost. *2* mislaid. *3* wasted, useless. *4* stray [bullet]. *5* vicious. *6* ***ratos perdidos,*** *idle hours;* ***estar*** ~ ***por,*** to be madly in love with. *7* m. vicious man. *8 f.* harlot.

perdigón *m.* young partridge. *2 pl.* shot, pellets.

perdiz, pl. **-dices** *f.* partridge.

perdón *m.* pardon, forgiveness, grace; ***con ~,*** by your leave.
perdonar *t.* to pardon, forgive. *2* to remit [a debt]. *3* to excuse.
perdurable *a.* everlasting.
perdurar *t.* to last, endure.
perecedero, ra *a.* perishable.
perecer *i.* to perish, come to an end, die. ¶ CONJUG. like ***agradecer.***
peregrinación *f.*, **peregrinaje** *m.* pilgrimage.
peregrinamente *adv.* rarely, strangely. *2* wonderfully.
peregrinar *i.* to travel, roam. *2* to pilgrim.
peregrino, na *a.* travelling. *2* migratory [bird]. *3* strange, rare. *4 m.-f.* pilgrim.
perejil *m.* BOT. parsley.
perenne *a.* perennial, perpetual.
perentorio, ria *a.* peremptory. *2* urgent.
pereza *f.* laziness, idleness, sloth.
perezoso, sa *a.* lazy, slothful, idle. *2 m.* ZOOL. sloth.
perfección *f.* perfection, completion: ***a la ~,*** perfectly.
perfeccionar *t.* to perfect; to improve; to complete.
perfectamente *adv.* perfectly.
perfecto, ta *a.* perfect, complete.
perfidia *f.* perfidy, treachery.
pérfido, da *a.* perfidious, treacherous, disloyal.
perfil *m.* profile: ***de ~,*** in profile. *2* outline.
perfilar *t.* to profile. *2* to outline. *3 ref.* to show one's profile.
perforación *f.* perforation, drilling, boring. *2* hole.
perforadora *f.* drill.
perforar *t.* to perforate, drill, bore.
perfumar *t.* to perfume, scent.
perfume *m.* perfume. *2* fragance.
perfumería *f.* perfumer's shop.
pergamino *m.* parchment, vellum.
pergeñar *t.* to prepare, do, make, write, arrange, fix up.
pergeño *m.* appearance, looks.
pericia *f.* expertness, skill.
periclitar *i.* to be in danger. *2* to decline, decay.
periferia *f.* periphery; outskirts.
perifollo *m.* BOT. chervil. *2 pl.* frills, trimmings.
perilla *f.* pear-shaped ornament. *2* goatee [beard]. *3* pommel [of saddle-bow]. *4* lobe [of the ear]. *5* ***de ~,*** just right.
perímetro *m.* perimeter.
periódicamente *adv.* periodically.
periódico, ca *a.* periodic(al. *2 m.* journal, newspaper.
periodismo *m.* journalism.
periodista *m.-f.* journalist.
periodístico, ca *a.* journalistic.
período *m.* period. *2* sentence.
peripecia *f.* vicissitude, incident. *2 pl.* ups and downs.
periquito *m.* ORN. parakeet.
perito, ta *a.* skilful, skilled, experienced. *2 m.* expert.
perjudicar *t.* to hurt, damage, injure, impair.
perjudicial *a.* harmful, prejudicial.
perjuicio *m.* harm, injury, prejudice, detriment.
perjurar *i.-ref.* to commit perjury. *2 i.* to swear, curse.
perjurio *m.* perjury.
perjuro, ra *a.* perjured. *2 m.-f.* perjurer.
perla *f.* pearl: ***de perlas,*** excellent.
perlesia *f.* MED. palsy, paralysis.
permanecer *i.* to remain, stay. *2* to last, endure. ¶ CONJUG. like ***agradecer.***
permanencia *f.* stay, sojourn. *2* permanence.
permanente *a.* permanent, lasting. *2 f.* permanent wave [in hair]. *3* **-mente** *adv.* permanently.
permeable *a.* permeable, porous.
permiso *m.* permission, leave, license, permit; ***~ de conducir,*** AUTO. driving licence; ***con su ~,*** by your leave.
permitir *t.* to permit, allow, let. *2 ref.* to take the liberty [to]. *3* ***poder permitirse,*** to be able to afford.
permuta *f.* barter, exchange.
permutable *a.* exchangeable.
permutar *t.* to interchange, exchange, barter, permute.
pernicioso, sa *a.* pernicious, harmful.
pernil *m.* ham.
pernio *m.* hinge [of doors, etc.].
perno *m.* nut and bolt; spike.
pernoctar *i.* to spend the night.
pero *advers. conj.* but, yet, except. *2 m.* objection, fault.
perogrullada *f.* truism, platitude.
peroración *f.* peroration. *2* speech.
perorar *i.* to declaim, deliver a speech.
perorata *f.* tedious harangue.
perpendicular *a.-f.* GEOM. perpendicular, upright.
perpetrar *t.* to perpetrate, commit [a crime].
perpetuamente *adv.* perpetually.
perpetuar *t.* to perpetuate.
perpetuidad *f.* perpetuity.
perpetuo, tua *a.* perpetual, everlasting.

perplejidad *f.* perplexity, hesitation.
perplejo, ja *a.* perplexed, doubtful.
perra *f.* bitch [female dog]. *2* coll. drunkenness. *3* coll. child's rage. *4* coll. ~ ***chica,*** five-centime copper coin; ~ ***gorda,*** ten-centime copper coin.
perrera *f.* dog-house, kennel.
perrería *f.* dogs [collect.]. *2* coll. dirty trick.
perro *m.* dog: ~ ***de aguas, de lanas,*** poodle; ~ ***de muestra,*** *pointer;* ~ ***de presa,*** ~ ***dogo,*** bulldog; ~ ***mastín,*** *mastiff.*
persa *a.-n.* Persian.
persecución *f.* pursuit, persecution.
perseguir *t.* to pursue, persecute, chase. ¶ CONJUG. like ***servir.***
perseverancia *f.* perseverance; constancy.
perseverante *a.* persevering, constant, steady.
perseverar *i.* to persevere, persist.
persiana *f.* Venetian blind.
persignarse *ref.* to cross oneself.
persistencia *f.* persistence.
persistente *a.* persistent.
persistir *i.* to persist, persevere.
persona *f.* person. *2* excellent man. *3 pl.* people.
personaje *m.* personage. *2* character [in a play, etc.].
personal *a.* personal. *2 m.* personnel, staff. *3* **-mente** *adv.* personally, in person.
personalidad *f.* personality. *2* personage.
personarse *ref.* to go or appear personally.
personificar *t.* to personify.
perspectiva *f.* perspective. *2* prospect, view, outlook. *3 pl.* prospect(s.
perspicacia *f.* perspicacity, clearsightedness. *2* keen insight.
perspicaz *a.* keen-sighted. *2* perspicacious, shrewd.
persuadir *i.* to persuade. *2 ref.* to be persuaded or convinced.
persuasión *f.* persuasion.
persuasivo, va *a.* persuasive.
pertenecer *i.* to belong; to pertain, concern. ¶ CONJUG. like ***agradecer.***
pertenencia *f.* belonging, ownership, property.
perteneciente *a.* belonging, pertaining.
pértiga *f.* long pole or rod; staff.
pertinacia f. obstinacy, doggedness, stubbornness.
pertinaz *a.* obstinate, stubborn, pertinacious. *2* **-mente** *adv.* pertinaciously.
pertinente *a.* pertinent, relevant. *2* **-mente** *adv.* pertinently.
pertrechar *t.* to supply [with], provide. *2* to dispose, arrange.
pertrechos *m. pl.* MIL. supplies. *2* tools, implements.
perturbación *f.* disturbance, uneasiness: ~ ***mental,*** mental disorder.
perturbado, da *a.* disturbed. *2* insane.
perturbador, ra *a.* perturbing, disturbing. *2 m.-f.* perturber, disturber.
perturbar *t.* to disturb, perturb, upset. *2* to confuse.
peruano, na *a.-n.* Peruvian.
perversamente *adv.* perversely, wickedly.
perversidad *f.* perversity, wickedness, depravity.
perversión *f.* perversion.
perverso, sa *a.* perverse, wicked, depraved.
pervertir *t.* to pervert, lead astray, deprave, corrupt. ¶ CONJUG. like ***hervir.***
pesa *f.* weight.
pesadez *f.* heaviness. *2* tiresomeness. *3* clumsiness. *4* PHYS. gravity.
pesadilla *f.* nightmare.
pesado, da *a.* heavy, weighty. *2* burdensome. *3* dult, tiresome, boring. *4* clumsy. *5* deep [sleep].
pesadumbre *f.* sorrow, grief, regret. *2* heaviness.
pésame *m.* condolence, expression of simpathy.
1) **pesar** *m.* sorrow, grief, regret. *2* regret. *3* ***a*** ~ ***de,*** in spite of.
2) **pesar** *t.* to weigh. *2* to consider. *3 i.* to have weight. *4* to be sorry, regret.
pesaroso, sa *a.* sorry, regretful. *2* sorrowful.
pesca *f.* fishing. *2* angling. *3* catch of fish.
pescadería *f.* fish market or shop.
pescadero, ra *m.-f.* fishmonger.
pescado *m.* fish [caught]. *2* salted codfish.
pescador *a.* fishing. *2 m.* fisher, fisherman: ~ ***de caña,*** angler.
pescante *m.* coach-box, driver's seat.
pescar *t.* to fish, catch [fish]. *2* to angle.
pescozón *m.* slap on the neck.
pescuezo *m.* neck.
pesebre *m.* crib, rack, manger, stall; trough.
peseta *f.* peseta.
pesimismo *m.* pessimism.
pesimista *a.* pessimistic. *2 m.-f.* pessimist.
pésimamente *adv.* very badly.
pésimo, ma *a.* very bad; worthless.
peso *m.* weight: ~ ***bruto,*** gross weight; ~ ***neto,*** net weight. *2* weighing. *3* scales, balance. *4* sound judgement. *5* load, burden. *6* peso [Spanish-American

monetary unit]. 7 ***eso cae de su ~,*** that is self-evident.

pespunt(e)ar *t.* SEW. to back-sitch.

pespunte *m.* SEW. back-stitch(ing.

pesquería *f.* fishery.

pesquero, ra *a.* fishing.

pesquis *m.* nous, wit.

pesquisa *f.* inquiry, search, investigation.

pestaña *f.* eyelash. *2* MACH. flange.

pestañear *i.* to wink, blink.

pestañeo *m.* winking, blinking.

peste *f.* pest, pestilence, plague. *2* epidemic. *3* stink, stench. *4* ***echar pestes,*** to curse.

pestilencia *f.* pestilence. 2 stench.

pestillo *m.* bolt; door latch.

petaca *f.* cigarette-case. *2* tobacco-pouch.

pétalo *m.* BOT. petal.

petardista *m.-f.* cheat, swindler.

petardo *m.* MIL. petard. *2* fire-cracker. *3* fig. cheat, swindle.

petición *f.* petition, request: ***a ~ de,*** on [at] request of.

peticionario, ria *m.-f.* petitioner.

petirrojo *m.* robin, redbreast.

peto *m.* ARM. breast-plate.

pétreo, a *a.* stony, rocky.

petrificar *t.-ref.* to petrify.

petróleo *m.* petroleum.

petrolero, ra *a.* [pertaining to] petroleum, oil. *2 m.* oil-tanker.

petulancia *f.* insolence, flippancy.

petulante *a.* insolent, flippant.

pez *m.* fish. *2 f.* pitch, tar.

pezón *m.* BOT. stem [of fruits]; stalk [of a leave or flower]. *2* nipple [of a teat].

pezuña *f.* hoof, cloven hoof.

piadosamente *adv.* piously.

piadoso, sa *a.* pious, devout. *2* merciful, clement.

piafar *i.* to paw, stamp.

pianista *m.-f.* pianist.

piano *m.* piano: ***~ de cola,*** grand piano; ***~ vertical,*** upright piano. *2 adv.* slowly, softly.

piar *i.* to peep, chirp.

piara *f.* herd [of swine, horses].

pica *f.* pike. *2* BULLF. goad.

picacho *m.* peak, summit, top.

picada *f.* peck [of bird]; bite, sting [of insect or reptile].

picadero *m.* riding-school.

picadillo *m.* hash, minced meat.

picado, da *p. p.* of PICAR. *2 a.* pinked, perforated. *3* cut [tobacco]. *4* choppy [sea]. *5* piqued, hurt. *6* ***~ de viruelas,*** pock-marked. *7 m.* AER. nosedive.

picador *m.* horsebreaker. *2* BULLF. mounted bullfighter who goads the bull.

picadura *f.* prick, sting. *2* bite [of insect or reptile]. *3* cut tobacco. *4* DENT. beginning of decay.

picaflor *m.* ORN. humming bird.

picante *a.* hot, pungent, piquant [to the taste]. *2* highly seasoned. *3* spicy. *4* biting [word]. *5 m.* piquancy, pungency.

picapedrero *m.* stone-cutter.

picaporte *m.* latch; latchkey. *2* door knocker.

picar *t.* to prick, pierce. *2* BULLF. to goat. *3* [of insects] to bite, sting. *4* to spur [a horse]. *5* to mince. *6 t.-i.* to itch. *7* to burn. *8* AER. to dive. *9* ***~ alto,*** to aim high. *10 ref.* [of fruit] to begin to rot. *11* [of teeth] to begin to decay. *12* [of the sea] to get choppy. *13* to take offense.

picardía f. knavery, mischief. *2* slyness. *3* roguery. *4* practical joke; mean trick.

picaresco, ca *a.* knavish, roguish. *2* picaresque.

pícaro, ra *a.* knavish, roguish. *2* mischievous. *3* sly. *4 m.-f.* knave, rogue. *5* sly person. *6 m.* LIT. pícaro.

picazón *f.* itching, itch.

pico *m.* beak [of a bird; of a vessel]. *2* mouth; eloquence: ***~ de oro,*** golden-mouthed; ***callar el ~***, to hold one's tongue. *3* corner. *4* peak [of a mountain]. 5 pick [tool], pickaxe. *6* small surplus: ***tres pesetas y ~,*** three pesetas odd.

picota *f.* pillory; gibbet; stocks.

picotada *f.*, **picotazo** *m.* peck [of a bird]. 7 sting [of insects].

picotear *t.* to peck [at]. *2 i.* [of horses] to toss the head. *3* to chatter. *4 ref.* to wrangle.

pictórico, ca *a.* pictorial.

picudo, da *a.* beaked, pointed.

pichón *m.* pigeon.

pie *m.* foot; ***a cuatro pies,*** on all fours; ***a pie,*** on foot; ***en ~,*** standing; ***dar ~,*** to give occasion for; ***al ~ de la letra,*** literally. 2 bottom. *3* base, stand. *4* PROS. metre. *5* trunk, stalk [of tree, plant]. *6* ***ni pies ni cabeza,*** neither head nor tail.

piedad *f.* piety. 2 pity, mercy: ***¡por ~!,*** for pity's sake!

piedra *f.* stone [rock; precious stone]: ***~ angular,*** corner-stone; ***~ clave,*** keystone; ***~ de toque,*** touchstone. *2* METEOR. hail, hailstone.

piel *f.* skin. 2 hide, pelt. *3* leather. *4* fur. *5 m.* ***~ roja,*** redskin.

piélago *m.* sea, high sea.

pienso *m.* feed, fodder: ***ni por ~,*** by no means, not likely.

pierna *f.* leg: ***dormir a ~ suelta,*** to sleep like a log.

pieza *f.* piece, fragment: ~ ***de recambio,*** spare part. *2* game, quarry. *3* THEAT. short play. *4* CHESS, DRAUGHTS piece, man. *5* room. *6* ***buena*** **~,** rogue.
pifia *f.* BILL. miscue. *2* blunder.
pigmentación *f.* pigmentation.
pigmento *m.* pigment.
pigmeo *a.-n.* pygmy; dwarf.
pignorar *t.* to pledge, pawn.
pijama *m.* pajamas, pyjamas.
pila *f.* stone trough or basin. *2* baptismal font; ***nombre de*** **~,** Christian name. *3* pile, heap. *4* electric battery, pile.
pilar *m.* basin [of a fountain]. *2* pillar, column.
pilastra *f.* pilaster.
píldora *f.* pill, pellet: ***dorar la*** **~,** to gild the pill.
pilón *m.* basin [of a fountain]. *2* watering trough. *3* mortar.
pilongo, ga *a.* lean, meagre.
pilotar *t.* to pilot, drive.
piloto *m.* pilot.
piltrafa *f.* skinny meat. *2 pl.* offals; scraps, refuse.
pillaje *m.* pillage, plunder, sack.
pillar *t.* to pillage, plunder, pilfer.
pillastre *m.* PILLO.
pillo, lla *m.-f.* rogue, rascal. *2* sly fellow, urchin.
pimentón *m.* red pepper, paprika.
pimienta *f.* pepper [spice].
pimiento *m.* [green, red] pepper.
pimpollo *m.* young tree. *2* tender shot or sprout. *3* rosebud. *4* attractive youth.
pináculo *m.* pinnacle, top, summit.
pinar *m.* pine grove.
pincel *m.* [painter's] brush.
pincelada *f.* stroke [with a brush], touch.
pinchar *t.* to prick, puncture.
pinchazo *m.* puncture [in a tyre]; prick, stab. *2* injection.
pincho *m.* thorn, prickle.
pineda *f.* pine wood.
pingajo *m.* rag, tatter.
pingüe *a.* fat, greasy. *2* abundant; fertile.
pingüino *m.* penguin.
1) **pino** *m.* pine, pine-tree.
2) **pino, na** *a.* steep.
pinta *f.* spot, mark, speckle. *2* pint [measure]. *3* appearance.
pintar *t.* to paint. *2* to describe. *3 ref.* to make up one's face.
pintiparado, da *a.* exactly alike. *2* fit, just the thing.
pintor *m.* painter: ~ ***de brocha gorda,*** house painter; dauber.
pintoresco, ca *a.* picturesque.
pintura *f.* painting: ~ ***a la aguada,*** water-colour; ~ ***al óleo,*** oil-painting. *2* picture.
pinzas *f. pl.* tweezers, pincers, tongs. *2* claws [of crabs, etc.].
piña *f.* BOT. pine cone. *2* ~ ***de América,*** pineapple. *3* cluster.
piñata *f.* pot. *2* hanging pot filled with sweets broken with a stick at a masked ball.
piñón *m.* pine-nut. *2* MECH. pinion.
1) **pío** *m.* peeping [of birds].
2) **pio, a** *a.* pious. *2* merciful.
piojo *m.* louse.
piojoso, sa *a.* lousy. *2* stingy.
pipa *f.* pipe [of tobacco]. *2* cask, barrel. *3* pip, seed [of melon, etc.].
pique *m.* pique, resentment. *2* ***echar a*** **~,** to sink [a ship]; ***irse a*** **~,** to capsize, sink. *3* ***a*** **~** ***de,*** in danger of.
piqueta *f.* mattock.
piquete *m.* prick, puncture. *2* small hole. *3* MIL. picket, squad.
piragua *f.* pirogue, Indian canoe.
pirámide *f.* pyramid.
pirata *m.* pirate; corsair.
piratería *f.* piracy. *2* robbery.
pirenaico, ca *a.* Pyrenean.
Pirineos (los) *m. pl. pr. n.* GEOG. Pyrenees.
piropear *t.* to compliment [a woman].
piropo *m.* MINER. pyrope. *2* compliment, flattery: ***echar un*** **~,** to throw bouquet.
pirotecnia *f.* pyrotechnics.
pirrarse (por) *ref.* to long for.
pirueta *f.* pirouette, caper.
pisada *f.* footstep; footprint. *2* stepping on someone's foot.
pisapapeles *m.* paper-weight.
pisar *t.* to tread on, step on. *2* to press [grapes, etc.]. *3* to trample under foot.
pisaverde *m.* fop, coxcomb, dandy.
piscina *f.* fishpond; swimming-pool.
piso *m.* tread, treading. *2* floor; pavement; storey: ~ ***bajo,*** ground floor. *3* flat, apartment.
pisotear *t.* to trample, tread under foot.
pisotón *m.* tread on the foot.
pista *f.* trail, trace, track, scent: ***seguir la*** **~,** to be on the trail of. *2* clue. *3* SPORT race-track. *4* ring [of a circus]. *5* AER. runway, landing-field.
pistilo *m.* pistil.
pistola *f.* pistol.
pistolera *f.* holster.
pistolero *m.* gunman; bandit.

pistoletazo *m.* pistol shot.
pistón *m.* MACH., MUS. piston.
pitar *i.* to blow a whistle; to whistle at.
pitillo *m.* cigarette.
pitillera *f.* cigarette-case.
pito *m.* whistle. *2* ***no me importa un ~,*** I do not care a straw. *3 pl.* whistling [expressing disapproval].
pitonisa *f.* fortune-teller.
pitorrearse *ref.* to mock, banter.
pivote *m.* pivot.
pizarra *f.* MINER. slate. *2* blackboard.
pizca *f.* coll. bit, jot, whit: ***no sabe ni ~,*** he hasn't an inkling.
pizpireta *a.* brisk, lively.
placa *f.* plaque [badge of honorary order]. *2* PHOT. plate.
pláceme *m.* congratulation.
placentero, ra *a.* joyful, pleasant, agreeable.
1) **placer** *m.* pleasure. *2* will. *3* sandbank, shoal. *4* MIN. placer.
2) **placer** *t.* to please, content. ¶ CONJUG. INDIC. Pres.: ***plazco,*** places, place, etc. | Pret.: plació or ***plugo;*** placieron or ***pluguieron***. ‖ SUBJ. Pres.: ***plazca, plazcas,*** etc. | Imperf.: placiera or ***pluguiera***. | Fut.: placiere ***or pluguiere***, etc. ‖ IMPER.: place, ***plazca; plazcamos,*** placed, ***plazcan.***
placidez *f.* placidity.
plácido, da *a.* placid, calm.
plafón *m.* soffit.
plaga *f.* plague, pest, calamity, scourge.
plagar *t.* to plague, infest.
plagiar *t.* to plagiarize. *2* (Am.) to kidnap.
plagio *m.* plagiarism.
plagiario, ria *a.-n.* plagiarist.
plan *m.* plan, project, design, scheme: ~ ***de estudios,*** EDUC. curriculum. *2* drawing.
plana *f.* page [of a newspaper]. *2* plain, flat country. *3* MAS. trowel. *4* MIL. ~ ***mayor,*** staff.
plancha *f.* plate, sheet [of metal]. *2* iron [for clothes]. *3* gangplank. *4* ***hacer una ~,*** to put one's foot in it.
planchado *m.* ironing.
planchar *t.* to iron, press.
planeador *m.* AER. glider.
planear *t.* to plan, design, outline. *2 i.* AER. to glide.
planeta *m.* planet.
planetario, ria *a.* planetary. *2 m.* planetarium.
planicie *f.* plain, flatland.
plano, na *a.* plane. *2* flat, even. *3 m.* plane [surface]: ***primer ~,*** foreground. *4* plan [drawing, map]: ***levantar un ~,*** to make a survey. *5* ***de ~,*** openly.
planta *f.* BOT. plant. *2* plantation. *3* sole of the foot. *4* plan, design. *5* ~ ***baja,*** ground floor; ***buena ~,*** good looks.
plantación *f.* planting. *2* plantation.
plantar *t.* to plant. *2* to set up, place. *3* to strike [a blow]. *4* to throw [in the street]. *5* to jilt. *6* ***dejar a uno plantado,*** to keep someone waiting indefinitely. *7 ref.* to stand firm.
planteamiento *m.* planning. *2* carrying out [of a plan]. *3* statement [of a problem]; posing, raising [a question].
plantear *t.* to plan, outline. *2* to establish [a system, etc.]; to carry out [a reform]. *3* to state [a problem]; to pose, raise [a question].
plantel *m.* nursery, nursery garden; nursery school.
plantilla *f.* insole. *2* model, pattern. *3* list of employees.
plantío *m.* planting. *2* plantation.
plantista *m.* landscape gardener.
plantón *m.* graft, shoot. *2* sentry; watchman. *3* ***dar un ~,*** to keep someone waiting.
plañir *i.* to bewail, lament, mourn. ¶ CONJUG. like ***mullir.***
plasma *m.* plasma.
plasmar *t.* to make, mould, shape.
plásticamente *adv.* plastically.
plástico, ca *a.-m.* plastic.
plata *f.* silver. *2* money. *3* ***hablar en ~,*** to speak frankly.
plataforma *f.* platform. *2* MACH. index plate. *3* RLY. turn-table.
platanal *m.* banana plantation.
plátano *m.* BOT. banana [plant and fruit]. *2* BOT. plane-tree.
platea *f.* THEAT. orchestra stall, pit.
plateado, da *a.* silver-plated. *2* silvery [in colour]. 3 m. silver plating.
platear *t.* to silver, plate.
plateresco, ca *a.* ARCH. plateresque.
platería *f.* silversmith's shop; jeweller's shop or trade.
platero *m.* silversmith. *2* jeweller.
plática *f.* chat, talk. *2* ECCL. sermon, homily.
platicar *i.* to chat, talk.
platillo *m.* saucer: ~ ***volante,*** flying saucer. *2* pan [of scales]. *3* cymbal.
platino *m.* CHEM. platinum.
plato *m.* plate, dish. *2* COOK. dish. *3* course [at meals].
platónico, ca *a.* Platonic.
plausible *a.* praise-worthy, plausible. *2* laudable.

playa *f.* beach, seaside, shore.
plaza *f.* public square. *2* market-place. *3* fortress, stronghold. *4* room, space, seat. *5* job, employment. *6* COM. town, city. *7* ~ ***de toros***, bullring.
plazo *m.* term; time-limit; duedate: ***a plazos***, by instalments.
plazoleta, plazuela *f.* small square.
pleamar *f.* high tide, high water.
plebe *f.* common people, masses, rabble.
plebeyo, ya *a.-n.* plebeian, commoner.
plebiscito *f.* plebiscite; direct vote; referendum.
plegable *a.* pliable; folding.
plegar *t.* to fold; plait, pleat. *2* SEW. to gather, pucker. *3 ref.* to bend. *4* to yield, submit.
plegaria *f.* prayer, supplication.
pleitear *t.* to litigate; to plead.
pleito *m.* litigation, law-suit. *2* debate, contest.
plenamente *a.* fully, completely.
plenario, ria *a.* full, complete; plenary.
plenilunio *m.* full moon.
plenipotenciario, ria *a.-n.* plenipotentiary.
plenitud *f.* plenitude, fullness, completion, fulfilment.
pleno, na *a.* full, complete. *2* ***en ~ día***, in broad day. *3 m.* full assembly.
pleuresía *f.* MED. pleurisy.
plexiglás *m.* perspex.
pliego *m.* sheet of paper. *2* sealed letter or document. *3* ~ ***de condiciones***, specifications [for a contract].
pliegue *m.* fold, pleat, crease.
plomada *f.* plumb-line; plummet. *2* sinkers.
plomero *m.* lead-worker, plumber.
plomizo, za *a.* leaden, lead-coloured.
plomo *m.* CHEM. lead. *2* plumb bob, sinker. *3* fig. bullet. *4* coll. boring person. *5* ***a ~***, vertically; ***caer a ~***, to fall flat.
pluma *f.* feather, plume [of bird]. *2* [writing] quill; pen, nib: ~ ***estilográfica***, fountain-pen.
plumaje *m.* plumage. *2* crest.
plumero *m.* feather duster. *2* crest, plume. *3* pen-holder.
plumón *m.* down; fluff. *2* feather-bed.
plural *a.-m.* GRAM. plural.
pluralidad *f.* majority; plurality.
plus *m.* extra, bonus; extra pay.
población *f.* population. *2* city, town.
poblado, da *a.* populated. *2* thick [beard]. *3 m.* town, city.
poblar *t.* to people. *2* to settle, colonize; to plant [with trees]. *3 ref.* to become peopled, covered with. ¶ CONJUG. like ***contar***.
pobre *a.* poor: ~ ***de espíritu***, poor in spirit; ~ ***hombre***, spiritless fellow. *2 m.-f.* poor person; beggar. *3* **-mente** *adv.* poorly.
pobreza *f.* poverty; need; lack, scarcity; want. *2* barrenness.
pocilga *f.* pigsty, pigpen.
1) **poco** *adv.* little, not much: ***a ~***, shortly after; ***dentro de ~***, presently; ~ ***más o menos***, more or less; ***por ~***, nearly; ~ ***a ~***, little by little; ~ ***ha***, lately; ***tener en ~***, to hold cheap.
2) **poco, ca** *a.* little, scanty. *2 pl.* few. *3 m.* little, small quantity, time, etc.; ***unos pocos***, a few.
poda *f.* pruning, loping. *2* pruning season.
podadera *f.* pruning-knife.
podar *t.* to prune, lop off, trim.
podenco *m.* hound [dog].
1) **poder** *m.* power; authority, control. *2* force, strength, might. *3* POL. ***estar en el ~***, to be in the office.
2) **poder** *t.-i.* to be able [to], can, may; ***no ~ más***, to be unable to do more. *2 i.* to have power or influence. *3 impers.* to be possible, may: ***puede que llueva***, it may rain. ¶ IRREG. CONJUG.: INDIC. Pres.: ***puedo, puedes, puede; podemos, podéis, pueden.*** | Pret.: ***pude, pudiste***, etc., | Fut.: ***podré, podrás***, etc. || COND.: ***podría, podrías***, etc. || SUB. Pres.: ***pueda, puedas, pueda; podamos, podáis, puedan.*** | Imperf.: ***pudiera, pudieras***, etc. or ***pudiese, pudieses***, etc. | Fut.: ***pudiere, pudieres***, etc. || IMPER.: ***puede, pueda, podamos, poded, puedan.*** || GER.: ***pudiendo.***
poderío *m.* power, might. *2* sway, jurisdiction. *3* wealth, riches.
poderosamente *adv.* powerfully, mightily.
poderoso, sa *a.* powerful, mighty. *2* efficacious. *3* rich, wealthy.
podredumbre *f.* rot, rottenness, decay. *2* pus.
podrido, da *a.* decayed, rotten; corrupt.
poema *m.* poem.
poesía *f.* poetry. *2* poem.
poeta *m.* poet.
poética *f.* poetics.
poéticamente *adv.* poetically.
poético, ca *a.* poetic, poetical.
poetisa *f.* poetess.
póker *m.* poker.
polaco, ca *a.* Polish. *2 m.-f.* Pole [person]. *3 m.* Polish [language].
polaina *f.* legging, gaiter.
polar *a.* polar; pole: ***estrella ~***, polestar.
polea *f.* pulley, tackle-block.

polémico, ca *a.* polemic(al. *2 f.* polemics, dispute.
polen *m.* BOT. pollen.
policía *m.* policeman, police officer, detective. *2* police force: ~ ***secreta,*** secret police.
policíaco, ca *a.* [pertaining to the] police. *2* ***novela policíaca,*** detective story.
polichinela *m.* Punch.
poligamia *f.* polygamy.
polígamo, ma *a.* polygamous. *2 m.* polygamist.
poligloto, ta *a.-n.* polyglot; linguist.
polilla *f.* moth, clothes-moth.
pólipo *m.* polyp, polypus.
polisílabo, ba *a.* polysyllabic.
politécnico, ca *a.* polytechnic.
política *f.* politics. *2* policy. *3* politeness, good manners.
políticamente *adv.* politically.
político, ca *a.* politic(al. *2* tactful. *3* -in-law: ***padre*** ~, father-in-law. *4 m.* politician.
póliza *f.* paybill. *2* COM. certificate, policy: ~ ***de seguros,*** insurance policy. *3* tax stamp.
polizón *m.* loafer. *2* stowaway.
polizonte *m.* cop, policeman.
polo *m.* GEOM., ASTR., GEOG., PHYS. pole. *2* SPORTS polo.
Polonia *f. pr. n.* GEOG. Poland.
poltrón, na *a.-n.* lazy [person]. *2 f.* easy chair.
poltronería *f.* laziness, indolence.
polvareda *f.* cloud of dust. *2* ***armar una*** ~, to kick up the dust.
polvera *f.* powder-bowl, powder compact.
polvo *m.* dust. *2* powder. *3* pinch of snuff. *4* toilet powder. *5* ***polvos de la madre Celestina,*** secret recipe.
pólvora *f.* gunpowder.
polvoriento, ta *a.* dusty.
polvorín *m.* powder-magazine. *2* powder-flask.
polla *f.* CARDS pool. *2* ORN. pullet. *3* young lass.
pollada *f.* brood, hatch, covey.
pollera *f.* female poulterer. *2* chicken coop. *3* gocart. *4* petticoat.
pollería *f.* poultry shop.
pollino, na *m.-f.* young donkey, ass.
pollito, ta *m.-f. dim.* chick. *2 m.* boy, youth. *3 f.* girl.
pollo *m.* chicken. *2* young man.
pomada *f.* pomade.
pómez *f.* ***piedra*** ~, pumice-stone.
pomo *m.* phial, vial. *2* pommel [of sword--hilt].
pompa *f.* pomp: ***pompas fúnebres,*** funeral. *2* pageant. *3* bubble. *4* NAUT. pump.
pomposidad *f.* pomposity.
pomposo, sa *a.* pompous [showy; self-important]. *2* pompous, inflated [style, etc.].
pómulo *m.* ANAT. cheek-bone.
ponche *m.* punch.
ponderación *f.* careful consideration. *2* balance. *3* exaggeration.
ponderadamente *adv.* judiciously.
ponderado, da *a.* tactful, prudent.
ponderar *t.* to ponder, consider, think over. *2* to balance. *3* to exaggerate. *4* to praise highly.
poner *t.* to place, put, set: ~ ***en libertad,*** to set free; ~ ***en práctica,*** to carry out. *2* to lay [eggs]. *3* to suppose. *4* to bet [money]. *5* to render [furious]. *6* ~ ***al día,*** to bring up to date; ~ ***de manifiesto,*** to make evident; ~ ***de relieve,*** to emphasize; ~ ***reparos,*** to make objections; ~ ***en las nubes,*** to praise to the skies. *7 ref.* to place or put oneself. *8* to put on [one's hat]. *9* [of the sun, stars, etc.] to set. *10* to become, get, turn. *11* ~ ***a,*** to begin to. *12* ~ ***al corriente,*** to get informed. *13* ~ ***de acuerdo,*** to agree. *14* ***ponerse en pie,*** to stand up.
¶ CONJUG.: INDIC. Pres.: ***pongo,*** pones, pone, etc. | Pret.: ***puse, pusiste, puso,*** etc. | Fut.: ***pondré, pondrás,*** etc. || COND: ***pondría, pondrías,*** etc. | SUBJ. Pres.: ***ponga, pongas,*** etc. | Imperf.: ***pusiera, pusieras,*** or ***pusiese, pusieses,*** etc. | Fut.: ***pusiere, pusieres,*** etc. || IMPER.: ***pon, ponga; pongamos,*** poned, ***pongan.*** || PAST. P.: ***puesto.***
poniente *m.* west. *2* west wind.
pontífice *m.* pontiff, pope.
pontón *m.* pontoon.
ponzoña *f.* poison, venom.
ponzoñoso, sa *a.* poisonous, venomous.
popa *f.* NAT. poop, stern: ***en*** or ***a*** ~, aft.
populacho *m.* populace, mob, rabble.
popular *a.* popular. 2 **-mente** *adv.* popularly.
popularidad *f.* popularity.
popularizar *t.* to popularize. *2 ref.* to become popular.
populoso, sa *a.* populous.
poquísimo, ma *a.* very little.
poquito, ta *a.* very little. *2 pl.* very few. *3 adv.* very little: ~ ***a poco,*** slowly.
por *prep.* by, for, as, along, around, across, through, from, out of, at, in, on, to, etc.: ~ ***aquí,*** *around here;* ~ ***casualidad,*** *by chance;* ~ ***compasión***, out

of pity; ~ ***Dios,*** for heaven's sake; ~ ***la noche,*** in the night, by night. *2* ~ ***bien que lo haga,*** no matter how well; ~ ***ciento,*** per cent; ~ ***tanto,*** therefore; ~ ***lo visto,*** apparently; ~ ***más que,*** ~ ***mucho que,*** however much; ~ ***mí,*** as I am concerned; ¿~ ***qué?,*** why?; ~ ***supuesto,*** of course.

porcelana *f.* porcelain, china.
porcentaje *m.* percentage.
porción *f.* part, share, lot.
porche *m.* porch, portico.
pordiosero, ra *n.* beggar.
porfía *f.* insistence, obstinacy. *2* stubbornness. *3* ***a*** ~, in competition.
porfiado, da *a.* insistent, persistent, stubborn.
porfiar *i.* to insist, persist. *2* to argue stubbornly.
pormenor *m.* detail: ***al*** ~, by retail.
poro *m.* pore.
poroso, sa *a.* porous.
porque *conj.* for, because. *2* in order that.
¿por qué? *conj.* why?, wherefore?
porqué m. cause, reason.
porquería *f.* dirt, filth. *2* filthy act or word.
porquerizo, porquero *m.* swineherd.
porra *f.* cudgel, club. *2* ***mandar a la*** ~, to send away.
porrazo *m.* blow, knock.
porrón *m.* glass flask [for drinking wine].
portaaviones *m.* aircraft carrier.
portada *f.* ARCH. front, façade. *2* frontispiece. *3* PRINT. title page. *4* cover [of magazine].
portador, ra *m.-f.* carrier, bearer holder: ***bono al*** ~, bearer bond.
portal *m.* doorway, portal, vestibule. *2* porch, portico, entrance. *3 pl.* arcades.
portalámparas, *pl.* **-ras** *m.* ELEC. socket, lamp holder.
portamonedas *m.* purse.
portaplumas *m.* penholder.
portarse *ref.* behave, act.
portátil *a.* portable.
portavoz *m.* spokesman.
portazgo *m.* toll, road toll.
portazo *m.* bang or slam [of a door].
porte *m.* portage, carriage; freight [act; cost]: ~ ***pagado,*** portage prepaid. *2* behaviour, bearing; appearance [of a person].
portear *t.* to carry [for a price]. *2* [of doors, etc.] to slam.
portento *m.* prodigy, wonder.
portentoso, sa *a.* prodigious, portentous.
portería *f.* porter's lodge; conciergery. *2* SPORT goal.
portero, ra *m.* doorkeeper, porter. *2* SPORT. goalkeeper. *3 f.* portress.
pórtico *m.* porch, portico.
portillo *m.* opening [in a wall, etc.]. *2* wicket [small door]. *3* breach, gap. *4* nick. *5* pass.
portorriqueño, ña *a.-n.* Puerto Rican.
portugués, sa *a.-n.* Portuguese.
porvenir *m.* future, time to come.
pos (en) *adv.* ***en*** ~ ***de,*** after; in pursuit of.
posada *f.* lodging-house, inn.
posadero, ra *m.-f.* innkeeper. *2 f. pl.* buttocks, rump.
posar *i.* to lodge. *2* to rest. *3* F. ARTS to pose. *4 i.-ref.* [of birds, etc.] to alight, perch, sit. *5 t.* to lay down [a burden]. *6 ref.* [of sediment, etc.] to settle.
posdata *f.* postscript.
poseedor, ra *m.-f.* owner, holder.
poseer *t.* to possess, own, hold, have. *2* to master [a subject]. ¶ CONJUG. INDIC. Pret.: poseí, poseíste, ***poseyó;*** poseímos, poseísteis, ***poseyeron.*** ‖ SUBJ. Imperf.: ***poseyera, poseyeras,*** etc., or ***poseyese, poseyeses,*** etc. ‖ PAST. P.: poseído ***or poseso.*** ‖ GER.: ***poseyendo.***
posesión f. possession, tenure, holding.
posesionar *t.* to give possession. *2 ref.* to take possession.
posesivo, va *a.* possessive.
posibilidad *f.* possibility. *2 pl.* means, property.
posible *a.* possible: ***hacer todo lo*** ~, to do one's best. *2 m. pl.* means, property. *3* **-mente** *adv.* possibly.
posición *f.* position, attitude. *2* rank; situation. *3* placement.
positivo, va *a.* positive.
poso *m.* sediment, dregs, lees.
posponer *t.* to postpone, delay, put off. *2* to subordinate.
posta *f.* relay [of post horses]. *2* post station, stage. *3* slice, chop [of meat, etc.]. *4* lead ball. *5* bet, wager. *6* messenger. *7* ***a*** ~, on purpose.
postal *a.* postal: ***servicio*** ~, post, mail service. *2 f.* postcard.
postdata *f.* postscript.
poste *m.* post, pillar: ~ ***indicador,*** finger-post, signpost.
postergación *f.* delay, postponement. *2* disregard of seniority.
postergar *t.* to delay, postpone. *2* to disregard someone's rights.
posteridad *f.* posterity, the coming generations.
posterior *a.* posterior, back, rear. *2* later. *3* **-mente** *adv.* afterwards, later on.
postguerra *f.* postwar.

postigo *m.* small door, wicket, *2* window shutter.
postín *m.* coll. airs, importance: ***darse*** ~, to put on airs.
postizo, za *a.* artificial, false. *2 m.* switch [of hair].
postor *m.* bidder.
postración *f.* prostration.
postrar *t.* to prostrate, humble. *2 ref.* to kneel down.
postre *a.* POSTRERO. *2 m. sing. & pl.* dessert. *3* adv. ***a la*** ~, at last, finally.
postrero, ra *a.* last. *2* hindermost. *3 m.-f.* last one.
postrimerías *f. pl.* last years of life. *2* THEOL. last stages of man.
postulante *m.-f.* petitioner, applicant.
postular *t.* to postulate. *2* to beg, demand.
póstumo, ma *a.* posthumous.
postura *f.* posture, position. *2* bid. *3* stake [at cards].
potable *a.* drinkable.
potaje *m.* thick soup. *2* stewed vegetables. *3* meddley.
pote *m.* pot; jug; jar.
potencia *f.* potency. *2* power; faculty, ability; strength. *3* powerful nation.
potencial *a.-m.* potential. *2* GRAM. conditional [mood]. *3* **-mente** *adv.* potentially, virtually.
potentado *m.* potentate.
potente *a.* potent, powerful, mighty. *2* strong, vigorous. *3* **-mente** *adv.* potently, powerfully.
potestad *f.* power, faculty. *2* dominion, authority.
potestativo, va *a.* facultative, optional.
potro, tra *m.-f.* colt, foal. *2 m.* horse [for torture]. *3 f.* filly. *4* coll. luck: ***tener*** ~, to be lucky.
poyo *m.* stone seat.
pozo *m.* well, pit. *2* MIN. shaft.
práctica *f.* practice: ***poner en*** ~, to put into practice. *2* skill. *3 pl.* training.
practicable *a.* practicable, feasible.
prácticamente *adv.* in practice.
practicante *a.* practising. *2 m.-f.* doctor's assistant; practitioner.
practicar *t.* to practise, put into practice. *2* to make, cut [a hole]. 3 SURG. to perform [an operation]. *4 i.-ref.* to practise.
práctico, ca *a.* practical. *2* skilful, practised. *3 m.* NAUT. pilot.
pradera *f.* prairie. *2* meadowland.
prado *f.* field, meadow, lawn.
preámbulo *m.* preamble, preface.
prebenda *f.* prebend, sinecure.
precario, ria *a.* precarious, uncertain.
precaución *f.* precaution.
precaver *t.* to guard or provide against. *2 ref.* to be on one's guard against.
precavidamente *adv.* cautiously.
precavido, da *a.* cautious, wary.
precedencia *f.* precedence, priority.
precedente *a.* preceding, prior, foregoing. *2 m.* precedent.
preceder *t.-i.* to precede, go ahead of.
preceptivo, va *a.* compulsory.
precepto *m.* precept, rule; order: ***día de*** ~, holiday.
preceptor, ra *m.-f.* teacher, tutor.
preceptuar *t.* to order.
preces *f. pl.* prayers, supplications.
preciado, da *a.* valuable, precious. *2* proud, boastful.
preciar *t.* to value, prize. *2 ref.* ***preciarse de***, to be proud of.
precintar *t.* to seal with a strap.
precinto *m.* strap, band.
precio *m.* price: ***no tener*** ~, to be priceless. *2* value, worth.
precioso, sa *a.* precious [costly, valuable, dear]. *2* beautiful.
precipicio *m.* precipice. *2* ruin.
precipitación *f.* precipitation, rush, haste, hurry.
precipitado, da *a.* hasty; headlong. *2 m.* CHEM. precipitate.
precipitar *t.* to precipitate [throw headlong; to hurl; ho hasten, to hurry]. *2* CHEM. to precipitate. *3 ref.* to be hasty or rash.
precisamente *adv.* precisely, exactly. *2* just.
precisar *t.* to fix, define. *2* to compel, force. *3 i.* to be necessary; to need.
precisión *f.* precision, accuracy. *2* necessity: ***tener*** ~ ***de***, to need.
preciso, sa *a.* precise, exact, accurate. *2* necessary: ***es*** ~, it is necessary.
preclaro, ra *a.* illustrious, famous.
precocidad *f.* precocity.
precoz *a.* precocious.
precursor, ra *m.-f.* forerunner, harbinger, precursor.
predecesor, ra *m.-f.* predecessor.
predecir *t.* to predict, foretell, forecast.
predestinado, da *a.-n.* predestinate.
predestinar *t.* to predestine.
prédica *f.* sermon, harangue.
predicado *m.* LOG. predicate.
predicador, ra *m.-f.* preacher.
predicamento *m.* LOG. predicament. *2* esteem, reputation.
predicar *t.-i.* to preach. *2* LOG. to predicate.
predicción *f.* prediction, forecast.
predilección *f.* predilection, preference, liking.

predilecto, ta *a.* favourite.
predisponer *t.* to predispose. *2* to prejudice.
predominante *a.* predominant.
predominar *t.* to predominate; to prevail. *2* to overlook.
predominio *m.* mastery, control.
prefacio *m.* preface; prologue.
prefecto *m.* prefect; chairman.
preferencia *f.* preference, choice.
preferente *a.* preferential.
preferible *a.* preferable.
preferir *t.* to prefer, choose: ***yo preferiría ir,*** I'd rather go.
prefijo *m.* GRAM. prefix.
pregón *m.* proclamation. *2* cry.
pregonar *t.* to proclaim. *2* to cry, hawk [merchandise].
pregonero *m.* town-crier.
pregunta *f.* question, inquiry; ***hacer una ~,*** to ask a question.
preguntar *t.-i.* to ask, inquire; to question; ***~ por,*** to ask after or for. *2 ref.* to wonder.
preguntón, na *a.-n.* inquisitive.
prehistórico, ca *a.* prehistoric.
prejuicio *m.* prejudice, bias.
prejuzgar *t.* to prejudge.
prelado *m.* prelate.
preliminar *a.-m.* preliminary.
preludio *m.* prelude.
prematuro, ra *a.* premature, untimely.
premeditación *f.* premeditation.
premeditado, da *a.* deliberate.
premiar *i.* to reward. *2* to award a prize to.
premio *m.* reward, recompense. *2* prize.
premiosidad *f.* awkwardness; stiffness [of style].
premioso, sa *a.* burdensome. *2* urging. *3* strict. *4* awkward; stiff [style].
premisa *f.* LOG. premise.
premura *f.* haste, urgency.
prenda *f.* pledge, security, pawn: token, proof: ***en ~ de,*** as a proof of. *2* fig. beloved one. *3* garment. *4 pl.* natural gifts.
prendarse de *ref.* to fall in love with; to take a fancy to.
prender *i.* to seize, catch. *2* to attach, pin. *3* to take, arrest [a person]. *4* to set [fire]. *5 i.* [of a plant] to take root. *6* [of fire, etc.] to catch.
prensa *f.* press; printing press. *2* journalism, daily press.
prensar *t.* to press.
prensil *a.* prehensile.
preñado, da *a.* pregnant; full.
preñar *t.* to fill.
preñez *f.* pregnancy. *2* fullness.
preocupación *f.* preoccupation. *2* care, concern, worry.
preocupado, da *a.* preoccupied. *2* concerned, anxious, worried.
preocupar *t.* to preoccupy. *2* to concern, worry. *3 ref.* to worry.
preparación *f.* preparation.
preparado, da *a.* ready, prepared.
preparar *t.* to prepare, make ready. *2 ref.* to get ready.
preparativo, va *a.* preparatory. *2 m.-pl.* preparations, arrangements.
preponderante *a.* preponderant.
preposición *f.* GRAM. preposition.
prerrogativa *f.* prerogative, privilege.
presa *f.* catch, clutch, grip, hold. *2* capture. *3* prize, booty. *4* prey: ***ave de ~,*** bird of prey. *5* fang, claw. *6* dam, weir.
presagiar *t.* to presage, forebode.
presagio *m.* presage, omen.
presbiterio *m.* chancel, presbytery.
presbítero *m.* presbyter, priest.
prescindir *i.* ***~ de,*** to dispense with, do without; to set aside.
prescribir *t.* to prescribe.
prescripción *f.* prescription.
presea *f.* gem, valuable thing.
presencia *f.* presence. *2* figure, bearing. *3* ***~ de ánimo,*** presence of mind, serenity.
presencial *a.* ***testigo ~,*** eyewitness.
presenciar *t.* to be present at, witness, see.
presentación *f.* presentation. *2* introduction.
presentar *t.* to present. *2* to display, show. *3* to introduce [a person to another]. *4* to nominate. *5 ref.* to present oneself. *6* to appear. *7* to volunteer. *8* to introduce oneself.
presente *a.* present; ***hacer ~,*** to remind of; ***tener ~,*** to bear in mind. *2* current [month, etc.]. *3 a.-m.* GRAM. present [tense]. *4 m.* present, gift. *5* present [time].
presentimiento *m.* foreboding.
presentir *t.* to forebode. ¶ CONJUG. like ***hervir.***
preservar *t.* to preserve, guard, keep safe.
presidencia *f.* presidency. *2* chairmanship. *3* presidential term.
presidencial *a.* presidential.
presidente *m.* president. *2* chairman. *3* speaker.
presidiario *m.* convict.
presidio *m.* penitentiary. *2* hard labour. *3* fortress, garrison.
presidir *t.-i.* to preside over or at.
presilla *f.* small loop, fastener. *2* SEW. buttonhole stitching.

presión *f.* pressure: ~ ***arterial,*** blood pressure.
presionar *t.* to press, urge.
preso, sa *a.* imprisoned. *2 m.-f.* prisoner. *3* convict.
prestado, da *a.* lent, borrowed; ***dar*** **~,** to lend; ***pedir*** or ***tomar*** **~,** to borrow.
prestamista *m.-f.* money-lender; pawnbroker.
préstamo *m.* loan: ***casa de préstamos,*** pawnshop.
prestar *t.* to lend, loan. *2* to bestow, give. *3* to do, render [service, etc.]. *4* to give [ear; help, aid]. *5* to pay [attention]. *6* to take [oath]. *7 ref.* to lend oneself. *8* ***se presta a,*** it gives rise to.
presteza *f.* promptness, haste.
prestidigitador *m.* juggler, conjurer.
prestigio *m.* prestige. *2* spell.
prestigioso, sa *a.* eminent, famous.
1) **presto** *adv.* quickly. *2* soon.
2) **presto, ta** *a.* prompt, quick. *2* ready.
presumido, da *p. p.* of PRESUMIR. *2* vain, conceited.
presumir *t.* to presume, conjecture. *2 i.* to be vain or conceited; to boast [of].
presunción *f.* presumption. *2* conceit.
presunto, ta *a.* presumed, supposed. *2* ~ ***heredero,*** heir apparent.
presuntuoso, sa *a.* conceited, vain.
presuponer *t.* to presuppose. *2* to budget. *3* to estimate.
presupuesto, ta *a.* presupposed. *2 m.* presupposition. *3* budget. *4* estimate.
presuroso, sa *a.* prompt, hasty.
pretender *t.* to pretend to, claim; to seek, solicit. *2* to court. *3* to try to.
pretendiente *m.* pretender, claimant. *2* applicant. *3* suitor.
pretensión *f.* pretension, claim.
pretérito, ta *a.* past, bygone. *2 a.-m.* GRAM. preterit, past tense.
pretextar *t.* to pretext, allege.
pretexto *m.* pretext, pretence.
pretil *m.* parapet, railing.
prevalecer *i.* to prevail.
prevaler *i.* to prevail. *2 ref.* to take advantage of.
prevaricar *i.* to prevaricate.
prevención *f.* preparation. *2* supply. *3* foresight. *4* prejudice, dislike. *5* warning. *6* police station. *7* MIL. guard-room.
prevenido, da *a.* ready, prepared. *2* supplied. *3* cautious.
prevenir *t.* to prepare beforehand. *2* to foresee, forestall. *3* to warn. *4* to prevent. *5* to prejudice. *6 ref.* to get ready. *7* to provide oneself.
preventivo, va *a.* preventive.
prever *t.* to foresee; to forecast.
previo, via *a.* previous.
previsión *f.* foresight; forecast. *2* providence. *3* ~ ***social,*** social security.
previsor, ra *a.* far-seeing.
prez *f.* honour, glory.
prieto, ta *a.* tight. *2* close-fisted, mean. *3* blackish, dark.
prima *f.* female cousin. *2* premium, bonus.
primacía *f.* primacy; superiority.
primario, ria *a.* primary, chief.
primavera *f.* spring.
primaveral *a.* springlike, spring.
1) **primero** *adv.* first.
2) **primero, ra** *a.* first. *2* foremost. *3* early, former. *4* leading.
primicia(s *f. sing.-pl.* first fruit.
primitivamente *adv.* originally.
primitivo, va *a.* primitive, original.
primo, ma *a.* first. *2* ARITH. prime [number]. *3* raw [material]. *4 m.-f.* cousin. *5* simpleton.
primogénito, ta *a.-n.* first-born, eldest [son].
primor *m.* beauty, exquisiteness. *2* skill, ability.
primordial *a.* primal, fundamental.
primoroso, sa *a.* beautiful, exquisite. *2* skilful, fine.
princesa *f.* princess.
principado *m.* princedom. *2* principality.
principal *a.* principal, main, chief. *2* illustrious. *3* GRAM. principal. *4 m.* chief, head [of a firm, etc.] *5* first floor. *6* **-mente** *adv.* principally, mainly.
príncipe *m.* prince. *2 a.* first.
principiante, ta *m.-f.* beginner.
principiar *t.* to begin, start.
principio *m.* beginning, start: ***al*** **~,** *at first. 2* origin. *3* principle. *4 pl.* principles. *5* rudiments.
pringoso, sa *a.* greasy.
prior *a.-n.* prior.
prioridad *f.* priority; precedence.
prisa *f.* speed, haste, hurry; ***corre*** **~,** that is urgent; ***tener*** **~,** to be in a hurry.
prisión *f.* prison; imprisonment; jail. *2 pl.* chains, fetters.
prisionero, ra *m.-f.* prisoner.
prisma *m.* prism.
prismático, ca *a.* prismatic. *2 m. pl.* field-glasses.
prístino, na *a.* pristine, first.
privación *f.* privation, want, lack.
privadamente *adv.* privately.
privado, da *a.* forbidden. *2* private, privy. *3 m.* favourite.
privar *t.* to deprive. *2* to forbid. *3* to impede. *4* to render unconscious. *5 i.* to be

in favour; to be in vogue. *6 ref.* to deprive oneself.

privativo, va *a.* privative. *2* peculiar, particular.

privilegiado, da *a.* privileged. *2* outstanding [talent, etc.].

privilegiar *t.* to privilege.

privilegio *m.* privilege, grant, exemption, patent.

pro *m.-f.* profit, advantage: ***el ~ y el contra,*** the pros and cons. *2* ***hombre de ~,*** man of worth.

proa *f.* NAUT. prow, bow. *2* AER. nose [of a plane].

probabilidad *f.* probability, likelihood.

probable *a.* probable, likely. *2* **-mente** *adv.* probably, likely.

probar *t.* to prove. *2* to test, try out. *3* to taste [wine]. *4* to try on [clothes]. *5* ***~ fortuna,*** to take one's chance. *6 i.* ***~ a,*** to attempt, endeavour to.

probeta *f.* CHEM. test tube.

probidad *f.* honesty, integrity.

problema *m.* problem.

problemático, ca *a.* problematic(al.

probo, ba *a.* honest, upright.

procacidad *f.* impudence, insolence.

procaz *a.* impudent, bold.

procedencia *f.* origin, source.

procedente *a.* coming, proceeding [from]. *2* proper, suitable.

1) **proceder** *m.* behaviour, conduct.

2) **proceder** *i.* to proceed, go on. *2* to come from. *3* to behave. *4* to take action [against]. *5* to be proper or suitable.

procedimiento *m.* proceeding, procedure; process, method, way.

proceloso, sa *a.* stormy.

prócer *m.* person of eminence.

procesado, da *a.* prosecuted, accused. *2 m.-f.* LAW defendant.

procesar *t.* to prosecute, try.

procesión *f.* procession.

proceso *m.* process [progress; development]. *2* lapse of time. *3* LAW proceedings. *4* law-suit.

proclama *f.* proclamation. *2 pl.* banns.

proclamación *f.* proclamation.

proclamar *t.* to proclaim.

procrear *t.* to procreate; to breed.

procurador *m.* attorney, agent. *2* solicitor. *3* member of the Spanish legislative assembly.

procurar *t.* to try to, endeavour. *2* to get, obtain. *3* to manage.

prodigalidad *f.* prodigality. *2* lavishness.

pródigamente *adv.* lavishly.

prodigar *t.* to lavish, squander.

prodigio *m.* prodigy, miracle.

prodigioso, sa *a.* prodigious, marvellous. *2* exquisite, fine.

pródigo, ga *a.-n.* prodigal. *2 a.* extravagant; lavish, wasteful.

producción *f.* production. *2* produce, yield, output.

producir *t.* to produce, yield, bring forth. *2* to cause. *3 ref.* to happen.

productivo, va *a.* productive.

producto *m.* product, produce.

productor, ra *a.* productive. *2 m.-f.* producer.

proeza *f.* prowess, feat.

profanar *t.* to profane, defile.

profano, na *a.* profane, secular. *2* irreverent. *3* worldly. *4 a.-n.* lay [not expert].

profecía *f.* prophecy.

proferir *t.* to utter, pronounce.

profesar *t.-i.* to profess. *2 t.* to show, manifest.

profesión *f.* profession. *2* avowal, declaration.

profesional *a.-n.* professional.

profesor, ra *m.-f.* professor, teacher.

profesorado *m.* professorship. *2* teaching staff.

profeta *m.* prophet.

profetizar *t.-i.* to prophesy, foretell.

prófugo, ga *a.-n.* fugitive.

profundamente *adv.* deeply.

profundidad *f.* profundity, depth.

profundizar *t.* to deepen. *2 t.-i.* to go deep into.

profundo, da *a.* profound, deep.

profusión *f.* profusion, abundance.

profuso, sa *a.* profuse, abundant.

progenie *f.* descent, lineage.

progenitor *m.* progenitor, ancestor.

programa *m.* program(me; plan. *2* syllabus.

progresar *i.* to progress, advance, develop.

progresión *f.* progression.

progresista *a.-n.* progressist.

progresivo, va *a.* progressive.

progreso *m.* progress, advance.

prohibición *f.* prohibition, ban.

prohibir *to.* to prohibit, forbid.

prohijar *t.* to adopt [a child].

prójimo *m.* fellow being, neighbour. *2* ***el ~,*** the other people.

prole *f.* progeny, offspring.

proletariado *m.* proletariat(e.

proletario, ria *a.-n.* proletarian.

prolífico, ca *a.* prolific.

prolijamente *adv.* minutely.

prolijo, ja *a.* prolix, tedious.

prólogo *m.* prologue, preface.

prolongación *f.* prolongation.

prolongar *t.* to lengthen. *2* to prolong. *3* to protract.
promediar *t.* to divide in two. *2 i.* to mediate.
promedio *m.* middle. *2* average.
promesa *f.* promise.
prometedor, ra *a.* promising.
prometer *t.-i.* to promise. *2 ref.* to become engaged, betrothed.
prometido, da *a.* promised. *2* engaged, betrothed. *3 m.* fiancé. *4 f.* fiancée.
prominencia *f.* prominence, knoll.
prominente *a.* prominent, projecting.
promiscuo, cua *a.* promiscuous. *2* ambiguous.
promoción *f.* promotion, advancement.
promontorio *f.* promontory, headland.
promotor, ra; promovedor, ra *m.-f.* promoter, furtherer.
promover *t.* to promote, start. *2* cause, stir up, raise.
promulgación *f.* promulgation.
promulgar *t.* to promulgate, issue, publish.
pronombre *m.* GRAM. pronoun.
pronosticar *t.* to prognosticate, foretell.
pronóstico *m.* forecast, prediction.
prontamente *adv.* quickly.
prontitud *f.* quickness, promptness.
pronto *adv.* soon; ***lo más ~ posible,*** as soon as possible. *2* promptly, quickly: ***de ~,*** suddenly; ***por lo ~,*** for the present. *3 m.* impulse. *4 a.* ready.
prontuario *m.* handbook.
pronunciación *f.* pronunciation, accent.
pronunciamiento *m.* military uprising or revolt.
pronunciar *t.* to pronunce, utter. *2* to deliver, make [a speech]. *3 ref.* to pronounce [for, against]. *4* to rebel.
propagación *f.* propagation. spreading.
propaganda *f.* propaganda. *2* COM. advertising.
propagar *t.* to propagate, spread. *2 ref.* to spread, be diffused.
propalar *t.* to publish, spread.
propasarse *ref.* to go too far.
propensión *f.* propensity, tendency.
propenso, sa *a.* liable to, apto to.
propiamente *adv.* properly.
propicio, cia *a.* propitious, favourable.
propiedad *f.* ownership, property. *2* peculiar quality. *3* propriety.
propietario, ria *m.* owner, proprietor, landlord. *2 f.* proprietress, landlady.
propina *f.* tip, gratuity.
propinar *t.* to deal [a blow].
propio, pia *a.* one's own. *2* proper, peculiar. *3* suitable. *4* same. *5* ***amor ~,*** pride; ***nombre ~,*** proper noun. *6 m.* messenger.
proponer *t.* to propose, put forward. *2 ref.* to plan, intend.
proporcionado, da *a.* proportionate. *2* fit, suitable.
proporción *f.* proportion. *2* opportunity.
proporcionar *t.* to proportion, adapt, adjust. *2* to furnish, supply, give. *3 ref.* to get, obtain.
proposición *f.* proposition; proposal, offer. *2* motion.
propósito *m.* purpose, aim, design: ***a ~,*** apropos, by the way; ***de ~,*** on purpose; ***fuera de ~,*** irrelevant.
propuesta *f.* proposal, offer.
propulsar *t.* to propel, push.
prórroga *f.* prorogation, extension.
prorrogar *t.* to prorogue. *2* to postpone, adjourn.
prorrumpir *i.* to break forth, burst out [into tears].
prosa *f.* prose.
prosaico, ca *a.* prosaic, tedious.
prosapia *f.* ancestry, lineage.
proscenio *m.* THEAT. proscenium.
proscribir *t.* to proscribe, banish.
proscripción *f.* banishment, exile.
proscripto or **proscrito, ta** *m.-f.* exile, outlaw.
prosecución *f.* **proseguimiento** *m.* prosecution. *2* pursuit.
proseguir *t.* to continue, carry on. *2 i.* to go on.
prosélito *m.* proselyte.
prosista *m.-f.* prose writer.
prospecto *m.* prospectus.
prosperar *i.* to prosper, thrive.
prosperidad *f.* prosperity. *2* success.
próspero, ra *a.* prosperous. *2* successful.
prosternarse *ref.* to kneel down.
prostitución *f.* prostitution.
prostituir *t.* to prostitute. *2* corrupt. ¶ CONJUG. like ***huir.***
prostituta *f.* prostitute, harlot.
protagonista *m.* protagonist; hero, heroine; leading actor or actress.
protección *f.* protection, support.
protector, ra *m.* defender, protector. *2 f.* protectress.
protectorado *m.* protectorate.
proteger *t.* to protect, defend.
protesta, protestación *f.* protest, protestation, remonstrance.
protestante *a.* protesting. *2 a.-n.* Protestant.
protestar *t.-i.* to protest [against]; to assure, avow publicly. *2* COM. to protest [a draft].

protocolo *m.* protocol. *2* etiquette.
prototipo *m.* prototype, model.
protuberancia *f.* protuberance, bulge.
provecto, ta *a.* ancient; mature.
provecho *m.* profit, advantage, benefit.
provechoso, sa *a.* profitable, advantageous, useful.
proveedor, ra *m.-f.* supplier, furnisher, purveyor.
proveer *t.* to supply with, furnish, provide, purvey.
provenir *i.* to come from.
proverbio *m.* proverb, saying.
providencia *f.* providence, foresight. *2* Providence [God].
providencial *a.* providential.
providente *a.* wise, prudent.
próvido, da *a.* provident.
provincia *f.* province.
provinciano, na *a.-n.* provincial.
provisión *f.* provision. *2* supply, stock. *3* step, measure.
provisional *a.* provisional, temporary.
provocación *f.* provocation [defiance, challenge].
provocador, ra *a.* provoking. *2 m.-f.* provoker.
provocar *t.* to provoke, defy, dare, challenge. *2* to rouse.
provocativo, va *a.* provocative, provoking, inciting.
próximamente *adv.* soon, before long. *2* approximately.
proximidad *f.* nearness, vicinity.
próximo, ma *a.* near, neighbouring, close to. *2* next: ***el mes ~,*** next month. *3* ***~ pasado,*** last [month, etc.].
proyección *f.* projection; jut.
proyectar *t.* to project, throw, cast. *2* to show [a film, etc.]. *3* to plan, intend. *4 ref.* to jut out, stand out. *5* [of a shadow] to fall on.
proyectil *m.* projectile, missile.
proyecto *m.* project, design, plan, scheme: *2* ***~ de ley,*** bill.
proyector *m.* projector; searchlight; spotlight.
prudencia *f.* prudence, wisdom.
prudente *a.* prudent, wise. *2* cautious. *3* **-mente** *adv.* wisely.
prueba *f.* proof; evidence. *2* sign. *3* test, trial. *4* sample. *5* fitting, traying on [of a dress]. *6* ordeal, trial. *7* essay. *8* ***poner a ~,*** to put to test; ***a ~ de incendio,*** *fireproof.*
prurito *m.* itching. *2* desire.
psicología *f.* psychology.
psicológico, ca *a.* psychological.
psiquiatra *m.* psychiatrist, alienist.
psíquico, ca *a.* psychic(al.
púa *f.* prick, barb, thorn. *2* prong. *3* quill [of porcupine, etc.]. *4* tooth [of comb]. *5* HORT. graft. *6* MUS. plectrum.
pubertad *f.* puberty.
publicación *f.* publication.
públicamente *adv.* publicly.
publicar *t.* to publish. *2* to issue [a decree]. *3 ref.* to come out.
publicidad *f.* publicity. *2* advertisement.
público, ca *a.* public. *2 m.* public; audience [spectators, etc.].
puchero *m.* cooking-pot. *2* meat and vegetables stew. *3* ***hacer pucheros,*** to pout.
pudibundo, da *a.* PUDOROSO.
púdico, ca *a.* modest, chaste.
pudiente *a.* rich, well-to-do.
pudín *m.* pudding.
pudor *m.* modesty, chastity.
pudoroso, sa *a.* modest, chaste.
pudrir *t.-ref.* to rot, corrupt. *2 ref.* to rot, decay.
pueblo *m.* town, village. *2* common people. *3* race; nation.
puente *m.-f.* bridge; ***~ colgante,*** suspension bridge; ***~ levadizo,*** drawbridge. *2* dental bridge. *3* deck [of a ship].
puerco, ca *a.* dirty, filthy; slutish. *2 m.* hog, pig. *3* ***~ de mar,*** sea-hog; ***~ espín,*** porcupine. *4 f.* sow.
pueril *a.* puerile, childish.
puerilidad *f.* childishness, foolishness; childish remark or act.
puerta *f.* door, doorway; gate, gateway; entrance, access; ***~ de corredera,*** sliding door; ***~ giratoria,*** revolving door.
puerto *m.* NAUT. port, harbour, haven: ***~ franco,*** free port. *2* fig. refuge. *3* mountain pass.
puertorriqueño, ña *a.-n.* Porto Rican.
pues *conj.* because, for, since. *2* then: ***así ~,*** so then; ***~ bien,*** well then.
puesta *f.* setting: ***~ de sol,*** sunset. *2* stake [at cards].
puesto, ta *irreg. p. p.* of PONER. *2* placed, put. *3* dressed. *4 m.* place, spot. *5* stall, stand, booth. *6* job, employment. *7* MIL. post, station: ***~ de socorro,*** first-aid station. *8* conj. ***~ que,*** since, inasmuch as.
púgil *m.* boxer, pugilist.
pugilato *m.* pugilism, boxing.
pugna *f.* fight, struggle, strife.
pugnar *i.* to fight, struggle, strive.
pujante *a.* powerful, strong.
pujanza *f.* power, strength.
pujar *t.* to push. *2* to outbid [at an auction]. *3 i.* to falter; to grope for words.
pulcritud *f.* neatness, tidiness.
pulcro, cra *a.* neat, tidy, clean.

pulga *f.* flea: ***tener malas pulgas,*** to be ill-tempered.
pulgada *f.* inch.
pulgar *m.* thumb.
pulido, da *a.* neat, tidy; nice.
pulir *t.* to polish, burnish. *2* to refine. *3* to adorn.
pulmón *m.* lung.
pulmonía *f.* pneumonia.
pulpa *f.* pulp, flesh.
púlpito *m.* pulpit.
pulpo *m.* octopus; cuttle-fish.
pulsación *f.* beat, throb; pulse.
pulsar *t.* to push [a button]. *2* to feel the pulse of. *3* fig. to sound out, examine [an affair]. *4* MUS. to play [the harp]. *5 i.* [of the heart] to beat, throb.
pulsera *f.* JEWEL. bracelet. *2* wristlet. *3* watch strap.
pulso *m.* PHYSIOL. pulse. *2* steadiness of the hand. *3* care, tact.
pulular *i.* to swarm, teem.
pulverizador *m.* spray, atomizer.
pulverizar *t.* to pulverize. *2* to atomize, spray.
pulla *f.* quip, cutting remark, innuendo. *2* witty saying.
pundonor *m.* point of honour.
punta *f.* point: ***sacar ~ a***, to sharpen. *2* head [of an arrow, etc.]. *3* tip, nib. *4* top. *5* stub [of cigar]. *6* horn [of bull]. *7* tine [of a fork]. *8* ***está de ~ con***, to be on bad terms with.
puntada *f.* SEW. stitch. *2* hint.
puntal *m.* prop, support.
puntapié *m.* kick: ***echar a puntapiés,*** to kick out.
puntear *t.* to dot, stipple. *2* to sew, stitch. *3* to pluck [the guitar].
puntería *f.* aim [with rifle]. *2* marksmanship.
puntero *m.* pointer. *2* chisel.
puntiagudo, da *a.* sharp-pointed.
puntilla *f.* point lace. *2* tracing point. *3* BULLF. short dagger. *4* ***de puntillas,*** softly, on tiptoe.
puntillo *m.* punctilio. *2* MUS. dot.
puntilloso, sa *a.* punctilious.
punto *m.* point; dot; period. stop: ***~ final***, full stop: ***~ y coma***, semicolon; ***dos puntos,*** colon. *2* gun sight. *3* SEW. stitch. *4* knitwork: ***géneros de ~***, hosiery. *5* place, spot, point: ***~ de partida***, starting-point; ***~ de vista***, point of view. *6* moment: ***al ~***, inmediately. *7* ***~ por ~***, in detail; ***hasta cierto ~***, to a certain extent. *8* ***~ cardinal***, cardinal point of the compass. *9* ***en su ~***, just right, perfect; ***a ~***, ready; ***a ~ de***, on the point of; ***en ~***, exactly, sharp.
puntuación *f.* punctuation.
puntual *a.* punctual; exact. *2* certain. *3* suitable. *4* **-mente** *adv.* punctually; exactly.
puntualidad *f.* punctuality.
puntualizar *t.* to tell in detail. *2* to finish, perfect.
puntuar *t.* GRAM. to punctuate.
punzada *f.* prick, puncture, sting. *2* sharp pain.
punzante *a.* prickling, sharp.
punzar *t.* to prick, pierce. *2* to punch. *3* to give pain.
punzón *m.* punch; awl, pick.
puñado *m.* handful.
puñal *m.* poniard, dagger.
puñalada *f.* stab: ***coser a puñaladas,*** to stab to death.
puñetazo *m.* punch, blow with the fist.
puño *m.* fist. *2* handful. *3* cuff. *4* hilt [of asword, etc.]. *5* handle [of an umbrella].
pupila *f.* ANAT. pupil.
pupilaje *m.* wardship. *2* boarding-house.
pupilo *m.* pupil, ward. *2* boarder.
pupitre *m.* [writing] desk.
puré *m.* purée, thick soup: ***~ de patatas,*** mashed potatoes.
pureza *f.* purity. *2* virginity.
purga *f.* MED. purge, purgative.
purgar *t.* MED. to purge. *2* to cleanse. *3* to expiate. *4 ref.* to take a purge.
purgatorio *m.* purgatory.
purificar *t.* to purify, cleanse.
puritano, na *a.-n.* puritan.
puro, ra *a.* pure, sheer; chaste: ***de ~ raza,*** thoroughbred. *2 m.* cigar.
púrpura *f.* purple; purple cloth.
purpúreo, rea *a.* purple.
pus *m.* pus.
pusilánime *a.* faint-hearted.
puta *f.* whore, prostitute.
putativo, va *a.* presumed, reputed: ***padre ~***, foster father.
putrefacción *f.* putrefaction, decay, rotting.
putrefacto, ta; pútrido, da *a.* putrid, rotten, decayed.
puya *f.* goad.
puyazo *m.* jab with a goad.

Q

que *rel. pron.* that; wich; who; whom; ***el ~***, who; which; the one who; the one which. *2 conj.* that; to [accusative-infinitive]. *3* than [in comparative sentences]. *4* and [expletive]. *5* let, may, I wish [in command or desiderative sentences]. *6* ***con tal ~***, provided [that]. *7* for, because, since.

qué *exclam. pron.* how, what [a]: ***¡~ bonito!***, how beautiful! *2 interr. pron.* what?, which? *3* how much. *4* ***¿a [para] ~?***, what for?; ***¿por ~?***, why?; ***no hay de ~***, don't mention it!

quebrada *f.* gorge, ravine.

quebradero *m.* ***~ de cabeza***, worry, concern.

quebradizo, za *a.* brittle, fragile.

quebrado, da *a.* broken. *2* bankrupt. *3* rough or rugged [ground]. *4 m.* bankrupt. *5* MATH. fraction.

quebrantar *t.* to break. *2* to pound, crash. *3* to transgress [a law]. *4* to weaken. *5* to vex.

quebranto *m.* breaking. *2* loss. *3* grief, pain. *4* pity.

quebrar *t.* to break, crush; to interrupt. *2* to wither [complexion]. *3* to bend [the body]. *4 i.* to go bankrupt. *5* ***quebrarse uno la cabeza***, to rack one's brains. ¶ CONJUG. like ***acertar***.

queda *f.* curfew.

quedar *i.-ref.* to remain, stay, be left: ***~ atónito***, to be astonished; ***nos quedan diez pesetas***, we have ten pesetas left. *2* ***~ en***, to agree; ***~ bien*** o ***mal***, to acquit oneself well or badly; ***quedarse con***, to take.

quedo, da *a.* quiet, soft, low [voice].

quehacer *m.* job, task, duties.

queja *f.* complaint, moan, groan.

quejarse *ref.* to complain, moan, grumble.

quejido *m.* complaint, moan.

quejoso, sa *a.* complaining, plaintive.

quema *f.* burning; fire.

quemadura *f.* burn, scald.

quemar *t.* to burn; scald; scorch. *2 i.* to burn [be too hot]. *3 ref.* to burn, get burnt. *4* to become angry. *5* [of plants] to be scorched, nipped.

quemazón *f.* burning. *2* itching. *3* great heat.

querella *f.* complaint. *2* quarrel, controversy.

querellarse *ref.* to bewail. *2* LAW to complain, bring suit.

1) **querer** *m.* love, affection.

2) **querer** *t.* to love [be in love with]. *2* to want, will, wish, desire. *3* ***~ decir***, to mean. *4* ***no quiso hacerlo***, he refused to do it; ***sin ~***, unintentionally. *5* impers. ***parece que quiere llover***, it looks like rain. ¶ CONJUG. INDIC. Pres.: ***quiero, quieres, quiere;*** queremos, queréis, ***quieren***. | Pret.: ***quise, quisiste, quiso***, etc. | Fut.: ***querré, querrás***, etc. ‖ SUBJ. Pres.: ***quiera, quieras, quiera;*** queramos, queráis, ***quieran***. | Imperf.: ***quisiera, quisieras***, etc., or ***quisiese, quisieses***, etc. | Fut.: ***quisiere, quisieres***, etc. ‖ IMPER.: ***quiere, quiera; queramos, quered, quieran***.

querido, da *a.* dear, beloved. *2 m.-f.* lover; paramour. *3 f.* mistress.

querubín *m.* cherub.

queso *m.* cheese: ***~ de bola***, Dutch cheese.

quevedos *m. pl.* pince-nez.

quicio *m.* hinge [of a door]: ***sacar a uno de ~***, to exasperate someone.

quiebra *f.* break, crack; fissure. *2* ravine. *3* loss. *4* COM. failure, bankrupcy.

quien *(interrog. & exclam.* **quién**), pl. **quienes** pron. who, whom.

quienquiera, pl. **quienesquiera** *pron.* whoever, whomever, whosoever, whomsoever.

quietamente *adv.* quietly, calmly.

quieto, ta *a.* quiet, still, motionless; calm.
quietud *f.* calmness, stillness, quiet, rest.
quijada *f.* jaw, jawbone.
quijote *m.* Quixote, quixotic person.
quilate *m.* carat, karat.
quilo *m.* KILO.
quilla *f.* keel.
quimera *f.* chimera. *2* quarrel. *3* wild fancy.
quimérico, ca *a.* unreal, fantastic.
química *f.* chemistry.
químico, ca *a.* chemical. *2 m.-f.* chemist.
quina, quinina *f.* quinine.
quincalla *f.* hardware, ironmongery.
quince *a.-n.* fifteen. *2* fifteenth.
quincena *f.* fortnight.
quinientos, as *a.-n.* five hundred.
quinina *f.* quinine.
quinqué *m.* oil lamp.
quinta *f.* country-house, villa *2* MIL. draft, recruitment, call-up.
quinto, ta *a.* fifth. *2 m.* conscript, recruit.
quiosco *m.* kiosk, pavilion. *2* news-stand. *3* bandstand.
quiquiriquí *m.* cook-a-doodle-do.
quirúrgico, ca *a.* surgical.
quisquilloso, sa *a.* peevish, touchy.
quisto, ta *a.* ***bien ~***, well-liked; welcome; ***mal ~***, disliked; unwelcome.
quitamanchas *m.* dry-cleaner, stain remover.
quitanieves *m.* snow-plough.
quitar *t.* to remove, take [away, of, from, out], rub off. *2* to eliminate. *3* to steal, rob of, deprive of. *4* to clear [the table]. *5 ref.* to move away: ***quítate de aquí***, get out of here! *6* to take off [one's clothes, etc.]. *7* ***quitarse de encima***, to get rid of.
quitasol *m.* parasol, sunshade.
quite *m.* hindrance. *2* parry [in fencing]. *3* removal [of a bull, when a fighter is in danger]. *4* dodge.
quizá, quizás *adv.* perhaps, maybe.

R

rabadán *m.* head shepherd.
rabadilla *f.* rum, croup(e).
rábano *m.* radish.
rabí *m.* rabbi, rabbin.
rabia *f.* MED. rabies. *2* rage, fury: ***tener ~ a uno,*** to hate someone.
rabiar *i.* MED. to have rabies. *2* to rage, be furious. *3* ~ ***por,*** to be dying for.
rabieta *f.* fit of temper, tantrum.
rabiosamente *adv.* furiously.
rabioso, sa *a.* rabid; mad. *2* furious, enraged, angry.
rabo *m.* tail; end: ***con el ~ entre piernas,*** discomfited, crestfallen; ***de cabo a ~,*** from beginning to end.
racial *a.* racial, race.
racimo *m.* bunch, cluster.
raciocinar *i.* to reason; argue.
raciocinio *m.* reasoning; argument.
ración *f.* ration. *2* portion [of food]. *3* allowance for food.
racional *a.* rational. *2* reasonable.
racionamiento *m.* rationing; *cartilla de ~,* ration card or book.
racionar *t.* to ration.
racha *f.* gust [of wind]. *2* streak of [good or bad] luck.
rada *f.* bay, roadstead.
radiación *f.* radiation. *2* broadcasting.
radiador *m.* radiator.
radial *a.* radial.
radiante *a.* radiant; beaming.
radiar *t.-i.* to radiate. *2* to radio, broadcast.
radical *a.* radical. *2 m.* root.
radicar *i.-ref.* to take root. *2 i.* to be, lie.
radio *m.* GEOM., ANAT. radius. *2* CHEM. radium. *3* spoke [of wheel]. *4* scope. *5* coll, radiogram. *6 f.* coll, radio, broadcasting. *7* coll. radio, wireless set.
radiodifusión *f.* broadcast(ing.
radiografía *f.* radiography, X-ray photograph.
radiograma *m.* radiogram, radio message, wireless telegram.
radioyente *m.-f.* radio listener.
raedera *f.* scraper.
raer *t.* to scrape [a surface]. *2* to scrape off. *3* to wear out [clothes]. ¶ CONJUG. like ***caer.***
ráfaga *f.* gust [of wind]. *2* burst [of machine-gun fire]. *3* flash [of light].
raído, da *a.* threadbare, worn.
raigambre *f.* deep rootedness.
rail *m.* RLY, rail.
raíz *f.* root [of a plant, etc.]: ***echar raíces,*** to take root: ***a ~,*** on the occasion of; ***de ~,*** entirely.
raja *f.* split, rent, crack. *2* slice [of melon, etc.].
rajar *t.* to split, rend. *2* to slice [a melon, etc.]. *3 i.* coll. to brag. *4 ref.* to split, crack. *5* to give up.
rajatabla (a) *adv.* at any cost.
ralea *f.* kind, sort. *2* race, breed.
ralo, la *a.* thin, sparse.
rallar *t.* to grate.
rama *f.* branch, bough. *2* ***en ~,*** raw; ***andarse por las ramas,*** to beat about the bush.
ramaje m. foliage, branches.
ramal *m.* strand [of rope]. *2* halter. *3* RLY. branch line.
ramera *f.* whore, prostitute.
ramificación *f.* ramification; branching off.
ramificarse *ref.* to ramify; to branch off.
ramillete *m.* bouquet, nosegay. *2* collection. *3* centrepiece.
ramo *m.* bough, branch. *2* bunch, cluster. *3* branch [of science, etc.]; line [of business, etc.].
ramonear *i.* to browse. *2* to trim trees.
rampa *f* cramp. *2* ramp, incline.
ramplón, na *a.* coarse [shoe]. *2* vulgar, uncouth.
ramplonería *f.* coarseness. *2* uncouthness.
rana *f.* ZOOL. frog.

rancio, cia *a.* rank, rancid, stale. *2* aged [wine]. *3* old [lineage].
ranchero *m.* mess cook. *2* rancher.
rancho *m.* MIL. mess. *2* settlement [of people]. *3* hut. *4* (Am.) cattle ranch.
rango *m.* rank, class.
ranura *f.* groove. *2* slot.
rapacidad *f.* rapacity, greed.
rapar *t.* to shave. *2* to crop.
1) **rapaz** *a.* rapacious. *2* ORN. of prey.
2) **rapaz, za** *m.* boy, young boy. *2 f.* girl, young girl.
rápidamente *adv.* rapidly, quickly.
rapidez *f.* rapidity, quickness.
rápido, da *a.* rapid, fast, swift. *2 m.* rapids [in a river].
rapiña *f.* rapine, robbery. *2* ***ave de ~,*** bird of prey.
rapiñar *t.* coll. to steal, plunder.
raposo, sa *m.* fox. *2 f.* vixen.
raptar *t.* to ravish [a woman]. *2* to kidnap [a child].
rapto *m.* ravishment. *2* kidnapping. *3* rapture, ecstasy.
raqueta *f.* SPORTS racket.
raquítico, ca *a.* MED. rachitic, rickety. *2* stunted. *3* feeble, meagre.
raramente *adv.* rarely, seldom.
rareza *f.* rarity, rareness. *2* oddity. *3* curiosity, freak.
raro, ra *a.* rare [gas]. *2* scarce: ***raras veces,*** seldom. *3* odd, queer, strange.
ras *m.* ***a ~ de,*** close to, even with.
rascacielos *m.* skyscraper.
rascadura *f.* scraping, scratching.
rascar *t.* to scrape, scratch.
rasgado, da *p. p.* of RASGAR. *2 a.* wide-open, large [eyes, mouth].
rasgadura *f.* tear, tearing, rent.
rasgar *t.* to tear, rend, rip. *2 ref.* to tear, become torn.
rasgueado, rasgueo *m.* flourish [on the guitar, in writing].
rasguear *t.-i.* to flourish.
rasgo *m.* dash, stroke [of the pen]: ***~ de ingenio,*** stroke of wit. *2* deed, feat. *3* trait, feature. *4 pl.* features [of the face]. *5* ***a grandes rasgos,*** in outline, broadly.
rasguño *m.* scratch.
raso, sa *a.* flat, level, plain: ***al ~,*** in the open air. *2* clear [sky]. *3* ***soldado ~,*** private. *4 m.* satin.
raspa *f.* [fish] bone. *2* beard [of wheat, etc.]. *3* stalk [of grapes].
raspadura *f.* rasping, filing.
raspar *t.* to rasp, scrape, erase.
rastra *f.* trail, track. *2* trace. *3* drag. *4* AGR. rake; harrow. *5* string [of onions]. *6* ***a rastras,*** dragging, unwillingly.
rastrear *t.* to trace, track, scent out. *2* to drag. *3 i.* AGR. to rake. *4* to fly very low.
rastrero, ra *a.* creeping, dragging. *2* flying low. *3* abject, vile.
rastrillar *t.* AGR. to rake.
rastrillo *m.* AGR. rake.
rastro *m.* AGR. rake. *2* trace, track, scent. *3* vestige. *4* [in Madrid] rag-market.
rastrojo *m.* AGR. stubble.
rata *f.* rat. *2* coll. sneak-thief.
ratería *f.* larceny, pilfering.
ratero, ra *m.-f.* pickpocket, pilferer, sneak-thief.
ratificación *f.* ratification, confirmation.
ratificar *t.* to ratify, confirm.
rato *m.* time, while: ***un buen ~,*** a long time; a pleasant time; ***al poco ~,*** shortly after; ***a ratos perdidos,*** in spare time; ***pasar el ~,*** to kill time.
ratón *m.* mouse. *2 pl.* mice.
ratonera *f.* mouse-trap. *2* mouse-hole.
raudal *m.* stream, torrent, flow.
raudo, da *a.* rapid, rushing, swift.
raya *f.* ICHTH. ray, skate. *2* line. *3* score, scratch. *4* stripe, streak: ***a rayas,*** striped. *5* crease [in trousers]. *6* parting [in the hair]. *7* ***pasar de ~,*** to go too far; ***tener a ~,*** to keep within bounds.
rayado, da *a.* striped, lined, streaky. *2* ruled [paper].
rayar *t.* to draw lines on, line, rule. *2* to scratch [a surface]. *3* tu stripe. *4* to cross out. *5* to underline. *6 i.* ***~ con*** or ***en,*** to border on, verge on.
rayo *m.* ray, beam [of light, etc.]: ***~ de sol,*** sunbeam. *2* lightning, stroke of lightning. *3* spoke [of a wheel]. *4* ***rayos X,*** X-rays.
raza *f.* race, breed, lineage: ***de pura ~,*** thoroughbred.
razón *f.* reason. *2* words, speech. *3* right, justice: ***dar la ~,*** to agree with; ***tener ~,*** to be right; ***no tener ~,*** to be mistaken or wrong. *4* regard, respect: ***en ~ a,*** with regard to. *5* information, account: ***dar ~ de,*** to give an account of. *6* rate: ***a ~ de,*** at the rate of. *7* MATH. ratio. *8* COM. ***~ social,*** trade name, firm.
razonable *a.* reasonable, sensible. *2* fair, moderate. *3* **-mente** *adv.* reasonably.
razonar *i.* to reason, argue. *2* to talk, discourse.
reacción *f.* reaction: ***avión a ~,*** jet [plane].
reaccionar *i.* to react.
reaccionario, ria *a.* reactionary.
reacio, cia *a.* reluctant, unwilling.
reactor *m.* ELEC., PHYS. reactor. *2* jet [plane].

reafirmar *tr.* to reaffirm, reassert.
reajuste *m.* readjustement.
real *a.* real, actual. *2* royal. *3* grand, magnificent. *4 m.* real [Spanish coin].
realce *m.* relief, raised work. *2* prestige, splendour; ***dar* ~,** to enhance, emphasize.
realeza *f.* royalty, kingship.
realidad *f.* reality, fact. *2* sincerity. *3* ***en* ~,** really, in fact.
realismo *m.* realism. *2* royalism.
realista *a.* realistic. *2* royalistic. *3 m.-f.* realist. *4* royalist.
realizable *a.* feasible, practicable.
realización *f.* achievement, fulfilment.
realizar *t.* to accomplish, carry out, do, fulfill. *2 ref.* to be accomplished, etc.
realmente *adv.* really, actually.
realzar *t.* to raise. *2* emboss. *3* to heighten, enhance.
reanimar *t.* to revive, restore, cheer up, encourage.
reanudar *t.* to renew, resume. *2 ref.* to be renewed or resumed.
reaparecer *i.* to reappear.
reaparición *f.* reappearance.
rearme *m.* rearmament, rearming.
reasumir *t.* to reassume, resume, take up again.
reata *f.* string of horses. *2* rope.
rebaja *f.* abatement, reduction. *2* COM. rebate, discount.
rebajar *t.* to reduce, rebate, discount. *2* to disparage, humiliate. *3 ref.* to humble oneself: ***rebajarse a,*** to stoop to.
rebanada *f.* slice [esp. of bread].
rebaño *m.* herd, flock, drove.
rebasar *t.* to exceed, go beyond.
rebatiña *f.* ***andar a la* ~,** to scramble for.
rebatir *t.* to refute. *2* to repel.
rebato *m.* MIL. sudden attack. *2* ***tocar a* ~,** to call to arms.
rebelarse *ref.* to rebel, revolt.
rebelde *a.* rebellious, stubborn. *2 m.-f.* rebel, insurgent.
rebeldía *f.* sedition, rebelliousness; defiance [of law].
rebelión *f.* rebellion, revolt.
reborde *m.* flange, rim.
rebosante *a.* overflowing, brimming over.
rebosar *i.-ref.* to overflow, run over. *2 i.* to abound.
rebotar *i.* to bounce; to rebound. *2* to drive back. *3* to vex.
rebote *m.* bound, bounce: ***de* ~,** indirectly.
rebozar *t.* COOK. to coat with batter, etc. *2* to muffle up. *3 ref.* to muffle oneself up.
rebozo *m.* muffler. *2* pretext: ***sin* ~,** frankly, openly.
rebusca *f.* careful research.
rebuscado, da *a.* affected, far-fetched.
rebuscar *i.-t.* to search carefully for; glean. *3* coll. to dig up.
rebuznar *i.* to bray.
rebuzno *m.* bray(ing.
recabar *t.* to attain, achieve by supplication.
recadero, ra *m.-f.* messenger.
recado *m.* message, errand. *2* present, gift. *3* greeting. *4* outfit: ~ ***para escribir,*** writing materials.
recaer *i.* to fall back, relapse; to devolve upon. ¶ CONJUG. like ***caer***.
recaida *f.* relapse.
recalar *t.* to soak, saturate. *2 i.* NAUT. to reach, sight land.
recalcar *f.* to repeat, emphasize, stress. *2* to press down.
recalcitrante *a.* recalcitrant; stubborn.
recalentar *t.* to reheat, warm up. *2* to overheat. ¶ CONJUG. like ***acertar.***
recámara *f.* dressing;-room. *2* breech [of a gun]. *3* caution.
recambio *m.* re-exchange: ***piezas de* ~,** spare parts.
recapacitar *t.* to think over, meditate upon.
recapitulación *f.* recapitulation.
recapitular *t.* to recapitulate, summarize.
recargado, da *a.* overloaded. *2* overelaborate, exaggerated.
recargar *t.* to recharge, overload, overcharge. *2* to increase.
recargo *m.* recharge, new load. *2* surtax.
recatadamente *adv.* modestly.
recatado, da *a.* cautious, circumspect. *2* modest, chaste.
recatar *t.* to hide, conceal. *2 ref.* to be cautious.
recato m. caution, reserve. *2* modesty, decency.
recaudador, *m.* tax-collector.
recaudar *t.* to collect [taxes, etc.].
recelar *t.-ref.* to fear, suspect.
recelo *m.* fear, suspición.
receloso, sa *a.* distrustful, suspicious.
recentísimo, ma *a.* very recent.
recepción *f.* reception, admission.
receptáculo *m.* receptacle.
receptor, ra *a.* receiving. *2 m.-f.* receiver.
receso *m.* recess.
receta *f.* MED. prescription. *2* recipe [of a cake, etc.].
recetar *t.* MED. to prescribe.
reciamente *adv.* strongly.
recibidor *m.* vestibule, hall.

recibimiento *m.* reception; welcome. *2* vestibule, hall.
recibir *t.* receive. *2* to admit, let in. *3* to meet; to welcome.
recibo *m.* reception, receipt: ***acusar ~ de,*** to acknowledge receipt of.
recién *adv.* recently, lately, newly: **~ *nacido,*** new-born; **~ *llegado,*** newcomer; **~ *casados,*** newly married.
reciente *a.* recent, fresh, late, new. *2* **-mente** *adv.* recently, lately, newly.
recinto *m.* area, enclosure, precinct.
recio, cia *a.* strong, robust. *2* thick, stout, bulky. *3* hard: ***hablar ~,*** to speak loudly.
recipiente *a.* recipient. *2 m.* vessel, container.
recíproco, ca *a.* reciprocal, mutual.
recital *m.* recital.
recitar *t.* to recite; to deliver [a speech].
reclamación *f.* claim, demand. *2* complaint, protest.
reclamar *t.* to claim, demand. *2* to complain, protest [against].
reclamo *m.* decoy bird. *2* bird call. *3* enticement. *4* advertisement.
reclinar *t.-ref.* to recline, lean [back].
recluir *t.* to shut up, enclose, seclude. ¶ CONJUG. like ***huir.***
reclusión *f.* confinement, imprisonment, seclusion.
recluso, sa *a.* shut up, imprisoned. *2 m.-f.* recluse.
recluta *f.* levy, recruitment. *2 m.* recruit.
reclutamiento *m.* levy, recruitment, conscription.
reclutar *t.* to recruit, conscript
recobrar *t.* to recover, regain, retrieve. *2 ref.* to get better, recover.
recodo *m.* turn, bend, corner.
recoger *t.* to gather, collect, pick up, retake. *2* to take in [a garment]. *3* to take away, put away. *4* to fetch, get. *5* to accumulate. *6* to receive, give shelter to. *7 ref.* to retire [to bed; from wordly affairs], go home; to withdraw from circulation.
recogido, da *a.* retired, secluded. *2 m.-f.* inmate [of an asylum, etc.]. *3 f.* harvesting.
recogimiento *m.* gathering. *2* seclusion. *3* ECCL. retreat.
recolección *f.* summary. *2* harvest, crop. *3* collection [of taxes, etc.].
recolectar *t.* to harvest, gather.
recomendable *a.* commendable.
recomendación *f.* recommendation; advice; ***carta de ~,*** letter of introduction.
recomendar *t.* to recommend. *2* to request, enjoin. ¶ CONJUG. like ***acertar.***
recompensa *f.* recompense, reward; compensation.
recompensar *t.* to recompense, reward; to compensate.
recomponer *t.* to recompose. *2* to repair, mend.
reconcentrar *t.* to concentrate. *2* to keep secret [one's hate]. *3 ref.* to become absorbed in thought.
reconciliar *t.* to reconcile. *2 ref.* to become reconciled.
reconcomio *m.* scratching one's back. *2* suspicion.
recóndito, ta *a.* recondite, secret.
reconfortar *t.* to comfort, encourage.
reconocer *t.* to inspect, examine. *2* MIL. to reconnoitre. *3* to recognize, admit, confess, acknowledge. *4 ref.* to avow or own oneself. *5* to be apparent. ¶ CONJUG. like ***agradecer.***
reconocimiento *m.* inspection, examination. *2* MIL. reconnaisance. *3* survey. *4* acknowledgement. *5* gratitude. *6* MED. check-up.
reconquista *f.* reconquest.
reconquistar *t.* to reconquer.
reconstrucción *f.* reconstruction.
reconstruir *t.* to rebuild, reconstruct.
reconvención *f.* charge, reproach.
reconvenir *t.* to charge, reproach.
recopilación *f.* summary, abridgement. *2* compilation, collection.
recopilar *t.* to compile, collect.
récord *m.* record.
recordar *t.* to remember, recollect. *2* to remind: **~ *algo a uno,*** to remind someone of something. ¶ CONJUG. like ***contar.***
recorrer *t.* to go over, travel, walk. *2* to read over, look over. *3* to mend, repair.
recorrido *m.* journey, run, course.
recortar *t.* to cut away or off, clip, pare off, trim. *2* to cut out [figures]. *3* to outline.
recorte *m.* cutting(s, timming(s.
recostar *t.* to lean, recline. *2 ref.* to lean back, sit back, lie down. ¶ CONJUG. like ***contar.***
recoveco *m.* bend, twist. *2 pl.* devices.
recrear *t.* to amuse, entertain. *2* to please, delight. *3 ref.* to amuse oneself, take delight.
recreativo, va *a.* amusing, entertaining.
recreo *m.* amusement; break [at school]. *2* playground, play-field [at school].
recriminar *t.-ref.* to recriminate.
rectamente *adv.* directly, straightly. *2* honestly, rightly.
rectangular *a.* rectangular, right-angled.
rectángulo *m.* rectangle.

rectificar *t.* to rectify, amend, straighten. *2* to refine [liquors].
rectitud *f.* uprightness, righteousness. *2* straightness.
recto, ta *a.* straight; right [angle]. *2* just, honest. *3* literal [sense]. *4 f.* straight line.
rector, ra *a.* ruling, governing. *2 m.* principal, head; vice-chancellor [of a University]. *3* ECCL. parish priest, rector, vicar.
recua *f.* drove [of pack-mules]. *2* string [of people or things].
recuerdo *m.* remembrance, memory. *2* keepsake, souvenir. *3 pl.* compliments, regards.
recular *i.* to recoil, fall back.
recuperable *f.* recoverable.
recuperación *f.* recovery, regain.
recuperar *t.* to recover, retrieve. *2 ref.* to recover oneself.
recurrir *i.* to appeal, resort, have recourse [to], fall back [on].
recurso *m.* recourse, resort. *2* resource. *3* LAW appeal. *4 pl.* resources, means.
recusar *t.* to refuse, reject. *2* LAW to challenge, recuse.
rechazar *t.* to repel, drive back. *2* to reject; to rebuff.
rechazo *m.* rebound, recoil: ***de*** ~, as a result.
rechifla *f.* hissing [in derision].
rechinar *i.* [of a door, etc.] to squeak, creak, grate. *2* [of teeth] to gnash.
rechoncho, cha *a.* chubby, thickset.
red *f.* net. *2* netting. *3* network [of railways, etc.]. *4* snare, trap.
redacción *f.* wording. *2* editing. *3* editorial office. *4* editorial staff: ***jefe de*** ~, chief editor.
redactar *t.* to draw up, compose, write.
redactor, ra *m.-f.* writer. *2* editor, journalist.
redada *f.* cast [of a net]. *2* catch, bag [of fishing; criminals].
redención *f.* redemption. *2* ransom.
redentor, ra *a.* redeeming. *2 m.-f.* redeemer.
redicho, cha *a.* affected [speech].
redil *m.* sheep-fold, sheep-cot.
redimir *t.* to redeem. *2* to ransom.
rédito *m.* interest, revenue.
redoblar *t.* to double. *2* to clinch [a nail]; to repeat. *3 i.* to roll on the drum.
redoble *m.* doubling. *2* roll on the drum.
redoma *f.* phial, flask, vial.
redomado, da *a.* artful, sly.
redonda *f.* neighbourhood. *2* MUS. whole note. *3* ***a la*** ~, around, round about.
redondeado, da *a.* round, rounded.
redondear *t.* to round, make round. *2* to round off or out [complete]. *3 ref.* to become round. *4* to acquire a fortune.
redondel *m.* circle. *2* bullring.
redondilla *f.* eight-syllabe quatrain with rhyme a b b a.
redondo, da *a.* round; circular. *2* whole, entire. *3* clear, evident. *4* even [numbers]. *5* ***en*** ~, round about.
reducción *f.* reduction, decrease. *2* suppression [of a riot]. *3* MED. setting [of bones].
reducido, da *a.* limited, reduced, small.
reducir *t.* to reduce, diminish. *2* to convert [into]. *3* to subdue, suppress. *4* MED. to reset [bones]. *5 ref.* to economize.
reducto *m.* redoubt.
redundancia *f.* redundance, superfluity.
redundante *a.* redundant.
redundar *i.* to overflow. *2* ~ ***en***, to result in, lead to.
reduplicar *t.* to redouble, reduplicate.
reedificar *t.* ro rebuild.
reelegir *t.* to. re-elect.
reembolsar *t.* to reimburse, refund.
reembolso *m.* reimbursement, refunding: ***contra*** ~, cash on delivery.
reemplazar *t.* to replace. *2* to supersede.
reemplazo *m.* replacement, substitution. *2* MIL. annual enrollment.
refacción *f.* refreshment, collation.
refajo *m.* underskirt, petticoat.
referencia *f.* account. *2* reference. *3 pl.* references, information.
referente *a.* concerning to.
referir *t.* to relate, tell; to report. *2* ref. ~ ***a,*** to refer to, allude. ¶ CONJUG. like ***hervir***.
refilón (de) *adv.* askance.
refinado, da *a.* refined; artful.
refinamiento *m.* refinement. *2* neatness. *3* refined cruelty.
refinar *t.* to refine; to polish.
refinería *f.* refinery.
reflector *m.* reflector. *2* searchlight. *3* floddight.
reflejar *t.* to reflect. *2* to show, reveal. *3 ref.* to be reflected.
reflejo, ja *a.* reflected. *2* GRAM. reflexive. *3 m.* PHYSIOL. reflex. *4* reflection [of light, etc.].
reflexión *f.* reflexion. *2* meditation.
reflexionar *t.-i.* to think over, consider.
reflexivo, va *a.* reflexive. *2* reflective.
refluir *i.* to flow back. ¶ CONJUG. like ***huir***.
reflujo *m.* ebb-tide.
reforma *f.* reform. *2* improvement. *3* ECCL. Reformation.

reformar *t.-ref.* to reform. *2* t. to mend, improve.
reformatorio *m.* reformatory.
reforzar *t.* to reinforce, strengthen. ¶ CONJUG. like ***contar.***
refracción *f.* refraction.
refractar *t.* to refract. *2 ref.* to be refracted.
refractario, ria *a.* refractory, rebellious.
refrán *m.* proverb, saying, saw.
refregar *t.* to rub hard, scrub. *2* to upbraid. ¶ CONJUG. like ***acertar.***
refregón *m.* rubbing, friction.
refrenar *t.* to curb, restrain.
refrendar *t.* to countersign, endorse; to vise.
refrescante *a.* cooling; refreshing.
refrescar *t.* to cool, refresh. *2* to renew, brush up. *3 i.* [of the weather] to get cool. *4 i.-ref.* to become cooler. *5* to take air or a drink. *6* to cool down.
refresco *m.* refreshment. *2* cooling drink. *3* ***de ~,*** new, fresh [troops, etc.].
refriega *f.* affray, skirmish.
refrigeración *f.* refrigeration. *2* cooling.
refrigerador *m.* refrigerator.
refrigerar *t.* to cool, refrigerate. *2* to refresh, reinvigorate.
refrigerio *m.* relief. *2* refreshment [light meal].
refuerzo *m.* reinforcement, strengthening.
refugiado, da *m.-f.* refugee.
refugiar *t.* to shelter. *2 ref.* to take refuge.
refugio *m.* shelter, refuge.
refulgente *a.* shining.
refulgir *i.* to shine.
refundición *f.* recasting; adaptation [of a play, etc.].
refundir *t.* to recast; to adapt [a play, etc.].
refunfuñar *i.* to grumble, growl, mumble.
refutación *f.* refutation, disproof.
refutar *t.* to refute, disprove.
regadera *f.* watering-can.
regadío, día *a.* irrigated. *2 m.* irrigated land.
regalado, da *a.* dainty; comfortable.
regalar *t.* to present, give; to entertain. *2* to caress, flatter. *3* to delight. *4 ref.* to treat oneself well.
regalo *m.* gift, present. *2* comfort, luxury.
regañadientes (a) *adv.* reluctantly, grumblingly.
regañar *i.* to snarl, grumble. *2* to quarrel. *3 t.* to scold, chide.
regaño *m.* scolding, rebuke.
regañón, na *a.* grumbling. *2* scolding. *3 m.-f.* grumbler. *4* scolder.
regar *t.* to water, sprinkle; to irrigate. ¶ CONJUG. like *acertar.*
regata *f.* boat race.
regate *m.* dodge; dribbling [football].
regatear *t.* to bargain. *2* to dribble [in football].
regazo *m.* lap.
regencia *f.* regency; regentship.
regeneración *f.* regeneration. *2* feedback.
regentar *t.* to govern, manage.
regente *a.* ruling, governing. *2 m.-f.* regent.
regidor, ra *a.* ruling, governing. *2 m.* alderman, town councillor.
régimen, *pl.* **regímenes** *m.* regime, system of government. *2* diet, regimen.
regimiento *m.* MIL. regiment.
regio, gia *a.* royal; magnificent.
región *f.* region; area.
regional *a.* regional; local.
regir *t.* to govern, rule. *2* to manage, direct. *3 i.* [law] to be in force; [custom] to prevail. ¶ CONJUG. like ***servir.***
registrar *t.* to search, examine, inspect. *2* to register, record, enter.
registro *m.* search, inspection. *2* register. *3* registry, register office [of births, etc.]. *4* bookmark.
regla *f.* rule, norm, precept: ***en ~,*** in [due] order; ***por ~ general,*** as a rule. *2* ruler [for drawing lines]. *3* measure, moderation.
reglamentar *t.* to regulate, establish rules for, set in order.
reglamentario, ria *a.* statutory, prescribed.
reglamento *m.* regulations, standing rules, by-law.
regocijar *t.* to rejoice, gladden. *2 ref.* to rejoice, be glad.
regocijo *m.* rejoicing, joy, gladness. *2* merriment. *3 pl.* festivities.
regodearse *ref.* to take delight in, rejoice. *2* coll. to joke, jest.
regolfar *i.-ref.* to flow back, eddy.
regordete, ta *a.* plump, chubby.
regresar *i.* to return, come back, go back.
regreso *m.* return: ***estar de ~,*** to be back.
reguero *m.* trickle. *2* ***~ de pólvora,*** train of powder.
regulador, ra *a.* regulating. *2 m.* regulator. *3* MACH. throttle.
1) **regular** *a.* regular. *2* suitable, satisfactory. *3* passable, midding; so-so; fair, fairly good.
2) **regular** *t.* to regulate; to put in order.
regularidad *f.* regularity.
regularizar *t.* to regularize.
rehabilitación *f.* rehabilitation.

rehabilitar *t.* to rehabilitate, restore.
rehacer *t.* to do again, remake. *2* to repair, mend. *3 ref.* to regain strenght. ¶ CONJUG. like ***hacer***.
rehén, *pl.* **rehenes** *m.* hostage.
rehuir *t.* to avoid, flee, shun. *2* to refuse, decline.
rehusar *t.* to refuse, decline.
reimprimir *t.* to reprint.
reina *f.* queen.
reinado *m.* reign.
reinar *i.* to reign. *2* to rule, prevail.
reino *m.* kingdom, reign.
reintegrar *t.* to restore, refund, repay. *2 ref.* to recover, get back.
reír *i.-ref.* to laugh; ***reírse de,*** to laugh at. ¶ CONJUG. INDIC. Pres.: ***río, ríes, ríe;*** reímos, reís, ***ríen***. | Pret.: reí, reíste, ***rió;*** reímos, reísteis, ***rieron.*** ‖ SUBJ. Pres.: ***ría, rías,*** etc. | Imperf.: ***riera, rieras,*** etc., or ***riese, rieses,*** etc. | Fut.: ***riere, rieres,*** etc. ‖ IMPER.: ***ríe, ría; riamos,*** reíd, ***rían.*** ‖ GER.: ***riendo***.
reiteradamente *adv.* repeatedly.
reiterar *t.* to reiterate, repeat.
reivindicar *t.* to claim back.
reja *f.* grate, grating, grille. *2* AGR. ploughshare.
rejón *m.* pointed iron bar. *2* spear for bullfighting.
rejuvenecer *t.* to rejuvenate. *2 i.-ref.* to become rejuvenated. ¶ CONJUG. like ***agradecer***.
relación *f.* relation, account, narrative. *2* THEAT. speech. *3* reference, bearing. *4* list of particulars. *5 pl.* intercourse; dealings. *6* relations; engagement; courtship. *7* connections, acquaintances, friends.
relacionar *t.* to relate, connect. *2* to tell, recount. *3 ref.* to be acquainted with or connected with.
relajado, da *a.* relaxed. *2* loose, dissolute.
relajamiento *m.* relaxation, loosening. *2* laxity, looseness. *3* slackness. *4* remission. *5* rest.
relajar *t.* to relax, loosen, slacken. *2* amuse, entertain; to mitigate. *3 ref.* to relax, become lax [of habits].
relamer *t.* to lick again. *2 ref.* to lick one's lips.
relamido, da *a.* affected, overdressed.
relámpago *m.* lightning, flash of lightning.
relampaguear *i.* to flash, sparkle. *2 impers.* to lighten.
relatar *t.* to relate, tell, state.
relativo, va *a.-m.* relative.
relato m. story, tale, account.
relegar *t.* to relegate, banish. *2* to postpone; to put aside.
relente *m.* night dew.
relevante *a.* excellent, outstanding, eminent.
relevar *t.* to relieve; to help; to release. *2* to remove [from office, etc.]. *3* to emboss.
relevo *m.* MIL. relief. *2* SPORTS relay.
relicario *m.* reliquary, shrine. *2* locket.
relieve *m.* [high, low] relief. *2* embossment: ***poner de ~,*** to emphasize.
religión *f.* religion, faith, creed.
religioso, sa *a.* religious. *2 m.* religious, monk. *3 f.* nun.
relinchar *i.* to neigh, whinny.
reliquia *f.* relic. *2 pl.* residue, remains.
reloj *m.* clock; watch: ***~ de pared,*** clock: ***~ de pulsera,*** wrist; watch; ***~ de sol,*** sundial; ***~ despertador,*** alarm-clock.
relojería *f.* watchmaker's shop.
relojero *m.* watchmaker.
reluciente *a.* bright, shining, gleaming; glossy.
relucir *i.* to be bright; to shine, glisten, gleam: ***sacar a ~,*** to make evident; to show off.
relumbrante *a.* shining, dazzling.
relumbrar *i.* to shine dazzingly; to glare.
relumbrón *m.* flash. *2* tinsel.
rellano *m.* landing [of stairs].
rellenar *t.* to refill. *2* to fill up, cram. *3* to stuff [a fowl]. *4 ref.* to stuff oneself [with food].
relleno, na *a.* filled up, stuffed. *2 m.* stuffing, padding.
remachar *t.* to clinch, rivet. *2* to reaffirm, repeat.
remache *m.* riveting. *2* rivet.
remanente *m.* remainder, residue.
remanso *m.* backwater, still water.
remar *i.* to row; to paddle.
rematadamente *adv.* completely.
rematado, da *a.* absolute, hopeless: ***loco ~,*** raving madman.
rematar *t.* to end, finish, complete. *2* to finish off, kill. *3* to knock down [at an auction].
remate *m.* end. *2* top, upper end. *3* knock down [at an auction]. *4* finishing touch. *5* ***de ~,*** completely, utterly.
remedar *t.* to imitate. *2* to mimic.
remediar *t.* to remedy. *2* to help, relieve. *3* to prevent, help: ***no lo puedo ~,*** I can't help that.
remedio *m.* remedy, cure. *2* help, relief. *3* ***no hay ~,*** it can't be helped; ***sin ~,*** hopeless.
rememorar *t.* to recall, commemorate.

remendar *t.* to mend, repair. *2* to patch; to darn. *3* to correct, amend. ¶ CONJUG. like ***acertar***.
remendón, na *a.* mending, repairing. *2 m.* patcher; cobbler.
remero, ra *m.-f.* rower, oarsman.
remesa *f.* remittance [of money]. *2* consignment; shipment [of goods].
remiendo *m.* mending, repair. *2* patch, darn. *2* amendment.
remilgado, da *a.* fastidious, finical, affected; too fussy.
remilgo *m.* simper; smirk; primness, affectation of nicety.
reminiscencia *f.* reminiscence, memory.
remirado, da *a.* over-cautious; scrupulous.
remisión *f.* pardon, forgiveness. *2* sending, remitance.
remitente *a.* sending, dispatching. *2 m.-f.* sender, dispatcher.
remitir *t.* to remit, send. *2* to forgive. *3* to adjourn. *4* to refer. *5 i.-ref.* to slacken. *6 ref.* to refer to.
remo *m.* oar, paddle.
remoción *f.* removal. *2* agitation.
remojar *t.* to soak, steep.
remojo *m.* soaking, steeping: ***echar en ~***, to steep.
remolacha *f.* beet; beetroot. *2* sugar-beet.
remolcador *m.* NAUT. tug, tugboat, tow-boat.
remolcar *t.* to tug, tow.
remolinar *i.* to whirl, spin. *2 ref.* to crowd together.
remolino *m.* whirlwind, whirlpool, eddy. *2* spiral tuft of hair. *3* throng, crush.
remolón, na *a.* lazy, slack, indolent.
remolque *m.* tow. *2* tow-rope. *3* ***llevar a ~***, to tow. *4* caravan, trailer.
remontar *t.* to rouse, beat [game]. *2* to repair [boots]. *3* to raise, elevate. *4 ref.* to go back to, date [from]. *5* to soar.
rémora *f.* hindrance, drawback.
remorder *t.* to cause remorse, bite again. ¶ CONJUG. like ***mover***.
remordimiento *m.* remorse, qualm.
remoto, ta *a.* remote, distant. *2* unlikely.
remover *t.* to remove, move. *2* to disturb, upset. *3* to stir. *4 ref.* to be disturbed, agitated.
remozar *t.-ref.* to rejuvenate.
remuneración *f.* remuneration, recompense.
remunerar *t.* to remunerate, reward.
renacer *i.* to be reborn, revive, grow again.
renacimiento *m.* renewal. *2* (cap.) Renaissance.
renacuajo *m.* tadpole.
rencilla *f.* quarrel, grudge.
rencilloso, sa *a.* quarrelsome, touchy.
rencor *m.* rancour, grudge, spite.
rencoroso, sa *a.* rancorous, spiteful.
rendición *f.* surrender.
rendido, da *a.* humble; obsequious. *2* weary, worn out.
rendija *f.* chink, crack, crevice.
rendimiento *m.* submissiveness, humility; obsequiousness. *2* weariness. *3* yield, output.
rendir *t.* to conquer, subdue. *2* to surrender, give up. *3* MIL. to lower [arms, flags]: to throw down [the arms]. *4* to pay [tribute]. *5* to tire out. *6* to yield, produce. *7 ref.* to surrender. *8* to become tired out. ¶ CONJUT. like ***servir***.
renegado, da *a.-n.* renegade, wicked [person], apostate.
renegar *t.* to deny, disown. *2* to detest, abhor. *3 i.* to turn renegade. *4* to curse, swear.
renglón *m.* line [printed]: ***a ~ seguido***, right after.
reniego *m.* blasphemy, curse.
reno *m.* ZOOL. reindeer.
renombrado, da *a.* renowned, famous.
renombre *m.* surname. *2* renown, fame.
renovación *f.* renewal, renovation.
renovar *t.* to renew; to renovate, change, reform. *2 ref.* to renew. ¶ CONJUG. like ***contar***.
renquear *i.* to limp, hobble.
renta *f.* rent. *2* interest; annuity; stock; profit, income. *3* revenue. *4* public debt.
rentar *t.* to yield, produce [profit, income].
rentista *m.-f.* stockholder; investor, rentier.
renuevo *m.* sprout, shoot. *2* renewal.
renuncia *f.* renouncement, resignation.
renunciar *t.* to renounce, resign, give up. *2* to decline, refuse.
reñido, da *a.* on bad terms, at variance, opposed to.
reñir *i.* to quarrel, wrangle, fight, como to blows. *2 t.* to scold. ¶ CONJUG. like ***reír***.
reo *a.* guilty. *2 m.-f.* offender, culprit; defendant.
reojo (mirar de) *t.* to look askance at.
reorganización *f.* reorganization.
reorganizar *t.* to reorganize.
repanchigarse, repantigarse *ref.* to lounge, stretch oneself out [in a chair].
reparable *a.* reparable. *2* noteworthy.

reparación *f.* repair. *2* reparation, satisfaction.
reparar *t.* to repair, mend. *2* to remedy, correct. *3* to make amends. *4* to notice. *5* to consider. *6* to restore [one's strenght]. *7* to parry [a blow]. *8 i.* to stop.
reparo *m.* repair, restoration, remedy. *2* reparation [of a building]. *3* observation. *4* doubt, difficulty: ***poner reparos,*** to criticize, find fault.
repartición *f.* division, distribution.
repartidor, ra *m.-f.* distributor. *2 m.* delivery man.
repartir *t.* to distribute, allot, share, deliver.
reparto *m.* distribution, allotment. *2* delivery [of goods, mail, etc.]. *3* THEAT. cast.
repasar *t.* to revise, review. *2* to check [accounts, etc.] to go over [one's lesson, etc.]. *3* to scan, glance over. *4* to mend [clothes].
repaso *m.* review, revision. *2* checking [of accounts]; going over [one's lesson]. *3* mending [of clothing, etc.]. *4* overhaul.
repecho *m.* slope, hill: ***a ~,*** uphill.
repelente *a.* repellent, repulsive.
repeler *t.* to repel, reject.
repente *m.* sudden impulse. *2* ***de ~,*** suddenly.
repentino, na *a.* sudden, unexpected.
repentinamente *adv.* suddenly, unexpectedly.
repercusión *f.* repercussion. *2* reverberation.
repercutir *i.* to rebound. *2* [of sound] to echo. *3 ref.* [of light] to reverberate.
repertorio *m.* repertory, index. *2* repertoire.
repetición *f.* repetition.
repetir *t.* to repeat, reiterate. *2* LAW to demand one's rights. ¶ CONJUG. like ***servir.***
repicar *t.* to chop, mince. *2* to peal, chime; to ring [the bells]; to play [castanets, etc.].
repique *m.* peal, chime, ringing [of bells]; lively playing [of castanets]. *2* tiff.
repiqueteo *m.* pealing, chiming, lively ringing [of bells]; lively playing [of castanets].
repisa *f.* bracket, console. *2* ledge, shelf: ***~ de la chimenea,*** mantelpiece; ***~ de la ventana,*** window sill.
replegar *t.* to refold. *2 ref.* to retire, fall back [troops].
repleto, ta *a.* full, filled [with].
réplica *f.* answer, sharp reply, retort. *2* F. ARTS copy.
replicar *i.* to answer back, reply, retort.
repliegue *m.* fold, crease. *2* MIL. retirement.
repoblación *f.* repopulation, restocking: ***~ forestal,*** afforestation.
repoblar *t.* to repopulate; to restock; to reafforest. ¶ CONJUG. like ***contar.***
repollo *m.* drumhead cabbage.
reponer *t.* to put back, replace. *2* THEAT. to revive [a play]. *3* to reply. *4 ref.* to recover.
reportaje *m.* [news] report.
reportar *t.* to bring [advantages, etc.]. *2 ref.* to restrain or control oneself.
reportero, ra *m.-f.* reporter.
reposado, da *a.* calm, quiet.
reposar *i.* to repose, rest; to lie [in the grave]. *2 i.-ref.* to rest. *3* [of liquid] to settle.
reposición *f.* replacement. *2* recovery. *3* revival [of a play].
reposo *m.* rest, repose.
repostería *f.* confectioner's shop. *2* pantry, larder.
repostero *m.* pastry-cook, confectioner.
reprender *t.* reprimand, rebuke, scold.
reprensible *a.* reprehensible blamable.
reprensión *f.* reprimand, scolding.
represa *f.* dam, weir, sluice.
represalia *f.* reprisal, retaliation.
represar *t.* to dam, dike. *2* to halt, stop.
representación *f.* representation. *2* THEAT. performance. *3* importance [man of].
representante *m.-f.* representative.
representar *t.* to represent. *2* THEAT. to act; to perform. *3* to look [age]. *4 ref.* to imagine.
representativo, va *a.* representative. *2* expressive.
represión *f.* repression, supression, check.
represivo, va *a.* repressive.
reprimenda *f.* reprimand, rebuke.
reprimir *t.* to repress, suppress, curb. *2 ref.* to refrain.
reprobar *t.* to reprove, censure. ¶ CONJUG. like ***contar.***
reprochar *t.* to reproach, censure.
reproche *m.* reproach, upbraiding.
reproducción *f.* reproduction.
reproducir *t.-ref.* to reproduce. ¶ CONJUG. like ***conducir.***
reptil *m.* reptile.
república *f.* republic.
republicano, na *a.-n.* republican.
repudiar *t.* to repudiate, reject.
repuesto, ta *irreg. p. p.* of REPONER. *2 a.* replaced, restored. *3* recovered [from

illness, etc.]. *4 m.* store, supply. *6 **de ~**,* spare, reserve.
repugnancia *f.* repugnance, aversion, disgust.
repugnante *a.* repugnant, disgusting.
repugnar *t.* to repel, disgust, be repugnant to.
repujado *m.* repoussé work.
repulido, da *a.* spruce, smart.
repulsa *f.* rejection, refusal.
repulsión *f.* repulsion, repugnance.
repulsivo, va *a.* repulsive, repellent.
reputación *f.* reputation, renown.
reputar *t.* to repute, consider.
requebrar *t.* to compliment, flatter. *2* to break again. ¶ CONJUG. like ***acertar.***
requemado, da *a.* sunburnt, brown. *2* parched.
requemar *t.* to burn again. *2* to scorch, parch. *3 ref.* to scorch, dry up [of plants].
requerimiento *m.* intimation. *2* requirement; summons.
requerir *t.* to intimate. *2* to require; to request. *3* to need, call for. *4* to examine. *5* to woo, court. ¶ CONJUG. like ***hervir.***
requesón *m.* curd. *2* cottage cheese.
requiebro *m.* compliment, gallantry, endearing expression.
requisa *f.* tour of inspection. *2* requisition.
requistar *t.* to requisition.
requisito *m.* requisite, requirement.
res *f.* head of cattle, beast.
resabido, da *a.* affecting learning.
resabio *m.* unpleasant after-taste. *2* viciousness.
resaca *f.* undertow, surge.
resalado, da *a.* coll. very witty; most charming.
resaltar *i.* to project, jut out. *2* to stand out; to be prominent: ***hacer ~,*** to emphasize.
resarcir *t.* to compensate, indemnify. *2* ref. ***resarcirse de,*** to make up for.
resbaladizo, za *a.* slippery. *2* skiddy.
resbalar *i.-ref.* to slip, slide. *2* to skid.
rescatar *t.* to ransom, rescue.
rescate *m.* ransom, rescue. *2* ransom money.
rescindir *t.* to rescind, annul.
rescoldo *m.* embers, cinder.
resecar *t.* to dry up. *2 ref.* to become too dry.
reseco, ca *a.* very dry, too dry. *2* lean, thin [person].
resentido, da *a.* offended, displeased. *2* resentful; feeling the effects of.
resentimiento *m.* resentment, grudge.
resentirse *ref.* to feel the effects of. *2* to be offended, take offence. ¶ CONJUG. like *hervir.*
reseña *f.* brief account. *2* review [of a book].
reseñar *t.* to give an account of. *2* to review [a book].
reserva *f.* reserve, reservation. *2* MIL. reserve. *3* reticence, secrecy: ***sin ~,*** openly.
reservadamente *adv.* secretly, confidentially.
reservado, da *a.* reserved; discreet. *2 m.* reserved place.
reservar *t.* to reserve. *2* to put aside. *3* to postpone. *4* to exempt. *5* to keep secret. *6 ref.* to spare oneself: ***hacer*** or ***hacerse ~,*** to book [a seat, etc.].
resfriado *m.* cold; chill.
resfriar *t.* to cool, moderate. *2 i.* to turn cold. *3 ref.* to catch [a] cold
resguardar *t.* to safeguard, protect.
resguardo *m.* guard, protection. *2* COM. voucher, certificate.
residencia *f.* residence; dwelling.
residencial *a.* residential.
residente *a.* resident, residing. *2 m.-f.* resident, inhabitant.
residir *i.* to reside, live. *2* fig. to consist.
residuo *m.* remainder, residue. *2* ARITH. difference. *3 pl.* leavings.
resignación *f.* resignation. *2* renouncement. *3* submission.
resignar *t.* to resign, hand over. *2* to renounce. *3 ref.* to resign oneself.
resina *f.* resin, rosin.
resistencia *f.* resistance. *2* endurance. *3* reluctance; opposition.
resistente *a.* resistant, tough.
resistir *t.* to endure, stand. *2* to resist, overcome. *3 i.* to resist; to stand up to. *4 ref.* to struggle; to refuse to.
resma *f.* ream [of paper].
resol *m.* glare of the sun.
resolución *f.* resolution, decision, courage.
resoluto, ta *a.* resolute, bold.
resolver *t.* to resolve, decide [upon]. *2* to solve [a problem]. *3 ref.* to resolve, make up one's mind. ¶ CONJUG. like ***mover.***
resollar *i.* to snort, puff. *2* to breathe heavily. ¶ CONJUG. like ***contar.***
resonancia *f.* resonance; echo: ***tener ~,*** to make a sensation.
resonante *a.* resonant, resounding.
resonar *t.* to resound; to echo: *2* to ring out. ¶ CONJUG. like ***contar.***
resoplar *i.* to snort, puff, breathe hard.

resoplido *m.* puff, pant, snort.
resorte *m.* spring. *2* elasticity. *3* means, resource.
respaldar *t.* to endorse. *2* to back, support. *3 ref.* to lean back. *4* to get support.
respaldo *m.* back [of seat; of sheet of paper]. *2* endorsement.
respectar *i.* to concern, relate to.
respectivo, va *a.* respective.
respectivamente *adv.* concerning; respectively.
respecto *m.* respect, relation: ***con ~ a***, or ***de, ~ a*** or ***de,*** with regard to.
respetabilidad *f.* respectability.
respetable *a.* respectable, worthy.
respetar *t.* to respect, revere.
respeto *m.* respect, consideration. *2* reverence. *3 pl.* respects.
respetuoso, sa *a.* respectful. *2* respetable, worthy.
respingar *i.* [of a horse] to kick out, rear, shy. *2* to grumble; to obey reluctantly.
respingo *m.* shy, rear [of horses]. *2* gesture of unwillingness.
respingona *a.* snub [nose].
respirable *a.* breathable, respirable.
respiración *f.* breathing. *2* ventilation.
respiradero *m.* vent, breathing-hole. *2* ARCH. loop-hole.
respirar *i.* to breathe, take breath; to get one's breath.
respiro *m.* breathing. *2* respite.
resplandecer *i.* to shine, glitter, glow. *2* to stand out. ¶ CONJUG. like ***agradecer***.
resplandeciente *a.* bright, shining.
resplandor *m.* splendour, glare, brilliance.
responder *t.* to answer, reply. *2* ~ ***de*** or ***por,*** to be responsible for. *3* to answer back.
respondón, na *a.* saucy, pert.
responsabilidad *f.* responsability.
responsable *a.* responsible.
respuesta *f.* answer, reply; response.
resquebra(ja)dura *f.* crack, crevice.
resquebrajar *t.-ref.* to crack, split.
resquemor *m.* pungency. *2* resentment. *3* remorse.
resquicio *m.* chink, gap. *2* opportunity.
resta *f.* substraction. *2* remainder.
restablecer *t.* to re-establish, restore. *2 ref.* to recover, get better.
restallar *i.* to crack [of whip]. *2* to crackle.
restante *a.* remaining. *2 m.* remainder.
restañar *t.* to stanch [blood]. *2* to tin again.
restar *t.* to subtract; to take away. *2 i.* to be left, remain.
restauración *f.* restoration. *2* re-establishment.
restaurante *m.* restaurant.
restaurar *t.* to restore, recover. *2* to repair.
restitución *f.* restitution, return.
restituir *t.* to restore, return, pay back. *2 ref.* to return. ¶ CONJUG. like ***huir***.
resto *m.* remainder, rest. *2 pl.* remains.
restregar *t.* to rub hard, scrub, wipe. ¶ CONJUG. like ***acertar***.
restregón *m.* rubbing, wiping.
restricción *f.* restriction, limitation, restraint.
restrictivo, va *a.* restrictive, limiting.
restringir *t.* to restrict, restraint, limit.
resucitar *t.-i.* to revive, return to life.
resueltamente *adv.* resolutely.
resuelto, ta *a.* resolute, bold. *2* prompt, quick.
resuello *m.* snort, pant, hard breathing.
resulta *f.* result, consequence: ***de resultas de,*** as a result of.
resultado *m.* result, effect, outcome.
resultar *i.* to result. *2* to be, prove to be, turn out to be. *3* to come out [well, badly, etc.]. *4* ***resulta que,*** it turns out that.
resumen *m.* summary: ***en ~,*** in short, to sum up.
resumir *t.* to summarize, sum up. *2 ref.* to be reduced to.
resurgimiento *m.* resurgence, revival.
resurgir *t.* to reappear, revive.
resurrección *f.* resurrection, revival.
retablo *m.* retable, altar-piece, reredos.
retador, ra *a.* challenging. *2 m.-f.* challenger.
retaguardia *f.* MIL. rèarguard.
retahíla *f.* string, series.
retal *m.* remnant, cutting [of cloth].
retama *f.* BOT. broom.
retar *t.* to challenge, defy, dare.
retardado, da *a.* retarded.
retardar *t.* to retard, slow down. *2* to delay; to put back [the clock].
retardo *m.* delay, protraction.
retazo *m.* remnant, scrap [of cloth]. *2* portion.
retener *t.* to retain, keep back. *2* to detain, arrest. *3* to remember.
retentiva *f.* memory.
retina *f.* retina.
retintín *m.* tinkling, ring. *2* ironic undertone.
retirada *f.* withdrawal. *2* retirement. *3* MIL. retreat; tattoo.

retirado, da *a.* retired, secluded, remote. *2* retired [officer].
retirar *t.-ref.* to retire, withdraw. *2 t.* to remove, put back or aside. *3* MIL. to retreat. *4 i.* to resemble, take after.
retiro *m.* retirement [of an officer]. *2* withdrawal; retreat [place and devotions]; seclusion.
reto *m.* challenge. *2* dare, defiance. *3* threat.
retocar *t.* to touch up, finish, give the finishing touch to.
retoñar *i.* [of a plant] to sprout, shoot. *2* [of a thing] to reappear, revive.
retoño *m.* sprout, shoot. *2* fig. child.
retoque *m.* finishing touch.
retorcer *t.* to twist, wring. *2* to retort [an argument]. *3* to distort. *4 ref.* to writhe, wriggle. ¶ CONJUG. like ***mover.***
retorcimiento *m.* twisting. *2* contortion. *3* writhing.
retórica *f.* rhetoric. *2 pl.* quibbles.
retórico, ca *a.* rhetorical. *2 m.* rhetorician.
retornar *t.* to return, give back. *2 i.* to come back, go back.
retorno *m.* return. *2* payment. *3* exchange.
retorsión *f.* twisting. *2* writhing.
retorta *f.* retort.
retortijón *m.* twisting. *2* MED. gripes.
retozar *i.* to frisk, frolic, romp. *2* [of emotions] to tickle, bubble.
retozo *m.* gambol, frolic.
retozón, na *a.* frisky, playful.
retractación *f.* retraction, recantation.
retractar *t.* to retract. *2 ref.* to recant.
retraer *t.* to bring back. *2* to dissuade, discourage. *3 ref.* to take refuge. *4* to retire. *5* to retract, draw back.
retraído, da *a.* unsociable, shy.
retraimiento *m.* retirement. *2* shyness.
retrasado, da *a.* [mentally] retarded, backward.
retrasar *t.-ref.* to defer, delay, put off. *2 i.-ref.* to fall behind. *3* [of clock] to be slow. *4* to be late.
retraso *m.* delay; lateness; backwardness: ***con 20 minutos de ~,*** twenty minutes late.
retratar *t.* to portray; to describe. *2* to photograph. *3 ref.* to sit for a portray or photograph.
retrato *m.* portrait. *2* photograph. *3* likeness; description.
retreta *f.* MIL. retreat, tattoo.
retrete *m.* toilet, lavatory, water-closet.
retribución *f.* recompense, reward, pay.
retribuir *t.* to recompense, pay. ¶ CONJUG. like ***huir.***
retroceder *i.* to turn back, fall or go back, draw back, recede.
retroceso *m.* retrogression, backward step. *2* retreat. *3* set-back.
retrógrado, *a.-n.* reactionary, retrograde.
retrospectivo *a.* retrospective.
retrovisor *m.* driving mirror.
retruécano *m.* pun, play on words.
retumbante *a.* resounding, bombastic.
retumbar *i.* to resound, rumble.
reuma *m.* rheumatism.
reumático, ca *a.* rheumatic.
reumatismo *m.* rheumatism.
reunión *f.* reunion. *2* gathering, meeting, party.
reunir *t.* to unite, join together, gather, rally. *2* to raise [funds]. *3 ref.* to meet, gather.
reválida *f.* final examination.
revalidación *f.* confirmation, ratification.
revalidar *t.* to confirm, ratify.
revalorizar *t.* to revalue, reassess.
revancha *f.* revenge.
revelación *f.* revelation. *2* discovery.
revelar *t.* to reveal. *2* PHOT. to develop.
revendedor, ra *m.-f.* huckster, retailer. *2* [ticket] speculator.
reventa *f.* resale. *2* office where tickets are sold with an extra charge.
reventar *i.-ref.* to burst, crack, blow up. *2 i.* [of waves] to break. *3* coll. to die: ~ ***de risa,*** to burst out laughing. *4 t.* to burst, crush. *5* to weary, annoy. *6* to overwork. ¶ CONJUG. like ***acertar.***
reventón, na *a.* bursting. *2 m.* burst. *3* AUTO. blow-out.
reverberación *f.* reverberation.
reverberar *i.* to reverberate.
reverdecer *i.* to grow green again. *2* to revive.
reverencia *f.* reverence. *2* bow, curtsy.
reverenciar *t.* to revere, venerate.
reverendo, da *a.* reverend.
reverente *a.* reverent.
reverso *m.* back side. *2* reverse [of coins, etc.].
revertir *i.* revert. ¶ CONJUG. like ***hervir.***
revés *m.* back, wrong-side, reverse. *2* slap [with the back of the hand]. *3* misfortune, set-back. *4* ***al ~,*** on the contrary; wrong side out.
revestimiento *m.* revetment, facing.
revestir *t.* to clothe, cover. *2* to invest [with dignity]; ***revestirse de paciencia,*** to arm oneself with patience.
revisar *t.* to revise, review, check.
revisión *f.* revision, review.
revisor, ra *m.-f.* reviser. *2 m.* RLY. conductor, ticket-collector.

revista *f.* review, inspection. *2* MIL. review, parade. *3* magazine [journal]. *4* THEAT. revue.
revivir *i.* to revive, come back to life.
revocación *f.* revocation, annulment.
revocar *t.* to revoke, annul. *2* to dissuade. *3* MAS; to whitewash; to plaster.
revolcar *t.* to knock over. *2* to floor [an opponent]. *3 ref.* to wallow, roll. *4* to persist. ¶ CONJUG. like ***contar.***
revolotear *i.* to flutter around, flit, fly round about.
revoloteo *m.* fluttering, flitting.
revoltijo, revoltillo *m.* mess, medley, jumble.
revoltoso, sa *a.* riotous, rebellious. *2* mischievous, naughty.
revolución *f.* revolution.
revolucionar *t.* to revolutionize.
revolucionario, ria *a.-n.* revolutionary.
revólver *m.* revolver, pistol.
revolver *t.* to stir, shake. *2* to turn over [in the mind]; turn round. *3* to wrap up. *4 ref.* to turn upon, move to and fro. ¶ CONJUG. like ***mover.***
revuelta *f.* revolt, riot. *2* bend, turn [of a road].
revuelto, ta *a.* confused, mixed up. *2* choppy [sea]. *3* intricate. *4* changeable [weather]. *5* scrambled [eggs].
rey *m.* king [sovereign; chess, cards]: ***día de Reyes,*** Twelfth Night; ***los Reyes Magos,*** the Three Wise Men.
reyerta *f.* quarrel, row, fight.
rezagar *t.* to leave behind. *2* to delay, put off. *3 ref.* to fall behind, lag.
rezar *t.* to say [prayers, mass]. *2 t.-i.* to say, read: ***la carta reza así,*** the letter reads thus. *3 i.* to pray. *4* ~ ***con,*** to concern, have to do with.
rezo *m.* prayer. *2* daily service.
rezongar *i.* to grumble, mutter.
rezumar *i.-ref.* to ooze, drip. *2 ref.* to leak out.
ría *f.* estuary, firth, fiord.
riachuelo *m.* rivulet, stream, brook.
riada *f.* freshet, flood.
ribazo *m.* hill, ridge.
ribera *f.* bank [of river], riverside. *2* shore, strand.
ribereño, ña *a.* riparian.
ribete *m.* SEW. border, binding. *2* trimmings. *3* addition. *4 pl.* pretensions.
ribetear *t.* SEW. to edge, border.
ricacho, cha; ricachón, na *a.* very rich, newly-rich.
ricamente *adv.* richly. *2* pleasantly.
ricino *m.* castor-oil plant.
rico, ca *a.* rich, wealthy. *2* tasty, delicious. *3* coll. lovely; darling; sweet [baby].
ridiculez *f.* ridiculous thing or action. *2* oddity.
ridiculizar *t.* to ridicule, laugh at.
ridículo, la *a.* ridiculous, laughtable. *2 m.* ridicule; ***poner en ~,*** to make a fool of.
riego *m.* irrigation, watering.
riel *m.* RLY. rail. *2* small ingot.
rielar *i.* to glisten, shimmer.
rienda *f.* rein: ***a ~ suelta,*** at full speed.
riente *a.* laughing, smiling.
riesgo *m.* risk, peril, danger: ***correr el ~,*** to run the risk.
rifa *f.* raffle. *2* quarrel.
rifar *t.* to raffle. *2* to quarrel.
rifle *m.* rifle.
rigidez *f.* stiffness. *2* strictness.
rígido, da *a.* rigid, stiff. *2* strict.
rigor *m.* rigo(u)r, severity. *2* strictness. *3* harshness. *4* stiffness. *5* ***de ~,*** indispensable; ***en ~,*** strictly speaking.
rigoroso, sa; riguroso, sa *a.* rigorous, severe. *2* strict. *3* absolute.
rima *f.* rhyme. *2 pl.* poems.
rimar *t.-i.* to rhyme; to versify.
rimbombante *a.* high-sounding, bombastic.
Rin *m. pr. n.* Rhine.
rincón *m.* corner, nook.
rinoceronte *m.* rhinoceros.
riña *f.* quarrel, fight, dispute.
riñón *m.* kidney; heart [of a country].
río *m.* river, stream; ***a ~ revuelto,*** in troubled waters.
ripio *m.* debris, rubble. *2* padding [in a verse]. *3* ***no perder ~,*** not to lose a single word.
riqueza *f.* riches, wealth. *2* richness. *3* fertility.
risa *f.* laugh, laughter, joke; ***tomar a ~,*** to treat as a joke.
risco *m.* crag, cliff.
risible *a.* laughable, ridiculous.
risotada *f.* guffaw, loud laugh.
ristra *f.* string [of onions, etc.].
risueño, ña *a.* smiling, cheerful, pleasant. *2* hopeful.
rítmico, ca *a.* rhythmic(al. *2 f.* rhythmics.
ritmo *m.* rhythm, cadence.
rito *m.* rite, ceremony.
ritual *a.-m.* ritual, ceremonial.
rival *m.-f.* rival, competitor.
rivalidad *f.* rivalry; enmity.
rivalizar *i.* to vie, compete, rival.
rizado, da *a.* curly. *2* ripply, wavy. *3 m.* curling.
rizar *t.-ref.* to curl [hair]. *2* to ripple [water].

rizo, za *a.* curly. *2 m.* curl, ringlet. *3* ripple [of water]. *4* AER. ***rizar el*** ~, to loop the loop.
robar *t.* to rob, steal, thieve.
roble *m.* oak-tree.
robledo, robledal *m.* oak grove.
robo *m.* theft, robbery, larceny.
robustecer *t.* to strengthen, fortify. ¶ CONJUG. like ***agradecer.***
robusto, ta *a.* robust, strong.
roca *f.* rock. *2* boulder. *3* cliff.
roce *m.* rubbing, grazing, friction. *2* light touch [in passing]. *3* familiarity, intercourse.
rociada *f.* sprinkling. *2* dew. *3* shower, peppering [of shots].
rociar *i.* [of dew] to fall. *2 t.* to sprinkle, spray.
rocín *m.* hack, nag, jade.
rocío *m.* dew. *2* spray; sprinkling.
rocoso, sa *a.* rocky.
rodaballo *m.* ICHTH. turbot.
rodada *f.* rut, wheel-track.
rodado, da *a.* dappled [horse]. *2* rounded [stones]. *3* fluent [style]. *4* ***tráfico*** ~, wheeled traffic; ***canto*** ~, boulder.
rodaja *f.* small wheel. *2* slice [of bread]. *3* rowel [of spur].
rodaje *m.* set of wheels. *2* shooting, filming [of a film].
rodar *i.* to rotate, revolve. *2* to roll [down]. *3* to wander about, roam. *4* to abound. *5* to travel [on wheels]. *6* to shoot [a film]. ¶ CONJUG. like ***contar.***
rodear *i.* to go round. *2* to make a detour. *3 t.* to surround, encircle. *4 ref.* to stir about.
rodeo *m.* encircling, surrounding. *2* detour, roundabout way: ***andarse con rodeos,*** to beat about the bush; ***dejarse de rodeos,*** to come to the point. *3* rodeo, round-up [of cattle]. *4* evasion, pretext.
rodilla *f.* knee: ***ponerse de rodillas,*** to kneel down; ***de rodillas,*** kneeling.
rodillo *m.* roller. *2* road-roller. *3* COOK. rolling-pin. *4* ink-roller. *5* plat(t)en.
rodrigar *t.* to prop up [plants].
roedor, ra *a.* gnawing. *2 a.-n.* ZOOL. rodent.
roer *t.* to gnaw, nibble. *2* to eat away, corrode. *3* to pick [a bone]. ¶ CONJUG.: INDIC. Pres.: roo, *roigo,* or *royo* (Ist. person.], roes, roe, etc. | Pret.: roí, roíste, *royó;* roímos, roísteis, *royeron.* ‖ SUBJ. Pres.: roa, *roiga,* or *roya;* roas, *roigas,* or *royas,* etc. | Imperf.: *royera, royeras,* etc., or *royese, royeses,* etc. | Fut.: *royere, royeres,* etc. | IMPER.: roe; roa, *roiga,* or *roya* [for 3rd pers.]; *roigamos,* roed, *roigan.* ‖ PAST. P.: *roído.* ‖ GER.: *royendo.*
rogar *t.* to ask, beg, pray, beseech, entreat. ¶ CONJUG. like *contar.*
rojizo, za *a.* reddish, ruddy.
rojo, ja *a.* red. *2* ruddy.
rol *m.* list, catalogue. *2* NAUT. muster-roll.
rollizo, za *a.* round. *2* plump, chubby.
rollo *m.* roll; cylinder. *2* rolling-pin.
romance *a.* Romance, Romanic [languages]. *2 m.* Spanish language. *3* narrative or lyric poem in eight-syllabe meter with even verses rhyming in assonance.
romancero *m.* collection of ROMANCES *(3).*
románico, ca *a.-n.* Romanesque [architecture]. *2* Romance [language].
romano, na *a.* Roman.
romanticismo *m.* romanticism.
romántico, ca *a.* romantic. *2 m.-f.* romanticist.
rombo *m.* rhomb. *2* losenge, diamond.
romería *f.* pilgrimage. *2* picnic.
romero, ra *m.-f.* pilgrim, palmer. *2 m.* rosemary.
romo, ma *a.* blunt. *2* snub-nosed.
rompecabezas *m.* puzzle. *2* jig-saw puzzle. *3* riddle.
rompeolas *m.* breakwater, jetty.
romper *t.-ref.* to break, fracture, shatter, smash. *2* to tear [up]. *3* to wear out. *4 i.* [of flowers]. to burst open. *5* to begin, start. *6* ~ ***con,*** to quarrel with; ***romperse la cabeza,*** to rack one's brains. ¶ P. P.: ***roto.***
rompiente *m.* breaker, surf.
rompimiento *m.* rupture, break; crack; breach. *2* quarrel.
ron *m.* rum.
roncar *i.* to snore. *2* [of wind, sea] to roar.
roncear *i.* to temporize, act reluctantly. *2* to cajole.
roncero, ra *a.* tardy, slow; reluctant. *2* flattering.
ronco, ca *a.* hoarse, harsh.
ronda *f.* night patrol. *2* rounds, beat [of a patrol]. *3* round [of drinks]. *4* group of serenaders.
rondalla *f.* old wives' tale, story. *2* RONDA *4.*
rondar *i.-t.* to patrol, go the rounds. *2* to haunt, prowl. *3* to roam the streets at night. *4 t.* to court; to serenade.
rondón (de) *adv.* ***entrar de*** ~, to rush in.
ronquera *f.* harshness, hoarseness.
ronquido *m.* snore, snort. *2* roar.
ronronear *i.* to purr.

ronzal *m.* [horse] halter.
roña *f.* scab [of sheep]. *2* filth, grime.
ropa *f.* clothing, clothes: ~ ***banca,*** linen; ~ ***interior,*** underwear; ***a quema*** ~, at point-blank.
ropaje *m.* clothing. *2* robe.
ropero, ra *m.-f.* clothier. *2 m.* wardrobe.
roque *m.* CHESS rook, castle.
roquedal *m.* rocky place.
roqueño, ña *a.* rocky. *2* hard, flinty.
rosa *f.* rose. *2* rose, pink colour.
rosado, da *a.* rosy, pinky, rose-coloured.
rosal *m.* rose [bush].
rosaleda *f.* rose garden.
rosario *m.* rosary.
rosbif *m.* COOK. roast beef.
rosca *f.* screw and nut. *2* screw thread. *3* turn [of a spiral]; coil, spiral.
rosetón *m.* large rosette. *2* rose window.
rostro *m.* face, countenance. *2* beak. 3 ***hacer*** ~ ***a,*** to face up to.
rotación *f.* rotation.
roto, ta *p. p.* of ROMPER. *2 a.* broken, cracked. *3* torn.
rotonda *f.* rotunda.
rótula *f.* knee-joint; ball and socket joint.
rotular *t.* to label, inscribe.
rótulo *m.* label, title. *2* sign [lettered board, etc.]. *3* poster, placard.
rotundamente *adv.* flatly, roundly.
rotundo, da *a.* round, circular. *2* rotund [speech]. *3* flat [denial].
rotura *f.* breach, opening. *2* break(ing, crack. *3* tear, rent.
roturar *t.* to break up [ground].
rozadura *f.*, **rozamiento** m. rubbing, grazing. *2* friction.
rozar *t.* to clear [land]. *2* to crop, graze. *3* to scrape, rub. *4 t.-i.* to touch [lightly in passing]. *5 ref.* to trip over one's feet. *6* to be familiar.
rubí *m.* ruby.
rubicundo, da *a.* ruddy; reddish.
rubio, bia *a.* blond(e, fair-haired. *2* ***tabaco*** ~, Virginian tobacco.
rubor *m.* blush; flush; shame.
ruborizarse *ref.* to blush, flush, feel ashamed.
ruboroso, sa *a.* blushing, bashful.
rúbrica *f.* flourish [in signature].
rubricar *t.* to sign with a flourish. *2* to sign and seal.
rucio, cia *a.-n.* light grey horse or donkey.
rudamente *adv.* roughly, harshly.
rudeza *f.* roughness, coarseness, rudeness. *2* dullness, ignorance.
rudimentario, ria *a.* rudimentary; elementary.
rudimento *m.* rudiment, primer. *2 pl.* rudiments.
rudo, da *a.* crude, rough, coarse. *2* dull, stupid. *3* ill-mannered. *4* hard, laborious.
rueca *f.* distaff, spinning wheel.
rueda *f.* wheel. *2* rack [torture]. *3* circle [of people]. *4* round slice. *5* ~ ***de recambio,*** spare wheel.
ruedo *m.* rotation. *2* circuit; circle. *3* round mat; table-mat. *4* bullring, arena.
ruego *m.* entreaty, prayer, request.
rufián *m.* pimp, pander. *2* bully, scoundrel.
rugido *m.* roar, bellow; howl [of wind].
rugir *i.* to roar, bellow; to howl [of wind].
rugosidad *f.* rugosity, ruggedness.
rugoso, sa *a.* rough, wrinkled.
ruibarbo *m.* BOT. rhubarb.
ruido *m.* noise: ***hacer*** ~, to make a noise. *2* din, report. *3* ado, fuss.
ruidoso, sa *a.* noisy, loud, stirring.
ruin *a.* mean, base, despicable, vile. *2* petty, insignificant. *3* miserly, stingy.
ruina *f.* ruin: ***amenazar*** ~, to begin to fall to pieces. *2* collapse; destruction. *3 pl.* ruins.
ruindad *f.* baseness, meanness. *2* base action. *3* avarice.
ruinoso, sa *a.* ruinous, disastrous.
ruiseñor *m.* ORN. nightingale.
rumba *f.* (Am.) rumba [dance, music].
rumbo *m.* NAUT. bearing, course, direction; ***con*** ~ ***a,*** bound for. *2* pomp, ostentation.
rumboso, sa *a.* ostentatious, magnificent. *2* liberal, lavish.
rumiante *a.* ZOOL. ruminant.
rumiar *t.* to ruminate. *2* to meditate.
rumor *m.* rumbling sound, murmur; noise. *2* rumour, report.
rumorearse *impers.* to be rumoured.
ruptura *f.* break. *2* ruptura.
rural *a.* rural, rustic.
ruso, sa *a.-n.* Russian.
rústico, ca *a.* rustic. *2* coarse, boorish; rough, clumsy. *3* ***en rústica,*** paper-backed [book]. *4 m.* peasant.
ruta *f.* way, route. *2* NAUT. course: ~ ***aérea,*** airline.
rutilante *a.* shining, sparkling.
rutina *f.* routine, habit.

S

sábado *m.* Saturday.
sábana *f.* bed sheet.
sabana *f.* savanna(h), treeless plain.
sabandija *f.* small lizard.
sabañón *m.* chilblain.
sabedor, ra *a.* knowing, informed, aware.
1) **saber** *m.* knowledge, learning.
2) **saber** *t.* to know; to know how to [write]; to be able to: ***sabe nadar,*** he is able to swim. *2* ***que yo sepa,*** as far as I know. *3* ~ ***a,*** to taste of, taste like. ¶ CONJUG. INDIC. Pres.: ***sé,*** sabes, sabe, etc. | Imperf.: sabía, sabías, etc. | Pret.: ***supe, supiste, supo; supimos, supisteis, supieron.*** | Fut.: sabré, sabrás, etc. || COND.: ***sabría, sabrías,*** etc. | SUBJ. Pres.: sepa, sepas, etc. | Imperf.: ***supiera, supieras,*** etc., or ***supiese, supieses,*** etc. | Fut.: ***supiere, supieres,*** etc. || IMPER.: ***sabe, sepa; sepamos, sabed, sepan.*** || PAST. P: sabido. || GER.: sabiendo.
sabiamente *adv.* wisely.
sabiduría *f.* knowledge, learning. *2* wisdom.
sabiendas (a) *adv.* knowingly.
sabihondo, da *a.-n.* know-it-all.
sabio, bia *a.* learned; sage; wise; skilful. *2 m.-f.* learned person, scholar; scientist; wise person.
sablazo *m.* stroke with a sabre. *2* extortion, cadging.
sable *m.* sabre; cutlass.
sabor *m.* taste, flavour.
saborear *t.* to flavour.
sabotaje *m.* sabotage.
sabotear *t.* to sabotage.
sabroso, sa *a.* savoury, tasty. *2* pleasant, delightful.
sabueso *m.* hound, bloodhound.
sacacorchos *m. sing.* cork-screw.
sacamuelas *m. sing.* tooth puller, dentist; quack.
sacar *t.* to draw [out], pull out, take out, bring out. *2* to get, obtain. *3* to infer, make out, solve. *4* to introduce [a fashion]. *5* to take [a photo]. *6* to make [a copy]. *7* to stick out [one's tongue]. *8* to buy [a ticket]. *9* to draw [a sword; a lottery prize]. *10* to serve [a ball]. *11* ~ ***a bailar,*** to ask to dance. *12* ~ ***a luz,*** to publish, print. *13* ~ ***a relucir,*** to mention. *14* ~ ***en limpio,*** to deduce. *15* ~ ***la cara por uno,*** to stand or to answer for someone.
sacerdocio *m.* priesthood.
sacerdote *m.* priest.
saciar *t.* to satiate. *2 ref.* to be satiated.
saciedad *f.* satiety, surfeit.
saco *m.* bag; sack. *2* bagful, sackful. *3* loose-fitting coat. *4* (Am.) coat. *5* sack, plunder.
sacramento *m.* ECCL. sacrament.
sacrificar *t.* to sacrifice. *2* to slaughter [animals for food]. *3 ref.* to sacrifice or devote oneself.
sacrificio *m.* sacrifice.
sacrilegio *m.* sacrilege.
sacristán *m.* sacristan, sexton.
sacristía *f.* sacristy, vestry.
sacro, cra *a.* sacred, holy.
sacrosanto, ta *a.* sacrosant.
sacudida *f.* shake, jerk, jolt.
sacudir *t.* to shake, jerk, jolt. *2* to beat, dust. *3* to deal [a blow]. *4 ref.* to shake off.
saeta *f.* arrow, dart. *2* hand [of a watch]. *3* Andalusian spiritual song.
sagacidad *f.* sagacity, sound judgement.
sagaz *a.* sagacious, shrewd.
sagitaria *f.* BOT. arrowhead.
sagrado, da *a.* sacred, holy. *2 m.* asylum, refuge.
sagrario *m.* ciborium.
sahumar *t.* to perfume, fumigate.
sainete *m.* THEAT. one-act comedy or farce. *2* delicacy, tasty titbit. *3* flavour, relish.
sajón, na *a.-n.* Saxon.

sal *f.* salt. *2* wit; charm, grace.
sala *f.* drawing-room, living-room, parlour. *2* hall, room: ~ ***de espectáculos,*** auditorium [of a theatre, etc.]; ~ ***de espera,*** waiting-room. *3* ward [in a hospital].
salado, da *a.* salty. *2* witty; charming, graceful.
salar *t.* to salt, cure [meat].
salario *m.* wages, salary, pay.
salazón *f.* salt meat, salt fish.
salchicha *f.* sausage.
salchichón *m. aug.* large sausage.
saldado, da *a.* paid [debt]; settled [account].
saldar *t.* to balance, settle [an account].
saldo *m.* balance, settlement [of an account]. *2* bargain sale.
salero *m.* salt-cellar. *2* gracefulness, liveliness.
saleroso, sa *a.* charming, graceful.
salida *f.* coming out, going out. *2* start, departure. *3* excursion, outing. *4* sprouting [of buds, etc.]. *5* rise [of sun, moon, etc.]. *6* exit, outlet; way out. *7* SPORT start. *8* loop-hole. *9* witty remark.
saliente *a.* salient, projecting, standing out. *2 m.* salient, jut.
salina *f.* salt mine.
salir *i.* to go out, come out. *2* to depart, leave, start, set ut. *3* to get out [of a vehicle]. *4* THEAT. to enter. *5* to project, stand out. *6* [of a book] to come out. *7* to spring, issue [from]. *8* [of the sun] to rise. *9* [of plants, etc.] to grow. *10* to result, turn out; to come out: ~ ***bien [mal],*** to turn out well [badly]. *12* to take after, resemble. *13* ~ ***adelante,*** to be successful; ~ ***al encuentro,*** to come out to meet. *14 ref.* [of a vessel] to leak; to overflow.
¶ IRREG. CONJUG.: INDIC. Pres.: ***salgo, sales,*** sale; salimos, etc. | Fut: ***saldré, saldrás,*** etc. || COND.: ***saldría, saldrías,*** etc. || || SUBJ. Pres.: ***salga, salgas,*** etc. IMPER.: ***sal, alga; salgamos,*** salid, ***salgan.***
saliva *f.* saliva, spittle.
salmantino, na *a.-n.* [of] Salamanca.
salmo *m.* psalm.
salmón *m.* salmon.
salmonete *m.* red mullet, surmullet.
salmuera *f.* brine, pickle.
salobre *a.* briny, saltish.
salón *m.* drawing-room, lounge. *2* hall, large room: ~ ***de baile,*** ballroom. *3* saloon. *4* ~ ***de belleza,*** beauty parlour.
salpicadura *f.* splash, spatter.
salpicar *t.* to splash, spatter.
salpullido *m.* rash, swelling.
salsa *f.* COOK. gravy, sauce.
saltamontes *m.* ENT. grasshopper.
saltar *i.* to spring, jump, hop, skip. *2* [of liquids] to spurt, shoot up. *3* [of sparks, etc.] to fly. *4* to burst: ~ ***en pedazos,*** to fly into pieces. *5* to project, stand out. *6* ~ ***a la vista,*** to be self-evident. *7 t.* to leap, jump over [a wall, etc.].
salteador *m.* highwayman.
saltear *t.* to hold up, rob on the highway; to assault.
saltimbanqui *m.* mountebank, juggler.
salto *m.* spring, jump, leap, bound, hop, skip: ~ ***de agua,*** waterfall, falls; ***dar un*** ~, to jump, leap; ***a*** ~ ***de mata,*** flying and hiding; ***en un*** ~, in a flash, quickly. *2* SWIM. dive.
saltón, na *a.* jumping. *2* prominent, protruding: ***ojos saltones,*** pop eyes.
salubre *a.* salubrious, healthy.
salud *f.* health: ***¡a su ~!,*** to your health! *2* welfare. *3* salvation.
saludable *a.* salutary, wholesome.
saludar *t.* to greet, salute, hail, give greetings or regards to. *2* MIL. to salute.
saludo *m.* greeting, salutation, bow. *2 pl.* compliments, regards.
salutación *f.* salutation, greeting.
salvación *f.* salvation.
salvado *m.* bran.
salvador, ra *a.* saving. *2 m.-f.* saviour, deliverer: ***El Salvador,*** the Saviour; El Salvador [American country].
salvaguardia *f.* safeguard, protection. *2 m.* guard watch.
salvajada *f.* barbarity, savage word or deed.
salvaje *a.* savage. *2* wild [country, beast]. *3 m.-f.* savage. *4* **-mente** *adv.* savagely.
salvajismo *m.* savagery.
salvamento *m.* saving, rescuing. *2* salvage [of property]. *3* place of safety.
salvar *t.* to save, rescue, deliver. *2* to salvage. *3* to overcome [a difficulty]. *4* to go over; to cover [a distance]. *5 ref.* to be saved. *6* to escape danger.
salvavidas *pl.* **-das** *m.* lifebelt: ***bote*** ~, life-boat.
¡salve! *interj.* hail!
salvedad *f.* reservation, exception.
1) **salvo** *adv.* save, except, but.
2) **salvo, va** *a.* saved, safe: ***a*** ~, safe, out of danger; ***sano y*** ~, safe and sound.
salvoconducto *m.* safe-conduct, passport.
sambenito *m.* sanbenito. *2* note of infamy.
san *a.* apocopated form of SANTO.
sanar *t.-i.* to heal, cure. *2* to recover, get better.
sanatorio *m.* sanatorium.
sanción *f.* sanction.

sancionar *t.* to sanction; to authorize, ratify.
sandalia *f.* sandal.
sándalo *m.* sandalwood.
sandez *f.* stupidity, silliness.
sandía *f.* BOT. water-melon.
saneado, da *a.* [of property, etc.] free from charges.
saneamiento *m.* sanitation. *2* drainage [of land]. *3* reparation.
sanear *t.* to make sanitary [land, etc.]. *2* to drain, dry up [lands]. *3* to repair, improve.
sangrar *t.* to bleed. *2* to drain.
sangre *f.* blood; gore: ~ ***fría,*** cold blood, calmness; ***a ~ fría,*** in cold blood; ***a ~ y fuego,*** by fire and sword. *2* lineage.
sangría *f.* bleeding. *2* drainage. *3* sangaree.
sangriento, ta *a.* bleeding, bloody; gory. *2* bloodthirsty, cruel.
sanguijuela *f.* leech.
sanguinario, ria *a.* sanguinary, bloodthirsty.
sanguíneo, a *a.* sanguineous.
sanidad *f.* soundness, health.
sanitario, ria *a.* sanitary.
sano, na *a.* healthy, wholesome. *2* sound [body, mind, etc.]. *3* ~ ***y salvo,*** safe and sound.
santiamén (en un) *adv.* in a jiffy.
santidad *f.* sanctity, holiness.
santificar *t.* to sanctify. *2* to hallow.
santiguar *t.* to bless, cross. *2 ref.* to cross oneself.
santo, ta *a.* holy, blessed, sacred. *2* saintly, godly: ***todo el ~ día,*** the whole day long. *3 m.-f.* saint: ~ ***y seña,*** countersign, password. *4* saint's day.
santuario *m.* sanctuary.
saña *f.* rage, fury. *2* cruelty.
sañudo, da *a.* furious, cruel.
sapo *m.* toad.
saque *m.* service [of a ball]. *2* server.
saquear *t.* to sack, pillage, plunder, loot.
saqueo *m.* sack, pillage, plunder.
sarampión *m.* MED. measles.
sarcasmo *m.* sarcasm.
sarcástico, ca *a.* sarcastic.
sardina *f.* sardine.
sardónico, ca *a.* sardonic.
sarga *f.* silk serge.
sargento *m.* sergeant.
sarmiento *m.* vine shoot.
sarna *f.* itch, scabies; mange.
sarnoso, sa *a.* scabby, mangy.
sarpullido *m.* SALPULLIDO.
sarraceno, na *a.-n.* Saracen.
sarro *m.* fur [in vessels]. *2* tartar [on teeth].
sarta *f.* string [of pearls, etc.].
sartén *f.* frying-pan: ***tener la ~ por el mango,*** to have the upper hand.
sastre *m.* tailor.
sastrería *f.* tailor's shop, tailoring.
satán, satanás *m.* Satan.
satánico, ca *a.* satanic, devilish.
satélite *m.* satellite.
satén *m.* sateen.
sátira *f.* satire.
satíricamente *adv.* satirically.
satírico, ca *a.* satiric(al.
satirizar *t.* to satirize.
sátiro *m.* satyr.
satisfacción *f.* satisfaction; pleasure. *2* apology, excuse. *3* conceit.
satisfacer *t.* to satisfy; to please. *2* to pay [a debt]. *3 ref.* to be satisfied.
satisfactorio, ria *a.* satisfactory.
satisfecho, cha *p. p.* of SATISFACER. *2* satisfied, pleased. *3* vain, conceited.
saturar *t.* to saturate.
sauce *m.* BOT. willow: ~ ***llorón,*** weeping willow.
saúco *m.* elder (berry).
savia *f.* sap.
saxofón, saxófono *m.* saxophone.
saya *f.* [outer] skirt.
sayal *m.* coarse woollen cloth.
sayo *m.* loose coat.
sazón *f.* ripeness. *2* season. *3* taste, flavour. *4* ***a la ~,*** then; ***en ~,*** ripe.
sazonado, da *a.* seasoned, ripe; spiced.
sazonar *t.-ref.* to ripen, mature. *2 t.* to season, flavour.
se *ref. pron.* himself; herself; itself; yourself, yourselves [formal]; themselves. *2 obj. pron.* [before le, la, lo, los, las] to him, to her, to it, to you [formal], to them. *3 reciprocal pron.* each other, one another. *4* passive: *se dice:* it is said.
sebo *m.* tallow; candle fat.
secano *m.* unirrigated land.
secante *a.* drying; blotting. *2 a.-f.* GEOM. secant. *3 m.* blotting-paper.
secar *t.* to dry [up]. *2* to desiccate. *3* to wipe dry. *4* to parch. *5 ref.* to get dry. *6* [of plants] to wither. *7* to become lean, meagre.
sección *f.* section; division. *2* department [of a store].
seccionar *t.* to section, divide up.
seco, ca *a.* dry; dried up; bare, arid. *2* withered, dead [plants]. *3* lean, thin [person]. *4* ***a secas,*** merely.
secreción *f.* secretion.
secretaría *f.* secretary's office.
secretario, ria *m.-f.* secretary.
secreto, ta *a.* secret. *2 m.* secret, secrecy: ***en ~,*** in secret.

secta *f.* sect; doctrine.
sectario, ria *a.-n.* sectarian.
sector *m.* sector.
secuaz *m.* follower, partisan.
secuela *f.* sequel, consequence.
secuestrar *t.* to seize. *2* to kidnap.
secuestro *m.* seizure. *2* kidnapping.
secular *a.* secular. *2* lay. *3 m.* secular priest.
secundar *t.* to back up, aid, help.
secundario, ria *a.* secondary.
sed. *f.* thirst: ***tener*** **~,** to be thirsty. *2* craving, desire.
seda *f.* silk: ***como una*** **~,** smoothly.
sedal *m.* fishing-line.
sedante *a.-n.* sedative.
sede . ECCL. *Santa Sede,* Holy See. *2* seat.
sedentario, ria *a.* sedentary.
sedería *f.* silk goods. *2* mercer's shop.
sedición *f.* sedition.
sedicioso, sa *a.* seditious.
sediento, ta *a.* thirsty; dry, parched. *2* anxious, desirous.
sedimento *m.* sediment; dregs.
sedoso, sa *a.* silky; silken.
seducción *f.* seduction. *2* charm.
seducir *t.* to seduce. *2* to allure, entice, charm.
seductor, ra *a.* seductive. *2* charming. *3 m.-f.* seducer.
segador, ra *m.-f.* harvester, reaper, mower. *2 f.* harvester, mowing machine.
segar *t.* AGR. to harvest, reap, mow. ¶ CONJUG. like ***acertar.***
seglar *a.* secular, lay. *2 m.-f.* layman.
segmento *m.* segment.
segregar *t.* to segregate.
seguidamente *adv.* immediately, at once.
seguido, da *p. p.* followed. *2 a.* continuous: ***dos días seguidos,*** two days running. *3* straight, direct. *4* adv. ***en seguida,*** at once, immediately.
seguidor, ra *m.-f.* follower.
seguimiento *m.* pursuit, chase.
seguir *t.* to follow. *2* to pursue, chase. *3* to go on [doing something]. *4 ref.* to follow as a consequence. ¶ CONJUG. like ***servir.***
según *prep.* according to, as. *2* depending on. *3 adv.* **~ *y como,*** just as: that depends.
segundero *m.* second hand [of a watch].
segundo, da *a.* second. *2 m.* second.
segundón *m.* second son.
segur *f.* ax, axe. *2* sickle.
seguramente *adv.* surely.
seguridad *f.* security, safety. *2* police service. *3* certainty.
seguro, ra *a.* secure, safe. *2* firm, fast, steady. *3* certain. *4 m.* certainty: ***a buen*** **~,** certainly; ***sobre*** **~,** without risk. *5* COM. insurance: **~ *de vida,*** life insurance. *6* safety-lock. *7* MECH. click, stop.
seis *a.-m.* six. *2* sixth.
seiscientos, as *a.-n.* six hundred.
seísmo *m.* earthquake.
selección *f.* selection, choice.
seleccionar *t.* to select, choose.
selecto, ta *a.* select, choice; distinguished.
selva *f.* forest; jungle.
selvático, ca *a.* rustic, wild.
sellar *t.* to seal, stamp. *2* to close.
sello *m.* seal. *2* stamp: **~ *de correos,*** postage stamp.
semáforo *m.* traffic lights.
semana *f.* week.
semanal *a.* weekly. *2* **-mente** *adv.* weekly.
semanario, ria *a.* weekly. *2 m.* weekly [publication].
semblante *m.* face, countenance, appearance, look: ***mudar de*** **~,** to change colour.
semblanza *f.* biographical sketch.
sembrado, da *a.* sown. *2* AGR. sown ground; field.
sembrador, ra *a.* seeding, sowing. *2 m.-f.* seeder, sower. *3 f.* sowing maschine.
sembrar *t.-i.* to sow, seed. *2 t.* to scatter, spread. ¶ CONJUG. like ***acertar.***
semejante *a.* resembling, similar, like, such. *2 m.* likeness. *3* fellow.
semejanza *f.* resemblance, similarity, likeness: ***a*** **~ *de,*** like, as.
semejar *i.-ref.* to resemble, be alike.
semestre *m.* semester.
semilla *f.* seed.
semifinal *a.-f.* SPORT semifinal.
semillero *m.* seed bed. *2* fig. hotbed.
seminario *m.* EDUC. seminar. *2* seminary. *3* SEMILLERO.
sempiterno, na *a.* everlasting, eternal.
Sena *m. pr. n.* Seine [river].
senado *m.* Senate. *2* Senate house.
senador *m.* senator.
senatorial *a.* senatorial.
sencillamente *adv.* simply; easily; plainly.
sencillez *f.* simplicity. *2* plainness. *3* naturalness.
sencillo, lla *a.* simple. *2* easy. *3* plain, natural.
senda *f.,* **sendero** *m.* path, foot-path, by-way.
sendos, as *a.* one each.
senectud *f.* old age, senility.
senil *a.* senile.
seno *m.* breast; chest. *2* bosom. *3* womb. *4* lap. *5* cavity, hollow. *6* GEOG. gulf, bay. *7* MATH. sine. *8* ANAT. sinus.
sensación *f.* sensation, feeling.

sensacional *a.* sensational.
sensatez *f.* good sense, wisdom.
sensato, ta *a.* sensible, judicious, wise.
sensibilidad *f.* sensibility.
sensible *a.* perceptible. *2* sensitive [person, instruments]. *3* deplorable, regrettable. *4* **-mente** *adv.* perceptibly.
sensiblería *f.* mawkishness.
sensitivo, va *a.* sensitive.
sensual *a.* sensual. *2* **-mente** *adv.* sensually.
sensualidad *f.* sensuality.
sentado, da *a.* seated; settled; sitting down. *2* sedate, judicious.
sentar *t.* to seat. *2* to set, establish. *3 i.* ***sentar,*** or ~ ***bien a,*** to fit, become, suit; [of food] to agree with. *4 ref.* to sit down. ¶ CONJUG. like ***acertar.***
sentencia *f.* LAW judgement, sentence; veredict. *2* proverb, maxim.
sentenciar *t.* to sentence. *2* to pass judgement, condemn.
sentido, da *a.* felt, experienced. *2* touchy, easily offended. *3 m.* feeling, sense: ~ ***común,*** common sense. *4* sense, meaning. *5* consciousness: ***perder el*** ~, to faint. *6* course, direction.
sentimental *a.* sentimental, emotional.
sentimiento *m.* sentiment, feeling. *2* sorrow, regret.
1) **sentir** *m.* feeling. *2* opinion.
2) **sentir** *t.* to feel, perceive; to hear. *2* ~ ***frío,*** to be cold; ~ ***miedo,*** to be afraid. *3* to regret, be sorry for: ***¡lo siento!,*** I am sorry. *4 ref.* to feel [well, ill, sad, etc.]. *5* ~ ***de,*** to resent. *6* to complain; to suffer pain. ¶ CONJUG. like ***hervir.***
seña *f.* sign, token: ***por más señas,*** more by token. *2* mark, signal. *3 pl.* address. *4* ***señas personales,*** personal description.
señal *f.* sign, mark, token; symptom: ***en*** ~ ***de,*** in token of. *2* trace, vestige. *3* sign, signal. *4* scar.
señalar *t.* to mark. *2* to show, point out. *3* to fix, determine. *4* to scar. *5 ref.* to distinguish oneself.
señero, ra *a.* alone. *2* unique, unequalled.
señor *m.* mister [Mr. Brown]; sir; gentleman. *2* landlord, owner, master: ***el Señor,*** the Lord.
señora *f.* Mrs. [misiz Brown]; madam; lady. *2* landlady, owner, mistress.
señorear *t.* to master, lord it over; to control. *2* to tower over.
señoría *f.* dominion, control. *2* lordship, ladyship [title].
señorío *m.* dominion, lordship, control. *2* nobility, gentry.
señorita *f. dim.* young lady, miss.
señorito *m. dim.* young gentleman. *2* master.
señuelo *m.* decoy, lure.
sépalo *m.* sepal.
separación *f.* separation. *2* dismissal, discharge.
separado, da *a.* separate; apart: ***por*** ~, separately.
separar *t.-ref.* to separate. *2 t.* to dismiss, discharge.
sepelio *m.* burial, interment.
septentrional *a.* northern.
septiembre *m.* September.
séptimo, ma *a.-n.* seventh.
sepulcro *m.* sepulcher. *2* grave, tomb.
sepultar *t.* to bury, inter.
sepultura *f.* sepulture: ***dar*** ~ ***a,*** to bury.
sepulturero *m.* gravedigger, sexton.
sequedad *f.* dryness. *2* gruffness.
sequía *f.* drought, dry season.
séquito *m.* retinue, train, suite.
1) **ser** *m.* being; essence; nature.
2) **ser** *subst. v.* to be; to live; to exist. *2* to belong to. *3* to happen. *4* to be made of. *5* to come from, be native of. ¶ CONJUG. INDIC. Pres.: ***soy, eres, es; somos, sois, son.*** | Imperf.: ***era, eras,*** etc. | Pret.: ***fui, fuiste,*** etc. ‖ Fut.: ***seré, serás,*** etc. ‖ COND.: ***sería, serías,*** etc. ‖ SUBJ. Pres.: ***sea, seas,*** etc. | Imperf.: ***fuera, fueras,*** etc., or ***fuese, fueses,*** etc. | Fut.: ***fuere, fueres,*** etc. ‖ IMPER.: ***sé, sea; seamos, sed,. sean.*** ‖ PAST. P.: ***sido.*** ‖ GER.: ***siendo.***
serafín *m.* seraph.
serenarse *ref.* to become calm. *2* [of weather] to clear up.
serenata *f.* serenade.
serenidad *f.* calm, calmness, coolness.
sereno, na *a.* serene. *2* clear, cloudless. *3* calm, cool. *4 m.* night watchman. *5* ***al*** ~, in the open.
seriamente *adv.* seriously.
serie *f.* series, sequence: ***producción en*** ~, mass production
seriedad *f.* seriousness, gravity. *2* earnestness.
serio, ria *a.* serious. *2* grave, dignified. *3* stern. *4* reliable. *5* ***en*** ~, seriously.
sermón *m.* sermon.
serpentear *i.* to wind, twist, turn.
serpiente *f.* serpent, snake: ~ ***de cascabel,*** rattle-snake.
serranía *f.* mountainous country.
serrano, na *m.-f.* mountaineer, highlander.
serrar *t.* to saw. ¶ CONJUG. like ***acertar.***
serrín *m.* sawdust.
serrucho *m.* handsaw.

serventesio *m.* more-than-eight syllable quatrain rhyming A B A B.
servicial *a.* obliging.
servicio *m.* service. *2* duty. *3* public service. *4* servants. *5* favour, good [ill] turn. *6* use, benefit. *7* service [set of dishes, etc.] *8* course [of a meal]. *9* TENNIS service.
servidor, ra *m.-f.* servant; ~ ***de usted,*** at your service; ***su seguro*** ~, yours truly.
servidumbre *f.* servitude, bondage. *2* [staff of] servants.
servil *a.* servile, menial. *2* **-mente** *adv.* servilely.
servilismo *m.* servility.
servilleta *f.* napkin, serviette.
servir *i.-t.* to serve, be useful, be of use. *2* ~ ***de,*** to act as, be used as; ~ ***para,*** to be good [used] for. *3* to wait upon [a customer]. *4 ref.* to serve or help oneself: ***servirse de,*** to make use of; ***sírvase hacerlo,*** please, do it. ¶ CONJUG. INDIC. Pres.: ***sirvo, sirves, sirve;*** servimos, servís, ***sirven.*** | Pret.: serví, serviste, ***sirvió;*** servimos, servisteis, ***sirvieron.*** ‖ SUBJ.: Pres.: ***sirva, sirvas,*** etc. | Imperf. ***sirviera, sirvieras,*** etc. or ***sirviese, sirvieses,*** etc. ‖ IMPER.: ***sirve, sirva; sirvamos,*** servid, ***sirvan.*** ‖ GER.: ***sirviendo.***
sesenta *a.-m.* sixty. *2* sixtieth.
sesgado, da *a.* slanting, oblique.
sesgar *t.* to slant.
sesgo *m.* slant, bias: ***al*** ~, obliquely. *2* turn, direction.
sesión *f.* session; meeting, conference. *2* show [in a cinema].
seso *m.* brain. *2* talent; ***devanarse los sesos,*** to rack one's brains.
sesudo, da *a.* wise, prudent.
seta *f.* mushroom.
setenta *a.-m.* seventy, seventieth.
seto *m.* fence: ~ ***vivo,*** quickset hedge.
seudónimo *m.* pseudonim, pen-name.
severidad *f.* severity, rigour.
severo, ra *a.* severe, rigid, strict.
Sevilla *pr. n.* Seville.
sexo *m.* sex: ***el bello*** ~, the fair sex.
sexto, ta *a.-n.* sixth.
sexual *a.* sexual.
sexualidad *f.* sexuality.
si *conj.* if; whether: ~ ***bien,*** although; ***por*** ~ ***acaso,*** just in case.
sí *adv.* yes; indeed, certainly: ***un día*** ~ ***y otro no,*** every other day. *2 m.* yes, assent. *3 ref. pron.* himself, herself, itself, oneself, themselves; yourself, yourselves [formal]: ***entre*** ~, each other; ***volver en*** ~, to come to: ***de por*** ~, separately.
sidecar *m.* side-car.
sidra *f.* cider.
siega *f.* reaping, harvest.
siembra *f.* sowing, seeding.
siempre *adv.* always, ever: ***para*** ~, forever, for good; ~ ***que,*** whenever; provided.
siempreviva *f.* evergreen.
sien *f.* ANAT. temple.
sierpe *f.* serpent, snake.
sierra *f.* saw. *2* mountain range.
siervo, va *m.-f.* serf, slave.
siesta *f.* siesta, afternoon nap.
siete *a.-m.* seven. *2* seventh.
sifón *m.* siphon. *2* soda-water.
sigilo *m.* secret, reserve.
sigilosamente *adv.* silently.
sigiloso, sa *a.* silent, reserved.
siglo *m.* century. *2* secular life.
significación *f.*, **significado** *m.* meaning, sense, signification.
significar *t.* to signify; to mean; to make known. *2* to matter, have importance.
significativo, va *a.* significant.
signo *m.* sign, mark; symbol.
siguiente *a.* following, next.
sílaba *f.* syllable.
silbar *i.* to whistle; to hiss.
silbato *m.* whistle.
silbido, silbo *m.* whistle; hissing.
silencio *m.* silence: ***guardar*** ~, to keep silence.
silenciosamente *adv.* silently.
silencioso, sa *a.* silent.
silo *m.* silo.
silogismo *m.* LOG. syllogism
silueta *f.* silhouette.
silvestre *a.* wild. *2* uncultivated, rustic.
silla *f.* chair: ~ ***de montar,*** saddle; ~ ***giratoria,*** swivel chair; ~ ***plegable,*** folding chair.
sillón *m. aug.* arm-chair, easy chair.
sima *f.* abyss, chasm.
simbólico, ca *a.* symbolic(al.
simbolizar *t.* to symbolize.
símbolo *m.* symbol: ~ ***de la fe,*** the Apostle's creed.
simetría *f.* symmetry.
simétrico, ca *a.* symmetric(al.
simiente *f.* seed. *2* semen.
simil *a.* similar. *2 m.* simile, comparison.
similar *a.* similar, like.
similitud *f.* similarity, likeness.
simio *m.* simian, ape, monkey.
simpatía *f.* liking, charm, attractiveness. *2* sympathy.
simpático, ca *a.* pleasant, nice, charming. *2* sympathetic.
simpatizante *a.* supporting. *2 m.-f.* supporter.

simpatizar *t.* to like; ***no me simpatiza,*** I don't like him; to sympathize with; to have a liking for.
simple *a.* simple; pure. *2* single. *3* naïve, innocent. *4* silly, foolish. *5 m.-f.* simpleton. *6* **-mente** *adv.* simply, etc.
simpleza *f.* silliness. *2* foolish remark.
simplicidad *f.* simplicity, artlessness.
simplificar *t.* to simplify.
simulacro *m.* simulacrum. *2* sham battle. *3* image, vision.
simular *t.* to simulate, feign, sham.
simultáneamente *adv.* simultaneously.
simultáneo, a *a.* simultaneous.
sin *prep.* without; ~ ***embargo,*** nevertheless. *2* besides, without counting.
sinagoga *f.* synagogue.
sinceramente *adv.* sincerely.
sinceridad *f.* sincerity.
sincero, ra *a.* sincere.
síncope *f.* MED. fainting, fit.
sindicato *m.* syndicate. *2* trade union, labour union.
síndico *m.* syndic; trustee.
sinecura *f.* sinecure.
sinfín *m.* endless number.
sinfonía *f.* symphony.
sinfónico, ca *a.* symphonic.
singladura *f.* NAUT. a day's run.
singular *a.* singular; single; unique. *2* extraordinary. *3* peculiar, odd.
singularidad *f.* singularity. *2* strangeness. *3* oddity, peculiarity.
singularizar *t.* to distinguish, single out. *2 ref.* to distinguish oneself.
siniestro, tra *a.* left, left-hand. *2* sinister. *3 m.* disaster, damage or loss. *4 f.* left hand.
sinnúmero *m.* endless number.
sino *conj.* but, except: ***no solo... ~ (también),*** not only... but (also). *2 m.* destiny, fate.
sinónimo, ma *a.* synonymous. *2 m.* synonym.
sinrazón *f.* wrong, injustice.
sinsabor *m.* displeasure, worry, trouble, sorrow.
sintáctico, ca *a.* syntactic.
síntesis *pl.* **-sis** *f.* synthesis.
sintético, ca *a.* synthetic(al.
síntoma *m.* symptom; sign.
sintonizar *t.-i.* to tune in [on].
sinuoso, sa *a.* sinuous, winding.
sinvergüenza *a.* brazen, barefaced. *2 m.-f.* shameless person, rascal, scoundrel.
siquier, siquiera *conj.* although. *2 adv.* at least. *3* ***ni*** ~, not even.
sirena *f.* mermaid. *2* hooter.
sirvienta *f.* maidservant, maid.
sirviente *m.* manservant.
sisa *f.* SEW. dart. *2* petty theft.
sisar *t.* to pilfer, filch. *2* to cut darts in a garment.
sisear *i.-t.* to hiss.
sistema *m.* system.
sistemático, ca *a.* systematic.
sitial *m.* chair [of honour].
sitiar *t.* to besiege, surround.
sitio *m.* place, spot. *2* seat, room. *3* location, site. *4* MIL. siege: ***poner ~ a,*** to lay siege to.
sito, ta *a.* lying [in], located.
situación *f.* situation, position; state.
situar *t.* to place, locate. *2 ref.* to be placed.
so *prep.* under: ~ ***pena de,*** under penalty of. *2* ~ ***marrano,*** you, dirty fellow.
sobaco *m.* armpit.
sobar *t.* to knead, soften, rub. *2* to touch; to fondle. *3* to massage. *4* to bother; to beat.
soberanía *f.* sovereignty.
soberano, na *a.-n.* sovereign.
soberbia *f.* arrogance, pride, haughtiness. *2* magnificence.
soberbio, bia *a.* arrogant, proud, haughty. *2* superb.
sobornar *t.* to suborn, bribe.
soborno *m.* bribery. *2* bribe.
sobra *f.* excess, surplus: ***de*** ~, in excess. *2 pl.* leavings.
sobradamente *adv.* in excess, too.
sobrado, da *a.* excessive, superfluous; rich. *2 m.* attic, garret.
sobrante *a.* remaining, leftover. *2 m.* leftover, surplus.
sobrar *i.* to be left over, exceed, remain. *2* to be superfluous.
sobre *prep.* on, upon. *2* over; above: ~ ***todo,*** above all. *3 m.* envelope.
sobrecama *f.* coverlet, quilt.
sobrecarga *f.* overload, overburden.
sobrecargar *t.* to overload, overburden.
sobrecoger *t.* to surprise, take by surprise. *2 ref.* to be surprised, be estartled.
sobreexcitar *t.* to overexcite.
sobrehumano, na *a.* superhuman.
sobrellevar *t.* to bear, endure.
sobremanera *adv.* exceedingly.
sobremesa *f.* table cover. *2* after-dinner chat: ***de*** ~, over coffee.
sobrenatural *a.* supernatural.
sobrenombre *m.* nickname.
sobrentender *t.* to deduce, infer. *2 ref.* to go without saying.
sobrepasar *t.* to exceed; to excel. *2 ref.* to go too far, overstep.

sobreponer *t.* to put over or upon. *2 ref.* to dominate oneself. *3* ~ *á,* to overcome.
sobrepujar *t.* to surpass, excel.
sobresaliente *a.* outstanding. *2 m.* distinction [exam.].
sobresalir *t.* to stand out, project, jut out; to excel.
sobresaltar *t.* to startle, frighten. *2* to assail. *3 ref.* to be startled.
sobresalto *m.* start, scare, shock.
sobrestante *m.* foreman, overseer.
sobresueldo *m.* extra pay or wages.
sobretodo *m.* overcoat.
sobrevenir *i.* to happen, occur. *2* to come unexpectedly.
sobreviviente *a.* surviving. *2 m.-f.* survivor.
sobrevivir *i.* to survive. *2* ~ ***a,*** to outlive.
sobriedad *f.* sobriety, moderation.
sobrina *f.* niece.
sobrino *m.* nephew.
sobrio, bria *a.* sober, temperate.
socarrar *t.* to singe, scorch.
socarrón, na *a.* sly, cunning.
socarronería *f.* slyness, cunning.
socavar *t.* to undermine.
socavón *m.* cave, cavern.
sociable *a.* sociable, friendly.
social *a.* social, friendly.
socialismo *m.* socialism.
socialista *a.* socialist(ic. *2 m.-f.* socialist.
sociedad *f.* society. *2* COM. partnership; company, firm, corporation: ~ ***anónima,*** limited company.
socio, cia *m.-f.* associate; member, fellow [of a club, etc.]. *2* COM. partner.
sociología *f.* sociology.
socorrer *t.* to help, aid, succour.
socorro *m.* assistance, help, aid.
soda *f.* soda [-water].
soez *a.* obscene, indecent.
sofá *m.* sofa, settee.
sofista *m.* sophist, quibbler.
sofocante *a.* suffocating, stifling.
sofocar *t.* to choke, suffocate, smother. *2* to stifle. *3 ref.* to blush.
sofoco *m.* suffocation. *2* blush; embarrassment. *3* annoyance, upset.
soga *f.* rope, halter.
sojuzgar *t.* to subjugate, subdue.
sol *m.* sun; sunshine: ***rayo de*** ~, sunbeam; ***tomar el*** ~, to bask in the sun; ***de*** ~ ***a*** ~, from sunrise to sunset; ***hace*** ~, it is sunny.
solamente *adv.* only, solely.
solana *f.* sunny place.
solapa *f.* lapel.
solapado, da *a.* cunning, sneaky.
solar *a.* solar. *2 m.* ground, plot, lot. *3* ancestral house.
solariego, ga *a.* ***casa solariega,*** manor-house.
solaz *m.* solace, comfort, relief.
solazar *t.* to comfort, cheer. *2 ref.* to enjoy oneself.
soldado *m.* soldier: ~ ***raso,*** private.
soldadura *f.* soldering, welding. *2* solder.
soldar *t.* to solder, weld. ¶ CONJUG. like ***contar.***
soleado, da *a.* sunny.
soleares *f. pl.* sad Andalusian song.
soledad *f.* solitude, loneliness.
solemne *a.* solemn. *2* great, downright.
solemnidad *f.* solemnity; festivity. *2 pl.* formalities.
soler *i.* translate the present of SOLER by *usually:* ***suele venir el lunes,*** he usually comes on Monday. | Imperf.: used to: ***solía venir el lunes,*** be used to come on Monday. | Only used in INDIC. ¶ CONJUG. like ***mover.***
solfeo *m.* sol-faing, solfeggio.
solicitado, da *a.* in good demand. *2* sought.
solicitante *m.-f.* petitioner, applicant.
solicitar *t.* to solicit, ask for, beg, apply for. *2* to court.
solícito, ta *a.* solicitous, diligent.
solicitud *f.* solicitude, concern. *2* application, demand, request.
sólidamente *adv.* firmly.
solidaridad *f.* solidarity.
solidario, ria *a.* solidary.
solidarizarse *ref.* to become solidary, make common cause.
solidez *f.* solidity. *2* firmness, strength.
solidificar *t.-ref.* to solidify.
sólido, da *a.* solid, firm, strong.
solitario, ria *a.* solitary, lone, lonely. *2* secluded [spot, life]. *3 m.* hermit. *4* solitaire [diamond; game].
soliviantar *t.* to revolt, make rebellious. *2 ref.* to revolt, become rebellious.
solo, la *a.* alone; by himself, itself, etc. *2* lone, lonely. *3* only, sole. *4 m.* MUS. solo. *5* ***a solas,*** alone; in private.
sólo *adv.* SOLAMENTE.
solomillo, solomo *m.* sirloin. *2* loin [of pork].
solsticio *m.* solstice.
soltar *t.* to untie, unfasten, loosen. *2* to let out, set free, release. *3* to let go, drop. *4* coll. to give [a blow]. *5* to utter [a remark, etc.]. *6 ref.* to get loose; get free. ¶ CONJUG. like ***contar.***
soltero, ra *a.* single, unmarried. *2 m.* bachelor, single man. *3 f.* single woman.

solterón *m.* old bachelor.
solterona *f.* old maid, spinster.
soltura *f.* agility, nimbleness. *2* ease, facility. *3* fluency.
soluble *a.* soluble. *2* solvable.
solución *f.* solution, outcome, break.
solucionar *t.* to solve. *2* to resolve.
solvencia *f.* COM. solvency. *2* ability, reliability.
solventar *t.* SOLUCIONAR. *2* to settle, pay up.
sollado *m.* inner deck.
sollozar *i.* to sob.
sollozo *m.* sob.
sombra *f.* shade; shadow. *2* phantom, ghost.
sombrear *t.* to shade.
sombrerería *f.* hat shop; millinery.
sombrerero *m.* hatter.
sombrero *m.* hat: ~ ***de copa,*** top haft; ~ ***hongo,*** bowler hat.
sombrilla *f.* parasol, sunshade.
sombrío, bría *a.* gloomy, dark, dismal, somber.
somero, ra *a.* superficial.
someter *t.* to submit, subject, subdue. *2 ref.* to submit. *3* to go [through an operation, examination, etc.].
sometimiento *m.* subjection. *2* submission.
somier *m.* bedspring, spring mattress.
somnolencia *f.* sleepiness, drowsiness.
son *m.* sound; tune. *2* rumour. *3* pretext: ***sin ton ni ~,*** without rhyme or reason. *4* manner: ***en ~ de guerra,*** in a hostile manner.
sonajero *m.* baby's rattle.
sonámbulo, la *a.-n.* sleep-walker.
sonar *t.-i.* to sound, ring. *2 t.* to play. *3 i.* [of a clock] to strike: ~ ***a,*** to seem like. *4 ref.* to blow one's nose. ¶ CONJUG. like ***contar.***
sonata *f.* sonata.
sonda *f.* sounding-line. *2* NAUT. sound, lead. *3* SURG. probe.
sondar, sondear *t.* NAUT. to sound, fathom. *2* to sound, probe [a wound, etc.].
sondeo *m.* sounding, probing.
soneto *m.* sonnet.
sonido *m.* sound. *2* report, rumour.
sonoridad *f.* sonority; resonance.
sonoro, ra *a.* sonorous. *2* talking [of films].
sonreír(se *i.* to smile.
sonriente *a.* smiling, pleasant.
sonrisa *f.* smile.
sonrojar *t.* to make [one] blush. *2 ref.* to blush.
sonrojo *m.* blush, blushing.
sonrosado, da *a.* rosy, pink.
sonsacar *t.* to remove surreptitiously. *2* to elicit information from, draw out [a secret].
sonsonete *m.* rhytmical tapping. *2* singsong.
soñador, ra *a.* dreaming. *2 m.-f.* dreamer.
soñar *t.-i.* to dream: ~ ***con,*** ~ ***en,*** to dream of. ¶ CONJUG. like ***contar.***
soñoliento, ta *a.* drowsy, sleepy.
sopa *f.* soup; sop: ***hecho una*** ~, soaked to the skin.
sopapo *m.* blow under the chin. *2* slap.
sopera *f.* tureen.
sopesar *t.* to weigh.
sopetón *m.* box, slap. *2* ***de*** ~, all of a sudden.
soplar *i.* to blow, fan. *2* to steal. *3* to whisper, suggest.
soplete *m.* blowtorch. *2* blowpipe.
soplo *m.* blowing. *2* breath, puff of wind. *3* whispered warning.
soplón, na *m.-f.* informer, talebearer.
soponcio *m.* swoon, fainting fit.
sopor *m.* drowsiness.
soportable *a.* tolerable, bearable.
soportal *m.* porch, portico, arcade.
soportar *t.* to bear, endure, tolerate.
soporte *m.* prop, bracket, stand.
soprano *m.-f.* soprano.
sorber *t.* to suck. *2* to sip. *3* to absorb. *4* to swallow.
sorbete *m.* sherbet, iced fruit drink.
sorbo *m.* sip, gulp, swallow.
sordera *f.* deafness.
sordidez *f.* dirtiness.
sórdido, da *a.* dirty, squalid.
sordina *f.* MUS. mute. *2* silencer.
sordo, da *a.* deaf. *2* muffled, dull, low [sound]. *3* dull [pain]. *4 m.-f.* deaf person: ***hacerse el*** ~, to turn a deaf ear to.
sordomudo, da *a.-n.* deaf and dumb. *2 m.-f.* deafmute.
sorna *f.* sluggishness. *2* sly slowness.
sorprendente *a.* surprising.
sorprender *t.* to surprise, astonish. *2 ref.* to be surprised.
sorpresa *f.* surprise.
sortear *t.* to draw lots for; to raffle. *2* to dodge, shun.
sorteo *m.* drawing of lots; raffle.
sortija *f.* finger ring. *2* curl [of hair].
sortilegio *m.* sorcery; spell, charm.
sosegado, da *a.* calm, quiet, peaceful.
sosegar *t.* to calm, quiet, appease, soothe. *2 ref.* to quiet down. ¶ CONJUG. like ***acertar.***
sosería *f.* insipidity, dullness.
sosiego *m.* calm, quiet, peace.
soslayar *t.* to place obliquely. *2* to elude, evade.

soslayo, ya *a.* oblique. *2* ***al ~, de ~,*** askance; sideways.
soso, sa *a.* tasteless. *2* dull.
sospecha *f.* suspicion, mistrust.
sospechar *t.* to suspect, mistrust.
sospechoso, sa *a.* suspicious. *2 m.-f.* suspect.
sostén *m.* support; supporter. *2* prop. *3* brassière.
sostener *t.* to support, sustain, hold up. *2* to endure, tolerate. *3* to maintain, affirm.
sostenido, da *a.* supported, sustained. *2 m.* MUS. sharp.
sostenimiento *m.* support. *2* maintenance, sustenance.
sota *f.* CARDS jack, knave.
sotana *f.* cassock [of a priest].
sótano *m.* cellar, basement.
sotavento *m.* NAUT. lee, leeward.
soterrar *t.* to bury. *2* to conceal.
soto *m.* grove, thicket.
soviético, ca *a.* soviet, sovietic.
su, *pl.* **sus** *pss. a.* his, her, its, their; 2nd pers. [formal] your.
suave *a.* soft, smooth. *2* gentle, midl. *3* **-mente** *adv.* softly, etc.
suavidad *f.* softness, smoothness. *2* gentleness, mildness.
suavizar *t.* to soften, smooth.
subalterno, na *a.* subordinate. *2 m.-f.* subaltern.
subarrendar *t.* to sublet, sublease. ¶ CONJUG. like ***acertar.***
subasta *f.* auction, auction sale.
subastar *t.* to sell at auction.
subconsciente *a.-m.* subconscious.
súbdito, ta *m.-f.* subject.
subdividir *t.* to subdivide.
subestimar *t.* to underrate, undervalue.
subida *f.* ascent, climbing. *2* rise [of prices, etc.]. *3* accesion [to the throne]. *4* ***subidas y bajadas,*** ups and downs. *5* slope, hill.
subir *i.* to go up, come up, ascend, rise, climb. *2 t.* to raise, bring up, hoist. *3* ***~ al tren,*** to get on the train.
súbito, ta *a.* sudden: ***de ~,*** suddenly.
subjuntivo *s.-m.* subjuntive.
sublevación *f.* insurrection, revolt, uprising.
sublevar *t.* to incite to rebellion. *2 i.* to rebel, rise.
sublime *a.* sublime.
submarino, na *a.-m.* submarine.
suboficial *m.* MIL. noncommissioned officer [sergeant].
subordinado, da *a.-n.* subordinate.
subordinar *t.* to subordinate, subject.
subrayar *t.* to underline. *2* to emphasize.
subsanar *t.* to mend, correct, repair. *2* to excuse.
subscribir *t.* to sign, subscribe. *2 ref.* to subscribe to.
subscripción *f.* subscription.
subsecretario, ria *m.-f.* undersecretary.
subsidiario, ria *a.* subsidiary.
subsidio *m.* subsidy. *2* ***~ familiar,*** family allowance.
subsiguiente *a.* subsequent.
subsistencia *f.* subsistence, living. *2 pl.* provisions.
subsistir *i.* to subsist, exist. *2* to last. *3* to live on.
substancia *f.* substance, essence. *2* extract, juice.
substantivo, va *a.* substantive. *2 m.* GRAM. noun.
substitución *f.* substitution.
substituir *t.* to substitute, replace. ¶ CONJUG. like *huir.*
substituto, ta *m.-f.* substitute.
substracción *f.* substraction. *2* stealing.
substraer *t.* to substract. *2* to steal *3 ref.* to elude, evade.
subsuelo *m.* subsoil.
subterfugio *m.* subterfuge, evasion.
subterráneo, a *a.* subterranean, underground.
suburbano, na *a.* suburban.
suburbio *m.* suburb, outskirts.
subvención *f.* subsidy, grant.
subvencionar *t.* to subsidize, aid.
subversivo, va *a.* subversive.
subyugar *t.* to subdue, overcome.
sucedáneo, a *a.-m.* substitute.
suceder *i.* ***~ a,*** to succeed. *2* to follow. *3 impers.* to happen, occur.
sucesión *f.* succession. *2* heirs, offspring.
sucesivamente *adv.* successively: ***y así ~,*** and so on.
sucesivo, va *a.* successive, consecutive. *2* ***en lo ~,*** hereafter.
suceso *m.* event, happening. *2* incident; outcome.
sucesor, ra *m.-f.* successor; heir.
suciedad *f.* dirt, dirtiness. *2* obscenity.
sucinto, ta *a.* concise, brief.
sucio, cia *a.* dirty, filthy, foul.
suculento, ta *a.* juicy, succulent.
sucumbir *i.* to succumb to, yield to. *2* to perish, die.
sucursal *a.-f.* branch [office].
sudamericano, na *a.-n.* South American.
sudar *i.* to sweat, perspire. *2* to toil.
sudario *m.* shroud, sudarium.
sudeste *m.* south-east [wind].
sudoeste *m.* south-west [wind].

sudor *m.* sweat, perspiration.
sudoroso, sa *a.* sweating, perspiring.
Suecia *f. pr. n.* GEOG. Sweden.
sueco, ca *a.* Swedish. *2 m.-f.* Swede.
suegra *f.* mother-in-law.
suegro *m.* father-in-law.
suela *f.* sole [of a shoe].
sueldo *m.* salary, pay.
suelo *m.* ground, floor, pavement. *2* soil, land.
suelto, ta *a.* loose, free. *2* easy, agile, nimble. *3* fluent. *4 m.* news item. *5* small change.
sueño *m.* sleep: ***tener ~,*** to be sleepy. *2* sleepiness, drowsiness. *3* dream: ***en sueños,*** dreaming.
suero *m.* whey. *2* serum.
suerte *f.* chance, hazard; fortune, fate. *2* luck. *3* sort, kind. *4* ***de ~ que,*** so that: ***echar suertes,*** to cast lots; ***tener ~,*** to be lucky.
suéter *m.* (Angl.) sweater.
suficiencia *f.* capacity: ***aire de ~,*** arrogance, self-conceit.
suficiente *a.* sufficient, enough. *2* able, capable. *3* **-mente** *adv.* sufficiently.
sufragar *t.* to defray, pay. *2* to aid, assist.
sufragio *m.* sufrage. *2* help, aid. *3* vote.
sufrido, da *a.* patient, long-suffering.
sufrimiento *m.* suffering. *2* endurance.
sufrir *t.* to suffer, endure. *2* to allow, permit. *3* to undergo [an operation, etc.].
sugerencia *f.* suggestion, hint.
sugerir *t.* to suggest, hint. ¶ CONJUG. like ***hervir.***
sugestión *f.* suggestion.
sugestionar *t.* to suggest. *2* to influence.
sugestivo, va *a.* suggestive.
suicida *a.* suicidal. *2 m.-f.* suicide [pers.].
suicidarse *ref.* to commit suicide.
suicidio *m.* suicide, self-murder.
Suiza *f. pr. n.* GEOG. Switzerland.
suizo, za *a.-n.* Swiss.
sujeción *f.* subjection. *2* submission.
sujetapapeles, pl. **-les** *m.* paper-clip.
sujetar *t.* to subject, subdue. *2* to check, hold. *3* to fasten. attach, tie. *4 ref.* to submit, be subjected.
sujeto, ta *a.* subject; liable. *2* fastened; under control. *3 m.* GRAM., LOG. subject. *4* fellow, individual. *5* subject, matter.
sulfato *m.* CHEM. sulphate.
sulfurarse *ref.* to get angry.
suma *f.* sum, addition, amount: ***en ~,*** in short.
sumamente *adv.* extremely.
sumar *t.* to sum up, add up, amount to. *2 ref.* ***~ a,*** to join.
sumario, ria *a.-m.* summary.
sumergir *t.-ref.* to submerge, sink.
sumersión *f.* submersion, immersion.
suministrar *t.* to provide with, supply with.
suministro *m.* provision, supply.
sumir *t.-ref.* to sink, plunge.
sumisión *f.* submission, obedience.
sumiso, sa *a.* submissive, obedient.
sumo, ma *a.* very great, supreme, highest: ***a lo ~,*** at most.
suntuosidad *f.* sumptuousness, richness.
suntuoso, sa *a.* sumptuous, gorgeous, luxurious.
supeditar *t.* to subdue; to subordinate.
superar *t.* to surpass, exceed. *2* to overcome, surmount.
superávit *m.* surplus.
superchería *f.* fraud, swindle.
superficial *a.* superficial; shallow. *2* **-mente** *adv.* superficially.
superficie *f.* surface. *2* area.
superfluo, flua *a.* superfluous, unnecessary.
superintendente *m.-f.* superintendent, supervisor.
superior *a.* superior. *2* upper [teeth, etc.]. *3* better. *4* higher. *5 m.* superior; director, head.
superioridad *f.* superiority, excellence.
superlativo, va *a.-m.* superlative.
superstición *f.* superstition.
supersticioso, sa *a.* superstitious.
supervivencia *f.* survival.
superviviente *a.* surviving. *2 m.-f.* survivor.
suplantar *t.* to supplant; to forge.
suplementario, ria *a.* supplementary, additional.
suplemento *m.* supplement, addition.
suplente *m.-f.* substitute.
súplica *f.* entreaty, petition, request, prayer.
suplicante *a.-n.* suppliant.
suplicar *t.* to entreat, pray, beg.
suplicio *m.* torture. *2* execution. *3* suffering, pain.
suplir *t.* to supply, make up tor. *2* to replace.
suponer *t.* to suppose, assume.
suposición *f.* supposition, assumption.
supremacía *f.* supremacy.
supremo, ma *a.* supreme, paramount.
supresión *f.* suppression, omission.
suprimir *t.* to suppress, omit, cut out.
supuesto, ta *a.* supposed, assumed. *2* ***dar por ~,*** to take for granted; ***por ~,***

of course. *3 m.* supposition, assumption.
supurar *i.* to suppurate.
sur *m.* south. *2* south wind.
surcar *t.* AGR. to furrow, plough. *2* to cut through [the water].
surco *m.* furrow, groove. *2* wrinkle [in the face]. *3* track [of ship].
surgir *i.* [of water] to spurt, spring. *2* to come forth, appear.
surtido *a.* assorted. *2 m.* assortment, stock; supply.
surtidor *m.* supplier. *2* fountain: ~ ***de gasolina,*** gasoline pump.
surtir *t.* to supply, provide. *2* ~ ***efecto,*** to work, produce effect.
susceptibilidad *f.* susceptibility.
susceptible *a.* susceptible, liable. *2* touchy.
suscitar *t.* to raise, stir up. *2 ref.* to rise, start.
suscribir, suscripción = SUBSCRIBIR, SUBSCRIPCIÓN.
susodicho, cha *a.* above-mentioned.
suspender *t.* to suspend, hang up. *2* to stop; delay. *3* to fail [in an examination]. *4* to astonish.
suspensión *f.* suspension. *2* postponement, delay.
suspenso, sa *a.* suspended, hanging: ***en*** ~, in suspense. *2* astonished. *3 m.* failing mark [in an examination].
suspicacia *f.* suspicion, mistrust.
suspicaz *a.* suspicious, distrustful.
suspirar *i.* to sigh. *2* ~ ***por,*** to long for.
suspiro *m.* sigh.
sustancia, sustancial, etc. = SUBSTANCIA, SUBSTANCIAL, etc.
sustentar *t.* to sustain, maintain, support, feed. *2* to hold up. *3* to defend.
sustento *m.* sustenance. *2* food. *3* support.
sustitución, sustituir, etc. = SUBSTITUCIÓN, SUBSTITUIR, etc.
susto *m.* fright, scare.
susurrar *i.-t.* to whisper. *2 i.* [of wind, etc.] to murmur; [of leaves, etc.] to rustle.
susurro *m.* whisper. *2* murmur, rustle.
sutil *a.* subtle. *2* thin, tine.
sutileza *f.* subtlety. *2* thinness. *3* keenness; cleverness.
suyo, -ya, -yos, -yas *poss. a.* his, her, its, one's, their; your [formal]. *2 poss. pron.* his, hers, its, one's, theirs; yours [formal].

T

tabaco *m.* tobacco; snuff.
tábano *m.* gad-fly, horse-fly.
tabardo *m.* tabard.
taberna *f.* tavern, public house.
tabernáculo *m.* tabernacle.
tabernero, ra *m.-f.* tavern-keeper, publican.
tabique *m.* partition wall.
tabla *f.* board; ***a raja*** ~, at any cost. *2* plank, slab, tablet. *3* sing.-pl. table [of logarithms, etc.]. *4 pl.* draw [at chess, etc.]. *5* THEAT. stage.
tablado *m.* stage, scaffold, platform. *2* flooring [of boards].
tablero *m.* board. *2* slab. *3* ARCH. panel. *4* timber, piece of lumber. *5* chessboard; checker-board. *6* counter [of shop]. *7* large work table. *8* gambling table. *9* blackboard.
tableta *f. dim.* small board. *2* tablet, pastille, lozenge.
tabletear *i.* to rattle clappers.
tableteo *m.* rattling sound. *2* rattle of machinegun shots.
tablilla *f.* small board.
tablón *m.* thick plank, beam: ~ ***de anuncios,*** notice-board.
taburete *m.* stool.
tacañería *f.* meanness, stinginess.
tacaño, ña *a.-n.* stingy, mean.
tácito, ta *a.* tacit.
taciturno, na *a.* silent, reserved, sullen, moody, sulky.
taco *m.* wad. *2* roll. *3* stopper, plug. *4* billiard-cue. *5* swear word, curse.
tacón *m.* heel [of a shoe].
taconazo *m.* stamp with the heels.
taconear *t.* to stamp with the heels.
taconeo *m.* stamping with the heels.
táctica *f.* tactics.
tacto *m.* tact, finesse. *2* feel, touch.
tacha *f.* fault, flaw, blemish.
tachar *t.* to find fault with, blame. *2* to cross out, blot out.
tachón *m.* erasure. *2* stud. *3* trimming, braid.
tachonar *t.* to adorn, trim. *2* to stud.
tachuela *f.* tack, hobnail.
tafetán *m.* taffeta; sticking-plaster.
tafilete *m.* Morocco leather.
tahalí *m.* shoulder-belt.
tahona *f.* bakery.
tahur, ra *m.-f.* gambler. *2* card-sharper.
taimado, da *a.* sly, crafty.
tajada *f.* cut, slice.
tajante *a.* cutting, sharp.
tajar *t.* to cut, slice.
Tajo *m. pr. n.* Geog. Tagus.
tajo *m.* cut, incision. *2* steep cliff. *3* cutting edge. *4* chopping block.
tal *a.* such, such a: ~ ***cual,*** such as; ~ ***vez,*** perhaps; ***un*** ~ ***Pérez,*** a certain Perez; ~ ***para cual,*** two of a kind; ~ ***como,*** just as; ***con*** ~ ***que,*** provided that; ***¿qué ~?,*** how are you?
tala *f.* felling of trees.
taladrar *t.* to bore, drill, pierce.
taladro *m.* drill, auger. *2* bore, drill-hole.
tálamo *m.* bridal bed or chamber.
talante *m.* disposition; mood. *2* manner. *3* will, wish.
talar *t.* to fell [trees].
talco *m.* talc, talcum. *2* tinsel.
talega *f.*, **-go** *m.* bag, sack.
taleguilla *f.* small bag. *2* bullfighter's breeches.
talento *m.* talent, intelligence.
talión *m.* retaliation.
talismán *m.* talisman, charm.
talón *m.* heel. *2* check, voucher.
talonario *m.* receipt book, stub book: ~ ***de cheques,*** cheque-book.
talud *m.* slope, ramp, talus.
talla *f.* [wood] carving. *2* height, stature, size [of a person].
tallar *t.* to carve, engrave. *2* to cut [jewels].
tallarín *m.* noddle.

talle *m.* figure, form, appearance. *2* waist.
taller *m.* workshop, factory. *2* studio.
tallo *m.* stem, stalk. *2* shoot, sprout.
tamaño, ña *a.* such a; as big [small] as; so great. *2 m.* size.
tamarindo *m.* tamarind.
tambalear *i.-ref.* to stagger, totter, reel.
también *adv.* also, too, as well.
tambor *m.* drum. *2* drummer.
Támesis *m. pr. n.* GEOG. Thames.
tamiz *m.* sieve, strainer.
tamizar *t.* to sift, sieve.
tampoco *adv.* neither, not either.
tan *adv.* apoc, of TANTO so, as, such. *2* ~ ***sólo,*** only.
tanda *f.* turn. *2* shift, relay [of workers]. *3* task. *4* number.
tangente *f.* tangent.
Tánger *pr. n.* Tangier.
tangible *a.* tangible.
tango *m.* tango (dance).
tanque *m.* water tank. *2* MIL. tank. *3* (Am.) reservoir.
tantear *t.* to try, test, probe. *2* to sound out, feel out. *3* to estimate, calculate. *4* to grope.
tanteo *m.* trial, test. *2* estimation, calculation. *3* score.
tanto, ta *a.-pron. sing.* so much, as much. *2 pl.* so many, as many. *3* **tanto** *adv.* so, so much, as much. *4 m.* certain amount, sum; point [in games]. *5* ***veinte y tantos,*** twenty odd; ***un tanto,*** somewhat; ***tanto por ciento,*** percentage; ***tanto como,*** as well as; as much as; ***tanto... como,*** both... and; ***entre*** or ***mientras tanto***, meanwhile; ***por lo tanto,*** therefore.
tañer *t.* to play; to ring; to toll [bells].
tañido *m.* sound, tune. *2* ring [of a bell].
tapa *f.* lid, cover; book cover. *2* snack [when drinking]. *3* head [of a cask, etc.].
tapaboca *m.* muffler. *2* blow on the mouth.
tapadera *f.* lid, cover.
tapadillo (de) *adv.* secretely.
tapar *t.* to cover. *2* to stop up, plug. *3* to hide, conceal. *4* to wrap up. *5 ref.* to cover up, wrap oneself.
tapete *m.* rug, small carpet. *2* table cover: ~ ***verde,*** gambling table.
tapia *f.* adobe wall. *2* wall fence.
tapiar *t.* to wall up, block up.
tapicería *f.* tapestries. *2* upholstelry.
tapiz *m.* tapestry, hanging.
tapizar *t.* to tapestry. *2* to upholster [chairs]. *3* to carpet.
tapón *m.* stopper, cork, bung.
taquigrafía *f.* shorthand, stenography.
taquígrafo, fa *m.-f.* stenographer.
taquilla *f.* booking-office [train]; box-office [theatre, etc.].
taquillero, ra *m.-f.* ticket-seller.
taquimecanógrafo, fa *m.-f.* shorthand typist.
tara *f.* tare. *2* tally-stick.
tarambana *m.-f.* scatterbrains.
tararear *t.* to hum [a tune].
tardanza *f.* delay; slowness.
tardar *i.-ref.* to delay; to be late: ***a más*** ~, at the latest.
tarde *adv.* late: ***de*** ~ ***en*** ~, from time to time. *2 f.* afternoon; evening.
tardío, día *a.* late, tardy, slow.
tardo, da *a.* slow, sluggish, late. *2* backward.
tarea *f.* task, job. *2* work, toil.
tarifa *f.* tariff. *2* price list, rate, fare.
tarima *f.* wooden platform, dais.
tarjeta *f.* card; visiting card: ~ ***postal,*** postcard.
tarro *m.* earthen jar.
tarta *f.* tart; cake.
tartamudear *i.* to stammer, stutter.
tartamudo, da *a.* stuttering. *2 m.-f.* stutterer.
tartana *f.* two-wheeled carriage
tartera *f.* griddle; baking pan.
tarugo *m.* wooden block, peg or plug.
tarumba *m.* coll. ***volver*** ~ ***a uno,*** to confuse, daze.
tasa *f.* measure; standard; rate. *2* valuation, appraisement, ceiling.
tasajo *m.* jerked beef.
tasar *t.* to fix the price of. *2* to appraise, rate.
tasca *f.* tavern, wine shop.
tatarabuela *f.* great-great-grand-mother.
tatarabuelo *m.* great-great-grand-father.
tatuaje *m.* tattooing.
tatuar *t.* to tattoo.
taurino, na *a.* bullfighting.
tauromaquia *f.* art of bullfighting.
taxi *m.* taxi, taxicab.
taza *f.* cup; bowl. *2* basin [of a fountain].
tazón *m.* large cup, bowl.
te *pron.* [to] you, yourself.
té *m.* tea. *2* tea-party.
tea *f.* torch, fire-brand.
teatral *a.* theatrical.
teatro *m.* theatre, *theater. *2* stage, scene; play-house: ***el*** ~ ***de Calderón,*** Calderon' s plays; ***el*** ~ ***francés,*** French drama.
tecla *f.* key [of a piano, etc.].
teclado *m.* keyboard.
técnica *f.* technique.
técnico, ca *a.* technical. *2 m.* technician, technical expert.

techado, da *a.* roofed. *2 m.* ceiling.
techar *t.* to roof; to thatch.
techo *m.* ceiling.
techumbre *f.* ceiling; roof.
tedio *m.* tediousness, boredom. *2* loathing.
tedioso, sa *a.* tedious, boring, tiresome.
teja *f.* tile, slate: ***sombrero de ~,*** shovel hat.
tejado *m.* roof.
tejedor, ra *m.-f.* weaver.
tejer *t.* to weave.
tejido, da *a.* woven. *2 m.* texture. *3* fabric, textile. *4* tissue.
tela *f.* cloth, fabric, stuff. *2* web. *3* PAINT. canvas. *4* ***poner en ~ de juicio,*** to doubt.
telar *m.* loom.
telaraña *f.* cobweb, spider's web.
telefonear *i.-t.* to telephone, ring up, phone up.
telefónico, ca *a.* telephonic.
telefonista *m.-f.* operator.
teléfono *m.* telephone.
telegrafía *f.* telegraphy: *~* ***sin hilos,*** wireless telegraphy.
telegrafiar *i.-t.* to wire, telegraph.
telegráfico, ca *a.* telegraphic.
telegrafista *m.* telegraphist.
telégrafo *m.* telegraph.
telegrama *m.* telegram, wire.
telescopio *m.* telescope.
televisar *t.* to televise.
televisión *f.* television.
televisor *m.* television set.
telón *m.* THEAT. curtain.
tema *m.* theme, subject.
temblar *i.* to tremble, quake, shake, shiver, quiver.
temblor *m.* tremble, tremor: *~* ***de tierra,*** earthquake.
tembloroso, sa *a.* shaking.
temer *t.-i.* to fear, dread; to be afraid of.
temerariamente *adv.* rashly, etc.
temerario, ria *a.* rash, reckless.
temeridad *f.* rashness, recklessness.
temeroso, sa *a.* fearful, timid, suspicious, afraid.
temible *a.* dreadful, frightful, awful.
temor *m.* dread, fear, suspicion.
témpano *m.* MUS. kettle-drum. *2* drumskin. *3 ~* ***de hielo,*** iceberg.
temperamento *m.* temperament, nature.
temperatura *f.* temperature.
tempestad *f.* tempest, storm.
tempestuoso, sa *a.* stormy, tempestuous.
templado, da *a.* temperate, moderate, sober. *2* lukewarm. *3* brave, firm.
templanza *f.* temperance. *2* moderation. *3* mildness.
templar *t.* to temper, moderate, appease. *2* to warm slightly. *3* to temper [metals, etc.]. *4* MUS. to tune. *5* NAUT. to trim [the sails] to the wind. *6 ref.* to cool down, control oneself.
temple *m.* TEMPERATURA. *2* temper [of metals, etc.]. *3* temper, condition of mind. *4* courage, valour. *5* MUS. tune. *6* PAINT. ***al ~,*** in distemper.
templo *m.* temple, church.
temporada *f.* period of time. *2* season.
temporal *a.* temporary; woldly. *2 m.* gale, storm. *3* **-mente** *adv.* temporarily.
temprano, na *a.* early; premature. *2 adv.* early.
tenacidad *f.* tenacity, doggedness.
tenacillas *f. pl.* small tongs; pincers. *2* tweezers.
tenaz *a.* tenacious, dogged, stubborn, obstinate. *2* **-mente** *adv.* tenaciously.
tenazas *f. pl.* [pair of] tongs, pliers; forceps.
tendencia *f.* tendency, trend, bent, liability to.
tendencioso, sa *a.* biassed, tendentious.
ténder *m.* tender [of a train].
tender *t.* to spread [out], stretch out. *2* to hold up [one's hands]. *3* to hang up [to dry]. *4* to lay [a cable, etc.]; to build [a bridge]. *5 i.* to tend, have a tendency to. *6 ref.* to stretch oneself out, lie down. ¶ CONJUG. like ***entender.***
tenderete *m.* stand, stall, booth.
tendero, ra *m.-f.* shopkeeper; retailer.
tendido, da *a.* stretched out, lying down; full [gallop]. *2 m.* hanging up [of washing to dry]. *3* laying [of cables, etc.]. *4* row of seats [in a bullring].
tendón *m.* tendon, sinew.
tenducho *m.*, **-cha** *f.* wretched little shop.
tenebroso, sa *a.* gloomy, dark.
tenedor *m.* [table] fork. *2* holder, possessor; *~* ***de libros,*** book-keeper.
teneduría *f. ~* ***de libros,*** book-keeping.
tenencia *f.* holding, possession. *2* tenancy.
tener *t.* to have; possess, own; to hold, keep. *2* ***esta mesa tiene dos metros de altura, ancho,*** this table is two metres high, wide; *~* ***hambre,*** to be hungry; *~* ***sed,*** to be thirsty; *~* ***sueño,*** to be sleepy; ***tengo diez años,*** I am ten years old; *~* ***miedo,*** to be afraid; *~* ***calor,*** to be hot; *~* ***frío,*** to be cold; *~* ***cuidado,*** to take care; ***tiene usted razón,*** you are right; ***no tengo ganas de pasear,*** I don't feel like walking now. *2* aux. ***tengo que estudiar,*** I have to study; I must study. *3* ref. ***tenerse en pie,*** to stand. ¶ CONJUG.

INDIC. Pres.: ***tengo, tienes, tiene;*** tenemos, tenéis, ***tienen.*** | Pret.: ***tuve, tuviste, tuvo; tuvimos,*** etc. ‖ Fut.: ***tendré, tendrás,*** etc. ‖ COND.: ***tendría, tendrías,*** etc. ‖ SUBJ. Pres.: ***tenga, tengas,*** etc. | Imperf.: ***tuviera, tuvieras,*** etc., or ***tuviese, tuvieses,*** etc. ‖ Fut.: ***tuviere, tuvieres,*** etc. ‖ IMPER.: ***ten, tenga; tengamos,*** tened, ***tengan.***
tenería *f.* tannery.
teniente *a.* dull of hearing. *2 m.* substitute *3* MIL. lieutenant.
tenis *m.* tennis.
tenor *m.* MUS. tenor. *2* nature: ***a ~ de,*** in accordance with.
tenorio *m.* Don Juan, lady-killer.
tensión *f.* tension, strain. *2* MECH. stress.
tenso, sa *a.* tense, tight.
tentación *f.* temptation.
tentáculo *m.* tentacle, feeler.
tentador, ra *a.* tempting. *2* alluring. *3 m.-f.* tempter.
tentar *t.* to feel, touch. *2* to try, attempt. *3* to tempt.
tentativa *f.* attempt, trial.
tentempié *m.* snack, pick-me-up.
tenue *a.* thin, slender.
teñir *t.* to dye, tinge.
teología *f.* theology.
teólogo, ga *m.-f.* theologian.
teorema *m.* theorem.
teoría *f.* theory.
teórico, ca *a.* theoretical. *2 m.-f.* theorist.
tercer(o, ra *a.-n.* third. *2 m.* mediator; go-between.
terceto *m.* POET. tercet, triplet. *2* MUS. trio.
terciar *t.* to sling across one's shoulder. *2* to divide in three parts. *3 i.* to intervene, mediate; to join in [a conversation]. *4* ***si se tercia,*** if an occasion comes to hand.
tercio, cia *a.-n.* third [part]. *2* m. MIL. regiment of infantry; Spanish Foreign Legion.
terciopelo *m.* velvet.
terco, ca *a.* obstinate, subborn.
Teresa *pr. n.* Theresa.
tergiversación *f.* distortion, misrepresentation.
tergiversar *t.* to twist, distort, misrepresent.
termas *f. pl.* hot springs.
terminación *f.* termination, end, ending, completion.
terminal *a.* terminal, final.
terminante *a.* final, conclusive.
terminar *t.* to end, close, finish. *2 i.* to be over. *3 ref.* to come to an end.
término *m.* end, completion: ***llevar a ~,*** to carry out; ***poner ~ a,*** to put an end to. *2* boundery, limit. *3* aim, goal. *4* term, word: ***en otros términos,*** in other words; ***por ~ medio,*** on an average; ***primer ~,*** foreground.
termómetro *m.* thermometer.
termo *m.* thermos flask.
ternera *f.* female calf, heifer. *2* veal.
ternero *m.* male calf.
ternura *f.* tenderness, softness.
terquedad *f.* obstinacy, stubbornness.
terraplén *m.* embankment, rampart, mound.
terrateniente *m.-f.* land-owner.
terraza *f.* terrace. *2* flat roof. *3* two-handled jar.
terremoto *m.* eartquake, seism.
terreno, na *a.* worldly, earthly. *2 m.* plot, piece of ground, land: ***preparar el ~,*** to pave the way.
terrestre *a.* terrestrial.
terrible *a.* terrible, frightful, awful. *2* **-mente** *adv.* terribly.
territorial *a.* territorial.
territorio *m.* territory, region.
terrón *m.* clod [of earth]. *2* lump [of sugar, etc.].
terror *m.* terror, fright, dread.
terrorífico, ca *a.* terrific, frightful, dreadful.
terruño *m.* piece of ground. *2* native country.
terso, sa *a.* polished, clear, smooth. *2* terse [style].
tersura *f.* polish, smoothness. *2* terseness [of style].
tertulia *f.* gathering, evening party, meeting of friends.
tesis *t.* thesis, theme.
tesitura *f.* attitude.
tesón *m.* tenacity, firmness.
tesorería *f.* treasury; exchequer.
tesorero, ra *m.-f.* treasurer.
tesoro *m.* treasure, wealth, riches.
testa *f.* head.
testador *m.* testator.
testamentario, ria *a.* testamentary. *2 m.* executor. *3 f.* executrix.
testamento *m.* testament, will.
testar *i.* to make a will.
testarudo, da *a.* obstinate, stubborn, pig-headed.
testificar *t.* to attest, testify, witness, certify.
testigo *m.-f.* witness: ***~ de vista,*** eyewitness.
testimonio *m.* testimony, witness. *2* affidavit.
testuz *f.* nape [of animals].
teta *f.* breast [of a woman]; udder [of a cow, etc.]. *2* teat, nipple.

tétano, -nos *m.* tetanus.
tetera *f.* teapot, kettle.
tétrico, ca *a.* gloomy, sullen, dismal.
textil *a.-m.* textile.
texto *m.* text. *2* textbook.
textual *a.* textual, literal.
textura *f.* texture. *2* weaving.
tez *f.* complexion [of the face].
ti *pers. pron.* you [after preposition]; thee.
tía *f.* aunt.
tibia *f.* shinbone. *2* MUS. flute.
tibieza *f.* tepidity. *2* coolness, indifference.
tibio, a *a.* tepid, lukewarm. *2* cool, indifferent.
tiburón *m.* shark.
tictac *m.* pit-a-pat; ticking [of a clock].
tiempo *m.* time; epoch, season; occasion, opportunity: ***cuanto ~,*** how long; ***perder el ~,*** to waste time; ***a ~,*** in time. *2* weather: ***hacer buen*** or ***mal ~,*** to be good or bad weather. *3* MUS. beat. *4* GRAM. tense.
tienda *f.* shop, *store. *2* ***~ de campaña,*** tent.
tienta *f.* BULLF. testing of young bulls. *2* ***andar a tientas,*** to grope in the dark.
tiento *m.* touch, feeling. *2* care, caution. *3* blow.
tierno, na *a.* tender; soft; loving, affectionate. *2* fresh [bread].
tierra *f.* earth; land; ground. *2* country, homeland. *3* region. *4* AGR. soil. *5* dust.
tieso, sa *a.* stiff, rigid. *2* tight, taut. *3* strong.
tiesto *m.* flower-pot.
tifón *m.* typhoon.
tifus *m.* typhus [fever].
tigre, sa *m.* tiger; (Am.) jaguar. *2 f.* tigress.
tijera *f. sing & pl.* scissors, shears: ***silla de ~,*** folding chair.
tila *f.* [infusión of] lime blossom.
tildar *t.* to put a tilde over. *2* ***~ de,*** to accuse of.
tilde *f.* tilde, dash. *2* fault, blemish. *3* jot, tittle.
tilín *m.* ting-a-ling: ***hacer ~,*** to please.
tilo *m.* linden-tree.
timador, ra *m.-f.* swindler.
timar *t.* to swindle, cheat. *2* ref. ***~ con,*** to exchange winks.
timbal *m.* kettle-drum; tambourin.
timbrar *t.* to stamp.
timbre *m.* stamp, seal. *2* HER. crest. *3* MUS. electric bell. *4* glorious deed.
timidez *f.* timidness, shyness.
tímido, da *a.* timid, shy.
timo *m.* swindle, cheat.
timón *m.* rudder; helm. *2* beam of a plough.
timonel *m.* steersman.
timorato, ta *a.* God-fearing. *2* timid, shy.
tímpano *m.* ear-drum. *2* MUS. kettle-drum. *3* ARCH. tympanum.
tina *f.* large jar. *2* vat, tub.
tinaja *f.* large earthen jar.
tinglado *m.* shed. *2* boad platform. *3* fig. intrigue, machination.
tiniebla *f.* darkness. *2 pl.* night; hell.
tino *m.* skill; knack. *2* judgement, tact: ***sacar de ~,*** to exasperate.
tinta *f.* ink; ***saber de buena ~,*** to know on good authority.
tinte *m.* dyeing. *2* paint, colour, stain. *3* dyer's shop.
tintero *m.* inkstand, ink-pot.
tintinar, -near *i.* to clink; to jingle.
tintineo *m.* clinking; jingling.
tinto, ta *a.* dyed; dark-red [wine].
tintorería *f.* dyer's shop. *2* dry-cleaner's shop.
tintura *f.* tincture; dye.
tiñoso, sa *a.* scabby. *2* coll. mean, stingy.
tío *m.* uncle. *2* fellow, guy: ***el ~ Pepe,*** the old Joe.
tiovivo *m.* merry-go-round, roundabout.
típico, ca *a.* typical, characteristic.
tiple *m.-f.* soprano or treble.
tipo *m.* type, pattern. *2* figure, build [of a person]. *3* fellow, guy.
tipografía *f.* printing.
tipógrafo *m.* printer.
tira *f.* narrow strip; strap.
tirabuzón *m.* corkscrew. *2* ringlet.
tirada *f.* throw, cast. *2* shooting. *3* distance; stretch of time. *4* edition. *5* ***de una ~,*** at one time, at a stretch.
tirador, ra *m.-f.* thrower. *2* marksman. *3 m.* bell-pull. *4* handle, knob [of a door, etc.].
tiranía *f.* tyranny.
tiránico, ca tyrannic(al, despotic.
tirano, na *a.* tyrannical. *2 m.-f.* tyrant.
tirante *a.* tight, taut, tense. *2* strained [relations]. *3 pl.* braces, *suspenders.
tirantez *f.* tenseness, tautness, tightness.
tirar *t.* to throw, cast, fling. *2* to throw away, cast off; to fire [a shot]. *3* to draw, stretch. *4* to knock down, pull down. *5* waste [time, money]. *6* to draw [a line]. *7* to print. *8 i.* to attract. *9* [of a chimney] to draw. *10* to last, endure. *11* ***~ a,*** a) to shoot with; b) to shoot at; c) to turn to [the right, etc.]; d) to aim at. *12* ***~ de,***

a)to draw; b) to pull [at; on]. *13 ref.* to rush, throw oneself. *14* to jump. *15* to lie down.

tirilla *f.* neckband.

tiritar *i.* to shiver.

tiro *m.* throw. *2* shot [of a fire-arm]. *3* throw, shot [distance]. *4* report [of a gun]. *5* shooting practice; shooting grounds. *6* team [of draught animals]. *7* draft, draught [of a chimney].

tirón *m.* pull, jerk, tug: ***de un ~,*** with a pull; at a stretch; at one stroke.

tirotear *t.* to fire repeatedly.

tiroteo *m.* firing, shooting.

tirria *f.* aversion, dislike.

tísico, ca *a.-n.* consumptive.

tisis *f.* phthisis, consumption.

tisú *m.* silk tissue.

titánico, ca *a.* titanic.

títere *m.* puppet, marionette. *2 pl.* puppet-show.

titiritero *m.* puppet player. *2* juggler.

titilar *i.* to twinkle. *2* to tremble.

titubear *i.* to waver. *2* to stammer. *3* to stagger, totter.

titubeo *m.* wavering. *2* stammering. *3* staggering, tottering.

titular *a.* titular. *2 m.-f.* bearer, holder [of a passport, etc.]. *3 m. pl.* headlines.

titular *t.* to title, call, name.

título *m.* title. *2* heading. *3* diplome, professional degree. *4* qualification.

tiza *f.* chalk.

tiznado, da *a.* grimy, smudgy.

tiznar *t.* to smut, soot.

tizne *m.* soot, smut.

tizón *m.* firebrand. *2* AGR. wheat-smut. *3* stain.

toalla *f.* towel.

toallero *m.* towel-rail.

tobillo *m.* ankle.

toca *f.* wimple. *2* coif, bonnet.

tocadiscos, *pl.* **-cos** *m.* record-player.

tocado, da *a.* touched. *2* crazy. *3 m.* coiffure. *4* headdress.

tocador *m.* dressing-table. *2* dressing-room. *3* ***juego de ~,*** perfume and toilet set.

tocante *a.* ***~ a,*** concerning, with regard to.

tocar *t.* to touch, feel [with hands]. *2* to play [the piano, etc.]; to ring [a bell]; to beat [a drum]. *3* AUTO. to blow [the horn]. *4* to win [lottery]. *5* ***~ a muerto,*** to toll. *6* to move, inspire. *7* to find [by experience]. *8 i.* to belong; to be one's turn: ***por lo que toca a,*** with regard to. *9* to call [at a port]. *10 ref.* to touch each other. *11* to cover one's head. *12* ***me toca de cerca,*** it concerns me closely.

tocino *m.* bacon; salt pork.

todavía *adv.* still, even, yet. *2* nevertheless. *3* ***~ más,*** even more; ***~ mejor,*** still better; ***~ no,*** not yet.

todo, da *a.* all, every, each: ***a ~ prisa,*** with all speed. *2 m.-f.* a whole, entirety. *3 adv.* entirely. *4* ***ante ~,*** first of all; ***con ~,*** however; ***sobre ~,*** above all.

todopoderoso, sa *a.* almighty.

toga *f.* toga. *2* judge's robe. *3* academic gown.

toldo *m.* awning.

tolerable *a.* tolerable, bearable.

tolerancia *f.* tolerance, indulgence.

tolerante *a.* tolerant, indulgent.

tolerar *t.* to tolerate. *2* to bear, suffer. *3* to overlook.

toma *f.* taking. *2* capture, seizure. *3* MED. dose. *4* inlet. *5* ELECT. plug, tap.

tomar *t.* to take. *2* to seize, catch; to capture. *3* to have [a meal, a drink, a rest, etc.]. *4* ***~ a pecho,*** to take to heart; ***~ el pelo,*** to pull one's leg; ***~ a mal,*** to take it amiss; ***~ las de Villadiego,*** to take to one's heels. *5 i.* ***~ por la derecha,*** to turn to the right.

Tomás *pr. n.* Thomas.

tomate *m.* tomato.

tómbola *f.* tombola, charity raffle.

tomillo *m.* thyme.

tomo *m.* volume, tome: ***de ~ y lomo,*** bulky, important.

ton *m.* ***sin ~ ni son,*** without rhyme or reason.

tonada *f.* tune, song.

tonadilla *f.* tune, lilt, air.

tonel *m.* barrel, cask, keg.

tonelada *f.* ton; ***~ métrica,*** metric ton.

tonelaje *m.* tonnage.

tónico, ca *a.-m.* tonic.

tono *m.* tone; tune. *2* key, pitch. *3* vigour, strength. *4* accent. *5* ***darse ~,*** to put on airs; ***de buen*** or ***mal ~,*** fashionable, or vulgar.

tontada, tontería *f.* silliness, stupidity. *2* nonsense.

tonto, ta *a.* silly, foolish, stupid. *2 m.-f.* fool, dolt.

topar *t.* to run into, collide with, bump into, knock against. *2 t.-i.-ref.* ***~ con,*** to run across, fall in with.

tope *m.* butt, end. *2* buffer; stop. *3* bump, collision. *4* row, quarrel. *5* ***hasta los topes,*** up to the top; full up.

topetada *f.,* **topetazo** *m.* butt; bump.

tópico, ca *a.* local. *2 m. pl.* commonplaces, topic.
topo *m.* mole.
topografía *f.* topography.
toque *m.* touch. *2* blow, tap. *3* sound [of a trumpet]; ringing [of a bell]; beat [of a drum]. *4* proof, trial. *5* ***piedra de ~,*** touchstone; ~ ***de queda,*** curfew.
toquilla *f.* headdress; headscarf.
torbellino *m.* whirlwind. *2* rush, bustle.
torcedura *f.* twist. *2* sprain, strain.
torcer *t.* to twist, wrench, bend, crook: ~ ***el gesto,*** to make a wry face. *2 i.* to turn to [the right, etc.]. *3 ref.* to become twisted, bent; to get crooked. *4* to go astray. *5* ~ ***el tobillo,*** to sprain one's ankle. ¶ CONJUG. like ***mover.***
torcido, da *a.* twisted, bent, crooked. *2* oblique, slanting. *3* dishonest. *4 f.* wick [of a candle, etc.]. *5 m.* jam roll. *6* coarse silk twist.
tordo, da *a.* dapple-grey [horse]. *2 m.* ORN. thrush.
torear *i.-t.* to fight bulls. *2 t.* to fool, make fun of.
toreo *m.* bullfighting.
torera *f.* a short, tight unbuttoned jacket.
torero, ra *a.* bullfighting. *2 m.-f.* bullfighter.
tormenta *f.* storm, tempest.
tormento *m.* torment, pain, anguish. *2* torture.
tormentoso, sa *a.* stormy, tempestuous.
tornadizo, za *a.* changeable, fickle.
tornado *m.* tornado, hurricane.
tornasol *m.* sunflower. *2* sheen [of fabrics]. *3* CHEM. litmus.
tornasolado, da *a.* iridescent, shot [of silk].
tornear *t.* to turn [in a lathe]. *2* to tourney. *3* to muse.
torneo *m.* tournement.
tornero *m.* turner [of a lathe].
tornillo *m.* screw. *2* clamp. *3* vice.
torniquete *m.* turnstile. *2* SURG. tourniquet.
torno *m.* windlass; winch. *2* lathe. *3* revolving server. *4* potter's wheel. *5* ***en ~,*** around.
toro *m.* bull. *2 pl.* bullfight.
toronja *f.* grapefruit.
torpe *a.* awkward, clumsy. *2* slow, heavy. *3* dull. *4* lewd, unchaste. *5* **-mente** *adv.* awkwardly, etc.
torpedear *t.* to torpedo.
torpedero *m.* torpedo-boat.
torpedo *m.* torpedo.
torpeza *f.* awkwardness, clumsiness. *2* slowness, heaviness. *3* dullness, stupidity.
torre *f.* tower. *2* turret. *3* country-house. *4* CHESS rook, castle.
torrente *m.* torrent; flood.
torrero *m.* lighthouse-keeper.
torrezno *m.* rasher of bacon.
tórrido, da *a.* torrid.
torrija *f.* fritter.
torsión *f.* twist. *2* sprain.
torta *f.* cake, pie. *2* blow, slap.
tortícolis *f.* stiff neck.
tortilla *f.* omelet. *2* (am.) pancake.
tórtola *f.* turtle-dove.
tortuga *f.* tortoise; turtle.
tortuoso, sa *a.* tortuous, winding, twisting. *2* crooked.
tortura *f.* torture, torment; grief.
torturar *t.* to torture, torment. *2 ref.* to fret, worry.
torvo, va *a.* grim, fierce.
tos *f.* cough: ~ ***ferina,*** whooping-cough.
tosco, ca *a.* rough, coarse. *2* rude, uncouth.
toser *i.* to cough.
tosquedad *f.* coarseness, roughness, uncouthness.
tostada *f.* slice of toast.
tostado, da *a.* toasted, roasted. *2* tan, brown [colour]. *3* tanned, sunburnt.
tostador *m.* toaster, roaster.
tostar *t.* to toast; to roast [coffee]. *2* to tan, sunburn.
total *a.* total. *2 m.* total, sum total. *3 adv.* in short.
totalidad *f.* totality, whole.
totalitario, ria *a.* totalitarian.
totalmente *adv.* wholly, altogether.
tóxico, ca *a.-m.* toxic.
toxina *f.* toxin.
tozudo, da *a.* stubborn, obstinate, pigheaded.
tozudez *f.* stubbornness, pigheadedness.
traba *f.* bond, clasp, locking device. *2* shackle. *3* hindrance, obstacle.
trabajador, ra *a.* hard-working. *2 m.-f.* worker.
trabajar *i.* to work, labour, to toil. *2* to strive, endeavour. *3* to till the soil.
trabajo *m.* work, labour, toil. *2* task, job. *3* effort, trouble: ***trabajos forzados,*** hard labour.
trabajoso, sa *a.* hard, arduous, laborious.
trabalenguas *m. sing. & pl.* tongue-twister.
trabar *t.* to bind, clasp, join. *2* to catch, seize. *3* to hobble, trammel. *4* to join [battle]; to strike up [friendship]; to begin [conversation]. *5 ref.* to stammer; ~ ***de palabras,*** to wrangle; ~ ***la lengua,*** to be tongue-tied.

trabazón *f.* union [of parts]. *2* connexion, relation. *3* CARP. bond.
trabucar *t.* to upset, overturn. *2 ref.* to stammer.
trabuco *m.* blunderbuss.
tracción *f.* traction, draught.
tractor *m.* tractor.
tradición *f.* tradition.
tradicional *a.* traditional. *2* **-mente** *adv.* traditionally.
traducción *f.* translation.
traducir *t.* to translate [into; from], render.
traductor, ra *m.-f.* translator.
traer *t.* to bring. *2* to draw, attract. *3* to bring over. *4* to bring about, occasion. *5* to make, keep. *6* to wear [a garment]. *7* **~ *entre manos*,** to be busy with, be engaged in. ¶ CONJUG. INDIC. Pres.: ***traigo***, traes, trae, etc. | Fut.: traeré, traerás, etc. || COND.: traería, traerías, etc. || SUBJ. Pres.: ***traiga***, ***traigas***, etc. | Imperf.: ***trajera***, ***trajeras***, etc., or ***trajese***, ***trajeses***, etc. | Fut.: ***trajere***, ***trajeres***, etc. || IMPER.: trae, ***traiga***; ***traigamos***, traed, ***traigan***. | PAST. P.: traído. || GER.: ***trayendo***.
traficante *m.-f.* trader; dealer.
traficar *i.* to deal, trade.
tráfico *m.* traffic; trade, business.
tragaluz *m.* skylight.
tragaperras, *pl.* **-rras** *f.* slot-machine.
tragar *t.-ref.* to swallow [up]; to gulp; to engulf; **~ *el anzuelo*,** to be taken in.
tragedia *f.* tragedy.
trágico, ca *a.* tragic(al. *2 m.* tragedian.
trago *m.* drink, draught, gulp: ***echar un ~***, to have a drink. *2* mishap.
tragón, na *a.* gluttonous. *2 m.-f.* glutton.
traición *f.* treason; treachery: ***a ~***, treacherously.
traicionar *t.* to betray.
traicionero, ra *a.* treacherous.
traidor, ra *a.* treacherous. *2 m.* traitor. *3 f.* traitress.
traje *m.* suit [for men]; dress [for women]; clothes [in general]; clothing [collective]; [historical] costume; gown [for women; judges, etc.]; **~ *de baño*,** bathing-suit; **~ *de etiqueta*,** full dress; **~ *de luces*,** bullfighter's costume; **~ *sastre*,** skirt and jacket.
trajín *m.* going and coming, bustle. *2* transport.
trajinar *t.* to carry [goods]. *2* bustle about.
tralla *f.* whip-lash.
trama *f.* WEAW. weft, woof. *2* texture. *3* plot [of a novel, play]. *4* plot, scheme.
tramar *t.* to weave. *2* to plot, scheme.
tramitar *t.* to transact, negotiate; to take legal steps.
trámite *m.* step, procedure, transaction, formality.
tramo *m.* stretch, section [of a road, etc.]. *2* flight of stairs.
tramontana *f.* north wind.
tramoya *f.* stage machinery.
tramoyista *m.* scene-shifter.
trampa *f.* trap; snare. *2* trapdoor. *3* bad debt. *4* trick, cheat [in games].
trampear *i.* to trick, cheat. *2* to manage, get along.
trampolín *m.* spring-board. *2* ski jump.
tramposo, sa *a.* deceitful, tricky. *2 m.-f.* swindler.
tranca *f.* club, truncheon. *2* crossbar.
trance *m.* predicament, critical moment: ***en ~ de muerte***, at the point of death; ***a todo ~***, at any risk.
tranquilidad *f.* tranquillity, quiet, peace, stillness.
tranquilizar *t.* to appease, calm down.
tranquilo, la *a.* calm, quiet, peaceful.
transacción *f.* compromise, agreement. *2* COM. transaction.
transatlántico, ca *a.* transatlantic. *2 m.* liner.
transbordador *m.* ferry-boat, transfer-boat.
transcribir *t.* to transcribe, copy.
transcurrir *i.* to pass, elapse.
transcurso *m.* course [of time].
transeúnte *a.-n.* transient. *2 m.-f.* passer-by; pedestrian.
transferencia *f.* transference.
transferible *a.* transferable.
transferir *t.* to transfer. ¶ CONJUG. like ***hervir***.
transfigurar *t.* to transfigure. *2 ref.* to be transfigured.
transformable *a.* transformable; convertible.
transformación *f.* transformation.
transformador *m.* transformer.
transformar *t.* to transform. *2 ref.* to change; **~ *en*,** to become.
tránsfuga *m.-f.* fugitive; deserter.
transgredir *t.* to transgress, break.
transgresión *f.* transgression.
transgresor, ra *m.-f.* transgressor.
transición *f.* transition.
transido, da *a.* overwhelmed with.
transigencia *f.* tolerance.
transigente *a.* tolerant, compromising.
transigir *i.* to compromise, be tolerant.
transistor *m.* transistor.
transitable *a.* passable, practicable.
transitar *i.* to pass, go, walk.

tránsito *m.* passage, crossing. *2* traffic.
transitorio, ria *a.* transitory.
translúcido, da *a.* translucent.
transmisión *f.* transmission.
transmisor *m.-f.* transmitter.
transmitir *t.* to transmit. *2* RADIO to broadcast.
transparencia *f.* transparency.
transparente *a.* transparent. *2* translucent. *3* obvious.
transpiración *f.* perspiration.
transpirar *i.* to perspire, transpire.
transponer *t.* to move, remove. *2* to transplant. *3* to disappear round [the corner]. *4 ref.* to set [of the sun].
transportar *t.* to transport, carry, convey. *2 ref.* to be enraptured.
transporte *m.* transportation, transport, carriage. *2* ecstasy.
transvasar *t.* to decant.
transversal *a.* transverse, cross: ***sección ~***, cross section.
tranvía *m.* tramway, tram; *streetcar.
trapacero, ra; trapacista *a.* tricky. *2 m.-f.* trickster, cheat.
trapecio *m.* trapeze; trapezium.
trapería *f.* rags. *2* rag shop.
trapero, ra *m.-f.* rag-dealer.
trapío *m.* provocative gait [of women]. *2* liveliness [of bulls].
trapisonda *f.* row, shindy. *2* intrigue.
trapo *m.* rag. *2* NAUT. sails: ***a todo ~***, at full sail. 3 bullfighter's cloak. *4 pl.* clothes, dresses. *5* ***poner como un ~***, to rebuke severely.
traquetear *i.* to crack, explode. *2 t.* to shake, jerk.
traqueteo *m.* crack, explosion. *2* shaking, jerking.
tras *prep.* after, behind.
trascendencia *f.* perspicacity. *2* importance, consequence; result.
trascendental *a.* far-reaching. *2* highly important.
trascendente *a.* trascendent.
trascender *i.* to emit a strong odour. *2* to become known, leak out. *3* to have effect or consequences. *4 t.* to penetrate. ¶ CONJUG. like ***entender***.
trasegar *t.* to upset. *2* to move. *3* to decant. ¶ CONJUG. like ***acertar***.
trasero, ra *a.* back, hind, rear. *2 m.* coll, rump, buttocks.
trasgo *m.* goblin, poltergeist.
trashumante *a.* moving [sheep] from winter to summer pasture or viceversa.
trasiego *m.* decanting. *2* re-shuffle [of posts].
trasladar *t.* to move, remove. *2* to postpone, adjourn. *3 ref.* to move from... to.
traslado *m.* move, transfer. *2* written copy.
traslucirse *ref.* to be translucent, shine through. *2* to be evident.
trasluz *m.* light seen through a translucent body: ***mirar al ~***, to hold against the light.
trasnochador *m.* night-bird.
trasnochar *i.* to keep late hours. *2* to spend the night.
traspapelarse *ref.* to become mislaid.
traspasar *t.* to pass over, cross over. *2* to pass through, pierce. *3* to exceed [limits], go too far. *4* to transfer [a business]. *5* to transgress [a law].
traspaso *m.* transfer [of a business]. *2* transgression.
traspié *m.* stumble: ***dar un ~***, to stumble.
trasplantar *t.* to transplant.
trasplante *m.* transplantation.
traspunte *m.* THEAT. prompter.
trasquilar *t.* to shear [animals].
trastada *f.* bad turn, mean or dirty trick.
trastazo *m.* blow, bump, knock.
traste *m.* ***dar al ~ con***, to spoil, ruin.
trastear *t.* to fight the bull with the MULETA. *2* to move about [furniture].
trastienda *f.* room behind a shop.
trasto *m.* piece of furniture; lumber. *2* useless person; queer type. *3* tools.
trastocar *t.* to invert, reverse. *2 ref.* to become crazy.
trastornado, da *a.* upset. *2* crazy.
trastornar *t.* to upset, turn upside down, disturb, overthrow.
trastorno *m.* upset, overturning. *2* riot, disorder. *3* upheaval; trouble.
trasudar *t.* to perspire, sweat slightly.
trasunto *m.* copy, image.
trata *f.* slave-trade; ***~ de blancas***, white slave-traffic.
tratable *a.* friendly, sociable.
tratado *m.* treaty [between nations]. *2* treatise.
tratamiento *m.* treatment. *2* title, form of address.
tratante *m.-f.* trader, dealer.
tratar *t.* to treat [a pers. well or badly; a subject; metals]. *2* to deal with [people]. *3* to call [someone a liar]. *4* to address [as *tú*]. *5 i.* ~ ***de*** [with infinitive], to try, attempt. *6* ~ ***de*** [with noun], to deal with, talk about. *7* ***~ con***, to have dealings with, be on terms with. *8* ***~ en***, to deal, trade in. *9 ref.* to live [well or poorly]. *10* to be on good terms. *11*

se trata de, it is a question of. *12* ***¿de qué se trata?,*** what is all about?, what is the trouble?
trato *m.* treatment. *2* manner, behaviour. *3* agreement, deal. *4* negotiation. *5* relationship, intercourse. *6* ***de fácil ~,*** easy to get on with.
través *m.* bias, inclination. *2* misfortune. *3* ***a ~ de,*** through, across; ***al*** or ***de ~,*** slantwise, crosswise.
travesaño *m.* cross-piece, cross-bar; transom. *2* bolster [of a bed].
travesía *f.* cross-road. *2* distance. *3* passage, crossing [the sea].
travesura *f.* mischief, prank, lively wit.
traviesa *f.* RLY, sleeper.
travieso, sa *a.* mischievous, naughty [child]. *2* cross, transverse.
trayecto *m.* distance, stretch, way. *2* journey, run.
trayectoria *f.* trajectory, flight.
traza *f.* sketch, plan [of building]. *2* device, shift. *3* appearance, aspect: ***tener trazas de,*** to look like.
trazado, da *a.* ***bien ~,*** good-looking; ***mal ~,*** ill-favoured. *2 m.* sketch, outline; lay-out.
trazar *i.* to draw, sketch. *2* to lay out, plan out.
trazo *m.* outline, drawing. *2* line, stroke [of a pen].
trébol *m.* clover, trefoil. *2* club [playing-card].
trece *a.-m.* thirteen; thirteenth: ***estar en sus ~,*** to hold fast.
trecho *m.* distance, stretch: ***de ~ en ~,*** at intervals; from time to time.
tregua *f.* truce, rest, respite: ***no dar ~,*** to allow no respite.
treinta *a.-m.* thirty; thirtieth.
tremebundo, da *a.* dreadful, imposing. *2* huge, tremendous.
trementina *f.* turpentine.
tremolar *t.-i.* to wave, hoist [a flag].
trémulo, la *a.* tremulous, quivering, flickering.
tren *m.* train; ***~ expreso,*** express train. *2* gear, outfit: ***~ de aterrizaje,*** undercarriage. *3* pomp, show; retinue. *4* SPORT speed.
trencilla *f.* braid, ribbon.
trenza *f.* braid, plait. *2 pl.* tresses.
trenzar *t.* to braid, plait.
trepador, ra *a.* climbing [plant]. *2 m.* climber.
trepar *i.-t.* to climb, clamber. *2 t.* to bore, pierce.
trepidación *f.* vibration, shaking.
trepidar *i.* to tremble, vibrate, shake.
tres *a.-m.* three. *2 a.* third.
tresillo *m.* ombre [card game]. *2* three-piece suite.
treta *f.* trick, wile; feint [in fencing].
triangular *a.* triangular.
triángulo *m.* triangle.
tribu *f.* tribe.
tribulación *f.* tribulation, trouble.
tribuna *f.* tribune, platform. *2* grandstand.
tribunal *m.* tribunal, court of justice. *2* EDUC. examining board.
tributar *t.* to pay [taxes; homage].
tributario, ria *a.* tributary. *2 m.-f.* taxpayer. *3* tributary [river].
tributo *m.* tribute, tax.
tricornio *m.* three-cornered hat.
trifulca *f.* dispute, row.
trigal *m.* wheat field.
trigo *m.* wheat.
trigonometría *f.* trigonometry.
trigueño, ña *a.* of a light brown complexion, swarthy, dark.
trilla *f.* threshing.
trillado, da *a.* beaten [path]. *2* trite, commonplace.
trilladora *f.* thrashing-machine.
trillar *t.* to thrash, thresh.
trimestral *a.* quarterly, terminal.
trimestre *m.* quarter, period of three moths. *2* [school] term.
trinar *i.* to trill [in singing]; [of birds] to warble, chirp. *2* to get furious.
trincar *t.* to break, tear. *2* to tie up [a person]. *3* NAUT. to lash, fasten. *4* coll. to kill. *5* coll. to drink.
trinchante *m.* carving-fork, carving-knife. *2* carver.
trinchar *t.* to carve [food].
trinchera *f.* trench, entrenchment. *2* trench-coat.
trineo *m.* sleigh, sledge, sled.
Trinidad *f.* Trinity.
trinitaria *f.* BOT. pansy.
trino, na *a.* trine; ternary. *2 m.* trill.
trinquete *m.* NAUT. foremast.
trío *m.* trio.
tripa *f.* gut, intestine, bowels.
triple *a.-m.* triple, treble.
triplicado, da *a.* threefold. *2 m.* triplicate.
triplicar *t.* to treble, triplicate.
tripulación *f.* crew [of a ship, etc.].
tripulante *m.* member of the crew.
tripular *t.* to man [a ship, etc.].
triquiñuela *f.* chicanery, ruse.
triscar *i.* to shuffle, stamp the feet. *2* to frolic, caper. *3* to mix, bind. *4* to set [a saw].

triste *a.* sad. *2* gloomy, dismal. *3* sorrowful. *4* **-mente** *adv.* sadly, etc.
tristeza *f.* sadness, melancholy. *2* sorrow.
triturar *t.* to crush, grind.
triunfador, ra *m.-f.* triumpher; victor.
triunfal *a.* triumphal.
triunfante *a.* triumphant. *2 m.* victor.
triunfar *i.* to triumph, win.
triunfo *m.* triumph; victory success. *2* trump [at cards].
trivial *a.* trivial, commonplace, trite. *2* **-mente** *adv.* trivially.
triza *f.* bit, shred; ***hacer trizas,*** to tear to pieces.
trocar *t.* to exchange, barter. *2* to mix up, confuse. *3 ref.* to change; get mixed up.
trocear *t.* to divide into pieces.
trocha *f.* narrow path.
trofeo *m.* trophy; victory.
troj(e *f.* granary, barn.
trola *f.* coll. lie, fib.
trolebús *m.* trolley-bus.
tromba *f.* waterspout.
trombón *m.* trombone. *2* trombone player.
trompa *f.* MUS. horn. *2* trunk [of elephant].
trompazo *m.* bump, heavy blow.
trompeta *f.* trumpet; bugle. *2 m.* trumpeter.
trompetazo *m.* trumpet-call.
trompicón *m.* stumble.
trompo *m.* spinning-top.
tronada *f.* thunderstorm.
tronar *impers.-i.* to thunder.
tronco *m.* trunk [of tree, animal, etc.]; log; stem: ***dormir como un ~,*** to sleep like a log. *2* team [of horses]. *3* family, stock.
tronchar *t.* to break off, lop off. *2* ref. ~ ***de risa,*** to burst with laughing.
tronera *f.* porthole. *2* small window. *3* pocket of a billiard table. *4* madcap.
trono *m.* throne.
tropa *f.* troop, crowd. *2* troops, soldiers; forces, army.
tropel *m.* throng, rush, bustle. *2* crowd; ***en ~,*** in disorder, pell-mell.
tropelía *f.* injustice, outrage.
tropezar *i.* to trip, stumble. *2* to meet [a person], come across. *3* to come up against [a difficulty].
tropezón *m.* trip, stumble.
tropical *a.* tropical, tropic.
trópico *m.* tropic.
tropiezo *m.* trip, stumble. *2* stumbling-block. *3* slip, error. *4* quarrel.
trotamundos, *pl.* **-dos** *m.-f.* globe-troter.
trotar *i.* to trot. *2* to hurry.
trote *m.* trot; ***al ~,*** at a trot.
trovador *m.* troubadour, minstrel.
trozo *m.* piece, bit.
truco *m.* trick. *2 pl.* pool [billiards].
truculento, ta *a.* cruel, truculent.
trucha *f.* trout.
trueno *m.* thunder, thunderclap. *2* report [of firearms].
trueque *m.* exchange: ***a ~ de,*** in exchange for.
trufa *f.* truffle. *2* lie, humbug.
truhán *a.-n.* rogue, scoundrel.
truncar *t.* to truncate, cut off.
tú *pers. pron.* you; thou.
tú, *pl.* **tus** *poss. a.* your; thy.
tubérculo *m.* tuber; tubercle.
tuberculosis *f.* tuberculosis, consumption.
tuberculoso, sa *a.* tuberculous. *2 a.-n.* consumptive.
tubería *f.* tubing, piping; pipe-line.
tubo *m.* tube, pipe: ***~ digestivo,*** alimentary canal.
tuerca *f.* nut: ***~ a mariposa,*** wing nut.
tuerto, ta *a.* one-eyed. *2 m.* wrong, injury: ***a tuertas y a derechas,*** rightly or wrongly.
tuétano *m.* marrow [of bones]; pit [of plants].
tufo *m.* fume, vapour; stench.
tugurio *m.* shepherd's hut. *2* mean room.
tul *m.* tulle.
tulipa *f.* glass lampshade.
tulipán *m.* BOT. tulip.
tullido, da *a.* crippled, paralytic.
tullirse *ref.* to become crippled.
tumba *f.* tomb, grave.
tumbado, da *a.* prone, lying down.
tumbar *t.* to fell, knock down, topple. *2 ref.* to lie down.
tumbo *m.* tumble, somersault: ***dar tumbos,*** to bump along.
tumor *m.* tumour.
tumulto *m.* tumult, riot, uproar.
tumultuoso, sa *a.* tumultuous.
tuna *f.* ESTUDIANTINA.
tunante *a.-n.* rascal, rogue.
tunda *f.* flogging, beating. *2* shearing [of cloth].
tundir *t.* to flog, beat. *2* to shear.
túnel *m.* tunnel.
túnica *f.* tunic; robe, gown.
tuno, na *a.-n.* TUNANTE.
tupido, da *a.* dense, thick.
turba *f.* crowd, mob. *2* turf.
turbación *f.* disturbance. *2* confusion. *3* embarrassment.
turbante *m.* turban.

turbar *t.* to disturb, upset, trouble. *2* to confuse. *3* to embarrass. *4 ref.* to get disturbed, embarrassed.
turbina *f.* turbine.
turbio, bia *a.* muddy. *2* troubled, confused.
turborreactor *m.* turbojet.
turbulencia *f.* turbulence.
turbulento, ta *a.* turbulent, disorderly. *2* muddy, troubled.
turco, ca *a.* Turkish. *2 m.-f.* Turk. *3 f.* drunkenness.
turgente *a.* turgid, swollen.
turismo *m.* tourism. *2* touring car. *3* travel agency.
turista *m.-f.* tourist.
turístico, ca *a.* touristic(al.
turnar *i.* to alternate, go or work by turns.
turno *m.* turn. *2* shift. *3* ***por turnos,*** by turns.
turquesa *f.* MINER. turquoise.
turquí *a.* deep blue.
Turquía *f. pr. n.* Turkey.
turrón *m.* nougat.
turulato, ta *a.* dazed, stupified.
tutear *t.* to thou, address familiarly as *tú.* *2 rec.* to thou each other.
tutela *f.* tutelage, guardianship.
tutor *m.* tutor, guardian.
tuyo, ya *poss. pron.* yours; thine [formal]. *2 poss. a.* your; thy [formal].

U

u *conj.* [replaces o before a word beginning with *o* or *ho*] or.
ubérrimo, ma *a.* very fertile.
ubicación *f.* location, position.
ubicar *i.-ref.* to lie, be situated.
ubicuo, cua *a.* ubiquitous.
ubre *f.* udder, teat.
ufanarse *ref.* to boast, pride oneself.
ufano, na *a.* proud, conceited. *2* cheerful, satisfied.
ujier *m.* usher.
úlcera *f.* sore, ulcer.
ulterior *a.* ulterior, later. *2* further. *3* **-mente** *adv.* later, subsequently.
últimamente *adv.* finally, lastly. *2* recently.
ultimar *t.* to end, finish, complete.
ultimátum *m.* ultimatum, last word.
último, ma *a.* last, final; latest. *2* utmost; finest. *3* ***por*** **~,** lastly, at last.
ultrajante *a.* injurious, insulting.
ultrajar *t.* to insult, offend, outrage.
ultraje *m.* insult, offence, outrage.
ultramar *m.* overseas.
ultramarino, na *a.* oversea. *2 m. pl.* groceries.
ultranza (a) *adv.* to the death. *2* at all costs.
ultratumba *f.* beyond the grave.
ulular *i.* to howl, hoot.
umbral *m.* threshold. *2* lintel.
umbrío, bría *a.* shady, shadowy. *2 f.* shady place.
un, una *indef. art.* a, an. *2 pl.* some, any. *3 a.* one.
unánime *a.* unanimous. *2* **-mente** *adv.* unanimously.
unanimidad *f.* unanimity: ***por*** **~,** unanimously.
unción *f.* unction, anointing. *2* extreme unction.
uncir *t.* to yoke.
undécimo, ma *a.-m.* eleventh.
ungir *t.* to anoint, consecrate.
ungüento *m.* ointment.
únicamente *adv.* only, solely.
unicelular *a.* unicellular.
único, ca *a.* only, sole. *2* unique.
unidad *f.* unity. *2* unit.
unido, da *a.* united: ***Estados Unidos,*** United States.
unificación *f.* unification.
unificar *t.* to unify. *2 ref.* to be unified.
uniformar *t.* to uniform, standardize. *2* to dress in uniform.
uniforme *a.-m.* uniform. *2* **-mente** *adv.* uniformly.
uniformidad *f.* uniformity.
unigénito, ta *a.* only-begotten.
unión *f.* union. *2* unity, concord. *3* association; marriage. *4* coupling, connection.
unir *t.* to join, unite. *2* to connect, mix. *3 ref.* to join; to mingle. *4* to get married, attached.
unísono, na *a.* unison. *2* ***al*** **~,** in unison, together.
universal *a.* universal. *2* **-mente** *adv.* universally.
universidad *f.* university.
universitario, ria *a.* university [professor].
universo *m.* universe, world.
uno, una *a.* one. *2 pl.* a few, some: ***unos seis años,*** about six years. *2 pron.* one; anyone; *pl.* some [people]: **~ *a* ~,** one by one; **~ *a otro,*** each other, one another: ***cada*** **~,** each [one], everyone; ***a una,*** all together; ***la una,*** one o'clock.
untar *t.* to anoint, grease, smear. *2 ref.* to get smeared.
untuoso, sa *a.* unctuous, greasy.
uña *f.* nail [of finger, toe]. *2* talon, claw; hoof. *3* ***ser*** **~ *y carne,*** to be hand and glove; ***largo de uñas,*** light-fingered.
uñada *f.* nail scratch.
uranio *m.* uranium.
urbanidad *f.* politeness, manners.

urbanizar *t.* to urbanize, build a town on.
urbano, na *a.* urban. *2* courteous, polite. *3 m.* town policeman.
urbe *f.* large city, metropolis.
urdimbre *f.* WEAW. warp(ing). *2* secret plan.
urdir *t.* to warp. *2* to plot, contrive.
urgencia *f.* urgency. *2* MED. emergency.
urgente *a.* urgent, pressing.
urgir *i.* to press, be urgent.
urinario, ria *a.* urinary. *2 m.* urinal [place].
urna *f.* urn. *2* glass case. *3* ballot box.
urraca *f.* ORN. magpie.
usado, da *a.* used, worn, old. *2* second-hand [books, etc.]. *3* frequent. *4* experienced.
usanza *f.* usage, custom, fashion.
usar *t.* to use. *2* to wear [clothing]. *3 t.-i.* to be accustomed to. *4 ref.* to be in use or fashion.
usía *m.-f.* your lordship [or ladyship].
uso *m.* use, employment; wear, wear and tear; ***en buen ~***, in good condition. *2* usage, custom, fashion. *3* enjoyment. *4* habit, practice. *5* ***~ de razón***, discernment.
usted, *pl.* **ustedes** *pers. pron.* you.
usual *a.* usual, customary. *2* **-mente** *adv.* usually.
usuario, ria *a.* usuary. *2 m.-f.* user.
usufructo *m.* usufruct; profits.
usufructuar *t.* to hold in usufruct. *2 i.* to bear fruit.
usufructuario, ria *a.-n.* usufructuary.
usura *f.* usury.
usurero, ra *m.-f.* usurer, money-lender.
usurpación *f.* usurpation.
usurpador, ra *a.* usurping. *2 m.-f.* usurper.
usurpar *t.* to usurp.
utensilio *m.* implement, tool; utensil.
útil *a.* useful, profitable. *2* MECH. effective, available. *3 m.-pl.* tools, implements. *4* **-mente** *adv.* usefully.
utilidad *f.* utility, usefulness. *2* profit, benefit.
utilizable *a.* utilizable, available.
utilizar *t.* to utilize, use, make use of. *2* to benefit from.
utópico, ca *a.* Utopian.
uva *f.* grape: ***~ pasa***, raisin; ***~ espina***, gooseberry; ***estar hecho una ~***, to be tipsy or drunk.

V

vaca *f.* cow; ~ ***lechera,*** milk cow; ~ ***marina,*** sea cow. *2* beef [meat].
vacación *f. sing.-pl.* vacation, holidays; ***de vacaciones,*** on holiday.
vacada *f.* herd of cows or oxen.
vacante *a.* vacant, unoccupied. *2 f.* vacancy. *3* vacation [period].
vacar *i.* to take a vacation. *2* [of a post, etc.] to be vacant. *3* ~ ***a,*** to attend to. *4* ~ ***de,*** to lack, be devoid of.
vaciadero *m.* sink, drain.
vaciado *m.* plaster cast.
vaciar *t.* to empty; to drain, pour out. *2* to cast. *3* to sharpen [razors]. *4 i.* [of rivers] to flow.
vaciedad *f.* nonsense, empty talk.
vacilación *f.* hesitation, wavering. *2* unsteadiness.
vacilante *a.* hesitating, irresolute. *2* wavering; unsteady.
vacilar *i.* to hesitate, shake, flicker. *2* to waver.
vacío, a *a.* empty, void. *2* unoccupied. *3* vain. *4* hollow. *5 m.* void; emptiness; PHYS. vacuum. *6* gap, blank.
vacuna *f.* vaccine.
vacunación *f.* vaccination.
vacunar *t.* to vaccinate.
vacuno, na *a.* bovine: ***ganado*** ~, horned cattle.
vadeable *a.* fordable. *2* fig. superable.
vadear *t.* to ford, wade. *2* to overcome [a difficulty]. *3* to sound [a person].
vado *m.* ford. *2* fig. expedient.
vagabundear *i.* to wander, roam, loiter.
vagabundo, da *a.-n.* vagabond, tramp.
vagancia *f.* idleness. *2* vagrancy.
vagar *i.* to wander, roam. *2* to be idle or at leisure.
vagido *m.* wail, cry [of babies].
vago, ga *a.* roving, errant, vagant. *2* vague, indefinite. *3* idle, loafing. *4 m.* idler, loafer, tramp.
vagón *m.* RLY. carriage, wagon: ~ ***cama,*** sleeping-car. *2* van.
vagoneta *f.* open truck [in mining].
vaguedad *f.* vagueness; vague remark.
vahído *m.* dizziness, swoon, faint.
vaho *m.* fume, vapour, steam.
vaina *f.* sheath, scabbard. *2* BOT. pod, husk.
vainilla *f.* vanilla.
vaivén *m.* oscillation, fluctuation. *2* swinging; rocking. *3* unsteadiness.
vajilla *f.* table service, plate, dishes. *2* crockery: ~ ***de plata,*** silverwear; ~ ***de porcelana,*** chinaware.
vale *m.* promisory note; voucher, IOU. *2* adieu [in letters].
valedero, ra *a.* valid, binding.
valentía *f.* valour, courage. *2* heroic, feat. *3* bragging.
valentón, na *a.* arrogant; boastful. *2 m.-f.* braggard, bully.
1) **valer** *m.* worth, value.
2) **valer** *i.* to be worth, cost, amount to. *2* to deserve; to avail, be valid, be equal to; ***vale la pena verlo,*** it is worth while seeing; ***no*** ~ ***nada,*** it is worthless; ***vale más,*** it is better; ***no vale,*** it's no good. *3 t.* to protect, help: ***¡valgame Dios!,*** Good heavens! *4 ref.* to help oneself: ~ ***de,*** to avail oneself, make use of: ***no poder*** ~, to be helpless. ¶ CONJUG. INDIC. Pres.: ***valgo,*** vales, vale, etc. | Fut.: ***valdré, valdrás,*** etc. || COND.: ***valdría, valdrías,*** etc. || SUBJ. Pres.: ***valga, valgas,*** etc. || IMPER.: ***val*** or ***vale, valga; valgamos,*** valed, ***valgan.***
valeroso, sa *a.* courageous, brave. *2* valuable, efficacious.
valía *f.* value, worth. *2* favour, influence.
validez *f.* validity.
válido, da *a.* valid. *2* strong, robust.
valido *m.* court favourite.
valiente *a.* valiant, brave. *2* strong, vigorous. *3* fig. fine, excellent. *4 m.-f.* brave person. *5* **-mente** *adv.* bravely, etc.

valija *f.* valise, suit-case. *2* mail-bag. *3* mail, post.
valimiento *m.* good graces, favour [at court]. *2* protection.
valioso, sa *a.* expensive, valuable, costly. *2* wealthy.
valor *m.* value, worth, price. *2* courage, valour; daring, nerve. *3* validity, importance. *4 pl.* securities, bonds.
valoración, valuación *f.* valuation.
valor(e)ar, valuar, valorizar *t.* to value, appraise. *2* to increase the value of.
vals *m.* waltz.
válvula *f.* valve; ~ ***de seguridad,*** safety valve.
valla *f.* fence, stockade, barrier. *2* SPORT hurdle. *3* fig. obstacle.
valladar *m.* VALLADO. *2* fig. obstacle.
vallado *m.* fence, stockade, enclosure.
vallar *t.* to fence in, enclose.
valle *m.* valley, vale.
vampiro *m.* vampire, ghoul. *2* bloodsucker.
vanagloria *f.* vainglory, conceit.
vanagloriarse *ref.* to boast of.
vanamente *adv.* vainly; in vain.
vandalismo *m.* vandalism.
vanguardia *f.* MIL. vanguard.
vanidad *f.* vanity, conceit.
vanidoso, sa *a.* vain, conceited.
vano, na *a.* vain, useless. *2* hollow, empty. *3* illusory. *4* frivolous. *5 m.* ARCH. opening [for a door, etc.]. *6* ***en*** ~, in vain.
vapor *m.* vapo(u)r: steam. *2* mist. *3* giddiness. *4* NAUT. steamship, steamer.
vaporizar *t.* to vaporize. *2* to spray.
vaporoso, sa *a.* vaporous; airy; light.
vapulear *t.* to flog, whip, thrash.
vapuleo *m.* flogging, whipping, thrashing.
vaquería *f.* herd of cows. *2* dairy.
vaquero, ra *m.-f.* cow-herd, cowboy.
vara *f.* stick, rod. *2* wand of office: ***tener ~ alta,*** to have authority. *3* measure of length [2.8 ft.]. *4* shaft [of a carriage]. *5* BULL. thrust with the pike.
varada *f.* NAUT. stranding.
varadero *m.* shipyard.
varar *i.* NAUT. to run aground, be stranded. *2* to beach [a boat].
varear *t.* to beat [fruit trees] with a stick.
variable *a.* variable, changeable.
variación *f.* variation, change.
variado, da *a.* varied. *2* variegated.
variante *a.-f.* variant.
variar *t.-i.* to vary, change.
varicela *f.* MED. chicken-pox.
variedad *f.* variety; diversity.
varilla *f.* slender stick or rod. *2* rib [of umbrella]. *3* wire spoke. *4* ~ ***de virtudes,*** conjurer's wand.
varillaje *m.* ribbing [of fan, umbrella].
vario, ria *a.* various, different; inconstant. *2 pl.* some, several.
varón *m.* male; man.
varonil *a.* manly, virile; male.
vasallo *m.-f.* vassal, liegeman.
vasco, ca *a.* **vascongado, da** *a.-n.* **vascuence** *a.-n.* Basque.
vasija *f.* vessel, container, jar.
vaso *m.* glass tumbler. *2* glassful. *3* vessel. *4* vase.
vástago *m.* shoot, bud; scion, offspring. *2* MACH. piston rod.
vasto, ta *a.* vast, immense, huge.
vate *m.* bard, poet. *2* seer.
vaticinar *t.* to prophesy, foretell.
vaticinio *m.* prophecy, prediction.
vatio *m.* ELECT. watt.
vaya *interj.* go! *2* banter, jest.
vecinal *a.* local neighbouring: ***camino ~,*** country road.
vecindad *f.;* **vecindario** *m.* neighbourhood; neighbours: ***casa de ~,*** tenement house.
vecino, na, *a.* nearby, next, neighbouring. *2 m.-f.* neighbour. *3* resident; tenant; inhabitant.
veda *f.* prohibition. *2* close season [for hunting, etc.].
vedado, da *a.* prohibited. *2 m.* enclosed land, game preserve.
vedar *t.* to prohibit, forbid. *2* to impede, prevent.
vega *f.* fertile lowland. *2* (Cu.) tobacco plantation.
vegetación *f.* vegetation.
vegetal *a.* vegetable. *2 m.* plant.
vegetar *i.* to vegetate, live.
vegetariano, na *a.-n.* vegetarian.
vehemencia *f.* vehemence, violence.
vehemente *a.* vehement, violent, fervent.
vehículo *m.* vehicle.
veinte *a.-m.* twenty. *2 a.-n.* twentieth.
vejación *f.* vexation, annoyance. *2* oppression.
vejar *t.* to vex, annoy. *2* to oppress.
vejez *f.* old age.
vejiga *f.* bladder.
vela *f.* wakefulness, vigil. *2* night work. *3* watchman. *4* candle. *5* sail; sailing ship: ***hacerse a la ~,*** to set sail. *6* ***pasar la noche en ~,*** to spend a sleepless night.
velada *f.* vigil. *2* evening party.
velador, ra *m.-f.* watchman, caretaker. *2 m.* wooden candlestick. *3* small round table.

velar *i.* to watch, stay awake. *2* ~ ***por,*** to watch over, look after. *3 t.* to veil, hide. *4* PHOT. *ref.* to fog.
velatorio *m.* wake [over a corpse].
veleidad *f.* caprice, whim. *2* inconstancy.
veleidoso, sa *a.* inconstant, fickle.
velero, a *a.* NAUT. swift-sailing. *2 m.* sailing ship.
veleta *f.* weathercock, vane. *2* fickle person. *3* [angler's] float.
velo *m.* veil: ***correr,*** or ***echar, un ~ sobre,*** to draw a veil over.
velocidad *f.* speed, velocity: ***primera ~,*** AUTO. low gear; ***segunda ~,*** second gear; ***tercera ~,*** high gear; ***en gran ~,*** RLY. by express; ***en pequeña ~,*** by freight.
velódromo *m.* cycle track.
veloz, *pl.* **-loces** *a.* fast, speedy, quick, swift.
vello *m.* down.
vellón *m.* fleece. *2* ancient copper coin.
velloso, sa; velludo, da *a.* downy, hairy, shaggy.
vena *f.* ANAT. vein. *2* MIN. vein, seam. *3* poetical inspiration: ***estar en ~,*** to be in the mood.
venablo *m.* javelin, dart.
venado *m.* stag, deer. *2* venison.
venal *a.* purchaseable. *2* venal.
vencedor, ra *a.* conquering, triumphant. *2 m.-f.* conqueror; victor; winner.
vencer *t.* to overcome, defeat, beat. *2* to conquer, subdue. *3* to excel. *4 i.* to win. *5* COM. to fall due. *6 ref.* to control oneself.
vencido, da *a.* defeated. *2* [of a bill] due, payable.
vencimiento *m.* defeat. *2* COM. maturity, expiration.
venda *f.* bandage.
vendaje *m.* bandaging.
vendar *t.* to bandage. *2* ~ ***los ojos,*** to blindfold.
vendaval *m.* strong wind; gale.
vendedor, ra *a.* selling. *2 m.-f.* retailer. seller.
vender *t.* to sell: ***se vende,*** for sale. *2* to betray. *3 ref.* to sell oneself, accept a bribe.
vendimia *f.* vintage, grape harvesting.
vendimiar *t.* to harvest [grapes].
veneno *m.* poison, venom.
venenoso *a.* poisonous, venomous.
venerable *a.* venerable.
veneración *f.* veneration. *2* worship.
venerar *t.* to venerate. *2* ECCL. to worship.
venero *m.* spring [of water]. *2* fig. source, origin. *3* MIN. bed, lode.
venezolano, na *a.-n.* Venezuelan.
venganza *f.* vengeance, revenge.
vengar *t.* to avenge. *2 ref.* to take revenge.
venia *f.* permission, leave. *2* pardon, forgiveness.
venial *a.* venial, excusable.
venida *f.* coming, arrival. *2* return. *3* flood, freshet.
venidero, ra *a.* future, forthcoming: ***en lo ~,*** in the future.
venir *t.* to come, arrive. *2* to come [to mind], occur. *3* ***el mes que viene,*** next month: ~ ***a las manos,*** to come to blows; ~ ***al caso,*** to be relevant; ~ ***a menos,*** to decay, decline; ~ ***al pelo,*** to be opportune; ~ ***bien [mal],*** [not] to fit, suit, be becoming; ~ ***en,*** to agree to; to decide; ~ ***en conocimiento,*** to come to know. *4 ref.* to come return; ~ ***abajo,*** to collapse, fall down. ¶ CONJUG. INDIC. Pres: ***vengo, vienes, viene;*** venimos, venís, ***vienen.*** | Pret.: ***vine, viniste,*** etc. | Fut.: ***vendré, vendrás,*** etc. ‖ SUBJ. Pres.: ***venga, vengas.*** | Imperf.: ***viniera, vinieras,*** etc., or ***viniese, vinieses,*** etc. | Fut.: ***viniere, vinieres,*** etc. ¶ IMPER.: ***ven, venga; vengamos,*** venid, ***vengan.*** ‖ PAST. P. venido. ‖ GER.: ***viniendo.***
venta *f.* sale, selling: ~ ***al por mayor,*** wholesale; ~ ***al por menor,*** retail sale; ***en ~,*** for sale. *2* roadside inn.
ventaja *f.* advantage. *2* handicap [in racing]. *3* gain, profit.
ventajoso, sa *a.* advantageous. *2* profitable.
ventana *f.* window; casement: ~ ***de guillotina,*** sash window. *2* ~ ***de la nariz,*** nostril.
ventarrón *m.* gale, strong wind.
ventear *impers.* to be windy, blow. *2 t.* to scent, sniff. *3* to air [clothing]. *4* fig. to smell out, pry out. *5 ref.* to break wind.
ventilación *f.* ventilation.
ventilador *m.* ventilator, fan.
ventilar *t.* to air, ventilate. *2* to discuss.
ventisca *f.* snow-storm, blizzard.
ventisquero *m.* snow-storm, snow-drift. *2* glacier.
ventolera *f.* gust of wind. *2* vanity. *3* caprice, whim.
ventorrillo, ventorro *m.* small inn.
ventosear *i.-ref.* to break wind.
ventosidad *f.* wind, flatulence.
ventoso, sa *a.* windy, wind-swept.
ventrículo *m.* ventricle.
ventrílocuo, cua *m.-f.* ventriloquist.
ventura *f.* happiness. *2* luck, fortune. *3* hazard, risk. *4* ***por ~,*** by chance; ***a la ~,*** at random.

venturoso, sa *a.* happy, lucky, fortunate.
1) **ver** *m.* sight. *2* appearance, look(s: ***tener buen ~***, to be good-looking. *3* ***a mi ~***, in my opinion.
2) **ver** *t.* to see. *2* to look [at]. *3* ***a ~***, let's see; ***echar de ~***, to notice; ***es de ~***, it is worth seeing; ***hacer ~***, to show; ***hasta más ~***, good-bye; ***no poder ~***, to detest; ***no tiene nada que ~ con***, it has nothing to do with; ***~ venir***, to see and wait. *4 i.* ***~ de***, to try to. *5 ref.* to be seen. *6* to be obvious. *7* to see oneself. *8* to be; ***verse obligado a***, to be obliged to. *9* to meet one another. *10* ***véase***, see; ***ya se ve***, of course. ¶ CONJUG. INDIC. Pres.: veo, ves, ve, etc. | Imperf.: veía, veías, etc. | Pret.: ***vi, viste***, etc. | Fut.: veré, verás, etc. || COND.: vería, verías, etc. || SUBJ. PRES.: vea, veas, etc. | Imperf.: ***viera, vieras***, etc. or ***viese, vieses***, etc. || Fut.: ***viere, vieres***, etc. || IMPER.: ve, vea, etc. | PAST. P.: ***visto***. || GER.: ***viendo***.
vera *f.* edge, verge: ***a la ~ de***, near, close to.
veracidad *f.* veracity, truthfulness.
veraneante *m.-f.* holiday-maker; summer resident.
veranear *i.* to spend the summer [holiday].
veraneo *m.* summer holiday.
veraniego, ga *a.* [pertaining to] summer.
veranillo *m.* Indian summer.
verano *m.* summer [season].
veras *f.* truth, reality: ***de ~***, really, truly.
veraz *a.* truthful, veracious.
verbal *a.* verbal, oral.
verbena *f.* BOT. verbena. *2* night festival on the eve of certain saint's days.
verbigracia *adv.* for example.
verbo *m.* GRAM. verb. *2* the Word.
verdad *f.* truth: ***en ~***, in truth, really; ***¿no es ~?, ¿verdad?***, isn't that so?; ***es bonita, ¿verdad?***, she is pretty, isn't she?; ***saliste, ¿verdad?***, you went out, didn't you?; ***~ de Perogrullo***, truism.
verdaderamente *adv.* truly, really; indeed.
verdadero, ra *a.* true. *2* real. *3* truthful.
verde *a.* green [colour]; verdant; unripe; young; obscene: ***poner ~***, to abuse; ***viejo ~***, gay, merry old man. *2 m.* green colour. *3* grass; verdure, foliage.
verdor *m.* verdure, greenness.
verdoso, sa *a.* greenish.
verdugo *m.* hangman, executioner.
verdulería *f.* greengrocer's shop.
verdulero, ra *m.-f.* greengrocer. *2 f.* fig. coarse woman.
verdura *f.* grenness. *2* verdure. *3 sing. & pl.* vegetables, greens.
vereda *f.* path, footpath.
veredicto *m.* verdict.
verga *f.* NAUT. yard. *2* penis of animal.
vergajo *m.* pizzle.
vergel *m.* flower and fruit garden.
vergonzoso, sa *a.* shameful, shocking. *2* bashful, shy.
vergüenza *f.* shame; bashfulness; modesty: ***tener*** or ***sentir ~***, to be ashamed. *2* scandal.
verídico, ca *a.* truthful. *2* true: ***es ~***, it is a fact.
verificar *t.* to verify, confirm. *2* to prove. *3* to carry out. *4 ref.* to prove true. *5* to take place.
verja *f.* grating; iron railing.
verosímil *a.* likely, probable, credible.
verosimilitud *f.* versomilitude, likeliness.
verruga *f.* wart. *2* coll, nuisance.
versado, da *a.* versed, proficient, expert.
versar *i.* to turn. *2* ***~ sobre***, to deal with, treat of. *3 ref.* to become versed.
versátil *a.* versatile, fickle, changeable.
versículo *m.* verse, versicle.
versificar *t.-i.* to versify, write verses.
versión *f.* version. *2* translation.
verso *m.* verse, poem. *2* line: ***~ blanco*** or ***suelto***, blank verse.
vértebra *f.* ANAT. vertebra.
vertebrado, da *a.-n.* vertebrate.
vertedero *m.* sink, drain, dump.
verter *t.* to pour. *2* to spill. *3* to empty, shed. *4* to translate. *5 i.* [of a stream] to run, flow. *6 ref.* to spill, flow. ¶ CONJUG. like ***entender***.
vertical *a.* vertical. *2* **-mente** *adv.* vertically.
vértice *m.* apex, top, summit.
vertiente *f.* slope. *2* side [of a mountain].
vertiginoso, sa *a.* dizzy, giddy. *2* rapid.
vértigo *m.* dizziness, giddiness.
vesánico, ca *a.-n.* insane.
vesícula *f.* vesicle, blister.
vespertino, na *a.* vespertine, evening.
vestíbulo *m.* vestibule, hall, lobby.
vestido *m.* dress, clothes, costume, suit; ***~ de etiqueta***, evening dress.
vestidura *f.* clothing. *2 pl.* ECCL. vestiments.
vestigio *m.* vestige, trace, sign. *2 pl.* ruins, remains.
vestimenta *f.* VESTIDO. *2 pl.* VESTIDURAS.
vestir *t.* to clothe, dress. *2* to cover, deck. *3* to cloak. *4* to put on, wear [a garment, etc.]. *5 i.* to dress: ***~ de negro***, to dress in black. *6 ref.* to dress, get dressed. ¶ CONJUG. like ***servir***.
vestuario *m.* apparel, clothes. *2* MIL. uniform. *3* THEAT. wardrobe; dressing-room; cloak-room.
veta *f.* MIN. seam, vein. *2* grain [of wood].

veteado, da *a.* grained [of wood]. *2* mottled.
veterano, na *a.-n.* veteran.
veterinario *m.* veterinary surgeon.
veto *m.* veto.
vetusto, ta *a.* aged, ancient.
vez, *pl.* **veces** *f.* turn: ***a su ~,*** in turn. *2* time: ***a la ~,*** at one time; ***alguna ~,*** sometimes; [in questions] ever; ***a veces,*** sometimes; ***cada ~,*** every time; ***de ~ en cuando,*** from time to time; ***muchas veces,*** often; ***otra ~,*** again; ***pocas veces,*** seldom; ***tal ~,*** perhaps, maybe; ***de una ~ para siempre,*** once for all; ***en ~ de,*** instead of; ***dos veces,*** twice.
vía *f.* road, way, street: ***~ aérea,*** airway; ***~ férrea,*** railway, trak; ***~ pública,*** thoroughfare; ***Vía Láctea,*** Milky Way. *2* way, manner: ***en ~ de,*** in process of.
viable *a.* viable; practicable.
viaducto *m.* viaduct.
viajante *a.* travelling. *2 m.* commercial traveller.
viajar *i.* to travel, journey.
viaje *m.* travel, journey, voyage, trip; tour: ***~ de ida y vuelta,*** round trip.
viajero, ra *a.* travelling. *2 m.-f.* traveller; passenger.
vianda *f. sing & pl.* food, meal.
viandante *m.* traveller.
viático *m.* viaticum.
víbora *f.* ZOOL. viper.
vibración *f.* vibration, quivering.
vibrar *t.* to vibrate; to throb. *2 i.* to quiver.
vicaría *f.* vicarship. *2* vicarage.
vicario *m.* vicar; deputy.
viceversa *adv.* vice versa.
viciar *t.* to vitiate, corrupt, spoil. *2* to adulterate. *3* to pervert. *4 ref.* to become depraved.
vicio *m.* vice, corruption. *2* defect; bad habit.
viciosamente *adv.* viciously.
vicioso, sa *a.* vicious, corrupt. *2* defective; depraved.
vicisitud *f.* vicissitude. *2 pl.* ups and downs.
víctima *f.* victim.
victoria *f.* victory, triumph.
victorioso, sa *a.* victorious, triumphant.
vid *f.* vine, grapevine.
vida *f.* life: ***de por ~,*** for live; ***en mi [tu, su] ~,*** never; ***¡~ mía!,*** my love! *2* liveliness. *3* living, livelihood; ***ganarse la ~,*** to earn one's living [by teaching]
vidente *a.* seeing, sighted. *2 m.-f.* seer, prophet.
vidriar *t.* to glaze [pottery]. *2 ref.* to become glassy.
vidriera *f.* glass window, glass door: ***~ de colores,*** stained glass window.
vidrio *m.* glass; glass pane [of a window].
vidrioso, sa *a.* brittle [as glass]. *2* slippery [from frost]. *3* glassy [eye]. *4* touchy.
viejo, ja *a.* old [ancient, antique; aged]. *2* old-fashioned. *3 m.* old man. *4 f.* old woman.
viento *m.* wind, air. *2* scent [in hunting].
vientre *m.* belly, abdomen. *2* bowels. *3* womb.
viernes *m.* Friday: ***~ santo,*** Good Friday.
viga *f.* beam, girder, rafter.
vigente *a.* in use, in force.
vigésimo, ma *a.* twentieth.
vigía *m.* watch, look-out. *2 f.* watchtower.
vigilancia *f.* vigilance, watchfulness.
vigilante *a.* vigilant, watchful. *2 m.* watchman.
vigilar *t.-i.* to watch over, guard.
vigilia *f.* wakefulness. *2* eve. *3* fast. *4* guard.
vigor *m.* vigo(u)r, strenght; validity: ***en ~,*** in force.
vigorizar *t.* to invigorate; to strengthen, encourage.
vigoroso, sa *a.* vigorous; forceful.
vil *a.* vile, mean, base, despicable. *2* **-mente** *adv.* vilely, basely.
vileza *f.* vileness, baseness; base action.
vilipendiar *t.* to revile, defame, despise.
vilo (en) *adv.* in the air. *2* in suspense.
villa *f.* villa. *2* small town. *3* town council.
Villadiego *pr. n.* ***tomar las de ~,*** to run away.
villancico *m.* Christmas carol.
villanía *f.* lowness of birth. *2* baseness. *3* base word or action.
villano, na *a.* rustic. *2* boorish, coarse. *3* mean, base. *4 m.-f.* rustic, peasant. *5* scoundrel.
villorrio *m.* hamlet.
vinagre *m.* vinegar.
vinagreras *f. pl.* cruet-stand.
vinculación *f.* entail. *2* binding. *3* basing, grounding.
vincular *t.* to entail [an estate on]. *2* to tie, attach. *3* to found [hopes]. *4* to perpetuate.
vínculo *m.* tie, bond. *2* entail..
vindicación *f.* vindication. *2* revenge.
vindicar *t.* to vindicate. *2* to avenge.
vinícola *a.* wine [-growing].
vino *m.* wine: ***~ de Jerez,*** sherry; ***~ de mesa,*** table wine; ***~ generoso,*** strong, old wine: ***~ rancio,*** fine old wine; ***~ tinto,*** red wine.
viña *f.,* **viñedo** *m.* vineyard.

violación *f.* violation; infringement.
violado, da *a.* violet [-coloured].
violar *t.* to violate; to infringe; to ravish; to desecrate.
violencia *f.* violence, fury.
violentar *t.* to do violence to, outrage. *2* to break into. *3* to strain, distort. *4 ref.* to force oneself.
violento, ta *a.* violent. *2* forced, strained.
violeta *f.* violet.
violín *m.* violin. *2 m.-f.* violinist.
violinista *m.-f.* violinist.
viraje *m.* turn; veering.
virar *t.-i.* NAUT. to tack, veer. *2 i.* AUTO. to turn.
virgen *a.-n.* virgin.
virginal *a.* virginal, virgin, pure.
virginidad *f.* virginity; purity.
viril *a.* virile, manly.
virilidad *f.* virility. *2* manhood.
virrey *m.* viceroy.
virtual *a.* virtual. *2* implicit. *3* apparent. *4* **-mente** *adv.* virtually.
virtud *f.* virtue. *2* power, force; ***en ~ de,*** by virtue of.
virtuoso, sa *a.* virtuous. *2 m.-f.* virtuoso [in an art].
viruela *f. sing.* or *pl.* MED. smallpox: ***viruelas locas,*** chicken-pox. *2* pock-mark.
virulencia *f.* virulence; malignance.
virulento, ta *a.* virulent, malignant.
virus *m.* virus. *2* poison, contagion.
viruta *f.* shaving.
visado *m.* visa, visé.
visaje *m.* grimace, wry face: ***hacer visajes,*** to make faces.
vísceras *f. pl.* viscera.
viscosidad *f.* viscosity, stickiness.
viscoso, sa *a.* viscous, sticky.
visera *f.* peak [of a cop]; visor [of a helmet]. *2* eye-shade.
visibilidad *f.* visibility.
visible *a.* visible. *2* evident.
visión *f.* vision, sight: ***ver visiones,*** to dream, see things. *2* fantasy. *3* apparition.
visionario, ria *a.-n.* visionary.
visita *f.* visit, [social] call. *2* visitor. *3* inspection. *4* ***hacer una ~,*** to pay a visit.
visitante *a.* visiting. *2 m.-f.* visitor.
visitar *t.* to visit, pay a visit, call upon. *2* to examine.
vislumbrar *t.* to glimpse, make out. *2* to guess, conjecture.
vislumbre *f.* glimmer. *2* glimpse, conjecture. *3* vague resemblance.
viso *m.* sheen, gloss [of a fabric]. *2* underskirt. *3* appearance [of things].
visón *m.* ZOOL. mink.
víspera *f.* eve: ***en vísperas de,*** on the eve of. *2* ECCL. vespers.
vista *f.* sight, vision; view; eyesight, eye(s): ***a la ~,*** at sight [bills]; ***a primera ~,*** at first sight; ***a ~ de pájaro,*** from a bird's-eye view; ***bajar la ~,*** to look down; ***conocer de ~,*** to know by sight; ***corto de ~,*** short-sighted; ***en ~ de,*** in view of; ***estar a la ~,*** to be evident; ***hacer la ~ gorda,*** to overlook; ***hasta la ~,*** good-bye, so long; ***perder de ~,*** to lose sight of. *2* view, scene, prospect. *3* glance, look. *4* aspect, looks. *5* intention. *6* outlook, prospect: *7* LAW trial. *8 m.* ***~ de aduanas,*** customs officer.
vistazo *m.* glance, look: ***echar un ~ a,*** to have a look at.
visto, ta *p. p.* of VER. *2 a.* seen, looked: ***bien ~,*** approved of; *mal ~*, disapproved of; ***nunca ~,*** extraordinary; ***por lo ~,*** as it seems. *3* conj. ***~ que,*** considering that. *4 adv.-m.* ***~ bueno,*** authorized.
vistoso, sa *a.* bright, showy, colourful.
visual *a.* visual. *2 f.* line of sight.
vital *a.* vital. *2* important. *3* lively.
vitalicio, cia *a.* life-long.
vitalidad *f.* vitality.
vitamina *f.* vitamin.
vitorear *t.* to cheer, acclaim.
vitrina *f.* showcase, glass case. *2* (Am.). shop-window.
vituallas *f. pl.* victuals, provisions.
vituperable *a.* blameworthy.
vituperar *t.* to censure, blame.
vituperio *m.* insult, affront, blame, censure.
viudez *f.* widowhood.
viudo, da *a.* widowed. *2 m.* widower. *3 f.* widow.
viva *m.* cheer, shout: ***¡~!,*** long live!, hurrah!
vivacidad *f.* vicacity, liveliness. *2* brightness, vividness [of colour].
vivaracho, cha *a.* vivacious, lively.
vivaz *a.* vivacious, lively. *2* keen, quick-witted.
víveres *m. pl.* food, provisions, victuals.
vivero *m.* [plant] nursery. *2* fishpond.
viveza *f.* liveliness, briskness. *2* vehemence [in words]. *3* keenness [of mind]. *4* sparkle [in the eyes].
vivienda *f.* dwelling, housing, abode, accomodation.
viviente *a.* living, alive.
vivificador, ra; vivificante *a.* life-giving, vivifying.
vivificar *t.* to vivify. *2* to enliven.
1) **vivir** *m.* living, existence.

2) **vivir** *i.* to live. *2* ~ ***en,*** to dwell in; ~ ***de,*** to live on. *3* ***¿quién vive?***, who goes there?
vivo, va *a.* live, alive, living. *2* bright, vivid. *3* lively. *4* sharp [pain]. *5* quick, ready. *6* quick-witted.
Vizcaya *f. pr. n.* GEOG. Biscay.
vizconde *m.* viscount.
vizcondesa *f.* viscountess.
vocablo *m.* word, term.
vocabulario *m.* vocabulary.
vocación *f.* vocation, calling.
vocal *a.* vocal. *2 a.-f.* GRAM. vowel. *3 m.* member [of a council, etc.].
vocear *i.* to shout, bawl. *2 t.* to publish. *3* to shout to, call [a person]. *4* to cheer, acclaim.
vocería *f.*, **vocerío** *m.* shouting, outcry, uproar.
vociferar *i.-t.* to vociferate, shout.
vocinglero, ra *a.* shouting; prattling. *2 m.-f.* loud-mouther person; prattler.
volador, ra *a.* flying. *2 m.* flying-fish.
voladura *f.* blowing up, demolition.
volante *a.* flying. *2 m.* SEW. flounce. *3* AUTO. sttering-wheel. *4* note, order.
volar *i.* to fly. *2* to pass quickly, run fast. *4* to disappear. *5* [of news] to spread rapidly. *6 t.* to blow up. ¶ CONJUG. like ***contar.***
volatería *f.* falconry. *2* poultry, fowls.
volátil *a.* flying. *2* volatile.
volatinero, ra *m.-f.* rope-dancer; acrobat.
volcán *m.* volcano.
volcánico, ca *a.* volcanic.
volcar *t.-i.* to upset, tip over. overturn. *2* to capsize. *3* to dump. ¶ CONJUG. like ***contar.***
volición *f.* volition.
volquete *m.* tip-cart.
voltaje *m.* ELECT. voltage.
voltear *t.* to whirl, swing, revolve. *2* to upset, overturn. *3 i.* to tumble, somersault.
voltereta *f.* tumble, somersault.
voltio *m.* ELECT. volt.
volubilidad *f.* changeableness, fickleness.
voluble *a.* revolving. *2* changeable, fickle.
volumen *m.* volume, tome. *2* quantity, bulk.
voluminoso, sa *a.* voluminous, bulky.
voluntad *f.* will. *2* intention, purpose. *3* will-power. *4* affection, liking. *5* ***a*** ~, at will; ***buena*** ~, good-will; ***última*** ~, last will and testament.
voluntariedad *f.* free will. *2* caprice.
voluntario, ria *a.* voluntary, willing. *2 m.-f.* volunteer.
voluntarioso, sa *a.* wilful, self-willed.
voluptuosidad *f.* voluptuousness.
voluptuoso, sa *a.* voluptuous, sensual.
voluta *f.* volute; spiral.
volver *t.* to turn [up, over, upside down, inside out]. *2* to direct, aim. *3* to return, restore. *4* to put back, replace. *5* to send back. *6* to make: ~ ***loco,*** to drive crazy. *7 i.* to return, come back, go back. *8* to turn [to right, to left]. *9* ~ ***a hacer,*** to do again. *10* ~ ***en sí,*** to come to. *11 ref.* to go back. *12* to turn around. *13* to become, grow. *14* ~ ***loco,*** *to go crazy.* *15* ~ ***atrás,*** to back out [of a promise]. *16* ~ ***contra,*** to turn on. ¶ CONJUG. like ***mover.*** | PAST. P.: ***vuelto.***
vomitar *t.-i.* to vomit.
vómito *m.* vomit, vomiting.
voracidad *f.* voraciousness, greediness.
vorágine *f.* vortex, whirlpool.
voraz *a.* voracious; greedy; ravenous. *2* fierce [fire, etc.].
vos *pers. pron.* you, ye.
vosotros, tras *pers. pron.* you, ye.
votación *f.* voting. *2* ballot.
votante *m.-f.* voter.
votar *i.-t.* to vow [to God, etc.]. *2 i.* to vote [for, against]. *3* swear, curse.
voto *m.* vow [to God]. *2* wish, prayer. *3* vote [against, for]. *4* curse, oath.
voz, *pl.* **voces** *f.* voice: ***en*** ~ ***alta,*** aloud; ***en*** ~ ***baja,*** in a low voice. *2* shout: ***dar voces,*** to shout. *3* GRAM. word; voice. *4* rumour, report.
vuelco *m.* overturning, upset.
vuelo *m.* flight: ***al*** ~, quickly. *2* width [of a dress]. *3* jut, projecting part [of a building].
vuelta *f.* turn [circuit, revolution]: ***dar la*** ~ ***a,*** to go around: ***dar vueltas,*** to turn. *2* stroll. *3* bend, curve. *4* turn, wind [of a rope]. *5* reverse, back: ***a la*** ~, overleaf; round the corner. *6* return, coming back: ***estar de*** ~, to be back; to be knowing. 7 restitution, return. *8* change [of money]. 9 repetition. *10* turn, shift. *11* ARCH. vault. *12* facing [of a garment]. *13* ***no tener*** ~ ***de hoja,*** to be beyond doubt; ***poner de*** ~ ***y media,*** to insult.
vuestro, tra; vuestros, tras *poss. adj.* your. *2* poss. pron. yours.
vulcanizar *t.* to vulcanize.
vulgar *a.* vulgar, common, ordinary.
vulgaridad *f.* vulgarity. *2* commonplace, platitude, triviality.
vulgarizar *t.* to vulgarize. *2* to popularize.
vulgo *m.* mob, populace.
vulnerable *a.* vulnerable.
vulnerar *t.* to wound. *2* to damage.
vulpeja *f.* fox, vixen.

W

whisky, wiski *m.* whisky, whiskey.

wat *m.* ELECT. watt.

xenofobia *f.* xenophobia.

xilófono *m.* MUS. xylophone.

Y

y *conj.* and.
ya *adv.* already. *2* now. *3* at once. *4* later on. *5* *¡~ lo creo!,* yes, of course! *6* *~ no,* no longer. *7* conj. *ya... ya,* now... now; whether... or. *8* *~ que,* since, as.
yacer *i.* to lie; to lie in the grave.
yacimiento *m.* bed, deposit.
yanqui *a.-m.* Yankee.
yarda *f.* yard [English measure].
yate *m.* yacht.
yedra *f.* ivy.
yegua *f.* mare.
yeguada *f.* herd of horses.
yelmo *m.* helmet.
yema *f.* BOT. bud. *2* yolk [of an egg]. *3* *~ del dedo,* tip of the finger.
yerba *f.* HIERBA.
yermo, ma *a.* waste, desert. *2* *m.* desert, wilderness.
yerno *m.* son-in-law.
yerro *m.* error, mistake.
yerto, ta *a.* stiff, rigid.
yesca *f.* tinder. *2* *pl.* tinderbox.
yeso *m.* gypsum. *2* plaster. *3* chalk [for writing].
yo *pers. pron.* I.
yodo *m.* iodine.
yugo *m.* yoke: *sacudir el ~,* fig. to trow off the yoke.
yunque *m.* anvil.
yunta *f.* couple, pair, yoke [of oxen, etc.].
yute *m.* jute.
yuxtaponer *t.* to juxtapose, place side by side.
yuxtaposición *f.* juxtaposition.

Z

zafar *t.* NAUT. to free, clear. *2 **zafarse de,*** to avoid, elude, get out of.
zafiamente *adv.* clumsily, uncouthly.
zafio, fia *a.* clumsy; coarse.
zafiro *m.* sapphire.
zafra *f.* olive-oil can. *2* sugar-making season.
zaga *f.* rear, back part: ***a la ~,*** behind.
zagal *m.* lad, youth. *2* shepherd boy.
zagala *f.* lass, girl. *2* young shepherdess.
zaguán *m.* hall, vestibule.
zaguero, ra *a.* laggard. *2 m.* [in pelota] back.
zaherir *t.* to taunt, blame. ¶ CONJUG. like ***hervir.***
zahorí *m.* rhadbomancer. *2* seer, clairvoyant.
zahúrda *f.* pig-sty.
zaino, na *a.* treacherous. *2* dark-chestnut [horse].
zalamería *f.* cajolery, flattery.
zalamero, ra *a.* flattering, wheedling. *2 m.-f.* flatterer, wheedleer.
zamarra *f.* sheepskin jacket.
zambo, ba *a.* knock-kneed. *2 m.-f.* Indian and negro half-breed.
zambomba *f.* rustic drum.
zambra *f.* a Morisco festival. *2* fig. merry-making.
zambullida *f.* dive, plunge, ducking.
zambullir *t.-ref.* to dive, duck, plunge into water.
zampar *t.* to eat gluttonously. *2* to stuff away.
zampoña *f.* shepherd's flute.
zanahoria *f.* BOT. carrot.
zanca *f.* shank [of bird]. *2* long leg.
zancada *f.* long stride.
zancadilla *f.* trip. *2* trick, snare. *3 **echar la ~,*** to trip up.
zanco *m.* stilt.
zancudo, da *a.* long-shanked. *2 f.* ORN. wading bird.
zanganear *i.* to drone, idle, loaf.
zángano *m.* drone. *2* fig. idler, loafer.
zanja *f.* ditch, trench.
zanjar *t.* to dig ditches in. *2* to settle [disputes].
zapa *f.* spade. *2* MIL. sap, trench: ***labor de ~,*** secret work.
zapador *m.* sapper.
zapapico *m.* pickaxe.
zapar *i.* MIL. to sap, undermine.
zapateado *m.* Andalusian tap dance.
zapatazo *m.* blow with a shoe.
zapatear *t.* to tap with the feet, tapdance.
zapatería *f.* shoemaking. *2* shoe shop; shoe factory.
zapatero *m.* shoemaker; ***~ remendón,*** cobbler.
zapatilla *f.* slipper.
zapato *m.* shoe.
zar *m.* czar, tsar.
zarabanda *f.* saraband.
zaragata *f.* row, noise.
Zaragoza *f. pr. n.* Saragossa.
zaragüelles *m. pl.* wide and short breeches.
zaranda *f.* sieve, screen.
zarandajas *f. pl.* coll. trifles.
zarandear *t.* to sift, sieve. *2* to shake about. *3 ref.* to strut about. *4* to overwork.
zarandeo *m.* sifting. *2* jiggle; strutting.
zarcillo *m.* ear-ring. *2* BOT. tendril.
zarco, ca *a.* light-blue [eyes].
zarpa *f.* claw; paw: ***echar la ~,*** to grab hold.
zarpar *i.* NAUT. to weigh anchor, set sail.
zarrapastroso, sa *a.* ragged, slovenly.
zarpazo *m.* thud, whack. *2* blow with the paw or claw.
zarza *f.* bramble, blackberry [bush].
zarzal *m.* bramble thicket.
zarzamora *f.* blackberry [fruit].
zarzuela *f.* Spanish musical comedy.
Zelanda, Zelandia *f. pr. n.* Zealand.
zigzag *m.* zigzag.

zinc *m.* zinc.
zipizape *m.* coll. row, shindy.
zócalo *m.* socle.
zoclo *m.* clog, wooden shoe; galosh.
zona *f.* zone, belt, district, area.
zoco *m.* clog. *2* market place.
zoología *f.* zoology.
zoológico, ca *a.* zoologic(al: ***parque ~***, zoo.
zootecnia *f.* zootechny.
zopenco, ca *a.* dull, stupid.
zoquete *m.* block [of wood]. *2* crust of bread. *3* fig. blockhead.
zorro, rra *a.* cunning [person]. *2 m.* fox. *3 f.* vixen. *4* coll. harlot.
zote *a.* stupid, ignorant. *2 m.* dolt.
zozobra *f.* NAUT. foundering. *2* worry, anxiety.
zozobrar *i.* NAUT. to founder, capsize, sink. *2* to worry, be anxious.
zueco *m.* clog, wooden-soled shoe.
zumbar *i.* to hum, buzz; [of the ears] to ring. *2 t.-ref.* to strike [blows one another].
zumbido *m.* buzz(ing, hum(ming; ringing [in the ears]. *3* ping [of a bullet].
zumbón, na *a.* waggish. *2 m.-f.* jester. wag.
zumo *m.* juice [of fruits], sap.
zurcido, da *m.* darn, stitch.
zurcir *t.* to darn, mend.
zurdo, da *a.-n.* left-handed [person].
zurra *f.* tanning. *2* beating, thrashing.
zurrar *t.* to tan [hides]. *2* to thrash, flog.
zurriagazo *m.* lash with a whip.
zurrón *m.* shepherd's pouch. *2* game bag.
zutano, na *m.-f.* [Mr., Mrs.] so-and-so.